356 LISKENNE (Ch.) et SAUVAN. **Bibliothèque historique et militaire** dédiée à l'armée et à la Garde-nationale de France. Paris, Anselin, 1836-1846, 6 volumes et 1 atlas in-4 de 904 pp., (8)-1053-(3) pp., 967-(2) pp., VIII-1030-(1) pp., (4)-954-(2) pp., (4)-1058 pp. + 1 atlas de 1 portrait, 2 fac-similés, 2 tableaux dépl., 101 planches dont 63 doubles; plein chagrin de l'époque, dos à nerfs (passé), plat sup. de l'atlas en partie décoloré, encadrement de filets sur les plats, chiffres au centre des plats (L. F.). -Bel exemplaire.

Edition originale.
Collection réunissant les meilleurs ouvrages traitant de l'art militaire, des tacticiens grecs et romains aux écrivains qui ont écrit sur le 1er empire.
I. Essai sur la tactique des grecs - THUCYDIDE. Guerre du Péloponèse - XENOPHON. Retraite des Dix mille et la Cyropédie - ARRIEN. Expédition d'Alexandre. II Essai sur les milices romaines. - POLYBE. Histoire générale. III. CESAR. Commentaires. - VEGECE. institutions militaires. - ONOSANDER. Le général en chef. - L'EMPEREUR LEON. Institutions militaires. S. JUL. FROTIN. Stratagèmes. -POLYEN. Ruses de Guerres. IV. MONTECUCULLI - TURENNE - FEUQUIERES - FOLARD - PUYSEGUR - SAXE (le maréchal de). V. FREDERIC II. Histoire de mon temps - LLYOD (Général). Mémoires - GUIBERT - CARNOT. De la défense des places fortes. -THIEBAULT. Sièges de Gênes et Armée d'Italie. - JOMINI. Art de la guerre. VI. GOURGAUD ET MONTHOLON. Mémoires dictés par Napoléon à Sainte-Hélène.

5500 frs.

BIBLIOTHÈQUE
HISTORIQUE
ET
MILITAIRE.

IMPRIMERIE DE PIHAN DELAFOREST (MORINVAL),
rue des Bons-Enfans, 34.

BIBLIOTHÈQUE
HISTORIQUE
ET
MILITAIRE

DÉDIÉE

A L'ARMÉE ET A LA GARDE NATIONALE DE FRANCE,

PUBLIÉE

Par MM. Ch. LISKENNE et SAUVAN.

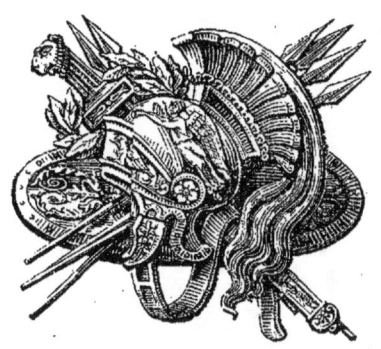

TOME PREMIER.

PARIS.

ADMINISTRATION,
RUE SAINTE-ANNE, N°. 5.
ANSELIN, LIBRAIRE POUR L'ART MILITAIRE,
RUE DAUPHINE, N°. 36.

1835.

BIBLIOTHÈQUE MILITAIRE.

ESSAI

sur

LA TACTIQUE DES GRECS.

Si vis pacem para bellum.

C'est la première fois que l'on essaie de réunir dans une même collection les meilleurs ouvrages qui traitent de l'art militaire. Ce travail est fait par deux hommes de lettres ; et comme ils ne sont étrangers ni l'un ni l'autre à la science des armes, ils comprennent tout ce que cette tâche offre de difficile, tout ce qu'il y a d'honorable pour eux à la remplir convenablement. Les témoignages flatteurs qu'ils reçoivent chaque jour, et dont ils feraient un volume, prouvent assez qu'ils ont deviné un des besoins de l'époque, et que les encouragemens des gens éclairés ne leur manqueront pas. Jamais, on peut le dire, publication n'aura paru sous des auspices plus favorables.

Il n'est peut-être pas inutile de répéter ici que les anciens ont été nos maîtres dans l'art de la guerre, cette science sublime qui embrasse à elle seule la philosophie, la morale, la politique, l'histoire, les mathématiques et l'astronomie. C'est à cette vieille école que se sont formés les plus grands capitaines, et l'on verra que la différence qui existe entre nos armes et celles dont les anciens faisaient usage, n'a pas apporté dans les méthodes, des changemens aussi considérables qu'on le pense communément. Les ouvrages qu'ils nous ont laissés, et dans lesquels les grandes opérations de l'offensive et de la défensive sont développées avec un ordre admirable, offrent une lecture aussi instructive qu'intéressante. Xénophon, Polybe, César, Arrien, animent pour ainsi dire les mouvemens qu'ils décrivent, tant ils le font avec justesse; les harangues de Périclès, dans Thucydide, suffiraient seules pour former un homme d'état.

Les feuilles qui précèdent ces livres immortels, sont le relevé de quelques notes écrites par l'un des éditeurs, et pour son usage, vers une époque déjà éloignée. On doit les considérer comme une simple *préface*, ou si l'on veut comme une *introduction*. Les personnes qui ont fait quelque étude des historiens militaires, et pour qui ces notes deviennent une réminiscence, comprendront encore les motifs qui ont pu engager à les placer ici, et surtout pourquoi l'on s'est attaché de préférence aux ordres de bataille. Cette matière n'est certainement pas neuve; toutefois on sait qu'en fait de livre de science, il ne s'agit pas de reconnaître si l'auteur répète ce qu'on a dit avant lui, mais bien s'il en présente une application juste, s'il sait le rendre plus lumineux, s'il y a joint enfin quelques vues nouvelles.

Charles LISKENNE.

ESSAI

SUR

LA TACTIQUE DES GRECS.

CHAPITRE Iᵉʳ.

Principes de l'art militaire consacrés par Homère. — État de l'art depuis la guerre de Troie jusqu'à Cyrus. — Bataille de Thymbrée.

On doit regarder les Grecs comme le premier peuple chez qui la guerre ait commencé à devenir un art; mais il paraît peu étonnant qu'ils en fissent l'objet d'une étude toute particulière, quand on songe qu'avec une étendue de pays qui n'égale pas la moitié de l'Angleterre, ce peuple, affaibli par vingt guerres intestines, comprenait encore qu'il pouvait disputer l'empire du monde aux monarques les plus puissans.

Ce prodige n'est pas dû à son seul courage, comme le disent tous les historiens modernes; il est le résultat de la science militaire. Sans cette science, les armées innombrables qui s'élançaient de l'Asie eussent étouffé la Grèce. Le courage, sans la tactique, enfante le dévoûment héroïque de Léonidas, et les Perses viennent saccager la ville d'Athènes; dans une position bien moins avantageuse, avec une armée plus faible en nombre et moins aguerrie que celle des Thermopyles, Miltiade, au moyen d'une manœuvre savante, écrase l'armée entière de Darius.

Jusqu'au temps d'Homère, les traditions ne fournissent que des conjectures sur l'état de l'art militaire; mais l'*Iliade* fourmille de descriptions de marches et de combats, qui démontrent que déjà l'ordre et la discipline étaient admis dans les armées.

« On voit, dit Homère, s'avancer les nombreuses phalanges des Grecs. Elles ont à leur tête chacune leurs chefs, qu'elles suivent dans un profond silence, afin d'entendre mieux leurs ordres, et de les exécuter plus promptement. Les Troyens, au contraire, sont dans leur camp comme des troupeaux répandus au milieu des parcs, qui font retentir de leur bêlement tout le pâturage. »

Ailleurs, Homère donne une description admirable de la phalange et de ses mouvemens.

« Les rangs sont si serrés que les piques soutiennent les piques, les casques joignent les casques, les boucliers appuient les boucliers. Ces bataillons, hérissés de fer, s'ébranlent; cependant les Troyens les préviennent et tombent sur eux. Hector paraît le premier, et, culbutant tout ce qui s'oppose à son passage, s'ouvre un chemin pour arriver aux tentes et aux vaisseaux des Grecs. Mais lorsqu'il parvient aux phalanges d'Argos, croyant les enfoncer, il est contraint de s'arrêter, quoiqu'il les charge avec furie; car ces Grecs intrépides le reçoivent sans se rompre, et le repoussent à coups de piques et d'épées.

» Au milieu d'eux est Achille, qui donne ses ordres, et qui les presse de marcher. Ce héros était venu à Troie avec cinquante vaisseaux qui portaient chacun cinquante hommes. Il les avait partagés en cinq corps, que cinq capitaines, d'un courage éprouvé et d'une fidélité connue, commandaient sous lui. »

Ainsi, Achille avait partagé ses deux mille cinq cents hommes, comme, plus tard, les Romains divisèrent leurs cohortes, et comme nous avons formé nous-mêmes nos bataillons.

On voit aussi, dans l'*Iliade*, que les Grecs n'étaient pas étrangers à l'art de fortifier un camp, puisque Nestor dit au fils d'Atrée : « Nous enfermerons notre camp dans une muraille flanquée de tours très élevées, pour servir de rempart à nos vaisseaux et à nos troupes. On y placera, d'espace en espace, de bonnes portes assez grandes pour y faire passer nos chars, et nous l'environnerons d'un fossé large et profond, que les hommes et les chevaux ne puissent franchir. Ces travaux nous assureront contre les sorties de nos ennemis, et mettront notre camp hors d'insulte. »

Quant à la cavalerie, Homère n'en présente aucun combat dans l'*Iliade*: tous se livrent à pied ou sur des chars.

Tels étaient les premiers pas faits par l'art militaire, lorsque Cyrus entreprit la conquête de l'Asie. Xénophon nous apprend que la discipline des Perses, à cette époque, égalait celle de sa nation. Mais l'Asie-Mineure était peuplée de villes grecques dont les habitans combattaient très peu différemment des Grecs de l'Europe; Crésus en avait même beaucoup à sa solde. On en désirait dans toutes les armées, et c'était leur tactique et leur discipline que l'on prenait pour modèles quand on voulait s'assurer la victoire. Cyrus, voulant porter la guerre chez des peuples de l'Asie, qui mettaient toute leur confiance dans les gros bataillons, avait bien compris qu'il devait recourir à l'art pour suppléer au nombre; aussi la bataille de Thymbrée annonce-t-elle autant d'habileté dans le général qui la dirigeait, que de courage et d'instruction dans les troupes qui exécutaient les manœuvres.

Cet événement décida de l'empire de l'Asie entre les Assyriens de Babylone et les Perses.

C'est la première bataille rangée que nous connaissions avec quelque exactitude (541 ans av. not. ère); on doit donc la regarder comme un monument précieux de la plus ancienne tactique. Xénophon, qui l'a décrite, avait campé à Thymbrée, avec l'armée du jeune Cyrus, environ cent cinquante ans après la défaite de Crésus, roi de Lydie.

Les détails d'une action si glorieuse pour les Persans n'étaient pas effacés de l'esprit de leurs capitaines : on regardait encore ce combat, au temps de Xénophon, comme le chef-d'œuvre du plus grand général de la nation : c'était le fondement de la tactique des Perses; son exemple servait toujours à décider la question de l'art militaire. Xénophon ne nous en laisse pas douter; et l'exactitude avec laquelle il décrit les suites de cette journée prouve le soin qu'il avait mis à s'instruire des circonstances qu'il rapporte.

Il y avait déjà quelques années que la guerre durait entre le roi des Mèdes et le roi de Babylone, allié de Crésus, lorsque Cyrus, fils du roi de Perse et neveu de Cyaxare, livra la bataille que nous allons décrire. Les Babyloniens et les Lydiens s'étaient fortifiés du secours des Egyptiens, des Arabes, de divers autres peuples, et toute l'armée s'assemblait dans la plaine de Thymbrée, sur les bords du Pactole. Elle était forte de soixante mille hommes de cavalerie, et de trois cent soixante mille d'infanterie, parmi lesquels il y avait cent vingt mille Égyptiens, armés de grands boucliers, de longues piques et de courtes épées. Les autres ne portaient que des javelots et des boucliers de cuir fort légers. Les frondeurs et les archers formaient un corps très nombreux ; on comptait environ trois cents chariots de guerre. Crésus attendait encore des troupes et rassemblait des vivres de toutes les provinces circonvoisines.

Informé par ses espions de ce qui se passait, Cyrus ne voulut pas laisser le temps à ses ennemis de se fortifier davantage. Il en était séparé par quinze journées de marche, à travers les déserts de la Mésopotamie. Il donna ordre à son armée de se pourvoir de vivres, et prit d'ailleurs toutes les mesures pour conserver un ordre avantageux. La cavalerie s'avançait la première, précédée des coureurs qui faisaient la découverte ; venaient ensuite les chariots de guerre, le gros bagage et les bêtes de somme ; l'infanterie suivait. Un nombre suffisant de pionniers avait été distribué par pelotons à la tête du bagage.

Lorsque le terrain le permettait, l'armée présentait le plus grand front possible ; quand le terrain se resserrait, les équipages se mettaient à la file, et l'infanterie prenait de droite et de gauche, couvrant les côtés.

Cyrus apprit par quelques prisonniers, et par ses coureurs, qu'il n'était plus qu'à trois lieues de Crésus. Il commanda alors de faire halte, et résolut de former son ordre de bataille. Le retour d'Araspe, qui, de concert avec le roi, avait passé comme transfuge dans le camp des ennemis, lui fit connaître leurs forces et leurs dispositions.

Ils présentaient une seule ligne (1) ; l'infanterie au centre ; la cavalerie occupant les ailes, et entremêlée de gros bataillons d'infanterie. Ces deux armes étaient partout sur trente de hauteur, excepté chez les Egyptiens, qui avaient formé des bataillons carrés, chacun de dix mille hommes sur cent de front et autant de profondeur.

L'Égypte est un pays coupé par des canaux ; là une armée ne peut s'étendre sans séparer les parties qui la composent, et il n'est pas toujours facile de conserver des communications entre elles. Les Egyptiens avaient adopté une pareille disposition, qui n'offrait point d'endroit faible, parce qu'ils faisaient également face de tous les côtés, ce qui les mettait moins dans la nécessité d'être soutenus que les corps étendus en phalange, à la manière des Grecs ou des Asiatiques. Aussi, malgré les instances de Crésus, ils ne voulurent rien changer à cette ordonnance. Leur place était au centre de l'infanterie ; les carrés gardaient une certaine distance entre eux. Le front de bandière de toute l'armée de Crésus mesurait quarante stades, ou près de deux lieues.

Cyrus, dont les forces n'atteignaient pas la moitié de celles de son ennemi, comprit de suite qu'il serait débordé, et que le dessein de Crésus était d'envelopper ses ailes avec sa cavalerie, pendant que l'infanterie attaquerait de front.

---

(1) Voyez l'ATLAS.

    A. Armée de Cyrus.
    B. Armée de Crésus.
    1. Les deux corps qui enveloppent l'armée de Cyrus.
    2. Réserve de Cyrus.
    3. Escadron des chameaux.
    4. Manœuvres des réserves.

Son armée montait à cent quatre-vingt-seize mille hommes, dont trente-six mille de cavalerie. La plus grande partie de cette armée était composée des Mèdes, des Arabes et des Cadusiens. Cependant on y comptait aussi soixante-dix mille Persans naturels. Comme ils ne combattaient qu'à pied, Cyrus changea leur ancienne méthode. Dix mille furent mis à cheval; on les arma défensivement et on les exerça avec beaucoup de soin. Vingt mille reçurent des armes légères; vingt mille portèrent des cuirasses, des pertuisanes et de bonnes épées; le reste prit des haches à deux tranchans et de forts javelots. Cyrus avait aussi trois cents chariots de guerre, dont les essieux présentaient de chaque côté deux faux tranchantes; l'une coupait par la verticale, l'autre horizontalement.

La coutume des Perses était de se ranger sur vingt-quatre de profondeur. Cyrus jugea cette multiplicité de rangs inutile, et dans cette occasion, ne les plaça que sur douze.

Derrière sa ligne d'infanterie pesante, à très peu de distance, il en avait une autre d'armés à la légère qui lançaient le javelot; et à la suite de celle-ci, une troisième composée d'archers qui devaient jeter leurs traits par dessus la phalange. Ces traits partaient par la ligne courbe, le jet de but en blanc ayant plus de raideur, mais beaucoup moins d'étendue. La quatrième ligne n'offrait que des soldats d'élite, destinés à contenir les autres. Il les comparait dans un ordre de bataille, au toit d'une maison : elle ne peut servir si elle n'a des fondemens solides et une bonne couverture.

Il avait fait construire plusieurs grands chariots qui portaient des tours hautes de dix-huit pieds, renfermant chacune vingt archers. Ces chars, montés sur des roulettes, étaient traînés par seize bœufs attelés de front. Il fit une cinquième ligne de ces citadelles mobiles, à l'abri desquelles son infanterie devait se rallier si elle était trop pressée. Il y avait aussi des machines; Xénophon le dit positivement, bien qu'il n'indique pas leur place.

Après les tours venaient deux autres lignes parallèles et égales au front de l'armée; elles étaient formées par les chariots de bagage. Ces deux lignes laissaient entre elles un espace vide dans lequel se trouvaient placées toutes les personnes inutiles au combat, et deux autres lignes de chariots fermaient à droite et à gauche les extrémités de cet espace.

Le dessein de Cyrus était de donner le plus de profondeur possible à son ordre de bataille, afin d'obliger les ennemis qui voulaient l'envelopper de faire un plus grand circuit, et ainsi de diminuer leurs forces en s'étendant. La cavalerie, comme celle des ennemis, occupait les ailes; Chrysante en commandait la droite, Hytaspe la gauche; la plus grande partie était armée de pied en cap, et les chevaux bardés. Araspe menait la droite de l'infanterie, Arsamas la gauche; Abradate était au centre avec les Perses, vis-à-vis les Égyptiens. Cent chariots de guerre protégeaient le front de la ligne; les deux cents autres étaient répartis sur les flancs.

D'après cette disposition, plusieurs historiens ont cru ou répété que Cyrus avait fait une omission dans son ordre de bataille, puisqu'il laissait ses flancs à découvert. Mais lorsqu'en parcourant la ligne, Abradate lui dit : « J'espère, seigneur, que tout ira bien de ce côté-ci; cependant j'ai quelque inquiétude pour nos flancs, où il n'y a que des chariots, car je vois les ailes des ennemis fortes en chars et en troupes de toute espèce qui s'étendent de part et d'autre pour nous envelopper. » Cyrus le rassure, et lui fait entendre qu'il a des moyens de dissiper l'orage. Il lui recommande seulement de ne pas bouger qu'il n'ait vu fuir ceux qui l'inquiètent.

Il dit aussi à Hytaspe, qui commandait la cavalerie de l'aile gauche, et qui lui témoignait la même crainte : « Rappelez-vous seulement que le premier qui aura l'avantage doit venir se joindre aux autres. » Cyrus tourne ensuite sur le flanc et ordonne au commandant des chariots de les lancer rapidement contre l'ennemi dès qu'il le verra venir à lui de front. Il lui prescrit de ne pas attendre qu'il soit trop près, afin de prendre plus de champ et lui promet d'arriver à son secours.

Il est certain que Cyrus avait pris des mesures très sages pour protéger ses flancs; mais il n'avait cru devoir les communiquer qu'à ceux qui étaient chargés d'exécuter ses ordres. A la queue du bagage, derrière l'extrémité de chaque aile, il avait placé mille chevaux et mille fantassins pris parmi l'élite de ses troupes; Artagersas et Pharnucus commandaient ceux de la gauche; Asiadatas et Artabaze le corps de droite. C'est avec ces deux petites réserves que Cyrus comptait se débarrasser de tout ce qui l'attaquerait sur les flancs. Un gros escadron de chameaux, montés chacun par deux archers arabes adossés l'un à l'autre, le servit très utilement dans cette journée.

Avant de quitter sa gauche, Cyrus prescrivit à Artagersas, qui commandait cette partie de la réserve, de charger lorsqu'il jugerait que la droite aurait commencé. « Vous attaquerez, lui dit-il, par le flanc, c'est toujours l'endroit le plus faible, et vous enverrez l'escadron de chameaux contre le dernier corps de l'aile des ennemis. » Tout étant réglé de ce côté, il regagna la droite, où il voulait combattre.

L'infanterie et les ailes de cavalerie avaient ordre de prendre le même pas et de charger ensemble; mais elles ne devaient attaquer que lorsqu'elles entendraient le bruit de la charge que Cyrus se proposait d'exécuter sur le flanc droit.

L'armée marcha l'espace d'une lieue dans l'ordre que nous venons d'indiquer. Elle fit halte trois fois pour reprendre l'alignement. Toutes les troupes se réglaient sur l'étendard royal, placé au centre de la première ligne : c'était une aigle d'or éployée au bout d'une longue pique.

Lorsque les deux armées furent en présence, le centre de Crésus s'arrêta, et ses deux ailes se courbant à droite et à gauche, s'avancèrent pour envelopper l'armée de Cyrus, qui, de chaque côté, fut débordée d'environ quatre stades (trois cent soixante toises). Ce mouvement, auquel Cyrus s'attendait, ne l'étonna point; il donna un signal pour la halte, et les troupes firent face de tous côtés, c'est-à-dire que les chariots placés sur les flancs et les deux corps de réserve qui étaient derrière firent front sur les ailes.

Les deux parties de l'armée qui débordaient la ligne de Cyrus pour l'envelopper, ne se replièrent pas d'abord par un quart de conversion; elles s'étendirent pour prendre du terrain et s'éloignèrent du corps de bataille. Crésus attendit pour leur faire donner le signal de tourner les flancs de son ennemi, que ces deux corps s'en fussent rapprochés d'une distance égale à celle qui séparait son front de bataille de celui de Cyrus. Il voulait porter l'attaque sur les trois points en même temps.

Ainsi trois armées paraissaient s'avancer contre une seule; la première de front, les deux autres par les côtés. Ce spectacle causa quelque frayeur aux Perses, qui voyaient leurs flancs dégarnis et ne pénétraient pas le dessein de leur général. Cette raison détermina Cyrus à ne pas faire charger le front de sa ligne avant la défaite des deux corps qui causaient cette inquiétude.

Lorsqu'il jugea que le moment était convenable pour attaquer, il entonna l'hymne du combat, partit à la tête de la cavalerie de sa réserve de droite, se fit suivre au grand pas par son infanterie, et ordonna de lâcher les chariots qui couvraient le flanc. Il prit de si justes mesures, qu'il tomba sur la pointe et les derrières de l'aile gauche de Crésus, au même instant où les chars armés de faux portaient le trouble et la terreur dans tout le front. En très peu de temps cette ligne fut en désordre, plia et se dispersa.

Artagersas, qui devait exécuter les mêmes manœuvres à la gauche, réussit également. Sa troupe de chameaux alla droit aux derniers escadrons de l'aile ennemie, pendant que la réserve suivait de près, afin de prendre en flanc. Lorsque les chevaux aperçurent les chameaux, ils se cabrèrent, jetèrent à bas leurs cavaliers et se précipitèrent les uns sur les autres. Les chars arrivèrent aussitôt, se plongèrent dans l'épaisseur de cette cavalerie et augmentèrent la confusion. Les troupes d'Artagersas les poussaient d'un autre côté et gagnaient leurs derrières; bientôt la déroute devint générale, et la plaine sur ce point fut nettoyée.

Averti de ce qui se passait, Abradate n'attendit pas davantage pour attaquer le front de l'armée. Ses chariots commencèrent la charge avec tant de succès, que ceux des ennemis, qui n'étaient ni aussi bien armés, ni construits avec autant de solidité, n'osèrent les combattre. Ceux des Perses les suivirent et se jetèrent dans les bataillons des Égyptiens, qui, au lieu de leur laisser des issues, s'étaient resserrés, de sorte qu'ils ne formaient plus qu'une grosse ligne contiguë. Les phalanges des Perses pénétrèrent dans les trouées qu'on s'était ouvertes; elles y faisaient un ravage horrible lorsque le char d'Abradate fut renversé, et ce prince tué avec ceux qui l'accompagnaient.

L'infanterie persane, malgré ses premiers avantages, ne put résister à l'extrême épaisseur des Égyptiens; elle fut obligée de plier et recula jusqu'à la dernière ligne. Mais les gens de traits revinrent à la charge, et les Égyptiens eurent encore à souffrir une grêle de flèches qu'on leur tirait du haut des tours.

Sur ces entrefaites, Cyrus rassembla sa cavalerie de l'aile droite, et par une manœuvre habile, tournant sur le centre de l'armée ennemie, vint prendre en queue les bataillons des Égyptiens. On vit alors une mêlée affreuse : l'infanterie et la cavalerie se confondirent; le choc des armes, les cris des combattans formaient un bruit épouvantable. Le cheval de Cyrus fut blessé, et lui-même, jeté par terre au milieu de ce chaos, remonta difficilement sur le cheval d'un de ses gardes.

Hytaspe cependant, qui commandait l'aile gauche de la cavalerie, arrivait aussi de son côté sur les Égyptiens. Ceux-ci, pressés de toutes parts, ne gardaient plus aucune ordonnance; la multitude se poussait des extrémités vers le milieu; elle s'y concentra et forma un orbe à centre plein.

Couverts de leurs grands boucliers, armés de leurs longues piques, ces hommes, bien qu'ils ne présentassent plus qu'une masse informe, opposaient encore une résistance formidable, lorsque Cyrus, s'étant avisé de monter sur une des tours de bois, aperçut que les siens étaient partout victorieux. Il ne restait plus que les Égyptiens, dont le prince admirait et craignait la valeur; il leur envoya proposer de mettre bas les armes; mais ces braves refusèrent de se rendre à discrétion. On fit un traité par lequel Cyrus s'engageait de les prendre à sa solde; de leur donner à la paix des villes et des terres pour s'y établir avec leurs familles ; et de ne point les obliger de porter les armes contre Crésus, dont ils étaient satisfaits.

Nous verrons que les armés à la légère se tenaient ordinairement sur le front; Cyrus semble donc avoir interverti les principes de la tactique adoptée par les Grecs, lorsqu'il place ses gens de trait derrière la phalange. Mais ce général habile avait surtout en vue d'augmenter la profondeur de son ordre de bataille, afin d'obliger les deux corps qui voulaient l'envelopper d'étendre au loin leur mouvement excentrique. Ce prince pensait aussi que les ennemis étant sur beaucoup de hauteur, les traits de ses archers, quoiqu'ils fussent lancés par ligne courbe, porteraient certainement dans des rangs aussi pressés. C'était d'ailleurs la coutume qu'au moment du choc, les troupes légères se retirassent à travers les intervalles des sections, et Cyrus devait craindre, vu leur grand nombre, qu'elles ne missent la confusion et le désordre dans ses lignes.

Les parties de l'armée de Crésus, qui se replièrent en forme de *tenaille*, devaient être chacune de vingt-cinq mille hommes, et les réserves de Cyrus, composées seulement de mille chevaux et de mille fantassins, paraissent bien faibles pour arrêter deux corps aussi considérables.

Mais il ne faut pas perdre de vue qu'on tendait un piége; que si les ennemis en avaient eu connaissance, ils pouvaient dédoubler leurs files, qui étaient sur trente de profondeur, en tirer un renfort pour protéger leurs flancs, et même prendre l'armée des Perses par les derrières. Il fallait donc avant tout couvrir les troupes de l'embuscade; et comment le faire si elles eussent été plus nombreuses?... L'escadron de chameaux, pour produire son effet, devait se montrer inopinément, l'aspect et l'odeur de ces animaux occasionnant aux chevaux une frayeur insurmontable; or, si la cavalerie avait pu les apercevoir, elle les eût évités; l'infanterie venait alors à sa place.

Les chariots, placés sur les côtés, servirent donc merveilleusement à cacher toutes ces dispositions. Ils étaient plus forts que ceux de Crésus. Les faux dont on les avait armés ne pouvaient manquer d'exciter la surprise et la terreur que produit toute invention nouvelle dans une circonstance semblable. C'est ici un effet moral qu'il ne faut jamais négliger, et peut-être Cyrus eut-il tort de ne pas renforcer ses flancs d'une ligne de chariots de bagages, soutenue par des gens de trait. Il est toujours dangereux de laisser les troupes dans une situation qui leur donne de l'inquiétude; les généraux eux-mêmes étaient alarmés ; cet effet moral pouvait avoir des suites fâcheuses, si les chariots de guerre eussent été repoussés.

Les Perses qui, sous la conduite de Cyrus, étaient devenus des soldats invincibles, dégénérèrent lorsque le faste et le luxe s'introduisirent dans les armées, après la mort du conquérant. Les successeurs de ce prince, pleins de confiance dans le nombre des troupes qu'ils pouvaient rassembler, négligèrent d'abord la discipline et bientôt oublièrent totalement la tactique. Alors ce vaste empire, qui, d'un côté, s'appuyait sur l'Inde, et touchait de l'autre l'Archipel et la mer Caspienne, s'écroula dans un jour. Alexandre avait regardé l'Asie.

CHAPITRE II.

Invasion de Darius; bataille de Marathon. — Invasion de Xerxès; combat des Thermopyles.

Les états de la Grèce, gouvernés par des rois, venaient de se constituer en républiques; et ce changement de gouvernement, bien qu'il produisît des rivalités et des haines, excita chez ces peuples une noble émulation : Athènes et Sparte, l'une par ses vertus rigides, l'autre par son industrie, son commerce et son goût pour les sciences et les beaux-arts, prirent parmi ces républiques un ascendant qu'elles conservèrent tour-à-tour. Des ligues se formèrent souvent pour tenir ces deux puissances en équilibre; mais le besoin de se réunir contre un ennemi commun suspendit quelquefois aussi les guerres intestines, et c'est alors que furent livrées ces batailles mémorables qui ont illustré la Grèce, et qui restent comme un témoignage de ce que peut faire la science militaire unie au courage.

Il s'était écoulé près de quarante ans depuis la mort de Cyrus, lorsque Darius, qui régnait alors sur l'empire immense que ce grand prince avait fondé, voulut étendre sa domination jusqu'à l'Europe. Plus de cent mille Perses passent la mer, viennent fondre sur l'Attique, et semblent annoncer son asservissement. Les Athéniens réclament le secours de Lacédémone. On leur répond qu'une coutume religieuse empêche de se mettre en campagne avant la pleine lune; qu'il faut attendre quelques jours. Les autres peuples, saisis d'épouvante, n'osent bouger, excepté les Platéens, qui envoient mille soldats.

Dans un péril si pressant, Athènes arme ses esclaves et parvient ainsi à rassembler dix mille combattans. Le nombre des généraux était un mal plus dangereux que le manque de troupes : il y en avait dix; ils devaient commander alternativement. La jalousie, qui engendre la contrariété des opinions, pouvait tout perdre.

Tandis qu'on délibérait pour savoir si l'on devait attaquer l'ennemi ou l'attendre dans la ville, Miltiade, contre l'avis de tous, soutint qu'un coup de vigueur pourrait donner la victoire. Aristide adopte aussitôt cette opinion, entraîne les autres généraux par son éloquence, et, comprenant bien que l'exécution d'un pareil projet demande d'être confiée à un seul, il renonce en faveur de Miltiade à son jour de commandement. Chacun suit cet exemple généreux.

Maître d'agir à sa volonté, Miltiade vint camper à une demi-lieue de l'armée des Perses, au pied d'une montagne qui se courbait en forme de fer à cheval (1). Afin de fortifier ses ailes, il éleva sur ses flancs des retranchemens avec des abatis, embarrassa par des arbres tous les endroits de la montagne qu'on supposait accessibles, et se décida, dans le cas où l'ennemi accepterait la bataille, de refuser son centre et d'attaquer par ses ailes.

Datis, qui commandait les Perses, resserré comme les Grecs entre deux petites rivières, ne pouvait étendre le front de son armée en proportion de sa force numérique; il dut bien vite juger combien les dispositions de Miltiade étaient sages; mais, ne voulant pas donner aux Lacédémoniens le temps d'arriver, il résolut d'engager l'affaire.

Tout était calculé de la part de Miltiade. Son armée, rangée au pied d'une montagne, ne pouvait être enveloppée; les arbres qu'il avait fait couper lui servaient de retranchement, et les Grecs se trouvaient encore fortifiés par deux petites rivières, dont les cours, rapprochés à leurs sources, s'éloignaient l'un de l'autre en descendant vers la mer, et formaient des marais impraticables.

Comme les Perses étaient arrivés sur un grand nombre de petits navires, ils

(1) *Voyez* l'Atlas.
    A. Armée des Grecs.
    B. Armée des Perses.
    C. Camp des Grecs.
    D. Camp des Perses.

n'avaient point amené de chariots de guerre, et les deux phalanges qui formaient l'armée grecque resserrèrent l'intervalle qu'on laissait ordinairement ouvert pour le passage des chars. Ces deux phalanges rangées, selon le terrain, sur huit ou douze de profondeur, n'offraient guère que mille ou douze cents files, c'est-à-dire un front de bataille de douze à quinze cents pas.

Le signal ne fut pas plutôt donné (490 av. not. ère), que les Athéniens, au lieu d'attendre le choc de l'ennemi, suivant leur coutume, s'élancèrent avec furie. Miltiade avait à dessein renforcé les ailes, car il fallait surtout empêcher les Perses de se placer entre eux et leurs ravins; Aristide et Thémistocle, qui commandaient le centre, devaient même le refuser, afin de provoquer l'effort de l'ennemi sur ce point. Les barbares s'y précipitèrent.

Mais les deux phalanges qui s'étaient volontairement séparées l'une de l'autre, sans rompre l'ordre de bataille, se rejoignirent bientôt; et ainsi, coupant en deux la colonne en désordre qui s'était introduite dans leur intervalle, achevèrent de mettre la confusion dans les rangs de Datis.

Les Spartiates, qui pour réparer leur faiblesse avaient fait une marche forcée de trois jours, n'arrivèrent que le lendemain de la bataille, et furent bien étonnés de ne plus trouver d'ennemis. La terreur avait été si grande parmi les Perses, qu'ils ne laissèrent que six mille hommes sur le champ de bataille; perte très petite pour leur armée nombreuse et hors de toute proportion avec une défaite aussi générale. Sans essayer de se rallier, ils se précipitèrent vers leurs embarcations et s'éloignèrent du rivage. Ce fut alors qu'un soldat tout fumant encore du sang des ennemis courut porter à Athènes la nouvelle de cette victoire, et tomba mort aux pieds des magistrats, après avoir dit : « réjouissez-vous, nous sommes vainqueurs. »

Une victoire aussi complète fut le résultat de la résolution hardie de Miltiade. Un général qui se sent de beaucoup supérieur à son ennemi néglige ordinairement quelques-unes des précautions qu'on est contraint de multiplier sans cesse à la guerre; le plus faible n'en oublie aucune; lorsqu'ensuite ce général se trouve en face de l'ennemi qu'il a méprisé, et que ce dernier ose former la première attaque, celui qui s'était cru le plus fort s'étonne d'abord de l'audace du plus faible, mais il finit par lui supposer des ressources qu'il ne connaît pas. L'effet de cette surprise tourne presque toujours en frayeur et en découragement.

Les Athéniens perdirent environ deux cents hommes. Ils étaient, comme nous l'avons dit, au nombre de dix mille, en y comprenant les Platéens. Tous étaient pesamment armés, sans infanterie légère ni cavalerie. Cependant on aurait pu tirer un grand parti des troupes légères, soit en les plaçant sur les sommités ou derrière les abatis, soit en les destinant à attaquer les Perses par derrière ou à les inquiéter pendant le combat, soit enfin en les faisant surveiller l'ennemi, qui, vu son grand nombre et la possibilité où l'on est toujours de tourner une montagne quand elle est gardée par peu de monde, aurait dû songer à cette manœuvre, qui mettait l'armée des Grecs en péril.

La journée de Marathon fut la source des grandes victoires que les Grecs remportèrent par la suite sur les Perses : elle détruisit l'opinion qu'on avait eue jusqu'alors de cette puissance formidable, et prouva qu'une armée, si nombreuse qu'elle soit, lorsqu'elle manque de discipline et de tactique, n'a rien de redoutable que le nom.

La défaite des Perses irrita Darius, et l'on n'ignorait pas en Grèce les préparatifs qu'il faisait pour une seconde expédition, lorsque la mort vint le surprendre. Xerxès, qui lui succéda, résolut de suivre les projets de son père, et dix ans après la bataille de Marathon, il entra dans la Grèce avec une armée qui s'élevait à plusieurs millions d'hommes, si l'on s'en rapporte à Hérodote, le plus ancien des historiens.

Athènes et Lacédémone résolurent de former une ligue assez puissante pour s'opposer à ce nouvel essaim de barbares. Une diète fut convoquée à l'isthme de Corinthe, et l'on en fit partir des députés, qui coururent de ville en ville afin de les entraîner dans la confédération.

Pendant qu'on tenait conseil sur la manière de conduire cette guerre, Xerxès surprit des espions. Au lieu de les punir, il les fit promener dans son camp et les renvoya en les chargeant de donner chez eux un détail exact de ce qu'ils avaient vu. C'est un moyen souvent employé avec succès à la guerre, où l'on doit toujours utiliser un espion et rarement le faire périr. Dans sa situation, il faut même avouer que Xerxès ne pouvait rien faire de mieux que d'user avec les Grecs d'une pareille politique, s'il n'espérait pas gagner ceux qui s'étaient introduits dans son camp.

Cette conduite sage forme un contraste bien frappant avec les folies qu'on a débitées sur ce prince, qui, dit-on, fit donner des coups de fouet à la mer, parce qu'un pont de bateaux sur lequel ses troupes devaient passer, avait été rompu par la tempête. Les historiens qui se plaisent à rapporter ces vieilles sornettes et souvent à les amplifier, ajoutent, comme complément de la démence de Xerxès, qu'il ordonna de percer le mont Athos afin d'ouvrir un passage à sa flotte.

Mais la flotte des Perses avait éprouvé, quelque temps auparavant, combien il était dangereux de doubler cette montagne qui se prolonge dans une presqu'île, et n'est attachée au continent que par un isthme d'une demi-lieue de large. La prudence voulait, ou que Xerxès transportât sa flotte à force de bras par dessus l'isthme ou qu'il fît passer un canal à travers le mont Athos. Celui qu'on creusa pouvait recevoir de front deux galères; il n'y avait rien dans ce projet qui ne fût digne d'un monarque puissant.

Ses ambassadeurs avaient été massacrés à Lacédémone. Deux Spartiates apprennent que les Dieux, irrités de ce meurtre, rejettent les sacrifices des Lacédémoniens : ils croient se dévouer pour le salut de leur patrie, se présentent devant Xerxès, et sans craindre de l'irriter davantage, refusent de se prosterner, suivant la coutume des Orientaux. Le monarque, étonné d'abord de ce manque de respect, leur fit cette réponse mémorable : « Allez dire à Lacédémone que si cette
» ville est capable de violer le droit des
» gens, Xerxès ne suit pas un pareil
» exemple; jamais il n'expiera en vous
» ôtant la vie le crime dont elle s'est
» souillée. »

Ordinairement le plus grand obstacle qu'on éprouve à faire mouvoir des armées nombreuses provient de la difficulté de les approvisionner. Il n'est pas une personne raisonnable qui puisse croire que Xerxès traînât avec lui plusieurs millions d'hommes à la conquête de la Grèce; mais en acceptant la donnée des auteurs les plus modestes, on peut demander quel est le général qui de nos jours, oserait prendre sur lui la responsabilité d'une administration de dix-huit cent mille combattans?

Les historiens n'ont pas manqué de dire que cette multitude de barbares ravageait toutes les contrées pour vivre; comme si le pillage ne se voyait pas dans les armées les mieux disciplinées. Xerxès avait divisé la sienne en trois corps : l'un suivait les rivages de la mer, les deux autres marchaient à certaines distances dans l'intérieur des terres; toutes les mesures étaient prises d'ailleurs pour leur procurer des moyens de subsistance. Trois mille vaisseaux chargés de vivres longeaient la côte et réglaient leurs mouvemens sur ceux de l'armée. Le prince avait même eu la précaution de faire approvisionner plusieurs places de la Thrace et de la Macédoine par les Égyptiens et les Phéniciens.

Certainement, Xerxès qu'on nous dépeint comme un homme entièrement nul, prouve par ses actions, qu'il constituait assez bien la guerre, comme ses paroles nous démontrent qu'il ne manquait pas d'un certain tact dans sa politique. Malheureusement la science du meilleur capitaine offre une bien faible ressource, quand elle n'est pas secondée par le courage et l'instruction militaire de ses soldats. Notre dessein, au reste, n'est pas de relever toutes les erreurs des écrivains qui ont travaillé sur l'histoire ancienne ; mais, quand on place des armées en présence, il faut faire connaître la main qui les dirige.

Par crainte ou par adresse, Xerxès ayant attiré dans son parti les Argiens, les Syracusains et les Thessaliens, après avoir neutralisé les habitans de Crète et ceux de Corcyre, il ne restait pour la défense de la Grèce, qu'un petit nombre de peuples et de villes. Thémistocle était l'âme de leurs conseils et relevait leurs espérances, employant tour à tour la persuasion et l'adresse, la prudence et l'activité. Depuis quelques années, il prévoyait que la bataille de Marathon n'était que le prélude des guerres qui allaient menacer les Grecs; il leur fit entendre qu'ils resteraient toujours maîtres du continent, s'ils pouvaient l'être de la mer; qu'il viendrait un temps où leur salut dépendrait de celui d'Athènes, et celui d'Athènes du nombre de ses vaisseaux. Il les engagea de porter leurs vues du côté de la marine, et les Grecs avaient deux cents galères dans les ports de l'Attique lors de l'invasion de Xerxès.

Comme ce prince continuait sa marche, il fut résolu dans la diète de l'isthme que Léonidas, roi de Sparte, s'emparerait du passage des Thermopyles, situé entre la Thessalie et la Locride, tandis que l'armée navale des Grecs attendrait celle des Perses aux parages voisins, dans un détroit formé par les côtes de la Thessalie et par celles de l'Eubée. Là, les vaisseaux des Perses éprouvèrent un échec considérable, ayant voulu attaquer la flotte grecque dans un lieu nommé Artemisium.

Le passage que la diète confiait à Léonidas est le seul chemin par lequel une armée puisse pénétrer de la Thessalie dans la Locride, la Phocide, la Béotie, l'Attique et les régions voisines. Voici la description qu'en donnent les anciens : en partant de la Phocide pour se rendre en Thessalie, on passe par le petit pays des Locriens, et l'on arrive au bourg d'Alpénus, situé sur la mer. Comme il est à la tête du détroit, on l'a fortifié. Le chemin n'offre d'abord que la largeur nécessaire pour le passage d'un chariot; il se prolonge ensuite entre des marais que forment les eaux de la mer et des rochers presque inaccessibles qui terminent la chaîne des montagnes connues sous le nom d'Œta.

A peine est-on sorti d'Alpénus, que l'on trouve à gauche une pierre consacrée à Hercule Mélampyge, et c'est là qu'aboutit le sentier qui conduit au haut de la montagne. Plus loin, on traverse un courant d'eaux chaudes. Tout auprès est le bourg d'Anthela. Au sortir de la plaine qui l'entoure, on trouve un chemin, ou plutôt une chaussée qui n'a que sept à huit pieds de large. Ce point est à remarquer. Les Phocéens y construisirent autrefois un mur pour se garantir des incursions des Thessaliens. Ce mur, qui avait des portes que les Grecs appellent *pylas*, et le courant d'eaux chaudes, ont fait donner à ce lieu le nom de Thermopyles (1).

Après avoir passé le Phœnix dont les eaux finissent par se mêler avec celles de l'Asopus, qui sort d'une vallée voisine, on rencontre un dernier défilé; sa largeur est d'un demi-plethre (sept à huit toises). La voie s'élargit ensuite jusqu'à la Trachinie, qui tire son nom de la ville de Trachis. Ce pays présente de grandes plaines arrosées par le Sperchius et par d'autres rivières. Tout le détroit, depuis le défilé placé en avant d'Alpénus jusqu'à celui qui est au-delà du Phœnix, peut avoir quarante-huit stades de long (environ deux lieues). Sa largeur varie presque à chaque pas; mais partout on a d'un côté, des montagnes escarpées, et de l'autre la mer, ou des marais impénétrables. Le chemin est souvent détruit, ou par des eaux stagnantes, ou par des torrens.

En apprenant le choix de la diète, Léonidas prit pour l'accompagner trois cents Spartiates; les Thébains lui donnèrent quatre cents hommes; bientôt son détachement se grossit successivement. Mille soldats de Tégée et de Mantinée arrivèrent, cent vingt d'Orchomène, mille des autres villes d'Arcadie, quatre cents de Corinthe, deux cents de Phlionte, quatre-vingts de Mycènes, sept cents de Thespies, mille de la Phocide, enfin la petite nation des Locriens se rendit au camp avec toutes ses forces.

D'après la description du détroit des Thermopyles, il ne devait pas être difficile à sept mille combattans d'y arrêter une armée très nombreuse, puisqu'elle ne pouvait approcher des Grecs que par des défilés, où trois hommes de front passaient à peine. Mais s'il était bien de profiter de cette fortification naturelle, il fallait au moins la garder avec précaution, les surprises étant le premier élément de succès à la guerre.

Ni Léonidas, ni les Grecs qui allèrent aux Thermopyles n'en connaissaient le chemin, suivant Hérodote; ce furent les Trachiniens qui les y conduisirent; et l'on voit que Léonidas, au lieu d'examiner les lieux qu'il fallait fermer, se contente de faire relever l'ancienne muraille que le temps avait détruite, et de poster mille Phocéens sur les hauteurs du mont OEta, afin d'observer un sentier qui commençait à la plaine de Trachis, et qui après différens détours, aboutissait par la montagne auprès d'Alpénus. Pour lui, il se plaça avec six mille hommes contre Anthéla, et mit quelques troupes en avant du mur qu'il avait fait rétablir.

Si Léonidas, au lieu de s'en rapporter aux indications étrangères, avait fait une reconnaissance dans la montagne, il aurait vu que le sentier qui la traversait était aussi important à défendre que le pas des Thermopyles; rien n'était plus facile que de fortifier ce nouveau poste; ses sept mille hommes lui permettaient de le défendre avec avantage; et il pouvait aussi bien arrêter l'armée de Xerxès sur ce point, qu'il le fit auprès d'Anthéla.

Remarquons encore que le temps ne manquait point pour prendre ces précautions vulgaires qu'un général ne doit négliger dans aucun cas; qu'ici les Grecs ne pouvaient être inquiétés par les Perses; et que ce fut long-temps après leur arrivée aux Thermopyles que Xerxès fit marcher ses troupes et donner l'assaut.

Les Mèdes et les Cissiens se présentè-

(1) Voyez l'ATLAS.

rent d'abord et furent repoussés avec un carnage effroyable; dix mille Perses, commandés par Hydarnès et connus sous le nom de corps des immortels, tentèrent ensuite, mais vainement, d'écraser les Grecs. En un mot, pendant deux jours ils se maintinrent contre l'armée entière, tant ils étaient favorisés par l'avantage du terrain qui les rendait invulnérables, tandis que les premiers rangs ennemis tombaient percés de coups.

Xerxès désespérait de forcer le passage, lorsqu'un habitant de ces cantons, nommé Épialtès, vint lui découvrir le sentier fatal, par lequel on pouvait tourner les Grecs. Le prince, transporté de joie, détacha aussitôt Hydarnès avec le corps des immortels qui brûlait de venger sa défaite. Ils partent au commencement de la nuit sous la conduite d'Épialtès, surprennent le détachement des Phocéens, qui craint d'être enveloppé et se disperse, et après avoir marché toute la nuit, arrivent au haut de la montagne. L'armée suit ce mouvement.

Si jusqu'ici Léonidas montre peu de capacité comme général, on est forcé de convenir qu'une fois tourné, rien n'est plus beau que l'héroïsme qu'il développe et le plan hardi qu'il forme de surprendre Xerxès dans son propre camp.

Il avait été instruit pendant la nuit du projet des Perses, et au point du jour il apprit leur succès par les sentinelles accourues du haut de la montagne. Aussitôt il assemble les chefs des Grecs : « Les » lois de Sparte ne me permettent pas de » quitter le poste qui m'est confié, leur » dit-il; mais vous, il vous faut réserver » pour des temps meilleurs et pour le sa-» lut de la Grèce; allez, elle réclame vos » bras. » Les Thespiens protestent qu'ils ne quitteront point les Spartiates; les quatre cents Thébains prennent le même parti, le reste de l'armée sort du défilé.

Léonidas attendit la nuit (480 av. not. ère), et avec les mille braves qui lui restaient, ayant pénétré dans le camp des Perses, il en fit un massacre épouvantable. Deux frères de Xerxès périrent, et le roi lui-même fut sur le point de tomber entre les mains des Grecs. L'obscurité favorisant leur audace, le carnage dura pendant la nuit entière; mais au point du jour on reconnut le petit nombre des assaillans, et sans oser les approcher, on les écrasa sous des coups innombrables.

Certes on ne peut douter que le dévouement de ces mille héros n'ait produit un effet moral immense sur la Grèce entière; l'histoire a donc eu raison d'honorer l'action de Léonidas. Cependant le devoir du général n'est pas celui du soldat; et si au lieu de se laisser tourner, faute irréparable, Léonidas, par des dispositions plus prudentes, eût arrêté l'armée de Xerxès aux Thermopyles, il aurait plus fait pour sa patrie, et son courage n'exciterait pas moins l'admiration de la postérité. La preuve que l'avantage de la manœuvre appartient aux Perses, c'est qu'ils pénétrèrent en Grèce.

CHAPITRE III.

Combat de Salamine. — Xerxès retourne en Asie ; Mardonius continue la guerre. — Bataille de Platée. — Considération sur le génie militaire des Grecs.

Forcés d'abandonner Athènes à la discrétion de l'ennemi, les confédérés prirent des mesures pour l'empêcher d'envahir la Grèce entière. Ils s'emparèrent du Péloponèse, élevèrent un mur sur l'isthme qui joint cette péninsule au continent, et confièrent la défense de ce poste important à Cléombrote, frère de Léonidas.

Cette mesure fut prise à l'unanimité; mais la même union ne régnait pas dans la flotte. Eurybiade désirait l'amener auprès de l'isthme, afin d'unir les forces de mer à celles de terre; Thémistocle, d'un avis différent, ne voulait point abandonner un poste aussi important que Salamine, où la flotte croisait alors. « Resserrés dans ce détroit, disait-il, nous opposerons un front égal à celui de l'ennemi; en pleine mer, la flotte des Perses ayant assez d'espace pour se déployer, nous enveloppera de toutes parts. »

La justesse de cette opinion ne paraissant pas frapper également tous les esprits, Thémistocle eut recours à un stratagème. Un émissaire alla, pendant la nuit, annoncer de sa part à Xerxès, qu'une partie des Grecs, le général des Athéniens à leur tête, voulait se déclarer pour lui; que les autres, saisis d'épouvante, se préparaient à la fuite; qu'il suffisait de les attaquer pour vaincre ces hommes affaiblis par leurs divisions; mais qu'avant tout, on devait leur rendre la retraite impossible. Xerxès suivit le conseil artificieux de son ennemi.

L'île de Salamine, placée en face d'Éleusis, forme une grande baie où l'on pénètre par deux détroits, l'un à l'est sur les côtes de l'Attique, l'autre vers l'ouest du côté de Mégare; le premier, à l'entrée duquel on trouve la petite île de Psyttalie, peut avoir sept à huit cents toises environ en quelques endroits, et beaucoup plus de largeur en d'autres. Xerxès détacha deux cents vaisseaux pour fermer entièrement le passage de l'ouest, qui est le plus étroit.

Tout étant disposé pour le combat (480 av. not. ère), Xerxès voulut en être le spectateur et se plaça sur le mont Égalée, qui dominait Salamine. Sa flotte partit en bon ordre; cependant, lorsqu'elle entra dans le détroit, elle fut obligée de rétrécir son front et par conséquent de s'affaiblir.

Thémistocle avait prévu ces difficultés pour les Perses; il les accrut encore en tirant parti d'une circonstance qui aurait pu paraître indifférente aux yeux d'un chef vulgaire. Il savait qu'un vent périodique assez violent soulevait les flots dans ces parages; il comptait que ce vent n'aurait aucune action sur les vaisseaux grecs, à cause de leur forme plate et peu élevée, tandis qu'il tourmenterait beaucoup ceux des Perses dont la proue présentait une hauteur considérable.

Il attendit le moment précis pour attaquer et vint fondre sur l'amiral, commandé par Ariabignès, frère du roi: c'était le vaisseau le plus fort de l'armée. Deux navires athéniens suivirent Thémistocle, heurtèrent violemment l'amiral et l'accrochèrent. Le commandant des Perses combattit vaillamment, fut tué en brave, et son vaisseau coulé à fond.

Cette première disgrâce devint fatale aux Perses. L'autorité, si puissante quand elle est réunie dans un seul, perdit toute sa force en se partageant. Les chefs, qui n'étaient plus d'accord entre eux, augmentèrent le trouble et la confusion que la mort d'Ariabignès occasionnait dans l'armée: ce fut un avantage dont les Grecs surent profiter.

Ils fondirent avec tant d'impétuosité sur les barbares, que du premier choc leurs éperons percèrent plusieurs vaisseaux; ils en rendirent un grand nombre inutiles en brisant leurs rames, et parvinrent à mettre le désordre parmi les Phéniciens. Le reste fut bientôt ébranlé, et les vaisseaux mis en fuite par les Grecs rencontrant ceux qui s'avançaient pour combattre, ils heurtaient les uns contre les autres et se brisaient dans le choc.

Artémise, reine d'Halicarnasse, fit preuve dans cette journée d'une rare présence d'esprit. Cette princesse couraeuse montait un vaisseau de la flotte les Perses. Voyant arriver un navire athénien plus fort que le sien, elle imagina une ruse qui lui donnait le moyen d'exercer sa vengeance et de se sauver : Artémise changea de direction, et, poussant son vaisseau sur celui de Damasithyme, roi des Colendiens, avec qui elle avait eu un démêlé quelques jours avant Salamine, elle attaqua son navire et l'abîma. L'Athénien, trompé par cette manœuvre, crut que ce navire faisait partie de l'armée grecque, ou venait de se déclarer pour eux, il cessa de le poursuivre et la reine échappa.

Xerxès, qui connaissait le vaisseau d'Artémise, fut dupe lui-même de cet artifice ; comme les Grecs commençaient à triompher, il s'écria : « Ici les femmes combattent en hommes et les hommes en femmes. »

La nuit termina cette bataille mémorable. Les Grecs avaient à peine quarante vaisseaux endommagés ou coulés à fond ; les Perses en perdirent plus de deux cents, sans compter ceux qui furent pris avec tout leur équipage.

Le lendemain du combat, Xerxès forma le projet de joindre au continent l'île de Salamine par un pont de bateaux et d'y faire passer son armée. C'était une entreprise hardie qui allait mettre la Grèce à deux doigts de sa ruine ; cependant Mardonius, gendre du roi, lui conseilla de faire une retraite honorable en emmenant la plus grande partie de ses troupes. Avec des corps d'élite, Mardonius se chargeait d'achever la conquête de la Grèce, ce qui devait remplir le but de l'expédition.

Thémistocle prouva qu'il était digne de concevoir et d'exécuter les plus hautes entreprises, en ne se montrant pas moins habile après le succès qu'avant le combat. On voulait rompre le pont de bateaux construit par les Perses, et couper ainsi leur retraite. Thémistocle s'empressa de faire répandre ce bruit dans l'armée de Xerxès, afin d'engager ce prince à hâter son départ. Le désespoir fait naître le courage, et l'on doit bien se garder de l'appât d'une victoire complète, en ôtant à l'ennemi tout moyen d'échapper. D'ailleurs, les déroutes, si meurtrières pour les vaincus, n'occasionnent aucune perte aux vainqueurs ; et c'est une des grandes maximes de la guerre, qu'il faut faire un pont d'or à son ennemi pour faciliter sa fuite.

Xerxès repassa la mer avec précipitation et laissa trois cent mille hommes à Mardonius pour terminer la guerre. Les armées combinées des Athéniens et des Lacédémoniens se montaient à cent dix mille hommes, sous la conduite de Pausanias et d'Aristide. Mardonius chercha d'abord à gagner les Athéniens, et n'ayant pu réussir, marcha sur Athènes que les habitans abandonnèrent encore. Cette ville fut de nouveau livrée au pillage et à l'incendie.

Craignant d'être attaqué dans l'Attique, pays montueux, où la supériorité du nombre était inutile, Mardonius eut la sagesse de retourner en Béotie, et de se fortifier par des ouvrages bien ordonnés sur la rive gauche de l'Asopus.

En cas de revers, il voulait se ménager un asile. Les Grecs, s'étant laissé tromper sur la marche de Mardonius, n'arrivèrent que long-temps après les Perses, et campèrent de l'autre côté du fleuve, sur les pentes du Cithéron. Il y avait de part et d'autre un risque égal à quitter les positions ; les deux armées restèrent dix jours en présence.

Le onzième, les Grecs reçurent un avertissement pendant la nuit : les Perses devaient attaquer le lendemain matin. Pausanias et Aristide jugèrent convenable, dans les dispositions qu'ils prirent pour l'ordre de bataille, d'opposer les

Athéniens aux Perses, et les Lacédémoniens aux autres troupes auxiliaires. L'avantage de cette combinaison revenait aux Grecs, car on allait les mettre en face d'adversaires qui connaissaient leur valeur. Cependant, soit que cette résolution eût été prise trop tard, ou qu'on ne l'eût pas exécutée avec assez de promptitude, le mouvement s'opérait encore quand le point du jour arriva.

Mardonius fut bien étonné de trouver les Grecs sous les armes; toutefois il pénétra le dessein de Pausanias et d'Aristide. Ne pouvant plus les surprendre, Mardonius ne voulut pas perdre son avantage; il masqua sa manœuvre, fit passer les Perses à sa droite, et rétablit les premières dispositions de ses troupes.

Ce général fit preuve d'une bien plus grande connaissance de la guerre, en occupant les passages par où les vivres arrivaient au camp des Grecs, leur interceptant même l'eau, ce qui les obligea de se retirer vers une place où ils devaient en trouver plus abondamment.

Le camp fut levé pendant la nuit avec un désordre extrême. Les Spartiates et les Athéniens avaient retardé leur départ jusqu'au lever de l'aurore; ces derniers prirent le chemin de la plaine; les Lacédémoniens, suivis de trois mille Tégéates, défilèrent au pied du mont Cithéron. Ils furent atteints par la cavalerie persane. Mardonius lui-même, à la tête de ses meilleures troupes, passa le fleuve et soutint sa cavalerie, pendant que les Grecs auxiliaires qui composaient son aile droite tombaient sur les Athéniens et les empêchaient de donner du secours aux Spartiates.

La promptitude avec laquelle Mardonius conduisit cette attaque et les dispositions qu'il prit pour empêcher les différens corps de communiquer entre eux, méritent de grands éloges; aussi tant qu'il vécut, les Grecs coururent le plus imminent danger; mais ce grand capitaine tomba, frappé d'un coup mortel, et le corps d'élite au milieu duquel il combattait, découragé à l'aspect d'une pareille perte, ayant fléchi un instant, les autres tournèrent le dos et abandonnèrent la victoire.

Pendant ce temps, les Athéniens, favorisés par la supériorité de leurs armes, obtenaient séparément des succès sur les barbares. Artabaze qui commandait un corps de quarante mille hommes, voyant les Perses en déroute, loin de faire des efforts pour rétablir le combat, s'enfuit en toute hâte, avec l'intention d'arriver le plus tôt possible à l'Hellespont.

Si l'on en excepte les Béotiens, tous les Grecs du parti du roi se conduisirent lâchement de dessein prémédité, et se retirèrent vers la ville de Thèbes. Quant aux Perses, battus et mis en fuite par les Spartiates, ils se sauvèrent en désordre dans leurs retranchemens, où ils furent forcés et exterminés.

La bataille de Platée (479 av. not. ère) eut pour résultat l'anéantissement de l'armée perse; mais les Grecs y furent plutôt servis par les événemens que par leur propre mérite. C'est ce qui a fait dire qu'en cette occasion les dieux eux-mêmes s'étaient rendus les auxiliaires de ces héros défenseurs de la liberté. En effet, cette retraite exécutée devant l'ennemi avec assez peu de précautions pour s'exposer à être attaqués séparément, ne pouvait manquer de devenir funeste aux Grecs, sans la mort de Mardonius, celle de Masistius, général de la cavalerie persane, et surtout sans la défection d'Artabaze, trois incidens sur lesquels on ne pouvait raisonnablement pas compter.

Après la bataille de Platée, on continua de combattre, mais Xerxès ayant été assassiné, Artaxerxès, son successeur, crut devoir terminer une guerre qui durait depuis cinquante et un ans, et pendant laquelle l'empire des Perses avait éprouvé des secousses considérables. Il accepta un traité où l'on stipula que toutes les villes grecques situées en Asie seraient déclarées libres, et que les troupes d'Artaxerxès n'approcheraient de la Grèce qu'à une distance telle qu'elles ne pussent inspirer aucune inquiétude.

Pendant cette longue guerre, la frugalité des Grecs leur donna sans doute une grande supériorité sur des ennemis efféminés; mais ce fut peut-être la moindre cause de leurs succès. L'habitude des exercices militaires et l'habileté de leurs généraux y contribuèrent encore plus. On ne regardait point ces connaissances comme des choses de pure curiosité; on ne croyait pas non plus que l'ignorance dût être le partage des gens de guerre; alors les soldats étudiaient et les philosophes portaient les armes. Les professions n'étaient point isolées et séparées les unes des autres, comme elles l'ont été depuis dans les gouvernemens monarchiques. Tous les citoyens, sans aucune exception, étaient obligés de servir la patrie; il ne leur était permis de négliger aucun des talens qui pouvaient lui être utiles; chacun rivalisait pour les acquérir au degré le plus éminent.

Les princes et les républiques entretenaient à leurs frais des maîtres qui enseignaient la tactique, c'est-à-dire la science de ranger les troupes et de les dresser aux différentes évolutions militaires. A Pella, capitale de la Macédoine, il y avait un grand nombre de tacticiens qui touchaient des appointemens considérables. Cette libéralité des princes n'a pas peu contribué à la gloire que les Macédoniens se sont acquise.

Le mérite militaire particulier aux Grecs, depuis l'origine de leur milice jusqu'à nos jours, a toujours résidé dans la tactique proprement dite. Nous verrons cependant que le plan formé par Alexandre pour la conquête de l'Asie, est une conception de stratégie des plus savantes, qui pourrait encore aujourd'hui servir de modèle à tout conquérant. Le passage suivant, tiré de la *Cyropédie*, prouve d'ailleurs qu'encore que les Grecs fissent de la tactique la base de l'art de la guerre, ils ne la considéraient cependant que comme une petite partie des connaissances d'un général.

« Je me souviens, dit Cyrus à Cambyse, que vous ayant prié de donner une récompense à celui qui m'avait enseigné l'art militaire, vous me fîtes des questions sur l'administration d'une armée, et que vous vous mîtes à rire lorsque je vous avouai que je ne connaissais que les ordres de bataille. A quoi cela vous servira-t-il, me dîtes-vous, si vos troupes manquent du nécessaire, si les maladies les tourmentent, ou qu'elles soient mal disciplinées? Vous a-t-on appris de quelle manière on dispose une marche selon qu'elle a lieu la nuit ou le jour; dans les montagnes, dans un défilé ou dans une plaine? Savez-vous comment il faut camper et poser vos gardes; dans quel cas on doit attaquer ou faire retraite; quelles sont les précautions à prendre en passant près d'une ville ennemie; par quel moyen on peut se préserver des gens de trait?... Vous me fîtes comprendre que les ordres de bataille, proprement dits, ne sont qu'une bien petite partie de la science de l'homme de guerre. »

Il ne nous reste aucun écrit capable de nous faire juger des progrès que les anciens avaient faits dans cette vaste science qu'ils appelaient l'art de commander les armées. Ces livres dogmatiques existaient pourtant encore du temps des écrivains qui sous le règne des empereurs, ont essayé de traiter ces matières difficiles. Ce que nous en lisons aujourd'hui peut nous faire supposer qu'on avait réuni un grand nombre d'exemples et de faits, et qu'on en déduisait ensuite des maximes.

Annibal sifflait un de ces docteurs militaires qui, le papier et le crayon à la main, osait discourir avec lui sur les grandes opérations de la guerre. C'est que le génie ne connaît point d'entraves; que l'esprit mathématique, si nécessaire pour la rectitude des idées qui sont accessibles à nos sens, ne peut plus servir de guide dans ces hautes spéculations qui dépassent les bornes de notre intelligence. Ce docteur plaçait Annibal dans le cercle tracé par Popilius; le grand homme n'y voulait pas rester.

L'ordre général des Grecs consistait dans la ligne pleine avec de très petits intervalles entre les principales divisions. Cette ordonnance est à la fois la plus compliquée et la plus aisée à expliquer dans ses moindres détails. Comme il devient absolument nécessaire, pour l'intelligence des auteurs que nous nous proposons de publier, de donner le mécanisme de la formation et de la composition d'une armée grecque, nous allons le faire d'après la tactique qui nous est parvenue sous le nom d'Élien et sous celui d'Arrien.

CHAPITRE IV.

Organisation de la Phalange.

L'objet le plus essentiel dans l'art de la guerre est de mettre en ordre une foule d'hommes qui se rassemblent; de les distribuer en différens corps; d'établir une mutuelle correspondance entre eux; d'en régler enfin le nombre et la force proportionnellement à l'armée, pour en faciliter l'arrangement et le développement dans un jour d'action. De petites troupes bien disciplinées défont presque toujours des troupes plus nombreuses, lorsque celles-ci se présentent avec confusion.

L'infanterie grecque se composait de trois ordres. Des combattans aux armes pesantes ou *oplites*; des soldats qui se servaient d'armes moyennes et qu'on nommait *peltastes*; enfin, de tous ceux qui faisaient usage des armes de jet, comme le trait, la pierre, le javelot. Cette infanterie légère n'avait ni boucliers, ni bottes, ni casques; nous la désignerons sous la dénomination générale de *psilites*.

Les oplites, qui formaient la force principale de l'armée, portaient une cuirasse ou un corselet, un bouclier ovale, une pique à la grecque ou une sarisse à la macédonienne. Leur chapeau était ou lacédémonien ou arcadien; ils avaient deux cnémides (bottines), et souvent une seule pour couvrir la jambe qu'ils avançaient dans le combat. Les peltastes différaient des oplites par le bouclier (*pelta*) plus petit et plus léger, ou par la pique moins longue que celle des pesamment armés. Voyons maintenant de quelle manière les Grecs distribuaient ces trois sortes de combattans.

Les hommes ayant été choisis, on les disposait en files. La file ou *lochos* était composée d'hommes placés les uns derrière les autres, depuis le chef de file, appelé *lochagos* ou *protostate*, jusqu'au serre-file nommé *ouragos*.

On formait la file de huit, dix, douze ou seize hommes, mais le nombre seize parut toujours préférable, parce qu'il convenait le mieux à l'étendue de la phalange, soit qu'on voulût la doubler pour la mettre sur trente-deux de profondeur, ou la dédoubler pour l'étendre. Si l'ordre primitif n'avait été que de huit, et qu'on eût voulu augmenter le front de la phalange, elle devenait sans profondeur. Ces évolutions pouvaient s'exécuter sans gêner les *psilites*, même quand on les plaçait derrière, les javelots, les frondes, les arcs portant beaucoup plus loin que la hauteur de la phalange.

Le quart de la file se désignait par le mot *énomotie* ; c'était la réunion de quatre hommes dont le chef s'appelait *énomotarque*. Deux *énomoties* formaient une *dimérie* ou demi-file qui avait pour chef un *dimérite* ou *hémi-lochite*. Remarquons toutefois que les *énomoties* de Lycurgue se plaçaient sur trois, quatre ou six de front et huit de hauteur ; que, suivant Thucydide, elles étaient sur quatre de front avec une profondeur de huit lors de la première bataille de Mantinée ; qu'à la même bataille, le lochos ne signifiait point une file, mais bien la réunion de cinq cent douze hommes, toujours sur huit de profondeur.

On voit aussi dans la *Cyropédie* que le mot lochos indique le quart d'une division de cent hommes, nommés *taxis*. Ce lochos, qui faisait partie de la taxe, était lui-même subdivisé en *décades* et *pemptades* ; mais cette formation, attribuée par Xénophon aux troupes de Cyrus, ne peut être regardée comme ayant force d'usage parmi les Grecs. Ce fut Philippe de Macédoine, élève d'Épaminondas, qui parvint à fixer les bases de l'ordonnance dont nous allons parler, en y instituant des sections toujours divisibles par deux.

Nous avons dit que le premier de la file, ou le chef de file, était *protostate* (homme en avant) : ce nom devenait commun à tous ceux qui occupaient dans la file un rang impair, c'est-à-dire 1, 3, 5, 7, etc. Le second était *épistate* (homme en arrière), ainsi que tous ceux qui occupaient dans la file un rang pair, comme 2, 4, 6, 8, etc. De sorte que la file se trouvait composée de protostates et d'épistates, rangés alternativement entre le chef et le serre-file. On apportait autant d'attention au choix du serre-file qu'à celui du chef, son poste étant essentiel dans l'action.

La jonction des deux files se nommait *syllochisme*. Elle se faisait en plaçant les protostates et les épistates de la seconde auprès de ceux de la première file. Tout homme à côté d'un autre était *parastate*. On entendait aussi par syllochisme la jonction d'un plus grand nombre de files.

Tout le syllochisme ou le système de la totalité des files était nommé *phalange*. Le rang des chefs de file représentait le front ou la tête de la phalange ; les rangs qui suivaient, jusqu'à celui des serre-files, indiquaient sa profondeur. Tous les parastates bien alignés composaient le rang ; ceux qui étaient compris entre le chef et le serre-file formaient la file.

Les psilites se rangeaient quelquefois derrière la phalange des oplites, afin qu'ils en fussent protégés et qu'ils les secourussent, en lançant leurs traits par-dessus eux. On plaçait la cavalerie tantôt derrière les psilites, tantôt sur les deux ailes : ou bien, lorsqu'une des ailes était couverte par une rivière, un fossé, la mer, on la portait à l'autre aile sur quelque éminence, afin de surveiller l'ennemi.

Les plus habiles tacticiens ayant prescrit pour la phalange des oplites le nombre 16,384, qui est divisible par deux jusqu'à l'unité, la moitié de ce nombre, ou 8,192, forma la ligne des psilites, et la moitié de 8,192, ou 4,096 fut pour la cavalerie. On comptait toujours mille vingt-quatre files.

Les différens nombres de files réunies avaient autant de dénominations particulières. Dans la phalange des oplites, deux files jointes faisaient une *dilochie* ou trente-deux hommes, dont le chef prenait le nom de *dilochite*.

Quatre files composaient une *tétrarchie* de soixante-quatre hommes, dont le chef était nommé *tétrarque*.

Deux tétrarchies formaient une *taxiarchie* de huit files et de cent vingt-huit hommes; celui qui la commandait était *taxiarque* ou *centurion*.

La taxiarchie doublée formait le *syntagme* ou la *xénagie*, de deux cent cinquante-six hommes, ou seize files. Le chef était *syntagmatarque* ou *xénarque*.

Le syntagme formait un carré de 16 par 16. Il avait cinq hommes hors de rang : un porte-enseigne, un officier marchant derrière ou serre-file, un trompette, un hupérète ou porteur d'ordres, un héraut.

Deux syntagmes composaient la *pentacosiarchie* de cinq cent douze hommes, rangés en trente-deux files, dont le chef était *pentacosiarque*.

Deux pentacosiarchies faisaient la *chiliarchie* de mille vingt-quatre hommes.

La chiliarchie doublée, la *mérarchie* ou la *télarchie* de deux mille quarante-huit hommes en cent vingt-huit files.

Deux mérarchies formaient une *phalangarchie* de quatre mille quatre-vingt-seize hommes, en deux cent cinquante-six files. C'était un général qui commandait; il se nommait *phalangarque*. On appelait aussi cette division *stratégie*, et le chef stratège.

Deux phalangarchies faisaient la *diphalangarchie* de huit mille cent quatre-vingt-douze hommes, et de cinq cent douze files. Ce corps formait une *corne* ou la moitié de l'armée.

Deux diphalangarchies composaient la *tétraphalangarchie* ou la phalange complète de mille vingt-quatre files, et de seize mille trois cent quatre-vingt-quatre hommes. Il y avait dans cette phalange deux cornes ou *diphalangarchies*, quatre *phalangarques*, huit *mérarques*, seize *chiliarques*, trente-deux *pentacosiarques*, soixante-quatre *syntagmarques*, cent vingt-huit *taxiarques*, deux cent cinquante-six *tétrarques*, cinq cent douze *dilochites*; c'est-à-dire mille vingt chefs formant un premier rang, et mille vingt-quatre chefs de files.

On comptait trois espèces de distances pour les rangs et pour les files. Dans l'une, le soldat occupait quatre coudées ou cinq pieds huit pouces quatre lignes. Cette première distance était formée à rangs et files ouvertes. Dans la seconde, qui était à rangs et files serrées, l'espace compris entre chaque soldat n'était plus que de deux coudées, ou deux pieds dix pouces deux lignes; enfin, la troisième distance, à rangs très serrés, présentait une coudée ou un pied cinq pouces une ligne.

La seconde distance se prenait en rapprochant les rangs et les files de manière à pouvoir faire demi-tour à droite; on la nommait *serrement*. Mais dans la troisième, appelée *synapisme*, c'est-à-dire union des boucliers, le soldat ne pouvait faire ni à droite ni à gauche; le synapisme était employé pour soutenir le choc, et la seconde disposition servait pour la charge.

L'intervalle compris entre l'aile droite et l'aile gauche de la phalange complète, était de quatre-vingt-seize pieds, et l'on en comptait quarante-huit pour les deux espaces qui séparaient les deux phalanges simples contenues dans chaque diphalangarchie. Ainsi, en prenant pour base l'ordre à rang serré, point de départ le plus habituel, l'infanterie d'une armée grecque occupait un front de trois mille deux cent soixante-quatre pieds, sur quarante-huit de profondeur.

On choisissait avec une grande attention les officiers ou les chefs de file, qui devaient être les plus grands, les plus forts, les plus braves et les mieux exercés. Le premier rang qu'ils formaient contenait toute la phalange, étant à la mêlée ce que le tranchant est au fer : lui seul divise les corps frappés, le reste ne fait qu'appuyer par sa masse. Les épistates ou ceux du second rang, offraient aussi des gens d'élite, parce qu'en joignant leurs piques à celles des chefs de file dans la charge, ils soutenaient leurs efforts. Ils remplaçaient ceux du premier rang, mis hors de combat, afin d'empêcher la phalange de se rompre. L'importance du soldat des autres rangs se mesurait sur la distance où il était du premier.

Le soldat sous les armes, à rangs et à files serrées, occupait deux coudées ou deux pieds dix pouces deux lignes. La sarisse avait quatorze coudées ou dix-huit pieds neuf pouces deux lignes ; deux de ces coudées étaient cachées par les mains du phalangite ; les onze autres, qui faisaient quinze pieds un pouce, garantissaient son corps. Les sarisses du second rang dépassaient le premier de dix coudées, quatorze pieds deux pouces dix lignes ; celles du troisième rang, de huit coudées, onze pieds quatre pouces six lignes ; celles du cinquième, de quatre coudées, cinq pieds quatre pouces quatre lignes ; celles du sixième, de deux coudées, deux pieds dix pouces deux lignes. Ainsi, chaque chef de file était fortifié par six sarisses. Les dix derniers rangs tenaient la pique droite, mais en pressant les premiers du poids de leur corps, ils augmentaient la force de l'impulsion.

Les psilites étaient ordonnés par le général devant ou derrière la phalange, ou bien sur les ailes, suivant le terrain et les dispositions de l'ennemi. On entremêlait aussi des files d'oplites et de psilites ; mais ordinairement ces troupes légères se plaçaient sur mille vingt-quatre files comme les oplites, chaque file ou *décurie* ne présentant que huit hommes, quoique le mot décurie indiquât qu'elle avait été primitivement de dix combattans.

Quatre files formaient une *systase* de trente-deux hommes ; deux systases, une *pentacontarchie* de soixante-quatre ; deux pentacontarchies, une *hécatontarchie* de cent vingt-huit ; chaque hécatontarchie avait, comme le syntagme, cinq hommes hors de rang : un porte-enseigne, un serre-file, un trompette, un hupérète et un héraut.

Deux hécatontarchies faisaient une *psilagie* de deux cent cinquante-six ; deux psilagies, une *xénagie* de cinq cent douze ; deux xénagies, un *systremme* de mille vingt-quatre ; deux systremmes, une *épixénagie* de deux mille quarante-huit ; deux épixénagies, un *styphe* de deux mille quatre-vingt-seize ; deux styphes, un *épitagme* de huit mille cent quatre-vingt-douze. Huit officiers hors de rang commandaient le tout : quatre *épixénarques*, et quatre *systremmatarques*.

Les psilites, quand on les plaça derrière les oplites, durent prendre des armes qui permettaient de réunir la solidité de la phalange avec l'agilité des troupes légères. Plusieurs écrivains ont regardé cette seconde ligne comme une réserve entièrement séparée des archers et des frondeurs ; mais on ne conçoit pas trop comment les psilites auraient pu arrêter un choc assez violent pour renverser la phalange des oplites. Toute réserve doit être forte et imposante, ou elle ne fait qu'accroître les embarras d'un échec.

D'autres, parmi lesquels on peut citer l'empereur Léon, qui nous a laissé des *Institutions militaires*, parlent des psilites et des peltastes comme de deux sortes de combattans légèrement armés, qui autrefois auraient été distincts, mais dont ils ne sauraient spécifier exactement la différence.

Nous manquons de documents pour éclaircir ce point d'histoire militaire.

Toutefois, on peut supposer qu'en maintes occasions l'on s'aperçut qu'il ne devenait pas facile de manier un corps aussi lourd et aussi embarrassé que la phalange des pesamment armés ; tandis que les gens de traits n'étaient ni assez fermes, ni assez solides pour fournir aux différens besoins de la guerre. On forma donc un autre corps capable de suppléer partout au défaut de l'une ou l'autre troupe ; il prit son nom d'un petit bouclier rond qui le distinguait entièrement des oplites ; et tels furent ces *peltastes* qui, dans les armées d'Alexandre, acquirent une réputation égale à celle de la phalange, réputation qu'ils surent conserver sous ses lieutenans quand on partagea l'empire du monde.

Alors, les gens de traits qui gardèrent le nom de psilites, ne furent plus destinés qu'à éclaircir les masses. Ils éloignaient la cavalerie, chassaient des postes importans ceux qui les avaient occupés, reconnaissaient les lieux suspects, s'embusquaient, s'emparaient des endroits élevés, fonction à laquelle leurs armes les rendaient très propres, de même qu'à les défendre parce que personne ne pouvait s'en approcher qu'à travers une nuée de traits. Sur les ailes, les psilites commençaient l'attaque, et lorsque la phalange combattait, ils harcelaient l'ennemi par ses flancs. Ils servaient aussi pour faire rebrousser chemin aux éléphans, ou pour détourner les chariots armés ; enfin, si les phalanges étaient battues, ces troupes devenaient encore nécessaires pour couvrir la retraite.

Tous les peuples de la Grèce n'adoptèrent pas les subdivisions nombreuses de la phalange macédonienne. Les Spartiates étant partagés en cinq tribus, leur armée forma cinq grands corps nommés *moras* et commandés par un polémarque. On ne peut fixer au juste la force du mora, le témoignage des écrivains laissant beaucoup d'incertitude ; cependant Xénophon dit que sous le polémarque il y avait quatre chefs de *lochos*, huit chefs de *pentecostys*, seize chefs d'*énomotie* ; et Thucydide donne au lochos quatre pentecostys, au pentecostys quatre énomoties, et à l'énomotie tantôt trente-six, tantôt trente-deux combattans. Ce qu'il y a de positif, c'est que les subdivisions de la phalange lacédémonienne se réduisirent à quatre : le mora, le lochos, le pentecostys et l'énomotie. Cette formation fut celle que Xantippe donna aux Carthaginois, quand il fut appelé par eux contre Régulus.

CHAPITRE V.

De la Cavalerie dans ses rapports avec la Phalange.

Les Grecs avaient été long-temps sans cavalerie ; mais, lors de l'invasion de Xerxès, ayant beaucoup souffert de la nombreuse cavalerie des Perses, il fut résolu dans les assemblées générales de la Grèce que désormais l'infanterie marcherait appuyée par un certain nombre de chevaux. D'abord, cette troupe auxiliaire ne forma que la onzième partie de l'armée ; cependant elle augmenta beaucoup par la suite, et le nombre des cavaliers sous Alexandre fut souvent porté au sixième des combattans.

La cavalerie, divisée comme l'infanterie en deux classes bien distinctes, l'une pesante, l'autre légère, offrait encore plusieurs subdivisions. Celle qu'on appelait *cataphracte* se présentait armée de pied en cap et les chevaux bardés : on reconnut bientôt qu'elle était trop lourde, et l'on en fit peu d'usage. La cavalerie nommée proprement *la grecque*, et qui servit de modèle aux Romains, avait les chevaux sans bardes ; l'armure du cavalier était une cotte de mailles, le casque de fer, des bottines, et le bouclier passé au bras gauche; pour armes offensives, il portait la lance et une large épée suspendue à sa bandoulière.

La cavalerie légère la plus estimée était celle des Tarentins : elle faisait ses attaques en voltigeant autour de l'ennemi. Le cavalier portait un javelot qu'il lançait; il chargeait avec l'épée ou la hache d'armes; quelquefois avec un autre javelot qu'il tenait en réserve. Les archers à cheval, dont aussi l'on faisait beaucoup de cas, commençaient par harceler l'ennemi de très loin, l'enveloppaient, le mettaient en désordre et préparaient l'attaque des escadrons de cuirassiers. Alexandre, qui renforça son armée de toutes les espèces de cavalerie, tira de celle-ci des services importans. Il avait encore formé une troupe de *dimaques*, armée plus légèrement que les oplites, plus pesamment que les cavaliers, et qui, semblable à nos dragons, combattait à pied et à cheval.

Ce prince n'avait pas négligé non plus de prendre à sa solde des Thessaliens, qui passaient pour les meilleurs cavaliers de toute la Grèce; leurs chevaux étaient admirables, et leurs escadrons réunissaient la force nécessaire pour le choc, sans rien perdre en légèreté. Leur réputation était si bien établie, que tous les états de la Grèce recherchaient à l'envi leur alliance.

Élien et Arrien indiquent la manière dont se formaient les escadrons. Les Scythes et les Thraces faisaient les leurs en *coin*; les Thessaliens en *losange*; les Perses, les Siciliens et la plupart des Grecs, les ordonnaient en *carré*. Selon Arrien, la meilleure proportion du carré était celle qui contenait en étendue la moitié plus de monde qu'en hauteur, comme huit sur quatre, douze sur six, etc.; parce que comptant la longueur du cheval double de sa largeur, la forme de l'escadron devait représenter un carré parfait. D'autres cependant comptaient la longueur du cheval triple de sa largeur, et alors le front de l'escadron devait présenter trois fois sa hauteur, pour qu'il formât un carré. De ces différentes ordonnances, Arrien estime davantage la dernière comme la plus simple, la plus propre à charger en bon ordre et la plus facile pour le ralliement. Au reste, dans toutes ces formations d'escadrons, on y recherchait les propriétés de la force, de la légèreté et de la vitesse dans les manœuvres.

Les Thessaliens plaçaient dans l'ordre *losange* les plus braves cavaliers aux rangs antérieurs. Les deux hommes nommés *garde-flancs* étaient à l'angle de la droite et à celui de la gauche; le serre-file occupait l'angle postérieur; enfin, *l'ilarque* était à la tête. Les deux cavaliers placés à ses côtés n'avaient pas besoin de former un rang derrière lui, mais d'être seulement en arrière, de sorte que la tête des chevaux fût à la hauteur de ses épaules. Les chevaux disposés à droite et à gauche mettaient entre eux un intervalle; car, étant plus longs que larges, ils auraient pu atteindre, en tournant, les chevaux voisins, ou blesser les cavaliers.

Quelques-uns formaient le *rhomboïde* par rangs et par files; d'autres par rangs et non par files; d'autres par files et non par rangs. Ceux qui le disposaient par rangs et par files faisaient le rang du milieu impair; comme de 13 ou de 15, celui de derrière moindre de 2, savoir de 11 ou de 13; les suivans de 9 ou de 11, et ainsi de suite jusqu'à l'unité; de sorte que si le rang du milieu était de 15, tout le rhombe donnait 113. La moitié du rhombe se nommait *coin*.

Ceux qui n'admettaient ni files ni rangs prétendaient que dans cette disposition la conversion et les charges étaient plus faciles, parce qu'il n'y avait aucun obstacle ni à droite, ni à gauche, ni en arrière. Ils placèrent donc les cavaliers à droite et à gauche de l'ilarque, de sorte que les têtes des chevaux fussent à hauteur des épaules du cheval qui précédait, et formassent ainsi les deux premiers rangs ou faces antérieures du rhombe en nombre impair, 11 par exemple. Ils mettaient ensuite derrière l'ilarque le *zygarque*, et formaient en dedans deux rangs parallèles aux premiers, mais moindres de deux hommes. Les deux premiers étant de 11, les deux seconds donnaient 9, et ainsi de suite jusqu'à l'unité. Polybe a fait usage de cet ordre au nombre de 64 et en forme de Λ ou de coin. Philippe de Macédoine l'inventa, et il plaçait les meilleurs soldats à la pointe, afin que les autres fussent fortifiés et conduits par eux comme un fer l'est par une pointe forte et bien acérée.

La disposition par files, mais sans rangs, se faisait comme il suit : on formait une file d'un nombre quelconque dont l'ilarque était le premier et le serre-file le dernier. On plaçait ensuite de chaque côté une autre file, en face des intervalles de la première, et précisément vis-à-vis leur milieu. Les deux nouvelles files présentaient un cavalier de moins que la précédente. S'il y en avait dix primitivement, la seconde donnait 9, la troisième 8, et de même jusqu'à 1. Cette disposition était commode pour les à droite et les à gauche, et différait des autres en ce que les têtes des chevaux qui formaient les files secondaires étaient moins avancées, et n'allaient pas à la hauteur des épaules du cheval qui les précédait.

La disposition par rangs et non par files se prenait ainsi : on faisait un rang impair, qui était celui du milieu, et on formait les autres devant et derrière, de sorte que les chevaux fussent vis-à-vis de l'intervalle du rang postérieur ou de l'intérieur.

L'escadron *rectangulaire* avait ou le front plus étendu que la hauteur, ou la hauteur plus grande que le front. Le premier cas était préférable pour le combat, à moins que l'on ne voulût percer la troupe ennemie; car l'ordre profond devenait alors plus avantageux.

Les *îles* ou escadrons se formaient tantôt devant la phalange, tantôt à sa droite et à sa gauche et quelquefois derrière les psilites. Le premier escadron donnant de 64, son premier rang était de 15, le second de 13, le troisième de 11, et ainsi de suite jusqu'à l'unité. Le porte-enseigne était au second rang, à la gauche du zygarque. Il y avait en tout soixante-quatre îles faisant quatre mille quatre-vingt-seize hommes, et chaque île avait son ilarque.

Deux îles formaient une *épitarchie* de cent vingt-huit hommes; deux épitarchies, une *tarentinarchie* de deux cent cinquante-six; deux tarentinarchies, une *hipparchie* de cinq cent douze; deux hipparchies, une *éphiporchie* de mille vingt-quatre; deux éphiporchies, une *télos* de deux mille quarante-huit; deux télos, un épitagme de quatre mille quatre-vingt-seize.

On entremêlait souvent avec les escadrons des pelotons d'armés à la légère, lestes et bien dressés à ce genre de combat.

Alexandre eut en Asie des troupes légères de toute espèce : archers, à pied et à cheval, acontistes, frondeurs, cavaliers coureurs. Ce prince avait aussi des corps d'infanterie et de cavalerie qui formaient sa garde. Cette garde consistait en un corps d'élite appelé *Hétaires*, c'est-à-dire amis ou plutôt compagnons. Ils étaient tous Macédoniens; les uns, distingués par leur naissance, formaient la cavalerie; les autres, remarquables par leur taille et leur force, composaient l'infanterie. La cavalerie était divisée en huit îles; on ignore combien d'hommes avait chaque île : la totalité ne paraît cependant pas s'être élevée au-dessus de douze cents.

Ces escadrons ne portaient pas le nom de leur ilarque, tous choisis entre les amis d'Alexandre les plus distingués par leur valeur. La première île aux ordres de Clitus s'appelait la *Basilique* ou royale, parce qu'elle était plus particulièrement attachée à la personne du roi. Une seconde portait le nom de *Lagée*, vraisemblablement à cause de Ptolomée, fils de Lagus. On en connaît encore une troisième, l'*Anthémusiade*, d'Anthémus, ville de Macédoine; elle était sous la conduite de Péridas. Enfin, Socrate, fils de Sathon, en avait une quatrième tirée d'Apollonie, ce qui montre assez que les autres îles avaient été levées dans autant de villes principales de Macédoine.

Toute la cavalerie des Hétaires reconnaissait pour chef Philotas; mais après sa mort, le commandement de cette troupe fut partagé entre Clitus et Héphæstion, de crainte que réunie sous un seul chef, elle lui donnât trop de pouvoir. Toutefois lorsqu'Alexandre mourut, elle obéissait toute entière à Perdiccas, auquel succéda Séleucus. On voit encore dans l'armée d'Eumènes neuf cents cavaliers hétaires, et les successeurs d'Alexandre s'empressèrent d'avoir auprès d'eux une garde comme celle du prince.

Aux journées du Granique, d'Issus et d'Arbelles, Nicanor, second fils de Parménion, était à la tête des *Hypaspistes* qui formaient une partie de l'infanterie des Hétaires. Un très long bouclier couvrait les Hypaspistes qui, étant encore armés d'une longue sarisse, différaient peu des oplites grecs. Au nombre d'environ trois mille, ces soldats marchaient immédiatement après les îles et faisaient la garde à l'entrée de la tente ou du palais d'Alexandre.

Les *Argyraspides*, ainsi nommés parce que leurs boucliers étaient argentés, avaient la même fonction. On doit les classer parmi les peltastes. Le nom d'*Agema*, par lequel ce corps se trouve souvent désigné, paraît être une marque distinctive qui s'appliquait également à la cavalerie. Elle avait son agema comme l'infanterie; c'était dans chacun de ces corps d'élite une première section. Cette nuance n'a pas été sentie par les historiens modernes d'Alexandre, et le dernier traducteur d'Arrien s'y est trompé lui-même. Les Argyraspides se distinguèrent dans toutes les actions mémorables. On nous les représente comme un corps de vétérans sexagénaires et même septuagénaires que le courage et l'expérience rendaient invincibles.

CHAPITRE VI.

Mouvemens de la Phalange. — Résumé de ses élémens divers.

On a dit avec raison que l'usage de la langue grecque, si propre aux nomenclatures et aux classifications, ne devait pas être regardé comme une circonstance indifférente dans le degré de perfection que les peuples qui la parlaient surent donner à leur tactique; un seul mot permettait de désigner l'individu, ses fonctions, la place qu'il occupait dans la phalange. Mais ce qui paraîtra peut-être encore plus digne de remarque, c'est de voir les Grecs, dominés partout ailleurs par leur imagination brillante, porter dans leurs idées militaires un caractère de sévérité qu'on ne rencontre pas toujours chez les autres nations.

Qu'on lise Arrien, qu'on étudie même Élien, qui, dans son livre, a déployé toutes les évolutions de parade retranchées par l'historien d'Alexandre, on pourra reconnaître qu'avec des élémens aussi nombreux et aussi variés que ceux de l'ordonnance en phalange, les modernes eussent bien autrement compliqué ses combinaisons. Nous allons en rapporter ici quelques-unes parmi celles qu'Arrien a cru devoir conserver.

Le *clisis* était le mouvement d'un homme à droite vers sa lance, ou à gauche vers son bouclier.

Le double clisis ou *métabole*, le demi-tour à droite ou à gauche.

L'épistrophe se faisait par un quart de conversion de toute la section, qui tournait à rangs et files serrés, comme ferait un seul homme. Le chef de file de l'une des deux ailes servait de pivot. *L'anastrophe* remettait la section dans sa position première par un quart de conversion opposé. La demi-conversion et les trois quarts de conversion avaient des dénominations particulières.

Former les files, c'était aligner tous les hommes de chaque file sur le chef de file, et l'ouragos, en gardant les distances. Pour former les rangs, on alignait sur l'homme qui était à la droite ou à la gauche d'un rang, celui qui lui correspondait dans chaque file de ce rang en conservant les distances. Ainsi le rang des chefs de file présentait une ligne droite, de même que le second rang des épistates jusqu'à celui des serre-files.

Les contre-marches se faisaient par rangs ou par files, et celles par files s'exécutaient de trois manières : à la *macédonienne*; à la *laconienne*; la troisième était nommée *persane, chorienne, ou crétoise*.

La contre-marche macédonienne changeait le front de la phalange en portant sa profondeur en avant, de manière que le premier rang ne bougeait pas de place. Le chef de file faisait demi-tour, ceux qui le suivaient marchaient sur sa droite en le côtoyant, et se plaçaient progressivement derrière lui.

La contre-marche laconique, pour changer aussi de front, formait la phalange en arrière, mais le dernier rang restait sur sa place. Le chef de file faisait demi-tour à droite, et marchait à la distance qu'exigeait la hauteur de la phalange. Toute la file le suivait successivement et se plaçait derrière lui jusqu'au serre-file, qui ne faisait qu'un demi-tour.

L'évolution crétoise changeait le front de la phalange sur son propre terrain par une contre-marche des files. Le chef de file faisait demi-tour à droite, menait sa file après soi, et la laissait suivre en repli, jusqu'à ce que le serre-file fût à la place qu'occupait le chef de file.

Les contre-marches par rangs se faisaient de la même manière que celles des files; leur usage était de transporter les sections, de changer les ailes et de renforcer le centre. Quand l'ennemi était proche, la prudence exigeait que l'on n'exécutât pas ces mouvemens par de plus grandes divisions que le syntagme.

On formait les doublemens de front par rangs ou par files; ils étaient relatifs au nombre des hommes ou à l'étendue du terrain.

Pour avoir 2,048 files sur le même emplacement qui est occupé par 1,024, les épistates avançaient dans les intervalles des protostates, c'est-à-dire qu'on remplissait les distances entre les hommes du premier rang par ceux du second, dans toute la phalange, de manière qu'elle ne présentait plus que huit rangs au lieu de seize.

Pour doubler l'étendue du front de

cinq jusqu'à dix stades, c'est-à-dire de six cents jusqu'à douze cents pas, chaque *corne* ou diphalangarchie faisait à droite et à gauche, et marchait par le flanc jusqu'à ce que la phalange occupât un terrain double de celui qu'elle présentait d'abord. Les hommes partageaient les distances. La manœuvre contraire avait lieu en se serrant sur le centre.

On s'étend pour déborder le front de l'ennemi ou pour se garantir d'en être enveloppé; mais le moment d'une manœuvre affaiblit toujours l'ordre d'une armée, et l'on préférait augmenter le front de bataille par des troupes légères ou par la cavalerie, plutôt que de risquer de rompre les masses.

La profondeur de la phalange se doublait lorsqu'on faisait entrer la seconde file dans la première, le second chef de file devenant l'épistate du premier, et ainsi de suite, de sorte que chaque file formait trente-deux hommes au lieu de seize. On dédoublait le front en rappelant les épistates à leurs premières places. Le doublement de la profondeur de la phalange augmentait sa force et sa densité. On employait aussi cette ordonnance contre la cavalerie, qui chargeait à la course, comme les Scythes et les Sauromates.

Il y avait deux manières différentes de mettre la phalange en mouvement, par l'*épagogue*, et par la *paragogue*. On donnait le nom d'épagogue à la phalange, soit qu'elle partît tout entière pour s'avancer en front de bandière, ou bien par sections plus ou moins grandes, selon le terrain et la disposition du général. Alors la division, qui était à l'une ou à l'autre aile, marchait en avant; les autres défilaient successivement vers la place que la première venait de quitter, et suivaient en queue, ce qui formait la colonne.

On donnait le nom de paragogue à la phalange, lorsqu'ayant fait un à droite ou un à gauche, elle s'avançait tout entière par son flanc. On disait paragogue droite et gauche, selon que les chefs de file qui occupaient les flancs étaient à la gauche ou à la droite.

« Que l'on marche en épagogue ou en paragogue, dit Arrien, le général doit toujours renforcer le côté qui est exposé à l'ennemi; et s'il craint d'être attaqué de deux, de trois ou même de quatre côtés, les mettre en état de se défendre. »

La phalange *antistome* avait deux fronts opposés. On nommait *stome* le rang qui se présentait le premier à l'ennemi. Par cette ordonnance, ceux du milieu se trouvaient dos à dos, et ceux des premiers rangs extérieurs combattaient, de sorte que les uns étaient épistates et les autres serre-files. C'était la phalange ordinaire dont les huit derniers rangs, après avoir fait demi-tour à droite se présentaient face en arrière. Dans cette position, le quatrième épistate, c'est-à-dire le huitième oplite de la première demi-file, devenait serre-file; et dans la seconde demi-file, qui avait fait demi-tour à droite, les épistates, devenaient protostates, les protostates, épistates, et celui qui dans l'ordre ordinaire occupait la place de premier protostate de cette même demi-file, en était le serre-file. On employait utilement la phalange antistome contre un ennemi supérieur en cavalerie.

On opposait au rhombe de la cavalerie l'ordre en *croissant*, ayant à son front les chefs de file pour envelopper la cavalerie qui s'avançait contre eux. Il était destiné surtout à tromper les archers à cheval qui s'abandonnaient au milieu de cette courbure, et à les mettre en désordre en les attaquant avec les ailes, tandis que le centre leur résistait.

L'ordre *convexe* était employé afin de tromper l'ennemi et de lui cacher des forces supérieures. Si le centre suffisait pour soutenir et dissiper son effort, les ailes ne bougeaient; s'il en était besoin, elles accouraient au secours du centre. Élien dit que c'était le plus beau et le plus artificieux.

A l'ordre carré de la cavalerie, on opposait *l'embolon* ou *coin*, que d'autres appellent *tête de porc*. Il avait des oplites à toutes ses faces. Ce nom était emprunté à la cavalerie; mais dans cette arme, la pointe se formait avec un seul homme, et dans le coin de l'infanterie on la composait de trois, parce qu'un seul n'aurait pas suffi pour combattre.

« Ce qu'on appelle le coin, dit Végèce, est une certaine formation de soldats, qui se termine en pointe par le front, et s'élargit à sa base. Son usage est de rompre la ligne ennemie, en faisant qu'un grand nombre d'hommes lancent leurs traits vers un même endroit. A cette disposition on en oppose une autre qu'on appelle la *tenaille*, parce que sa figure ressemble à la lettre V. Elle se forme d'un corps de soldats bien serrés, qui reçoivent le coin, l'enferment des deux côtés, et l'empêchent d'entamer l'ordre de bataille. »

Si l'on voulait se faire une idée juste de cette ordonnance, il faudrait concevoir son front et ses ailes fraisés de longues piques qui les couvraient totalement. On y trouvait encore l'avantage d'éloigner de la portée des traits une partie de la phalange. Il se peut donc très bien que les anciens l'aient employée, et que leur embolon ou *cuneus* ait présenté un véritable coin, et non une colonne semblable aux nôtres.

Cependant plusieurs écrivains militaires, d'ailleurs très recommandables, ont douté qu'en présence de l'ennemi, il fût possible de passer subitement de l'ordre primitif à l'ordre triangulaire, et malgré la dénomination si exacte des anciens historiens et leur témoignage unanime, ils ont nié l'existence du coin.

Mais on ne doit point juger des armées grecques d'après les nôtres; les manœuvres que nous regardons comme impossibles ou ridicules, pouvaient être, chez ces peuples, très faciles à exécuter, et produire un grand effet dans la pratique. C'est d'ailleurs une vérité généralement reconnue que toutes les dispositions qui sont en usage à la guerre, ont pris la dénomination des choses dont elles imitent la figure. Une expérience journalière ayant appris aux Grecs, dans les combats de mer, combien la rencontre des éperons était redoutable pour tout vaisseau qui s'en laissait frapper en flanc, ils auront pu imaginer que, sur terre, l'impulsion d'un corps de troupes figuré de la même manière ne produirait pas moins d'effet contre un autre corps présentant un front plus étendu et des parties moins unies. Nous verrons qu'Épaminondas, à Mantinée, se servit de cette disposition avec avantage.

L'infanterie, chez les Grecs, composait le fond des armées; la cavalerie n'y fut jamais considérable, même sous Alexandre; on la regardait comme accessoire. Pendant long-temps, la cavalerie combattit en escarmouchant; il fallut bien des essais avant de la disposer en ordonnance serrée. L'ordre de bataille rhomboïde et celui en coin, l'un et l'autre formés par rangs ou par files, par rangs et files en même temps, furent d'abord employés; mais le choc n'ayant lieu qu'avec les quatre premiers chevaux, la vitesse était subitement perdue, et l'effet produit avec cette ordonnance devenait moindre qu'engendré par la formation rectangulaire sur quatre ou six de profondeur. Aussi cette dernière disposition ne tarda-t-elle pas à être généralement adoptée chez les nations qui cultivaient l'art militaire.

Nous avons vu que la cavalerie se trouvait divisée en îles ou escadrons d'environ soixante-quatre combattans; que chaque île était commandée par un ilarque, et que ce chef se plaçait à la pointe du rhombe et à celle du coin. Cette dernière figure fut mise en usage par Philippe, roi de Macédoine; Alexandre, au contraire, employa régulièrement la forme rectangulaire plus ou moins profonde; mais il fit ses îles ou escadrons beaucoup plus forts, et les porta jusqu'à deux cent vingt-cinq hommes dans sa cavalerie d'élite.

On sait que l'île était l'unité de force pour former des corps plus considérables; qu'avec huit îles on composait une hipparchie de cinq cent douze combattans, corps que les Romains nommaient *ala*, et que nous désignons par *régiment*. Avec huit hipparchies on réunissait un épitagme, c'est-à-dire une réserve. Les armées grecques n'eurent jamais plus d'un épitagme de cavalerie.

L'ordre de bataille de l'infanterie était l'ordre profond appelé phalange. Cette disposition se formait par des files accolées les unes aux autres, de manière à marquer les rangs. Deux files composaient une section; dans chaque file se trouvait un chef de file et un serre-file.

La profondeur de la phalange a varié selon les temps, les nations, et le système des généraux. Toutefois, il ne paraît pas qu'elle ait jamais eu moins de huit hommes dans la file, et cette ordonnance résultait ordinairement d'une disposition première plus profonde. Nous avons vu que les plus habiles tacticiens adoptèrent le nombre seize pour ordre primitif et habituel, comme favorable au doublement et au dédoublement. Ainsi la phalange avait la forme d'un rectangle traversé dans son milieu par un axe parallèle au front, et par des axes perpendiculaires marquant les sections, composées de deux files chacune : au moyen de cette formation, la phalange pouvait facilement se doubler, et présenter trente-deux hommes de profondeur; ou bien on la dédoublait pour la réduire à huit hommes par file. Au-dessous de cette limite, les Grecs regardaient l'ordre de bataille comme sans consistance.

La force de la phalange élémentaire était de quatre mille quatre-vingt-seize hommes; et la réunion des quatre phalanges élémentaires formait la phalange complète. Cette infanterie de bataille, forte de seize mille trois cent quatre-vingt-quatre combattans, pesamment armés, était accompagnée d'ordinaire de huit mille cent quatre-vingt-douze soldats, armés plus légèrement, et de quatre mille quatre-vingt-seize hommes de cavalerie.

La phalange se tenait dans son ordre de bataille, à files ouvertes, serrées, ou très serrées. Le premier cas avait lieu lorsque les troupes légères, placées en avant, devaient se retirer à travers les intervalles de la phalange; la deuxième disposition était relative à l'attaque; et la troisième se prenait en joignant les boucliers pour soutenir le choc.

Chez les Grecs, les troupes légères commençaient toujours le combat, puis elles se retiraient derrière la phalange pour la soutenir par des armes de jet. La cavalerie se plaçait aux ailes, afin d'agir sur les flancs de l'ennemi; quelquefois même une partie de la cavalerie se tenait derrière la phalange, et pénétrait avec elle dans les trouées; mais l'ordre de bataille se modifiait suivant le génie du général, et les circonstances dépendantes des localités et de la disposition de l'armée ennemie.

Les armes variaient aussi selon le caractère du combattant. Le casque, la cuirasse, les bottines et le bouclier formaient les armes défensives de l'oplite. Pour armes offensives, il portait la pique ou la sarisse et l'épée. Son bouclier était ordinairement d'airain; il couvrait tout son corps, et, appuyé sur la terre, montait jusqu'à la hauteur de son cou. Sa forme en ovale présentait deux échancrures vers ses flancs, ou au moins une, du côté de la pique; ses deux extrémités se terminaient en pointe. Les boucliers portaient souvent un emblême, et l'on cite ce Spartiate qui, ayant fait peindre une mouche de grandeur naturelle sur le sien, répondit à ceux qui critiquaient un insigne presque imperceptible, qu'il approcherait l'ennemi de manière à le lui faire voir distinctement.

L'épée du peltaste, ou soldat léger, différait peu de celle de l'oplite; mais au lieu de la sarisse, il portait un javelot, son casque avait moins de pesanteur, et son bouclier ressemblait pour la forme à la feuille de lierre. Il ne faisait point usage de la cuirasse, seulement les parties les plus importantes de son corps se trouvaient quelquefois garanties par des plaques d'airain.

Le psilite, ou soldat mince, combattait avec un javelot, un arc, des flèches, une fronde, des pierres et des traits qu'il lançait à la main.

Les armes défensives du cavalier étaient le casque qui descendait jusqu'au milieu du visage, afin de parer les traits lancés par la ligne parabolique; un petit bouclier de forme ronde qu'il portait au bras gauche, tandis que des plaques d'airain garantissaient son bras droit et ses cuisses. Il avait aussi des bottes de cuir armées d'éperons. La lance, la petite épée et quelquefois la javeline formaient ses armes offensives. Les archers à cheval ne combattaient pas en troupes. Les cavaliers et les fantassins isolés étaient habillés fort diversement.

Les armes des Athéniens subirent quelques changemens sous Iphicrate. Il remplaça la cuirasse de cuivre par une cuirasse de toile, recouverte de lames de fer; diminua la dimension du bouclier; allongea la pique d'un tiers, et l'épée de moitié. Il fit aussi donner au soldat une chaussure plus légère et plus commode. Philopœmen, général des Achéens, allongea encore la pique, mais n'adopta pas les autres modifications d'Iphicrate; il rendit à ses soldats les grands boucliers des oplites et leurs cuirasses pesantes. On doit croire que ces deux habiles capitaines agissaient suivant les besoins de leur époque.

Il est facile de découvrir les qualités de la phalange grecque; elle avait au suprême degré la force du choc, résultante d'une grande pression; mais elle se trouvait trop massive pour pouvoir être animée d'une vitesse même médiocre. Obligée de serrer les sections pour attaquer, elle fermait ses intervalles, et ne permettait plus aux troupes légères d'agir avec confiance en avant de son front; sa cavalerie même devait rarement la seconder, car il lui était difficile de combiner son action avec la sienne. Lorsque la phalange se doublait en hauteur, ces défauts devenaient encore plus sensibles; elle n'était plus, pour ainsi dire, qu'une masse résistante, incapable de l'activité nécessaire pour combattre ailleurs que dans un pays de plaine.

Cependant l'attaque des phalanges grecques avait quelque chose d'énergique et de militaire qui devait inspirer la terreur et l'admiration. Le combat des troupes légères n'était qu'un faible prélude qui laissait à ce corps de bataille le temps de s'ébranler avec ensemble. Lui seul joignait l'ennemi; et dans ce choc terrible, la précision, l'agilité, la force, l'adresse, le courage, la présence d'esprit, le sentiment de l'honneur, contribuaient à décider la victoire.

CHAPITRE VII.

Guerre du Péloponnèse. — Première bataille de Mantinée. — Retraite des Dix-Mille.

Nous avons vu les peuples de la Grèce, réunis par la nécessité de la défendre contre l'ennemi commun, former une puissance formidable, et, au moyen de l'excellence de leur discipline et de leur tactique, remporter des avantages qui tiennent souvent du merveilleux. La paix divisa ces républiques; les rivalités de Sparte et d'Athènes préparèrent leur asservissement, après avoir fatigué le Péloponnèse pendant vingt-sept années.

Cette guerre, si fertile en événemens, laisse beaucoup à désirer sous le rapport des mouvemens stratégiques; le théâtre des opérations militaires y change continuellement, et l'on y trouve partout cet esprit d'inquiétude et de jalousie qui caractérise bien plus la marche capricieuse d'une guerre civile, que les opérations mûrement concertées d'une grande attaque, ou d'une résistance nationale.

Archidamus, roi de Lacédémone, entre dans le pays d'Athènes à la tête de toutes les forces des alliés de Sparte, qui pouvaient s'élever à soixante mille hommes, et ouvre la campagne par le siége d'Œnoé, place que l'on regardait comme la clé du pays ennemi. Il le commence, puis le lève, et, laissant derrière soi cette forteresse, se jette dans le plat pays que les Athéniens avaient ruiné. L'automne étant venu, Archidamus rompt son armée.

L'année suivante, il rassemble des troupes aussi considérables et ne sait former aucun mouvement décisif. La troisième année, les Lacédémoniens reparaissent plus nombreux, entreprennent de forcer la ville de Platée, et, malgré leurs travaux immenses, sont contraints de changer le siége en blocus, et d'y laisser la moitié de l'armée pour garder des lignes de circonvallation d'une force prodigieuse; ce qui n'empêche pas les assiégés de les franchir par escalade dans une nuit. Les ruses que les Platéens surent employer pour paralyser l'effet des machines qui battaient incessamment leurs murailles, peuvent cependant faire supposer que l'art d'attaquer et de défendre les places avait déjà subi quelques améliorations.

Les Athéniens paraissent aussi mal conduits. L'argent ne leur manque pas; ils ont une belle armée; on ne la fait sortir que pour piller quand l'ennemi a terminé la campagne. Elle ne marche point au secours de Platée dont la résistance courageuse pouvait devenir si utile; elle reste tout entière entassée dans Athènes où une maladie contagieuse détruit le plus grand nombre de ses soldats.

Mais au milieu de ces siéges interminables, de ces opérations avortées, l'art de la guerre marchait vers des progrès rapides; et sans avoir encore atteint ces belles manœuvres dont les Grecs plus tard nous donnèrent de si savans modèles, il est certain qu'à la fin des campagnes du Péloponnèse, leurs généraux montrent plus de capacité.

Dès le début de cette guerre, l'utilité des sciences se fit sentir. Dans une expédition des Athéniens, une éclipse de soleil frappait les troupes d'épouvante; Périclès parvint à ranimer leur courage en leur expliquant ce phénomène.

La marche que les Athéniens tentèrent vers Syracuse offre plusieurs faits importans. La conduite de Nicias qui commandait les troupes, bien qu'elle ait été taxée de lenteur, fut souvent sage, et nul doute qu'il n'eût réduit Syracuse sans les secours que Sparte et Corinthe envoyèrent si à propos. Nicias pouvait se retirer sans perte, mais il n'était pas aussi instruit que Périclès; il crut devoir différer son départ à la vue d'une éclipse de lune qui lui parut d'un mauvais présage, et ce retard causa la destruction de son armée.

C'est pendant cette guerre que l'on commença à comprendre de quelle utilité pouvait être un corps de réserve capable de donner les moyens de remédier aux maux qu'éprouve souvent la ligne de bataille, soit en renforçant à propos sa partie faible, soit en garantissant ses flancs et ses derrières. Cette disposition précieuse, qu'aucun général n'a pu négliger depuis sans s'exposer aux échecs les plus terribles, est due, on le suppose, aux Lacédémoniens.

On voit aussi par le détail que Thucydide nous fait de la première bataille de Mantinée, que ce peuple connaissait l'usage du pas cadencé.

« Ils allèrent, dit-il, à l'ennemi au son de la flûte, pour que la mesure de l'instrument réglât leur marche, l'empêchât de l'accélérer, et que la phalange ne pût se rompre avant de croiser la pique. » Le maréchal de Saxe, que la seule force de la méditation conduisit à deviner *le tact des anciens*, comme il le nomme, et qui le rétablit dans nos armées, n'aurait pas cherché ce problème si long-temps, s'il eût connu ce passage de Thucydide.

Cette bataille de Mantinée (417 av. not. ère), livrée par Agis, roi de Sparte, et ses alliés, contre les Athéniens et ceux de leur parti, nous montre que s'il est dangereux de s'ouvrir quand on s'approche pour la charge ou quand l'action est engagée, on peut toujours corriger une mauvaise disposition, et que la plus petite circonstance suffit souvent à un chef habile pour ramener vers lui la victoire.

Les deux armées se trouvèrent en présence auprès d'un temple d'Hercule, où les Argiens et leurs alliés s'étaient emparés d'un poste fortifié par la nature. Les Lacédémoniens s'avançaient contre eux et n'en étaient éloignés que de la portée du javelot, lorsque sur la représentation d'un vieillard, Agis changeant d'avis, se retira tout-à-coup avec ses troupes. Il entra dans la campagne de Tégée, et détourna, du côté de Mantinée, des eaux qui étaient une occasion de guerre entre les Mantinéens et les Tégéates; car de quelque côté qu'elles se portassent, elles causaient beaucoup de mal. Agis supposait que les Argiens dès qu'ils s'apercevraient de son dessein, quitteraient leur position, et que la bataille se donnerait dans la plaine.

Ceux-ci en effet étonnés de la retraite subite des Lacédémoniens, ne savaient d'abord que conjecturer; mais bientôt ils accusèrent leurs généraux de trahison, et les forcèrent de descendre de la colline afin de poursuivre les fuyards.

Le lendemain, les Lacédémoniens quittant le bord des eaux pour retourner à leur camp, aperçurent les ennemis rangés en bon ordre, et qui n'attendaient qu'un signal pour les attaquer. Ils ne se souvenaient pas d'avoir jamais été frappés d'une telle frayeur, dit Thucydide. Il fallait cependant se préparer au combat; ils prirent leurs rangs avec la plus grande précipitation.

Les Scirites se trouvèrent dans cette journée à l'aile gauche (1): seuls des Lacédémoniens, ils avaient le privilége de n'être jamais séparés, ni mêlés avec d'autres troupes. Près d'eux étaient les soldats qui avaient fait la guerre en Thrace sous Brasidas, et avec ceux-ci les Néodamodes. Ensuite venaient les

(1) Voyez l'ATLAS.

Lacédémoniens, les Héræens qui faisaient partie des Arcades, puis les Mænaliens.

Dans l'armée opposée, les Mantinéens occupaient la droite, parce que c'était sur leur territoire qu'on livrait la bataille. Près d'eux étaient les Arcades alliés, ensuite les mille hommes d'élite d'Argos, à qui leur république fournissait depuis long-temps les moyens de s'exercer. Ils étaient suivis du reste des Argiens, des Cléonéens et des Ornéates. Les Athéniens formaient la gauche, et avaient avec eux leur cavalerie.

L'aile droite des Mantinéens s'étendait beaucoup. Agis, qui craignait que sa gauche ne fût enveloppée, donna ordre aux Scirites et aux troupes de Brasidas de se desserrer, afin de prendre un front égal à celui des Mantinéens. Cette manœuvre ayant occasionné un vide, Agis commanda ensuite aux polémarques Hipponoïdes et Aristoclès, de s'avancer de l'aile droite avec deux lochos pour remplir cet intervalle. Agis pensait que sa droite était encore assez garnie, et que sa gauche allait devenir assez ferme pour résister aux Mantinéens.

Les polémarques ayant désobéi, la droite de l'ennemi coupa la gauche d'Agis en se jetant dans l'espace qui était resté vide. De ce côté, les Lacédémoniens furent mis en fuite et poussés jusqu'à leurs bagages.

En donnant ses ordres, Agis avait compté sur trois choses que tout général est contraint d'attendre de ses troupes : habileté dans les manœuvres, sang-froid pour les exécuter, enfin, avant tout, obéissance. La conduite inexplicable des polémarques allait devenir funeste aux citoyens de Lacédémone, lorsque Agis crut apercevoir que le centre des Argiens présentait un moment de fluctuation. Il s'y précipita soudain avec des soldats d'élite, qu'il tenait en réserve, et la rupture de ce centre amena la victoire.

Les Grecs firent en ce temps une expédition célèbre dans la Perse, où régnait Artaxerxès-Mnémon. Cyrus le jeune, qui gouvernait l'Asie Mineure, ayant entrepris de détrôner son frère Artaxerxès, engagea dans son parti treize mille Grecs parmi lesquels se trouvait Xénophon. Cyrus, sans leur faire part de ses desseins, les conduisit vers Babylone, attaqua l'armée d'Artaxerxès, et fut tué dans le combat. C'était un prince magnanime que les talens de l'esprit, les qualités du cœur et les vertus, semblaient rendre plus digne du trône que son frère. Les Grecs, vainqueurs sur tous les points où ils avaient donné, ne déposèrent pas les armes, et revinrent par l'Hellespont. Xénophon compte depuis le départ de Cyrus de la ville d'Éphèse, jusqu'à l'endroit où il s'arrêta, cinq cent trente lieues et quatre-vingt-treize jours de marche, et dans la retraite à partir du champ de bataille de Cunaxa jusqu'à Cotyare, ville située sur les bords du Pont-Euxin, six cent vingt lieues et deux cent cinquante journées de marche. Le temps que l'armée dépensa dans cette campagne renferme un espace de quinze mois.

Lorsque Xénophon suivit Cléarque, qui commandait les Grecs au service de Cyrus, il était volontaire, et n'avait jamais servi que dans un emploi subalterne. Ce fut seulement après que Tisapherne eut fait assassiner les chefs qui s'étaient imprudemment confiés à sa bonne foi, qu'on le choisit dans le nombre de ceux qui les remplacèrent, et soudain il conduisit cette retraite célèbre, qui, sous le point de vue militaire, est le plus beau trophée que jamais nation ait élevé à sa propre gloire. Ainsi, jusque là Xénophon n'avait été chef d'aucune troupe, et ce n'étaient pas les grandes fonctions qui lui avaient donné la connaissance de la guerre, mais bien la théorie qu'il s'en était faite, et qu'il sut appliquer ensuite avec une si grande capacité.

Xénophon donne peu de détails sur la journée de Cunaxa, et semble vouloir réserver toute l'attention du lecteur pour la retraite. On sait cependant que Cyrus était dans une grande impatience d'en venir aux mains, et qu'Artaxerxès au contraire préféra lui abandonner un retranchement de douze lieues d'étendue, que ce roi avait fait construire depuis l'Euphrate jusqu'aux murs de Médie, croyant combattre avec plus d'avantage lorsque toutes ses troupes seraient rassemblées. Cette faute énorme, qui livrait à Cyrus la Médie, Babylone et Suse, prouve bien l'ignorance des généraux persans. Le satrape Tribase osa seul en représenter les conséquences, montrant que le roi avait plusieurs fois autant de soldats que son adversaire; mais Cyrus était déjà maître du retranchement. Ce fut alors que ce jeune prince s'approcha de l'Euphrate, et fit des dispositions pour la bataille (401 av. not. ère) qui devait décider du trône entre lui et son frère.

Il forma ses troupes à la hâte (1); les Grecs, pesamment armés, se rangeant à l'aile droite sous les ordres de Cléarque, Proxène et Ménon, et prolongeant leur ligne jusqu'à l'Euphrate au moyen de leurs soldats armés à la légère, et de mille chevaux de cavalerie paphlagonienne. Le reste des troupes de Cyrus s'appuyait sur la gauche de Ménon, et s'étendait dans la plaine sous le commandement d'Ariée.

Du côté d'Artaxerxès, Tisapherne commandait la cavalerie de la gauche, opposée aux Grecs, et l'on voyait ensuite l'infanterie légère qui portait des boucliers à la perse; l'infanterie égyptienne avec des boucliers de bois qui les couvraient de la tête aux pieds; puis la cavalerie de la droite, et enfin les archers. Ces différens corps étaient rangés par nation, et chaque nation marchait formée en colonne pleine. En avant, à de grandes distances les uns des autres, étaient les chars armés de faux.

Cyrus passant le long de la ligne, donna ordre à Cléarque de marcher avec sa troupe vers le centre des ennemis, où était le roi escorté de six mille chevaux. « Si nous plions ce centre, lui dit-il, la victoire est à nous. » Mais Cléarque n'osa quitter les bords du fleuve, car le centre qu'on lui désignait dépassait de beaucoup la gauche des Grecs, et il craignait d'être enveloppé de tous côtés. Il porta son attaque sur la gauche des Persans et la mit dans une déroute complète, quoique Tisapherne avec une partie de sa cavalerie réussît à percer près du fleuve où étaient les Grecs armés à la légère, et encore ceux-ci ne perdirent-ils pas un seul homme, tandis qu'en s'ouvrant pour laisser passer Tisapherne ils l'accablaient sous leurs coups.

Les choses ne se passèrent pas si heureusement à la gauche de Cyrus. Comme l'armée d'Artaxerxès s'étendait sur un très grand front, et qu'elle pouvait aisément tourner l'armée du jeune prince, ainsi que l'avait supposé Cléarque, le roi s'y porta lui-même. Cette manœuvre devait naturellement inquiéter Cyrus : aussi résolut-il de l'empêcher. Sur le champ il accourt à cette aile suivi de six cents cavaliers d'élite qui lui servaient d'escorte, aperçoit son frère, se précipite sur lui, le blesse à la poitrine, et l'eût terrassé sans aucun doute, lorsqu'un javelot lancé avec force, le frappe lui-même au-dessous de l'œil et lui ôte la vie.

La mort de Cyrus termina la querelle

(1) Voyez l'ATLAS.

d'où dépendait le destin de la Perse; mais les Grecs étaient partout vainqueurs, et sans la lâcheté d'Ariée qui, dès le premier instant, prit la fuite avec son aile gauche, le sort de la bataille n'était pas décidé. Cléarque n'ayant aucune nouvelle de Cyrus, et voyant tous les barbares prêts à fondre sur sa petite troupe, se rapproche de la rivière, la met à dos des Grecs pour ne pas être tourné, et présente une contenance si belle qu'Artaxerxès n'ose tenter de se rendre maître de cette poignée de braves, et se retire honteusement.

Tous les auteurs qui ont écrit sur la bataille de Cunaxa, conviennent que l'armée de Cyrus comptait cent treize mille hommes; cent mille étrangers, et douze mille neuf cents Grecs. Il paraît aussi que ce prince avait vingt chariots armés de faux. On n'a pas la même certitude sur le nombre des soldats qui composaient l'armée d'Artaxerxès. Xénophon le porte à douze cent mille. Ctésias, médecin du roi, témoin oculaire comme Xénophon, mais mieux instruit de ce qui se passait à la cour des Perses, ne parle que de quatre cent mille combattans.

Quoi qu'il en soit, il devient évident qu'une ligne faible d'infanterie ne peut résister aux efforts de plusieurs masses qui se succèdent; et la facilité qu'aurait eue le roi, de partager l'armée de Cyrus dans le centre qui était sa partie faible, devait donner à ce prince de grandes inquiétudes, quand Artaxerxès n'aurait pas eu l'idée de le prendre par derrière. Cyrus le manifestait assez, lorsqu'il criait aux Grecs de donner dans le milieu où était son frère. Si Cléarque eût suivi ce conseil au lieu d'écouter la voix de la prudence, il enfonçait le centre de l'armée persane, et mettait en déroute cette multitude qui voyait l'ennemi pour la première fois.

Le roi alors, au lieu de tourner la gauche de Cyrus, n'eût songé qu'à sa retraite, et le combat entre les deux princes n'aurait point été livré. « Je suppose, dit Plutarque, qu'Artaxerxès eût à choisir lui-même un endroit pour placer les Grecs en bataille, afin qu'ils lui fissent le moins de mal, il n'aurait pas pu en trouver un plus commode que celui que prit Cléarque. »

Cependant cette faute devenait réparable pour un général plus expérimenté que Cyrus. En voyant la disproportion de ses forces, comparées à celles de son frère, il aurait dû refuser sa gauche aux Persans, et ne faire avancer que sa droite où étaient les Grecs. Par cette manœuvre, après que la gauche des ennemis fut mise en déroute, les Grecs auraient tourné sur le centre d'Artaxerxès, et la multitude de ses soldats lui serait devenue aussi inutile qu'elle le fut aux Spartiates, à Leuctres, et aux Éléens, à Mantinée, lorsqu'Épaminondas, comme nous allons le voir, les battit dans un ordre semblable.

CHAPITRE VIII.

Bataille de Leuctres. — Deuxième bataille de Mantinée.

La retraite glorieuse des dix mille ranima l'ardeur des combats parmi les Grecs. Jusqu'alors les Spartiates n'avaient point eu de rivaux dans l'art de la guerre; mais ils furent bientôt surpassés par les Thébains. Devenue puissante sous Pélopidas et sous Épaminondas, Thèbes avait excité la jalousie des autres villes; elle fut obligée de se défendre contre elles.

Épaminondas leva le plus de troupes qu'il lui fut possible et se mit en marche. Son armée ne montait pas à plus de six mille Thébains, pesamment armés, quinze cents armés à la légère, et cinq cents chevaux. L'ennemi, sous la conduite de Cléombrote, s'avançait quatre fois plus nombreux. Épaminondas avait eu la sage précaution de se rendre maître d'un passage qui aurait beaucoup abrégé la marche de Cléombrote; aussi ce général n'arriva-t-il, qu'après un long détour, à Leuctres, petite ville de la Béotie, entre Thespies et Platée.

Les Lacédémoniens avaient formé leur ligne d'infanterie sur douze de hauteur (1); Épaminondas porta jusqu'à cinquante la hauteur des files de son aile gauche. Ce mouvement, qui rétrécissait beaucoup le front de l'armée thébaine si peu nombreuse, changeait déjà la manière de combattre dans les armées grecques qui portaient une attention extrême à ne se point laisser déborder.

Arrivé au pied des montagnes de Leuctres (372 av. not. ère), Épaminondas fit mettre bas les armes comme s'il eût voulu camper. L'armée lacédémonienne qui avait été incertaine si elle livrerait bataille, profita de ce délai, et les officiers laissèrent les soldats s'écarter de leurs rangs. Mais, tout-à-coup, remettant en ligne l'armée qui était en colonne, et renforçant son flanc gauche du bataillon sacré commandé par Pélopidas, le général thébain fit prendre les armes et marcher à l'ennemi.

Cléombrote avait placé sa cavalerie devant son infanterie: ainsi surpris par les Thébains, il n'eut pas le temps de la retirer, et cette cavalerie, mise en déroute et vivement poursuivie, se jeta sur les phalanges et compléta le désordre où elles se trouvaient déjà par l'attaque imprévue d'Épaminondas.

Ce général sut profiter habilement de ce moment décisif, et sur le champ, avec la plus grande vitesse, faisant parcourir à sa gauche l'espace qui séparait les deux armées, elle vint frapper la droite de Cléombrote. Les Lacédémoniens tentèrent de se former en croissant pour envelopper l'ennemi; mais pris eux-mêmes en flanc par les trois cents de Pélopidas; écrasés sous le poids des cinquante hommes de profondeur qui formaient la colonne d'attaque; l'aile droite de Cléombrote, qui n'offrait qu'une hauteur de douze, fut bientôt rompue.

« La droite des Thébains, dit Plutarque, dressée d'une façon nouvelle et non auparavant pratiquée d'un autre capitaine, ayant ordre de ne pas attendre le choc des Lacédémoniens, avait reculé lorsqu'ils s'avancèrent. » C'est qu'instruit de l'habitude où l'on était de se former en croissant pour envelopper un ennemi inférieur en force, Épaminondas avait pris la résolution de refuser sa droite, pour attaquer celle de l'ennemi avec un grand avantage, en renforçant son aile gauche et la formant en colonnes profondes. Cette manœuvre savante, qui ne pouvait s'exécuter que par *l'ordre oblique*, n'avait pas encore été employée avant Épaminondas.

Les Lacédémoniens n'éprouvèrent jamais un échec aussi terrible. Jusqu'alors ils n'avaient perdu que quatre ou cinq cents citoyens dans les désastres les plus sanglans; ils laissèrent à ce combat quatre mille hommes, dont mille des leurs. De sept cents Spartiates, quatre cents restèrent morts sur le champ de bataille. L'armée d'Épaminondas n'eut à regretter que quatre cents hommes, au nombre desquels il y avait seulement quatre citoyens de Thèbes. Ce succès enorgueillit tellement cette nation, que le philosophe Antisthène disait: « Je crois voir des écoliers tout fiers d'avoir battu leur maître. » Ils pouvaient l'être en effet, quoique les Lacédémoniens

(1) Voyez l'ATLAS.

n'aient jamais voulu avouer cette défaite.

Quant aux Spartiates, ils en ressentirent bientôt les suites inévitables. Plusieurs villes de la Grèce, qui jusqu'alors étaient restées neutres, se déclarèrent pour les Thébains et augmentèrent leur armée. Elle était de soixante mille hommes lorsqu'ils entrèrent dans la Laconie et se présentèrent devant Sparte; mais Agésilas, le seul homme de la Grèce en état de lui résister, sut les arrêter à propos, et par son activité courageuse, paralysa les projets d'Épaminondas.

Trompé dans sa marche sur Sparte, ce général résolut de frapper un coup décisif; et sachant que pour protéger la ville on avait retiré toutes les troupes de Mantinée, il s'achemina sans délai vers cette dernière ville qu'il se flattait de surprendre. Les Lacédémoniens le prévinrent encore, et avec vingt mille fantassins et deux mille chevaux, se présentèrent devant l'armée thébaine composée de trente mille hommes et de trois mille cavaliers.

Épaminondas conservait dans sa marche l'ordre de bataille qu'il avait donné à ses troupes pour le combat. Afin de n'être point obligé de perdre un temps précieux lors de la rencontre de l'ennemi, il ne marchait point de front, mais se dirigea en colonnes vers les hauteurs qu'occupa son aile gauche. Quand il fut à un quart de lieue de distance, il fit faire halte et rangea son armée comme s'il eût dessein de camper dans cet endroit. Les ennemis, dupes encore une fois, mirent bas les armes et se dispersèrent autour du camp.

Épaminondas profita de cette faute (363 av. not. ère). Il rompit ses colonnes pour se mettre en bataille; mais comptant peu sur ses alliés qui composaient une partie de son armée, il fit ses dispositions pour combattre seulement avec l'infanterie thébaine et la cavalerie thessalienne qui formaient son aile droite. Il voulait décider la victoire avec les troupes choisies qu'il commandait en personne et qu'il avait rangées sur une colonne à laquelle il donna la forme d'un coin. De cette manière, il allait fondre sur les Lacédémoniens avec un seul corps extrêmement serré et dans lequel étaient ses meilleurs soldats, tandis que le reste de son infanterie devait demeurer toujours hors de la portée du trait.

La cavalerie des Lacédémoniens occupait la droite, rangée en bataille sur autant de profondeur que la phalange des oplites, et sans qu'il y eût de fantassins mêlés entre ces différentes troupes. Épaminondas au contraire, dont le but était de faire un grand effort, forma ses escadrons en triangles et jeta dans leurs intervalles des soldats armés à la légère, persuadé que toute la cavalerie ennemie prendrait la fuite dès que le premier rang serait renversé. Mais dans la crainte d'être inquiété pendant l'action par la cavalerie des Athéniens qui tenait la droite des ennemis, il posta la cavalerie de son aile gauche sur une petite éminence, de manière à la surveiller.

Ces dispositions étant ainsi combinées (1), la gauche et le centre restèrent en arrière, et toute l'armée fit une conversion à laquelle l'extrémité de l'aile gauche de l'infanterie servit de pivot. Dès lors la droite de l'armée devint la tête de la colonne et arriva précisément vers le centre de l'armée ennemie, composé en entier de Lacédémoniens, au moment où la conversion fut à peu près aux trois quarts. C'était le point qu'Épaminondas avait résolu d'attaquer, bien convaincu, s'il réussissait à l'enfoncer, de ne plus trouver aucune résistance dans le reste de l'armée. Pendant cette manœuvre, la

---

(1) Voyez l'ATLAS.

cavalerie thessalienne approcha celle des Lacédémoniens, rangée comme nous l'avons dit sur un ordre très profond. Au moyen des troupes qui la soutenaient, la cavalerie thessalienne l'enveloppa et la mit en déroute.

On se battit des deux côtés avec une ardeur incroyable; mais la victoire ne pouvait être long-temps indécise. Les Spartiates plièrent, et les Thébains, après avoir rompu le centre, prirent les deux ailes à revers et culbutèrent toute l'armée, comme l'avait prévu Épaminondas. On sait que ce fut au moment de son triomphe que ce grand homme fut frappé d'un javelot dont le fer lui resta dans la poitrine, et qu'il mourut deux heures après, léguant à la postérité ses deux filles immortelles, Leuctres et Mantinée.

Avec Épaminondas s'évanouit la gloire des Thébains. Aucun général avant lui n'avait développé des connaissances militaires aussi profondes. L'admiration redouble quand on songe que ses troupes exécutaient les manœuvres les plus compliquées avec une précision que devait bien difficilement permettre l'ordonnance en phalange telle qu'elle existait alors. Il lui fallut peut-être changer toutes les dispositions connues jusqu'à lui. Sa cavalerie s'avançant sur un front très étroit et se déployant ensuite pour laisser manœuvrer les troupes légères qu'elle cachait pour ainsi dire; sa colonne d'infanterie qui en marchant se double par section de droite et de gauche, et qui, garantie par les sages dispositions de sa cavalerie, arrive au centre de l'ennemi sans que celui-ci, étonné d'une manœuvre qu'il ne comprend pas, ait pu évaluer les forces qui vont l'écraser, ni prendre les précautions pour s'en défendre, sont des mouvemens de grande tactique qui étonnent encore aujourd'hui les personnes les plus versées dans la science si difficile des combats.

Cependant un écrivain justement estimé par les lumières qu'il a souvent portées sur les questions les plus difficiles de l'art militaire, Guibert, n'a pas craint d'avancer dans un *avant-propos* célèbre qu'un bon major de son temps conduirait les manœuvres de Leuctres et de Mantinée aussi bien qu'Épaminondas. Guibert, si grand admirateur de Frédéric II, n'ignorait pas que les plus beaux succès de ce prince sont dus à l'emploi qu'il sut faire de l'ordre oblique imaginé par le capitaine Thébain; et l'on peut voir dans le *Traité des grandes opérations* du général Jomini, que la bataille de Lissa entre autres fut donnée sur les principes développés dans ces deux journées célèbres. Aussi le général Lamarque ne craint-il pas de dire qu'Épaminondas eût conduit la manœuvre de Lissa avec autant de succès que Frédéric.

Dans cette bataille, Frédéric II sut habilement profiter d'une lisière de hauteurs qui couvrait une partie de son armée, et lui permettait d'affaiblir sa gauche et son centre sans que l'ennemi s'aperçût du mouvement. Toutefois, il commença par menacer la droite des Autrichiens qui était leur partie faible, jusqu'à ce qu'ils s'y renforçassent de leurs meilleures troupes, aux dépens de leur gauche qu'ils regardaient comme assez fortifiée par la nature du terrain. Frédéric avait à peine trente-cinq mille hommes contre soixante mille. L'élite de ses colonnes fila vers sa droite, tandis qu'à l'aile de l'illusion produite par les hauteurs, il tenait en échec la droite et le centre des Autrichiens. L'aile gauche du prince Charles fut prise à revers et culbutée en moins d'une demi-heure.

« Il n'y a guère de figures de géométrie, dit Lloyd, que les tacticiens n'aient introduites dans les ordres de bataille; mais de tout temps, les troupes ont été formées préférablement en carrés ou en parallélogrammes; ce sont les seules figures propres à un assemblage d'hommes réunis pour le mouvement et l'action. Cela souffre beaucoup de modifications ; les deux modes extrêmes sont la colonne profonde, jusqu'au point où une plus grande profondeur lui serait évidemment inutile ; et le front allongé, jusqu'au point où une plus grande longueur lui rendrait la marche impossible. Au reste, tous les cas qui arrivent à la guerre, et toutes les manières de combattre se réduisent toujours à la colonne et à la ligne de bataille ; la meilleure figure est donc celle qui pour l'attaque et pour la défense, et dans quelque terrain que ce soit, est le plus propre à se former promptement de ligne en colonne et de colonne en ligne, selon le besoin. »

Si cette définition est exacte, et personne ne le contestera, je le suppose, on doit avouer qu'Épaminondas n'a rien fait dans ses deux batailles mémorables, que de mettre en pratique ce que Lloyd indique en théorie. Mais Guibert, préoccupé de ses idées exclusives sur l'ordre mince, ne voulait rien admettre des anciens qui combattaient sur un ordre profond. Il semble que ce tacticien adopte pour ses lecteurs cette maxime de saint Remi lorsqu'il apostropha Clovis avant de lui donner le baptême : « Brûle ce que tu as adoré. »

CHAPITRE IX.

De Philippe et d'Alexandre.—Bataille de Chéronée. — Passage du Granique.

Une nouvelle puissance s'élevait insensiblement dans la Grèce ; c'était celle des Macédoniens. Depuis plus de quatre cents ans que ce peuple subsistait, on ne l'avait pas encore vu figurer sur le théâtre de la guerre, et les Grecs le traitaient de barbares comme les Perses ; mais plusieurs circonstances concoururent à le tirer de cette apathie, et ce fut lui qui apporta les plus grands changemens dans les républiques de ce pays.

Depuis la bataille de Mantinée jusqu'au règne de Philippe, roi de Macédoine, l'histoire de la Grèce n'offre plus rien d'intéressant. Athènes et Sparte sont humiliées, Thèbes n'est plus, et les Grecs, fatigués de leurs longues dissensions, signent une paix générale sous la médiation d'Artaxerxès qui avait besoin de leurs secours pour réprimer en Egypte et dans l'Asie même, des séditions qui troublèrent les deux dernières années de son règne.

Dans sa jeunesse, Philippe avait été conduit à Thèbes comme ôtage, et il y avait reçu la plus grande partie de son éducation. Il acquit à l'école d'Épaminondas cette connaissance intime de l'art de la guerre qu'il déploya dans la suite pendant la durée de son règne glorieux. A peine était-il sur le trône, qu'il leva un corps de six mille Macédoniens. Il l'exerçait souvent sous ses yeux, traitait les soldats avec bonté, les appelait ses camarades, leur donnait l'exemple, et par là en fit autant de héros. Dans la suite ce corps fut augmenté, mais il garda toujours le nom de phalange macédonienne qui le distinguait des autres troupes de l'armée.

Avec ses talens militaires et politiques, ce roi de Macédoine devait fonder une puissance formidable. Aucun prince ne connut mieux que Philippe l'art de semer la discorde, celui de négocier avantageusement et de saisir l'à-propos pour recourir aux armes. C'est de lui que vient ce mot fameux qu'aucune forteresse n'est imprenable pourvu qu'un mulet chargé d'or y puisse monter.

La Macédoine, qui ne présentait qu'un très petit royaume, avait été morcelée par ses voisins. Philippe reprit les provinces démembrées, autant par la ruse que par la force, et parvint à se faire regarder comme l'arbitre de la Grèce. On s'aperçut bientôt qu'il voulait dominer, et les Grecs divisés entre eux essayèrent de se réunir dans ce danger commun pour s'opposer aux projets de Philippe ; mais ce roi devait réussir parce qu'il suivait un plan bien arrêté, et que les Grecs n'en avaient aucun. C'est au milieu de ce conflit d'ambition d'une part, de rivalités et de jalousies de l'autre, que fut livrée la bataille de Chéronée, qui devait décider en un jour de la liberté des républiques de ce pays.

Les Thébains, avec le bataillon sacré, occupaient l'aile droite des confédérés (338 av. not. ère); les Athéniens la gauche; les Corinthiens et les habitans du Péloponnèse le centre. Alexandre, fils du roi, à la tête d'une troupe d'élite de jeunes Macédoniens, soutenus par la cavalerie thessalienne, formait l'aile gauche de Philippe; au centre se trouvaient ses alliés bien inférieurs à ses troupes pour le courage et la discipline; le roi commandait en personne l'aile droite où était placée sa redoutable phalange. L'armée de Philippe montait à environ trente-deux mille hommes; celle des alliés n'allait pas au-delà de trente mille, animés du plus noble motif pour lequel les hommes puissent combattre, mais moins exercés que les Macédoniens.

Philippe se proposait d'attaquer les Athéniens obliquement avec sa phalange, et de protéger son centre qui était la partie la plus faible de son armée, lorsque l'impétuosité d'Alexandre qui, avec son corps d'élite, s'élança sur la cohorte sacrée des Thébains, dérangea son ordre de bataille. Les Athéniens jugèrent que le centre de l'armée du roi de Macédoine, privé de l'appui de son aile gauche, ne pourrait résister à une attaque vigoureuse ; ils s'y portèrent, et en un instant parvinrent à l'enfoncer. Le danger de Philippe était imminent. Séparé avec sa phalange du reste de son armée, une attaque sur son flanc, faite avec intelligence, pouvait décider du sort de la bataille ; mais les chefs des coalisés, divisés d'opinions dans un moment si décisif, se laissèrent aller à la poursuite de l'ennemi sans s'apercevoir, comme cela arrive trop souvent, que la confusion devenait plus grande chez eux que chez les fuyards.

Philippe vit cette faute avec le mépris d'un général habile. Il fit observer froidement à ceux qui l'environnaient, que les Athéniens ne savaient pas vaincre; et feignant de fuir devant eux afin d'augmenter leur désordre, il gagna une éminence voisine. Alexandre avait rompu la bande sacrée des Thébains ; Philippe rallia quelques troupes, tomba sur les Athéniens à qui le succès inspirait une confiance imprévoyante, et les défit totalement.

Ce fut là que Démosthène ternit par sa lâcheté la gloire qu'il avait acquise à la tribune. Cet orateur magnifique, qui ne cessait d'encourager ses compatriotes à défendre leur liberté, se sauva dès la première attaque, et l'on rapporte plaisamment qu'embarrassé dans sa fuite par quelques ronces qui gênaient son passage, il demanda grâce d'une voix lamentable, s'imaginant avoir affaire aux ennemis.

Il eût été de l'intérêt général de la Grèce d'étouffer la Macédoine dans son berceau, et cela serait arrivé si les Lacédémoniens avaient joint toutes leurs forces à celles d'Athènes pour combattre dans les plaines de Chéronée ; mais jamais aucun peuple ne fit une faute plus irréparable. Ils restèrent tranquilles tandis que Philippe vainquait les Athéniens, et lorsque ensuite ils voulurent seuls s'opposer aux efforts de la Macédoine, ils perdirent en un seul jour, à la bataille de Selasie, leur armée, leur pays, leur capitale.

On ne peut s'empêcher de remarquer aussi qu'il aurait fallu d'autres ressorts que ceux de l'éloquence pour faire mouvoir un gouvernement comme celui d'Athènes. Il s'agissait de savoir si l'on devait ou non déclarer la guerre aux Macédoniens : or, on ne voit pas trop que la solution de ce problème dût se trouver dans les *Philippiques* de Démosthène, qui même avoua depuis s'être trompé dans ses conjectures. Voici la cause qu'il allègue de son erreur.

« Ce qui fait notre faiblesse, dit-il, c'est que nous délibérons en plein air. Toute la Grèce sait d'avance ce que nous ferons, comme elle connaît les projets que nous avons résolu de ne pas suivre. Il n'y a ni mystère, ni secret à Athènes; mais on y trouve deux caisses de finances, l'une, destinée aux dépenses théâtrales, assez bien pourvue; l'autre, créée pour subvenir aux frais de la guerre, qui s'emplit presqu'aussi difficilement que l'urne des filles de Danaüs. Philippe de Macédoine, au contraire, est lui-même son trésorier, son général et son conseiller. Ses artifices deviennent infinis; ses desseins sont impénétrables; sa célérité tient du prodige; et l'on voit tout-à-coup son armée campée aux portes de nos villes, sans qu'un seul de nous ait été instruit de ses mouvemens. »

La véritable cause du mauvais succès de cette campagne ne provient nullement de la lenteur des Athéniens, puisque Philippe lui-même fut étonné de la promptitude avec laquelle ils avaient mis tant de troupes en état de combattre. Les Athéniens paraissent bien plutôt s'être trop pressés pour livrer la bataille de Chéronée. Au lieu d'adopter les illusions politiques de Démosthène et de lutter imprudemment contre l'infanterie macédonienne, dont ils ne connaissaient ni l'ordonnance ni l'armure, ils auraient dû se tenir sur le penchant du mont Parnès, afin d'en défendre les défilés qui du côté de l'Asopus, dit Xénophon, sont presque impénétrables. Plus ils s'engageaient dans les plaines de la Béotie, plus ils augmentaient la force de la phalange macédonienne. Elle ne combattait jamais mieux qu'en rase campagne, tandis qu'un pays hérissé comme le nord de l'Attique, offrait de grands obstacles au développement de ses manœuvres, et pouvait l'arrêter long-temps. Rome fut sauvée par un général qui eut l'art de ne point livrer de bataille.

On prétend que dans les premiers momens où Philippe manifesta le projet d'asservir la Grèce, on essaya de l'en détourner en dirigeant son ambition vers l'Asie. On lui représenta, dit-on, combien il était humiliant que cette partie du monde fût plus florissante que l'Europe; que les barbares surpassassent les Grecs en opulence; que les successeurs d'un homme tel que Cyrus, exposé en naissant par sa mère, fussent appelés les grands rois; tandis que lui, descendant d'Hercule, portait un titre moins fastueux. Philippe pouvait bien faire semblant de prêter l'oreille à ces insinuations ridicules; mais il fallait des motifs moins frivoles pour exciter son ambition.

« Il est facile à un homme d'un esprit ordinaire, dit Polybe, d'apercevoir quelles ont été les véritables causes de la guerre contre les Perses. La première de ces causes fut le retour des Grecs sous la conduite de Xénophon. Revenant par les satrapies de la haute Asie, et traversant un pays ennemi, ils ne trouvèrent point d'adversaires dignes d'eux, ou qui pussent s'opposer à leur retraite. La seconde cause fut le passage d'Agésilas, roi de Lacédémone (avec un corps de six

4

mille hommes) en Asie, où rien ne put mettre obstacle à ses entreprises. Il ne fut contraint d'y renoncer qu'à cause des troubles qui survinrent alors dans la Grèce. En conséquence, Philippe réfléchissant d'un côté sur la mollesse et la lâcheté des Perses, de l'autre sur l'expérience des Macédoniens dans l'art militaire; considérant encore la grandeur, l'éclat et les avantages de cette expédition qui devait lui concilier la bienveillance des Grecs; saisit le prétexte de les venger des Perses, prit son essor, et disposa tout pour l'entreprise. »

Philippe avait ordonné à Attalus et à Parménion de passer en Asie avec des troupes, et se préparait à les suivre, quand à l'âge de quarante-six ans il fut poignardé par un Macédonien vendu aux satrapes Persans, si l'on en croit le manifeste qu'Alexandre publia lors de son entrée en Asie.

Ce prince, qui lui succéda, avait toutes les qualités nécessaires pour réaliser un aussi vaste projet. Au bruit des succès de son père, Alexandre se plaignait à ses compagnons d'enfance, et craignait qu'on ne lui laissât rien à faire. Des ambassadeurs du roi de Perse étant arrivés un jour à la cour de Macédoine pendant l'absence de Philippe, Alexandre les reçut, et au lieu de leur adresser des questions naturelles à son âge, concernant les jardins suspendus en l'air, la richesse et la magnificence des palais de la cour de Perse qui excitaient l'admiration du monde; il demanda quelle était la route de l'Asie Majeure; les distances entre les villes principales; en quoi consistaient réellement les forces du roi de Perse; quelle place il occupait dans une bataille; comment enfin il gouvernait ses sujets.

En montant sur le trône, Alexandre se vit environné de dangers. Outre les peuples barbares vaincus par Philippe et impatiens de secouer le joug, les Grecs étaient résolus de profiter de l'occasion pour recouvrer la liberté dont Philippe les avait dépouillés. Le péril était si pressant, que les Macédoniens les plus prudens conseillèrent à leur prince d'user d'adresse et de politique, plutôt que d'employer la force de ses armes. Mais ces conseils pusillanimes étaient loin du caractère d'Alexandre; il jugea sagement que si ses ennemis remarquaient en lui la moindre hésitation, ils tomberaient tous à la fois sur ses états, et lui enlèveraient les conquêtes de son père.

Il marcha d'abord contre les barbares, voulant les subjuguer de manière qu'ils ne pussent désormais troubler la tranquillité de son royaume, et désirant aussi en tirer des secours pour l'aider à la conquête qu'il méditait. Ces avantages furent en effet le fruit de la défaite des Thraces, des Triballiens, des Autoriates, des Taulentiens, des Pæoniens et des Gètes.

Alexandre était encore au-delà de l'Ister, quand il apprit que sur un faux bruit de sa mort, répandu par les orateurs de la Grèce, toutes les villes allaient se révolter, et qu'à Thèbes on avait même égorgé deux de ses officiers. Alexandre rentra en Macédoine, traversa en six jours une partie de la Thessalie, et franchit les Thermopyles.

Il semble que ce prince voulait sauver les Thébains; au moins leur donna-t-il tout le temps de revenir à eux-mêmes; mais une proclamation insensée, qu'ils firent publier du haut d'une tour, pour insulter le nouveau roi de Macédoine, précipita leur ruine. Les habitans de cette malheureuse cité se défendirent avec une bravoure digne des vainqueurs de Leuctres et de Mantinée. La vengeance de l'ennemi put à peine être assouvie par une journée entière de massacres.

Les Thébains s'étaient attiré cette

sanglante représaille, par la destruction de Platée, de Thespies, d'Orchomène, et par mille autres actes de tyrannie; aussi, quoique Alexandre fût peut-être satisfait d'effrayer et de contenir la Grèce par ce terrible exemple, il allégua la nécessité où il se trouvait de donner cette satisfaction aux peuples ses alliés.

La nouvelle d'un pareil désastre porta la consternation dans Athènes. Sous prétexte de le féliciter de son heureux retour du pays d'Illyrie et de celui des Triballiens, elle envoya des députés vers Alexandre. Ce prince les accueillit favorablement; mais il demanda les orateurs, au nombre de huit, qu'il regardait comme la cause des troubles. Les Athéniens envoyèrent une seconde députation pour fléchir Alexandre, et il se contenta d'en faire exiler un seul.

Ce prince indiqua ensuite une assemblée à Corinthe, y traita les députés avec douceur, et demanda le commandement en chef contre les Perses, comme on l'avait donné à son père. Il ne lui fut pas difficile de rallumer dans l'esprit des Grecs la haine ancienne contre leurs ennemis perpétuels et irréconciliables, haine à laquelle les dissensions domestiques pouvaient bien donner trêve, mais qu'elles n'avaient jamais éteinte.

De retour en Macédoine, Alexandre confia le gouvernement de ses états à Antipater, général aussi habile que fidèle, et lui laissa douze mille hommes d'infanterie et quinze cents de cavalerie. Il partit pour l'Asie au commencement du printemps (335 av. not. ère); mais ses moyens n'étaient pas proportionnés à la grandeur de l'entreprise.

Son armée se composait de douze mille Macédoniens, de sept mille alliés, de cinq mille mercenaires, tous gens de pied, aux ordres de Parménion; de cinq mille Odryses, Triballes et Illyriens; de mille archers agriens, de quinze cents cavaliers macédoniens, sous le commandement de Philotas, fils de Parménion; de quinze cents hommes de cavalerie thessalienne, que Calas, fils d'Harpalus, commandait; de six cents cavaliers grecs, conduits par Erigyus; enfin de neuf cents avant-coureurs de Thrace et de Pæonie, qui avaient pour chef Cassandre : en tout trente mille hommes d'infanterie, et quatre mille cinq cents de cavalerie. En vingt jours Alexandre arriva de Macédoine à Sestos. Là, il s'embarqua sur une flotte de cent soixante trirèmes et de plusieurs bâtimens de transport, et fit traverser l'Hellespont à son armée. Alexandre remplissait les fonctions de pilote, et dirigeait lui-même son vaisseau.

Il a toujours paru étrange que les Perses n'aient fait aucune démarche pour arrêter cette armée, et s'opposer à son débarquement, ce qui était d'autant plus facile, qu'ils possédaient une flotte considérable. On n'a pu savoir au juste si cette faute était le résultat de l'ignorance ou du mépris.

Memnon de Rhodes, le plus grand capitaine de l'Asie, avait conseillé aux généraux qui lui étaient associés, de ne pas risquer un combat, mais de ruiner le plat pays, de détruire tous les vivres et les fourrages de Phrygie et de Mylie, afin d'affamer l'ennemi, et le forcer à retourner sur ses pas. Il proposait aussi d'aller porter la guerre dans la Macédoine. Le conseil qu'il donnait était excellent, par rapport à un ennemi vif et impétueux, qui était sans villes, sans magasins, sans retraite; qui manœuvrait sur un pays inconnu; que les retardemens seuls pouvaient affaiblir, et qui n'avait d'autres ressources et d'autres espérances, que dans le prompt succès d'une bataille.

Alexandre s'avançait en colonne, formée au moyen de la phalange doublée, et marchant par son flanc; la cavalerie couvrait les ailes; puis derrière venait le bagage qui n'était pas considérable. Darius dirigea ses troupes vers la Troade, et campa auprès de Lélie, dans les plaines arrosées par le Granique, afin d'en disputer le passage aux Grecs.

Les dispositions que prit Memnon pour défendre le gué qu'Alexandre avait fait reconnaître, sont dignes d'un chef qui jouissait d'une aussi grande réputation (334 av. not. ère).

Comme il y avait une hauteur qui s'élevait le long du bord de la rivière, en laissant un intervalle de terrain assez large pour y placer une ligne de troupes, Memnon y posta sa cavalerie, forte de vingt mille chevaux, et la fit couronner par son infanterie plus nombreuse, placée en seconde ligne, de manière à ce que les rangs s'élevaient les uns sur les autres comme en amphithéâtre. Cette éminence démasquait le gué en le dominant de fort près, de sorte que ceux d'en haut pouvaient tirer par-dessus la première ligne. La rivière était profondément encaissée, ses bords se présentaient escarpés et glissans.

Quelque grand que fût le courage des capitaines d'Alexandre, ils ne tardèrent pas à reconnaître le désavantage de leur position, et Parménion entre autres lui conseilla de camper dans cet endroit et d'attendre le lendemain, pour laisser aux troupes le temps de se reposer.

Il redoutait l'effet de la cavalerie persane, qui pouvait les empêcher de se former en bataille, et leur faire supporter un échec capable de compromettre le succès de cette noble entreprise: la réputation des armes dépendant presque toujours des commencemens. Mais Alexandre répondit que par cela même que cette action paraissait hasardeuse, il la jugeait nécessaire, afin d'inspirer la terreur à ses ennemis. Il s'avança donc jusqu'à une certaine distance du fleuve, où il fit déployer sa colonne à droite et à gauche, pour former la phalange sur une ligne de six sections avec la profondeur ordinaire de seize hommes. Dans cette position, la cavalerie persane qui bordait le rivage opposé, présentait un front égal à celui de l'armée entière d'Alexandre.

Le lit du fleuve était inégal et les gués entrecoupés par des profondeurs; les Macédoniens ne pouvaient le traverser que sur un petit front, excepté vers la droite où le gué paraissait plus spacieux, et où Alexandre se proposait d'y faire les plus grands efforts. Il y plaça sur un même front, avec sa phalange, le corps des Hypaspistes, comprenant les Argyraspides; et en forma une septième et une huitième section.

Il leur joignit l'escadron de Socrate, qui ce jour-là avait le poste d'honneur pour la première attaque, avec un corps de cavalerie légère, armé de piques, et un autre corps de Pæoniens. Il mit à la pointe de cette aile droite les huit escadrons des Hétaires. Deux petits corps d'infanterie légère, composés des archers et des Agriens, furent rangés derrière eux pour les soutenir. La cavalerie thessalienne, celle des alliés, et la thracienne, se postèrent à l'aile gauche.

Les deux armées demeurèrent quelque temps à se regarder, comme si elles eussent redouté l'événement. Enfin Alexandre fit donner le signal, et toutes les trompettes de l'armée sonnèrent. Aussitôt Ptolémée sortit de la ligne à la tête de l'escadron de Socrate (1) et entra dans le fleuve suivi de ces deux corps de cavalerie légère qui étaient à son côté,

(1) Voyez l'ATLAS.

et des Hypaspistes qui marchèrent à la queue de cette cavalerie, en tirant à gauche autant qu'il était possible.

En même temps, Alexandre avança avec les escadrons de la garde; il se précipita le premier dans le fleuve, au-dessus de la troupe de Ptolémée, et le traversa en biaisant contre le cours de l'eau. Ce mouvement oblique facilitait le passage à l'infanterie en rompant le courant. Il se trouva encore, par cette disposition, en état de présenter assez promptement à l'ennemi le front de sa cavalerie.

Ptolémée se promettait de prendre terre le premier, mais Memnon jugeant sainement les dispositions d'Alexandre, se posta lui-même sur sa gauche avec ses meilleures troupes. Ce général n'attendit pas non plus qu'il eût passé un certain nombre de Macédoniens pour les charger et les culbuter dans la rivière; il connaissait trop bien ses adversaires; il fallait les attaquer dès l'abord, et il n'y manqua pas.

Aussi Ptolémée se vit-il accablé d'une grêle de traits; et lorsqu'il tâchait de franchir le bord escarpé du fleuve, la cavalerie persane, qui se sentait soutenue par l'infanterie, s'y opposa avec tant de vigueur, qu'il fut contraint de reculer. Ce fut alors qu'Alexandre s'avança en diligence.

Cette attaque savante, qui permit de remplacer les escadrons de Ptolémée, donna de la sécurité aux Hypaspistes qui couraient le danger d'être pris en flanc, et plaça ainsi à côté de la cavalerie un corps d'infanterie considérable, en état de combattre de front. Ce n'était pas un mince avantage.

Cependant, les Perses fondent sur les Grecs à mesure qu'ils arrivent, les chargent avec impétuosité, et les repoussent quelquefois dans la rivière. Alexandre fit des prodiges de valeur à la tête des escadrons d'élite, qui se formèrent malgré le désavantage du terrain. Ses cavaliers, qui avaient de fortes et longues sarisses, s'en servirent avec succès contre les Perses armés de sabres et de haches, ou d'arcs dont les traits s'émoussaient pour la plupart sur les armures des Macédoniens. D'ailleurs l'infanterie légère survint, et soutint les escadrons. Elle aida les Grecs à éloigner d'eux les Perses, qui de près leur ôtaient quelquefois l'usage de la lance.

A l'aile gauche, Parménion ayant traversé le fleuve à la tête de sa cavalerie thessalienne, suivi de côté par celle des alliés et par les Thraces, rencontra la même difficulté pour aborder et prendre son terrain.

Pendant ces différens combats, qui fixaient aux ailes l'attention de l'ennemi, l'infanterie macédonienne essaya de se mettre en ligne. Les sections de la gauche marchèrent sur les traces de la cavalerie de Parménion, se tenant autant qu'elles purent de côté en forme d'échelle; celles de la droite, qui avaient suivi le même gué que les Hypaspistes, exécutaient un mouvement semblable. A mesure qu'elles avancèrent et que le gué devint plus large et plus praticable, elles s'étendirent vers le centre. Les sections qui se trouvaient alors les plus voisines du bord, se serrèrent, et présentant leurs longues piques, permirent aux autres de se rapprocher d'elles, de sorte qu'en très peu de temps le front de la phalange fût établi.

Aussitôt que cette troupe entière devint en état d'agir contre l'ennemi, la victoire cessa d'être douteuse. La cavalerie persane du centre lâcha pied; les ailes furent coupées, perdirent courage, et se sauvèrent comme les autres. Il ne resta plus que la seconde ligne, forte de vingt mille hommes, tous Grecs à la solde de Darius. Soit que Memnon eût été traversé par les autres généraux dans l'usage qu'il en voulut faire, soit qu'il y eût de la mauvaise foi de la part de ces Grecs, ce corps resta immobile pendant le combat : à peine jeta-t-il des flèches.

La cavalerie étant dispersée, Alexandre conduisit sa phalange contre cette seconde ligne, en même temps qu'il la fit tourner par ses escadrons. Suivant Arrien, ils furent taillés en pièces, excepté deux mille prisonniers, quoique d'autres disent avec plus de vraisemblance qu'ils se rendirent aux Macédoniens. Il n'y eut que mille hommes de tués dans la cavalerie persane, Alexandre ayant cessé de la poursuivre. Les pertes que fit ce prince ne furent pas considérables. On trouva cependant vingt-cinq de ses compagnons parmi les morts, et l'on sait qu'il leur fit ériger des statues de bronze.

Le passage du Granique tel qu'Alexandre l'exécuta, malgré les obstacles que Memnon de Rhodes avait su lui opposer, n'est pas un fait d'armes ordinaire. D'abord il prend la précaution de rompre le courant avec ses escadrons pour faciliter la marche de son infanterie ; et comme il s'attend à rencontrer une vigoureuse résistance sur le rivage, il coupe le fleuve obliquement. Cette manœuvre le met en état d'accabler l'ennemi de toutes les armes de jet dont sa colonne est garnie, et lui permet de former promptement sa ligne de bataille. Il paraît en effet, d'après le rapport unanime des historiens, que les Perses déployèrent une grande valeur, et que la victoire d'Alexandre fut bien moins le prix de son audacieuse intrépidité, que de ses dispositions savantes.

Il y a dans les fastes militaires mille exemples qui prouvent que les succès d'une guerre ne dépendent point du courage des troupes ; et Memnon, si justement admiré pour ses rares talens dans la science des armes, commit la faute de tenir son infanterie dans l'inaction au commencement de la bataille, de sorte que les trente-cinq mille hommes d'Alexandre, regardés comme les meilleures troupes du monde, n'eurent affaire qu'à vingt mille chevaux.

CHAPITRE X.

Siége d'Halicarnasse.—Darius se décide à porter la guerre en Macédoine. — Memnon de Rhodes meurt au moment d'exécuter ce projet.—Bataille d'Issus. — Plan suivi par Alexandre pour la conquête de l'Asie.

Alexandre profita de ses avantages avec autant de célérité que de sagesse. Les débris de l'armée battue s'étaient réfugiés à Milet ; il emporta cette ville d'assaut, laissa aux habitans la vie et la liberté, et renvoya sa flotte qu'il ne pouvait conserver faute d'argent, ou sans crainte de compromettre sa gloire dans un combat naval. L'Éolie et l'Ionie se soumirent ; il s'avança ensuite vers la Carie, résolu de s'emparer d'Halicarnasse.

Memnon connaissant toute l'importance de cette place, s'y était jeté avec de bonnes troupes : aussi l'histoire rapporte-t-elle peu de siéges où l'on ait poussé plus loin le courage et l'acharnement. Il fallut combler un fossé large de quarante-cinq pieds et de vingt-deux de profondeur ; on y parvint au moyen de trois tortues. Les assiégés firent de vigoureuses sorties, incendièrent plusieurs fois les machines qui détruisaient leurs murailles et soutinrent vigoureusement l'assaut livré par les Macédoniens qui s'étaient rendus maîtres des brèches.

Un second mur formé en croissant, contre lequel il fallut faire de nouvelles attaques, leur coûta beaucoup de monde, parce que du haut des tours placées de côté et d'autre, les troupes de Memnon découvraient leur flanc. Les Macédoniens eurent besoin d'être soutenus par la présence d'Alexandre. Enfin ils parvinrent à forcer les retranchemens, et les assiégés se retirèrent dans deux petits forts qui tenaient à la ville.

Après cette belle défense, Memnon que Darius avait déclaré son amiral et son gouverneur de la côte d'Asie, s'étant emparé de plusieurs îles, se préparait à porter la guerre en Grèce, lorsque la mort arrêta ses projets. La perte d'un tel homme fut le coup le plus fatal dont la fortune pouvait frapper l'empire des Perses. Memnon était digne de combattre Alexandre, et la nouvelle résolution de Darius, quoique tardive, pouvait arrêter le héros Macédonien en changeant la nature de la guerre.

Alexandre appréciait Memnon et ne négligea rien pour le détacher du service des Perses par des voies d'honneur. Passant avec son armée auprès des terres de cet illustre capitaine, il publia des défenses sévères pour les faire respecter par ses soldats. De son côté, Memnon se piquait de générosité envers son ennemi, et un jour qu'il entendait un des siens déprécier les actions de ce prince : « Je ne t'ai pas pris à ma solde, lui cria-t-il en le frappant de sa javeline, pour dire du mal d'Alexandre, mais pour le combattre. »

Darius n'ayant aucun général capable de suivre les projets de Memnon de Rhodes, les abandonna pour chercher des ressources dans ses armées d'Orient. Alexandre apprit que le roi des Perses était campé avec toutes ses forces à Sochos, dans la Comagène; il se mit en marche, franchit le passage des montagnes de la Cilicie et se dirigea sur Myriandre.

Afin de bien entendre les mouvemens de ces deux princes, et pour mieux fixer la situation du lieu où se donna la bataille, il faut savoir que la Cilicie est environnée au midi par la Méditerranée; au nord, à l'orient, et au couchant par une chaîne de montagnes assez semblables à une anse qui s'appuie de part et d'autre sur les côtes de la mer. Ces montagnes laissent trois *portes* ou *pas*. Le premier défilé se rencontre en descendant du mont Taurus, pour aller à la ville de Tarse; le second est le pas de Syrie par lequel on sort de la Cilicie; le troisième se nomme le pas Amanique, ainsi appelé du mont Amanus par lequel la Cilicie communique avec l'Assyrie.

Informé que l'armée persane avait abandonné son poste avantageux, Alexandre fit pendant la nuit repasser les montagnes à ses troupes par le pas de Syrie, en même temps que les Perses achevaient de franchir les portes Amaniques. Ces gorges ne se trouvaient distantes l'une de l'autre que de cinq parasanges (environ trois lieues); la dernière était au nord, et la première au midi; par conséquent l'armée persane avait à dos les Macédoniens.

Alexandre s'était décidé à lui laisser ce passage ouvert pour l'empêcher de faire usage de toutes ses forces, suivant l'avis de Parménion qui conseillait d'éviter les plaines, où l'on courait risque d'être environné et vaincu, plutôt par sa propre lassitude et par le nombre, que par la valeur de l'ennemi.

Le lieu où se donna la bataille (333 av. not. ère) était près de la vallée d'Issus (1), fermé au nord par des montagnes, et au midi par la mer. La rivière de Pinare divisait la plaine en deux portions à-peu-près égales, et les montagnes formaient un enfoncement dont l'extrémité venant à se recourber, embrassait une partie du terrain. Le roi des Perses s'étant emparé d'Issus, campa le lendemain au-delà du Pinare, et Alexandre

(1) Voyez l'atlas.

se disposa pour l'attaquer. Il mit son armée en bataille, appuyant la droite aux montagnes, et la gauche à la mer.

A la tête de l'aile droite, Alexandre plaça l'Agema (les Argyraspides) et les Hypaspistes sous le commandement de Nicanor; près d'eux la phalange de Cœnus et celle de Perdiccas qui s'étendait jusqu'au centre où devait commencer l'action. Alexandre composa la gauche des phalanges d'Amyntas, de Ptolémée et de Méléagre. C'était la célèbre phalange macédonienne, composée de six sections séparées, et ayant chacune en tête un officier habile. La cavalerie macédonienne et thessalienne fut placée à la droite; celle du Péloponnèse à la gauche, avec la cavalerie des alliés.

Alexandre se mit à la tête de l'aile droite; Parménion prit la gauche, et sous lui, Craterus commandait l'infanterie de cette aile. Parménion avait ordre de ne point s'éloigner du rivage, dans la crainte d'être cerné par les barbares; Nicanor, au contraire, devait se tenir assez distant des hauteurs, pour n'être point à portée des traits de l'ennemi qui les occupait.

Comme presque toute la cavalerie des Perses était portée du côté de la mer, en face de Parménion, soutenu seulement par celle des alliés et du Péloponnèse, Alexandre renforça sa gauche des chevaux thessaliens, et les fit passer sur les derrières pour n'être point vu de l'ennemi; il couvrit la cavalerie de son aile droite, des coureurs de Protomaque, ainsi que des Pœniens commandés par Ariston; son infanterie fut protégée par les archers d'Antiochus. Il réserva les Agriens commandés par Attalus, et quelques troupes nouvellement arrivées de la Grèce, pour les opposer à celles que Darius montrait déjà sur la montagne.

Ainsi l'aile droite était elle-même divisée en deux parties; l'une opposée à Darius placé au-delà du fleuve, avec le gros de son armée; l'autre regardant l'ennemi, qui la tournait sur les hauteurs. Cette disposition était nécessitée par la chaîne des montagnes qui décrivait une espèce de golfe, dans lequel une partie de l'aile droite des Macédoniens se trouvait enfermée.

La phalange de l'aile droite ayant moins de front que la gauche des Perses, Alexandre, pour lui donner plus d'étendue, la renforça par deux corps d'infanterie tirés du centre de son armée, les faisant encore filer par les derrières afin de dérober ce mouvement; et comme les barbares postés sur le flanc de la montagne ne descendaient point, Alexandre donna ordre à un détachement d'archers et d'Agriens de les chasser vers le sommet, ce qui lui permit de ne laisser là que trois cents chevaux et d'employer le reste des troupes à fortifier sa droite, qu'il put étendre ainsi au-delà de celle des Perses.

De son côté, Darius fit passer la rivière de Pinare à trente mille chevaux et à vingt mille hommes de trait, afin de pouvoir former son ordre de bataille sans être insulté. Trente mille Grecs à sa solde, pesamment armés, composaient l'élite de ses troupes; il les mit au centre, et fit couvrir leurs flancs par soixante mille Cardaques, armés de même, le terrain ne permettant point de présenter un front plus considérable. Le reste de l'infanterie, distingué par nation, était placé derrière la première ligne.

La profondeur de ces masses devait être extraordinaire, dans un tel défilé, surtout si l'on considère que Darius comptait six cent mille combattans. Sur la montagne qui était à gauche, du côté de la droite d'Alexandre, Darius plaça vingt mille hommes, disposés de telle façon, qu'à la faveur des sinuosités du terrain, les uns débordaient l'aile des Macédoniens, les autres l'avaient en tête.

Après avoir rangé son armée, Darius fit repasser la rivière à sa cavalerie; en envoya la plus grande partie contre Parménion, du côté de la mer où les chevaux pouvaient combattre avec plus d'avantage, et jeta le reste sur la gauche vers la montagne; mais jugeant que cette troupe allait devenir inutile à cause de la difficulté des lieux, il en fit repasser encore une grande partie sur la droite. Pour lui, il se plaça au centre, selon la coutume des rois de Perse.

Les deux armées étant ainsi disposées, Alexandre marcha lentement pour laisser reprendre haleine à ses soldats, de sorte que l'on crut que l'action ne commencerait que fort tard. Darius ne voulait point perdre l'avantage de son poste; il fit même palissader les endroits de la rivière qui n'étaient pas assez escarpés.

Lorsque les armées furent en présence, Alexandre passant à cheval le long des rangs, désignait par leurs noms les principaux officiers, et recommandait à ses soldats de combattre avec courage. Aux Macédoniens, il rappelait tant de villes et de provinces déjà soumises pour prix de leurs victoires; il animait les autres Grecs par le souvenir des maux que ces irréconciliables ennemis qu'ils voyaient en face leur avaient fait souffrir, et les exhortait à joindre de nouveaux lauriers à ceux de Marathon et de Salamine; enfin il montrait aux Illyriens et aux Thraces, peuples accoutumés à vivre de rapines, l'armée de Darius toute resplendissante d'or et de pourpre, et moins chargée d'armes que de butin. Aussitôt un cri général s'éleva pour demander le combat.

Alexandre s'était avancé d'abord avec précaution pour ne pas rompre le front de sa phalange, et faisait halte de temps en temps; mais quand il fut à portée du trait, il ordonna à toute sa droite de se jeter dans la rivière avec impétuosité pour étonner les barbares, et ne pas leur laisser le temps de les accabler sous leurs traits. L'ennemi ne put supporter un choc aussi terrible, et la gauche de Darius abandonna la victoire aux Macédoniens. Dans cette première attaque Alexandre fut blessé peu dangereusement à la cuisse.

Pendant qu'une partie de l'aile droite de ce prince conservait son avantage sur la gauche des Perses, le reste, qui avait encore à combattre contre les Grecs de Darius, trouva plus de résistance; et ceux-ci remarquant même que l'infanterie macédonienne n'était plus couverte par la droite qui poursuivait l'ennemi, vinrent l'attaquer en flanc. Le combat fut sanglant, et la victoire demeura quelque temps douteuse. Les Grecs stipendiés s'efforçaient de repousser les Macédoniens dans la rivière; et les Macédoniens faisaient tous leurs efforts pour conserver l'avantage qu'Alexandre venait de remporter. Ptolémée, fils de Séleucus et cent vingt Macédoniens de distinction périrent dans la mêlée.

Cependant, l'aile droite victorieuse sous la conduite du prince, après avoir défait tout ce qui était devant elle, tourna sur sa gauche et prit l'ennemi par son flanc, tandis que la phalange l'attaquait de front. Les Grecs à la solde de Darius furent mis dans une déroute complète.

Dès le commencement du combat, la cavalerie persane, postée sur le bord de la mer en face de Parménion, avait passé la rivière, et s'était jetée sur les escadrons thessaliens, qu'elle parvint à enfoncer en partie. Le reste voulant éviter l'impétuosité de ce premier choc et engager l'ennemi à se rompre, renouvela la ruse de Philippe à Chéronée, et parut céder au nombre. Les Perses, pleins de confiance dans un pareil succès, ne songèrent qu'à poursuivre les fuyards, et s'avancèrent en désordre comme à une victoire qu'on ne pouvait plus leur contester. Mais tout-à-coup les Thessaliens firent volte-face, et recommencèrent la charge avec tout l'avantage d'une troupe qui n'a pas rompu ses rangs. Les Perses combattirent courageusement, et ils ne cédèrent qu'en voyant Darius en fuite et ses Grecs taillés en pièces par la phalange macédonienne.

La cavalerie persane eut beaucoup à souffrir dans sa fuite, et de l'embarras de son armure pesante, et de la difficulté des passages où les escadrons s'écrasaient entassés dans les défilés. Les Thessaliens les chargèrent vigoureusement; le carnage de ces troupes ne fut pas moindre que celui de l'infanterie. Les Perses perdirent plus de cent mille hommes, et Darius fut sur le point d'être pris. Sa mère, sa femme et ses enfans tombèrent entre les mains du vainqueur.

Alexandre ne tarda pas à se remettre en marche, en laissant son ennemi fuir au-delà de l'Euphrate. L'éclat de sa dernière victoire avait répandu la terreur de tous côtés, et nulle part il ne rencontrait de résistance. La seule ville de Tyr refusa de se soumettre au pouvoir des Macédoniens. Tyr, séparée du continent par un bras de mer, était défendue par des murs d'une hauteur prodigieuse. Les avantages de sa situation, l'étendue de ses ports, et l'industrie de ses habitans, en faisaient l'entrepôt de l'univers.

Presque tous les écrivains accusent Alexandre d'avoir manqué aux règles de la guerre après la bataille d'Issus, lorsqu'il s'arrête au siége d'une ville dont la prise était incertaine, au lieu de poursuivre son ennemi sans relâche, afin de lui ôter les moyens de mettre sur pied une nouvelle armée. Mais Alexandre avait appris de Philippe le secret des grandes opérations militaires, et ce que les historiens nous représentent comme un sujet de blâme, paraît bien plutôt digne de toute notre admiration.

De quelque impéritie qu'on accuse en effet les généraux de Darius, et si habile au contraire que l'on suppose Alexandre dans la science de la tactique, on ne peut admettre que ce héros eût conquis l'Asie avec trente-cinq mille hommes, s'il n'avait arrêté un plan général d'invasion mesuré sur l'étendue de son génie, et dont il eut la sagesse de ne se départir jamais.

Ce plan stratégique commence à se développer après le passage de l'Hellespont; et l'on voit Alexandre s'occuper de la conquête de toutes les villes maritimes des côtes de l'Asie et de l'Egypte, afin d'ôter aux Perses le pouvoir d'équiper une flotte dans la Méditerranée. D'ailleurs Alexandre doit tirer des secours de la Grèce pour subvenir aux besoins de ses troupes, et il assure ainsi ses communications.

Il bat les Perses au passage du Granique; mais au lieu de les poursuivre et de se laisser emporter par son courage comme aurait pu faire un jeune conquérant tel qu'on nous montre faussement Alexandre, ce prince réprime l'ardeur des Macédoniens, et continue de soumettre les places maritimes, en marchant des plus proches aux plus éloignées.

L'armée navale des Perses se retire de Milet sans rien faire : aussitôt le prince prend la résolution de rompre sa flotte, malgré l'avis de ses généraux, malgré les instances de Parménion lui-même dont le caractère était plutôt temporiseur, et qui dans cette circonstance demandait à combattre. Mais Alexandre n'a plus besoin de vaisseaux qui épuisent ses finances ; il va devenir maître de l'Asie sans s'exposer à un échec capable de ternir l'éclat de ses armes.

Par la conquête de la Lycie et de la Pamphilie, ce prince assujétit toute la côte ; il entre ensuite dans le comté de Mylias pour y passer la partie la plus difficile de l'hiver ; enfin, ayant franchi heureusement le pas de Cilicie, il arrive à Tarse, et peu de temps après livre la bataille d'Issus, dans laquelle il défait entièrement l'armée des Perses.

Alexandre poursuit son dessein, et sans se laisser séduire par une victoire aussi brillante, continue de prendre les villes maritimes, parce qu'il a reconnu que c'est le seul moyen de réaliser ses vastes projets. En conséquence il passe dans la Phénicie.

Voilà tout le secret de l'expédition d'Alexandre en Asie. Maintenant il peut porter son armée dans les contrées les plus lointaines ; ses derrières et ses communications avec la Grèce seront toujours assurés.

CHAPITRE XI.

Prise de Tyr et de Gaza. — Progrès faits dans la Poliorcétique à l'époque de ces siéges mémorables. — Fondation d'Alexandrie.

Les premières enceintes élevées autour des villes n'avaient été couronnées dans l'origine que par un mur d'appui, garni de créneaux, et placé sur le bord extérieur de la sommité du rempart. Mais bientôt on s'aperçut qu'on ne découvrait pas le pied des murailles ; et c'est alors que vint l'idée des *machicoulis*. Cette invention ingénieuse consiste à mettre en saillie au-delà du mur une galerie soutenue par des corbeaux en pierre de taille. On voit encore des machicoulis dans quelques châteaux, ainsi que dans les ruines des anciennes villes de guerre. Ce moyen, combiné avec les ouvertures que l'on pratiquait entre les intervalles des supports placés de dix en dix décimètres, perfectionna beaucoup la fortification.

A cette première époque, l'attaque se faisait ou par l'escalade au moyen des échelles et de la *tortue*, ou par la mine. Pour exécuter la disposition en tortue, une partie des assaillans armée de l'arc et de la fronde, éloignait ceux qui défendaient le haut des remparts ; d'autres formaient la tortue avec leurs boucliers ; et les soldats les plus déterminés montaient dessus pour donner l'escalade. Comme cette opération réussissait difficilement, on imagina l'attaque par la mine.

Sous l'abri d'une petite galerie mouvante, appelée *cheloné* par les Grecs et *musculus* par les Romains, des mineurs démolissaient une partie du pied de la muraille, et pratiquaient dans son intérieur une grande chambre garnie d'étançons pour soutenir les travaux. On la remplissait de matières inflammables dont la combustion entraînait la chute d'une partie du mur, et aussitôt que la brèche était praticable on donnait l'assaut.

Mais la défense à cette époque était si supérieure à l'attaque, que les siéges duraient souvent plusieurs années, et finissaient par des stratagèmes ou des trahisons. On fut donc conduit naturellement à perfectionner l'attaque industrielle, et l'on fit usage de galeries couvertes pour aller du camp jusqu'au pied de la muraille. Les *tortues* ou *toursbelières* présentèrent ensuite un système d'attaque plus formidable ; enfin parurent ces fameuses tours en charpente à plusieurs étages, avec des beliers, des ponts qui se baissaient pour passer sur les brèches, pendant que la partie supérieure qui dominait le rempart était garnie de soldats lançant des armes de jet, et manœuvrant des batteries de *balistes* et de *catapultes*.

Ces tours, que l'on avait surnommées *hélépoles* ou preneuses de villes, étaient d'un usage difficile et dispendieux. On employait plus fréquemment le belier enfermé dans un bâti de forte charpente en dos d'âne. Pour le mettre en branle, on le suspendait par des câbles ou des chaînes, ou bien il était placé sur un chapelet de cylindres continus parallèles les uns aux autres, et roulant sur leur axe dans un canal. On le faisait mouvoir au moyen des poulies posées aux extrémités du canal, et des cordes dont les unes servaient à le pousser en avant, les autres à le retirer.

On employait aussi séparément les catapultes et les balistes. La catapulte avait deux bras engagés dans des cordes de nerfs. Les bras tendaient la corde destinée à chasser le trait. On en fit même qui pouvaient lancer de longues poutres. Le corps de cette machine était composé de deux chapiteaux portant chacun un écheveau de nerfs qui tenait son bras; d'un arbrier (*climacis*) sur lequel était placé le canal; d'une pièce carrée appelée *chelonion*, glissant dans le canal et portant une *main* pour saisir la corde d'arc. A l'arrière du *chelonion* était ajustée une barre qui faisait lever ou baisser la main.

La baliste n'avait qu'un bras qui tenait dans l'écheveau par le moyen d'une coche. Elle jetait des pierres ou des masses de fer avec une raideur peu différente de celle de la poudre, mais non pas à la même portée. Le bras de cette machine se terminait par un *cuilleron* qui allait frapper avec violence contre un coussinet en cuir rembourré de crin. C'était dans la cavité de ce cuilleron que l'on plaçait le projectile, et l'on ramenait le bras par le moyen d'un tourniquet.

Le ressort ou *ton*, se composait de cordes de nerfs ou de crins de queue de cheval; mais le crin n'était employé qu'au défaut de nerfs qui valaient mieux. Vous voyez par le récit de plusieurs siéges, que les dames firent souvent le sacrifice de leurs cheveux pour confectionner des cordes aux machines. On employait indistinctement les nerfs de tous les animaux, excepté ceux du porc. On les faisait tremper; on les battait pour les séparer dans leur longueur, et les réduire en filasse; on les peignait doucement; on les filait par brins, et l'on formait une corde comme le font les ouvriers qui travaillent le chanvre. Quand les deux bouts de la corde étaient bien joints et arrêtés, le bras se plaçait juste dans le milieu de l'écheveau. Le bandage du tortillon exigeant une très grande force, on y adaptait le treuil avec des leviers, ou bien le polyspaste composé de poulies de retour.

La baliste ainsi que la catapulte pouvaient se tirer de but en blanc, ou par la parabole, et leur jet se réglait avec le quart de cercle, comme nous le faisons pour pointer nos mortiers. On trouve dans les auteurs beaucoup de variations sur la portée de ces machines qui ne laissaient pas d'être redoutables par les poids énormes qu'elles pouvaient lancer. Elles tiraient des projectiles rougis; et l'on s'en est servi pour jeter dans les places des tonnes de matières fécales, et jusqu'à des chevaux morts.

Contre ces puissans moyens d'attaque, les assiégés faisaient des sorties fréquentes, essayaient d'incendier les machines, luttaient contre elles avec d'autres machines, et s'efforçaient d'amortir les efforts du belier. Cependant la défense perdait beaucoup de sa supériorité; les siéges n'étaient plus interminables; et il fallut songer à augmenter la valeur des obstacles matériels présentés à l'assiégeant.

Les hommes éclairés qui dirigeaient la défense des villes, ne tardèrent pas à s'apercevoir que la disposition des machicoulis devenait insuffisante pour surveiller le pied des murailles, et qu'il serait très avantageux de découvrir les flancs des attaques de l'ennemi. Pour y parvenir, on adossa à l'enceinte des tours carrées distantes les unes des autres de la portée des armes de trait le plus en usage dans la défense; on donna même à ces tours plus de hauteur qu'à l'enceinte pour qu'elles dominassent et rendissent l'usage des tours en charpente plus difficile et plus périlleux. Aux tours carrées, on en substitua par la suite qui avaient la forme demi-circulaire.

On ne s'en tint pas à cette simple disposition de tours qui se flanquaient réciproquement. On couvrit l'enceinte par un fossé plus ou moins profond, plus ou moins large, et les propriétés de ce fossé augmentèrent tellement les difficultés de l'attaque, que la défense reprit dès-lors sur elle tout l'ascendant qu'elle avait momentanément perdu. En effet, les opérations relatives au comblement d'un fossé large et profond, afin d'établir un belier contre les murailles, prenaient un temps si considérable, que souvent l'assiégeant était découragé. Aussi les généraux de l'antiquité regardaient-ils le siége d'une ville comme une opération qui devait les couvrir de gloire s'ils parvenaient à le terminer, quoique ce genre de guerre soit en réalité bien moins savant que celui de tenir la campagne.

Alexandre ne pouvant s'approcher de la ville de Tyr à cause du bras de mer qui la séparait de quatre stades du continent, employa aussitôt une partie de ses troupes à construire une levée (333 av. not. ère). Les ruines de Palætyr, placées dans le voisinage, lui fournirent des pierres en abondance, et il trouva tout le bois nécessaire sur le mont Liban.

Les Tyriens insultèrent d'abord les travailleurs, et leur demandèrent si leur roi était plus puissant que Neptune; toutefois quand ils virent que les soldats sous l'abri des *mantelets*, et protégés par des tours en charpente, gagnaient tous les jours vers leur rivage, ils s'occupèrent d'arrêter les assiégeans. Une tempête survint et détruisit une partie des travaux. Tout fut promptement réparé; mais à l'aide de leurs vaisseaux, et surtout d'un gros bâtiment appelé *Hipagogue*, qui était rempli de matières combustibles, les Tyriens parvinrent à brûler les machines qu'Alexandre avait établies sur la chaussée.

Cependant la flotte du prince étant arrivée, les Tyriens se retirèrent dans leur port. On élargit la digue, et l'ayant poussée jusqu'à la portée du trait, on commença de l'élever en lui donnant la forme d'une terrasse, sur laquelle on plaça de grosses catapultes et des balistes, avec des archers et des frondeurs. Les Tyriens dont les murs avaient déjà cent cinquante pieds, les haussèrent encore de dix coudées. On voit aussi qu'ils en augmentèrent l'épaisseur, en bâtissant un mur intérieur à cinq coudées de l'ancien, et remplissant l'intervalle.

Maître de la mer, Alexandre en profita pour faire avancer des trirèmes chargées de ponts volans. Des tours-belières étaient sur ces ponts, qui facilitèrent beaucoup l'approche du mur. On en abattit cent pieds, ce qui n'empêcha pas les Tyriens d'opposer la plus vive résistance; mais les deux ports extérieur et intérieur ayant été successivement forcés par la flotte d'Alexandre, la ville fut emportée d'assaut après un siége de sept mois.

Les Tyriens n'avaient rien oublié de ce qui pouvait contribuer à leur défense. Outre la multitude de machines de jet dont ils firent usage, ils employèrent des *corbeaux à griffes*, espèces de grues plantées sur le rempart, avec lesquelles ils enlevaient les hommes. Les traits enflammés qu'ils lançaient sur les tours, les tortues et les vaisseaux, occasionnaient des incendies que l'eau ne pouvait pas toujours éteindre ; enfin, au moyen des balistes, ils jetèrent des boucliers d'airain rougis dans la fournaise, et remplis de sable ardent.

Cette dernière invention fut une des plus terribles pour les assiégeans ; car à peine le sable avait atteint le défaut de la cuirasse, qu'il pénétrait jusqu'aux os, et que le soldat, accablé par la douleur, était obligé d'abandonner ses vêtemens et ses armes. Ce siége si long ne coûta cependant que quatre cents Macédoniens. Les anciens apportaient autant de soin pour se couvrir dans les opérations d'un siége, qu'ils montraient d'ardeur à joindre l'ennemi sur le champ de bataille.

Après la prise de Tyr, Alexandre marcha vers Gaza, située sur un rocher à deux lieues de la mer. Il fallut élever une terrasse haute de deux cent cinquante pieds, avec une largeur et une longueur non moindres, afin d'y placer à l'aise toutes les machines. On ouvrit aussi une galerie souterraine, et l'on pratiqua une mine sous les fondemens de la muraille, qui croula dans plusieurs endroits. L'eunuque Betis, qui commandait la place, s'est fait un nom par deux mois d'une défense vigoureuse ; il soutint trois assauts, et ne put être forcé qu'au quatrième, que l'on parvint à escalader les brèches sur plusieurs points à-la-fois.

Dans les temps qui précédèrent les règnes de Philippe et d'Alexandre, la Grèce n'avait point vu de grands appareils de siége. Philippe parut auprès de Byzance avec des tours, des tortues-belières, et un train considérable de balistes et de catapultes fabriquées par Polydus. Au siége de Pérynthe, on voit que ce prince avait des tours de quatre-vingts coudées.

Polydus eut pour disciples Diades et Chéreas. Ils servirent sous Alexandre, s'occupèrent beaucoup de machines, et prescrivirent les règles qu'on devait suivre dans leur construction. Les tours étaient toujours carrées, divisées en plusieurs étages, et l'on donnait à la base, les deux septièmes, souvent même le tiers et la moitié de la hauteur totale. Le diamètre diminuait insensiblement d'étage en étage, et celui du dernier entablement ne présentait plus que les quatre cinquièmes de la largeur du premier. On attribue à Diades la *tarrière*, belier pointu et roulant sur des cylindres ; le *corbeau démolisseur* ; et le *tollenon*, machine ascendante au moyen de laquelle on portait de plein pied des hommes sur le mur.

Tous les appareils que Diades construisit pour Alexandre, pouvaient se démonter. Ce mécanicien célèbre voulait que la plus petite tour n'eût pas moins de soixante coudées de hauteur, avec dix étages, et la plus grande devait être portée jusqu'à cent vingt coudées. Ces tours étaient montées sur de grosses roues pleines, tournant dans un essieu transversal à la base, et les principes du mouvement de ces roues se trouvaient renfermés dans l'intérieur de la machine. C'était la perfection de l'art.

Philippe et Alexandre, sous lesquels la science de la guerre fut poussée à son dernier période dans toutes les branches qui la composent, n'employèrent jamais que des hélépoles moyennes; celles de première grandeur ont été très rares, et l'histoire n'en fait connaître aucune qu'on ait osé pousser jusqu'aux dernières limites indiquées par Diades, dans ces sortes de constructions.

Démétrius assiégea Salamine avec une tour de quatre-vingt-dix coudées de hauteur, et neuf étages; et il parut devant Rhodes avec une hélépole qui avait quatre-vingt-dix-neuf coudées. Diodore dit que trois mille quatre cents hommes servaient cette énorme machine. Démétrius avait aussi des tortues belières de cent vingt coudées de longueur. Le sort de l'hélépole qu'il amena devant Rhodes ne fut pas heureux; elle s'enfonça dans une mine creusée par les assiégés sur son passage. Démétrius aimait la guerre avec passion, et s'attacha ce qu'il y avait de plus habiles ingénieurs pour la conduite des siéges. Lui-même a passé pour être fort inventif dans cette partie, ce qui lui a fait donner le surnom de *Poliorcète*.

La défense brillante de Gaza, dont on soupçonnait à peine l'existence, contrasterait singulièrement avec la prompte soumission de l'Égypte, si l'on ne savait que le vœu de la nation, fatiguée du joug des Perses, appelait Alexandre dans ce pays. Les Tyriens avaient donné à ce prince une haute idée des ressources que peut fournir le commerce; il résolut de les leur enlever en bâtissant une cité rivale: « Il choisit l'emplacement de sa nouvelle ville avec un si merveilleux discernement, dit Robertson, qu'elle devint une des places de commerce la plus considérable de l'ancien monde; et que, malgré les révolutions continuelles, elle ne cessa point d'être, pendant dix-huit siècles, le principal siége du commerce de l'Inde. »

Les bouches du Nil n'offraient aucun de ces avantages; la seule situation convenable était éloignée de douze lieues du fleuve, et au centre d'un désert. Les anciens rois de Perse avaient coutume d'entretenir une garnison sur cette plage. La nouvelle ville fondée par Alexandre ouvrit l'Égypte, comme le fait observer Montesquieu, dans le lieu même où les rois ses prédécesseurs avaient une clef pour la fermer.

L'état de splendeur d'Alexandrie dura jusqu'à ce que la construction du Caire, par les soudans, y donna la première atteinte; cette splendeur cessa enfin tout-à-fait lorsque les Portugais, par la découverte du Cap-de-Bonne-Espérance, eurent indiqué aux navigateurs une route moins courte et moins sûre, mais plus indépendante.

CHAPITRE XII.

Bataille d'Arbelle.—Passage de l'Hydaspe.

De retour d'Égypte, Alexandre reçut les secours en hommes qu'Antipater lui envoyait de la Macédoine et dont il avait le plus grand besoin, affaibli qu'il était par ses propres victoires. Ce prince s'avança vers l'Euphrate, et passa le fleuve à Thapsaque. Mazée, envoyé par Darius pour arrêter Alexandre, abandonna son poste, et se contenta de dévaster le pays qui aurait pu fournir des vivres aux Macédoniens.

Quatre jours après qu'Alexandre eut franchi sans résistance l'Euphrate et le Tigre, il découvrit un corps de cavalerie, le poursuivit, et apprit par les prisonniers que Darius était campé dans une grande plaine sur la rivière de Boumade près de Gaugamèle. Quelques jours de repos délassèrent les soldats macédoniens, qui se remirent en marche à dix heures du soir pour joindre l'ennemi au point du jour.

Quelque exagéré que paraisse le calcul des historiens, lorsqu'ils nous montrent l'armée de Darius s'élevant à un million d'hommes, on doit pourtant accorder qu'il n'est pas hors de vraisemblance, puisque toutes les nations depuis le Pont-Euxin jusqu'aux extrémités de l'Orient, avaient envoyé des secours puissans au roi des Perses. On voit même que la plaine d'Arbelle, quoique très vaste, ne suffit pas pour contenir de front toute l'infanterie de Darius, et qu'il est obligé de mettre derrière son corps de bataille, les troupes entières de plusieurs nations.

A l'aile gauche (331 av. not. ère), était la cavalerie des Bactriens, des Dahes, et des Arachotes; près d'eux, la cavalerie et l'infanterie des Perses appuyés sur les Sussiens, et ceux-ci sur les Cadusiens qui touchaient au centre (1).

A la tête de l'aile droite se trouvaient les Cœlo-Syriens, et les habitans de la Mésopotamie; suivaient les Mèdes, les Parthes, les Saques, les Topyriens, les Hyrcaniens, les Albaniens et les Sacésiniens, qui venaient rejoindre le centre de l'armée composé de la famille de Darius et des grands de la Perse. Ils étaient entourés d'un corps d'Indiens, d'un autre de Cariens Anapastes, et soutenus par un corps d'archers Mardes. Darius avait encore rassemblé autour de lui l'infanterie grecque à sa solde, la seule qu'il pût opposer à la phalange macédonienne.

Derrière le corps de bataille, on voyait les Uxiens, les Babyloniens, les Sitaciniens, et les habitans des bords de la Mer Rouge. Cette seconde ligne forma une espèce de corps de réserve, mais étant placée trop près de la première, elle ne fit qu'augmenter la confusion. Darius fit flanquer son aile gauche par la cavalerie scythe, et une partie de celle des Bactriens.

(1) Voyez l'ATLAS.

La cavalerie de l'Arménie et celle de la Cappadoce se trouvaient devant l'aile droite.

Tous ces peuples étaient différemment armés, quelques-uns seulement d'armes de jet; d'autres de piques de toute espèce, de haches ou de massues. Il y avait de la cavalerie mêlée parmi l'infanterie qui formait des carrés énormes d'une prodigieuse profondeur. Darius avait formé son armée en bataille lorsqu'il eut connaissance de la marche d'Alexandre. Il la tint sous les armes toute la journée de peur de surprise, et cette inaction qui fatiguait inutilement ses troupes, en rallentit l'ardeur.

Arrivé aux montagnes d'où il pouvait observer l'ennemi, Alexandre fit faire halte, et consulta ses généraux pour savoir s'il fallait sur-le-champ marcher à l'ennemi, ou camper dans ce lieu même. Ce dernier parti parut le meilleur, et l'on campa dans l'ordre où l'on était. C'est alors que Parménion, appuyé de tous les chefs, proposant d'attaquer pendant la nuit, et de surprendre le camp des Perses, Alexandre lui répliqua qu'il ne voulait pas dérober la victoire. Ce prince exprimait avec noblesse la pensée d'un homme de guerre expérimenté, puisque les attaques à l'improviste pendant la nuit trompent souvent l'attente des plus braves. D'ailleurs, les Perses connaissaient parfaitement le terrain, tandis que les Macédoniens n'avaient pu s'en former encore aucune idée.

Alexandre s'était occupé toute la nuit à méditer ses dispositions, n'ayant cédé au sommeil que sur le point du jour. Ses généraux le trouvèrent encore endormi lorsqu'ils vinrent prendre ses ordres, et Parménion ne put s'empêcher de lui témoigner quelque surprise, de le voir si calme au moment où son sort allait être décidé. « Comment ne serais-je pas tranquille, lui repartit

Alexandre, en voyant l'ennemi se livrer entre mes mains. » Paroles adroites qui, circulant dans l'armée, furent regardées par le soldat comme un gage assuré de la victoire, et détournèrent son attention du spectacle aussi rare qu'effrayant que lui présentaient les troupes innombrables de Darius.

Alexandre rangea les siennes en bataille, en formant une première ligne dont la droite était composée de la cavalerie des Hétaires. Cette cavalerie s'appuyait sur l'Agema (les Argyraspides), et sur l'infanterie pesante, composée de deux phalanges complètes, divisées chacune en quatre grandes sections. Six de ces sections occupèrent le front de bataille, et deux autres, mises en seconde ligne, furent remplacées par des peltastes armés plus légèrement que les phalangites, mais non moins estimés qu'eux, et dont Alexandre avait deux corps assez considérables. L'aile gauche était flanquée de la cavalerie des Thessaliens et de celle des alliés.

Il ne devenait pas douteux que ces soldats si supérieurs aux Perses, par la bonté de leurs armes et l'excellence de leur tactique, ne réussissent à se faire jour partout où ils se présenteraient, et que si l'on parvenait à percer la ligne ennemie, la confusion se mettrait bientôt dans tous les rangs.

Mais l'armée de Darius débordait de plus de moitié la ligne de bataille d'Alexandre, et c'est dans les dispositions savantes que prit ce prince pour garantir ses flancs et ses derrières, qu'il fit preuve d'une rare sagacité. A côté et devant les compagnies royales, Alexandre plaça une ligne de troupes légères, composée d'une partie des Agriens, des archers de Macédoine, et de vieilles bandes étrangères; à une petite distance en avant de cette ligne, il posta la cavalerie légère et les Péoniens; il forma ensuite une troisième ligne en avant de celle-ci, avec la cavalerie étrangère, qui eut ordre de prendre l'ennemi en flanc, s'il cherchait à les tourner.

Les précautions d'Alexandre pour garantir son aile gauche, n'étaient pas moins ingénieuses. Il y plaça un corps de cavalerie grecque avec ordre de faire un quart de conversion, pour prendre en flanc la cavalerie ennemie, dès qu'elle serait en marche; et comme ce corps était trop faible pour résister à tout l'effort de cette nombreuse cavalerie, il le fit soutenir par l'infanterie légère des Thraces, laquelle, jointe à deux escadrons, décrivait une ligne oblique dont un bout tenait à la cavalerie thessalienne.

Alexandre composa une seconde ligne, de la moitié des peltastes, avec deux sections de la phalange, et leur ordonna de converser vers l'aile où ils verraient les troupes combattre avec peu de succès. Cette manœuvre à laquelle les Perses ne pouvaient s'attendre, et que probablement ils n'auraient pas comprise, devait, certes, suffire pour les empêcher d'inquiéter les derrières de sa première ligne de bataille; car c'était avec elle qu'Alexandre comptait enfoncer les gros bataillons de Darius.

Nous avons dit que dans l'armée de ce monarque, les corps de cavalerie et d'infanterie se présentaient sur une grande profondeur, mêlés ensemble, et que la plaine située entre le Tigre et les montagnes Gordiennes, toute vaste qu'elle était, ne put les contenir sur un seul front. Darius, placé au centre, suivant la coutume des rois persans, et appuyé sur l'infanterie grecque à sa solde, la seule qu'il pût opposer à la phalange macédonienne, s'était encore fortifié de deux cents chariots armés de faux, et de quinze éléphans.

Alexandre n'aborda pas les ennemis de front, il tira vers sa droite en marchant par son flanc, de sorte qu'il s'avançait sur la gauche des Perses en éloignant la sienne. Darius fit aussi un mouvement vers sa gauche, mais très lent, à cause de la pesanteur de sa ligne. Cependant, comme il vit qu'Alexandre gagnait du terrain sur lui, et qu'il craignait de perdre l'avantage de sa position, il fit commencer le combat par des corps de cavalerie qui vinrent se replier sur son flanc.

Ménidas, commandant la première ligne, alla au-devant d'eux, soutenu par Arétès qui conduisait la seconde, ensuite par les Agriens. Le combat fut long-temps disputé; mais les Macédoniens firent tant d'efforts qu'ils obtinrent enfin l'avantage, et chassèrent cette cavalerie du champ de bataille.

Tandis que ce combat se passait à la droite d'Alexandre, Darius avait fait lâcher ses chariots, qui ne produisirent point le résultat qu'il s'en était promis. Comme tout leur effet dépendait des chevaux qui les tiraient, et de leurs conducteurs, la destruction des uns ou des autres rendait la machine inutile, et les archers répandus sur le front de la ligne, s'acquittèrent si bien de leur devoir, qu'en peu de temps ces chariots demeurèrent immobiles, ou passèrent entre les intervalles que la phalange avait ordre de leur ouvrir.

Mazée, qui commandait la droite des Persans, fit en même temps avancer les Arméniens et les Mèdes, pour envelopper la gauche d'Alexandre. Parménion leur opposa les Grecs soudoyés et les corps d'infanterie légère, placés en écharpe sur le flanc. Ces troupes, malgré leur courage et leur discipline, ne purent soutenir l'effort de toute cette cavalerie; elles battirent en retraite, et se retirèrent en bon ordre derrière la ligne des Thessaliens.

La cavalerie, dans l'armée de Darius, était mêlée avec l'infanterie. Voyant les Scythes et les Persans des ailes, vivement pressés par les Grecs, elle voulut les secourir, et sortit brusquement de la ligne, en y laissant des vides que les généraux n'eurent pas le temps de remplir. Alexandre profita de cette faute; il forma en colonnes ses compagnies royales, se jeta dans un de ces trous au milieu de l'infanterie, et la prit de revers, tandis que le reste de sa cavalerie la chargeait de front. Les Argyraspides, qui tenaient la droite de l'infanterie, avaient aussi formé une colonne, et s'étaient fait jour dans la ligne persane; ils y portèrent le désordre. Les seuls Grecs stipendiaires tinrent ferme quelque temps; toutefois Darius craignant qu'on ne lui coupât la retraite, quitta son char pour prendre un cheval.

Les sections de droite de la phalange, ayant donné en même temps que les Argyraspides, les autres sections qui étaient échelonnées en oblique, voulurent suivre ce mouvement; mais les troupes persanes, culbutées de leur gauche sur leur droite, se poussèrent mutuellement vers le centre, et la foule embarrassa tellement les soldats des sections de gauche de la phalange, qu'il leur fut impossible d'avancer.

Ainsi, tandis qu'Alexandre s'enfonçait avec sa droite dans la ligne ennemie, et parvenait même à gagner ses derrières, sa gauche restait immobile, de sorte qu'il se forma une ouverture vers le milieu du corps de bataille. Les Perses, coupés dans leur fuite par les escadrons d'Alexandre, se précipitèrent sur ce point qui leur offrait une chance de salut, et plusieurs corps de cavalerie et d'infanterie poussèrent plus loin que la seconde ligne des Macédoniens.

Parménion dut juger bien vite combien sa position devenait difficile; car si tous ces fuyards, après avoir percé la ligne, s'étaient retournés pour le prendre à dos, pendant qu'il était obligé de tenir tête à une partie de l'infanterie, on ne peut douter qu'il n'eût succombé dans le moment même où Alexandre obtenait à l'aile droite un succès complet. Parménion envoyait message sur message vers ce prince; mais la cupidité des Perses, et surtout leur inexpérience dans la guerre, le sauvèrent à deux doigts de sa perte. Alexandre était sur le point d'atteindre Darius, lorsqu'il connut en même temps la position critique de son vieux général, et le pillage de son camp qui contenait tous les trésors de l'Asie.

Ces Perses insensés, qui pouvaient encore disputer la victoire, n'avaient su résister aux richesses qui s'offraient devant eux; ils se précipitèrent en désordre sur le camp des Macédoniens. Parménion, sauvé d'une manière si miraculeuse, remarqua aussi que Mazée, qui jusque-là le pressait vivement, avait ralenti son ardeur; qu'il arrêtait même ses troupes, et se préparait à faire retraite. Il comprit qu'il fallait que l'aile droite, où commandait Alexandre, eût culbuté les ennemis. Parménion ne se donna pas le temps de respirer, il détacha les sections de la seconde ligne, et cette petite troupe suffit pour disperser des pillards, plus occupés d'emporter le butin que de combattre. Lorsqu'Alexandre accourut au secours de son aile gauche, elle était entièrement dégagée, par la bravoure et la présence d'esprit de Parménion.

Telle fut l'issue de cette bataille, célèbre dans les fastes militaires. Il serait difficile de préciser le nombre des morts, de part et d'autre, les historiens faisant la perte des Perses trop considérable, et celle des Macédoniens au-dessous de la vraisemblance. Arrien prétend toutefois que Darius y laissa trois cent mille hommes, tandis que l'armée d'Alexandre n'eut pas à en regretter plus de douze cents.

Quoi qu'il en soit, les Grecs avaient coutume de citer la bataille d'Arbelle, comme une école de théorie, où ils devaient puiser les grands principes de la tactique; et l'on voit, en effet, qu'Alexandre employa tout ce que l'art, la ruse et l'adresse ont de plus profond pour suppléer à son petit nombre. Ses troupes lui firent recueillir le fruit de leur instruction en Macédoine, où les officiers avaient fait une étude des manœuvres les plus compliquées. Aussi dit-on qu'Alexandre ne pouvait gagner cette bataille sans ses soldats, comme ceux-ci n'auraient pas remporté la victoire sans Alexandre.

Ses dispositions savantes réunissaient les deux objets de l'offensive et de la défensive. Sa seconde ligne, placée pour garantir ses derrières et ses flancs, devait, dans le cas où l'ennemi eût culbuté la cavalerie qui la protégeait, s'ouvrir du centre vers les ailes, comme les deux battans d'une porte, et former un carré long, capable d'arrêter l'effort des Persans. Mais d'un autre côté, rien n'est plus admirable que les mouvemens de la cavalerie et de l'infanterie pour se former en colonne, et entrer dans les intervalles de la ligne ennemie, afin de la plier en la combattant de la droite au centre. Alexandre fit preuve d'une grande sagesse, en regardant avec indifférence la perte de son bagage; il montra l'action du général le plus expérimenté, lorsqu'il abandonna la certitude de prendre Darius pour revenir sur ses pas au secours de Parménion.

Étant à la poursuite de ce roi, et du satrape Bessus, son meurtrier, Alexandre fit des marches si rapides, qu'elles ont paru incroyables. Mais avant d'accuser les historiens, il fallait s'attacher à fixer d'une manière précise les mesures itinéraires employées par les arpenteurs de ce prince, et il est bien reconnu aujourd'hui que les anciens se servaient de stades de différentes grandeurs.

Cinq cents cavaliers, chacun d'eux ayant un soldat en croupe, parcoururent un espace de quatre cents stades, suivant Arrien, dans une partie d'un jour et une nuit entière. En employant le stade pythique de cent vingt-cinq toises, ce détachement de cavalerie aurait fait vingt lieues, chacune évaluée à deux mille cinq cents toises; ce qui est impossible. Si, au contraire, on se sert du stade reconnu par d'Anville pour être de cinquante et une toises, dans toutes les marches d'Alexandre, ces vingt lieues se trouvent réduites à huit environ, et le fait devient très vraisemblable.

Les Macédoniens, poursuivant Satibarzanes dans sa retraite, firent en deux jours six cents stades, évalués, par le calcul ordinaire, à trente lieues. Ils en auraient donc fait quinze par jour, au lieu de six environ que donne le stade fixé par d'Anville. Alexandre marchant à Maracanda, pour en chasser Spitamène, parcourt quinze cents stades en trois jours. Le stade pythique fournit une évaluation de soixante-quinze lieues, qui par le stade de cinquante et une toises, se trouvent réduites à trente environ. On pourrait citer un plus grand nombre d'exemples.

Au reste la marche du jeune Cyrus, et celle des dix mille, décrites avec exactitude par Xénophon, démontrent que les historiens d'Alexandre ont été faussement taxés d'exagération. En allant à Cunaxa, les troupes de Cyrus faisaient ordinairement cinq parasanges par campement, et quelquefois davantage; ainsi, lorsqu'elles traversèrent la Lydie pour arriver au fleuve Mæandre, elles firent trois campemens, et vingt-deux parasanges, c'est-à-dire sept parasanges et plus d'un tiers par campement. Ces troupes partant d'Iconium, ville de Phrygie, firent encore trente parasanges en cinq marches ou campemens; dirigeant leur route à la gauche de l'Euphrate, cinq campemens et trente-cinq parasanges. Il faut nécessairement observer que l'armée de Cyrus était composée, en grande partie, d'infanterie pesante, et que ses nombreux équipages devaient l'embarrasser beaucoup.

Les marches des dix mille, après la bataille de Cunaxa, ne furent pas moins accélérées. Quelquefois elles sont plus courtes, à cause de la difficulté des chemins. On en trouve cependant une très longue, dans le pays des Taoques, où l'armée fit en cinq campemens trente parasanges. Sa marche à travers la province des Chalybes, qui harcelaient continuellement les Grecs, présente encore cinquante parasanges en sept campemens.

Xénophon, selon d'Anville, emploie des parasanges évaluées chacune à deux mille deux cent soixante-huit toises, qui, fraction retranchée, donnent quarante-cinq stades par parasange. Les dix mille auraient donc fait, par campement, deux cent vingt-six, deux cent soixante-douze, trois cent dix-sept, et jusqu'à trois cent soixante-dix stades; et leurs marches égalent, par conséquent, les plus longues de l'armée d'Alexandre.

Les dix mille ont souvent fait plusieurs campemens sans séjourner. Ils réussirent même un instant, par leurs marches forcées, à se mettre hors de la portée de l'ennemi, lorsqu'après le passage du Centrite, la cavalerie persane n'osa pas s'engager dans les montagnes des Carduques. Les Macédoniens les ont imités en plusieurs circonstances, et l'on voit que Ptolémée étant à la poursuite de Bessus, fit dans quatre jours et quatre nuits, dix campemens. Ajoutons que les marches d'Alexandre avaient été exactement mesurées sur les lieux, par les arpenteurs de ce prince, et qu'elles se trouvaient décrites dans un ouvrage particulier dont les historiens ont fait un usage fréquent.

Le choc de la bataille d'Arbelle avait été si terrible, qu'Alexandre éprouva peu d'obstacles à s'emparer de toute la Perse. Les Scythes mêmes furent vaincus. Ce conquérant résolut alors de subjuguer l'Inde, que l'on regardait déjà dans ce temps comme le pays le plus riche du monde connu. Il passa le fleuve Indus, reçut la soumission de plusieurs petits princes, dont l'un, nommé Taxile, lui envoya sept cents chevaux, trente éléphans, et le joignit lui-même dans la suite avec cinq mille fantassins. Mais étant informé que Porus, prince courageux, faisait ses dispositions pour lui disputer le passage de l'Hydaspe, et le repousser par les armes, Alexandre résolut de camper sur les bords du fleuve.

Il avait amené avec lui des équipages de bateaux, dont il s'était servi pour passer l'Indus, et que l'on démontait en plusieurs pièces, afin de les porter plus commodément. A son arrivée près des bords de l'Hydaspe, il vit Porus posté sur l'autre rive, avec toutes ses forces, et reconnut que ce roi avait mis des gardes dans les endroits guéables. Alexandre répandit de même des soldats le long du fleuve, rappela près de lui des troupes nombreuses, qui étaient restées dans les provinces en deçà de l'Hydaspe, et publia qu'il voulait demeurer dans son camp, jusqu'à ce que la crue des eaux, occasionnée par la fonte des neiges, fût écoulée.

Tel n'était pourtant pas son dessein. Mais voyant qu'il devenait impossible de forcer ce passage comme celui du Granique, à cause de la largeur du fleuve, et du nombre des combattans qui défendaient la rive, il résolut de le dérobér. D'abord il fit tenter pendant la nuit divers endroits par sa cavalerie; Porus y accourait aussitôt avec ses éléphans, et Alexandre retirait ses troupes. Ce prince répéta ce manége si souvent, que Porus pensa que c'était une feinte pour le fatiguer en tenant constamment ses troupes sous les armes; il ne s'en inquiéta plus; se contenta de doubler ses postes, et d'y placer des éclaireurs.

Alexandre, qui avait reconnu les sinuosités du fleuve, savait qu'à cinq lieues au-dessus de son camp, il existait un rocher, autour duquel l'Hydaspe se recourbait, et tout auprès de ce rocher une île déserte entièrement boisée, ainsi que le pays situé du côté du rivage qu'il occupait. Ce fut ce point qu'il choisit pour exécuter son entreprise.

Par ses ordres, on prépara ostensiblement tous les matériaux qui pouvaient faire supposer qu'on allait franchir le fleuve vis-à-vis du camp, tandis que l'on s'occupait, en secret, à construire des radeaux, à coudre des peaux remplies de paille, à rassembler enfin les pièces des bateaux et des galères portés vers le lieu du passage, où la forêt couvrait les travailleurs.

Quand tout fut prêt (1), Alexandre partit à la tête de l'Agema (les Argyraspides), des chevaux d'Héphæstion, de Perdiccas et de Démétrius; des Bactriens, des Saydiens, de la cavalerie scythe, des archers Dahes à cheval, des Hypaspistes, de deux sections de la phalange; des archers et des Agriens. Tous ces détachemens ne composaient que six mille hommes d'infanterie et cinq mille chevaux; ce qui doit faire supposer que les différens corps désignés par Arrien n'y étaient pas en entier.

Alexandre s'éloigne assez du rivage

(1) Voyez l'Atlas.

pour n'être pas aperçu, et se dirige à l'entrée de la nuit vers le rocher. Il laisse dans le camp Craterus avec son corps de cavalerie, les Arachotiens, les Paropanisades, deux autres sections de la phalange et les cinq mille Indiens auxiliaires envoyés par Taxile. Alexandre donna ordre à ces troupes de ne passer le fleuve que lorsque Porus aurait décampé, soit pour se retirer, soit pour venir le combattre. Entre l'île et le camp, Méléagre, Attalus et Gorgias, avec l'infanterie et la cavalerie des stipendiaires, doivent aussi passer par détachemens, dès que l'action sera engagée. Ils étaient postés de manière à n'être pas aperçus.

Un orage qui survint, et dura la nuit entière, servit merveilleusement à couvrir l'entreprise, en empêchant qu'on entendît le bruit qui se faisait autour du rocher. Cet orage s'étant calmé à la pointe du jour, toute l'armée passa, la cavalerie sur les peaux, l'infanterie sur les barques et les radeaux. On laisse l'île de côté, et l'on se contente d'y envoyer un poste d'infanterie légère.

A mesure que les troupes arrivaient sur l'autre bord, Alexandre les mettait en bataille à la vue des éclaireurs ennemis qui courent à toutes brides en donner avis à Porus. Alexandre s'avançait à la tête de ses troupes, quand il s'aperçut qu'il était dans une autre île, plus grande que la première, et séparée de la terre par un canal assez étroit. Comme l'eau était grossie par l'orage de la nuit, on fut obligé de chercher un gué où les chevaux en eurent jusqu'au poitrail, et l'infanterie jusque sous les bras.

Tout étant passé, Alexandre fit prendre du terrain à sa cavalerie devant laquelle il jeta les archers à cheval; l'infanterie légère des Agriens fut placée sur les côtés de la phalange. Il s'avança aussitôt laissant l'infanterie derrière, qui marchait au petit pas, excepté les archers à pied qui eurent ordre de suivre le plus vite qu'ils pourraient. Alexandre pensait que si Porus ne venait au-devant de lui qu'avec la cavalerie indienne, il le déferait, la sienne étant supérieure; et que si ce roi paraissait au contraire avec toutes ses forces, il le tiendrait en échec jusqu'à l'arrivée de l'infanterie. Les Indiens épouvantés de son audace pouvaient aussi se débander, et dans ce cas il les attaquait, et affaiblissait d'autant leur armée.

A peine fut-il en marche, qu'on vint l'avertir que les ennemis paraissaient. Le fils de Porus accourut en effet avec deux mille chevaux et cent vingt chariots, dans l'espérance de défendre le passage. Alexandre ayant reconnu la force de cette troupe, ne daigna pas se mettre en bataille. Il lui détacha ses archers à cheval, et vint la charger avec la tête de sa cavalerie, en ordre de marche, c'est-à-dire sur seize de front. Le fils de Porus resta sur la place avec quatre cents chevaux. Tous ses chariots furent pris sans avoir été d'aucun effet sur un terrain détrempé par la pluie, et dans lequel ils s'embourbaient par leur pesanteur.

Lorsque Porus eut appris la défaite de son fils, il balança sur le parti qu'il avait à prendre; car devant lui se trouvait Cratérus prêt à gagner l'autre rive, et qui l'empêchait de marcher à l'ennemi. Alexandre y avait pensé, et voilà pourquoi il posta, entre son camp et l'île, le corps de l'infanterie et de la cavalerie des stipendiaires. Porus, en effet, s'avançait-il assez pour rencontrer Alexandre plus près de l'île que du camp? ce corps passait et pouvait le prendre par derrière. Au contraire, le prince faisait-il plus de chemin que Porus en laissant derrière lui les stipendiaires? rien alors ne les empêchait de passer et de venir renforcer son avant-garde.

Après quelques momens d'incertitude, Porus résolut enfin d'aller à la rencontre d'Alexandre, et laissa seulement dans son camp quelques éléphans pour tenir en respect les corps de Cratérus. L'armée indienne comptait trente mille hommes d'infanterie, et quatre mille de cavalerie. Elle avait aussi trois cents chariots et deux cents éléphans.

Arrivé dans un endroit où le terrain ferme et sablonneux lui parut propre à faire mouvoir ses chariots, Porus rangea son infanterie et la couvrit par ses éléphans éloignés de cent pieds les uns des autres. Ils étaient destinés à effrayer la cavalerie d'Alexandre, et dans leurs intervalles on avait placé des troupes légères pour les seconder et garantir leurs flancs. Sa cavalerie occupait les deux ailes avec quelques chariots, car la plus grande partie de ces machines fut portée à la gauche, parce que la droite était peu éloignée de la rivière, et que le terrain n'offrait aucune solidité.

Alexandre parut d'abord avec sa cavalerie, qu'il fit manœuvrer pour imposer à l'ennemi en attendant son infanterie. Il détacha aussi deux escadrons sous les ordres de Cœnus pour aller se poster devant la droite des Indiens. Les archers à pied qui suivaient de près, se formèrent à la gauche de la cavalerie et la continuèrent.

La phalange arriva en diligence précédée par les Agriens. Alexandre lui laissa le temps de reprendre haleine, et lui ordonna de ne pas bouger avant qu'il eût ébranlé l'ennemi. Cœnus devait marcher sur la droite qui était très faible, et lorsqu'il l'aurait renversée, tourner par derrière pour venir prendre en queue l'aile gauche, pendant qu'Alexandre l'attaquerait de front.

Ainsi Cœnus après avoir rompu la cavalerie de la droite n'avait pas reçu l'ordre de se replier tout de suite sur le flanc de l'infanterie, ce qui était bien plus court, mais de faire un long circuit par derrière la ligne, pour venir retomber sur la gauche. On voit par cette manœuvre que l'infanterie d'Alexandre étant peu nombreuse et très fatiguée, ce prince ne voulait point engager le combat contre celle de l'ennemi, qu'il n'eût entièrement défait sa cavalerie.

Lorsqu'on fut à la portée du trait, Alexandre commença l'attaque avec sa cavalerie de l'aile droite, pour tâcher de déborder l'ennemi, en s'approchant de lui obliquement. Porus, qui voyait son dessein, prolongea aussi sa ligne, et gagna du terrain sur la gauche.

Pendant que ce mouvement s'exécutait, les archers à cheval vinrent faire leur décharge sur la cavalerie ennemie, qui fut obligée de s'arrêter. Alexandre, dont les escadrons étaient légers et manœuvraient plus vivement que ceux des Indiens, se trouva bientôt sur leur flanc, et Cœnus parut presque en même temps par les derrières. Cet accident les obligea de changer leur ordonnance, mais Alexandre les chargea dans ce moment de désordre et les renversa.

Ils se retirèrent sur le flanc de l'infanterie où ils se rallièrent, et la phalange se mit alors en mouvement. Porus envoya les éléphans contre elle; l'infanterie légère des Agriens et les archers à pied les accablèrent à coups de flèches et de javelots; toutefois les éléphans fondirent avec tant d'impétuosité que la phalange fut obligée de s'ouvrir et de leur faire place.

Sur ces entrefaites, la cavalerie indienne étant revenue à la charge, fut rompue une seconde fois, et rejetée sur son infanterie contre laquelle la phalange commençait à donner. La confusion se mit dans les lignes. Les éléphans blessés ne se laissaient plus gouverner; ils couraient avec fureur et foulaient aux pieds tout ce qui se trouvait sur leur passage. Les Indiens, resserrés et pressés de toutes parts, en souffraient beaucoup plus que les Macédoniens qui avaient de l'espace, et s'ouvraient lorsqu'ils venaient de leur côté, afin de les percer ensuite de leurs traits. Alors, dit Arrien, on voyait ces animaux énormes se traîner languissamment comme une galère fracassée; ils poussaient de longs gémissemens.

La cavalerie macédonienne environnait celle des barbares acculée contre leur infanterie; les sections de la phalange s'élançaient partout dans les vides; les Indiens furent bientôt rompus. Cratérus, qui avait passé la rivière, se mit aux trousses des fuyards, et en fit un grand carnage. Les Indiens perdirent vingt-trois mille hommes; leurs chariots et tous les éléphans furent tués ou pris. Les deux fils de Porus périrent dans cette journée; lui-même, couvert de blessures, tomba au pouvoir d'Alexandre, qui lui témoigna l'estime que lui inspirait sa valeur.

Après le passage de l'Hydaspe, Alexandre pénétra dans l'intérieur de l'Inde, et soumit trente-sept villes, dont les moindres avaient sept mille habitans, et les autres dix mille. Arrivé sur les bords de l'Acésines, il ne le passa ni sans peines ni sans dangers. Il traversa ensuite avec moins de difficulté l'Hydraote; mais ayant appris que les Cathéens conspiraient avec les Oxydraques et les Malliens, il marcha contre les premiers qui étaient en armes sous les murs de Sangala, les défit, et prit leur ville où dix mille Indiens furent tués et soixante-dix mille faits prisonniers.

Le prince se disposait à passer l'Hyphase; dans l'espoir d'arriver jusqu'au Gange, lorsqu'il fut arrêté par les murmures de ses soldats. Les Gangarides et les Prasiens, habitans de la contrée qu'arrosait le Gange, formaient une puissance formidable; la valeur de Porus et de son armée, indiquaient assez qu'il faudrait leur livrer des batailles sanglantes, et que la multitude pourrait enfin écraser les Macédoniens. Tous désiraient ardemment retourner dans leur patrie.

C'est en vain qu'Alexandre voulut relever leur courage et leurs espérances par un discours plein de noblesse; il ne put y réussir. Quinte-Curce profite de la circonstance pour mettre dans la bouche du prince une digression sur les éléphans et la crainte qu'ils pouvaient inspirer. Vous savez que Quinte-Curce a fait un livre où les événemens militaires sont toujours présentés sous un point de vue faux. Cœnus ayant répondu au nom des Macédoniens, Alexandre n'osa entreprendre malgré eux le passage de l'Hyphase; ainsi, ce fut sur la rive occidentale que s'arrêta le conquérant.

Il revint sur ses pas, traversa une seconde fois l'Hydraote et l'Acésines, et arriva vers l'Hydaspe. Là, on construisit par ses ordres deux mille bateaux, sur lesquels il embarqua ses troupes pour descendre jusqu'à l'Indus. Il subjugua ensuite les Malliens, et vint dans la Pattalène où l'Océan s'offrit pour la première fois aux yeux des Macédoniens épouvantés par le phénomène du flux et du reflux qu'ils ne connaissaient pas.

Arrivé aux bouches de l'Indus, Alexandre divisa son armée en trois corps, donna l'un à Cratérus avec ordre de retourner vers l'Hydaspe, et de le rejoindre ensuite dans la Carmanie, en passant par l'Arachosie et la Drangiane. Il fit embarquer le second corps sur la flotte que Néarque conduisait, et se mit lui-même en marche avec le troisième, qui, après avoir éprouvé des privations continuelles à travers les contrées désertes du pays des Orites et de la Gédrosie, regagna enfin la Perse où le prince fut rejoint par ses autres généraux.

Dans les différentes régions qu'il parcourut, Alexandre fonda bien des villes ; Plutarque en compte plus de soixante-dix. Quoi qu'il en soit de ce nombre contesté par d'autres écrivains, il est certain que ce prince avait conçu un projet qui montre assez combien sa politique était profonde : c'était d'établir depuis les bords de la mer Ionienne jusqu'aux rives de l'Hyphase une telle suite de cités et de places fortes, que s'il eût fait un second voyage dans l'Inde, ses armées devaient trouver partout des subsistances et des secours.

CHAPITRE XIII.

État de l'art sous les successeurs d'Alexandre.—De Pyrrhus.—De Philopœmen, surnommé le dernier des Grecs. Troisième bataille de Mantinée.

« Alexandre, dit Montesquieu, ne partit qu'après avoir assuré la Macédoine contre les peuples barbares qui en étaient voisins, et achevé d'accabler les Grecs : il ne se servit de cet accablement que pour l'exécution de son entreprise ; il rendit impuissante la jalousie des Lacédémoniens ; il attaqua les provinces maritimes ; il fit suivre à son armée de terre les côtes de la mer, pour n'être point séparé de sa flotte ; il se servit admirablement bien de la discipline contre le nombre ; il ne manqua point de subsistance. Et, s'il est vrai que la victoire lui donna tout, il fit aussi tout pour se la procurer.

» Dans le commencement de son entreprise, c'est-à-dire dans un temps où un échec pouvait le renverser, il mit peu de chose au hasard : quand la fortune le mit au-dessus des événemens, la témérité fut quelquefois un de ses moyens. Lorsqu'avant son départ, il marche contre les Triballiens et les Illyriens, vous voyez une guerre comme celle que César fit depuis dans les Gaules. Lorsqu'il est de retour dans la Grèce, c'est comme malgré lui qu'il prend et détruit Thèbes : campé auprès de leur ville, il attend que les Thébains veuillent faire la paix ; ils précipitent eux-mêmes leur ruine. Lorsqu'il s'agit de combattre les forces maritimes des Perses, c'est plutôt Parménion qui a de l'audace, c'est plutôt Alexandre qui a de la sagesse. Son industrie fut de séparer les Perses des côtes de la mer, et de les réduire à abandonner eux-mêmes leur marine dans laquelle ils étaient supérieurs.

» Le passage du Granique fit qu'Alexandre se rendit maître des colonies grecques : la bataille d'Issus lui donna Tyr et l'Égypte ; la bataille d'Arbelle lui donna toute la terre.

» Après la bataille d'Issus, il laisse fuir Darius, et ne s'occupe qu'à affermir et à régler ses conquêtes ; après la bataille d'Arbelle, il le suit de si près, qu'il ne lui laisse aucune retraite dans son empire. Darius n'entre dans ses villes ou dans ses provinces, que pour en sortir ; les marches d'Alexandre sont si rapides, que vous croyez voir l'empire de l'univers, plutôt le prix de la course, comme dans les jeux de la Grèce, que le prix de la victoire.

» C'est ainsi qu'il fit ses conquêtes ; voyons comment il les conserva.

» Il résista à ceux qui voulaient qu'il traitât les Grecs comme maîtres, et les Perses comme esclaves : il ne songea qu'à unir les deux nations, et à faire perdre les distinctions du peuple conquérant et du peuple vaincu : il abandonna après la conquête, tous les préjugés qui lui avaient servi à la faire. Il prit les mœurs des Perses, pour ne pas désoler les Perses en leur faisant prendre les mœurs des Grecs; c'est ce qui fit qu'il marqua tant de respect pour la femme et pour la mère de Darius, et qu'il montra tant de continence. Qu'est-ce que ce conquérant qui est pleuré de tous les peuples qu'il a soumis? Qu'est-ce que cet usurpateur, sur la mort duquel la famille qu'il a renversée du trône verse des larmes?

» Rien n'affermit plus une conquête, que l'union qui se fait des deux peuples par les mariages. Alexandre prit des femmes de la nation qu'il avait vaincue; il voulut que ceux de sa cour en prissent aussi; le reste des Macédoniens suivit cet exemple. Quand les Romains voulurent affaiblir la Macédoine, ils y établirent qu'il ne pourrait se faire d'union par mariage entre les peuples des provinces.

» Alexandre, qui cherchait à unir les deux peuples, songea à faire dans la Perse un grand nombre de colonies grecques; il bâtit une infinité de villes, et il cimenta si bien toutes les parties de ce nouvel empire, qu'après sa mort, dans le trouble et la confusion des plus affreuses guerres civiles, après que les Grecs se furent, pour ainsi dire, anéantis eux-mêmes, aucune province de la Perse ne se révolta. »

Voilà deux pages de l'*Esprit des lois* qui résument toute l'histoire des expéditions d'Alexandre. Quel est le militaire, je le demande, qui pourrait se flatter de porter un coup-d'œil plus juste sur les travaux de ce grand capitaine? Et combien ce jugement diffère de ce que nous lisons dans les autres écrivains!

Le seul reproche que l'homme de guerre puisse adresser réellement au héros macédonien, c'est d'avoir obtenu des succès trop vifs et trop rapides. On ne trouve point dans les campagnes d'Alexandre, de ces marches fines et insidieuses qui ont fait briller Annibal et plusieurs généraux de l'ancienne Rome; il semble, comme le dit Montesquieu, que l'empire de l'univers ne soit plus que le prix de la course.

Mais s'il manque un fleuron à la couronne d'Alexandre, il n'a pas dépendu de lui de le conquérir. On lui opposait une multitude de barbares, mal disciplinés et conduits par des chefs inhabiles; il les dissipait au moyen de la supériorité de ses manœuvres. Alors des royaumes entiers se soumettaient, et il volait à de nouvelles victoires.

Si ce prince avait eu en tête d'autres troupes, et des généraux plus expérimentés, sa méthode aurait été différente, et l'on ne peut douter qu'arrêté à chaque pas par des artifices nouveaux, il n'eût trouvé dans son génie ces combinaisons sublimes qui naissent des obstacles, et parviennent toujours à les surmonter. On peut voir par un seul exemple comment entendaient la guerre les généraux qui s'étaient formés sous lui.

Alexandre était mort à l'âge de trente-deux ans, laissant son héritage au plus digne. Ses principaux capitaines se partagèrent les gouvernemens de l'empire; Perdiccas fut nommé régent des princes désignés pour successeurs. Quoiqu'aucun des généraux d'Alexandre n'eût osé s'emparer de la souveraineté, ils étaient tous trop puissans pour demeurer paisibles, et bientôt, dans les trois parties de l'empire, la guerre civile éclata. L'une était sous le commandement de Perdiccas, soutenu par Eumènes; Ptolémée, Antipater et Cratérus, se trouvaient à la tête de l'autre; Antigone défendait la troisième, qui devint la plus puissante.

Eumènes avait eu en partage la Cappadoce et la Paphlagonie, auxquelles Perdiccas joignit ensuite la Carie et la Lycie : il comptait dans son parti le corps des Argyraspides qui s'était acquis la plus brillante réputation. Antigone, qui avait été mis en possession de la Pamphilie et de la grande Phrygie, s'empara des provinces voisines à la faveur des troubles, et s'étendit dans la haute Asie. Plusieurs gouverneurs, jaloux de sa puissance, se rangèrent alors du côté d'Eumènes, et Antigone, qui voulait anéantir un rival si dangereux, se ligua avec d'autres généraux. Eumènes, cependant, qui combattait sous le nom des rois, était en état de tenir tête ; il s'avança contre Antigone.

Les deux armées campaient peu éloignées l'une de l'autre, et séparées par un torrent et quelques ravins. Le pays aux environs était entièrement ruiné, les soldats y souffraient beaucoup. Eumènes apprit qu'Antigone se préparait à partir la nuit suivante ; il ne douta point que son dessein ne fût de gagner la province de Gabène, pays neuf, en état de fournir abondamment des subsistances, et très sûr pour cantonner des troupes, à cause des rivières et des défilés dont il était couvert. Eumènes résolut de le prévenir.

Il envoya au camp d'Antigone quelques soldats qui, sous l'apparence de désertion, le prévinrent qu'on devait l'attaquer à l'entrée de la nuit ; et pendant ce temps, il fit partir ses bagages, ordonna aux troupes de prendre de la nourriture, et sur le déclin du jour se mit lui-même en marche, ne laissant devant son camp qu'un poste de cavalerie légère, afin d'amuser l'ennemi.

Antigone tenait en effet son armée sous les armes, et attendait avec impatience le moment de l'attaque, lorsque ses éclaireurs l'avertirent qu'Eumènes était décampé. Il plia promptement ses tentes, et fit la plus grande diligence pour le prévenir ; mais apprenant qu'il avait sur lui six heures d'avance, il se mit à la tête de sa cavalerie, et la lançant à toutes brides, atteignit l'arrière-garde ennemie au point du jour.

Elle descendait d'une colline ; Antigone fit halte et se forma sur les hauteurs. Eumènes voyant cette cavalerie, ne douta point que l'armée entière ne fût sur ses derrières, et s'arrêta pour se mettre en bataille. Antigone sut paralyser ainsi la ruse d'Eumènes, et donna le temps à son infanterie d'arriver.

Ils avaient un égal désir d'en venir aux mains, car l'un et l'autre voulaient occuper une province où ils devaient trouver des cantonnemens excellens pour leur armée. Ils s'attaquèrent avec un succès balancé. Les deux gauches furent mises en déroute, et la nuit qui survint sépara les combattans. Antigone, qui parvint à conserver le champ de bataille, l'examina, et s'aperçut qu'il avait perdu beaucoup plus de monde que son adversaire ; ses troupes étaient d'ailleurs découragées, il n'osa risquer une nouvelle affaire, et alla hiverner très loin au nord de la Médie. Eumènes continua sa marche vers le pays de Gabène, où il prit ses quartiers.

Ses soldats étaient peu soumis ; ils voulurent choisir les lieux les plus commodes, et ce général ne put les contraindre à se rapprocher assez les uns des autres, pour se porter un prompt secours, dans le cas où ils seraient attaqués. Antigone fut informé de cette disposition vicieuse, il prit aussitôt la résolution de tomber inopinément sur ces corps divisés.

Deux chemins se présentaient pour marcher vers la province de Gabène : l'un, facile et peuplé, lui offrait des subsistances ; l'autre, qui passait à travers des lieux déserts et des montagnes arides, n'offrait aucune ressource. Antigone choisit ce dernier, qui pénétrait jusqu'au milieu des quartiers ennemis. Il fit prendre à ses troupes des vivres pour dix jours, pourvut sa cavalerie d'orge, de fourrage, d'outres propres à transporter l'eau, et publia qu'il allait en Arménie.

Ce prétexte pouvait paraître plausible, puisque son armée affaiblie devait chercher à s'éloigner d'Eumènes, et que l'Arménie lui fournissait tout ce qui était nécessaire pour se rétablir et se recruter. Il en suivit effectivement la route, mais bientôt il se jeta dans les déserts par une contre-marche habile.

On était au cœur de l'hiver. Antigone marchait à la faveur des ténèbres, et ne permettait le feu que lorsqu'elles étaient dissipées. Il fit ainsi cinq journées. Mais la saison devenait si rigoureuse, les nuits paraissaient si longues, qu'il ne put maîtriser plus long-temps le soldat, et malgré ses défenses on alluma du feu pendant les haltes qu'il était obligé de faire.

Eumènes de son côté, qui sentait sa mauvaise disposition, ne s'était pas endormi. Par ses ordres, des coureurs et des espions devaient l'instruire de tous les mouvemens d'Antigone; et lorsqu'il apprit que ce général était en marche et qu'il approchait de ses lignes, ses officiers furent d'avis de se retirer à l'extrémité de la province. Eumènes les rassura tous, et leur promit d'arrêter l'ennemi, trois ou quatre jours, temps nécessaire pour rassembler l'armée.

Aussitôt il prit les détachemens qui étaient sous sa main, leur fit occuper les montagnes placées sur la route d'Antigone, et forma plusieurs divisions avec une étendue de plus de trois lieues, comme si ses troupes arrivaient de différens endroits. Il ordonna ensuite d'allumer des feux à la distance de trente pieds, et d'y observer les gradations suivantes: sur la première veille de la nuit (six heures du soir), ils devaient être forts et flambans. C'était le moment où le soldat avait coutume de se frotter d'huile pour se délasser et donner aux membres de la force et de la souplesse. On consacrait aussi cette première veille aux apprêts du manger. Les feux devaient diminuer sur la seconde veille (neuf heures); s'éteindre insensiblement, puis finir tout-à-fait avant la troisième, ou minuit.

Quelques habitans des montagnes, dévoués au parti d'Antigone, vinrent l'avertir de ce qu'ils avaient vu, ne doutant point que ce ne fût l'armée tout entière. Antigone dut le penser aussi, et n'osa hasarder un combat avec des troupes fatiguées. Il prit sur la droite pour se tirer du désert, et se mettre dans le pays habité, afin de s'y rafraîchir. Par ce stratagème, Eumènes se donna le temps de rassembler ses corps séparés, et de prendre un camp avantageux où il se retrancha.

Nous ne suivrons pas plus loin les manœuvres de ces deux grands capitaines, manœuvres où ils surent déployer, avec un égal avantage, toutes les merveilles de l'art. La bataille mémorable qui termina cette campagne, et dans laquelle les Argyraspides flétrirent toute leur gloire, en trahissant Eumènes dont ils avaient suivi la fortune, doit être regardée, sans aucun doute, comme un chef-d'œuvre de tactique; mais elle rentre dans les principes de l'ordre oblique si souvent employé par Alexandre; car vous avez pu voir que c'était la méthode favorite de ce conquérant.

Je remarque seulement qu'à cette bataille de Gabène (361 av. not. ère), il y avait des éléphans en grand nombre dans les deux armées, et qu'Eumènes avait disposé les siens d'une manière ingénieuse, en leur faisant former une courbe dont les extrémités se repliaient sur la ligne qu'ils étaient chargés de défendre. Cette courbe laissait un grand vide, afin de donner plus d'espace à ces animaux, qui étaient sujets à reculer et à jeter le désordre dans les troupes placées derrière eux.

On ne voit pas que les Romains, si attentifs à saisir tout ce qui pouvait leur être utile, aient jamais été plus curieux de se servir des éléphans que des chariots. Il y avait bien de la folie, en effet, à se reposer, pour le succès d'un combat, sur des élémens dont on éprouvait si souvent des effets funestes. Soit que les éléphans fussent opposés à d'autres, ou placés en face des chariots, ou bien encore qu'il n'y eût que des chariots des deux côtés; la première ligne, sur le front de laquelle ces machines rebroussaient, était certaine d'être mise en désordre et battue.

Ce fut cependant à la présence de ses éléphans, force tout-à-fait nouvelle en Europe, que Pyrrhus dut ses premiers succès contre les Romains. Ce peuple n'était déjà plus étranger à l'art de la guerre, et la première fois que Pyrrhus eut occasion de reconnaître leur camp sur le bord de la rivière de Siris, il ne put s'empêcher de dire à l'un de ses généraux: « Cet ordre des barbares n'est nullement barbare, nous verrons si le reste y répondra. »

Pyrrhus, qui s'était formé sous les capitaines d'Alexandre, et qu'Annibal, si bon juge en fait de mérite militaire, avait pris pour modèle; Pyrrhus en adoptant l'ordre en phalange, en avait perfectionné les déploiemens. Il est même vraisemblable que la facilité avec laquelle Pyrrhus rompait ses phalanges, suivant le terrain et les circonstances, fut l'origine de l'ordre en *quinconce* ou en *échiquier*, introduit plus tard dans l'ordonnance romaine, bien que cette opinion soit contraire à celle qu'on adopte généralement.

Tout porte à croire qu'à la bataille d'Héraclée, donnée sur les bords du Siris (280 av. not. ère), les Romains combattaient sur une seule ligne avec une grande profondeur, et les éléphans de Pyrrhus n'y firent tant de carnage, que parce qu'ils ne trouvaient aucune issue entre les *manipules*. Ce désordre n'aurait certainement pas eu lieu si ces animaux avaient pu passer entre les intervalles des trois lignes formées par les *hastaires*, les *princes* et les *triaires*.

Avec moins d'inquiétude dans l'esprit, et plus de suite dans ses projets, Pyrrhus se serait fait une grande puissance; mais il n'avait pas plutôt mesuré ses forces avec un ennemi, qu'il le laissait pour en attaquer d'autres. On le comparait à un joueur habile qui dépense sans ménagement ce qu'il a su gagner. Comme Annibal, Pyrrhus vint jusqu'aux portes de Rome disputer la souveraineté de l'Italie à cette future reine du monde. Les Romains lui firent toujours acheter chèrement ses succès, et ce prince le reconnaissait bien lorsqu'il disait après la bataille de Tusculum : « C'est fait de nous, si nous remportons encore une victoire. »

Après la mort de Pyrrhus, la science de la guerre se maintint encore quelque temps en Grèce; on la voit même sous Philopœmen atteindre son plus haut degré de splendeur. Plutarque nous apprend que ce grand capitaine avait non seulement porté très loin la science de la tactique, mais qu'il s'était fait un coup-d'œil admirable, en observant exactement dans les marches et jusque dans ses promenades, les coupures et les irrégularités du terrain, ainsi que les différentes formes que les masses sont obligées de subir en présence des ruisseaux, des ravins, et des défilés qui les forcent de se resserrer ou de s'étendre.

Cette étude devait nécessairement conduire Philopœmen à adopter les changemens que Pyrrhus avait introduits dans la phalange, et même à les perfectionner; aussi nous le voyons dans la bataille qu'il livre (212 av. not. ère) à Machanidas, tyran de Sparte, ranger sa phalange sur deux lignes, les sections placées en échiquier, de sorte que si cette partie de son armée qui formait le centre était attaquée par la phalange lacédémonienne, la seconde ligne pût remplir les intervalles de la première; tandis qu'au contraire l'effort de l'ennemi se portant sur une des ailes, Philopœmen disposait de la seconde ligne pour la renforcer ou la remplacer.

Chef de la ligue des Achéens, il avait pris les armes contre Machanidas dont l'ambition menaçait le Péloponnèse, et s'était retiré avec ses troupes dans la ville de Mantinée, déjà célèbre par deux batailles dont nous avons parlé. Machanidas voyant son ennemi si près des Lacédémoniens, se hâta d'accourir pour le combattre, et donna rendez-vous à ses troupes dans la ville de Tegée, voisine de celle où était Philopœmen.

Machanidas se mit en marche sur trois colonnes (1), la phalange formant le centre, et les deux autres se composant de la cavalerie et de l'infanterie légère, toutes troupes qu'il avait à sa solde. Ces colonnes étaient suivies d'un grand nombre de catapultes, de balistes et de chariots chargés de traits. Alexandre avait essayé de mettre en usage de pareilles machines au passage d'une rivière défendue par les Thraces; mais en général les Grecs fai-

saient peu de cas de cet attirail dans un jour de bataille, où ils tâchaient toujours de s'approcher pour en venir aux mains. Plus tard, lorsque sous les empereurs la discipline et la valeur des légions romaines tombèrent en désuétude, vous verrez ces machines se multiplier dans les armées; ici elles furent entièrement inutiles à Machanidas.

Au premier avis de sa marche, Philopœmen vint se ranger en bataille, sur un terrain choisi par lui depuis long-temps. Il y avait, devant la ville de Mantinée, une large plaine terminée des deux côtés par des montagnes, et tout près, un chemin qui menait de la ville au temple de Neptune, bâti à-peu-près là où ces hauteurs se perdaient du côté de l'orient. Un ravin, plein d'eau en hiver, et sec en été, joignait les montagnes en traversant la plaine; ses pentes en étaient douces, et il devenait difficile de l'apercevoir, à moins qu'on n'en fût très près. Philopœmen résolut de se servir de cette fortification naturelle.

Son armée, bien reposée, sortit de la ville sur trois colonnes, de trois points différens. La gauche fut composée de l'infanterie légère, suivie de la cavalerie légère soudoyée, connues sous le nom de Tarentins, et de cuirassiers assez semblables aux peltastes. Un corps d'Illyriens marchait à la queue. La phalange forma la colonne du centre, et la cavalerie, pesamment armée, des Achéens, fit la colonne de droite.

Cet ordre de marche était celui que Philopœmen avait adopté pour sa ligne de bataille; aussi dès que l'infanterie légère eut gagné le ravin, elle monta sur les hauteurs pour en occuper les pentes; la cavalerie, rangée sur huit de profondeur, se posta ensuite devant cette infanterie, au pied de la montagne; enfin l'infanterie cuirassée et les Illyriens, complétèrent la gauche de l'armée achéenne.

(1) Voyez l'Atlas.

En s'étendant jusqu'à la cavalerie, la phalange formait le centre et la droite. Nous avons dit qu'elle fut disposée d'une manière tout-à-fait neuve pour les Grecs. Philopœmen en fit deux lignes, avec des intervalles entre chaque section composée de seize files. Les sections de la seconde ligne étaient vis-à-vis les intervalles de la première. La cavalerie, pesamment armée, des Achéens flanquait l'aile droite naturellement fortifiée, et formait une réserve. Ces troupes étaient placées derrière le ravin qui divisait la plaine. Attendant l'ennemi, dans cette position, Philopœmen harangua ses soldats : « Ce jour, dit-il, décidera si vous serez libres ou esclaves. »

On vit alors s'avancer les trois colonnes de Machanidas. Elles s'approchèrent de plus en plus sans faire aucune disposition pour se mettre en bataille. Comme le centre, que formait la phalange, se porta vers la droite de l'armée achéenne, Philopœmen s'imagina que Machanidas avait peut-être choisi un ordre de bataille moins commun, en fortifiant la tête de cette colonne de tout ce qu'il y avait de plus brave dans son armée, et qu'il voulait l'attaquer en faisant un peu biaiser sa phalange, à l'imitation d'Epaminondas. Il se tint sur ses gardes, mais ne changea pas ses dispositions avant d'avoir bien pénétré le dessein de son ennemi.

Sur ces entrefaites, la colonne de la droite, composée de troupes légères, parmi lesquelles il y avait aussi des Tarentins, fit à droite et forma sa ligne vis-à-vis la gauche de Philopœmen ; la section de la phalange, qui occupait la tête de la colonne du centre, exécuta la même manœuvre ; elle marcha par son flanc, et les autres sections la suivirent, de sorte qu'en peu de temps toute la ligne fut formée parallèlement à celle des Achéens. La cavalerie et les troupes légères de la gauche s'établirent de ce côté pour couvrir le flanc de la phalange.

Toutes les dispositions étant terminées, Philopœmen supposa que les Lacédémoniens, suivant leur coutume, allaient charger brusquement; mais il fut bien surpris, quand il vit des intervalles s'ouvrir entre les sections de leur armée, et sortir, en avant de la ligne, des catapultes et des balistes, avec des gens destinés à les servir. Il comprit alors que Machanidas connaissait le terrain sur lequel on l'avait attiré.

Le général achéen ne se déconcerta pas. Sentant la nécessité d'empêcher le jeu de ces machines, il s'avança à la tête de ses Tarentins; les fit suivre d'un corps d'infanterie légère; et lui commanda, pendant qu'il en serait aux mains avec l'ennemi, de se répandre sur tout le front, afin d'accabler les gens occupés aux catapultes. Il savait bien que la phalange ne s'avancerait pas, ou qu'en ce cas elle empêcherait le jeu des machines. Il espéra encore occuper si bien toute la droite ennemie, que Machanidas n'oserait détacher du monde pour soutenir ses pointeurs.

Il raisonna juste en partie. Les Lacédémoniens perdirent bientôt l'envie de se servir de leurs catapultes, dont la plupart des batteries furent dérangées par la première charge des Achéens. Toute l'attention se porta sur le combat des ailes, où bientôt, de part et d'autre, les troupes étrangères furent aux prises.

Machanidas ayant remarqué que Philopœmen avait jeté toute son infanterie étrangère sur sa gauche, et que la cavalerie de l'autre aile ne bougeait point, donna ordre de faire filer par derrière cette infanterie légère qu'il avait postée pour soutenir la cavalerie de sa gauche. Le général achéen vit la manœuvre qui allait ôter l'égalité du combat à son aile engagée; il ordonna aux cuirassiers et aux Illyriens de passer le ravin, et de charger l'ennemi. Les deux phalanges et la cavalerie de l'autre aile demeurèrent dans l'inaction, attentives à profiter du moment favorable pour décider la victoire.

Il arriva alors à Philopœmen ce qu'il ne semblait pas avoir prévu. Les Tarentins de Machanidas se conduisirent mieux que les siens, dont l'ardeur se ralentit insensiblement, et qui malgré tous ses efforts prirent la fuite, entraînant avec eux les cuirassiers et les Illyriens. La marge du ravin que Philopœmen avait eu la précaution d'aplanir de ce côté de la montagne, afin de ne pas perdre entièrement l'avantage de l'offensive, servit de pont, et aux lâches qui, sachant la ville de Mantinée très proche, allèrent s'y réfugier, et aux vainqueurs pour les y poursuivre.

Cet incident, capable de faire tourner la tête à tout autre général que Philopœmen, ne l'abattit point. Il abandonna les gens qu'on ne pouvait pas arrêter, et rassura ceux qui restaient par une contenance ferme; et comme il ne doutait pas que d'un moment à l'autre Machanidas, après avoir enlevé son aile gauche, ne revînt fondre sur ses flancs et ses derrières, tandis que les Lacédémoniens l'attaqueraient de front avec la phalange, il fit avec beaucoup de sang-froid ses dispositions.

L'imprudente conduite de Machanidas, qui poursuivit l'ennemi battu jusqu'aux portes de Mantinée, distante d'un mille du champ de bataille, lui sauva une défaite, dont tout son savoir-faire ne l'eût peut-être pas garanti.

Philopœmen profita de cette faute. Il ordonna sur le champ à toutes les sections de sa première ligne de faire à gauche, et de marcher vite par leur flanc, afin d'occuper le terrain qui était resté vide par la défection de son aile; et en même temps, les sections de la seconde ligne s'avancèrent pour s'aligner sur les autres, et occuper le bord du ravin. Ces mouvemens se firent avec la précision que ce général devait attendre de troupes aussi manœuvrières que les siennes.

Ainsi Philopœmen coupait le retour à Machanidas, et se mettait en état de tourner les Lacédémoniens, qui n'avaient plus de droite. Par ses ordres, Polybe, oncle du grand historien, rallia aussi tout ce qu'il put trouver d'Illyriens, de cuirassiers, et de Tarentins dispersés, en forma un corps de réserve, et le posta près de la hauteur derrière sa gauche, afin de garder le passage du ravin.

Les Achéens témoignaient de l'impatience pour combattre, appréhendant le retour de Machanidas. Philopœmen qui avait la même crainte, bien qu'il sût la dissimuler, allait franchir le ravin à la tête de ses troupes, lorsqu'il s'aperçut des mouvemens de la phalange lacédémonienne. Elle supposait n'avoir plus qu'à compléter la victoire, enorgueillie qu'elle était par le grand succès de Machanidas. Le général achéen retint ses soldats, donna promptement ses instructions aux officiers de sa gauche, et attendit l'ennemi derrière son retranchement.

La descente du ravin était assez facile; les Lacédémoniens s'y jetèrent avec une confiance qui leur devint funeste. Les Achéens profitant de l'avantage de leur position, chargèrent si vivement du haut en bas, qu'ils rompirent l'ennemi, en même temps qu'ils le prenaient en flanc et à dos avec les sections de l'aile gauche. Cette phalange fut massacrée dans le fossé, et ses débris vivement poursuivis par les Achéens.

Tout était déjà perdu quand Machanidas arriva. Désespéré de sa faute, il crut avoir encore quelque ressource dans l'affection de ses troupes étrangères; il en forma une forte colonne, et résolut de s'ouvrir un passage au travers des Achéens qu'il supposait occupés à courir après les fuyards. Mais Philopœmen avait prévu tout ce que son ennemi pouvait tenter, et aussitôt qu'il eut mis les Lacédémoniens en désordre, ce général fit plusieurs détachemens, tant pour fortifier Polybe, qui gardait le passage près de la montagne, que pour occuper d'autres postes le long du ravin. Lui-même se tint avec quelques officiers généraux sur l'autre bord du fossé, afin d'observer toutes les mesures que Machanidas pourrait prendre.

Il s'avançait fièrement avec sa colonne contre le corps que commandait Polybe au pied de la montagne, et l'on ne sait ce qu'il aurait effectué, lorsque ses étrangers, qui ne virent dans sa résolution qu'un acte de désespoir, se débandèrent tout d'un coup, et l'abandonnèrent. Il resta, lui troisième, avec un ami et le général des Tarentins.

Machanidas s'éloigna alors en galopant le long du ravin, afin de trouver un passage, mais Philopœmen ne le perdait pas de vue; et au moment où le tyran s'élançait avec son cheval, pour atteindre l'autre côté de la plaine, il le tua d'un coup de lance, que Machanidas ne put parer. Après ce dernier exploit, Philopœmen rassembla ses détachemens, marcha sur Tégée qu'il soumit sans peine, et s'établit dans le pays de l'ennemi.

Il est difficile de pousser plus loin l'art des manœuvres, que ne l'a fait Philopœmen dans cette bataille si instructive. Malheureusement c'est le dernier exemple de science militaire qu'on retrouve parmi les Grecs. Après Philopœmen, l'art déclina rapidement dans ces républiques qui avaient formé de si grands capitaines, et l'on ne reconnaît plus les descendans des vieux guerriers de la Macédoine, dans l'espèce de soldats qui composaient les armées des rois d'Égypte, de Syrie, et même celles de Mithridate, lorsque l'Asie fut attaquée par les Romains.

On doit avouer pourtant que ces Romains, toujours si habiles à vaincre, ne peuvent produire, dans le cours de leur longue histoire, une guerre qui ressemble pour l'énergie à celle des Grecs contre les Perses, et pour le brillant aux conquêtes d'Alexandre. C'est là qu'on peut réellement juger combien la science donne de supériorité à l'homme sur son semblable; étude intéressante, capable d'attacher, non seulement le militaire, mais encore les citoyens éclairés de tous les états.

CHAPITRE XIV.

Constitution militaire de la Grèce.

La plupart des guerres que les Grecs eurent à soutenir, se passèrent entre les différens peuples d'origine grecque; les territoires de ces républiques étaient peu étendus, par conséquent d'une occupation facile; les troupes subsistaient en saccageant le pays ennemi; et le but de l'expédition se bornait à la prise de la ville principale, c'est-à-dire le plus souvent à la prise de la ville unique de la contrée. L'usage des diversions par lequel on a l'art d'attirer la guerre sur plusieurs points d'un vaste territoire, ne présentait pas matière à beaucoup de combinaisons avec des gouvernemens incapables de mettre sur pied plus d'une armée.

Aussi les Grecs brillèrent-ils par la tactique. Ils furent savans sur le champ de bataille, et s'occupèrent peu de la stratégie qui sait combiner un plan de campagne, afin d'en calculer les succès et les difficultés.

Tout citoyen était soldat dans ces républiques; les armées représentaient donc en quelque sorte l'état tout entier. La nature du sol de la Grèce, le peu de richesse de ses habitans, durent les porter à multiplier l'infanterie, et ce corps était composé parmi eux d'hommes tellement animés d'un même esprit, tellement assouplis et préparés par les exercices auxquels ils se livraient continuellement, que l'on peut dire qu'au moral comme au physique, la réunion de ces hommes formait un faisceau indissoluble.

Jamais chez aucun peuple un général n'a dû compter autant sur le simple soldat que chez les Grecs; jamais aucune société ne fut composée d'hommes individuellement plus parfaits. N'est-il pas étrange que de l'harmonie de ces divers élémens, il ne soit pas résulté une combinaison telle, que l'association politique ait présenté aussi chez cette nation le modèle le plus accompli!

Quoi de plus dangereux cependant que cette coutume des Athéniens qui donnait le commandement de l'armée à dix chefs connus sous le nom de stratèges, et représentant les dix tribus d'Athènes? L'autorité de ces généraux changeait tous les jours, et vous avez vu qu'à Marathon cette disposition faillit perdre la république. Ces stratèges se tiraient au sort, ce qui faisait dire à Philippe que les Athéniens étaient bien heureux de trouver tous les ans dix hommes en état de commander leurs armées, lorsqu'il n'avait encore pu rencontrer que Parménion pour conduire les siennes.

Le gouvernement démocratique de Lacédémone était enchaîné par des capitaines-généraux héréditaires qu'on y nommait des rois. Mais tout ce qui constitue l'essence de la souveraineté était dans les mains du peuple, qui, pour contenir ses propres rois et réprimer leur ambition, fut obligé de confier aux éphores une autorité si grande, que jamais dans aucune république le premier magistrat ne se vit élevé à un tel degré de puissance. Ce système de contrepoids politique était l'un des principaux vices de cette constitution, où pour se sauver du despotisme, on dut recourir à la tyrannie. En politique, il n'y a point d'équilibre parfait, parce qu'il n'est pas possible de partager également des forces qui sont de nature à croître et à décroître.

Les deux capitaines-généraux de Lacédémone avaient seuls le droit de diriger les opérations militaires, et devenaient dans leur camp de véritables souverains. Aussi les vit-on préférer sans cesse la guerre la plus incertaine à la paix la plus profonde; car ils se trouvaient bien moins gênés au milieu de leurs troupes, que dans une ville où les magistrats veillaient sur eux, souvent avec une excessive sévérité. Les Lacédémoniens ayant soumis plus tard ces rois au concours de dix assesseurs sans l'aveu desquels ils ne devaient rien entreprendre, on vit alors diminuer leur autorité, jusqu'à ce que Cléomène fit enfin égorger les cinq éphores en plein jour, brisa leur tribunal, anéantit leur nom, et subjugua l'état comme César subjugua Rome.

En négligeant la culture des sciences et des arts, les Lacédémoniens manquèrent une grande partie du but qu'ils voulaient atteindre, c'est-à-dire d'être un peuple vraiment militaire. Comme ils ne cessaient de faire la guerre dans un pays montagneux et rempli de défilés, ils avaient acquis une grande expérience dans la manière de dresser des embuscades ; mais ils n'inventèrent ou ne perfectionnèrent aucune machine propre à l'attaque des places, et leurs meilleurs capitaines ne conduisirent jamais les opérations d'un siége, suivant les règles de l'art. On ne comprend rien à l'esprit d'une loi qui leur défendait de monter à l'assaut; on ne conçoit pas davantage par quels motifs ils ne devaient pas poursuivre l'ennemi vaincu sur le champ de bataille.

Vous avez vu qu'ils assiégèrent pendant deux ans la petite ville de Platée sur les confins de l'Attique; ils bloquèrent pendant onze ans les Messéniens sur le mont Ira, et ensuite dix années sur le mont Ithôme. Ces faits, que l'on ne peut révoquer en doute, peuvent servir à expliquer les opérations et les lenteurs du siége de Troie qui n'était vraisemblablement qu'un blocus soutenu par des combats singuliers.

Quoi qu'il en soit, toutes les idées des Spartiates se tournaient vers la guerre. C'était pour eux une obligation d'être soldats depuis l'âge de vingt ans jusqu'à soixante ; tous marchaient, dès que l'ennemi pénétrait dans la Laconie. Cette nécessité indispensable de servir l'état cessait de paraître onéreuse, parce qu'elle était générale. La Laconie pouvait entretenir trente mille hommes d'infanterie pesante et quinze cents cavaliers.

Les Spartiates portaient la chevelure dans toute sa longueur, mais divisée en deux ou trois tresses qui flottaient sur leurs épaules, tandis que des moustaches touffues tombaient jusqu'à leur poitrine. En temps de guerre, ils couvraient leur tunique d'une casaque rouge fort courte, au lieu du manteau athénien. C'était avec cette casaque et un rameau d'olivier, symbole des vertus guerrières chez ce peuple, que l'on enterrait le soldat mort à son rang. Celui qui avait péri en tournant le dos était privé de sépulture.

Si un soldat avait quitté son rang, pourvu que ce ne fût pas pour prendre la fuite, il était contraint de rester pendant quelque temps debout, appuyé sur son bouclier, et chacun en le voyant pouvait lui décerner le blâme. Quant au Spartiate qui s'éloignait par lâcheté, on le vouait à l'infamie. S'il n'était pas marié, il ne pouvait s'allier à aucune famille; et s'il l'était, aucune famille ne s'alliait à la sienne. Le soldat qui ne rapportait pas son bouclier, se voyait aussi déshonoré.

Jadis l'arme la plus usitée à Lacédémone était la demi-pique ou le javelot qu'on pouvait manier d'une seule main ; et c'est surtout par cet emblème que l'on caractérisait la capitale de la Laconie. Quelque terrible que fût cet instrument lorsque l'on savait s'en servir avec dextérité, on ne pouvait cependant l'approprier à toutes les manœuvres de la phalange ; et, lorsque ce corps prenait l'ordre serré, ces piques si courtes devenaient presque inutiles aux rangs secondaires, tandis que les sarisses macédoniennes, portées jusqu'à seize coudées, formaient des espèces de beliers et renversaient tout ce qui se présentait devant elles.

Cléomène comprenant que la phalange laconique était surtout inférieure à celle de la Macédoine par le vice de son armure, la réforma dans toutes ses parties, depuis l'épée jusqu'au bouclier. Mais s'il est bien de profiter des améliorations que l'on trouve chez les autres peuples, on doit en user avec des précautions infinies, et ne jamais changer subitement la tactique d'une nation. Cléomène en fit une expérience terrible à la bataille de Sélasie.

Tant que les Grecs n'avaient eu de

querelles qu'entre eux, Lacédémone fut la puissance dominante; toutefois, dès que l'on sentit la nécessité de défendre les côtes, et que l'on forma le projet d'attaquer les Perses jusque dans l'Asie, la supériorité accordée à cette république n'était plus qu'un vieux préjugé sur lequel les Athéniens ne pouvaient manquer de faire ouvrir les yeux. La république de Sparte était trop pauvre pour disputer à celle d'Athènes l'empire maritime, et Lacédémone devait s'attacher à garder sa suprématie sur le continent.

On pardonne, en effet, aux Athéniens d'avoir dirigé toutes leurs forces vers la marine, parce qu'ils habitaient un pays stérile qui ne pouvait se soutenir que par le commerce et l'importation des blés étrangers. Mais ces considérations ne purent jamais exister à l'égard de Lacédémone, au moins aussi long-temps qu'elle fut en état de conserver une conquête comme la Messénie, dont les terres étaient suffisantes pour nourrir la nation. D'ailleurs une marine considérable exigeait de grandes dépenses; de sorte que par une spéculation vicieuse, les Lacédémoniens crurent pouvoir couvrir une partie de ses frais en diminuant leur cavalerie, qu'ils négligèrent ensuite totalement.

Nous avons dit qu'Athènes était partagée entre dix tribus qui fournissaient chacune un stratège, et que le commandement roulait sur ces dix chefs. A Thèbes, les généraux qui gardaient le pouvoir au-delà d'une année, étaient punis de mort. Épaminondas, après la bataille de Leuctres, allait être condamné pour avoir transgressé cette défense, lorsqu'il demanda si l'on ne graverait pas sur son tombeau qu'il avait perdu la vie pour avoir sauvé la république. Les juges n'osèrent appliquer la loi.

A Athènes, le service militaire ne réclamait les citoyens que depuis dix-huit ans jusqu'à quarante. Dès qu'on avait résolu la guerre, les dix généraux tenaient conseil, dressaient un mémoire, et le communiquaient au peuple. On établissait ensuite un tribunal sur la place publique, et là les Taxiarques et Hipparques appelaient dans chaque tribu ceux dont le tour était venu.

Tous les citoyens dont les noms avaient été prononcés, étaient contraints de marcher s'ils ne donnaient à l'instant une excuse légitime. Le général annonçait ensuite le jour du départ, en accordant un court délai pour mettre ordre aux affaires domestiques. Ce délai était de sept jours suivant une loi à laquelle on ne dérogeait que dans les circonstances qui exigeaient une extrême célérité.

La cavalerie athénienne était recrutée et entretenue avec beaucoup de soin. La totalité de cette arme formait un corps de douze cents chevaux. Chaque tribu fournissait cent vingt cavaliers avec le chef qui devait les commander.

Il serait difficile de préciser l'époque où les Grecs ont commencé à solder leurs troupes. Elles n'étaient divisées qu'en trois classes, ce qui devait beaucoup simplifier leur administration. 1°. Le général ou stratège à la tête de la phalange ou de l'armée; 2°. le centurion ou taxiarque, premier officier hors de rang, qui commandait deux tétrarchies ou cent vingt-huit hommes; 3°. l'oplite, le seul combattant qui portât le nom de soldat. Tout se trouvait placé dans l'une de ces trois catégories; les officiers dans le rang étaient payés comme le soldat; les autres, assimilés au stratège ou au centurion.

Au siège de Protidée, pendant la guerre du Péloponnèse, les Athéniens donnèrent jusqu'à deux drachmes par jour à un oplite. C'était trente-six sous de notre monnaie. Cette solde éprouva des variations, et du temps d'Iphicrate, elle était réduite à vingt-quatre sous. Le général recevait cent quarante-quatre francs par mois; l'officier, soixante-douze; et l'oplite, trente-six. On ne payait pas les combattans de moindre considération d'une manière uniforme; ils étaient quelquefois à la charge de l'oplite qu'ils servaient comme écuyers.

La solde du cavalier en temps de guerre était variable, suivant les circonstances. En temps de paix, où les troupes n'étaient pas payées, on lui allouait pour l'entretien de son cheval, environ seize drachmes par mois, ou quatorze francs quarante centimes.

Lorsqu'il s'agissait de certaines expéditions, on diminuait la paie en considération du butin présumé. Dans la plupart des armées grecques, le butin, à l'exception de quelques objets d'une importance extraordinaire, était partagé de la sorte : un tiers appartenait au général; les deux autres tiers étaient répartis entre tous les combattans.

Jamais aucun peuple ne s'occupa plus sérieusement de ses finances que les Athéniens. On ne trouve pas un seul exemple de quelque murmure élevé parmi les armées de la république d'Athènes, par rapport à l'altération de la monnaie avec laquelle on payait les troupes. On ne peut douter que l'argent ne soit le nerf de la guerre; cependant comme il faut que tout paraisse singulier dans l'histoire des républiques de la Grèce, vous remarquerez qu'Athènes et Sparte n'ont jamais été si puissantes que lorsqu'elles ont fait la guerre sans argent ou avec peu.

A Athènes, un général était tenu d'expliquer sa conduite et ses opérations à la fin de la campagne; et on le condamnait à une amende plus ou moins forte, lorsque l'assemblée jugeait qu'il n'avait pas rempli ses devoirs. On voit par le compte que Périclès rendit de son administration (ce qui doit passer pour le monument le plus authentique de l'histoire grecque), qu'au commencement de la guerre du Péloponnèse, il était parvenu à mettre sur pied une armée de trente-un mille huit cents hommes, en y comprenant la cavalerie. Voilà le plus haut point où la république d'Athènes ait jamais porté ses forces sur le continent. Elle les diminua depuis pour augmenter sa marine, qui compta jusqu'à quatre cents trirèmes.

Les Athéniens formaient leur armée en la recrutant sur la masse des citoyens, et au besoin ils l'augmentaient par les domiciliés, les affranchis et les mercenaires étrangers. Ils suivaient en cela la même politique que les Spartiates qui, étant en petit nombre, appelaient à leur aide les citoyens de la Laconie, quoiqu'ils n'eussent pas les mêmes priviléges que les véritables Lacédémoniens de race dorique. Les affranchis, les étrangers et même les esclaves entraient également dans les troupes de Lacédémone.

Les Grecs, si habiles tacticiens, n'étaient pas aussi instruits que les Romains en ce qui concerne la castramétation. Dans les plaines, ils disposaient leur camp en forme ronde, et le général placé au centre où toutes les rues venaient aboutir, pouvait d'un seul coup-d'œil apercevoir ce qui se passait dans l'intérieur. Mais si cette méthode présente quelques avantages, elle viole un principe que l'on ne peut pas omettre à la guerre, celui de camper dans l'ordre même du combat.

Quelquefois le camp était entouré d'un parapet et d'un fossé. Les Grecs croyaient d'ailleurs que les fortifications faites par la nature même du terrain, étaient beaucoup plus sûres que celles de l'art. Cette préférence accordée aux positions militaires apportait souvent des modifications considérables à la forme circulaire, et devait produire quelque chose d'irrégulier et de vacillant dans l'exécution. Vous verrez dans la suite que les Romains avaient à cet égard des principes immuables; toutefois il faut considérer que dans les guerres entreprises par ces hommes intrépides, et qui souvent les portaient au milieu des contrées inconnues, il devenait indispensable que le camp fût pour eux une habitation fixe, et comme une seconde patrie capable de leur donner un refuge en cas de défaite.

Les marches des Grecs se composaient communément de six de nos lieues par jour. Ils étaient cependant chargés dix fois autant que les soldats européens. Mais cette charge même allégeait la marche du total de l'armée, parce que le bagage et les munitions qui occasionnent parmi nous tant de longueur et de retard, étaient chez eux en très grande partie sur le corps du soldat.

Il est curieux d'observer que quelques efforts qu'aient faits les Grecs pour conserver les formes républicaines dans le conseil de leurs généraux, ils ont toujours été contraints d'y renoncer lorsque les circonstances se présentaient difficiles. L'esprit républicain produisit au surplus un bien notable; c'est que les officiers grecs ne pouvaient exiger pour eux-mêmes un respect servile; qu'ils prescrivaient l'obéissance au nom de la loi, et s'y soumettaient les premiers.

Les Macédoniens, sans faire partie du corps de la Grèce, en avaient retenu beaucoup d'usages, et c'était seulement en ce qui concernait les opérations militaires, que les rois chez eux se montraient absolus. Alexandre lui-même, tout grand, tout victorieux qu'il était, n'osa de son autorité faire justice de plusieurs officiers qui avaient conspiré contre lui. Il les fit accuser devant une assemblée de six mille vieux soldats qui les condamnèrent et les exécutèrent. Si, depuis, Alexandre ne suivit pas les mêmes formalités, c'est que la gloire l'avait élevé au-dessus de la condition humaine; mais en violant les lois, il ne put les anéantir.

THUCYDIDE.

BIBLIOTHÈQUE MILITAIRE.

THUCYDIDE,

Guerre du Péloponnèse.

TRADUCTION DE J. B. GAIL.

PARIS.

1835.

L'un des plus beaux caractères de la littérature ancienne, de la littérature grecque en particulier, fut d'être presque toujours un résultat de l'existence sociale ; chez les modernes elle est un métier. Homère était le reflet de la vie publique et privée ; Tyrtée combattait à-la-fois et improvisait des hymnes guerrières ; Thucydide et Xénophon écrivaient le récit d'une expédition militaire, celui-ci dans les momens de loisir qu'elle lui laissait, Thucydide dans l'exil, retraite la plus précieuse de toutes pour un philosophe ; et César, de retour des Gaules, traçait d'une main rapide ces mémoires empreints d'inspiration et d'originalité, qui, en même temps, se sont trouvés les documens authentiques de l'histoire contemporaine, et demeurent aujourd'hui l'unique répertoire de nos antiquités gauloises. C'est beaucoup d'être homme de cabinet, homme de style et d'imagination, et de combiner des fables ingénieuses ou des suppositions laborieusement conçues : c'est plus encore d'agir, et de venir ensuite plein de son action, chaud de ses souvenirs immédiats, exprimer des faits, consigner des observations qu'on n'avait pas préparées exprès pour avoir des matériaux et pour briguer un jour le titre de bel-esprit, mais parce qu'elles ont surgi de la nécessité des circonstances. Hommes d'état, hommes de tribunaux, hommes de guerre, citoyens en contact perpétuel avec le mouvement politique, ils ont écrit parce qu'ils avaient vécu, et non pas vécu pour écrire.

Thucydide est un de ces écrivains d'expérience, si l'on peut s'exprimer ainsi : il naquit treize ans après Hérodote, quarante avant la guerre du Péloponnèse, et l'an 471 avant J.-C. Jusqu'à lui on avait conçu l'histoire sous une forme épique, où les récits merveilleux, les traditions de toutes sortes, les digressions anecdotiques étaient prodiguées. Le premier, il conçut l'idée de lui donner un caractère plus sévère et plus concis. Ainsi que le dit Thucydide dès le début de son livre, son objet n'est pas de charmer l'oreille et de composer des pièces d'éloquence, mais de rendre raison des événemens. Aussi est-il grand politique et grand moraliste, lorsqu'il expose la situation réciproque des cités grecques au commencement de la guerre du Péloponnèse (quelle indépendance et quelle hauteur de vues!), lorsqu'il décrit le mouvement insurrectionnel de Corcyre, et éclaire d'un si grand jour le caractère des révolutions en général (*livre III*); lorsqu'il dépeint la peste d'Athènes avec la science d'un praticien, et son influence sur les mœurs publiques et privées. Thucydide est surtout l'historien-soldat, lorsqu'il rend compte avec scrupule et netteté des forces de chaque parti, des moyens d'attaque et des ressources de la défense dans toutes les scènes de cette longue guerre et sur tous les points ; lorsqu'il décrit, de manière à les faire mouvoir sous nos yeux, les siéges de Platée, d'Amphipolis, et de Syracuse. Il n'est pas ambitieux dans ses vues philosophiques, maladie des historiens modernes ; mais en ne présentant que des faits, il en donne l'appréciation par leur seul enchaînement : il règne dans cet enchaînement une science profonde, une volonté puissante ; tout est préparé de loin, et l'auteur impose son jugement au lecteur, mais il le fait sans disserter, par le seul ascendant d'une raison supérieure et par la connaissance intime des événemens du siècle. C'est un journal politique et militaire, où tout est distribué par saisons, comme les campagnes qu'il raconte, et d'où les hors-d'œuvre, les descriptions pittoresques, les anecdotes, sont sévèrement bannis. La seule complaisance que Thucydide ait pour son esprit grave et raisonneur, est de jeter au travers de ses récits quelques harangues fictives, langage probable et vrai de ses personnages, où les mobiles secrets, les sentimens, les passions de chacun sont traduits avec une énergique éloquence. Ce sont les individus et Thucydide tout ensemble qui parlent ; Thucydide sans dénaturer les intentions de ses héros, les personnages en livrant à l'historien scrutateur leurs plus intimes pensées, qu'il complète et vivifie.

Thucydide doit être le manuel de l'homme d'état et du guerrier, comme il fut pour l'éloquence celui de Démosthène : cet esprit grave, dont le langage viril succède aux formes épiques d'Homère et d'Hérodote, serait un phénomène et une anomalie dans cette contrée poétique, si la secousse donnée à la Grèce par les guerres persiques, l'énergie qui en était résultée, et la complication des événemens de l'époque, n'expliquait pas jusqu'à un certain point l'apparition de cet homme. Thucydide est le pendant de Périclès, et chacun des deux est le commentaire de l'autre ; il n'est donc pas étonnant que l'historien ait si bien mis en scène l'homme du pouvoir, le diplomate, le guerrier qui disposait alors des destinées de la Grèce, et semble gémir ensuite de voir sa patrie tombée aux mains d'Alcibiade.

Fr. GAIL.

THUCYDIDE,

Guerre du Péloponnèse.

LIVRE PREMIER.

Chapitre premier. Thucydide d'Athènes a décrit la guerre des Péloponnésiens et des Athéniens, et leurs exploits réciproques. Dès les premières hostilités, il a commencé son travail, persuadé que cette guerre serait considérable, et plus digne de mémoire que toutes celles qui l'avaient précédée. Ses conjectures se fondaient sur l'état florissant des deux peuples; et d'ailleurs il voyait le reste de l'Hellade ou se déclarer dès-lors pour l'un des deux partis, ou en former le projet. Ce fut la plus violente des secousses qu'eussent encore éprouvées les Hellènes, une partie des Barbares, je dirais presque, le monde entier. Le fil des événemens antérieurs à cette guerre, et de ceux qui remontent à des époques encore plus reculées, ne peut être saisi dans la nuit des siècles; cependant, à en juger par des indices auxquels, en portant mes regards vers la plus haute antiquité, j'accorde une entière confiance, je crois qu'il n'y avait encore rien existé de grand, ni dans la guerre, ni dans le reste.

Chap. 2. Il est en effet certain que le pays qui s'appelle aujourd'hui *l'Hellade*, n'était pas jadis constamment habité, mais qu'il fut d'abord sujet à de fréquentes émigrations. On abandonnait aisément des lieux d'où l'on était sans cesse repoussé par de nouveaux occupans qui se succédaient toujours plus nombreux. Comme il n'existait point de commerce, qu'on ne pouvait pas sans crainte communiquer, soit par terre, soit par mer; que chacun ne cultivait que ce qui était nécessaire à sa subsistance, sans posséder des richesses: comme l'on ne faisait point de plantations, parce que des murailles ne défendaient point les propriétés, parce que l'on craignait à tout moment de se voir enlever le fruit de ses labeurs, et que d'ailleurs on croyait facile de trouver partout sa subsistance journalière, on se décidait sans peine à changer de place. Avec ce genre de vie, les cités n'offraient rien de grand, ni dans les arts de la paix, ni dans les arts de la guerre. Le meilleur territoire était celui qui éprouvait les plus fréquentes émigrations; telles, la contrée qu'on nomme à présent *la Thessalie, la Béotie*, une grande partie du Péloponnèse (à l'exception de l'Arcadie), et les autres sols les plus fertiles. En effet, chez quelques peuplades, un accroissement de force, fruit de la fertilité du sol, engendrait de funestes séditions, en même temps qu'il exposait davantage aux entreprises du dehors. Quant à l'Attique, grâces à l'infertilité de son sol, dès les temps les plus reculés, elle eut toujours les mêmes habitans, et vécut exempte de séditions. Et ce qui n'est pas une faible preuve du calme constant dont jouit l'Attique, c'est ce concours de *métèques* qui, par une destinée unique, favorisa son accroissement. En effet, de toutes les parties de l'Hellade, les personnages les plus puissans, vaincus dans les combats ou victimes de factions, cherchaient chez les Athéniens un asile qu'ils croyaient sûr; et devenus citoyens, on les vit, à d'anciennes époques, augmenter la puissance de la république, qui, avec le temps, ne suffisant plus à ses habitans envoya des colonies en Ionie.

CHAP. 3. Ce qui démontre encore la faiblesse des anciens temps, c'est qu'évidemment, avant la guerre de Troie, l'Hellade ne fit rien en commun. Je crois même qu'elle n'avait pas encore tout entière ce nom d'*Hellade* qu'elle porte aujourd'hui; ou plutôt qu'avant Hellen, fils de Deucalion, ce nom n'existait nullement. Les divers peuples, entre autres celui des Pélasges, qui s'étendait si loin, donnèrent leur propre nom au sol qu'ils venaient habiter. Mais Hellen, et ses fils, étant devenus puissans dans Phthiotide, et divers peuples les ayant successivement appelés en différentes villes, où ils leur offraient des établissemens, ce fut alors, du moins à mon avis, qu'ils prirent, les uns après les autres, le nom d'*Hellènes*. Des relations habituelles, plutôt qu'aucune autre cause, amenèrent cette dénomination, qui ne prévalut que lentement pour tous les Hellènes à-la-fois; c'est ce que prouve surtout Homère. Quoique né long-temps après la guerre de Troie, il n'a pas compris dans une dénomination générique tous les Hellènes ensemble, pas même ceux partis de la Phthiotide avec Achille, qui cependant étaient les premiers Hellènes; mais il nomme distinctement dans ses vers les Danaens, les Argiens, les Achéens. Il n'emploie nulle part le mot *Barbare*, parce qu'alors, selon moi, une seule dénomination, opposée à celle des autres peuples, ne distinguait pas encore les Hellènes. Tous ceux donc qui, considérés isolément, étaient Hellènes, et ceux qui, répandus en différentes villes, entendaient respectivement leur langage, et ceux qui, dans la suite, furent compris sous la dénomination générale d'*Hellènes*, ne firent rien d'un commun effort avant la guerre de Troie; et même l'on ne se réunit pour cette expédition, que parce qu'on commençait à pratiquer bien plus la mer.

CHAP. 4. En effet Minos est le plus ancien des souverains que la renommée publie avoir possédé une marine. La plus grande partie de la mer qu'on appelle maintenant *Hellénique*, recevait ses lois. Il dominait aussi sur les Cyclades : après en avoir chassé les Cariens, il fut le premier qui y fonda la plupart des colonies, dont il constitua ses fils chefs suprêmes; et, pour mieux assurer les communications, il purgea probablement, autant qu'il le put, la mer de pirates.

CHAP. 5. Anciennement ceux des Hellènes ou des Barbares qui étaient répandus sur les côtes, ou qui habitaient les îles, surent à peine communiquer par mer, qu'ils se livrèrent à la piraterie, sous le commandement d'hommes puissans, autant pour leur propre intérêt, que pour procurer de la nourriture aux faibles. Ils attaquaient de petites républiques non fortifiées de murs et dont les citoyens étaient dispersés par bourgades; ils les saccageaient, et de là tiraient presque tout ce qui était nécessaire à la vie. Cette profession, loin d'avilir, conduisait plutôt à la gloire. C'est ce dont nous offrent encore aujourd'hui la preuve, et des peuples continentaux chez qui c'est un honneur de l'exercer, en se conformant à certaines lois; et les anciens poètes, qui, dans leurs poèmes, font demander aux navigateurs qui se rencontrent s'ils ne sont pas des pirates ; ce qui suppose que ceux qu'on interroge ne désavouent pas leur profession, et que ceux qui interrogent ne prétendent pas insulter. Même par terre, on se pillait les uns les autres ; mœurs anciennes qui subsistent encore dans une grande partie de l'Hellade, chez les Locriens-ozoles, chez les Étoliens, chez les Acarnaniens, et autres peuplades du même continent. De cette antique piraterie est resté chez ces peuples continentaux l'usage d'être toujours armés.

Chap. 6. En effet, sans défense dans leurs habitations, sans sûreté dans les voyages, tous les Hellènes portaient des armes : ainsi que les barbares, ils s'acquittaient armés des fonctions de la vie commune. Or, cette partie de l'Hellade [qu'habitent les Locriens, les Étoliens et les Acrananes] où cet usage est encore en vigueur, nous avertit qu'autrefois il fut commun à tous les Hellènes indistinctement.

Parmi eux, les Athéniens les premiers déposèrent les armes, prirent des mœurs douces, et passèrent à un genre de vie plus sensuel. Il n'y a pas encore long-temps que chez eux, esclaves de la mollesse, les vieillards de la classe opulente ont cessé de porter des tuniques de lin, et les tresses de leurs cheveux relevées avec des cigales d'or. C'est de là que les vieillards d'Ionie, à raison de la même origine, avaient aussi le même costume. Les Lacédémoniens les premiers prirent des vêtemens simples, tels qu'on les porte aujourd'hui ; et dans tout le reste, les riches conservèrent une parfaite égalité avec la multitude. Ils furent aussi les premiers qui, dans les exercices publics, se montrèrent nus et frottés d'huile, pour lutter. Autrefois même, dans les jeux olympiques, les athlètes combattaient, les parties naturelles couvertes d'une écharpe ; ce n'est que depuis peu que l'usage a cessé. Encore à présent, chez quelques-uns des Barbares, les Asiatiques surtout, on propose des prix de lutte et de pugilat, et ceux qui les disputent portent une écharpe. On pourrait donner bien d'autres preuves que les mœurs des anciens Hellènes furent celles que conservent encore aujourd'hui les Barbares.

Chap. 7. Les cités fondées plus récemment à l'époque d'une navigation plus libre, se voyant plus riches, s'établirent sur les rivages mêmes, s'environnèrent de murs, et interceptèrent les isthmes, autant pour l'avantage du commerce, que pour se fortifier contre les voisins. Mais comme la piraterie fut long-temps en vigueur, les anciennes cités, tant dans les îles que sur le continent, furent bâties loin de la mer ; car les pirates se pillaient entre eux, n'épargnant pas ceux qui, sans être ou marins ou pirates, habitaient les côtes. Jusqu'à ce jour, ces anciennes cités ont conservé, reculées dans les terres, leur habitation primitive.

Chap. 8. Les insulaires surtout se livraient à la piraterie ; tels les Cariens, qui étaient aussi d'origine phénicienne, et qui occupaient la plupart des îles. En voici la preuve : quand les Athéniens, dans la guerre actuelle, purifièrent Délos, et qu'on enleva tous les tombeaux, on remarqua que la plupart des morts étaient des Cariens. On les reconnaissait à la forme de leurs armes ensevelies avec eux, et à la manière dont ils enterrent encore aujourd'hui les morts. Mais quand Minos eut affermi sa marine, la navigation devint plus libre, parce qu'il déporta les malfaiteurs qui occupaient les îles, et que dans la plupart il fonda des colonies. Les habitans des côtes, dès-lors plus à portée de s'enrichir, se fixèrent plus volontiers dans leurs demeurés; et quelques-uns même, devenus opulens, s'environnèrent de murs. Épris de l'amour du gain, les faibles supportèrent l'empire des plus forts; les plus puissans, jouissant d'une grande fortune, se soumirent des cités inférieures. Telles étaient les mœurs publiques, lorsque enfin on partit pour l'expédition de Troie.

Chap. 9. Si Agamemnon parvint à rassembler une flotte, ce fut bien moins, je crois, parce qu'il conduisait les amans d'Hélène liés par un serment fait entre les mains de Tyndare, que parce qu'il l'emportait en puissance sur tous les Hellènes d'alors.

Si l'on en croit ceux qui, sur le rapport des anciens, connaissent le mieux les antiquités du Péloponnèse, Pélops, grâces à de grandes richesses qu'il apporta d'Asie, commença par s'établir une puissance sur des hommes pauvres, et, tout étranger qu'il était, donna son nom au pays où il vint se fixer : mais bientôt une force plus grande encore s'accumula sur la tête de ses descendans, après que les Héraclides eurent tué dans l'Attique Eurysthée. Atrée, son oncle maternel, fuyait son père à cause de la mort de Chrysippe. Eurysthée, partant pour une expédition, lui avait confié, à titre de parent, la ville de Mycènes et sa domination.

Comme il ne revenait pas, Atrée, ayant pour lui l'aveu des Mycéniens, qui redoutaient les Héraclides, en imposant d'ailleurs par sa puissance, et habile à flatter la multitude, s'empara de la souveraineté de Mycènes et de tout ce qui avait été soumis à Eurysthée. Les Pélopides dès-lors furent plus puissans que les descendans de Persée. Agamemnon ne tarda pas à recueillir cet immense héritage; et comme il l'emportait sur les autres par sa marine, il parvint, moins par amour que par crainte, à rassembler des troupes, et à décider l'expédition. On voit qu'en partant c'était lui qui possédait le plus de vaisseaux, et qu'il en fournit encore aux Arcadiens : c'est ce que nous apprend Homère, si l'on en veut croire son témoignage. Ce poète, en parlant du sceptre qui passa dans les mains d'Agamemnon, dit que ce prince régnait sur un grand nombre d'îles, et sur tout Argos. Habitant du continent, s'il n'avait pas eu de marine, il n'eût pas dominé hors des îles voisines, qui ne pouvaient être en grand nombre. C'est par cette expédition de Troie qu'on peut se faire une idée de celles qui avaient précédé.

Chap. 10. De ce que Mycènes avait peu d'étendue, ou de ce que des villes qui subsistaient alors, aucune aujourd'hui ne paraît considérable, on aurait tort d'en conclure, comme d'un indice certain, que la flotte des Hellènes n'a pas été aussi imposante que l'ont dit les poètes, et que le porte la tradition. Car si Sparte était dévastée, et qu'il ne restât que ses hiérons et les fondemens de leur ancienne magnificence, je crois qu'après un long temps, la postérité, comparant ces vestiges avec la gloire de cette république, ajouterait peu de foi à sa puissance. Et cependant sur cinq parties du Péloponnèse, elle en possède deux; elle commande au reste, et compte au dehors un grand nombre d'alliés. Mais comme la cité n'est pas composée de bâtimens contigus; comme elle n'a de magnificence ni dans les hiérons ni dans le reste, et que, suivant l'ancien usage de l'Hellade, la population y est distribuée par bourgades, elle paraîtrait bien au-dessous de ce qu'elle est. Si de même Athènes éprouvait le même sort, à l'inspection de ses ruines, on se figurerait sa puissance double de ce qu'elle est en effet. Le doute est donc déplacé; c'est moins l'apparence des républiques qu'il faut considérer, que leur force; et l'on doit croire que l'expédition des Hellènes contre Troie fut plus considérable que celles qui avaient précédé, et plus faible que celles qui ont lieu maintenant. Elle paraîtra le céder à celles de nos jours, même en accordant quelque confiance au poème d'Homère, qui cependant, en sa qualité de poète, n'a pas manqué d'exagérer et d'embellir les récits militaires. Il suppose la flotte de douze cents vaisseaux, et fait monter de cent vingt hommes ceux des Béotiens, et de cinquante ceux de Philoctète : et, comme dans son énumération il ne parle point de la force des autres vaisseaux, je crois qu'il indique les plus grands et les plus petits. Ce qu'il dit en parlant des vaisseaux de Philoctète, prouve que tous ceux qui les montaient étaient à-la-fois rameurs et guerriers; car il fait des archers de tous ceux qui maniaient la rame. Or, il n'est pas vraisemblable que sur les bâtimens (commandés, soit par Philoctète, soit par les princes grecs) il y eût beaucoup d'hommes étrangers à la manœuvre. Sans doute on n'en dispensait que les rois et les personnages constitués en dignités, surtout lorsqu'il s'agissait d'un trajet à faire avec les équipages de guerre, et sur des vaisseaux non pontés, conformes à l'ancienne construction, et ressemblant à ceux de nos pirates. En prenant donc un milieu entre les plus forts bâtimens et les plus faibles, il est évident que le nombre des guerriers qui se rassemblèrent pour l'expédition était petit, eu égard à une entreprise que la Grèce entière partageait.

Chap. 11. C'est ce qu'on doit moins attribuer à la faiblesse de la population, qu'au défaut de richesses. Manquant de subsistances, on conduisit une armée moins considérable, telle que la guerre elle-même pourrait la nourrir en pays ennemi. Et dès qu'arrivé dans les campagnes de Troie, on eut gagné une bataille (fait incontestable, puisque autrement on n'aurait pu fortifier le camp), on ne déploya certainement pas toutes ses forces : par disette de vivres, on se mit à cultiver la Chersonnèse et à exercer la piraterie. A la faveur de cette dispersion, pendant les dix années, les Troyens résistèrent, égaux en forces, à celles qu'opposaient successivement les ennemis. S'ils fussent venus avec d'abondantes munitions; si, tous réunis, ils eussent constamment et sans interruption continué la guerre, sans se distraire par le brigandage et l'agriculture, supérieurs dans les combats, ils eussent pris aisément la place, puisque même, sans être réunis, ils luttèrent avec la portion de troupes appelée à combattre. Continuellement occupés du siége, ils eussent pris Troie en moins de temps et avec moins de peine. Faute de richesses, les entreprises antérieures furent donc faibles, et celle de Troie même, quoique plus célèbre que les précédentes, fut évidemment, à en juger par les effets, inférieure aux récits accrédités aujourd'hui sur la foi des poètes.

Chap. 12. Et même encore après la guerre de Troie, l'Hellade, toujours sujette aux déplacemens et aux émigrations, ne put, sans cesse agitée, recevoir d'accroissement. Le retour tardif des Hellènes occasionna bien des révolutions : dans la plupart des républiques il s'éleva des séditions, dont ceux qui étaient victimes allaient fonder de nouveaux états. La soixantième année après la prise d'Ilion, les Béotiens d'aujourd'hui, chassés d'Arné par les Thessaliens, s'établirent dans la contrée appelée *Béotie*, et auparavant *Cadméide*. Il s'y trouvait dès long-temps une portion de ce peuple, qui de là était allé à Ilion. Ce fut la quatre-vingtième année après la prise de cette ville, que les Doriens occupèrent le Péloponnèse avec les Héraclides.

Dans une longue agitation de quatre-vingts années, l'Hellade, à peine en repos et ne jetant aucun éclat, envoyait, par suite même de cette agitation, des colonies hors de son sein. Les Athéniens en fondèrent dans l'Ionie et dans la plupart des îles ; les Péloponnésiens, dans la plus grande partie de l'Italie et de la Sicile, et dans quelques portions du reste de l'Hellade. Tous ces établissemens sont postérieurs au siége de Troie.

Chap. 13. Mais l'Hellade devint bientôt plus puissante. On songeait encore plus qu'auparavant à s'enrichir : et comme les revenus allaient croissant, beaucoup de républiques furent soumises à des tyrannies, tandis qu'auparavant la dignité royale héréditaire jouissait de prérogatives déterminées. Les Hellènes alors construisirent des flottes, et se livrèrent davantage à la navigation : mais ce furent les Corinthiens qui changèrent les premiers la forme des vaisseaux, adoptant une manière à-peu-près semblable à celle d'aujourd'hui ; ce fut à Corinthe que furent construites les premières trirèmes grecques. On sait que le constructeur Aminoclès, de Corinthe, fit aussi quatre vaisseaux pour les Samiens. Depuis l'époque où il vint à Samos, jusqu'à la fin de la guerre dont j'écris l'histoire, il s'est écoulé environ trois cents ans.

Le plus ancien combat naval que nous connaissions, et qui est antérieur de deux cent soixante ans environ à la fin de la même guerre (du Péloponnèse), est celui de Corinthe contre Corcyre. Les Corinthiens, situés sur un isthme, eurent toujours une place de commerce ; et cela devait être, puisque les Hellènes, soit de l'intérieur, soit du dehors du Péloponnèse, voyageant autrefois plus par terre que par mer, traversaient la Corinthie pour communiquer entre eux.

Les Corinthiens étaient puissans en richesses, comme le témoignent les anciens poètes, qui donnent à leur république le surnom de *riche* ; et quand les Hellènes eurent acquis plus de pratique de la mer, ces mêmes Corinthiens firent usage de leurs vaisseaux pour la purger de pirates ; et alors, offrant un marché pour le commerce de terre et le commerce maritime, ils eurent une république puissante par ses revenus.

Les Ioniens ensuite se formèrent une marine considérable sous le règne de Cyrus, premier roi des Perses, et sous celui de Cambyse, son fils. Ils firent la guerre à Cyrus, et furent quelque temps maîtres de la mer qui baigne leurs côtes. Polycrate, tyran de Samos, pendant le règne de Cambyse, fut puissant sur mer, et soumit à sa domination plusieurs îles, entre autres celles de Rhénie, qu'il consacra à Apollon Délien. Les Phocéens, fondateurs de Marseille, vainquirent par mer les Carthaginois.

Chap. 14. Telles furent les plus puissantes marines. Mais on voit qu'elles ne se formèrent que plusieurs générations après le siége de Troie : elles employaient peu de trirèmes, et, comme au temps de ce siége, elles étaient encore composées de pentécontores et de vaisseaux longs.

Peu avant la guerre médique et la mort de Darius, qui avait succédé, sur le trône de Perse, à Cambyse, les tyrans de la Sicile et les Corcyréens eurent quantité de trirèmes. C'étaient, dans l'Hellade, les seules flottes considérables avant la guerre de Xerxès ; car les Éginètes, les Athéniens, et quelques autres, n'en avaient que de faibles, et qui n'étaient guère composées que de pentécontores : ce fut même assez tard, et seulement quand Thémistocle, qui s'attendait à l'invasion des Barbares, eut persuadé aux Athéniens, alors en guerre avec les Éginètes, de construire des vaisseaux sur lesquels ils combattirent, et qui n'étaient pontés qu'en partie.

Chap. 15. Telle était la marine des Hellènes dans les temps anciens, et à des époques moins éloignées. Cependant les cités qui avaient des flottes, se procurèrent une puissance imposante par leurs revenus pécuniaires, et par leur domination sur les autres; car avec des vaisseaux elles soumettaient les îles. C'est ce qui arrivait surtout aux peuples dont le territoire ne suffisait pas à leurs besoins.

D'ailleurs, il ne se faisait par terre aucune expédition d'où l'on retirât quelque puissance. Toutes les guerres qui s'élevaient n'étaient que contre des voisins, et les Hellènes n'envoyaient pas des armées faire des conquêtes au dehors et loin de leurs frontières. On ne voyait pas de petites cités s'associer aux grandes en qualité de sujettes; et des républiques égales entre elles n'apportaient pas en commun des contributions pour lever des armées : la guerre se faisait de voisins à voisins. Ce fut surtout dans celle que se firent jadis les peuples de la Chalcis et d'Erétrie, que le reste de l'Hellade se partagea pour donner des secours aux uns ou aux autres.

Chap. 16. Divers peuples éprouvèrent divers obstacles à leur agrandissement. Les Ioniens en particulier, voyaient leur puissance s'agrandir, lorsque Cyrus, avec les forces du royaume de Perse, abattit Crésus, conquit tout ce qui est à l'occident du fleuve Halys jusqu'à la mer, et réduisit en servitude les cités du continent. Darius ensuite, plus fort que les Phéniciens sur mer, se rendit maître même des îles.

Chap. 17. Ce qu'il y avait de tyrans dans les différens états de l'Hellade, occupés seulement de pourvoir à leurs intérêts, de défendre leur personne, et d'agrandir leur maison, se tenaient constamment dans l'enceinte de leurs cités pour y vivre le plus en sûreté possible. Si l'on excepte ceux de Sicile, qui s'élevèrent à une grande puissance, ils ne firent rien de mémorable; seulement chacun d'eux exerçait quelques hostilités contre ses voisins. Ainsi de toutes parts, et pendant long-temps, l'Hellade fut hors d'état de faire en commun rien d'éclatant; chacune de ses républiques était incapable de rien oser.

Chap. 18. Mais bientôt les derniers tyrans d'Athènes et du reste de l'Hellade, qui, presque tout entière, même avant les Athéniens, avait subi le joug, furent la plupart, excepté ceux de Sicile, chassés sans retour par les Lacédémoniens. Lacédémone, fondée par les Doriens qui l'habitent, avait été plus long-temps qu'aucune autre république dont nous ayons connaissance, agitée de séditions; mais elle eut, dès la plus haute antiquité, de bonnes lois, et ne connut jamais le pouvoir tyrannique. Depuis que les Lacédémoniens vivent sous ce régime, auquel ils doivent leur puissance et le droit de régler les intérêts des autres républiques, depuis cette époque, dis-je, jusqu'à la fin de cette guerre, il s'est écoulé quatre cents ans, et même un peu plus.

Peu d'années donc après l'extinction de la tyrannie dans l'Hellade, se donna la bataille de Marathon, entre les Mèdes et les Athéniens, et dix ans après, les Barbares, avec une puissante armée, se jetèrent sur l'Hellade pour l'asservir. Pendant que ce grand danger était suspendu sur les têtes, les Lacédémoniens, supérieurs en puissance, commandèrent les Hellènes armés pour la défense commune. Les Athéniens ayant résolu d'abandonner leur ville en emportèrent ce qu'ils avaient de précieux, montèrent sur leurs vaisseaux, et devinrent hommes de mer. Les Hellènes, peu après avoir, d'un commun accord, repoussé le Barbare, se partagèrent entre les Athéniens et les Lacédémoniens ; tant ceux qui avaient secoué le joug du roi, que ceux qui s'étaient armés pour la cause commune. Ces deux républiques étaient celles qui alors répandaient le plus d'éclat, puissantes, l'une par terre, l'autre par mer. Pendant quelque temps unies, elles finirent par se désunir, et se firent la guerre avec le secours des peuples qu'elles avaient dans leur alliance. C'était à elles que recouraient les autres Hellènes quand il leur survenait quelques différends ; en sorte que depuis la guerre des Mèdes jusqu'à celle-ci, tantôt se jurant la paix, et tantôt se faisant la guerre, ou combattant ceux de leurs alliés qui les abandonnaient, elles déployèrent un formidable appareil de guerre ; et, comme ils s'exerçaient avec ardeur au milieu des dangers, ils acquirent une grande expérience.

CHAP. 19. Les Lacédémoniens commandaient leurs alliés sans exiger d'eux aucun tribut : ils les ménageaient pour les attacher au gouvernement oligarchique, le seul qui convînt à la politique lacédémonienne. Mais les Athéniens, maîtres avec le temps des vaisseaux de leurs alliés, leur dictèrent à tous des lois, excepté à ceux de Chio et de Lesbos, qui cependant, ainsi que les autres, se virent soumis à des tributs pécuniaires ; et dans la guerre que nous écrivons, l'appareil militaire d'Athènes et de Lacédémone fut plus grand qu'il ne l'avait jamais été lorsqu'ils florissaient le plus avec les secours complets de tous leurs alliés.

CHAP. 20. Voilà ce que j'ai trouvé relativement aux antiquités de l'Hellade, et, malgré les preuves suivies que j'ai présentées, on y croira difficilement ; car les hommes reçoivent indifféremment les uns des autres, sans examen, ce qu'ils entendent dire des événemens passés, même lorsqu'ils appartiennent à leur pays. Ainsi l'on croit généralement à Athènes qu'Hipparque était en possession de la tyrannie lorsqu'il fut tué par Harmodius et Aristogiton : on ignore qu'Hippias était l'aîné des fils de Pisistrate, qu'il tenait les rênes du gouvernement, et qu'Hipparque et Thessalus étaient ses frères. Harmodius et Aristogiton, au jour et à l'instant même qu'ils allaient exécuter leur projet, soupçonnèrent qu'Hippias en avait reçu quelques indices de la part des conjurés ; ils l'épargnèrent dans l'idée qu'il était instruit du complot : mais avant d'être arrêtés, voulant se signaler par un éclatant coup de main, ils tuèrent, dans l'hiéron appelé *Léocorium*, Hipparque, qu'ils y trouvèrent occupé de la pompe des Panathénées.

Il est bien d'autres choses qui existent encore de nos jours, et qui ne sont pas du nombre de celles que le temps a effacées de la mémoire, dont cependant on n'a que de fausses idées dans le reste de l'Hellade. Ainsi l'on croit que les rois de Lacédémone donnent chacun, non pas un, mais deux suffrages ; et que les Lacédémoniens ont un corps de troupes nommé *Pitanate*, qui n'a jamais existé : tant la plupart des hommes sont indolens à rechercher la vérité, tant ils aiment à se tourner vers la première opinion qui se présente.

CHAP. 21. Cependant, d'après les preuves les plus incontestables, on ne se trompera pas sur les faits que j'ai parcourus, si l'on m'accorde de la confiance, au lieu d'admettre ou ce que les poètes ont chanté, jaloux d'exagérer et d'embellir, ou ce que racontent des historiens plus amoureux de chatouiller l'oreille que d'être vrais, et rassemblant des faits qui dénués de preuves, généralement altérés par le temps et dépourvus de vraisemblance, méritent d'être mis au rang des fables. On peut croire que, dans mes recherches, je me suis appuyé sur les témoignages les plus certains, autant du moins que des faits anciens peuvent se prouver.

Quoiqu'on regarde toujours comme la plus importante de toutes les guerres, celle dans laquelle on porte les armes, et que, rendu au repos, on admire davantage les exploits des temps passés ; néanmoins, en jugeant par les faits celle que je vais écrire, on ne doutera pas qu'elle ne l'ait emporté sur les anciennes guerres.

Chap. 22. Consigner dans ma mémoire la teneur bien précise des discours qui furent véritablement prononcés lorsqu'on se préparait à la guerre et pendant sa durée, c'était un travail difficile pour moi-même quand je les avais entendus, et pour ceux qui m'en rendaient compte, quelle que fût la source où ils avaient puisé. Mais j'ai écrit ces discours dans la forme que chacun des orateurs me semblait avoir dû employer pour se mettre en harmonie avec les circonstances, en me tenant toujours, et pour le fond et pour l'ensemble des pensées, le plus près possible des discours véritablement prononcés.

Quant aux événemens, je ne me suis pas permis de les écrire sur la foi du premier qui me les racontait, ni comme il me semblait qu'ils s'étaient passés. Je prenais les plus exactes informations, même sur ceux dont j'avais été témoin oculaire : et ce n'était pas sans peine que j'arrivais à la vérité ; car les témoins d'un événement ne donnent pas tous les mêmes détails sur les mêmes faits ; ils les rapportent au gré de leur mémoire ou de leur partialité. Comme j'ai rejeté leurs fables, je serai peut-être écouté avec moins de plaisir ; mais il me suffira que mon travail soit jugé utile par ceux qui voudront tenir en main le fil des événemens passés, et de ceux qui, dans des circonstances à-peu-près les mêmes, doivent se reproduire un jour. Mon histoire est plutôt un monument que je lègue aux siècles à venir, qu'une pièce faite pour disputer le prix et flatter un moment l'oreille.

Chap. 23. La guerre médique fut la plus considérable des guerres précédentes et cependant deux actions navales et deux combats de terre terminèrent la querelle. Mais la guerre que je décris a été de bien plus longue durée, et a produit des maux tels que jamais l'Hellade n'en avait éprouvés dans un pareil espace de temps. Jamais tant de villes n'avaient été prises et dévastées, soit par les Barbares, soit par les hostilités réciproques des Hellènes : quelques-unes même perdirent leurs habitans et en reçurent de nouveaux. Jamais autant d'exils, jamais tant de sang répandu, soit dans les combats ou au milieu des séditions. Des événemens autrefois connus par tradition, et rarement confirmés par les effets, ont cessé d'être incroyables : tremblemens de terre ébranlant à-la-fois une grande partie du globe, et les plus violens dont on eût encore entendu parler ; éclipses de soleil les plus fréquentes de mémoire d'homme ; en certains pays, de grandes sécheresses, et par elles la famine ; un fléau plus cruel encore, et qui a détruit une partie des Hellènes, la peste : maux affreux, qui, tous ensemble, se réunirent aux maux de cette guerre.

Les Athéniens et les Péloponnésiens la commencèrent en rompant la trêve de trente ans qu'ils avaient conclue après la soumission de l'Eubée. J'ai commencé par écrire les causes de cette rupture et les différends des deux peuples, pour qu'on n'ait pas la peine de chercher un jour d'où s'éleva, parmi les Hellènes, une si terrible querelle. La cause la plus vraie, celle sur laquelle on gardait le plus profond silence, et qui la rendit cependant inévitable, fut, je crois, la grandeur à laquelle les Athéniens étaient parvenus, et la terreur qu'ils inspiraient aux Lacédémoniens. Mais voici les raisons qu'on mettait au jour de part et d'autre, et qui firent rompre la trêve et commencer les hostilités.

Chap. 24. Épidamne est une ville qui se trouve à droite par rapport à celui qui, de Corcyre, navigue dans le golfe d'Ionie. Voisine des Taulantiens, barbares de nation illyrique, elle est colonie de Corcyréens. Phalius, fils d'Ératoclyde, Corinthien de race, et descendant d'Hercule, l'avait fondée, mandé par la métropole, selon l'antique et solennel usage. Des Corinthiens et autres d'origine dorique se joignirent à ceux qui allaient établir la colonie. Avec le temps, Épidamne devint une grande cité et parvint à une grande population ; mais on dit qu'après de longues dissensions elle fut attaquée par des Barbares voisins, et perdit une grande partie de sa puissance. Enfin, avant la guerre du Péloponnèse, le peuple chassa les grands ; ceux-ci se retirèrent chez les Barbares, et, avec eux, ils firent par mer des excursions sur les habitants. Les citoyens restés dans la ville députèrent à Corcyre comme à leur métropole. Ils demandaient qu'on daignât ne les pas abandonner dans leur malheur, qu'on voulût bien les réconcilier avec les exilés, et terminer la guerre des Barbares. Ils firent cette demande assis, en qualité de suppliants, dans l'hiéron de Junon. Mais les Corcyréens ne reçurent pas leurs prières ; ils les renvoyèrent sans rien accorder.

Chap. 25. Les Épidamniens, voyant qu'ils n'avaient aucun secours à espérer de Corcyre, et ne sachant quel parti prendre, envoyèrent chez les Delphiens demander au dieu s'ils remettraient leur ville aux Corinthiens, comme à leurs fondateurs, et s'ils essaieraient d'en obtenir quelque assistance. Le dieu leur répondit de donner leur ville aux Corinthiens. Les Épidamniens allèrent à Corinthe, et, conformément à l'oracle, remirent aux Corinthiens la colonie. Ils leur représentèrent qu'elle avait eu pour fondateur un citoyen de Corinthe ; et leur communiquant la réponse du dieu, ils les prièrent de ne pas les abandonner dans leur désastre, mais de les secourir. Les Corinthiens, persuadés que cette colonie ne leur appartenait pas moins qu'aux Corcyréens, prirent ces infortunés sous leur protection, touchés de la justice de leur cause, autant que guidés par leur haine contre les Corcyréens, qui les négligeaient, quoique leurs colons. Ils ne leur rendaient pas les honneurs accoutumés dans les solennités publiques, et ne choisissaient pas, comme les autres colonies, un pontife de Corinthe pour présider à leurs sacrifices. Égaux par leurs richesses aux états les plus opulents de l'Hellade, et plus puissants encore par leur appareil militaire, ils dédaignaient la métropole, et se glorifiaient d'avoir tenu le sceptre de la mer du temps des Phéaciens, qui, avant eux, avaient habité Corcyre : aussi s'appliquaient-ils surtout à la navigation, et possédaient-ils une redoutable marine. Ils avaient cent vingt trirèmes quand ils commencèrent la guerre.

Chap. 26. Les Corinthiens, qui avaient tant de griefs contre cette république, envoyèrent avec joie des secours à Épidamne, engagèrent ceux qui le voudraient, à y aller former des établissemens. La garnison, composée de Corinthiens, d'Ampraciotes et de Leucadiens, prit sa route par terre du côté d'Apollonie, colonie de Corinthe, dans la crainte que les Corcyréens ne leur fermassent le passage de la mer. Ceux-ci, informés qu'il allait à Épidamne une garnison et de nouveaux habitans, et que la colonie s'était donnée aux Corinthiens, éprouvèrent un vif ressentiment. Ils mettent en mer vingt-cinq vaisseaux, que bientôt suivit une autre flotte, et, d'un ton menaçant, ils ordonnent aux Épidamniens et de chasser la garnison avec les habitans que leur envoyait Corinthe, et de recevoir les exilés d'Épidamne, qui, venus à Corcyre, avaient demandé, en montrant les tombeaux de leurs ancêtres et faisant valoir l'origine commune qui les unissait aux Corcyréens, d'être rétablis dans leur patrie. Les Épidamniens refusèrent de rien entendre, et ceux de Corcyre les allèrent attaquer avec quarante vaisseaux : ils menaient avec eux les exilés qu'ils voulaient rétablir, et un renfort d'Illyriens. Près de former le siége, ils déclarèrent qu'il ne serait fait aucun mal ni aux étrangers, ni même à ceux des Épidamniens qui voudraient se retirer ; mais que ceux qui se décideraient à la résistance, seraient traités en ennemis. Personne n'ayant égard à cette sommation, les Corcyréens assiégèrent la place, qui est située sur un isthme.

Chap. 27. La nouvelle du siége venue à Corinthe, on leva des troupes. Il fut en même temps publié que ceux qui voudraient aller s'établir à Épidamne, y jouiraient de tous les droits de citoyens, et que ceux qui, sans partir sur-le-champ, voudraient participer aux avantages de la colonie, auraient la permission de rester, en déposant cinquante drachmes, monnaie de Corinthe. Bien du monde partit ; beaucoup d'autres apportèrent de l'argent. On engagea les Mégariens à fournir des vaisseaux d'escorte, dans la crainte d'être inquiété dans la navigation par les Corcyréens. Les Mégariens se disposèrent à les accompagner avec huit vaisseaux, et les Paliens, qui habitent l'île de Céphalénie, avec quatre. On invoqua aussi l'assistance des Épidauriens, qui fournirent cinq vaisseaux. Les Hermioniens en donnèrent un ; les Trézéniens, deux ; les Leucadiens, dix ; les Ampraciotes, huit. On demanda de l'argent aux Thébains et aux Phliasiens : on n'exigea des Éléens que des vaisseaux vides et de l'argent. Les Corinthiens eux-mêmes équipèrent trente vaisseaux et mirent sur pied trois mille oplites.

Chap. 28. Les Corcyréens, sur l'avis de ces préparatifs, vinrent à Corinthe, accompagnés de députés de Lacédémone et de Sicyone, qu'ils avaient pris avec eux. Ils demandèrent que les Corinthiens, comme n'ayant rien à prétendre sur Épidamne, en retirassent la garnison et les hommes qu'ils y avaient envoyés ; que dans le cas de réclamations, on s'en remettrait à l'arbitrage des villes du Péloponnèse dont les deux partis conviendraient, et que celui des deux peuples dont elles reconnaîtraient les droits sur la colonie, en resterait le maître. Ils offraient aussi de s'en rapporter à l'oracle des Delphiens ; mais ils ne consentaient pas à la guerre. Cependant, si leurs demandes étaient rejetées, la violence les contraindrait à se faire des amis qui ne leur plaisaient pas, des amis tout autres que ceux qui l'étaient alors. Les Corinthiens répondirent que s'ils retiraient de devant Épidamne leurs vaisseaux et les troupes de Barbares, on mettrait leurs demandes en délibération; mais en attendant il n'était pas juste que les Épidamniens fussent assiégés, et eux-mêmes Corinthiens mis en jugement. Ceux de Corcyre répliquèrent qu'ils acceptaient la proposition, si les Corinthiens rappelaient ceux qu'ils avaient dans Épidamne, ou que même, si les deux partis convenaient de rester tranquilles où ils se trouvaient, ils étaient prêts à faire une trève jusqu'au jugement des arbitres.

Chap. 29. Les Corinthiens n'écoutèrent aucune de ces propositions. Leur flotte appareillée, et les troupes auxiliaires venues, ils envoyèrent un héraut déclarer la guerre à Corcyre, sortirent du port avec soixante-quinze vaisseaux et deux mille oplites, et cinglèrent vers Épidamne. La flotte était commandée par Aristée, fils de Pellicus; Callicrate, fils de Callias : les troupes de terre, par Timanor, fils de Timanthe; Archétime, fils d'Eurytime; Isarchidas, fils d'Isarchus. Ils étaient devant Actium, bourg de l'Anactorie, qui possède l'hiéron d'Apollon, à l'embouchure du golfe d'Ambracie, lorsque arriva sur un vaisseau de transport, un héraut qui venait, de la part des Corcyréens, leur défendre d'avancer contre eux. Ceux qui l'envoyaient appareillaient en même temps leur flotte, après avoir radoubé les vieux vaisseaux, de sorte qu'ils pussent tenir la mer, et avoir garni les autres de leurs agrès. Le héraut ne leur rapportant de la part des Corinthiens aucune parole de paix, et leurs navires, au nombre de quatre-vingts, se trouvant équipés (ils en avaient quarante au siége d'Épidamne), ils partirent à la rencontre des ennemis, mirent la flotte en bataille et combattirent. Leur victoire fut complète, ils détruisirent quinze vaisseaux de Corinthe, et, le même jour, ceux qui faisaient le siége d'Épidamne forcèrent la place à capituler. La capitulation portait que les étrangers seraient vendus, et les Corinthiens dans les fers, jusqu'à ce qu'on eût décidé de leur sort.

Chap. 30. Après le combat naval, les Corcyréens dressèrent un trophée à Leucimne, promontoire de Corcyre, et égorgèrent tous leurs prisonniers, excepté les Corinthiens, qu'ils retinrent captifs. Les Corinthiens et leurs alliés s'étant retirés après leur défaite, les Corcyréens, maîtres de toute cette partie de la mer, se portèrent à Leucade, colonie de Corinthe, et la ravagèrent. Ils brûlèrent Cyllène, où était le chantier des Éléens, irrités de ce qu'ils avaient fourni aux Corinthiens des vaisseaux et de l'argent. Pendant la plus grande partie de l'année, après le combat naval, ils eurent l'empire de la mer, et leurs vaisseaux allaient désolant ceux des alliés de Corinthe.

Mais enfin les Corinthiens, à l'approche de l'été, voyant ce que leurs alliés avaient à souffrir, firent partir une flotte et une armée. Ils campèrent sur l'Actium et sur le cap Chimerium de la Thesprotide, pour garder Leucade et les autres villes amies. Les Corcyréens, avec une flotte et des troupes de terre, vinrent camper à Leucimne, en face de leurs ennemis. Mais ni les uns ni les autres ne s'avancèrent en mer se combattre : on se tint sur la défensive tout l'été; l'hiver venu, on se retira.

Chap. 31. Depuis le combat naval, pendant tout le reste de l'année où il fut livré, et dans l'année suivante, les Corinthiens indignés de la guerre qu'ils avaient à soutenir contre les Corcyréens, appareillèrent une flotte redoutable, et rassemblèrent du Péloponnèse et de tout le reste de l'Hellade, des rameurs attirés par l'appât d'une bonne solde. A la nouvelle de ces préparatifs, les Corcyréens furent effrayés.

Ils n'avaient d'alliance avec aucun état de l'Hellade, et ne s'étaient fait comprendre ni dans les traités d'Athènes, ni dans ceux de Lacédémone. Ils crurent devoir se rendre à Athènes, et tenter d'être admis dans l'alliance de cette république et d'en obtenir des secours. Les Corinthiens, instruits de cette résolution, y députèrent aussi dans la crainte que les forces maritimes de cette république, unies contre eux à celles de Corcyre, ne les empêchassent de conduire la guerre. L'assemblée formée, les députés de part et d'autre parlèrent contradictoirement. Les Corcyréens s'exprimèrent ainsi :

Chap. 32. « Il est juste, Athéniens, que des peuples à qui l'on n'est redevable ni d'aucun service signalé, ni d'aucune alliance précédemment contractée, s'ils viennent, comme nous aujourd'hui, réclamer des secours, prouvent avant tout que leurs demandes offrent des avantages à ceux qu'ils implorent, que du moins elles ne seront pas nuisibles; ensuite, que l'on peut compter sur leur reconnaissance. S'ils n'établissent rien de tout cela, qu'ils ne s'offensent pas d'un refus. Or, les Corcyréens nous ont envoyé demander votre alliance, persuadés que nous pourrons satisfaire sur tous ces points. Mais malheureusement ce même système politique qui occasionne tous nos maux, nous empêche de vous convaincre de nos besoins. En effet, nous qui jusqu'ici, de notre plein gré, ne fûmes jamais alliés de personne, nous venons maintenant implorer l'alliance d'autrui; et cela, quand, engagés dans une guerre contre Corinthe, nous nous trouvons, par suite de notre système, dans un entier délaissement. Ce qui nous semblait de la modération, notre répugnance à partager avec des alliés les hasards des combats, n'était évidemment qu'imprudence et faiblesse. A la vérité, c'est avec nos seules ressources que, dans une bataille navale, nous avons repoussé les Corinthiens : mais à présent qu'ils se préparent à nous attaquer avec un plus formidable appareil, rassemblé du Péloponnèse et du reste de l'Hellade; à présent que nous nous voyons dans l'impuissance, réduits à nos propres forces, de sortir victorieux de la lutte, et qu'un grand péril menacerait toute l'Hellade à-la-fois, s'ils parvenaient à nous asservir, nous sommes dans la nécessité de demander du secours à vous-mêmes, et à tous ceux dont nous pouvons en attendre; et l'on doit nous pardonner si, par erreur de jugement, et non par vice de cœur, nous osons tenir une conduite opposée à notre première insouciance.

Chap. 33. » La circonstance qui nous rend vos secours nécessaires, vous sera, si nous les obtenons, utile sous bien des rapports. D'abord vous secourrez un peuple qui souffre une injustice et n'en a pas commis; ensuite, en nous accueillant quand nous sommes exposés à perdre ce que les hommes ont de plus cher, vous accorderez le plus grand des bienfaits et déposerez dans nos cœurs le germe fécond d'une éternelle reconnaissance. Et d'ailleurs nous possédons une marine qui, après la vôtre, tient le premier rang. Or, considérez quelle plus rare faveur de la fortune, quoi de plus affligeant pour vos ennemis, que de voir une puissance dont vous n'auriez pas cru acheter la jonction trop cher par de riches trésors et une vive reconnaissance, s'offrir à vous d'elle-même, se mettre dans vos mains, sans vous causer ni dangers, ni dépense, et, de plus, vous assurer près du grand nombre une haute réputation de vertu, la gratitude de ceux que vous défendrez, et, pour vous-mêmes, de la force : avantages qui, dans tous les temps, ne se sont offerts réunis qu'à bien peu de nations. Il est rare, en sollicitant une alliance, d'offrir autant de ressources et de relief à ceux qu'on implore, qu'on en recevra soi-même.

» Il se trompe, celui qui se persuade qu'il ne s'élevera pas de guerre où nous puissions vous être utiles. Il ne sent pas que les Lacédémoniens brûlent de vous combattre, parce qu'ils vous redoutent; et que les Corinthiens, ligués avec eux et vos ennemis, commencent par nous attaquer, pour se porter ensuite contre vous. Ils craignent l'union de nos ressentimens contre eux; ils craignent d'être prévenus dans le projet qu'ils ont conçu et de nous abaisser et de s'élever eux-mêmes. Notre intérêt nous l'ordonne, prévenons les Corinthiens : nous, en vous donnant; vous, en acceptant notre alliance. D'avance concertons-nous contre eux, plutôt que d'avoir à nous défendre de leurs complots.

Chap. 34. » S'ils vous disent qu'il est injuste que vous souteniez dans sa rébellion une de leurs colonies, qu'ils apprennent que toute colonie, bien traitée, révère sa métropole, et qu'elle s'en détache lorsqu'elle est opprimée : car elle a été envoyée pour être, non l'esclave, mais l'égale de ceux qui sont restés dans la mère-patrie. Or, l'injustice des Corinthiens est manifeste : invités à mettre en arbitrage nos différends au sujet d'Épidamne, ils ont mieux aimé répondre à nos réclamations par les armes que par les voies de la justice. Apprenez de leur conduite envers nous, qui leur appartenons par notre origine, à ne pas vous laisser égarer par leurs séductions, à ne pas accéder à l'instant même à leurs prières. Le plus sûr moyen d'exister sans crainte, c'est de s'exposer le moins possible au repentir d'avoir servi ses ennemis.

Chap. 35. » Et ce n'est pas même rompre votre traité avec les Lacédémoniens, que de nous admettre à votre confédération, nous qui ne sommes alliés ni de Corinthe ni de Lacédémone; car il est dit dans le traité que toute ville grecque qui n'est alliée de personne, est libre de s'unir à celle qui lui plaira. Certes, il serait étrange que, pour monter leur flotte, il fût permis à nos adversaires de prendre des hommes dans les villes confédérées, dans le reste de l'Hellade, et même parmi vos propres sujets, et qu'ils prétendissent nous interdire une alliance offerte à tous les opprimés, et tous les secours que nous pourrions obtenir de quelque endroit que ce fût. Et ils viendront ensuite vous faire un crime d'avoir souscrit à notre demande ! Certes, nous serons bien plus fondés à nous plaindre de vous, si nos raisons ne vous persuadent pas. En effet, d'une part, vous nous repousseriez, nous qui sommes en danger, et qui ne sommes point vos ennemis; et d'autre part, loin d'opposer aucun obstacle à des ennemis qui déjà vous attaquent, vous souffririez qu'ils tirassent des forces, même de votre domination, quand il serait bien plus juste ou d'arrêter les levées de mercenaires faites sur votre territoire, ou de nous envoyer à nous aussi des secours. Choisissez la mesure que vous trouverez la plus convenable; mais le mieux est de nous admettre à votre alliance, et de nous aider ouvertement.

» Ainsi que nous l'avons insinué d'abord, nous vous annonçons de grands avantages. Le plus important, celui qui doit surtout vous déterminer, c'est que nos ennemis sont les mêmes, ce qui forme entre nous le plus sûr lien d'une fidélité respective, et que, loin d'être à mépriser, ils sont capables de faire beaucoup de mal à ceux qui osent se soustraire à leur empire. D'ailleurs, comme c'est ici une alliance de mer, et non de terre, qui vous est offerte, le refus de l'accepter n'est pas indifférent. Votre intérêt vous commande donc, par-dessus tout, de ne pas souffrir, si vous le pouvez, qu'aucune autre puissance possède de marine, ou du moins de vous attacher celle qui a la plus formidable marine.

Chap. 36. » Il se trouvera peut-être quelqu'un qui sentira l'utilité de nos offres, mais qui, en les acceptant, craindrait de rompre le traité. Qu'il sache que sa crainte, accompagnée de forces, en inspirera encore une plus vive à ses ennemis; et qu'au contraire, trop confiant dans le traité et nous refusant son alliance, il se verra, par ce refus, dénué de force contre des ennemis puissans; qu'en même temps ce n'est pas aujourd'hui sur le sort de Corcyre plutôt que sur celui d'Athènes qu'il délibère; qu'enfin il pourvoit bien mal aux intérêts d'Athènes, celui qui, lorsqu'il s'agit d'une guerre qui se fera, d'une guerre presque commencée, arrêtant ses regards sur l'état actuel des choses, hésite à se fortifier de la jonction d'une puissance qu'il n'est pas indifférent d'avoir pour amie ou pour ennemie. Sans parler de ses autres avantages, elle est heureusement située pour le *paraple* de la Sicile et de l'Italie; elle peut ou empêcher qu'une flotte n'arrive de ces contrées aux Péloponnésiens, ou protéger une flotte allant d'ici même en Italie et en Sicile. Apprenez en peu de mots, qui réunissent et les vues générales et les détails particuliers, à ne pas nous abandonner. Lorsqu'il n'existe dans l'Hellade que trois grandes puissances maritimes, la vôtre, la nôtre, celle des Corinthiens, si vous souffrez que deux de ces puissances n'en fassent qu'une, et que les Corinthiens se rendent maîtres de notre île, vous aurez à combattre sur mer les Corcyréens et les Péloponnésiens tout ensemble; au lieu qu'en acceptant notre alliance, vous pourrez lutter contre eux avec une flotte devenue plus nombreuse par l'adjonction de nos vaisseaux, qui dès-lors seront les vôtres. »

Ce fut dans ces termes que s'exprimèrent les Corcyréens. Les Corinthiens, après eux, parlèrent ainsi :

Chap. 37. « Puisque ces Corcyréens ne se sont pas bornés, dans leurs discours, à solliciter votre alliance, mais qu'ils ont parlé de nos injustices et du tort que nous avons de leur faire la guerre, nous sommes forcés, avant de traiter le sujet qui nous amène, de répondre à ces deux reproches; ainsi vous apprécierez d'avance et sans danger notre demande, et vous ne repousserez pas sans motif ce peuple qui a besoin de vous.

» C'est par modération, disent-ils, qu'ils n'ont accepté l'alliance de personne. Pour nous, assurons qu'ils ont pris ce parti par scélératesse et non par vertu : ils ne voulaient ni avoir des associés témoins de leurs injustices, ni rougir devant ceux dont ils auraient invoqué l'appui. D'ailleurs leur ville, en vertu de sa position, se suffisant à elle-même, se constitue juge de ceux qu'ils maltraitent, et indépendante de toute convention. Jamais ils ne naviguent chez les autres, tandis que souvent la nécessité pousse des malheureux dans leur repaire : voilà le motif de ce refus d'alliance qu'ils mettent en avant, et qu'ils colorent du prétexte de modération, non pour ne commettre aucune injustice en société, mais pour être injustes seuls, pour s'abandonner à la violence quand ils se trouvent plus forts; pour gagner davantage dans le secret, et pour nier sans honte leurs larcins. Sans doute, s'ils avaient cette intégrité dont ils se parent, plus ils sont à l'abri de toute invasion étrangère, plus ils devraient mettre en évidence leur vertu, en reconnaissant un droit des gens, résultant de traités respectifs.

Chap. 38. » Mais c'est ce qu'ils ne pratiquent ni avec les autres, ni avec nous. Sortis de notre sein, ils se sont toujours montrés rebelles, et maintenant ils nous font la guerre. Ils disent qu'on n'a pu les envoyer en colonie pour être maltraités; nous, nous leur répondons que nous les avons envoyés en colonie, non pour en être outragés, mais pour les commander et en recevoir les respects qu'ils nous doivent. Nos autres colonies nous révèrent; je dirai plus, elles nous aiment; et si nous sommes agréables aux autres colons plus nombreux, et que nous leur déplaisions à eux seuls, n'est-il pas évident qu'eux seuls en doivent être accusés, et que nous serions condamnables de leur faire la guerre si nous n'avions pas été grièvement offensés? Eussions-nous ce tort, ce serait un honneur pour eux de céder à notre colère, autant qu'une honte pour nous d'opposer la violence à la modération. Mais, devenus insolens et fiers de leurs richesses, après bien d'autres injures, ils viennent d'envahir Épidamne, qui nous appartient; cette ville qu'ils n'ont pas revendiquée lorsqu'on l'opprimait, et qu'ils ont prise de vive force quand nous venions la secourir.

Chap. 39. » Ils affirment qu'ils ont voulu d'abord être jugés par les lois de la justice. Mais on doit croire qu'elle est respectée non par celui qui, après avoir d'avance pris tous ses avantages, provoque d'un lieu sûr à je ne sais quelle discussion, mais par celui qui, avant d'entrer en lice, établit et ses actions et ses discours sur le niveau des lois. Or, ce n'est pas avant d'assiéger Épidamne, mais lorsqu'ils ont cru que nous ne mépriserions pas cet outrage, qu'ils ont mis en avant le beau nom de justice; et ils viennent ici non seulement coupables d'injustices commises à Épidamne, mais encore prétendant vous inviter à présent, non à un traité d'alliance, mais à une société de crimes, et persuadés que vous les accueillerez, eux nos mortels ennemis. Puisqu'ils vous ont exclus du fruit de leurs crimes seuls, ne convient-il pas qu'ils vous épargnent les résultats de ces mêmes crimes ! C'était quand ils n'avaient rien à craindre qu'ils auraient dû faire cette démarche, et non quand nous sommes offensés, quand ils sont en danger, quand, sans avoir eu part à leur puissance, vous leur ferez part de vos avantages; quand enfin, étrangers à leurs fautes, vous en deviendrez complices à nos yeux. Que ne venaient-ils autrefois partager avec vous leur puissance? vous auriez couru en commun les hasards des événemens. Mais s'ils vous ont exclus de l'avantage de leurs crimes seulement, excluez-vous des événemens qu'entraînent ces mêmes actions.

Chap. 40. » Que nous ne paraissions devant vous qu'avec les preuves positives de nos droits; que ces gens-là soient coupables de violence et d'usurpation, c'est ce qui est démontré. Apprenez maintenant que vous ne pourriez les recevoir sans injustice.

» Si le traité porte qu'il est permis aux républiques, à ceux qui n'ont pas d'alliés, d'en choisir à leur gré, cette clause ne regarde pas ceux qui n'entreraient dans une alliance que pour nuire à autrui: elle concerne la république qui, sans priver une autre de son alliance, aurait besoin de pourvoir à sa sûreté; une république qui n'apportera point à ceux qui la recevront (supposé que ceux-ci aient des sentimens pacifiques), la guerre au lieu de la paix : malheur que vous éprouverez, si vous ne nous croyez pas; car vous deviendrez non seulement leurs alliés, mais encore nos ennemis, d'alliés que vous étiez, puisque, si vous marchez avec eux, il faudra nécessairement que vous ne restiez pas tranquilles spectateurs du combat.

» Assurément, la justice veut que vous restiez neutres, et, si vous ne gardez pas la neutralité, que vous marchiez contre eux avec nous; car un traité vous lie aux Corinthiens, et vous n'eûtes jamais avec les Corcyréens même un traité de trêve. Ne faites donc pas une loi pour recevoir sous votre protection des rebelles. Quand les Samiens se soulevèrent contre vous, quand le Péloponnèse était partagé sur la question de savoir s'il fallait les secourir, loin d'appuyer de notre suffrage les suffrages qui vous étaient contraires, nous avons hautement soutenu que chaque nation a le droit de punir par elle-même ses propres alliés. Si vous accueillez et protégez des coupables, on verra plusieurs même de vos plus puissans alliés embrasser notre parti : ainsi vous aurez porté une loi contre vous-mêmes plutôt que contre nous.

Chap. 41. » Voilà nos allégations; elles sont fondées sur les lois des Hellènes : quant à la faveur que nous sollicitons, n'étant ni assez vos ennemis pour la tourner contre vous, ni assez amis pour abuser de votre bienveillance, nous prétendons qu'elle doit nous être accordée à titre d'échange. Lorsque autrefois, avant la guerre des Mèdes, vous manquiez de vaisseaux longs contre les Æginètes, les Corinthiens vous en prêtèrent vingt. Ce bon office de notre part, celui que nous avons rendu contre les Samiens, en empêchant le Péloponnèse de les secourir, voilà ce qui vous a procuré la supériorité sur Ægine et la punition de Samos; et ces services, nous les avons rendus dans des conjonctures où les hommes, tout entiers à la poursuite de leurs ennemis, négligent tout le reste, et ne voient que le besoin de vaincre. Alors, en effet, ils jugent ami quiconque les sert, eût-il été précédemment leur ennemi; ennemi quiconque leur est contraire, se fût-il auparavant montré leur ami, parce qu'ils sacrifient même leurs plus chères affections à l'ambition du moment.

Chap. 42. » Réfléchissant tous sur ces vérités et sur ces faits que les jeunes gens apprendront des vieillards, luttez avec nous de bons offices. Et qu'on ne s'imagine pas que notre discours s'accorde avec la justice, mais que si la guerre survenait, il serait contraire à vos intérêts. Le véritable intérêt consiste à faire le moins de fautes. Or, elle est encore incertaine cette guerre à venir dont les Corcyréens vous font peur, et pour laquelle ils vous pressent d'être injustes. Serait-il digne de vous, cédant à la crainte qu'ils vous inspirent, de vous attirer, non la haine supposée prochaine, mais la haine déclarée des Corinthiens! Il serait plus sage de faire oublier par degrés les défiances engendrées par l'affaire de Mégare. Un dernier service rendu à propos, fût-il même léger, peut effacer une grande offense. Ne vous laissez pas entraîner par l'offre d'une marine respectable : à n'être pas injuste envers ses égaux, on assure mieux sa puissance qu'à se laisser éblouir par une grandeur imaginaire qu'on élève au milieu des dangers.

Chap. 43. » Puisque nous sommes tombés sur ce que nous avons dit nous-mêmes autrefois à Lacédémone, qu'il est permis à chacun de punir ses alliés par lui-même, nous attendons de vous une réponse semblable. Favorisés de nos suffrages, ne nous lésez point par les vôtres. Rendez-nous la pareille, et songez que nous sommes précisément dans cette circonstance où notre grand ami est celui qui nous sert, et notre mortel ennemi, celui qui contrarie nos projets. Ne recevez pas malgré nous dans votre alliance ces brigands de Corcyre, et ne les protégez pas au mépris de nos droits. Vous comporter ainsi, c'est vous acquitter d'un devoir et consulter vos plus grands intérêts. »

Ainsi parlèrent les Corinthiens.

Chap. 44. Les Athéniens, ayant entendu les deux partis, se formèrent deux fois en assemblée. Ils penchèrent la première fois en faveur des Corinthiens ; mais ils changèrent d'avis la seconde. Il est vrai qu'ils ne jugèrent pas à propos de faire avec Corcyre un traité d'alliance offensive, en vertu duquel ils auraient mêmes amis et mêmes ennemis ; car les Corcyréens auraient pu les engager à faire partir de concert leur flotte contre Corinthe, et c'eût été rompre le traité qu'ils avaient avec le Péloponnèse : mais ils contractèrent réciproquement une alliance défensive contre ceux qui attaqueraient Corcyre, Athènes, ou quelqu'un de leurs alliés. Ils sentaient bien que, malgré ce ménagement, ils auraient la guerre avec le Péloponnèse ; mais ils voulaient ne pas abandonner aux Corinthiens, Corcyre, qui avait une marine si florissante ; mettre ces peuples aux prises, et les froisser les uns contre les autres, pour trouver plus faibles les Corinthiens et les autres puissances maritimes du Péloponnèse, quand eux-mêmes auraient à les combattre. D'ailleurs l'île de Corcyre leur paraissait commodément située pour le *paraple* de l'Italie et de la Sicile.

Chap. 45. Tels furent les motifs qui engagèrent les Athéniens à recevoir les Corcyréens dans leur alliance, et quand la députation de Corinthe se fut retirée, ils ne tardèrent pas à leur envoyer un secours de dix vaisseaux. Lacédémonius, fils de Cimon ; Diotime, fils de Strombichus, et Protéas, fils d'Épiclès, en obtinrent le commandement. Il leur fut ordonné de ne pas combattre les Corinthiens, à moins que ceux-ci ne naviguassent contre Corcyre, et ne se disposassent à effectuer une descente dans cette île, ou dans quelque endroit qui en dépendît ; alors ils les combattraient de toutes leurs forces : injonction qui avait pour but d'éviter une rupture. Les vaisseaux abordèrent à Corcyre.

Chap. 46. Les Corinthiens, ayant terminé leurs préparatifs, voguèrent contre Corcyre avec cent cinquante vaisseaux, dont dix de l'Élide, douze de la Mégaride, dix de la Leucadie, vingt-sept de l'Ambracie, un de l'Anactorie, et quatre-vingt-dix des leurs. Chacune de ces républiques avait son général. L'un des cinq, celui des Corinthiens, était Xénoclidès, fils d'Eutyclès. Naviguant de Leucade, ils arrivent près du continent opposé à Corcyre, et ancrent à Chimérium, dans la Thesprotide. Chimérium est muni d'un port dominé par la ville d'Éphyre, laquelle touche au rivage et à son territoire enclavé dans l'Éléatide, pays de la Thesprotide. Le lac Achérusias longe cette ville (ou plutôt le territoire de cette ville), et se décharge dans la mer, redevable de son nom et de ses ondes à l'Achéron ; qui les lui apporte en tribut, après avoir traversé la Thesprotide. Sur cette même côte coule aussi le Thyamis, qui borne la Thesprotide et la Cestrine ; et entre les deux fleuves s'élève le promontoire Chimérium. Les Corinthiens donc abordèrent dans cette partie du continent, et y campèrent.

Chap. 47. A la nouvelle de leur arrivée, les Corcyréens montèrent cent dix vaisseaux, que commandaient Miciade, Æsimède et Eurybate : ils allèrent camper dans une des îles nommées Sybotes. Là vinrent aussi les dix vaisseaux d'Athènes. L'infanterie et mille oplites, auxiliaires de Zacynthe, étaient sur le promontoire de Leucimne. Les Corinthiens avaient aussi, de leur côté, sur le continent, quantité de Barbares auxiliaires ; car ceux qui occupent cette partie de la terre ferme avaient été de tout temps leurs amis.

Chap. 48. Les Corinthiens, ayant fait toutes leurs dispositions, prirent des provisions pour trois jours, et, de nuit, quittèrent Chimérium, pour aller offrir le combat. Ils voguaient au lever de l'aurore, quand ils virent en haute mer s'avancer contre eux la flotte des Corcyréens. On ne se fut pas plutôt aperçu des deux côtés, qu'on se mit en ordre de bataille. A l'aile droite des Corcyréens étaient les vaisseaux d'Athènes : les Corcyréens eux-mêmes composaient le reste de l'armée navale, partagée en trois corps, dont chacun était commandé par l'un des trois généraux. Telles étaient les dispositions des Corcyréens. L'aile droite des Corinthiens était formée des vaisseaux de Mégare et d'Ampracie ; au centre étaient les alliés, divisés par peuplades ; les Corinthiens formaient l'aile gauche avec les vaisseaux qui voguaient le mieux. Ils étaient opposés aux Athéniens et à l'aile droite des Corcyréens.

Chap. 49. Les signaux levés de part et d'autre, l'action commença. Les ponts des deux flottes étaient couverts d'oplites, d'archers, de gens de trait, qui suivaient l'ancienne tactique, trop peu savante. Ce combat, où l'art brillait moins que le courage, ressemblait beaucoup à un combat de terre ; car, dès le premier choc, les vaisseaux engagés ne pouvaient se détacher à raison de leur grand nombre et de la confusion ; et, comme ils ne manœuvraient plus, c'était dans les oplites, qui couvraient les ponts et combattaient de pied ferme, que résidait surtout l'espérance de la victoire. Ne pouvant ni quitter leur ordre de bataille, ni traverser la ligne ennemie pour la rompre, ils se chargeaient avec plus de valeur et de force que de science. C'était partout un horrible tumulte, un désordre affreux.

Les vaisseaux d'Athènes, prêts à secourir les Corcyréens s'ils étaient trop vivement pressés, inspiraient de la crainte aux ennemis ; mais les généraux n'attaquaient pas, intimidés par les ordres qu'ils avaient reçus. L'aile droite des Corinthiens fut celle qui souffrit le plus : vingt bâtimens de Corcyre la mirent en fuite, la dispersèrent, la poussèrent à la côte, allèrent jusqu'au camp, descendirent, brûlèrent les tentes abandonnées, et pillèrent la caisse.

De ce côté, les Corinthiens et leurs alliés avaient le dessous, tandis que les Corcyréens étaient victorieux. Mais à la gauche, où ils étaient eux-mêmes, ils obtinrent un grand avantage sur les Corcyréens, qui, déjà moindres en nombre, se trouvaient encore affaiblis par l'absence de vingt vaisseaux occupés de la poursuite. Les Athéniens, voyant leurs alliés pressés, les secondèrent alors franchement et sans crainte de blâme. Jusqu'à ce moment, ils s'étaient interdit toute voie hostile : mais la flotte de Corcyre essuyait une éclatante déroute ; celle de Corinthe s'attachait à la poursuivre : tous donc alors, tous indistinctement, prirent part au combat ; les Corinthiens et les Athéniens furent réduits à la nécessité de s'attaquer les uns les autres.

Chap. 50. La fuite une fois décidée, les Corinthiens ne tirèrent pas à eux, pour les amarrer, les carcasses des vaisseaux qu'ils pouvaient avoir coulés à fond, mais ils se tournèrent contre les hommes, et parcoururent la flotte ennemie pour massacrer plutôt que pour faire des prisonniers. Ils égorgeaient même leurs amis sans les connaître, ne sachant pas leur aile droite battue; car depuis que les deux flottes s'étaient mêlées, comme elles étaient nombreuses et occupaient une grande étendue de mer, on distinguait difficilement les vaincus et les vainqueurs.

Ce combat naval fut, par le nombre des bâtimens, le plus mémorable combat d'Hellènes contre des Hellènes. Après avoir poursuivi les Corcyréens jusqu'à terre, les Corinthiens se mirent à recueillir les débris des vaisseaux et les morts. Ils en recouvrèrent la plus grande partie, qu'ils transportèrent aux Sybotes, port désert de la Thesprotide, où une armée de Barbares venait de leur apporter du secours. Ils se rallièrent ensuite, et firent voile de nouveau contre les Corcyréens. Ceux-ci vinrent à leur rencontre avec ce qui leur restait de vaisseaux en état de tenir la mer, et les bâtimens Athéniens : ils craignaient qu'ils ne tentassent une descente dans leur île. Il était déjà tard, et l'on commençait à chanter le pæan pour se préparer à charger, quand les Corinthiens, ramant en sens contraire, firent partir la poupe la première. Ils voyaient s'avancer vingt navires d'Athènes qu'on avait expédiés après le départ des dix autres, dans la crainte, ce qui était arrivé, que les Corcyréens ne fussent vaincus, et que ce fût trop peu des premiers vaisseaux pour les défendre.

Chap. 51. Les Corinthiens furent les premiers à les apercevoir; ils en soupçonnèrent plus qu'ils n'en voyaient, ce qui les faisait reculer. Comme ces bâtimens venaient d'un côté où ne pouvait porter la vue des Corcyréens, ils ne les découvrirent pas, et la manœuvre des Corinthiens les étonnait; mais enfin ceux des leurs qui les aperçurent les premiers, s'écrièrent qu'une flotte venait les attaquer. Aussitôt les Corcyréens firent retraite; car le jour tombait; les Corinthiens virèrent de bord et se retirèrent en désordre. Ainsi les deux partis se séparèrent. Le combat ne finit qu'à la nuit.

Les Corcyréens avaient leur camp à Leucimne, et les vingt vaisseaux d'Athènes, flottant à travers les morts et les débris de navires, y abordèrent peu de temps après qu'on les eut aperçus. Ils avaient pour commandans Glaucon, fils de Léagre, et Andocide, fils de Léogoras. Les Corcyréens, dans l'obscurité, avaient d'abord craint que ce ne fussent des vaisseaux ennemis; mais dès qu'ils les eurent reconnus, ils les aidèrent à entrer dans la rade.

Chap. 52. Le lendemain, les trente vaisseaux d'Athènes sortirent du port avec ceux des Corcyréens qui étaient en bon état. Ils cinglèrent vers les Sybotes, où mouillaient les Corinthiens; peut-être livreraient-ils une nouvelle action. Ceux-ci mirent à la voile et s'avancèrent en ordre de bataille; mais arrivés en haute mer, ils restèrent dans l'inaction. Ils n'avaient pas envie d'engager une affaire, à la vue du renfort que venaient de recevoir les Athéniens. D'autres difficultés les arrêtaient : la garde des prisonniers qu'ils avaient à bord, et l'absence de tout moyen pour radouber, dans une solitude, ceux de leurs bâtimens maltraités. D'ailleurs, quel moyen d'effectuer une retraite? Les Athéniens, depuis qu'ils en étaient venus aux mains avec eux, ne regarderaient-ils pas la trève comme rompue, ne s'opposeraient-ils pas à leur retour!

Chap. 53. Ils prirent le parti de faire monter sur une barque légère quelques hommes sans caducée, et de les envoyer aux Athéniens pour sonder leurs dispositions. « Athéniens, dirent ces députés, vous commettez une injustice, en commençant la guerre et rompant le traité; car vous prenez les armes contre nous pour mettre obstacle à la vengeance que nous voulons tirer de nos ennemis. Si vous prétendez nous empêcher de nous porter contre Corcyre, ou ailleurs, suivant notre volonté; si vous avez résolu de rompre la paix, prenez-nous les premiers, nous qui venons nous remettre en vos mains, et traitez-nous en ennemis. »

Ils parlèrent ainsi : tous les Corcyréens qui pouvaient les entendre, s'écrièrent qu'il fallait les arrêter et les tuer. Mais les Athéniens répondirent : « Nous ne commençons pas la guerre, Péloponnésiens, et nous ne violons pas le traité; mais nous sommes venus au secours des Corcyréens, qui sont nos alliés. Naviguez où il vous plaira; nous n'y mettons aucun obstacle : mais si vous attaquez Corcyre, ou quelque lieu qui en dépende, nous ferons tout pour nous y opposer. »

Chap. 54. Sur cette réponse des Athéniens, les Corinthiens se disposèrent à regagner leur pays : ils dressèrent un trophée aux Sybotes, sur le continent. Les Corcyréens recueillirent les débris de leurs vaisseaux et leurs morts; la vague les avait poussés au rivage, et un vent de nuit les avait dispersés sur toute l'étendue de la côte. Ils dressèrent, de leur côté, en qualité de vainqueurs, un trophée dans un autre endroit qui porte aussi le nom de *Sybotes*, et qui est dans une île. Voici les raisons qu'avaient les deux partis de se regarder comme victorieux. Les Corinthiens, supérieurs dans le combat naval jusqu'à la nuit, avaient recueilli leurs morts et les débris de leurs vaisseaux; ils n'avaient pas fait moins de mille prisonniers, et avaient mis hors de combat environ soixante-dix navires; ils se crurent donc en droit d'ériger un trophée. Les Corcyréens avaient détruit environ trente vaisseaux ennemis; depuis l'arrivée des Athéniens, ils avaient rassemblé les débris de leurs bâtimens et recueilli leurs morts, et la veille, les Corinthiens, à la vue des vaisseaux d'Athènes, s'étaient retirés faisant partir la poupe la première, et quand ensuite les Corcyréens s'étaient présentés ils n'étaient pas venus à leur rencontre : d'après ces considérations, les Corcyréens avaient élevé un trophée.

Ainsi chaque parti s'attribua la victoire.

Chap. 55. Les Corinthiens, sur leur route, enlevèrent, par surprise, Anactorium, à l'entrée du golfe d'Ampracie. Il leur appartenait en commun avec les Corcyréens. Ils y laissèrent une colonie corinthienne, et retournèrent chez eux. Ils vendirent huit cents Corcyréens de condition servile, et gardèrent prisonniers deux cent cinquante citoyens, dont ils eurent grand soin, dans l'espérance que, rentrés dans leur patrie, ils pourraient la leur soumettre; car la plupart étaient des personnages puissans, et des premiers de la ville. Ce fut ainsi que, dans cette guerre avec les Corinthiens, Corcyre évita sa ruine. Les vaisseaux des Athéniens se retirèrent.

Chap. 56. Les Athéniens avaient, en temps de paix, combattu avec les Corcyréens contre Corinthe : ce fut la première cause de la guerre entre Athènes et Corinthe. Mais bientôt s'élevèrent entre les Athéniens et les Péloponnésiens des différens qui amenèrent la rupture.

Les Corinthiens travaillaient à se venger : les Athéniens, qui ne doutaient pas de leur haine, ordonnèrent aux Potidéates, qui habitent et dominent l'isthme de la Pallène, et qui, quoique colonie corinthienne, étaient leurs alliés tributaires, de détruire le mur qui regarde la Pallène, de donner des otages, de chasser les Epidémiurges que Corinthe leur envoyait tous les ans et de n'en plus recevoir. Ils craignaient que Potidée ne se soulevât à la sollicitation de Perdiccas, et n'entraînât, par son exemple, les autres alliés de la Thrace littorale.

Chap. 57. Ce fut aussitôt après le combat naval de Corcyre que les Athéniens prirent ces résolutions contre Potidée; car les Corinthiens étaient leurs ennemis déclarés, et Perdiccas, fils d'Alexandre, roi de Macédoine, auparavant allié et ami, venait de se déclarer contre eux, parce qu'ils avaient contracté une alliance avec Philippe son frère et avec Derdas, unis de ressentimens contre lui : et en même temps qu'il négociait à Lacédémone afin de les mettre aux prises avec le Péloponnèse, il travaillait à se concilier les Corinthiens pour déterminer la défection de Potidée. Il faisait aussi porter des paroles aux Chalcidiens de la Thrace littorale et aux Bottiéens pour qu'ils prissent part à cette défection, croyant que s'il avait une fois, dans son alliance, ces pays voisins de sa domination, il soutiendrait plus facilement avec eux les chances des combats.

Les Athéniens, devinant tous ces calculs et toutes ces espérances, et voulant prévenir le soulèvement des villes, ordonnent à Archestrate, fils de Lycomède, nommé général avec dix autres, à Archestrate qu'ils dépêchaient avec trente vaisseaux et mille oplites contre Perdiccas, d'exiger des otages des Potidéates, de raser le mur qui regardait la Pallène, (1, 56, 2) et de surveiller les villes voisines, pour en empêcher la défection.

Chap. 58. Les Potidéates de leur côté, qui avaient député soit à Athènes pour demander qu'on ne fît aucune innovation à leur égard, soit à Lacédémone avec des Corinthiens, mettaient tout en œuvre pour que les Lacédémoniens préparassent des secours en cas de besoin. Comme à la suite de longues négociations, ils n'obtenaient des Athéniens aucune disposition favorable, et qu'au contraire la flotte envoyée contre la Macédoine voguait aussi contre eux; comme d'ailleurs les magistrats de Sparte leur promettaient, si les Athéniens marchaient contre Potidée, une irruption sur l'Attique, alors profitant de cette crise, ils s'étaient soulevés avec les Chalcidiens et les Bottiéens à qui ils s'étaient unis par serment.

Quant à Perdiccas, il avait su persuader à ceux des Chalcidiens qui occupaient les villes maritimes, de les abandonner, de les détruire, et d'aller dans l'intérieur des terres s'établir à Olynthe, et transporter dans cette ville seule tous leurs moyens de défense. Il leur assignait pour le temps de la guerre contre Athènes, une partie de ses domaines, tout ce qui de la Mygdonie, longe le lac Bolbé. Ces peuples rasèrent leurs villes, se transportèrent, dans l'intérieur des terres, à Olynthe, et se préparèrent à la guerre.

Chap. 59. Cependant, arrivent dans *l'Epithrace* les trente vaisseaux d'Athènes, qui trouvent Potidée et les autres villes en état de révolte. Les généraux, jugeant impossible avec les forces à leurs ordres, de combattre à-la-fois Perdiccas et les villes rebelles, marchent sur la Macédoine contre laquelle on les envoyait d'abord, y prennent position, et font la guerre avec Philippe et les frères de Derdas, qui du haut de leurs montagnes, venaient de fondre sur Perdiccas.

Chap. 60. La défection de Potidée, l'apparition de la flotte athénienne sur les côtes de la Macédoine inspiraient aux Corinthiens de justes craintes sur le sort de cette place. Ne jugeant pas indifférens pour eux les dangers qu'elle courait, ils envoient seize cents oplites et quatre cents *psiles*, soit volontaires pris parmi les citoyens de Corinthe, soit mercenaires pris dans le reste du Péloponèse : ils avaient, à leur tête, Aristée, fils d'Adimante, que suivaient volontairement et par amitié surtout, la plupart des guerriers de Corinthe : car dans toutes les circonstances, il se montrait favorable aux Potidéates. Ces troupes arrivèrent dans *l'Epithrace* quarante jours après la défection de Potidée.

Chap. 61. Bientôt les Athéniens ont reçu la nouvelle du soulèvement des villes. A peine informés de la présence menaçante du renfort d'Aristée, ils expédient encore (1, 57, 4) quarante vaisseaux avec deux mille oplites, citoyens d'Athènes, commandés par Callias, fils de Calliade, le premier des cinq généraux nommés.

Arrivés d'abord en Macédoine, ils trouvent que les mille hommes (1, 57, 4), partis avant eux, viennent de prendre Therme, et qu'ils assiègent Pydna. Ils y établissent aussi leur camp, et se joignent à ce siége. Mais comme Aristée les avait devancés et que Potidée les inquiétait, ils concluent avec Perdiccas un traité forcé et renoncent à l'expédition de Macédoine. Arrivés à Berrhoé, ils tentèrent de prendre la place. Mais n'ayant pas réussi, de Berrhoé, revenant sur leurs pas, ils se dirigèrent par terre, vers Potidée, avec trois mille oplites citoyens, sans compter de nombreux alliés et six cents cavaliers Macédoniens que commandaient Philippe et Pausanias. Après une marche lente de trois jours, ils arrivèrent à Gigône où ils campèrent : la flotte les avait suivis en cotoyant.

Chap. 62. Les Potidéates et les troupes péloponnésiennes d'Aristée les attendaient, campées en avant d'Olynthe, dans l'isthme : elles venaient d'établir un marché hors de la ville d'Olynthe. Les alliés avaient choisi Aristée pour général de toute l'infanterie, et mis Perdiccas à la tête de la cavalerie; car il venait d'abandonner encore les Athéniens, et ayant mis le gouvernement dans les mains d'Iolaüs, il combattait avec les Potidéates. Aristée, avec ce qu'il avait de troupes dans l'isthme, se proposait d'observer la contenance des Athéniens, pendant que les Chalcidiens et les alliés qui se trouvaient hors de l'isthme, et les deux cents cavaliers aux ordres de Perdiccas resteraient à Olynthe; et de les prendre par derrière, et de les enfermer entre les deux armées, lorsqu'ils marcheraient contre lui. Le général Callias et ses collègues de leur côté, dirigèrent vers Olynthe la cavalerie macédonienne de Philippe et quelques-uns de leurs guerriers pour empêcher que, de là, il ne vînt du secours à leurs adversaires; quant à eux [de Gigône 1, 61, 3], ils levèrent le camp, et marchèrent sur Potidée.

Arrivés à l'isthme, ils voient les ennemis se préparer au combat, et se mettent eux-mêmes en ordre de bataille. Bientôt l'action s'engage; l'aile d'Aristée et ce qu'il avait avec lui de Corinthiens et de troupes choisies mirent en fuite les ennemis qui leur faisaient face, et les poursuivirent au loin. Mais la division composée de Potidéates et de Péloponnésiens, fut défaite par les Athéniens, et se sauva dans la place.

Chap. 63. Aristée, à son retour de la poursuite, trouvant l'autre aile vaincue, hésitait sur le parti à prendre,

8.

et se demandait s'il se retirerait vers Olynthe, ou s'il tenterait d'entrer dans Potidée. Il se décida enfin à courir sur cette place en ordre serré, et à y pénétrer de vive force. Il y arriva blessé, et même grièvement, en se glissant le long des jetées qui s'avancent dans la mer, perdit quelques hommes, mais sauva le grand nombre.

Les troupes d'Olynthe, ville d'où l'on aperçoit Potidée, et qui en est à soixante stades, dès le commencement de la bataille, et à la levée des signaux, avaient fait quelques pas en avant pour secourir [Aristée], et les cavaliers macédoniens [que commandaient Philippe et Pausanias, amis d'Athènes 1, 65, 2] s'étaient déjà mis en ordre de bataille pour s'y opposer ; mais comme bientôt après la victoire s'était déclarée pour Athènes et qu'on avait arraché les signaux, les troupes d'Olynthe rentrèrent dans cette ville, et les six cents cavaliers macédoniens de Philippe (1,61,2) rejoignirent les troupes athéniennes, en sorte que des deux côtés la cavalerie ne donna pas.

Après la bataille, les Athéniens dressèrent un trophée et permirent aux Potidéates d'enlever leurs morts, au nombre d'environ trois cents. Les Potidéates et leurs alliés perdirent un peu moins de trois cents hommes : les Athéniens eurent à regretter la perte de quinze cents braves et de leur général Callias.

Chap. 64. Les Athéniens ne tardèrent pas à enfermer les Potidéates d'un mur de circonvallation du côté de l'isthme, et y mirent garnison ; mais le côté de la place qui regardait la Pallène n'avait pas de mur de circonvallation. En effet, ils ne se croyaient pas en état de veiller à la défense de l'isthme [au nord] et de se porter en même temps vers la Pallène [au midi de l'isthme], pour y construire un mur : ils redoutaient l'attaque des Potidéates et de leurs alliés, s'ils divisaient leurs forces.

Dès qu'on sut à Athènes que le côté de la ville qui regardait la Pallène restait libre et ouvert, on y envoya seize cents oplites commandés par Phormion, fils d'Asopius. Arrivé dans la Pallène, ce général part d'Aphytis, approche ses troupes de Potidée, gagnant insensiblement du terrain, et ravageant la campagne. Personne ne sortant pour le combattre, il éleva du côté de la Pallène [au midi de Potidée] le mur de circonvallation. Ainsi Potidée se trouvait fortement investie de deux côtés par terre, et en outre, menacée par la flotte qui restait en station.

Chap. 65. La place étant bloquée par deux murs de circonvallation, Aristée, qui n'avait plus d'espérance de se sauver, à moins d'un secours du Péloponnèse ou de quelque autre événement extraordinaire, était d'avis, qu'à l'exception de cinq cents hommes, tous les autres, afin de ménager les vivres, s'embarquassent au premier vent favorable : il serait du nombre de ceux qui resteraient. Mais comme on ne se rendait pas à son avis, voulant s'occuper de ce qu'il fallait faire à la suite de ce refus, c'est-à-dire, régler le mieux possible les affaires du dehors ; il met en mer, sans être aperçu de la garde athénienne, il lui échappe, pénètre dans la Chalcidique, s'y arrête : entre autres faits d'armes, dresse une embuscade près la ville des Sermyliens, et tue beaucoup de monde ; en même temps que, par députés, il négociait avec le Péloponnèse pour en obtenir des secours. Quant à Phormion, après avoir bloqué Potidée, accompagné de seize cents hommes, il ravageait la Chalcidique et la Bottique, et prenait des villes.

Chap. 66. Antérieurement [à la guerre du Péloponnèse] on s'adressait ces griefs :

on se plaignait à Corinthe de ce que les Athéniens assiégeaient Potidée, colonie corinthienne, et où se trouvaient renfermés des Corinthiens et des Péloponnésiens. On se plaignait à Athènes des peuples du Péloponnèse qui avaient excité à la rébellion une ville alliée, tributaire des Athéniens, et qui combattaient ouvertement avec les Potidéates : néanmoins il n'y avait pas de rupture déclarée; la trêve subsistait, car les Corinthiens agissaient en leur propre et privé nom.

Chap. 67. Cependant ce siége de Potidée ne leur laissait aucun repos. Appréhendant et pour la place et pour les hommes qui y étaient renfermés, sans perdre de temps, ils prient leurs alliés de venir à Lacédémone, s'y rendent eux-mêmes, et s'écrient que les Athéniens violent les traités et méconnaissent les droits du Péloponnèse. Les Æginètes, par crainte des Athéniens, ne députèrent pas ouvertement : mais en secret ils n'excitaient pas moins ardemment à la guerre (2, 27, 1), se disant privés d'une autonomie que garantissaient les traités. Les Lacédémoniens ayant en outre appelé à Sparte d'autres alliés qui pouvaient avoir aussi à se plaindre d'Athènes, les admirent à leur assemblée ordinaire, et les invitèrent à parler. Les députés, montant à la tribune, exposèrent, chacun à leur tour, les griefs de leur république : les Mégariens, entre plusieurs griefs importans, se plaignirent d'être repoussés de *l'agora* de l'Attique, contre la foi des traités, et bannis de tous les ports qui appartenaient aux Athéniens. Les Corinthiens se présentèrent les derniers, et ayant laissé les autres aigrir d'abord les Lacédémoniens, ils parlèrent ainsi :

Chap. 68. « La bonne foi qui règne, ô Lacédémoniens, dans votre administration intérieure et dans votre commerce privé, vous rend trop méfians et incrédules sur les perfidies que nous reprochons à d'autres. Cette disposition vous fait passer pour des hommes modérés, mais ne vous rend pas plus habiles dans les affaires du dehors. Souvent, en effet, nous vous avons prévenus du mal qu'allaient nous faire les Athéniens ; mais ces avis, répétés à chaque circonstance qui y donnait lieu, ne vous instruisaient pas : vous nous soupçonniez plutôt de n'écouter que nos ressentimens particuliers. Aussi n'est-ce pas antérieurement aux insultes, mais au moment où l'on nous frappe, que vous convoquez ces alliés ; et parmi eux, qui plus que nous a le droit de parler ici, nous qui avons les plus forts griefs, et contre les Athéniens, qui nous outragent, et contre vous, qui nous négligez ?

» Si les Athéniens ne commettaient contre l'Hellade que de secrètes injustices, il faudrait vous apprendre ce que vous ne sauriez pas. Mais à quoi bon de longs discours, lorsque vous voyez les uns asservis, les autres, nos alliés surtout, menacés du même sort ; lorsque, d'avance et de longue main, nos ennemis se sont préparés à une guerre qu'ils provoquent et prévoient? Et en effet, sans cette prévoyance, retiendraient-ils, malgré nous, Corcyre, qu'ils nous ont enlevée par ruse, assiégeraient-ils Potidée : deux places dont celle-ci est dans la plus belle position pour disposer de l'Épithrace, et dont l'autre eût fourni au Péloponnèse la plus forte marine?

Chap. 69. » La faute en est à vous, Lacédémoniens, qui, après la guerre médique, les avez laissés d'abord fortifier leur ville, ensuite construire les longues murailles ; à vous qui, jusqu'à présent, avez successivement privé de la liberté non seulement les villes déjà soumises, mais encore, dans ce moment même, vos alliés ; car le coupable n'est pas l'oppresseur ; c'est celui qui, pouvant faire cesser l'oppression, la dissimule, tout en s'annonçant comme libérateur de la Grèce.

» A peine maintenant sommes-nous assemblés, et l'objet de notre réunion est encore incertain! Autrement, en effet, nous n'en serions plus à examiner si nous sommes offensés, mais comment il faut nous venger. Chez nos ennemis, toute délibération est consommée; ils agissent, et déjà marchent contre des hommes encore irrésolus. Nous connaissons d'ailleurs et la marche des Athéniens et leurs moyens d'attaque. Tant qu'ils croient leurs projets ignorés, grâce à votre stupeur, ils agissent avec moins d'audace : s'ils reconnaissent que vous les voyez et les laissez faire, ils appesantiront sur nous la force de leurs bras.

» O Lacédémoniens, seuls entre tous les Grecs vous restez en repos; et vous vous défendez, non avec des armes, mais avec votre inertie; vous prétendez combattre la puissance de vos ennemis, non lorsqu'elle commence, mais lorsqu'elle effraie par ses accroissemens. Cependant vous passez pour un peuple infaillible dans sa politique; réputation qu'assurément les faits ne confirment point. Les Mèdes, en effet, nous le savons tous, partis des extrémités du monde, avaient pénétré dans le Péloponnèse avant que, fidèles à la voix de l'honneur, vous fussiez à leur rencontre. Aujourd'hui, voilà les Athéniens, qui ne sont pas éloignés comme les Mèdes, mais qui sont à vos portes; eh bien! vous les voyez d'un œil indifférent. Au lieu d'aller de vous-mêmes au-devant d'eux, vous aimez mieux les repousser quand ils seront entrés chez vous, et confier vos intérêts à la fortune en les combattant devenus plus forts (par vos délais). Vous savez néanmoins que si le Barbare a essuyé des échecs, il les a dus, pour la plupart, à sa propre imprudence, et que nous-mêmes, nous avons souvent triomphé des Athéniens bien plus par les fautes qu'ils ont commises que par les secours que vous nous avez envoyés. En effet, plus d'une fois vous avez donné des espérances à certains peuples: pleins de confiance, ils ne faisaient nuls préparatifs: leur sécurité les a perdus. Et que personne ne s'imagine que nous parlons ainsi par haine contre vous, plutôt que pour vous faire des remontrances : les remontrances s'adressent à des amis en faute; une accusation, à d'injustes ennemis.

Chap. 70. » D'ailleurs, si quelqu'un a droit d'adresser des reproches, c'est nous, sans doute; nous, qui avons à défendre de grands intérêts dont vous ne paraissez pas même vous douter. On dirait que jamais vous n'avez calculé quels ennemis vous avez dans la personne des Athéniens, combien ils diffèrent de vous, ou plutôt, combien la différence est totale.

» Avides de nouveautés, les Athéniens sont prompts à concevoir, prompts à exécuter ce qu'ils ont conçu. Vous, Lacédémoniens, vous excellez à conserver ce que vous possédez, mais vous n'imaginez rien au-delà, vous n'allez pas même jusqu'à faire le nécessaire. De plus, les Athéniens osent au-delà de leurs forces, hasardent même au-delà de leurs résolutions, pleins d'espérances au milieu des plus grands revers. Votre caractère, à vous, est d'entreprendre au-dessous de vos forces et de votre opinion, de vous défier même des mesures que garantit la raison, et de croire que jamais vous ne sortirez des dangers. Ils sont aussi remuans que vous êtes temporiseurs; aimant autant à se répandre au dehors, que vous tenez à vos foyers. En s'éloignant de leurs murs, ils croient qu'ils acquerront quelque chose; vous, en vous éloignant, vous croyez nuire même à ce que vous possédez. Vainqueurs, les Athéniens s'avancent le plus loin possible; vaincus, ils ne reculent que de peu. Ils sacrifient leurs corps comme s'ils leur étaient tout-à-fait étrangers, et leur pensée, comme un bien qu'ils doivent à la patrie. S'ils ne réussissent pas dans ce qu'ils ont projeté, ils se croient dépouillés d'un bien qui leur était propre. Ont-ils saisi l'objet de leur ambition, ils croient avoir peu obtenu en comparaison de ce qui leur reste à faire ou de ce qu'ils avaient droit d'attendre. Ont-ils échoué, déjà de nouvelles espérances ont rempli le besoin de leurs cœurs.

» Seuls entre tous les hommes, ils ont en même temps qu'ils espèrent, tant est rapide l'exécution de leurs idées! Tout cela se fait au milieu des dangers et des fatigues d'une vie continuellement tourmentée. Sans cesse occupés de nouvelles acquisitions, ils jouissent peu de ce qu'ils possèdent. Remplir leurs devoirs, voilà la seule fête qu'ils connaissent : une paisible inaction ne leur semble pas moins un malheur qu'une continuelle activité : en un mot, on dirait qu'ils sont nés et pour ne pas connaître le repos, et pour le ravir au reste des hommes.

Chap. 71. » Voilà les ennemis que vous avez en tête, Lacédémoniens, et vous temporisez! Et selon vous, l'idée entièrement complète du repos ne se trouverait pas chez des hommes qui, dans leurs démarches extérieures ne commettant point d'injustices, dans leur façon de penser se montreraient déterminés à ne point souffrir d'outrages. Le repos, l'égalité parfaite, vous les faites consister non seulement à ne provoquer qui que ce soit par des injustices, mais encore à ne pas supporter les moindres mouvemens pour vous en garantir. A peine cependant obtiendriez-vous cet avantage, si vous aviez pour voisine une république semblable à la vôtre. Aujourd'hui, vérité que nous venons de démontrer, vos principes, comparés aux leurs, respirent trop les mœurs antiques. Or, en politique comme dans les arts, les nouveautés doivent nécessairement avoir l'avantage. Pour une république qui jouit d'une paix inaltérable, les institutions immuables sont les meilleures; mais quand on est forcé de faire face à beaucoup d'objets nouveaux, il faut beaucoup de ressources nouvelles. Aussi le gouvernement athénien, en raison de la multiplicité de ses tentatives, a-t-il cet air de jeunesse qui vous manque.

» Aujourd'hui enfin, que votre lenteur connaisse des bornes. Fidèles à vos promesses, venez au secours des Potidéates et autres alliés, en faisant une prompte irruption dans l'Attique. Ne livrez pas à leurs plus mortels ennemis, des hommes que vous aimez, et qui ont avec vous une même origine, et ne nous réduisez pas à nous jeter de désespoir dans une certaine alliance. Y recourir, ce ne serait offenser ni les dieux, témoins de vos anciens sermens, ni les hommes raisonnables. En effet, on ne doit pas imputer la violation des traités à celui qui, dans l'abandon, recherche de nouveaux amis, mais à ceux qui laissent sans secours des amis qu'ils avaient juré de défendre. Voulez-vous montrer du zèle, nous vous demeurerons unis; car nous serions coupables de changer légèrement. Et où trouverions-nous des alliés plus assortis à nos mœurs? Prenez donc sur cet objet une résolution sage, et faites qu'entre vos mains le commandement du Péloponnèse ne perde rien de l'étendue qu'il avait lorsque vos ancêtres vous le transmirent. »

Chap. 72. Ainsi parlèrent les Corinthiens. Des députés d'Athènes, venus avant eux pour d'autres affaires, se trouvaient à Lacédémone. Instruits de ce qui s'agitait à l'assemblée, ils crurent devoir s'y présenter, non pour répondre aux accusations dirigées contre eux, mais pour montrer, en général, qu'il ne fallait pas délibérer à la hâte, et qu'on devait donner plus de temps à la discussion d'aussi grands intérêts. Il était aussi dans leurs vues d'exposer la puissance de leur république, de rappeler aux vieillards ce qu'ils en savaient, et d'apprendre aux jeunes gens ce qu'ils ignoraient. Ils espéraient, par leurs représentations, disposer les esprits à préférer le repos à la guerre. Ils se présentèrent donc aux Lacédémoniens, et déclarèrent qu'ils voulaient se faire entendre aussi dans l'assemblée, si rien ne s'y opposait : on les invite à se présenter; ils paraissent, ils adressent ce discours :

Chap. 73. « Ce n'est pas pour entrer en discussion avec vos alliés, mais pour d'autres objets, que nous a députés notre république. Informés cependant qu'il s'élevait contre nous de vives clameurs, nous paraissons ici, non pour répondre aux accusations des républiques; car nous ne pourrions vous parler comme à nos juges ni comme aux leurs; mais pour empêcher que, séduits par les alliés, vous ne preniez à la légère, dans une importante affaire, une résolution dangereuse. Nous voulons en même temps vous montrer que, malgré tous ces vains discours contre notre république, elle n'est pas moins digne des avantages qu'elle possède, et de la considération dont elle jouit.

» Qu'est-il besoin de parler ici des faits anciens, dont on n'aurait que la tradition pour témoin, bien plus que les yeux de ceux qui nous entendent? Mais quant à nos exploits contre les Mèdes, et aux événemens dont vous-mêmes avez la conscience, quoiqu'il nous en coûte de les reproduire sans cesse, il faut bien en parler. En effet, ce que nous fîmes alors nous livra à mille dangers pour l'avantage commun, dont vous avez eu votre part : il doit donc nous être permis d'en rappeler le souvenir, s'il peut nous être de quelque utilité. Nous parlerons moins pour nous défendre, que pour mettre au grand jour quelle est cette république que vous aurez à combattre, si vous prenez une mauvaise résolution.

» Je prétends donc que, seuls à Marathon, nous avons soutenu le choc des Barbares, et qu'à leur seconde expédition, trop faibles pour leur résister par terre, nous sommes montés sur notre flotte, et les avons défaits dans un combat naval à Salamine, victoire qui les empêcha de faire voile vers le Péloponnèse, et d'en ruiner, les unes après les autres, les villes trop peu capables de se prêter des secours mutuels contre des flottes si formidables. Et notre ennemi lui-même rendit, par sa conduite, un beau témoignage à la supériorité de nos vues; car, vaincu sur ses vaisseaux, et ne se voyant plus en égalité de forces, il précipita sa retraite avec la plus grande partie de son armée.

Chap. 74. » Dans ce grand événement, qui manifesta que la puissance des Hellènes résidait dans leur marine, nous avons procuré les avantages qui ont surtout assuré le succès : le plus grand nombre de vaisseaux, un général d'une rare sagesse, et un zèle infatigable. Sur les quatre cents vaisseaux, nous n'en avons guère fourni moins de la moitié. Quant à Thémistocle, notre général, à qui l'on doit surtout d'avoir combattu dans un détroit, ce qui sauva l'Hellade, vous lui décernâtes, pour prix de ce service, plus d'honneurs que n'en obtinrent jamais tous les étrangers qui ont paru à Lacédémone. Et ne montrâmes-nous pas autant d'ardeur que d'audace, nous qui, sans recevoir aucun secours par terre, au moment où tout, jusqu'à nos frontières, était déjà soumis, résolûmes de quitter notre ville et de détruire nos demeures, non pour abandonner la cause de ce qui restait d'alliés, et leur devenir inutiles en nous dispersant, mais pour monter sur nos vaisseaux, et nous livrer aux dangers, sans aucun ressentiment de ce que vos secours ne nous avaient pas prévenus? Nous pouvons donc nous vanter de vous avoir aussi bien servis que nous-mêmes. C'est de vos villes bien garnies d'habitans, et que vous étiez certains de retrouver, que vous êtes enfin venus nous secourir, avertis par vos périls bien plus que par les nôtres; car, vous, on ne vous vit point paraître tant qu'Athènes existait encore : mais nous, nous élançant hors d'une ville qui n'était plus ; et pour cette Athènes, qui à peine existait pour nous en espérance, bravant les dangers, nous contribuâmes à vous sauver, en assurant notre propre salut. Mais si d'abord nous eussions obéi aux Mèdes, craignant, comme les Thébains, pour notre territoire ; ou si, nous croyant ensuite perdus, nous n'avions pas eu l'audace de monter sur nos vaisseaux, il vous eût été inutile de livrer un combat naval, puisque vous n'aviez pas une flotte capable de résister ; et, sans coup férir, le Mède eût vu ses projets tourner au gré de ses désirs.

Chap. 75. » Nous méritons donc, Lacédémoniens, en considération de notre dévouement et de la supériorité de nos vues, que les Hellènes ne regardent pas non plus d'un œil si jaloux l'empire que nous possédons. Cet empire, nous ne l'avons point ravi ; il a commencé pour nous à l'époque où vous refusâtes de combattre le reste des Barbares, lorsque les alliés, recourant à nous, nous prièrent eux-mêmes de prendre le commandement. Voilà ce qui nous mit dans la nécessité d'élever notre domination au point où elle est parvenue : ce fut d'abord, et surtout, par crainte ; ensuite pour nous faire respecter ; enfin pour notre intérêt. Nous ne pouvions plus nous croire en sûreté en nous relâchant de notre pouvoir ; nous haïs d'un grand nombre, et forcés de réduire des villes déjà même soulevées ; nous qui ne comptions plus, comme auparavant, sur votre amitié ; nous objets de vos défiances et de vos inimitiés : en effet, c'eût été dans vos bras que se seraient jetés les révoltés. Qui, dans un grand péril, peut être blâmé d'assurer ses intérêts?

Chap. 76. » Vous-mêmes, Lacédémoniens, n'avez-vous pas imposé dans le Péloponnèse, aux villes de votre domination, le régime qui vous est favorable? Et si, dans le temps dont nous parlons, le commandement vous fût resté, devenus odieux comme nous, vous n'eussiez pas été, nous en sommes sûrs, moins sévères envers vos alliés ; contraints alors d'imprimer de la force à votre domination, ou de craindre pour vous-mêmes.

» Nous n'avons donc rien fait de surprenant, rien qui ne soit dans l'ordre des choses humaines, soit en acceptant l'empire qui nous était transmis, soit en refusant d'en relâcher les ressorts : nous avons cédé aux plus puissans mobiles, l'honneur, la crainte, l'intérêt. Ce n'est pas nous qui l'avons créée, elle a de tout temps existé, cette loi qui veut que le plus faible soit comprimé par le plus fort. Nous avons cru d'ailleurs être dignes de cet empire, et nous avons paru tels à vous-mêmes jusqu'à ce moment, où, par des calculs d'intérêt, vous mettez en avant des considérations de justice. Mais à ces considérations, a-t-on jamais sacrifié les occasions de s'agrandir par la force? Et ne doit-on pas des éloges à ceux qui, sans combattre le penchant naturel qui porte à commander, se montrent cependant plus justes que (d'autres ne le seraient) avec un tel pouvoir? Oui, nous le croyons, d'autres à notre place feraient bien connaître si nous sommes modérés; mais, pour prix de notre indulgence, nous avons injustement recueilli plus de censures que d'éloges.

Chap. 77. » En vain, dans les affaires contentieuses, nous perdons nos procès contre nos alliés, en vain nous leur avons assigné chez nous des tribunaux où ils sont jugés d'après des lois parfaitement les mêmes et pour eux et pour nous. Ils nous trouvent litigieux! et aucun d'eux ne considère comment il se fait que ceux qui commandent ailleurs, moins modérés que nous envers leurs sujets, n'encourent cependant pas le même reproche. La raison en est que les hommes qui trouvent leur droit dans la force, n'ont pas besoin d'y joindre les formes de la justice. Mais nos alliés, accoutumés à traiter d'égal à égal, viennent-ils à sentir le poids ou du pouvoir absolu, ou d'une justice rigoureuse; se croient-ils lésés dans leurs prétentions par une cause quelconque, ils ne nous savent aucun gré de ne leur avoir pas enlevé davantage: ils supportent une légère privation avec plus de peine que si, dès l'origine, mettant la loi de côté, nous eussions ouvertement affiché la prétention de supériorité; car alors eux-mêmes n'eussent pas osé soutenir que le plus faible ne doit pas céder au plus fort. Les hommes en effet, comme il est dans la nature, s'indignent plus de l'injustice que de la violence. Une injustice que l'on éprouve d'égal à égal leur semble usurpation; la violence exercée par le plus fort leur paraît l'effet de la nécessité. Voilà pourquoi nos alliés, qui avaient bien plus à souffrir des Mèdes, souffraient patiemment, tandis que notre autorité leur semble dure: cela doit être, car la domination du moment est toujours bien pesante pour des sujets.

» Vous-mêmes, Lacédémoniens, si, devenus nos vainqueurs, vous commandiez à votre tour, peut-être perdriez-vous bientôt cette bienveillance que vous devez à la crainte que nous inspirons, surtout si vous vous conduisez sur les mêmes principes que dans la courte durée de votre commandement dans la guerre médique; car vous adoptez entre vous des institutions inconciliables avec celles des autres; et de plus, chacun de vous, une fois sorti de Lacédémone, ne se gouverne ni par les principes de son pays, ni par ceux reçus chez les autres Grecs.

Chap. 78. » Délibérez donc avec lenteur dans une affaire qui doit avoir de longues suites; et pour trop vous fier à des idées et à des plaintes qui vous sont étrangères, ne vous précipitez point dans des calamités qui vous seraient personnelles. Avant d'entreprendre la guerre, considérez quels en sont les hasards. Quand elle se prolonge, elle finit par amener des incidens inattendus. Nous sommes tous encore à une égale distance des maux qu'elle entraîne, et l'avenir nous cache qui le sort favorisera. On commence dans la guerre par où l'on devrait finir: les maux venus, c'est alors qu'on délibère. Comme c'est une faute que ni les uns ni les autres n'avons encore à nous reprocher, et qu'il nous est encore permis de prendre une sage résolution, nous vous conseillons de ne pas rompre la paix, de ne pas enfreindre vos sermens, et, suivant les clauses du traité, de terminer nos différends par les voies de la justice. Sinon, prenant à témoins les dieux vengeurs du parjure, nous essaierons de nous défendre contre les agresseurs; nous vous suivrons dans la route où vous nous aurez conduits. »

Chap. 79. Ainsi s'exprimèrent les députés d'Athènes. Les Lacédémoniens, après avoir entendu les accusations des alliés contre les Athéniens, et le discours de ces derniers, firent retirer les assistans et délibérèrent entre eux sur l'objet qui les rassemblait. Le plus grand nombre inclinait à prononcer que les Athéniens étaient coupables, et qu'il fallait, sans différer, leur faire la guerre. Alors s'avança Archidamus, leur roi, personnage aussi distingué par sa modération que par sa sagesse. Il parla ainsi :

Chap. 80. « Et moi aussi, Lacédémoniens, j'ai acquis de l'expérience dans bien des guerres, et c'est ce que peuvent dire, comme moi, les hommes de mon âge que je vois ici; en sorte qu'il n'est pas à craindre que quelqu'un de nous puisse désirer la guerre par inexpérience, comme cela pourrait arriver à des imprudens, ni parce qu'il la croira avantageuse et sûre. En réfléchissant mûrement sur celle qui est l'objet de nos délibérations, vous trouverez qu'elle ne peut être d'une médiocre importance. En effet, quand nous n'avons à combattre que nos voisins du Péloponnèse, les forces sont égales, et nous sommes bientôt sur les terres ennemies. Mais un peuple dont le territoire est éloigné, un peuple aussi habile dans la marine que bien pourvu de tout, riche de son trésor public et de l'opulence des particuliers, bien fourni de vaisseaux et d'oplites, ayant et plus d'hommes qu'aucun autre pays de l'Hellade, et des alliés tributaires, faut-il donc légèrement entreprendre contre lui la guerre? Et sur quoi compterions-nous pour attaquer de tels ennemis à la hâte et sans préparatifs? Sur nos vaisseaux? Mais nous en avons moins qu'eux; et si nous voulons, tournant nos soins vers la marine, leur opposer une force rivale, il faudra du temps. Sur nos finances? Mais sur ce point, nous leur cédons encore bien davantage : nous n'avons ni trésor public, ni ressources dans les fortunes privées.

Chap. 81. » Sera-t-on plein de confiance, parce que, ayant l'avantage du nombre et d'excellens oplites, nous irons dévaster leur pays? Mais ils ont encore bien d'autres pays dont ils sont maîtres, et ils tireront par mer tout ce dont ils auront besoin. Tenterons-nous de soulever contre eux leurs alliés? Il faudra des vaisseaux pour les soutenir, puisqu'ils sont, la plupart, insulaires. Dans quelle guerre allons-nous donc nous plonger? car, si nous n'avons pas une marine supérieure, ou si nous n'interceptons les revenus qui servent à l'entretien de leurs flottes, c'est nous qui souffrirons. Alors nous ne pourrons plus, sans honte, rechercher la paix, surtout si nous paraissons agresseurs. Et ne nous livrons pas à l'espérance de voir bientôt cesser la guerre, si nous ravageons leurs campagnes. Je crains plutôt que nous ne la laissions en héritage à nos enfans, tant il est probable que les fiers Athéniens ne se montreront ni esclaves de leur territoire, ni épouvantés de la guerre, comme une nation sans expérience.

Chap. 82. » Je ne veux pas cependant que, nous montrant insensibles, nous laissions maltraiter nos alliés, ni que nous fermions les yeux sur les manœuvres des Athéniens. Avant de faire aucun mouvement hostile, envoyons chez eux porter nos plaintes, sans manifester ni l'envie de prendre les armes, ni celle de céder à leurs prétentions. En même temps, déployons toutes nos ressources; engageons dans notre cause nos alliés, ou Hellènes ou Barbares; cherchons à nous procurer, de quelque part que ce soit, des secours en argent ou en vaisseaux (menacés comme nous le sommes, par les Athéniens, on ne peut nous blâmer de recourir, pour nous sauver, non seulement aux Hellènes, mais encore aux Barbares); et de tous les points de notre république, rassemblons toutes nos provisions. S'ils écoutent nos réclamations, soit : sinon, mieux disposés après deux ou trois ans, marchons contre eux, si nous le jugeons nécessaire. Peut-être alors, lorsqu'ils verront un appareil de guerre appuyer nos discours, céderont-ils, d'autant mieux que leur territoire ne sera point encore entamé, et qu'ils auront à délibérer sur leur fortune encore entière et non pas ruinée. Ne considérez en effet leur pays que comme un gage d'autant plus sûr qu'il sera mieux cultivé. Il faut l'épargner le plus long-temps possible, et ne pas les rendre plus difficiles à vaincre en les réduisant au désespoir. Mais si, sans préparations, et sur les plaintes de nos alliés, nous nous hâtons de ravager leurs terres, craignons qu'il n'en résulte pour le Péloponnèse trop de honte et de malheurs. On peut terminer les débats des villes et des particuliers; mais quand, pour les intérêts des particuliers, tous ensemble seront engagés dans une guerre dont on ne saurait prévoir l'issue ni la durée, sera-t-il facile de déposer les armes avec dignité?

Chap. 83. » Et que personne ne regarde comme une lâcheté qu'un grand nombre d'hommes ne se hâtent pas de marcher contre une seule république : car cette république n'a pas moins que vous d'alliés, et d'alliés tributaires. Ce n'est pas plus avec des armes qu'avec de l'argent que se fait la guerre; c'est l'argent qui seconde le succès des armes, surtout quand ce sont des peuples du continent qui font la guerre à des peuples maritimes. commençons donc par nous en procurer, et ne nous laissons pas d'abord entraîner par les discours de nos alliés. Quels que soient les résultats, c'est à nous surtout qu'on les attribuera; c'est donc à nous aussi d'en prévoir une partie.

Chap. 84. » Cette lenteur, ce caractère temporiseur dont on nous fait un crime, gardez-vous d'en rougir, puisqu'en vous hâtant vous retrouverez plus difficilement le repos, pour vous être engagés sans préparatifs. Et d'ailleurs n'appartenons-nous pas à une république de tout temps libre et brillante de gloire! Notre lenteur temporisante pourrait bien n'être qu'une prudence réfléchie. Seuls, avec cette prétendue imperfection, nous ne sommes point insolens dans la prospérité, et nous cédons moins que les autres aux revers. Emploie-t-on les louanges pour nous précipiter dans des périls que désapprouve notre raison, on ne nous prend point avec un tel appât : veut-on, prenant l'autre route, nous stimuler par des reproches, on ne nous inspire pas un chagrin qui nous rende plus faciles à persuader. Nous devenons et guerriers et prudens à cause de notre amour pour l'ordre; guerriers, parce que la modestie à laquelle on nous forme, tient d'aussi près à la sagesse que le courage au respect qu'on a pour soi-même; prudens, parce que notre éducation ne nous donne pas l'esprit de mépriser les lois, et qu'une sage austérité ne nous inspire pas l'audace de la désobéissance. De frivoles connaissances ne nous apprennent pas à déprécier par de beaux discours les ressources de nos ennemis, au lieu d'attaquer, en se montrant par ses actions au niveau des discours : mais on nous accoutume à croire que les idées d'autrui peuvent bien valoir les nôtres, et qu'en vain un rhéteur prétend régler dans un discours la marche des événemens. En faisant nos préparatifs, nous supposons que l'ennemi a pris de sages mesures. C'est en effet sur de bonnes dispositions, et non sur les fautes de nos adversaires, que nous devons fonder notre espoir. Gardons-nous de croire qu'il y ait une grande différence d'un homme à un homme ; le plus fort, c'est celui qu'on élève à l'école de l'impérieuse nécessité.

Chap. 85. » Gardons-nous donc d'abandonner ces maximes que nos pères nous ont transmises, et qu'on s'est trouvé si heureux de suivre. Follement empressés, ne décidons pas dans la courte durée d'un jour du sort de tant d'hommes, de tant de richesses, de tant de villes, enfin de notre gloire ; mais délibérons avec calme. Nous le pouvons plus que d'autres, à raison de notre puissance. Envoyez à Athènes relativement à l'affaire de Potidée et des injures dont se plaignent nos alliés : vous le devez d'autant mieux, que les Athéniens offrent la voie de l'arbitrage. Il n'est pas juste de poursuivre d'abord comme coupable celui qui s'en réfère aux lois. (Députez donc à Athènes) ; mais préparez-vous en même temps à la guerre. Cette mesure est la plus rigoureuse que vous puissiez prendre ; celle que vos ennemis doivent le plus redouter. »

Voilà ce que dit Archidamus. Mais Sthénélaïdas, alors un des éphores, s'avançant le dernier, adressa ces paroles aux Lacédémoniens :

Chap. 86. « Je n'entends rien aux éternels discours des Athéniens. Ils se sont beaucoup loués eux-mêmes, et n'ont pas répondu un seul mot aux griefs de nos alliés et du Péloponnèse. Mais certes, s'ils se sont bien conduits autrefois contre les Mèdes, et que maintenant ils se montrent pervers avec nous, ils sont doublement punissables, parce qu'ils furent vertueux et qu'ils ont cessé de l'être. Pour nous, ce que nous fûmes autrefois, nous le sommes encore ; et, avec de la sagesse, nous ne souffrirons pas qu'on insulte nos alliés ; nous ne différerons pas la vengeance, puisqu'on ne diffère pas l'attaque. Que d'autres aient de l'argent, des vaisseaux, des chevaux ; nous avons, nous, de bons alliés qu'il ne faut pas livrer aux Athéniens. Il ne s'agit pas d'une affaire à mettre en arbitrage : on n'a pas à juger sur des paroles, puisque ce n'est point en paroles que nous sommes offensés. Exerçons une vengeance prompte et rigoureuse, et qu'on ne nous enseigne pas qu'il convient de délibérer quand on nous outrage, c'est à ceux qui se disposent à l'offense qu'il convient mieux de délibérer long-temps. Décrétez donc la guerre, ô Lacédémoniens, et d'une manière digne de Sparte. Ne laissez pas les Athéniens augmenter encore leur puissance ; ne trahissons pas nos alliés : mais, sous les auspices des dieux ; marchons, contre des oppresseurs. »

Chap. 87. Ayant ainsi parlé, il mit lui-même la question aux voix, en sa qualité d'éphore. Mais les suffrages se donnent à Lacédémone par acclamation, et non avec des cailloux. Il déclara donc qu'il ne savait pas de quel côté était la majorité ; et comme il voulait qu'en émettant hautement leur vœu, ils se déclarassent surtout pour la guerre : « Que ceux, dit-il, qui pensent que le traité est rompu, et que les Athéniens nous outragent, passent à cet endroit, et il le montrait ; que ceux d'un avis contraire, passent à cet autre. » On se lève, on se partage : ceux qui jugèrent la trêve rompue furent en bien plus grand nombre.

On rappela les députés, et les Lacédémoniens leur déclarèrent que, suivant eux, les Athéniens étaient coupables, mais qu'ils voulaient inviter aussi tous les alliés à donner leurs suffrages, afin de n'entreprendre la guerre que d'après une délibération générale. Cette affaire terminée, les députés se retirèrent chez eux; ceux d'Athènes partirent les derniers, après avoir fini la négociation objet de leur voyage. A la suite de longs débats, le décret de l'assemblée, relatif à la rupture des traités, fut publié la treizième année de la trêve de trente ans, qui avait été conclue après l'affaire d'Eubée.

Chap. 88. Les Lacédémoniens le portèrent bien moins à la persuasion des alliés, qu'à raison des craintes que leur inspiraient les Athéniens. Ils les voyaient maîtres de la plus grande partie de l'Hellade, et craignaient qu'ils ne devinssent encore plus puissans.

Chap. 89. Voici comment les Athéniens s'étaient mis à la tête des affaires; circonstance qui fut cause de leur accroissement. Quand les Mèdes se furent retirés de l'Europe, vaincus par les Hellènes sur terre et sur mer; quand ceux d'entre eux qui échappèrent sur leurs vaisseaux, cherchant un asile à Mycale, eurent été détruits; Léotychidas, roi de Lacédémone, qui avait commandé les Grecs à Mycale, retourna dans sa patrie, et emmena les alliés du Péloponnèse. Les Athéniens restèrent avec les Hellènes de l'Ionie et de l'Hellespont, qui déjà s'étaient détachés du roi, et assiégèrent Sestos, que les Mèdes occupaient. Ils continuèrent le siége pendant l'hiver, et, après s'être rendus maîtres de la place, qu'abandonnèrent les Barbares, ils se retirèrent de l'Hellespont, et rentrèrent chez eux par peuplades. Les Athéniens, après la retraite de l'ennemi, firent revenir des divers endroits où ils les avaient secrètement déposés, leurs enfans, leurs femmes, et ce qui leur restait d'effets précieux, et pensèrent à relever leur ville et leurs murs. Il ne restait que peu de l'ancienne enceinte des murs: la plupart des maisons étaient tombées; il n'en subsistait qu'un petit nombre, où avaient logé les plus considérables des Perses.

Chap. 90. Les Lacédémoniens, informés de ce projet, vinrent en députation à Athènes. Eux-mêmes auraient bien voulu que ni cette ville, ni aucune autre, n'eût été fortifiée; mais surtout ils étaient sollicités par leurs alliés, qui craignaient et la puissante marine des Athéniens, bien différente de ce qu'elle fut autrefois, et l'audace que ce peuple avait montrée dans la guerre contre les Mèdes. Les députés invitèrent les Athéniens à ne pas se fortifier, à détruire plutôt avec eux toutes les fortifications qui se trouvaient hors du Péloponnèse. Ils ne leur faisaient connaître ni leurs vues, ni leurs défiances, et prétextaient que les Barbares, s'ils revenaient, n'auraient plus de lieu fortifié qui pût servir de point de départ, ainsi qu'ils l'avaient fait de Thèbes.

A les entendre, le Péloponnèse suffisait pour offrir à tous les Hellènes une retraite d'où ils s'élanceraient contre les ennemis.

Les Athéniens, sur l'avis de Thémistocle, se hâtèrent de congédier les députés, et répondirent seulement qu'ils allaient, de leur côté, faire partir pour Lacédémone une députation chargée de traiter cette affaire. Thémistocle voulut être expédié lui-même sans délai, et demanda qu'on ne fît point partir sur-le-champ ceux qu'on lui choisirait pour collègues, mais qu'on les retînt jusqu'à ce que le mur fût assez élevé pour être en état de défense. Tous ceux qui étaient dans la ville, sans exception, citoyens, femmes, enfans, devaient partager les travaux : édifices publics, maisons particulières, rien de ce qui pouvait fournir des matériaux ne devait être épargné ; il fallait tout démolir. Après avoir donné ces instructions, et ajouté qu'il ferait le reste à Lacédémone, il partit. A son arrivée, au lieu de se rendre auprès des magistrats, il usa de délais et de prétextes ; et quand les gens en place lui demandaient pourquoi il ne se rendait pas à l'assemblée générale, sa réponse était qu'il attendait ses collègues, qu'ils avaient été surpris pour quelques affaires : il comptait les voir bientôt arriver ; il était même étonné qu'ils ne fussent pas encore venus.

Chap. 91. On croyait Thémistocle, parce qu'on avait pour lui de l'affection. Cependant arrivaient d'autres personnages qui affirmaient, comme fait certain, qu'on fortifiait Athènes ; que déjà les murailles acquéraient de la hauteur. On ne pouvait se refuser à les croire : mais Thémistocle, qui en était instruit, conjurait les Lacédémoniens de ne pas se laisser tromper par des discours, et d'envoyer quelques-uns des leurs, hommes probes, qui rendraient un compte fidèle de ce qu'ils auraient vu. On les expédia : mais Thémistocle fit passer à Athènes un avis secret de leur départ, et manda que, sans les arrêter ouvertement, on les retînt jusqu'au retour de ses collègues, Abronychus, fils de Lysiclès, et Aristide, fils de Lysimaque, qui enfin étaient venus le joindre et lui annoncer que le mur était parvenu à une hauteur convenable. Il craignait d'être arrêté avec eux quand on serait instruit de la vérité : mais les Athéniens, conformément à son avis, retenaient les députés de Lacédémone.

Thémistocle parut enfin dans le conseil, et là, déclara sans détour qu'en effet Athènes venait de s'entourer de murs, et qu'elle se trouvait en état de mettre en sûreté ses habitans ; que si Lacédémone et ses alliés avaient quelque dessein d'y envoyer une députation, ce devait être désormais comme à des hommes qui connaissaient aussi bien leurs intérêts particuliers que l'intérêt commun de l'Hellade ; que quand ils avaient cru nécessaire d'abandonner leur ville, et de monter sur leurs vaisseaux, ils avaient bien su prendre ce parti sans le conseil de Lacédémone, que dans toutes les affaires où ils s'étaient consultés avec les Lacédémoniens, on n'avait pas vu qu'ils eussent moins de prudence que personne ; que maintenant donc ils croyaient utile que leur ville fût murée ; que c'était en particulier leur intérêt et celui de tous leurs alliés ; qu'il était impossible que des hommes qui ne seraient pas dans une situation égale, apportassent aux délibérations communes égalité et parité de sentimens ; qu'en un mot, il fallait que tous les Hellènes soutinssent leur fédération sans avoir de murailles, ou qu'on trouvât bon ce que venaient de faire les Athéniens.

Chap. 92. Les Lacédémoniens, à ce discours, ne manifestèrent pas de ressentimens contre les Athéniens. En effet, du moins à les en croire, leur députation avait eu pour objet, non d'intimer une défense, mais de donner un conseil qui intéressait l'Hellade tout entière. D'ailleurs ils témoignèrent alors aux Athéniens beaucoup d'amitié, pour le zèle qu'ils avaient montré dans la guerre des Mèdes. Cependant ils étaient secrètement piqués d'avoir manqué leur but. Les députés se retirèrent de part et d'autre sans qu'il fût question de plaintes.

Chap. 93. Ainsi en peu de temps les

Athéniens ceignirent leur ville de murailles. Encore aujourd'hui l'on peut voir que la reconstruction fut exécutée précipitamment : car les fondemens sont, en certains endroits, de toutes sortes de pierres qui n'ont pas été travaillées pour concourir à un ensemble. Des colonnes, des marbres sculptés furent tirés des monumens, et entassés les uns sur les autres. De tous les côtés de la ville, l'enceinte fut tenue plus grande qu'auparavant : on travaillait à tout à-la-fois; on ne prenait point de repos.

Thémistocle persuada d'achever les constructions du Pirée, commencées précédemment sous son archontat. Il jugeait très favorable la position de ce lieu, qui offrait trois ports creusés par la nature; et il voyait dans les batailles maritimes des Athéniens contre les Mèdes un acheminement à la prééminence. Il osa dire le premier qu'il fallait se livrer à la mer, et aussitôt il les aida à s'en préparer l'empire. Ce fut d'après son plan qu'on donna au mur du Pirée la largeur qu'on lui voit encore aujourd'hui : en effet, deux chariots qui se rencontraient pouvaient apporter des pierres. Les parois intérieures des murs n'avaient ni mortier de chaux, ni mortier de terre : ces murs étaient formés de grandes pierres étroitement jointes ensemble, taillées carrément, et liées en dehors avec du fer et du plomb. Ils avaient tout au plus la moitié de la hauteur que Thémistocle avait projetée. Il voulait que, par leur largeur et leur élévation, on n'eût pas à craindre les attaques des ennemis; qu'un petit nombre d'hommes, même des plus faibles, suffît pour les défendre, et que les autres montassent sur les vaisseaux : car c'était à la marine surtout qu'il s'attachait. C'est qu'il voyait, du moins selon moi, que l'armée du grand roi pouvait faire plus aisément des invasions par mer que par terre, et il regardait le Pirée comme plus important que la ville haute. Il conseillait bien souvent aux Athéniens, s'il leur arrivait d'être forcés par terre, de descendre au Pirée, et de se défendre sur leur flotte contre tous ceux qui les attaqueraient. Ce fut ainsi que les Athéniens se fortifièrent, et prirent, aussitôt après la retraite des Mèdes, toutes les précautions que dictait la prudence.

CHAP. 94. Quant à Pausanias, fils de Cléombrote, Lacédémone l'avait envoyé, en qualité de général des Hellènes, avec vingt vaisseaux fournis par le Péloponnèse. Les Athéniens s'étaient joints à cette flotte avec trente vaisseaux; quantité d'alliés avaient suivi leur exemple. Ils s'étaient portés à Cypre, dont ils avaient soumis une grande partie : de là, toujours sous le même commandement, ils s'étaient portés à Byzance, qu'occupaient les Mèdes, et s'en étaient rendus maîtres.

CHAP. 95. Pausanias commençait à montrer même de la dureté : il se rendait odieux aux Hellènes en général, et surtout aux Ioniens et à tous ceux qui s'étaient soustraits récemment à la domination du grand roi. Ils allèrent trouver les Athéniens, et les prièrent, en considération de la consanguinité, de se mettre à leur tête, et de ne pas céder à Pausanias, s'il en venait à la violence. Les Athéniens accueillirent cette proposition, promirent de ne les point abandonner, quoique bien résolus à toutes les mesures qui s'accorderaient le mieux avec leurs propres intérêts.

Dans ces conjonctures, les Lacédémoniens rappelèrent Pausanias pour le juger sur les dénonciations portées contre lui. Les Hellènes qui venaient à Lacédémone, se plaignaient beaucoup de ses injustices; et son commandement semblait tenir plutôt du pouvoir tyrannique que du généralat. Il fut rappelé précisément à l'époque où, à raison de la haine qu'il inspirait, les Hellènes, excepté les guerriers du Péloponnèse, se rangeaient sous les ordres des Athéniens. Arrivé à Lacédémone, et convaincu d'abus de pouvoir contre des particuliers, il fut absous des accusations capitales. On lui reprochait surtout d'imiter les manières des Mèdes, accusation qui semblait très fondée. Aussi le commandement ne lui fut-il pas rendu : mais on fit partir Dorcis et quelques autres avec peu de troupes. Les alliés refusant de leur obéir, ils revinrent, et les Lacédémoniens n'envoyèrent plus dans la suite d'autres généraux. Après ce qu'ils avaient vu de Pausanias, ils craignaient qu'ils ne se corrompissent. D'ailleurs ils voulaient se délivrer de la guerre des Mèdes; ils croyaient les Athéniens capables de la conduire, et alors ils étaient amis.

Chap. 96. Les Athéniens ayant pris ainsi le commandement suivant le désir des alliés, par suite de la haine qu'on portait à Pausanias, décidèrent quelles villes donneraient de l'argent pour faire la guerre aux Barbares, et lesquelles fourniraient des vaisseaux. Le prétexte était de ruiner le pays du grand roi, par représailles de ce qu'on avait souffert. Alors s'établit chez les Athéniens la magistrature des hellénotames, qui recevaient le tribut, fixé d'abord à quatre cent soixante talens. Le trésor fut déposé à Délos, et les assemblées se tinrent dans l'hiéron.

Chap. 97. Commandant à des alliés qui, autonomes dans le principe, délibéraient dans des assemblées communes, ils parvinrent, dans l'intervalle qui s'écoula entre cette guerre et celle des Mèdes, à une bien grande puissance. Ils le durent à un heureux concours de circonstances et d'affaires, et à des combats livrés, soit à des alliés remuans, soit aux Péloponnésiens, qui s'immisçaient dans les querelles. J'ai écrit ces événemens, et me suis permis cette digression, parce qu'elle donne une partie de l'histoire négligée par ceux qui, avant nous, ont traité ou l'histoire hellénique antérieurement à la guerre des Mèdes, ou la guerre médique elle-même. Quant à Hellanicus, qui, dans son Histoire de l'Attique, a en vue les mêmes faits, il les donne trop en abrégé et sans s'assujétir à l'ordre des temps. D'ailleurs cette digression a encore l'avantage de montrer l'origine de la prééminence athénienne.

Chap. 98. D'abord, sous le commandement de Cimon, fils de Miltiade, Athènes prit d'assaut Eione sur le Strymon, place occupée par les Mèdes, et en asservit les habitans. Elle soumit ensuite ceux de Scyros, île de la mer Égée, appartenant aux Dolopes, et y envoya une colonie. Elle fit aussi aux Caristiens une guerre à laquelle le reste de l'Eubée ne prit aucune part, et qui enfin se termina par un accord. Suivit une autre guerre contre les habitans de Naxos, qui s'étaient détachés de la république : ils furent assiégés et subjugués. C'est la première ville alliée qui, au mépris du droit public, ait été réduite à la condition de sujette : d'autres successivement subirent le même sort.

Chap. 99. Les défections des alliés eurent différentes causes. Les principales furent l'impossibilité de fournir des contributions d'argent et de vaisseaux; et pour quelques-uns, le refus de service militaire : car les Athéniens exigeaient ces tributs à la rigueur, et faisaient des mécontens, contraignant aux fatigues militaires des gens qui n'avaient ni l'habitude, ni la volonté de les supporter. D'ailleurs, ils ne cherchaient plus comme auparavant, à se faire aimer dans l'exercice du commandement. Dans la composition de l'armée, ils ne fournissaient plus leur contingent : il leur était si facile de subjuguer ceux qui se révoltaient ! On pouvait en accuser les alliés eux-mêmes : paresseux à faire la guerre et à s'éloigner de leurs foyers, la plupart, au lieu de fournir des vaisseaux, s'étaient laissé taxer à des sommes proportionnées à l'évaluation de leur contingent. Les sommes qu'ils donnaient contribuaient à l'accroissement de la marine athénienne : leur arrivait-il de tenter une défection, ils se trouvaient sans préparatifs et sans ressources pour la soutenir.

CHAP. 100. A la suite de ces événemens se livrèrent, près du fleuve Eurymédon, dans la Pamphylie, un combat de terre et un combat naval entre les Athéniens et leurs alliés et les Mèdes. Les Athéniens vainquirent dans ces deux combats, livrés le même jour, sous le commandement de Cimon, et prirent ou détruisirent la flotte des Phéniciens, forte de deux cents trirèmes.

Quelque temps après, les Thasiens se détachèrent de leur alliance, au sujet des mines et des comptoirs qu'ils avaient dans la partie de la Thrace qui regarde leur île. Les Athéniens se portèrent devant Thasos, les vainquirent, et firent une descente dans l'île.

Vers le même temps, ils envoyèrent sur les bords du Strymon dix mille hommes, tant des leurs que des alliés, fonder une colonie dans le canton qu'on appelait alors *les Neuf-Voies* et qui se nomme maintenant *Amphipolis*. Ils s'en emparèrent sur les Édoniens, qui en étaient maîtres ; mais, s'étant enfoncés dans l'intérieur de la Thrace, ils furent défaits à Drabesque, dans l'Édonie, par les Thraces, qui se réunirent tous contre eux, voyant dans l'établissement des Neuf-Voies un fort qui les menaçait.

CHAP. 101. Les habitans de Thasos, vaincus dans plusieurs combats, et assiégés, implorèrent les Lacédémoniens, et les engagèrent à se jeter sur l'Attique, pour faire diversion. Les Lacédémoniens le promirent à l'insu des Athéniens ; mais un tremblement de terre les empêcha de tenir parole. Les Hilotes, ainsi que des Thuriates et des Éthéens, *périèces* (sujets) de Sparte, profitèrent de l'occasion pour secouer le joug et se réfugier à Ithôme. La plupart des Hilotes descendaient de ces anciens Messéniens qui, dans le temps, avaient été réduits en servitude, ce qui leur fit donner à tous le nom de *Messéniens*. Les Lacédémoniens eurent donc une guerre à soutenir contre les révoltés d'Ithôme.

Quant aux Thasiens, après trois ans de siége, ils se rendirent aux Athéniens ; en vertu des articles de la capitulation, ils abandonnèrent leurs mines et le commerce du continent, rasèrent leurs murs, livrèrent leurs vaisseaux, et payèrent, en outre, une somme d'argent à laquelle ils se laissèrent taxer.

CHAP. 102. Les Lacédémoniens, voyant se prolonger leur entreprise contre les réfugiés à Ithôme, implorèrent le secours de leurs divers alliés, et des Athéniens entre autres. Ceux-ci vinrent en grand nombre, commandés par Cimon. On les avait appelés sur l'opinion qu'on avait de leur habileté à battre les murailles : mais comme le siége traînait en longueur, leur manière de procéder parut mal justifier la réputation qu'ils s'étaient acquise. Et en effet, s'ils eussent, dans leurs opérations de siége, déployé ce qu'ils avaient de talent, ils auraient emporté la place dès les premières attaques. Ce fut dans cette campagne que se manifesta, pour la première fois, la mauvaise intelligence entre Athènes et Sparte : car les Lacédémoniens, voyant que la place n'était pas enlevée de vive force, craignirent le génie audacieux des Athéniens et leur caractère remuant. Ne les regardant pas d'ailleurs comme un peuple de leur race, ils appréhendaient que, pendant leur séjour devant Ithôme, ils ne se laissassent gagner par ceux qui s'y étaient renfermés, et ne causassent quelque révolution. Ce furent les seuls des alliés qu'ils renvoyèrent, sans manifester cependant de soupçons, mais sous prétexte qu'ils n'avaient plus besoin de leurs secours. Les Athéniens comprirent bien qu'on les congédiait sans leur dire le vrai mot, et qu'il était survenu quelque défiance. Indignés de l'affront, et ne se croyant pas faits pour être ainsi traités par les Lacédémoniens, à peine retirés, ils abjurèrent l'alliance qu'ils avaient contractée avec eux dans la guerre médique, et se déclarèrent pour les Argiens, ennemis de Lacédémone. En même temps ces deux nouveaux alliés s'unirent par les mêmes sermens avec les Thessaliens.

Chap. 103. Enfin, après dix ans, ceux d'Ithôme, ne pouvant résister, capitulèrent avec les Lacédémoniens. Il fut convenu qu'ils sortiraient du Péloponnèse sous la foi publique, et n'y rentreraient jamais, sous peine, pour celui qui serait pris, d'être esclave de qui l'aurait arrêté. Les Lacédémoniens avaient reçu auparavant de Pytho un oracle qui leur ordonnait de laisser partir les supplians de Jupiter Ithômétas. Ceux-ci sortirent donc avec leurs femmes et leurs enfans. Les Athéniens s'empressèrent de les recevoir, en haine de Lacédémone, et les envoyèrent en colonie à Naupacte, qu'ils se trouvaient avoir pris récemment sur les Locriens Ozoles.

Les Mégariens recoururent aussi à l'alliance d'Athènes. Ils se détachaient de Lacédémone parce que Corinthe leur faisait la guerre pour les limites réciproques. Ainsi les Athéniens acquirent Mégares et Pèges. Ce furent eux qui construisirent aux Mégariens les longues murailles qui vont de leur ville jusqu'à Nisée, et ils y mirent garnison. De cette époque surtout commença la haine envenimée de Corinthe contre Athènes.

Chap. 104. Cependant Inarus, fils de Psammétique, et roi des Lybiens qui touchent à l'Égypte, partit de Marée, cité au-dessus du Phare, fit soulever une grande partie de l'Égypte contre le roi Artaxerxès; et nommé lui-même chef des rebelles, il appela les Athéniens. Ils étaient à Cypre avec deux cents vaisseaux, tant d'Athènes que des alliés. Ils abandonnèrent Cypre pour se rendre à l'invitation d'Inarus, entrèrent de la mer dans le Nil, le remontèrent, se rendirent maîtres de ce fleuve et de deux quartiers de Memphis, et assiégèrent le troisième, qui se nomme *Mur-Blanc*. Là s'étaient réfugiés les Perses, les Mèdes, et ceux des Égyptiens qui n'avaient point pris part à la rebellion.

Chap. 105. D'un autre côté, les Athéniens firent une descente à Halies et livrèrent bataille aux Corinthiens et aux Épidauriens. Les Corinthiens remportèrent la victoire. Les Athéniens vainquirent à leur tour, près de la Cécryphalie, dans un combat naval contre les Péloponnésiens.

Une guerre survint ensuite entre les Éginètes et les Athéniens. Un grand combat naval fut livré près d'Égine : chacun des deux partis était secondé par ses alliés. Les Athéniens eurent l'avantage; ils prirent soixante-dix vaisseaux sur les ennemis, descendirent à terre, et formèrent le siège de la ville, sous le commandement de Léocrate, fils de Strœbus. Les Péloponnésiens voulurent secourir les Éginètes, et portèrent à Égine trois cents oplites, qui avaient

9.

servi comme auxiliaires avec les Corinthiens et les Épidauriens, et s'emparèrent des hauteurs de la Géranie. Les Corinthiens descendirent avec les alliés dans la Mégaride. Ils croyaient qu'Athènes, qui avait de grandes forces dispersées à Égine et en Égypte, ne serait pas en état de protéger Mégares, ou que du moins, si elle y faisait passer des secours, elle retirerait d'Égine l'armée qui en formait le siége. Cependant les Athéniens ne touchèrent point à cette armée; mais ce qui était resté dans la ville, les vieillards qui avaient passé l'âge du service, et les jeunes gens qui ne l'avaient pas atteint, allèrent à Mégares sous le commandement de Myronidès. Il y eut entre eux et les Corinthiens une bataille indécise : les deux partis se séparèrent, sans que ni l'un ni l'autre se crût vaincu. Les Athéniens, qui avaient eu plutôt quelque supériorité, dressèrent un trophée après la retraite des Corinthiens. Mais ceux-ci, à leur retour, traités de lâches par les vieillards qui étaient restés dans la ville, revinrent, après s'y être préparés pendant douze jours, élever un trophée devant celui des Athéniens, comme si eux-mêmes avaient été vainqueurs. Les Athéniens sortirent en armes de Mégares, tuèrent ceux qui élevaient le trophée, se jetèrent sur les autres, et remportèrent la victoire.

Chap. 106. Les vaincus se retirèrent : un assez grand nombre, poussé vigoureusement, s'égara du bon chemin et tomba dans un clos particulier, entouré d'un grand fossé et sans issue. Les Athéniens s'en aperçurent, bouchèrent les avenues du clos avec leurs oplites, et l'environnèrent de troupes légères, qui accablèrent de pierres ceux qui s'y étaient engagés. Ce fut une grande perte pour les Corinthiens. Le reste de leur armée regagna le pays.

Chap. 107. A cette époque, les Athéniens commencèrent à construire les longues murailles qui s'étendent jusqu'à la mer, l'une gagnant Phalère, et l'autre le Pirée.

Les peuples de la Phocide firent alors la guerre aux Doriens, dont les Lacédémoniens tirent leur origine. Ils attaquèrent Boeum, Cytinium, Érinéum, et prirent une de ces places. Les Lacédémoniens, sous la conduite de Nicomédès, fils de Cléombrote, qui commandait à la place du roi Plistoanax, fils de Pausanias, encore trop jeune, portèrent des secours aux Doriens avec quinze cents de leurs oplites et dix mille alliés.

Ils obligèrent les Phocéens à rendre la place par capitulation, et se retirèrent. Mais les Athéniens se mettaient en croisière pour leur couper la mer, s'ils voulaient traverser le golfe Crissa. Se retirer par la Géranie, tandis que les Athéniens occupaient Mégares et Pèges, était, pour ceux de Lacédémone, un parti peu sûr; car les hauteurs de la Géranie, difficiles à franchir, étaient constamment gardées par des troupes athéniennes, et ils n'ignoraient pas qu'elles devaient s'opposer à leur passage. Ils crurent donc devoir s'arrêter en Béotie pour considérer quel serait le moyen le plus sûr d'opérer leur retraite. Une autre raison ne laissait pas d'influer sur leur séjour en Béotie. Il existait à Athènes une faction qui, entretenant avec eux des intelligences secrètes, espérait détruire le gouvernement populaire et s'opposer à la construction des longues murailles. Les Athéniens s'armèrent en masse contre cette armée lacédémonienne, avec mille Argiens, et les autres alliés dans un nombre proportionné à leurs forces respectives. Ils étaient en tout quatorze mille. Ils avaient pris les armes, persuadés qu'ils trouveraient les ennemis dans l'embarras de chercher un passage. Le soupçon de manœuvres pratiquées contre la démocratie entrait pour quelque chose dans cet armement. Des cavaliers thessaliens vinrent les joindre en qualité d'alliés ; mais, dans l'action, ils passèrent du côté des Lacédémoniens.

Chap. 108. La bataille se donna dans Tanagre, cité de Béotie. Les Lacédémoniens et leurs alliés furent vainqueurs ; mais de part et d'autre des flots de sang coulèrent. Les Lacédémoniens entrèrent dans la Mégaride, s'ouvrirent des chemins à travers les forêts, et retournèrent chez eux par la Géranie et l'isthme.

Soixante-deux jours après cette bataille, les Athéniens marchèrent contre les Béotiens sous le commandement de Myronidès, et les ayant battus à Énophytes, ils se rendirent maîtres de la Béotie et de la Phocide, rasèrent le mur des Tanagréens, prirent en otage les cent plus riches personnages d'entre les Locriens d'Oponte, et terminèrent leurs longues murailles. Les Éginètes capitulèrent ensuite avec eux, rasèrent leurs fortifications, livrèrent leurs vaisseaux et se soumirent à un tribut fixé pour l'avenir.

[Rival de Myronidès] Tolmidès, fils de Tolmæus, avait infesté les côtes du Péloponnèse, brûlé le havre des Lacédémoniens, et pris Chalcis [ville d'Acarnanie, alors dépendante] de Corinthe ; puis, effectuant une descente, il avait battu les Sicyoniens.

Chap. 109. Quant aux Athéniens et à leurs alliés qui étaient passés en Égypte, ils s'y trouvaient encore : la guerre y prit pour eux bien des faces différentes. D'abord ils se rendirent maîtres de l'Égypte. Artaxerxès fit passer à Lacédémone le perse Mégabaze, avec de l'argent, pour engager les peuples du Péloponnèse à se jeter sur l'Attique : ce qui forcerait les Athéniens à sortir de l'Égypte. Mais, après d'inutiles dépenses, Mégabaze retourna dans la haute Asie avec le reste des trésors qu'il avait apportés. Le roi envoya, avec une puissante armée, un autre Perse, nommé aussi *Mégabaze*, fils de Zopyre. Il arriva par terre, battit les Égyptiens et les alliés, chassa les Hellènes de Memphis, et finit par les renfermer dans l'île Prosopitide. Il les assiégea pendant dix-huit mois, jusqu'à ce qu'ayant desséché le fossé et donné aux eaux un autre cours, il mit les vaisseaux à sec, changea une grande partie de l'île en terre ferme, y passa de pied, et s'en rendit maître.

Chap. 110. Ainsi furent ruinées, dans ce pays, les affaires des Hellènes, après six ans de guerre. Les faibles restes d'une nombreuse armée se sauvèrent à Cyrène, en passant par la Libye. La plupart périrent, et l'Égypte retourna sous la domination du grand roi. Seulement Amyrtée s'y conserva une souveraineté dans les marais. Leur vaste étendue ne permettait pas de le prendre, et d'ailleurs ses sujets étaient les plus belliqueux des Égyptiens. Pour Inarus, ce roi des Libyens qui avait causé tout le trouble de l'Égypte, il fut pris par trahison et empalé.

Cinquante trirèmes d'Athènes et des alliés venaient succéder aux premières, et, dans l'ignorance de tout ce qui s'était passé, elles abordèrent à un bras du Nil nommé *Mendesium*. L'infanterie les attaqua par terre, la flotte des Phéniciens par mer : le plus grand nombre des bâtimens fut détruit ; le reste parvint à se sauver. Ainsi se trouva anéantie cette grande armée d'Athéniens et d'alliés qui était passée en Égypte.

Chap. 111. Orestès, fils d'Échécratidès, roi de Thessalie, chassé de cette contrée, engagea les Athéniens à l'y rétablir. Ils prirent avec eux les Béotiens et les Phocéens, leurs alliés, et marchèrent contre Pharsale, ville de Thessalie. Contenus par la cavalerie thessalienne, ils ne furent maîtres que d'autant de terrain qu'ils en occupaient en s'éloignant peu de leur camp, et ne purent prendre la ville. En un mot, ils manquèrent entièrement l'objet de leur expédition, et s'en retournèrent sans avoir rien fait, remmenant Orestès avec eux.

Peu après, mille Athéniens montèrent les vaisseaux qu'ils avaient à Pèges, car ils étaient maîtres de cette place, et passèrent à Sicyone, sous le commandement de Périclès, fils de Xanthippe. Ils prirent terre, vainquirent ceux des Sicyoniens qui osèrent les combattre; et prenant aussitôt avec eux les Achéens, ils traversèrent le golfe, allèrent attaquer Éniades, place de l'Acarnanie, et en firent le siége : mais ne pouvant la réduire, ils rentrèrent chez eux.

Chap. 112. Trois ans après, les Péloponnésiens et les Athéniens conclurent une trève de cinq ans. Les Athéniens, en paix avec l'Hellade, portèrent la guerre en Cypre : leur flotte était de deux cents vaisseaux, tant des leurs que de leurs alliés. C'était Cimon qui la commandait. Soixante de ces bâtimens passèrent en Égypte, où les appelait cet Amyrthée dont le royaume était dans les marais. Les autres firent le siége de Citium. Cimon mourut; la famine survint : ils abandonnèrent le siége. Comme ils passaient au-dessus de Salamine, ville de Cypre, ils eurent à soutenir à-la-fois un combat de terre et un de mer contre les Phéniciens, les Cypriens, et les Ciliciens : après une double victoire, ils retournèrent dans leur pays : les vaisseaux qui de l'Égypte étaient venus avec eux en Cypre, regagnèrent l'Égypte.

Les Lacédémoniens firent ensuite la guerre appelée *sacrée*, s'emparèrent de l'hiéron des Delphiens, qu'ils remirent aux Delphiens : mais, après leur retraite, les Athéniens l'attaquèrent à leur tour, le prirent et le remirent aux Phocéens.

Chap. 113. Après un certain espace de temps, les exilés béotiens occupèrent Orchomène, Chéronée et quelques autres villes de la Béotie : les Athéniens, sous le commandement de Tolmidès, fils de Tolmæus, marchèrent contre ces places ennemies avec mille oplites d'Athènes, et un contingent de troupes alliées. Ils prirent Chéronée, en asservirent les habitans, y laissèrent une garnison et se retirèrent.

Ils étaient en marche non loin de Coronée, lorsque tout-à-coup, sortis d'Orchomène, vinrent fondre sur eux les exilés de Béotie, avec des Locriens, des exilés de l'Eubée, et tout ce qui était de la même faction. Les Athéniens succombèrent : une partie d'entre eux fut égorgée, et le reste réduit en captivité. Athènes alors fit évacuer tout le pays, sous la seule condition qu'on lui rendrait ses prisonniers. Les exilés béotiens et tous les autres revinrent et rentrèrent dans leurs droits.

Chap. 114. Peu après, l'Eubée se souleva contre les Athéniens. Déjà Périclès marchait à la tête d'une armée pour la soumettre, quand on lui annonça que Mégares était révoltée, que les Péloponnésiens allaient se jeter sur l'Attique, et que les Mégariens avaient égorgé la garnison athénienne, excepté ce qui avait pu se réfugier à Nisée. Mégares en était venue à la défection après avoir attiré à son parti Corinthe, Épidaure et Sicyone. Périclès se hâta de ramener son armée de l'Eubée, ce qui n'empêcha pas les Péloponnésiens, sous la conduite de Plistoanax, fils de Pausanias et roi de Lacédémone, de ravager dans l'Attique

Éleusis et les campagnes de Thria : mais ils n'avancèrent pas au-delà et se retirèrent. Alors les Athéniens retournèrent dans l'Eubée, toujours sous le commandement de Périclès, et la soumirent tout entière. Ils la reçurent à composition, excepté les habitans d'Hestiée, qu'ils chassèrent et dont ils prirent le pays.

Chap. 115. Peu après le retour de l'Eubée, ils conclurent avec les Lacédémoniens une trève de trente ans, et rendirent Nisée, l'Achaïe, Pèges et Trézène, qu'ils avaient conquis sur les Péloponnésiens.

Six ans après, une guerre s'éleva, au sujet de Priène, entre les Samiens et les Milésiens. Ces derniers, maltraités dans cette guerre, vinrent à Athènes faire retentir leurs plaintes contre ceux de Samos, qui, secondés par des particuliers de cette île, voulaient changer la constitution du pays. Les Athéniens allèrent donc à Samos avec une flotte de quarante vaisseaux, y établirent la démocratie, et prirent en otage cinquante enfans et autant d'hommes faits, qu'ils déposèrent à Lemnos, où ils laissèrent, en se retirant, une bonne garnison. Des Samiens, mécontens de la révolution, s'étaient réfugiés sur le continent. D'intelligence avec les plus puissans de Samos, et ligués avec le fils d'Hystaspe, Pissuthnès, alors maître de Sardes, ils rassemblèrent sept cents hommes de troupes auxiliaires et passèrent à Samos à l'entrée de la nuit. Ils attaquèrent d'abord le parti populaire, et se rendirent maîtres du plus grand nombre. Ils enlevèrent ensuite de Lemnos leurs otages, leur firent abjurer la domination d'Athènes, et livrèrent à Pissuthnès la garnison athénienne et les commandans qu'ils avaient en leur pouvoir. Ils se disposèrent aussitôt à porter la guerre à Milet : Byzance entra dans leur défection.

Chap. 116. A cette nouvelle, les Athéniens partirent pour Samos avec soixante vaisseaux ; mais ils en détachèrent seize : ils iraient, les uns, observer dans la Carie la flotte des Phéniciens, et les autres, demander des secours à Chio et à Lesbos. Ce fut donc avec quarante-quatre vaisseaux que, près de Tragie, île voisine de Samos, sous la conduite de Périclès, et de neuf autres généraux, ils livrèrent le combat à soixante-dix vaisseaux, dont vingt étaient montés d'hommes de guerre. Tous voguaient de Milet. Les Athéniens remportèrent la victoire. Bientôt, renforcés par quarante vaisseaux d'Athènes et vingt-cinq de Chio et de Lesbos, ils descendirent à terre, et, comme ils avaient une forte infanterie, ils investirent la place avec trois divisions, et firent en même temps le siège par mer. Périclès prit soixante des vaisseaux à l'ancre, et se porta avec la plus grande diligence à Caune en Carie, sur l'avis que des vaisseaux phéniciens s'avançaient ; car, auparavant, Stésagoras et quelques autres étaient partis de Samos, avec cinq vaisseaux, contre la flotte phénicienne.

Chap. 117. Les Samiens profitèrent de la circonstance pour sortir du port à l'improviste ; ils tombèrent sur le camp non fortifié, détruisirent les vaisseaux qui faisaient l'avant-garde, battirent ceux qui vinrent à leur rencontre, et furent quatorze jours maîtres de la mer qui baigne leurs côtes. Pendant tout ce temps, ils faisaient entrer et sortir tout ce qu'ils voulaient. Mais au retour de Périclès, ils se virent de nouveau renfermés par la flotte.

Quarante vaisseaux vinrent ensuite d'Athènes au secours des assiégeans, avec Thucydide, Agnon et Phormion ; vingt avec Triptolème et Anticlès, et trente de Chio et de Lesbos. Les Samiens livrèrent un faible combat naval, et, ne pouvant plus tenir, se virent obligés de se rendre après neuf mois de siége. Ils s'engagèrent, par la capitulation, à raser leurs murs, à donner des otages, à livrer leurs vaisseaux, et se soumirent au remboursement des frais de la guerre par des paiemens à époques fixées. Ceux de Byzance convinrent de rester, comme auparavant, dans l'état de sujets.

Chap. 118. Peu d'années après survinrent les événemens dont j'ai déjà parlé; l'affaire de Corcyre, celle de Potidée, et tout ce qui, sur ces entrefaites, servit de prétexte à la guerre [que je vais écrire]. Toutes ces entreprises des Hellènes, ou les uns contre les autres, ou contre les Barbares, occupèrent à peu près une période de cinquante ans, depuis la retraite de Xerxès jusqu'au commencement de cette guerre. Dans cet intervalle de temps, les Athéniens étendirent et consolidèrent leur domination, et s'élevèrent à un haut degré de puissance. Les Lacédémoniens le virent, et ne s'y opposèrent que dans quelques circonstances de peu de durée; mais, en général, ils restèrent inactifs, toujours lents à s'engager dans des guerres, à moins qu'ils n'y fussent contraints; occupés d'ailleurs d'hostilités particulières. Mais enfin, la puissance athénienne prenant de jour en jour un nouvel accroissement, et menaçant même leurs propres alliés, ils crurent alors qu'il ne fallait plus l'endurer, qu'il était temps de combattre avec vigueur cette république ambitieuse, et d'anéantir, s'il était possible, sa domination. Ils déclarèrent donc la trève rompue, et les Athéniens coupables. Ils envoyèrent chez les Delphiens demander au dieu s'ils auraient l'avantage dans la guerre qu'ils méditaient. Le dieu, dit-on, répondit qu'en combattant de toutes leurs forces, ils obtiendraient la victoire, et qu'il les secourrait s'ils l'invoquaient, et même s'ils ne l'invoquaient pas.

Chap. 119. Ils assemblèrent une seconde fois les alliés pour mettre aux voix s'il fallait entreprendre la guerre. Les députés des villes confédérées arrivèrent : l'assemblée se forma, et chacun parla suivant son opinion; mais le plus grand nombre accusa les Athéniens et se déclara pour la guerre. Les Corinthiens avaient prié les députés de chaque ville en particulier d'énoncer ce vœu, craignant, si l'on différait, que Potidée ne fût enlevée. Ils étaient présens; s'avançant les derniers, ils s'exprimèrent à peu près en ces termes :

Chap. 120. « Nous ne reprocherons plus aux Lacédémoniens, ô alliés, de n'avoir pas eux-mêmes décrété la guerre, et de ne nous avoir pas, dans ce dessein, rassemblés aujourd'hui (ils ont satisfait à ce devoir). Il convient en effet que les chefs, ne prétendant à aucun privilége dans les affaires particulières, se croient obligés à veiller les premiers sur les affaires publiques, comme ils sont les premiers à recevoir les hommages.

» Il n'est pas besoin d'avertir ceux d'entre vous qui ont eu des rapports avec Athènes, de se tenir en garde. Quant à ceux qui habitent l'intérieur des terres, et non près des débouchés nécessaires au commerce, qu'ils sachent que, s'ils ne protégent pas les habitans des côtes, ils auront plus de peine à exporter les produits annuels du territoire, et à se procurer en échange ce que la mer donne au continent. Ils seraient de mauvais juges des intérêts qui nous occupent, s'ils croyaient y être étrangers : ils doivent, au contraire, s'attendre à voir tous les maux arriver jusqu'à eux, s'ils négligent la défense des côtes, et se bien persuader qu'aujourd'hui leurs propres intérêts nous occupent autant que les nôtres. Qu'ils n'hésitent donc pas à renoncer à la paix pour prendre les armes. Le caractère des hommes modérés est de rester tranquilles tant qu'on ne leur fait pas injure : celui des hommes courageux qu'on opprime, de passer de la paix à la guerre, et, après la victoire, de la guerre à la réconciliation ; de ne pas se laisser enivrer par le succès de leurs armes, et de ne pas supporter d'injustices, flattés du repos de la paix. Car celui que les douceurs du repos engourdissent, se verra bientôt enlever, s'il persiste dans son inaction, la jouissance de ce repos dont le charme le rend timide ; et celui qui, en guerre, abuse de la prospérité, ne pense pas qu'il est le jouet de sa perfide confiance. Bien des projets mal conçus réussissent, grâce à des ennemis moins sages ; et plus souvent encore des desseins qui semblaient bien concertés, n'ont qu'une honteuse issue. Il existe en effet une grande différence entre la confiance avec laquelle on projette, et celle avec laquelle on exécute : on délibère avec sécurité ; mais dans l'action, on craint et l'on faiblit.

Chap. 121. » Pour nous, c'est après des offenses multipliées, c'est avec de justes sujets de plainte, que nous allumons la guerre : vengés des Athéniens, nous déposerons à temps les armes. Tout nous promet la victoire : d'abord le nombre de nos troupes et l'expérience des combats ; ensuite notre parfait accord à exécuter les ordres des chefs. Quant à l'avantage que donne à nos ennemis la supériorité de leur flotte, nous l'obtiendrons avec les contributions de chacun de nous et à l'aide des trésors déposés chez les Delphiens et dans l'Olympie. En faisant un emprunt, nous leur débaucherons, par une plus haute solde, leurs matelots étrangers ; car la puissance athénienne est plutôt achetée à prix d'argent que personnelle : la nôtre, fondée sur notre population plus que sur nos richesses, est plus indépendante. Une seule victoire navale, selon toute apparence, les met dans nos mains. S'ils résistent, nous aurons plus de temps pour nous exercer à la marine ; et quand nous les aurons égalés dans la science, nous les surpasserons en courage. Ce que nous devons à la nature, l'instruction ne peut le leur donner ; ce qu'ils doivent à la science, c'est à nous de le leur enlever par des exercices assidus. Faut-il de l'argent ? Nous le fournirons. Quoi ! leurs alliés ne se refusent pas à des contributions destinées à les assujettir, et nous, lorsqu'il s'agit d'assurer notre salut en nous vengeant de nos ennemis, nous pourrions craindre une dépense dont le but est d'empêcher qu'un jour, nous ravissant ces trésors épargnés, ils ne tournent à notre perte nos propres économies !

Chap. 122. » Nous avons d'autres moyens encore de leur faire la guerre : soulever leurs alliés, et par là les dépouiller de ces revenus qui fondent leur puissance ; élever des fortifications sur leur territoire ; mille ressources enfin qu'on ne saurait prévoir en ce moment : car dans la guerre les événemens ne suivent pas la marche qu'on leur trace dans un discours ; c'est d'elle-même que, selon les circonstances, elle tire quantité d'expédiens. Quiconque s'y conduit avec prudence est plus assuré du succès : celui qui s'y livre à l'emportement, court à sa perte.

» Considérons pourtant nos justes sujets de crainte. Si chacun de nous n'avait que des querelles de limites avec des ennemis égaux en forces, il saurait se défendre : mais ici les Athéniens, assez forts pour tenir seuls contre nous tous ensemble, seraient bien plus redoutables encore contre chacune de nos villes en particulier. Si donc nous ne nous défendons pas, étroitement unis par nations, par villes, et d'un commun accord, ils n'auront pas de peine à nous soumettre séparément. Et sachez que notre défaite ne serait autre chose que la servitude (mot terrible à entendre chez les Péloponnésiens, comme il est honteux que tant de villes soient vexées par une seule); et alors nous paraîtrions ou reconnaître la justice du traitement que nous subirions, ou le souffrir par lâcheté : nous paraîtrions avoir dégénéré de nos ancêtres, qui ont affranchi l'Hellade, tandis que nous, nous ne savons pas même assurer notre propre liberté; tandis que nous souffrons qu'une seule ville s'érige en tyran sur toute l'Hellade, et que nous prétendons détruire les tyrans qui ne mettent qu'une seule ville sous le joug. Nous ne sentons pas qu'on ne peut sauver une pareille conduite du reproche ou d'imprudence, ou de faiblesse, ou de négligence : car ne croyez pas que vous les évitiez, ces reproches, en vous laissant aller à cette suffisance dédaigneuse que vous affectez à l'égard de vos ennemis; suffisance qui a perdu tant d'hommes, et qui, pour avoir été si funeste, a mérité d'être, par opposition, appelée *insuffisance*.

Chap. 123. » Mais à quoi bon accuser le passé plus longuement que ne l'exigent les circonstances actuelles? Pour parer à l'avenir, venons au secours du présent. Vous avez appris de vos ancêtres à vous procurer par de nobles travaux les fruits de la vertu. Ne changez point de mœurs, quoiqu'un peu plus de richesses vous en donne les facilités. Serait-il sage de perdre par la richesse ce qu'on a gagné par la pauvreté? Marchez donc avec confiance aux combats : un dieu vous y appelle; lui-même promet de vous secourir; et l'Hellade entière, soit crainte, soit intérêt, vous secondera dans cette lutte.

Ce ne sera pas vous qui romprez les premiers une trêve que le dieu déclare enfreinte, puisqu'il vous ordonne de combattre; mais plutôt vous viendrez au secours des conventions méprisées.

Chap. 124. » Puisque tout milite en faveur de la guerre présente; puisque tous nous vous y exhortons d'un commun accord, ne tardez pas, s'il vous paraît démontré que tel est l'intérêt des villes et des particuliers, à secourir les Potidéates, qui, tout Doriens qu'ils sont, se trouvent assiégés par des Ioniens (c'était autrefois le contraire). Rétablissez en même temps la liberté des autres républiques; car, qui peut se faire à l'idée que, grâce à nos délais, les uns soient déjà dans le malheur, que les autres se voient près d'y tomber; ce qui est inévitable, si l'on apprend que nous sommes assemblés et que nous n'osons porter des secours. Persuadés que vous en êtes venus à la dernière extrémité, et que nous donnons le meilleur conseil, généreux alliés, à l'instant même, décrétez la guerre, sans craindre ce que, pour le moment, elle peut avoir de terrible : ne songez qu'à la paix qui la suivra, et qui en sera plus durable; car c'est par la guerre que la paix s'affermit. L'inaction qui veut éloigner la guerre, n'éloigne pas les dangers. Trop assurés que cette république, qui maîtrise ceux-ci et qui projette d'asservir ceux-là, menace tous les Hellènes indistinctement, marchons pour la réduire, assurons pour toujours notre tranquillité, et rendons à la liberté les Hellènes, maintenant asservis. »

Ainsi parlèrent les Corinthiens.

Chap. 125. Les Lacédémoniens, après avoir entendu les différentes opinions, prirent les suffrages de tous les alliés qui se trouvaient à l'assemblée. Ils furent donnés par ordre, depuis la ville la plus puissante jusqu'à la plus faible.

Le plus grand nombre vota la guerre. Comme cependant rien n'était prêt, on jugea qu'on ne pouvait en venir tout de suite aux hostilités, mais que chacun devait, sans délai, faire ses préparatifs. Il ne s'écoula pas une année entière avant qu'on fût en état de faire une invasion dans l'Attique et de commencer ouvertement la guerre.

Chap. 126. Ce temps fut employé en négociations avec les Athéniens; on leur portait les griefs qu'on avait contre eux. On aurait un prétexte plus spécieux de les traiter en ennemis, si l'on ne recevait pas de satisfaction. D'abord les députés de Lacédémone leur prescrivirent de renvoyer les familles dévouées à l'anathème de la déesse. Voici l'histoire de cet anathème.

Un Athénien, nommé Cylon, vainqueur aux jeux olympiques, d'une famille ancienne et puissante, avait épousé la fille de Théagène, Mégarien, alors tyran de Mégares. Il consultait un jour l'oracle des Delphiens, et le dieu lui répondit que, le jour de la plus grande fête de Jupiter, il pourrait s'emparer de l'acropole d'Athènes. Il emprunta donc des secours à Théagène, fit entrer ses amis dans son projet, et, la célébration des fêtes olympiques dans le Péloponnèse arrivée, s'empara de l'acropole. Son but était d'usurper la tyrannie. Il croyait que cette fête était la plus grande de Jupiter, et qu'elle le concernait en quelque sorte lui-même, à cause de sa victoire aux jeux olympiques. Y avait-il dans l'Attique ou ailleurs une fête encore plus solennelle? C'est ce qui ne lui vint point à la pensée et ce que l'oracle n'avait pas dit. Or, il se célèbre chez les Athéniens, hors de la ville, une fête nommée *Diasia*, en l'honneur de Jupiter Milichius, et c'est la plus grande de toutes. Des citoyens en grand nombre, de tout rang, de tout sexe, de tout âge, y offrent en sacrifice, non des victimes, mais des productions de la contrée. Cylon, croyant bien comprendre l'oracle, exécuta son dessein. Les Athéniens, informés, accourent en masse de la campagne au secours de l'acropole, l'investissent, en font le siége. Comme il traînait en longueur, las de rester campés devant la place, la plupart se retirèrent et investirent les neuf archontes d'un pouvoir absolu pour donner, sur la garde et sur tout le reste, les ordres qu'ils jugeraient nécessaires. Alors les archontes étaient chargés de presque toute l'administration. Les hommes assiégés avec Cylon étaient aux abois, manquant de vivres et d'eau. Cylon et son frère parvinrent à s'évader. Les autres, se voyant pressés, et plusieurs même mourant de faim, s'assirent en suppliants près de l'autel qui est dans l'acropole. Ceux à qui la garde en était confiée, les voyant près de mourir dans l'hiéron sacré, les firent relever avec promesse de ne leur faire aucun mal; mais, après les avoir emmenés, ils les égorgèrent. Ils allèrent jusqu'à tuer, sans scrupule, quelques-uns de ces malheureux assis aux pieds des autels, et en la présence des déesses vénérables. Ils furent regardés depuis comme des hommes souillés, pour avoir offensé la déesse, et cette tache passa à leurs descendans. Les Athéniens les exilèrent. Le Lacédémonien Cléomène concourut à une expulsion postérieure, d'intelligence avec des mécontens d'Athènes. On ne se contenta pas de condamner les vivans à l'exil; on rassembla même les os des morts, qu'on jeta hors des limites. Ces bannis rentrèrent dans la suite; leur postérité est encore dans la ville.

Chap. 127. Les Lacédémoniens, en demandant que cette souillure fût expiée, prétextaient l'offense faite aux dieux; mais la vérité, c'est qu'ils savaient que Périclès, fils de Xanthippe, appartenait à cette race de bannis par sa mère; et en le faisant chasser, ils comptaient obtenir plus aisément ce qu'ils voudraient des Athéniens. Cependant ils espéraient moins le voir exilé, qu'exciter contre lui des mécontentemens, parce qu'on le regarderait, par la souillure dont il était entaché, comme l'une des causes de la guerre. C'était l'homme le plus puissant de son temps, et à la tête des affaires : en tout il s'opposait aux Lacédémoniens; il empêchait de leur céder, et pressait les Athéniens de rompre avec eux.

Chap. 128. Ceux-ci, de leur côté, demandèrent que les Lacédémoniens expiassent le sacrilége commis au Ténare. C'était au Ténare qu'autrefois ils avaient fait sortir de l'hiéron de Neptune et tué des Hilotes supplians. Suivant eux-mêmes, ce fut en punition de cette offense qu'arriva le grand tremblement de terre à Sparte. Les Athéniens demandaient aussi l'expiation du sacrilége commis contre la déesse au temple d'airain. Voici quel fut ce sacrilége. Lorsque les Lacédémoniens rappelèrent, pour la première fois, Pausanias du commandement qu'il exerçait dans l'Hellespont, il fut soumis à un jugement et renvoyé absous. Cependant on ne lui rendit pas le commandement; mais il prit lui-même en son nom la trirème hermionide, et retourna dans l'Hellespont sans l'aveu des Lacédémoniens. Il donnait pour motif de son voyage la guerre de l'Hellade; mais en effet il voulait continuer les intrigues qu'il avait liées avec le roi, dans le dessein de s'établir une domination sur les Hellènes. Déjà il avait posé les bases de tous ses projets; déjà il s'était assuré auprès du grand roi le titre de bienfaiteur, et s'y était pris de cette manière. Dans sa première expédition, après son retour de Cypre, maître de Byzance, place occupée par les Mèdes, il fit prisonniers plusieurs amis et parens du roi, et les renvoya à ce prince à l'insu des alliés; à l'entendre, ils s'étaient échappés de ses mains. Il agissait d'intelligence avec Gongyle d'Érétrie, à qui il avait confié Byzance et la garde des prisonniers, et que même il chargea d'une lettre pour Xerxès. Voici ce qu'elle contenait, comme on l'a découvert dans la suite : « Pausanias, général de Sparte, jaloux de te complaire, te renvoie ces prisonniers de guerre. Je veux, si tu y consens, épouser ta fille, et te soumettre Sparte et le reste de l'Hellade. En me concertant avec toi, je me crois de puissans moyens d'exécution. Si tu goûtes quelqu'une de ces propositions, envoie-moi sur la côte un homme affidé, par qui nous puissions continuer notre correspondance. »

Chap. 129. Tels étaient les projets que révélait la lettre. Elle plut à Xerxès, qui envoya sur la côte Artabaze, fils de Pharnace, en lui ordonnant de se mettre en possession de la Satrapie de Dascylie, et de déposer Mégabatès, qui en était revêtu. Il le chargea d'une lettre pour Pausanias à Byzance, avec ordre de le mander au plutôt, de lui montrer son cachet, et s'il en recevait quelques ouvertures sur ses desseins, de faire ponctuellement et en toute confiance ce qu'il lui ordonnerait.

Artabaze arrive, et, fidèle à sa mission, il envoie la lettre dont telle était la teneur : « Ainsi parle le roi Xerxès à Pausanias. Tu m'as envoyé au-delà de la mer les hommes que tu as sauvés de Byzance : notre famille royale en gardera à jamais l'ineffaçable souvenir. Ce que tu m'écris, me plaît. Que ni le jour ni la nuit ne t'arrêtent dans l'exécution de tes promesses. Ne regarde comme un obstacle ni la dépense en or et en argent, ni le nombre des troupes qui pourraient être nécessaires. Je t'adresse Artabaze, homme sûr et fidèle : traite hardiment avec lui de tes affaires et des miennes, et conduis-les de la manière que tu jugeras la meilleure et la plus utile pour tous deux. »

Chap. 130. D'après une telle lettre, Pausanias, qui s'était acquis la plus grande distinction dans l'Hellade, pour avoir commandé à la bataille de Platée, conçut encore bien plus d'orgueil. Ne sachant plus se conformer aux mœurs de sa nation, il sortait de Byzance vêtu de la robe des Perses ; et, quand il traversait la Thrace, une garde perse et égyptienne l'escortait : il faisait servir sa table avec la somptuosité des Perses. Incapable de renfermer ses projets en lui-même, il manifestait, dans de petites choses, ce qu'il se proposait avec le temps d'exécuter de plus considérable. Il se rendit inaccessible, et se montrait, à tout le monde indistinctement, si intraitable, que personne ne pouvait l'aborder. Ce ne fut pas une des moindres raisons qui engagèrent les Hellènes à passer de l'alliance de Lacédémone à celle d'Athènes.

Chap. 131. Les Lacédémoniens, instruits de ces procédés, le rappelèrent pour lui en demander compte ; et lorsque, sans ordre de leur part, il eut osé remettre en mer sur la trirème Hermionide, on ne douta plus de ses desseins. Forcé par les Athéniens de sortir de Byzance, il ne revint point à Sparte ; mais on apprit qu'il se fixait à Colones de la Troade ; qu'il ne s'y arrêtait pas à bonne intention, et qu'il intriguait auprès des Barbares. On crut alors ne devoir plus dissimuler. Les éphores lui envoyèrent un héraut muni de la scytale, avec injonction d'accompagner le héraut ; sinon les Spartiates lui déclareraient une guerre ouverte. Craignant de se rendre suspect, et se flattant qu'avec de l'or il se laverait du crime qu'on lui imputait, il revint une seconde fois à Sparte. D'abord mis en prison par ordre des éphores, car ils ont le pouvoir de faire subir ce traitement aux rois eux-mêmes, il parvint, à force de corruption, à en sortir, se constituant lui-même en jugement et répondant de sa justification.

Chap. 132. Ni les Spartiates, ni ses ennemis, ni toute la république, n'avaient aucune preuve assez forte qui autorisât à punir un homme du sang royal, alors revêtu d'une haute dignité. En qualité de cousin de Plistarque, fils de Léonidas, décoré du titre de roi, mais trop jeune pour en exercer les fonctions, il avait la tutelle de ce prince. Mais cependant cette affectation de braver les lois de son pays, d'imiter les mœurs des Barbares, donnait bien droit de soupçonner qu'il voulait être plus qu'un particulier. On remontait à l'examen de sa vie ; on recherchait s'il s'était écarté des lois reçues ; on se rappelait qu'autrefois, sur le trépied que les Hellènes consacrèrent chez les Delphiens des prémices du butin fait sur les Mèdes, il avait osé, comme s'il eût été son offrande particulière, faire graver ces mots : *Le général Pausanias, vainqueur de l'armée des Mèdes, a consacré ce monument à Apollon.* Les Lacédémoniens avaient aussitôt fait effacer cette inscription, et graver le nom des villes qui, en commun, victorieuses des Barbares, avaient consacré cette offrande. Dans le temps, cet acte de présomption de Pausanias parut un attentat : mais depuis qu'il se trouvait dans la circonstance que je viens de raconter, l'acte de présomption avait une bien plus frappante analogie avec ses desseins actuels. Le bruit se répandit aussi qu'il intriguait auprès des Hilotes, et ce bruit était fondé. Il leur promettait la liberté et l'état de citoyens, s'ils se soulevaient avec lui et secondaient ses projets. Néanmoins, on jugea inconvenant de prononcer, sur la foi d'indices donnés par des Hilotes, un arrêt extraordinaire contre Pausanias. La conduite des Lacédémoniens était celle qu'ils ont coutume de tenir entre eux : ils ne se hâtent jamais de prononcer des peines capitales contre un Spartiate, sans avoir des preuves incontestables. Mais enfin, dit-on, un homme d'Argile, que Pausanias avait autrefois aimé, qui jouissait de sa confiance, et qui devait porter à Artabaze ses dernières dépêches pour le roi, devint son dénonciateur. Inquiet, sur la réflexion que jamais aucun des émissaires précédemment envoyés n'était revenu, il ouvrit les lettres, après en avoir contrefait le cachet, pour les refermer s'il se trompait dans ses soupçons, ou pour que Pausanias ne s'aperçût de rien s'il les redemandait pour y faire quelque changement. Il y trouva l'ordre de lui donner la mort : il s'était douté qu'elles contenaient quelque chose de semblable.

Chap. 133. Quand il eut présenté ces lettres aux éphores, ils crurent davantage à la dénonciation; mais ils voulurent entendre parler Pausanias lui-même. D'accord avec eux, le dénonciateur se réfugia au Ténare, en qualité de suppliant, et s'y construisit une cabane qu'il partagea en deux par une cloison, et où il cacha quelques éphores. Pausanias vint le trouver et lui demanda le sujet de ses craintes. Les éphores entendirent tout distinctement, et les reproches de l'homme sur ce que Pausanias avait écrit à son sujet, et tous les détails dans lesquels il entra. Jamais, disait-il, il ne l'avait trahi dans ses messages auprès du roi, et en reconnaissance il obtenait la préférence de mourir comme tant d'autres de ses serviteurs. Ils entendirent Pausanias convenant de tout, l'engageant à ne pas garder de ressentiment, l'assurant qu'il pouvait quitter son attitude de suppliant et sortir de l'hiéron, le pressant de partir au plutôt et de ne pas mettre obstacle à ses négociations.

Chap. 134. Les éphores se retirèrent après avoir tout entendu. Désormais bien assurés du crime, ils prirent des mesures pour arrêter Pausanias dans la ville. On raconte qu'il allait être pris sur le chemin, mais qu'à l'air d'un des éphores qui s'avançaient, il devina quel était le projet. Sur un signe secret et bienveillant d'un autre éphore, il courut à l'hiéron de la déesse au temple d'airain, et prévint ceux qui le poursuivaient. L'hiéron n'était pas loin. Il s'arrêta dans un logement de l'enceinte sacrée, afin de se garantir des intempéries de l'air. Les éphores étaient arrivés trop tard pour le prendre; mais bientôt ils enlevèrent le toit du logement, et, après s'être assurés qu'il était en dedans, craignant qu'il n'en sortît, ils murèrent les portes, restèrent à le garder et l'assiégèrent par la faim. Quand ils s'aperçurent qu'il était près de rendre le dernier soupir, ils le tirèrent de l'hiéron n'ayant plus qu'un souffle de vie; aussitôt après, il expira. Leur première idée fut de le jeter dans le Céade, lieu destiné aux malfaiteurs; mais ils prirent le parti de l'enterrer dans quelque endroit du voisinage.

Le dieu qui a son hiéron chez les Delphiens, ordonna dans la suite aux Lacédémoniens de transporter le tombeau de Pausanias à l'endroit où il était mort. On le voit encore aujourd'hui dans les propylées de l'enceinte sacrée ; ce qu'indique une inscription gravée sur des colonnes. Le dieu déclara aussi qu'ils avaient commis un sacrilége, et leur ordonna d'offrir à la déesse deux corps au lieu d'un. Ils firent jeter en fonte et consacrèrent deux statues d'airain, représentation de Pausanias.

Chap. 135. Les Athéniens, sur ce que le dieu avait jugé les Lacédémoniens coupables d'un sacrilége, leur ordonnèrent de l'expier. Les Lacédémoniens envoyèrent de leur côté des députés à Athènes, chargés d'accuser Thémistocle de n'avoir pas été moins favorable aux Mèdes que Pausanias : ce qu'ils avaient découvert dans le procès de ce général. Ils demandaient qu'il subît la même punition. Thémistocle était alors éloigné de sa patrie par un décret d'ostracisme : domicilié à Argos, il faisait des voyages dans le reste du Péloponnèse. Les Athéniens consentirent à la demande, et, d'accord avec les Lacédémoniens, qui se montraient disposés à le juger avec eux, ils envoyèrent des gens avec ordre de l'amener quelque part qu'ils le trouvassent.

Chap. 136. Thémistocle, informé à temps, quitta le Péloponnèse pour se réfugier chez les Corcyréens, dont il était le bienfaiteur : mais ils lui représentèrent qu'ils craignaient, en le gardant chez eux, de s'attirer l'inimitié d'Athènes et de Lacédémone, et ils le transportèrent sur le continent qui fait face à leur île. Toujours poursuivi par ceux qui le cherchaient et qui s'informaient de tous les lieux où il choisissait un asile, il se vit contraint, ne pouvant mieux, à se réfugier chez Admète, roi des Molosses, qui n'était pas son ami. Ce prince était absent. Thémistocle se rendit le suppliant de la femme d'Admète, qui lui conseilla de s'asseoir près du foyer, tenant leur enfant dans ses bras. Le roi arriva peu de temps après : le suppliant se fit connaître. Il s'était montré plusieurs fois contraire à des demandes que ce prince avait adressées aux Athéniens : il le pria de ne pas se venger d'un infortuné qui venait lui demander un refuge ; ce serait maltraiter un homme maintenant plus faible que lui ; la générosité ne permettait que de tirer une vengeance égale et de ses égaux. Après tout, si Admète avait éprouvé de sa part quelque opposition, il s'agissait d'objets de peu d'importance et non de la vie ; mais que s'il le livrait (et il dit par quels ordres et pour quelles raisons il était poursuivi), c'était lui ravir toute espérance de salut. A ces mots, Admète fit relever Thémistocle qui continuait de tenir l'enfant dans ses bras, manière toute puissante de supplier chez les Molosses.

Chap. 137. Peu de temps après arrivèrent les députés de Lacédémone et d'Athènes. Ils dirent bien des choses et n'obtinrent rien. Admète ne livra pas Thémistocle, le laissa partir pour se rendre auprès du roi, et l'envoya par terre à Pydna, qui appartenait à Alexandre : c'était la route qu'il devait prendre pour gagner l'autre mer. Thémistocle trouva dans le port de cette ville un vaisseau marchand qui allait dans l'Ionie ; il en profita et fut poussé par la tempête au camp des Athéniens qui assiégeaient Naxos. L'équipage ne le connaissait pas ; mais la crainte l'obligea de découvrir au pilote qui il était et pourquoi il fuyait, lui déclarant que sur son refus de favoriser l'évasion, il l'accuserait de s'en être rendu complice à prix d'argent : il l'assura qu'il n'y avait rien à risquer, pourvu que personne ne sortît en attendant qu'on pût faire route ; que s'il consentait à le servir, il en serait dignement récompensé. Le pilote fit ce qu'on lui demandait, se tint en rade à l'écart, au-dessus du camp des Athéniens, et fit voile pour Éphèse. Là, Thémistocle lui fit présent d'une somme considérable ; car ses amis d'Athènes ne tardèrent pas à lui faire passer de l'argent qu'il avait soustrait et déposé secrètement à Argos.

Il gagna l'intérieur des terres avec un

des Perses de la côte, et fit tenir à Artaxerxès, fils de Xerxès, qui venait de monter sur le trône, la lettre suivante : « C'est moi, Thémistocle, qui me rends près de toi ; moi qui, plus qu'aucun Hellène, ai fait du mal à ta maison, tant que j'ai été forcé de me défendre contre l'invasion de ton père ; mais je lui ai fait encore plus de bien, lorsque je cessai de craindre pour moi, et que lui-même, dans sa retraite, avait de grands dangers à courir. » (Il lui rappelait l'avis qu'il lui avait donné du départ projeté de Salamine, puis de l'obstacle qu'il avait mis à la rupture des ponts, projet controuvé, dont il avait, dans le temps, transmis le faux avis à Xerxès.) « J'entre dans ton empire, ayant de grands services à te rendre et persécuté par les Hellènes pour l'amitié que je te porte. Je veux attendre un an pour te rendre compte moi-même des motifs qui m'amènent dans tes états. »

Chap. 138. Le roi admira, dit-on, la résolution de Thémistocle, et le pria de faire ce qu'il se proposait. Celui-ci, pendant le temps qu'il passa sans prendre audience, apprit ce qu'il put de la langue perse et des usages du pays ; et, l'année expirée, s'étant fait présenter au roi, il fut élevé à la cour de ce prince à des honneurs que jamais n'avait obtenus aucun Hellène. Il les dut aux services qu'il prétendait avoir rendus précédemment ; à la promesse confidentielle faite au prince de lui soumettre l'Hellade, et surtout à cette supériorité d'esprit dont il venait encore, en dernier lieu, de donner une preuve si manifeste. En effet, Thémistocle avait montré, d'une manière certes bien frappante, jusqu'où peut aller le génie de l'homme. A ce titre, en quelque sorte, il a plus qu'un autre des droits à notre admiration. Grâces à une sagacité naturelle, sans avoir préparé son esprit, sans avoir redressé son jugement par aucune étude antérieure ou subséquente, un instant de réflexion lui suffisait pour décider sûrement du présent. Quant aux événemens à venir les plus éloignés, il en embrassait toute la série par l'excellence de ses conjectures. Tout ce qui était de son ressort, il le développait avec netteté ; pour les objets dont la pratique lui manquait, il n'était jamais incapable d'en juger sainement. Quelque obscure que parût une affaire, il en discernait avec succès le côté favorable ou contraire ; et pour tout dire en un mot, par les seules forces de la nature et avec peu d'efforts, il excellait à saisir à l'instant même l'à-propos des circonstances. Il mourut de maladie : quelques-uns disent qu'il s'empoisonna lui-même volontairement, dans l'idée qu'il lui était impossible de tenir les promesses qu'il avait faites au roi.

Quoi qu'il en soit, son tombeau est dans la place publique de Magnésie d'Asie. Le roi lui avait donné pour le pain la Magnésie, qui rapportait cinquante talens par an ; pour le vin, Lampsaque, qui passait pour le meilleur vignoble de ce temps-là ; Myonte pour la bonne chère. Ses parens prétendent que ses os furent apportés dans sa patrie suivant ses dernières volontés, et qu'il fut inhumé dans l'Attique, à l'insu des Athéniens ; car il n'était pas permis de l'enterrer, parce qu'on l'avait banni pour crime de trahison. Ainsi finirent Pausanias de Lacédémone et Thémistocle d'Athènes, les deux hommes de leur temps qui jetèrent le plus grand éclat.

Chap. 139. Voilà quels furent, à la première députation, les ordres que donnèrent et reçurent à leur tour les Lacédémoniens pour des expiations de sacriléges. Ils revinrent une seconde fois, et demandèrent la levée du siége de Potidée et l'indépendance d'Égine.

Le point sur lequel ils insistaient fortement, sur lequel ils s'expliquèrent le plus nettement, fut le décret porté contre Mégares, seul obstacle à la paix, disaient-ils. Mais les Athéniens ne rapportèrent point le décret, et n'écoutèrent aucune des autres propositions. Ils accusaient ceux de Mégares de cultiver un champ sacré qui n'était point marqué par des limites, et de donner retraite à des esclaves fugitifs. Enfin arrive une dernière députation de Lacédémone. Ramphius, Mélésippe et Agésander ne dirent rien de ce qu'on avait dit tant de fois; ils se bornèrent à répéter que les Lacédémoniens voulaient la paix. « Elle subsistera, disaient-ils, si vous laissez les Hellènes autonomes. » Les Athéniens convoquèrent une assemblée et délibérèrent entre eux. Il fut résolu qu'après une mûre délibération, on prononcerait sur tous les points à-la-fois. Beaucoup de citoyens parlèrent; les deux opinions eurent des partisans : les uns disaient qu'il fallait faire la guerre; les autres, que le décret sur Mégares ne devait pas mettre obstacle à la paix, et qu'on n'avait qu'à l'abolir. Enfin parut Périclès, fils de Xanthippe, l'homme qui avait alors le plus d'autorité dans la république, et le plus de talent pour la parole et pour l'exécution. Voici les représentations qu'il leur adressa :

Chap. 140. « Athéniens, je persiste dans mon premier sentiment : nous ne devons pas céder aux Péloponnésiens. J'y persiste, quoique je n'ignore pas que les opinions varient selon les événemens, et que l'homme qui exécute se montre moins ferme que lorsqu'il délibère. Je vois qu'aujourd'hui encore j'ai à peu près les mêmes conseils à donner que précédemment; et je prétends que ceux qui les adopteront, doivent seconder les résolutions communes (dussions-nous, ce qui est très possible, éprouver quelque échec), ou même, en cas de succès, ne point se glorifier de leur sagacité dans la délibération; car, pour l'ordinaire, la marche des événemens est aussi impénétrable que la pensée de l'homme. Aussi avons-nous coutume, dès qu'il nous arrive un accident imprévu, d'accuser la fortune.

» Quant aux Lacédémoniens, il est clair que depuis long-temps ils cherchent à nous attaquer; mais à présent nous en avons une preuve trop frappante. En effet, quoiqu'il soit dit dans le traité que nous terminerons à l'amiable nos démêlés réciproques, sans pourtant nous dessaisir de ce que nous aurions entre les mains, ils n'ont dénoncé leurs griefs à aucun tribunal. Nous leur offrons de les discuter, ils refusent; ils aiment mieux vider la querelle par les armes que par des raisons, et sont ici, non pour adresser des plaintes, mais pour donner des ordres.

» Abandonnez, disent-ils, le siége de Potidée, laissez Égine autonome; cassez le décret porté contre Mégares. Ce n'est pas tout, laissez les Hellènes autonomes, ajoutent les derniers ambassadeurs. Au reste, Athéniens, ne pensez pas faire la guerre pour bien peu de chose, en refusant la révocation du décret, révocation de laquelle surtout, selon eux, dépend le maintien de la paix, et ne nourrissez pas dans vos cœurs une pensée qui vous porterait à vous accuser un jour d'avoir voté la guerre pour un léger sujet; car ce léger sujet est comme la pierre de touche qu'ils emploient pour juger de votre caractère et de votre fermeté. Cédez-leur, et sur-le-champ vous recevrez des ordres sur un point plus important, comme devant encore vous relâcher par crainte. Repoussez-les au contraire par une réponse ferme, alors vous leur montrerez clairement qu'il faut traiter avec vous d'égal à égal.

Chap. 141. » Partez donc de ce point pour vous résoudre, ou à céder avant qu'ils vous maltraitent, ou, si nous faisons la guerre, ce qui, je crois, est le plus sage, à la soutenir en hommes qui ne céderont à aucune condition ni douce, ni rigoureuse, et qui ne garderont pas en tremblant ce qu'ils possèdent. En effet, c'est toujours un signe d'esclavage, qu'un ordre plus ou moins rigoureux intimé par des égaux avant un jugement en forme.

» Quant à la guerre et aux avantages actuels des deux partis, nous ne sommes pas plus faibles : les détails pourront vous en convaincre.

» Les Péloponnésiens travaillent par eux-mêmes à la culture de leurs terres : chez eux les particuliers et le trésor public sont également sans argent. En second lieu ils n'ont aucune expérience des guerres longues et maritimes, parce que, vu leur pauvreté, ils ne font la guerre qu'entre eux et sans y mettre de suite. De tels hommes ne peuvent ni faire sortir une flotte en l'équipant complète, ni entretenir une armée de terre par des renforts successifs, parce qu'il faudrait tout-à-la-fois qu'ils fussent éloignés de leurs travaux (source de leurs revenus), et forcés de prendre sur des revenus (qui n'existeraient plus, puisqu'ils sont laboureurs), et que d'ailleurs nos vaisseaux les tiendraient enfermés chez eux.

» Les contributions libres de citoyens aisés soutiennent mieux la guerre que des contributions forcées, et de pauvres cultivateurs sont plus disposés à payer de leurs personnes que de leur argent. Les personnes, ils espèrent les tirer du danger ; quant à leur argent, ils craignent qu'il ne soit dissipé avant d'arriver au but, surtout si, contre leur attente, la guerre traîne en longueur, comme il est vraisemblable. S'il s'agissait de livrer une seule bataille, les Péloponnésiens et leurs alliés résisteraient peut-être aux efforts combinés de toute l'Hellade ; mais dans une guerre suivie, ils ne tiendront point contre un ennemi qui ne fait pas la guerre à leur manière. N'ayant point de conseil unique, ils ne peuvent décider d'une manière tranchante les affaires du moment. D'ailleurs, réunis par un droit égal aux suffrages, mais divisés par la différence de nations, ils ne pressent, chacun, que leur affaire personnelle : de là, point d'opération complète et qui ait de l'ensemble. Ceux-ci veulent qu'on porte des secours de tel côté, ceux-là les réclament pour leur pays. Après avoir mis beaucoup de temps à se rassembler, ils jettent un coup-d'œil rapide sur les affaires générales, et emploient la plus grande partie du temps à intriguer pour des intérêts particuliers ; et chacun, loin d'imaginer que sa négligence puisse lui nuire, se persuade au contraire que quelqu'un, qu'un autre s'occupera de ce qui lui est personnel, en sorte que par suite de l'opinion individuelle, qui se trouve la même chez tous, la masse commune périt sans qu'ils s'en aperçoivent.

Chap. 142. » Le plus grand obstacle naîtra pour eux du défaut d'argent. Le temps qu'ils mettent à fournir des contributions, occasionne des lenteurs habituelles dans les préparatifs ; mais en guerre, les occasions ne souffrent pas de délais. D'ailleurs ces fortifications qu'ils menacent d'élever, cette flotte qu'ils arment, tout cela n'est pas formidable. Ces fortifications, il serait bien difficile, même à une ville égale à la nôtre, d'en construire en temps de paix : que sera-ce donc en pays ennemi, quand nous leur en opposerons d'aussi redoutables? S'ils réussissent, leurs coureurs et nos transfuges dévasteront une partie de notre territoire : mais nous enfermeront-ils de murs? nous empêcheront-ils d'aller par mer jusque chez eux, et d'user de représailles avec ces flottes qui nous donnent une évidente supériorité? Notre habileté dans la marine a fait de nous de meilleurs soldats de terre, que leur expérience dans les guerres du continent ne les a rendus bons marins; et cette dernière science, ils l'ajouteront difficilement à la première. Si nous-mêmes, depuis la guerre médique, nous nous y adonnons sans exceller encore, comment donc de pauvres laboureurs, sans connaissance de la marine, et que même on ne laissera pas s'exercer, parce que toujours des flottes considérables les tiendront en arrêt, pourront-ils se signaler par de grands exploits? Peut-être se hasarderaient-ils contre quelques flottilles, enhardissant leur impéritie par la multitude de leurs vaisseaux; mais emprisonnés par une flotte entière, ils se tiendront en repos : le défaut d'exercice entretiendra et accroîtra encore leur ignorance, et l'ignorance leur timidité. La marine est un art comme un autre : il ne faut pas qu'on s'y applique en passant et par occasion : elle veut être l'objet d'une étude exclusive.

Chap. 143. » Si, avec les trésors de l'Olympie et des Delphiens, ils tentaient de nous débaucher nos matelots étrangers, en leur proposant une plus haute solde, et qu'il nous fût impossible de leur tenir tête en nous embarquant nous et nos métèques, nous serions bien malheureux. Mais nous et nos métèques nous saurons leur résister ; et de plus, ce qui donne une grande force, nous trouverons dans nos citoyens des pilotes, et tous les gens de l'équipage, et meilleurs et plus nombreux que n'en pourrait fournir tout le reste de l'Hellade ensemble. Croyez-vous, d'ailleurs, qu'aucun étranger se décide, avide de périls, à se bannir lui-même de sa patrie, à s'associer avec de moindres espérances à leurs combats, par l'appât d'une plus forte solde à recevoir pendant quelques jours? Telle est à peu près, du moins suivant moi, la situation du Péloponnèse. La nôtre, exempte des mêmes vices, a de grands avantages, auxquels les leurs ne sont pas comparables. S'ils entrent dans notre pays avec une armée de terre, notre flotte ira les chercher dans le leur. Et ce n'est pas une même chose qu'une partie du Péloponnèse soit ravagée, ou l'Attique tout entière : ils n'auront pas en dédommagement d'autres pays qu'ils puissent occuper sans combattre ; et nous, combien n'en avons-nous pas, et dans les îles, et sur le continent! C'est en effet un immense avantage que l'empire de la mer. Je vous en fais juges : si nous étions insulaires, qui serait plus que nous à l'abri de toute attaque? Aujourd'hui donc, nous rapprochant le plus possible de cet état par la pensée, ne songeons plus ni à notre territoire, ni à nos maisons de campagne. La mer et notre ville, voilà ce que nous devons conserver. Mais n'allons pas, imprudemment irrités du ravage de notre territoire, livrer bataille aux Péloponnésiens, beaucoup plus nombreux que nous. En effet, de deux choses l'une : ou nous les combattrons, et alors ils reviendront en aussi grand nombre, et nous livreront un second combat; ou nous aurons quelque désavantage que suivra la perte de nos alliés, qui font toute notre force ; car ils ne se tiendront pas en repos s'ils ne nous savent pas en état de faire marcher contre eux des armées. Encore une fois, ne gémissez pas sur le ravage de votre territoire, sur la ruine de vos maisons de campagne. Réservons nos regrets pour la perte des hommes : car ce ne sont pas les terres qui fournissent des hommes, mais les hommes qui procurent des terres; et si j'espérais en être cru, je vous inviterais à sortir de la ville, à dévaster vos champs, à montrer aux Lacédémoniens que, pour de tels objets, vous ne leur obéirez point.

Chap. 144. » J'ai encore bien d'autres raisons d'espérer que vous aurez l'avantage, pourvu que vous ne cherchiez pas à étendre votre domination pendant que vous ferez la guerre, et qu'à des périls forcés vous n'en ajoutiez pas de volontaires. Je crains bien plus nos fautes domestiques que les projets des ennemis. Mais je vous ferai part de toutes mes vues, à mesure que les événemens se développeront. Bornez-vous aujourd'hui à renvoyer les députés avec cette réponse : Nous ouvrirons aux Mégariens nos marchés et nos ports, quand les Lacédémoniens, en vertu de leur loi de xénélasie, ne fermeront plus leur ville ni à nous, ni à nos alliés; car les traités laissent sur ces deux points une entière liberté. Nous rendrons aux villes leur autonomie, si elles en jouissaient quand nous avons juré la paix, pourvu qu'ils rendent à leurs villes le droit de se diriger par leurs propres lois, en adoptant non les formes les plus analogues à la politique lacédémonienne, mais celles qui leur plaisent. Au reste, nous sommes prêts à faire juger nos différends conformément aux traités. Nous ne commencerons pas la guerre; mais nous repousserons les agresseurs.

» Voilà la réponse la plus juste et la plus digne de la majesté de notre république. Il faut que l'on sache que la guerre est indispensable; que si nous l'acceptons de plein gré, nos ennemis combattront avec moins d'énergie, et que du sein des plus grands dangers, naissent les plus grands honneurs pour les états et pour les particuliers. Voyez nos pères, qui ont soutenu tous les efforts des Mèdes : loin d'avoir en commençant les mêmes ressources que nous, ils ont abandonné même ce qu'ils possédaient; et, grâces à une sagesse supérieure à leur fortune, avec plus d'audace que de forces, ils ont chassé le Barbare et élevé l'empire à ce haut point de grandeur. Ne dégénérons point de leur vertu; employons tous les moyens pour repousser l'ennemi, et tâchons de ne pas laisser à nos neveux un empire déchu de sa gloire. »

Chap. 145. Ainsi parla Périclès. Les Athéniens regardèrent ses conseils comme les meilleurs, et ils en formèrent la base de leur décret dans la réponse aux Lacédémoniens. Ils s'en rapportèrent sur tous les points à son opinion. Ils déclarèrent, en général, qu'ils ne feraient rien par obéissance, et qu'ils étaient prêts, conformément au traité, à faire statuer juridiquement sur les plaintes qu'on portait contre eux, en égaux qui transigent avec des égaux. Les députés se retirèrent : il ne revint pas d'autre députation.

Chap. 146. Telles furent, avant de prendre les armes, les contestations et les différends qui s'élevèrent entre les deux partis; ils commencèrent dès l'affaire d'Épidamne et de Corcyre. Cependant, au milieu de ces querelles, on ne laissait pas de commercer ensemble et d'aller dans le pays les uns des autres sans le ministère des hérauts, mais non pas sans défiance; car ce qui se passait troublait les conventions et devenait le prétexte de la guerre.

LIVRE SECOND.

Chapitre premier. A partir de cette époque fixe commence la guerre des Athéniens, des Péloponnésiens et de leurs alliés respectifs; cette guerre durant laquelle ils ne communiquèrent entre eux que par le ministère d'un héraut, et où les hostilités, une fois décidées, ne furent plus interrompues. Les événemens sont écrits de suite et sans interruption, tels qu'ils sont arrivés, par été et par hiver.

Chap. 2. La trêve de trente ans conclue après la prise de l'Eubée avait été respectée quatorze ans. Mais la quinzième année de cette trêve, la quarante-huitième du sacerdoce de Chrysis à Argos, Ænésius étant éphore à Sparte, et Pythodore ayant encore deux mois à remplir les fonctions d'archonte d'Athènes, le huitième mois après la bataille de Potidée, au commencement du printemps, des Thébains, au nombre d'un peu plus de trois cents, commandés par les béotarques Pythangélus, fils de Phyllidès, et Diemporus, fils d'Onétoride, entrèrent à Platée, ville de Béotie, alliée d'Athènes, et surprirent ses habitans dans le premier sommeil. Des Platéens, Nauclide et ses complices, les avaient appelés et leur avaient ouvert les portes, voulant, pour s'emparer eux-mêmes du pouvoir, tuer ceux de leurs concitoyens qui leur étaient opposés, et soumettre la ville aux Thébains. Ils avaient formé ce complot avec Eurymaque, fils de Léontiade, qui avait à Thèbes le plus grand crédit. Les Thébains, prévoyant qu'on aurait la guerre, désiraient, pendant qu'on était encore en paix, et que les hostilités n'étaient pas encore ouvertement commencées, s'emparer d'avance de Platée, ville leur ancienne ennemie. Comme on n'avait pas mis de gardes avancées, ils s'introduisirent furtivement, et, contre le vœu de ceux qui les avaient appelés, ils campèrent dans l'agora, au lieu d'agir à l'instant même et de se porter promptement dans les maisons désignées. Leur dessein était d'employer d'insinuantes proclamations pour amener les habitans à traiter à l'amiable. Le héraut invita donc ceux qui voudraient entrer dans l'alliance des Béotiens, suivant les institutions du pays, à prendre les armes et à se joindre à eux. On espérait, d'après de telles manœuvres, que la ville se rendrait sans difficulté.

Chap. 3. Ceux de Platée, trop assurés de la présence des Thébains et de la prise subite de la ville, épouvantés et croyant les ennemis déjà dans les murs et bien plus nombreux qu'ils n'étaient réellement (car on ne distinguait rien dans une profonde nuit), consentirent à traiter, accueillirent la proposition, et restèrent en repos, personne n'éprouvant aucun mauvais traitement. Mais, au milieu de ces équivoques négociations, ils comprirent que les Thébains avaient peu de monde, et pensèrent qu'en les attaquant ils triompheraient sans peine : en effet, le peuple de Platée ne voulait pas se détacher d'Athènes. Ils résolurent donc d'en venir aux mains, et se réunirent, après avoir percé les murs mitoyens des maisons, pour éviter de se montrer dans les rues; puis, avec des charrettes dételées, ils barricadèrent les chemins, et firent, chacun de son côté, toutes les dispositions que réclamaient les circonstances.

Lorsqu'ils se furent préparés autant que possible, saisissant le moment où, le soleil étant près de poindre, il est cependant encore nuit, ils sortirent de leurs maisons, de peur d'avoir à se mesurer à forces égales contre des ennemis plus hardis de jour, mais qui, la nuit, plus effrayés, seraient plus étrangers aux localités que les habitans. Ils firent donc sur-le-champ irruption et en vinrent promptement aux mains.

Chap. 4. Les Thébains, se voyant tout-à-fait trompés, se resserrèrent en un bataillon, font volte-face et résistent à toutes les attaques. Deux ou trois fois ils font reculer les Platéens; mais bientôt ceux-ci se précipitent sur eux à grand bruit. Les femmes et les domestiques, au milieu des cris et des hurlemens, lançant, du haut des maisons, des tuiles et des pierres; une pluie abondante ajoutant d'ailleurs à l'horreur des ténèbres, la terreur les saisit. Ils tournent le dos, ils fuient à travers la ville, dans la fange, dans l'obscurité (car on était au déclin de la lune), ignorant, pour la plupart, les passages qui pouvaient les sauver, et poursuivis par des ennemis qui les connaissaient et interceptaient toute retraite, en sorte que beaucoup périssaient. Un Platéen ayant fermé, à l'aide d'un fer de lance introduit, au lieu de verrou, dans la gâche, la porte par où ils étaient entrés, et qui était la seule ouverte, il ne leur restait plus d'issue, même de ce côté. Poursuivis dans la ville, quelques-uns allaient gravissant le mur et se précipitant en dehors; ils périssaient la plupart. D'autres gagnèrent une porte abandonnée, trouvèrent une femme qui leur prêta une hache, brisèrent la barre, mais n'échappèrent qu'en petit nombre; car on s'en aperçut bientôt. D'autres se dispersèrent et furent égorgés. Le plus grand nombre, ceux qui s'étaient resserrés en un bataillon, donnèrent dans un grand bâtiment qui tenait au mur. Par hasard la porte en était ouverte; ils la prirent pour une des portes de la ville qui avaient issue dans la campagne. Les Platéens, les voyant pris, délibérèrent s'ils ne les brûleraient pas tous à l'instant même, en mettant le feu à l'édifice, ou s'ils prendraient contre eux un autre parti. Enfin ces malheureux, et tout ce qui restait encore de Thébains errans dans la ville, se rendirent à discrétion eux et leurs armes. Tel fut le sort de ceux des Thébains qui étaient dans Platée.

Chap. 5. Le reste des Thébains, qui devait, avant la fin de la nuit, se présenter en corps d'armée pour soutenir au besoin ceux qui étaient entrés, arrivait en diligence, d'après la nouvelle de ce qui s'était passé. Platée est à soixante-dix stades de Thèbes. Un orage survenu la nuit retarda leur marche; car le fleuve Asope, se gonflant, était devenu difficile à traverser. Ils marchèrent par la pluie, ne passèrent le fleuve qu'avec peine, et arrivèrent trop tard : leurs hommes étaient ou tués ou pris. Furieux de ce désastre, ils dressèrent des embuscades à ceux des Platéens qui se trouvaient hors de la ville. En effet, la catastrophe inopinée étant arrivée en temps de paix, il y avait dans la campagne et des hommes et des marchandises de prix. Ils voulaient que ceux qu'ils pourraient prendre leur répondissent de ceux des leurs qui étaient restés dans la ville; si toutefois il en restait à qui l'on eût laissé la vie. Tel était leur dessein. Ils délibéraient encore, quand les Platéens, se doutant du parti que prendraient les ennemis, et craignant pour ce qu'ils avaient de citoyens au dehors, firent partir un héraut, et le chargèrent de dire aux Thébains que c'était une impiété d'avoir essayé de prendre leur ville en pleine paix; qu'ils se gardassent de faire aucun mal aux gens du dehors, s'ils ne voulaient qu'on donnât la mort aux prisonniers; mais qu'on les leur rendrait s'ils quittaient le territoire.

Voilà ce que racontent ceux de Thèbes, et ils prétendent même que les Platéens jurèrent cette convention. Mais ceux-ci assurent qu'ils avaient promis de rendre les prisonniers, non sur-le-champ, mais d'après une conférence, dans le cas où l'on s'entendrait; et ils nient qu'il y ait eu un serment prêté. Ce qui est certain, c'est que les Thébains sortirent du territoire de Platée sans y faire aucun mal, et que les Platéens n'eurent pas plutôt transporté à la hâte dans la ville tout ce qui se trouvait dans la campagne, qu'ils massacrèrent les prisonniers. Il y en avait cent quatre-vingts. De ce nombre était Eurymaque, à qui les traîtres s'étaient adressés.

Chap. 6. Après cette exécution, ils députèrent à Athènes, permirent aux Thébains d'enlever leurs morts, et firent dans la ville les dispositions qu'ils crurent nécessaires.

Dès qu'on eut annoncé à Athènes ce qu'avaient souffert les Platéens, on arrêta tout ce qui se trouvait de Béotiens dans l'Attique, et l'on envoya un héraut dire à ceux de Platée de ne prendre aucun parti sur les Thébains qu'ils avaient en leur pouvoir, qu'Athènes n'eût elle-même statué sur leur sort; car on n'y avait pas annoncé qu'ils n'étaient plus. Le premier message était parti aussitôt après l'arrivée des Thébains; le second, au moment où ils venaient d'être vaincus et arrêtés, et l'on ne savait encore à Athènes rien de ce qui avait suivi. C'était dans cette ignorance du fait qu'on avait dépêché le héraut. A son arrivée, il trouva les prisonniers égorgés. Les Athéniens vinrent ensuite en corps d'armée à Platée, y portèrent des subsistances, laissèrent une garnison, et emmenèrent les hommes inutiles avec les femmes et les enfans.

Chap. 7. Cet événement de Platée devenait une éclatante rupture de la trêve; les Athéniens se préparèrent à la guerre. Les Lacédémoniens et leurs alliés firent de même. Chacun des deux partis se disposa à députer chez le grand roi et en d'autres pays barbares d'où il pouvait espérer des secours de surcroît, et s'efforça d'attirer à son alliance des peuples hors de sa domination. Indépendamment des vaisseaux que les Lacédémoniens avaient dans le Péloponnèse, il fut ordonné dans l'Italie et dans la Sicile, aux villes du même parti, d'en fournir en proportion de leur étendue, jusqu'au nombre de cinq cents; de préparer une somme d'argent déterminée; de se tenir d'ailleurs en repos, et de ne recevoir à-la-fois dans leurs ports qu'un seul vaisseau d'Athènes, jusqu'à ce que tous les apprêts fussent terminés. Quant aux Athéniens, ils s'assuraient de la fidélité de leurs anciens alliés, et députaient dans les pays plus voisins, le Péloponnèse, Corcyre, Céphallénie, les Acarnanes, Zacynthe. S'ils pouvaient se fier à leur amitié, ils se rendraient plus sûrement maîtres des côtes du Péloponnèse.

Chap. 8. Les deux partis ne prenaient point de faibles mesures; c'était de toutes leurs forces qu'ils se préparaient à la guerre. Cela devait être; car c'est toujours en commençant qu'on a le plus d'ardeur. Une jeunesse nombreuse dans le Péloponnèse, une jeunesse nombreuse à Athènes, faute d'expérience, s'engageait sans répugnance à la guerre. Au spectacle de cette fédération des villes principales, les esprits s'exaltaient dans le reste de l'Hellade. Dans les villes qui allaient combattre, et ailleurs, on débitait quantité d'oracles en prose : les devins y chantaient quantité de prédictions en vers. Délos, peu auparavant, avait été ébranlée par un tremblement de terre; elle qui, de mémoire d'Hellènes, n'en avait pas éprouvé d'autre. On disait, et l'on crut, que c'était un présage de ce qui devait se passer. On faisait une curieuse recherche de tous les événemens de ce genre qui avaient pu arriver. La faveur des Hellènes inclinait fortement vers les Lacédémoniens, surtout parce que ces derniers avaient annoncé qu'ils voulaient délivrer l'Hellade. C'était, entre les particuliers et les villes, à qui les seconderait, soit en paroles, soit en actions. Chacun croyait que les affaires souffriraient s'il ne s'en mêlait pas : tant l'indignation contre les Athéniens était générale, les uns voulant secouer leur joug, les autres craignant d'y être soumis. Telles étaient les dispositions et l'effervescence des esprits.

Chap. 9. Voici les alliés qu'eurent les deux partis en commençant la guerre. Lacédémone avait pour elle, en dedans de l'isthme, tous les peuples du Péloponnèse, excepté les Argiens et les Achéens, qui se trouvaient liés avec l'une ou l'autre nation. Les Pelléniens furent d'abord les seuls de l'Achaïe qui portèrent les armes pour Lacédémone; tous les autres se déclarèrent ensuite. Hors du Péloponnèse, elle avait les Mégariens, les Locriens, les Béotiens, les Phocéens, les Ampraciotes, les Leucadiens, les Anactoriens. Parmi ces peuples, les Corinthiens, les Mégariens, les Sicyoniens, les habitans de Pellène, d'Élée, d'Ampracie et de Leucade, fournirent des vaisseaux : les Béotiens, les Phocéens, les Locriens donnèrent de la cavalerie; les autres villes, de l'infanterie. Tels étaient les alliés de Lacédémone.

Ceux d'Athènes étaient les peuples de Chio, de Lesbos, de Platée ; les Messéniens de Naupacte, la plus grande partie des Acarnanes, les Corcyréens, les Zacynthiens; sans compter les villes tributaires, la Carie maritime, les Doriens voisins de la Carie, l'Hellespont, les villes épithraces, toutes les îles qui tenaient au Péloponnèse et celles qui sont à l'orient de la Crète; toutes les Cyclades, excepté Mélos et Thères. Ceux de Chio, de Lesbos, de Corcyre, fournissaient des navires; les autres, de l'infanterie et de l'argent. Telles étaient les alliances, et tel l'appareil guerrier des deux partis.

Chap. 10. Les Lacédémoniens, après ce qui s'était passé à Platée, ordonnèrent aussitôt aux villes alliées, tant de l'intérieur du Péloponnèse que du dehors, de préparer leurs forces et de se munir de tout ce qui était nécessaire pour une expédition hors de l'isthme, puisqu'on allait fondre sur l'Attique. A mesure qu'au terme marqué tout se trouvait prêt, les deux tiers des troupes se rendaient dans l'isthme ; et quand l'armée entière fut rassemblée, Archidamus, roi de Lacédémone, qui commandait cette expédition, appela les généraux des villes, les hommes revêtus des premières dignités, toutes les personnes de quelque considération, et parla ainsi :

Chap. 11. « Péloponnésiens, et vous alliés, nos pères aussi ont fait bien des expéditions, tant dans le Péloponnèse qu'au dehors, et les plus âgés d'entre nous ne sont pas sans expérience de la guerre : jamais cependant nous ne sommes sortis avec un tel appareil. Mais aussi c'est contre une république très puissante que nous marchons aujourd'hui, nombreux nous-mêmes, et pleins d'ardeur. Nous devons donc ne nous montrer ni moins grands que nos pères, ni inférieurs à notre renommée. En effet, l'Hellade tout entière, tenue en suspens par ces mouvemens militaires, fixe ses regards sur nous, et, dans sa haine pour Athènes, forme des vœux pour le succès des projets que nous méditons.

» Ainsi, quoique marchant avec de nombreuses armées, et persuadés que l'ennemi n'osera en venir aux mains, nous ne devons pas, pour cela, marcher avec moins de prudence et de précaution. Tout général, tout soldat de chaque république doit se croire toujours au moment de tomber dans le danger; car les événemens de la guerre sont incertains : les attaques, pour la plupart, se font à l'improviste, et la fougue du moment les décide. Souvent le plus faible et le plus craintif a combattu avec avantage une armée supérieure, qui, par dédain, ne se tenait pas sur ses gardes.

» En pays ennemi, on doit avancer avec une noble assurance, mais s'être préparé avec crainte ; car c'est le moyen de se porter contre l'ennemi avec plus d'ardeur et de l'attaquer avec moins de péril. Or, nous ne marchons pas contre une république incapable de se défendre ; elle est abondamment pourvue de tout. Il faut donc croire, quoiqu'ils ne fassent aucun mouvement, parce que nous ne sommes pas encore sur leur territoire, qu'ils en viendront aux mains dès qu'ils nous verront ravager leurs campagnes et détruire leurs propriétés ; car, chez tous les hommes, la colère entre par les yeux, surtout lorsqu'ils se voient tout-à-coup exposés à un désastre inattendu.

» Moins on raisonne, plus on se montre fougueux et violent. Or, c'est ce que doivent, plus que personne, éprouver les Athéniens ; eux qui prétendent commander aux autres ; eux, plus accoutumés à porter le ravage chez leurs voisins qu'à le voir porter chez eux. Puisque vous allez combattre une telle république, et qu'il en doit résulter pour nos ancêtres et pour nous-mêmes, d'après les événemens, une alternative de réputation très importante en bien ou en mal, marchez où l'on vous conduira, mettant au-dessus de tout le bon ordre et une sage vigilance, et exécutant avec célérité les ordres de vos chefs. Il n'est pas de spectacle plus beau, ni qui promette plus de sûreté, que celui d'un grand corps mis en mouvement par une seule et même volonté. »

CHAP. 12. Après avoir présenté ces importantes considérations, Archidamus congédia l'assemblée, et fit d'abord partir pour Athènes un Spartiate, Mélésippe, fils de Diacrite. Il voulait éprouver si les Athéniens se relâcheraient de leurs prétentions, en voyant déjà les ennemis en marche ; mais ce député ne put être admis dans l'assemblée, ni même dans la ville. On avait résolu de s'en tenir à l'avis de Périclès, et de ne plus recevoir ni hérauts ni députés, dès que les Lacédémoniens se seraient mis en campagne. Ils le renvoyèrent donc sans l'entendre, et lui prescrivirent d'être hors des frontières le même jour, ajoutant que ceux qui l'avaient expédié n'avaient qu'à retourner chez eux, d'où alors ils seraient maîtres d'envoyer des députations à Athènes. On fit accompagner Mélésippe, pour qu'il n'eût de communication avec personne. Arrivé sur la frontière, et près de quitter ses conducteurs, il dit en partant ce peu de mots : « Ce jour sera pour les Hellènes le commencement de grands malheurs. »

Au retour de ce député, Archidamus, convaincu que les Athéniens étaient déterminés à ne rien céder, part, et fait avancer ses troupes vers l'Attique. Les Béotiens, après avoir donné aux Péloponnésiens une partie de leurs gens de pied et toute leur cavalerie, entrèrent, avec ce qui leur restait, sur le territoire de Platée, et le ravagèrent.

CHAP. 13. Quant aux Péloponnésiens, ils étaient toujours rassemblés dans l'isthme ; ils étaient en marche, et n'avaient pas encore pénétré dans l'Attique, quand Périclès, fils de Xanthippe, le premier des dix généraux choisis par les Athéniens, bien convaincu qu'une invasion les menaçait, soupçonna qu'Archidamus, qui lui était uni par les liens de l'hospitalité, pourrait bien, de lui-même et pour lui complaire, épargner ses terres et les préserver du ravage ; ou bien encore, les Lacédémoniens lui ordonneraient de le ménager pour le rendre suspect à ses concitoyens, comme ils avaient demandé aux Athéniens l'expiation du sacrilége pour le rendre odieux. Périclès prit donc le parti de déclarer à l'assemblée qu'il avait pour hôte Archidamus, et qu'il ne devait résulter de cette liaison aucun inconvénient pour l'état; que si les ennemis ne ravageaient pas ses terres et ses maisons de campagne comme celles des autres, il les abandonnerait au public, ce qui devrait écarter tout soupçon. D'ailleurs il renouvela, dans la conjoncture, les conseils qu'il avait déjà donnés, de se bien tenir prêt à la guerre, de retirer tout ce qu'on avait à la campagne, d'entrer dans la ville pour la garder, au lieu d'en sortir pour combattre; de mettre en bon état la flotte, qui faisait la force de l'état, et de tenir en respect les alliés, observant que c'était d'eux qu'Athènes tirait les richesses et les revenus source et aliment de sa puissance, et qu'en général la prudence et de bonnes finances donnaient la supériorité dans la guerre. Il engagea les citoyens à prendre courage, en leur faisant le détail de leurs ressources. Ils recevaient pour l'ordinaire six cents talens par an du tribut des alliés, sans compter les autres revenus, et ils possédaient encore dans l'acropole six mille talens d'argent monnoyé; car il y en avait eu jusqu'à neuf mille sept cents, somme sur laquelle on avait pris trois mille sept cents talens pour les propylées de l'acropole et autres constructions, et pour l'expédition de Potidée. Il ne comptait pas l'or et l'argent non monnoyé, produit des offrandes, soit particulières, soit publiques, ni tous les instrumens des pompes sacrées et des jeux, ni les dépouilles des Mèdes, et d'autres richesses de même nature qu'on ne pouvait estimer moins de cinq cents talens. Il ajouta les trésors assez considérables des autres hiérons, dont on pourrait se servir; et si toutes ces ressources ne suffisaient pas, on pourrait faire usage de l'or dont était ornée la statue de la déesse elle-même; il prouva que la statue pesait quarante talens d'or pur, et qu'on pouvait enlever la draperie tout entière, en remarquant toutefois que si, pour le salut public, on se servait de ces trésors, il faudrait les remplacer en totalité.

Il les encourageait en leur donnant ces détails sur leurs richesses. Il fit voir aussi qu'on avait treize mille oplites, sans compter ce qui était dans les garnisons ou employé à la défense des remparts, et qui se montait à seize mille hommes; car tel était le nombre de ceux qui épiaient l'ennemi pour le charger, lorsqu'il viendrait à fondre sur l'Attique. C'étaient des vieillards, des jeunes gens qui n'avaient pas encore atteint l'âge de la milice; et tout ce qu'il y avait de métèques oplites. Le mur de Phalère avait trente-cinq stades jusqu'à l'enceinte de la ville, et la partie de cette enceinte qu'il fallait garder, était de quarante-trois stades. On laissait sans gardes l'espace compris entre le long mur et le mur de Phalère. Les longues murailles vers le Pirée étaient de quarante stades, et l'on faisait la garde à la face extérieure. Le circuit du Pirée, en y comprenant Munychie, était en tout de soixante stades, dont on ne gardait que la moitié. Il montra qu'on avait douze cents hommes de cavalerie, en y comprenant les archers à cheval, seize cents archers, et trois cents trirèmes en état de tenir la mer.

Tel était l'appareil des Athéniens, sans qu'il y ait rien à réduire dans aucune partie, au moment où les Péloponnésiens allaient faire leur première invasion dans l'Attique, et qu'eux-mêmes se préparaient à la guerre. Périclès, suivant sa coutume, ajouta tout ce qui pouvait leur prouver qu'ils auraient la supériorité.

Chap. 14. Ils l'écoutèrent et le crurent. Ils transportèrent à la ville leurs femmes, leurs enfans, et tous les effets précieux de leurs maisons, qu'ils démolirent et dont ils enlevèrent jusqu'à la charpente. Ils envoyèrent dans l'Eubée et dans les îles adjacentes les troupeaux et les bêtes de somme. Accoutumés, comme ils l'étaient la plupart, à vivre dans les champs, ce déplacement leur était bien dur.

Chap. 15. Dès la plus haute antiquité, les Athéniens surtout avaient cet usage. Sous Cécrops et les premiers rois, l'Attique, jusqu'à Thésée, fut toujours habitée par bourgades qui avaient leurs prytanées et leurs archontes. Lorsqu'il leur arrivait de vivre exempts de crainte, ils ne s'assemblaient pas pour délibérer avec le roi. Chaque bourgade avait son régime politique, et son conseil, et même quelques-unes de ces bourgades lui faisaient la guerre : ainsi les Éleusiniens et Eumolpe la firent à Érechtée. Mais sous le règne de Thésée, entre divers actes d'administration utiles à l'Attique, ce prince, qui joignait la sagesse à la puissance, abolit les conseils et les premières magistratures des bourgades, rassembla tous les citoyens dans ce qui est à présent la ville, institua un seul conseil et un seul prytanée, et les contraignit, tout en continuant d'administrer leurs propriétés comme auparavant, à n'avoir que cette seule et même ville, où tous les citoyens furent dès-lors portés sur un rôle commun, et que Thésée transmit à ses successeurs agrandie et florissante.

Depuis cette époque jusqu'à nos jours, les Athéniens célèbrent en l'honneur de la déesse une fête publique qu'ils appellent *Xynœcia*. Dans les temps antérieurs, la ville était ce qui fait aujourd'hui l'acropole, et certainement aussi les bâtimens qu'elle domine du côté du sud. Il en existe une preuve : car, sans parler des hiérons de plusieurs divinités qui sont dans l'acropole, c'est surtout vers cette partie méridionale de la ville, et en dehors de l'acropole de Jupiter Olympien, qu'on a fondé l'hiéron, celui d'Apollon Pythien, celui de la Terre, et celui de Bacchus aux Marais, ce dieu en l'honneur de qui se célèbrent les anciennes Bacchanales, le dixième jour du mois anthestérion, usage que conservent encore maintenant les peuples de l'Ionie, qui descendent des Athéniens. On voit aussi d'autres hiérons anciens dans ce même quartier, et de plus cette fontaine que, depuis les travaux ordonnés par les tyrans, on appelle *les neuf Canaux*, mais que jadis, la source étant à découvert, on nommait *Callirhoé*. Voisine de l'acropole, on l'employait aux usages sacrés, et maintenant il reste encore de l'antiquité la coutume de s'en servir avant les cérémonies des mariages, et à d'autres cérémonies religieuses. C'est parce que les habitations étaient autrefois renfermées dans l'acropole, que les Athéniens ont conservé jusqu'à nos jours l'habitude de l'appeler *la ville*.

Chap. 16. Ainsi donc autrefois les Athéniens vécurent long-temps à la campagne dans l'indépendance, et depuis leur réunion en une seule et même ville, ils avaient conservé leurs vieilles habitudes. La plupart des anciens et de ceux qui leur succédèrent jusqu'à la guerre présente, naquirent presque tous et vécurent dans leurs champs avec toute leur famille. Ils ne changeaient pas volontiers de demeure, surtout après la guerre médique, étant peu éloignés de l'époque où ils avaient recouvré ce qu'ils avaient de précieux. Quelle peine, quel chagrin pour eux d'abandonner ainsi leurs campagnes et ces hiérons qui, d'après leur antique manière d'exister civilement, étaient devenus les hiérons de la patrie! obligé de suivre un nouveau genre de vie, chacun d'eux croyait s'exiler de sa propre cité.

Chap. 17. [Sur les représentations de Périclès] ils vinrent donc à la ville. Quelques-uns en petit nombre se logeaient dans des maisons qui leur appartenaient, ou chez des parens ou amis. Mais la plupart s'établirent en des lieux déserts, dans les hiérons, dans tous les monumens des héros, excepté dans l'acropole, l'Éleusinium, et autres lieux constamment fermés. Ils s'emparèrent même de ce qu'on appelle *le Pélasgicon*, près de l'acropole. Il avait été défendu avec imprécations de l'occuper; cette défense était contenue dans ces derniers mots d'un oracle de Pytho : « Il vaut mieux que le Pélasgicon reste vide. » Et cependant une crise inattendue y avait poussé une foule immense. L'oracle se trouva expliqué par l'événement dans un sens contraire à celui qu'on y avait attaché jusque-là. En effet, les maux qui affligèrent la république ne furent pas une suite de l'habitation sacrilège du Pélasgicon, mais la nécessité d'habiter ce monument fut une suite de la guerre : l'oracle, sans rien préciser, s'était borné à prédire que le Pélasgicon serait habité pour le malheur des Athéniens. Bien des gens, après s'être pratiqué des logemens dans les tours des murailles et partout où ils trouvèrent asile (car la ville ne pouvait contenir tous ceux qui venaient s'y réfugier), finirent par se partager les longs murs, et par s'y fixer, ainsi que dans une grande partie du Pirée. En même temps on travaillait aux préparatifs de la guerre, on rassemblait des alliés, on appareillait cent vaisseaux contre le Péloponnèse.

Chap. 18. Les Péloponnésiens, de leur côté, s'avançaient. Ils arrivèrent d'abord à la vue d'Énoé, dème de l'Attique, d'où ils devaient faire leurs incursions. Quand ils eurent assis leur camp, ils se disposèrent à former le siége avec des machines de guerre et tous les autres moyens possibles. Énoé, se trouvant limitrophe à l'Attique et à la Béotie, venait d'être entourée de murs : c'était une citadelle pour les Athéniens toutes les fois qu'on en venait aux mains. Les Lacédémoniens préparaient leurs attaques et perdaient leur temps au siége de la place; ce qui contribua pour beaucoup aux plaintes qui s'élevèrent contre Archidamus. Il avait, disait-on, laissé voir de la faiblesse, au moment où l'on s'était assemblé pour délibérer sur la guerre, et quelque penchant pour les Athéniens, en ne conseillant pas avec chaleur de l'entreprendre. Depuis le rassemblement des troupes, son séjour dans l'isthme et sa lenteur dans le reste de la marche avaient excité contre lui des rumeurs. Il devenait encore plus suspect en s'arrêtant sur le territoire d'Énoé : car c'était dans ce temps-là même que les Athéniens se retiraient dans la ville; et si les Péloponnésiens avaient accéléré leur marche, et que le général n'eût mis aucune lenteur dans ses opérations, ils auraient probablement enlevé tout ce qui se trouvait dans les champs.

Les troupes d'Archidamus s'indignaient de le voir rester tranquille dans son camp. Il n'en persistait pas moins à temporiser, espérant, dit-on, que les Athéniens se montreraient plus faciles tant que leur territoire ne serait pas entamé, mais ne croyant pas qu'ils se tinssent dans l'inaction s'ils y voyaient une fois porter le ravage.

Chap. 19. Après avoir essayé contre Énoé tous les moyens d'attaque sans pouvoir la prendre, et sans recevoir aucune proposition de la part des Athéniens, les Péloponnésiens quittèrent enfin la place, quatre-vingts jours au plus après le désastre des Thébains à Platée, et se jetèrent sur l'Attique, dans la partie de l'été où les blés sont montés en épis. Archidamus, fils de Zeuxidamus, roi de Lacédémone, continuait de les commander. Ils s'arrêtèrent d'abord à Éleusis et dans les campagnes de Thria, les ravagèrent, eurent l'avantage sur un corps de cavalerie vers l'endroit qu'on appelle *les Ruisseaux*, s'avancèrent ensuite à travers la Cécropie, ayant à leur droite le mont Égaléon, et arrivèrent à Acharnes, le plus considérable des dèmes de l'Attique. Ils s'y arrêtèrent, y assirent leur camp, et restèrent long-temps à dévaster le pays.

Chap. 20. Voici, dit-on, sur quel motif Archidamus se tenait en ordre de bataille sur le territoire d'Acharnes, comme pour livrer bataille sans descendre dans la plaine pendant cette première invasion. Il espérait que les Athéniens, qui avaient une nombreuse et florissante jeunesse, et dont jamais l'appareil guerrier n'avait été si imposant, sortiraient de leurs murailles, et ne verraient pas avec indifférence ravager leur territoire. Comme ils n'étaient venus à sa rencontre, ni à Éleusis, ni dans les plaines de Thria, il essaya s'il ne pourrait pas les attirer en campant sur le territoire d'Acharnes. D'ailleurs, l'endroit lui semblait propre à établir un camp, et probablement les Acharniens, qui formaient une partie considérable de la république, puisque seuls ils fournissaient trois mille oplites, ne laisseraient pas désoler leurs propriétés : leur fougue entraînerait tous les autres au combat. Il jugeait encore que, si les Athéniens ne sortaient pas pour s'opposer à cette invasion, on saccagerait dans la suite le territoire avec moins de crainte, et qu'on pourrait même s'avancer jusqu'à la ville : en effet, les Acharniens, dépouillés de leurs biens, ne s'exposeraient pas avec le même zèle au danger pour défendre celui des autres, ce qui amènerait la division. D'après ces considérations, il investit Acharnes.

Chap. 21. Tant que l'armée se tenait à Éleusis et dans les champs de Thria, les Athéniens avaient quelque espérance qu'elle ne s'avancerait pas au-delà : ils se souvenaient que quatorze ans avant cette guerre, Plistoanax, fils de Pausanias, roi de Lacédémone, à la tête d'une armée de Péloponnésiens, avait fait aussi une invasion dans l'Attique, à Éleusis et à Thria, et était retourné sur ses pas, sans aller plus loin; ce qui l'avait fait bannir de Sparte, soupçonné d'avoir à prix d'argent exécuté cette retraite. Mais quand ils virent l'ennemi à Acharnes, à soixante stades de la ville, alors perdant patience, et, comme cela était naturel, jugeant affreux de voir leurs campagnes ravagées sous leurs yeux, spectacle nouveau pour les jeunes gens, et même pour les vieillards, excepté dans la guerre des Mèdes, ils voulaient tous, et principalement la jeunesse, marcher contre l'ennemi et ne pas rester tranquilles spectateurs d'un outrage. Il se formait des réunions tumultueuses : on se disputait vivement : les uns voulaient qu'on sortît; d'autres, en petit nombre, s'y opposaient. Les devins chantaient des oracles de toute espèce, et chacun les écoutait suivant la passion qui l'agitait. Les Acharniens surtout, qui ne se croyaient pas une partie méprisable de la république, et dont on ravageait les terres, pressaient la sortie. Il n'était sorte d'agitation que n'éprouvât la république, et Périclès se trouvait en butte à tous les ressentimens. On avait oublié ses précédens conseils, on lui faisait un crime d'être général et de ne pas mener les troupes au combat ; on le regardait comme la cause de tout ce qu'on souffrait.

Chap. 22. Périclès les voyant aigris de leur position et incapables d'une sage résolution, et croyant cependant avoir raison de s'opposer à leur sortie, ne convoqua pas d'assemblée, et ne permit pas de rassemblemens, dans la crainte que le peuple ne fît quelque faute en délibérant avec plus de passion que de jugement. Il tint les yeux ouverts sur la ville, et, autant qu'il le put, il y maintint le repos. Mais chaque jour il faisait sortir de la cavalerie, pour incommoder les coureurs qui, s'écartant du gros de l'armée, tombaient sur les champs voisins d'Athènes. Il y eut à Phrygies un petit choc de cavalerie athénienne et thessalienne contre la cavalerie béotienne. Les Athéniens et les Thessaliens se soutinrent sans désavantage jusqu'à l'arrivée des Béotiens, qui les obligèrent de se retirer avec peu de perte; ce qui ne les empêcha pas, le jour même, d'enlever leurs morts sans accord. Le lendemain, les Péloponnésiens dressèrent un trophée.

Les Thessaliens donnaient du secours à Athènes en conséquence de l'alliance qui existait entre les deux peuples. Il vint des Thessaliens de Larisse, de Pharsale, de Paralus, de Cranon, de Pirasus, de Gyrtone et de Phères. Ils étaient commandés par Polymède et Aristonoüs, tous deux de Larisse, mais de deux factions différentes, et par Ménon de Pharsale. Il y avait encore d'autres commandans pour les troupes de chaque ville.

Chap. 23. Les Péloponnésiens voyant leurs ennemis obstinés à ne pas en venir aux mains, s'éloignèrent d'Acharnes, et ravagèrent quelques autres dèmes entre les monts Parnès et Brilesse. Ils étaient sur le territoire de l'Attique, quand les Athéniens envoyèrent sur les côtes du Péloponnèse cent vaisseaux qu'ils avaient appareillés, et que montèrent mille oplites de leur nation et quatre cents archers. Carcinus, fils de Xénotime, Protéas, fils d'Épiclès, et Socrate, fils d'Antigone, les commandaient. Ce fut avec ces forces qu'ils mirent en mer et remplirent leur mission. Les Péloponnésiens restèrent dans l'Attique tant qu'ils eurent des vivres, puis se retirèrent par le territoire des Bœotiens, au lieu de reprendre la route par où ils étaient venus. En longeant les murs d'Orope, ils dévastèrent le pays qu'on appelle *la Piraïque*, et qui appartient aux Oropiens, sujets d'Athènes. Arrivés ensuite dans le Péloponnèse, ils se séparèrent par républiques et rentrèrent dans leurs foyers.

Chap. 24. Après leur départ, les Athéniens établirent des gardes sur terre et sur mer, disposition qui devait durer tout le temps de la guerre. Il fut décrété que sur les sommes déposées dans l'acropole, il serait levé mille talens qu'on mettrait à part sans pouvoir les dépenser, et que le reste serait consacré aux frais de la guerre. La peine de mort fut prononcée contre celui qui oserait proposer de toucher à cette somme, à moins que ce ne fût pour repousser l'ennemi, s'il venait attaquer Athènes par mer. On ordonna aussi qu'on ferait tous les ans un triage des meilleures galères, jusqu'à la concurrence de cent, auxquelles on nommerait des commandans; et l'on ne pourrait disposer de cette flotte, ni de la somme, que dans le même temps, et pour repousser, au besoin, le même danger.

Chap. 25. Les Athéniens qui étaient partis pour tourner le Péloponnèse avec les cent vaisseaux, et avec un renfort de cinquante vaisseaux corcyréens et d'alliés de ces contrées, infestèrent divers lieux en tournant les côtes ; et descendus près de Méthone, ville de la Laconie, ils en attaquaient les murs, faibles et dépourvus de défenseurs. Mais alors se trouvait sur le territoire Brasidas, fils de Tellis, Spartiate, préposé à la garde du pays. A la vue du danger, il accourt avec cent oplites à la défense de ce qui était dans la place, traverse le camp des Athéniens, répandus le long des murs et occupés à l'attaque, entre dans Méthone et la sauve, n'ayant perdu que quelques braves dans cette irruption. Aussi, pour prix de son heureuse audace, entre tous ceux qui prirent part à cette guerre, ce fut lui qui le premier reçut les éloges de Sparte.

Les Athéniens, remettant en mer, s'arrêtèrent près de Phie en Élide, en ravagèrent le territoire pendant deux jours, et vainquirent trois cents hommes d'élite de la basse Élide, secondés de leurs périèces (tous accourus à la défense de ceux de Phie). Mais un vent impétueux s'éleva : tourmentés sur une plage sans port, la plupart des Athéniens se rembarquèrent et doublèrent l'Ichtys, promontoire qui domine le port de Phie, tandis que les Messéniens, leurs alliés de Naupacte, et quelques autres qui n'avaient pu se rembarquer avec eux, s'étant avancés sur le continent, reprirent Phie. Bientôt la flotte, après avoir tourné le cap, les recueillit, et mit en pleine mer, abandonnant Phie, qu'une troupe d'Éléens, devenue plus nombreuse, venait de secourir. Les Athéniens continuèrent de cotoyer, en dévastant d'autres places.

CHAP. 26. Vers la même époque, on envoya d'Athènes trente vaisseaux sur les côtes de la Locride : en même temps ils surveilleraient l'Eubée. Le commandant était Cléopompe, fils de Clinias : il fit des descentes, dévasta des campagnes voisines de la mer, prit Thronium ; partout il exigea des otages, et il vainquit à Alopé les Locriens qui venaient le combattre.

CHAP. 27. Dans le même été, les Athéniens chassèrent d'Égine tous les habitants, jusqu'aux femmes et aux enfans : ils les accusaient d'être une des principales causes de la guerre. Ils sentaient qu'ils seraient plus sûrs de cette place qui touche au Péloponnèse, en y envoyant eux-mêmes une colonie tirée de leur sein : ce qu'ils exécutèrent peu de temps après. Les Lacédémoniens donnèrent aux Éginètes, chassés de leur patrie, Thyrée et les campagnes qui en dépendent. Ils étaient portés à cette générosité par leur haine pour les Athéniens, et parce que les Éginètes leur avaient rendu service dans le temps du tremblement de terre et du soulèvement des Hilotes. La Thyréatide confine à l'Argie et à la Laconie, et aboutit à la mer. Une partie des Éginètes s'y établit : les autres se dispersèrent dans le reste de l'Hellade.

CHAP. 28. Encore dans le même été, à la nouvelle lune, le seul temps où, suivant le cours de la lune astronomique, il semble que puisse arriver ce phénomène, le soleil s'éclipsa vers midi, puis reparut dans son plein, après avoir eu la forme d'un croissant, quelques étoiles ayant brillé dans l'intervalle.

CHAP. 29. Dans le même été, les Athéniens traitèrent comme ami, et mandèrent un homme qu'auparavant ils croyaient leur ennemi, Nymphodore, fils de Pythès, Abdéritain, dont la sœur avait épousé Sitalcès, roi en Thrace, et qui jouissait auprès de son beau-frère d'un grand crédit. Ils voulaient se faire un allié de Sitalcès. Térès, son père, avait donné aux Odryses un royaume plus respectable que les autres principautés de la Thrace ; car une grande partie des Thraces est libre et autonome. Ce Térès n'appartenait en rien à Téreus, qui eut pour épouse Procné, fille de Pandion d'Athènes : ils n'étaient pas de la même Thrace.

Téreus habitait la Daulie, portion de ce pays qu'on appelle aujourd'hui *Phocide*, et qu'alors occupaient des Thraces, où les femmes commirent sur Ithys cet attentat si fameux; et bien des poètes, en parlant du rossignol, le nomment *l'oiseau de la Daulie*. Probablement ce fut en considération des avantages que cette alliance devait procurer aux deux peuples, que Pandion établit sa fille dans un canton séparé du sien par un petit intervalle, plutôt que d'aller chercher un gendre dans l'Odrysie, séparée de l'Attique par une route de plusieurs jours.

Quant à Térès, qui n'a pas même avec Téreus la conformité de nom, il avait été le premier roi puissant de l'Odrysie. Les Athéniens recherchaient l'alliance de Sitalcès son fils, voulant qu'il les aidât à ramener à eux et Perdiccas, et la portion de l'Épithrace sur laquelle ils avaient des prétentions. Nymphodore vint à Athènes, consomma l'alliance de Sitalcès, et fit accorder à Sadocus, fils de ce prince, le titre de citoyen. Il promit de mettre fin à la guerre de l'Épithrace et d'engager son gendre à envoyer aux Athéniens une armée composée de cavalerie et de peltastes. Il réconcilia aussi Perdiccas avec les Athéniens, en les engageant à lui rendre Therme. Aussitôt Perdiccas porta les armes dans la Chalcidique, de concert avec les Athéniens et Phormion. Ce fut ainsi que Sitalcès, fils de Térès, roi en Thrace, et Perdiccas, fils d'Alexandre, roi de Macédoine, devinrent alliés d'Athènes.

Chap. 30. Les Athéniens qui avaient monté les cent vaisseaux, et qui tournaient encore le Péloponnèse, prirent Solium, ville des Corinthiens; ils ne permirent qu'aux Paliriens seuls entre les Acarnanes, de l'habiter et d'en cultiver les campagnes. Ils prirent de vive force Astacus, dont Évarque était le tyran, le chassèrent et engagèrent le pays dans leur alliance. Ils passèrent dans l'île de Céphallénie, dont ils se rendirent maîtres sans combat. Céphallénie, située en face de l'Acarnanie et de Leucade, renferme quatre cités : celle des Palliens, des Craniens, des Saméens, et des Pronéens. Les vaisseaux d'Athènes s'en retournèrent peu de temps après.

Chap. 31. Vers la fin de ce même été, les Athéniens en masse, tant citoyens que métèques, se jetèrent sur la Mégaride. Périclès, fils de Xanthippe, les commandait. Les Athéniens qu'on avait envoyés avec les cent vaisseaux infester les côtes du Péloponnèse, ayant appris en revenant chez eux, car déjà ils se trouvaient à Égine, que ceux de la ville étaient à Mégares, firent voile de leur côté et opérèrent avec eux une jonction qui leur procura le plus fort armement qui eût été mis sur pied tout à-la-fois; car la république était alors dans toute sa vigueur, et la peste n'avait pas encore exercé ses ravages. Les Athéniens seuls ne formaient pas moins de dix mille oplites, en outre de trois mille qui étaient à Potidée, et trois mille métèques au moins qui partageaient cette expédition, sans compter un corps nombreux de troupes légères. Ils s'en retournèrent après avoir ravagé la plus grande partie du pays. Ils firent encore chaque année, pendant la durée de la guerre, plusieurs incursions dans la Mégaride, tantôt avec de la cavalerie seulement, tantôt en corps d'armée, jusqu'à ce qu'ils eussent pris Nisée.

Chap. 32. Les Athéniens, à la fin de l'été, fortifièrent Atalante, île auparavant déserte, voisine des Locriens d'Oponte, pour empêcher les pirates de sortir de cette côte d'Oponte et du reste de la Locride, et d'incommoder l'Eubée. Voilà ce qui arriva cet été, après que les Péloponnésiens se furent retirés de l'Attique.

Chap. 33. L'hiver suivant, le tyran Évarque l'Acarnane, qui voulait rentrer à Astacus, obtint que les Corinthiens l'y reconduiraient avec quarante vaisseaux et quinze cents oplites : lui-même soudoya quelques auxiliaires. Les généraux de l'armée étaient Euphamidas, fils d'Aristonyme; Timoxène, fils de Timocrate; et Eumaque, fils de Chrysis. Ils s'embarquèrent et rétablirent Évarque. Ils voulaient s'emparer de quelques autres endroits de l'Acarnanie situés sur les côtes; mais n'ayant pas réussi dans leurs tentatives, ils revinrent à Corinthe, et côtoyant Céphallénie, ils descendirent dans la campagne des Craniens. Ils entrèrent en accord avec les habitans, qui, les ayant trompés, se jetèrent sur eux par surprise, et leur tuèrent une partie de leur monde. Contraints par la force de gagner la pleine mer, ils retournèrent chez eux.

Chap. 34. Le même hiver, Athènes, suivant les anciennes institutions, célébra aux frais de l'état les funérailles des citoyens qui avaient été les premières victimes de cette guerre. Voici ce qui s'observe dans cette solennité. La surveille, on expose aux regards du public les ossemens des morts, et chacun peut apporter à son gré des offrandes au mort qui l'intéresse. On donne le signal du convoi. Déjà défilent des cercueils de cyprès portés sur des chars : un pour chaque tribu, dans lequel sont renfermés les os de ses morts. On porte en même temps un seul lit vide pour ceux qu'on n'a pu retrouver quand on a relevé les corps. Les citoyens et les étrangers peuvent, à volonté, faire partie du cortège. Les femmes parentes des morts assistent aux funérailles en poussant des gémissemens. Enfin on dépose les cercueils dans le Céramique, l'un des plus beaux faubourgs de la ville. C'est là qu'on inhume ceux que la guerre a moissonnés. Les braves qui périrent à Marathon furent seuls exceptés, car, pour rendre à leur valeur un éclatant hommage, un tombeau leur fut érigé dans les champs mêmes où ils avaient perdu la vie. Quand les morts sont couverts de terre, l'orateur choisi par la république, personnage distingué par ses talens et ses dignités, prononce l'éloge qu'ils ont mérité. Le discours terminé, on se retire. C'est ainsi que se célèbrent les funérailles. Les mêmes cérémonies furent observées pendant tout le cours de la guerre, autant de fois que l'occasion s'en présenta. Ce fut Périclès, fils de Xanthippe, qui fut choisi pour honorer la mémoire des premières victimes des combats. Le moment arrivé, il quitta le monument pour monter sur une tribune qu'on avait élevée de manière que la voix de l'orateur pût être entendue de la plus grande partie de l'auditoire. Il s'énonce en ces termes :

Chap. 35. « Plusieurs des orateurs que vous venez d'entendre à cette tribune, n'ont pas manqué de préconiser le législateur qui, en consacrant l'ancienne loi sur la sépulture des citoyens moissonnés dans les combats, crut pouvoir y ajouter celle qui ordonne de prononcer leur éloge : sans doute ils pensaient que c'est une belle institution de louer en public les guerriers morts pour la patrie.

» Pour moi, plutôt que de compromettre la gloire d'une foule de guerriers, en la faisant dépendre du plus ou du moins de talent d'un seul orateur; je croirais suffisant de décerner aux citoyens que des vertus réelles ont rendus recommandables, des honneurs réels comme leurs vertus, tels que ceux dont la république environne aujourd'hui ce monument funèbre. Comment en effet garder une juste mesure et réunir tous les suffrages dans un éloge où l'on peut à peine fixer l'opinion sur la fidélité des récits? Les auditeurs sont-ils instruits des faits, ou disposés à les croire : l'orateur ne remplit jamais leur attente. Ignorent-ils les faits : dès qu'on leur a présenté quelque trait trop au-dessus de leur nature, l'envie leur dit qu'on exagère. Car l'homme supporte l'éloge de la vertu d'autrui, tant qu'il se croit à la hauteur des belles actions qu'il entend raconter; ce récit l'a-t-il convaincu de son infériorité, envieux, il devient aussitôt incrédule. Mais puisque cette institution est consacrée par l'approbation de nos ancêtres, m'y conformer est un devoir que je vais m'efforcer de remplir, en me rapprochant, autant qu'il me sera possible, de ce que pense et veut chacun de vous.

Chap. 36. » Je commencerai par nos aïeux : c'est un tribut que nous leur devons dans une telle circonstance. De tout temps possesseurs de cette contrée, ils nous l'ont léguée de race en race, libre jusqu'à ce jour, grâces à leurs vertus; ils ont donc un droit acquis à nos éloges. Mais que ne devons-nous pas surtout aux auteurs de nos jours, qui, reculant les bornes du domaine dont ils avaient hérité, nous ont transmis, non sans de grands efforts, tout ce que nous possédons aujourd'hui! En leur offrant ce légitime hommage, nous ajouterons cependant que c'est à nous, à ceux d'entre nous qui sont dans la force et la maturité de l'âge, que cet empire doit sa stabilité. C'est nous qui avons rendu cette république aussi redoutable pendant la guerre que florissante pendant la paix.

» Il n'est aucun de vous qui ne connaisse ces combats livrés par nos ancêtres pour la défense de la patrie, et ces guerres moins anciennes où nos pères et nous-mêmes signalâmes notre valeur contre les Hellènes et les Barbares. Sans vous fatiguer de ce récit, je vais vous parler avant tout, et des vertus qui nous ont conduits aux premiers degrés de cette puissance, et de là forme de notre gouvernement, et des mœurs auxquelles nous devons cette grandeur actuelle. Je passerai ensuite à l'éloge de nos guerriers. Ces considérations ne sauraient être étrangères à la cérémonie qui nous rassemble. J'en crois d'ailleurs le développement utile à cette foule de citoyens et d'étrangers réunis en ce lieu pour m'entendre.

Chap. 37. » La constitution sous laquelle nous vivons, n'est pas faite à l'imitation des lois qui régissent les autres peuples : loin d'être imitateurs, c'est nous qui avons servi de modèles à plusieurs. On a donné à ce gouvernement le nom de démocratique, parce qu'il dirige tous ses ressorts vers l'intérêt du grand nombre. S'élève-t-il quelques différends entre particuliers, les lois ne font aucune acception des personnes. Aspire-t-on aux emplois, selon le genre dans lequel on excelle, l'avantage d'appartenir à un ordre distingué n'y conduit pas plus sûrement que le mérite; jamais le défaut d'illustration n'en a fermé l'accès au citoyen pauvre, mais en état de servir sa patrie.

» Traitant les affaires publiques avec franchise, on ne nous voit point, dans la vie privée, armés l'un contre l'autre de l'œil du soupçon, épier nos habitudes domestiques; et le citoyen qui accorde quelque chose à ses plaisirs, n'a point à redouter notre humeur austère. Il ne verra pas sur nos fronts cet air chagrin et improbateur, qui, pour n'être point un châtiment réel, n'en est pas moins pénible. Doux et faciles dans le commerce de la vie, et craignant par-dessus tout de violer les principes d'ordre public, nous obéissons à l'éternelle autorité des magistrats et aux lois dont ils sont les organes, à ces lois surtout qui protègent l'opprimé, même à celles qui, sans être écrites, appellent sur ceux qui les transgressent la vengeance de l'opinion publique.

Chap. 58. » Nous avons préparé même à l'esprit de nombreux délassemens du travail. Tel est du moins l'effet des spectacles et des sacrifices qui se renouvellent pendant toute l'année, de ces fêtes particulières, de ces décorations pompeuses, dont l'agrément habituel fait oublier les peines de chaque jour.

» La grandeur de notre république appelle dans son sein les richesses de la terre entière, en sorte que nous jouissons autant et sommes aussi riches des productions étrangères que de celles de notre territoire.

Chap. 59. » Pour ce qui regarde l'étude de l'art militaire, nous l'emportons sur nos voisins en plusieurs points. Notre ville est ouverte à tous les peuples; aucune loi n'écarte les étrangers des leçons ou des spectacles dont la connaissance, pour n'être pas restée secrète, pourrait un jour profiter à l'ennemi. C'est qu'en effet nous comptons moins sur une politique astucieuse et mystérieuse que sur la générosité de notre caractère.

» Que d'autres, par de pénibles exercices, forçant la nature, donnent à la jeunesse le caractère de la virilité; nous, avec des institutions plus douces, nous ne sommes pas moins ardens à braver les périls. Qui ne sait que pour fondre sur notre territoire les Lacédémoniens appellent à leur secours leurs alliés et leurs esclaves? Tandis que vous, heureux Athéniens, seuls et marchant à l'ennemi sans autres forces que les vôtres, vous remportez presque toujours une facile victoire, quoique combattant dans un pays étranger, contre des hommes qui ont à défendre leurs foyers et leurs dieux domestiques.

» Et d'ailleurs aucun de nos ennemis ne s'est mesuré contre nos forces réunies, tant à cause du partage que nécessitent les opérations de notre marine, qu'à raison de l'envoi fréquent d'une partie de nos concitoyens sur divers points du continent. Cependant, après une affaire contre quelques-uns de nos détachemens, vainqueurs, ils se vantent de nous avoir tous défaits; vaincus, de ne l'avoir été que par la nation tout entière.

» Notre volonté pourrait bien être d'attendre les dangers au sein du loisir, plutôt que de nous y préparer par de pénibles exercices; chez nous le courage pourrait bien être plutôt une disposition naturelle de nos cœurs, qu'une vertu artificielle commandée par la loi. Mais qu'en résulte-t-il? Les maux à venir ne nous fatiguent pas d'avance; et lorsqu'ils se présentent, nous ne les soutenons pas avec moins de constance que si nous y étions formés par l'habitude de souffrir.

Chap. 40. » En ce point, comme en beaucoup d'autres, notre république a donc droit à l'admiration des hommes.

» Élégans sans recherche, philosophes sans mollesse, dans l'occasion nous déployons, non le faste stérile des vains discours, mais la solide richesse des vertus utiles à la patrie. Nous ne faisons point tomber le déshonneur sur la pauvreté qu'on avoue, mais sur l'indolence qui ne sait pas s'en affranchir. C'est ici qu'on voit, par un accord admirable, et le riche passer de l'économie de sa maison à l'administration de l'état, et le citoyen laborieux montrer autant d'habileté dans la discussion des intérêts publics que dans l'exercice de l'industrie nécessaire à sa subsistance.

» Nous sommes en effet les seuls chez qui le citoyen entièrement étranger aux affaires politiques soit regardé, non pas seulement comme un homme inoccupé, mais comme un être inutile. Aussi n'est-il personne de nous qui, dans les délibérations publiques, ne soit capable ou de concevoir des idées heureuses, ou d'apprécier celles des autres, parce que, selon nous, ce qui nuit au succès, c'est, non la prudence qui discute avant d'entreprendre, mais la précipitation qui s'engage avant d'avoir discuté.

» Un autre avantage qui nous distingue, c'est une grande hardiesse de vues jointe à une égale sagesse dans nos délibérations sur ce que nous devons entreprendre; tandis que, chez les autres hommes, l'audace est fille de l'ignorance et la réflexion enfante la timidité. Or quel est l'homme véritablement invincible? N'est-ce donc pas celui qui connaît, par une expérience qui ne trompa jamais, les douceurs de la paix et les calamités de la guerre, et que la jouissance de l'une ne rend jamais moins ardent à voler aux dangers de l'autre?

» En amitié, quelle différence entre nous et les autres hommes! L'amitié en général s'acquiert par les bons offices : la nôtre est le prix de nos propres bienfaits, beaucoup plus solide sans doute, parce qu'une fois engagés par nos bienfaits mêmes, nous sommes intéressés à entretenir, par de nouveaux services, le germe de reconnaissance que nous avons déposé dans les cœurs; au lieu que le sentiment s'émousse dans l'âme de celui qui reçoit, et quand il oblige son bienfaiteur, il sait que ce n'est point un don qu'il offre, mais une dette qu'il acquitte.

» Seuls encore nous obligeons nos alliés sans craindre de les agrandir à notre préjudice, et nous cédons, non au calcul de l'intérêt, mais au sentiment de notre indépendance.

Chap. 41. » Ajoutons un dernier trait à ce tableau, et disons qu'Athènes est l'école de l'Hellade, que chaque citoyen en particulier semble avoir reçu du ciel ces formes aimables, ces heureuses dispositions qui le mettent en état de tout exécuter avec succès, avec facilité, avec grâces.

» Et que personne ne soupçonne cet éloge d'exagération et de flatterie. J'en atteste la puissance même de la république : n'est-elle pas le plus beau témoignage rendu aux vertus qui nous ont acquis cette puissance?

» Seule entre toutes les républiques existantes, supérieure à sa renommée, Athènes se présente fièrement et défie la censure. L'ennemi qui est venu l'attaquer, n'a point à rougir d'avoir été vaincu par un peuple indigne de la victoire; quant à nos sujets, oseraient-ils reprocher à la fortune de les soumettre à des hommes qui ne sont pas nés pour l'empire? Tout enfin, autour de nous, offre des monumens de notre grandeur, qui nous assurent l'admiration et du siècle présent et des âges à venir; et pour étendre notre gloire, nous n'avons besoin ni d'un nouvel Homère, ni de toutes les fables dont l'agrément entretient une illusion que bientôt détruit la vérité des faits. La terre et la mer, forcées de s'ouvrir à notre audace, sont devenues le double théâtre où nous avons fondé de nombreux et d'impérissables monumens de nos vengeances et de nos bienfaits.

» Nos guerriers ont donc avec raison préféré la mort à l'esclavage, qui les aurait séparés d'une patrie si digne de leur amour; et ceux qui leur survivent doivent tout sacrifier à la défense d'une cause si belle.

Chap. 42. » Si je me suis étendu sur les louanges de notre république, c'est que je voulais faire concevoir que le combat n'est pas égal entre nous et des hommes qui n'ont aucun de ces avantages à défendre. Il fallait d'ailleurs établir sur d'incontestables preuves l'éloge des héros dont nous honorons la tombe. Que dis-je? cet éloge est presque entièrement achevé. En effet, tout ce que je dis à la gloire de la république, à qui le devons-nous, sinon à leurs vertus et à celles de leurs semblables?.

» Sur quelque contrée de l'Hellade que vous tourniez vos regards, vous trouverez peu d'hommes au niveau de leur renommée : mais ici l'orateur n'a point à craindre qu'on oppose à son témoignage celui de l'austère vérité. Le glorieux trépas de nos guerriers me semble placer au grand jour la vertu de chacun d'eux. C'est par la mort qu'il faut commencer l'examen; c'est en elle que la preuve se consomme.

» Si quelqu'un d'entre eux, sous d'autres rapports, mérita un reproche, il est juste que leur éclatante valeur dans les combats pour la patrie étende sur leurs faiblesses un voile protecteur; car, effaçant le mal par le bien, ils ont rendu leurs actions publiques plus utiles que leur conduite privée n'a pu être nuisible.

» Parmi eux, on n'a vu ni le riche amolli préférer les jouissances à ses devoirs, ni le pauvre tenté de fuir, cédant à cet espoir que conserve le malheureux d'échapper à l'infortune et de s'enrichir un jour. Tous unanimement, regardant le châtiment de leurs adversaires comme le plus digne objet de leur ambition, et considérant en même temps comme les plus nobles de tous les périls ceux qu'ils affrontaient, tous ils se hâtaient, à travers ces périls, de courir à la vengeance et de couronner à-la-fois tous leurs vœux. Abandonnant à l'imagination l'incertitude de l'avenir, mais ne consultant que leur cœur sur la certitude du présent; persuadés d'ailleurs que le vrai salut du soldat est plutôt dans la mort qu'il trouve au sein de la vengeance, que dans la fuite, qui ne sauve que sa vie, ils ont évité la honte attachée au nom de vaincus : ils se sont en quelque sorte identifiés avec la victoire; et leur âme, inaccessible à la crainte, est sortie du combat avec toute sa gloire, sans même avoir senti pencher la balance du destin.

Chap. 43. » C'est ainsi qu'il convenait à de tels hommes de s'offrir en victimes à la patrie. O vous qui leur avez survécu, demandez, vous le pouvez sans doute, demandez aux dieux une victoire que ne suive point le trépas; mais jamais n'opposez à l'ennemi une valeur moins audacieuse. Faudrait-il donc vous retracer tous les biens qui sont les fruits du courage? Vous les connaissez comme moi. La grandeur de la patrie qui arme vos bras n'est pas un tableau qu'il suffise de contempler sous le pinceau de l'orateur : c'est une beauté réelle; il faut que le cœur en soit épris, que l'amour en devienne plus actif à mesure que la connaissance en devient plus parfaite. Que la reconnaissance vous dise tous les jours : ceux qui nous l'ont acquise, sensibles au cri de l'honneur, à la voix de l'opinion, savaient braver les dangers. Quelquefois la fortune trompa leur attente : mais jamais ils ne crurent qu'un revers dût priver la patrie de leur vertu. Aussi lui ont-ils payé le plus noble des tributs; car, en lui donnant tout leur sang, ils ont obtenu pour eux-mêmes un honneur immortel et le plus glorieux des tombeaux, non pas ce froid sépulcre où nous venons déposer leurs cendres, mais ce monument plus durable auquel leur gloire est confiée, pour être à jamais célébrée toutes les fois que l'occasion s'offrira ou de louer la bravoure ou d'en donner l'exemple. Le monde, oui, le monde entier est la tombe des grands hommes : et ce n'est pas seulement dans leur patrie que des colonnes et des inscriptions publient leur gloire; sans le secours du burin, leur nom pénètre chez les peuples étrangers, gravé dans les cœurs bien mieux que sur la pierre.

» Animés, Athéniens, par de si grands exemples, et convaincus que le bonheur est dans la liberté et que la liberté est le prix du courage, ne refusez jamais des périls glorieux. Eh! qui doit avec le plus d'ardeur prodiguer sa vie dans les combats? Est-ce donc l'infortuné qui n'a point d'avantage à s'en promettre? N'est-ce pas plutôt celui dont un jour de plus peut changer toute la destinée, celui surtout pour qui le moindre revers aurait les plus funestes résultats? Ah! combien l'avilissement qui suivrait un moment de faiblesse est-il plus insupportable à des cœurs généreux, qu'une mort, oserai-je dire, insensible, qui surprend le guerrier à l'instant où il n'est pénétré que de la conscience de ses forces et du sentiment de la félicité publique!

Chap. 44. » Aussi ne sont-ce pas des pleurs, mais des consolations et une leçon que j'offre maintenant aux pères des guerriers dont nous célébrons la mémoire; ils savent que leurs fils naquirent soumis aux vicissitudes de la fortune.

» Heureux donc ceux qui a le sort a réservé, ou, comme à vos enfans, la plus belle fin, ou, comme à vous, le plus noble sujet de douleur! Heureux ceux pour qui la main des dieux plaça la prospérité aux bornes mêmes de la vie! Je le sens néanmoins, il sera difficile à vos cœurs de rester pénétrés de cette vérité, lorsque vous verrez vos concitoyens heureux de la possession de ces mêmes objets qui faisaient auparavant toute votre joie; car la vraie privation n'est point dans l'absence des biens qu'on ne connaît pas, mais dans la perte des jouissances dont on a long-temps savouré la douceur. C'est maintenant au reste qu'il faut rappeler toute votre constance. Ceux à qui l'âge laisse encore l'espoir d'être pères, trouveront dans de nouveaux enfans un adoucissement aux larmes qu'ils répandent aujourd'hui, et la république en retirera le double avantage d'une population plus nombreuse et d'un concours unanime au bien général. Ceux en effet qui, n'ayant point d'enfans à offrir à la patrie, n'ont pas les mêmes risques à courir, peuvent-ils apporter le même esprit de justice, la même égalité d'âme aux délibérations publiques?

» Quant à ceux que la vieillesse a déjà blanchis, et qui ne voient que des jours sereins sur la route laissée derrière eux, le court espace qui leur reste à parcourir leur paraîtra moins pénible lorsqu'ils y verront empreinte à chaque pas la gloire de leurs fils : amour de la gloire! seul sentiment qui jamais ne vieillisse! car, dans cette ruine universelle de l'homme succombant sous le poids des années, ce n'est pas, comme quelques-uns le prétendent, la passion des richesses qui survit; c'est la passion de l'honneur.

Chap. 45. » Et vous enfans, vous frères des guerriers que je célèbre, quelle glorieuse carrière je vois s'ouvrir à vos efforts! On prodigue volontiers les éloges à ceux qui ne sont plus. Un jour, peut-être, vous les surpasserez : mais alors même, vous n'obtiendrez que difficilement d'être placés à quelques degrés au-dessous d'eux, et non pas à leur niveau; car tout homme sur terre voit un concurrent avec peine: cessez-vous d'alarmer les prétentions rivales, vous êtes sûr de la bienveillance; mais elle est au prix de la mort, qui seule détruit la rivalité.

» Peut-être faut-il, avant de finir, m'arrêter un instant sur les devoirs des femmes réduites au veuvage.

» Voici ce qu'en peu de mots leur intérêt m'ordonne de leur dire: Femmes, votre gloire est de vous ressembler à vous-mêmes, d'obéir au vœu de la nature, d'être ce qu'elle vous fit; d'éviter, dans les assemblées des hommes, la publicité des censures, même la publicité des éloges.

Chap. 46. » J'ai satisfait à la loi; j'ai développé les idées que les circonstances devaient inspirer à l'orateur. Une partie de la dette publique est déjà réellement acquittée par les honneurs rendus à la tombe des héros que nous pleurons. Le reste sera payé par la reconnaissance à leurs enfants, devenus dès ce moment les vôtres, devenus les enfants de la république, qui les nourrira jusqu'à ce que l'âge leur permette de la défendre: utile récompense pour eux-mêmes, utile objet d'émulation pour ceux qui doivent entrer dans la même lice: en effet, la république qui honore magnifiquement la vertu, doit être aussi la patrie des cœurs vertueux. Allez, et retirez-vous après avoir donné à la nature, à l'amitié, les pleurs qu'elles réclament. »

Chap. 47. Cette cérémonie funèbre eut lieu l'hiver avec lequel finit la première année de la guerre. Dès le commencement de l'été, les deux tiers des troupes du Péloponnèse et des alliés, comme l'année précédente, fondirent sur l'Attique, y campèrent et ravagèrent le pays, sous la conduite d'Archidamus, fils de Zeuxidamus.

Ces troupes à peine arrivées, la peste se déclara parmi les Athéniens. Déjà plusieurs fois, dit-on, Lemnos et d'autres contrées en avaient ressenti les cruelles atteintes: mais nulle part, de mémoire d'homme, on n'avait été frappé d'une telle contagion, d'une aussi terrible mortalité. Les médecins, d'abord, n'y connaissant rien, ne pouvaient apporter de remède: la mort les frappait les premiers, à raison de leur commerce plus fréquent avec les malades. Toute industrie humaine était superflue; prières ferventes dans les hiérons, oracles consultés, pratiques de toute espèce, tout devenait inutile: on finit par y renoncer, vaincu par la force du mal.

Chap. 48. Il commença, dit-on, par cette partie de l'Éthiopie qui domine l'Égypte, descendit en Égypte et dans la Libye, gagna le vaste empire du grand roi, et soudain Athènes en fut infectée. Ses premières victimes furent les habitants du Pirée; ils allaient jusqu'à dire que les Péloponnésiens pouvaient bien avoir empoisonné les puits, car il n'existait point encore de fontaines dans ce quartier. Le mal gagna ensuite la ville haute, et ce fut alors qu'il exerça de plus grands ravages. Que chacun, médecin ou non, raisonne selon ses connaissances sur ce fléau; qu'il dise à quel principe il doit sa naissance, et quelles sont les causes, ou de la révolution qui se fit dans les corps, ou du renversement de température qui eut lieu dans l'air; pour moi, je dirai quel fut le mal, et si clairement, que les personnes attentives, qui d'avance en auront vu quelques caractères dans mon récit, ne puissent le méconnaître, si jamais il revenait exercer ses fureurs.

Chap. 49. On convenait que, cette année surtout, les autres maladies s'étaient peu fait sentir. Celles qui se manifestaient, prenaient aussitôt tous les caractères de ce mal. Mais, en général, elle frappait subitement, au milieu de la meilleure santé et sans qu'aucun symptôme l'annonçât. D'abord, on éprouvait de violentes chaleurs de tête; les yeux devenaient rouges et enflammés, la gorge et la langue sanguinolentes, l'haleine extraordinairement fétide. A ces symptômes succédaient l'éternuement, l'enrouement. En peu de temps, le mal gagnait la poitrine et causait de fortes toux. Quand il s'attachait à l'orifice supérieur de l'estomac, il y excitait des soulèvemens, suivis de toutes les évacuations de bile auxquelles les médecins ont donné des noms, et qui fatiguaient extrêmement les malades. Survenaient alors de fréquens hoquets qui causaient de violentes convulsions, et qui s'apaisaient bientôt chez les uns, beaucoup plus tard chez les autres. La partie extérieure du corps, soumise au tact, n'était ni brûlante ni pâle, mais rougeâtre, livide et couverte de petites phlyctènes et de petits ulcères. L'intérieur était dévoré d'un tel feu, que le malade ne pouvait souffrir, ni les manteaux les plus légers, ni les plus fines couvertures : il restait nu, et se jetait avidement dans l'eau froide. Plusieurs de ceux qui n'étaient pas gardés se précipitèrent dans les puits, tourmentés d'une soif inextinguible : il était égal de boire peu ou beaucoup. L'impossibilité de prendre aucun repos, et une cruelle insomnie tourmentaient pendant tout le temps de la maladie.

Tant qu'elle était dans sa force, le corps ne maigrissait pas, et, contre toute attente, résistait aux souffrances. La plupart, conservant encore quelque vigueur, périssaient le neuvième ou le septième jour, consumés par un feu intérieur, ou, s'ils franchissaient ce terme, le mal descendait dans le bas-ventre. Une violente ulcération s'y formait; survenait une forte diarrhée et l'on mourait de faiblesse. Le mal, qui avait d'abord établi son siège dans la tête, gagnant successivement tout le corps, laissait, sur ceux qui échappaient aux grands accidens, des traces aux extrémités, aux parties naturelles, aux pieds, aux mains; ceux-ci perdaient quelqu'une de ces parties, ceux-là devenaient aveugles; d'autres, à leur convalescence, se trouvaient entièrement privés de mémoire, ne reconnaissaient ni eux ni leurs amis.

CHAP. 50. Cette maladie, plus affreuse qu'on ne saurait le dire, porta des coups supérieurs aux forces humaines, et montra éminemment qu'elle différait des maladies ordinaires; car ni les oiseaux, ni les quadrupèdes qui se nourrissent de cadavres humains, n'approchaient des corps qui restaient en grand nombre sans sépulture; ou s'ils en goûtaient ils périssaient. On en eut la preuve dans la disparition des oiseaux carnassiers : on n'en voyait ni sur les corps morts ni ailleurs. Les chiens rendaient encore plus sensibles les effets de la contagion, parce qu'ils ne quittaient pas la compagnie de l'homme.

CHAP. 51. Sans s'arrêter à quantité d'irrégularités qui variaient selon la différence des sujets, tels étaient, en général, les symptômes de la maladie.

On n'avait à souffrir, dans ce temps-là, d'aucune des maladies accoutumées, et s'il en survenait, elles se confondaient avec celle qui était épidémique. Les uns mouraient parce qu'on les négligeait; les autres, malgré tous les soins qu'on leur prodiguait. Et au milieu de tout cela, on ne convenait, à dire vrai, d'aucun remède qui pût sauver ceux qui l'employaient : ce qui réussissait à l'un, nuisait à l'autre. Il ne se trouvait aucun tempérament capable de résister au mal, soit par faiblesse, soit par supériorité de force : tout était moissonné, même ceux qu'on traitait suivant les règles de l'art. Ce qu'il y avait de plus terrible, c'était, d'un côté, le découragement des malheureux lorsqu'ils se sentaient attaqués, et qui, perdant toute espérance, s'abandonnaient eux-mêmes et ne résistaient point ; et de l'autre, la contagion qui gagnait et tuait ceux qui se soignaient mutuellement, et qui s'infectaient comme les troupeaux malades : ce qui causait une affreuse destruction. Ceux qui, par crainte, ne voulaient point approcher des pestiférés, mouraient délaissés, et bien des maisons s'éteignirent faute de quelqu'un qui donnât des soins ; ceux qui en donnaient, recevaient la mort. Tel fut surtout le sort des hommes qui se piquaient de vertu : rougissant de s'épargner, ils allaient chez leurs amis ; en effet, les serviteurs attachés à la maison, abattus par l'excès des fatigues, finissaient par être insensibles aux plaintes des mourans. Ceux néanmoins qui étaient échappés au mal, montraient le plus de pitié pour les mourans et les malades, parce qu'ils avaient connu les mêmes souffrances et qu'ils jouissaient d'une parfaite sécurité ; car la peste ne frappait pas deux fois de manière à être mortelle. Les autres, témoins de leur bonheur, les mettaient au rang des bienheureux : pour eux, se livrant aux transports de la joie, ils avaient la douce espérance qu'à l'avenir aucune autre maladie ne les atteindrait.

Chap. 52. Les arrivages des champs à la ville ajoutaient à tant de maux et tourmentaient surtout les nouveaux venus : car comme il n'y avait pas de maisons pour eux, et qu'ils vivaient pressés dans des cahuttes étouffées, durant la plus grande chaleur de la saison, ils périssaient confusément, les mourans entassés sur les morts. Des malheureux près d'expirer, avides de trouver de l'eau, se roulaient dans les rues, assiégeaient les fontaines. Les hiérons, où l'on avait dressé des tentes, étaient comblés des cadavres des pestiférés qui mouraient dans le lieu même : en effet, quand le mal fut parvenu à son plus haut période, personne ne sachant plus que devenir, on perdait tout respect pour les choses divines et humaines. Toutes les cérémonies auparavant usitées pour les funérailles étaient violées. Chacun ensevelissait les morts comme il pouvait. Plusieurs, manquant des choses nécessaires, parce qu'ils venaient d'essuyer perte sur perte, s'emparaient des sépultures d'autrui. Les uns se hâtaient de poser leur mort et de le brûler sur un bûcher qui ne leur appartenait pas, prévenant ceux qui l'avaient dressé ; d'autres, pendant qu'on brûlait un mort, jetaient sur lui le corps qu'ils avaient à grand'peine apporté, et se retiraient aussitôt.

Chap. 53. La peste introduisit dans la ville un grand oubli des lois, même sur les autres objets. Au spectacle des promptes vicissitudes dont on était témoin, de riches subitement atteints de la mort, de pauvres devenus tout-à-coup riches héritiers, on osait s'abandonner ouvertement à des plaisirs qu'auparavant on se procurait dans l'ombre. N'apercevant plus que de courtes jouissances, ne voyant plus rien que d'éphémère et dans sa personne et dans ses biens, on croyait devoir tourner toutes ses pensées vers la volupté. Personne ne se sentait le courage de se fatiguer par des actions honnêtes et vertueuses : avant de parvenir à son but, ne serait-on pas surpris par la mort ? Le plaisir et ce qui y conduisait sûrement, voilà ce qui était utile et honnête. Ni la crainte des dieux ni les lois humaines n'éloignaient du crime. Les dieux! en voyant périr tout le monde indistinctement, on jugeait indifférent de les honorer ou non : les lois humaines! nul ne s'attendant à vivre jusqu'à ce qu'on instruisît le procès, on ne craignait pas les peines ordonnées par les lois, mais on voyait suspendu sur sa tête un châtiment plus grave déjà prononcé; et avant de le subir, on croyait raisonnable de tirer au moins quelque parti de la vie.

Chap. 54. Voilà les terribles maux qui pesèrent sur les Athéniens. Dans leurs murs, ils voyaient les citoyens moissonnés par la faulx de la mort; au-dehors, leurs campagnes ravagées par le fer ennemi. On se ressouvint alors, comme il arrive en de telles circonstances, de cette prédiction que les vieillards disaient avoir entendu chanter autrefois : *Athènes, un jour, aura dans ses champs la guerre des Doriens et la peste avec eux.*

Comme, dans la langue hellénique, le mot qui signifie la peste et celui qui signifie la famine diffèrent peu dans la prononciation, on disputait sur le fléau dont on était menacé : mais dans le temps de la contagion, on dut croire que c'était la peste que prédisait l'oracle : car les hommes adaptaient leurs souvenirs aux maux qu'ils souffraient. S'il survient un jour une nouvelle guerre de Doriens, et qu'il arrive une famine, on appliquera la prédiction à la famine.

Ceux qui avaient connaissance d'un oracle rendu aux Lacédémoniens, ne manquaient pas de le rappeler. Le dieu, interrogé pour savoir s'ils entreprendraient la guerre, avait répondu que s'ils combattaient de toutes leurs forces, ils remporteraient la victoire, et il avait prononcé que lui-même viendrait à leur secours. On conjecturait qu'il devait exister un rapport entre l'événement et l'oracle. La maladie se déclara dès que les Péloponnésiens eurent commencé leur invasion, et n'exerça pas de grands ravages dans le Péloponnèse : ce fut Athènes surtout qu'elle dévasta, et ensuite les autres pays les plus peuplés. Voilà ce qui arriva de relatif à la peste.

Chap. 55. Les Péloponnésiens, après avoir ravagé la plaine s'avancèrent dans la partie de l'Attique qu'on appelle maritime, jusqu'au mont Laurium, où les Athéniens ont des mines d'argent. Ils dévastèrent d'abord le côté qui regarde le Péloponnèse, ensuite la partie qui regarde l'Eubée et l'île d'Andros. Périclès, encore général, persistait dans le même avis qu'au temps de la première invasion, et pensait qu'il ne fallait pas que les Athéniens sortissent.

Chap. 56. Les Lacédémoniens continuaient d'occuper la plaine : ils n'avaient pas encore gagné le littoral, quand il fit appareiller cent vaisseaux contre le Péloponnèse. Ces dispositions terminées, il mit en mer, embarquant quatre mille oplites et trois cents cavaliers. Ces derniers montaient des bâtimens propres au transport des chevaux, et que, pour la première fois, on construisit avec de vieux navires. Les troupes de Chio et de Lesbos faisaient partie de cette expédition avec cinquante vaisseaux. Cette flotte, à son départ, laissa les Péloponnésiens sur les côtes de l'Attique. Les Athéniens, arrivés à Épidaure dans le Péloponnèse, saccagèrent une grande étendue de pays. Ils attaquèrent la ville dans l'espérance de la prendre; mais, n'ayant pas réussi, ils quittèrent Épidaure, et ruinèrent la Trézénie, l'Halie et l'Hermionie, toutes contrées maritimes du Péloponnèse; puis ils remirent en mer, allèrent à Prasies, ville maritime de la Laconie, dévastèrent une partie de la campagne, prirent la place et la détruisirent. Après cette expédition, ils revinrent chez eux, et trouvèrent à leur retour les Péloponnésiens retirés de l'Attique.

Chap. 57. La peste avait exercé ses fureurs sur l'armée athénienne et dans la ville, pendant tout le temps que les Péloponnésiens avaient occupé le territoire des Athéniens et que ceux-ci avaient tenu la mer : ce qui fit dire que les Péloponnésiens, instruits par des déserteurs de la maladie qui régnait dans les murs, et voyant les ennemis occupés de funérailles, s'étaient hâtés d'abandonner le pays : mais la vérité est que, dans cette seconde expédition, ils se tinrent fort long-temps sur le territoire ennemi et le ravagèrent entièrement : en effet, la durée de leur séjour dans l'Attique ne fut guère moindre de quarante jours.

Chap. 58. Le même été, Agnon, fils de Nicias, et Cléopompe, fils de Clinias, collègues de Périclès, se mirent à la tête de l'armée qu'il avait commandée, et portèrent la guerre contre les Chalcidiens de l'Épithrace et devant Potidée, dont le siége continuait. A leur arrivée, ils appliquèrent à la place les machines de guerre, et ne négligèrent aucun moyen de s'en rendre maîtres. Mais ils ne la prirent pas et ne firent rien d'ailleurs qui répondît à la grandeur de l'expédition : car la peste, s'étant déclarée, frappa dans ce pays les Athéniens avec fureur et ruina leur armée. Les troupes qui étaient arrivées les premières et qui étaient saines, furent infectées par celles qu'Agnon venait d'amener. Phormion, qui avait seize cents hommes, n'était plus dans la Chalcidique. Agnon retourna avec sa flotte à Athènes : la peste, en quarante jours environ, lui avait enlevé mille cinquante oplites sur quatre mille. L'ancienne armée resta dans le pays, et continua le siége de Potidée.

Chap. 59. Après la seconde invasion des peuples du Péloponnèse, il s'opéra une grande révolution dans l'esprit des Athéniens, qui voyaient leur pays dévasté, et que désolait le double fléau de la peste et de la guerre. Ils accusaient Périclès, qui leur avait conseillé de rompre la paix, et rejetaient sur lui les malheurs où ils étaient tombés. Empressés de traiter avec Lacédémone, ils envoyèrent des députés qui n'obtinrent aucun succès. Trompés de toutes parts dans leurs desseins, c'était contre Périclès qu'éclataient les mécontentemens. Lorsqu'il les vit aigris par le sentiment de leurs maux, et faisant tout ce qu'il avait prévu, il les convoqua, comme il en avait le droit, étant encore général. Il voulait relever leur courage, apaiser leur colère, les ramener à des sentimens plus doux et à plus de confiance. Il parut et parla ainsi :

Chap. 60. « Je me vois l'objet de votre colère, je m'y attendais, et j'en sens les raisons : aussi vous ai-je convoqués, pour vous rappeler ce qui ne devrait pas être sorti de votre mémoire, et vous reprocher vos injustes ressentimens et votre faiblesse à céder au malheur.

» Pour moi, je pense qu'un état qui sait garder une attitude ferme et imposante procure plus d'avantages aux particuliers, que si, heureux dans la personne de chaque citoyen, il venait lui-même à chanceler, voisin d'une décisive catastrophe. Le vent de la fortune a beau favoriser un particulier, il n'en périt pas moins dans le naufrage de la patrie. Malheureux au contraire dans une patrie heureuse, que de moyens de salut ne trouvera-t-il pas dans la prospérité générale ! Puis donc que l'état peut étayer la ruine des particuliers, et qu'un particulier ne peut seul soutenir la ruine de l'état, comment tous ne s'uniraient-ils pas pour lui prêter un commun appui? Pourquoi vous laisser abattre, comme vous le faites aujourd'hui, par des malheurs domestiques, abandonner le salut commun, accuser tout ensemble et moi qui vous ai conseillé la guerre, et vous-mêmes qui, par votre propre jugement, avez sanctionné mon avis?

» Au reste, l'homme sur qui tombe votre colère croit connaître et discuter aussi bien que qui que ce soit les grands intérêts de l'état; il se croit ami de son pays et plus fort que tout l'or du monde: qualités dont la réunion est nécessaire à tout administrateur. En effet, avoir des connaissances sans le talent de les communiquer, c'est être au niveau de celui qui n'a pas d'idées : avec ce double avantage, mais sans de bonnes intentions, on n'en donnera pas de meilleurs conseils; qu'on soit bien intentionné, mais accessible à la corruption, tout, par l'effet de ce seul vice, sera mis à prix d'argent. Si donc, sous ces divers rapports, vous m'avez jugé supérieur à d'autres, jusqu'à un certain point; si, par suite de cette opinion, et sur mes conseils, vous avez décrété la guerre, quels reproches peuvent aujourd'hui m'être adressés?

Chap. 61. » Lorsqu'on a le choix, et que d'ailleurs on est heureux, c'est une grande folie sans doute de faire la guerre. Mais si l'on est réduit à cette alternative forcée, de subir sans résistance le joug de ses voisins, ou de conserver son indépendance au prix de quelques dangers, serait-on moins répréhensible de fuir ces périls glorieux, que d'oser les affronter? Pour moi, Athéniens, je suis toujours le même et je persiste dans mon premier sentiment. Vous, vous changez, parce qu'à l'époque où vous approuviez mes conseils nul malheur ne vous avait encore atteints. Ce sont les maux que vous souffrez qui amènent vos repentirs, et qui, en affaiblissant votre jugement, vous empêchent de goûter des raisons dont naguère la justesse vous frappait. L'aiguillon de la douleur présente se fait sentir à chacun; le bien à venir est invisible à tous. Un revers imprévu autant que funeste vous atterre et vous rend incapables de soutenir vos premières résolutions : en effet, des maux soudains, imprévus, hors de toute combinaison, enchaînent le courage; et c'est ce qui vous est arrivé en plusieurs circonstances, et surtout dans la maladie contagieuse qui nous afflige. Cependant, citoyens d'une grande république, élevés dans des sentimens dignes d'elle, vous devez avoir la volonté ferme de supporter les coups les plus terribles de l'adversité, et ne jamais perdre de vue vos hautes destinées. On se croit aussi fondé à mépriser le lâche qui reste au-dessous de sa propre gloire, qu'à haïr l'audacieux qui usurpe une gloire à laquelle il n'eut jamais droit. Oubliez donc vos maux particuliers, pour n'avoir d'autre pensée que celle du salut public.

Chap. 62. » Quant aux fatigues de la guerre, si vous craignez qu'elles ne se multiplient et ne se prolongent, sans pour cela nous donner enfin la supériorité; qu'il me soit permis de vous renvoyer aux considérations que je vous ai déjà plus d'une fois présentées, et par lesquelles je vous ai démontré votre erreur sur ce point. Ce que je veux encore vous rendre évident, c'est la grandeur que vous assure l'étendue de votre domination : bonheur dont vous jouissez sans jamais en avoir bien senti vous-mêmes tout le prix, et sur lequel je n'ai point insisté jusqu'ici dans mes discours. Aujourd'hui même je me serais abstenu d'entrer dans des détails peut-être trop fastueux, si je ne vous eusse vus plongés dans un abattement indigne de vous.

» Vous croyez ne commander qu'à vos alliés ; et moi je déclare que des deux élémens ouverts à l'ambition de l'homme, la terre et la mer, il en est un sur l'immensité duquel vous régnez, et que votre domination y est assurée, non seulement aux lieux où vous l'avez établie, mais encore partout où il vous plaira de l'étendre ; et il n'est ni peuple, ni roi, qui puisse arrêter vos flottes dans leur course triomphante. Votre puissance ne réside donc pas dans la possession de ces maisons de plaisance et de ce territoire dont cependant vous regardez la perte comme un mal des plus grands. Eh! que sont auprès de votre grandeur nationale des maisons de campagne et des terres, sinon des jardins de luxe, des ornemens superflus de l'opulence! Persuadons-nous que la liberté, si nous savons la saisir et la conserver, réparera toutes les pertes ; au lieu que pour ceux qui courbent la tête sous le joug, même les avantages accessoires de la liberté s'évanouissent. Nos pères l'ont acquise et conservée par de pénibles travaux, et de plus ils nous l'ont transmise : gardons-nous de dégénérer sur ces deux points. N'est-il pas plus honteux de se laisser arracher des mains un bien qu'on possède, que d'échouer dans des tentatives faites pour se le procurer ? Marchons tous ensemble, avec un noble sentiment de respect pour nous-mêmes, de mépris pour l'ennemi. Même le lâche peut concevoir de lui une haute idée, illusion que produit une ignorance enhardie par quelques succès. Mais le guerrier intimement convaincu de sa supériorité a seul le droit de mépriser. Or, cette conviction nous l'avons ; et, à fortune égale, le talent fier s'inspire à lui-même une audace qui se fonde non sur des espérances toujours incertaines, mais sur la connaissance de ses avantages réels, connaissance qui déjà est une force de plus.

Chap. 63. » Cette glorieuse prééminence dont jouit la république et qui vous enorgueillit tous, défendez-la, sans vous refuser aux fatigues, ou cessez de vous l'attribuer. Et ne pensez pas qu'il s'agisse uniquement d'une alternative de servitude ou de liberté : vous avez à craindre à-la-fois, et d'être privés de l'empire, et d'être punis de tous les actes qui vous auront rendus odieux pendant que vous l'aurez possédé. Non, il ne vous est plus possible de l'abdiquer, quoi qu'en disent des hommes qui, par une crainte pusillanime, prennent l'inertie pour de la vertu. Votre domination ressemble à la tyrannie : s'en emparer fut injuste peut-être ; l'abdiquer serait périlleux. Bientôt ces partisans de la tranquillité, s'ils parvenaient à faire partager leurs idées, perdraient un état, quand bien même, autonome et isolé, il ne voudrait de relations avec aucun autre gouvernement. Le repos pour se maintenir veut être combiné avec l'activité. Il n'est bon à rien dans un état qui a la prééminence ; mais il convient à un pays esclave qui veut rendre sa servitude moins dangereuse.

Chap. 64. » Pour vous, Athéniens, ne vous laissez point séduire par de tels citoyens, et ne m'imputez pas à crime une guerre que vous avez décrétée avec moi, et que vous avez ainsi que moi jugée indispensable. Les ennemis ont fait une irruption : ne deviez-vous pas vous y attendre, n'ayant pas voulu souffrir qu'on vous fît la loi ? La peste est le seul fléau dont il nous ait été impossible de prévoir l'attaque et les ravages, et je n'ignore pas qu'elle est en quelque sorte la principale cause de vos ressentimens : bien injustes sans doute, à moins que vous ne consentiez à m'attribuer, comme à un dieu tutélaire tout le bien qui vous arrivera contre votre attente. Au reste, souffrons avec résignation tout ce qui nous vient de la part des dieux, avec courage les calamités de la guerre que nous font les hommes. Tels étaient avant nous les principes de cette république : que leur maintien ne rencontre pas d'obstacles en vous et par vous. Sachez que le nom d'Athènes est célèbre dans l'univers, parce qu'elle ne céda jamais à l'adversité; que c'est elle qui a fourni le plus de héros, enduré le plus de travaux guerriers; qu'elle a possédé jusqu'à ce jour une immense puissance, dont le souvenir ineffaçable passera jusqu'à nos derniers neveux, quand bien même, à partir de ce moment, et suivant le cours ordinaire des choses humaines, qui tendent à dégénérer, elle viendrait à décroître. On dira qu'à la gloire d'être Hellènes, nous joignons celle de voir le plus grand nombre des Hellènes soumis à notre empire; d'avoir soutenu de redoutables guerres contre les forces, ou divisées, ou réunies, de nos ennemis; enfin d'être citoyens d'une république aussi riche que bien peuplée. L'homme inactif, je le sais, blâmera nos nobles travaux; mais celui qui voudra se signaler par de glorieuses actions, nous prendra pour modèles, et s'il échoue, il se vengera par l'envie. Se voir en butte à la haine et traités pour le moment présent d'oppresseurs, tel est le destin de ceux qui ont la noble ambition de commander aux autres : mais pour de grands objets, consentir à provoquer l'envie, ce n'est pas entendre mal ses intérêts. En effet, la haine dure peu : on jette à l'instant même un grand éclat, et il reste pour l'avenir une gloire impérissable. Dès aujourd'hui donc, jugeant d'avance ce qui sera honorable pour l'avenir, ce qui pour le présent n'a rien de honteux, volez avec ardeur à cette double conquête. N'envoyez point de héraut aux Lacédémoniens, et gardez-vous de leur laisser voir que les calamités présentes vous abattent. Les états et les particuliers les plus forts sont ceux qui s'affligent le moins des revers, et qui savent les combattre avec le plus d'énergie. »

Chap. 65. Périclès, en s'exprimant ainsi, s'efforçait d'apaiser le ressentiment des Athéniens, et de les détourner de la pensée de leurs maux. Ils se rendirent à ses conseils en ce qui concernait les affaires publiques : ils n'envoyèrent plus de députations aux Lacédémoniens, et se portèrent avec plus d'ardeur à continuer la guerre. Mais, en particulier, ils s'affligeaient de leurs souffrances, le pauvre, parce que, possédant peu, il se voyait privé de ce peu; le riche, parce qu'il perdait dans les campagnes des propriétés remarquables par la magnificence des édifices et par les raretés qui les embellissaient; et, ce qui était plus dur encore, parce qu'ils avaient la guerre au lieu de la paix. La colère de tous contre Périclès ne fut apaisée que lorsqu'ils l'eurent condamné à une amende. Mais, peu de temps après, par une inconstance familière au peuple, on l'élut général, et tous les intérêts de l'état furent remis entre ses mains. C'est que le sentiment des maux particuliers que chacun avait soufferts commençait à s'émousser, et qu'on le jugeait supérieur à tous, dans les affaires où la république tout entière réclamait ses services. En paix, il avait gouverné sagement, et avait maintenu la sûreté de la patrie, que son administration avait élevée au plus haut degré de puissance; et la guerre, dès qu'elle fut allumée, servit à démontrer avec quelle sagesse il avait calculé les forces de l'état.

Il ne survécut que deux ans et six mois; et après sa mort, on sut encore mieux apprécier la justesse de sa prévoyance relativement aux événemens de la guerre. En effet, il avait dit qu'on aurait le dessus, mais à condition qu'on se tiendrait tranquille, tournant toutes ses vues du côté de la marine, renonçant à toute idée de conquête pendant la guerre, et ne compromettant pas le salut de la ville. Mais on fit le contraire à tous égards; et, dans les choses même étrangères à la guerre, l'ambition et la cupidité de quelques citoyens administrèrent les affaires d'une manière funeste à l'état et aux alliés. Avait-on des succès, des particuliers, bien plus que la ville, en recueillaient la gloire et le profit; échouait-on, c'était un malheur public relativement à la guerre.

Voici la cause de ce changement. Puissant par sa dignité et par sa sagesse, inaccessible à la corruption, Périclès contenait la multitude sans jamais l'humilier: ce n'était pas elle qui le menait, mais lui qui savait la conduire. N'ayant pas acquis son autorité par des voies illégitimes, il ne cherchait pas à flatter le peuple dans ses discours. Fort de l'ascendant qu'il exerçait sur les esprits, il savait les contredire, en s'opposant de front à leur humeur. Quand il les voyait insolens et audacieux à contretemps, il parlait qui leur inspirait une crainte salutaire, et modérait leur fougue. Tombaient-ils mal à propos dans l'abattement, il les relevait et ranimait leur courage. Le gouvernement populaire subsistait de nom; mais on était en effet sous la domination du premier citoyen. Ceux qui vinrent après lui, plus égaux entre eux, et aspirant au premier rang, étaient réduits à flatter le peuple et à lui abandonner les affaires. De là, comme il doit arriver dans une grande république qui possède l'empire, résultèrent bien des fautes; entre autres l'expédition de Sicile, qui fut une faute de politique, moins relativement aux forces de ceux qu'on allait attaquer, que sous un autre point de vue : ceux en effet qui la déterminèrent, occupés, non de ce qui était utile pour les soldats envoyés, mais de leurs inimitiés personnelles et de leurs projets de domination, refroidirent l'ardeur des combattans.

Cependant, quoique les Athéniens eussent échoué dans leur entreprise contre la Sicile; quoique leur armée et la plus grande partie de leur flotte eussent été détruites, que la discorde et les séditions agitassent leur république, ils ne laissèrent pas de résister pendant trois ans à leurs premiers ennemis et aux Siciliens qui vinrent les renforcer, au plus grand nombre de leurs alliés qui se soulevèrent, à Cyrus enfin, fils du grand roi, qui se joignit à la cause de Lacédémone, et qui fournit de l'argent aux Péloponnésiens pour l'entretien de leur flotte. Ils ne succombèrent qu'aux dissensions intestines, et sous les coups qu'eux-mêmes se portèrent mutuellement : tant s'était montré supérieur dans ses calculs le génie de Périclès, qui avait prévu que dans cette guerre du Péloponnèse la république se soutiendrait même sans effort.

CHAP. 66. Les Lacédémoniens et leurs alliés se portèrent le même été, avec cent vaisseaux, contre Zacynthe, île située en face (et à l'ouest) de l'Élide. Elle a pour habitans des Achéens, colonie du Péloponnèse et alliés d'Athènes. Mille oplites lacédémoniens s'embarquèrent sur la flotte, dont Cnémus, Spartiate, avait le commandement. Ils firent une descente et ravagèrent la plus grande partie de l'île; mais, comme elle ne se rendait pas, ils se retirèrent.

CHAP. 67. A la fin du même été, Aristée de Corinthe, les ambassadeurs de Lacédémone, Anériste, Nicolaüs et Stratodème, Timagoras de Tégée, et l'Argien Pollis, qui n'avait point de caractère public, partirent pour l'Asie vers le grand roi : ils devaient l'engager à fournir de l'argent et des troupes auxiliaires. Ils allèrent d'abord en Thrace, chez Sitalcès, fils de Térès. Ils voulaient lui persuader, s'il était possible, de renoncer à l'alliance d'Athènes, et de marcher sur Potidée, que les Athéniens assiégeaient. Ils voulaient en même temps l'amener à ne plus secourir ceux-ci, traverser ses états, ce qui faisait partie de leurs projets, et aller, au-delà de l'Hellespont, à la cour de Pharnace, fils de Pharnabaze, qui devait les faire accompagner jusque dans les états du grand roi. Mais des ambassadeurs athéniens, Léarque, fils de Callimaque, et Aminiade, fils de Philémon, se trouvaient par hasard auprès de Sitalcès. Ils engagèrent Sadocus son fils, devenu Athénien, à leur livrer ces ambassadeurs, dans la crainte, s'ils parvenaient jusqu'au grand roi, qu'ils ne nuisissent à une ville qui était la sienne en partie. Les ambassadeurs traversaient la Thrace pour joindre le bâtiment sur lequel ils devaient passer l'Hellespont. Sadocus, gagné, donna ordre de les saisir avant qu'ils s'embarquassent. Il avait fait partir, avec Léarque et Aminiade, des hommes chargés de les leur livrer. Ils furent conduits à Athènes. Les Athéniens craignaient qu'Aristée, reconnu pour l'auteur de tout ce qui s'était passé à Potidée et en Epithrace, ne leur fît encore plus de mal s'il leur échappait. Ainsi, le même jour que les ambassadeurs leur furent amenés, ils les firent mourir sans les juger, et même sans les entendre, quoiqu'ils demandassent à parler, et ils firent jeter leurs corps dans une fosse. Ils jugèrent cette représaille permise contre les Lacédémoniens, qui mettaient à mort et jetaient dans des précipices les marchands d'Athènes et des alliés qu'ils prenaient en mer près des côtes du Péloponnèse; car, au commencement de la guerre, les Lacédémoniens traitaient en ennemis et tuaient tous ceux qu'ils arrêtaient sur mer, appartenant, soit à des villes alliées d'Athènes, soit à des villes neutres.

Chap. 68. Vers le même temps, à la fin de l'été, les Ampraciotes, avec quantité de barbares qu'ils avaient soulevés, firent une expédition contre Argos d'Amphilochie et toute la contrée. Voici la source de leur haine contre les Argiens.

Amphiloque, fils d'Amphiarée, retournant chez lui après le siége de Troie, et mécontent de la constitution de l'Argolie, avait fondé, sur le golfe d'Ampracie, une ville d'Argos [qu'il avait qualifiée d'*amphilochique*, ainsi que le territoire qui en dépendait], nom qui rappelait Argos sa patrie. Cette ville, la plus considérable de l'Amphilochie, avait des habitans riches et puissans. Après plusieurs générations, les Amphiloques d'Argos, affaiblis par des guerres, appelèrent à eux et admirent dans leur cité les Ampraciotes, de qui, par suite de ce mélange, ils apprirent la langue hellénique; car le reste de l'Amphilochie est barbare.

Avec le temps donc, les Ampraciotes chassèrent les Argiens, et se rendirent maîtres de tout le pays. Les Amphiloques, après cet événement, se donnèrent aux Acarnanes, et les deux peuples réunis invoquèrent les secours d'Athènes, qui leur envoya trente vaisseaux commandés par Phormion.

Ce général arrivé, ils prirent Argos de vive force, asservirent les Ampraciotes, et occupèrent la ville en commun. Ce fut par suite de cette révolution que se forma la première alliance entre l'Attique et l'Acarnanie, et que naquit cette haine des Ampraciotes contre les Argiens.

Les Ampraciotes trouvèrent dans cette guerre du Péloponnèse une occasion de se satisfaire et de s'armer contre les Argiens avec les Chaones et autres barbares voisins. Ils marchèrent contre Argos, se rendirent maîtres du pays; mais, ayant attaqué la ville sans pouvoir la forcer, ils se retirèrent et se séparèrent par nations.

Tels furent les grands événemens de cet été.

Chap. 69. [L'expédition contre Argos d'Amphilochie terminée, à la fin de l'été,] les Athéniens, au commencement de l'hiver, envoyèrent sur les côtes du Péloponnèse vingt vaisseaux commandés par Phormion, qui, stationné à Naupacte, empêchait qu'on ne pût ni naviguer Corinthe et du golfe de Crisa, ni entrer dans les eaux de cette mer. On expédia en même temps six autres vaisseaux vers les côtes de la Carie et de la Lycie, sous le commandement de Mélésandre. Sa mission avait pour objet d'y lever des tributs et d'empêcher que les pirates péloponnésiens, venant des côtes de la Carie et de la Lycie, ne nuisissent à la navigation des vaisseaux de charge de Phasélis, de la Phénicie, et de toute cette partie du continent.

Mélésandre, ayant mis pied à terre en Lycie avec les Athéniens qui montaient ses vaisseaux, et des alliés du pays, vaincu dans une action, y périt lui-même avec une partie de son armée.

Chap. 70. Dans le même hiver, ceux de Potidée se virent hors d'état de soutenir un siège que les incursions du Péloponnèse dans l'Attique n'empêchaient pas les Athéniens de continuer. Le pain leur manquait: la faim les avait réduits aux plus cruelles extrémités, même à se manger les uns les autres. Ils résolurent de se rendre, et entrèrent en conférence avec les généraux ennemis, Xénophon, fils d'Euripide, Hésiodore, fils d'Aristoclide, et Phanomaque, fils de Callimaque. Ceux-ci les reçurent à composition, témoins des souffrances de leur propre armée, dans une contrée où l'hiver est rigoureux: d'ailleurs les frais de ce siége avaient déjà coûté deux mille talens à la république. La capitulation portait que les habitans, leurs enfans, leurs femmes et leurs alliés, sortiraient de la ville, les hommes avec un seul manteau et les femmes avec deux, et chacun n'emportant qu'une somme fixée pour le voyage. Ces malheureux se retirèrent dans la Chalcidique, et partout où chacun put espérer de trouver asile. Les Athéniens firent un crime à leurs généraux d'avoir traité sans leur aveu, car ils croyaient se rendre maîtres de la ville à discrétion. Ils y envoyèrent une colonie tirée de leur sein, et la repeuplèrent. Ainsi finit la seconde année de la guerre que Thucydide a écrite.

Chap. 71. Au commencement de l'été, les Péloponnésiens et leurs alliés, au lieu de faire irruption dans l'Attique, tournèrent leurs armes contre Platée. Archidamus, fils de Zeuxis, roi de Lacédémone, leur général, asséyait son camp près de la ville, et se préparait à ravager les campagnes. Les habitans se hâtèrent de lui envoyer des députés qui parlèrent ainsi: «Archidamus, et vous Lacédémoniens, vous commettez une injustice, une action indigne de vous et de vos ancêtres, en faisant une invasion sur nos terres. Pausanias, fils de Cléombrote, après avoir chassé les Mèdes de concert avec les Hellènes qui voulurent partager les périls du combat livré dans nos campagnes, offrit des sacrifices à Jupiter sauveur dans la place publique de Platée; et là, en présence des alliés solennellement assemblés, rendit aux Platéens leur ville, leur territoire, et leur indépendance. Il prononça que jamais on ne s'armerait contre eux; que dans aucun cas ils ne seraient réduits en servitude: autrement, que tous les alliés présens les secourraient de toutes leurs forces. Voilà ce que nous ont accordé vos pères en récompense de notre courage et du zèle que nous montrâmes au milieu de ces nobles périls. Vous nous traitez bien différemment, vous qui avec nos plus mortels ennemis, les Thébains, venez pour nous asservir. Au nom des dieux qui reçurent nos sermens mutuels et que nous prenons à témoin, au nom des dieux de votre pays et du nôtre, nous vous sommons de ne point ravager le territoire de Platée, de ne pas violer des engagemens sacrés, et, conformément au décret de Pausanias, de nous laisser vivre paisiblement sous nos propres lois. »

CHAP. 72. « Ce que vous dites, répliqua Archidamus, serait juste, si vos actions répondaient à vos discours. Pausanias vous a accordé l'indépendance. Jouissez-en; mais, avec nous, respectez la liberté des autres alliés, qui partagèrent alors vos dangers, qui furent compris dans le même traité, et qui gémissent aujourd'hui sous le joug d'Athènes. C'est pour les rendre libres, eux et d'autres peuples encore, qu'avec des préparatifs immenses nous avons entrepris cette guerre. C'est vous surtout qui en recueillerez les fruits. Soyez donc aussi fidèles aux sermens; ou du moins, comme déjà nous vous y avons invités, restez neutres, en cultivant en paix vos campagnes; recevez chez vous les deux partis comme amis, mais sans embrasser la querelle ni des uns ni des autres. Voilà ce qui nous plaît. »

Les députés rapportèrent cette décision, et après en avoir conféré avec leurs concitoyens, ils représentèrent au roi que les Platéens ne pouvaient accepter ses offres que de l'aveu des Athéniens, chez qui se trouvaient leurs femmes et leurs enfans; qu'après son départ, ils avaient à craindre ou que les Athéniens ne vinssent s'opposer à la résolution prise, ou que les Thébains, profitant de l'obligation imposée aux Platéens de recevoir également ceux des deux partis, ne tentassent de s'emparer une seconde fois de leur ville. « Hé bien, leur dit Archidamus pour les rassurer, remettez entre nos mains votre ville et vos maisons; montrez-nous les bornes de votre territoire; donnez-nous en compte vos arbres, et tous vos autres effets susceptibles de dénombrement. Retirez-vous où vous voudrez tant que durera la guerre; lorsqu'elle sera finie, nous vous les rendrons. Jusque-là nous garderons le tout en dépôt; nous cultiverons vos terres, et nous vous fournirons une somme suffisante pour vivre. »

CHAP. 73. Rentrés dans la ville, les députés en référèrent à l'assemblée, qui répondit : « Nous voulons d'abord communiquer aux Athéniens ces nouvelles propositions : s'ils les approuvent, nous nous y soumettrons; mais jusque-là qu'on nous accorde une trève, et qu'on ne ravage pas nos campagnes. » Archidamus y consentit, en fixant la durée de cette trève au nombre de jours nécessaire pour le voyage, et il ne fit aucun dégât. Les députés, arrivés à Athènes, se consultèrent avec les Athéniens, qui les renvoyèrent avec cette réponse : « Platéens, depuis que vous êtes entrés dans notre alliance nous n'avons jamais souffert qu'on vous fît la moindre insulte; nous ne le souffrirons pas davantage aujourd'hui. Comptez sur le secours de toutes nos forces, et, sans rien innover, restez fidèles à l'alliance jurée par vos pères. »

CHAP. 74. En conséquence les Platéens se déterminèrent à ne point se détacher des Athéniens, mais, s'il le fallait, à laisser ravager leurs terres sous leurs yeux et à souffrir les dernières extrémités. Ils résolurent même de ne plus envoyer de députés, mais de répondre du haut des remparts qu'il leur était impossible d'accepter les propositions des Lacédémoniens. « Je vous prends à témoin, dit aussitôt Archidamus, dieux protecteurs de Platée, et vous héros dont elle fut la patrie, que les habitans de ce pays ont les premiers enfreint les sermens; que nous ne sommes point venus comme agresseurs sur cette terre, où, après vous avoir invoqués, nos pères ont vaincu les Mèdes, sur une terre que vous leur accordâtes unanimement pour champ de victoire; que désormais nous ne serons pas coupables des maux que nous allons faire. Nos justes propositions ont toutes été rejetées. Daignez tous, d'un commun accord, faire retomber le châtiment de l'injustice sur ses auteurs, et accorder le succès de la vengeance à ceux qui la poursuivent légitimement. »

CHAP. 75. Après cette invocation solennelle, Archidamus disposa son armée aux hostilités. Et d'abord, pour ôter toute issue aux assiégés, il entoura la ville d'arbres qu'il avait fait couper et planter droits en terre. Les Péloponnésiens ensuite résolurent d'élever une terrasse qui se dirigerait vers la place, espérant qu'ils s'en rendraient bientôt maîtres, secondés par un si grand nombre de travailleurs.

Ayant donc coupé des bois et les ayant transportés du Cithéron, on commença par établir des deux côtés des bâtis de charpente enlacés et servant d'appui, afin de contenir les terres de la chaussée. L'encaissement formé, on porta dans l'intérieur des broussailles, des pierres, et tous autres matériaux propres à accélérer et à compléter le travail. Soixante-dix jours et autant de nuits continus furent employés à la construction de cette chaussée. On se partageait en relais, en sorte que les uns apportaient des matériaux, tandis que les autres prenaient du repos ou leur repas. Les xénages de chaque ville de la Laconie inspectaient tour à tour et pressaient le travail.

Les Platéens, voyant s'élever la terrasse, dressèrent un bâtis de charpente sur la partie de la ville contre laquelle se dirigeait cet ouvrage, et remplirent les vides de la construction avec des briques tirées des maisons voisines, qu'ils démolissaient. Le bâtis était combiné de manière à servir de lien à ces briques, et devait empêcher l'écroulement de la construction, que sa grande hauteur eût rendue trop faible. Il était clos sur le devant par une cloison revêtue de cuirs et de peaux, pour mettre à couvert le travail et les travailleurs contre les feux qu'on aurait lancés.

Ce bâtis acquérait une grande hauteur; mais, la levée qu'on lui opposait ne s'élevant pas avec moins de célérité, les Platéens alors eurent recours à cet expédient : faisant une ouverture au pied de leur mur, où aboutissait la terrasse, ils tiraient la terre à eux.

CHAP. 76. Les Péloponnésiens, s'en étant aperçus, remplirent des paniers de terre délayée, qui, ainsi maintenue, ne pourrait ni s'ébouler ni s'enlever comme de la terre sèche; puis ils jetèrent ces paniers dans la partie du môle entr'ouverte.

Les assiégés, à qui ce premier essai devenait inutile, y renoncèrent. Mais, à partir de la ville, ils creusèrent une galerie souterraine, et, la dirigeant par conjecture vers et sous la chaussée, ils soutirèrent de nouveau de la terre de cette chaussée, et la transportèrent hors de la mine au moyen d'une chaîne établie à cet effet.

Les Péloponnésiens assiégeans furent long-temps à s'apercevoir que plus ils jetaient de fascines, moins ils avançaient, la chaussée, minée par le bas, s'affaissant successivement sur les parties excavées. Les assiégés, craignant que ces moyens de défense ne fussent insuffisans contre un ennemi si supérieur en nombre, imaginèrent cet autre expédient. Ils cessèrent de travailler à la grande construction qu'ils opposaient à la terrasse. Commençant un nouveau travail, à partir des deux extrémités de la partie intérieure du petit mur, ils construisirent, en forme de croissant, un deuxième rempart qui rentrait du côté de la ville [et qui s'appuyait sur les deux côtés du mur intérieur].

La grande construction venant à être emportée, le nouveau retranchement servirait de défense, et les ennemis seraient obligés d'élever encore un môle pour attaquer ce retranchement. Alors, se trouvant dans l'intérieur de la ville, ils auraient un second siége à faire, et ils se trouveraient pris de deux côtés à-la-fois.

Tandis que ceux de Platée s'occupaient du nouveau rempart, les Péloponnésiens approchaient de la ville des machines dont l'une, amenée à la partie avancée de la jetée, ébranla fortement la grande construction et consterna les assiégés.

D'autres machines partaient de divers points de la terrasse. Les Platéens en rompaient les coups, en les engageant dans des nœuds coulans et les tirant à eux [de bas en haut, donc perpendiculairement]. Ou bien encore, suspendant de grosses poutres attachées par leurs extrémités à de longues chaînes de fer qui tenaient à deux antennes, posées sur le mur qu'elles dépassaient, puis à l'aide de ces antennes [faisant office de levier], élevant les poutres transversalement, au moment où la machine était près de frapper une partie du mur, alors on abandonnait les chaînes, la poutre se précipitait avec force et brisait la tête de la machine.

CHAP. 77. Dès-lors les Péloponnésiens, ne tirant plus aucun secours des machines, et voyant un second mur anéantir les espérances qu'ils fondaient sur la construction de leur terrasse, jugèrent impossible, avec leur menaçant appareil, d'enlever la place de vive force. Ils se disposèrent donc à l'enclore d'une ligne de contrevallation. Mais d'abord, comme la ville n'était pas grande, ils voulurent essayer si, secondés par le vent, ils ne pourraient pas l'incendier. Car ils imaginaient tout pour s'en rendre maîtres en épargnant la dépense et les lenteurs d'un siége.

On apporta donc des fascines, qu'on jeta, du haut de la terrasse, dans l'intervalle qui était entre le premier mur et le mur en construction.

Cet espace ayant été bientôt rempli à force de bras, de la hauteur où ils étaient, à l'instant, sans relâche et de tous côtés, comblant du reste de la ville tout l'espace qu'il pouvait embrasser, et lançant une pluie de feu, de soufre et de poix, ils incendièrent les fascines. Tout-à-coup il s'eleva une flamme telle que personne jusqu'alors n'en avait vu de pareille produite par la main des hommes : car je ne prétends point parler de ces incendies qui ont eu lieu sur les montagnes, lorsque les arbres, agités par des vents impétueux et froissés les uns contre les autres, ont pris feu d'eux-mêmes et se sont enflammés.

L'embrasement fut terrible. Les Platéens, qui avaient échappé à tous les autres dangers, se virent au moment d'être consumés par les flammes. En effet on ne pouvait approcher d'une grande partie de la ville; et c'était fait d'elle, si, comme s'en flattait l'ennemi, le vent eût poussé ces flammes. Mais on dit qu'il tomba du ciel une forte pluie mêlée de tonnerre, qui éteignit la flamme et mit fin au danger.

Chap. 78. Les Péloponnésiens, ayant échoué dans cette nouvelle tentative, congédièrent une partie de l'armée, et occupèrent l'autre à enceindre Platée d'une ligne de contrevallation. Le travail fut partagé entre les soldats des différentes villes. On avait creusé un double fossé, l'un intérieur [du côté de la ville], l'autre extérieur [du côté de la campagne]. Avec la terre des fossés on fit des briques.

L'ouvrage achevé, vers le temps où arcture se lève avec le soleil, on laissa des soldats pour en défendre la moitié; l'autre moitié fut mise sous la garde des Béotiens. Les troupes licenciées se retirèrent chacune par république.

Les Platéens, lors de la première attaque, avaient transporté à Athènes les enfans, les femmes, les vieillards, toutes les bouches inutiles; quatre cents hommes restaient pour soutenir le siége; quatre-vingts Athéniens étaient avec eux, et cent dix femmes pour faire le pain. Tous les autres, soit libres, soit esclaves, étaient sortis de la ville. Tels furent les apprêts du siége de Platée.

Chap. 79. Le même été, et pendant que ce siége avait lieu, Athènes, avec deux cents oplites de sa nation et deux cents cavaliers, marcha contre les Chalcidiens de l'Épithrace et contre les Bottiéens, comme le blé montait en épis. Xénophon, fils d'Euripide, les commandait, lui troisième. Arrivé près de Spartole la Bottique, ils en ravagèrent les blés. On avait lieu de croire que la place se rendrait par les manœuvres de quelques habitans. Mais ceux de la faction contraire avaient pris les devants et député vers Olynthe; bientôt arrivèrent à la défense de Spartole des oplites et autres. Les Athéniens, voyant défiler ces troupes de Spartole, se disposèrent au combat sous les murs mêmes de la ville. Les oplites chalcidiens, et quelques auxiliaires avec eux, furent battus et se retirèrent dans la place; mais les cavaliers et psiles chalcidiens, qui avaient avec eux quelques peltastes de la Cruside, battirent les cavaliers et psiles athéniens.

L'action avait à peine cessé, quand survint d'Olynthe un nouveau renfort de peltastes. A leur aspect, les psiles de Spartole, encouragés par cet accroissement de forces, et par le succès obtenu à la première attaque, en firent une seconde avec les cavaliers chalcidiens et le nouveau renfort.

Les Athéniens reculèrent jusqu'aux deux corps de troupes qu'ils avaient laissés près des bagages. Dès qu'ils venaient à la charge, l'ennemi cédait; quand ils reculaient, il les pressait et les accablait de traits, tandis que la cavalerie chalcidienne se précipitait partout où elle trouvait jour. Elle sema l'épouvante dans leurs rangs, les mit en fuite, et les poursuivit au loin. Les Athéniens se réfugièrent à Potidée, enlevèrent leurs morts par accord, et retournèrent à Athènes avec le reste de leurs troupes, après avoir perdu quatre cent trente hommes et tous leurs généraux. Quant aux Chalcidiens et aux Bottiéens, ils érigèrent un trophée, recueillirent les morts, et se retirèrent par cantons.

Chap. 80. Le même été, peu après cette expédition des Athéniens contre la Chalcidique, les Ampraciotes et les Chaones, voulant bouleverser toute l'Acarnanie et la détacher d'Athènes, invitèrent les Lacédémoniens à équiper une flotte aux frais des alliés, et à envoyer mille oplites dans cette contrée. Ils leur représentaient qu'en l'attaquant de concert avec eux, et par terre et par mer, ils empêcheraient les Acarnanes de la côte de se réunir à ceux de l'intérieur, et qu'ainsi tout le pays serait aisément subjugué; que, maître de l'Acarnanie, on le deviendrait de Zacynthe et de Céphallénie; qu'alors il ne serait plus si facile aux Athéniens d'infester les côtes du Péloponnèse, et qu'on pourrait espérer de prendre même Naupacte.

Les Lacédémoniens, persuadés, expédient aussitôt, sur un petit nombre de vaisseaux, des oplites aux ordres de Cnémus, encore navarque, et enjoignent aux alliés d'appareiller leur contingent et de venir le plus promptement possible à Leucade. Les Corinthiens surtout témoignèrent beaucoup de zèle aux Ampraciotes, leurs colons.

La flotte de Corinthe, de Sycione et des contrées voisines, appareillait; quant à celle des Leucadiens, d'Ampracie et d'Anactorium, déjà arrivée, elle attendait à Leucade.

Cnémus et ses mille oplites, échappés dans le trajet à Phormion, commandant de vingt vaisseaux athéniens qui étaient en observation à Naupacte, s'occupèrent sans délai de l'expédition de terre [après avoir opéré leur jonction avec les flottes de Leucade].

Cnémus avait, en troupes helléniques, des Ampraciotes, des Leucadiens, des Anactoriens, et les mille Péloponnésiens qu'il avait amenés; en troupes auxiliaires tirées de peuplades barbares, mille Chaones, qui ne reconnaissaient pas de rois, et que, par droit de naissance, Photius et Nicanor commandaient annuellement, chacun à son tour. Avec les Chaones marchaient les Thesprotes, nation pareillement libre. Les Molosses et les Atitanes étaient conduits par Sabylinthus, tuteur du roi Tharype, encore enfant; et les Paravéens, par Orède leur roi. Mille Orestes, sujets d'Antiochus, se joignaient, avec l'agrément de leur prince, à Orède et aux Paravéens. Perdiccas, à l'insu d'Athènes, avait envoyé mille Macédoniens, qui arrivèrent trop tard.

Cnémus, avec cette armée, marchait sans attendre la flotte de Corinthe. En traversant le pays des Argiens on ravagea le bourg Limné, qui n'avait pas de murailles; puis on gagna Stratos, capitale de l'Acarnanie, dans la pensée que si l'on débutait par cette conquête, le reste se soumettrait aisément.

Chap. 81. Les Acarnanes, à la vue d'une puissante armée qui faisait irruption sur leur territoire, et sur la nouvelle qu'une flotte menaçait leurs côtes, ne songèrent pas à réunir leurs forces, soit des côtes, soit de l'intérieur; ils s'occupèrent uniquement de leur conservation particulière, et députèrent à Phormion pour solliciter des secours.

Celui-ci répondit qu'une flotte devant partir de Corinthe, il ne pouvait laisser Naupacte sans défense.

Les Péloponnésiens et leurs alliés, formant trois divisions, marchèrent vers Stratos, pour établir leur camp à la vue de la place, et la forcer si elle refusait de se soumettre.

Les Chaones et autres barbares s'avançaient placés au centre; les Leucadiens, les Anactoriens, et ceux qui étaient venus avec eux, étaient à la droite; Cnémus, avec les Péloponnésiens et les Ampraciotes, avait la gauche. Ces trois corps étaient à de grandes distances les uns des autres, et quelquefois même hors de la vue l'un de l'autre. Les Hellènes s'avançaient en bon ordre, se tenant sur leurs gardes, jusqu'à ce qu'ils campassent en lieu sûr. Mais les Chaones, pleins de confiance dans leurs propres forces, et voulant soutenir la réputation de bravoure dont ils jouissaient parmi les peuples de ce continent, n'eurent pas la patience d'asseoir un camp; ils firent une marche précipitée avec les autres barbares, dans l'espérance de prendre la ville d'emblée et d'avoir seuls la gloire de ce fait d'armes.

Les Stratiens, instruits de leur approche, et croyant que s'ils les battaient tandis qu'ils étaient seuls, les Hellènes n'oseraient plus avancer, semèrent d'embuscades les environs de la ville, et quand ils les virent assez près, ils fondirent sur eux et de la ville et des embuscades. Frappés d'effroi, les Chaones perdirent quantité des leurs. Les autres barbares, les voyant fléchir, n'attendirent pas l'ennemi, et prirent le parti de la fuite. Aucune des deux ailes des Hellènes n'avait connaissance du combat, parce que les barbares s'étaient avancés loin d'eux, et qu'on avait cru qu'ils se hâtaient pour s'assurer d'un camp : mais bientôt ils les voient revenir dans le désordre le plus complet ; ils les recueillent, ne forment plus qu'un seul camp, et s'y tiennent en repos. Les Stratiens n'en venaient pas aux mains, parce que les autres Acarnanes ne s'étaient pas encore réunis, et qu'ils ne pouvaient s'ébranler sans oplites. Ils harcelaient l'ennemi de loin à coups de fronde, et le réduisaient aux abois.

Chap. 82. La nuit venue, Cnémus, ayant fait retraite en toute diligence sur les bords du fleuve Anapus, qui est à quatre-vingts stades de Stratos, fit transporter les morts par accord, et, sur l'offre amicale des Éniades, se retira sur leurs terres avant que la réunion des Acarnanes se fût effectuée. De là, chacun gagna son pays. Les Stratiens dressèrent un trophée de la victoire remportée sur les barbares.

Chap. 83. La flotte qu'on attendait de Corinthe, et celle des autres alliés, qui toutes deux, parties du golfe de Crisa, devaient se joindre à Cnémus (jonction bien désirable, afin d'empêcher les Acarnanes des côtes de se réunir à ceux de l'intérieur), n'arrivaient point. Elles avaient été contraintes, lors du combat de Stratos, de soutenir un combat contre Phormion et les vingt vaisseaux d'Athènes qui stationnaient à Naupacte. En effet, ce général, voulant les attaquer dans une mer ouverte, les observait au moment où elles longeaient les terres hors du golfe. Or, les Corinthiens et les alliés naviguaient vers l'Acarnanie, beaucoup moins dans l'attente d'un combat naval, que se préparant à une expédition de terre : ils ne croyaient pas que les Athéniens, avec leurs vingt vaisseaux, voulussent se mesurer contre quarante-sept. Cependant, dès qu'ils aperçurent la flotte ennemie voguant contre la leur, qui longeait la côte ; dès que, se dirigeant de Pâtres d'Achaïe vers le continent opposé, sur le littoral de l'Acarnanie, ils eurent vu déboucher de Chalcis et du fleuve Évenus cette même flotte qu'ils avaient aperçue à l'entrée de la nuit entrant mystérieusement en rade, dès lors ils furent contraints d'accepter la bataille au milieu du détroit. Chaque république avait ses stratéges qui se préparaient au combat : ceux des Corinthiens étaient Machaon, Isocrate et Agatharchidas.

Les Péloponnésiens disposèrent leurs navires en un cercle le plus étendu possible, sans laisser aucun jour à la faveur duquel on pût enfoncer la ligne, et tenant les proues en dehors, les poupes en dedans. Ils placèrent au centre leurs petits vaisseaux et cinq des meilleurs voiliers, afin qu'ils n'eussent qu'une faible distance à franchir pour sortir de ce centre et se porter sur les points que l'ennemi attaquerait.

Chap. 84. Les vaisseaux athéniens, voguant sur une longue file à la suite l'un de l'autre, tournaient circulairement la flotte ennemie et la resserraient dans un étroit espace, toujours la rasant de près et lui présentant la manœuvre de gens qui vont attaquer. Phormion avait défendu qu'on en vînt aux mains avant que lui-même eût donné le signal : il espérait que l'ennemi ne garderait pas l'ordre de bataille d'une armée de terre, mais que les vaisseaux seraient poussés les uns contre les autres et que les petits bâtimens ne manqueraient pas de causer du trouble. Il continuait sa course circulaire, dans l'attente d'un vent qui s'élève d'ordinaire au point du jour, et qui, soufflant du golfe, ne permettrait pas aux ennemis de garder un instant le même ordre. Comme ses vaisseaux manœuvraient beaucoup mieux, il se croyait maître de choisir à son gré le moment de l'attaque, et il pensait que ce devait être celui où le vent viendrait à souffler. Il s'éleva. Déjà la flotte ennemie se voyait resserrée, parce que le vent la tourmentait, et qu'elle se trouvait embarrassée par les petits bâtimens. Tout était en désordre ; les vaisseaux heurtaient les vaisseaux ; on se repoussait à coups d'avirons, on criait, on s'évitait, on s'injuriait : ordres, exhortations des céleustes, rien n'était entendu ; les équipages sans expérience ne pouvaient lever les rames contre les efforts de la mer agitée ; les navires n'obéissaient pas aux manœuvres des pilotes.

Le moment était favorable. Phormion donne le signal. Les Athéniens attaquent, et, pour premier exploit, coulent bas l'un des navires montés par les généraux. Partout où ils s'ouvrent un passage, ils brisent les vaisseaux, et réduisent les ennemis à une telle détresse, qu'aucun d'eux ne songe plus à se défendre : tous s'enfuient vers Pâtres et Dyme d'Achaïe. Les Athéniens poursuivent les vaincus, prennent douze vaisseaux, égorgent la plupart de ceux qui les montaient, naviguent vers Molycrium, élèvent un trophée sur le promontoire de Rhium, consacrent une de leurs prises à Neptune, puis retournent à Naupacte. Les Péloponnésiens, avec ce qui leur restait de bâtimens, se hâtèrent de passer de Dyme et de Pâtres à Cyllène, arsenal maritime des Éléens. Là se rendirent aussi de Leucade, après la bataille de Stratos, Cnémus et les vaisseaux leucadiens qui devaient se joindre à la flotte du Péloponnèse.

Chap. 85. Les Lacédémoniens envoyèrent Timocrate, Brasidas et Lycophron pour servir de conseil à Cnémus dans ses opérations navales. Ils lui ordonnèrent de mieux se préparer à un nouveau combat, et de ne pas souffrir que la mer lui fût interdite par un si petit nombre de vaisseaux. Précisément parce qu'ils s'étaient alors, pour la première fois, éprouvés dans un combat naval, l'issue leur en semblait fort étrange. Ils croyaient devoir l'attribuer moins à leur infériorité dans l'art de la marine qu'à la mollesse de leurs combattans, ne comparant pas à leur inexpérience la longue pratique des Athéniens. Aussi étaient-ils fortement indisposés contre Cnémus, lorsqu'ils envoyèrent près de lui ces commissaires. Ceux-ci, à leur arrivée, ordonnèrent conjointement avec lui aux différentes villes de fournir des vaisseaux, et firent mettre en état de combat ceux dont ils disposaient.

De son côté, Phormion transmet à Athènes la nouvelle de la victoire, et celle des nouveaux préparatifs de l'ennemi. Il demande qu'on lui envoie, sans délai, le plus de bâtimens possible : on devait chaque jour s'attendre à une affaire. On lui expédia vingt vaisseaux, avec ordre à celui qui les conduisait, de passer d'abord en Crète. Un Crétois de Gortyne, nommé Nicias, lié d'hospitalité avec les Athéniens, les engageait à passer à Cydonie, ville ennemie d'Athènes, et qu'il promettait de leur soumettre. Son but était de complaire aux habitans de Polychna, voisins de Cydonie. Il passa en Crète avec les vaisseaux qu'on lui prêtait, et, secondé par les Polychnites, il ravagea le pays des Cydoniates. Tour à tour les vents contraires et le calme lui firent perdre beaucoup de temps.

Chap. 86. La flotte du Péloponnèse, qui séjournait à Cyllène pendant que les Athéniens étaient retenus en Crète, vogua, disposée à combattre, vers Panorme d'Achaïe, où se trouvait rassemblée leur armée de terre. Phormion, de son côté, passa de Naupacte à Rhium de Molycrie, et se tint à l'ancre en dehors du promontoire, avec les vingt vaisseaux qui avaient déjà combattu; les gens du pays étaient amis des Athéniens. En face de ce promontoire est un autre Rhium, faisant partie du Péloponnèse; un trajet de sept stades au plus les sépare l'un de l'autre; c'est l'embouchure du golfe de Crisa. Les Péloponnésiens, après avoir aperçu l'ennemi, abordèrent à ce Rhium de l'Achaïe, peu distant de Panorme : leur armée de terre y était; ils mirent à l'ancre avec soixante-dix-sept vaisseaux. On resta de part et d'autre à s'observer pendant six à sept jours, occupé d'exercices et des apprêts de la bataille navale. Les Péloponnésiens ne voulaient pas sortir en-dehors des deux Rhium, et s'exposer au large, dans la crainte d'un malheur semblable à celui qu'ils avaient éprouvé; les Athéniens craignaient de s'engager dans une mer resserrée, s'imaginant qu'un combat naval livré dans un espace étroit serait favorable aux Lacédémoniens. Enfin, Cnémus, Brasidas, et les autres généraux péloponnésiens, voulurent presser le combat avant qu'il pût venir d'Athènes quelque renfort; ils convoquèrent d'abord les soldats, et les trouvant presque tous effrayés de leur première défaite, ils tâchèrent de les rassurer et leur parlèrent ainsi :

Chap. 87. « Ceux de vous, Péloponnésiens, à qui l'issue du dernier combat naval inspire des craintes pour celui qui se prépare, fondent leurs craintes sur de mauvais calculs. Vous le savez vous-mêmes, nous avions contre nous, infériorité dans les préparatifs, une flotte équipée moins pour engager une bataille que pour transporter une armée; mille contre-temps d'ailleurs dont nous ne devons accuser que la fortune; peut-être aussi notre inexpérience dans un genre de combat que nous hasardions pour la première fois. Ce n'est donc pas à notre lâcheté qu'il faut imputer nos désavantages. Nos âmes, restées invincibles et trouvant en elles-mêmes leur justification, ne doivent pas se laisser abattre par les atteintes imprévues de l'adversité. Il est dans la destinée des hommes d'être le jouet de la fortune : mais leurs âmes doivent rester toujours les mêmes; toujours ils doivent se montrer intrépides, comme la raison le commande : avec du courage ils ne prétexteront point leur inexpérience pour se donner, en quelques circonstances, le droit d'agir avec lâcheté. Certes, votre inexpérience ne vous rend pas autant inférieurs à vos ennemis que votre intrépidité vous élève au-dessus d'eux. Leur science, qui vous donne tant de crainte, si elle était accompagnée de courage, pourrait, dans le péril, leur rappeler ce qu'ils ont appris; ils pourraient alors en faire usage : mais sans la valeur, l'art ne peut rien contre les dangers; car la peur paralyse la mémoire, et la science sans le courage n'est d'aucun secours.

» A la supériorité de leurs connaissances, opposez la supériorité de la valeur; à la crainte que vous inspirerait votre défaite, la considération qu'alors vous étiez mal préparés. Vous avez en outre pour vous le grand nombre des vaisseaux, et vous combattrez sur mer, soutenus de vos oplites et près d'un rivage ami. Or, presque toujours, la victoire se déclare en faveur du plus grand nombre et des meilleurs préparatifs. Il n'existe donc pas un seul motif raisonnable qui puisse nous faire appréhender un mauvais succès. Même les fautes que nous avons commises dans le dernier combat, ajoutées à nos avantages actuels, deviendront pour nous, en nous servant de leçons, de nouvelles ressources. Pilotes, matelots, armez-vous d'une noble audace : remplissez chacun le devoir qui vous est propre, demeurant fermes au poste qui vous sera confié. Nous saurons, aussi bien que vos premiers commandans, vous offrir les occasions de vous distinguer, et nous ne fournirons à personne le prétexte de manquer de courage. Si quelqu'un vient à s'oublier, il subira un juste châtiment; les braves recevront les récompenses dues à la valeur. »

Chap. 88. Les commandans ranimèrent ainsi le courage des Péloponnésiens. Phormion, ne redoutant pas moins le découragement de ses soldats, et n'ignorant pas qu'ils formaient des rassemblemens et que le nombre des vaisseaux ennemis les épouvantait, crut devoir les encourager, les rassurer, et donner les conseils que semblaient dicter les circonstances. Il avait auparavant l'habitude de leur parler en toute occasion et d'avance; il avait si bien préparé leurs esprits, qu'il ne pouvait survenir de flotte si formidable qu'ils ne fussent prêts à la combattre. D'ailleurs, depuis long-temps ses soldats avaient conçu d'eux-mêmes une si haute opinion, qu'ils ne croyaient pas que des vaisseaux athéniens pussent reculer devant des vaisseaux du Péloponnèse, quel qu'en fût le nombre. Les voyant cependant consternés à l'aspect des ennemis, il crut devoir les rappeler à leur première valeur. Il les assembla, et leur parla en ces termes :

Chap. 89. « Soldats, je vous vois effrayés de la multitude de vos adversaires : je vous ai convoqués, jugeant trop indigne de vous de redouter ce qui n'a rien de redoutable. D'abord, c'est pour avoir été déjà vaincus, et parce qu'ils se jugent eux-mêmes inférieurs à vous, qu'ils ont équipé tant de vaisseaux, n'osant se mesurer à forces égales. En second lieu, ce motif qui leur donne surtout la confiance de s'avancer, comme si le courage était leur apanage exclusif, quel est-il? Leur expérience dans les combats de terre. Comme ils la voient ordinairement couronnée par la fortune, ils s'imaginent qu'elle leur procurera les mêmes succès dans un combat de mer. Mais ce motif, s'il existe pour eux dans les guerres sur le continent, quelle force, dans la conjoncture présente, ne doit-il pas avoir en notre faveur? Car enfin, du côté du courage, ils n'ont certes aucun avantage sur nous. Reste le point où chacun de nous l'emporte ; et ce point-là même où nous excellons rend notre confiance plus raisonnable. C'est à cause de la haute opinion qu'ils ont conçue de vous, que les Lacédémoniens se sont entourés d'alliés qui, pour la plupart, ne vont s'offrir aux dangers que malgré eux. Sans ce renfort, auraient-ils, après une défaite aussi complète, hasardé un second engagement sur mer? Ne redoutez donc pas leur audace, c'est bien plutôt à vous à leur inspirer une juste crainte, et parce que vous les avez déjà vaincus, et parce qu'ils ne pensent pas que vous les eussiez ainsi attendus, sans la ferme résolution de vous signaler par des prodiges de valeur. Des ennemis qui, comme eux, viennent attaquer avec des forces supérieures, comptent plus sur le nombre que sur leur courage; mais ceux qui se présentent d'eux-mêmes au combat, quoique inférieurs en nombre, n'osent faire face que parce qu'ils ont pour eux un grand avantage, une noble assurance et une inébranlable fermeté. Nos ennemis le sentent bien : aussi ce que votre conduite a d'extraordinaire les effraie plus que ne feraient des préparatifs proportionnés aux leurs. Souvent une armée plus faible a triomphé d'une armée plus forte, parce que celle-ci manquait ou d'expérience ou de courage; or, nous ne pouvons être taxés ni d'ignorance, ni de lâcheté. Quant à la bataille, je ne la livrerai pas dans le golfe, si j'en suis le maître : je n'y entrerai même pas; car je vois que, contre de nombreux vaisseaux mal habiles à la manœuvre, un espace resserré ne convient pas à une petite flotte, qui a dans ses mouvemens plus d'art et de légèreté. Ne voyant pas les ennemis de loin, on ne pourrait ni fondre sur eux à propos, ni faire retraite en cas de détresse. On ne saurait ni rompre la ligne et la traverser, ni revenir sur ses pas; évolutions qui paraissent propres aux vaisseaux légers. Il faudrait alors changer le combat naval en un combat de terre : or, en ce cas, c'est le nombre qui décide. Autant donc qu'il me sera possible, je préviendrai tous ces inconvéniens. De votre côté, fermeté inébranlable dans vos postes, précision et promptitude dans l'exécution du commandement, ce qui vous sera d'autant plus facile que les attaques se feront à peu de distance. Dans l'action, bon ordre et silence : deux choses utiles dans les opérations de la guerre, et particulièrement dans un combat naval. Défendez-vous avec une valeur digne de vos premiers exploits. Dans le grand combat que vous allez livrer, il s'agit ou d'ôter aux Péloponnésiens tout espoir de posséder jamais une marine, ou de forcer Athènes à trembler pour l'empire de la mer. Je vous rappelle encore une fois que vous avez déjà vaincu ces mêmes ennemis que vous allez combattre : or des vaincus ne trouvent plus dans leurs âmes la même ardeur à braver les mêmes dangers. »

Chap. 90. Phormion encourageait ainsi ses soldats. [De Rhium de Molycrie, où il était,] il ne se dirigeait pas vers le golfe de Crisa et ses étroits abords. Les Péloponnésiens voulurent l'y contraindre. Ils mirent donc à la voile au lever de l'aurore; et, rangés sur quatre de front, ils voguèrent de l'intérieur du golfe où ils étaient, le long de leur propre territoire, ne s'écartant pas de l'entrée du golfe. Ils marchaient par l'aile droite, dans l'ordre où ils se trouvaient lorsqu'ils étaient à l'ancre : ils avaient composé cette aile droite de vingt vaisseaux des plus légers. Dans le cas où Phormion, croyant que les Péloponnésiens voguent contre Naupacte, s'avancerait [en doublant le Rhium] au secours de cette place, ne pouvant se dégager de leur aile pour regagner le large, il n'échapperait pas à l'attaque dirigée contre lui, et serait facilement enveloppé. Ce qu'ils avaient prévu arriva. Le général athénien, voyant les ennemis appareiller, craignit pour Naupacte sans défense, et crut devoir, quoiqu'à regret, embarquer en hâte ses soldats. Il rasait la côte, et l'infanterie des Messéniens arrivait en même temps [de Naupacte] pour le soutenir. Les Péloponnésiens, voyant la flotte athénienne s'avancer sur une seule ligne, et déjà engagée dans le golfe et près de terre [ce qu'ils souhaitaient ardemment], donnèrent soudain le signal, virèrent de bord et se portèrent contre eux avec toute la vitesse possible. Ils espéraient s'emparer de la flotte entière; mais déjà onze vaisseaux plus avancés avaient évité la ligne des ennemis et leur attaque, et avaient gagné la haute mer; les Péloponnésiens atteignirent les autres, les poussèrent à la côte dans leur fuite, les firent échouer, tuèrent des Athéniens tout ce qui ne put se sauver à la nage, et remorquèrent quelques vaisseaux abandonnés; ils en avaient pris un avec tous ceux qui le montaient. Mais bientôt les Messéniens viennent au secours, entrent tout armés dans la mer, montent sur quelques-uns des bâtimens qu'entraînaient déjà les ennemis, combattent du haut des ponts et sauvent ces bâtimens.

CHAP. 91. Les Péloponnésiens, vainqueurs de ce côté, puisqu'ils avaient fait échouer des vaisseaux ennemis, se mirent, avec leurs vingt bâtimens légers de l'aile droite, à la poursuite des onze vaisseaux athéniens qui avaient évité l'attaque et gagné la haute mer. Ceux-ci, à l'exception d'un seul, les devancèrent et se réfugièrent dans la rade de Naupacte, rangés en ordre de bataille, la proue tournée contre l'ennemi, à la vue de l'hiéron d'Apollon, et disposés à se défendre, si l'on approchait de terre pour les attaquer. Les Péloponnésiens arrivent. Déjà, comme vainqueurs, ils naviguaient en chantant le péan. Un vaisseau de Leucade, qui seul voguait fort en avant des autres, en joignit un d'Athènes resté seul en arrière. Un vaisseau marchand se trouvait par hasard à l'ancre dans la partie de la rade qui touche à la pleine mer. Le navire athénien l'atteint le premier, le tourne, vient donner contre le vaisseau de Leucade qui le poursuivait, et le submerge. Les Péloponnésiens, qui ne s'attendaient pas à cet événement, sont effrayés : d'ailleurs, poursuivant en désordre et avec cette confiance imprudente qui suit la victoire, plusieurs vaisseaux tenaient les rames basses et s'arrêtaient, voulant attendre le plus grand nombre : parti fort dangereux, l'ennemi n'ayant que peu d'espace à franchir pour venir attaquer. D'autres, faute de connaître la plage, échouaient contre des écueils.

CHAP. 92. Ce spectacle anime les Athéniens : un seul céleuste a dit un mot d'encouragement; ils poussent un cri et fondent sur l'ennemi. Les Péloponnésiens, troublés de leurs fautes et de leur désordre, résistent peu et tournent vers Panorme, d'où ils avaient levé l'ancre. Les Athéniens les poursuivent, se rendent maîtres des vaisseaux les moins éloignés, au nombre de six, reprennent ceux des leurs qui, précédemment, avaient été mis hors de combat et amarrés au rivage, et donnent partout ou la mort ou des fers. Le Lacédémonien Timocrate était sur le vaisseau de Leucade qui fut submergé près du vaisseau de charge; pendant que le navire coulait bas, il se tua lui-même : le flot poussa son corps au port de Naupacte.

Les Athéniens, au retour de la poursuite, élevèrent un trophée au lieu d'où ils étaient partis pour la victoire, recueillirent les morts et les débris des vaisseaux jetés sur la côte, et rendirent, par un traité, ceux des ennemis. Les Péloponnésiens élevèrent aussi un trophée, comme vainqueurs, pour avoir mis l'ennemi en fuite et fait échouer quelques-uns de ses vaisseaux, et ils consacrèrent, sur le Rhium d'Achaïe, près de leur trophée, le vaisseau qu'ils avaient pris. Mais, craignant qu'il ne survînt quelques renforts envoyés d'Athènes, ils partirent à l'entrée de la nuit, pour retourner chez eux, en traversant le golfe de Crisa et se dirigeant vers Corinthe. Les Athéniens qui venaient de Crète avec vingt vaisseaux, et qui auraient dû se joindre à Phormion avant le combat, abordèrent à Naupacte peu après la retraite des ennemis.

Alors l'été finissait.

CHAP. 93. Avant le licenciement de la flotte et le retour des Péloponnésiens, soit à Corinthe, soit dans les divers pays qui bordent le golfe de Crisa, Cnémus, Brasidas, et les autres commandans, voulurent, au commencement de l'hiver, et sur l'avis donné par les Mégariens, faire une tentative sur le Pirée, port d'Athènes. Ce port n'était ni gardé, ni fermé; ce qui ne doit pas étonner, vu la grande supériorité des Athéniens sur mer. Chaque matelot eut ordre de prendre sa rame, la courroie servant à l'attacher, et son coussin; et de passer par terre de Corinthe à la mer qui regarde Athènes : arrivés en diligence à Mégares, ils tireraient de leur chantier de Nisée quarante vaisseaux qui s'y trouvaient, et vogueraient droit au Pirée. Aucune flotte n'en faisait la garde, et l'on était loin de s'attendre à voir les ennemis aborder à l'improviste. Les Athéniens croyaient bien que jamais on n'oserait faire ouvertement cette tentative, même en s'y préparant à loisir; et que, si on l'osait, ils ne pourraient manquer de la prévoir.

Aussitôt que conçu, le projet s'exécute. Les matelots, arrivés de nuit, mettent à flot les vaisseaux de Nisée, et voguent, non pas vers le Pirée, comme il avait été résolu (un vent contraire, et la crainte aussi, les en empêchèrent), mais vers celui des promontoires de l'île Salamine qui regarde Mégares. Là étaient un fort et une garde de trois vaisseaux, pour empêcher que rien ne pût ni entrer à Mégares, ni en sortir. Ils attaquèrent le fort, tirèrent à eux les trois vaisseaux vides, surprirent le reste de l'île Salamine et la pillèrent.

CHAP. 94. Des feux furent allumés pour annoncer à Athènes l'arrivée de l'ennemi. Jamais, dans cette guerre, on n'avait éprouvé une telle consternation. Dans la ville, on croyait déjà les ennemis au Pirée; et au Pirée, on croyait que, déjà maîtres de Salamine, ils étaient près d'arriver; ce qui se fût exécuté sans peine, s'ils eussent agi avec plus de résolution, et si le vent ne les avait pas retenus. Les Athéniens, dès le point du jour, accoururent en masse au Pirée, tirèrent les vaisseaux à flot, les montèrent tumultuairement, cinglèrent sur Salamine, et laissèrent des gens de pied à la garde du Pirée. Les Péloponnésiens, frappés de ces mesures énergiques, accourent à l'île de Salamine, en ravagent une grande partie, prennent les hommes, le butin, les trois vaisseaux de la garnison de Boudore, et retournent en diligence à Nisée. Ils n'étaient pas sans crainte sur leurs propres vaisseaux, depuis long-temps à sec et peut-être faisant eau de toutes parts. Retournés à Mégares, ils firent à pied le chemin de Corinthe. Quant aux Athéniens, ne les ayant pas rencontrés à Salamine, ils revinrent aussi sur leurs pas. Depuis cet événement, ils gardèrent mieux le Pirée, tinrent le port fermé, et prirent les autres précautions nécessaires.

CHAP. 95. Dans le même temps, au commencement de l'hiver, l'Odryse Sitalcès, fils de Térès, roi en Thrace, marcha contre Perdiccas, fils d'Alexandre, roi de Macédoine, et contre les Chalcidiens de l'Épithrace. Il s'agissait de deux promesses dont il voulait tenir l'une et faire exécuter l'autre. Perdiccas, à peine la guerre commencée, concevant des craintes, avait pris envers lui de secrets engagemens s'il le réconciliait avec les Athéniens, et s'il ne remettait pas sur le trône Philippe, son frère et son ennemi, et ces engagemens n'avaient pas été remplis. De son côté, Sitalcès était convenu avec les Athéniens, lorsqu'il était entré dans leur alliance, de mettre fin à la guerre des Chalcidiens. Ce fut ce double motif qui lui fit prendre les armes. Il conduisait avec lui Amyntas, fils de Philippe, qu'il voulait placer sur le trône ; Agnon l'accompagnait en qualité de général. Il emmenait aussi des députés d'Athènes qui se trouvaient pour cette affaire auprès de sa personne ; car les Athéniens devaient se joindre à lui contre les Chalcidiens avec une flotte et une nombreuse armée.

Chap. 96. Sitalcès donc, de chez les Odryses, se met en mouvement, fait une levée d'abord de Thraces-Odryses ses sujets, en-deçà de l'Hémus et du Rhodope jusqu'à la mer [Propontide] qui regarde d'un côté le Pont-Euxin et de l'autre l'Hellespont ; ensuite de Gètes, au nord de l'Hémus, et de tous les autres peuples qui, au midi de l'Ister, habitent principalement les côtes du Pont-Euxin : or ces Gètes et les peuples de cette contrée, voisins des Scythes, dont ils portent le costume et l'armure, sont tous archers à cheval. Il appela ensuite quantité de Thraces montagnards autonomes, armés de coutelas, et connus sous le nom de *Diens*, habitans pour la plupart du mont Rhodope. Les uns le suivirent par l'appât d'une solde ; les autres, comme volontaires.

Il fit aussi une levée d'Agrianes, de Lééens et d'autres Péoniens soumis à ses lois. C'étaient les derniers peuples de sa domination ; ils confinaient aux Gréens, aux Lééens-Péoniens, et au fleuve Strymon, qui, du mont Scomius, coule à travers le territoire des Gréens et des Lééens. Telles étaient les bornes de son empire du côté des Péoniens, autonomes à partir de là. Du côté des Triballes, pareillement autonomes, les limites de sa domination étaient le pays des Trères et celui des Tilatéens. Ceux-ci habitent le nord du mont Scomius, et s'étendent vers l'occident jusqu'au fleuve Oscius, qui tombe de la même montagne que le Nestus et l'Èbre, montagne déserte, élevée, et qui tient au mont Rhodope.

Chap. 97. Le royaume des Odryses se dirigeait le long de la mer, depuis Abdères jusqu'à la partie du Pont-Euxin où est l'embouchure de l'Ister. En suivant ces côtes, le plus court trajet, sur un vaisseau marchand, avec le vent toujours en poupe, est de quatre journées et d'autant de nuits de navigation ; tandis que, par terre, le plus court chemin d'Abdères à l'Ister est de onze jours pour l'homme qui marche bien.

Telle est l'étendue littorale de ce royaume : quant à son étendue dans l'intérieur des terres, depuis Byzance jusqu'au pays des Lééens et au fleuve Strymon (car c'est dans cette partie que le royaume s'étend le plus loin de la mer dans l'intérieur des terres), elle est de treize jours pour un homme qui marche bien.

La valeur du tribut payé par tous les pays barbares et par les villes helléniques, tel que le recevait Seuthès, qui, successeur de Sitalcès, l'avait considérablement accru, pouvait être de quatre cents talens d'argent, soit qu'il fût payé en or, soit qu'il le fût en argent.

Les présens en or et en argent ne s'élevaient pas à moins, sans compter les étoffes, ou brodées ou non, et autres objets précieux. On faisait ces présens non seulement au roi, mais encore aux Odryses nobles ou le plus en crédit. En effet, chez les Odryses et autres Thraces, les grands ont établi un usage différent de celui des Perses, l'usage de recevoir plutôt que de donner ; et à leurs yeux, il est plus honteux de refuser que d'essuyer soi-même un refus. A l'aide d'un pouvoir sans bornes, ils ont porté si loin leurs extorsions, que rien, à cette cour, ne se fait qu'avec des présens.

Ce royaume est donc devenu très puissant ; car de tous les états d'Europe entre le golfe d'Ionie et le Pont-Euxin, c'est celui qui est parvenu au plus haut point de grandeur par ses revenus et autres moyens de prospérité. Pour la force militaire et le nombre des troupes, il le cède de beaucoup à celui des Scythes. Nulle puissance en Europe ne peut être comparée à ces derniers, et même il n'est aucune nation de l'Asie qui, prise séparément, fût capable de résister aux Scythes, s'ils étaient tous réunis : mais sous le rapport de la prudence et de l'habileté qu'exigent les diverses circonstances de la vie, ils n'égalent pas les autres peuples.

Chap. 98. Sitalcès, roi d'une si puissante contrée, se disposa donc à la guerre. Ses préparatifs terminés, il se mit en marche contre la Macédoine. Il traversa d'abord ses propres états, ensuite Cercine, montagne déserte, qui sépare les Sintes des Péoniens. Il suivait un chemin qu'il avait frayé lui-même en coupant les forêts, lorsqu'il portait la guerre aux Péoniens.

Dans leur route à travers cette montagne, qui commence où finit l'Odrysie, ses troupes avaient à droite les Péoniens, à gauche les Sintes et les Mædes. Après l'avoir franchie, elles arrivèrent à Dobère, ville de Péonie.

Sitalcès, dans cette marche, ne perdit d'hommes que par maladie : il en recueillit même de nouveaux ; car bien des Thraces autonomes, sans être appelés, le suivirent dans l'espoir du butin. Aussi dit-on que son armée ne montait pas à moins de cent cinquante mille hommes, la plupart fantassins. La cavalerie, où l'on comptait plus d'Odryses que de Gètes, était du tiers environ.

On distinguait parmi les troupes de pied, dont ils étaient l'élite, des guerriers armés de coutelas, peuplade autonome descendue du mont Rhodope. Le reste, multitude mélangée, n'avait de redoutable que le nombre.

Chap. 99. Rassemblées à Dobère, ces troupes se disposèrent à tomber de la haute Macédoine sur la basse, où régnait Perdiccas. On comprend dans la Macédoine les Lyncestes, les Héliomiotes, et d'autres nations de l'intérieur des terres qui leur sont alliées et soumises, et qui cependant ont des rois particuliers. Alexandre, père de Perdiccas, et ses ancêtres, les descendans de Téménus, originaires d'Argos, conquirent les premiers la contrée maritime, qu'on appelle aujourd'hui la Macédoine. Ils commencèrent par vaincre dans un combat et par chasser de la Piérie les Piéres, qui dans la suite occupèrent Phagres et d'autres pays au-dessous du mont Pangée, au-delà du Strymon. A présent encore, on appelle golfe Piérique la côte maritime qui est au pied du Pangée. Ces princes repoussèrent aussi de ce qu'on nomme la Bottiée, les Bottiéens, qui confinent maintenant à la Chalcidique. Ils conquirent la portion étroite de la Péonie qu'arrose le fleuve Axius, et qui va de l'intérieur des terres jusqu'à Pella et à la mer. Ils ont aussi sous leur puissance, au-delà de l'Axius, jusqu'au Strymon, ce qu'on appelle la Mygdonie, d'où ils ont chassé les Édoniens. Ils ont repoussé du pays nommé Éordie les Éordiens, dont le plus grand nombre a été détruit et dont les faibles restes se sont établis à Physca. Ils ont aussi chassé de l'Almopie les Almopes. Enfin, ces Macédoniens établirent leur puissance sur d'autres nations qui leur sont encore soumises, sur l'Anthémonte, la Crestonie, la Bisaltie, et une grande partie du terrain qui compose la haute Macédoine elle-même. Tous ces différens pays sont compris sous la dénomination commune de Macédoine ; et quand Sitalcès y porta la guerre, Perdiccas, fils d'Alexandre, y régnait.

Chap. 100. Les Macédoniens, hors d'état de résister à l'armée formidable qui s'avançait contre eux, se retirèrent dans les lieux que l'art ou la nature elle-même avait fortifiés : ces lieux de refuge étaient peu nombreux. C'est Archélaüs, fils de Perdiccas, qui, parvenu à la royauté, éleva dans la suite les fortifications qu'on voit dans ce pays. Il aligna les chemins, établit l'ordre dans les différentes parties du gouvernement, régla ce qui concernait la guerre, monta la cavalerie, arma l'infanterie, et fit plus lui seul, pour rendre son royaume florissant, que n'avaient fait les huit souverains ensemble qui l'avaient précédé.

Quant à l'armée des Thraces-Odryses, partie de Dobère, elle fondit d'abord sur les pays qui avaient composé la domination de Philippe, prit de force Idomène, et par accord, Gortynie, Atalante, et quelques autres places. Elles se rendirent par suite de leur inclination pour Amyntas, fils de Philippe, qui se trouvait dans cette armée. Les Thraces assiégèrent sans succès Europus. Ils s'avancèrent ensuite dans la partie de la Macédoine qui est à la gauche de Pella et de Cyrrhus, et ne pénétrèrent pas plus avant sur le territoire de la Bottiée et de la Piérie; mais ils ravagèrent la Mygdonie, la Crestonie et l'Anthémonte. Les Macédoniens ne songèrent pas même à leur opposer de l'infanterie; mais, avec un corps de cavalerie que fournirent leurs alliés de l'intérieur, malgré l'infériorité du nombre, ils attaquaient l'armée thrace quand l'occasion semblait favorable. Vaillante et bien cuirassée, partout où fondait cette cavalerie, nul n'en soutenait le choc. Mais, de toutes parts enveloppée par de nombreux ennemis, le péril auquel elle s'exposait devint si manifeste, qu'elle cessa d'agir enfin, se croyant incapable de résister à des forces tellement supérieures.

Chap. 101. Cependant Sitalcès envoya déclarer à Perdiccas les motifs de son expédition. La flotte des Athéniens n'arrivait pas; ils avaient douté qu'il se mît en marche, et ne lui avaient fait passer qu'une députation et des présens. Il ne mit donc en mouvement qu'une partie de son armée contre les Chalcidiens et les Bottiéens, les poussa dans leurs forts, et ravagea leur pays. Pendant qu'il y campait, les Thessaliens méridionaux, les Magnètes, les autres sujets de la Thessalie, et même les Hellènes, jusqu'aux Thermopyles, craignirent que cette armée ne vînt les attaquer et se tinrent sur leurs gardes. Les mêmes craintes étaient partagées par les Thraces septentrionaux, habitans des plaines situées au-delà du Strymon; par les Panéens, les Odomantes, les Droens et les Derséens, peuples autonomes. Sitalcès donna lieu au bruit qui courut parmi les Hellènes ennemis d'Athènes, que ceux qui avaient été attirés par cette république elle-même à titre d'alliés, pourraient bien finir par marcher contre eux: il occupait et ravageait à-la-fois la Chalcidique, la Bottique et la Macédoine. Cependant il ne remplit aucune de ses vues. Son armée manquait de vivres et souffrait beaucoup des rigueurs de l'hiver. Il se laissa persuader par Seuthès, son neveu, fils de Sparadocus, qui jouissait près de lui du plus grand pouvoir, de ne pas différer sa retraite. Perdiccas s'était attaché secrètement Seuthès par la promesse de lui donner sa sœur en mariage avec de grandes richesses. Sitalcès, persuadé par son neveu, regagna donc précipitamment ses états, après avoir tenu la campagne trente jours entiers, dont il avait passé dix dans la Chalcidique. Perdiccas remplit sa promesse, et donna dans la suite sa sœur Stratonice à Seuthès. Telle fut l'expédition de Sitalcès.

Chap. 102. Durant le même hiver, la flotte du Péloponnèse retirée, les Athéniens qui étaient à Naupacte, sous le commandement de Phormion, se dirigèrent, en longeant les côtes, vers Astacus. Ils firent une descente et pénétrèrent dans l'intérieur de l'Acarnanie. Ils avaient quatre cents oplites athéniens, venus sur la flotte, et autant d'oplites de Messène. Avec ces forces, ils chassèrent de Stratos, de Coronte et autres endroits, les hommes dont ils soupçonnaient la fidélité; ils rétablirent à Coronte Cynès, fils de Théolytus; puis ils remontèrent sur leurs vaisseaux : car ils ne croyaient pas pouvoir attaquer, en hiver, les Éniades, qui furent de tout temps les seuls Acarnanes ennemis d'Athènes. En effet, le fleuve Achéloüs, qui coule du Pinde à travers le pays des Dolopes, des Agraens, des Amphiloques, et la plaine de l'Acarnanie, arrose les murs de Stratos, et, de l'intérieur des terres, se jette dans la mer, en longeant les Éniades, dont il inonde le territoire qui, couvert de marécages, devient en hiver impraticable aux ennemis. La plupart des îles Échinades gissent en face des Éniades, et sont près de l'embouchure de l'Achéloüs. Ce fleuve considérable forme sans cesse de nouvelles alluvions, et plusieurs de ces îles ont été réunies au continent. On croit qu'il ne faudra pas un long espace de temps pour qu'il en soit de même de toutes; car le cours du fleuve, abondant et rapide, entraîne avec lui beaucoup de limon, et les îles, très rapprochées, se servent l'une à l'autre comme de liens pour arrêter les alluvions. Semées çà et là sans régularité, et se croisant, elles ne laissent aux eaux aucun passage direct vers la mer : d'ailleurs elles sont petites et désertes. On dit qu'Apollon, par un oracle, marqua les Échinades pour retraite à Alcméon, fils d'Amphiaraüs, lorsque ce prince menait une vie errante après le meurtre de sa mère. Le dieu lui avait donné à entendre qu'il ne serait délivré de ses terreurs, qu'après avoir trouvé pour habitation un lieu que n'eût pas encore vu le soleil et qui ne fût pas encore terre quand il avait tué sa mère, parce que son crime avait souillé toute la terre. Alcméon, long-temps incertain, crut enfin découvrir dans cet atterrissement formé par l'Achéloüs, le lieu de refuge que lui avait désigné l'oracle, et il jugea que depuis si long-temps qu'il errait par suite de son parricide, les alluvions du fleuve avaient eu le temps de préparer une habitation suffisante à sa personne. Il s'établit donc aux Éniades et autres lieux qui en dépendent : il y régna, et laissa le nom d'Acarnan, son fils, à cette contrée.

Chap. 105. Telle est la tradition que nous avons reçue touchant Alcméon. Quant aux Athéniens et à Phormion, partis de l'Acarnanie, ils retournèrent à Athènes au commencement du printemps. Ils amenèrent les hommes de condition libre pris dans les batailles navales, qui furent ensuite échangés homme pour homme, et transportèrent aussi les vaisseaux dont ils s'étaient rendus maîtres. Cet hiver finit, et avec lui la troisième année de la guerre que Thucydide a écrite.

LIVRE TROISIÈME.

Chapitre premier. L'été qui suivit cet hiver, le blé étant dans toute sa force, les Péloponnésiens et les alliés firent une invasion dans l'Attique, sous le commandement d'Archidamus, fils de Zeuxidamus, roi de Lacédémone, prirent des campemens, et ravagèrent le pays. La cavalerie athénienne, suivant sa coutume, saisissait toutes les occasions de fondre sur eux : elle arrêtait le gros des coureurs, les empêchait de se porter en avant du corps de l'armée et de ravager le voisinage de la ville. Les ennemis restèrent tant qu'ils eurent des vivres; ils se retirèrent ensuite, et chacun regagna son pays.

Chap. 2. Bientôt après cette invasion, l'île de Lesbos, Méthymne exceptée, se détacha des Athéniens. Même avant la guerre, les Lesbiens en avaient conçu le projet, que les Lacédémoniens n'avaient point accueilli. Ils l'exécutèrent plutôt qu'ils ne l'avaient résolu; car ils voulaient, avant tout, fermer l'entrée de leurs ports, mettre les murailles en état de défense, compléter la flotte, et recevoir ce qui devait leur arriver du Pont-Euxin, des archers, des vivres, tout ce qu'ils avaient demandé. Mais des gens de Ténédos, leurs ennemis, ceux de Méthymne, et même des particuliers de Mitylène, qui, par esprit de faction, avaient contracté des liaisons d'hospitalité à Athènes, y firent savoir qu'on rassemblait par force tous les Lesbiens à Mitylène, et que, d'intelligence avec Lacédémone et avec les Béotiens, de même origine que les Lesbiens, on pressait la défection; qu'en un mot, si on ne les prévenait, l'île serait perdue par négligence.

Chap. 3. Les Athéniens, alors désolés à-la-fois par la peste et par une guerre déjà dans toute sa force, quoique naissante, regardaient comme très fâcheux qu'on leur fît un nouvel ennemi de Lesbos, qui avait une marine, et dont la puissance n'avait encore reçu aucune atteinte. D'abord ils repoussèrent cette dénonciation, à laquelle ils ne pouvaient croire. Mais, ayant envoyé des députés sans obtenir qu'on mît fin et au rassemblement et aux préparatifs, ils commencèrent à craindre, et, résolus de prévenir la défection, ils envoyèrent aussitôt quarante bâtimens, prêts à infester les côtes du Péloponnèse. Cléippide, fils de Dinias, était l'un des trois commandans de cette flotte. On avait appris que tous les Mityléniens en corps devaient célébrer, hors de la ville, une fête en l'honneur d'Apollon Maloens, et qu'en se hâtant, on pouvait espérer de les surprendre. La tentative réussissant, on se trouvait hors de crainte; dans le cas contraire, on leur prescrirait de livrer la ville, et de raser les murs; et sur leur refus, on ferait la guerre. La flotte partie, les Athéniens arrêtèrent dix trirèmes de Mitylène, qui, à titre d'auxiliaires, se trouvaient dans les ports, conformément à l'alliance qui unissait les deux nations. On mit les équipages sous bonne garde. Mais un homme parti d'Athènes passe dans l'Eubée, traverse à pied le bourg et cap Géreste, arrive au port, y trouve un vaisseau marchand prêt à faire voile, et, favorisé par le vent, aborde le surlendemain à Mitylène, annonçant la prochaine arrivée de la flotte. Sur cet avis les Mityléniens n'allèrent point à la fête, et gardèrent avec soin les travaux à demi terminés des murs et des ports.

Chap. 4. Arrivés peu de temps après, les généraux d'Athènes, voyant qu'on était sur ses gardes, intimèrent leurs ordres, et, n'étant pas écoutés, se disposèrent à la guerre. Les Mityléniens, subitement forcés de la soutenir sans préparatifs, sortirent du port les vaisseaux pour livrer bataille, mais sans trop s'éloigner: repoussés et poursuivis par la flotte d'Athènes, ils parlèrent d'accommodement. Ils voulaient négocier le départ de la flotte à des conditions peu rigoureuses. Les généraux ne se montrèrent pas difficiles, parce qu'eux-mêmes craignaient de ne pouvoir tenir contre les forces réunies de Lesbos. Une suspension d'armes accordée, les Mityléniens députèrent à Athènes. Parmi les membres de la députation se trouvait l'un des auteurs de la dénonciation, qui se repentait d'y avoir pris part. Ces envoyés devaient solliciter le rappel de la flotte, et répondraient de la fidélité de Mitylène. Mais comme on se promettait peu de succès de cette députation, une autre partit en même temps sur une trirème pour Lacédémone. Les députés, dans leur passage, trompèrent la vigilance des Athéniens, dont la flotte était à l'ancre à Malée, au nord de la ville : ils arrivèrent à Lacédémone après une pénible navigation, et travaillèrent à obtenir quelques secours.

CHAP. 5. Ceux qu'on avait envoyés à Athènes étant revenus sans avoir rien fait, les Mityléniens, avec le reste de Lesbos, Méthymne exceptée, se préparèrent à la guerre. Ceux de Méthymne servaient comme auxiliaires d'Athènes, ainsi que ceux d'Imbros, de Lemnos, et quelques autres en petit nombre. Les Mytiléniens firent une sortie générale sur le camp ennemi. Dans l'action, ils n'eurent pas de désavantage ; mais ils ne passèrent point la nuit dans la campagne ; se défiant d'eux-mêmes, ils rentrèrent dans la place. Depuis cette affaire, ils se tinrent en repos, attendant quelques secours du Péloponnèse, et ne voulant se hasarder qu'avec des forces plus imposantes. Méléas de Lacédémone et Herméondas de Thèbes venaient d'arriver. On les avait dépêchés avant la défection ; mais ils n'avaient pu prévenir l'expédition des Athéniens, et ils étaient montés secrètement sur une trirème après le combat. Ils conseillèrent d'envoyer avec eux à Lacédémone, sur une autre trirème, de nouveaux députés : le conseil fut suivi.

CHAP. 6. Les Athéniens, fortement encouragés par l'inaction des Mityléniens appelèrent des alliés, qui, ne voyant rien de sûr du côté de Lesbos, se montrèrent bien plus tôt qu'on ne devait s'y attendre. Ils investirent de leur flotte le côté du midi, formèrent deux camps fortifiés de deux côtés de la place, établirent des croisières en face des deux ports, et interdirent aux ennemis l'usage de la mer. Ceux-ci étaient maîtres du reste du pays avec les autres Lesbiens qui venaient d'arriver à leur secours. Les camps athéniens n'avaient à eux que peu d'étendue de terrain. C'était à Malée principalement que stationnait leur flotte et que se tenait leur marché. Ainsi se faisait la guerre de Mitylène.

CHAP. 7. A la même époque de cet été, les Athéniens envoyèrent aussi trente vaisseaux sur les côtes du Péloponnèse. Les Acarnanes avaient demandé pour général un des fils ou des parens de Phormion : Asopius, son fils, fut nommé. Ces vaisseaux ayant longé les côtes de la Laconie en les dévastant, Asopius en renvoya le plus grand nombre, et aborda lui-même à Naupacte avec douze qu'il avait gardés. Il fit prendre les armes à tous les Acarnanes, porta la guerre chez les Éniades, et remonta, avec sa flotte, le fleuve Achéloüs. L'armée de terre ravagea le pays. Mais, les Éniades ne se soumettant pas, il renvoya son infanterie, fit voile vers Leucade, descendit à Nérique, et, dans sa retraite, fut tué, lui et une partie de son monde, par les gens du pays que soutenaient des troupes des garnisons. Ce qui restait d'Athéniens finit par se retirer, après avoir obtenu des Leucadiens la permission de recueillir les morts.

CHAP. 8. Cependant les députés de Mitylène envoyés sur le premier vaisseau allèrent à l'Olympie, où les Lacédémoniens leur disaient de se rendre, pour que les divers alliés pussent entrer en délibération après les avoir entendus. C'était l'olympiade où Doriée de Rhodes vainquit pour la seconde fois. Après la célébration de la fête, ils obtinrent audience et parlèrent ainsi :

Chap. 9. « Lacédémoniens, et vous alliés, nous connaissons l'usage généralement suivi chez les Hellènes. Que, dans le cours d'une guerre, un peuple se détache d'une première alliance pour entrer dans une autre, ses nouveaux alliés l'accueillent avec empressement, comme un utile auxiliaire; mais tout en l'accueillant, ils le méprisent, parce qu'ils croient voir dans sa conduite un acte de trahison envers d'anciens amis. Ce sentiment n'a rien d'injuste sans doute, lorsqu'entre ceux qui renoncent à une alliance et ceux dont ils se séparent il y avait conformité de vues, réciprocité de bienveillance, parité dans les préparatifs et dans les forces respectives; et si, d'ailleurs, il n'existait entre eux nul motif plausible de rupture. Mais aucun de ces liens n'unissait les Athéniens et nous.

Chap. 10. » Que personne ne croie donc avoir le droit de nous mépriser, parce que, traités honorablement pendant la paix, nous les abandonnons au milieu des dangers; car, au moment où votre alliance nous est nécessaire, c'est avant tout sur le juste et l'honnête que se fondera notre discours, bien convaincus qu'il ne peut exister ni solide affection entre des particuliers, ni confédération stable entre des états, si leurs liaisons ne sont fondées sur la connaissance réciproque de leurs vertus, et si d'ailleurs il n'y a pas entre eux conformité de goûts et d'inclinations; car de la diversité des principes naît la diversité des actions.

» Pour nous, notre alliance avec Athènes a commencé lorsque vous vous retirâtes de la guerre des Mèdes, et qu'eux-mêmes restaient en armes pour détruire les restes de cette guerre. Toutefois nous devenions alliés non des Athéniens pour asservir les Hellènes, mais des Hellènes pour les soustraire à l'esclavage des Mèdes. Tant qu'ils ont commandé en respectant les droits des peuples, nous les avons suivis avec zèle. Mais dès que nous vîmes se refroidir leur haine contre les Mèdes, et tous leurs efforts se diriger contre l'indépendance de leurs alliés, dès-lors nous ne fûmes plus sans craintes. A cause d'une fatale répartition du droit de suffrage entre les différentes villes de Lesbos, nous ne pouvions former un seul corps et résister aux Athéniens. Leurs alliés furent donc asservis, excepté nous et ceux de Chio. Pour nous, autonomes et libres de nom, nous continuâmes de porter les armes avec Athènes, ne voyant plus dans les Athéniens, d'après la leçon du passé, que des chefs indignes de notre confiance. En effet, après avoir vu passer sous leur joug tous ceux qu'avec nous ils avaient compris dans le même traité, pouvait-on douter qu'ils ne nous réservassent un sort pareil, si jamais, comme il n'était que trop à craindre, leur puissance répondait à leur ambition?

Chap. 11. » Si nous jouissions tous encore d'une parfaite indépendance, nous serions plus assurés qu'ils ne trameraient rien contre nous : mais ayant soumis le plus grand nombre, pouvaient-ils supporter patiemment cette égalité que nous seuls conservions encore? pouvaient-ils nous voir sans ombrage, auprès d'une multitude déjà humblement courbée, seuls marchant encore leurs égaux, alors surtout que plus ils se surpassaient eux-mêmes en puissance, plus aussi nous nous trouvions isolés? Or une crainte réciproque, fondée sur l'égalité des forces, donne seule des garanties pour une alliance : en effet, celui qui voudrait enfreindre le traité, n'ayant pas la supériorité, renonce à l'idée de l'attaque. Si jusqu'à ce jour ils nous ont laissés autonomes, c'est uniquement parce qu'il leur était démontré qu'ils ne réussiraient dans leurs projets de domination qu'en empruntant le langage de la modération, et en allant à leurs fins plutôt par d'adroites intrigues que par la force et la violence. En effet, ils alléguaient, comme un témoignage en leur faveur, que des peuples, leurs égaux en suffrages, n'auraient pas, contre leur propre volonté, pris les armes avec eux, si ceux qu'ils attaquaient n'eussent pas commis des injustices ; et, tout en même temps, ils poussaient les plus forts contre les plus faibles, et, nous réservant leurs derniers coups, ils devaient, après l'asservissement des autres alliés, nous trouver incapables de résistance. S'ils nous avaient attaqués les premiers, lorsque tous avaient encore et leurs propres forces et un point d'appui, ils nous eussent moins facilement subjugués; ils craignaient d'ailleurs que notre marine réunie tout entière à vous ou à quelque autre puissance ne les mit en danger. Ce qui a contribué encore à notre salut, c'est que nous recherchions la faveur et du peuple et des chefs qui se trouvaient successivement à la tête des affaires. Néanmoins, jugeant par le sort des autres de celui qui nous attendait, nous ne nous flattions pas de pouvoir subsister encore long-temps, si cette guerre ne se fût élevée.

Chap. 12. » Eh! qu'était-ce donc que cette liberté inviolable, ces protestations d'amitié que le cœur démentait? Nos alliés nous caressaient par crainte en temps de guerre; durant la paix, nous tenions la même conduite envers eux : en sorte qu'entre nous la crainte servait de base à cette même confiance qui chez les autres a la bienveillance pour fondement. Alliés par crainte plutôt que par amitié, ceux à qui la certitude du succès donnerait le plutôt de l'audace, devaient être aussi les premiers à rompre les traités. Si, parce que les Athéniens différaient d'en venir contre nous aux derniers excès, on nous trouve coupables de les avoir prévenus par cette rupture, au lieu d'attendre qu'une funeste expérience eût confirmé nos craintes, on porte un faux jugement : car si nous étions assez forts pour opposer embûches à embûches, délais à délais, pourquoi, leurs égaux, nous condamner à languir dans leur dépendance? Il est toujours en leur pouvoir de nous accabler : comment donc nous refuserait-on le droit de nous défendre en prévenant nos oppresseurs!

Chap. 13. » Telles sont, ô Lacédémoniens et alliés, les causes de notre défection : claires et prouvant à ceux qui nous entendent que notre conduite est raisonnable, elles étaient bien de nature à nous effrayer, et à nous avertir de songer à notre sûreté. Depuis long-temps ce soin nous occupait, puisque, même encore en paix, nous envoyâmes négocier auprès de vous notre rupture avec Athènes. Le refus de votre alliance nous liait les mains. Mais aujourd'hui, sollicités par les Béotiens, nous nous sommes empressés de répondre à leurs vœux, et nous avons cru devoir effectuer une double défection, d'abord en abandonnant des Hellènes alliés d'Athènes, non seulement pour ne pas concourir avec elle à l'asservissement de ces Hellènes, mais encore pour partager avec vous la gloire de leur affranchissement; ensuite en nous séparant des Athéniens pour échapper nous-mêmes, en les prévenant, à l'anéantissement dont plus tard ils nous menaçaient.

» Si notre rupture a éclaté trop tôt, et avant que nous eussions complété nos préparatifs, ce doit être pour vous un nouveau motif de nous admettre à votre alliance et de nous secourir promptement; afin qu'on voie tout-à-la-fois que vous défendez ceux qu'il faut défendre, et que vous punissez vos ennemis. L'occasion s'offre plus belle que jamais. Les Athéniens sont épuisés et par une maladie contagieuse et par des dépenses excessives. Leur flotte est employée en partie contre votre pays, en partie contre nous. On peut donc croire qu'il leur restera peu de vaisseaux à vous opposer, si cet été même, réunissant vos forces de terre et de mer, vous faites une seconde irruption dans l'Attique. Vous les verrez ou hors d'état de se défendre contre nous, ou même forcés de se retirer à-la-fois et du Péloponnèse et de Lesbos.

» Et que personne de vous ne croie s'exposer à des périls domestiques pour défendre une terre étrangère. Tel juge Lesbos éloignée, qui retirera de son alliance des avantages qui le toucheront de très près. Car la guerre ne se fera pas dans l'Attique, comme on pourrait se l'imaginer; mais dans un pays fécond en ressources pour l'Attique. Or, c'est de ses alliés qu'Athènes tire ses revenus; revenus qu'elle augmentera, si elle parvient à nous soumettre. Dès-lors, plus d'alliés qui osent se détacher d'elle. Le tribut qu'elle nous imposera accroîtra sa richesse, et nous aurons alors à souffrir plus que ceux qu'elle a d'abord soumis. Mais si vous nous secourez avec zèle, vous ajouterez à vos propres forces celles d'une république qui possède une grande marine, ressource dont vous avez grand besoin; et vous détruirez plus aisément la puissance d'Athènes en lui enlevant ses alliés; car chacun d'eux se jettera avec plus de confiance dans vos bras. Vous vous justifierez en même temps du reproche qu'on vous fait de ne point secourir ceux qui abandonnent leur parti pour le vôtre. Devenez leurs libérateurs, et vous verrez se concentrer chez vous les forces de la guerre.

Chap. 14. » Au nom de l'Hellade, qui a mis en vous toutes ses espérances, par Jupiter Olympien, dans l'hiéron de qui nous paraissons en supplians, devenez alliés des Mityléniens. Armez-vous pour leur défense, et ne nous abandonnez pas, nous qui, en défendant une cause qui nous est personnelle, offrons à tous, en cas de succès, un avantage commun, et qui causons à tous un dommage général, si nous devons succomber pour n'avoir pu vous persuader. Soyez tels enfin que les Hellènes vous supposent, et que nos craintes nous font désirer que vous soyez. »

Chap. 15. Voilà ce que dirent les Mityléniens. Les Lacédémoniens et les alliés, après les avoir entendus, goûtèrent leurs raisons, et reçurent les Lesbiens dans leur alliance. Résolus d'entrer dans l'Attique, ils engagèrent les alliés qui étaient présens à se rendre dans l'isthme le plus tôt possible, avec les deux tiers de leurs forces. Eux-mêmes y arrivèrent les premiers; et voulant que leur invasion eût lieu à-la-fois par terre et par mer, ils préparèrent dans l'isthme les traîneaux qui devaient servir à transporter les vaisseaux de Corinthe à la mer d'Athènes. Ils firent ces dispositions avec célérité; mais les autres alliés se rassemblèrent lentement, occupés de leurs moissons, et d'ailleurs fatigués de la guerre.

Chap. 16. Les Athéniens, sachant que c'était par mépris pour leur faiblesse qu'on se préparait à les attaquer, voulurent montrer qu'on avait mal jugé, et que, sans toucher à leur flotte de Lesbos, ils pouvaient se défendre aisément contre celle qui venait du Péloponnèse. Ils équipèrent cent vaisseaux, qu'ils montèrent eux-mêmes, tant citoyens que métèques, excepté les chevaliers et ceux qui avaient cinq cents médimnes de revenu. Ils côtoyèrent l'isthme, faisant montre de leurs forces, et opérant dans le Péloponnèse des descentes partout où ils voulaient. Les Lacédémoniens, à ce spectacle inattendu, crurent que les Lesbiens leur avaient fait un rapport infidèle, et se trouvèrent dans une situation d'autant plus critique, que leurs alliés ne paraissaient pas et qu'ils apprenaient que les trente vaisseaux d'Athènes, parcourant les côtes du Péloponnèse, ravageaient les terres de leurs périèces. Ils s'en retournèrent chez eux, et appareillèrent une flotte pour l'envoyer à Lesbos; puis ils ordonnèrent aux villes de contribuer pour quarante vaisseaux, et nommèrent Alcidas commandant de cette expédition. La retraite des Lacédémoniens décida celle des Athéniens.

Chap. 17. Dans le temps que ces vaisseaux tenaient la mer, les Athéniens en avaient un très grand nombre qui réunissaient à la beauté de l'appareil la rapidité des manœuvres. Mais leur marine n'avait pas été moins nombreuse, ou plutôt elle l'avait encore été davantage, au commencement de la guerre. En effet, cent vaisseaux gardaient l'Attique, l'Eubée et Salamine; cent autres infestaient les côtes du Péloponnèse, sans compter ceux qui étaient devant Potidée et ailleurs. Aussi, dans un seul été, ils n'eurent pas en mer moins de deux cent cinquante bâtimens. Après les dépenses du siége de Potidée, rien ne causa tant de frais. Les oplites en garnison devant cette place recevaient par jour deux drachmes chacun, l'une pour lui-même, l'autre pour son valet. Ils avaient été trois mille au commencement du siége, et jamais ils ne furent en moindre nombre tant qu'il dura, sans compter les seize cents que Phormion avait avec lui et qui se retirèrent avant la reddition de la place. Tous les vaisseaux recevaient la même paie. Tels furent et les dépenses qui se firent d'abord et le nombre des vaisseaux qui furent équipés.

Chap. 18. Les Lacédémoniens étaient dans l'isthme, quand les Mityléniens, soutenus de troupes auxiliaires, firent, du côté de terre, des tentatives contre Méthymne, croyant qu'elle leur serait livrée par trahison. Ils l'attaquèrent; mais voyant leurs espérances trompées, ils allèrent à Antisse, à Pyra, à Éresse, s'assurèrent de ces places, en renforcèrent les murs, et se retirèrent promptement. Après leur retraite, ceux de Méthymne entrèrent aussi en campagne et attaquèrent Antisse; mais, défaits par ceux d'Antisse et leurs auxiliaires, ils se retirèrent avec grande perte.

Les Athéniens, instruits de cet événement, et jugeant les troupes qu'ils avaient devant Méthymne trop faibles pour troubler dans leur commerce de terre les habitans, maîtres du pays, envoyèrent, au commencement de l'automne, Pachès, fils d'Épicure, à la tête de mille oplites de leur nation. Les gens de guerre, faisant eux-mêmes la manœuvre des vaisseaux, arrivèrent, investirent Mitylène d'une simple muraille, et construisirent aussi des forteresses sur quelques points faciles à défendre. Mitylène fut alors puissamment contenue par terre et par mer. L'hiver commençait.

Chap. 19. Le besoin d'argent pour ce siége obligeant les Athéniens à se mettre eux-mêmes à contribution pour la première fois, ils fournirent deux cents talens. Ils envoyèrent aussi douze vaisseaux, aux ordres de Lysiclès et de quatre autres commandans, pour recueillir les tributs des alliés. Lysiclès, après avoir fait des levées en différens lieux, continuait sa tournée : de Myonte, ville de Carie, il s'avançait par la plaine du Méandre vers le mont Sandius, quand, attaqué par les Cariens et les Ancites, il périt avec une grande partie de l'armée.

CHAP. 20. Le même hiver, les Plateens, toujours assiégés par les Péloponnésiens et les Béotiens, tourmentés par une disette qui allait tous les jours croissant, sans espoir de secours du côté d'Athènes, et ne voyant d'ailleurs aucun moyen de salut, résolurent d'abord, eux et les Athéniens assiégés avec eux, de sortir tous furtivement de la place, et ensuite de franchir de vive force, s'il était possible, les lignes ennemies, guidés dans cette tentative par le devin Théénète, fils de Timidès, et par l'un des généraux, Eupolpidès, fils de Daïmaque.

Mais bientôt moitié d'entre eux abandonnèrent l'entreprise, qu'ils jugeaient trop périlleuse. Deux cent vingt seulement persistèrent avec courage dans le projet d'invasion, qu'ils exécutèrent ainsi.

Ils firent des échelles de la hauteur de la circonvallation, hauteur qu'ils évaluèrent par le nombre des rangs de briques contenus dans la partie du mur qui les regardait et qui n'était pas enduite. Plusieurs en même temps les comptaient : quelques-uns pouvaient se tromper; le plus grand nombre devait rencontrer juste, comptant plusieurs fois, et d'ailleurs étant peu éloignés de la partie du *teichos* [circonvallation] où ils voulaient appliquer les échelles, et qu'ils voyaient facilement. Par l'épaisseur des briques et le nombre d'assises, ils jugèrent donc de la hauteur qu'il convenait de donner aux échelles.

CHAP. 21. Or le *teichos* des Péloponnésiens était tel dans sa construction. Il présentait deux fronts; l'un du côté de Platée, l'autre du côté de la campagne, pour le cas où, d'Athènes, on viendrait au secours de Platée. Les deux lignes, distantes l'une de l'autre de seize pieds, étaient réunies par des terrasses. Cet intervalle de seize pieds avait été distribué, pour la troupe stationnaire, en logemens contigus, de manière que toute la masse ne présentait extérieurement qu'un seul gros mur crénelé des deux côtés. De dix en dix créneaux, il y avait de grandes tours, d'une largeur égale à l'épaisseur de ce gros mur, dont elles joignaient ainsi les deux faces, de sorte qu'il n'y avait point de passage en dehors des tours, et qu'il fallait les traverser par le milieu [pour aller d'une courtine à l'autre]. Là nuit, lorsqu'il venait à faire mauvais temps, les soldats abandonnaient les créneaux des courtines et faisaient la garde de dedans les tours, qui étaient peu distantes les unes des autres, et couvertes au sommet.

Tel était le *teichos* qui enfermait Platée.

CHAP. 22. Les Platéens donc, ayant fait leurs préparatifs, saisissent l'occasion d'une nuit orageuse et sans lune, et sortent de la ville. Guidés par les chefs mêmes de l'entreprise, ils traversent d'abord le fossé qui les environnait, et arrivent au *teichos* des ennemis, sans être aperçus des sentinelles, qui, au milieu d'épaisses ténèbres, ne voyaient pas devant elles, et n'entendaient rien, parce que les sifflemens du vent couvraient le bruit de la marche.

Ajoutez à cela que les Platéens s'avançaient éloignés les uns des autres, pour n'être point trahis par le bruit des armes s'entrechoquant; ils n'en avaient que de légères, et ne portaient de chaussure qu'au pied gauche, afin de pouvoir assurer leurs pas dans la boue.

Ceux qui portaient des échelles approchent donc des créneaux, qu'ils savaient n'être pas gardés, et y appliquent les échelles. Aussitôt montèrent douze *psiles*, armés chacun d'un poignard et couverts d'une cuirasse. Leur chef, Amméas, était monté le premier. Ces douze hommes se partagent et se dirigent, six vers l'une des deux tours, six vers l'autre. Ils sont bientôt suivis d'autres psiles, armés seulement de javelots : pour leur rendre la marche plus facile, d'autres, derrière eux, portaient leurs boucliers, qu'ils leur remettraient lorsqu'ils joindraient l'ennemi. Un assez grand nombre était déjà monté. Les gardes des tours prennent l'alarme; car un Platéen, en s'accrochant à un créneau, en avait détaché une brique. Au bruit qu'elle fit en tombant, les gardes jettent leur cri. La troupe de l'intérieur s'élance sur la terrasse du *teichos*, indécise sur le vrai point d'attaque, que lui dérobent la nuit, le vent et la pluie; tandis que, de leur côté, les Platéens restés dans la ville sortent, et, pour détourner l'attention, font une fausse attaque du côté opposé à celui qu'avaient escaladé leurs compagnons. Les soldats de cette troupe, surpris, demeurèrent immobiles, incertains de ce qui est arrivé : nul n'ose quitter le poste confié à sa défense.

En même temps que les trois cents hommes, troupe d'élite de leur armée, campés hors de la circonvallation et chargés de donner du secours au besoin, se portent [mais sans entrer encore, car le fossé est pour eux aussi un obstacle] où les appelle le cri d'alarme, des torches agitées [signal d'attaque] sont levées vers Thèbes [voisine de Platée] : de Platée on en fait autant. Les Platéens les avaient préparées pour que les signaux se confondissent, et que les Thébains, soupçonnant tout autre chose que ce qui était en effet, ne vinssent pas avant que les leurs fussent sauvés et bien en sûreté.

Chap. 23. Cependant les Platéens montés les premiers s'étaient emparés des deux tours après avoir égorgé les sentinelles. Ceux qui les suivaient se tenaient au passage des tours et les gardaient pour empêcher qu'on ne les traversât et qu'on ne marchât contre eux. Du niveau de la plate-forme ils appliquaient des échelles aux tours, sur le sommet desquelles ils faisaient monter des hommes qui écartaient à coups de traits ceux qui avançaient, soit d'en haut [sur la terrasse], soit d'en bas [au pied des murs], tandis que le gros des leurs, non encore monté, appliquant force échelles à-la-fois, et renversant les créneaux, montait, traversait la courtine, et descendait le mur [extérieur].

A mesure qu'ils avaient effectué la descente, ils se formaient sur la berge du fossé [extérieur]; et de là, à coup de flèches et de dards, ils repoussaient ceux qui, bordant le *teichos*, voulaient s'opposer au passage du fossé. Les Platéens qui s'étaient postés sur les tours, descendant les derniers, traversaient avec peine la courtine et arrivaient difficilement au fossé; car là, ils avaient à redouter les trois cents, qui tenaient des flambeaux à la main. Du sein de l'obscurité, les Platéens voyaient mieux. Rangés sur le bord du fossé, ils lançaient des flèches et des dards sur les parties découvertes de l'ennemi, tandis qu'eux-mêmes, dans les ténèbres, étaient moins aisément aperçus des Péloponnésiens, qu'aveuglaient les flambeaux. Ainsi même les Platéens descendus les derniers passèrent le fossé, mais non sans peine, et toujours combattant; car ils ne trouvèrent pas dans le fossé une glace solide sur laquelle ils pussent marcher; elle était fondante, comme par un vent plus d'est que de nord. D'ailleurs la neige tombée par un tel vent avait donné une quantité d'eau qu'ils eurent de la peine à surmonter et à traverser. Le mauvais temps et les ténèbres avaient, plus que tout, favorisé leur évasion.

Chap. 24. A la sortie du fossé, les Platéens, rassemblés, prirent le chemin de Thèbes, ayant à leur droite l'hiéron d'Androcrate. Ils pensaient qu'on ne les soupçonnerait pas d'avoir pris une route qui menait droit aux ennemis. Tout en marchant, ils voyaient les Péloponnésiens, avec des flambeaux, sur le chemin qui, par le mont Cithéron et les *têtes de chênes*, conduit à Athènes. Les Platéens suivirent la route de Thèbes l'espace d'environ six ou sept stades, puis, rebroussant, ils prirent celle du Cithéron, qui conduit vers la montagne à Érythres et à Hysies; et, par les montagnes, ils gagnèrent Athènes, au nombre seulement de deux cent douze; car quelques-uns d'entre eux, n'ayant osé franchir le mur, étaient retourné à Platée, et un de leurs archers avait été pris sur le fossé extérieur.

Les Péloponnésiens, las de poursuivre, revinrent à leur poste. Les assiégés restés dans la ville, ignorant le succès de l'entreprise, et persuadés, d'après le rapport de ceux qui étaient revenus sur leurs pas, que tous leurs camarades avaient péri, envoyèrent, dès le point du jour, un héraut demander une trève pour retirer les morts; mais, mieux informés, ils se tinrent en repos. Ce fut ainsi que les braves de Platée s'ouvrirent un passage et parvinrent à s'évader.

Chap. 25. A la fin du même hiver, le Lacédémonien Salætus fut envoyé à Mitylène sur une trirème. Il gagna Pyrra, et de là, continuant sa route par terre, il passa un ravin par où l'on pouvait franchir la circonvallation, et se jeta dans la ville sans être aperçu des ennemis. Il annonça aux magistrats qu'on ferait une invasion dans l'Attique, et qu'ils recevraient les quarante vaisseaux qui devaient leur apporter des secours; qu'il avait été expédié en avant pour leur en donner avis et pour s'occuper des autres dispositions. Les Mityléniens, rassurés, furent moins disposés à traiter avec Athènes.

Cet hiver finit, et, avec lui, la quatrième année de la guerre dont Thucydide a écrit l'histoire.

Chap. 26. Au commencement de l'été suivant, les Péloponnésiens envoyèrent Alcidas à Mitylène avec les quarante-deux vaisseaux fournis par les villes. Eux-mêmes, avec leurs alliés, se jetèrent sur l'Attique, afin que les Athéniens, inquiétés de deux côtés à-la-fois, fussent moins en état de voguer contre la flotte qui gagnait Mitylène. Cléomène était à la tête de l'expédition, en qualité d'oncle paternel de Pausanias, fils de Plistoanax, roi de Lacédémone, encore trop jeune pour commander. De nouveau ils dévastèrent dans l'Attique ce qui avait déjà été ravagé, et toutes les nouvelles reproductions, et tout ce qu'ils avaient épargné dans leurs premières incursions. Aucune, depuis la seconde, n'avait eu des résultats aussi désastreux pour le pays; car les ennemis, attendant toujours des nouvelles de leur flotte, qu'ils croyaient déjà parvenue à Lesbos, parcouraient le territoire en tout sens, portant partout la désolation. Mais ne recevant point de nouvelles conformes à leur attente, et les vivres commençant à leur manquer, ils firent retraite, et s'en retournèrent par canton.

Chap. 27. Cependant les Mityléniens, ne voyant pas arriver les vaisseaux du Péloponnèse qui se faisaient attendre, et se trouvant dans la disette, furent réduits à traiter avec Athènes. Voici quelle en fut la cause. Salætus, qui lui-même ne comptait plus sur l'arrivée des vaisseaux, arma les gens du peuple pour faire une sortie contre les Athéniens. Auparavant ils étaient désarmés; mais à peine eurent-ils reçu des armes, qu'ils cessèrent d'obéir aux magistrats, se permirent des rassemblemens, et ordonnèrent aux riches de mettre à découvert le blé qu'ils tenaient caché, et de le distribuer entre tous les citoyens; sinon, ils s'entendraient avec les Athéniens et leur livreraient la ville.

Chap. 28. Ceux qui étaient à la tête des affaires, hors d'état de s'opposer aux desseins du peuple, et craignant d'être exclus du traité, convinrent en commun, avec Pachès et son armée, que les Athéniens seraient maîtres de prendre sur les Mityléniens toutes les résolutions qu'ils voudraient; que ceux-ci ouvriraient à l'armée les portes de la ville, qu'ils enverraient à Athènes des députés pour y ménager leurs intérêts, et que, jusqu'à leur retour, Pachès n'ôterait ni la liberté ni la vie à aucun Mitylénien. Telle fut la convention. Ceux qui avaient négocié auprès de Lacédémone, consternés de l'entrée des ennemis, et ne se fiant pas au traité, allèrent s'asseoir sur les autels. Pachès les fit relever, et les mit en dépôt à Ténédos, où il ne leur serait fait aucun mal, jusqu'à ce que les Athéniens eussent pris une résolution. Il envoya des trirèmes à Antisse, s'en rendit maître, puis établit dans l'armée l'ordre qu'il jugea nécessaire.

Chap. 29. Cependant les Péloponnésiens montés sur les quarante vaisseaux, et qui devaient faire diligence, avaient perdu beaucoup de temps sur les côtes du Péloponnèse, et fait si lentement le reste de la traversée, qu'Athènes ne connut leurs projets que lorsqu'ils furent à Délos. Ils en étaient partis, et abordaient Icare et Mycone, quand ils apprirent la reddition de Mitylène. Pour se bien assurer de la vérité, ils gagnèrent Embate de l'Érythrée, où ils se trouvèrent sept jours environ après la reddition. Parfaitement instruits de l'état des choses, ils délibérèrent sur ce qu'exigeaient les circonstances; Teutiaple, Éléen, parla ainsi :

Chap. 30. « Alcidas, et vous tous, Péloponnésiens ici présens, qui commandez avec moi l'armée, mon avis est de naviguer vers Mitylène, avant qu'on y ait fait connaître nos ressources : car, probablement, nous y trouverons, comme dans une ville dont on ne fait que de prendre possession, des hommes peu occupés de leur défense, du côté de la mer surtout, où ils ne s'attendent pas à voir paraître un ennemi, et où, dans ce moment, nous déployons l'appareil le plus formidable. Sans doute aussi les troupes sont imprudemment dispersées dans les maisons, comme aux premiers momens de la victoire. Si donc nous nous décidons à tomber sur eux brusquement et de nuit, j'espère qu'avec le secours de ce qui peut nous être resté fidèle, nous prendrons la place. Hasardons cette tentative, bien convaincus qu'à la guerre le grand art est de savoir tout à-la-fois se mettre en garde contre l'ennemi et surprendre l'endroit faible par où on peut l'attaquer : voilà ce qui donne les succès. »

Chap. 31. Malgré la sagesse de ces représentations, il ne put amener Alcidas à son avis. Des exilés d'Ionie et les Lesbiens qui étaient sur la flotte lui conseillèrent, puisqu'on craignait de risquer cette expédition, de prendre quelque ville de l'Ionie, ou Cume en Éolie, qui serait un point de départ pour exciter l'Ionie à la défection; qu'il y avait espoir de réussir, puisque eux, exilés, étaient venus à son armée sans contrarier aucun de leurs concitoyens; que si dans cette expédition secrète ils enlevaient aux Athéniens une source immense de revenus, si en même temps ils les forçaient à leur opposer une station navale, ils les entraîneraient dans de fortes dépenses; qu'ils espéraient engager Pissuthnès à joindre ses armes aux leurs. Alcidas ne se rangea pas non plus à cet avis : il brûlait de regagner au plus tôt le Péloponnèse, puisqu'on était arrivé trop tard à Mitylène.

Chap. 32. Il partit d'Embate, et, ayant relâché à Myonèse, chez les Téiens il mit à mort la plupart des prisonniers qu'il avait faits dans son trajet : il aborda ensuite à Éphèse, où des députés Samiens de chez les Anéens vinrent lui représenter que ce n'était pas agir en vrai libérateur de l'Hellade, que d'égorger des malheureux qu'on n'avait point pris les armes à la main, qui n'étaient pas ennemis, mais qui se trouvaient par nécessité alliés d'Athènes; que s'il ne changeait pas de conduite, il se ferait peu d'amis parmi ses ennemis, et réduirait un plus grand nombre d'amis à passer dans les rangs opposés. Il sentit la justice de ces reproches, et mit en liberté tout ce qu'il avait de captifs de Chio et certains personnages d'autres lieux. [Ces prisonniers étaient nombreux]; car, à la vue des vaisseaux d'Alcidas, les vaisseaux ennemis, au lieu de fuir, étaient venus le joindre, croyant voir une flotte athénienne. On était loin de penser que jamais, tant que les Athéniens auraient l'empire de la mer, des vaisseaux du Péloponnèse approcheraient de l'Ionie.

Chap. 33. Alcidas quitta précipitamment Éphèse et prit la fuite : en effet, mouillant encore devant Claros, il avait été aperçu de la Salamienne et du Paralus, qui venaient d'Athènes. Dans la crainte d'être poursuivi, il tint la haute mer, résolu de ne prendre terre volontairement que dans le Péloponnèse. Pachès et les Athéniens reçurent ces nouvelles d'abord de l'Érythrée, et bientôt de toutes parts. L'Ionie n'étant pas fortifiée, on craignait que les Péloponnésiens, même sans intention d'abord de s'arrêter, ne se décidassent, en rasant les côtes, à fondre sur les villes et à les saccager. La Salamienne et le Paralus ayant annoncé qu'ils avaient vu eux-mêmes Alcidas à Claros, Pachès se décide aussitôt à le poursuivre : il le poursuit jusqu'à l'île de Latmos; puis reconnaissant l'impossibilité de l'atteindre, il rebrousse chemin. N'ayant pu le joindre en pleine mer, il se félicitait de n'avoir pas eu ses vaisseaux bloqués [près d'une côte]; ce qui l'eût contraint à dresser un camp, à procurer à sa flotte un retranchement et un lieu d'abordage.

Chap. 34. De retour [de sa poursuite jusqu'à Latmos], Pachès [côtoyant l'Asie mineure] relâcha à Notium, place qui appartenait aux Colophoniens, et où s'était retirée une partie des habitans de Colophon, après la prise de la ville haute par Itamène et les barbares qu'une faction avait appelés; prise qui eut lieu à l'époque de la seconde invasion de l'Attique par les Péloponnésiens. Il s'éleva de nouvelles dissensions parmi les réfugiés colophoniens qui s'étaient établis à Notium. Les uns, ayant sollicité et reçu des secours de Pissuthnès, des Arcadiens et des barbares, les avaient introduits dans la place, et, soutenus des Colophoniens de la ville haute, partisans déclarés des Mèdes, ils avaient, de concert, établi leur autorité dans Notium : ceux de l'autre faction qui se trouvaient exilés, appelèrent Pachès à leur secours. Celui-ci proposa des conférences à Hippias, chef des Arcadiens qui étaient dans la place, avec promesse de l'y remettre sain et sauf, si l'on ne pouvait s'accorder. Hippias vint. Pachès le retint sous bonne garde, mais sans le mettre aux fers, et assaillit inopinément les murailles; et comme on ne s'attendait pas à ce coup de main, il s'en rendit maître, et donna la mort aux Arcadiens et à tout ce qui se trouvait là de barbares. Il y reconduisit Hippias, ainsi qu'il en était convenu, et dès que ce malheureux y fut rentré, on le saisit, et on le tua à coup de flèches. Pachès rendit Notium aux Colophoniens, en excluant ceux du partie des Mèdes : mais dans la suite les Athéniens y envoyèrent une colonie qui se gouverna suivant leurs lois, en réunissant des différentes villes tout ce qui s'y trouvait de Colophoniens.

Chap. 35. Pachès, arrivé à Mytilène, soumit Pyrrha et Éresse ; prit le Lacédémonien Saléthus, caché dans la ville ; le fit partir pour Athènes avec les Mytiléniens qu'il avait déposés à Ténédos, et tous ceux qu'il regardait comme les auteurs de la défection ; renvoya la plus grande partie de l'armée ; resta lui-même avec les troupes qu'il se réservait, et mit dans Mytilène et dans l'île de Lesbos l'ordre qu'il jugea nécessaire.

Chap. 36. A l'arrivée des Mytiléniens et de Saléthus, les Athéniens mirent ce dernier à mort, malgré toutes ses offres ; entre autres, celle d'éloigner de Platée les Lacédémoniens, qui la tenaient encore assiégée. Ils délibérèrent ensuite sur le traitement qu'ils feraient subir aux autres. N'écoutant d'abord que leur ressentiment, ils résolurent de faire périr et ceux qu'ils avaient entre les mains, et tous les Mytiléniens en âge d'homme, et de réduire en servitude les enfans et les femmes. Ils leur reprochaient une défection d'autant plus coupable qu'ils n'avaient point été assujettis comme les autres alliés ; ils insistaient, en outre, sur l'audace de la flotte péloponnésienne, qui s'était approchée, non sans danger, des côtes d'Ionie ; ce qui prouvait que le soulèvement n'était pas la suite d'une courte délibération. Une trirème transmit la résolution à Pachès, avec l'ordre de l'exécuter sans délai. Mais dès le lendemain les Athéniens se repentirent, en considérant combien il était atroce d'exterminer une population tout entière de peur de laisser impunis les auteurs de la défection.

Les députés mityléniens qui se trouvaient à Athènes, et ceux des Athéniens qui les favorisaient, ne s'aperçurent pas plutôt de la révolution opérée dans les esprits, qu'ils travaillèrent auprès des hommes en place à faire reprendre la délibération. Ceux-ci se laissèrent aisément persuader : ils n'ignoraient pas que le plus grand nombre des citoyens désirait qu'on revînt sur cette affaire. L'assemblée fut aussitôt formée : il s'ouvrit des opinions différentes. Celui qui, la première fois, avait fait passer le décret de mort, Cléon, fils de Cléénète, toujours le plus violent des citoyens, et l'homme qui avait alors le plus d'ascendant sur le peuple, se présenta de nouveau et parla ainsi :

Chap. 37. « J'ai déjà reconnu bien des fois, et en d'autres circonstances, qu'un état démocratique ne peut pas, hors de ses limites, exercer l'empire. Vos variations dans l'affaire des Mityléniens me confirment dans mon opinion. Vivant entre vous avec franchise et dans une parfaite sécurité, vous conservez le même caractère avec vos alliés, ne songeant pas que les fautes où vous entraînent et une imprudente clémence, et de perfides insinuations, vous compromettent sans inspirer de reconnaissance. Vous ne considérez donc pas que votre domination est un pouvoir usurpé sur des hommes libres ; que, de plus, ils conspirent contre ce pouvoir ; que s'ils plient sous votre autorité, vous le devez, non à des ménagemens qui vous deviennent nuisibles, mais à l'ascendant de votre puissance, plutôt qu'à leur affection. Le plus grand mal, c'est que nos décrets n'aient rien de fixe ; que nous perdions de vue qu'un état se soutient mieux avec des lois vicieuses, mais invariables, qu'avec de bonnes lois qui n'ont pas de stabilité. La médiocrité modeste est préférable au talent qui ne supporte pas de frein. En général des hommes ordinaires gouvernent mieux les états que les hommes supérieurs. Ceux-ci veulent se montrer plus savans que les lois, et faire prévaloir leurs idées sur les avis successivement ouverts, comme s'ils ne pouvaient jamais trouver de plus belles occasions de montrer leur esprit : orgueil qui bien souvent a mis l'état en danger. Mais ceux qui se défient de leur intelligence, croient en savoir moins que les lois, et avoir trop peu de talent pour oser censurer l'orateur qui parle bien. Ils font rarement des fautes, parce qu'ils écoutent un avis avec l'impartialité d'un juge, plutôt qu'avec les préventions d'un rival. Voilà nos modèles. Mais n'allons pas, au milieu d'une vaine lutte, fiers d'une éloquence et d'une subtilité funestes, donner à la multitude des conseils contraires à une résolution que vous avez prise en commun.

Chap. 38. » Pour moi, je persiste dans mon opinion, et j'admire qu'on propose de remettre en délibération l'affaire des Mityléniens, et de nous faire perdre un temps précieux en délais qui tournent à l'avantage des coupables : car l'offensé qui ne se venge pas sur-le-champ, n'oppose plus à l'offenseur que des armes émoussées, tandis que la vengeance qui suit de près l'outrage, forte alors de son activité, porte des coups assurés. J'admire aussi quiconque osera me contredire et entreprendre de démontrer que les attentats des Mityléniens tournent à notre avantage, et nos revers, au détriment de nos alliés. Vain de son éloquence, l'orateur, entrant dans la lice, s'efforcera de prouver qu'un décret rendu d'une manière décisive n'est pas un décret; ou bien, séduit par l'appât du gain, il préparera, avec tout l'art possible, un discours honnête en apparence, et tentera de vous amener à un parti tout différent de vos premières résolutions. Cependant l'état décerne des prix aux vainqueurs de ces luttes, dont il ne prend pour lui-même que le danger. La faute, Athéniens, en est à vous qui voulez ces funestes jeux, à vous qui avez coutume de vous faire spectateurs de discours et auditeurs d'actions; vous qui jugez de la possibilité des choses à venir d'après ce que vous en disent des parleurs diserts, et qui, sur un fait, vous fiez moins à ce que vos yeux ont vu qu'aux impressions flatteuses que produisent sur vos oreilles des orateurs éloquens dans leurs harmonieuses censures; vous dont l'esprit, rebelle aux idées universellement reçues, se laisse si facilement séduire par les idées neuves; vous, partisans aveugles de tout ce qui est extraordinaire, pleins de dédain pour tout ce que l'usage a consacré : voulant tous briller par le talent de la parole, sinon résistant à ceux qui le possèdent, pour ne point paraître céder à une idée suggérée; ou bien encore, applaudissant à un trait ingénieux avant même qu'il soit lancé; aussi prompts à deviner l'orateur que lents à prévoir les conséquences de son brillant discours; cherchant, pour ainsi dire, tout autre chose que ce qui est au milieu du monde où nous vivons, et n'ayant pas même une idée juste de ce qui nous environne; esclaves en un mot de quiconque charme vos oreilles, et ressemblant plus à des spectateurs assis pour entendre des sophismes, qu'à des citoyens qui délibèrent.

Chap. 39. » Pour changer, s'il est possible, ces funestes dispositions, je vous dénonce les Mityléniens comme formant à votre égard une classe toute particulière de coupables. Je pardonnerais à des malheureux qui, ne pouvant supporter la pesanteur de votre joug, ou contraints par vos ennemis, se seraient éloignés de vous. Mais que des insulaires, protégés par de fortes murailles, qui n'avaient à craindre d'hostilités que du côté de la mer, qui même de ce côté trouvaient dans une flotte bien appareillée un moyen suffisant de défense; que des hommes maintenus par nous dans tous leurs priviléges, par nous comblés de distinctions et d'honneurs, aient tenu une semblable conduite, je dirai, non qu'ils se sont séparés de nous, ce qui serait pardonnable à des opprimés; mais qu'ils nous ont trahis, qu'ils ont cherché à nous perdre en se liguant avec nos plus cruels ennemis. Certes leur crime est plus odieux que si, forts et puissans par eux-mêmes, ils eussent arboré isolément l'étendard de la révolte. Le malheur des autres alliés, que nous avons asservis pour les punir, ne les a point éclairés, et le bonheur de leur situation présente ne les a pas empêchés de se précipiter dans les hasards. Devenus audacieux contre l'avenir, espérant plus qu'ils ne pouvaient et moins qu'ils ne voulaient, ils se sont armés contre nous, et ont préféré la voie de la violence à celle de l'équité. En effet, dès qu'ils ont cru pouvoir l'emporter, ils nous ont attaqués sans avoir reçu d'offense. D'ordinaire les états qui tout-à-coup viennent à jouir d'un bonheur inattendu, se livrent à la présomption et à l'arrogance : le bonheur dont l'homme est redevable à la sagesse est bien mieux assuré que celui qu'il ne doit qu'aux faveurs inespérées de la fortune; et l'on peut dire qu'il est plus aisé de repousser l'adversité, que de rendre durable la prospérité. Il aurait fallu que, dès long-temps, les Mityléniens n'eussent pas obtenu près de vous plus de considération que les autres; ils n'en seraient pas venus à ce point d'arrogance : car il est naturel à l'homme de mépriser qui le caresse, et de respecter quiconque lui résiste. Aujourd'hui, du moins, que leur châtiment égale leur crime. N'accusez pas les partisans peu nombreux de l'oligarchie pour absoudre le peuple. Tous nous ont également attaqués, puisqu'ils pourraient, s'ils avaient embrassé notre parti, vivre maintenant en paix dans leurs foyers. Ils sont tous complices, puisque tous ils ont jugé plus sûr de courir mêmes hasards avec les partisans de l'oligarchie.

» Cependant prenez garde : si vous infligez la même peine à ceux de vos alliés qui vous abandonnent, contraints par vos ennemis, et à ceux qui, d'eux-mêmes, se soulèvent contre vous, qui ne saisira pas le plus léger prétexte pour vous trahir, dès que la liberté sera le prix du succès, et qu'on pourra succomber sans rien avoir de fâcheux à craindre, tandis que nous, Athéniens, nous aurons à exposer nos vies et nos fortunes contre chaque ville! Vainqueurs, nous recouvrerons une ville ruinée, et nous serons privés pour la suite de revenus aliment de notre puissance; vaincus, nous aurons de nouveaux ennemis, et le temps qu'il faudrait employer à nous défendre contre les nations rivales, nous le consumerons à combattre nos propres alliés.

Chap. 40. » Il ne faut donc pas laisser aux rebelles l'espoir de se procurer l'impunité par d'éloquens discours, ou de l'acheter à prix d'argent, comme s'ils n'avaient à se reprocher que de ces faiblesses attachées à l'humanité. Ce n'est pas involontairement qu'ils nous ont offensés; c'est avec réflexion qu'ils ont tramé leurs complots. Or les fautes involontaires sont seules excusables.

» J'ai déjà soutenu, et je soutiens encore, que vous ne devez pas revenir sur votre décret, et commettre ainsi une faute résultat trop commun de la pitié, des séductions de l'éloquence et d'une indulgence excessive, trois écueils où vient se briser toute domination. La compassion! Vous la devez à des hommes qui y seraient accessibles ainsi que nous, et non à ceux qui, à leur tour, n'auraient de nous aucune pitié, et qui nécessairement seront à jamais nos ennemis. L'éloquence! Les orateurs qui se plaisent à flatter vos oreilles, trouveront à s'exercer dans des occasions moins sérieuses, sans profiter d'une circonstance où, pour le plaisir d'un moment, l'état souffrirait un grand dommage, tandis qu'eux-mêmes à la gloire de bien dire joindraient l'avantage d'être bien payés. L'indulgence! Employez-la quand elle servira à ramener des coupables et à regagner leur amitié; mais vous n'en devez aucune à des hommes dont la haine, toujours vivante, serait toujours inflexible.

» Pour me résumer en peu de mots, je dis que si vous m'en croyez, vous ferez justice des Mityléniens, et ce sera agir selon vos intérêts. En suivant un avis contraire, vous n'obtiendrez pas leur reconnaissance, et ce sera contre vous-mêmes que vous prononcerez. Car si leur défection est légitime, votre domination est injuste. Que si, fût-ce même contre toute justice, vous prétendez les tenir asservis, il faut aussi, contre la justice, mais pour vos intérêts, les punir; ou bien renoncer à la prééminence, et dès-lors, à l'abri de tout danger, respecter les principes et faire les gens de bien. Décidez-vous donc à les traiter comme ils vous auraient traités vous-mêmes, et ne vous montrez pas, vous qui venez d'échapper à leur perfidie, moins impitoyables que ceux qui conspiraient votre perte. Pensez à ce qu'ils eussent fait, vainqueurs, surtout ayant été les premiers à violer la justice envers nous. Ceux qui outragent sans motif, vont toujours le plus loin possible; ils poursuivent jusqu'à la mort, et ne font aucune grâce; parce que leurs yeux soupçonneux et inquiets voient le danger de laisser vivre l'ennemi. En effet, celui qui reçoit une offense qu'il n'avait point provoquée, lorsqu'il a échappé au péril, est plus implacable envers son injuste agresseur, qu'il ne le serait contre un ennemi déclaré et loyal. Ne vous trahissez donc pas vous-mêmes. Vous plaçant en esprit le plus près possible des tourmens qu'ils vous préparaient, rendez-leur aujourd'hui tout le mal qu'ils vous auraient fait, et poursuivez leur châtiment avec autant d'ardeur que vous en eussiez mis à tout sacrifier pour les vaincre. Ne vous laissez pas fléchir par la considération de leur situation présente : ne pensez qu'au danger suspendu, il n'y a qu'un moment, sur vos têtes. Prononcez contre eux le juste supplice dû à leur crime; que les alliés apprennent, par cet exemple, que toute défection sera punie de mort. Lorsqu'ils le sauront bien, vous serez moins souvent forcés de perdre de vue vos ennemis pour combattre vos propres alliés. »

Chap. 41. Ainsi parla Créon. Après lui s'avança Diodote, fils d'Eucrate, qui, dès la première assemblée, avait vivement combattu le décret de mort contre les Mityléniens; il s'exprima à peu près en ces termes :

Chap. 42. « Je ne blâme pas ceux qui viennent rouvrir la discussion sur les Mityléniens, et je suis loin d'approuver ceux qui trouvent mauvais qu'on revienne plusieurs fois sur des questions d'une si haute importance. Il est deux défauts que je crois très contraires à la sagesse des délibérations, la précipitation et la colère, compagnes ordinaires, l'une des insensés, l'autre des hommes ignorans et irréfléchis. Quiconque soutient que la discussion n'est pas un moyen efficace d'instruction dans les affaires, annonce peu de sens ou un intérêt particulier : peu de sens, s'il croit qu'il est quelque autre moyen de répandre la lumière sur l'avenir et sur des questions obscures; un intérêt privé, si, voulant persuader quelque chose de honteux, et se sentant dans l'impuissance de parler raisonnablement sur des choses qui ne sont pas raisonnables, il espère effrayer, par d'adroites calomnies, et ses adversaires et les auditeurs. Mais il n'est pas d'hommes plus dangereux que ceux qui accusent d'être salarié tout discours qui les contrarie. S'ils se contentaient d'accuser d'ineptie, on emporterait, en perdant sa cause, la réputation d'homme inhabile, et non celle d'un malhonnête homme : mais lorsqu'on met en avant contre son adversaire le reproche de corruption, si cet adversaire triomphe, il devient suspect; s'il succombe, il passe à-la-fois pour malhonnête et inepte.

» On nuit à l'état avec un pareil système : car la crainte le prive d'utiles conseillers; et il aurait fort à gagner, si les gens qui font usage de ces moyens n'étaient pas doués du don de la parole; on ne l'entraînerait pas alors à tant de fautes. Il est d'un bon citoyen de ne pas intimider ceux qui défendent une opinion contraire à la sienne, et de montrer lui-même, en parlant mieux, mais en laissant aux autres la faculté de parler, que le bon droit est de son côté. Il est de la sagesse d'une république de ne point accorder de nouveaux honneurs à ses plus habiles conseillers; mais en même temps elle doit ne retrancher rien de ceux dont ils jouissent, et, loin d'infliger des peines à celui dont l'avis est rejeté, éviter de le blesser, même dans sa réputation. Ainsi l'orateur en crédit, dans l'espérance d'obtenir de plus grands honneurs, ne parlera jamais ni contre son sentiment, ni dans l'unique vue de complaire à ses auditeurs; et celui qui serait moins heureux ne chercherait pas non plus à flatter et à se concilier la multitude.

Chap. 43. » Nous faisons tout le contraire, et nous allons même plus loin : si nous soupçonnons un citoyen de parler par intérêt, vainement il ouvrirait les meilleurs avis; il nous devient odieux, et nous sacrifions le bien de l'état à un vain soupçon de vénalité. Nous en sommes venus au point que les conseils les plus salutaires, mais que n'appuie aucune intrigue, sont accueillis avec autant de défiance que les plus pernicieux; en sorte qu'il faut également et que celui qui veut persuader au peuple de funestes mesures, se concilie sa bienveillance en le trompant, et que celui qui donne d'utiles conseils, recoure à l'artifice pour être cru. Notre république, avec toutes ses défiances, est la seule qu'on ne puisse servir franchement et sans la tromper. En effet, celui qui donne ouvertement un bon avis, se voit en retour payé du soupçon d'en retirer pour lui-même un avantage particulier, par quelque voie secrète. Aussi, dans les circonstances les plus graves, il faut, vous connaissant une telle manière de juger, que nous autres orateurs nous portions nos regards bien plus loin que vous, qui ne jetez sur les affaires qu'un coup d'œil rapide, surtout ayant à rendre compte de nos opinions à vous qui n'avez nul compte à rendre de la manière dont vous les accueillez. Si l'auteur d'une proposition et celui qui l'adopte avaient les mêmes risques à courir, vous jugeriez avec plus de réserve; au lieu que, dans l'état des choses, si, d'après un caprice quelconque, il vous arrive d'embrasser un mauvais parti, vous vous en prenez à l'avis isolé d'un orateur, et non à vos propres avis, qui ont, en grand nombre, concouru à la faute commune.

Chap. 44. » Quant à moi, je ne suis monté à la tribune, ni pour contredire, ni pour décrier personne au sujet des Mityléniens. Ce n'est pas sur leurs délits que nous avons à délibérer, si nous raisonnons juste; mais sur le meilleur parti à prendre à leur égard. Si je démontre que les Mityléniens sont très coupables, je n'en conclurai pas qu'il faille leur donner la mort, si nous ne devons retirer aucun fruit de tant de rigueur; et s'ils pouvaient être dignes de quelque clémence, je ne dirais pas qu'il fallût leur pardonner, à moins que ce parti ne dût être avantageux à l'état. Je crois que c'est sur l'avenir que nous avons à délibérer, bien plus que sur le présent. A entendre Cléon, il nous sera utile à l'avenir de présenter la mort comme punition répressive de toute révolte; pour moi, partant de ce même point sur lequel mon adversaire a fondé son opinion, je prétends en consultant nos intérêts futurs devoir établir la proposition contraire, et je demande que vous ne rejetiez pas d'utiles réflexions, séduits par les grands principes mis en avant par Cléon. Ce qu'il vous a dit, mieux d'accord avec votre ressentiment actuel contre les Mityléniens et avec une justice trop rigoureuse, pourrait vous entraîner : mais ici nous n'avons pas une question de droit à discuter; nous ne plaidons pas contre les Mityléniens, nous délibérons sur les moyens de nous les rendre utiles à l'avenir.

Chap. 45. » Dans les républiques, il y a peine de mort contre quantité de délits qui, loin d'égaler celui des Mityléniens sont beaucoup moins graves. Cependant emporté par l'espérance, on s'expose au danger, et personne encore ne l'a osé avec la conviction de ne pas réussir dans son criminel projet. Quelle ville s'est jamais révoltée, se croyant hors d'état de soutenir sa révolte, soit avec ses propres forces, soit avec des forces étrangères ! Il est dans la nature des hommes de commettre des fautes dans leur vie, soit privée, soit publique, et jamais les lois n'opposeront que d'impuissantes barrières. En effet, on a parcouru tous les degrés des peines, que toujours on aggravait pour essayer de se mettre à l'abri des malfaiteurs. Vraisemblablement des peines trop douces furent établies, dans le principe, même contre les plus grands crimes : avec le temps elles cessèrent d'effrayer. Elles furent insensiblement portées jusqu'à la mort, que l'on brava aussi. Il faut donc imaginer un moyen de terreur plus efficace, ou reconnaître que la peine capitale n'est plus qu'un vain épouvantail [auquel on doit renoncer].

» La pauvreté, que le besoin rend audacieuse; le pouvoir, dont l'enivrement inspire une cupidité et une ambition sans bornes; les autres situations de la vie, où, jouet de ses passions, l'homme est comprimé par une puissance irrésistible, voilà ce qui nous précipite dans les dangers. Le désir et l'espérance se mêlent à tout. Le désir précède; à sa suite marche l'espérance. L'un projette, l'autre se flatte du succès, et tous deux nous entraînent à notre perte. L'ardeur avec laquelle on poursuit des biens qu'on ne voit pas, l'emporte sur la crainte qu'inspirent des maux qu'on voit; et la fortune se joint à tout le reste pour rendre les hommes entreprenans. Quelquefois elle apparaît inopinément à nos côtés, et, avec des ressources trop faibles, engage à se hasarder. Des républiques surtout la suivent avec d'autant plus d'ardeur, qu'il y va pour elles des plus grands intérêts, de la liberté ou de l'empire, et que, d'ailleurs, chaque citoyen, s'identifiant avec la communauté tout entière, conçoit follement la plus haute idée de lui-même. En un mot, un insensé seul se persuadera que la force des lois, ou tout autre frein, peut contenir la nature humaine, fortement emportée vers un objet quelconque.

Chap. 46. » Il ne faut donc pas, regardant la peine de mort comme une garantie suffisante, prendre une résolution désastreuse, ni montrer aux villes révoltées que désormais toute voie au repentir leur est fermée, et qu'un prompt retour ne saurait expier leur égarement. Considérez que maintenant une ville rebelle, convaincue de sa faiblesse, pourrait entrer en composition, capable encore de payer les frais de la guerre, et d'acquitter à l'avenir le tribut accoutumé; mais, dans le système qu'on défend, quelle ville désormais ne combinera pas mieux ses préparatifs que Mitylène, et ne soutiendra pas le siége jusqu'à la dernière extrémité, si le même sort est réservé à une prompte soumission et à une résistance opiniâtre? Dès-lors, quel préjudice pour nous d'épuiser nos trésors devant une ville qui ne capitulera pas, et, si nous la forçons, de ne la prendre que ruinée, et de nous voir privés pour l'avenir des tributs que nous devions en attendre! Car ce sont ces tributs qui font notre force contre l'ennemi. Loin donc de nous punir nous-mêmes, en jugeant les coupables d'après les principes d'une justice rigoureuse, voyons plutôt comment, après leur avoir imposé des peines modérées, nous pourrons par la suite féconder nos ressources, nous ménager les contributions des villes opulentes, et nous assurer de leur fidélité, non en leur présentant des lois hostiles, mais en éclairant leurs démarches. Nous éloignant aujourd'hui de ces principes, si nous soumettons une ville libre, qui, n'obéissant que par force, a dû naturellement tenter de secouer le joug, nous croyons devoir déployer contre elle la rigueur des supplices. Gardons-nous de châtier sévèrement des hommes libres qui se soulèvent : observons-les, prévenons jusqu'à la pensée même de la défection, et, contraints de les soumettre, ne leur faisons pas un si grand crime de leurs torts envers nous.

Chap. 47. » Pour vous, considérez quelle faute vous commettriez sous ce point de vue, si vous suiviez le conseil de Cléon. Maintenant, en effet, dans toutes les villes, la classe du peuple, bien intentionnée pour vous, reste étrangère à la rébellion des grands; ou si on la contraint d'y prendre part, bientôt elle devient leur ennemie : aussi lorsque vous marchez contre une ville rebelle, vous avez pour vous la multitude. Mais si vous exterminez le peuple de Mitylène, qui n'a point trempé dans la conjuration, et qui n'a pas eu plutôt des armes, que, de son propre mouvement, il vous a livré la place, d'abord vous serez injustes en donnant la mort à vos bienfaiteurs; ensuite vous ferez en faveur des hommes puissants ce qu'ils désirent le plus : car dès qu'ils soulèveront des républiques, ils auront le peuple dans leur parti, parce que vous lui aurez appris d'avance que la même condamnation doit envelopper l'innocent et le coupable. Quand même le peuple serait criminel, il faudrait encore dissimuler, pour ne pas tourner contre vous la seule classe d'hommes qui soit votre alliée naturelle. Je pense que, dans l'intérêt de votre domination, il vaut mieux renoncer volontairement au droit de punir, que de faire périr, même justement, ceux qu'une sage politique vous commande d'épargner. Cet accord entre votre justice et votre intérêt, que Cléon prétend établir, est une véritable chimère.

Chap. 48. » Reconnaissez donc que je vous donne le meilleur avis. Sans trop accorder à la pitié ou à l'indulgence, que, selon moi-même, vous ne devez point écouter, mais persuadés par mes représentations, jugez de sang-froid ceux des Mityléniens que Pachès vous a envoyés comme étant les coupables, et laissez les autres vivre dans leurs foyers. Voilà le parti le plus utile pour l'avenir, et le plus sûr pour épouvanter dès à présent vos ennemis ; car l'homme prudent est bien plus fort contre ses adversaires, que celui qui, en les attaquant, fait de la force un emploi inconsidéré. »

Chap. 49. Ainsi parla Diodote. Il fut ouvert des avis entièrement opposés. Les Athéniens se débattaient avec la même chaleur pour les opinions contraires, et les suffrages étaient balancés ; mais enfin l'opinion de Diodote prévalut. Une seconde trirème est à l'instant expédiée : on craignait que, prévenue par l'autre, elle ne trouvât tous les Mityléniens massacrés. La première avait juste l'avance d'un jour et d'une nuit. Les députés de Mitylène approvisionnèrent le vaisseau de farine et de vin, et promirent de grandes récompenses à l'équipage s'il prenait les devans. Les matelots firent une telle diligence, qu'ils mangeaient et manœuvraient en même temps, ne faisant que tremper leur farine dans du vin et de l'huile : pendant que les uns travaillaient, les autres prenaient du sommeil. Par bonheur, ils n'eurent aucun vent contraire. La première trirème, chargée d'une pénible mission, ne hâtait pas son trajet : la seconde fit tant de diligence, qu'elle ne fut prévenue que du temps qu'il fallut à Pachès pour lire le décret. On allait obéir; la seconde trirème arrive et empêche l'exécution. Ce fut à cet espace d'un moment que tint le sort de Mitylène.

Chap. 50. Les autres Mityléniens que Pachès avait envoyés comme principaux instigateurs de la révolte, furent mis à mort suivant l'avis de Cléon : ils étaient un peu plus de mille. On abattit les murailles de Mitylène, on saisit les vaisseaux, et, dans la suite, au lieu d'imposer un tribut aux habitans de Lesbos, on divisa leurs terres en trois mille lots. Celles de Méthymne furent exceptées. Trois cents de ces lots furent réservés et consacrés aux dieux ; le sort régla le partage des autres entre des citoyens d'Athènes qu'on envoya en prendre possession. Les Lesbiens les prirent à ferme et les cultivèrent, en payant chaque année deux mines par lot. Les Athéniens prirent aussi dans le continent les villes que les Mityléniens y possédaient, et les soumirent.

Tels furent les événemens de Lesbos.

Chap. 51. Le même été, après la réduction de cette île, les Athéniens, sous le commandement de Nicias, fils de Nicératus, attaquèrent Minoa, île située en avant de Mégares. Les Mégariens y avaient construit une tour, et ce lieu leur servait de fort. Nicias voulait y établir, pour les Athéniens, un poste qui serait moins éloigné que Boudore et Salamine, empêcher les Péloponnésiens de s'en faire un point secret de départ pour courir la mer, et d'expédier, comme ils l'avaient déjà fait, des trirèmes et des bâtimens montés par des pirates : il voulait enfin empêcher toute espèce d'importation à Mégares. D'abord il battit, du côté de la mer, avec des machines, et emporta deux tours avancées du port de Nisée ; il rendit libre le passage entre l'île et ce port ; et, par des fortifications, ferma les abords du côté de la terre ferme, par où l'on pouvait porter du secours à cette île, au moyen d'un pont jeté sur un marécage : car Minoa est très peu distante du continent. Ces opérations terminées en peu de jours, il fortifia aussi l'île, y laissa garnison, et s'en retourna avec son armée.

Chap. 52. Vers le même temps, les Platéens, manquant de vivres, et ne pouvant plus soutenir le siége, entrèrent en composition avec les Péloponnésiens. Ceux-ci avaient livré un assaut que les assiégés n'avaient pas eu la force de repousser. Mais le général lacédémonien, quoique instruit de leur faiblesse, ne voulait pas prendre la place de vive force. Il en avait même reçu la défense expresse, afin que, si, la paix venant un jour à se conclure, on stipulait dans le traité que de part et d'autre on se rendrait les villes conquises, Sparte ne fût pas dans le cas de restituer Platée, qui se serait volontairement rendue. Il envoya donc un héraut leur demander s'ils consentaient à se remettre d'eux-mêmes entre les mains des Lacédémoniens, et à les prendre pour juges, avec promesse qu'alors on punirait les coupables seuls, mais qu'on n'en condamnerait aucun que dans les formes juridiques. Réduits aux dernières extrémités, ces malheureux ouvrirent leurs portes, et pendant quelques jours on leur fournit des vivres, jusqu'à l'arrivée des cinq juges députés de Lacédémone. Ils comparaissent. Sans proposer aucun chef d'accusation, on se bornait à leur adresser cette unique question : « Dans le cours de la guerre, avez-vous rendu des services aux Lacédémoniens et à leurs alliés? » Ils prièrent qu'on leur permît de s'étendre sur leur justification, et chargèrent de leur cause Astymaque, fils d'Asopolaüs, et Lacon, fils d'Emneste, qui jouissait à Sparte du droit public d'hospitalité. L'un d'eux, s'avançant, prononça ce discours :

Chap. 53. « Lorsque, pleins de confiance en vous, Lacédémoniens, nous vous avons livré notre ville, loin de nous attendre à la forme du jugement que vous nous faites subir, nous espérions qu'elle serait plus tutélaire ; et si nous vous avons, à l'exclusion de tous autres, acceptés pour juges, c'est que nous étions persuadés que nous n'avions pas de plus sûr moyen d'obtenir un arrêt conforme à l'équité. Mais nous craignons bien aujourd'hui de nous voir déçus dans l'une et l'autre opinion. N'avons-nous pas lieu en effet de redouter et les plus grands dangers pour nos personnes, et beaucoup de partialité de votre part? Ce qui semble ne justifier que trop nos soupçons, c'est qu'on n'a pas commencé par produire des accusations que nous eussions à détruire; nous avons au contraire été réduits à demander comme une grâce qu'il nous fût permis de parler. Une courte interpellation nous est adressée : si notre réponse est vraie, nous sommes perdus ; si elle est fausse, on peut aisément nous convaincre de mensonge. Pressés donc de toute part, nous sommes obligés de prendre la voie la plus sûre, et de hasarder au moins quelques mots pour nous justifier : car, dans notre situation actuelle, si nous gardions le silence, on pourrait nous reprocher d'avoir négligé un moyen de salut. A ces difficultés de notre position se joint encore la difficulté de persuader. Si nous étions inconnus les uns aux autres, nous croirions servir notre cause en alléguant en notre faveur des faits ignorés de vous, mais nous parlons devant des juges parfaitement instruits, et nous craignons, non que vous ayez reconnu d'avance que nos services ne sont pas proportionnés aux vôtres, et que vous ne fondiez là-dessus notre condamnation, mais que, nous sacrifiant à autrui, vous ne nous soumettiez à un jugement déjà prononcé.

Chap. 54. » Nous n'en proposerons pas moins nos légitimes moyens de défense, soit relativement à nos démêlés avec les Thébains, soit par rapport à vous et aux autres Hellènes ; et nous tenterons de vous fléchir en vous rappelant le souvenir de nos services. A cette courte interrogation, *Avez-vous, dans la guerre présente, rendu des services aux Lacédémoniens et aux alliés?* voici notre réponse : Si vous nous interrogez comme ennemis, nous n'avons pas été injustes en ne vous faisant pas de bien. Si c'est comme amis, nous répondons : C'est vous plutôt qui êtes coupables, vous qui nous avez apporté la guerre. Pour nous, et pendant la paix, et dans la guerre contre les Mèdes, nous nous sommes montrés irréprochables. Pendant la paix, parce que nous ne l'avons pas violée les premiers; dans la guerre contre les Mèdes, seuls entre les Béotiens, nous vous avons aidés à les repousser pour affranchir l'Hellade. Quoique habitans du continent, nous avons combattu sur mer à l'Artémisium; nous étions avec vous et Pausanias à la bataille qui s'est livrée sur notre territoire. Quels périls ont alors courus les Hellènes, que nous n'ayons partagés au-delà même de nos forces! Vous-mêmes, ô Lacédémoniens, vous-mêmes en particulier, rappelez-vous l'effroi de Sparte, lorsqu'après le tremblement de terre, les Hilotes révoltés se jetèrent dans Ithome : le tiers de nos citoyens ne vola-t-il pas à votre secours? Serait-il juste d'oublier ces services.

Chap. 55. » Tels nous nous montrâmes dans les plus anciennes et les plus importantes circonstances. Nous sommes depuis devenus vos ennemis; mais la faute n'en est-elle pas à vous seuls? Insultés par les Thébains, nous sollicitâmes votre alliance, et notre demande fut repoussée. Vous étiez, disiez-vous, trop loin de nous, et vous-mêmes nous conseillâtes de nous adresser aux Athéniens, dont nous étions plus proches. Quoi qu'il en soit, vous n'avez ni n'auriez éprouvé de notre part aucune offense dans cette guerre. Si, dans la suite, nous n'avons pas voulu, sur votre ordre, abandonner les Athéniens, nous n'avons point en cela blessé la justice. Les Athéniens, en effet, nous secouraient contre Thèbes lorsque vous hésitiez à nous défendre. Il ne nous convenait plus de les trahir, eux qui nous avaient comblés de bienfaits, eux qu'avec d'instantes prières nous avions attirés comme alliés dans notre ville, eux qui dans la leur nous accordaient le droit de bourgeoisie. Leur obéir fidèlement était notre devoir. Sur le fond même des choses commandées et par vous et par eux à vos alliés respectifs, il faut accuser, non ceux qui se montraient dociles à des ordres injustes, mais les chefs qui conduisaient à d'injustes exploits.

Chap. 56. » Quant aux Thébains, déjà nous avions reçu d'eux mille insultes cruelles. Par quel forfait y ont-ils mis le comble? Vous le savez; c'est par celui qui nous a réduits à ce déplorable état. Au sein de la paix et dans la solennité d'une hiéroménie, ils se sont emparés de notre ville par surprise. Nous avons puni cet attentat, n'en avions-nous pas le droit, conformément à cette loi universellement reconnue, qui permet de repousser un agresseur? Il serait donc contraire à l'équité de nous sacrifier aujourd'hui à leur ressentiment. Car si vous ne réglez votre justice que sur les services actuels que vous tirez d'eux et sur leur haine contre nous, vous montrerez que vous êtes des juges incapables de discerner la vérité et esclaves de leur intérêt. Au reste, si, dans cette guerre, leur société vous offre de grands avantages, la nôtre et celle des autres Hellènes, vous furent-elles inutiles lorsque vous étiez menacés des plus grands dangers? Ils vous servent aujourd'hui que votre nom seul a déjà frappé de terreur ceux que vous attaquez; mais quand le barbare asservissait l'Hellade tout entière, ces mêmes Thébains que vous voyez l'aidaient à forger des chaînes. Il est bien juste qu'à nos torts actuels, s'ils existent, vous opposiez le zèle qu'alors nous fîmes éclater : la faute vous en paraîtra plus légère et le mérite plus grand, surtout si vous considérez combien ce mérite fut rare alors, et combien peu d'Hellènes firent de leur courage une barrière à la puissance de Xerxès. A cette époque, on comblait des plus grands éloges ceux qui, contre l'invasion, ne cherchaient pas leur sûreté personnelle dans des négociations secrètes et utiles, mais qui aimaient mieux montrer une noble audace au milieu des dangers. Nous, que l'on compta dans ces rangs glorieux et qui méritâmes des distinctions, nous craignons aujourd'hui qu'on ne nous perde pour avoir suivi les mêmes principes, et nous être attachés aux Athéniens par esprit de justice, plutôt qu'à vous par intérêt. Cependant, sur les mêmes objets, il conviendrait de porter les mêmes jugemens ; et, quant à leurs véritables intérêts, les gouvernemens devraient penser que ces intérêts tiennent si étroitement à ceux de leurs alliés, que, quand ils pourront donner à ceux-ci de solides témoignages de reconnaissance, ils auront travaillé pour eux-mêmes.

Chap. 57. » Songez qu'aujourd'hui la plupart des Hellènes vous regardent comme des modèles de probité. Si vous prononcez contre nous une sentence inique, prenez garde (car vous ne couvrirez pas votre décision des ombres du mystère, vous juges estimés d'accusés irréprochables), prenez garde que ces mêmes Hellènes ne voient avec indignation, et le supplice de braves guerriers injustement condamnés par des guerriers plus braves encore, et nos dépouilles, les dépouilles des bienfaiteurs de l'Hellade, consacrées par vous dans ses hiérons communs. Quoi! Platée pillée par des Lacédémoniens! ô honte! Vos pères, pour éterniser le souvenir des bienfaits de Platée, auraient inscrit le nom de cette ville sur le trépied déposé dans l'hiéron des Delphiens, et vous, pour complaire à des Thébains, vous la feriez disparaître avec tous ses citoyens du sol de l'Hellade! Tel est donc l'excès de nos maux! Si la victoire se fût déclarée en faveur des Mèdes, nous étions perdus (pour avoir été vos alliés), et aujourd'hui c'est au milieu de vous, de vous, naguère nos meilleurs amis, qu'on nous sacrifie à des Thébains! Considérez les deux cruelles extrémités de notre position. Tout-à-l'heure, si nous refusions de livrer notre ville, il fallait mourir de faim ; nous l'avons ouverte, et un arrêt de mort nous attend. Nous sommes repoussés de tout côté, seuls, sans secours ; nous Platéens, si zélés pour cette cause de toute l'Hellade, que nous soutînmes par des efforts au-dessus de nos forces. Et aucun de nos anciens alliés ne se lève pour notre défense! Et vous, Lacédémoniens, vous notre unique refuge, nous sommes réduits à craindre de ne pas trouver auprès de vous une protection assurée!

Chap. 58. » Cependant nous vous conjurons, et par les dieux, témoins de nos premiers traités, et en mémoire du courage que nous déployâmes alors pour le salut des Hellènes, de vous laisser fléchir, et d'abjurer des sentimens que vous auraient suggérés les Thébains. En échange de vos bienfaits, demandez-leur, comme un présent, de ne point exiger la mort de ceux qu'il ne vous convient pas de condamner. A un gage honteux de reconnaissance, substituez un gage plus digne de vous, et ne donnez pas à d'autres le plaisir d'une vengeance dont vous ne vous réserveriez que l'infamie. Un instant suffit pour détruire nos corps; mais la tache de ce meurtre, l'effacerez-vous en un moment? Ce ne sont pas des ennemis qu'en nos personnes vous puniriez avec justice, mais des amis entraînés à la guerre par nécessité. Songez que si vous nous tenez en votre puissance, c'est parce que nous nous sommes rendus volontairement, en tendant vers vous des mains suppliantes, sous la sauve-garde d'une loi sacrée, laquelle défend de donner la mort à de tels prisonniers; et surtout n'oubliez pas que, dans tous les temps, nous fûmes vos bienfaiteurs. Jetez les yeux sur les sépulcres de vos pères, qui, tombés sous le fer des Mèdes, sont ensevelis dans nos campagnes, et à qui, chaque année, nous apportons des vêtemens et autres offrandes réglées par les lois; les prémices de toutes nos productions leur étaient consacrées; amis, compagnons, nous offrions à des amis, à d'anciens compagnons d'armes, les fruits d'une terre amie. Quel contraste entre votre conduite et la nôtre, si vous prononcez un jugement inique! Ici même Pausanias les a inhumés, persuadé, nous le répétons, qu'il confiait ce dépôt à des amis et à une terre amie. Mais vous, si vous nous massacrez, si vous faites du territoire de Platée un champ thébain, n'est-ce pas abandonner vos pères, vos parens, dans un pays hostile, à la merci même de leurs meurtriers, et désormais les priver des honneurs qu'ils reçoivent aujourd'hui? Je dis plus: cette même terre, qui vit triompher la liberté hellénique, vous la réduiriez donc en esclavage! Les hiérons où les sauveurs de l'Hellade implorèrent les dieux en allant à la victoire, seraient par vous rendus déserts; et par vous seraient abolis les sacrifices solennels de la patrie, institués par les fondateurs de ces hiérons!

Chap. 59. » Non, Lacédémoniens, au nom de votre gloire, ne vous portez pas à de pareils excès; ne manquez pas en même temps à ce que vous devez, et aux institutions publiques des Hellènes, et à vos ancêtres; ne nous sacrifiez pas, nous, vos bienfaiteurs, pour une querelle étrangère, et sans avoir été provoqués par la plus légère injure. Ce qui est digne de vous, c'est de nous épargner, de vous laisser toucher, d'ouvrir vos âmes à la pitié. Considérez, non pas seulement l'atrocité de notre supplice en lui-même, mais quelles victimes vous immolerez en nos personnes; et songez combien est mobile la balance de la fortune, combien il est incertain sur qui elle fera, même injustement, tomber ses coups. Pour nous, comme l'exigent et notre situation et nos besoins, nous élevons nos tristes voix vers les dieux adorés sur les mêmes autels et protecteurs communs de tous les Hellènes, nous les conjurons de vous rendre favorables à nos prières; nous attestons les sermens de vos pères, afin que vous-mêmes n'en perdiez pas le souvenir. Prosternés et suppliants devant les tombeaux de vos ancêtres, nous conjurons ces illustres morts de ne pas souffrir qu'on nous livre à leurs plus cruels ennemis, nous leurs amis les plus chers; nous leur rappelons ce beau jour, où, combattant à leurs côtés, de brillans exploits nous signalèrent, nous qui, dans ce jour même, craignons de subir le sort le plus cruel. Enfin (car il est nécessaire de mettre un terme à notre discours, quoique ce soit le moment le plus critique pour des infortunés qui, comme nous, en cessant de parler cesseront peut-être de vivre), enfin nous vous dirons: Ce n'est pas aux Thébains que nous avons rendu notre ville: cette mort sans gloire dont nous menaçait la famine, nous eût paru mille fois préférable. C'est à vous, à votre foi, que nous nous sommes livrés. Il est de toute justice, si vous demeurez inflexibles, que du moins vous nous replaciez dans la même situation, et que vous nous laissiez le choix du danger que nous voudrons courir. Mais, sur toutes choses, nous demandons que les Platéens, que les plus ardens défenseurs des Hellènes, ne soient pas arrachés de vos mains, entre lesquelles ils réclament en supplians la foi des traités, et livrés à leurs plus cruels ennemis, aux Thébains. Soyez nos sauveurs, et ne nous perdez pas quand vous sauvez le reste de l'Hellade. »

CHAP. 60. Telle fut la harangue des Platéens. Les Thébains, craignant que leurs paroles n'eussent touché les Lacédémoniens, déclarèrent que ces vils adversaires ayant, contre leur avis, obtenu la permission de répondre à une simple interpellation par un long discours, eux, à leur tour, prétendaient jouir du même privilége. On y consentit; ils parlèrent ainsi :

CHAP. 61. « Nous n'aurions pas demandé la parole si les Platéens se fussent renfermés dans une réponse précise à votre question; s'ils ne nous eussent pas accusés, et si se perdant en digressions, ils n'eussent consacré un long discours à répondre à des reproches qu'on ne leur faisait pas, à louer des actions que personne ne blâmait. Il faut donc et que nous répondions à leurs accusations, et que nous réduisions à leur juste valeur ces louanges qu'ils se prodiguent, afin que l'opinion qu'ils vous auraient inspirée, de nous en mal et d'eux en bien, ne leur donne aucun avantage, et que vous ne prononciez qu'après avoir entendu les deux parties.

» Nous allons d'abord remonter à la première origine de nos démêlés. Platée est la dernière des villes béotiennes que nous ayons fondées : nous l'avions prise, après en avoir chassé des aventuriers de diverses nations. Au mépris des conventions les plus solennelles, les habitans de cette nouvelle cité refusèrent de nous reconnaître pour chefs; seuls entre les Béotiens, ils transgressèrent nos antiques lois; et quand nous prétendîmes les contraindre à les respecter, ils se livrèrent aux Athéniens, à l'aide desquels ils nous ont fait autant de mal qu'ils en ont souffert de notre part.

CHAP. 62. » A les entendre, lors de l'invasion des barbares, seuls entre les Béotiens ils n'ont pas favorisé les Mèdes; c'est sur ce point qu'ils triomphent et nous insultent. Mais nous prétendons, nous, que s'ils n'embrassèrent pas le parti des Mèdes, c'est que les Athéniens n'en donnèrent pas l'exemple : aussi, d'après le même système, lorsque, dans la suite, les Athéniens marchèrent contre les Hellènes, seuls entre les Béotiens ils se déclarèrent pour les habitans de l'Attique. Au reste, considérez quelle était la situation respective de nos affaires, lorsque chacun de nous se détermina. Le gouvernement de notre cité n'était alors ni une oligarchie régulièrement constituée, ni la démocratie; mais, ce qui est l'état le plus contraire à une sage législation et à la raison, et le plus voisin de la tyrannie, nous étions soumis à la domination de quelques ambitieux. Ces oppresseurs, se flattant d'affermir leur pouvoir si le Mède était vainqueur, lui ouvrirent les portes malgré le peuple, qu'enchaînait la crainte. Puisque la république ne jouissait pas alors de son indépendance, il serait injuste de lui reprocher une faute commise en l'absence des lois.

» Mais, après la retraite des Mèdes et le rétablissement de l'ordre légal, quand, à leur tour, les Athéniens tentèrent une invasion, et qu'ils essayèrent de soumettre et notre pays et le reste de l'Hellade; quand, à la faveur des divisions, ils en avaient envahi déjà une grande partie, alors, victorieux à Coronée, n'avons-nous pas délivré la Béotie? Et maintenant, manquons-nous de zèle pour vous seconder, et rendre aux autres la liberté, nous qui fournissons plus de cavalerie et de tout ce qui est nécessaire à cette noble entreprise, qu'aucun des alliés? Voilà notre réponse au reproche d'avoir été partisans des Mèdes.

Chap. 63. » Que vous-mêmes, Platéens, vous ayez fait beaucoup de mal aux Hellènes, et qu'il n'y ait pas de supplice que vous ne méritiez, c'est ce que nous allons essayer de prouver. C'est, dites-vous, pour repousser nos attaques que vous êtes devenus alliés et citoyens d'Athènes. Il fallait donc exciter les Athéniens contre nous seuls, sans marcher avec eux contre d'autres peuples de l'Hellade; et s'ils vous entraînaient malgré vous dans quelques entreprises, il ne tenait qu'à vous de réclamer cette alliance que vous aviez contractée avec Lacédémone contre les Mèdes, et que vous faites tant valoir. Elle suffisait, sans doute, pour vous mettre à l'abri de nos attaques, et, ce qui est bien important, pour vous mettre au-dessus de toute crainte dans vos délibérations. Mais, nous le répétons, c'est de votre propre mouvement, et sans nulle contrainte, que vous avez préféré l'alliance des Athéniens. Et vous dites qu'il eût été honteux de trahir des bienfaiteurs! Certes, il était bien plus honteux et bien plus injuste de trahir tous les Hellènes, à qui vous liaient vos sermens, que les seuls Athéniens. Ceux-ci asservissaient l'Hellade; les autres combattaient pour l'affranchir. Vous leur avez témoigné une reconnaissance qui n'était ni proportionnée aux bienfaits reçus, ni exempte de blâme : car à vous entendre, vous ne les appeliez que pour vous soustraire à l'oppression, et vous deveniez complices de leur tyrannie. Est-il donc plus honteux de ne pas égaler la reconnaissance aux services reçus, que d'acquitter des dettes avouées, il est vrai, par la justice, mais que l'on paie à l'injustice?

Chap. 64. » Certes vous avez montré assez clairement que si autrefois, seuls, vous ne suivîtes pas le parti des Mèdes, ce fut parce que les Athéniens ne l'embrassaient pas, et non par bienveillance pour l'Hellade. N'ayant voulu qu'imiter les uns et faire le contraire de ce que faisaient les autres, vous prétendez aujourd'hui tirer avantage d'une bravoure de servitude. Mais cela n'est pas juste. Vous avez embrassé par choix le parti des Athéniens; défendez-vous par leur secours, et n'alléguez pas les sermens qui vous lièrent jadis avec Lacédémone, ne vous en faites pas un bouclier contre le danger présent. Vous les avez violés ces sermens, et, par suite de cette infraction, vous avez contribué à l'asservissement des Éginètes et de plusieurs autres alliés, que vous deviez défendre. Et ce n'était point contre votre gré, puisque, régis par ces mêmes lois qui vous régissent encore, vous n'étiez pas contraints comme nous l'avons été. La dernière sommation qu'avant le siége on vous fit de rester en paix et d'observer la neutralité, vous l'avez rejetée. Qui donc plus que vous mérite la haine de tous les Hellènes, vous qui avez fait servir votre valeur à leur perte? Ce qu'il y a de louable dans votre conduite, ne vous appartient pas; vous venez de le démontrer; ce qui est propre à votre nature, ce que vous avez constamment voulu, les faits l'ont révélé; car vous n'avez suivi les Athéniens que parce qu'ils marchaient dans la route de l'iniquité. Nous en avons dit assez pour mettre au grand jour ce que furent et notre adhésion forcée au parti des Mèdes, et votre dévouement bien volontaire à la cause d'Athènes.

Chap. 65. » Quant au dernier reproche que vous nous adressez, celui de vous avoir attaqués au sein de la paix et dans la solennité d'une hiéroménie, nous ne croyons pas, en cela même, avoir été plus coupables que vous. Si, de notre propre mouvement, nous sommes venus en ennemis attaquer votre ville et dévaster vos champs, notre conduite est digne de blâme : mais si les Platéens les plus distingués par la fortune et la naissance, voulant vous détacher d'une alliance étrangère et vous réunir sous les antiques lois communes à tous les Béotiens, nous ont appelés librement, que peut-on nous reprocher ! Des instigateurs ne sont-ils pas plus coupables que ceux qui les suivent? Mais, à notre avis, il n'y eut de crime, ni de leur part, ni de la nôtre. Citoyens ainsi que vous, et ayant plus à risquer, ils nous ont ouvert les portes, ils nous ont reçus dans la ville à titre d'amis et non comme ennemis ; voulant que parmi vous les méchans ne pussent se porter à de plus grands excès, et que les bons obtinssent le sort qu'ils méritaient. Sages modérateurs des esprits, ils ne privaient la ville d'aucun citoyen ; ils la réconciliaient à ceux qui lui étaient unis par le lien d'une origine commune ; et, sans vous rendre ennemis de personne, ils vous assuraient l'amitié de tous.

Chap. 66. » La preuve que nous n'agissions pas en ennemis, c'est que, sans maltraiter qui que ce fût, nous avons invité à se joindre à nous tous ceux qui voudraient se gouverner suivant les antiques institutions de toute la Béotie. Vous y adhérez, en apparence, de bonne grâce, vous entrez en accord, vous restez d'abord tranquilles : mais bientôt, vous apercevant de notre petit nombre, loin d'imiter notre modération, en vous abstenant de voies de fait, en recourant à la persuasion pour nous engager à évacuer la ville, supposé toutefois que nous eussions fait une démarche un peu trop irrégulière en entrant sans l'aveu de la multitude, vous fondez sur nous, au mépris de tout accord ; vous tuez ceux des nôtres qui s'offrent à vos coups. Et ce n'est pas de quoi nous nous plaignons davantage ; on peut dire que ceux-là ont péri suivant les lois de la guerre : mais ceux qui vous tendaient leurs mains suppliantes, qui étaient tombés vivans en votre pouvoir, à qui vous aviez promis de laisser la vie, les avoir lâchement égorgés, n'est-ce donc pas un exécrable forfait? Après avoir commis trois crimes à-la-fois, infraction des traités, massacre de sang-froid, serment violé (car vous aviez juré d'épargner nos citoyens, si nous respections vos campagnes), c'est nous que vous accusez d'avoir enfreint les lois, et vous prétendez ne devoir pas être punis ! Non, si du moins les Lacédémoniens jugent avec équité, il n'en sera pas ainsi ; vous subirez le juste châtiment dû à vos forfaits.

Chap. 67. » Nous sommes entrés dans ces détails, Lacédémoniens, et pour vous, et pour nous-mêmes ; pour vous, afin que vous sachiez que vous punirez justement ; pour nous, afin de vous démontrer que ce sera plus justement encore que vous nous vengerez. Ne vous laissez pas fléchir au souvenir de leurs anciennes vertus, si toutefois ils en eurent jamais de réelles. Ce souvenir parlerait en faveur de malheureux opprimés ; mais à des hommes souillés de forfaits, il doit attirer une double punition, puisqu'ils ont trahi de nobles penchans. Qu'il leur soit inutile de gémir, de se lamenter, d'invoquer à grands cris les tombes de vos aïeux, de déplorer leur délaissement. Entendez aussi les gémissemens de cette jeunesse infortunée, qui, égorgée de leurs mains, a subi un traitement bien plus affreux; elle dont les pères, ou sont morts à Coronée, en s'efforçant de faire entrer la Béotie dans votre alliance, ou se voient livrés, dans leur vieillesse, à un déplorable abandon? Du fond de leurs maisons, vides de postérité, ils vous supplient, bien plus justement, de les venger de ces hommes coupables? Qui souffre injustement inspire la pitié; mais on voit avec joie des criminels, tels que ceux-ci, souffrir tous les maux qu'ils ont mérités. Eux-mêmes se sont attiré l'abandon où ils se voient réduits, puisqu'ils ont repoussé leurs alliés naturels, et que, n'écoutant d'autre sentiment que la haine, ils ont violé les lois à notre égard, sans avoir reçu de nous la plus légère offense. Jamais ils ne subiront un châtiment proportionné à leurs attentats. Leur supplice sera légal, puisqu'ils ne vous ont pas tendu les mains en supplians, comme ils le disent, mais qu'ils se sont rendus par accord, et se sont soumis à un jugement.

» Vengez donc, ô Lacédémoniens, cette loi reçue chez tous les Hellènes, et qu'ils ont foulée aux pieds. Qu'après tant de maux injustement soufferts, votre reconnaissance nous accorde aujourd'hui le prix de notre dévouement. Ne nous repoussez pas, séduits par leurs discours. Apprenez aux Hellènes, par un grand exemple, que ce ne sont point les discours que vous jugez, mais les actions. Sont-elles bonnes, le plus simple récit doit suffire; criminelles, des discours étudiés les couvriraient en vain d'un voile officieux. Si, en votre qualité de chefs des Hellènes, vous établissez contre tous les accusés des formes de jugement expéditives, on cherchera moins de beaux discours pour pallier des crimes. »

CHAP. 68. Ainsi parlèrent les Thébains. Les juges de Lacédémone crurent devoir se borner à demander aux Pla-

téens s'ils avaient reçu d'eux quelques services durant la guerre. Dans les temps antérieurs, conformément aux conventions de Pausanias, après l'expulsion des Mèdes, on les avait invités à rester en repos; ensuite, avant de les investir, on leur avait proposé, suivant le même traité, de rester neutres, et ils n'avaient point accepté. Les juges, feignant de croire que, vu la justice des propositions faites, et cependant rejetées, toute trève était rompue, et ne voulant plus voir en eux que des ennemis déclarés, les firent venir l'un après l'autre, et leur adressant cette question : *Dans le cours de la guerre, avez-vous rendu des services aux Lacédémoniens et aux alliés?* Ils ne pouvaient répondre *Oui*; on les emmenait, on leur donnait la mort; personne ne fut excepté. Il n'y eut pas moins de deux cents Platéens égorgés; vingt-cinq Athéniens qui avaient soutenu le siége avec eux, subirent le même sort. Les femmes furent réduites en servitude.

Quant à la ville, les Thébains laissèrent la faculté de l'habiter pendant un an à des Mégariens que les troubles venaient d'éloigner de leur patrie, et à ceux des Platéens qui restaient et qui avaient été de leur faction. Mais ensuite ils la rasèrent jusque dans ses fondemens, bâtirent sur le sol même de l'hiéron de Junon un portique [lieu de repos pour les voyageurs] qui avait deux cents pieds en tous sens, auquel tenaient des logemens hauts et bas, et firent entrer dans cette construction les toits et les portes de l'ancienne. Les autres matériaux qui se trouvèrent dans la citadelle, servirent à des lits soigneusement faits, qui furent consacrés à Junon, en l'honneur de qui l'on érigea un temple de pierre de cent pieds. Quant à leurs terres, Thèbes les confisqua, les afferma pour dix ans, et en perçut le revenu. La cause probable, ou plutôt la seule et unique cause de tant de rigueur de la part des Lacédémoniens envers ceux de Platée, fut l'espérance de grands services que leur rendraient les Thébains dans la guerre où l'on se trouvait engagé. Ainsi périt Platée, quatre-vingt-treize ans après être devenue l'alliée d'Athènes.

Chap. 69. Cependant les quarante vaisseaux du Péloponnèse partis pour secourir Lesbos, mis en fuite, poursuivis par les Athéniens, et battus de la tempête à la hauteur de la Crète, regagnèrent en désordre les côtes de leur pays. Ils rencontrèrent à Cyllène treize vaisseaux de Leucade et d'Ampracie, et Brasidas, fils de Tellis, arrivé pour aider Alcidas de ses conseils : car les Lacédémoniens, ayant manqué leur projet de secourir Lesbos, jugèrent à propos d'équiper une flotte plus nombreuse, et, pendant que les Athéniens n'avaient que douze vaisseaux à Naupacte, d'aller à Corcyre, en proie alors aux séditions. Ils avaient à cœur de les prévenir avant qu'il leur vînt du secours d'Athènes. Brasidas et Alcidas s'occupaient de cette expédition.

Chap. 70. Les troubles de Corcyre avaient commencé au retour des citoyens faits prisonniers au combat naval d'Épidamne. Les Corinthiens prétendaient les avoir relâchés sur une caution de huit cents talens, que leurs proxènes avaient donnée pour eux : mais la vérité est que ces prisonniers s'étaient laissé engager à leur livrer Corcyre. Ils intriguaient en effet auprès des citoyens, qu'ils visitaient successivement, les pressant de se soulever contre Athènes. Mais, un vaisseau d'Athènes et un de Corinthe ayant amené des députés, il se tint des conférences, et les Corcyréens décrétèrent qu'ils persisteraient, suivant le traité, dans l'alliance d'Athènes, sans rompre pourtant avec les Péloponnésiens, leurs anciens amis. Un certain Pithias, qui, de son propre mouvement, remplissait auprès des Athéniens les fonctions de proxène, était à la tête de la faction du peuple. Les gens de la faction contraire l'appelèrent en justice, l'accusant de vouloir asservir son pays aux Athéniens. Il fut absous, et à son tour il fit mettre en jugement cinq des plus riches citoyens, qu'il accusait d'avoir arraché des palissades du *temenos* [enceinte sacrée] de Jupiter et d'Alcinus. L'amende, pour chaque pieu, était d'un stater. Condamnés, ils se réfugièrent dans les hiérons en qualité de suppliants. Comme la somme était forte, ils demandaient, pour l'acquitter, qu'elle fût partagée en plusieurs paiemens déterminés. Pithias, qui se trouvait membre du sénat, obtint qu'on agirait contre eux suivant la rigueur de la loi. Ces hommes, se trouvant sous le poids d'une condamnation, et apprenant que Pithias voulait profiter du temps où il était encore sénateur pour engager le peuple dans une alliance offensive et défensive avec Athènes, quittèrent leur asile, et, s'armant de poignards, ils se jetèrent impétueusement au milieu du sénat, et tuèrent Pithias et d'autres sénateurs ou particuliers, au nombre de soixante. Quelques partisans de Pithias, mais en petit nombre, se réfugièrent sur la trirème athénienne, qui n'était pas encore partie.

Chap. 71. Après cette exécution, ceux qui l'avaient dirigée convoquèrent les Corcyréens; et se vantèrent d'avoir pris le seul parti qui pût les garantir du joug d'Athènes, ajoutant que ce qui restait à faire, c'était de ne recevoir, ni d'Athènes ni de Corinthe, plus d'un vaisseau à-la-fois; et s'il s'en présentait davantage, de les traiter en ennemis. Ce qu'ils dirent, ils forcèrent le peuple à le ratifier, et envoyèrent même aussitôt à Athènes des députés pour y exposer ce qu'ils venaient de faire, et les causes qui, selon eux, avaient rendu cette mesure indispensable, et en même temps pour engager ceux de leurs concitoyens qui s'étaient réfugiés dans cette ville, à ne rien faire imprudemment, dans la crainte de quelque malheur.

Chap. 72. Arrivés à Athènes, les députés furent traités en factieux, et tous ceux qu'ils avaient gagnés se virent relégués à Égine. Cependant, une trirème de Corinthe étant abordée de Corcyre avec des députés de Lacédémone, ceux qui se trouvaient à la tête des affaires attaquèrent la faction démocratique, et livrèrent un combat d'où ils sortirent vainqueurs; mais, la nuit survenue, ceux du parti populaire se réfugient dans l'acropole et sur les hauteurs de la ville, s'y forment en corps d'armée et se fortifient. Ils se rendirent aussi maîtres du port Hyllaïque. Ceux de la faction opposée s'emparèrent et de l'*agora*, où la plupart avaient leurs maisons, et d'un port voisin de cette *agora* et qui regarde le continent.

Chap. 73. Le lendemain, il y eut de légères escarmouches. Les deux factions envoyèrent dans la campagne appeler à elles les esclaves, sous promesse de la liberté. La plupart se joignirent au parti démocratique. L'autre parti reçut du continent huit cents auxiliaires.

Chap. 74. Après un jour d'intervalle, un second combat fut livré. Le parti populaire, qui avait l'avantage de la position et du nombre, remporta la victoire. Les femmes le secondèrent vaillamment, lançant des tuiles du haut des maisons, et soutenant le fracas des armes avec un courage au-dessus de leur sexe. Sur le soir, ceux du parti le moins nombreux ayant été repoussés, et craignant que la multitude ne se jetât tumultuairement sur le *neôrium* [havre], qu'elle ne s'en rendît maîtresse, et qu'eux-mêmes ne fussent massacrés, mit le feu aux bâtimens qui formaient l'enceinte de l'*agora* et aux maisons contiguës, sans épargner, plus que les autres, celles qui leur appartenaient. Leur dessein était de fermer tout accès à la multitude. Des richesses considérables appartenant au commerce furent brûlées; et s'il se fût élevé un vent qui eût poussé la flamme du côté de la ville, elle risquait d'être détruite tout entière. Bientôt le combat finit; les deux factions passèrent la nuit sur leurs gardes, mais tranquilles. Comme c'était le parti démocratique qui venait de l'emporter, le vaisseau de Corinthe partit secrètement, et la plupart des troupes se transportèrent sur le continent, sans qu'on s'aperçût de leur retraite.

Chap. 75. Le lendemain, Nicostrate, fils de Diitréphès, général athénien, vint de Naupacte apporter du secours avec douze vaisseaux et cinq cents oplites de Messène. Il entra en composition avec les habitans et leur conseilla de se réconcilier, de mettre seulement en jugement dix des plus coupables qui prirent la fuite, de permettre aux autres de rester, et de faire entre eux et avec les Athéniens un traité par lequel ils s'engageraient à avoir mêmes amis et mêmes ennemis. Il devait partir, cette négociation terminée : mais les chefs de la faction populaire obtinrent qu'il leur laisserait cinq de ses vaisseaux pour que le parti contraire fût moins en état de remuer, et ils s'engagèrent à équiper un même nombre de bâtimens qui le suivraient. Il consentit à cette proposition, et la faction qui avait le dessus choisit ses ennemis pour monter les vaisseaux. Ceux-ci, craignant d'être envoyés à Athènes, se réfugièrent dans l'hiéron des Dioscures. Nicostrate voulut les faire relever et essaya, mais en vain, de les rassurer. La multitude, prenant de là prétexte de s'armer, comme si ces infortunés eussent eu quelque mauvais dessein, parce que la défiance les empêchait de monter sur les vaisseaux, alla dans leurs maisons enlever les armes; et elle en aurait même tué quelques-uns qui lui tombèrent sous la main, si Nicostrate ne s'y fût opposé. Les autres, voyant ce qui se passait, allèrent, au nombre de quatre cents, s'asseoir en supplians dans l'*herœum* [hiéron de Junon]. Mais la multitude, craignant qu'ils n'excitassent un mouvement, sut leur persuader de quitter cet asile, les transporta dans l'île que regarde cet hiéron, et leur fit passer des vivres.

CHAP. 76. Les troubles en étaient à ce point, lorsque, trois ou quatre jours après le transport de ces citoyens dans l'île, les vaisseaux du Péloponnèse, partis de Cyllène, où ils étaient restés depuis l'expédition d'Ionie, arrivèrent au nombre de cinquante-trois, commandés, comme auparavant, par Alcidas, qui avait avec lui Brasidas à titre de conseil. Ils relâchèrent aux Sybotes, situées sur le continent, et, au lever de l'aurore, ils cinglèrent vers Corcyre.

CHAP. 77. Les Corcyréens, effrayés à-la-fois de leur situation intérieure et de l'arrivée de cette flotte, appareillèrent tumultuairement soixante navires, qu'ils envoyaient contre l'ennemi à mesure qu'ils étaient prêts. Ils agissaient ainsi contre l'avis des Athéniens, qui leur conseillaient de les laisser sortir eux-mêmes les premiers, et de venir ensuite les soutenir à-la-fois avec toutes leurs forces. Les vaisseaux de Corcyre se présentant séparément au combat, il y en eut deux qui, dès le commencement de l'action, passèrent du côté de l'ennemi. Sur les autres, les gens de guerre qui les montaient se battaient entre eux, et l'on ne savait nulle part ce qu'on faisait. Les Péloponnésiens, s'apercevant du tumulte, se contentèrent d'opposer une vingtaine de vaisseaux à ceux de Corcyre, et, avec le reste de leur flotte, ils se présentèrent contre les douze vaisseaux d'Athènes, dont la Salaminienne et le Paralus faisaient partie.

CHAP. 78. Les Corcyréens, s'avançant en mauvais ordre et par divisions peu nombreuses, avaient de leur côté beaucoup à souffrir dans leurs lignes. Pour les Athéniens, comme ils appréhendaient d'être accablés par le nombre et de se voir enveloppés, ils n'attaquèrent pas en masse et ne donnèrent pas sur le centre des vaisseaux qui étaient rangés contre eux en ordre de bataille; mais ils attaquèrent en file, et submergèrent un bâtiment. S'étant ensuite formés en cercle, ils voguèrent autour des ennemis, qu'ils essayèrent de mettre en désordre. Cette manœuvre fut aperçue de ceux qui avaient en tête les vaisseaux de Corcyre, et, craignant qu'il n'arrivât la même chose qu'à Naupacte, ils vinrent au secours des leurs. La flotte alors réunie vogua tout entière sur les Athéniens. Ceux-ci cédèrent faiblement, et ramèrent de la poupe. Ils manœuvraient de la sorte pour laisser les Corcyréens commencer la retraite, tandis qu'eux-mêmes, reculant avec beaucoup de lenteur, soutenaient l'effort des ennemis. Ainsi se passa ce combat naval, qui finit au coucher du soleil.

CHAP. 79. Les Corcyréens craignaient que les ennemis ne profitassent de leur victoire pour venir attaquer la ville, ou qu'ils n'enlevassent de l'île les citoyens qu'on y avait déposés, ou qu'enfin ils ne fissent quelqu'autre tentative. Ils ramenèrent de l'île à l'*herœum* les quatre cents supplians, et se tinrent sur leurs gardes. Mais l'ennemi, malgré l'avantage qu'il avait remporté, n'osa pas attaquer la ville : avec treize vaisseaux de Corcyre qu'il avait enlevés, il gagna le contiment d'où il était parti. Le lendemain, il n'osa pas davantage se porter à Corcyre, quoiqu'on y fût dans le trouble et dans la consternation, et que Brasidas conseillât, dit-on, cette entreprise à Alcidas, qui n'avait pas le même crédit que ce général. Ils firent une descente au promontoire Leucimne, et ravagèrent la campagne.

Chap. 80. Cependant le parti démocratique de Corcyre, redoutant l'arrivée de la flotte, traita avec les supplians et les autres du même parti, pour parvenir à sauver la ville. On en détermina même quelques-uns à monter sur les vaisseaux : car, malgré la situation critique où l'on se trouvait, on en équipa trente, s'attendant à voir arriver les ennemis. Mais les Péloponnésiens, après avoir dévasté les champs jusqu'à midi, se retirèrent. Aux approches de la nuit, des feux les avaient avertis que soixante vaisseaux athéniens, partis de Leucade, venaient les attaquer. En effet, Athènes, informée que Corcyre était livrée à la sédition, et que les vaisseaux d'Alcidas devaient s'y rendre, avait envoyé cette flotte sous le commandement d'Eurymédon, fils de Théoclès.

Chap. 81. Les Péloponnésiens se hâtèrent, la nuit venue, de retourner chez eux, en rasant la côte. Dans la crainte d'être aperçus s'ils tournaient l'isthme des Leucadiens, ils transportèrent leurs vaisseaux par-dessus cet isthme, et effectuèrent leur retraite. Sur la nouvelle que la flotte d'Athènes approchait et que celle des ennemis était retirée, les Corcyréens introduisirent dans la ville les Messéniens, jusque-là restés en dehors, et envoyèrent le long des côtes, dans le port Hillaïque, les vaisseaux qu'ils avaient équipés, tuant, dans cette expédition, tous ceux des ennemis qui leur tombaient entre les mains, jetant hors des vaisseaux et submergeant ceux qu'ils avaient engagés à y monter. Ils entrèrent dans l'*herœum*, persuadèrent à une cinquantaine des réfugiés de se soumettre à un jugement, et les condamnèrent tous à mort. Les malheureux qui avaient refusé de quitter cet asile, et qui formaient le plus grand nombre, n'ignorant pas ce qui se passait, se tuaient les uns les autres dans l'hiéron : plusieurs se pendaient à des arbres; chacun se donnait la mort par le moyen qui s'offrait à lui.

Pendant sept jours qu'Eurymédon passa à Corcyre avec sa flotte de soixante vaisseaux, les Corcyréens tuèrent tous ceux qu'ils jugeaient ennemis, leur reprochant d'avoir voulu renverser le gouvernement populaire. Plusieurs périssaient victimes d'inimitiés particulières; des créanciers étaient sacrifiés par leurs débiteurs. La mort se présentait sous toutes les formes. Toutes les horreurs qui d'ordinaire accompagnent de telles circonstances furent commises et même surpassées; le père assassinait son fils; on arrachait sa victime aux asiles sacrés, on la frappait dans les hiérons même; quelques-uns périrent murés dans l'hiéron de Bacchus : tant fut horrible cette sédition ! Elle le parut encore davantage, en ce qu'elle était la première dont Corcyre eût été le théâtre.

Chap. 82. Bientôt l'Hellade fut presque tout entière ébranlée. Elle se trouva divisée en deux factions. Celle du parti populaire invoquait Athènes; celle du petit nombre, Lacédémone. On n'aurait eu pendant la paix ni prétexte ni facilité de réclamer des secours : mais, dans la guerre, les hommes avides de nouveautés se procuraient aisément des alliés, autant pour nuire à la faction contraire, que pour accroître leur puissance. Les séditions amenèrent à leur suite dans les villes beaucoup de maux qui les accompagnent d'ordinaire, et qui les accompagneront aussi long-temps que la nature humaine sera la même, mais toutefois avec des caractères plus ou moins graves, plus ou moins variés, suivant la diversité des conjonctures. En effet, pendant la paix, et au sein de la prospérité, les états et les particuliers sont animés d'un meilleur esprit, parce qu'ils ne tombent pas en d'impérieuses nécessités; mais la guerre, qui détruit l'aisance journalière, maître violent dans ses leçons, plie aux circonstances les mœurs du plus grand nombre.

Les séditions agitaient donc les villes, et celles que l'esprit de discorde gagnait un peu plus tard, instruites au crime par le récit des crimes antérieurs, portaient loin l'excès des nouveautés à imaginer, soit dans la combinaison des attaques, soit dans l'atrocité des vengeances. La signification ordinaire des mots qui servent à caractériser les actions, fut changée conformément au nouveau code de justice. L'audace inconsidérée fut traitée de zèle intrépide pour ses amis, la lenteur qui prévoit, de crainte décorée d'un beau nom; la modération fut appelée pusillanimité; une prudence soutenue, la vertu des hommes qui ne sont bons à rien. La folle précipitation fut regardée comme le propre des hommes courageux. Délibérer avec sagesse afin de ne rien hasarder imprudemment, c'était un prétexte honnête pour ne pas s'engager. L'homme emporté était un homme sûr; celui qui le contredisait, un homme suspect. Ourdir les trahisons et réussir, annonçait de l'habileté; les prévenir, c'était prouver bien plus d'esprit. Prendre d'avance ses mesures pour n'avoir besoin ni de recourir à la ruse ni de la déjouer, c'était se montrer ami déloyal et timide ennemi. Prévenir un adversaire disposé à nuire, solliciter au mal celui qui n'y songeait pas, méritait également des éloges. On préférait les amitiés de parti à celles de parenté, comme plus prêtes à tout oser sans jamais prétexter aucune excuse. En effet, ces associations ne se faisaient pas dans l'intérêt des lois établies; l'ambition seule les formait contre les lois. Ceux qui entraient dans les ligues, fondaient leur confiance, non pas sur le nom des dieux attestés par serment, mais sur la complicité des crimes. La faction contraire faisait-elle de sages propositions, on les adoptait, non par générosité, mais pour voir si les actions répondraient aux paroles. On préférait le plaisir de se venger à la satisfaction de n'avoir pas reçu d'offense. Les sermens de réconciliation étaient respectés pour le moment, parce qu'on se trouvait dans une crise violente, et qu'on n'avait pas d'autre ressource. Mais, à la première occasion, on gagnait les devans : on frappait son ennemi sans défense, et l'on trouvait, précisément à cause de la bonne foi violée, sa vengeance bien plus douce que si l'on eût attaqué à découvert (un ennemi à qui l'on n'eût prêté aucun serment). Outre l'avantage de s'être ainsi vengé sans péril, on avait fait preuve d'habileté en triomphant par surprise : car, pour l'ordinaire, on accorde plus facilement à la perfidie le nom d'habileté, qu'à la simplicité celui de probité. Aussi voit-on souvent les hommes rougir de la bonne foi et faire gloire de la perfidie.

La source de tous ces maux était dans ce désir de commander qu'inspirent l'ambition et la cupidité, principes d'où naît l'ardeur de tous les hommes que la rivalité met aux prises. Ceux, en effet, qui dans chaque ville tenaient le premier rang, décorant de noms honorables une domination usurpée, et se proclamant défenseurs, les uns de l'égalité politique, bienfait du gouvernement populaire, les autres d'une aristocratie modérée, faisaient tous de l'état qu'ils affectionnaient, à les entendre, le prix de leurs déplorables luttes. Mettant tout en œuvre pour se supplanter les uns les autres, leur audace ne reculait devant aucun excès, leur cruauté allait toujours croissant. Marchant de rigueurs en rigueurs, n'envisageant ni la justice, ni l'intérêt public, leur vengeance ne s'arrêtait qu'au gré de la passion. Recourant, pour le maintien de leur puissance, tantôt à des jugemens dont l'iniquité se couvrait de formes légales, tantôt à la force ouverte, ils se montraient toujours prêts à assouvir la fureur du moment, en sorte qu'ils abjuraient les uns et les autres tout sentiment religieux, et que les plus estimés étaient ceux à qui il arrivait d'obtenir un éclatant succès en parant leurs actions de noms honnêtes. Les plus modérés périssaient victimes des factions, ou parce qu'ils refusaient de combattre avec elles, ou parce qu'on les voyait d'un œil jaloux se mettre à l'abri des désastres publics.

Chap. 83. L'Hellade fut donc infestée de tous les genres de malheurs et de crimes. La confiance, ce sentiment si naturel aux âmes nobles, ne fut plus qu'un ridicule et disparut. Nourrir dans son cœur une défiance qui armait les citoyens les uns contre les autres, était presque un mal universel. Rien ne pouvait rapprocher les esprits; ni l'entraînement de l'éloquence, ni les sermens qu'on ne craignait plus de violer. Tous, trop habiles pour ne pas sentir l'impossibilité de compter sur quelque chose de stable, songeaient plus à se mettre à l'abri du péril le plus imminent qu'à se commander le sentiment de la confiance. Ceux qui avaient le moins d'avantages du côté de l'esprit, étaient ceux qui réussissaient le mieux. En effet, par cela même qu'ils redoutaient leur propre insuffisance, et l'adresse d'ennemis ou plus puissans par leur éloquence, ou plus astucieux et plus prompts à tendre des pièges, se portaient brusquement à des coups de mains : les autres, au contraire, méprisant même les trames qu'ils pressentaient, et jugeant qu'il est inutile d'agir lorsqu'on a l'habileté de prévoir, se trouvaient surpris sans défense et succombaient plus facilement.

Chap. 84. Corcyre offrit donc la première le spectacle de tous les excès. On vit tout ce que peuvent entreprendre, pour se venger, des malheureux longtemps gouvernés avec une insolence tyrannique, au lieu d'être traités avec modération; tout ce qui peut être commis d'infractions à la loi par des infortunés qui veulent se délivrer de l'indigence, et qui, égarés par leur passion, ne songent qu'à s'emparer des richesses d'autrui, au mépris de la justice; enfin tout ce que peuvent exercer d'atrocités et de fureurs des hommes qui, armés moins par la cupidité que pour le maintien de l'égalité politique, marchent d'excès en excès, ne prenant conseil que de l'ignorance et d'une fougue insensée.

Au milieu de cette confusion de tous les principes, l'homme, qui se plaît à commettre l'injustice, même sous l'empire des lois qui la condamnent, ayant secoué ce joug, se montra à découvert tel qu'il est, sans force contre sa passion, fort contre la justice qu'il anéantit, ennemi de toute supériorité. Sous le règne des lois, privé d'une funeste puissance, il n'eût jamais préféré, ni la vengeance à tout ce qu'il y a de sacré, ni le gain à l'équité. L'insensé! pour triompher de ses ennemis, il prétend détruire ces mêmes lois, qui, à des époques de semblables crises, aux jours du malheur, veilleraient pour le salut de tous et offriraient encore quelque lueur d'espérance : il ne laisse rien subsister de ce qui deviendrait la sauve-garde de quiconque réclamerait l'appui de quelqu'une de ces lois.

Chap. 85. Les Corcyréens de la ville se livrèrent les premiers à leurs ressentimens les uns contre les autres. Eurymédon et les Athéniens se retirèrent avec la flotte qui les avait amenés. Dans la suite, les Corcyréens fugitifs, dont cinq cents environ avaient échappé aux massacres, s'emparèrent des forts élevés sur le continent, se rendirent maîtres du territoire opposé à leur île; de là ils partaient pour aller piller les habitans de l'île, qu'ils incommodaient au point qu'une grande disette se fit sentir dans Corcyre. Ils envoyèrent des députés à Lacédémone et à Corinthe pour solliciter leur rappel; et, comme on ne faisait rien pour eux, ils se procurèrent des vaisseaux et des troupes auxiliaires, et passèrent dans l'île au nombre de six cents au plus. Ils mirent le feu à leurs vaisseaux pour ne se réserver d'autre ressource que la conquête du pays, et s'établissant sur le mont Istône, ils le fortifièrent, inquiétèrent de là les habitans de la ville et devinrent maîtres de la campagne.

Chap. 86. A la fin du même été, les Athéniens expédièrent vingt vaisseaux en Sicile, sous les ordres de Lachès, fils de Mélanope, et de Charéade, fils d'Euphylète. Les Syracusains et les Léontins se faisaient la guerre. Les premiers comptaient pour alliées, excepté Camarina, toutes les villes doriennes, qui, dès le commencement des hostilités, s'étaient liées avec les Lacédémoniens, sans combattre cependant avec eux. Les Léontins avaient Camarina et les villes d'origine chalcidienne. En Italie, les Locriens favorisaient Syracuses, et ceux de Rhégium, les Léontins, à titre de consanguinité. Les alliés des Léontins députèrent à Athènes, en vertu de leur ancienne liaison et en qualité d'Ioniens, et engagèrent cette république à leur envoyer des vaisseaux, car les Syracusains les resserraient étroitement par terre et par mer. Les Athéniens y consentirent sous prétexte d'amitié; mais, dans la vérité, ils voulaient empêcher qu'on exportât du blé de la Sicile dans le Péloponnèse, et essayer de se rendre maîtres de cette île. Ils abordèrent donc à Rhégium en Italie, et firent la guerre conjointement avec leurs alliés. L'été alors finissait.

Chap. 87. Au commencement de l'hiver, la peste attaqua une seconde fois les Athéniens : sans avoir jamais entièrement cessé, elle avait laissé quelque trêve. Elle ne dura pas cette seconde fois moins d'une année; la première fois elle avait duré deux ans. Il n'y eut rien qui accablât davantage les Athéniens, rien qui portât un aussi grand coup à leur puissance. Dans les armées ils ne perdirent pas moins de quatre mille trois cents oplites et de trois cents cavaliers; sans compter tant d'autres victimes. Il y eut en même temps plusieurs tremblemens de terre à Athènes, en Eubée, chez les Béotiens, et surtout à Orchomène de Béotie.

Chap. 88. Les Athéniens en Sicile et les troupes de Rhégium attaquèrent cet hiver, avec trente vaisseaux, les îles qui portent le nom d'Éole, et que la disette d'eau ne permet pas d'attaquer en été. Elles appartiennent aux Liparéens venus de Cnide; celle qu'ils habitent a peu d'étendue, et se nomme Lipara. C'est de là qu'ils vont cultiver les autres, Didyme, Strongyle et Hiéra. Les gens du pays croient que dans la dernière Vulcain tient ses forges, parce qu'on lui voit jeter beaucoup de feu la nuit, et de la fumée pendant le jour. Ces îles, situées à la vue des campagnes des Sicules et des Messéniens, étaient dans l'alliance des Syracusains. Les Athéniens, après en avoir ravagé le territoire sans pouvoir forcer les habitans à se rendre, retournèrent à Rhégium. L'hiver finissait, et avec lui la cinquième année de la guerre que Thucydide a écrite.

Chap. 89. Au retour de l'été, les Péloponnésiens et leurs alliés, commandés par Agis, fils d'Archidamus, roi des Lacédémoniens, étaient venus jusqu'à l'isthme pour se jeter sur l'Attique. Des tremblemens de terre réitérés les forcèrent de retourner sur leurs pas ; il n'y eut point d'invasion. A cette même époque, des tremblemens de terre eurent lieu aussi dans l'Eubée, à Orobies. La mer, s'élançant de son ancien rivage, se répandant à grands flots, envahit une partie considérable de la ville, en submergea un quartier, en abandonna un autre : en sorte que maintenant une portion de ce territoire est devenue mer. Dans ce cataclysme périrent tous ceux qui ne purent gagner à temps les hauteurs. Atalante, attenant à la Locride, eut à souffrir d'un semblable cataclysme : la mer entraîna une partie du fort qu'y avaient construit les Athéniens ; sur deux vaisseaux tirés à sec, il y en eut un de brisé. Les eaux gagnèrent aussi Péparèthe, mais n'inondèrent pas la ville : seulement le tremblement de terre renversa une partie de la muraille, le prytanée, et d'autres édifices, mais en petit nombre. La cause, je crois, de ces sortes d'accidens, c'est que, dans les endroits où les secousses sont les plus fortes, elles chassent avec impétuosité les eaux de la mer, les repoussent subitement et donnent une nouvelle force à l'inondation : mais je ne pense pas que sans tremblement de terre il puisse rien arriver de semblable.

Chap. 90. Durant ce même été, il s'éleva des guerres non seulement entre les diverses peuplades qui existaient dans la Sicile, et qui se battaient, celles-ci pour une cause, celles-là pour une autre ; mais particulièrement entre les Si-céliotes, qui s'entredéchiraient : les Athéniens prirent parti pour leurs alliés. Je vais rapporter ce que firent de plus important ou ces alliés secondés par les Athéniens, ou leurs ennemis contre les troupes d'Athènes. Charéade, général des Athéniens, ayant été tué par les Syracusains dans un combat, Lachès, commandant de toute la flotte, se porta avec les alliés contre Mylès, place dépendante de Messène. Deux corps de Messéniens qui s'y trouvaient en garnison, dressèrent une embûche aux troupes débarquées : mais les Athéniens mirent en fuite les gens de l'embuscade, en tuèrent un grand nombre, attaquèrent les remparts et obligèrent les défenseurs à rendre, par capitulation, l'acropole, et à se joindre à eux contre Messène. A l'arrivée des Athéniens et des alliés, les Messéniens eux-mêmes, contraints de se rendre, donnèrent des otages et toutes les sûretés qu'on voulut exiger.

Chap. 91. Le même été, les Athéniens envoyèrent trente vaisseaux sur les côtes du Péloponnèse, sous le commandement de Démosthène, fils d'Alcisthène, et de Proclès, fils de Théodore, et soixante pour Mélos, avec deux mille oplites aux ordres de Nicias, fils de Nicératus. Ils se proposaient de soumettre les Méliens, insulaires, qui ne voulaient ni obéir, ni accepter leur alliance. Les Méliens ayant supporté sans se rendre la dévastation de leur pays, les Athéniens quittèrent Mélos, et allèrent à Orope, qui fait partie du continent opposé. Ils y abordèrent vers la nuit : les oplites descendirent et se portèrent de pied à Tanagra en Béotie, où, d'après un signal donné, tout le peuple d'Athènes en masse vint les rejoindre, commandé par Hipponicus, fils de Callias, et par Eurymédon, fils de Théoclès. Ils saccagèrent le pays pendant le jour, et passèrent la nuit dans le camp. Les Tanagriens furent battus le lendemain dans une sortie qu'ils firent avec quelques Thébains venus à leur secours. Les vainqueurs les désarmèrent, dressèrent un trophée et retournèrent les uns à Athènes, les autres sur leurs vaisseaux. Nicias côtoya le rivage avec ses soixante bâtimens, saccagea la partie maritime de la Locride, puis rentra dans Athènes.

Chap. 92. Vers le même temps, les Lacédémoniens fondèrent la colonie d'Héraclée dans la Trachinie. Tel fut le motif de cet établissement : les Maliens se divisent en Paraliens, Hiéréens et Trachiniens. Cette dernière peuplade, fréquemment attaquée par les peuples de l'Éta, auxquels elle confine, était près de se mettre sous la protection des Athéniens ; mais, dans la crainte de ne pas trouver en eux des alliés sûrs, elle envoya à Lacédémone, et choisit pour son député Tisamène. A cette députation se joignirent, pour le même objet, des Doriens, dont les Lacédémoniens sont colonie : ils avaient également à souffrir des hostilités des Étéens. Les Lacédémoniens, sur ce que dirent les députés, conçurent le dessein d'envoyer une colonie pour défendre à-la-fois et les Trachiniens et les Doriens. Ce serait d'ailleurs une place avantageusement située pour attaquer les Athéniens ; on y pourrait équiper contre l'Eubée une flotte qui aurait peu de chemin à faire pour s'y rendre ; enfin elle offrirait un passage commode pour aller dans l'Épithrace. Impatiens de fonder cet établissement, ils commencèrent par consulter Apollon chez les Delphiens, et, sur l'ordre du Dieu, ils envoyèrent des colons, tant de la Laconie elle-même que des pays voisins, et permirent de les suivre à ceux des autres Hellènes qui le voudraient, excepté aux Ioniens, aux Achéens, et à quelques autres peuplades. Trois Lacédémoniens furent chargés de présider à cette fondation, Léon, Alcidas et Damagon. Ils relevèrent et fortifièrent de nouveau cette ville, qui s'appelle maintenant Héraclée. Elle est éloignée de quarante stades au plus des Thermopyles, et de vingt stades de la mer. Ils préparèrent des havres, les établirent aux Thermopyles, et les commencèrent à partir des gorges mêmes, pour qu'ils fussent d'une plus facile défense.

Chap. 93. Les Athéniens ne virent pas d'abord sans inquiétude cette nouvelle colonie, composée d'hommes de diverses nations ; ils considéraient que sa principale destination était de menacer l'Eubée, parce qu'un court trajet de mer la sépare de Cénée [promontoire] de cette île. Mais l'événement démentit leurs craintes, car cette colonie ne leur fit aucun mal. En voici la raison : les Thessaliens, alors maîtres du pays où se fondait cette colonie, craignant d'avoir de trop puissans voisins, les attaquèrent, et ne cessèrent de combattre ces nouveaux venus, qu'ils n'eussent réduit leur multitude à un petit nombre. Comme la cité était l'ouvrage des Lacédémoniens, bien des gens s'y étaient rendus avec confiance, persuadés qu'on y serait en sûreté ; mais les commandans qu'on y envoya de Lacédémone, par la terreur qu'inspirèrent à la classe du peuple la dureté et quelquefois l'injustice de leur gouvernement, ne contribuèrent pas faiblement eux-mêmes à y tout bouleverser, et à ruiner la population. C'était faciliter aux peuples voisins les moyens d'obtenir la supériorité.

Chap. 94. Le même été, et dans le même temps que les Athéniens étaient occupés devant Mélos, les autres Athéniens qui, avec trente vaisseaux, infestaient les côtes du Péloponnèse, tuèrent d'abord en embuscade quelques soldats de la garnison d'Ellomène en Leucadie, et attaquèrent ensuite la Leucadie avec des forces imposantes. Tous les Acarnanes en masse, excepté les Éniades, les suivaient, ainsi que des troupes de Zacynthe et de Céphallénie, et quinze vaisseaux de Corcyre. Les Leucadiens, contenus par la supériorité du nombre, ne firent aucun mouvement, quoiqu'on ravageât tout-à-la-fois et leur territoire en dehors de l'isthme, et la partie qui est en dedans et renferme Leucade et l'hiéron d'Apollon. Les Acarnanes priaient Démosthène, général des Athéniens, d'investir la ville d'un mur fortifié, espérant la forcer sans peine, et se voir délivrés d'une place qu'ils avaient toujours eue pour ennemie. Mais, dans le même temps, les Messéniens persuadèrent à Démosthène que ce serait une entreprise digne de lui, avec une armée telle que la sienne, d'attaquer les Étoliens, ennemis de Naupacte ; que s'il les subjuguait, il soumettrait aisément aux Athéniens cette partie du continent ; qu'à la vérité, les Étoliens étaient une peuplade considérable et belliqueuse, mais qu'ils vivaient dans des bourgades non murées et fort éloignées les unes des autres : armés à la légère, on les vaincrait aisément avant qu'ils fussent parvenus à se rassembler. On lui conseillait d'attaquer d'abord les Apodotes, ensuite les Ophioniens ; après ceux-ci, les Eurytanes, formant la plus grande partie des Étoliens, qui ne vivent, dit-on, que de chair crue, et dont le dialecte est difficile à déterminer ; on lui représentait que, ceux-là une fois réduits, le reste se soumettrait.

CHAP. 95. L'affection que ce général portait aux Messéniens le séduisit. Surtout il crut que, sans avoir besoin des forces d'Athènes, il pourrait, avec le secours des alliés de l'Étolie et du continent, traverser la Béotie par le pays des Locriens-Ozoles, et, tirant vers Cytinie la Dorique, qui a le Parnasse à droite, entrer chez les Phocéens ; que ceux-ci, à raison de leurs anciennes liaisons avec Athènes, ne refuseraient probablement pas de se joindre à lui, ou qu'au besoin on pourrait les y forcer. La Béotie confine à la Phocide. Il partit donc de Leucadie avec toute son armée, et suivit la côte pour gagner Sollium. N'ayant pu réussir à faire goûter ce projet aux Acarnanes, qui ne lui pardonnaient pas son refus d'investir Leucade, il alla, avec le reste de l'armée, Céphalléniens, Messéniens, Zacynthiens, et trois cents Athéniens servant sur sa flotte, porter la guerre aux Étoliens. Les quinze vaisseaux de Corcyre s'étaient retirés. Il partit alors d'Énéon, ville de la Locride : ces Locriens-Ozoles, alliés d'Athènes, devaient se joindre avec toutes leurs forces aux Athéniens vers l'intérieur des terres. On pouvait s'attendre à tirer un grand secours de leur alliance, parce que, voisins des Étoliens, ils ont les mêmes armes, et connaissent leur pays et leur manière de combattre.

CHAP. 96. Il passa la nuit, avec son armée, dans l'hiéron de Jupiter néméen. Là, dit-on, le poète Hésiode fut tué par les gens du pays : un oracle lui avait prédit qu'il mourrait dans la Némée. On partit pour l'Étolie au lever de l'aurore. Le premier jour, on prit Potidanie ; le second, Crocylium, et le troisième, Tichium. Démosthène s'y arrêta, et envoya le butin à Eupolium en Locride. Car, après avoir réduit le reste, il avait dessein, si les Ophioniens ne se rendaient pas, de retourner à Naupacte, et de revenir les combattre. Mais son projet, à peine formé, était déjà connu des Étoliens ; et quand son armée entra dans le pays, on les vit de toutes parts et en grand nombre s'avancer à sa rencontre, secondés même des Bomiens et des Calliens, dont le territoire, situé à l'extrémité de l'Ophionie, va descendant vers le golfe Maliaque.

Chap. 97. Les Messéniens continuaient de donner à Démosthène les mêmes conseils qu'auparavant; ils lui représentaient que la réduction des Étoliens serait facile, et l'engageaient à se jeter au plus tôt sur les bourgades, à prendre toutes celles qui se trouveraient sous sa main, sans attendre que l'ennemi vînt à sa rencontre avec toutes ses forces réunies. Il les crut; et, se fiant à la fortune, il n'attendit pas même les Locriens, qui devaient le joindre, et dont les secours lui eussent été fort utiles, puisqu'on avait surtout besoin de gens de traits armés à la légère. Il s'avança jusqu'à Égitium, qu'il emporta d'emblée. Les habitans avaient pris la fuite et s'étaient retirés sur des collines qui dominent la ville : car elle est assise sur les flancs de terrains élevés, à quatre-vingts stades, au plus, de la mer. Mais les Étoliens, qui venaient d'arriver au secours d'Égitium, fondirent de toutes parts du haut des collines sur les Athéniens et leurs alliés, les accablant de traits, reculant quand ils s'avançaient, les pressant quand ils cédaient. Le combat se passa ainsi en brusques attaques et en retraites précipitées ; et dans les unes comme dans les autres les Athéniens avaient le désavantage.

Chap. 98. Cependant, tant que les archers eurent des flèches et purent s'en servir, ils résistèrent; car les Étoliens, légèrement armés, étaient contenus par les traits qu'on lançait. Mais, le commandant des archers ayant été tué, les Athéniens se dispersèrent : accablés d'une lutte continue, épuisés de fatigue, harcelés par les Étoliens, qui ne cessaient de les presser et de tirer sur eux, ils furent culbutés et prirent la fuite. Ils avaient perdu leur guide, Chromon de Messène, qui fut tué. Égarés, ils donnaient dans des ravins impraticables, ou dans des sentiers inconnus ; et ils étaient massacrés. Les Étoliens continuaient de tirer. Légers et légèrement vêtus, ils en atteignaient beaucoup à la course. Le plus grand nombre, se trompant de chemin, s'engagea dans une forêt non frayée : les ennemis apportèrent du feu et l'incendièrent. Les Athéniens tentèrent tous les moyens de fuir : partout la mort les atteignait sous mille formes différentes. Ceux qui se sauvèrent eurent beaucoup de peine à gagner Énéon de Locride, d'où ils étaient partis. Bien des alliés périrent, et les Athéniens eux-mêmes perdirent environ cent vingt oplites. Tel fut le nombre des victimes ; ce fut l'élite de ses meilleurs guerriers que la république eut à regretter dans cette affaire ; l'un des deux généraux, Proclès, y périt aussi. Les vaincus traitèrent avec les Étoliens pour enlever les morts, retournèrent à Naupacte, et regagnèrent ensuite Athènes sur leurs vaisseaux. Démosthène resta à Naupacte et dans ses environs : après ce qui était arrivé, il craignait les Athéniens.

Chap. 99. Vers le même temps, les Athéniens qui étaient en Sicile cinglèrent vers la Locride, firent une descente, vainquirent les Locriens, malgré leur résistance, et prirent Péripolium, place bâtie sur le fleuve Halex.

Chap. 100. Le même été, les Étoliens, qui avaient député à Corinthe et à Lacédémone Tolophus d'Ophionée, Boriade d'Euryte et Tisandre d'Apodotie, obtinrent une armée contre Naupacte, où l'on avait appelé les Athéniens. Vers la fin de l'été, les Lacédémoniens leur envoyèrent trois mille oplites de leurs alliés, dont cinq cents d'Héraclée, ville de la Trachinie qu'on avait fondée depuis peu. Euryloque, Spartiate, commandant de ces troupes, était accompagné de Macharius et de Ménédée, aussi Spartiates.

Chap. 101. L'armée étant rassemblée chez les Delphiens, Euryloque envoya un héraut aux Locriens-Ozoles. Il fallait passer par leur pays pour aller à Naupacte, et d'ailleurs il désirait les détacher des Athéniens. Parmi les Locriens, ceux d'Amphisse le servirent avec beaucoup de zèle, par suite de la crainte que leur inspiraient les Phocéens, qu'ils détestaient. Ils furent les premiers à donner des otages, engagèrent les autres à suivre cet exemple, et réussirent, parce qu'on redoutait l'approche de l'armée. Ils gagnèrent les Myonéens, leurs voisins (c'est de leur côté que l'accès de la Locride est le plus difficile), ensuite les Ipnéens, les Messapiens, les Tritéens, les Challéens, les Tolophoniens, les Hessiens, les Éanthéens, qui tous prirent les armes. Les Olpéens fournirent des otages, mais ne suivirent pas l'armée; les Hyéens n'en donnèrent qu'après qu'on leur eut pris une bourgade nommée Polis.

Chap. 102. Tout était prêt. Euryloque déposa les otages à Cytinium la Dorique, et conduisit son armée vers Naupacte, à travers le pays des Locriens. En route, il prit Énéon, qui leur appartenait, et Eupolium, deux places qui avaient refusé de se déclarer pour lui. Arrivé dans la Naupactie, et ayant déjà les Étoliens avec lui, il saccagea le pays, prit le faubourg, qui n'est pas muré; de là, passa à Molycrium, colonie de Corinthe, mais sujette des Athéniens, et la prit. Démosthène, qui restait toujours à Naupacte depuis sa malheureuse expédition d'Étolie, avait pressenti l'arrivée de cette armée, et, craignant pour la place, avait imploré l'assistance des Acarnanes, qu'il eut bien de la peine à persuader, à cause de sa retraite de Leucadie. Ils avaient envoyé par mer mille oplites, et ils étaient déjà dans la place pour la soutenir. Sans ce renfort, comme on avait une grande étendue de fortifications et peu de monde pour les défendre, on pouvait difficilement résister. Euryloque et les siens, voyant qu'une armée était entrée dans la place et qu'on ne devait plus espérer de la forcer, au lieu de se rapprocher du Péloponnèse, gagnèrent l'Éolide, qu'on nomme aujourd'hui Calydon, Pleuron et d'autres endroits de cette contrée, ainsi que Proschium d'Étolie. Les Ampraciotes les vinrent trouver et leur persuadèrent d'attaquer avec eux Argos d'Amphilochie, l'Amphilochie entière, et même l'Acarnanie. Si l'on s'en rendait maître, tout le continent, disaient-ils, entrerait dans l'alliance de Lacédémone. Euryloque les crut, renvoya les Étoliens, et s'arrêta dans le pays avec son armée, jusqu'à ce qu'il fût temps de se joindre aux Ampraciotes partis pour former le siége d'Argos. L'été finissait.

Chap. 103. L'hiver suivant, les Athéniens qui étaient en Sicile, leurs alliés hellènes, et tous ceux d'entre les Sicules qu'opprimait le gouvernement de Syracuses, et qui avaient abandonné l'alliance de cette ville pour embrasser celle d'Athènes, firent, de concert, l'attaque de Nessa, place de Sicile dont les Syracusains occupaient l'acropole. Ne pouvant s'en rendre maîtres, ils se retirèrent; mais, dans cette retraite, les Syracusains, sortant des remparts, attaquèrent ceux des alliés d'Athènes qui fermaient la marche, et, tombant sur eux brusquement, mirent en fuite une partie de l'armée et tuèrent beaucoup de monde.

Après cet événement, Lachès et les Athéniens firent plusieurs descentes dans la Locride, en naviguant sur le fleuve Cécine, et défirent dans un combat environ trois cents Locriens, accourus contre eux avec Proxène, fils de Capaton. Après les avoir désarmés, ils quittèrent la côte.

Chap. 104. Le même hiver, les Athéniens, pour obéir à un oracle, purifièrent Délos. Auparavant, le tyran Pisistrate l'avait déjà purifiée, mais seulement dans la partie de l'île qu'on peut apercevoir de l'hiéron. A l'époque dont je parle, on la purifia tout entière, de la manière suivante : on enleva tous les cercueils qui s'y trouvaient, et il fut ordonné qu'à l'avenir il ne mourrait ni ne naîtrait personne dans l'île, mais qu'on transporterait à Rhénie les mourans et les femmes proches de leur terme. Rhénie est à si peu de distance de Délos, que Polycrate, tyran de Samos, qui eut pendant quelque temps une puissante marine, et qui dominait sur les autres îles, s'étant emparé de Rhénie, la consacra à Apollon, et l'attacha à Délos par une chaîne.

Ce fut après cette purification que les Athéniens célébrèrent, pour la première fois, les jeux déliens, qui se renouvellent tous les cinq ans. Il y avait à Délos, dans l'antiquité, un grand concours d'Ioniens et d'habitans des îles voisines; ils y venaient religieusement avec leurs femmes et leurs enfans, comme à présent les Ioniens vont aux fêtes d'Artémis l'Éphésienne; des jeux de musique et de gymnastique y étaient célébrés, et les villes y envoyaient des chœurs. C'est ce que nous apprend surtout Homère, en s'exprimant ainsi dans son hymne à Apollon : « Mais, ô Phébus, tu chéris
» surtout Délos, où se rassemblent, avec
» leurs enfans et leurs vertueuses épou-
» ses, les Ioniens vêtus de robes traî-
» nantes. Ils te sont agréables, lors-
» qu'au milieu des jeux de musique, de
» danse et de pugilat, ils invoquent ton
» nom et disputent le prix. »

Qu'il y eût dans ces fêtes des combats et qu'on y disputât des prix, c'est ce que témoigne un autre passage du même hymne. Le poète y célèbre les chœurs exécutés par les femmes de Délos, et termine leur éloge par ce morceau, dans lequel il fait mention de lui-même : « Soyez-nous propices, Apollon et
» Diane; et vous, vierges de Délos, li-
» vrez-vous à la joie; et quand un étran-
» ger, après de longues courses, abor-
» dera dans votre île et vous demandera :
» Quel est, de tous les chantres qui fré-
» quentent ces lieux, celui que vous
» trouvez le plus digne de plaire, et
» dont les chants vous charment le plus ?
» répondez toutes unanimement, avec
» bienveillance : C'est un aveugle qui
» demeure dans l'île escarpée de Chio. »

Voilà ce que dit Homère, et ce qui prouve qu'il y eut autrefois un grand concours et des fêtes à Délos. Dans la suite, les insulaires et les Athéniens y envoyèrent des chœurs avec des offrandes sacrées; mais il est probable que le malheur des temps fit cesser les jeux, jusqu'à l'époque dont nous parlons, où les Athéniens les rétablirent et instituèrent des courses de chevaux, spectacle dont on ne jouissait pas auparavant.

Chap. 105. Le même hiver, les Ampraciotes, suivant la promesse qu'ils avaient faite à Euryloque en retenant son armée, marchèrent, au nombre de trois mille oplites, contre Argos d'Amphilochie. Ils entrèrent dans l'Argie et prirent Olpes, place forte, située sur une hauteur au bord de la mer, lieu que les Acarnanes avaient fortifié et dont ils avaient fait le siège commun de leurs tribunaux. Elle est à peu près à vingt-cinq stades d'Argos, ville maritime. Les Acarnanes se partagèrent : les uns portèrent du secours à Argos; les autres allèrent dans un endroit de l'Amphilochie qu'on appelle *Crenœ*, pour observer Euryloque et les Péloponnésiens, et les empêcher de se joindre aux Ampraciotes; et ils y campèrent. Ils envoyèrent aussi offrir le commandement à Démosthène, qui avait conduit les Athéniens en Étolie, et mandèrent vingt vaisseaux d'Athènes, qui se trouvaient sur les côtes du Péloponnèse, et que commandaient Aristote, fils de Timocrate, et Hiérophon, fils d'Antimneste.

De leur côté, les Ampraciotes, d'Olpes, où ils étaient, députèrent à Ampracie pour y solliciter une levée en masse. Ils craignaient qu'il ne fût impossible à Euryloque de traverser le pays des Acarnanes, et qu'eux-mêmes ne se trouvassent ou réduits à combattre seuls, ou exposés à de grands dangers s'ils voulaient faire retraite.

CHAP. 106. Mais Euryloque et ses Péloponnésiens, informés de l'arrivée des Ampraciotes à Olpes, partirent en diligence de Proschium pour défendre leurs alliés, passèrent l'Achéloüs, et poursuivirent leur marche à travers l'Acarnanie, qu'ils trouvèrent déserte, parce que les habitans étaient allés au secours d'Argos. Ils avaient à droite la ville de Stratos et la forteresse; à gauche, le reste de l'Acarnanie. Après avoir franchi le territoire des Stratiens, ils trouvèrent Phytie; ils longèrent ensuite les frontières de Médéon; puis, ayant passé par Limnée, ils entrèrent dans l'Agraïde, qui n'est plus de l'Acarnanie, mais qui leur était alliée. Les Acarnanes gagnèrent le Thyamis, mont inculte, le franchirent, et dès la nuit descendirent dans l'Argie. Ils marchèrent entre la ville d'Argos et l'armée d'observation des Acarnanes, qui était à *Crenœ*, ne furent pas aperçus, et se joignirent aux Ampraciotes qui étaient devant Olpes.

CHAP. 107. La jonction opérée, ils s'arrêtèrent au point du jour et campèrent le long d'une place d'Olpes nommée Métropolis. Peu après pénétrèrent dans le golfe d'Ampracie, et les vingt vaisseaux qui venaient des côtes du Péloponnèse au secours des Argiens, et Démosthène avec deux cents oplites messéniens et six cents archers d'Athènes. Les vaisseaux abordèrent près de la colline d'Olpes, et furent tirés sur le rivage. Les Acarnanes et un petit nombre d'Amphiloques, la plupart retenus de force par les Ampraciotes, s'étaient déjà réunis à Argos, et se préparaient au combat. Démosthène, élu général de toute cette fédération, et partageant le commandement avec les généraux des alliés, les conduisit près d'Olpes et y établit son camp. Un ravin profond séparait les deux armées.

On se tint cinq jours en repos; le sixième, on se mit des deux côtés en ordre de bataille. L'armée péloponnésienne, plus considérable, occupait plus de terrain. Démosthène, craignant d'être enveloppé, mit en embuscade, dans un chemin creux masqué par des buissons, des oplites et des psiles, dont les deux troupes montaient à quatre cents. Au fort de l'action, ils se lèveraient et prendraient à dos les ennemis du côté où ceux-ci auraient l'avantage.

Après avoir fait de part et d'autre toutes les dispositions, on en vint aux mains. Démosthène était à l'aile droite avec les Messéniens et une faible partie des Athéniens. Les Acarnanes, suivant que chacun d'eux avait été placé, formaient l'autre aile, avec quelques archers amphiloques. Les Péloponnésiens et les Ampraciotes étaient mêlés ensemble, excepté les Mantinéens. Ceux-ci, placés surtout à la gauche, en occupaient la plus grande partie, sans pourtant s'étendre jusqu'à l'extrémité de cette aile. Euryloque, à la gauche, avec ses troupes, se trouvait opposé aux Messéniens et à Démosthène.

Chap. 108. Déjà la bataille était commencée, déjà l'aile où combattaient les Péloponnésiens avait l'avantage et enveloppait la droite de l'ennemi, quand les Acarnanes qui avaient été placés en embuscade fondent sur eux par derrière et les attaquent si vivement que ceux-ci ne peuvent soutenir leur premier choc ; frappés de terreur, ils entraînent dans leur fuite la plus grande partie des troupes, qui n'avaient pu voir sans effroi l'aile commandée par Euryloque, et qui composait la plus grande force de l'armée, mise en déroute. Les Messéniens, qui, sous la conduite de Démosthène, étaient opposés à cette aile, eurent surtout l'honneur de la victoire.

Cependant les Ampraciotes et ceux de l'aile droite, vainqueurs de leur côté, poursuivaient les ennemis vers Argos. Ce sont les hommes les plus belliqueux du pays. Mais quand, à leur retour, ils virent la défaite du principal corps de leur armée, vivement pressés eux-mêmes par les autres Acarnanes, ils s'enfuirent non sans peine jusqu'à Olpes ; un grand nombre périt en se jetant précipitamment et sans ordre dans cette place. Les Mantinéens firent retraite en meilleur ordre que le reste de l'armée. L'action finit sur le soir.

Chap. 109. Le lendemain, Ménédée, qui remplaçait dans le commandement Euryloque et Macarius, tués tous deux dans l'action, se voyant assiégé par terre et par mer, ne savait, après une telle défaite, comment soutenir un siége, ni comment s'ouvrir une retraite. Il fit donc porter des paroles d'accommodement à Démosthène et aux généraux des Acarnanes, pour obtenir la permission de se retirer et celle d'enlever les morts : ils lui accordèrent cette dernière demande, dressèrent eux-mêmes un trophée, et recueillirent les corps des hommes qu'ils avaient perdus, et qui montaient à environ trois cents. Mais ils refusèrent d'accorder ouvertement à tous les ennemis la liberté de faire retraite ; seulement, Démosthène et les généraux des Acarnanes permirent secrètement aux Mantinéens, à Ménédée, aux autres chefs des Péloponnésiens, et à tous les hommes les plus considérables de cette nation, de se retirer promptement. Ils avaient en vue d'affaiblir les Ampraciotes et la foule des mercenaires étrangers, mais surtout de rendre suspects aux Hellènes de cette contrée les Lacédémoniens et autres Péloponnésiens, comme gens qui les trahissaient, en mettant leur propre intérêt au-dessus de toute autre considération. Ceux-ci enlevèrent leurs morts, les ensevelirent comme ils purent avec précipitation ; et ceux qui avaient obtenu la permission de faire secrètement retraite, se disposèrent à en profiter.

Chap. 110. On vint annoncer à Démosthène et aux Acarnanes que les Ampraciotes de la ville, sur le premier message par lequel on leur avait demandé du secours, venaient en masse, par le pays des Amphiloques, se joindre dans Olpes à leurs concitoyens, sans rien savoir de ce qui s'était passé. Il envoya aussitôt une partie de son armée se mettre en embuscade sur leur route et occuper les postes les plus forts ; lui-même se tint prêt à marcher contre eux avec le reste.

Chap. 111. Cependant les Mantinéens, et tous ceux avec qui l'on avait traité, sortirent du camp par petites troupes, affectant de ramasser des herbes et des broussailles ; mais une fois éloignés d'Olpes, ils se retirèrent précipitamment. Les Ampraciotes, et tout ce qu'il y avait de troupes rassemblées, ne s'aperçurent pas plus tôt de leur départ, qu'ils se mirent eux-mêmes en mouvement, impatiens de les atteindre. D'un autre côté, les Acarnanes, croyant d'abord que tous se retiraient sans accord, se mirent à la poursuite des Péloponnésiens, plusieurs même, se croyant trahis, tirèrent sur quelques-uns de leurs chefs qui les retenaient, leur représentant que cette retraite était la suite d'un traité. Enfin cependant on laissa passer ceux de Mantinée et les Péloponnésiens; mais on égorgeait les Ampraciotes. Il s'élevait de grandes contestations pour savoir qui était d'Ampracie ou du Péloponnèse. On tua plus de deux cents hommes; le reste se réfugia dans l'Agraïde, pays limitrophe. Ils furent bien reçus par Salynthius, roi des Agréens, qui leur était favorable.

Chap. 112. Les Ampraciotes de la ville arrivèrent à Idomène. On appelle ainsi deux collines assez élevées. La plus considérable fut occupée par des soldats que Démosthène envoya de nuit, et qui s'en emparèrent sans être aperçus. Les Ampraciotes, montés les premiers sur l'autre, y campèrent. Pour Démosthène, il se mit en marche après le repas et dès la chute du jour : lui-même conduisait la moitié de l'armée pour engager l'action; l'autre prit sa route par les montagnes d'Amphilochie. Au point du jour, il tomba sur les Ampraciotes encore au lit. Ignorant ce qui s'était passé, ils crurent amies les troupes qui s'avançaient. Démosthène avait adroitement placé aux premiers rangs les Messéniens, et leur avait ordonné d'adresser la parole aux ennemis, pour faire entendre leur langue, qui est la dorique, et pour inspirer de la confiance aux gardes avancées. D'ailleurs il faisait encore nuit, et l'on ne pouvait se reconnaître. Il n'eut donc qu'à tomber sur leur armée pour la mettre en fuite : il en tua une grande partie; le reste se sauva sur les montagnes. Mais les chemins étaient interceptés. Les Amphiloques, psiles, connaissaient le pays, qui était le leur, et avaient affaire à de malheureux oplites qui n'en avaient nulle connaissance. Les fuyards, ne sachant où se réfugier, tombaient dans les ravins, donnaient dans des embuscades où on les égorgeait. Cherchant tous les moyens de fuir, plusieurs allèrent jusqu'à la mer, qui n'était pas fort éloignée. Ils voient la flotte athénienne qui, par un singulier concours de circonstances, rase en ce moment la côte : ils la gagnent à la nage, aimant mieux, dans la terreur qu'ils éprouvent, mourir de la main des Athéniens qui sont sur ces vaisseaux, que de celle des barbares et de leurs plus cruels ennemis, les Amphiloques. Tels furent les maux qui accablèrent les Ampraciotes : de tant de monde qu'ils étaient, peu rentrèrent dans leur ville. Les Acarnanes dépouillèrent les morts, dressèrent des trophées et retournèrent à Argos.

Chap. 113. Le lendemain, ils virent arriver un héraut de la part de ceux des Ampraciotes qui, d'Olpes, avaient fui chez les Agréens. Il venait réclamer les corps des hommes perdus après le premier combat, lorsque, sans être compris dans le traité, ils avaient suivi les Mantinéens et ceux qui avaient obtenu un accord. Le héraut, à l'aspect des armes des Ampraciotes de la ville, fut étonné d'en voir une si grande quantité. Ne sachant rien de la dernière affaire, il les prenait pour celles de ses compagnons d'armes de la première attaque. Quelqu'un lui demanda la cause de sa surprise, et combien ils avaient perdu de monde. Celui qui faisait cette question croyait, de son côté, que le héraut venait de la part des guerriers défaits à Idomène. « A peu près deux cents hommes, répondit le héraut. — Mais, reprit celui qui l'interrogeait, voilà les armes non de deux cents hommes, mais de plus de mille. — Ce ne sont donc pas, dit le héraut, celles des gens qui combattaient avec nous? — Ce sont elles, lui répondit-on, si du moins vous combattîtes hier à Idomène. — Nous n'eûmes hier affaire avec personne; mais seulement avant-hier dans notre retraite. — Et nous, c'est hier que nous avons engagé une action avec ces hommes; ils venaient d'Ampracie au secours des leurs. »

A ces mots, le héraut comprit que le secours venu de la ville avait été défait; il jeta un profond soupir, et, frappé des maux de sa patrie, il se retira aussitôt sans remplir sa mission et sans réclamer les morts. C'est, dans le cours de cette guerre, la plus grande perte qu'ait éprouvée une ville hellénique en aussi peu de jours. Je n'ai pas écrit le nombre des morts; ce qu'on en rapporte est incroyable, eu égard à l'étendue de la ville. Mais je sais que si les Acarnanes et les Amphiloques eussent voulu croire les Athéniens et Démosthène, ils pouvaient d'emblée se rendre maîtres d'Ampracie; sans doute ils craignirent que les Athéniens, s'en mettant en possession, ne devinssent pour eux des voisins trop difficiles.

Chap. 114. Les troupes d'Athènes eurent le tiers des dépouilles; les villes alliées se partagèrent le reste : le butin des Athéniens fut perdu sur mer. Démosthène, plus heureux, ramena sur ses vaisseaux la part que lui avait faite l'armée; trois cents armures complètes qu'on voit déposées dans les hiérons de l'Attique : c'était en même temps assurer son retour, devenu dangereux depuis son échec en Étolie.

Les Athéniens qu'avaient amenés les vingt vaisseaux, retournèrent à Naupacte. Après leur départ et celui de Démosthène, les Acarnanes et les Amphiloques permirent, sur la foi publique, aux Péloponnésiens réfugiés auprès de Salynthius, de se retirer des Éniades : ils conclurent même, dans la suite, avec les Ampraciotes, un traité d'alliance et d'amitié pour cent ans, à condition que les Ampraciotes ne s'uniraient pas aux Acarnanes contre les Péloponnésiens, ni les Acarnanes aux Ampraciotes contre les Athéniens, mais qu'ils se donneraient des secours pour défendre leurs pays respectifs; que les Ampraciotes rendraient aux Amphiloques leurs places, et toute l'étendue de pays qu'ils avaient occupée sur leurs frontières, et qu'ils ne porteraient pas de secours à Anactorium, place ennemie des Acarnanes. Ce traité mit fin à la guerre. Les Corinthiens envoyèrent une garnison de trois cents oplites à Ampracie, et Xénoclidas, fils d'Euthyclès, pour y commander. Ils eurent sur la route beaucoup de peine à traverser le continent. Telle fut la conclusion des affaires d'Ampracie.

Chap. 115. Les Athéniens qui étaient en Sicile, firent, le même hiver, une descente sur les côtes d'Himérée, de concert avec les Sicéliotes, qui, du haut de leurs montagnes, s'étant jetés sur les limites de ce territoire, passèrent dans les îles d'Éole. En retournant à Rhégium, ils rencontrèrent Pythodore, fils d'Isoloque, qui venait remplacer Lachès dans le commandement de la flotte athénienne. Les alliés de Sicile étaient allés à Athènes, et avaient obtenu un plus grand secours de vaisseaux. Leur pays étant sous le joug de Syracuses, et un petit nombre de bâtimens leur interdisant la mer, ils se préparaient à rassembler une flotte pour venger une insulte qu'ils ne pouvaient plus dissimuler. Les Athéniens équipèrent quarante vaisseaux, jugeant que c'était le moyen de mettre plus tôt fin à cette guerre, et voulant en même temps s'entretenir dans l'exercice de la marine. Ils expédièrent d'abord Pythodore seul, avec quelques bâtimens : Sophocle, fils de Sostratide, et Eurymédon, fils de Théoclès, devaient le suivre avec une flotte plus considérable. Pythodore, à la tête des vaisseaux qu'avait eus Lachès, s'embarqua à la fin de l'hiver, et fit voile vers une forteresse que Lachès avait prise : il fut battu, et s'en retourna.

Chap. 116. Dans le même printemps, un torrent de feu coula de l'Etna, comme cela était déjà arrivé. Il ravagea en partie le territoire des Catanéens, dont la ville est située au pied de l'Etna, qui est sans contredit la plus haute montagne de la Sicile. On dit que cette éruption eut lieu la cinquantième année après la première, et qu'en tout il y a eu trois éruptions depuis que des Hellènes habitent la Sicile.

Tels furent les événemens de cet hiver ; il termina la sixième année de la guerre que Thucydide a écrite.

LIVRE QUATRIÈME.

Chap. premier. Au commencement de l'été qui suivit cet hiver, au temps où l'épi se montre, dix vaisseaux de Syracuses et autant de la Locride mirent à la voile et s'emparèrent de Messène en Sicile, appelés par les Messéniens eux-mêmes, qui se détachèrent d'Athènes. Les Syracusains surtout avaient préparé cette défection, parce qu'ils regardaient cette place comme la clef de la Sicile, et qu'ils craignaient que les Athéniens ne s'en fissent quelque jour un point de départ pour les attaquer avec des forces supérieures. Les Locriens s'étaient réunis à ceux de Syracuses en haine des Rhégiens, qu'ils voulaient combattre à-la-fois et par terre et par mer.

Ils s'étaient jetés en masse sur les campagnes des Rhégiens, pour les empêcher de secourir les Messéniens, et en même temps afin de répondre aux instances des bannis de Rhégium qui se trouvaient parmi eux : car Rhégium, depuis long-temps déchirée par des factions, était, pour le présent, hors d'état de résister aux Locriens ; ce qui rendait ceux-ci plus entreprenans.

Après avoir fait quelque butin, l'armée de terre des Locriens se retira : leurs vaisseaux gardaient Messène ; et d'autres qu'ils équipaient, devaient se porter en hâte sur le même point, et de là continuer la guerre.

Chap. 2. Vers la même époque du printemps, avant que l'épi fût en maturité, les Péloponnésiens et leurs alliés, sous la conduite d'Agis, fils d'Archidamus, roi de Lacédémone, se jetèrent sur l'Attique, y établirent leur camp, et ravagèrent la campagne. De leur côté, les Athéniens envoyèrent en Sicile les quarante vaisseaux qu'ils venaient d'équiper, et les deux chefs qui leur restaient, Eurymédon et Sophocle ; car le troisième général, Pythodore, avait précédé ses collègues. On recommanda à ceux-ci de profiter de leur passage le long des côtes pour veiller aux intérêts de ceux des Corcyréens qui, restés dans la ville, étaient pillés par les exilés postés sur la montagne. Soixante vaisseaux des Péloponnésiens suivirent également la côte pour se rendre à Corcyre et protéger ceux de la montagne. Comme la ville était pressée par la famine, ces Péloponnésiens espéraient se mettre sans peine à la tête des affaires. Démosthène, qui, depuis son retour de l'Acarnanie, n'était plus que simple particulier, avait obtenu des Athéniens le commandement des mêmes vaisseaux [qu'il avait ramenés d'Ampracie] : on l'avait autorisé à tenter, s'il le voulait, quelque entreprise contre le Péloponnèse.

Chap. 3. Eurymédon et Sophocle naviguaient à la hauteur de la Laconie lorsqu'ils apprirent l'arrivée de la flotte péloponnésienne à Corcyre. Ils redoublèrent aussitôt de vitesse. Mais Démosthène voulait qu'ils risquassent d'abord une descente à Pylos, et qu'ils ne poursuivissent leur route qu'après avoir achevé sur ce point les opérations nécessaires. On contrariait son projet : une tempête survenue fort à propos porta les vaisseaux à Pylos. Démosthène aussitôt propose de fortifier la place, et représente à ses collègues que tel avait été l'unique but de son départ avec eux ; que le lieu abondait en bois et en pierres ; qu'il était déjà fortifié par la nature, et entièrement abandonné, ainsi qu'une grande étendue des terres circonvoisines. Pylos, en effet, éloignée de Sparte d'environ quatre cents stades, est située dans le canton qu'on appelait autrefois Messénie ; et les Lacédémoniens appellent ce lieu *Coryphasium*. Les deux généraux répondirent que la côte du Péloponnèse lui présenterait bien d'autres promontoires déserts, s'il voulait épuiser le trésor de l'état à les occuper. Démosthène répliquait que celui-là lui paraissait d'une tout autre importance que les autres, à cause du port attenant ; que de tout temps les Messéniens avaient été dévoués à sa personne ; que, parlant la langue des Lacédémoniens, ils pourraient, partant de Pylos, les incommoder par des courses continuelles, et fourniraient en même temps une garnison sûre pour la garde de ce poste important.

Chap. 4. Ne pouvant persuader ni les généraux, ni les soldats, ni les taxiarques, auxquels aussi il avait communiqué son projet, il se tint dans un repos forcé. La mer continuant cependant à n'être pas navigable, l'inaction faisait fermenter les esprits : tout-à-coup la fureur de fortifier la place s'empare de l'armée ; elle se met à l'ouvrage. On manquait d'outils pour tailler les pierres ; le soldat apporte, emploie celles qui lui paraissent s'adapter le mieux ensemble. Le mortier nécessaire, faute d'auges, il le charge sur son dos, en se courbant de manière que rien ne s'écoule ; et pour le contenir encore mieux, il l'embrasse avec ses mains jointes par derrière. En un mot, avant que les Lacédémoniens arrivent au secours, chacun, de son côté, s'empresse de terminer les fortifications des endroits les plus faibles ; car la plus grande partie, fortifiée par la nature, n'avait pas besoin de murailles.

Chap. 5. On célébrait une fête à Sparte, lorsqu'arriva cette nouvelle ; elle fit peu de sensation. Les Lacédémoniens se flattent qu'il leur suffira de se mettre en marche ; que l'ennemi n'attendra pas, ou sera aisément forcé. Leur armée d'ailleurs, qui était encore dans l'Attique, fut encore une cause de retard. Cependant les Athéniens ont achevé en six jours les fortifications, et du côté qui regarde le continent, et sur tous les points qui en avaient besoin : ils laissent Démosthène avec cinq vaisseaux pour garder la place, et, avec le reste plus nombreux de leur flotte, ils se hâtent de cingler vers Corcyre, pour se rendre ensuite en Sicile.

Chap. 6. Les Péloponnésiens qui étaient dans l'Attique, à la première nouvelle de la prise de Pylos, regagnent précipitamment leur pays. Les Lacédémoniens, et Agis, leur roi, considéraient l'affaire de Pylos comme leur étant personnelle. D'ailleurs, l'irruption ayant été prématurée et le blé étant encore vert, ils manquaient de vivres pour la plupart ; et le froid, survenu avec plus de force que ne le comportait la saison, tourmentait beaucoup leur armée. Ainsi toutes sortes de raisons les obligèrent de hâter leur retraite et d'abréger la durée de cette incursion : en effet, ils ne restèrent que quinze jours dans l'Attique.

Chap. 7. Vers le même temps, Simonidès, général athénien, prit l'Éione de l'Épithrace, colonie de Mendé, ennemie d'Athènes; elle lui était livrée par trahison. Il avait, pour ce coup de main, rassemblé quelques Athéniens des garnisons et beaucoup d'alliés du pays. Mais, les Chalcidiens et les Bottiéens étant venus promptement au secours, il fut chassé et perdit une partie de son monde.

Chap. 8. Aussitôt après leur retour de l'Attique, les Spartiates avec leurs *périèces* se portèrent en hâte au secours de Pylos. D'autres Lacédémoniens, récemment revenus d'une autre expédition, les rejoignirent plus tard. Mais l'ordre fut envoyé dans tout le Péloponnèse de se rendre le plus promptement possible à Pylos. On fit aussi passer des avis aux soixante vaisseaux qui étaient à Corcyre : ils furent transportés sur des machines par-delà l'isthme des Leucadiens. Échappés à la vigilance de la flotte athénienne qui stationnait devant Zacynthe, ils arrivent à Pylos, où déjà s'était rendue l'armée de terre. Pendant que les Péloponnésiens étaient encore en mer, Démosthène dépêche en secret deux de ses bâtimens à Eurymédon et aux Athéniens qui étaient avec lui sur la flotte devant Zacynthe, pour les informer du danger que court la place et de la nécessité d'un prompt secours. Sur cet avis, on s'empresse de mettre à la voile. Déjà les Lacédémoniens se disposaient à attaquer les retranchemens et par mer et par terre, espérant emporter facilement des constructions bâties à la hâte et défendues par une poignée d'hommes. Ils s'attendaient à voir arriver de Zacynthe la flotte athénienne; aussi avaient-ils projeté, dans le cas où ils ne seraient pas maîtres de la place avant l'arrivée de ce secours, d'obstruer les entrées du port, pour empêcher les Athéniens d'y pénétrer : car l'île appelée *Sphactérie*, qui borde le port, et se rapproche beaucoup du continent, rend ce port sûr et en étrécit les deux entrées, dont l'une, du côté de Pylos et des nouvelles fortifications des Athéniens, laisse passage à deux bâtimens de front, et l'autre, vers la côte opposée, à huit ou neuf; l'île est entièrement déserte, pleine de bois, et sans route tracée; elle a de circuit environ quinze stades.

Les Lacédémoniens se proposaient donc de boucher les avenues du port avec plusieurs rangs de vaisseaux accolés et la proue tournée du côté de l'entrée. Mais, comme ils appréhendaient que l'ennemi ne se fît, pour les incommoder, une place d'armes de Sphactérie même, ils y transportèrent des oplites, et en établirent aussi sur le continent. Par l'effet de ces dispositions, vraisemblablement, sans combat naval, sans péril, ils réduiraient une place qui manquait de vivres et n'avait pu faire que fort à la hâte ses provisions de guerre; tandis que les Athéniens auraient contre eux, et l'île garnie de troupes, et le continent, où ils ne pourraient effectuer de descente : car, la côte même de Pylos, en dehors de l'entrée du port et du côté de la plaine, étant de difficile abord, ils ne trouveraient pas de point d'où ils pussent se porter à la défense des leurs. Le plan arrêté, ils jettent aussitôt dans l'île une garnison composée d'oplites pris au sort dans toutes les divisions de l'armée : d'autres ensuite y passèrent pour relever ceux-ci, et furent à leur tour remplacés. Enfin, ceux qui y passèrent les derniers, et qu'on fut obligé d'y laisser, étaient au nombre de quatre cent vingt, sans compter les Hilotes attachés à leur service : Épitadas, fils de Molobrus, les commandait.

Chap. 9. Démosthène, voyant les dispositions que faisaient les Lacédémoniens pour l'assaillir par terre et par mer, se préparait, de son côté, à les bien recevoir ; après avoir mis à sec et traîné près de la fortification les trois vaisseaux qui lui restaient, il les environna de pieux. Les matelots reçurent de lui de mauvais boucliers faits d'osier pour la plupart ; car, dans ce lieu désert, il était impossible de se procurer des armes : encore fut-il redevable de celles-là à un corsaire messénien, vaisseau à trente rames et très léger, qui se rencontra dans ces parages. Parmi ces Messéniens se trouvèrent une quarantaine d'oplites qu'il incorpora dans sa troupe. Il posta donc la plus grande partie de ses soldats, armés pesamment ou à la légère, sur les points les mieux fortifiés et les plus sûrs, faisant face au continent, avec ordre de répondre aux attaques de l'infanterie ennemie, si elle tentait de les forcer. Pour lui, à la tête de soixante oplites et de quelques archers, l'élite de son armée, il sortit des retranchemens et marcha vers la mer, s'attendant bien que les Lacédémoniens hasarderaient la descente, surtout de ce côté : car, bien que ce point fût de difficile accès et hérissé de roches tournées vers la mer, comme c'était la partie la plus faible de la forteresse, il pensait que l'ennemi porterait vers ces roches tout l'effort de l'attaque. Les Athéniens avaient jugé inutile de fortifier soigneusement ce point, pensant que leurs adversaires ne leur seraient jamais supérieurs sur mer ; mais ils ne doutaient pas que, la descente une fois opérée, la place ne fût bientôt prise : en conséquence, leur chef s'avance de ce côté sur le rivage, y range ses oplites, pour empêcher, s'il est possible, le débarquement de l'ennemi, et anime leur valeur en ces termes :

Chap. 10. « Compagnons, qui partagez avec moi le péril présent, qu'aucun de vous, dans une circonstance aussi impérieuse, ne cherche à faire preuve d'habileté, en calculant tous les dangers qui nous environnent. Fermons bien plutôt les yeux sur ces dangers ; animés d'un généreux espoir, unissons-nous tous pour repousser l'ennemi. Quand les circonstances commandent, lorsqu'on est, comme nous, forcé d'agir, on ne raisonne pas sur les dangers de sa position, on court les affronter. Je vois, au reste, plus d'une chance favorable, pourvu que nous soutenions l'attaque avec fermeté, et que nous n'allions pas, intimidés par le nombre, trahir lâchement nos avantages. En effet, si nous voulons tenir ferme, ce lieu, par les obstacles naturels qu'il présente aux assaillans, secondera puissamment notre résistance ; si nous cédons, au contraire, quoique d'un abord difficile, il cessera dès-lors d'être inaccessible à un ennemi dont personne ne repoussera plus les efforts. Et quand même, après avoir plié, [revenus sur nos pas] nous ferions des prodiges de valeur, n'aurons-nous pas affaire à des ennemis d'autant plus terribles, qu'ils verront la retraite presque impossible ? Tant qu'ils seront sur les vaisseaux, vous les repousserez facilement. Mais je les suppose même descendus : ne vous effrayez point ; malgré leur multitude, vous combattrez encore à forces égales. Quel que soit leur nombre, grâce aux difficultés du débarquement, vous n'aurez à-la-fois qu'une poignée d'hommes en tête. Leur armée, à la vérité supérieure en forces, n'est pas sur terre comme la nôtre ; elle est sur des vaisseaux, et les troupes en mer ont besoin pour le débarquement d'un concours de circonstances favorables : de sorte qu'à mon avis l'infériorité du nombre se trouve bien compensée pour nous par les embarras de leurs manœuvres. Vous êtes Athéniens; votre expérience dans la marine vous a appris ce qu'est une descente; vous savez que, pour n'être pas forcés, il vous suffira de soutenir le premier choc, de ne pas reculer devant le fracas des vagues et l'impétuosité des vaisseaux se précipitant sur la rive. Je vous conjure donc de tenir ferme sur les bords de ce roc, de repousser l'ennemi, et de sauver ainsi vous et la place. »

Chap. 11. Cette harangue de Démosthène redouble la confiance des Athéniens: ils descendent et se rangent au bord de la mer. Cependant les Lacédémoniens s'ébranlent; ils attaquent en même temps et par terre avec leurs troupes du continent, et par mer avec quarante-trois vaisseaux sous la conduite de Thrasymélidas, fils de Cratésiclès, Spartiate, qui tente la descente précisément à l'endroit prévu par Démosthène. Des deux côtés les Athéniens font la plus belle défense. Les Lacédémoniens avaient partagé leurs bâtimens en petites divisions, parce qu'il était impossible qu'un grand nombre entrât à-la-fois; et tandis qu'ils tenaient en station le gros de leur flotte, le reste abordait partiellement. Ils déployaient une courageuse activité, ils s'animaient les uns les autres à enfoncer l'ennemi, à emporter les retranchemens.

Celui qui se faisait le plus remarquer par son ardeur, était le triérarque Brasidas. S'apercevant que ses collègues et les pilotes hésitaient à effectuer la descente dans les endroits même où elle était possible, qu'ils s'y portaient mollement dans la crainte de briser: « Quoi! s'écrie-t-il, pour épargner du bois, nous laisserions subsister des fortifications élevées par nos ennemis sur notre propre territoire! Mettons nos vaisseaux en pièces; mais forçons le passage. Et vous, alliés, en reconnaissance de nos bienfaits, n'hésitez pas à faire aujourd'hui aux Lacédémoniens le sacrifice de vos vaisseaux. Quoi qu'il en puisse coûter, échouez, abordez, emparez-vous et des hommes et de la place. »

Chap. 12. A cette vive exhortation il joint l'exemple. Il force son pilote de faire aborder son propre bâtiment, et vole à l'échelle: déjà même il descendait. Les Athéniens le repoussent: percé de traits, couvert de blessures, il perd connaissance, et roule dans l'intervalle qui sépare les rameurs de la proue; son bouclier tombe dans la mer, est poussé par les flots sur le rivage, et recueilli par les Athéniens: ils en firent depuis le principal ornement du trophée qu'ils élevèrent après l'action. Les autres signalaient aussi leur intrépidité; mais le courage des Athéniens, qui, fermes à leur poste, ne cédaient pas le moindre espace de terrain, et aussi l'escarpement de la côte, les empêchaient d'aborder. On voyait donc, comme par un jeu bizarre de la fortune, les Athéniens sur terre, et sur la terre des Lacédémoniens, se défendre contre les Lacédémoniens qui les assaillaient par mer, et les Lacédémoniens, montant des vaisseaux, tenter sur leur propre terre, devenue pour eux une terre ennemie, une descente contre les Athéniens: ceux-ci se montrant, si l'on en croit l'opinion commune d'alors, les meilleurs soldats de terre, des soldats faits pour le continent; ceux-là, d'habiles marins, nés pour la mer.

Chap. 13. Après s'être battu ce jour-là et une partie du suivant, on se reposa. Le surlendemain, les Lacédémoniens envoyèrent des vaisseaux à Asiné chercher du bois pour construire des machines. Ils espéraient, en faisant une nouvelle tentative, forcer le mur du côté du port: il était élevé; mais on pouvait facilement débarquer auprès.

Cependant arrivèrent de Zacinthe les cinquante vaisseaux des Athéniens; car leur flotte avait été renforcée de quelques bâtimens d'observation qui étaient à Naupacte, et de quatre de Chio. Voyant l'île et le continent garnis de troupes, et le port couvert de vaisseaux qui ne sortaient pas, ils ne savaient trop où aborder; toutefois ils descendirent à Prôte, île déserte, peu distante de Sphactérie, et y passèrent la nuit. Dès le lendemain ils remettent à la voile, prêts à combattre, si l'ennemi, gagnant la haute mer, voulait accepter la bataille; sinon, décidés à entrer dans le port. Les Lacédémoniens n'avaient garde de sortir; ils n'avaient pas même songé à exécuter leur première résolution, de boucher les deux entrées du port : mais, tranquilles sur le continent, et embarquant leurs troupes, ils se disposaient à recevoir le combat dans l'intérieur même du port, qui était assez vaste, dans le cas où les Athéniens y pénétreraient.

Chap. 14. Leur intention fut devinée par les Athéniens. Bientôt ils ont franchi la double entrée : ils se précipitent sur les ennemis, tombent sur ceux de leurs vaisseaux qui, déjà éloignés de la terre, la proue en avant, s'avançaient à leur rencontre, les mettent en fuite, les poursuivent en les serrant de près, en maltraitent une grande partie, en prennent cinq, dont un avec tout l'équipage, et viennent fondre sur le reste, qui s'était réfugié vers le rivage. Les vaisseaux, qu'on armait encore d'hommes, sont abimés avant d'être envoyés en mer; quelques-uns même furent mis à la remorque et ramenés vides, les équipages ayant pris la fuite. Les troupes d'embarquement se dispersent; les vainqueurs remorquent plusieurs des bâtimens vides, et les attirent à eux.

Ce spectacle déchire l'âme des Lacédémoniens : ils sentent que les leurs vont être enfermés dans l'île. Cette idée les ranime : tout armés, ils s'élancent du côté de la mer, se cramponnant à leurs vaisseaux, qu'ils tirent à eux de tout leur effort. Chacun se persuade que là où il ne se trouvera pas en personne, son absence fera tout échouer. La mêlée devint terrible; le tumulte était à son comble. Les deux armées, aux prises autour de ces vaisseaux, semblaient avoir fait un échange de leur manière de combattre : car les Lacédémoniens, que transportait une ivresse de courage, livraient, pour ainsi dire, de dessus terre, une bataille navale; et les Athéniens, victorieux, bien résolus à pousser leur avantage le plus loin possible, livraient sur mer un combat de terre. Enfin, après des prodiges inouïs de part et d'autre, excédés de fatigue et couverts de blessures, les combattans se séparent. Les Lacédémoniens ramènent tous leurs vaisseaux vides, excepté ceux qu'on leur avait pris au commencement de l'action. Chacun retourna dans son camp. Les Athéniens élevèrent un trophée, laissant la liberté d'enlever les morts, et s'emparèrent de tous les débris des bâtimens; puis, sans perdre de temps, ils firent le tour de l'île, et posèrent des corps-de-garde pour veiller sur les troupes renfermées. Les Péloponnésiens qui étaient sur le continent, et qui, de toutes parts, venaient d'accourir au secours des leurs, restèrent campés auprès de Pylos.

Chap. 15. La nouvelle de cet événement parvenue à Sparte, il fut arrêté, attendu la circonstance désastreuse, que les magistrats se rendraient à l'armée, afin d'examiner par eux-mêmes l'état des choses, et de prendre le parti qu'ils croiraient convenable. Ceux-ci, trop convaincus de l'impossibilité de secourir les assiégés de Sphactérie, et ne voulant pas les laisser exposés aux horreurs de la famine, au massacre ou à la captivité, décidèrent qu'il fallait proposer aux généraux athéniens une trêve particulière relativement à Pylos; que, si elle était acceptée, on enverrait à Athènes des ambassadeurs pour négocier l'affaire, et obtenir le plus tôt possible la liberté de leurs concitoyens.

Chap. 16. La suspension d'armes fût accordée, et l'on convint des articles suivans :

« Les Lacédémoniens livreront aux Athéniens et amèneront à Pylos les vaisseaux sur lesquels ils ont combattu, et tous les bâtimens longs qu'ils ont dans la Laconie.

» Ils n'attaqueront les fortifications de cette place ni par mer, ni par terre.

» Les Athéniens permettront aux Lacédémoniens qui sont sur le continent, d'envoyer aux soldats renfermés dans l'île une quantité déterminée de froment tout broyé, deux chénices attiques de farine, deux cotyles de vin et un morceau de viande par tête; la moitié pour chaque serviteur.

» L'envoi de ces provisions sera soumis à la visite des Athéniens; aucun navire n'en introduira secrètement.

» Les Athéniens auront la garde de l'île comme auparavant; seulement ils ne pourront y faire de descente.

» Ils n'attaqueront l'armée des Péloponnésiens, ni par mer, ni par terre.

» Si l'une ou l'autre des parties contractantes porte la plus légère atteinte à quelqu'une de ces conventions, le traité demeure nul et de nul effet.

» La trêve aura lieu jusqu'à ce que les députés lacédémoniens soient revenus d'Athènes.

» Ils y seront conduits et en seront ramenés par un navire athénien.

» A leur retour, la trêve sera expirée de droit, et les Athéniens rendront les vaisseaux dans le même état qu'ils les auront reçus. »

En conséquence de ce traité, les vaisseaux, au nombre d'environ soixante, furent livrés, et les députés s'embarquèrent. Arrivés à Athènes, ils tinrent ce discours :

Chap. 17. « Athéniens, Lacédémone nous a députés pour entrer avec vous en négociation au sujet de nos guerriers enfermés dans l'île, et vous proposer un parti à-la-fois utile à vous-mêmes et le plus honorable pour nous dans cette conjoncture. En vous adressant un discours moins concis, nous n'irons pas contre notre usage. Il est reçu chez nous, lorsque peu de mots suffisent, de ne pas en employer beaucoup; de s'exprimer plus longuement, lorsque la circonstance exige que, développant une matière importante, nous arrivions à notre but par la parole. Ne prenez point ce discours en mauvaise part : il s'adresse, non à des auditeurs qu'on prétendrait endoctriner, mais à des hommes à qui l'on rappelle ce qu'ils savent, et qu'on met à portée de délibérer sagement.

» Il ne tient qu'à vous d'assurer votre prospérité présente, en conservant vos conquêtes, et de plus, en ajoutant à ce que vous avez acquis d'honneur et de gloire. Ne ressemblez pas à ces hommes qu'étourdit un bonheur inaccoutumé. Le bien inattendu dont ils jouissent dans le moment enflamme leur cupidité: mais ceux qui, soit en bien, soit en mal, ont éprouvé toutes les vicissitudes du sort, doivent naturellement se défier le plus des faveurs de la fortune. Or tel est le sentiment dont une longue expérience a sans doute pénétré votre république, et la nôtre surtout.

Chap. 18. » Instruisez-vous par le spectacle de nos désastres. Nous qui tenons un si beau rang parmi les Hellènes, nous paraissons devant vous, et demandons en supplians ce que naguère nous croyions être les maîtres d'accorder. Certes, nous ne sommes pas réduits à cette extrémité, pour avoir manqué de puissance, et nous être montrés insolens lorsqu'elle s'accroissait : mais le sentiment de notre force habituelle nous a trompés ; erreur à laquelle sont également sujets tous les hommes. Il n'est donc pas raisonnable qu'éblouis de la puissance actuelle de votre république, et des succès qui viennent de l'augmenter encore, vous vous flattiez d'avoir sans retour fixé la fortune au milieu de vous.

» On doit mettre au rang des sages ceux qui savent mettre en sûreté des avantages auparavant incertains. De tels hommes se présenteront aux dangers avec plus de circonspection ; ils considéreront que la guerre prend, non la tournure qu'on veut lui donner, mais celle des événemens qui entraînent. Des hommes ainsi disposés feront peu de chutes, parce que, loin de se laisser exalter par une aveugle confiance dans le succès, ils saisiront ardemment l'instant de la prospérité pour terminer les querelles. Athéniens, l'occasion s'en présente à vous en ce jour plus belle que jamais. Prenez garde : si vous fermez l'oreille à nos sollicitations, et que vous veniez, ce qui est possible, à éprouver un revers, on croira que vous avez dû vos avantages au seul bienfait de la fortune ; tandis qu'aujourd'hui, sans courir de risques, il dépend de vous de laisser à la postérité la plus haute opinion de votre prudence et de votre force.

CHAP. 19. » Les Lacédémoniens vous invitent à finir la guerre par un traité solennel. Ils vous offrent paix, alliance, amitié, confraternité mutuelle entre les deux républiques ; et, en retour, ils réclament leurs concitoyens enfermés dans l'île. Ils pensent, en effet, qu'il est à-la-fois de votre intérêt et du nôtre de ne pas nous exposer les uns et les autres à une inévitable alternative, au hasard des combats, qui pourrait, ou les arracher de vos mains, en leur présentant quelque ressource inattendue, ou les soumettre à de plus rigoureuses conditions, s'ils sont forcés de se rendre. Selon nous, les grandes inimitiés s'éteignent, non pas lorsqu'après avoir repoussé son ennemi et obtenu sur lui une supériorité décidée, on l'enchaîne par des sermens forcés et par un traité conclu à des conditions inégales, mais lorsque, maître d'employer des voies de rigueur qu'autorise le droit des armes, on se réconcilie à des conditions modérées, générosité qui assure au vainqueur un triomphe nouveau et inespéré. En effet, l'adversaire, qui dès lors doit, non plus vengeance pour oppression, mais reconnaissance pour bienfait, est plus disposé par un sentiment d'honneur à tenir fidèlement les conventions stipulées. La réconciliation qui suit les grandes haines est plus sûre que celle qui succède à des inimitiés vulgaires. On est porté naturellement à céder à quiconque se relâche volontairement de ses droits ; mais contre d'orgueilleuses prétentions, il n'est pas de danger que l'on n'affronte ; alors on ne consulte plus ses forces.

CHAP. 20. » Nous avons la plus belle occasion de nous réconcilier, avant qu'une injure irréparable, élevant entre les deux peuples une nouvelle barrière, ne nous force, nous, d'ajouter à l'inimitié nationale des haines personnelles et que rien ne pourrait plus éteindre ; vous, de renoncer à tous les avantages que nous vous offrons aujourd'hui. Tandis que le succès des combats est encore incertain, terminons nos querelles. La gloire et notre amitié, voilà ce qu'y gagne Athènes ; et Sparte, au lieu d'une catastrophe humiliante, n'aura du moins essuyé qu'un échec ordinaire. Pour nous-mêmes, préférons la paix à la guerre, et rendons aux autres Hellènes le calme après tant d'orages. C'est vous qu'ils proclameront auteurs d'un si grand bienfait. Ils souffrent les maux de la guerre, sans savoir qui de vous ou de nous l'a provoquée. Mais que ce fléau vienne à cesser, comme c'est surtout de vous que dépend cet événement heureux, c'est sur vous aussi que portera la reconnaissance. Songez-y bien : il est en votre pouvoir de devenir amis des Lacédémoniens; amitié d'autant plus inviolable, que vous l'aurez acceptée à leur sollicitation, par générosité, et non par contrainte. Et quels biens ne doivent pas résulter de notre union ! Lorsqu'une fois nos deux républiques auront rendu un même décret, avec quel respect le reste de l'Hellade, beaucoup plus faible, ne recevra-t-il pas les lois que nous aurons dictées de concert ! »

Chap. 21. Telles furent les importantes considérations présentées par les Lacédémoniens. Persuadés qu'avant cet événement les Athéniens eux-mêmes désiraient la trêve, et que l'éloignement seul de Lacédémone pour cette trêve y mettait obstacle, ils pensaient que, se voyant offrir la paix, ils la saisiraient avec ardeur et rendraient les prisonniers. Mais les vainqueurs, qui tenaient ceux-ci bloqués dans l'île, se croyaient toujours les maîtres de faire la paix dès qu'ils le voudraient; et d'ailleurs ils portaient plus loin leurs vues ambitieuses. Le principal instigateur était Cléon, fils de Cléénète, qui avait alors tout crédit sur l'esprit de la multitude, dont il était l'idole et l'oracle. D'après ses conseils, le peuple répondit qu'avant tout il fallait que les prisonniers livrassent leurs armes et leurs personnes et fussent transportés à Athènes; que là on rendrait aux Lacédémoniens les hommes qu'ils réclamaient, après qu'eux-mêmes auraient rendu Nisée, Péges, Trézène et l'Achaïe; qu'ensuite on conclurait une trêve aussi longue qu'il conviendrait aux deux républiques. Or, les places dont la restitution était exigée, Sparte ne les tenait pas à titre de conquête; les Athéniens les avaient cédées par accommodement antérieur, à la suite de grands revers, à des époques où ils avaient eux-mêmes le plus grand besoin de trêve.

Chap. 22. A cette réponse les ambassadeurs n'opposèrent aucune réclamation; mais ils demandèrent qu'il fût élu des commissaires chargés de discuter et débattre les divers articles du traité qui serait dressé, après mûre délibération, sur les bases arrêtées de part et d'autre. Cléon s'éleva fortement contre cette proposition. « J'étais déjà bien convaincu, disait-il, que ces gens n'ont dans l'âme ni sincérité, ni justice; mais ils viennent de se mettre entièrement à découvert, en refusant de traiter avec le peuple, et en voulant tenir conseil secrètement et avec un petit nombre de négociateurs. Si leurs vues sont saines et droites, qu'ils les exposent à l'assemblée générale. »

Les Lacédémoniens virent bien qu'il leur était impossible de s'expliquer devant la multitude. D'une part, ils craignaient que, si la détresse actuelle arrachait leur consentement aux conditions imposées, les alliés, malgré toute la peine qu'ils se seraient donnée, pour bien dire, ne leur fissent un crime d'avoir échoué; de l'autre, le peuple leur paraissait trop mal disposé pour qu'ils pussent se flatter de le ramener aux propositions modérées qu'ils avaient faites. Ils partirent donc d'Athènes sans avoir rien conclu.

Chap. 23. A leur arrivée dans le camp, la trêve, par le seul fait de ce retour, se trouvait rompue. Les Lacédémoniens, d'après les conventions, redemandèrent leurs vaisseaux. Les Athéniens les refusèrent : ils alléguaient différens griefs, une course dans laquelle, contre une des clauses formelles, on avait insulté la muraille, et d'autres infractions peu importantes; ils se fondaient sur ce qu'il était expressément stipulé que la plus légère atteinte à la trêve emporterait rupture totale. Les Lacédémoniens niaient les faits, et criaient à l'injustice. Enfin ils se retirèrent, et se préparèrent à recommencer la guerre, qui, des deux côtés, devint plus acharnée que jamais. Pendant le jour, les Athéniens, avec deux bâtimens qui se croisaient, faisaient sans cesse le tour de l'île, et, la nuit, tous se tenaient en station, excepté du côté de la pleine-mer, lorsque le vent s'élevait. Ils venaient de recevoir d'Athènes un renfort de vingt vaisseaux, en sorte que la flotte entière était composée de soixante-dix voiles. Les Péloponnésiens, campés sur le continent, livraient à la place des attaques assez fréquentes, et épiaient toutes les occasions de sauver leurs guerriers.

Chap. 24. Cependant, en Sicile, les Syracusains et leurs alliés, en outre des vaisseaux stationnés à Messène, y amenèrent une autre flotte qu'ils venaient d'équiper, et de là mirent en mer. Animés surtout par les Locriens, qui haïssaient ceux de Rhégium, ils avaient fait eux-mêmes, avec toutes leurs forces, une incursion sur les terres de l'ennemi, et ils voulaient tenter un combat naval, voyant que les Athéniens n'avaient que peu de vaisseaux sur ces mers; informés d'ailleurs que l'île de Sphactérie était assiégée par un plus grand nombre de vaisseaux qui voudraient ensuite se réunir à ceux-ci. En gagnant une victoire navale, ils espéraient emporter aisément Rhégium, qu'ils attaqueraient par terre et par mer; ils se trouveraient alors dans une position respectable. En effet, le promontoire de Rhégium en Italie et celui de Messène en Sicile, étant fort voisins l'un de l'autre, les Athéniens ne pourraient plus en approcher, ni se trouver maîtres du détroit. Ce détroit est la portion de mer entre Rhégium et Messène, au point où la Sicile se rapproche le plus du continent. C'est ce lieu appelé *Charybde*, qu'Ulysse traversa, dit-on. Comme le passage est très étroit, et que la masse d'eau qui l'occupe est la réfusion des deux grandes mers tyrrhénienne et de Sicile, et que cette eau se précipite, en bouillonnant, sur un même point, il est avec raison réputé dangereux.

Chap. 25. Ce fut dans cet espace étroit que les Syracusains et leurs alliés, forts d'un peu plus de trente vaisseaux, rencontrèrent, le soir, seize vaisseaux athéniens et huit de Rhégium, et se virent contraints de combattre pour protéger un bâtiment de charge qui traversait le détroit; ils furent vaincus par les Athéniens, perdirent un vaisseau, et se retirèrent comme ils purent, chacun vers ses fortifications respectives, à Messène et à Rhégium. Le combat terminé, la nuit survint.

Les Locriens quittèrent ensuite le pays de Rhégium. La flotte des Syracusains et des alliés se dirigea vers la Péloride, partie du territoire de Messène, et y jeta l'ancre : l'armée de terre les accompagnait. Les Athéniens et ceux de Rhégium, étant survenus, aperçurent les vaisseaux vides et voulurent s'en emparer : mais eux-mêmes en perdirent un des leurs, brisé par une main de fer qu'y jetèrent les ennemis ; les hommes se sauvèrent à la nage. Les Syracusains étant remontés sur leurs vaisseaux et se faisant remorquer pour gagner Messène, les Athéniens revinrent à la charge; mais ils perdirent encore un vaisseau, s'étant mis à charger les premiers leurs ennemis, qui prenaient le large : en sorte que les Syracusains, sans avoir éprouvé de désavantage dans le combat qui se livra sur la côte, entrèrent au port de Messène. Les Athéniens, après cela, se portèrent à Camarine, sur l'avis qu'Archias et sa faction voulaient livrer cette place aux Syracusains.

En même temps les Messéniens, avec toutes leurs forces, allèrent attaquer par terre et par mer Naxos, colonie des Chalcidiens, qui leur est limitrophe. Le premier jour, ils forcèrent les habitants à se tenir renfermés dans la place et ravagèrent le pays; le lendemain, ils suivirent, sur leurs vaisseaux, le cours du fleuve Acésine, et ravagèrent la campagne, pendant que leurs troupes de terre attaquaient la place. Mais les Sicules, qui dominent les hauteurs, descendirent en grand nombre pour repousser les Messéniens. En les voyant s'avancer, les Naxiens reprirent courage et s'animèrent les uns les autres, persuadés que c'étaient les Léontins et les autres Hellènes alliés qui venaient les soutenir. Dans une sortie précipitée, ils se jetèrent sur les Messéniens et en tuèrent plus de mille. Le reste eut beaucoup de peine à retourner à Messène; les barbares, tombant sur eux dans les chemins, en tuèrent la plus grande partie.

Les vaisseaux qui avaient pris position à Messène, se séparèrent et regagnèrent leurs ports. Aussitôt les Léontins et leurs alliés, de concert avec les Athéniens, profitèrent de la consternation de Messène pour l'attaquer. La flotte athénienne battait le port, et les troupes de terre la ville : les Messéniens firent une sortie avec quelques Locriens que commandait Démotèle, et qui, après leur échec, étaient restés en garnison dans la place. Ils surprennent les ennemis, mettent en fuite la plus grande partie des Léontins, et tuent beaucoup de monde. Les Athéniens, voyant le désastre de leurs malheureux alliés, prirent terre, coururent à leur secours, tombèrent sur les Messéniens en désordre, les poursuivirent jusqu'à la ville, et retournèrent à Rhégium, après avoir dressé un trophée. Depuis, les Hellènes de Sicile continuèrent par terre leurs hostilités les uns contre les autres, sans que les Athéniens y prissent part.

Chap. 26. Ceux-ci continuaient à Pylos de tenir les Lacédémoniens assiégés dans l'île de Sphactérie, et les troupes du Péloponnèse restaient campées sur le continent. La garde de l'île était pénible pour les Athéniens, parce qu'ils manquaient de vivres et d'eau. Ils n'avaient qu'une seule pièce d'eau peu considérable dans l'acropole de Pylos. La plupart faisaient, sur le bord de la mer, des fouilles dans le gravier; et l'on peut juger quelle eau ils buvaient. D'ailleurs, le lieu où ils avaient assis leur camp étant très resserré, ils se voyaient eux-mêmes fort à l'étroit. Il n'y avait pas de rade capable de contenir la flotte, en sorte qu'une partie de l'équipage se retirait à terre pour prendre de la nourriture, tandis que le reste se tenait à l'ancre en pleine mer. Ce qui les décourageait surtout, c'était la longueur du siège. Ils avaient espéré que peu de jours leur suffiraient pour réduire des hommes renfermés dans une île déserte, et n'ayant pour boisson que de l'eau saumâtre. Leur espoir fut trompé, et voici par quelle cause. Les Lacédémoniens avaient invité toutes les personnes de bonne volonté à introduire dans Sphactérie de la farine, du vin, du fromage, et toute autre espèce de provisions utiles à des assiégés. Chaque cargaison était taxée à un prix très élevé, et chaque Hilote qui se chargeait du transport, devait encore avoir la liberté pour récompense. A travers mille dangers, des provisions étaient importées spécialement par les Hilotes. Partant de tous les points du Péloponnèse où ils pouvaient se trouver, à la chute du jour, ils se hâtaient d'aborder aux rivages qui regardent la pleine mer : surtout ils épiaient le moment où le vent les pousserait sur la côte ; car, lorsqu'il venait à s'élever de la haute mer, ils échappaient plus facilement à la vigilance des vaisseaux ennemis, qui alors ne pouvaient stationner autour de cette partie de l'île. Pour eux, sans ménager leurs frégates, dont la valeur était garantie, ils les précipitaient sur la rive, certains d'être reçus par les oplites, qui montaient la garde aux endroits abordables ; mais les bâtimens qui osaient s'exposer par un temps calme, étaient pris. Du côté même du port, des plongeurs nageaient entre deux eaux jusqu'à l'île, traînant avec une corde des outres remplies de pavot assaisonné de miel et de graine de lin broyée. Dans les commencemens, ils passaient sans être aperçus ; mais ensuite ils furent surveillés de près. En un mot, de part et d'autre, on mettait tout en œuvre, les uns pour faire entrer des vivres, les autres pour que leur vigilance ne fût pas en défaut.

Chap. 27. Cependant on apprend à Athènes que l'armée a beaucoup à souffrir, et que l'ennemi trouve les moyens d'approvisionner l'île. On ne savait plus quel parti prendre. Tout se tournait en sujet de crainte et d'inquiétude. L'hiver allait accroître la difficulté de tenir la mer. Comment alors, en ce lieu désert, se procurer les choses nécessaires à la vie ? Comment les transporter en doublant le Péloponnèse, puisque même en été cet envoi était presque impraticable sur une côte d'un difficile abord ? Où les vaisseaux se tiendront-ils ? en rade ? Une surveillance continue deviendra impossible : les prisonniers alors ne seront plus tenus en échec, ou bien ils choisiront un temps orageux pour s'échapper sur les vaisseaux mêmes qui leur apporteront des vivres. Ce qui les effrayait le plus, était l'idée que les Lacédémoniens, se sentant un peu plus en forces, n'enverraient plus d'ambassadeurs pour la paix, et l'on se repentait de ne pas l'avoir acceptée. Cléon s'aperçut qu'il commençait à être vu de mauvais œil pour s'y être opposé. Il dit donc hardiment que le rapport de ces semeurs de nouvelles n'était qu'un tissu de faussetés. « Eh bien ! répondirent les courriers, si l'on ne veut pas nous en croire, qu'on envoie sur les lieux examiner l'état des choses. » On nomma Cléon lui-même, et on lui donna Théogène pour collègue. Ce choix plaçait le premier dans une position critique. Il lui faudrait donc, ou confirmer par son propre témoignage ces mêmes rapports qu'il avait déclarés infidèles, ou se voir lui-même convaincu d'imposture s'il s'obstinait à les démentir. Mais, comme à travers les regrets du peuple il crut entrevoir que les esprits penchaient encore plus pour la guerre, il prit le parti d'engager les Athéniens à renoncer à cette enquête, et à ne pas laisser se perdre en de vains délais l'occasion d'agir. « Si les nouvelles de l'armée, disait-il, vous paraissent véritables, équipez une flotte, et marchez contre cette poignée d'hommes. » Puis, pour désigner à mots couverts et rabaisser Nicias, fils de Nicératus, alors commandant et son ennemi personnel, il ajoutait : « Si les chefs étaient gens de cœur, il serait très facile, avec un nouveau renfort, de s'emparer de tous ceux qui sont dans l'île. Je vous en aurais bientôt rendu raison, moi, si j'avais le commandement. »

Chap. 28. Comme le peuple faisait entendre un murmure d'improbation, et disait : « Si la chose lui paraît si facile, pourquoi n'est-il pas déjà en mer ? » Nicias, qui avait vivement ressenti le reproche indirect de lâcheté, s'écria : « Eh bien ! Cléon, prenez tel renfort que vous voudrez, et allez attaquer ; nous vous le permettons, mes collègues et moi, autant que cela dépend de nous. » Cléon, croyant d'abord que cette offre n'était qu'un jeu, dit qu'il était tout prêt : mais, quand il vit que Nicias avait réellement le désir d'abdiquer, il changea de langage, et remontra que ce n'était pas lui, mais Nicias, qui était général. La frayeur le saisit : jamais il n'eût imaginé que Nicias osât ainsi abdiquer le généralat. Mais celui-ci le somma pour la seconde fois, se démit du commandement [à Pylos], et en prit les Athéniens à témoin.

Le peuple est toujours peuple. Plus Cléon cherchait à décliner la mission, plus il revenait sur ses pas, et plus les Athéniens pressaient Nicias de lui remettre le commandement, et criaient à Cléon de s'embarquer. Enfin, ne sachant plus comment retirer sa parole, Cléon accepta la mission, et s'avança au milieu de l'assemblée. « Je ne crains pas les Lacédémoniens, dit-il : je vais m'embarquer. Aucun citoyen d'Athènes ne me suivra. J'emmène seulement ceux de Lemnos et d'Imbros qui sont ici, les troupes armées à la légère que la ville d'Énos a envoyées à notre secours, et quatre cents archers venus d'ailleurs. Avec ce renfort, je vous réponds de l'armée de Pylos : dans vingt jours je vous amène les Lacédémoniens vivans, ou bien je les aurai tous exterminés sur la place. » La multitude riait de tant de vanité et d'un langage si plein de jactance ; les hommes sages se réjouissaient de l'heureuse alternative qui se présentait : en effet, ou ils seraient pour jamais délivrés de Cléon, bonheur qu'ils espé- raient, ou, si l'événement trompait leur attente, les Lacédémoniens tomberaient au pouvoir d'Athènes.

Chap. 29. Cléon prit dans l'assemblée même tous les arrangemens nécessaires ; et, après qu'un décret solennel l'eut investi du commandement, il s'adjoignit pour collègue Démosthène, l'un des chefs de l'expédition de Pylos, et partit en toute diligence. Ce qui l'avait porté à ce choix, c'est qu'il avait appris que Démosthène projetait une descente dans l'île, parce que les Lacédémoniens, réduits à la dernière détresse, resserrés dans un étroit espace, et assiégés plutôt qu'assiégeans, brûlaient d'en venir à une affaire décisive. L'incendie de Sphactérie encourageait encore Démosthène. Avant ces événemens il n'était pas sans inquiétude sur le succès de l'entreprise. L'île, toujours inhabitée jusqu'alors, n'était qu'une forêt sans route tracée ; ce qu'il jugeait très favorable aux ennemis. Ceux-ci, de leurs retraites inaperçues, venant fondre sur une armée nombreuse à la vérité, mais dans le désordre d'une descente, auraient pu l'incommoder beaucoup, et leurs fautes et leurs dispositions, protégées par l'épaisseur du bois, n'auraient pas été visibles pour lui (comme elles le seraient désormais), tandis que la moindre négligence de ses soldats ne pouvait leur échapper : de toutes parts il leur eût été possible de tomber sur lui à l'improviste, parce que toujours ils eussent été maîtres de choisir l'instant et le lieu de l'attaque. Si, bravant tous les obstacles, il eût entrepris de les forcer dans leurs bois épais, des ennemis, inférieurs en nombre, mais connaissant bien les localités, auraient eu sans doute l'avantage sur des troupes plus fortes, mais étrangères au sol. Enfin, malgré le nombre, son armée aurait pu être détruite, avant même qu'il en eût connaissance, ne pouvant voir de quel côté il faudrait se porter mutuellement des secours.

Chap. 30. Son échec en Étolie, qu'un bois avait, en partie, occasionné, ne contribuait pas peu à lui suggérer ces réflexions [il en était tout occupé lorsque l'incendie éclata]. Comme l'île avait fort peu de largeur, les soldats étaient obligés d'aller avec des gardes avancées préparer leur repas, tout à l'extrémité. Un d'entre eux mit involontairement le feu à quelques broussailles. Le vent s'étant élevé, la flamme gagna, et la plus grande partie de la forêt se trouva embrasée avant qu'on s'en fût aperçu. Démosthène avait soupçonné jusque là que les assiégés, auxquels on faisait passer des vivres, n'étaient qu'en petit nombre; mais le terrain ainsi dépouillé le mit à portée de reconnaître que les Lacédémoniens étaient en plus grand nombre. Il avait profité de cette découverte pour exhorter les Athéniens à redoubler d'activité, en leur montrant, d'une part, qu'ils avaient à combattre un ennemi dont les forces n'étaient pas à mépriser, et, de l'autre, que la descente était devenue bien plus facile. Déjà les alliés voisins avaient reçu ordre de lui envoyer des renforts; toutes ses autres dispositions faites, il se préparait à l'attaque. Cependant Cléon, qui s'était fait précéder d'un courrier pour annoncer son arrivée avec les troupes qu'il avait demandées, aborde à Pylos. Les deux chefs tiennent conseil, et commencent par envoyer un héraut à l'armée ennemie qui était sur le continent. Il avait ordre de demander aux généraux s'ils voulaient prévenir les dangers qu'allaient courir les soldats de Sphactérie, de les sommer de déposer les armes et de se rendre aux Athéniens, armes et personnes, sous condition que, jusqu'à l'accommodement général, ils seraient traités avec douceur dans leur captivité.

Chap. 31. La proposition fut rejetée. Pendant un jour les Athéniens se tinrent tranquilles ; mais le lendemain, ils embarquèrent tous leurs oplites sur quelques bâtimens, et mirent à la voile. Un peu avant l'aurore, ils débarquèrent des deux côtés de l'île, et du côté de la haute mer, et du côté du port, au nombre de huit cents. Ils fondirent d'abord sur les gardes avancées : car voici quelle était la disposition des troupes lacédémoniennes. A ce premier poste étaient environ trente oplites; le gros de l'armée, où se tenait le général Épitadas, posté près de l'endroit où était l'eau douce, occupait le milieu et la partie la plus plate de l'île ; une poignée de soldats veillait à l'autre extrémité qui regarde Pylos. Cet endroit, du côté de la mer, était très escarpé, et imprenable du côté de la terre; on y voyait encore un petit château très ancien, construit de pierres choisies, mais non taillées. Les assiégés comptaient bien s'en faire une ressource en cas que, pressés par des forces supérieures, ils fussent obligés de se retirer. Telle était la disposition de l'armée lacédémonienne.

Chap. 32. Les Athéniens massacrèrent les soldats de la première garde, qu'ils surprirent dans leurs gîtes, saisissant encore leurs armes. Ceux-ci ne s'étaient point aperçus de la descente, persuadés que le bruit qu'ils entendaient n'était autre que celui des vaisseaux qui, selon la coutume, stationnaient la nuit autour de l'île. Avec le jour, on vit aborder plus de soixante-dix autres bâtimens. C'était le reste de l'armée athénienne. Tous, à la réserve des Thalamites, s'avancèrent en bon ordre, suivis de huit cents archers, d'un nombre à peu près égal de peltastes, des Messéniens auxiliaires, en un mot de toutes les troupes qui étaient à Pylos, excepté celles qu'on avait laissées pour défendre la place.

Démosthène les rangea par pelotons de deux cents hommes, plus ou moins, et leur fit occuper les éminences : disposition qui plaçait les Lacédémoniens dans une situation désespérée. Environnés de toutes parts, à quelle division faire face, et comment n'être pas sans cesse accablés par le nombre ! S'ils attaquaient le corps qu'ils avaient en tête, celui qu'ils avaient en queue ferait pleuvoir sur eux une grêle de traits ; s'ils marchaient contre les troupes qui étaient sur leurs flancs, ils se trouveraient également enfermés entre les deux ailes. De plus, quelque côté qu'ils choisissent, les troupes légères de Démosthène, toujours derrière eux, les accableraient de flèches, de javelots, de pierres, de tout ce que lance au loin la fronde : combattant sans relâche et toujours de loin, elles accableraient, sans crainte d'être poursuivies ; car elles triomphaient encore en fuyant, et lorsqu'on fuyait devant elles, elles poursuivaient avec acharnement. Tel était le plan que Démosthène avait arrêté d'avance pour l'attaque de l'île, et qu'il exécuta dans l'action.

Chap. 33. Épitadas et sa troupe, qui formait la partie la plus considérable de la garnison, voyant la première garde massacrée, et l'ennemi qui arrivait droit à eux, se rangèrent en bataille : voulant engager l'action, ils marchaient droit aux oplites de l'ennemi, qu'ils avaient en face, en même temps qu'ils avaient ses psiles sur les flancs et en queue. Mais ils ne purent se mesurer avec les oplites ni mettre à profit leur supériorité reconnue dans les combats de pied ferme. En effet, pressés des deux côtés par les traits des psiles, ils suspendaient leur marche, et s'arrêtaient [gardant leur ordre de bataille, sans courir sur ces ennemis qui les harcelaient]. Chaque fois que ceux-ci venaient les attaquer de plus près, ils étaient à l'instant repoussés ; puis, après s'être éloignés par une fuite rapide, ils se retournaient et venaient assaillir de nouveau. Légèrement armés, il leur était facile de fuir, sans crainte d'être atteints, à cause de la difficulté des lieux et de l'âpreté d'un sol inhabité jusqu'alors, où les Lacédémoniens, avec leur pesante armure, eussent tenté vainement de les poursuivre.

Chap. 34. Quelque temps se passa ainsi de part et d'autre en escarmouches. Les Lacédémoniens n'avaient plus la force de se porter avec la même vigueur sur tous les points. Les psiles athéniens s'aperçoivent de l'épuisement de l'ennemi. Cette vue leur inspirant plus d'audace, se regardant eux-mêmes comme très nombreux, accoutumés d'ailleurs à ne plus voir dans leurs adversaires des hommes redoutables, ils se rappellent qu'ils n'ont pas autant souffert qu'ils s'y attendaient au moment de la descente, où tout leur courage était subjugué par l'idée qu'ils marchaient contre des Lacédémoniens. Ils en viennent enfin jusqu'à mépriser leur ennemi, poussent un cri, et soudain se précipitent sur lui tous ensemble, et l'accablent de pierres, de flèches, de traits, de toute arme que chacun trouve sous sa main. Ces cris, cette attaque impétueuse, étonnent des guerriers peu accoutumés à ce genre de combat. Les cendres de la forêt nouvellement incendiée, s'élevant dans l'air, qu'obscurcissait encore une grêle de flèches et de traits, leur permettaient à peine de voir ce qui était devant eux. Leur situation devint terrible alors : leurs cuirasses n'étaient pas assez fortes pour amortir le coup des lances qui les atteignaient, et dont plusieurs se brisaient, laissant le fer enfoncé dans les armures. Ils se trouvaient dans l'impossibilité d'agir : aveuglés par la poussière, assourdis par les clameurs ennemies qui les empêchaient d'entendre les ordres du général ; de toutes parts environnés de périls, il ne leur restait ni moyen de défense, ni espoir de salut.

CHAP. 35. Enfin, couverts pour la plupart de blessures, parce qu'ils étaient toujours demeurés fermes au même poste, ils serrent les rangs et se mettent en marche vers l'autre extrémité de l'île, peu éloignée, et où était la forteresse ainsi que leur troisième garde. Alors les psiles athéniens, dont ce mouvement de retraite a redoublé l'audace, poussent un nouveau cri d'attaque et pressent plus vivement encore. Tous les traîneurs qui tombent entre leurs mains sont massacrés. Le plus grand nombre cependant échappe et parvient jusqu'à la forteresse, se joint à la garnison, et court à tous les endroits les plus faibles. Les Athéniens les suivent : ne pouvant, à cause de la forte situation du lieu, ni les envelopper, ni les enfoncer, ils les attaquent de front, et s'épuisent en efforts pour les déloger de ce poste. L'assaut dura long-temps, et les deux partis, malgré la fatigue du combat, malgré le tourment de la soif et l'ardeur d'un soleil brûlant, s'acharnèrent, la plus grande partie du jour, les uns à chasser l'ennemi de son éminence, les autres à s'y maintenir. La résistance des Lacédémoniens était cependant moins pénible qu'auparavant, parce que leurs flancs étaient libres et hors de toute insulte.

CHAP. 36. Comme rien ne se décidait, le chef des Messéniens vient trouver Cléon et Démosthène. « Vous prenez en vain beaucoup de peine, leur dit-il ; donnez-moi des archers et des psiles. J'espère trouver un chemin pour tourner l'ennemi, le prendre par derrière et forcer le passage. » Ayant obtenu ce qu'il avait demandé, il part d'un endroit couvert, pour n'être pas aperçu ; et longeant la chaîne escarpée des rochers qui bordaient l'île, et où les Lacédémoniens, se fiant sur la force naturelle du lieu, ne faisaient point la garde, il poursuit sa marche difficile et périlleuse, qu'il parvient à leur dérober. Tout-à-coup il se montre sur la hauteur, au dos des assiégés, que cette apparition subite frappe de surprise et d'effroi. Les Athéniens, au contraire, qui se voient enfin au comble de leurs vœux, sentent renaître leurs forces. Dès ce moment, les Lacédémoniens, en butte aux traits des deux côtés à-la-fois, se virent, si l'on peut comparer les petites circonstances aux grandes, dans la même position où s'étaient trouvés leurs ancêtres aux Thermopyles. Là, ces derniers périrent sous les coups des Perses, qui, par un étroit sentier, étaient parvenus à les cerner ; ici, une poignée d'hommes combattait accablée de traits et enfermée entre deux armées supérieures en nombre. Enfin, le corps épuisé de faiblesse et d'inanition, ils commençaient à céder, et déjà les Athéniens étaient maîtres de toutes les avenues.

CHAP. 37. Cléon et Démosthène, voyant que plus l'ennemi reculerait, plus il perdrait de monde, arrêtèrent l'impétuosité de leurs soldats, et suspendirent le combat. Ils voulaient emmener les Lacédémoniens vivans, dans le cas où, après une nouvelle sommation, vaincus par la considération de leur danger présent, ils seraient découragés au point de mettre bas les armes. On leur fit donc proposer par un héraut de livrer leurs armes et de se rendre eux-mêmes à discrétion.

CHAP. 38. La plupart répondirent à cette proposition en jetant à terre leurs boucliers et en agitant les mains en signe d'acquiescement. Une trêve fut conclue. Cléon et Démosthène s'abouchèrent avec Styphon, fils de Pharax, alors à la tête des Lacédémoniens. Des deux généraux ses prédécesseurs, le premier, Épitadas, avait été tué; l'hippagrète qui lui avait succédé gisait, quoique respirant encore, sur le champ de bataille, et Styphon était celui que la loi appelait en troisième ordre au commandement, en cas de mort des deux premiers généraux. Celui-ci, de concert avec les autres chefs qui l'accompagnaient, déclara qu'ils avaient résolu d'envoyer un héraut aux Lacédémoniens du continent, pour les consulter sur ce qu'ils avaient à faire. Comme ces derniers n'envoyaient aucun des leurs, les Athéniens allèrent eux-mêmes appeler les hérauts qui étaient sur la terre ferme, et après deux ou trois messages, la dernière réponse fut que les soldats de Sphactérie eussent à pourvoir à leur salut sans compromettre leur honneur. Ceux-ci donc, après avoir tenu conseil entre eux, livrèrent à l'ennemi leurs armes et leurs personnes. Ce jour-là, et la nuit suivante, on les tint sous bonne garde. Le lendemain, les Athéniens, après avoir élevé un trophée, firent tous les préparatifs pour le transport des prisonniers, qu'ils confièrent à la vigilance des triérarques, et permirent aux Lacédémoniens d'enlever les morts. Quatre cent vingt oplites avaient passé dans l'île; on en retira vivans deux cent quatre-vingt-douze, dont environ cent vingt Spartiates; les autres avaient été tués. Les Athéniens perdirent peu de monde, parce que leurs troupes légères avaient seules combattu.

CHAP. 39. La durée du siége, depuis la bataille navale jusqu'à celle qui se donna dans l'île, fut en tout de soixante-douze jours. Pendant les vingt jours que dura l'absence des députés envoyés à Athènes pour traiter de la paix, on fournit des vivres aux assiégés; le reste du temps, ils ne furent nourris que de ce qui leur était secrètement apporté par des vaisseaux. A leur départ, on trouva du blé et d'autres provisions de bouche : car le général Épitadas distribuait les rations avec plus de parcimonie qu'il ne le devait, eu égard aux provisions faites. Les Athéniens et les Péloponnésiens, retirant leurs troupes de Pylos, s'en retournèrent chacun chez eux, et Cléon, quoiqu'il eût fait la promesse d'un fou, tint parole; car, au terme fixé de vingt jours, les prisonniers étaient à Athènes.

CHAP. 40. De tous les événemens de cette guerre, aucun ne trompa davantage l'attente des Hellènes. On savait que ni la faim ni aucune autre extrémité ne faisait rendre les armes aux Lacédémoniens; que, combattant jusqu'au dernier soupir, ils mouraient les tenant encore à la main. On ne pouvait s'imaginer que les soldats qui avaient livré leurs armes, ressemblassent à ceux de leurs camarades restés sur le champ de bataille. Quelque temps après, un allié des Athéniens demandait à l'un des prisonniers, pour lui faire insulte, si les guerriers tués à Sphactérie étaient de braves gens. « L'*atractos*, répondit celui-ci (et par ce mot il désignait la flèche), l'*atractos* serait un bois bien précieux, s'il avait le don de discerner les braves : » donnant à entendre par ce mot que les morts étaient ceux qu'avaient, au hasard, rencontrés les pierres et les traits.

CHAP. 41. A l'arrivée des prisonniers, il fut arrêté qu'ils seraient gardés en prison jusqu'à ce qu'un arrangement eût été conclu; mais qu'ils en seraient tirés pour recevoir la mort, si auparavant les Péloponnésiens faisaient une incursion dans l'Attique. On avait laissé garnison à Pylos. Les Messéniens de Naupacte avaient envoyé ceux d'entre eux qui leur paraissaient les plus propres à remplir leur objet dans une place qu'ils regardaient comme leur ancienne patrie : car le territoire de Pylos faisait autrefois partie de la Messénie. De là ces Messéniens pillaient et ravageaient la Laconie.

La conformité de langage favorisait leurs excursions. Les Lacédémoniens, jusqu'alors peu exercés au métier de pillards et à cette manière de faire la guerre, voyaient d'ailleurs les Hilotes déserter en foule pour passer à Pylos; et ils craignaient que, dans leur pays même, ceux-ci ne machinassent quelque complot plus dangereux. Ces irruptions leur causaient donc de vives inquiétudes, qu'ils se gardaient bien toutefois de laisser apercevoir aux Athéniens. Seulement ils leur envoyaient des ambassadeurs pour tâcher d'obtenir et la délivrance de leurs prisonniers, et la restitution de Pylos. Mais Athènes avait bien d'autres prétentions. Vainement multipliaient-ils les ambassades; les députés étaient toujours renvoyés sans avoir pu rien conclure.

Telle fut l'affaire de Pylos.

CHAP. 42. Le même été, aussitôt après ces événemens, les Athéniens portèrent la guerre dans la Corinthie. Ils y envoyèrent, sur quatre-vingts vaisseaux, deux mille de leurs oplites, et deux cents cavaliers sur des bâtimens construits pour cet usage. Ils avaient avec eux leurs alliés de Milet, d'Andros et de Caryste. Le premier de leurs trois généraux était Nicias, fils de Nicératus. Ils s'embarquèrent au point du jour, et abordèrent entre la Chersonèse et Rheitos, à la côte au-dessus de laquelle s'élève la colline Solygienne.

Là jadis campèrent les Doriens, quand ils firent la guerre aux Corinthiens qui habitaient Corinthe et qui étaient Éoliens. Un bourg nommé *Solygiè* se trouve maintenant sur cette colline, à douze stades du rivage où les vaisseaux prirent terre; la ville des Corinthiens est à soixante stades de ce même rivage, et l'isthme à vingt stades. Instruit d'avance par ceux d'Argos de l'arrivée prochaine de cette armée, les Corinthiens, excepté ceux qui habitent en dehors de l'isthme [c'est-à-dire, du côté de la Mégaride], s'étaient rendus sur l'isthme. Cinq cents hommes avaient été envoyés en garnison dans l'Ampracie et dans la Leucadie : les autres en très grand nombre, guettaient les Athéniens pour s'opposer à leur descente; mais ceux-ci trompèrent leur surveillance en abordant de nuit. Cependant les ennemis furent bientôt avertis de leur arrivée par des signaux; et laissant la moitié de leur monde à Cenchrée, de peur que les Athéniens ne se portassent sur Crommyon, ils se hâtèrent de marcher contre eux.

CHAP. 43. Battus, le second de leurs généraux (il y en avait deux à ce combat) prit avec lui une division, et se rendit à Solygie, pour garder cette bourgade, qui n'avait pas de murs. Lycophron fit l'attaque avec le reste. D'abord les Corinthiens donnèrent sur l'aile droite des Athéniens qui venaient de descendre en face de la Chersonèse, et ils attaquèrent ensuite le reste de l'armée. Le combat fut vif; partout on se battait corps à corps. L'aile droite des Athéniens et des Carystiens, de laquelle les Carystiens formaient l'extrémité, reçut le choc des Corinthiens, et les repoussa quoiqu'avec peine. Ceux-ci gagnèrent une haie; et, comme le terrain allait en pente, ils se trouvèrent plus élevés que les ennemis, les accablèrent de pierres, chantèrent le péan, et revinrent à la charge. Les Athéniens soutinrent cette seconde attaque, et l'on se battit d'aussi près que la première fois. Mais un corps de troupes corinthiennes accourut au secours de l'aile gauche, mit en fuite l'aile opposée des Athéniens, et les poursuivit jusque sur leurs vaisseaux. Cependant eux et les Carystiens descendirent encore des vaisseaux. Le reste de l'armée combattait des deux côtés avec une égale opiniâtreté, surtout à la droite des

Corinthiens, où Lycophron se défendait contre la gauche des ennemis; car on soupçonnait qu'ils feraient une tentative contre Solygie.

Chap. 44. L'action se soutint longtemps; aucun des deux partis ne cédait. Mais les Athéniens éprouvèrent l'utilité de leur cavalerie; les Corinthiens, qui n'en avaient pas, furent enfin repoussés, et se retirèrent sur la colline, y campèrent, ne descendirent plus, et se tinrent dans l'inaction. Cette défaite leur avait coûté la plus grande partie de ceux qui avaient combattu à l'aile droite, et le général Lycophron. Le reste de l'armée, se voyant forcé dans sa position, mais n'étant point pressé vivement, fit sa retraite sur les hauteurs et s'y établit. Les Athéniens, contre qui personne ne se présentait plus, dépouillèrent les morts de l'ennemi, recueillirent les leurs, et dressèrent aussitôt un trophée.

Cependant la moitié de l'armée corinthienne, restée campée à Cenchrée pour empêcher les Athéniens de se porter sur Crommyon, n'avait pu apercevoir le combat que lui cachait le mont Onium; mais, à la vue de la poussière qui s'élevait, elle pressentit l'événement et accourut. Au même moment arrivèrent les vieillards de Corinthe, qui s'étaient mis en marche, devinant ce qui venait de se passer. Les Athéniens, à leur approche, croyant que c'était un secours des villes voisines, se hâtèrent de monter sur leurs vaisseaux, emportant toutefois les dépouilles et leurs morts, excepté deux qu'ils n'avaient pu retrouver. Ils gagnèrent les îlots voisins, et de là firent demander et obtinrent la permission d'enlever les deux corps qu'ils avaient laissés. Les Corinthiens avaient perdu dans ce combat deux cent douze hommes; les Athéniens un peu moins de cinquante.

Chap. 45. Ceux-ci quittèrent les îles, et se portèrent le même jour à Crommyon, dans la Corinthie, à cent vingt stades de Corinthe. Ils y prirent terre, ravagèrent les champs, et y restèrent campés pendant la nuit. Le lendemain, ils voguèrent d'abord vers l'Épidaurie, y firent une descente, et passèrent à Méthone, entre Épidaure et Trézène. Ils construisirent un mur sur l'isthme de la péninsule, où est Méthone, coupèrent ainsi toute communication de la péninsule avec le continent, et mirent garnison. De là ils allèrent ravager la Trézénie, l'Halie, l'Épidaurie; et, après avoir achevé les fortifications, ils se rembarquèrent et retournèrent chez eux.

Chap. 46. Pendant que ces événemens se passaient, Eurymédon et Sophocle partirent de Pylos pour la Sicile avec la flotte d'Athènes, et abordèrent à Corcyre. Ils se joignirent aux Corcyréens de la ville pour attaquer la faction qui, après les troubles, retirée sur le mont Istone, dominait sur la campagne et la ravageait. Le fort qui servait d'asile à ces bannis fut battu et emporté; mais les hommes parvinrent à se sauver sur une hauteur. Là ils capitulèrent, et convinrent de livrer leurs troupes auxiliaires, de rendre les armes, et de s'abandonner au jugement du peuple d'Athènes. Ils reçurent la parole des généraux qui les transportèrent dans l'île de Ptychie, où ils devaient être gardés jusqu'à leur transport à Athènes; mais si l'un d'eux était pris en essayant de s'évader, la convention était annulée pour tous. Les chefs de la faction populaire, craignant que les Athéniens ne laissassent la vie à ces malheureux, leur tendirent un piége. Ils en trompèrent plusieurs, en subornant un petit nombre de leurs amis qu'ils leur firent passer. Ceux-ci étaient chargés de leur dire, comme par bienveillance, qu'ils n'avaient d'autre parti à prendre que celui d'une prompte fuite; qu'eux-mêmes leur fourniraient un bâtiment; mais que s'ils restaient, les généraux d'Athènes les allaient livrer au peuple de Corcyre.

Chap. 47. Ils donnèrent dans le piége. Le vaisseau était prêt; mais ils furent arrêtés au moment du départ, et dès-lors la convention se trouva rompue. Les généraux athéniens aidèrent à l'infraction du traité d'une manière bien propre à rendre croyable la mauvaise intention que leur prêtaient ceux de Ptychie, et à inspirer plus d'ardeur à ceux qui concertaient des tentatives d'évasion. En effet, ces généraux, qui étaient obligés d'aller en Sicile, affectaient de montrer qu'ils ne voulaient pas que ces prisonniers, transportés par d'autres à Athènes, fissent recueillir à ceux qui les conduiraient tout l'honneur du succès. Les Corcyréens renfermèrent ces infortunés dans un grand édifice, et les faisant sortir par vingtaine à-la-fois, ils les menaient attachés les uns aux autres, entre deux rangs d'oplites, qui frappaient et piquaient [de leurs dards] ceux d'entre ces malheureux qu'ils reconnaissaient pour ennemis. Des hommes armés de fouets hâtaient la marche de ceux qui s'avançaient trop lentement.

Chap. 48. Soixante furent ainsi emmenés et exécutés, sans que ceux qui restaient dans la prison se doutassent de leur sort : ils les croyaient transférés dans quelque autre prison. Mais bientôt ils soupçonnent ce qui se passe, dont quelqu'un d'ailleurs les instruit. Ils implorent les Athéniens; ils les prient de leur donner eux-mêmes la mort, s'ils veulent qu'ils périssent. Ils refusaient de quitter le lieu où ils étaient enfermés, et menaçaient de mettre tout en œuvre pour empêcher d'entrer. Les Corcyréens ne songeaient pas non plus à forcer les portes : ils montèrent sur les combles, levèrent les toits, et de là faisaient pleuvoir des flèches et des tuiles : les prisonniers se garantissaient de leur mieux; et cependant la plupart se donnaient eux-mêmes la mort. Ils s'égorgeaient avec les flèches qui leur étaient lancées; à l'aide de cordes, ils se pendaient à des lits qui se trouvaient dans la prison, et ceux qui n'avaient pas de cordes, s'en faisaient de leurs manteaux déchirés. Durant la plus grande partie de la nuit qui survint pendant cette scène d'horreur, ils périssaient en s'étranglant par toute sorte de moyens, ou frappés du haut de l'édifice. Le jour venu, les Corcyréens entassèrent les cadavres sur des charrettes, et les portèrent hors de la ville : on réduisit en esclavage toutes les femmes prises dans le fort. Tel fut le traitement que les Corcyréens du parti populaire firent subir à ceux de leurs concitoyens qui s'étaient réfugiés sur la montagne. Ainsi finirent les troubles devenus si affreux, ceux du moins qui se liaient à cette guerre; quant aux troubles qui ne s'y rattachaient pas [et qui pouvaient durer encore], ils ne méritent pas qu'on en parle. Les Athéniens partirent pour la Sicile, suivant leur première destination, et firent la guerre conjointement avec les alliés de cette contrée.

Chap. 49. Les troupes d'Athènes qui étaient à Naupacte, entrèrent en campagne avec les Acarnanes à la fin de l'été, et prirent par trahison Anactorium, ville située à l'embouchure du golfe d'Ampracie, et colonie des Corinthiens. Les Acarnanes, ayant chassé de toutes parts les colons corinthiens, occupèrent le territoire; et l'été finit.

Chap. 50. Au commencement de l'hiver, Aristide, fils d'Arcippus, l'un des commandans des vaisseaux que les Athéniens avaient envoyés lever les tributs des alliés, prit à Éione, sur le Strymon, un Perse nommé *Artapherne*, envoyé du roi à Lacédémone. Il fut conduit à Athènes : les Athéniens firent traduire les lettres dont il était porteur, et qui étaient écrites en caractères assyriens. Ils y lurent en substance, entre beaucoup d'autres choses, que le roi ignorait ce que voulaient de lui les Lacédémoniens; qu'il avait reçu de leur part bien des ambassadeurs, et qu'aucun ne tenait le même langage; que s'ils voulaient s'expliquer nettement, ils eussent à lui envoyer des députés avec Artapherne. Les Athéniens renvoyèrent celui-ci à Éphèse, sur une trirème, et avec lui des ambassadeurs. Mais, vers ce temps, Artaxerxès, fils de Xerxès, mourut; les envoyés apprenant à Éphèse la nouvelle de sa mort, revinrent à Athènes.

Chap. 51. Le même hiver, les habitans de Chio démolirent de récentes fortifications, sur l'ordre des Athéniens, qui les soupçonnaient de projeter une défection, quoiqu'ils eussent juré fidélité et donné toutes les assurances possibles.

L'hiver finissait, ainsi que la septième année de la guerre que Thucydide a écrite.

Chap. 52. A l'entrée de l'été suivant, il y eut, vers la néoménie, une éclipse de soleil, et au commencement du même mois, un tremblement de terre. Les exilés de Mitylène et du reste de Lesbos, la plupart venus du continent, prirent à leur solde et rassemblèrent des troupes auxiliaires du Péloponnèse, et s'emparèrent d'abord de Rhétium, que les habitans rachetèrent, ainsi que le pillage, moyennant une somme de deux mille statères de Phocée. Ils dirigèrent ensuite leur marche contre Antandros, qui leur fut livrée par trahison. Ils voulaient délivrer toutes les autres villes qu'on nomme Actées, dont les Athéniens s'étaient emparés sur les Mityléniens, mais surtout entrer en possession d'Antandros. Ce lieu étant propre à l'établissement d'un chantier de vaisseaux, parce qu'il fournit du bois et qu'il est voisin du mont Ida; ils comptaient, après l'avoir fortifié, partir ensuite de ce point avec l'appareil nécessaire pour infester Lesbos, qui en est à peu de distance, et s'emparer sur le continent des villes éoliennes. Telles étaient les entreprises qu'ils méditaient.

Chap. 53. Le même été, les Athéniens, avec soixante vaisseaux, deux mille oplites, un peu de cavalerie, et des alliés rassemblés de Milet et de divers autres endroits, se dirigèrent sur Cythères, sous la conduite de Nicias, fils de Nicératus, de Nicostrate, fils de Diotréphès, et d'Autoclès, fils de Tolmæus. Cythères, île adjacente à la Laconie, est habitée par des Lacédémoniens pris entre les *périèces*. Sparte y envoyait un *Cythérodice* et une garnison d'oplites lacédémoniens qui se renouvelait tous les ans, et elle tenait les yeux sans cesse ouverts sur cette île.

En effet, Cythères était pour les Lacédémoniens un port où il leur arrivait d'Égypte et de Lybie des vaisseaux marchands : et d'ailleurs ils étaient moins exposés aux insultes des pirates; car c'était par les côtes seulement qu'on pouvait attaquer la Laconie, qui s'avance de ses deux flancs vers les mers de Sicile et de Crète.

Chap. 54. Les Athéniens y prirent terre, et, avec six vaisseaux et deux mille oplites de Milet, emportèrent une ville nommée *Scandie*, située sur le bord de la mer. Le reste de l'armée descendit dans la partie de l'île qui regarde Malée, marcha contre la ville maritime des Cythéréens, et trouva tous les habitans en armes. On combattit; les Cythéréens ne tinrent pas long-temps, et bientôt, mis en fuite, ils se réfugièrent dans la ville haute. Là, ils capitulèrent avec Nicias et ses collègues, se remettant à la discrétion des Athéniens, sous la seule condition d'avoir la vie sauve. Nicias avait commencé par établir des intelligences avec les habitans : aussi fut-on plus tôt d'accord sur les articles du traité qui concernaient le présent et l'avenir. Les Athéniens exportèrent des Cythéréens, parce qu'ils étaient de Lacédémone et que l'île était trop voisine de la Laconie.

Après cette capitulation, les Athéniens, devenus maîtres de Scandie, place située sur le port, mirent garnison à Cythères, puis firent voile pour Asiné, Hélos, et la plupart des lieux maritimes, faisant des descentes, s'arrêtant en des lieux favorables aux campemens : ils ravagèrent le pays durant sept jours entiers.

Chap. 55. Les Lacédémoniens, voyant les Athéniens maîtres de Cythères, et s'attendant à de semblables descentes dans leur pays, ne se présentèrent nulle part avec toutes leurs forces contre eux ; ils se contentèrent d'envoyer des gros d'oplites garder la campagne, dans les endroits où cette précaution était nécessaire. D'ailleurs ils se tenaient soigneusement sur leurs gardes : après les maux cruels et inattendus qu'ils avaient éprouvés à Sphactérie, après la perte de Pylos et de Cythères, et au milieu d'une guerre qui fondait sur eux à l'improviste et de tous les côtés à-la-fois, ils craignaient des séditions au sein de leur république. Contre leur usage, ils formèrent un corps de quatre cents hommes de cavalerie, et levèrent des archers. Ils se sentaient moins empressés que jamais à faire la guerre, surtout se voyant engagés, sans préparatifs convenables, dans une lutte sur mer, et encore contre des Athéniens, peuple qui croyait, à chaque entreprise qu'il négligeait, laisser échapper un succès. Des revers si nombreux, si rapprochés, si imprévus, les jetaient dans l'abattement : ils redoutaient quelque nouveau désastre semblable à celui de Sphactérie ; ils n'osaient plus, par cette raison, tenter le sort des armes. A la moindre démarche qu'ils hasardaient, ils pensaient qu'ils allaient faire une faute : leurs âmes irrésolues, n'ayant pas l'habitude du malheur, hésitaient à se rendre caution d'elles-mêmes.

Chap. 56. Les Athéniens cependant dévastaient la côte, sans que les garnisons voisines des lieux où ils opéraient leur descente tentassent contre eux le moindre mouvement, chacune en particulier se croyant inférieure en forces, et la terreur étant d'ailleurs presque universelle. Une seule qui osa se défendre vers Cortyte et Aphrodisia, fondit sur un corps de troupes légères qui se tenait dispersé, et le mit en fuite ; mais, reçue par les oplites, elle se retira, et perdit quelques hommes, dont les armes restèrent au pouvoir des ennemis. Les Athéniens dressèrent un trophée et retournèrent à Cythères, d'où ils se portèrent, en tournant la côte, à Épidaure-Liméra. Ils ravagèrent une partie de la campagne, et arrivèrent à Thyrée, place dépendante de la contrée qu'on appelle *Cynourie*, et qui sépare l'Argolide de la Laconie. Les Lacédémoniens, à qui elle appartenait, l'avaient donnée aux Éginètes chassés de leur patrie, voulant par-là reconnaître les services qu'ils avaient reçus d'eux lors du tremblement de terre et de la révolte des Hilotes, et les récompenser de s'être toujours montrés, quoique sujets d'Athènes, zélés partisans de Sparte.

Chap. 57. A l'approche des Athéniens, les Éginètes abandonnèrent les fortifications qu'ils construisaient alors sur le bord de la mer, et se retirèrent dans la ville haute, qu'ils habitaient, et qui en était éloignée de dix stades environ. Une garnison lacédémonienne du pays, qui les avait aidés à se fortifier, refusa, malgré leurs prières, d'entrer dans leurs murs, voyant du danger à s'y enfermer. Elle se retira sur les hauteurs, et ne fit aucun mouvement, se croyant hors d'état de combattre. Cependant les Athéniens abordent, s'avancent aussitôt avec toutes leurs forces, emportent Thyrée, mettent le feu à la ville, détruisent tout ce qui s'y trouve, puis retournent à Athènes, emmenant les Éginètes qu'on n'avait pas tués dans l'action, et Tantale, fils de Patrocle, général mis à leur tête par les Lacédémoniens, et qu'on avait pris couvert de blessures. Ils emmenèrent aussi un petit nombre d'habitans de Cythères, que, par mesure de sûreté, ils crurent devoir transporter ailleurs. On décida qu'ils seraient déposés dans les îles ; que les autres Cythériens qui resteraient dans le pays, paieraient un tribut de quatre talens, et que tous les Éginètes faits prisonniers seraient mis à mort : effet des haines invétérées qui avaient constamment divisé ces deux villes. Tantale fut enfermé dans la même prison que les autres Lacédémoniens pris à Sphactérie.

Chap. 58. Le même été, dans la Sicile, il se conclut d'abord une suspension d'armes entre les citoyens de Camarina et ceux de Géla. Les autres Siciliens formèrent ensuite à Géla un congrès, où les députés de toutes les villes se concertèrent pour parvenir à une conciliation générale. Beaucoup d'opinions diverses furent émises. On n'était point d'accord : chaque ville se prétendait lésée et réclamait des dédommagemens. Hermocrate, fils d'Hermon, de Syracuses, qui était l'âme de la négociation, parla en ces termes :

Chap. 59. « Ce n'est point, ô Siciliens, comme représentant d'une ville faible ou épuisée par la guerre, c'est comme ami de mon pays que je vais exposer l'avis qui me semble être dans l'intérêt de la Sicile tout entière. A quoi bon dérouler longuement, devant des yeux qui ne le connaissent que trop bien, l'affreux tableau des calamités qu'engendre la guerre ! Ce n'est ni l'ignorance qui force à l'entreprendre, ni la crainte qui en détourne la cupidité, si elle espère s'enrichir. Mais les uns croient que les avantages qu'ils se proposent, l'emporteront sur les maux qu'ils peuvent avoir à craindre ; les autres aiment mieux s'exposer à toutes les chances de l'avenir que de souffrir un dommage présent. Cependant, si l'on a droit d'espérer quelque succès d'un discours conciliateur, c'est lorsqu'on peut prouver aux deux partis que leur entreprise n'est pas formée dans un moment favorable à leurs prétentions. Telle est donc, dans la conjoncture actuelle, la considération qu'il importe de présenter. Nous avons pris les armes parce que chacun de nous voulait pourvoir à ses intérêts privés : maintenant efforçons-nous, par des discussions modérées, d'en venir à un accommodement général ; si nos prétentions réciproques, se trouvent inconciliables, nous aurons recours de nouveau à la voie des armes.

Chap. 60. » Sachons néanmoins que, si nous sommes sages, l'objet de cette assemblée ne doit pas être uniquement de pourvoir à ce qui nous touche personnellement, mais d'examiner s'il est encore possible de sauver la Sicile entière en butte aux insidieuses manœuvres des Athéniens. Ce sont eux, bien plus encore que nos discours, qui doivent apaiser nos discordes : eux qui, étant le peuple le plus redoutable et le plus puissant de l'Hellade, sont venus, avec un petit nombre de vaisseaux, épier nos fautes ; eux dont la politique adroite couvre du beau nom d'alliance cette haine native qu'ils nourrissent contre nous. Armons-nous les uns contre les autres; appelons dans nos foyers des hommes qui d'eux-mêmes, sans qu'on les appelle, sont toujours prêts à se mêler de querelles étrangères ; consommons notre ruine par les frais d'une guerre civile; préparons-leur la voie à la domination; et bientôt, n'en doutez pas, nous voyant épuisés, ils arriveront avec une flotte plus nombreuse, et tâcheront de se soumettre la Sicile tout entière.

Chap. 61. » Cependant, si nous appelons à nous et des alliés et de nouveaux dangers, la prudence ne dit-elle pas que ce doit être pour ajouter à ce que nous possédons et non pour le perdre! Persuadez-vous bien que les dissensions sont le plus grand fléau des états de la Sicile surtout, dont le corps entier se trouve menacé, et dont les membres divisés s'entredéchirent. Convaincus de cette vérité, rapprochons-nous : villes et particuliers, unissons nos efforts pour sauver la Sicile entière. Et que personne ne s'imagine qu'Athènes ne hait chez nous que les Doriens, et que les Chalcidiens trouveront leur sûreté dans leurs rapports de consanguinité avec les Ioniens : elle marche contre nous, non parce que les Ioniens sont naturellement ennemis des Doriens, mais uniquement parce qu'elle convoite les biens que réunit la Sicile et que nous possédons en commun. N'en donne-t-elle pas la preuve, aujourd'hui qu'elle est appelée par des peuples d'origine chalcidienne! En effet, si les Athéniens mettent en avant des principes de justice; si, en ce moment, ils préfèrent les Chalcidiens à nous, ce n'est pas qu'ils aient jamais reçu d'eux des secours en vertu d'une alliance. Au reste, qu'ils soient dévorés d'ambition, que tous les ressorts de leurs esprits soient uniquement tendus vers l'objet de leur ambition, je ne prétends nullement leur en faire un crime. Je blâme non pas ceux qui veulent dominer, mais ceux que je vois trop disposés à obéir. Il est dans la nature de l'homme d'opprimer qui lui cède, et de se mettre en garde contre qui menace sa liberté. Ils commettraient donc une grande faute, et ceux d'entre nous qui, sachant tout cela, ne prendraient pas de sages précautions, et tel qui serait venu ici n'ayant pas jugé que notre intérêt le plus pressant est de pourvoir, tous ensemble, au péril commun. Or, le moyen le plus prompt de nous y soustraire, c'est de conclure entre nous un accord général. En effet, ce n'est pas de leur pays que viennent ici les Athéniens; mais du territoire de ceux d'entre nous qui les appellent. Ce n'est donc pas la guerre qui fera cesser la guerre; c'est la paix qui mettra fin d'elle-même et sans obstacle à nos dissensions : et ces étrangers qui, sous un prétexte honnête, sont venus pour nous opprimer injustement, auront un juste motif pour s'en retourner sans avoir rien fait.

Chap. 62. » En ce qui regarde les Athéniens, tel est l'inappréciable avantage qui résulte pour eux d'une sage résolution. Quant à vous, Siciliens, pourriez-vous hésiter à rétablir parmi vous la concorde et la paix, la paix, qui, de l'aveu du monde entier, est le plus grand des biens? Si les uns prospèrent, si les autres ont à se plaindre du sort, ne voyez-vous donc pas que la paix est plus propre que la guerre à faire cesser les maux de l'infortuné, à conserver à l'homme heureux ses avantages; que la paix brille d'un éclat durable, qu'elle offre des honneurs solides, et beaucoup d'autres biens sur lesquels il serait aussi inutile de s'étendre que sur les inconvéniens de la guerre? Méditez donc sur ces considérations; ne dédaignez point mes paroles; que plutôt elles vous avertissent de songer aux moyens de salut qui vous restent. Si, dans vos entreprises, vous vous reposez sur le bon droit et la force, craignez d'être cruellement trompés dans votre attente. Combien de gens ont, justement, poursuivi leurs injustes agresseurs! Combien d'autres ont espéré que leur puissance leur servirait de degré pour s'élever plus haut! Mais aussi, vous le savez, souvent les premiers, loin d'écraser leurs ennemis, sont eux-mêmes devenus victimes; et les seconds, au lieu de s'enrichir, ont perdu ce qu'ils possédaient. La vengeance qui veut punir une injure reçue, pour être juste, n'est pas pour cela sûre du succès: la puissance paraît autoriser des espérances, mais elle ne les réalise pas toujours. L'avenir est au pouvoir de la fortune: sa balance vacille encore et n'a pas pris son équilibre; mais, pour les deux partis, son indécision même est le plus grand bien; car la crainte, qui de part et d'autre est égale, fait qu'on s'attaque avec plus de circonspection.

Chap. 63. » Nous avons donc aujourd'hui deux motifs de crainte très fondés: l'incertitude d'un avenir sur lequel nous ne pouvons asseoir rien de stable, et la présence actuelle et redoutable des Athéniens. Que la considération de ces obstacles nous fasse abandonner ce qui pourrait manquer à l'accomplissement de nos desseins respectifs; ne songeons qu'à éloigner de notre pays l'ennemi qui le menace. Notre intérêt nous l'ordonne; concluons une paix définitive, ou du moins qu'une trêve indéfiniment prolongée remette à un autre temps la décision de nos querelles intestines. En un mot, sachez qu'en suivant mon avis, chacun de nous habitera une ville libre, d'où, maîtres absolus, nous serons, par l'effet d'une vertueuse résolution, en état de rendre bienfait pour bienfait, injure pour injure. Mais si vous refusez de me croire, si nous obéissons, il ne sera plus question pour nous de punir un agresseur; nous serons forcés à devenir, selon l'occasion, les amis de nos mortels ennemis, les ennemis de nos amis.

Chap. 64. » Je reviens à ce que j'ai dit au commencement de ce discours: représentant de toute la Sicile, et non moins en état d'attaquer moi-même que de repousser les attaques, je vous exhorte instamment à ouvrir les yeux sur vos vrais intérêts, à terminer tous vos différends, à ne pas soutenir contre vos ennemis une guerre déplorable, qui le deviendrait encore plus pour vous-mêmes. On ne me verra point, follement opiniâtre dans mes prétentions, vouloir exercer sur la fortune le même empire que sur ma volonté. Prêt à faire pour ma part toutes les concessions convenables, je pense que, d'eux-mêmes, les autres doivent en faire autant, et ne pas attendre que l'ennemi vienne les y contraindre. Ce n'est pas une honte que dans une même famille l'un cède à l'autre; que, voisins, habitant le même pays, un pays environné par la mer, portant tous le nom de Siciliens, nous cédions sur quelque point les uns aux autres: Doriens à des Doriens, Chalcidiens à ceux qui ont même origine. Ne serons-nous pas toujours maîtres, s'il le faut, de recommencer la guerre, puis de conclure, dans de nouvelles conférences, de nouveaux traités de paix? Mais, je le répète, si nous sommes sages, nous réunirons nos efforts pour repousser les étrangers qui s'apprêtent à nous attaquer, puisque, quand chaque membre en particulier est blessé, le corps entier est en péril; et jamais nous n'appellerons ni des auxiliaires, ni des pacificateurs. En agissant ainsi, nous délivrerons la Sicile de deux fléaux bien funestes, des Athéniens et de la guerre civile; et, par la suite, nous gouvernerons par nous-mêmes notre pays, désormais indépendant, et moins exposé aux attaques perfides d'autres peuples. »

Chap. 65. Les Siciliens, touchés de ces raisons, s'accordèrent, en convenant que chacun garderait ce qu'il avait entre les mains; que Camarina aurait Morgantine, moyennant une somme que la première de ces deux villes paierait aux Syracusains. Les alliés d'Athènes, ayant appelé les commandans de cette nation, leur déclarèrent qu'ils allaient accéder à l'accommodement, et qu'ils les feraient comprendre dans le traité. Ceux-ci donnèrent leur consentement à l'accord qui fut conclu. Mais ceux des Athéniens qui étaient restés dans Athènes, au retour de leurs généraux, condamnèrent à l'exil Pythodore et Sophocle, et imposèrent une amende au troisième général Eurymédon, les accusant d'avoir pu soumettre la Sicile, et de s'être retirés, gagnés par des présens. Favorisé alors par la fortune, ce peuple prétendait que rien ne lui résistât, et croyait devoir également réussir dans les entreprises aisées et dans les plus difficiles, avec de grands comme avec de faibles préparatifs : tant l'avait enorgueilli cette longue suite de succès inespérés, qui lui faisait supposer ses forces égales à son ambition.

Chap. 66. Dans le même été, les Mégariens de la ville se voyaient harcelés, et par les Athéniens, qui, deux fois chaque année, se jetaient sur leurs pays avec des armées formidables, et par les exilés, qui, chassés dans une émeute par la faction du peuple, s'étaient retirés à Péges, d'où ils venaient ravager la campagne. Ils se disaient entre eux qu'il fallait rappeler les bannis, pour ne pas voir la ville accablée de deux côtés à-la-fois. Les amis des exilés, informés de ces bruits qui couraient, engagèrent, plus ouvertement qu'ils ne l'avaient fait jusqu'alors, les citoyens à s'occuper de cette question. Mais les chefs du parti populaire sentirent qu'ils ne seraient pas épargnés par le peuple aigri de ses maux. Dans leur frayeur, ils lièrent des intelligences avec les généraux d'Athènes, Hippocrate, fils d'Ariphron, et Démosthène, fils d'Alcisthène, et offrirent de leur livrer la ville, jugeant ce parti moins dangereux pour eux que le retour des citoyens qu'ils avaient privés de leur patrie. Ils convinrent d'abord que les Athéniens s'empareraient des longues murailles qui s'étendaient l'espace de huit stades, de Mégares à Nisée, port de cette ville. Maîtres de ces murs, ils empêcheraient les Péloponnésiens d'apporter du secours de Nisée, place dont eux seuls composaient la garnison pour se mieux assurer la possession de Mégares. Ils promettaient de faire ensuite tous leurs efforts pour livrer aux Athéniens la ville haute. Cela fait, ils pensaient que les Mégariens seraient facilement amenés à se rendre.

Chap. 67. On conféra de part et d'autre; on fit les dispositions nécessaires; et les Athéniens, vers la nuit, se portèrent vers Minoa, île voisine dépendante de Mégares, avec six cents oplites que commandait Hippocrate. Ils se mirent en embuscade dans un fossé qui n'était pas loin, et d'où l'on avait tiré de la terre à brique pour la construction des murs. Le corps aux ordres de Démosthène, l'autre général, les troupes légères de Platée, et les coureurs, se postèrent dans l'hiéron de Mars, encore plus près de la ville. Personne à Mégares, excepté ceux qui devaient conduire l'entreprise de cette nuit, ne savait rien de ces dispositions.

L'aurore commençant à paraître, ceux des Mégariens qui trahissaient leur patrie, usèrent de ce stratagème. Déjà, depuis long-temps, au moyen d'une permission qu'ils avaient obtenue en se conciliant les bonnes grâces du commandant de la porte, ils se la faisaient ouvrir, et transportaient de nuit à la mer, sur une charrette, à travers le fossé, un canot à deux rames, pour exercer la piraterie. Ils restaient en mer, et, avant le jour, ils rapportaient la barque sur la charrette, et la faisaient rentrer par la porte, pour que l'expédition nocturne fût ignorée de ceux qui étaient à Minoa, aucun vaisseau ne paraissant dans le port.

Dans la nuit dont nous parlons, la charrette était déjà devant la porte; elle s'ouvrit comme à l'ordinaire pour laisser entrer le canot, et les Athéniens, qui avaient le mot, accoururent de leur embuscade avant qu'elle se fermât. Ils saisirent le moment où la charrette la traversait et en empêchait la clôture, et, à l'aide des Mégariens complices, ils tuèrent les gardes. Les Platéens et les coureurs aux ordres de Démosthène arrivèrent les premiers au lieu où est à présent le trophée. Il y eut un combat au-delà des portes, entre eux et ceux des Péloponnésiens les plus voisins, qui, se doutant de ce qui se passait, venaient apporter du secours. Les Platéens remportèrent la victoire, et protégèrent le passage des oplites athéniens qui arrivaient.

Chap. 68. Ceux-ci, à mesure qu'ils entraient dans les longs murs, s'avançaient vers les murailles [de la ville pour les escalader]. Les soldats de la garnison péloponnésienne résistèrent d'abord en petit nombre; il y en eut plusieurs de tués : mais la plupart s'enfuirent, effrayés de l'attaque nocturne et subite des ennemis, à qui se joignaient des citoyens perfides. Ils se croyaient trahis par tout le peuple de Mégares, d'autant plus que le héraut athénien, de son propre mouvement, s'avisa de proclamer que tous les Mégariens qui voudraient embrasser le parti d'Athènes eussent à déposer les armes. A cette proclamation, les Péloponnésiens cessèrent toute résistance, et, croyant avoir tout le peuple pour ennemi, ils se réfugièrent à Nisée.

Au lever de l'aurore, comme les longs murs étaient déjà emportés, et que les Mégariens de la ville étaient dans la plus grande agitation, ceux qui avaient agi pour les Athéniens, et tous ceux d'entre le peuple qui avaient connaissance du complot, disaient qu'il fallait ouvrir les portes et aller au combat. Ils étaient convenus avec les Athéniens qu'aussitôt que ceux-ci verraient les portes ouvertes, ils se jetteraient dans la ville, et qu'eux-mêmes, pour être épargnés et se faire reconnaître, auraient le visage frotté d'huile. Ils pouvaient ouvrir les portes en toute sûreté; car on avait promis que quatre mille oplites d'Athènes et six cents chevaux viendraient d'Éleusis pendant la nuit, et ils étaient arrivés. Déjà les conjurés, frottés d'huile, se tenaient aux portes, quand un homme instruit du complot en fit part aux autres citoyens. Ceux-ci se réunissent et arrivent en foule, disant qu'il ne faut pas sortir; que c'est exposer la ville à un danger manifeste; que même, dans un temps où l'on avait plus de force, jamais on n'avait osé prendre une résolution si téméraire. Ils étaient prêts à combattre quiconque la soutiendrait. D'ailleurs ils ne laissaient point paraître qu'ils eussent aucune connaissance de ce qui se tramait; et, non contens de soutenir leur opinion comme la meilleure, ils restaient constamment à la garde des portes. Ainsi les conjurés ne purent faire ce qu'ils avaient projeté.

Chap. 69. Les généraux athéniens, voyant qu'il s'élevait quelque obstacle, et n'étant pas en état de forcer la ville, se mirent aussitôt à investir Nisée d'un mur de circonvallation, dans la pensée que s'ils enlevaient cette place avant qu'on la secourût, la reddition de Mégares traînerait moins en longueur. Ils ne tardèrent pas à recevoir d'Athènes du fer, des tailleurs de pierres, tout ce dont ils avaient besoin. Ils commencèrent la construction, en partant du mur dont ils étaient maîtres, et ils continuèrent (du côté de la mer) le mur qui va à Mégares, en le prolongeant des deux côtés de Nisée jusqu'à la mer. L'armée se partagea le travail des murs et du fossé; on se servit des pierres et des briques du faubourg; on coupa dans la forêt des bois de toute espèce; on dressa des palissades aux endroits qui en avaient besoin, et les maisons du faubourg, en recevant des créneaux, furent elles-mêmes changées en fortifications. On consacra à ce travail la journée tout entière : le lendemain, à la chute du jour, le mur était presque entièrement terminé. La garnison renfermée dans Nisée manquait de vivres, sans qu'on pût, comme de coutume, lui en apporter de la ville haute. D'ailleurs elle ne s'attendait pas à recevoir prochainement des secours de la part des Péloponnésiens, et elle regardait les Mégariens comme ennemis. Frappée des dangers de sa position, elle capitula, et convint de se racheter pour une somme d'argent par tête, de livrer les armes, et d'abandonner à la discrétion des Athéniens les Lacédémoniens, leur commandant, et tous ceux qui se trouveraient dans Nisée. Elle sortit à ces conditions. Les Athéniens interceptèrent les communications de Mégares à la mer, en coupant une portion des longs murs, à partir de Mégares; et devenus maîtres de Nisée, ils prirent les diverses mesures que nécessitait cette conquête.

Chap. 70. Malheureusement pour Athènes, Brasidas de Lacédémone, fils de Tellis, se trouvait alors dans la Sicyonie et la Corinthie, se préparant à une expédition contre l'Épithrace. A la nouvelle de la prise des longs murs, craignant pour les Péloponnésiens de Nisée, et même pour Mégares, il manda aux Béotiens de venir en diligence à sa rencontre à Tripodisque, bourg de la Mégaride, au pied du mont Géranie : lui-même partit avec deux mille sept cents oplites de Corinthe, quatre cents de Phlionte, six cents de Sicyone, et tout ce qu'il avait déjà rassemblé de troupes. Il comptait prévenir la prise de Nisée. Il apprend qu'elle vient de se rendre : faisant route alors de nuit pour Tripodisque, il prend avec lui quatre cents hommes d'élite, et s'approche de Mégares sans être aperçu des Athéniens campés sur le rivage. Il annonçait l'intention, qu'il avait en effet, d'attaquer Nisée, s'il entrevoyait la possibilité du succès ; mais il désirait surtout d'entrer dans Mégares et de mettre la ville en sûreté. Il pria les habitans de le recevoir, leur témoignant qu'il ne désespérait pas de reprendre Nisée.

Chap. 71. Mais des deux factions qui partageaient Mégares, l'une craignait que Brasidas, faisant rentrer les exilés, ne la chassât elle-même; l'autre, que le peuple, dans cette appréhension, ne se jetât sur elle, et que la ville, ayant la guerre dans son sein, ne devînt la proie des Athéniens qui la guettaient. On refusa donc de le recevoir : les deux partis résolurent de rester tranquilles observateurs de l'événement : ils s'attendaient à un combat entre les Athéniens et ceux qui étaient venus pour défendre la place, et pensaient qu'il y aurait plus de sûreté à se rapprocher du parti victorieux, qui offrirait une garantie à l'opinion qu'on avait manifestée. Brasidas, n'ayant pu réussir à persuader, alla rejoindre le gros de son armée.

Chap. 72. Dès le lever de l'aurore parurent les Béotiens. Même avant le message de Brasidas, ils avaient résolu de venir au secours de Mégares, ne se croyant pas étrangers aux périls que courait cette place; et d'ailleurs ils se trouvaient déjà sur le territoire de Platée avec toutes leurs forces : mais l'arrivée du message ajouta beaucoup à leur première ardeur. Ils envoyèrent donc à Brasidas deux mille deux cents oplites et six cents hommes de cavalerie, et s'en retournèrent avec le reste. On ne comptait pas dans l'armée moins de six mille oplites. Ceux d'Athènes se tenaient rangés à Nisée et sur le bord de la mer; les troupes légères étaient éparses dans la plaine. La cavalerie béotienne, tombant sur ces derrières, leur causa d'autant plus de surprise, que jusqu'alors il n'était venu de nulle part aucun secours aux Mégariens : elle les poussa jusqu'à la mer. La cavalerie d'Athènes vint faire face à celle de Béotie : l'engagement des deux corps de cavalerie fut long, et chacun d'eux s'attribua la victoire. Il est bien vrai que les Athéniens poussèrent, du côté de Nisée, le commandant de la cavalerie béotienne et un petit nombre de ses cavaliers, qu'ils tuèrent et dépouillèrent; que, maîtres de leurs corps, ils donnèrent aux ennemis la permission de les enlever, et qu'ils dressèrent un trophée : mais, à considérer l'affaire dans son ensemble, on se sépara sans avoir remporté, de part ni d'autre, un avantage certain. Les Béotiens retournèrent à leur camp; les Athéniens, à Nisée.

Chap. 73. Brasidas et son armée se rapprochèrent ensuite de la mer et de la ville de Mégares. Ils se saisirent d'un poste avantageux, et s'y tinrent en ordre de bataille, pensant que les Athéniens s'avanceraient contre eux. Ils savaient bien que les habitans observaient de quel côté pencherait la victoire; ils sentirent que, dans cette circonstance, ils auraient un double avantage : d'abord ils n'attaqueraient pas les premiers et ne provoqueraient pas d'eux-mêmes un combat et ses dangers; ensuite, comme ils avaient montré leur empressement à secourir les Mégariens, l'honneur de la victoire (dût-on ne pas combattre) leur appartenait, à juste titre, sans coup férir, et leurs projets sur Mégares, par cela même, auraient plus de succès; tandis que, s'ils ne se fussent pas montrés, l'événement n'eût plus été douteux; alors, les Mégariens les jugeant vaincus, ils auraient perdu Mégares, au lieu que, dans la position actuelle, il pourrait arriver que les Athéniens ne voulussent pas en venir aux mains, ensorte qu'ils rempliraient sans combat l'objet pour lequel ils s'étaient mis en campagne. Ce qu'ils avaient prévu arriva. Les Athéniens, en effet, s'étant présentés en bataille en dehors des grandes murailles, se tinrent en repos, voyant que l'ennemi ne venait pas les attaquer. Les généraux, réfléchissant sur leurs précédens succès, avaient jugé qu'il n'y avait pas pour eux égalité de chances à engager, contre des troupes plus nombreuses, un combat d'où résulterait, s'ils étaient vainqueurs, la prise de Mégares; s'ils étaient vaincus, la perte de la meilleure partie des oplites : tandis que les Lacédémoniens, ne compromettant qu'une partie de la force totale, et même qu'une portion des troupes de chaque peuple confédéré, devaient naturellement tenter l'aventure.

Chap. 74. D'après cette considération, les Athéniens ayant attendu quelque temps, et les deux partis n'ayant fait aucun effort l'un contre l'autre, on se retira, les Athéniens les premiers à Nisée, ceux de Lacédémone au lieu d'où ils étaient partis. Alors les Mégariens (ceux de la ville qui entretenaient des liaisons avec les exilés) ouvrirent les portes à Brasidas et aux commandans des villes, les reçurent comme vainqueurs des Athéniens, qui avaient refusé le combat, et entrèrent avec eux en conférence, laissant la faction d'Athènes frappée de terreur. Enfin les alliés se séparèrent par républiques, et Brasidas retourna dans la Corinthie pour y continuer les préparatifs de l'expédition de l'Épithrace, qu'il avait interrompus.

Après le départ des Athéniens, ceux de Mégares qui avaient le plus chaudement embrassé leur parti se retirèrent promptement, sachant qu'on les connaissait bien. Les autres conférèrent avec les amis des exilés. On rappela ceux-ci de Péges, en exigeant d'eux les sermens les plus solennels de ne conserver aucun ressentiment et de ne travailler qu'au bien de la république. Mais, élevés ensuite aux magistratures, ils rangèrent séparément, dans une revue, chaque cohorte, choisirent jusqu'à cent hommes de leurs ennemis, ou de ceux qui passaient pour avoir été les plus favorables aux Athéniens, et forcèrent le peuple à donner son suffrage à haute voix sur ces malheureux, qui furent condamnés à mort et exécutés. Ils mirent la république sous un régime presque entièrement oligarchique, qui, né de la sédition, fut de longue durée.

Chap. 75. Le même été, Démodocus et Aristide, généraux envoyés d'Athènes pour recueillir les tributs, étant sur l'Hellespont (leur collègue Lamachus venait d'entrer, avec dix vaisseaux, dans le Pont-Euxin), apprirent que les Mityléniens avaient conçu le projet de fortifier Antandros, et se disposaient à l'exécuter. A cette nouvelle, ils craignirent qu'il n'en fût de cette place comme d'Anée, qui touchait à Samos. Les exilés samiens s'en étaient fait une retraite, d'où ils favorisaient la navigation des Péloponnésiens, en leur envoyant des pilotes; ils excitaient le trouble parmi les Samiens de la ville, et donnaient un refuge aux proscrits. Les deux généraux athéniens rassemblèrent donc une armée qu'ils composèrent d'alliés de leur république, mirent en mer, battirent ceux d'Antandros sortis à leur rencontre, et reprirent la place.

Peu de temps après, Lamachus, qui était entré dans le Pont, ayant relâché sur les bords du Calex, dans l'Héracléotide, perdit ses vaisseaux entraînés par le cours rapide du fleuve, qu'une pluie abondante avait grossi soudainement. Il retourna par terre, avec son armée, à travers le pays des Thraces-Bithyniens, et vint à Chalcédoine, colonie de Mégares, à l'embouchure du Pont-Euxin.

Chap. 76. Le même été, Démosthène, général athénien, n'eut pas plus tôt quitté la Mégaride, qu'il vint à Naupacte avec quarante vaisseaux. Quelques habitans des villes de la Béotie travaillaient avec lui et avec Hippocrate à changer la constitution béotienne, et à la rendre purement démocratique, comme celle d'Athènes. A la tête du complot était Ptéodore, banni de Thèbes. Voici les mesures qu'ils avaient prises : des traîtres devaient livrer Syphes, place maritime de la Thespie, sur les bords du golfe Crisa ; d'autres s'engageaient à faire tomber en leur pouvoir Chéronée, ville dépendante d'Orchomène, autrefois surnommée *Minyenne*, aujourd'hui *Béotienne*. Les bannis d'Orchomène, qui prenaient la part la plus active à ces machinations, soudoyèrent des troupes tirées du Péloponnèse. Chéronée, dernière ville de la Béotie, touche à la Phanotide de la Phocide : aussi quelques Phocéens étaient du complot. Il fallait que les Athéniens prissent Délium, hiéron d'Apollon, situé dans la Tanagrée et regardant l'Eubée. Tous ces coups devaient, à un jour déterminé, se frapper à-la-fois, pour que les Béotiens, assez occupés de ce que chacun d'eux éprouverait autour de lui, ne pussent se réunir et secourir la place. Si la tentative réussissait, et qu'on parvînt à fortifier Délium, il n'était pas nécessaire qu'il se fît aussitôt une révolution dans le gouvernement de la Béotie. Les Athéniens, maîtres de ces lieux, ravageant les campagnes, et ayant un asile peu éloigné, avaient lieu d'espérer que les affaires ne resteraient pas dans le même état, et qu'ils sauraient bien, avec le temps, les amener au point où ils désiraient : ils n'auraient besoin que de se joindre aux factieux, et ne craindraient pas de voir les Béotiens réunir contre eux toute leur puissance. C'est ainsi qu'avait été concertée l'entreprise.

Chap. 77. Hippocrate devait, quand il en serait temps, marcher contre les Béotiens, à la tête des troupes d'Athènes. Il envoya d'avance Démosthène à Naupacte, avec quarante vaisseaux, pour rassembler dans ce pays les troupes des Acarnanes et des autres alliés, et faire voile vers Syphes, qui devait lui être livrée par trahison. On était convenu du jour où tout s'exécuterait à-la-fois. Démosthène, à son arrivée, reçut dans l'alliance d'Athènes les Éniades, que les Acarnanes obligeaient d'y entrer ; il rassembla tous les alliés de ces cantons, et s'avança d'abord contre Salynthius et les Agréens ses sujets. Après avoir soumis tout le reste, il n'attendait plus que le moment favorable à l'exécution de ses desseins sur Syphes.

Chap. 78. A cette même époque de l'été, Brasidas partit pour l'Epithrace avec dix-sept cents oplites. Arrivé à Héraclée de Thrachinie, il envoya un message à Pharsale, et invita des partisans de Lacédémone à servir de guides à son armée à travers la Thessalie. Panérus, Dorus, Hippolochidas, Torylas et Strophacus, dont le dernier tenait aux Chalcidiens par les nœuds de l'hospitalité, l'ayant joint à Mélitie d'Achaïe, il se mit en marche. D'autres Thessaliens encore, entre autres Niconidas, ami de Perdiccas, qui vint le trouver de Larisse, offraient de l'accompagner : car, en général, il n'est pas facile de traverser la Thessalie sans guides, surtout avec des oplites. D'ailleurs, chez les Hellènes même, on se rendrait suspect en passant à travers le pays de ses voisins sans leur agrément. Ajoutons que, de tout temps, en Thessalie, la multitude a eu de l'inclination pour les Athéniens ; et si ces peuples eussent vécu dans l'égalité des droits, au lieu d'être soumis à des Dynastes, jamais Brasidas n'eût paru chez les Thessaliens. Il y eut même des Thessaliens d'un parti contraire à celui de ses guides, qui, s'offrant à sa rencontre au moment où il se préparait à passer le fleuve Epinée, lui dirent que c'était un acte d'injustice d'entrer sur leur territoire sans l'aveu de la nation. Ses guides répondirent qu'ils n'avaient pas l'intention de lui faire traverser le pays contre leur gré ; mais qu'ils étaient ses hôtes, qu'il avait paru sans qu'on l'attendît, et qu'ils avaient cru devoir l'accompagner. Brasidas lui-même représenta qu'il entrait comme ami des Thessaliens, qu'il ne portait pas les armes contre eux, mais contre les Athéniens. Il ne pensait pas qu'il y eût entre les Thessaliens et les Lacédémoniens aucune inimitié qui dût les empêcher de voyager les uns chez les autres ; il n'avait ni la volonté, ni même le pouvoir, d'aller plus loin malgré eux, mais il les priait de ne pas s'opposer à sa marche. Sur ces représentations, ils se retirèrent ; et d'après l'avis de ses guides, il fit une marche forcée, dans la crainte de plus grands obstacles. Le jour même qu'il était parti de Mélitie, il arriva à Pharsale, et campa sur les bords du fleuve Apidanus : de là il passa à Phacium, d'où il parvint à la Pérébie. Là, ses guides thessaliens le quittèrent. Les Pérébiens, soumis à la Thessalie, le conduisirent à Dium, place de la domination de Perdiccas, située au pied de l'Olympe, montagne de la Macédoine, du côté qui regarde la Thessalie.

Chap. 79. Ainsi, par sa diligence, Brasidas parvint à traverser la Thessalie avant que personne se mît en mesure de l'arrêter. Il joignit Perdiccas, et passa dans la Chalcidique. Son armée avait été mandée du Péloponnèse par Perdiccas et par les Thraces du littoral qui s'étaient détachés d'Athènes, et qu'alarmait la prospérité croissante de cette république. Les Chalcidiens, et les peuples des villes voisines, sans avoir encore secoué le joug d'Athènes, persuadés qu'ils seraient les premiers qu'elle viendrait attaquer, avaient eux-mêmes, sous main, sollicité ce secours. Perdiccas n'était pas ouvertement ennemi d'Athènes; mais ses vieux différends avec les Athéniens lui inspiraient des craintes; surtout il avait dessein de subjuguer Arrhibée, roi des Lyncestes. Les pénibles circonstances où se trouvait Lacédémone lui firent obtenir plus aisément les secours qu'il désirait.

Chap. 80. En effet, comme les Athéniens désolaient le Péloponnèse, et surtout le territoire de la Laconie, les Lacédémoniens espéraient opérer une diversion, si, à leur tour, ils parvenaient à les inquiéter, en envoyant une armée à des alliés, qui d'ailleurs la nourriraient, et qui n'invoquaient l'appui de Sparte que pour se détacher de l'alliance d'Athènes. Les Lacédémoniens n'étaient pas fâchés non plus d'avoir un prétexte de faire partir un certain nombre d'Hilotes. Depuis la prise de Pylos, ils craignaient de leur part quelque révolte. Toujours un de leurs premiers soins avait été de se tenir en garde contre les Hilotes; et voici la mesure que leur avait suggérée la crainte de cette population jeune et nombreuse : un jour ils leur ordonnèrent de faire entre eux un choix de ceux qu'ils regardaient comme les plus braves, promettant que ceux-là seraient affranchis. En présentant ce piége, ils jugeaient que ceux qui se croiraient les plus dignes, devaient être, à raison de leur fierté, les plus entreprenans. Deux mille obtinrent cette funeste distinction, se promenèrent dans les hiérons, la tête ceinte de couronnes, comme ayant obtenu la liberté; mais peu après ils disparurent, sans qu'on ait même soupçonné quel genre de mort on leur avait fait subir. Dans ces circonstances, Sparte s'empressa d'en envoyer sept cents à titre d'oplites, sous les ordres de Brasidas. Ce général leva le reste de son armée dans le Péloponnèse. Il avait montré lui-même un grand désir d'être chargé de cette expédition.

Chap. 81. Les Chalcidiens avaient aussi désiré ce général, que Sparte estimait le plus capable, et qui, depuis son départ, ne démentit point sa haute renommée. Dès son début, il montra dans sa conduite envers les villes un tel esprit de justice et de modération, que plusieurs se déclarèrent pour lui, et que d'autres lui furent livrées par trahison. Au moyen de ces acquisitions, si les Lacédémoniens voulaient un jour en venir à un accommodement, qui, en effet, eut lieu, ils auraient en même temps des villes à rendre et à réclamer; ils y gagnaient d'ailleurs l'avantage de transporter le théâtre de la guerre loin du Péloponnèse. Dans la guerre qui suivit celle de Sicile, la vertu, la prudence de Brasidas, ces qualités que les uns connaissaient par expérience et les autres par la renommée, contribuèrent surtout à inspirer aux alliés d'Athènes de l'inclination pour Lacédémone. Comme il était, dans ces derniers temps, le premier qui fût sorti de sa patrie, et qu'il semblait réunir en sa personne toutes les perfections, on croyait fermement que tous ses concitoyens lui ressemblaient.

Chap. 82. Les Athéniens, instruits de son arrivée dans l'Épithrace, déclarèrent ennemi de la république Perdiccas, auquel ils imputaient cette irruption, et tinrent encore plus qu'auparavant les yeux ouverts sur les alliés de ces parages.

Chap. 83. Perdiccas, joignant ses forces aux troupes de Brasidas, fit aussitôt la guerre à son ennemi Arrhibée, fils de Bromère, roi des Lyncestes-Macédoniens, dont les états touchaient aux siens, et qu'il voulait détrôner. L'armée était près de fondre sur Lyncus : Brasidas déclara qu'avant de commencer les hostilités, il voulait avoir des conférences avec le prince, et essayer s'il pourrait l'engager dans l'alliance de Lacédémone. En effet, Arrhibée avait déjà fait annoncer par un héraut qu'il était prêt à reconnaître ce général pour arbitre ; d'ailleurs les députés de la Chalcidique, qui étaient présens, voulant disposer ce prince à se mieux prêter à leurs propres intérêts, lui conseillaient de ne pas accéder inconsidérément aux décisions de Perdiccas, lesquelles auraient de funestes résultats. En outre, les députés envoyés par Perdiccas même à Lacédémone avaient assuré qu'Arrhibée ferait entrer dans l'alliance de cette république bien des pays circonvoisins. Brasidas crut donc devoir convertir l'affaire d'Arrhibée en une affaire commune. En vain Perdiccas représenta qu'il avait mandé le général lacédémonien non comme juge de ses querelles avec le roi des Lyncestes, mais pour être délivré par son secours des ennemis qu'il lui désignerait, et qu'on ne pouvait sans injustice, pendant qu'il nourrissait la moitié des troupes, entrer en conférence avec Arrhibée. Malgré ces réclamations, Brasidas prit connaissance des différends des deux princes, et persuadé par les raisons du roi des Lyncestes, il retira son armée avant qu'elle fût entrée sur ses terres. Perdiccas, se prétendant offensé, ne fournit plus qu'un tiers des subsistances au lieu de la moitié.

Chap. 84. Le même été, Brasidas ne se vit pas plus tôt fort du concours des Chalcidiens, qu'il porta ses armes sur l'Acanthe, colonie des Andriens : c'était un peu avant le temps des vendanges. Ceux des habitans qui, de concert avec les Chalcidiens, l'avaient appelé, voulaient qu'on lui ouvrît les portes ; le peuple s'y opposait. Brasidas proposa à la multitude de le laisser entrer seul, et de ne délibérer qu'après l'avoir entendu. On craignait pour le fruit, qui était encore sur pied : le général fut introduit. Pour un Lacédémonien, il n'était pas sans éloquence ; il parla en ces termes :

Chap. 85. « Citoyens d'Acanthe, les Lacédémoniens, en m'envoyant ici avec une armée, vous prouvent par le fait qu'ils parlaient sincèrement, quand au commencement de cette guerre, ils déclarèrent qu'elle était entreprise pour la liberté de l'Hellade. Alors nous espérions réduire les Athéniens promptement et seuls, sans que vous eussiez à prendre part au danger. Trompés dans notre opinion sur la durée de la guerre en Attique, si nous avons tardé de venir ici, que personne ne nous en fasse un crime. Nous avons saisi la première occasion favorable pour arriver : secondés de vos efforts, nous tâcherons de compléter la défaite de l'ennemi commun. Je suis étonné que vos portes m'aient été fermées, et que vous ne m'ayez pas reçu à bras ouverts. Des Lacédémoniens avaient droit de penser qu'ils allaient trouver en vous des hommes qui étaient leurs alliés, au moins de cœur, et qui les appelaient de leurs vœux avant même qu'ils fussent admis chez vous à ce titre. C'est du moins dans cette persuasion que nous avons bravé tant de dangers, que nous avons entrepris un si long voyage à travers des pays étrangers, déployant pour vous servir tout le zèle dont nous étions capables. Quel pernicieux exemple ne donneriez-vous pas, si vous alliez contrarier nos vues, si vous vous opposiez et à votre propre délivrance, et à celle des autres Hellènes : car, indépendamment de la résistance que nous éprouverions de votre part, je trouverais les peuples à qui je m'adresserais après vous moins disposés à se joindre à moi. Ils auraient à m'objecter que vous ne m'avez pas reçu, vous devant qui je me suis d'abord présenté, vous habitans d'une ville importante, vous qui passez pour des modèles de prudence. J'aurai beau leur exposer les vrais motifs qui m'amènent, je ne trouverai aucune créance dans leur esprit ; la liberté que je leur apporterai ne sera plus à leurs yeux qu'un appât qui couvre une injuste oppression, ou bien ils me jugeront comme un homme faible, incapable de les défendre contre les attaques des Athéniens. Il n'en est cependant pas moins vrai que quand, avec ces mêmes troupes seules, j'ai présenté le combat pour secourir Nisée, les Athéniens, quoique plus nombreux, n'ont pas osé se mesurer avec moi. Et quelle apparence qu'ils envoient contre vous des forces supérieures ou seulement égales aux troupes maritimes qu'ils avaient alors ?

CHAP. 86. » Non, ce n'est pas pour opprimer les Hellènes que je suis venu ici, mais pour les arracher à la servitude. Sous la foi des sermens les plus sacrés, j'en ai exigé la promesse des magistrats de Lacédémone : tous les peuples dont je leur procurerai l'alliance, conserveront leur autonomie ; et en désirant nous assurer votre alliance, nous ne prétendons pas faire de vous des auxiliaires que, par violence ou par adresse, nous obligions à grossir nos propres forces par l'adjonction des leurs ; c'est au contraire à vos troupes que nous voulons joindre les nôtres pour délivrer tout ce qui est esclave d'Athènes. J'ai donc des droits pour protester, soit contre tout soupçon personnel, puisque je vous donne les garans les plus sûrs de ma parole, soit contre la fausse opinion de mon impuissance à vous défendre ; et je crois mériter que vous vous abandonniez à moi avec confiance. Quelqu'un parmi vous hésite-t-il encore, parce que, craignant en particulier tel et tel citoyen, il appréhende que je ne remette la ville en de certaines mains ? Qu'il se rassure.

» Je ne viens point pour attiser le feu des factions, et je ne croirais pas vous présenter une liberté réelle, si, contre les lois du pays, j'asservissais le peuple aux partisans de l'oligarchie, ou ceux-ci à la multitude : un pareil affranchissement serait plus dur que l'assujettissement à une domination étrangère. Et que nous en reviendrait-il, à nous Lacédémoniens ! D'être privés de la reconnaissance due à nos travaux, de commettre un crime, au lieu d'une action honorable et glorieuse ; et nous serions convaincus de recourir, pour le succès de nos conquêtes, à ces moyens odieux qui ont excité notre animadversion contre Athènes, et qui nous déshonoreraient plus encore que celui qui n'a pas fait profession ouverte de vertu : car la fraude couverte du masque de la probité est, du moins pour ceux qui prétendent à l'estime publique, un moyen plus honteux de s'agrandir, que la violence déclarée : celle-ci, pour attaquer, a l'espèce de droit que donne la fortune, le droit du plus fort ; l'autre est une trahison, et dénote une âme naturellement injuste. Telle est notre circonspection, même en ce qui touche nos intérêts les plus chers.

Chap. 87. » Après les sermens, quel gage plus sûr de sécurité pourrons-nous offrir, que la comparaison de nos actions avec nos discours ! Nécessairement elles vous persuadent que notre véritable intérêt est de nous conduire comme je vous l'ai dit. Si, malgré toutes nos promesses, vous prétendez qu'il vous est impossible de vous unir à nous, mais qu'attendu votre bienveillance pour notre république, vous êtes en droit de nous refuser sans avoir à craindre de notre part aucun ressentiment ; si vous dites que la liberté ne vous paraît pas exempte de danger ; qu'à présent il est juste de l'offrir à ceux qui peuvent l'accepter, mais non de forcer personne à la recevoir malgré soi ; je prendrai à témoin les dieux et les héros de ce pays, que, venu pour faire du bien, je n'ai pu vous persuader ; et, par le ravage de votre territoire, je saurai vous contraindre d'être libres. Je ne croirai plus alors commettre une injustice, et l'équité de ma conduite sera fondée sur deux motifs irrésistibles : l'intérêt de Lacédémone, qui ne doit pas, avec toute votre prétendue bienveillance, voir vos richesses, si vous refusez son alliance, portées en tribut aux Athéniens pour lui nuire ; l'intérêt commun des Hellènes, qui ne doivent pas trouver en vous un obstacle à leur affranchissement.

» Cet obstacle, nous ne pourrions raisonnablement le tolérer. Il est bien vrai que nous ne devons affranchir personne par la force, à moins que l'utilité générale ne le commande ; mais, comme nous n'avons point de prétention à l'empire, et que toute notre ambition se borne à contenir celle des autres, ce serait de notre part une éclatante injustice, si, voulant procurer à tous les Hellènes le privilége de se gouverner par leurs lois, nous laissions impunie votre opposition à ce noble projet. Consultez donc là-dessus vos véritables intérêts : soyez les premiers d'entre les Hellènes à ressaisir la liberté ; assurez-vous une gloire impérissable ; à l'avantage de vous garantir d'un dommage personnel, joignez l'honneur de donner à votre ville le plus beau des titres, le titre de ville indépendante et libre. »

Chap. 88. Telles furent les importantes considérations que présenta Brasidas. Les citoyens d'Acanthe délibérèrent pour et contre sa proposition, et en vinrent aux suffrages, qu'ils donnèrent secrètement. Comme Brasidas avait apporté des raisons persuasives, et qu'ils craignaient pour leurs récoltes, la plupart furent d'avis d'abandonner le parti d'Athènes. Ils exigèrent de ce général le serment qu'avaient fait, en l'envoyant, les magistrats de Lacédémone, de laisser vivre sous leurs propres lois ceux qu'il recevrait dans l'alliance de sa patrie. A cette condition, ils laissèrent entrer son armée. Peu de temps après, Stagire, autre colonie d'Andros, imita cette défection. Ces événemens se passèrent pendant l'été.

Chap. 89. Dès le commencement de l'hiver suivant, certaines places de la Béotie devaient être livrées aux généraux athéniens Hippocrate et Démosthène : l'un, avec la flotte, se serait rendu à Syphes ; l'autre, à Délium. Mais on se trompa sur les jours où il fallait que les deux généraux se missent en campagne. Démosthène aborda le premier à Syphes, et ne réussit point, quoiqu'il eût sur sa flotte les Acarnanes et beaucoup d'alliés du voisinage : le projet avait été découvert par un Phocéen de Phanotée, nommé Nicomaque, qui l'avait communiqué aux Lacédémoniens, et ceux-ci en avaient donné connaissance aux Béotiens. Il vint des secours de toute la Béotie; Hippocrate, n'y étant point encore, ne donnait pas d'inquiétude: les Béotiens prirent les devans, en occupant Syphes et Chéronée. Ceux qui étaient du complot, le voyant manqué, n'excitèrent aucun mouvement dans la ville.

Chap. 90. Hippocrate avait fait prendre les armes à tous les Athéniens sans exception, aux métèques eux-mêmes, et aux étrangers qui se trouvaient dans la ville; il arriva à Délium après Démosthène, lorsque les Béotiens étaient déjà retirés de Syphes. Ayant fait camper ses troupes à Délium, il fortifia ainsi ce lieu sacré, hiéron d'Apollon: il entoura d'un fossé l'hiéron et le temple. De la terre qu'on retira on fit une terrasse: on la soutenait à l'aide de pieux qui l'entouraient, et en entrelaçant la terre de ceps de vigne arrachés dans l'hiéron. Au milieu de cette terre que fournissait la fouille du fossé, on jetait aussi des pierres et des briques provenant des bâtimens voisins tombés en ruine: on élevait la terrasse par tous les moyens possibles, et on la flanquait de tours de bois où il le fallait. Il ne restait à l'hiéron aucun édifice; car où fut le portique, tout était en ruine. Ce travail commença le surlendemain du départ: on s'en occupa sans relâche le quatrième jour et le cinquième, jusqu'à l'heure du dîner. La plus grande partie de l'ouvrage finie, le corps de l'armée s'éloigna de dix stades, comme pour faire retraite. La plupart même des troupes légères partirent aussitôt; mais les oplites s'arrêtèrent et campèrent à Délium. Hippocrate y resta encore pour établir des gardes; quant à ce qui restait à faire aux fortifications avancées, il donna les ordres nécessaires sur la manière dont il fallait les achever.

Chap. 91. Cependant les Béotiens se rassemblaient à Tanagra. Déjà ils s'y étaient rendus de toutes les villes, quand ils apprirent que les Athéniens retournaient chez eux. Des onze béotarques, dix furent d'avis de ne pas combattre, puisqu'ils n'étaient plus dans la Béotie: en effet, les Athéniens avaient établi leurs quartiers sur les confins de l'Oropie. Mais Pagondas, fils d'Éoladas, béotarque de Thèbes, avec Ariantidas, fils de Lysimachus, qui se voyait chargé du commandement en chef, se déclara pour la bataille, croyant à propos d'en courir les risques. Il convoqua des hommes de chaque cohorte, afin que le gros de l'armée demeurât toujours sous les armes, et il leur persuada de marcher contre les Athéniens et de les combattre. Il leur tint ce discours:

Chap. 92. « Béotiens, il n'aurait pas même dû venir à la pensée d'aucun de vos chefs que les Athéniens ne devraient être combattus que dans le cas où on les surprendrait encore en Béotie. Le pays où ils sont actuellement touche la Béotie; de là, après s'être fortifiés, ils infesteront notre territoire. Ne sont-ils donc pas nos ennemis, dans quelque lieu que nous les trouvions, et de quelque endroit qu'ils partent pour commettre chez nous des hostilités! Si, dans ce moment encore, vous croyez que le plus sûr est de ne pas les aller chercher, détrompez-vous. Quand on est attaqué, quand on a ses propres foyers à défendre, il ne s'agit pas de prévoir l'avenir et de raisonner ses opérations avec cette exactitude de calcul que se commande celui qui, tranquille possesseur de son bien, mais avide de nouvelles richesses, médite de porter la guerre chez les autres. D'après une loi constante, une armée étrangère marche-t-elle contre notre pays, nous la repoussons, soit qu'elle se trouve sur notre territoire, soit qu'elle menace encore nos frontières. Combien plus doit-elle être observée, cette loi, contre les Athéniens, qui, déjà redoutables par eux-mêmes, sont de plus limitrophes de la Béotie! Car, entre voisins, c'est l'égalité de forces qui constitue la liberté. Et comment n'affronterions-nous pas les derniers périls contre un peuple qui veut asservir et ses voisins et les nations éloignées! L'état où ils ont réduit les Eubéens, de l'autre côté du détroit, et une grande partie du reste de l'Hellade, sera-t-il donc pour nous une stérile leçon! Ordinairement, entre peuples limitrophes, on se dispute pour des bornes de territoire; mais nous, si nous sommes vaincus, nous aurons beau reculer les nôtres, nous n'en fixerons pas une seule qui ne soit contestée. A peine auront-ils mis le pied chez nous, que leur insatiable cupidité s'emparera de tout ce qui nous appartient: tant il est vrai qu'il n'est pas de voisinage plus dangereux que le leur. Toujours ces Athéniens, que le sentiment de leurs forces remplit d'audace, ont eu, comme aujourd'hui, l'habitude d'attaquer leurs voisins. Ont-ils affaire à un peuple paisible et se bornant à la défensive, avec quelle confiance ils poursuivent! Mais que ce même peuple les prévienne; que, sortant de ses frontières, il aille à leur rencontre, et, s'il en trouve l'occasion, qu'il commence la guerre, ils ne se montrent plus si ardens. Nous-mêmes en avons fait l'épreuve à leurs dépens. A la faveur de nos divisions intestines, ils avaient pris Thèbes; nous les avons défaits à Coronée, et notre victoire, Béotiens, nous conserve jusqu'à ce jour une parfaite sécurité dans la Béotie. Rappelez-vous-en le souvenir, vous, ô vieillards, pour redevenir ce que vous fûtes autrefois, et vous, jeunes gens, enfans de ces hommes qui se montrèrent alors si valeureux, pour ne pas ternir l'éclat de vertus qui sont notre trésor domestique. Mettant toute notre confiance dans le dieu qui voit en eux des profanateurs, dans ce dieu dont ils ont envahi et fortifié l'hiéron, encouragés par les heureux présages que donnent visiblement les entrailles des victimes, marchons tous ensemble à l'ennemi, et montrons-lui qu'en attaquant des lâches qui ne se défendent pas, il pourrait assouvir son ambition; mais qu'ayant affaire à des nations généreuses, qui combattent toujours pour la liberté de leur patrie et jamais pour asservir les autres, il ne se retirera pas sans avoir eu des combats à soutenir. »

Chap. 93. Pagondas, ayant ainsi décidé ses soldats à marcher contre les Athéniens, se mit aussitôt à leur tête; car la journée était avancée. Arrivé près du camp des ennemis, il prit un poste où les deux armées, séparées par une éminence, ne pouvaient se voir l'une l'autre, rangea ses troupes et se tint prêt au combat. Hippocrate était à Délium: sur l'avis que les Béotiens approchaient, il fit porter à l'armée l'ordre de se mettre en bataille. Lui-même arriva peu de temps après, laissant à Délium environ trois cents chevaux pour garder la place, si quelque danger survenait, et guetter le moment de tomber sur l'ennemi pendant l'action. Les Béotiens opposèrent à ces trois cents cavaliers un corps de troupes chargé de les repousser: et lorsqu'ils eurent bien pris leurs mesures, ils parurent sur le sommet de la colline, et prirent les rangs suivant l'ordre dans lequel ils devaient combattre. Ils étaient environ sept mille oplites, plus de dix mille hommes de troupes légères, mille hommes de cavalerie, et cinq cents peltastes. Les citoyens et métèques de Thèbes formaient l'aile droite; au centre étaient les Haliartiens, les Coronéens, les Copéens, et d'autres guerriers habitans des bords du lac Capaïde ; à la gauche, les troupes thespiennes, tanagréennes et orchoméniennes. Chacune des ailes était flanquée de cavaliers et de troupes légères. Les Thébains étaient rangés sur vingt-cinq de profondeur, et les autres comme ils se trouvaient. Telles furent les dispositions et l'ordonnance des Béotiens.

Chap. 94. Du côté des Athéniens, les oplites rangés sur huit de profondeur, ordonnance de toute l'armée, étaient égaux en nombre à ceux des ennemis. Quant aux troupes légères qu'on avait équipées, il ne s'en trouvait ni à l'armée, ni dans la ville. A compter ce qui s'était mis en campagne, elles auraient été supérieures aux Béotiens ; mais la plupart avaient suivi sans armes, parce qu'on avait fait une levée générale tant des étrangers présens que des citoyens ; et cette foule n'ayant pas tardé à regagner ses foyers, il n'en resta qu'un petit nombre au combat. Déjà l'on était en ordre de bataille et l'action allait s'engager, quand Hippocrate parcourut les rangs pour encourager les troupes, et leur parla ainsi :

Chap. 95. « Athéniens, mon exhortation sera courte ; mais, suffisante pour des braves, elle offrira un avertissement plutôt qu'un ordre. Qu'il ne vienne à l'esprit de personne qu'étant dans une terre étrangère, nous braverons sans but de très grands périls : dans le pays des Béotiens, c'est pour votre sol que vous combattrez ; et si nous sommes vainqueurs, jamais les Péloponnésiens, privés de la cavalerie béotienne, ne feront d'invasion sur vos terres. En un seul combat vous pouvez conquérir un pays ennemi et affermir la liberté de l'Attique. Marchez donc, et montrez-vous dignes d'une patrie dont chacun de nous se glorifie, dignes de vos pères, qui, sous la conduite de Myronide, victorieux des mêmes ennemis aux Énophytes, entrèrent en possession de la Béotie. »

Chap. 96. Hippocrate, parvenu jusqu'à la moitié de l'armée, n'avait pas eu le temps d'avancer plus loin, quand Pagondas, après avoir encouragé de même les Béotiens, entonna le péan : aussitôt ils descendirent de la colline. Les Athéniens s'avancèrent à leur rencontre : des deux côtés on vint à l'attaque en courant. Les extrémités des deux ailes, dans chaque armée, ne prirent point de part à l'action, également arrêtées par des torrens ; mais le reste combattit corps à corps : on se poussait l'un l'autre avec les boucliers. L'aile gauche des Béotiens fut enfoncée par les Athéniens jusqu'à moitié de sa profondeur. Les vainqueurs, continuant de la pousser, chargeaient surtout les Thespiens. Ceux de cette nation qui leur étaient opposés, fléchirent, et, renfermés dans un étroit espace, furent égorgés en combattant de près et se défendant vaillamment. Quelques Athéniens perdirent leur rang en enveloppant les ennemis ; et, ne se reconnaissant plus les uns les autres, ils se donnaient réciproquement la mort. De ce côté, les Béotiens battus se retirèrent près de ceux qui tenaient encore. La droite, où étaient les Thébains, victorieuse, ne tarda point à repousser les Athéniens, et se mit d'abord à leur poursuite. Pagondas, au moment où l'aile gauche pliait, détacha deux corps de cavalerie, qui, sans être aperçus, tournèrent la colline, se montrèrent subitement, jetèrent là terreur dans l'aile victorieuse des Athéniens, qui les prirent pour une nouvelle armée. Alors, étonnés, pressés des deux côtés, rompus par cette cavalerie et par les Thébains, tous prirent la fuite. Les uns se précipitèrent vers Délium et du côté de la mer, d'autres vers Orope, d'autres vers le mont Parnès ; chacun enfin du côté où il espérait trouver son salut. Les Béotiens, surtout leur cavalerie, et les Locriens, qui survinrent à l'instant de la déroute, poursuivirent et massacrèrent les fuyards. La nuit vint à propos mettre fin à ce carnage, et donner au grand nombre la facilité de se sauver. Le lendemain, les débris de l'armée athénienne, réfugiés à Orope et à Délium, après avoir laissé garnison dans Délium [qu'ils n'avaient pas cessé d'occuper], se retirèrent chez eux par mer.

Chap. 97. Les Béotiens dressèrent un trophée, enlevèrent leurs morts, dépouillèrent ceux des ennemis, et, laissant une garde, retournèrent à Tanagra, comme pour attaquer Délium. Un héraut que les Athéniens envoyaient réclamer les morts, rencontra un héraut béotien qui le fit retourner sur ses pas, l'assurant qu'il n'obtiendrait rien que lui-même ne fût de retour. Celui-ci se présenta aux Athéniens, et leur dit, de la part de ceux qui l'envoyaient, qu'ils n'avaient pu, sans crime, enfreindre les lois de l'Hellade ; que c'en était une, reconnue par tous les Hellènes, quand ils attaquaient le pays les uns des autres, de respecter les hiérons ; que les Athéniens avaient entouré de murailles Délium ; qu'ils s'y étaient logés, faisant tout ce qu'on peut se permettre dans un lieu profane, puisant même, pour les usages de l'armée, une eau à laquelle les Béotiens se gardaient de toucher, excepté lorsqu'il s'agissait de laver leurs mains pour les sacrifices ; qu'ainsi, au nom du dieu et d'eux-mêmes, les Béotiens, attestant les dieux de la contrée et Apollon, leur ordonnaient de se retirer de l'hiéron, et d'emporter tout ce qui leur appartenait.

Chap. 98. Le héraut ayant ainsi parlé, les Athéniens dépêchèrent le leur, et le chargèrent de dire aux Béotiens qu'ils n'avaient commis aucune profanation dans l'hiéron, et qu'ils n'en commettraient volontairement aucune à l'avenir ; qu'ils y avaient pénétré, non dans des intentions sacriléges, mais pour s'en faire un lieu de défense contre les agressions des Béotiens ; que les Hellènes avaient pour loi, quand ils étaient maîtres d'un pays, soit de grande, soit de petite étendue, de se croire maîtres aussi des hiérons qui s'y trouvaient, en continuant le culte adopté chez les peuples qui les honoraient, autant du moins qu'il était en leur pouvoir ; que les Béotiens eux-mêmes, comme la plupart des autres peuples, lorsqu'ils s'emparaient d'un pays par la force et qu'ils en chassaient les habitans, entraient en possession des hiérons étrangers et s'en estimaient légitimes propriétaires ; que si eux, Athéniens, avaient pu se rendre maîtres d'une plus grande partie de la Béotie, ils l'auraient fait ; qu'ils ne se retireraient pas volontairement de celle qu'ils occupaient et qu'ils regardaient comme leur bien ; qu'ils avaient fait usage de l'eau par nécessité et non par mépris, contraints de se défendre contre ceux qui, les premiers, avaient fait des invasions sur leurs terres ; qu'on pouvait croire que ce qu'on était obligé de se permettre en guerre et dans le danger, était excusé et autorisé par la divinité ; que même leurs autels étaient un refuge pour ceux qui devenaient coupables involontairement ; qu'on appelait criminels ceux qui faisaient du mal sans nécessité, et non ceux qui osaient se permettre certaines choses dans le malheur ; que les Béotiens, en exigeant la remise des hiérons pour prix de la reddition des morts, montraient bien plus d'irréligion que ceux qui refusaient de livrer les hiérons pour obtenir ce qu'ils avaient droit d'attendre [sans cette condition]. Le héraut avait aussi ordre de déclarer nettement qu'ils ne sortiraient pas de la Béotie, puisqu'ils étaient sur un territoire qui leur appartenait et qu'ils avaient conquis les armes à la main ; et que, suivant les antiques lois, ceux qui traitaient pour recueillir leurs morts devaient obtenir la permission de les enlever.

CHAP. 99. Les Béotiens croyaient bien les Athéniens maîtres de l'Oropie, sur le territoire de laquelle étaient les morts, puisque le combat s'était livré sur les confins ; mais, jugeant aussi qu'ils ne pouvaient les enlever malgré eux, ils répondirent : « Si vous êtes dans la Béotie, retirez-vous de nos terres avec ce qui vous appartient. Vous croyez-vous chez vous? vous savez ce que vous avez à faire, et dans ce cas probablement nous n'avons pas de propositions à vous adresser, relativement à un territoire qui nous serait étranger. » En leur disant d'emporter ce qu'ils revendiquaient, mais à condition qu'ils se retireraient, les Béotiens croyaient avoir fait une réponse raisonnable. Le héraut d'Athènes n'en reçut pas d'autre et se retira sans avoir rien fait.

CHAP. 100. Aussitôt les Béotiens mandèrent du golfe Maliaque des guerriers armés de javelots et de frondes. Il leur était survenu, après la bataille, deux mille oplites de Corinthe, la garnison péloponnésienne sortie de Nisée, et des Mégariens. Avec ces renforts, ils marchèrent sur Délium et en commencèrent le siège. Entre les différens moyens qu'ils employèrent, ils firent approcher une machine qui les rendit maîtres de la place : c'était une grande vergue sciée en deux, creusée intérieurement dans toute sa longueur, et dont les deux moitiés, rapprochées ensuite et bien unies ensemble, formaient une espèce de longue flûte : à l'extrémité de la vergue, on ajusta un tube de fer (ou *bec de soufflet*), lequel inclinait vers une chaudière suspendue au même endroit à l'aide de chaînes ; et presque tout le bois dont se composait la machine était recouvert de fer. Amenée de loin sur des chariots, cette machine fut dirigée vers la partie du mur d'enceinte qui était principalement construite avec des madriers et du bois ; et quand elle en fut près, les assiégeans firent jouer de grands corps de soufflets adaptés par eux à l'extrémité de la vergue qui se trouvait de leur côté. L'air, comprimé dans le tuyau de fer (*bec de soufflet*) et fortement chassé vers la chaudière, qu'on avait remplie d'un mélange de charbon, de bitume et de soufre, produisit une grande flamme qui embrasa les fortifications. Personne n'y restant, tous les abandonnant et fuyant, elles furent emportées. Une partie de la garnison périt ; on fit deux cents prisonniers ; la plus grande partie du reste se réfugia sur la flotte et retourna dans l'Attique.

CHAP. 101. Délium fut pris dix-sept jours après la bataille. Le héraut des Athéniens, ne sachant rien de ce qui s'était passé, vint peu de temps après réclamer encore une fois les morts ; on les lui rendit sans lui rien apprendre. Les Béotiens avaient perdu dans la bataille un peu moins de cinq cents hommes ; les Athéniens un peu moins de mille : de ce nombre était Hippocrate. Peu après cette affaire, Démosthène, n'ayant pas réussi dans l'objet de sa navigation, qui était de prendre Siphes par intelligence, fit une descente dans la Sicyonie, ayant sur sa flotte quatre cents oplites tant acarnanes qu'agréens et athéniens. Avant que tous les vaisseaux eussent abordé à la côte, les Sicyoniens accoururent, mirent en fuite les guerriers descendus, les poursuivirent jusqu'à leurs bâtimens, tuèrent ceux-ci, firent ceux-là prisonniers, dressèrent un trophée et rendirent les morts. A peu près à l'époque du siége de Délium, Sitalcès, roi des Odryses, périt dans une bataille qu'il perdit contre les Triballes, et Seuthès, son neveu, fils de Sparadocus, régna sur les Odryses et sur toute la partie de la Thrace, qui avait été sous la domination de Sitalcès.

Chap. 102. Le même hiver, Brasidas, avec les alliés de l'Épithrace, marcha contre Amphipolis, colonie d'Athènes sur le fleuve Strymon. Aristagoras de Milet, fuyant la colère de Darius, avait tenté le premier d'établir une colonie au lieu où est aujourd'hui cette ville : mais il avait été chassé par les Edoniens. Trente-deux ans après, Athènes y avait envoyé dix mille hommes, Athéniens et autres, qui consentirent à y aller; ils furent détruits à Drabesque par les Thraces. Vingt-neuf ans après, les Athéniens revinrent avec Agnon, fils de Nicias, chargés d'établir la colonie; ils chassèrent les Edoniens, et firent leur fondation au lieu même qu'on nommait auparavant *les neuf voies*. Ils étaient partis d'Eione, comptoir maritime qu'ils possédaient à l'embouchure du fleuve, à vingt-cinq stades de la ville qu'on appelle aujourd'hui *Amphipolis*. Agnon la nomma ainsi, parce que, le Strymon coulant à droite et à gauche de la ville, qu'il environne, il l'enferma d'un long mur, d'un bras du fleuve à l'autre, et la bâtit en vue du côté de la mer et de l'intérieur des terres.

Chap. 103. Brasidas étant donc parti d'Arné dans la Chalcidique, marcha contre cette place avec son armée, et arriva vers le soir à Aulon et à Bromisque, où le lac Bolbé se jette dans la mer. Il y soupa, et continua sa marche pendant la nuit. Le temps était mauvais, il tombait un peu de neige; mais il n'en eut que plus d'empressement à s'avancer, voulant cacher son approche aux Amphipolitains, excepté à ceux qui devaient livrer la ville : car dans la ville demeuraient des gens d'Argila, colonie d'Andros, et plusieurs autres, qui entretenaient des intelligences avec lui, les uns gagnés par Perdiccas, les autres par les Chalcidiens. Ceux d'Argila, surtout, en qualité de voisins, et d'ailleurs de tout temps suspects aux Athéniens, en voulaient à cette ville : ils saisirent l'arrivée de Brasidas comme une occasion favorable. Déjà depuis long-temps ils complotaient avec des citoyens pour la faire livrer. Ils reçurent Brasidas, et, déclarant cette nuit même leur révolte contre Athènes, ils placèrent leur armée en avant sur le pont du fleuve. Or, la ville est éloignée du fleuve d'un peu plus que la longueur du pont : il n'y avait point encore en cet endroit de murailles comme aujourd'hui, mais seulement un faible corps-de-garde, que Brasidas eut peu de peine à forcer, favorisé à-la-fois par une trahison, par le mauvais temps et par la surprise que causait son arrivée. Il passa le pont, et fut maître, à l'instant même, de tout ce que les Amphipolitains possédaient au-dehors.

Chap. 104. Ceux de la ville ne s'attendaient pas à ce passage : hors de la ville, les uns étaient faits prisonniers, les autres fuyaient vers les remparts : les Amphipolitains étaient dans un trouble et dans une agitation qu'accroissait encore la méfiance qui régnait entre eux; et l'on dit que si Brasidas, au lieu de laisser ses troupes s'occuper du pillage, avait sur-le-champ couru aux portes, la ville eût été prise d'emblée : mais il campa et fit des excursions; et comme de l'intérieur de la place rien n'arrivait de ce qu'il attendait, il se tint en repos. Le parti opposé aux traîtres était le plus nombreux : il empêcha d'ouvrir à l'instant les portes, et expédia quelques personnes avec le général athénien Eucléès, commandant de la place, vers un autre général qui avait un commandement dans l'Epithrace et qui se trouvait à Thasos, Thucydide, fils d'Olorus, auteur de cette histoire. Thasos, île où les Pariens ont fondé une colonie, est éloignée d'Amphipolis d'une demi-journée tout au plus de navigation. On mandait à Thucydide de venir au secours en toute hâte. Sur cet avis, il met en mer avec sept vaisseaux qui se trouvaient à Thasos. Il avait à cœur d'arriver assez tôt pour empêcher Amphipolis d'écouter aucune proposition; sinon, il voulait du moins occuper Eione avant les ennemis.

Chap. 105. Cependant Brasidas craignait que les vaisseaux de Thasos n'apportassent du secours. Informé que Thucydide, dans cette partie de la Thrace qui avoisine Thasos, avait la propriété d'une exploitation de mines d'or, ce qui le rendait l'un des hommes les plus riches du continent, il fit ses efforts pour hâter la reddition avant l'arrivée de ce général. Il appréhendait que le peuple d'Amphipolis ne refusât de se joindre à lui, dans l'espoir que Thucydide, avec le secours qu'il amènerait par mer, et ceux qu'il rassemblerait de la Thrace, parviendrait à le sauver. Il offrit donc des conditions modérées, et fit proclamer par un héraut que tous les Amphipolitains et les Athéniens seraient maîtres de rester, en conservant leurs droits et leurs fortunes, et que ceux qui voudraient sortir, auraient cinq jours pour emporter ce qui leur appartenait.

Chap. 106. Cette proclamation opéra dans les esprits une révolution d'autant plus sensible, que parmi les habitants il n'y avait que très peu d'Athéniens, que le reste était composé d'hommes rassemblés de toutes parts, et que d'ailleurs les prisonniers faits au dehors avaient dans la ville un très grand nombre d'amis. La crainte fit goûter les propositions de Brasidas : elles paraissaient justes aux Athéniens, impatiens de se retirer, persuadés qu'ils auraient moins de dangers à courir, et n'ayant que peu d'espoir d'être promptement secourus; elles ne paraissaient pas moins équitables au reste du peuple, qui ne serait privé ni de la qualité de citoyens ni de ses droits, et qui, contre toute attente, se voyait hors de péril. Dès-lors ceux qui s'entendaient avec Brasidas appuyèrent ouvertement ses offres, encouragés par le changement qui se manifestait dans les dispositions du peuple, et voyant qu'on n'écoutait pas le général athénien, qui était présent. Enfin l'on tomba d'accord avec le général lacédémonien, qui fut reçu aux conditions qu'il avait fait publier. Ainsi la ville fut rendue. Le même jour, Thucydide arriva sur le soir à Eione avec ses vaisseaux. Brasidas venait de prendre Amphipolis, et ne manqua que d'une nuit la prise d'Eione : si les vaisseaux n'eussent porté un prompt secours, la place était perdue au lever de l'aurore.

Chap. 107. Thucydide, après cela, fit à Eione les dispositions nécessaires pour mettre la place à couvert des attaques de Brasidas, quant au moment actuel; et, voulant pour l'avenir en assurer à sa république la possession tranquille et durable, il offrit une retraite à tous ceux qui voudraient y venir d'Amphipolis, conformément au traité. Brasidas ne tarda point à y descendre, en suivant le cours du fleuve avec quantité de bateaux, pour essayer si, en s'emparant du promontoire qui s'avance du pied du mur, il pourrait se rendre maître des abords. Il fit en même temps par terre des tentatives contre la place, mais, repoussé des deux côtés, il ne s'occupa plus que de mettre en bon état Amphipolis. Myrcine, ville de l'Édonide, embrassa volontairement son parti, après la mort de Pittacus, roi des Édoniens, tué par les enfans de Goaxis et par sa femme Brauro ; exemple que suivirent Gapsélus et Ésymé, colonies de Thasos. Perdiccas était venu trouver Brasidas, aussitôt après la reddition d'Amphipolis ; il l'aida à consolider ses conquêtes.

Chap. 108. La perte d'Amphipolis consterna les Athéniens. La possession de cette ville leur était avantageuse, parce qu'ils en tiraient des bois de construction et des contributions pécuniaires ; et parce que les Lacédémoniens, favorisés par les Thessaliens, qui leur ouvraient une route contre les alliés d'Athènes, allaient avoir un passage jusqu'au Strymon : au lieu que si les Lacédémoniens n'eussent pas été maîtres du pont, comme au-dessus de ce pont était un grand marais formé par les fleuves, et que du côté d'Éione ils eussent été continuellement observés par les vaisseaux athéniens, ils n'auraient pu se porter en avant ; ce qui leur devenait facile depuis la prise du pont. Ils appréhendaient la défection des alliés ; car Brasidas, qui montrait dans toute sa conduite un grand caractère de modération, répétait partout qu'il n'avait d'autre mission que de délivrer l'Hellade. Les villes sujettes d'Athènes, instruites de la prise d'Amphipolis, de la conduite du vainqueur et de la douceur qu'il avait montrée, aspiraient toutes avec ardeur à un changement [de domination]. Le général lacédémonien recevait de leur part de secrets messages ; elles l'appelaient : c'était entre elles à qui se révolterait la première. Déjà elles étaient sûres de n'avoir rien à craindre, se faisant une fausse idée de la puissance des Athéniens, qu'elles ne présumaient pas aussi grande qu'elle se montra dans la suite ; et fondant leurs jugemens sur d'aveugles désirs, bien plus que sur les calculs d'une sage prévoyance : tant les hommes sont enclins à se livrer inconsidérément à l'espoir qui les flatte, et à repousser, à l'aide d'un raisonnement que leur passion rend victorieux, les craintes les mieux fondées. D'ailleurs on était encouragé par les échecs que les Athéniens venaient de recevoir dans la Béotie, et par les discours de Brasidas, qui gagnait les esprits en déguisant la vérité, comme s'il lui avait suffi de déployer ses forces pour intimider tellement les Athéniens à Nisée qu'ils n'eussent osé se mesurer contre lui. Tous les sujets d'Athènes se persuadaient que personne ne viendrait les contrarier dans leurs projets : mais surtout à raison du plaisir actuel qu'ils y trouvaient et parce qu'ils voyaient enfin, pour la première fois, les Lacédémoniens faire éclater leur ressentiment, ils voulaient à tout prix tenter l'aventure.

Instruits de ces dispositions des alliés, les Athéniens envoyèrent, autant que cela était possible dans un moment de surprise et en hiver, des garnisons dans les villes. Brasidas, de son côté, fit demander une armée à Lacédémone, et lui-même il disposa sur le Strymon un chantier pour construire des trirèmes. Mais les Lacédémoniens ne le secondèrent pas : il portait ombrage aux principaux citoyens ; d'ailleurs on aimait mieux obtenir la restitution des guerriers pris à Sphactérie et terminer la guerre.

Chap. 109. Le même hiver, les Mégariens ayant repris leurs longs murs, où les Athéniens avaient mis garnison, les rasèrent jusqu'aux fondemens. Brasidas, de son côté, après la conquête d'Amphipolis, marcha, avec ses alliés, sur le pays qu'on nomme *Acté*.

Ce pays, à partir du canal creusé par le grand roi, s'avance beaucoup dans la mer ; et l'Athos, montagne élevée de cette Acté, va descendant vers la mer Égée.

L'Acté renferme Sané, ville habitée

par une colonie d'Andriens, qui, longeant le canal même, regarde la mer d'Eubée : elle renferme aussi Thyssus, Cléones, les Acrothoens, Olophyxus et Dium, cités habitées par des races mélangées de barbares, qui parlent deux langues, et de plus par quelques Chalcidiens : mais le plus grand nombre des habitans de l'Acté se compose de Pélasges tyrrhéniens, qui habitèrent jadis Lemnos et Athènes ; de Bisaltes, de Crestoniens et d'Édoniens. Ces peuples, distribués en petites villes, se donnèrent la plupart à Brasidas, à la réserve de Sané et de Dium, dont il ravagea les campagnes.

Chap. 110. Les habitans n'écoutant aucune proposition, il court attaquer Torone, ville chalcidique qu'occupaient les Athéniens, et où l'appelait une faction peu nombreuse, prête à la lui livrer. Il arrive de nuit, un peu avant l'aube du jour ; et, sans être aperçu ni de ceux des habitans qui n'étaient pas de son parti, ni de la garnison athénienne, il campe près de l'hiéron des Dioscures, à la distance de trois stades au plus de la ville. Ceux qui étaient d'intelligence avec lui, instruits de sa marche, s'avancèrent secrètement et en petit nombre, épiant le moment de son arrivée. Ils le devinent : aussitôt ils prennent avec eux sept hommes de ses troupes légères, armés de poignards, les seuls entre vingt guerriers nommés pour ce coup de main, qui ne craignirent pas d'entrer dans la place, sous la conduite de Lysistrate d'Olynthe. Ils s'introduisirent par la muraille qui est du côté de la mer ; sans être aperçus, montèrent à la ville, tuèrent les soldats du corps-de-garde le plus élevé, car la ville était adossée à un monticule, et brisèrent la petite porte qui faisait face au promontoire Canastréum.

Chap. 111. Brasidas, après s'être un peu avancé, s'arrête avec le reste de ses troupes. Il envoie en avant cent peltastes, qui, les premiers, se précipiteraient dans la place aussitôt que quelques portes s'ouvriraient et que le signal serait donné. Le signal se fait attendre : les peltastes, impatiens et surpris, se trouvèrent peu à peu tout près de la ville. Cependant les habitans de Torone, entrés avec les soldats de Brasidas, faisaient au dedans leurs dispositions. Quand la petite porte eut été rompue, et qu'ils eurent brisé la barre de celle qui donnait sur le marché, ayant fait faire un circuit à quelques-uns d'entre eux, ils les introduisirent par la petite porte, pour effrayer des deux côtés les gens qui n'étaient pas dans le secret. Ensuite, selon la convention, ils élevèrent le feu du signal, et alors firent entrer, par la porte du marché, le reste des peltastes.

Chap. 112. Brasidas, voyant s'exécuter les manœuvres dont on était convenu, donna l'ordre et accourut avec son armée. Les soldats en foule, poussant de grands cris, répandirent l'effroi dans la ville. Les uns se jetaient précipitamment dans la place par les portes ; les autres montaient en passant par dessus des poutres carrées, destinées à élever des pierres, et qui se trouvaient auprès d'une partie de mur tombée qu'on rétablissait. Brasidas, avec le gros de son armée, se porta dans l'instant aux endroits les plus élevés de la ville, voulant en assurer d'une manière décisive la conquête. Le reste des troupes se répandit dans tous les quartiers indistinctement.

Chap. 113. Pendant ce temps, la multitude s'agitait, ne sachant rien du complot ; mais ceux qui en étaient instruits et à qui plaisait la révolution, se mêlèrent à l'instant avec les étrangers qui venaient d'entrer dans la place. Les Athéniens, dont cinquante oplites couchaient dans l'agora, apprirent ce qui se passait : quelques-uns, en petit nombre, périrent ; les autres se sauvèrent ou à pied ou sur deux vaisseaux de garde, et se réfugièrent à Lécythe, fort maritime dont ils s'étaient emparés, après avoir pris les hauteurs de la ville qui regardaient la mer et qui étaient renfermées dans un isthme étroit. Ceux de Torone qui leur étaient favorables, y cherchèrent un asile avec eux.

Chap. 114. Dès qu'il fit jour, et que Brasidas fut assuré de sa conquête, il fit déclarer aux citoyens de Torone qui avaient pris la fuite avec les Athéniens, qu'ils étaient maîtres de rentrer dans leurs propriétés et de jouir sans crainte de leurs droits. Il envoya aussi un héraut aux Athéniens pour leur ordonner de sortir de Lécythe sur la foi publique, en prenant avec eux leurs effets, parce que cette place appartenait aux Chalcidiens. Ils répondirent qu'ils ne la quitteraient pas, et demandèrent un armistice d'un jour pour enlever les morts. Brasidas leur en donna deux, pendant lesquels il fortifia les habitations voisines [de Torone]. Il assembla les habitants, et leur tint à peu près les mêmes discours qu'à ceux d'Acanthe : « qu'il n'était pas juste que ceux qui l'avaient favorisé dans la conquête de la ville, fussent regardés comme de mauvais citoyens et des traîtres, puisqu'ils n'avaient eu nulle intention d'asservir personne, et qu'ils avaient agi non par intérêt personnel, mais pour le bien et la liberté de la patrie ; que ceux qui n'avaient point pris part à son entreprise ne devaient pas se croire déchus de leurs priviléges ; qu'il n'avait apporté d'intentions hostiles ni contre la ville, ni contre aucun particulier ; qu'il avait même, dans cet esprit, fait déclarer à ceux d'entre eux qui s'étaient réfugiés auprès des Athéniens, que leur attachement à ce peuple ne leur faisait aucun tort dans son esprit. Après avoir connu par expérience les Lacédémoniens, ils verraient qu'ils n'en devaient pas attendre moins de bienveillance que de leurs anciens alliés ; et même ils en éprouveraient bien davantage, parce qu'ils auraient affaire à des hommes plus justes : pour le présent, ils ne les redoutaient que faute de les connaître. Il les exhortait tous à prendre les sentimens d'alliés fidèles et stables ; à croire qu'il ne leur serait imputé de fautes que celles qu'ils commettraient désormais ; que le passé n'avait rien dont les Lacédémoniens dussent se tenir offensés ; que les lésés étaient les Toronéens eux-mêmes, qu'une puissance supérieure avait contraints, et qu'il jugeait leur résistance excusable. »

Chap. 115. En leur tenant de tels discours, il leur rendit le courage. L'armistice avec les Athéniens expiré, il attaqua Lécythe. Les assiégés se défendirent dans une place garnie de mauvais murs, et dans des maisons que protégeaient des créneaux. Cependant, le premier jour, ils repoussèrent les assiégeans. Le lendemain ceux-ci approchèrent une machine destinée à lancer des flammes sur les fortifications de bois ; eux-mêmes s'avancèrent du côté le plus faible de la place, où ils avaient dessein de l'appliquer. Les Athéniens alors élevèrent une tour en bois au-dessus d'un bâtiment, et y apportèrent quantité d'amphores pleines d'eau, des jarres et de grosses pierres ; des hommes y montèrent en grand nombre. Le poids était trop fort pour l'édifice qui le supportait ; il croula subitement à grand bruit. Ceux des Athéniens qui étaient assez près pour être témoins de l'accident, en furent plus affligés qu'effrayés ; mais ceux qui étaient loin, et surtout les soldats qui se trouvaient aux postes les plus reculés, croyant cette partie de la place enlevée, prirent la fuite, et se précipitèrent du côté du rivage et sur les vaisseaux.

Chap. 116. Brasidas s'aperçoit qu'ils ont abandonné les créneaux. Voyant l'écroulement qui a eu lieu, il s'avance avec son armée, emporte les murailles, et tue tous ceux qu'il rencontre. Les Athéniens, ayant abandonné la place, se réfugièrent dans la Pallène sur leurs vaisseaux et leurs petits bâtimens. Lécythe renferme un hiéron de Minerve : Brasidas, avant de commencer l'attaque, avait promis de donner au premier qui monterait à l'assaut trente mines d'argent; mais, croyant que dans la prise du fort il y avait quelque chose de surnaturel, il fit offrande de trente mines d'argent à la déesse, et quand il eut détruit Lécythe de fond en comble, il lui consacra le terrain tout entier. Le reste de l'hiver, il s'occupa d'affermir ses conquêtes et prépara des surprises contre les places dont il ne s'était pas encore rendu maître.

Avec cet hiver finit la huitième année de la guerre.

Chap. 117. Au printemps de l'été qui commençait, les Lacédémoniens et les Athéniens conclurent une trêve d'un an. Ces derniers pensaient qu'avant que Brasidas parvînt à exciter aucun soulèvement chez les alliés, ils auraient le temps de préparer leur résistance, et que, si leurs affaires allaient bien, ils traiteraient avec plus d'avantage : les Lacédémoniens, jugeant que les Athéniens éprouvaient les mêmes craintes qu'eux, espéraient que, par la suspension de leurs maux et de tant de fatigues, ils apprendraient à désirer encore plus un repos dont ils auraient goûté les douceurs; qu'ils en viendraient à un accord, et leur rendraient les prisonniers, pour obtenir une plus longue paix. Ils avaient surtout à cœur de les recouvrer tandis que la fortune favorisait encore Brasidas; ils craignaient que si Brasidas allait plus avant, et que l'équilibre vînt à se rétablir entre eux et les Athéniens, ils ne perdissent d'abord leurs prisonniers, et ensuite que, se mesurant d'égal à égal, ils ne s'exposassent eux-mêmes à se voir arracher la victoire. Ils conclurent donc le traité suivant, dans lequel les alliés furent compris.

Chap. 118. « Chacun pourra user à sa volonté de l'hiéron et de l'oracle d'Apollon Pythien, sans dol et sans crainte, suivant les anciens usages.

» Les Lacédémoniens sont d'accord de cet article, ainsi que les alliés présens. Ils engageront, autant qu'il sera possible, les Béotiens et les Phocéens à l'accepter, et leur enverront des députés dans cette intention.

» Vous et nous, et tous autres qui le voudront, suivant le droit, la justice et les anciennes coutumes, feront des recherches pour découvrir les déprédateurs des trésors consacrés aux dieux.

» Les Lacédémoniens et leurs alliés conviennent que, si les Athéniens font la paix, chacune des parties contractantes conservera ce qu'elle possède actuellement. Les Lacédémoniens continueront d'occuper Coryphasium [Pylos], au sud des monts Buphras et Tomée, et les Athéniens, l'île de Cythères, sans s'immiscer, ni les uns ni les autres, dans les alliances respectives. Ceux qui sont à Nisée et à Minoa n'iront pas au-delà du chemin qui, à partir des Pyles, longeant le Nisus, conduit à l'hiéron de Neptune, et de cet hiéron de Neptune, droit au pont qui regarde Minoa.

» Ni les Mégariens ni les alliés n'outrepasseront ce chemin, non plus que l'île conquise par les Athéniens; ils conserveront, et cela sans passer des uns chez les autres, tout ce qu'ils possèdent dans la Trézénie, et tout ce dont ils doivent jouir suivant leur traité avec les Athéniens; ils auront l'usage de la mer qui baigne leurs côtes et celles de leurs alliés.

» Ni les Lacédémoniens ni leurs alliés n'auront des vaisseaux longs, mais seulement des bâtimens à rames du port de cinq cents talens.

» Les hérauts, les députés et ceux qui seront envoyés avec eux pour prendre des mesures pacifiques, ou pour accorder les différends, voyageront sous la foi publique par terre et par mer, soit pour aller à Athènes et dans le Péloponnèse, soit pour en revenir.

» Pendant toute la durée de la trève, ni vous ni nous ne recevrons les transfuges, soit libres, soit esclaves.

» Vous et nous, nous discuterons réciproquement nos droits; et déciderons à l'amiable les points contestés, sans recourir à des voies hostiles.

» Voilà ce qui semble convenable aux Lacédémoniens et aux alliés. Si vous voyez quelque chose de mieux et de plus juste, venez nous en instruire à Lacédémone : ni les Lacédémoniens ni les alliés ne s'éloigneront en rien de ce que vous pourrez dire de juste.

» Ceux qui viendront, seront chargés de pleins-pouvoirs, clause dont vous nous recommandez l'observation. Le traité tiendra pendant un an. Ainsi l'a décrété le peuple. »

La tribu acamantide siégeait au Prytanée; Phénippe était greffier, et Niciade présidait en qualité d'épistate. Lachès proposa le décret suivant : « Sous les auspices de la bonne fortune des Athéniens, il y aura trève, suivant que les Lacédémoniens et leurs alliés en conviennent. » Le décret fut accepté par le peuple. On décida qu'il y aurait trève pendant un an, à commencer du quatrième jour après le dix du mois élaphébolion; que, pendant la durée du traité, les députés et les hérauts, de part et d'autre, négocie-raient et chercheraient les moyens de terminer la guerre; que les généraux et les prytanes convoqueraient une assemblée où les Athéniens délibéreraient, avant tout, sur les instructions à donner à leurs députés chargés de traiter de la cessation de la guerre; et que, sur-le-champ même, les ambassadeurs présens jureraient que de bonne foi ils s'engageraient à maintenir la trève pendant l'année.

Chap. 119. Les articles arrêtés et convenus entre les Lacédémoniens, les Athéniens et les alliés respectifs, à Lacédémone, le douze du mois gérastion, furent ratifiés et garantis, pour Lacédémone, par Taurus, fils d'Échétimidas, Athénée, fils de Périclidas, Philocharidas, fils d'Éryxidaïdas; pour Corinthe, par Énéas, fils d'Ocyte, et Euphamidas, fils d'Aristonyme; pour Mégares, par Nicase, fils de Cécale, et Ménécrate, fils d'Amphidore; pour Épidaure, par Amphias, fils d'Eupéidas; pour Athènes, par les généraux Nicostrate, fils de Diitréphès, Nicias, fils de Nicératus, Autoclès, fils de Tolmée. Ainsi fut conclue la trève. Tant qu'elle dura, il y eut des négociations pour parvenir à une paix définitive.

Chap. 120. Dans ces mêmes journées où les parties belligérantes traitaient entre elles, Scione, ville de la Pallène, se détacha des Athéniens pour se donner à Brasidas. Les Scioniens prétendent tirer leur origine des Pelléniens du Péloponnèse; ils racontent que leurs premiers habitans, au retour de Troie, furent portés, par la tempête qui tourmenta les Hellènes, dans la contrée où ils s'établirent. Brasidas, pour favoriser leur défection, cingla de nuit vers Scione, porté sur une barque, faisant marcher assez loin devant lui la trirème que lui avaient envoyée les Scioniens : cette trirème le défendrait s'il lui arrivait d'être attaqué par un bâtiment plus fort que le sien; si une autre trirème de force égale le rencontrait, elle ne tournerait pas contre le bâtiment le plus faible, et pendant le combat il aurait le temps de se sauver. Il fit heureusement la traversée, et tint aux habitans de Scione les mêmes discours qu'aux Acanthiens et aux peuples de Torone; ajoutant qu'ils méritaient les plus grands éloges, eux qui, véritables insulaires, la Pallène se trouvant bloquée dans l'isthme [et comme séparée du continent] par les Athéniens, maîtres de Potidée, avaient couru spontanément au devant de la liberté, sans attendre timidement que la nécessité les obligeât de chercher un bonheur évident et qui leur appartenait; que c'était un signe certain qu'ils soutiendraient avec courage les plus fortes épreuves, s'ils passaient sous la constitution qu'ils désiraient; qu'il les jugeait les plus fidèles amis de Lacédémone et leur témoignerait toute l'estime qu'ils méritaient.

Chap. 121. Les Scioniens sentirent leur courage s'accroître à ce discours; et tous animés de la même audace, ceux même à qui d'abord avait déplu ce qui se passait, résolurent de supporter la guerre avec constance. Non contens de faire le plus honorable accueil à Brasidas, ils lui décernèrent, aux frais du public, une couronne d'or, comme au libérateur de l'Hellade, et, en particulier, ils lui ceignirent la tête de bandelettes et le traitèrent en athlète victorieux. Il leur laissa pour le moment quelques troupes de garnison, et partit; mais bientôt après, il leur envoya des forces bien plus considérables, dans le dessein de faire avec eux des tentatives sur Mendé et sur Potidée. Persuadé que les Athéniens ne pouvaient manquer de secourir une possession qu'ils regardaient comme une île, il voulait prendre les devans. Il lia quelques intelligences dans ces villes, et se disposa en même temps à les attaquer.

Chap. 122. Cependant arrivèrent sur une trirème des députés chargés de lui annoncer la trève; de la part des Athéniens, Aristonyme, et de la part des Lacédémoniens, Athénée. L'armée retourna à Torone. Athénée et Aristonyme communiquèrent à Brasidas les articles convenus. Tous les alliés de Lacédémone dans l'Épithrace adhérèrent à ce qui venait d'être arrêté. Aristonyme donna son aveu à tout; cependant, en supputant les jours, il reconnut que les Scioniens n'avaient opéré leur défection qu'après la conclusion du traité, et il soutint qu'ils ne pouvaient y être compris. Brasidas, alléguant beaucoup de raisons pour prouver que la défection était antérieure, s'opposait à la restitution de la place. Quand Aristonyme eut rendu compte de l'affaire aux Athéniens, ils se montrèrent prêts à marcher aussitôt contre Scione. Les Lacédémoniens leur envoyèrent une députation pour leur déclarer qu'ils rompaient la trève. Ils réclamaient la place sur le témoignage de Brasidas, se montrant d'ailleurs disposés à terminer l'affaire par voie d'arbitrage; mais les Athéniens refusaient d'en courir les hasards, et voulaient en venir aussitôt aux armes, indignés que des insulaires songeassent à quitter leur alliance, se reposant sur les forces de Lacédémone; respectables sur terre, mais inutiles pour eux. La vérité sur la défection de Scione était conforme à ce qu'ils pensaient : cette défection n'avait eu lieu que deux jours après la trève. Ils décrétèrent aussitôt, d'après le rapport de Cléon, qu'il fallait prendre Scione et punir de mort les habitans, et ils laissèrent de côté tout le reste, pour se disposer à l'exécution de ce décret.

Chap. 123. Sur ces entrefaites la ville

de Mendé, colonie des Érétriens dans la Pallène, suivit l'exemple de Scione. Brasidas n'hésita point à la recevoir, ne croyant pas commettre une injustice, quoiqu'elle se donnât ouvertement à lui pendant la trêve : car il avait de son côté certaines infractions à reprocher aux Athéniens. Les Mendéens s'enhardirent en voyant l'affection de Brasidas pour eux, et surtout par l'exemple de Scione qu'il n'avait pas livrée. D'ailleurs ceux qui parmi eux intriguaient pour cette défection, étant peu nombreux, ayant suivi leur projet avec ardeur dès qu'ils s'y étaient déterminés, et craignant de le laisser éventer avant l'exécution, avaient, contre toute attente, forcé le peuple à embrasser leur parti. Les Athéniens, à cette nouvelle, bien plus irrités encore, se préparèrent à châtier les deux villes. Brasidas, informé de leur prochain embarquement, fit transporter secrètement à Olynthe, dans la Chalcidique, les femmes et les enfans de Mendé et de Scione, et envoya dans ces places cinq cents oplites du Péloponnèse et trois cents peltastes de la Chalcidique, tous sous la conduite de Polydamidas. Ils s'attendaient à voir arriver incessamment les Athéniens ; ils accélérèrent en commun leurs dispositions.

Chap. 124. Vers le même temps, Brasidas et Perdiccas se réunirent pour aller une seconde fois combattre Arrhibée à Lyncus. L'un conduisait avec lui la portion des forces macédoniennes dont il disposait, et les oplites des Hellènes établis dans ses états ; l'autre, les Chalcidiens, les Acanthiens, et le contingent de divers autres peuples, sans parler des troupes du Péloponnèse qui étaient restées à ses ordres : il n'y avait pas en tout plus de trois mille oplites hellènes. Toute la cavalerie macédonienne suivait avec les Chalcidiens, au nombre d'un peu moins de mille hommes. Ils firent une invasion dans le pays d'Arrhibée, trouvèrent les Lyncestes campés et qui les attendaient, et campèrent eux-mêmes en leur présence. L'infanterie des deux armées se porta chacune sur une colline : une plaine les séparait : la cavalerie y descendit. Il y eut d'abord un choc entre les deux partis. Les oplites des Lyncestes descendirent eux-mêmes pour soutenir leur cavalerie ; ils s'avancèrent et offrirent le combat. Brasidas et Perdiccas marchèrent aussi au devant des ennemis, les joignirent et les mirent en fuite. Il en périt beaucoup ; le reste se réfugia sur les hauteurs, et se tint dans l'inaction. Les vainqueurs dressèrent un trophée, et restèrent deux ou trois jours à attendre les Illyriens qui devaient arriver et que Perdiccas avait pris à sa solde. Ce prince voulait, sans s'arrêter, aller attaquer les bourgades de la domination d'Arrhibée ; mais Brasidas était plus empressé de partir que de suivre ce projet, craignant que les Athéniens ne se portassent à Mendé avant son retour, et qu'il n'arrivât quelque malheur à cette place : d'ailleurs les Illyriens n'arrivaient pas.

Chap. 125. Pendant qu'ils étaient ainsi partagés d'opinion, on vint leur annoncer que les Illyriens, trahissant Perdiccas, s'étaient joints à Arrhibée. Alors les deux chefs se déclarèrent également pour la retraite, dans la crainte que leur inspirait ce peuple belliqueux : mais, comme ils étaient toujours peu d'accord, il n'y eut rien de déterminé sur le moment du départ. La nuit survint ; les Macédoniens et la foule des barbares furent saisis d'effroi, comme il arrive souvent aux grandes armées de se livrer à de folles terreurs. Se figurant que les ennemis s'avançaient plus nombreux qu'ils n'étaient en effet, et qu'à l'instant ils allaient paraître, ils s'enfuirent et prirent la route de leur pays. Perdiccas ne s'était pas aperçu d'abord de leur mouvement; ils le forcèrent à les suivre avant qu'il pût voir Brasidas: leurs camps étaient fort éloignés l'un de l'autre. Brasidas apprit au lever de l'aurore que les Macédoniens étaient partis; qu'Arrhibée et les Illyriens approchaient. Il assembla ses forces, en fit un bataillon carré, plaça les troupes légères dans le centre, et résolut de partir. Pour éviter toute surprise, il donna l'emploi de coureurs à ses plus jeunes guerriers; lui-même, avec trois cents hommes d'élite, ferma la marche pour protéger la retraite et faire face aux premiers qui viendraient l'attaquer. En attendant que l'ennemi pût l'atteindre, il profita du peu de temps qui lui restait pour adresser à ses troupes quelques mots d'encouragement; il leur parla ainsi:

Chap. 126. « Péloponnésiens, si je ne soupçonnais pas que vous êtes effrayés du délaissement de Perdiccas et de la pensée que les ennemis qui approchent sont des barbares, et même assez nombreux, je ne songerais pas à vous présenter des exhortations et des avertissemens. Des alliés nous abandonnent; de nombreux ennemis approchent : je vais, par des avis succincts, par de courtes exhortations, essayer de vous persuader de vérités importantes. Ce n'est pas la présence d'alliés, fidèles appuis dans chacun de vos combats, mais votre propre vertu, qui doit vous inspirer de la valeur. Le nombre des ennemis ne doit pas vous épouvanter, vous citoyens d'un pays où ce n'est pas la multitude qui commande au petit nombre, où le petit nombre au contraire commande à la multitude; vous qui n'avez acquis la prééminence que par la supériorité dans les combats. Ces barbares, que vous craignez faute de les bien connaître, apprenez à les juger. D'après les combats que vous avez déjà livrés contre eux, en faveur des Macédoniens, d'après mes propres raisonnemens, et d'après les rapports certains qui m'ont été faits, sachez qu'ils ne sont point à redouter. Des ennemis véritablement faibles peuvent avoir une apparence de force; mais instruit de ce qu'ils valent, on se défend avec plus de confiance, tandis que, si l'on ne connaît pas d'avance des ennemis d'une valeur à toute épreuve, on se portera contre eux avec trop de témérité. Ces barbares, pour qui ne les connaît pas, ne sont redoutables qu'autant de temps qu'on diffère de les attaquer; leur multitude, leurs cris, inspirent la terreur; à les voir agiter leurs armes avec une vaine jactance, ils ont quelque chose de menaçant : soutient-on leur attaque sans en être ébranlés, ils ne sont plus les mêmes. Comme ils ne gardent point de rangs, ils n'ont pas honte, aussitôt qu'on les presse, d'abandonner la place où ils combattaient. Parmi eux, la fuite étant réputée aussi honorable, aussi glorieuse que l'attaque, il n'est point d'épreuve pour le courage. Un combat dans lequel chacun ne prend d'ordre que de soi-même, fournira toujours des prétextes de se sauver par la fuite sans encourir de blâme. Ils trouvent plus sûr de nous inspirer de l'effroi en se tenant eux-mêmes loin du danger, que d'en venir aux mains; car déjà, sans doute, ils nous auraient attaqués. Vous voyez donc clairement que ce qu'ils pourraient avoir pour vous de terrible, est en effet peu de chose, et que ce qui vous intimide n'est imposant qu'aux regards et à l'oreille. Quand ils viendront à la charge, recevez-les intrépidement, et quand le moment sera favorable, opérez lentement votre retraite, en bon ordre et sans rompre les rangs; et bientôt vous serez en sûreté, et vous reconnaîtrez ce que sont, vis-à-vis de braves qui savent soutenir le premier choc, ces troupes méprisables, dont le courage ne se manifeste que de loin et avant le combat, par de bruyantes et vaines menaces. Mais, dès qu'on leur cède, ne voyant plus de danger à courir, elles montrent leur valeur en poursuivant avec légèreté les fuyards. »

Chap. 127. Après ce discours, Brasidas fit faire à son armée un mouvement rétrograde. Les barbares, s'apercevant de cette manœuvre, s'avancèrent en tumulte, poussant de grands cris, persuadés que les Hellènes fuyaient, et que, pour les détruire, il suffisait de les atteindre. Mais quand, partout où ils se présentaient, les coureurs firent face; quand Brasidas lui-même, avec ses hommes d'élite, repoussa leurs attaques, lorsqu'ils virent que, contre leur attente, on résistait à l'impétuosité de leur premier choc; qu'on tenait ferme contre eux, et que l'on continuait à se retirer dès qu'ils cessaient d'attaquer, alors la plupart renoncèrent à poursuivre en pleine campagne les Hellènes commandés par Brasidas : ils laissèrent seulement une partie de leur monde pour le suivre et le harceler; les autres prirent leur course à la suite des Macédoniens, et tuèrent tout ce qu'ils purent atteindre. Ils allèrent se saisir d'une gorge qui est entre deux collines, sur les confins de la domination d'Arrhibée, sachant que Brasidas n'avait pas d'autre chemin à prendre dans sa retraite; ils le cernèrent dès qu'ils le virent en approcher, se croyant certains de le prendre dans ce sentier difficile.

Chap. 128. Il vit leur dessein, et commanda aux trois cents qui étaient avec lui de courir, sans garder de rangs, et avec toute la célérité dont chacun d'eux serait capable, à celle des deux collines dont il lui semblait plus facile de s'emparer; de tâcher d'en repousser les barbares, qui déjà commençaient à la gagner, et de les prévenir avant qu'ils ne se fussent formés en plus grand nombre pour l'investir. Ils partent, tombent sur les ennemis, et occupent la colline. Le corps d'armée des Hellènes parvient sans peine; car les barbares, mis en déroute par des hommes qui les repoussaient d'un lieu supérieur, sont frappés d'épouvante. Ils renoncent à poursuivre les Hellènes, qu'ils considèrent comme ayant touché les frontières d'un peuple ami, et comme étant désormais hors de leurs insultes. Brasidas, après avoir gagné les hauteurs, continua sa marche avec plus de sûreté, et arriva le même jour à Arnisse, ville qui était sous la domination de Perdiccas. Les soldats, irrités de la désertion des Macédoniens, brisaient ou enlevaient tout ce qu'ils rencontraient sur leur route, voitures attelées de bœufs, et ustensiles de toute espèce, qui avaient été égarés en chemin, comme il arrive dans une retraite que font de nuit des gens effrayés. Dès-lors Perdiccas regarda Brasidas comme son ennemi; et, sans nourrir dans son cœur contre le Péloponnèse une haine qui ne pouvait être chez lui un sentiment habituel, puisqu'il détestait les Athéniens, échappé à de grands dangers, il chercha tous les moyens de s'accommoder au plus tôt avec Athènes et de se détacher des Péloponnésiens.

Chap. 129. Brasidas, à son retour de Torone, trouva les Athéniens déjà maîtres de Mendé. Ne se croyant pas en état de passer dans la Pallène et de se venger des Athéniens, il se tint en repos, et se contenta de mettre Torone en état de défense. Pendant qu'il avait été occupé à Lyncus, les Athéniens, qui s'étaient préparés à reprendre Mendé et Scione, étaient arrivés avec cinquante vaisseaux, dont dix de Chio, mille oplites fournis par l'Attique, six cents archers, mille Thraces soudoyés, et des peltastes que leur avaient fournis les alliés du pays. Les généraux étaient Nicias, fils de Nicératus, et Nicostrate, fils de Diitréphès. Ils avaient mis en mer à Potidée : ils prirent terre près de l'hiéron de Neptune, d'où ils marchèrent contre Mendé. Les habitans s'avancèrent à leur rencontre avec trois cents hommes de Scione, et des auxiliaires du Péloponnèse, formant en tout sept cents oplites que commandait Polydamas. Ils campèrent hors de la ville, sur une colline fortifiée par la nature. Nicias, avec cent vingt hommes de Méthone armés à la légère, soixante oplites d'Athènes, hommes d'élite, et tous les archers, essaya de monter contre eux par un certain sentier ; il reçut une blessure et ne put les forcer. Nicostrate, par un autre chemin plus éloigné, voulut, avec le reste des troupes, gravir cette colline de difficile accès ; mais il fut mis dans un tel désordre, qu'il exposa l'armée athénienne à une entière défaite. Dans cette journée, les Mendéens ayant tenu ferme, les Athéniens se retirèrent et campèrent. La nuit venue, les Mendéens rentrèrent dans leur ville.

Chap. 130. Le lendemain, les Athéniens tournèrent la côte, prirent terre devant Scione, s'emparèrent du faubourg, et passèrent toute la journée à dévaster la campagne, sans que personne sortît contre eux ; car il y avait dans la ville un commencement de sédition. Les trois cents hommes de Scione étaient retournés chez eux pendant la nuit. Le jour venu, Nicias, avec la moitié de l'armée, se porta sur la frontière et saccagea les terres des Scioniens, tandis que Nicostrate, avec le reste des troupes, mettait le siège devant Mendé, du côté des portes supérieures qui conduisent à Potidée. De ce côté, en dedans des murailles, étaient déposées les armes des Mendéens et de leurs auxiliaires. Polydamas rangea ses troupes en bataille, et ordonna à ces Mendéens de sortir : mais un homme du parti démocratique déclare, d'un ton séditieux, qu'il ne sortira point, et qu'il ne faut pas combattre. Polydamas, indigné, le saisit violemment et le déconcerte : le peuple aussitôt s'empare des armes, et court, dans sa colère, se jeter sur les Péloponnésiens et sur les gens de leur parti. Ceux-ci, qui ne s'attendaient pas à cette attaque soudaine, prennent la fuite. Voyant les portes s'ouvrir subitement aux Athéniens, ils crurent ce coup de main concerté d'avance avec eux. Ceux qui ne furent pas tués sur la place, gagnèrent l'acropole, qu'ils occupaient déjà auparavant. Cependant Nicias était revenu à Mendé. Toute l'armée athénienne y entra. La place ne s'étant pas rendue par composition, elle fut traitée comme une ville prise d'assaut ; on la pilla, et ce fut même avec peine que les généraux empêchèrent le massacre des habitans. Ils leur ordonnèrent de se gouverner à l'avenir suivant leur ancien régime, et de juger eux-mêmes les citoyens qu'ils croiraient avoir été les auteurs de la défection. Ceux qui étaient renfermés dans l'acropole furent investis des deux côtés d'une muraille qui se terminait à la mer, et l'on mit un poste d'observation. Après avoir réduit Mendé sous leur puissance, les Athéniens se dirigèrent sur Scione.

Chap. 131. Les Scioniens et les Péloponnésiens s'avancèrent contre les Athéniens, et campèrent hors de la ville, sur une colline forte par sa propre situation. Les ennemis étaient obligés de s'en emparer avant d'investir la place : mais les Athéniens les attaquèrent de vive force, et repoussèrent ceux qui vinrent les combattre. Ils prirent leurs campemens, dressèrent un trophée, et se disposèrent à construire un mur de circonvallation. Mais peu après, et tandis qu'ils étaient occupés de ce travail, les auxiliaires assiégés dans l'acropole de Mendé forcèrent la garde du côté de la mer : ayant presque tous échappé aux troupes athéniennes campées devant Scione, ils entrèrent dans la place.

Chap. 132. On travaillait à la circonvallation de Scione, quand Perdiccas, par le ministère d'un héraut, conclut un accommodement avec les généraux athéniens. Il avait entamé cette négociation en haine de Brasidas, dès que ce général s'était retiré de la Lyncestide. Ischagoras se préparait alors à conduire par terre une armée à Brasidas. Dès que l'accord fut conclu, Nicias exigea de Perdiccas que, pour preuve de sa bonne foi, il rendît ouvertement aux Athéniens quelques services ; et cette demande s'accordait avec les intentions du prince, qui ne voulait plus que les Lacédémoniens entrassent dans son pays. Perdiccas arma donc les étrangers qui étaient en Thessalie, les employa à mesure qu'ils arrivaient, arrêta ainsi l'armée des Lacédémoniens, et rendit nuls tous leurs préparatifs ; en sorte qu'ils ne tentèrent rien contre les Thessaliens.

Cependant Ischagoras, Aminias et Aristée, se rendirent personnellement auprès de Brasidas, chargés par les Lacédémoniens d'observer l'état des choses, et ils firent, contre l'usage, partir de jeunes Spartiates, pour leur donner le commandement des villes, et empêcher qu'on n'en revêtît des hommes pris au hasard. Cléaridas, fils de Cléonyme, eut le gouvernement d'Amphipolis ; Épitélidas, fils d'Hégésander, celui de Torône.

Chap. 133. Le même été, les Thébains accusèrent les habitants de Thespies de favoriser les Athéniens, et rasèrent les murailles de cette ville. Ils avaient eu de tout temps ce dessein, dont l'exécution devenait plus facile depuis que, dans le combat contre les Athéniens, Thespies avait perdu la fleur de sa jeunesse. Dans cette même saison, le feu détruisit l'hiéron de Junon, dans l'Argolide. Cet accident fut occasionné par l'imprudence de la prêtresse Chrysis qui plaça près d'une guirlande une lampe allumée, et se laissa surprendre par le sommeil. L'incendie gagna, sans qu'on s'en aperçût, et tout fut consumé. Elle-même, dans la crainte des Argiens, s'enfuit aussitôt, de nuit, à Phlionte. Conformément à la loi, ils établirent une autre prêtresse, nommée Phaïnis. Il y avait huit ans et demi que la guerre était commencée, quand Chrysis prit la fuite. A la fin de cet été se termina l'investissement de Scione ; les Athéniens laissèrent des troupes pour la garder, et le gros de l'armée se retira.

Chap. 134. L'hiver suivant, ils se tinrent en repos, ainsi que les Lacédémoniens, conformément à la trêve. Les Mantinéens et les Tégéates, avec leurs alliés respectifs, se livrèrent un combat à Laodicée de l'Orestide, et la victoire fut indécise : chacun des deux peuples enfonça une aile de l'armée ennemie. Les uns et les autres dressèrent un trophée, et envoyèrent chez les Delphiens une part des dépouilles. Le carnage fut grand de part et d'autre ; le combat se soutenait avec égalité, quand la chute du jour y mit fin. Les Tégéates passèrent la nuit sur le champ de bataille, et dressèrent aussitôt leur trophée ; les Mantinéens se retirèrent à Boucolion, et, après leur retraite, élevèrent eux-mêmes un trophée devant celui des ennemis.

Chap. 135. Brasidas, à la fin de l'hiver, lorsque déjà le printemps commençait, fit une tentative sur Potidée. Il arriva de nuit, et appliqua les échelles. Jusque là on ne s'aperçut de rien ; car il avait planté son échelle dans la partie du mur abandonnée des sentinelles, et avant que celle qui passait à sa voisine la clochette d'alarme fût revenue à son poste. Au signal donné, les assiégés se mirent sur leurs gardes : Brasidas, n'ayant pas eu le temps de monter, se retira promptement sans attendre le jour.

L'hiver finissait, et en même temps la neuvième année de la guerre que Thucydide a décrite.

LIVRE CINQUIÈME.

Chap. premier. Au commencement de l'été, la trève d'un an, qui devait durer jusqu'aux jeux pythiques, venait d'expirer. Pendant cette trève, les Athéniens avaient chassé les Déliens de leur île, les jugeant, à cause d'un ancien crime, indignes de leur ministère sacré, et regardant comme insuffisante cette expiation dont j'ai parlé plus haut, lorsque je rapportais comment ils avaient cru satisfaire à toutes les lois de la purification en enlevant les tombeaux. Les Déliens s'établirent en Asie, à Atramyttium, que leur donna Pharnace, et où ils prirent place dans l'ordre du départ et de l'arrivée de chacun d'eux.

Chap. 2. Cléon, la trève expirée, obtint des Athéniens l'ordre de passer dans l'Épithrace, sur trente vaisseaux, avec douze cents oplites, trois cents cavaliers et la plus grande partie des alliés. Il prit d'abord terre à Scione, dont le siége durait encore, retira des oplites de la garnison, et cingla vers le port des Colophoniens, peu éloigné de la ville de Torone. Du port où il était, instruit par des transfuges que Brasidas n'était pas dans Torone, et qu'elle ne renfermait pas de troupes en état de se défendre, il se dirigea vers cette ville avec son armée de terre, et envoya dix vaisseaux investir le port. Il vint d'abord à ces murs dont Brasidas avait environné la ville pour enfermer les faubourgs dans son enceinte : car Brasidas n'avait fait qu'une seule ville du tout, en abattant une partie de l'ancienne muraille.

Chap. 3. Les Athéniens avaient commencé leurs attaques, quand le Lacédémonien Pasitélidas, commandant de la place, en sortit avec la garnison pour les repousser; mais, se voyant près d'être forcé, et le port se trouvant investi par les vaisseaux qu'avait envoyés Cléon, il craignit que la ville abandonnée ne fût prise par mer, et qu'on ne forçât les remparts, où il serait pris lui-même : il les abandonna donc et se dirigea vers la ville en grande hâte. Mais les Athéniens, prenant les devants, s'en rendirent maîtres par mer, en même temps que par terre leur infanterie se précipitait par l'ouverture que Brasidas avait faite à l'ancien mur : ils tuèrent une partie des Péloponnésiens et des Toronéens, dans le combat; les autres, et avec eux Pasitélidas, leur chef, furent faits prisonniers. Brasidas venait au secours, mais informé en chemin de l'événement, il se retira, se trouvant à une distance de quarante stades, qui ne lui permettait pas de prévenir par son arrivée la prise de Torone. Cléon et les Athéniens élevèrent deux trophées, l'un sur le port, l'autre près des murailles; ils réduisirent en servitude les femmes et les enfans des Toronéens; et ceux-ci, avec les Péloponnésiens et ce qu'il y avait de Chalcidiens, au nombre de sept cents, furent envoyés à Athènes. Dans la suite, les Péloponnésiens, par accord, recouvrèrent la liberté; les autres furent échangés, homme pour homme, par les Olynthiens.

Vers cette époque, les Béotiens prirent, sur les frontières de l'Attique, Panactum, qui leur fut livré par trahison. Cléon laissa une garnison à Torone, mit en mer, et tourna le mont Athos, route qu'il devait prendre pour gagner Amphipolis.

Chap. 4. Phéax, fils d'Érasistrate, fut député, lui troisième, par les Athéniens, en Italie et en Sicile, et partit avec deux vaisseaux, vers le temps dont nous parlons. Depuis que les Athéniens, par suite d'une convention, avaient quitté la Sicile, les Léontins avaient inscrit quantité de personnes sur le rôle des citoyens, et le peuple était dans l'intention de se partager les terres. Les principaux citoyens, instruits du projet, appelèrent les Syracusains, chassèrent le parti populaire, dont les bannis errèrent çà et là : quant aux riches, d'accord avec les Syracusains, ils abandonnèrent Léontium, qu'ils avaient convertie en désert, et allèrent habiter Syracuses avec droit de cité. Mais, dans la suite, quelques-uns d'eux ne parvenant pas à se faire goûter, quittèrent Syracuses, et s'emparèrent et de Phocée, poste de la ville des Léontins, et de Bricinnies, forteresse de la Léontine. Les bannis du parti populaire marchèrent contre eux et s'établirent dans les retranchemens d'où ils faisaient la guerre à la faction opposée. Les Athéniens, à cette nouvelle, envoyèrent Phéax. L'objet de sa mission était d'engager les alliés qu'Athènes avait dans cette île, et tous les autres Siciliens, s'il était possible, à faire en commun la guerre aux Syracusains, et à sauver le parti démocratique qui dominait à Léontium. Phéax, à son arrivée, gagna ceux de Camarina et d'Agrigente ; mais ne trouvant que de l'opposition à Géla, et prévoyant que ses démarches seraient vaines, il ne crut pas devoir aller plus loin, revint s'embarquer à Catane, après avoir traversé le pays des Sicules,

et s'être arrêté un moment sur le territoire de Bricinnies, où il fortifia les bonnes dispositions [du parti populaire].

Chap. 5. En longeant les côtes, soit pour aller en Sicile, soit à son retour, soit en Italie, il essaya, négociateur zélé, d'engager quelques villes dans l'alliance d'Athènes. Il rencontra des Locriens qu'on venait de chasser de Messène qu'ils avaient habitée. Des dissensions étaient survenues dans cette ville après le traité conclu avec les Siciliens, et l'un des partis avait appelé des Locriens, qui étant venus s'y établir furent ensuite expulsés, après avoir occupé quelque temps Messène. Ceux-ci revenaient dans leur patrie lorsque Phéax les rencontra. Il ne leur fit aucun mal, car il venait d'amener les Locriens à se rapprocher d'Athènes. Seuls des alliés, quand les Siciliens se réconciliaient, ils n'avaient pas traité avec les Athéniens ; et même alors ils ne l'eussent pas fait encore, s'ils n'avaient eu les embarras d'une guerre avec ceux d'Itône et de Mélée, peuples limitrophes sortis de leur sein. Phéax revint ensuite à Athènes.

Chap. 6. Cléon étant arrivé de Torone à Amphipolis, en tournant la côte, alla, d'Éione, attaquer Stagire, sans pouvoir se rendre maître de cette colonie d'Andros ; mais il força Galepse, colonie des Thasiens. Il députa ensuite vers Perdiccas, qu'il priait de venir avec des troupes, conformément au traité ; et en Thrace, vers Pollès, roi des Odomantes, qui amènerait le plus de Thraces soudoyés qu'il pourrait : en attendant, il se tenait en repos dans Eione.

Brasidas, à ces nouvelles, alla camper en face des Athéniens, près de Cerdylium, place des Argiliens, située au-delà du fleuve, assez près d'Amphipolis, et protégée par une hauteur d'où l'on découvrait tout sans obstacle ; en sorte que Cléon, quittant sa position, ne pourrait lui dérober sa marche : car il se doutait bien que, par mépris pour ce qu'il avait de troupes, Cléon monterait vers Amphipolis avec les forces dont il disposait. En même temps Brasidas se préparait à le recevoir avec mille cinq cents Thraces soudoyés, et tous les Édoniens, peltastes et cavaliers, qu'il venait de mander; de plus, avec mille peltastes myrciniens et chalcidiens, sans compter ce qu'il avait encore de monde à Amphipolis. Il avait rassemblé en tout deux mille oplites et trois cents cavaliers hellènes. De ces troupes, il n'avait à Cerdylium que mille cinq cents hommes; le reste se trouvait, avec Cléaridas, à Amphipolis, rangé en ordre de bataille.

Chap. 7. Cléon jusque-là se tenait en repos; mais il se vit forcé de faire ce qu'avait prévu Brasidas; car ses soldats, fatigués de leur inaction, se livraient à de fâcheuses réflexions sur son commandement : considérant à combien d'expérience et de courage serait opposé tant d'ignorance et de lâcheté, et se rappelant avec quelle répugnance ils l'avaient suivi. Cléon entendait les murmures. Ne voulant point pousser à bout leur patience en les retenant trop long-temps à la même place, il décampe et les met en mouvement. La conduite qu'il tint fut la même qui lui avait réussi à Pylos, et qu'il avait estimée un chef-d'œuvre de prudence : espérant, en effet, qu'on ne viendrait pas le combattre, il disait qu'il montait surtout afin de reconnaître la place [Amphipolis]. S'il attendait du renfort, ce n'était pas, disait-il, pour l'emporter au besoin par la sûreté des précautions, mais pour cerner la place et la forcer.

Arrivé sur une colline naturellement fortifiée et en face d'Amphipolis, il y campa. De là il contemplait les vastes marais formés par le Strymon, et la position de la ville à l'entrée de la Thrace.

Il croyait pouvoir, à son gré, se retirer sans combat; car personne ne paraissait ni sur les remparts, ni aux portes, qui toutes étaient fermées : en sorte qu'il se reprochait comme une faute de n'avoir pas amené les machines : il aurait, disait-il, emporté la place dans l'état d'abandon où elle se trouvait.

Chap. 8. Brasidas, aussitôt qu'il a vu les Athéniens se mettre en marche, descend de Cerdylium, et s'approche d'Amphipolis. Il ne voulait ni faire de sortie, ni se présenter devant l'ennemi en ordre de bataille. Il avait peu de confiance en son armée, qu'il jugeait inférieure, non par le nombre (sous ce rapport, les forces étaient à peu près égales de part et d'autre), mais par sa composition : en effet, l'armée athénienne était formée de citoyens d'Athènes et des meilleures troupes de Lemnos et d'Imbros. Il se préparait donc à attaquer par la ruse. En laissant voir aux ennemis combien ses troupes étaient peu nombreuses et mal armés (car les circonstances n'avaient pas permis d'y mieux pourvoir), il aurait cru rendre sa victoire plus difficile qu'en évitant de les montrer avant le combat; l'état où elles se trouvaient ne pouvant inspirer que du mépris.

Prenant avec lui cent cinquante oplites choisis, il laissa le reste à Cléaridas. Il se proposait d'attaquer brusquement les Athéniens avant leur retraite, n'espérant plus, s'il leur arrivait une fois des secours, trouver une semblable occasion de les combattre réduits à leurs propres forces. Il rassembla donc tous les soldats pour les encourager et les instruire de son projet, et il leur tint ce discours :

Chap. 9. « Braves Péloponnésiens, vous savez de quel pays nous venons ici; vous savez que, grâces à notre courage, il est toujours resté libre; que vous êtes Doriens, et que vous allez combattre des Ioniens que vous avez coutume de vaincre : peu de mots suffisent pour vous le rappeler. Mais je vais vous communiquer mon plan d'attaque, de crainte qu'en me voyant n'exposer qu'un petit nombre de troupes et non la masse entière, vous ne jugiez mes moyens insuffisans, et que le découragement ne s'empare de vous. C'est par mépris pour nous, sans doute, et dans l'espérance que personne ne sortirait pour les combattre, que les Athéniens sont montés sur cette colline d'où ils nous contemplent négligemment et sans garder aucun ordre. Quand on sait remarquer de telles fautes chez les ennemis, et employer, pour les attaquer, une manœuvre convenable à ses forces, préférant, non une attaque ouverte et de front, mais celle dont la circonstance indique l'avantage, il est rare qu'on ne soit pas vainqueur. Ce sont (comme il est impossible de ne pas le reconnaître) de bien glorieux artifices que ceux par lesquels on trompe le plus habilement ses ennemis pour servir le plus utilement ses amis. Ainsi, pendant qu'ils sont encore dans le désordre et la sécurité, pendant qu'ils songent moins au combat qu'à une retraite déguisée, pendant qu'ils s'abandonnent à un certain relâchement d'esprit, je veux, sans leur laisser le temps d'asseoir leurs pensées, prévenir s'il se peut leur retraite, et, avec ces guerriers que j'ai choisis, me jeter à la course au milieu de leur camp. Toi, Cléaridas, lorsque tu me verras les charger, et probablement jeter parmi eux l'épouvante, prends avec toi les hommes que tu commandes, Amphipolitains et autres alliés ; ouvre subitement les portes, et jette-toi précipitamment dans la mêlée. C'est ainsi qu'on peut espérer de les battre : car des troupes qui surviennent après coup sont plus terribles aux ennemis que celles qui sont en présence et qui soutiennent le choc. Montre-toi vaillant comme il convient à un Spartiate. Et vous, alliés, suivez-le en braves, et songez que, pour bien faire la guerre, il faut avoir de la résolution, être sensible à l'honneur et docile à la voix de ses chefs. Pensez qu'en ce jour, si vous avez du courage, vous pouvez vous assurer, avec la liberté, le titre d'alliés de Lacédémone ; ou bien qu'esclaves d'Athènes, en admettant la chance la plus favorable, que vous ne soyez ni vendus ni tués, vous porterez un joug plus pesant que jamais, et deviendrez pour les autres Hellènes un obstacle à leur délivrance. Vous voyez pour quels intérêts vous combattez : ne faiblissez pas. Pour moi, je montrerai que, si je sais exhorter, je sais aussi agir et combattre. »

CHAP. 10. Brasidas, après avoir frappé les esprits de ces importantes considérations, prépara sa sortie, et rangea, devant les portes appelées *Thraciennes*, les troupes qu'il laissait à Cléaridas, et qui en sortiraient au moment qu'il avait indiqué. On l'avait vu descendre de Cerdylium, sacrifier à Amphipolis dans l'hiéron de Minerve, et faire toutes ses dispositions : on l'avait vu, parce que, du dehors, les regards plongeaient dans la ville. Cléon s'était avancé pour considérer la place ; on lui annonce qu'on découvre dans la ville toute l'armée ennemie, qu'on aperçoit sous les portes les pieds de chevaux et d'hommes qui se préparent à sortir.

Sur cet avis, il s'avance : après avoir tout vu, ne voulant pas risquer de bataille décisive avant l'arrivée des auxiliaires, et quoique bien assuré qu'il ne pouvait cacher sa retraite, il donne le signal et commande que l'armée, en partant, entame la route par l'aile gauche pour aller sur Éione, manœuvre la seule praticable. Mais, là jugeant trop lente, lui-même fit retourner son aile droite.

Brasidas voit les Athéniens se mettre en mouvement; il juge aussitôt le moment favorable : « Ces gens-là, dit-il à ceux qui l'entouraient, ne nous attendent pas, comme on le voit aux mouvemens des têtes et des lances : ce n'est pas avec une telle contenance qu'on attend son ennemi. Qu'on m'ouvre les portes que l'on est convenu d'ouvrir, et marchons à l'instant. » Lui-même sortit par les portes qui regardaient la palissade, et qui étaient les premières de la longue muraille qui existait alors; et, suivant droit à la course le chemin où se remarque un trophée et qu'on rencontre dans la partie la plus fortifiée de cette chaîne de collines, il donna, dans l'espace laissé entre les deux parties de l'armée, sur les Athéniens, qui, tout-à-la-fois effrayés de leur désordre et frappés de son audace, furent bientôt mis en déroute.

Cléaridas, suivant l'ordre, survient, avec sa troupe, par les portes de Thrace, et fond sur les Athéniens. Cette attaque inattendue, soudaine et faite de deux côtés à-la-fois, jette parmi eux l'épouvante. Leur aile gauche gagnait Éione et en approchait : Brasidas l'attaque, la rompt, la met en fuite. Il marchait contre l'aile droite; il fut blessé. Les Athéniens ne le virent pas tomber, on l'emporta sans qu'ils s'en aperçussent.

La droite des Athéniens tenait ferme : pour Cléon, qui d'abord n'avait pas résolu d'attendre l'ennemi, il prit aussitôt la fuite, et fut tué par un peltaste myrcinien qui fondit sur lui. Ses oplites, réunis en peloton sur la colline, repoussèrent Cléaridas, qui les chargea deux ou trois fois, et ils ne fléchirent que lorsque les cavaliers myrciniens et chalcidiens, qui les enveloppèrent, eurent rendu toute résistance inutile. L'armée alors entièrement défaite s'enfuit non sans peine, prenant divers chemins à travers les montagnes : ce qui s'était échappé, soit dans le combat, soit poursuivi par les cavaliers et peltastes chalcidiens, se réfugia à Éione.

Les guerriers qui avaient enlevé et sauvé Brasidas, le portèrent à la ville encore respirant. Il vit que les siens étaient vainqueurs; il le vit et rendit le dernier soupir. Le reste de l'armée revint de la poursuite avec Cléaridas, dépouilla les morts et dressa un trophée.

Chap. 11. Tous les alliés, en armes, suivirent la pompe funèbre de Brasidas, qui, aux frais du public, fut inhumé dans la ville, à l'entrée du lieu qui maintenant est l'agora. Les Amphipolitains enfermèrent son monument d'une enceinte, lui consacrèrent un *temenos*, comme à un héros, et instituèrent en son honneur des jeux et des sacrifices annuels : ils lui dédièrent leur colonie, comme à son véritable fondateur; abattirent les édifices consacrés à Agnon, et détruisirent tous les monumens qui pouvaient rappeler que la colonie lui devait son origine. Ils croyaient voir un sauveur dans Brasidas, et cherchaient d'ailleurs à ménager l'alliance de Lacédémone, par la crainte qu'en ce moment Athènes leur inspirait. Ennemis de cette république, ils ne trouvaient ni le même plaisir ni le même intérêt à rendre ces honneurs à Agnon. Les Athéniens reçurent les corps des guerriers morts dans le combat. L'action ayant été moins une bataille qu'une surprise et une déroute, il périt environ six cents hommes du côté des vaincus, sept seulement du côté des vainqueurs. Les Athéniens retournèrent chez eux après avoir recueilli leurs morts, et Cléaridas mit ordre aux affaires d'Amphipolis.

Chap. 12. Vers la même époque, et à la fin de l'été, Rhamphias, Autocharidas et Épicydidas, Lacédémoniens, conduisirent dans l'Épithrace un secours de neuf cents oplites. Arrivés à Héraclée, dans la Trachinie, ils s'y arrêtèrent pour remédier à quelques désordres : ils y étaient quand se passa l'affaire dont nous venons de parler : alors l'été finissait.

Chap. 13. Dès le commencement de l'hiver, Rhamphias et sa troupe s'avancèrent jusqu'à Piérium de Thessalie; mais comme les Thessaliens voulaient s'opposer à leur passage, et que Brasidas, à qui ils conduisaient l'armée, venait de mourir, ils retournèrent sur leurs pas, ne jugeant plus l'occasion favorable depuis la défaite et le départ des Athéniens; d'ailleurs ils ne se croyaient pas en état de poursuivre les projets de Brasidas. Mais ce qui les décida surtout à se retirer, c'est qu'à leur départ ils avaient su que les Lacédémoniens inclinaient à la paix.

Chap. 14. Après l'affaire d'Amphipolis et la retraite de Rhamphias, il ne se commit de part ni d'autre aucune hostilité; les pensées se tournaient vers la paix. Les Athéniens, maltraités devant Délium, et peu après à Amphipolis, n'avaient plus cette aveugle confiance dans leurs forces, qui les avait empêchés de se prêter à un accommodement, quand, éblouis de leur fortune présente, ils se flattaient d'obtenir la prééminence. Ils craignaient en même temps leurs alliés, que les nouveaux désastres pouvaient exciter encore plus à la défection; ils se repentaient aussi d'avoir négligé l'occasion favorable de traiter après l'affaire de Pylos. D'un autre côté, les Lacédémoniens, qui avaient cru d'abord n'avoir qu'à ravager l'Attique pour détruire en peu d'années la puissance d'Athènes, voyaient la marche de la guerre contrarier leurs premiers calculs. Ils venaient d'essuyer à Sphactérie un échec inconnu jusqu'alors à Sparte. Pylos et Cythères servaient de points de départ à des invasions sur leurs terres. Les Hilotes désertaient; ce qui leur en restait, d'intelligence avec les déserteurs et prenant conseil des circonstances actuelles, ne tramerait-il pas, comme autrefois, quelque révolution? Pour surcroît d'embarras, la trève de trente ans conclue avec les Argiens allait expirer, et ceux-ci n'en voulaient pas faire une autre qu'on ne leur eût d'abord restitué la Cynurie. Les Lacédémoniens sentaient l'impossibilité de soutenir à-la-fois la guerre contre Argos et contre Athènes; ils soupçonnaient d'ailleurs quelques villes du Péloponnèse de vouloir se déclarer pour les Argiens; ce qui en effet arriva.

Chap. 15. De part et d'autre, frappé de ces considérations, on crut devoir s'accorder. Lacédémone surtout le désirait, impatiente de retirer les guerriers pris à Sphactérie. Il se trouvait parmi eux des Spartiates du premier rang et liés de parenté avec les plus illustres familles : dès le premier instant de leur captivité, on avait négocié leur délivrance, et les Athéniens, dans la prospérité, avaient refusé de l'accorder à des conditions fondées sur des principes d'égalité; mais, après les avoir humiliés à Délium, les Lacédémoniens, certains d'être mieux reçus, avaient conclu la trève d'un an, pendant laquelle devaient se tenir des conférences pour en venir à une paix plus durable.

Chap. 16. La chose devenait plus facile, après la défaite des Athéniens à Amphipolis et la mort toute récente de Cléon et de Brasidas. C'étaient eux qui, des deux côtés, s'étaient le plus opposés à la paix : celui-ci, parce que la guerre devenait la source de ses prospérités et de sa gloire; l'autre, parce qu'il sentait que la paix éclairerait sur ses méfaits et que ses calomnies obtiendraient moins de créance. Mais quand ils ne furent plus, les citoyens qui, dans ce temps-là, avaient le plus grand désir de procurer la prééminence chacun à sa république, Plistoanax, fils de Pausanias, roi de Lacédémone, et Nicias, fils de Nicératus, le général de son temps qui avait le plus de succès, montrèrent un penchant décidé pour le repos. Nicias, qui n'avait pas encore essuyé de revers, voulait mettre ses prospérités à l'abri ; pour le moment, se délasser de ses fatigues et procurer du repos à ses concitoyens, et, pour l'avenir, s'assurer la réputation de n'avoir jamais trompé l'espoir de l'état : il sentait bien que ces heureux résultats étaient assurés pour quiconque, écartant les dangers, ne s'abandonnait pas aux hasards de la fortune, et que la paix seule procurait une entière sécurité. Pour Plistoanax, ses ennemis le tourmentaient au sujet de son retour d'exil : toujours prêts à éveiller les scrupules des Lacédémoniens à chaque revers, comme si leurs mauvais succès n'avaient d'autre cause que ce rappel, qu'ils traitaient d'illégal. Ils l'accusaient, ainsi qu'Aristoclès son frère, d'avoir gagné la prêtresse qui rendait des oracles chez les Delphiens, et d'avoir long-temps fait donner pour réponse aux théores venant de Lacédémone consulter l'oracle, qu'ils eussent à rappeler chez eux, des terres étrangères, la race du demi-dieu fils de Jupiter ; sinon qu'ils laboureraient avec un soc d'argent. Ils prétendaient qu'étant allé demeurer au Lycée lorsqu'il fut banni pour s'être retiré de l'Attique, gagné, disait-on, par des présens, et qu'ayant, par crainte des Lacédémoniens, habité, depuis dix-neuf ans, la moitié des bâtimens dépendans de l'hiéron de Jupiter, il avait enfin décidé sa république à le ramener avec des chœurs et des sacrifices pareils à ceux qu'on avait institués pour l'inauguration des rois lors de la fondation de Lacédémone.

Chap. 17. Affligé de ces propos hostiles, il crut que, dans la paix, quand les Lacédémoniens, à l'abri des adversités, auraient recouvré leurs prisonniers, il cesserait d'être en butte aux persécutions de ses ennemis, tandis qu'en temps de guerre, les chefs ne pouvaient manquer, au premier échec, d'être calomniés. Il travailla donc avec ardeur à un accommodement. Pendant l'hiver on porta des paroles de paix ; et dès le printemps, les Lacédémoniens affectèrent de faire des préparatifs et de se mettre en mouvement, et envoyèrent dans toutes les villes, comme s'ils eussent voulu construire dans l'Attique des fortifications ennemies ; mais ils voulaient seulement rendre les Athéniens plus traitables. Enfin, après bien des conférences et bien des réclamations de part et d'autre, on convint que chacun rendrait ce qu'il avait pris pendant la guerre, et que les Athéniens garderaient Nisée. Ceux-ci avaient réclamé Platée, et les Thébains avaient répondu qu'ils garderaient cette place, parce que les habitans s'étaient jetés dans leurs bras par suite d'une convention libre, et non par contrainte ni par trahison ; Nisée, par les mêmes raisons, devait rester aux Athéniens. Les Lacédémoniens convoquèrent leurs alliés : tous furent d'accord sur les articles, et les confirmèrent de leurs suffrages, excepté les Béotiens, les Corinthiens, les Éléens et les Mégariens, et d'autres à qui ce traité ne plaisait pas. Les Lacédémoniens et leurs alliés le consacrèrent par des cérémonies religieuses, et par les sermens qu'ils prêtèrent aux Athéniens ; ceux-ci remplirent envers les Lacédémoniens les mêmes formalités. Voici la teneur du traité :

Chap. 18. « Les Athéniens, les Lacédémoniens et les alliés ont fait la paix aux conditions suivantes, dont chaque ville a juré l'observation. Chacun, à sa volonté, pourra, suivant les anciens usages, offrir des sacrifices dans les hiérons communs à tous les Hellènes, y aller sans crainte par terre et par mer, y consulter les oracles, y envoyer des théores. Quant à l'hiéron et au temple d'Apollon chez les Delphiens, et aux Delphiens eux-mêmes, ils seront autonomes et s'imposeront volontairement, soumis, eux et leur territoire, à leur seule juridiction, suivant les anciens usages.

» La paix durera cinquante ans, sans dol ni dommages, sur terre et sur mer, entre les Athéniens et les alliés d'Athènes, d'une part, et les Lacédémoniens et les alliés de Lacédémone, d'autre part.

» Ni Lacédémone et ses alliés ne pourront prendre les armes contre Athènes et ses alliés, ni Athènes et ses alliés ne pourront prendre les armes contre Lacédémone et ses alliés : toutes ruses et toutes machinations hostiles seront interdites aux deux parties.

» S'il survient quelque différend, on recourra aux voies de la justice et aux sermens, suivant les conventions qui auront été faites.

» Les Lacédémoniens et leurs alliés rendront Amphipolis aux Athéniens ; mais, en même temps, il sera permis aux habitans de toutes les villes que les Lacédémoniens ont rendues à Athènes, de se transporter où ils voudront, et d'emporter ce qui leur appartient.

» Les diverses républiques resteront autonomes aussi long-temps qu'elles paieront le tribut auquel elles étaient taxées du temps d'Aristide.

» Il ne sera permis ni aux Athéniens, ni à leurs alliés, puisqu'il y a trêve, de prendre les armes contre les villes exactes à payer le tribut. Les villes, déclarées autonomes, sont Argile, Stagire, Acanthe, Scolus, Olynthe, Spartolus : elles n'entreront en alliance ni avec Lacédémone, ni avec Athènes ; cependant, si les Athéniens les y décident, il sera permis, à celles qui le voudront, d'entrer dans l'alliance d'Athènes.

» Les Mécybernéens, les Sanéens et les Singéens jouiront des mêmes priviléges que ceux d'Olynthe et d'Acanthe.

» Les Lacédémoniens et leurs alliés restitueront Panactum aux Athéniens ; les Athéniens, de leur côté, rendront aux Lacédémoniens Coryphase, Cythères, Méthone, Ptéléum, Atalante.

» Ces derniers rendront aussi tous les hommes de Lacédémone qu'ils ont dans les prisons d'Athènes ou de tout autre lieu de leur domination ; ils renverront les Péloponnésiens assiégés dans Scione, et tous les autres alliés de Lacédémone qui se trouvent dans cette place, et tous ceux, en général, que Brasidas y a fait passer : enfin, la liberté sera rendue à tout allié de Lacédémone qui se trouve dans les prisons d'Athènes ou de tout autre lieu de la domination athénienne.

» A leur tour, les Lacédémoniens et leurs alliés rendront ce qu'ils ont d'Athéniens et d'alliés d'Athènes.

» Les Athéniens prononceront à leur gré sur les habitans de Scione, de Torone, de Sermyle, et des autres villes en leur puissance.

» Les députés, soit d'Athènes, soit de ses alliés, prêteront, chacun au nom de leur république, serment aux Lacédémoniens. Ils prêteront le serment particulier à chaque ville, et regardé par chacune d'elles comme le plus inviolable ; le serment portera en substance : Je serai fidèle aux traités et conventions, conformément à la justice, et sans dol.

» Les Lacédémoniens et leurs alliés, en prêtant le serment, se conformeront aux usages d'Athènes à l'égard de Sparte.

» L'une et l'autre république le renouvelleront tous les ans : il sera inscrit sur des colonnes dans l'Olympie, à Pytho dans l'isthme, à Athènes dans l'acropole, à Lacédémone dans l'Amycléum.

» Si l'une ou l'autre des parties contractantes oublie quelque point, ou si quelque article donne lieu à représentation, il sera permis, sans manquer au serment, pourvu qu'on emploie des moyens légitimes, de faire les changemens qui conviendront aux deux parties, Athènes et Lacédémone. »

Chap. 19. La ratification du traité fut présidée, à Sparte, par l'éphore Plistolas, le quatrième jour avant la fin du mois Artémisium, et à Athènes, par l'archonte Alcée, le sixième jour avant la fin du mois élaphébolion. Ceux qui prêtèrent le serment et remplirent les rits sacrés, furent, de la part des Lacédémoniens, Plistolas, Damagète, Chionis, Métagène, Acanthus, Daïthus, Ischagoras, Philocharidas, Zeuxidas, Anthippe, Tellis, Alcinidas, Empédias, Ménas et Lamphilus ; et de la part des Athéniens, Lampon, Isthmionique, Nicias, Lachès, Euthydème, Proclès, Pythodore, Agnon, Myrtile, Thrasyclès, Théagène, Aristocète, Iolcius, Timocrate, Léon, Lamachus, Démosthène.

Chap. 20. Cette trêve fut conclue, l'hiver fini, au commencement du printemps, aussitôt après les Bacchanales qui se célèbrent dans la ville, dix ans et quelques jours après la première invasion de l'Attique et le commencement de cette guerre. Que chacun fasse son calcul d'après les saisons ; mais qu'il ne s'en rapporte pas aux noms de ceux qui, de part ou d'autre, commandaient, ou qui, à quelque autre titre, présentent leurs noms pour servir à fixer l'ordre des événemens passés ; car cela ne suffit pas pour spécifier à quelle époque de leur gestion, soit au commencement, soit au milieu, soit à tout autre terme, appartiendra tel fait ; au lieu que si l'on compte, comme j'ai fait, par hiver et par été, on verra qu'en supputant ces deux moitiés d'année, qui forment une année entière, cette première guerre a duré dix étés et autant d'hivers.

Chap. 21. Les Lacédémoniens, que le sort désignait les premiers pour rendre ce qu'ils tenaient, renvoyèrent aussitôt leurs prisonniers, et dépêchèrent vers le littoral de la Thrace Ischagoras, Ménas et Philocharidas, avec ordre pour Cléaridas de remettre Amphipolis aux Athéniens, et pour les autres commandans, d'accepter la trêve, en se conformant aux articles qui les concernaient en particulier. Mais chacun de ces commandans refusa de se soumettre, jugeant le traité désavantageux. Cléaridas ne restitua pas non plus Amphipolis : agissant par complaisance pour les Chalcidiens, il donnait pour raison qu'il n'était pas maître de la rendre malgré eux. Lui-même se hâta de partir avec les députés de la Chalcidique, pour faire à Lacédémone l'apologie de sa conduite, s'il arrivait qu'Ischagoras et ses collègues l'accusassent de désobéissance : il voulait voir en même temps s'il serait possible encore d'apporter des modifications au traité. Il le trouva ratifié. Envoyé de nouveau par les Lacédémoniens, qui lui prescrivirent surtout de restituer la place, sinon d'en retirer tout ce qui s'y trouverait de Péloponnésiens, il repartit en diligence.

Chap. 22. Les Lacédémoniens engagèrent les alliés qui se trouvaient à Lacédémone, et qui n'avaient pas accédé à la trêve, à l'accepter ; mais ceux-ci s'excusèrent sous les mêmes prétextes qu'auparavant : ils s'en défendaient en disant qu'ils ne consentiraient à rien qu'on n'eût rendu les conditions plus équitables. Les Lacédémoniens, ne pouvant se faire écouter, les renvoyèrent, et contractèrent eux-mêmes avec Athènes une alliance particulière, croyant que les Argiens ne s'uniraient pas à eux, puisqu'ils s'y étaient refusés lorsqu'Ampélidas et Lichas étaient venus chez eux, et cela parce qu'ils avaient pensé que, sans les Athéniens, les Lacédémoniens n'étaient pas fort à craindre ; persuadés d'ailleurs qu'on établirait le calme dans le reste du Péloponnèse, qui, si on lui en laissait la liberté, se déclarerait pour les Athéniens. Comme les députés d'Athènes se trouvaient à Lacédémone, on eut avec eux des conférences, qui se terminèrent par un traité confirmé sous la foi du serment, et dont voici la teneur :

Chap. 23. « Les Lacédémoniens seront alliés d'Athènes pendant cinquante ans.

» Si des ennemis entrent sur le territoire de Lacédémone et y exercent des hostilités, les Athéniens secourront leurs alliés de tout leur pouvoir. Si les agresseurs se retirent après avoir ravagé la campagne, ils seront déclarés ennemis de Lacédémone et d'Athènes : les deux républiques leur feront la guerre, et ne déposeront les armes que d'un commun accord. Ces articles seront observés avec justice, avec zèle, et sans fraude.

» Si des ennemis entrent sur le territoire d'Athènes et y exercent des hostilités, les Lacédémoniens secourront leurs alliés de tout leur pouvoir. Si les agresseurs se retirent après avoir ravagé la campagne, ils seront déclarés ennemis de Lacédémone et d'Athènes ; les deux républiques leur feront la guerre, et ne déposeront les armes que d'un commun accord. Ces articles seront observés avec équité, avec zèle et sans fraude.

» Si les esclaves se soulèvent, les Athéniens secourront les Lacédémoniens de tout leur pouvoir.

» Ce traité, juré des deux côtés par ceux qui ont juré les premières conventions, sera renouvelé tous les ans ; et, pour cet effet, les Lacédémoniens se rendront à Athènes aux fêtes de Bacchus, et les Athéniens, à Lacédémone, aux fêtes d'Hyacinthe.

» Les deux peuples dresseront chacun une colonne, l'une à Lacédémone, dans l'Amycléum, près du dieu qu'on y révère ; l'autre à Athènes, dans l'acropole, près de Minerve.

» Si les Lacédémoniens et les Athéniens, après la conclusion de ce traité, trouvent quelque chose à ajouter ou à retrancher, ils le pourront sans enfreindre le serment. »

Chap. 24. Le serment fut prêté, du côté de Lacédémone, par Plistoanax, Agis, Plistolas, Damagète, Chionis, Métagène, Acanthus, Daïthus, Ischagoras, Philocharidas, Zeuxidas, Anthippus, Alcinadas, Tellis, Empédias, Ménas, Lamphilus ; et pour Athènes, par Lampon, Isthmionique, Lachès, Nicias, Euthydème, Proclès, Pythodore, Agnon, Myrtile, Thrasyclès, Théagène, Aristocrate, Iolcius, Timocrate, Léon, Lamachus, Démosthène.

Cette alliance fut conclue peu de temps après la trêve. Les Athéniens rendirent aux Lacédémoniens les prisonniers de Sphactérie. Alors l'été de la onzième année commençait. J'ai écrit de suite ce qui s'est passé dans ces dix années de la première guerre.

Chap. 25. Par suite de l'accord et de l'alliance conclus entre Athènes et Lacédémone après la guerre de dix ans, Plistolas étant éphore de Lacédémone, et Alcée, archonte d'Athènes, la paix fut rétablie entre les peuples qui accédèrent au traité. Mais les Corinthiens et quelques habitans des villes du Péloponnèse troublèrent cet accord, et de nouveaux mouvemens s'annoncèrent aussitôt contre les Lacédémoniens. Ceux-ci, dans la suite du temps, devinrent eux-mêmes suspects aux Athéniens, pour n'avoir pas rempli certaines conditions du traité. Cependant il s'écoula sept ans et deux mois sans que les deux peuples portassent les armes dans le pays l'un de l'autre; mais hors des frontières, avec cette trêve chancelante, ils se faisaient réciproquement beaucoup de mal. Obligés enfin de la rompre après un intervalle de dix ans, ils en vinrent à une guerre ouverte.

Chap. 26. Le même Thucydide d'Athènes a écrit ces événemens de suite et sans interruption, tels qu'ils se sont passés, par été et par hiver, jusqu'au temps où les Lacédémoniens détruisirent la domination d'Athènes et s'emparèrent des longues murailles et du Pirée. Jusqu'à cette époque, la durée de la guerre fut en tout de vingt-sept ans. Il serait inexact de ne pas appeler temps de guerre celui qui s'écoula durant les différentes trêves. Que l'on juge ce période par les faits, tels que nous les avons rapportés, il sera évident qu'il ne peut être regardé comme un temps de paix, puisque, dans sa durée, on ne fit ni ne reçut, de part et d'autre, toutes les restitutions convenues. D'ailleurs, sans parler des guerres de Mantinée et d'Épidaure, les deux partis eurent encore d'autres reproches à se faire, et les alliés de l'Épithrace ne cessèrent de se conduire en ennemis. Quant aux Béotiens, ils ne conclurent qu'une trêve de dix jours. Ainsi, en joignant ensemble la première guerre de dix ans, la trêve peu sûre qui la suivit, et la guerre qui succéda à cette trêve, on trouvera le nombre d'années que j'ai compté, et quelques jours de plus, en supputant suivant l'ordre des temps. On trouvera de plus que c'est la seule manière qui s'accorde sûrement avec les oracles, du moins pour ceux qui croient devoir appuyer leur opinion sur les oracles; car, je me le rappelle, depuis le commencement jusqu'à la fin de la guerre, bien des gens avançaient qu'elle devait durer trois fois neuf années. J'ai traversé tout le temps de cette guerre de vingt-sept années, me trouvant, à raison de mon âge, en état de mieux voir et de mieux juger, et m'appliquant à acquérir la connaissance des moindres particularités. J'ai passé vingt ans exilé de ma patrie, après mon généralat d'Amphipolis, et je me suis trouvé à portée d'examiner les choses dans l'un et l'autre parti, et peut-être de plus près encore les affaires des Péloponésiens, à raison de mon exil et du loisir qu'il m'a procuré. Je rapporterai donc les différends qui s'élevèrent au bout de dix ans, la rupture de la trêve, et les hostilités qui la suivirent.

Chap. 27. Quand la trêve de cinquante ans et l'alliance qui en fut la suite eurent été conclues, les députés du Péloponnèse, convoqués pour cet objet, se retirèrent de Lacédémone. Ils retournèrent chez eux, excepté les Corinthiens, qui, passant d'abord à Argos, eurent des conférences avec quelques-uns des principaux citoyens, et représentèrent que, Lacédémone ayant conclu la paix avec Athènes, auparavant sa plus grande ennemie, et s'étant unie à elle, non pour l'avantage, mais pour l'asservissement du Péloponnèse, il était du devoir des Argiens d'aviser aux moyens de sauver le Péloponnèse, et de décréter que toute ville hellénique qui le voudrait, pourvu qu'elle fût autonome et accordât dans ses tribunaux une entière et parfaite égalité, pouvait contracter avec eux une alliance défensive : on élirait un petit nombre de citoyens qu'on munirait de pleins pouvoirs, et l'on ne traiterait pas devant le peuple, afin que ceux qui ne pourraient engager la multitude dans leur sentiment, ne fussent pas connus. Ils assuraient qu'en haine de Lacédémone, bien des villes ne manqueraient pas de prendre part à cette ligue. Ils retournèrent chez eux après avoir proposé ces mesures.

CHAP. 28. Ceux des principaux Argiens à qui elles furent communiquées, les portèrent aux magistrats et au peuple : elles furent décrétées, et l'on élut douze citoyens entre les mains de qui pourraient contracter alliance tous ceux des Hellènes qui le jugeraient à propos. On excepta les Athéniens et les Lacédémoniens, avec lesquels on ne pourrait traiter sans la participation du peuple d'Argos. Les Argiens consentirent d'autant plus volontiers à cette résolution, qu'ils se voyaient près d'entrer en guerre avec Lacédémone (car le traité qu'ils avaient avec cette république touchait à sa fin), et qu'ils espéraient commander les forces du Péloponnèse. On avait, à cette époque, une fort mauvaise opinion de Lacédémone, que ses revers avaient abaissée ; au lieu qu'Argos, qui, étrangère à la guerre de l'Attique et en paix avec les deux puissances, en avait recueilli les fruits, se trouvait dans la plus heureuse situation. Les Argiens reçurent donc dans leur alliance ceux des Hellènes qui voulurent y accéder.

CHAP. 29. Les Mantinéens et leurs alliés, qui craignaient Lacédémone, s'engagèrent les premiers dans cette confédération (car une portion de l'Arcadie s'était rangée sous l'obéissance de Mantinée, qu'on avait soumise pendant qu'on était encore en guerre contre Athènes) : ils pensaient que Lacédémone, rendue au repos, ne les verrait pas d'un œil tranquille exercer cet empire. Ils se tournèrent donc avec joie du côté des Argiens, voyant en eux une puissance respectable, toujours ennemie de Lacédémone, et qui, comme eux, usait du gouvernement populaire. La défection des Mantinéens étant consommée, le reste du Péloponnèse déclara hautement qu'il fallait suivre leur exemple ; on supposait cette défection déterminée par des motifs dont eux seuls avaient le secret : on était d'ailleurs irrité contre Lacédémone par plusieurs raisons ; entre autres, parce que le traité portait que, sans enfreindre les sermens, les deux républiques de Lacédémone et d'Athènes pourraient y faire les additions et les retranchemens qu'elles jugeraient convenables. Cette clause, donnant lieu de soupçonner que les Lacédémoniens, d'intelligence avec les Athéniens, avaient des projets d'asservissement, troublait tout le Péloponnèse, qui trouvait juste que la faculté réservée fût commune à tous les alliés. Aussi la plupart, effrayés, s'empressèrent à l'envi d'entrer dans l'alliance d'Argos.

CHAP. 30. Les Lacédémoniens, émus des clameurs du Péloponnèse, n'ignoraient pas que les Corinthiens les excitaient, et qu'ils allaient traiter avec Argos. Ils leur envoyèrent des députés pour prévenir, disaient-ils, les malheurs qui les menaçaient. Ils les accusaient d'être les instigateurs de tous les mouvemens, et leur représentaient que si, après les avoir abandonnés, ils embrassaient l'alliance des Argiens, ils se rendraient parjures ; que déjà même ils allaient contre la justice en n'acceptant pas la trève conclue avec Athènes, puisque le traité portait que ce qui serait décrété par la pluralité des alliés les engagerait tous, à moins qu'il n'y eût quelque empêchement de la part des dieux ou des héros.

Tous ceux des alliés qui avaient aussi rejeté la trêve se trouvaient alors à Corinthe, où ils avaient été mandés antérieurement : les Corinthiens répondirent en leur présence aux députés de Lacédémone. Ils ne se plaignirent ouvertement ni de ce que les Athéniens ne leur avaient pas restitué Solium et Anactorium, ni des autres injustices contre lesquelles ils se croyaient en droit de réclamer : mais ils déclarèrent, pour motiver leur conduite, qu'ils ne trahiraient pas les Hellènes de l'Épithrace; qu'ils s'étaient particulièrement engagés avec eux par serment, aussitôt que ces Hellènes, avec les habitans de Potidée, s'étaient détachés de l'alliance d'Athènes, et que, dans la suite, ils avaient encore renouvelé cette promesse. Ils soutenaient qu'en refusant de participer à la trêve des Athéniens, ils n'enfreignaient pas le serment des alliés; qu'ayant pris les dieux à témoin de leurs engagemens, ils se rendraient parjures s'ils trahissaient ceux qui avaient reçu leur foi; qu'on avait réservé les empêchemens qui proviendraient de la part des dieux ou des héros, qu'ils étaient donc évidemment liés par un empêchement divin. Voilà ce qu'ils dirent au sujet de leurs anciens sermens; quant à l'alliance avec les Argiens, ils répondirent qu'ils se consulteraient avec leurs amis, et feraient ce qui serait juste. Les députés de Lacédémone se retirèrent. Il se trouvait aussi à Corinthe des députés d'Argos, qui prièrent les Corinthiens d'entrer dans leur alliance, et de ne pas différer : ceux-ci les engagèrent à se trouver aux prochaines conférences qui se tiendraient à Corinthe.

Chap. 31. Bientôt arrivèrent les députés de l'Élide, qui contractèrent alliance avec les Corinthiens, passèrent ensuite chez les Argiens, suivant leur mission, et s'allièrent avec Argos. Ils étaient brouillés avec les Lacédémoniens, au sujet de Lépréum : car jadis des Lépréates, en guerre avec quelques Arcadiens, avaient invité les Éléens à leur alliance, en promettant de leur abandonner la moitié du pays; mais, à la fin de la guerre, les Éléens l'avaient laissé tout entier aux Lépréates, sous l'obligation d'offrir, chaque année, un talent à Jupiter Olympien. Ce tribut avait été acquitté jusqu'à la guerre d'Athènes, qui offrit le prétexte de s'en dispenser. Les Éléens voulant contraindre les Lépréates à remplir leur engagement, ceux-ci s'en remirent à l'arbitrage de Lacédémone. Les Éléens, voyant les Lacédémoniens devenus juges de ce différend, crurent qu'ils n'obtiendraient pas justice, déclinèrent l'arbitrage, et ravagèrent le pays des Lépréates. Les Lacédémoniens n'en prononcèrent pas moins le jugement, et déclarèrent les Lépréates libres, et les Éléens oppresseurs. Ceux-ci, au mépris de la décision, envoyèrent à Lépréum une garnison d'oplites; et sur le prétexte que Lacédémone protégeait une ville rebelle et qui leur appartenait, ils mirent en avant l'article par lequel il était dit qu'on rendrait à chacun ce qu'il possédait au commencement de la guerre avec Athènes. Se prétendant lésés, ils se détachèrent de Lacédémone et s'unirent aux Argiens, comme il avait été résolu d'avance.

Aussitôt après, les Corinthiens et les Chalcidiens de l'Épithrace entrèrent aussi dans l'alliance d'Argos. Les Béotiens et les Mégariens, qui se disaient déterminés à suivre ces exemples, se tinrent en repos; d'une part, surveillés par les Lacédémoniens, et croyant, d'autre part, que, soumis au gouvernement d'un petit nombre, le régime populaire d'Argos leur convenait moins que la constitution de Lacédémone.

Chap. 32. Vers le même temps de cet

été, les Athéniens assiégèrent Scione, et finirent par s'en rendre maîtres; ils tuèrent les hommes en état de porter les armes, réduisirent en esclavage les enfans et les femmes, et donnèrent aux Platéens le territoire à cultiver. Ils rétablirent les Déliens à Délos, se souvenant des malheurs qu'eux-mêmes avaient éprouvés à la guerre, et voulant obéir à un oracle du dieu adoré chez les Delphiens.

Les Phocéens et les Locriens commencèrent la guerre. Les Corinthiens et les Argiens, dès lors alliés entre eux, se portèrent à Tégée pour la détacher de Lacédémone : c'était, à leurs yeux, une mesure décisive; ils espéraient, s'ils réussissaient, avoir le Péloponnèse tout entier. Mais, les Tégéates ayant déclaré qu'ils n'entreprendraient rien contre Lacédémone, les Corinthiens, qui jusqu'alors avaient agi avec beaucoup de chaleur, se relâchèrent de leurs prétentions, appréhendant que personne ne se joignît plus à eux. Ils allèrent cependant trouver les Béotiens, et les prièrent d'accepter leur alliance et celle des Argiens, et d'agir sur le reste de concert avec eux. Les Béotiens avaient avec Athènes une suspension d'armes de dix jours, conclue peu après la trêve de cinquante ans. Les Corinthiens les prièrent de les suivre à Athènes, de négocier pour eux un traité semblable; et si les Athéniens le refusaient, de renoncer eux-mêmes à celui qu'ils avaient obtenu, et de ne traiter à l'avenir que d'un commun accord. Les Béotiens, à ces propositions, demandèrent du temps pour se déterminer sur l'alliance d'Argos. Cependant ils les accompagnèrent à Athènes; mais ils ne purent leur faire obtenir la suspension d'armes de dix jours. Les Athéniens répondirent que si les Corinthiens étaient alliés de Lacédémone, ils jouissaient de la trêve. Ce refus ne put engager les Béotiens à renoncer à la suspension d'armes, malgré les instances des Corinthiens, qui leur reprochaient même de s'y être engagés. Il y eut d'ailleurs, sans traité, une armistice entre Corinthe et Athènes.

Chap. 33. Le même été, les Lacédémoniens, sous la conduite de Plistoanax, fils de Pausanias, roi de Lacédémone, portèrent la guerre, avec toutes leurs forces, en Arcadie : ils y étaient appelés par les Parrhasiens, peuplade sujette des Mantinéens, alors déchirée par des factions. Ils voulaient en même temps, s'il était possible, détruire les fortifications élevées par les Mantinéens à Cypsèles. Ceux-ci y avaient garnison, quoique cette place fût située sur le territoire des Parrhasiens, et limitrophe de la Sciritide, qui fait partie de la Laconie. Les Lacédémoniens ravagèrent le pays des Parrhasiens. Les Mantinéens remirent la garde de Cypsèles aux Argiens, et se contentèrent d'y entretenir garnison pour leurs alliés. Ils se retirèrent, dans l'impuissance de conserver et les fortifications de Cypsèles et leur domination sur les villes des Parrhasiens. Les Lacédémoniens firent ceux-ci autonomes, détruisirent les fortifications, et retournèrent chez eux.

Chap. 34. Le même été, revinrent de Thrace à Lacédémone les guerriers partis avec Brasidas : Cléaridas les ramenait après avoir conclu la trêve. Les Lacédémoniens déclarèrent les Hilotes qui avaient combattu avec Brasidas, libres, et maîtres de choisir à leur gré le lieu de leur habitation. Mais peu de temps après, en différend avec les Éléens, ils les placèrent, avec les Néodamodes, à Lépréum, place située sur les confins de la Laconie et de l'Élide. Quant à ceux de leurs concitoyens prisonniers revenus de Sphactérie, où ils avaient rendu les armes, comme on craignait que, dans la crainte d'une diminution d'état, ces hommes, que leur naissance appelait aux plus hauts emplois, ne tentassent quelque mouvement, on les nota d'infamie, quoique plusieurs fussent déjà revêtus de fonctions publiques, les déclarant inhabiles à exercer des magistratures, à acheter ou vendre [des propriétés] : mais dans la suite ils furent réhabilités.

Chap. 35. Le même été, les Dictidiens prirent Thysse, ville alliée d'Athènes, située dans la péninsule de l'Athos. Durant toute la saison, des relations pacifiques subsistèrent entre Athènes et le Péloponnèse : mais aussitôt après la conclusion du traité, des défiances régnèrent entre les Athéniens et les Lacédémoniens, défiances fondées sur ce que ni les uns ni les autres ne se rendaient réciproquement les places qu'ils auraient dû restituer. Les Lacédémoniens, que le sort appelait à faire les premiers ces restitutions, n'avaient pas rendu Amphipolis et d'autres places; n'engageant ni les alliés de l'Épithrace, ni les Corinthiens, ni les Béotiens, à recevoir la trève. Ils se bornaient à dire et à répéter que s'ils s'y refusaient, on les y contraindrait de concert avec les Athéniens. Sans acte formel, ils avaient fixé un délai après lequel les temporiseurs seraient regardés comme ennemis des deux nations. Les Athéniens, qui voyaient toutes ces promesses rester sans effet, supposaient de mauvaises intentions à Lacédémone; aussi refusèrent-ils de restituer Pylos, qu'elle réclamait : ils se repentaient même d'avoir rendu les prisonniers de Sphactérie, et gardaient le reste de leurs conquêtes, en attendant qu'elle remplît ses engagemens. Les Lacédémoniens prétendaient, de leur côté, avoir fait récemment ce qui dépendait d'eux, en rendant les prisonniers d'Athènes qui étaient entre leurs mains et retirant les guerriers de la Thrace littorale et des autres lieux dont ils étaient maîtres : mais ils assuraient qu'il n'était pas en leur pouvoir de restituer Amphipolis; qu'ils essaieraient de disposer à la trève les Béotiens et les Corinthiens, de procurer la restitution de Panactum, de faire rendre tous les prisonniers d'Athènes qui étaient entre les mains des Béotiens. Ils demandaient en même temps qu'on leur rendît Pylos, ou qu'on en retirât du moins les Messéniens et les Hilotes, comme eux-mêmes avaient retiré du littoral de la Thrace leurs soldats, et que les Athéniens missent garnison dans la place, s'ils le jugeaient à propos. A force de renouveler ces négociations dans le cours de l'été, ils persuadèrent enfin aux Athéniens de retirer de Pylos les Messéniens et les autres Hilotes, et tous les déserteurs qui y étaient venus de la Laconie : on les transporta à Cranies, dans l'île de Céphallénie. Ainsi le calme dura tout cet été, et les deux peuples communiquèrent entre eux.

Chap. 36. L'hiver suivant, les éphores n'étaient plus ceux sous lesquels avait été conclue la trève : quelques-uns d'eux y étaient contraires. Il vint à Lacédémone des députés de divers peuples alliés, outre ceux d'Athènes, de la Béotie et de Corinthie; mais, après beaucoup de conférences, ils ne convinrent de rien. Quand ils se retirèrent, Cléobule et Xénarès, ceux des éphores qui étaient les plus ardens pour la rupture de la trève, eurent des entretiens particuliers avec les députés de la Béotie et de la Corinthie, et les exhortèrent fortement à entrer dans leurs vues, à faire en sorte que les Béotiens, embrassant d'abord eux-mêmes l'alliance d'Argos, se décidassent ensuite, avec les Argiens, pour celle de Lacédémone. Ils représentaient qu'ainsi les Béotiens ne seraient pas obligés de prendre part à l'alliance d'Athènes; que les Lacédémoniens, avant de recommencer les hostilités contre les Athéniens et de rompre la trève, désiraient avoir pour amis et pour alliés les Argiens; ils savaient que de tout temps les Lacédémoniens avaient souhaité Argos pour alliée, et que c'était le moyen de faire plus aisément la guerre hors du Péloponnèse. Ils priaient les Béotiens de leur remettre Panactum, afin, s'il était possible, d'obtenir des Athéniens Pylos en échange, ce qui rendrait plus facile la guerre contre ces derniers.

Chap. 37. Les Béotiens et les Corinthiens se retirèrent, chargés par Xénarès, Cléobule, et tout ce qu'il y avait de Lacédémoniens liés au même parti, de ces instructions pour leurs républiques. Deux Argiens, revêtus des plus hautes dignités, les guettèrent sur le chemin à leur retour, les rencontrèrent, et eurent avec eux des entretiens, dont l'objet était d'attirer les Béotiens dans leur alliance, à l'exemple des Corinthiens, des Éléens et de ceux de Mantinée. Ils pensaient qu'au moyen de cette fédération, et agissant de concert, il leur serait dès lors aisé de faire à leur gré la guerre ou la paix, même avec les Lacédémoniens, s'ils le voulaient, et au besoin avec toute autre puissance.

Les députés de Béotie écoutèrent avec plaisir cette proposition; car le hasard voulait qu'on leur demandât précisément ce que leurs amis de Lacédémone leur avaient recommandé de stipuler.

Les deux Argiens, voyant cette ouverture si bien reçue, dirent en se retirant qu'ils enverraient des députés en Béotie. Les Béotiens, à leur arrivée, instruisirent les béotarques de ce qu'ils avaient fait à Lacédémone, et des propositions des Argiens qu'ils avaient rencontrés. Les béotarques, flattés de ces nouvelles, redoublèrent d'ardeur, en voyant que leurs amis de Lacédémone demandaient précisément les mêmes choses pour lesquelles, dans Argos, on marquait tant d'empressement.

Peu de temps après, vinrent les députés de cette république les inviter à suivre le plan qu'on leur avait proposé. Les béotarques leur témoignèrent, en les congédiant, combien l'objet de leur mission leur était agréable, et leur promirent d'envoyer une députation pour contracter alliance avec leur république.

Chap. 38. Cependant les béotarques, les Corinthiens, les Mégariens et les députés de l'Epithrace, jugèrent d'abord à propos de s'engager, par un serment réciproque à donner, au besoin, des secours à ceux d'entre eux qui en réclameraient, et à ne faire ni guerre ni paix que d'un commun accord : à ces conditions, les Béotiens et les Mégariens, qui faisaient cause commune, traiteraient avec les Argiens. Mais, avant de faire le serment, les béotarques communiquèrent cette résolution aux quatre conseils chargés de toute l'administration de la Béotie, et représentèrent qu'il convenait qu'on exigeât un serment respectif des républiques qui voudraient s'engager dans l'alliance défensive. Les conseils ne furent pas de cet avis, craignant de déplaire à Lacédémone s'ils se liaient par serment aux Corinthiens, qui s'étaient détachés de son alliance. Les béotarques en effet ne leur avaient pas dit qu'à Lacédémone, les éphores Cléobule et Xénarès, et leurs amis, leur avaient insinué d'entrer d'abord dans l'alliance d'Argos et de Corinthe, pour parvenir ensuite à celle de leur république. Ils avaient cru que les conseils, sans les mettre dans la confidence, décréteraient ce qu'eux-mêmes, d'après la résolution prise, leur proposeraient d'adopter. L'affaire ayant pris une tournure moins favorable, les Corinthiens et les députés de l'Épithrace se retirèrent sans avoir rien terminé. Les béotarques, qui, s'ils avaient réussi auprès des conseils, auraient essayé de faire conclure une alliance avec Argos, ne firent à ces conseils aucun rapport sur les Argiens, et ne tinrent pas la promesse qu'ils avaient faite d'envoyer des députés à Argos. Ainsi tout fut négligé et différé.

Chap. 39. Le même hiver, les Olynthiens firent une irruption sur Mécyberné [havre qui leur appartenait et dont s'étaient emparés les Athéniens], et la prirent d'emblée. Il subsistait toujours des négociations entre Athènes et Lacédémone, au sujet des villes qu'ils se retenaient réciproquement. Les Lacédémoniens, à la suite de cet événement, espérant que, si les Athéniens recevaient Panactum des mains des Béotiens, eux-mêmes recouvreraient Pylos, envoyèrent des députés aux Béotiens, et demandèrent, pour parvenir à l'échange, qu'on leur remît Panactum et les prisonniers d'Athènes. Mais les Béotiens répondirent qu'ils ne les rendraient pas que Lacédémone n'eût conclu avec eux une alliance particulière, comme elle l'avait fait avec Athènes. Les Lacédémoniens n'ignoraient pas qu'ils offenseraient cette république, puisqu'on était convenu de part et d'autre de ne faire que d'un commun accord la guerre ou la paix; mais, comme ils voulaient recevoir Panactum pour l'échange contre Pylos, et que d'ailleurs ceux qui s'appliquaient à troubler la trève, avaient à cœur de traiter avec les Béotiens, ils conclurent l'alliance sur la fin de cet hiver, aux approches du printemps. Aussitôt Panactum fut détruit.

Là se termina la onzième année de la guerre.

Chap. 40. L'été suivant, dès le commencement du printemps, les Argiens, ne voyant pas arriver les députés de Béotie qu'on avait promis d'envoyer, et sachant que Panactum était rasé, et que les Béotiens avaient fait une alliance particulière avec les Lacédémoniens, craignirent de se trouver isolés, et que tous les alliés ne se tournassent vers Lacédémone. Ils croyaient que c'était à la sollicitation de cette république que les Béotiens avaient demandé Panactum et fait alliance avec Athènes, et que les Athéniens avaient connaissance de toutes ces mesures. Ils pensaient ne pouvoir plus eux-mêmes, quoiqu'ils l'eussent d'abord espéré, s'allier avec eux dans le cas où, par suite de nouveaux différends, le traité de Lacédémone viendrait à se rompre. Ils se trouvaient à cet égard pris au dépourvu et craignaient d'avoir en même temps la guerre avec les Lacédémoniens, les Tégéates, les Béotiens et les Athéniens, eux qui, loin d'accepter le traité des Lacédémoniens, avaient nourri dans leurs cœurs l'espoir de commander au Péloponnèse. Ils envoyèrent, le plus tôt possible, en députation à Lacédémone, Eustrophus et Éson, qu'ils croyaient y être le plus en faveur : ils espéraient, en faisant avec cette république le meilleur traité que permettraient les circonstances, assurer leur tranquillité, quelque tournure que dussent prendre les affaires.

Chap. 41. Les députés eurent, à leur arrivée, des conférences avec les Lacédémoniens, sur les conditions auxquelles ils pourraient traiter. Les Argiens demandèrent d'abord que leurs éternels débats au sujet de la Cynurie, contrée limitrophe, fussent remis à l'arbitrage ou d'une ville ou d'un particulier. Ce pays, qui renferme les villes de Tyrée et d'Anthène, est occupé par des Lacédémoniens. Ceux-ci ne consentaient pas à revenir sur cette affaire; mais ils se montraient disposés, si les Argiens le voulaient, à traiter avec eux aux mêmes conditions qui les unissaient auparavant. Les députés cependant les amenèrent à consentir à ce qu'il fût conclu, pour le présent, une alliance de cinquante années; il serait permis pourtant à celle des deux nations qui le voudrait, soit Argos, soit Lacédémone, pourvu qu'elle ne prît un temps ni de contagion ni de guerre, de provoquer l'autre, et de combattre pour la possession de ce territoire, comme autrefois l'avaient fait les deux partis, se disant tous deux victorieux; mais on ne pourrait se poursuivre au-delà des frontières de l'Argolide et de la Laconie. Ces propositions semblèrent d'abord ridicules aux Lacédémoniens : néanmoins voulant, à quelque prix que ce fût, avoir les Argiens pour amis, ils accédèrent à la demande, et le traité fut dressé : mais, avant de le ratifier, ils voulurent que les députés retournassent à Argos, afin de le communiquer au peuple; et, s'il en agréait les conditions, qu'ils revinssent, aux fêtes d'Hyacinthe, les confirmer par serment. Les députés se retirèrent.

Chap. 42. On était occupé dans Argos de ces négociations, quand Andromène, Phédime et Antiménidas, députés de Lacédémone, qui devaient recevoir des Béotiens Panactum et les prisonniers, pour les rendre aux Athéniens, trouvèrent la place rasée par les Béotiens eux-mêmes. Ceux-ci s'excusaient sur le prétexte qu'autrefois, à la suite de leurs différends avec les Athéniens au sujet de cette même place, ils avaient réciproquement juré que ni les uns ni les autres ne l'occuperaient, mais qu'ils la posséderaient en commun. Quant aux prisonniers athéniens, Andromène et ses collègues, les ayant reçus des mains des Béotiens, les reconduisirent à Athènes et les rendirent. Ils y annoncèrent la destruction de Panactum, croyant remplir ainsi l'obligation de le rendre, puisqu'il n'y logerait plus d'ennemis de cette république. Mais les Athéniens ne purent les entendre sans indignation : le démantèlement de cette place, qui devait être remise en bon état, était à leurs yeux un outrage de la part de Lacédémone; et ils regardaient comme une autre injure que cette république eût contracté une alliance particulière avec les Béotiens, après avoir pris l'engagement de contraindre en commun à la trêve ceux qui refuseraient d'y accéder. Ils énuméraient tous les autres points de la convention qu'elle n'avait pas observés; et se croyant trompés, ils firent aux députés une réponse très dure en les congédiant.

Chap. 43. A la faveur de ces contestations entre Athènes et Lacédémone, ceux des Athéniens qui, de leur côté, voulaient rompre la trêve, y travaillèrent avec ardeur. Parmi eux se distinguait Alcibiade, fils de Clinias, qui, par son âge, n'eût encore été considéré que comme un enfant dans une autre république, mais à qui l'éclat de sa naissance attirait des hommages. Il pensait que le meilleur parti était de s'unir avec Argos. De plus, sa fierté naturelle le rendait contraire aux Lacédémoniens; il était piqué de ce qu'à la considération de Nicias et de Lachès, ils avaient conclu la trêve, méprisant sa jeunesse, et lui refusant les honneurs dus à l'antique hospitalité qui l'unissait à leur république. Son aïeul, à la vérité, y avait renoncé; mais lui-même se flattait de l'avoir renouvelée par les services qu'il avait rendus aux prisonniers de Sphactérie. Croyant donc que de toutes parts on attentait à ses privilèges, alors, pour la première fois, il représenta les Lacédémoniens comme des hommes peu sûrs, qui n'avaient traité avec Athènes que pour réduire les Argiens à la faveur de cette alliance, et venir ensuite attaquer les Athéniens isolés. La dissension mise ainsi entre les deux peuples, il dépêcha en particulier des émissaires aux Argiens, qui les presseraient de venir à Athènes, avec les Mantinéens et les Éléens, pour inviter cette république à leur alliance: l'occasion, leur disait-il, était favorable; il embrasserait fortement leurs intérêts.

CHAP. 44. Les Argiens, sur cet avis, et sur la nouvelle soit d'une alliance conclue entre Lacédémone et la Béotie sans la participation d'Athènes, soit de graves différends élevés entre cette dernière et Sparte, ne s'occupèrent plus des députés qu'ils avaient envoyés à Lacédémone pour y négocier un accommodement. Ils aimaient mieux tourner leurs pensées vers Athènes, jugeant que cette république, leur amie de toute antiquité, et qui, comme eux, avait un gouvernement populaire et une marine puissante, combattrait avec eux, si on les attaquait. Ils y envoyèrent donc des députés négocier une alliance. A la députation se joignirent les Éléens et les Mantinéens. Il en arriva bientôt, de Lacédémone une autre composée d'hommes qu'on croyait devoir être agréables aux Athéniens, Philocharidas, Léon et Endius. Cette république, craignant que les Athéniens irrités ne traitassent avec Argos, voulait aussi demander l'échange de Pylos contre Panactum, et se justifier au sujet de l'alliance avec la Béotie, alliance que l'on avait contractée sans mauvais dessein contre Athènes.

CHAP. 45. Quand les députés eurent dans le sénat touché ces divers points, et déclaré qu'ils avaient de pleins pouvoirs de traiter, Alcibiade eut peur, s'ils s'exprimaient de même devant le peuple, qu'ils n'entraînassent la multitude, et que l'alliance d'Argos ne fût rejetée. Voici ce qu'il machina contre eux. Il les engagea à ne pas s'avouer, devant le peuple, chargés de pleins pouvoirs, assurant qu'il leur ferait obtenir la restitution de Pylos; qu'il rendrait les Athéniens aussi favorables à Lacédémone qu'ils lui étaient contraires dans le moment, et qu'il mettrait fin à toutes contestations. Il voulait les brouiller avec Nicias, les perdre dans l'esprit du peuple, comme gens qui ne savaient jamais être sincères ni tenir long-temps le même langage; et par là faire admettre les Argiens, les Éléens et les Mantinéens dans l'alliance d'Athènes: ce qui arriva en effet. Les députés se présentèrent à l'assemblée du peuple. Sur les questions qu'on leur fit, ils ne répondirent pas comme dans le sénat, et dès-lors les Athéniens ne surent plus se contenir. Alcibiade déclama contre eux plus vivement que jamais: les Athéniens l'écoutèrent; ils allaient aussitôt faire entrer les Argiens et ceux qui les accompagnaient, et les déclarer alliés de la république: mais il survint un tremblement de terre; l'assemblée fut remise.

CHAP. 46. A l'assemblée suivante, quoique les Lacédémoniens, trompés les premiers, eussent trompé Nicias, en désavouant leurs pouvoirs, il n'en déclara pas moins que le meilleur parti était d'avoir pour amie Lacédémone, de suspendre les négociations avec Argos, et d'envoyer sur-le-champ savoir les intentions des Lacédémoniens. Ils assuraient que le délai profiterait à Athènes et nuirait à Lacédémone; que pour Athènes florissante, la meilleure politique était de conserver le plus long-temps possible cette prospérité; au lieu que pour les Lacédémoniens, peu favorisés de la fortune, c'était un avantage réel que de se jeter au plus tôt au milieu des hasards. Il obtint qu'on enverrait des députés, et lui-même fut du nombre. Ils exigeraient que les Lacédémoniens, s'ils avaient des intentions droites, rendissent Panactum en bon état, restituassent Amphipolis, et abjurassent l'alliance des Béotiens, si ces Béotiens refusaient d'entrer dans la trève; et cela, conformément à l'article qui portait que l'une des deux nations ne pourrait traiter sans l'autre. Les députés avaient ordre d'ajouter que, si Lacédémone s'obstinait dans l'injustice, Athènes allait recevoir les Argiens dans son alliance, et que déjà même ils étaient arrivés pour cet objet. En expédiant Nicias et ses collègues, on leur donna des instructions sur tous les autres griefs. A leur arrivée, ils annoncèrent les différens objets de leur mission, et finirent par déclarer que, si Lacédémone ne renonçait pas à l'alliance des Béotiens, en cas qu'ils ne voulussent pas accepter la trève, Athènes, de son côté, admettrait dans son alliance les Argiens et leurs amis.

Subjugués par l'ascendant de l'éphore Xénarès et de ceux de sa faction, les Lacédémoniens répondirent qu'ils ne renonceraient pas à l'alliance de la Béotie. Cependant, à la réquisition de Nicias, le serment de la trève fut renouvelé. Il craignait de se retirer sans avoir pu rien obtenir; de devenir l'objet de mauvais propos, comme il le fut en effet, et de passer pour l'auteur de la trève avec Lacédémone. A son retour, les Athéniens, apprenant qu'il n'avait rien obtenu, s'emportèrent contre lui. Les Argiens et leurs alliés se trouvaient là: Alcibiade les introduisit dans l'assemblée. Ils conclurent un traité de paix et d'alliance offensive et défensive aux conditions suivantes:

Chap. 47. « Un sincère et utile traité de paix de cent années, et par terre et par mer, a été conclu entre les Athéniens et leurs alliés, d'une part, et les Argiens, les Mantinéens et les Éléens, de l'autre.

» Durant ce temps, les Argiens, les Éléens, les Mantinéens, et leurs alliés, n'attaqueront, ni ouvertement ni par surprise, Athènes et les alliés de sa domination. Les Athéniens et leurs alliés contracteront le même engagement envers les Argiens, les Éléens, les Mantinéens et leurs alliés.

» A ces conditions, les Athéniens, les Argiens, les Éléens et les Mantinéens seront alliés pendant cent ans; et si des ennemis entrent sur les terres des Athéniens, les Argiens, les Éléens et les Mantinéens dirigeront sur Athènes toutes les forces que réclameront les Athéniens.

» Les agresseurs d'Athènes, se retirant après avoir exercé des ravages, seront déclarés ennemis des Argiens, des Mantinéens, des Éléens et des Athéniens, et livrés aux hostilités de toutes ces républiques, dont aucune ne pourra faire la paix avec les agresseurs sans l'aveu de toutes.

» Si des ennemis entrent sur les terres des Éléens, des Mantinéens, des Argiens, les Athéniens secourront, avec toute la vigueur possible, Argos, Élis, Mantinée, sur la réclamation de ces peuples.

» Et si ces ennemis se retirent après avoir fait le dégât, leur pays, considéré comme ennemi des Athéniens, des Argiens, des Mantinéens, des Éléens, sera livré aux hostilités de toutes ces républiques, et la paix ne pourra leur être accordée que du consentement de toutes.

» Elles ne souffriront pas que des gens armés, dans des intentions hostiles, traversent leur pays ni celui des alliés soumis à leur domination, ni la mer, à moins d'une autorisation décrétée à-la-fois par les villes d'Athènes, d'Argos, de Mantinée, d'Élis.

» La ville qui demandera des secours, sera tenue de fournir aux troupes qui en apporteront, des vivres pour trente jours, à compter du jour de leur arrivée dans la ville qui les aura mandées; et en proportion, au retour.

» Si la ville qui aura mandé ces troupes, veut en user plus long-temps, elle donnera, à titre de subsistance, trois oboles d'Égine par jour pour chaque homme, soit oplite, soit psile, soit archer, et une drachme d'Égine à chaque cavalier.

» La ville qui aura demandé des secours, jouira du commandement tant que la guerre se fera sur son territoire; mais si les villes jugent à propos de porter en commun la guerre en quelque lieu, elles auront toutes une part égale au commandement.

» Les Athéniens jureront ce traité en leur nom et au nom de leurs alliés : les Argiens, les Mantinéens, les Éléens et leurs alliés jureront par république. Chacun prêtera le serment jugé dans son pays le plus solennel de tous, et le prêtera sur les grandes victimes.

» Voici quel sera le serment : Je m'en tiendrai à l'alliance, suivant les conventions arrêtées, conformément à la justice, sans dol, ni dommage. Je ne l'enfreindrai ni par fraude, ni par intrigue.

» A Athènes, le serment sera prêté par le sénat et les autorités populaires, et reçu par les prytanes; à Argos, il sera prêté par le sénat, les quatre-vingts et les artynes, et reçu par les quatre-vingts; à Mantinée, prêté par les démiurges, le sénat et les autres pouvoirs, et reçu par les théores et les polémarques; à Élis, prêté par les démiurges, les trésoriers et les six cents, et reçu par les démiurges et les thesmophylaces.

» Il sera renouvelé par les Athéniens, qui se transporteront à Élis, à Mantinée et à Argos, trente jours avant les jeux olympiques; par les Argiens, les Éléens et les Mantinéens, qui se rendront à Athènes, dix jours avant les grandes Panathénées.

» On inscrira les articles de ce traité de paix et d'alliance sur une colonne de pierre, à Athènes, dans l'acropole; à Argos, dans l'agora de l'hiéron d'Apollon; à Mantinée, dans l'agora de l'hiéron de Jupiter.

» Il sera posé aussi, à frais communs, une colonne d'airain dans l'Olympie, pendant les jeux olympiques qui se célèbrent maintenant.

» Si ces villes imaginent quelque chose de mieux, elles l'ajouteront à ces articles; et ce qui sera jugé convenable par toutes ces villes délibérant en commun, aura force de loi. »

Chap. 48. Ainsi fut conclu le traité de paix et d'alliance. Les Lacédémoniens et les Athéniens ne renoncèrent pas pour cela à celui qu'ils avaient entre eux : mais les Corinthiens, alliés des Argiens, n'y entrèrent pas, et ils ne jurèrent pas non plus le traité précédemment conclu entre les Éléens, les Argiens et les Mantinéens, et en vertu duquel on aurait paix ou guerre avec les mêmes peuples. Ils jugeaient suffisante la première alliance défensive, en vertu de laquelle ils devaient se secourir réciproquement, sans attaquer conjointement personne. Ainsi les Corinthiens se détachèrent de leurs alliés, et tournèrent de nouveau leurs pensées vers Lacédémone.

Chap. 49. Cet été se célébrèrent les jeux olympiques, où Androsthène d'Arcadie remporta, pour la première fois, le prix de pancrace. Les Lacédémoniens, pour n'avoir pas payé l'amende à laquelle les avaient condamnés les lois de l'Olympie, furent écartés, par les Éléens, de l'hiéron, et privés du droit d'offrir des sacrifices et de participer aux jeux. On les accusait d'avoir tenté une attaque sur le fort de Phyrcus, et d'avoir fait marcher de leurs oplites sur Lépréum pendant la durée de la trêve olympique. L'amende était de deux mille mines, à deux mines par oplite, suivant la loi. Les Lacédémoniens envoyèrent des députés réclamer contre l'iniquité du jugement, et représenter que la trêve n'était pas encore déclarée à Lacédémone quand ils avaient envoyé les oplites. Les Éléens répondirent que dès-lors existait chez eux la suspension d'armes; qu'ils avaient l'usage de la proclamer d'abord sur leur territoire, et qu'ils étaient dans une parfaite sécurité, comme dans un temps de trêve, lorsque tout-à-coup ils s'étaient vus inopinément attaqués. Les Lacédémoniens répliquaient que si Élis se trouvait lésée par eux, elle n'avait plus à leur envoyer des députés; qu'en le faisant, elle devait éloigner toute idée d'offense reçue et s'abstenir de toutes hostilités ultérieures. Les Éléens persistaient dans le même langage, disant qu'on ne leur persuaderait pas qu'ils n'eussent point été offensés; mais que si les Lacédémoniens voulaient rendre Lépréum, ils leur feraient, sur le montant de l'amende, remise de la somme qui leur revenait, et paieraient pour eux celle qui appartenait aux dieux.

Chap. 50. Les Lacédémoniens n'accueillaient pas ces propositions. Les Éléens alors leur dirent de ne point rendre Lépréum, puisqu'ils ne le voulaient pas; mais, puisqu'ils désiraient ardemment leur admission dans l'hiéron, de monter à l'autel de Jupiter olympien, et de jurer, en présence des Hellènes, qu'ils paieraient un jour l'amende. Comme ils se refusaient même à cette nouvelle proposition, ils se virent interdites l'entrée de l'hiéron et toute communication aux sacrifices et aux jeux, et remplirent chez eux les actes de religion. Le reste de l'Hellade se rendit à la solennité, excepté les Lépréates. Néanmoins les Éléens, craignant que les Lacédémoniens n'employassent la force pour être admis aux sacrifices, établirent une garde de jeunes gens armés, auxquels se joignirent mille Argiens, autant de Mantinéens, et des cavaliers d'Athènes, qui attendaient à Argos la célébration de la fête : car on appréhendait fort, dans cette assemblée solennelle, de voir les Lacédémoniens arriver en armes, surtout depuis que Lichas de Lacédémone, fils d'Arcésilas, avait été battu dans la lice par les rhabdouques [c'est-à-dire, les juges des combats]. Ses coursiers avaient vaincu : mais, comme il ne lui était pas permis de concourir, la république béotienne avait été proclamée par le héraut, qui, s'avançant dans la lice, ceignit d'une bandelette le conducteur du char, pour montrer que ce char lui appartenait. Cet incident augmenta la crainte de tous les spectateurs; on s'attendait à un événement. Cependant les Lacédémoniens se tinrent en repos, et les fêtes se passèrent sans trouble.

Après la célébration des jeux, les Argiens et leurs alliés se rendirent à Corinthe, pour prier cette république d'embrasser leur parti. Des députés de Lacédémone s'y trouvèrent. Après bien des conférences, rien ne fut conclu. Un tremblement de terre survint; chacun se sépara. C'était à la fin de l'été.

Chap. 51. Au commencement de l'hiver, les Énianes, les Dolopes, les Méliens et une partie des Thessaliens, se mesurèrent contre les Héracléotes de Trachinie. Les peuples voisins de cette peuplade en étaient ennemis, persuadés qu'Héraclée n'avait été fondée que pour les tenir en respect. La construction de cette ville était à peine achevée, qu'ils l'attaquèrent, et mirent tout en œuvre pour la détruire. Ils remportèrent la victoire. Xénarès, fils de Cnidis, de Lacédémone, qui commandait les Héracléotes, fut tué avec nombre des siens.

L'hiver finit, et avec lui la douzième année de la guerre.

Chap. 52. Dès le commencement de l'été suivant, comme, depuis cette bataille, Héraclée dépérissait, les Béotiens la reçurent sous leur protection, et chassèrent Hégésippidas le Lacédémonien, dont l'administration n'était point agréable. En prenant cette place, ils songeaient aux Athéniens, qui auraient pu s'en emparer à la faveur des troubles du Péloponnèse : mais cette intention ne les justifia nullement auprès des Lacédémoniens.

Le même été, Alcibiade, fils de Clinias, alors général des Athéniens, passa, d'intelligence avec les Argiens et leurs alliés, dans le Péloponnèse, accompagné d'un petit nombre d'oplites et d'archers d'Athènes, ainsi que des alliés du pays. En le traversant avec son armée, il y régla ce qui intéressait l'alliance, persuada aux habitans de Patras de prolonger leurs fortifications jusqu'à la mer, et lui-même conçut le projet d'en élever d'autres sur le promontoire de Rhium d'Achaïe. Mais les Corinthiens, les Sicyoniens et les habitans des autres villes auxquelles ces constructions auraient nui, accoururent pour s'y opposer.

Chap. 53. Le même été s'éleva une guerre entre les Épidauriens et les Argiens, sous le prétexte d'une victime que les premiers devaient à Apollon pythien, pour la dîme des pâturages, et qu'ils n'avaient pas envoyée. Aux Argiens surtout appartenait l'intendance de l'hiéron ; mais, quand ils n'auraient pas eu de prétexte, ils étaient décidés, ainsi qu'Alcibiade, à s'emparer, s'il était possible, d'Épidaure : en même temps qu'ils retiendraient Corinthe en respect, les Athéniens auraient, pour leur amener du secours d'Égine, moins de chemin à faire qu'en tournant le cap Scyllæum. Les Argiens se disposèrent donc à l'attaque de cette place, comme pour obliger les habitans à fournir la victime.

Chap. 54. Vers le même temps, les Lacédémoniens, avec toutes leurs forces, sortant du territoire de Sparte, marchèrent contre le Lycéum, dans les plaines de Leuctres, sur leurs frontières. Le roi Agis, fils d'Archidamus, les commandait. Tout le monde, même les villes qui fournissaient des troupes, ignorait où il portait ses armes. Mais les *diabatères* (sacrifices faits au moment de franchir les frontières) n'ayant pas donné d'heureux présages, ils rentrèrent dans Sparte, et firent dire à leurs alliés de se tenir prêts à entrer en campagne le mois suivant (on était dans le mois carnien, qui est pour les Doriens un temps de fêtes). Ils étaient de retour quand les Argiens, quatre jours avant la fin de ce mois, partirent, quoique dans un jour fêté par eux de temps immémorial, fondirent sur l'Épidaurie, et la ravagèrent. Les Épidauriens implorèrent leurs alliés, mais de ceux-ci, les uns s'excusèrent sur le mois carnien, les autres s'avancèrent jusqu'à la frontière et restèrent dans l'inaction.

Chap. 55. Pendant que les Argiens étaient sur le territoire d'Épidaure, les députations des villes se rassemblaient à Mantinée, sur l'invitation des Athéniens. Les conférences se tenaient, quand Euphamidas de Corinthe observa que les faits s'accordaient mal avec les discours : pendant que, réunis et tranquillement assis, ils traitaient de la paix, les Épidauriens, leurs alliés, et les Argiens, étaient rangés en armes les uns contre les autres ; il fallait d'abord que ceux qui tenaient à l'un ou à l'autre parti, allassent séparer ces armées, et l'on se remettrait ensuite à parler d'un accord.

Il fut écouté ; on partit, et l'on ramena de l'Épidaurie les Argiens. Le congrès fut repris, mais on ne put s'accorder. Les Argiens se jetèrent encore une fois sur l'Épidaurie, qu'ils ravagèrent.

Les Lacédémoniens voulurent aussi sortir de leur territoire et marcher contre Caryes ; mais, les diabatères n'ayant pas donné de présages favorables, ils revinrent sur leurs pas. Les Argiens retournèrent chez eux, après avoir dévasté le tiers de l'Épidaurie.

Mille oplites d'Athènes, sous le commandement d'Alcibiade, s'étaient mis en marche pour défendre Caryes : ils arrivent ; ils voient que les Lacédémoniens ont renoncé à leur expédition ; et comme on n'avait plus besoin d'eux, ils se retirent.

Ainsi se termina l'été.

Chap. 56. Au commencement de l'hiver, les Lacédémoniens, échappant à la surveillance des Athéniens, avaient envoyé par mer à Épidaure une garnison de trois cents hommes, sous le commandement d'Agésippidas. Les Argiens vinrent se plaindre à Athènes de ce que, contre la foi d'un traité qui portait qu'aucune des puissances contractantes ne laisserait passer d'ennemis sur son territoire, leur république avait laissé les Lacédémoniens côtoyer [hostilement] des rivages de pays alliés. Ils ajoutèrent que si l'on ne renvoyait pas à Pylos les Messéniens et les Hilotes pour harceler les Lacédémoniens, Argos se croirait offensée. Les Athéniens, à l'instigation d'Alcibiade, écrivirent au bas de la colonne lacédémonienne, *que les Lacédémoniens n'avaient pas respecté leur serment*; transportèrent de Crasnies à Pylos les Hilotes pour exercer le brigandage, et du reste se tinrent en repos.

Quoique la guerre continuât cet hiver entre les Argiens et les Épidauriens, on ne vit point de bataille rangée, mais seulement des embuscades et des incursions, dans lesquelles il y eut du monde de tué de part et d'autre. A la fin de l'hiver, au commencement du printemps, les Argiens s'approchèrent d'Épidaure avec des échelles, croyant la place vide à cause de la guerre ; et comptant la prendre d'emblée ; mais ils se retirèrent sans succès.

L'hiver finit ainsi, et avec lui la treizième année de la guerre.

Chap. 57. Au milieu de l'été suivant, les Lacédémoniens, voyant leurs alliés d'Épidaure souffrans, ceux du Péloponnèse révoltés ou mécontens, et craignant que le mal n'empirât s'ils ne se hâtaient d'en arrêter les progrès, sortirent tous en armes contre Argos, eux et les Hilotes. Agis, fils d'Archidamus, roi de Lacédémone, les commandait ; avec eux marchaient les Tégéates et autres Arcadiens alliés de Lacédémone. Ceux du reste du Péloponnèse et du dehors se rassemblaient à Phlionte. Les Béotiens avaient cinq mille oplites, autant de psiles, cinq cents cavaliers, et le même nombre d'hamippes ; Corinthe fournit deux mille oplites ; le contingent des autres fut en proportion de leurs forces. Tous les Phliasiens prirent les armes, parce que l'armée était sur leur territoire.

Chap. 58. Les Argiens alors, pour la première fois, pressentant les suites de ces préparatifs des Lacédémoniens, sortirent, eux aussi, de leur territoire, au moment où leurs ennemis se rendaient à Phlionte pour opérer une jonction avec d'autres Péloponnésiens. Les Mantinéens vinrent aussitôt au secours des Argiens avec leurs alliés, et avec trois mille oplites de l'Élide. Ils marchèrent à la rencontre des Lacédémoniens jusqu'à Méthydrium d'Arcadie. Chacune des deux armées s'empara d'une hauteur.

Les Argiens se disposaient à attaquer

les Lacédémoniens, pensant qu'ils étaient encore seuls. Mais Agis, dès la nuit, leva son camp, et, à l'insu des ennemis, prit la route de Phlionte pour se joindre à ses alliés. Au lever de l'aurore, les Argiens s'apercevant de son départ, marchèrent d'abord du côté d'Argos, et prirent ensuite la route de la Némée, par où ils pensaient que les Lacédémoniens descendraient avec leurs alliés. Mais Agis, au lieu de suivre ce chemin, fit part de son projet aux Lacédémoniens, aux Arcadiens et aux Épidauriens, prit une autre route difficile, et descendit vers la plaine d'Argos. Les Corinthiens, les Pellènes et les Phliasiens prirent d'un autre côté un chemin escarpé. Quant aux Béotiens, aux Mégariens et aux Sicyoniens, il leur avait été enjoint de se diriger sur la Némée, où étaient campés les Argiens, que l'on surprendrait par derrière avec la cavalerie, s'ils venaient attaquer Agis. Ayant ainsi distribué ses forces, Agis se jeta dans la plaine, et et ravagea, entre autres campagnes, celle de Saminthe.

CHAP. 59. A cette nouvelle, dès qu'il qu'il est jour, les Argiens accourent de la Némée, et rencontrent un corps de Phliontins et de Corinthiens. Ils tuèrent quelques Phliontins, et perdirent un nombre d'hommes à peu près égal sous les coups des Corinthiens. Les Béotiens, les Mégariens et les Sicyoniens se dirigèrent sur la Némée, suivant l'ordre qu'ils en avaient reçu, mais n'y trouvèrent plus les Argiens, ils étaient descendus à la vue de leurs champs ravagés, et s'étaient mis en ordre de bataille. Les Lacédémoniens, de leur côté, se préparèrent au combat. Ceux d'Argos se trouvaient pris au milieu des ennemis. Du côté de la plaine, les Lacédémoniens, et ce qu'ils avaient avec eux d'alliés, leur ôtaient toute communication avec la ville ; des hauteurs descendaient l'armée de Phlionte et de Corinthe ; du côté de la Némée s'avançaient les Béotiens, les Sicyoniens et les Mégariens. Les Argiens n'avaient pas de cavalerie ; car seuls de leurs alliés, les Athéniens n'étaient pas encore arrivés. En général, les Argiens et leurs alliés ne voyaient pas le mal aussi grave qu'il était ; ils se croyaient même en bonne position pour livrer le combat, et se félicitaient de tenir l'armée de Lacédémone sur leur territoire et dans le voisinage de leur ville. Mais, comme les deux armées étaient sur le point d'engager l'action, deux hommes d'Argos, Trasylle, l'un des cinq généraux, et Alciphron, proxène des Lacédémoniens, vinrent détourner Agis de donner bataille. A les entendre, les Argiens étaient prêts à terminer à l'amiable leurs différends avec Lacédémone, à faire la paix pour l'avenir, et à l'assurer par un traité.

CHAP. 60. C'était d'eux-mêmes et sans l'aveu du peuple qu'ils parlaient ainsi. Agis, de son côté, prit sur lui d'accueillir leurs propositions, sans se consulter avec un certain nombre de citoyens. S'étant contenté de les communiquer à un seul homme en place qui se trouvait dans son armée, il conclut une trêve de quatre mois, durant lesquels les conventions devaient être exécutées. Aussitôt après, il ramena ses troupes sans rien dire à aucun des alliés. Les Lacédémoniens et les alliés le suivirent aveuglément, par obéissance à la loi ; mais ils se plaignaient amèrement entre eux de sa conduite, persuadés qu'ils venaient de perdre une belle occasion de combattre, et qu'ils se retiraient sans avoir rien fait qui répondît à ce que leurs forces avaient d'imposant, et au moment où, de toutes parts, l'ennemi se trouvait renfermé par leur cavalerie et leur infanterie. C'était en effet la plus belle armée hellénique qui se fût organisée jusqu'à cette époque. Elle était encore rassemblée tout entière dans la Néméc; on voyait une levée en masse des Lacédémoniens; on y remarquait aussi des Arcadiens, des Béotiens, des Corinthiens, des Sicyoniens, des Pellènes, des Phliasiens, des Mégariens, tous hommes d'élite de chaque nation, qui semblaient dignes de se mesurer, non seulement avec la confédération d'Argos, mais avec toute autre armée qui aurait pu s'y joindre. Ce ne fut donc pas sans un vif ressentiment contre Agis que ces troupes firent retraite et se séparèrent pour regagner leurs foyers.

Mais les Argiens étaient encore bien plus aigris contre ceux qui avaient traité sans le concours du peuple, croyant, eux aussi, que l'armée lacédémonienne venait de leur échapper dans une circonstance qui jamais ne se représenterait aussi favorable; car on eût combattu près de la ville et avec l'aide de vaillans alliés. En revenant, ils allaient lapider Thrasylle dans le *Charadrum*, où, avant de rentrer, ils jugent les délits militaires, mais il se réfugia sur l'autel, et sauva sa vie; ses biens furent confisqués au profit du public.

Chap. 61. Après cet événement, mille oplites d'Athènes et trois cents hommes de cavalerie accoururent, commandés par Lachès et Nicostrate.

Les Argiens, qui, quoique mécontens, hésitaient à rompre la trêve avec Lacédémone, les prièrent de s'en retourner. Quelque envie même que montrassent les Athéniens d'entrer en négociation, on ne les introduisit en présence du peuple qu'après y avoir été forcé par les prières des Mantinéens et des Éléens, qui ne s'étaient pas encore retirés.

Les Athéniens parlèrent par l'organe d'Alcibiade, leur député, au milieu des Argiens et des alliés d'Argos, et dirent qu'on n'avait pu traiter légalement sans le concours des puissances confédérées; qu'ils arrivaient à propos et qu'il fallait faire la guerre. Leur discours persuada les confédérés, qui tous se portèrent à Orchomène d'Arcadie, excepté les Argiens. Ceux-ci, quoique persuadés par les représentations d'Alcibiade, restèrent d'abord en arrière, mais ensuite ils entrèrent en campagne. Tous campèrent devant Orchomène, l'assiégèrent d'un commun effort, et donnèrent des assauts à la place, dont ils voulaient se rendre maîtres, surtout parce que les Lacédémoniens y avaient déposé des otages d'Arcadie. La faiblesse des fortifications, le nombre des ennemis, effrayaient les Orchoméniens; personne ne venant à leur secours, ils craignaient de périr faute d'assistance. Ils capitulèrent donc, à condition d'entrer dans la confédération, de donner des otages, et de remettre aux Mantinéens ceux que Lacédémone avait déposés chez eux.

Chap. 62. Les confédérés, maîtres d'Orchomène, examinaient entre eux quelle place il convenait d'attaquer d'abord. Les Éléens voulaient que ce fût Lépréum; et les Mantinéens, Tégée. Les Argiens et les Athéniens se joignirent à ceux de Mantinée. Les Éléens se retirèrent, offensés de ce qu'on ne se décidait pas pour le siége de Lépréum. Le reste des alliés fit, à Mantinée, ses dispositions comme pour entrer [sans coup férir] dans Tégée: quelques-uns même des Tégéates travaillaient dans l'intérieur de la place à les seconder.

Chap. 63. Les Lacédémoniens, après leur retour d'Argos et la conclusion de la trêve de quatre mois, reprochèrent vivement à Agis de ne leur avoir pas soumis Argos, l'occasion s'en étant présentée plus belle qu'eux-mêmes n'eussent osé l'espérer; car il n'était pas facile de rassembler des alliés si nombreux et d'un si grand courage. Mais, la nouvelle de la prise d'Orchomène venant encore à aigrir leur ressentiment, ils voulaient, dans leur premier transport, raser la maison d'Agis, et le condamner à une amende de cent mille drachmes, mesure violente qui était peu dans leurs mœurs. Celui-ci les supplia de ne pas exercer contre lui de telles rigueurs : un beau fait d'armes effacerait sa faute ; s'il y manquait, ils prendraient le parti qu'ils jugeraient à propos. Ils renoncèrent à l'idée de le mettre à l'amende et de raser sa maison ; mais ils portèrent, dans cette circonstance, une loi inconnue chez eux : ils lui donnèrent en effet dix Spartiates pour conseil, sans l'aveu desquels il ne pourrait faire sortir l'armée hors de la ville.

Chap. 64. Cependant arrivent à Sparte des Tégéates attachés au parti des Lacédémoniens. Ils leur annoncent que s'ils ne se montrent au plus tôt, Tégée va quitter leur alliance pour celle des Argiens et de leurs alliés, et que la défection est presque opérée. A l'instant même, avec une célérité alors sans exemple, s'exécute une levée en masse de Lacédémoniens et d'Hilotes. Ils partent pour Orestium, dans la Ménalie, faisant dire aux alliés des Arcadiens de se rassembler et de marcher sur leurs pas à Tégée. Mais arrivés à Orestium, ils renvoyèrent, pour garder leurs foyers, le sixième de leur monde, où se trouvait compris ce qui était trop vieux ou trop jeune ; puis, avec le reste des troupes, ils arrivèrent à Tégée. Peu après vinrent les alliés d'Arcadie. Bientôt aussi ceux de Corinthe, de la Béotie, de la Phocide, de la Locride, furent mandés pour Mantinée. L'ordre arrivant subitement, il leur était difficile, sans se réunir et s'attendre les uns les autres, de traverser le pays ennemi, qui s'opposait à leur marche : cependant on fit diligence. Quant aux Lacédémoniens, prenant avec eux ce qui se trouvait à leur disposition de troupes arcadiennes alliées, ils se jetèrent dans les campagnes de Mantinée, campèrent près de l'hiéron d'Hercule, et ravagèrent le territoire.

Chap. 65. Les Argiens et leurs alliés, dès qu'ils les aperçoivent, s'emparent d'un poste fortifié par la nature et de difficile accès, et se rangent en ordre de bataille. Aussitôt avancèrent les Lacédémoniens. Ils s'étaient approchés jusqu'à portée de la pierre et du javelot, quand un vieillard, jugeant inexpugnable le fort vers lequel on marchait, s'écria : « Agis veut guérir un mal par un autre mal ; » taxant par là d'ardeur inconsidérée son empressement à effacer la honte de cette retraite d'Argos qu'on lui reprochait. Agis, ou troublé de l'accent animé du vieillard, ou, pour toute autre raison, changeant tout-à-coup d'avis, retire promptement ses troupes avant qu'elles en viennent aux mains, entre dans la campagne de Tégée, et détourne, du côté de Mantinée, des eaux, perpétuel objet de discorde entre les Mantinéens et les Tégéates, qui en étaient fort incommodés, quelle qu'en fût la direction : il voulait que les Argiens et les alliés, dès qu'ils s'apercevraient de son travail, descendissent de leur colline sur le terrain où il occupait ses troupes à détourner les eaux, et que l'action s'engageât dans la plaine.

Il passa donc cette journée à détourner les eaux. Les Argiens et les alliés, étonnés de la retraite soudaine des Lacédémoniens, se perdirent d'abord en conjectures ; mais bientôt, mécontens de leur inaction et de la disparition d'un ennemi qu'ils ne poursuivaient pas, ils accusèrent encore une fois leurs généraux d'avoir précédemment laissé échapper les Lacédémoniens qu'on tenait enfermés près d'Argos, et, maintenant qu'ils fuyaient, de favoriser leur fuite et de trahir ainsi l'armée. Les généraux, d'abord troublés des murmures, firent ensuite descendre les soldats de la colline, s'avancèrent dans la plaine, y campèrent, résolus de marcher contre l'ennemi.

Chap. 66. Le lendemain les Argiens et les alliés se rangèrent dans l'ordre où ils devaient combattre, si l'occasion s'en présentait. Les Lacédémoniens quittaient le bord des eaux pour retourner au même camp, près de l'hiéron d'Hercule, quand tout-à-coup ils voient les ennemis qui, partis tous en bon ordre de la colline, les avaient devancés. Dans ce moment de crise, ils se sentirent saisis de la plus grande terreur : ils n'avaient, en effet, que peu de temps pour se préparer au combat. Ils se hâtent de prendre leurs rangs. Agis dirigeait tous les mouvemens, conformément à la loi ; car, lorsque le roi conduit l'armée, tous lui obéissent. Il commande lui-même aux polémarques ; les polémarques, aux lochages ; les lochages, aux chefs de pentécostys ; ceux-ci, aux énomotarques ; et les énomotarques, chacun à son énomotie. Les ordres des rois, suivant cette marche, arrivent en un clin d'œil ; car, dans une armée lacédémonienne, un petit nombre excepté, tous sont commandans de commandans ; la surveillance est confiée à un grand nombre d'agens.

Chap. 67. L'aile gauche, dans cette journée, était formée par les Scirites, qui, toujours séparés des Lacédémoniens, font un corps distinct. Parmi eux étaient les compagnons d'armes de Brasidas dans la Thrace littorale, et avec ceux-ci les Néodamodes. Venaient ensuite les Lacédémoniens, distribués en *lochos*, et près d'eux étaient les Arcadiens, d'abord les Héréens, ensuite les Ménaliens ; et à l'aile droite, les Tégéates avec quelques Lacédémoniens, placés à l'extrémité. Leur cavalerie flanquait les deux ailes. C'est dans cet ordre qu'était rangée l'armée lacédémonienne.

Dans celle de leurs ennemis, les Mantinéens occupaient la droite, parce que le combat se donnait sur leur territoire. Près d'eux se trouvaient des Arcadiens alliés ; ensuite les mille hommes d'élite d'Argos, à qui leur république fournissait depuis long-temps à ses frais les moyens de s'exercer ; ils avaient à côté d'eux le reste des Argiens ; ensuite venaient leurs alliés les Cléonéens et les Ornéates ; enfin les Athéniens, qui formaient l'extrémité de l'aile gauche, ayant avec eux la cavalerie de leur pays.

Chap. 68. Tels étaient l'ordonnance et l'appareil des deux armées, dont la plus nombreuse était évidemment celle de Lacédémone. Au reste, je n'ai pu déterminer avec certitude quelles étaient les forces de toutes les nations ensemble, ou celles de chacune en particulier : fidèles à l'esprit mystérieux de leur politique, les Lacédémoniens se gardaient de faire connaître les leurs ; et quant à celles que s'attribuaient leurs ennemis, on ne peut guère y ajouter foi, à cause de cette jactance naturelle aux hommes, qui les porte à l'exagération. Néanmoins, par le calcul suivant, on pourra évaluer le nombre des Lacédémoniens qui se trouvèrent à cette journée. Sept *lochos* donnèrent, sans compter les Scirites, qui étaient au nombre de six cents. Chaque *lochos* avait quatre pentécostys, et la pentécostys, quatre énomoties. On combattait sur quatre de front dans chaque énomotie. Tous n'étaient pas rangés sur la même profondeur, mais comme le voulait chaque lochage. En général, ils étaient sur huit de profondeur. En tout, sans compter les Scirites, le premier rang avait quatre cent quarante-huit hommes.

Chap. 69. Les armées étant près d'en

venir aux mains, les commandans de chaque peuple encouragèrent ainsi leurs guerriers : on représentait aux Mantinéens que c'était pour la patrie qu'ils allaient combattre, qu'il s'agissait ou de la domination (après en avoir goûté les douceurs, en seraient-ils dépouillés?) ou de la servitude (y retomberaient-ils de nouveau?); aux Argiens, qu'il s'agissait de défendre leur ancienne prééminence et cette égalité dont ils avaient joui dans le Péloponnèse, et de punir de nombreuses injures sur des ennemis, leurs voisins; aux Athéniens, qu'il était beau, en se mesurant avec des alliés nombreux et vaillans, de ne céder à aucun d'eux en vertu; qu'une fois vainqueurs des Lacédémoniens dans le Péloponnèse, ils affermiraient et accroîtraient leur empire, et mettraient leur territoire à l'abri des ravages. De semblables encouragemens étaient donnés aux Argiens et à leurs alliés. Les Lacédémoniens, et de leur propre mouvement, et aussi selon les usages militaires, s'excitaient à se ressouvenir de cette valeur dont ils avaient la conscience, sachant qu'une longue pratique de belles actions est un moyen plus efficace de salut, que d'éloquentes exhortations d'un moment.

Chap. 70. Bientôt les deux armées s'avancent l'une contre l'autre : les Argiens et leurs alliés, avec impétuosité et fureur; les Lacédémoniens, lentement et soumis au rhythme d'un grand nombre de joueurs de flûte établis par la loi, non dans un esprit religieux, mais pour régler le pas des soldats et les empêcher de rompre leurs rangs, comme il arrive souvent aux armées nombreuses marchant au combat.

Chap. 71. Au moment d'en venir aux mains, Agis imagina cet expédient. Les soldats, en général, quand ils vont à l'ennemi, se poussent de préférence sur la droite, en sorte que chaque aile droite d'armée déborde la gauche qui lui est opposée. C'est que chacun, pour se garantir, met le plus possible de son côté nu à l'abri du bouclier du soldat placé à sa droite, et croit que cette union immédiate le protége efficacement. L'impulsion est donnée par le soldat placé au premier rang de l'extrémité droite, toujours attentif à dérober à l'ennemi la partie du corps que ne couvre pas le bouclier : le reste de la ligne imite ce mouvement par le même motif. Les Mantinéens dépassaient de beaucoup l'aile qu'occupaient les Scirites; les Lacédémoniens et les Tégéates dépassaient plus encore celle des Athéniens, parce qu'ils étaient nombreux. Agis, craignant que sa gauche ne fût tournée, s'apercevant que les Mantinéens s'étendaient beaucoup, ordonna aux Scirites et aux troupes de Brasidas de se détacher de leur ligne, de se porter sur la gauche, et de prendre un front égal à celui des Mantinéens, et il commande aux polémarques Hipponoïdas et Aristoclès, qui avaient deux *lochos*, d'avancer de l'aile droite et de remplir le vide causé par ce déplacement; persuadé que l'aile droite aurait toujours assez de monde, et que les troupes opposées aux Mantinéens acquerraient ainsi plus de force.

Chap. 72. Cet ordre étant donné dans le moment même et à l'improviste, Aristoclès et Hipponoïdas refusèrent de passer à l'endroit qu'on leur marquait, refus qu'on taxa de lâcheté, et qui, plus tard, fit prononcer contre eux, à Sparte, la peine de l'exil. Il arriva de là que les ennemis furent les premiers à attaquer; les deux cohortes n'ayant point d'abord passé, à l'ordre d'Agis, du côté des Scirites, il leur devint ensuite impossible de se joindre à eux et de remplir le vide. Mais si, dans ce moment, les Lacédémoniens parurent bien inférieurs en habileté à un ennemi prompt à profiter de la désobéissance de deux chefs, ils ne se montrèrent nullement inférieurs en courage. Il est vrai que, dans l'attaque, la droite des Mantinéens fit tourner le dos aux Scirites et aux soldats de Brasidas; que les Mantinéens, les alliés et les mille hommes d'élite d'Argos, se jetèrent dans l'espace resté vide et tout ouvert; qu'ils battirent les Lacédémoniens, les enveloppèrent, les mirent en fuite, les poussèrent jusqu'aux bagages, et tuèrent quelques-uns des vieillards postés pour les garder : en sorte que, dans cette partie, les Lacédémoniens eurent le dessous. Mais, le reste de l'armée, et surtout le centre, où était Agis, ayant autour de lui les cavaliers nommés *les trois cents*, tombèrent sur les vétérans d'Argos, sur les cinq *lochos* cléonéens et ornéates, et sur ce qui se trouvait d'Athéniens rangés près d'eux, et les mirent en fuite, sans que la plupart eussent osé en venir aux mains. A peine ceux-ci virent-ils avancer les Lacédémoniens, qu'ils cédèrent : plusieurs même, n'ayant pu prévenir le choc qui les accabla soudain, furent foulés aux pieds.

CHAP. 73. Les Argiens et leurs alliés ayant fléchi dans le centre, les deux ailes se rompirent dès lors en même temps, et l'aile droite des Lacédémoniens et des Tégéates dépassa les Athéniens et les tourna. Ceux-ci couraient des deux côtés un grand péril, déjà vaincus d'une part, et de l'autre investis. Ils auraient souffert plus que tout le reste de l'armée, si la cavalerie qui se trouvait avec eux ne les eût protégés. D'ailleurs Agis, voyant sa gauche souffrante et pressée par les Mantinéens et les mille hommes d'Argos, donna l'ordre à toute l'armée de passer à l'aile qui avait du dessous. Comme, par cette manœuvre, les troupes opposées aux Athéniens défilaient et s'éloignaient d'eux, ils se sauvèrent à loisir, et avec eux les Argiens vaincus. Les Mantinéens, leurs alliés, et l'élite des Argiens, ne pensèrent plus à presser les ennemis, mais s'enfuirent, voyant les leurs défaits, et les Lacédémoniens prenant un avantage décidé. La plupart des Mantinéens périrent; l'élite des Argiens se sauva presque entière. La fuite de ceux-ci et la retraite des Athéniens ne furent ni pénibles ni longues : car les Lacédémoniens, tant qu'ils n'ont pas contraint les ennemis à céder, combattent avec autant de constance que d'énergie; mais dès qu'ils les ont mis en fuite, ils ne les poursuivent ni long-temps, ni vivement.

CHAP. 74. Telles furent, ou à très peu de chose près, les circonstances de cette bataille, la plus mémorable que les Hellènes eussent donnée depuis long-temps, et à laquelle concoururent les villes les plus importantes. Les Lacédémoniens offrirent en spectacle les armes des ennemis tués, dressèrent un trophée, dépouillèrent les morts, recueillirent les leurs, les portèrent à Tégée, où l'on célébra leurs funérailles, et, par accord, rendirent ceux des ennemis. Dans cette journée, les Argiens, les Ornéates et les Cléonéens perdirent en tout sept cents hommes; les Mantinéens, deux cents; les Athéniens, y compris les Éginètes, autant, et de plus l'un et l'autre de leurs généraux. Les alliés de Lacédémone eurent trop peu à souffrir pour que leur perte soit digne de mention : celle des Lacédémoniens n'est pas exactement connue; cependant on la portait à trois cents hommes.

CHAP. 75. Avant la bataille, l'autre roi de Lacédémone, Plistoanax, accourait avec les vieillards et la jeunesse. Il vint jusqu'à Tégée; mais, sur la nouvelle de la victoire, il se retira. Les Lacédémoniens envoyèrent contremander les Corinthiens et les peuples situés hors de l'isthme. Eux-mêmes firent leur retraite, renvoyèrent leurs alliés; et comme les fêtes carnéennes tombaient à cette époque, ils les célébrèrent. Cette seule bataille répondit, soit aux reproches de lâcheté que leur avait attirés, de la part des Hellènes, leur désastre de Sphactérie, soit à celui de lenteur et d'irrésolution. On vit bien alors que leur fortune avait pu changer, mais non pas leur courage.

La veille du combat, les Épidauriens s'étant jetés, avec toutes leurs forces, sur l'Argolide, qu'ils savaient abandonnée, avaient tué nombre de ceux qui, pendant que le reste des Argiens tenait la campagne, étaient demeurés pour défendre le pays. Mais, après la bataille, trois mille oplites éléens, et mille Athéniens, outre ceux qui étaient partis les premiers, vinrent au secours des Mantinéens. Tous ces alliés se portèrent aussitôt à Épidaure, dans le temps que les Lacédémoniens célébraient les Carnéennes. Ils entreprirent, en partageant entre eux le travail, d'envelopper la ville d'un mur de circonvallation; et, quoique les autres y renonçassent, les Athéniens remplirent diligemment la tâche qui leur avait été confiée; celle d'achever les fortifications de l'acropole, hiéron de Junon. Tous contribuèrent à former la garnison qu'on y laissa; puis les troupes licenciées s'en retournèrent chacune par république. L'été finissait.

Chap. 76. Au commencement de l'hiver suivant, aussitôt après la célébration des Carnéennes, les Lacédémoniens sortirent en armes de la Laconie, et, arrivés à Tégée, firent porter à Argos des propositions de paix. Déjà auparavant il s'y trouvait des gens disposés en leur faveur, qui désiraient détruire le gouvernement populaire. Depuis le succès de la bataille, il leur devenait bien plus facile d'amener le grand nombre à un accord. Ils voulaient faire conclure avec Lacédémone d'abord une trêve, ensuite un traité d'alliance offensive et défensive, et par là même attaquer l'autorité du peuple. Lichas, fils d'Arcésilas, hôte des Argiens, arriva avec des instructions de la part de Lacédémone : les unes, en cas qu'ils voulussent la guerre; les autres, s'ils préféraient la paix. Il s'éleva de grandes contestations, car Alcibiade se trouvait à Argos. Mais ceux qui négociaient en faveur de Lacédémone osèrent enfin se montrer, et persuadèrent aux Argiens d'accepter les conditions suivantes :

Chap. 77. « Il plaît à l'assemblée des Lacédémoniens de s'accorder avec les Argiens, aux conditions suivantes :

» Ceux-ci rendront aux Orchoméniens leurs enfans, aux Ménaliens leurs otages, aux Lacédémoniens les hommes qu'ils ont pris à Mantinée; ils sortiront des champs d'Épidaure, et raseront les fortifications qu'ils y ont élevées.

» Si les Athéniens ne sortent pas du territoire d'Épidaure, ils seront ennemis des Argiens et des Lacédémoniens, des alliés de Lacédémone et de ceux d'Argos.

» Les Lacédémoniens rendront aux villes contractantes les enfans qu'ils ont en gage.

» Sur ce qui regarde la victime à offrir au Dieu, ils laisseront porter aux Épidauriens la formule du serment, et leur permettront de le prononcer.

» Les villes, grandes ou petites, situées dans le Péloponnèse, seront toutes libres, et rendues à leurs anciennes institutions.

» Si quelque puissance du dehors du Péloponnèse entre dans le Péloponnèse à main armée, les Argiens tiendront conseil avec les Péloponnésiens, et les repousseront d'un commun effort, et de la manière qui semblera le plus convenable à ces derniers.

» Les puissances alliées de Lacédémone, au dehors du Péloponnèse, le seront aux mêmes conditions dont jouissent les alliés de Lacédémone et ceux d'Argos; et elles conserveront la propriété de leur territoire.

» Les Argiens et les Lacédémoniens notifieront à leurs alliés les conditions du traité; et si elles leur plaisent, ils les y feront participer : si les alliés y désirent des changemens, ils notifieront leur vœu par une députation. »

Chap. 78. Les Argiens acceptèrent d'abord ces propositions, et l'armée des Lacédémoniens se retira de Tégée et regagna ses foyers. Peu après, lorsqu'il se fut établi entre eux un commerce mutuel, les mêmes hommes qui avaient ménagé ce traité, amenèrent les Argiens à quitter l'alliance de Mantinée, de l'Élide et d'Athènes, et à conclure avec Lacédémone un traité de paix et d'alliance offensive et défensive dont voici la teneur :

Chap. 79. « Les Lacédémoniens et les Argiens ont décrété qu'il y aurait entre eux paix et alliance offensive et défensive de cinquante années, aux conditions suivantes :

» Ils soumettront leurs différends à des tribunaux équitables, et dans lesquels leurs droits seront également respectés, suivant les coutumes de leurs pères.

» Cette paix et cette alliance seront communes aux autres républiques du Péloponnèse, qui conserveront leur indépendance, la propriété de leur ville et de leur territoire, et soumettront leurs différends à un arbitrage équitable.

» Les alliés de Lacédémone hors du Péloponnèse jouiront des mêmes droits que les Lacédémoniens; et les alliés d'Argos, des mêmes droits que les Argiens : chacun conservant la propriété de ce qu'il possède.

» Si une expédition doit être entreprise en commun, les Lacédémoniens et les Argiens délibéreront entre eux sur les mesures les plus justes et les plus conformes aux intérêts des alliés.

» S'il s'élève des contestations entre des villes situées au dedans ou au dehors du Péloponnèse, soit sur les limites, soit sur quelque autre objet, elles les soumettront à un arbitrage.

» Toute ville alliée qui aurait des sujets de contestations, recourrait au jugement de telle ville qu'elle croirait également favorable aux deux partis.

» Les citoyens seront jugés selon les lois du pays. »

Chap. 80. Tels furent le traité et l'alliance que conclurent les deux peuples. Ils se restituèrent mutuellement ce qu'ils avaient pris l'un sur l'autre durant la guerre, terminèrent leurs différends, réglèrent dès lors les affaires en commun, et décrétèrent qu'il ne serait reçu ni message ni députation de la part des Athéniens, que ceux-ci n'eussent préalablement évacué le Péloponnèse et abandonné leurs fortifications, et qu'il ne serait fait avec eux ni paix ni guerre que d'un commun accord. Mais le plus grand objet de leur sollicitude, c'étaient les places de la Thrace littorale. Les deux peuples députèrent donc vers Perdiccas, et lui persuadèrent d'entrer dans leur ligue. Cependant le prince ne renonça pas tout de suite à l'alliance d'Athènes; mais il projetait de la rompre, parce qu'il voyait les Argiens lui en donner l'exemple, et qu'il était lui-même originaire d'Argos. Les Lacédémoniens et les Argiens renouvelèrent aussi avec les Chalcidiens leurs anciens sermens, et en ajoutèrent de nouveaux : Argos, en outre, députa vers Athènes pour sommer cette république d'évacuer les fortifications d'Épidaure. Les Athéniens, voyant que les leurs étaient en petit nombre contre des troupes nombreuses, unies pour la défense du pays, firent partir Démosthène, qu'ils chargèrent de ramener leurs soldats. Il arriva, feignit de vouloir les exercer hors de la forteresse à des combats gymniques; et quand tout ce qui n'était pas Athénien fut sorti, il ferma les portes [et se délivra ainsi de ce qui lui était contraire]: plus tard cependant, les Athéniens ayant renouvelé leur traité avec les Épidauriens, leur rendirent les fortifications.

Chap. 81. Après qu'Argos eut rompu avec Athènes, Mantinée voulut d'abord résister; mais, trop faible sans l'assistance d'Argos, elle accepta aussi l'alliance des Lacédémoniens, et renonça à la domination sur les villes qui lui étaient soumises. Lacédémone et Argos mirent sur pied chacune mille hommes; quant à Sicyone, les Lacédémoniens, à leur arrivée, y firent seuls pencher la balance du côté des nobles, abolirent aussi dans Argos la démocratie et y substituèrent l'oligarchie, toujours chère à Lacédémone. Ces événemens eurent lieu à l'approche du printemps.

La quatorzième année de la guerre finissait avec l'hiver.

Chap. 82. L'été suivant, les Dictidiens, peuple du mont Athos, quittèrent l'alliance d'Athènes pour s'unir aux Chalcidiens. Les Lacédémoniens parvinrent à se concilier l'Achaïe, qui auparavant ne leur était pas favorable. Le peuple d'Argos se coalisa insensiblement, prit de l'audace, et attaqua les oligarques. Il attendit le moment où les Lacédémoniens célébraient les gymnopédies. On se battit dans la ville; le peuple l'emporta, tua les uns, chassa les autres. Les Lacédémoniens furent long-temps à se rendre à l'invitation de leurs amis qui les appelaient: ils interrompirent enfin les gymnopédies et accoururent; mais ils apprirent à Tégée que le peuple était victorieux, et, malgré les prières de ceux qui s'étaient échappés, ils ne voulurent pas aller au delà; ils retournèrent chez eux, et reprirent la célébration de la fête. Il leur vint ensuite des députations tant des Argiens de la ville que de ceux qui en étaient sortis. En présence des alliés, il y eut de part et d'autre de longues discussions, dont le résultat fut de déclarer coupables les Argiens de la ville. On résolut de marcher à Argos; mais il y eut de nouveaux délais et du temps perdu. Le peuple en profita; craignant les Lacédémoniens, il invoqua de nouveau l'alliance d'Athènes, dans l'espérance d'en tirer de grands secours. Il éleva aussi de longues murailles jusqu'à la mer, pour se ménager, s'il venait à être renfermé du côté de terre, la facilité de recevoir par mer les rafraîchissemens qu'on lui apporterait d'Athènes. Certaines villes du Péloponnèse fermaient les yeux sur la construction de ces murailles. Les Argiens y travaillèrent tous sans exception, eux, leurs femmes, leurs esclaves, secondés de maçons et de tailleurs de pierres venus d'Athènes. L'été finissait.

Chap. 83. L'hiver suivant, les Lacédémoniens, qu'inquiétaient ces travaux, marchèrent contre Argos avec leurs alliés, excepté les Corinthiens. Ils comptaient sur un parti qui d'Argos même les secondait. Agis, fils d'Archidamus, roi de Lacédémone, commandait l'armée. Les intelligences qu'ils entretenaient dans la ville, et qui semblaient devoir les servir, leur furent inutiles; mais ils enlevèrent et détruisirent les murailles, s'emparèrent d'Hysies, place de l'Argolide, égorgèrent tout ce qu'ils prirent d'hommes libres, puis se retirèrent et se rendirent chacun dans leurs villes respectives.

Les Argiens, à leur tour, marchèrent contre la Phliasie, et ne se retirèrent qu'après l'avoir dévastée, parce qu'on y avait accueilli leurs exilés, qui, pour la plupart, avaient cherché un asile en ce lieu.

Le même hiver, les Athéniens interdirent à Perdiccas l'entrée des ports de la Macédoine. Ils lui reprochaient d'avoir fait partie de la ligue d'Argos et de Lacédémone, et d'avoir été, par sa retraite, la principale cause de la dispersion de leur armée, lorsque, sous le commandement de Nicias, ils se disposaient à la guerre contre les Chalcidiens de la Thrace littorale et contre Amphipolis, et qu'il feignait d'être encore dans leur alliance. On le jugea donc ennemi.

Avec ces événemens finirent l'hiver et la quinzième année de la guerre.

CHAP. 84. L'été suivant, Alcibiade cingla vers Argos, avec vingt vaisseaux, et enleva trois cents Argiens qui paraissaient encore suspects, et que l'on croyait dans les intérêts de Lacédémone. Les Athéniens les dispersèrent dans les îles voisines de leur domination.

Ils se portèrent contre l'île de Mélos avec trente de leurs vaisseaux, six de Chio, et de Lesbos. Eux-mêmes fournissaient douze cents oplites, trois cents archers, vingt archers à cheval; leurs alliés et les insulaires donnaient, pour cette expédition, environ quinze cents oplites.

Les habitans de Mélos, colonie de Lacédémone, ne voulaient pas, comme ceux des autres îles, obéir aux Athéniens. D'abord ils gardèrent la neutralité et se tinrent en repos; mais ils en vinrent ensuite à une guerre ouverte, quand les Athéniens les y eurent forcés, en ravageant leurs campagnes. Les généraux Cléomède, fils de Lycomède, et Tisias, fils de Tisimaque, campèrent donc sur le territoire de Mélos avec un appareil menaçant; mais, avant tout, ils envoyèrent des députés conférer avec les habitans. On ne les introduisit point dans l'assemblée du peuple; mais on leur dit de communiquer aux magistrats et aux oligarques l'objet de leur mission. Les députés parlèrent ainsi :

CHAP. 85. *Les Athéniens.* « Vous n'avez donc pas voulu que cette conférence se tînt devant le peuple; et telle a été, nous le comprenons bien, votre pensée, en ne nous permettant de traiter qu'avec les magistrats : vous avez craint sans doute qu'écoutant une harangue suivie, la multitude, flattée par des paroles insinuantes et qui ne trouveraient pas de contradicteurs, ne se laissât surprendre. Eh bien! Méliens qui siégez ici, prenez des précautions encore plus sûres : vous-mêmes n'adoptez pas un discours suivi, mais relevez sur-le-champ les articles qui ne vous paraîtront pas convenables. Et d'abord, cette forme que nous vous proposons, vous plaît-elle ! Répondez. »

CHAP. 86. *Le Conseil des Méliens.* « On ne peut qu'approuver une manière raisonnable de s'instruire amicalement : mais comment la retrouver dans un appareil de guerre, non pas éloigné, mais présent ? Car nous voyons que vous êtes venus ici pour être vous-mêmes juges de ce qui se dira; et vraisemblablement la fin de tout ceci sera pour nous la guerre, dans le cas où, plus forts en raisons, nous ne voudrions pas pour cela même vous céder; et si nous obéissons, la servitude. »

CHAP. 87. *Les Athéniens* « Etes-vous assemblés ici pour calculer les soupçons que peuvent éveiller les événemens futurs, et dans une autre intention que celle de délibérer sur le salut de votre ville d'après les circonstances présentes et qui sont sous vos yeux ? Dans ce cas nous n'aurions qu'à nous taire. Si le salut de la patrie vous rassemble, nous parlerons. »

CHAP. 88. *Les Méliens.* « Il est naturel et pardonnable dans notre situation de se retourner en tout sens, de concevoir des craintes et de vouloir s'expliquer : toutefois cette assemblée a pour objet le salut de notre patrie ; que la conférence, puisque vous le voulez, se tienne donc dans la forme que vous prescrivez. »

CHAP. 89. *Les Athéniens.* « Nous n'emploierons donc pas non plus des paroles spécieuses ni de longs discours pour démontrer, ce que vous ne croiriez pas, que nous réclamons un empire mérité par la défaite des Mèdes, que nous venons pour venger les injures que vous nous avez faites ; et, de notre côté, nous n'admettons pas que, colonie lacédémonienne, vous ayez dû refuser de joindre vos armes aux nôtres, et que vous n'ayez aucun tort à notre égard. Mais nous demanderons que chacun, de part et d'autre, règle ses prétentions sur ses forces, et cela d'après les idées vraies que chacun doit se former. Nous savons parfaitement, vous et nous, que parmi les hommes on ne discute les droits de la justice que quand la force coactive est égale entre les deux parties ; que ceux qui ont l'avantage de la puissance, exigent tout ce qui est possible, et que les faibles accordent tout ce qu'on exige d'eux. »

CHAP. 90. *Les Méliens.* « En mettant ainsi de côté les droits de la justice, vous ne présenterez que des motifs d'intérêt. Eh bien ! à ne considérer, comme vous, que l'intérêt, nous croyons utile de ne pas donner au monde un funeste exemple de pusillanimité, et de ne pas renoncer à un bien qui appartient non pas à nous particulièrement, mais à tous les hommes. Il faut que celui qui, dans chaque circonstance, se trouvera exposé au danger, puisse en sortir à des conditions justes et raisonnables ; qu'il ait lieu de se flatter que, par voie de persuasion, il obtiendra même au-delà de ce qui lui est dû. Ce principe vous est à vous-mêmes d'autant plus avantageux, que, si vous receviez un échec, vous serviriez de modèle à d'autres, qui alors deviendraient implacables dans leur vengeance. »

CHAP. 91. *Les Athéniens.* « Nous n'envisageons pas avec découragement le terme de notre prééminence, quand même elle viendrait à cesser ; car le commandement de peuples tels que les Lacédémoniens ne serait pas redoutable aux vaincus. D'ailleurs, il n'est pas ici question des Lacédémoniens ; il s'agit d'empêcher que des sujets agresseurs ne prennent le dessus. Quant aux chances de notre domination, qu'on nous en laisse courir les risques. Ce dont nous voulons vous convaincre, c'est qu'étant ici pour défendre nos droits, nous vous parlons en même temps pour le salut de votre république. Nous voulons vous épargner une funeste résistance, et vous conserver, dans votre intérêt et dans le nôtre. »

CHAP. 92. *Les Méliens.* « Et comment serait-il dans notre intérêt de servir comme il est dans le vôtre de commander ? »

CHAP. 93. *Les Athéniens.* « Vous y gagnerez de vous être soumis avant d'y être forcés par les derniers malheurs, et nous-mêmes gagnerions à ne pas ruiner votre ville. »

CHAP. 94. *Les Méliens.* « De sorte que si nous vous proposions de rester en paix, de devenir d'ennemis vos amis, et de demeurer neutres, vous n'accepteriez pas ces conditions ? »

CHAP. 95. *Les Athéniens.* « Non ; car votre haine ne nous nuirait pas autant que votre amitié : accepter votre amitié serait, aux yeux des peuples à qui nous commandons, un acte de faiblesse ;

votre inimitié attesterait notre puissance. »

Chap. 96. *Les Méliens.* « Vos sujets ont donc des principes d'équité tels, qu'ils croient devoir ranger dans la même classe ceux qui ne tiennent à vous par aucun lien, et ceux qui, parmi le grand nombre de peuples qui vous appartiennent à titre de colons, se sont révoltés et ont été subjugués ? »

Chap. 97. *Les Athéniens.* « Ils se croient, les uns et les autres, forts de ce qu'ils appellent *la justice*; ils pensent en même temps que ceux qui se soutiennent contre nous, le doivent à leurs forces, et que la crainte seule nous empêche de les attaquer; en sorte que, vaincus, en accroissant notre empire, vous l'affermiriez encore : à moins que, par miracle, vous insulaires plus faibles sans doute que les Athéniens, dominateurs des mers, et que d'autres peuples encore, vous ne veniez à remporter la victoire. »

Chap. 98. *Les Méliens.* « Vous ne croyez donc pas qu'il importe à votre sûreté de ne pas attaquer des peuples qui n'ont aucun rapport avec vous ? Eh bien ! puisque, sans nous permettre de vous présenter des motifs de justice, vous voulez que votre intérêt soit notre loi, il faut aussi qu'à notre tour, en vous instruisant de ce qui nous est utile, nous tâchions de vous fléchir et de vous démontrer que vous y trouverez votre avantage. Tous ceux qui sont restés neutres jusqu'à présent, comment ne les armerez-vous pas contre vous, lorsque, considérant ce qui se passe, ils croiront que quelque jour vous viendrez aussi les attaquer ? Par-là, que faites-vous autre chose qu'augmenter le nombre de vos ennemis actuels, et mettre ceux qui ne devaient pas l'être dans la nécessité de le devenir malgré eux ? »

Chap. 99. *Les Athéniens.* « Nous voulons commander aux insulaires : car ceux qui habitent le continent ne nous paraissent pas plus redoutables : rassurés par la liberté dont ils jouissent, ils ne doivent pas songer de sitôt à des précautions contre nous. Des insulaires qui, comme vous, n'ont point de maître, ou qu'irrite un assujettissement involontaire, voilà ceux que nous craignons : toujours enclins à former des projets inconsidérés, ils ne manqueraient pas de se jeter et de nous jeter nous-mêmes dans un danger manifeste. »

Chap. 100. *Les Méliens.* « Si les Athéniens, pour n'être pas dépouillés de l'empire, si leurs esclaves, pour s'affranchir de la servitude, bravent de si grands périls, ne serions-nous point les plus lâches et les plus vils des hommes, nous qui sommes encore libres, de ne pas mettre tout en œuvre avant que de subir le joug ! »

Chap. 101. *Les Athéniens.* « Non, si la sagesse préside à vos délibérations : car il ne s'agit pas ici pour vous d'un combat à forces égales, où vous disputiez de courage, pour éloigner de vous l'ignominie; vous avez à délibérer sur votre salut, et non pas à vous mesurer avec des adversaires bien plus puissans que vous. »

Chap. 102. *Les Méliens.* « Mais aussi nous savons que dans la guerre les succès se balancent souvent entre des forces très inégales. Si d'abord nous cédons, c'en est fait de nous; en résistant, nous avons encore l'espérance de nous soutenir. »

Chap. 103. *Les Athéniens.* « L'espérance, consolatrice dans les dangers, peut faire beaucoup de mal à ceux qui risquent des forces surabondantes, mais elle ne les ruine pas entièrement : au lieu que ceux qui, d'un seul coup, hasardent tout leur bien (car, de sa nature, l'espérance est dépensière), ne la connaissent que lorsqu'elle les a trompés ; et alors il ne leur reste plus d'occasion où ils puissent user d'une prudente méfiance. Vous êtes faibles, au moindre mouvement, la balance de la fortune va décider de votre sort ; n'en courez pas le risque, et n'imitez pas tant de gens qui, ayant encore des ressources humaines pour se sauver, ne se voient pas plus tôt aux abois et privés d'espérances fondées, qu'ils se retranchent dans les illusions, telles que les promesses des devins, les prédictions des oracles, et autres ressources semblables, qui perdent en inspirant un faux espoir. »

CHAP. 104. *Les Méliens.* « Nous pensons aussi nous-mêmes, soyez-en convaincus, qu'il est difficile, avec des forces inégales, de lutter contre votre puissance et contre la fortune. Nous espérons de la faveur des dieux que nous n'aurons pas le dessous, parce que c'est ici le bon droit qui repousse l'injustice. Quant à la puissance, nous retrouverons ce qui nous manque dans l'alliance des Lacédémoniens ; alliance qui les oblige de nous secourir, soit à cause des rapports de parenté, soit par respect pour eux-mêmes. Notre confiance n'est donc pas, à tous égards, si dénuée de fondement. »

CHAP. 105. *Les Athéniens.* « Nous ne croyons pas avoir moins de droits que vous à la bienveillance des dieux : car, soit dans nos principes, soit dans nos actions, rien n'est contraire à ce que pensent ou veulent les hommes ; à ce qu'ils pensent relativement aux dieux, à ce qu'ils veulent pour eux-mêmes. Nous croyons, d'après l'opinion générale, que les dieux, et d'après l'expérience, que les hommes sont de tout temps déterminés, comme par une nécessité naturelle, à dominer partout où ils ont la force. Ce n'est pas même une loi que nous avons créée ; ce n'est pas nous qui les premiers avons profité de son institution : nous l'avons trouvée en vigueur ; nous l'exécutons, et nous la laisserons subsistante à jamais. Vous-mêmes, et tous autres, au même degré de puissance, en feriez le même usage. Ainsi, vraisemblablement, nous n'avons pas lieu de craindre que les dieux nous soient moins propices qu'à vous. Quant à l'opinion que vous avez des Lacédémoniens, et qui vous persuade que le respect pour eux-mêmes les mettra dans la nécessité de vous secourir, nous admirons votre candeur, mais nous n'envions pas votre prudence. Les Lacédémoniens ! ils sont le peuple le plus vertueux lorsqu'il s'agit d'eux-mêmes et de leurs institutions ; mais sur leur politique à l'égard des autres, que de choses à dire ! Pour renfermer en peu de mots ce qui serait susceptible de longs développemens, affirmons qu'entre tous les peuples bien connus de nous, ce sont eux surtout qui trouvent honnête ce qui leur plaît, et très juste ce qui leur est utile. Certes, une telle morale justifie mal votre folle sécurité. »

CHAP. 106. *Les Méliens.* « Et c'est précisément d'après le jugement que vous en portez, que nous comptons davantage sur eux ; car leur propre intérêt les empêchera de trahir la cause des Méliens. Un pareil abandon inspirerait la défiance à ceux des Hellènes qui sont leurs amis, et tournerait à l'avantage de leurs ennemis. »

CHAP. 107. *Les Athéniens.* « Vous ne songez donc pas que l'intérêt personnel recherche sa propre sûreté, et que la justice et l'honnêteté agissent à travers les dangers : or les Lacédémoniens sont loin de vouloir s'y exposer. »

CHAP. 108. *Les Méliens.* « Nous pensons au contraire qu'ils les braveront d'autant plus volontiers pour nous, et nous regarderont comme des amis d'autant plus sûrs, que, par notre proximité du Péloponnèse, nous pouvons mieux les aider dans leurs guerres, et qu'à raison de nos rapports de consanguinité, ils ont plus de confiance dans notre fidélité que dans celle de toute autre république. »

Chap. 109. *Les Athéniens.* « Ce n'est pas précisément dans la bienveillance de ceux qui implorent des secours que la puissance invoquée voit sa sûreté, mais bien dans les forces qui peuvent répondre du succès. Or c'est à quoi les Lacédémoniens font encore le plus d'attention. Aussi se défient-ils même de leur armement domestique, et jamais ils ne vont attaquer que réunis à des alliés. Il n'est donc pas vraisemblable qu'ils osent passer dans une île où nous sommes, nous qui avons l'empire de la mer. »

Chap. 110. *Les Méliens.* « Eh bien! ils nous enverront des auxiliaires. La mer de Crète a de l'étendue : il sera plus difficile à ceux qui s'en disent les maîtres de les y surprendre, qu'à eux de se sauver, s'ils veulent échapper à la vigilance de ces dominateurs. Mais admettons qu'ils n'y réussissent pas : ils tourneront alors leurs armes contre votre pays et contre ceux de vos alliés que Brasidas n'a point attaqués : et ce ne serait plus alors pour un sol étranger que vous combattriez; le théâtre de vos travaux serait dans votre propre patrie, et sur les terres de vos alliés. »

Chap. 111. *Les Athéniens.* « Une partie de ce malheur est précisément ce qui va vous arriver à vous-mêmes. Vous apprendrez, par expérience, que jamais la crainte d'une diversion n'a forcé les Athéniens à lever un siége. Mais nous faisons une réflexion : vous avez annoncé que cette délibération aurait pour objet le salut de votre pays, et dans le cours d'une si grave conférence vous n'avez encore montré aucun des moyens qui peuvent fonder vos espérances de salut. Vos ressources les plus réelles ne sont que des espérances entrevues dans le lointain; à l'égard de vos ressources actuelles, elles sont insuffisantes pour vous défendre contre la puissance qui vous attaque dans ce moment même. Certes, vous faites preuve d'une insigne folie, si, après nous avoir fait sortir pour délibérer de nouveau, vous ne revenez pas à un plus sage parti; car, sans doute, vous ne prendrez pas pour conseil la fausse honte, qui perd ordinairement les hommes en les précipitant en des périls manifestes, d'où naît pour eux une honte trop réelle. En effet, combien de gens qui avaient encore assez de présence d'esprit pour voir l'écueil contre lequel ils allaient se briser, craignant ce qu'on veut appeler *déshonneur*, et subjugués par l'influence d'un vain mot, se sont précipités volontairement dans un abîme de malheurs, et par-là ont encouru l'infamie, plus honteuse encore quand elle procède de la folie que quand elle est l'œuvre de la fortune. Vous éviterez votre ruine, si vous êtes sages, et ne croirez pas déshonorant de faire un sacrifice à la république la plus puissante, qui vous offre son alliance à des conditions modérées, et qui vous laisse paisibles possesseurs de votre pays soumis à un simple tribut. Elle vous a donné l'option de la guerre ou d'une existence sûre et tranquille; elle vous invite à ne pas faire, par obstination, le plus mauvais choix. Noble fermeté vis-à-vis les égaux, égards et déférence pour les supérieurs, modération envers les inférieurs, voilà les meilleurs principes pour affermir la fortune d'un peuple. Nous allons nous retirer. Pesez donc encore mûrement cette affaire, et considérez bien qu'il s'agit de votre patrie, que vous n'en avez qu'une, que, dans une seule délibération, suivant que vous toucherez le but ou que vous vous en écarterez, vous déciderez de son salut ou de sa ruine. »

Chap. 112. Les Athéniens sortirent, et les Méliens, restés seuls, après avoir débattu les opinions diverses, s'en tinrent à leur premier avis, et firent cette réponse :

« Athéniens, nous n'avons point changé de sentiment, et l'on ne nous verra pas détruire en un instant la liberté d'une ville que nous habitons depuis sept cents ans. Pleins de confiance dans la fortune, qui, grâce aux dieux, nous a conservés jusqu'à présent, et comptant sur les secours des Lacédémoniens, nous tenterons tous les moyens d'assurer notre salut. Écoutez cependant encore : nous deviendrons vos amis, pourvu que nous ne soyons ennemis d'aucun parti, et que vous quittiez notre pays, après avoir conclu le traité qui paraîtra le plus utile aux uns et aux autres. »

Chap. 113. Les Athéniens alors sortirent de l'assemblée en disant : « Ainsi, de toutes vos délibérations, il résulte que, seuls parmi les hommes, vous jugez l'avenir plus visible que le présent, et que les événemens enveloppés du voile le plus épais, vous les voyez, trompés par l'impatience de vos désirs, comme se passant sous vos yeux. Les Lacédémoniens, la fortune, vos espérances, tels sont les principaux fondemens de votre confiance : eh bien ! cette confiance vous perdra. »

Chap. 114. Les députés d'Athènes regagnèrent leur camp. Les généraux, apprenant qu'ils n'avaient pu rien gagner sur l'esprit des Méliens, se décidèrent à employer la force des armes, entourèrent Mélos d'un mur de circonvallation, partagèrent ce travail par villes, laissèrent, sur terre et sur mer, une garde composée d'Athéniens et d'alliés, et remmenèrent la plus grande partie de leurs troupes. Celles qui restèrent tinrent la place investie.

Chap. 115. Vers le même temps, les Argiens se jetèrent sur le territoire de Phlionte. Il en périt environ quatre-vingts dans une embuscade que leur dressèrent les Phliasiens et les bannis de Phlionte. Les Athéniens de Pylos firent un grand butin sur les Lacédémoniens. Ceux-ci, piqués de cette insulte, usant de représailles, sans cependant annuler la trêve, annoncèrent, par la voix du héraut, qu'on permettait le pillage sur les terres des Athéniens. Quant aux Corinthiens, ils prirent les armes contre Athènes, pour quelques différends particuliers; mais les autres peuples du Péloponnèse se tinrent en repos.

Les Méliens attaquèrent de nuit une partie du mur construit par les Athéniens, celle qui regardait l'agora, tuèrent des hommes, emportèrent le plus possible de vivres et d'effets, et bornèrent là leurs hostilités. Les Athéniens firent dans la suite meilleure garde.

L'été finissait.

Chap. 116. Au commencement de l'hiver, les Lacédémoniens allaient porter la guerre dans les campagnes d'Argos ; mais, les sacrifices offerts sur la frontière n'ayant pas donné d'heureux présages, ils revinrent sur leurs pas. Pendant qu'ils différaient cette entreprise, ceux d'Argos jugèrent suspects quelques-uns de leurs concitoyens : plusieurs furent arrêtés, d'autres s'échappèrent.

Vers le même temps, les Méliens enlevèrent une autre partie du mur mal gardée. Mais il vint ensuite d'Athènes une seconde armée commandée par Philocrate, fils de Déméas. La place fut alors vivement assiégée ; mais une trahison obligea bientôt les habitans de se remettre à la discrétion des Athéniens. Ceux-ci donnèrent la mort à tous les hommes en état de porter les armes, et réduisirent en esclavage les femmes et les enfans. Eux-mêmes se mirent en possession de la ville, où ils envoyèrent cinq cents hommes pour former une colonie.

LIVRE SIXIÈME.

Chap. premier. Ce même hiver, les Athéniens résolurent de passer une seconde fois en Sicile, avec un appareil plus imposant que dans l'expédition commandée par Lachès et Eurymédon, et de soumettre, s'il était possible, toute la contrée. La plupart, dans leur ignorance sur l'étendue de cette île et sur la population des Hellènes et des barbares qui l'habitent, ne savaient pas que c'était entreprendre une guerre non moins importante que celle du Péloponnèse : car le périple de la Sicile n'est guère de moins de huit journées pour un vaisseau marchand ; un espace de mer de vingt stades au plus empêche cette île si vaste de faire partie du continent.

Chap. 2. Je dirai quels furent, dans les temps antiques, ses premiers habitans, et quelles peuplades nouvelles s'y établirent successivement. Les Cyclopes et les Lestrygons passent pour avoir occupé les premiers une portion de cette contrée. Je ne puis dire ni de quelle race ils tiraient leur origine, ni d'où ils venaient, ni en quel lieu ils se sont ensuite retirés. Contentons-nous de ce qu'en ont dit les poètes, et des traditions adoptées, quelles qu'elles soient.

Après eux, les Sicaniens, fait bien constant, y ont fondé des établissemens ; et même, à les en croire, ils sont plus anciens, puisqu'ils se disent autochtones ; mais on découvre qu'ils étaient en effet des Ibères que les Lygiens chassèrent des bords du Sicanus, fleuve de l'Ibérie. De leur nom, cette île reçut alors celui de *Sicanie* : elle s'appelait auparavant *Trinacrie*. Ils occupent encore aujourd'hui les parties occidentales de la Sicile.

Après la prise d'Ilium, des Troyens, qui fuyaient les Achéens, abordèrent dans cette île, s'établirent sur les frontières des Sicaniens, et tous prirent en commun le nom d'*Élymes* : leurs villes sont Éryx et Égeste. Aux Élymes se joignirent quelques Phocéens, qui, au retour de Troie, furent poussés par la tempête dans la Lybie, et de là passèrent en Sicile.

Des Sicules vinrent d'Italie, où ils habitaient, et passèrent en Sicile, fuyant les Opiques. On dit, non sans vraisemblance, qu'ils firent leur traversée sur des radeaux, en profitant d'un vent favorable pour le trajet ; peut-être aussi ont-ils employé quelque autre mode de navigation. Il y a encore à présent des Sicules dans l'Italie, pays qui a reçu son nom d'un certain roi des Arcadiens, nommé *Italus*. Arrivés en grand nombre, les Sicules combattirent les Sicaniens, les vainquirent et les poussèrent vers les parties méridionales et occidentales de l'île. Par eux elle prit le nom de *Sicile*, au lieu de celui de *Sicanie*, et ils en occupèrent les portions les plus fertiles. Leur immigration se fit à peu près trois cents ans avant la descente des Hellènes en Sicile. Ils possèdent encore aujourd'hui le centre de l'île et les parties septentrionales.

Des Phéniciens se répandirent aussi dans la Sicile, s'emparant des promontoires qu'ils avaient fortifiés et des îlots adjacens, pour se rendre maîtres du commerce qui pouvait se faire avec la Sicile. Mais quand ils virent les Hellènes aborder en grand nombre, ils abandonnèrent une partie considérable de ce qu'ils occupaient, et se réunirent pour habiter Motye, Solocïs et Panorme, dans le voisinage des Élymes. Ils se confiaient en l'alliance de ces derniers, dans la pensée que c'est de là que le trajet est le plus court de la Sicile à Carthage.

Tels furent les barbares qui habitèrent la Sicile; et ce fut ainsi qu'ils y formèrent des établissemens.

Chap. 3. Mais parmi les Hellènes, les premiers qui passèrent en Sicile furent les Chalcidiens de l'Eubée, lesquels, sous la conduite de Théoclès, fondèrent Naxos et y érigèrent l'autel d'Apollon Archégète, qui est à présent hors de la ville, autel sur lequel sacrifient les théores avant leur départ de Sicile.

L'année suivante, Archias, l'un des Héraclides, vint de Corinthe, et fonda Syracuses, après avoir chassé les Sicules de l'île [d'Ortygie]. Cette île, jointe maintenant à la Sicile, forme la ville intérieure : la ville extérieure, réunie à l'autre par un mur, avec le temps est devenue fort peuplée.

Cinq ans après la fondation de Syracuses, nouvelle guerre déclarée aux Sicules. Thouclès et les Chalcidiens, partis de Naxos, enlevèrent aux Sicules cette partie de la Sicile, où ils fondèrent Léontium, et ensuite Catane. Les Catanéens eux-mêmes avaient choisi Évarque pour chef de la colonie.

Chap. 4. Dans le même temps, Lamis, amenant de Mégares une colonie, arriva aussi en Sicile, et fonda, au-dessus du fleuve Pantacius, un établissement nommé *Trotilus*. Il en sortit ensuite, et partagea quelque temps avec les Chalcidiens l'administration de Léontium; mais, chassé par eux, il alla fonder Thapsos. Après sa mort, ceux qui l'avaient suivi, en ayant été bannis, fondèrent Mégares l'Hybléenne, sous les auspices d'Hyblon, roi sicule, qui leur céda généreusement un territoire. Durant deux cent quarante-cinq années ils occupèrent cette ville, d'où ils furent chassés, ainsi que de tout le pays, par Gélon, tyran de Syracuses. Mais, avant leur expulsion, et cent ans après leur établissement, ils avaient envoyé pour fonder Sélinonte, Pammilus, qui, venu de Mégares, leur métropole, installa les nouveaux colons.

Antiphème de Rhodes et Entime, à la tête de colons qu'ils amenaient de Crète, vinrent fonder en commun la ville de Géla, quarante-cinq ans après la fondation de Syracuses. Son nom lui venait du fleuve Géla. Le lieu où elle est aujourd'hui, et qui fut d'abord fortifié, se nomme *Plaines lindiennes*. On donna aux habitans les lois et les coutumes doriennes.

Environ cent huit ans après leur établissement, ceux de Géla fondèrent Agrigente, ainsi appelée du fleuve de ce nom : c'étaient Aristonoüs et Pystile qu'ils avaient institués fondateurs de cet établissement, auquel ils donnèrent les lois de Géla.

Zanclé dut sa première fondation à des pirates de Cyme, ville chalcidique de l'Opicie : mais dans la suite une multitude d'hommes venue de Chalsis et du reste de l'Eubée occupa avec eux ce pays, qui eut pour fondateur Périérès et Cretamène, l'un de Cyme, l'autre de Chalcis. Les Sicules donnèrent d'abord à la ville le nom de *Zanclé*, parce que le pays a la figure d'une faux et qu'ils appellent une faux *zanclos*. Les habitans furent chassés dans la suite par des Samiens et d'autres Ioniens qui abordèrent en Sicile fuyant la domination des Mèdes.

Chap. 5. Peu après, Anaxilas, tyran de Rhégium, expulsa une partie des Samiens, établit dans la ville, avec ceux qu'il y laissait, des hommes de races différentes, et l'appela *Messène*, du nom de son ancienne patrie.

Himère fut fondée après Zanclé, par Euclide, Simus et Sacon : des Chalcidiens surtout vinrent former cette colonie, dont firent partie des exilés de Syracuses, nommés *Mylétides*, vaincus dans une sédition. Un langage mêlé de chalcidien et de dorique y domine ; mais les usages de la Chalcidique y ont prévalu.

Les Syracusains fondèrent Acres et Casmènes : Acres, soixante-dix ans après Syracuses ; Casmènes, environ vingt ans après Acres.

Camarine dut aussi, dans le principe, sa fondation aux Syracusains, environ cent trente-cinq ans après celle de Syracuses : ses fondateurs furent Dascon et Ménécole. Mais, plus tard, les Camarinéens s'étant révoltés contre les Syracusains, ceux-ci les chassèrent. Hippocrate, tyran de Géla, s'étant fait donner dans la suite, pour la rançon des prisonniers qu'il avait faits sur les Syracusains, le territoire de Camarine, devint lui-même fondateur de cette ville, et y établit une colonie, encore chassée par Gélon, qui devint le troisième fondateur de Camarine.

Chap. 6. Telles étaient les nations helléniques et barbares qui habitaient la Sicile, et telle la puissance de cette île, quand les Athéniens résolurent d'y porter la guerre. Ils voulaient la soumettre tout entière à leur domination : mais ils couvraient ce dessein d'un prétexte honorable, celui de secourir et des peuples qui avaient avec eux une commune origine, et les alliés que ces peuples s'étaient procurés. Les députés d'Égeste qui étaient à Athènes, sollicitaient vivement leur assistance. Limitrophes de Sélinonte, les Égestains étaient en guerre avec cette république pour quelques différends sur les mariages, et pour un territoire contesté. Ceux de Sélinonte, avec l'aide des Syracusains, qu'ils avaient engagés dans leur alliance, les comprimaient par terre et par mer. Les députés d'Égeste rappelaient aux Athéniens le souvenir d'une alliance contractée avec eux du temps de Lachès et de la première guerre des Léontins, demandaient qu'on expédiât des vaisseaux à leur secours, et représentaient, entre autres choses, que si les Syracusains chassaient impunément les habitans de Léontium, ruinaient les autres alliés d'Athènes, et concentraient en eux seuls toute la puissance de la Sicile, il était à craindre que, Doriens eux-mêmes, liés aux Doriens par une commune origine, attachés en même temps aux Péloponnésiens, leurs fondateurs, ils ne portassent à ces derniers des secours formidables, et ne détruisissent de concert avec eux la puissance athénienne ; qu'il était de la sagesse d'Athènes de tenir tête aux Syracusains avec ce qui lui restait d'alliés, surtout Égeste proposant de subvenir aux frais de la guerre.

Les Athéniens, ayant les oreilles battues de ces discours que tenaient dans les assemblées et ces députés et ceux de leurs orateurs qui favorisaient leur parti, décrétèrent qu'on enverrait à Égeste une députation chargée d'abord de vérifier si, comme on le prétendait, il existait en effet de l'argent dans le trésor public et dans les hiérons, ensuite, où en était la guerre contre Sélinonte.

Chap. 7. Les députés furent envoyés en Sicile. Le même hiver, les Lacédémoniens et leurs alliés, excepté les Corinthiens, portèrent la guerre dans l'Argolide, y ravagèrent une étendue peu considérable de terrain, et, après en avoir ramené quelques voitures de blé, établirent à Ornée les exilés d'Argos, leur laissèrent une faible partie de l'armée, puis se retirèrent avec le reste, après avoir fait un traité en vertu duquel, pendant un certain temps, les Ornéates et les Argiens devaient ne se faire aucun mal les uns aux autres. Mais peu après, les Athéniens transportèrent sur trente vaisseaux six cents oplites. Les Argiens se joignirent à eux avec toutes leurs forces, et firent contre Ornée une attaque qui dura le jour entier. Ils s'étaient éloignés à l'entrée de la nuit pour prendre un campement; les Ornéates s'évadèrent. Le lendemain, les Argiens, voyant la place évacuée, la rasèrent et firent retraite. Les Athéniens, n'ayant pas tardé non plus à retourner chez eux avec leur flotte, portèrent par mer de la cavalerie à Méthone, sur les confins de la Macédoine, joignirent à ces troupes les exilés macédoniens qui avaient cherché un asile à Athènes, et infestèrent le domaine de Perdiccas. Les Lacédémoniens invitèrent les Chalcidiens de la Thrace littorale, qui avaient une trêve de dix jours avec les Athéniens, à unir leurs armes à celles de Perdiccas, mais ceux-ci refusèrent.

Ainsi finit la seizième année de cette guerre dont Thucydide a écrit l'histoire.

Chap. 8. L'été suivant, au commencement du printemps, les députés d'Athènes revinrent de Sicile, amenant avec eux ceux d'Égeste. Ils apportaient soixante-deux talens d'argent non monnayé, pour soudoyer pendant un mois soixante vaisseaux qu'ils priaient les Athéniens de leur envoyer. Ceux-ci convoquèrent une assemblée, écoutèrent tous les beaux raisonnemens et tous les mensonges que voulurent débiter les Égestains et leurs propres orateurs, et comment il y avait de grands trésors tout prêts dans les hiérons et dans la caisse publique. Le résultat fut de décréter l'envoi en Sicile de soixante vaisseaux sous le commandement d'Alcibiade, fils de Clinias, de Nicias, fils de Nicératus, et de Lamachus, fils de Xénophane, tous trois revêtus d'une pleine autorité. Ils devaient secourir les habitans d'Égeste contre ceux de Sélinonte, rétablir les Léontains, si les opérations de la guerre leur laissaient quelque loisir, et tout disposer en Sicile de la manière qu'ils jugeraient la plus avantageuse à la république.

Une autre assemblée fut convoquée cinq jours après, pour entrer en discussion sur les moyens les plus prompts d'équiper la flotte, et sur tout ce qui pourrait être nécessaire aux généraux. Nicias, nommé malgré lui au commandement, pensait que la république venait de prendre une résolution dangereuse, précipitée, et dont l'objet, celui d'acquérir la domination de toute la Sicile, était difficile à remplir. Il s'avança dans l'intention de changer la disposition des esprits, et s'exprima ainsi :

Chap. 9. « Cette assemblée a pour objet les préparatifs de votre expédition en Sicile : mais peut-être, selon moi, faudrait-il examiner encore s'il est à propos d'y envoyer une flotte, et ne pas nous jeter, pour complaire à des étrangers, et d'après une si légère délibération sur une affaire aussi grave, dans une guerre qui ne nous regarde pas. Cette guerre me procure un honneur, et je suis moins disposé qu'aucun autre à me laisser intimider par la crainte d'un danger personnel, quoique persuadé que celui qui veille sur sa fortune et sur sa vie, n'en est pas pour cela moins bon citoyen, puisque, pour son propre intérêt, il doit désirer la prospérité de sa patrie. Cependant, jamais jusqu'ici les honneurs répandus sur moi ne me firent parler contre ma pensée : le même encore aujourd'hui, je vais ouvrir l'avis que je crois le plus utile à l'état. Votre caractère bien connu me le dit assez, vous ferez peu de cas d'un avis qui tend à vous faire ménager les avantages dont vous jouissez, et à ne pas vous laisser hasarder des possessions actuelles pour une acquisition qui ne se présente que dans un avenir incertain. Je vais néanmoins vous prouver que votre précipitation est déplacée, et que vous poursuivez ce qu'il n'est pas aisé d'atteindre.

Chap. 10. » Je déclare d'abord que passer en Sicile, c'est vouloir, en laissant derrière vous une foule d'ennemis, en attirer chez vous de nouveaux. Vous regardez peut-être comme solide la trève que vous avez conclue; trève de nom, qui sera respectée tant que vous ne ferez aucun mouvement : car c'est dans cet esprit que l'ont négociée des hommes de ce pays même et de l'autre parti. Mais s'il vous arrive d'essuyer un échec qui détruise une notable portion de vos forces, à l'instant même nos ennemis fondront sur nous, eux qui n'ont composé que pour se tirer d'un mauvais pas, et que l'impérieuse nécessité a soumis à des conditions plus honteuses pour eux que pour nous. Ensuite la trève renferme bien des articles contestés; il est même des villes, et non les plus faibles, qui ne l'ont pas acceptée. Les unes nous font ouvertement la guerre; les autres hésitent parce que les Lacédémoniens restent encore en repos, et qu'elles ont elles-mêmes une trève de dix jours. Peut-être, nous voyant diviser nos forces (comme nous sommes près de le faire), nous accableraient-elles de concert avec les Siciliens, dont auparavant elles auraient payé bien cher l'alliance. Voilà ce que devrait considérer tel de vos conseillers, au lieu d'exposer à de nouveaux dangers la république, suspendue au-dessus d'un précipice; au lieu de lui faire convoiter un nouvel empire, avant qu'elle ait affermi le sien. Qui ne sait que les Chalcidiens de la Thrace littorale, révoltés depuis tant d'années, ne sont pas encore soumis; que d'autres, en diverses parties du continent, chancellent dans le devoir? Quoi! nous nous empressons de secourir les Égestains, nos alliés, opprimés, dit-on, et nous différons le châtiment de peuples qui dès long-temps nous offensent !

Chap. 11. » Et cependant les Chalcidiens, domptés, pourraient être contenus; mais quand même nous serions vainqueurs des Siciliens, ils sont si loin de nous et si nombreux, qu'il nous serait difficile d'exercer le commandement. Ce serait donc une folie de marcher contre des peuples qu'on ne contiendra pas après la victoire, et qu'on n'attaquera plus avec le même avantage si l'on ne réussit pas d'abord. Les Siciliens, déjà peu redoutables pour nous, à mes yeux, dans leur état actuel, le seraient moins encore si, comme veulent nous le faire craindre les Égestains, ils venaient à tomber sous le joug de Syracuses. Aujourd'hui, en effet, partagés en différens états, ils pourraient, à la rigueur, venir nous attaquer pour complaire à Lacédémone : mais, dans le cas où toute la Sicile obéirait à Syracuses, il n'est pas vraisemblable qu'on les vît lutter empire contre empire; car ces mêmes Péloponnésiens, qui les auraient aidés à nous enlever le commandement, ne manqueraient pas d'anéantir ensuite la prééminence de Syracuses.

» Voulons-nous frapper de terreur les Hellènes de Sicile, ne paraissons pas chez eux : ou bien encore montrons-leur notre puissance, et ne tardons pas à nous retirer. Au premier échec que nous pourrions essuyer, ils nous mépriseraient, et viendraient nous attaquer avec nos ennemis d'ici même. Nous le savons tous, on admire ce qui est fort éloigné, ce qu'on ne peut soumettre à l'épreuve. Vous-mêmes, Athéniens, en avez fait l'expérience à l'égard des Lacédémoniens et de leurs alliés : pour les avoir vaincus contre votre attente, dans la partie où vous les redoutiez d'abord, vous en êtes venus à les mépriser, et déjà vous portez vos vues jusque sur la

Sicile. Il faudrait néanmoins, non pas s'enorgueillir des revers de ses ennemis, mais seulement se croire en sûreté lorsqu'on a dompté l'opinion qu'ils avaient de leur supériorité. Croyons que les Lacédémoniens, sensibles à l'affront qu'ils ont reçu, ne sont occupés qu'à chercher tous les moyens de l'effacer, et déjà voudraient, s'il était possible, profiter, pour nous affaiblir, de la circonstance présente : d'autant plus impatiens dans leur désir de vengeance, qu'ils avaient joui plus long-temps et à plus de frais de cette haute réputation de valeur. Si donc nous sommes sages, nous oublierons ces habitans de la Sicile, ces Égestains, ces barbares, pour songer à nous défendre vigoureusement contre une république dont l'oligarchie attente à notre liberté.

Chap. 12. » Souvenons-nous qu'à peine échappés aux ravages d'une maladie cruelle et de la guerre, nous commençons seulement à rétablir nos finances, à voir notre population se renouveler. La justice nous commande d'employer nos ressources ici même et à notre profit, non en faveur de ces fuyards qui mendient nos secours, eux qui ont si grand intérêt à mentir, eux qui, après un succès obtenu à nos seuls risques, sans qu'ils aient rien fourni que des paroles, refuseront de reconnaître nos services, ou qui, venant à échouer, entraîneront leurs amis dans leur ruine. Si tel d'entre vous, fier d'être élu l'un des chefs, vous engage à cette expédition, ne considérant que son intérêt personnel, d'ailleurs trop jeune encore pour commander, mais avide du commandement pour faire admirer les chevaux qu'il a nourris et trouver dans sa nouvelle dignité quelque moyen nouveau de signaler son faste, ne le mettez pas en état de briller en particulier au péril de la république ; mais croyez que de tels citoyens nuisent à l'état, en se ruinant eux-mêmes, et qu'il s'agit ici d'une affaire très grave, qui ne doit être ni délibérée par un jeune homme, ni décidée avec légèreté.

Chap. 13. » En le voyant, environné de complaisans qui prennent place ici pour l'appuyer, j'éprouve un sentiment de crainte, et, de toutes mes forces, j'exhorte les vieillards assis près des gens de cette faction à ne point appréhender le reproche de timidité en refusant de voter la guerre. Qu'ils ne se laissent pas infecter de la maladie de cette jeunesse, si prompte à se passionner pour tous les objets hors de sa portée. Bien persuadés qu'on réussit peu par la passion, beaucoup par la prévoyance, qu'ils se prononcent hardiment en faveur de la patrie, qu'on précipite dans les plus grands dangers qu'elle ait jamais courus ; qu'ennemis de cette faction, ils fassent décréter que c'est aux Siciliens à vider entre eux leurs différends, en se renfermant dans des limites que nous ne pouvons leur contester, le golfe ionique en côtoyant la terre et la mer de Sicile, en gagnant le large. Que l'on dise en particulier aux Égestains que, si d'abord ils ont entrepris la guerre contre Sélinonte sans l'intervention d'Athènes, ils peuvent bien aussi la terminer sans elle. Enfin ne prenons plus, suivant notre usage, des alliés que nous défendrons dans le malheur, et dont nous ne pourrions, au besoin, obtenir aucun secours.

Chap. 14. » Et toi, prytane, si tu crois de ton devoir de veiller aux intérêts de la république, si tu veux être bon citoyen, appuie cet avis, et consulte une seconde fois l'opinion des Athéniens. Si tu crains de recueillir les voix de nouveau, songe qu'une violation de formes, autorisée par les regards de tant de témoins, te laisse irréprochable ;

songe que tu seras le médecin appelé à sauver la république des maux où l'entraînerait une funeste résolution ; enfin que c'est remplir les devoirs d'un bon magistrat que de faire beaucoup de bien à la patrie, ou du moins de ne pas lui faire du mal volontairement. »

CHAP. 15. Ainsi parla Nicias. Le plus grand nombre des Athéniens qui prirent ensuite la parole, demandait qu'on marchât sans délai, et qu'on ne revînt pas sur une chose qui venait d'être décrétée ; quelques-uns étaient d'avis contraire. Alcibiade opinait avec la plus grande chaleur pour l'expédition : opposé dans toutes les questions politiques à Nicias, il avait à cœur de le contredire dans celle-ci, parce que ce général venait de lancer quelques traits contre lui. Mais surtout il brûlait de commander : il espérait conquérir la Sicile et Carthage, et, favorisé de la fortune, augmenter ses richesses et sa gloire. En grand crédit auprès de ses concitoyens, ses fantaisies, l'entretien de ses chevaux, et ses autres dépenses, étaient au-dessus de ses facultés ; ce qui contribua singulièrement à la chute de l'état : en effet, bien des gens qu'alarmaient et l'indécence révoltante avec laquelle il violait les lois dans sa manière de vivre, et ces grands projets qu'annonçait sa conduite dans chacune des circonstances où il se trouvait, le soupçonnant d'aspirer à la tyrannie, le prirent en haine ; et quoique, à titre d'homme public, il eût imprimé une grande force aux armées, cependant comme on n'en était pas moins choqué de la conduite de l'homme privé, on confia les affaires à d'autres, et en peu de temps on perdit l'état.

Alcibiade donc, s'avançant au milieu de l'assemblée, parla ainsi aux Athéniens :

CHAP. 16. « C'est à moi qu'appartient de droit le commandement, et je m'en crois digne ; car il faut, Athéniens, que je commence par cette déclaration, puisque Nicias n'a pas craint de m'attaquer. Ce qui m'a rendu célèbre tourne à la gloire de mes ancêtres et à la mienne, aussi bien qu'à l'avantage de mon pays. En effet, les Hellènes, éblouis de l'éclat que j'ai jeté aux fêtes de l'Olympie, ont conçu une idée exagérée de la puissance d'Athènes, qu'auparavant ils se flattaient d'abattre. Ils se sont formé cette opinion parce que j'ai lancé sept chars dans la carrière, ce que n'avait osé nul particulier avant moi. J'ai remporté le premier prix, le second et le quatrième, déployant partout une magnificence digne de mes victoires. Ce faste est aussi légitime que glorieux, et ce que l'on fait donne idée de ce qu'on peut. Quant à l'éclat dont j'ai brillé au milieu de vous, soit dans les fonctions de chorége, soit en d'autres occasions, il excite l'envie des citoyens ; mais il manifeste aux étrangers votre puissance ; et ce n'est pas une folie d'une nature bien fâcheuse que celle d'un citoyen qui, à ses propres frais, satisfaisant ses goûts, sert en même temps son pays.

» Certes il n'est pas injuste que celui qui conçoit une grande idée de lui-même, ne soit pas l'égal de tout le monde, puisque, malheureux, il ne trouverait personne qui s'associât à son malheur. Jamais on n'adresse la parole à l'infortuné : qu'on supporte donc en revanche les hauteurs de l'homme fortuné ; ou que celui qui prétend qu'on doit dans la prospérité traiter d'égal à égal, accorde la même égalité dans le malheur. Je le sais, de tels hommes, et tous ceux qui dans un genre quelconque excellent et brillent, sont, tant qu'ils vivent, enviés d'abord de leurs égaux, et bientôt de tout ce qui les approche ; mais quand ils ne sont plus, des étrangers, dans les générations suivantes, emploient jusqu'au mensonge pour persuader qu'ils tiennent à eux par les liens du sang ; leur patrie elle-même, fière de les avoir vus naître, craindrait qu'on ne les crût étrangers ; loin de leur reprocher des fautes, elle les appelle ses enfans, et les préconise comme ayant fait de grandes choses. Tel est le sort où j'aspire.

» Renommé par ma conduite privée, voyez si je le cède à personne dans l'administration des affaires publiques. C'est moi qui, sans danger et à si peu de frais, vous ai concilié les plus puissantes villes du Péloponnèse ; moi qui ai forcé les Lacédémoniens à risquer en un seul jour le sort de leur patrie à Mantinée ; et, quoique vainqueurs, ils n'ont pu encore reprendre une attitude assurée.

CHAP. 17. » Ces résultats, c'est ma jeunesse, c'est ma folie, cette folie jugée hors de toute mesure, qui les a obtenus, en employant auprès des villes les plus puissantes du Péloponnèse le langage convenable, et qui, rassurant sur l'impétuosité de mon caractère, vous a amenés à ne plus la redouter. Tandis que je suis dans toute ma force, avec ma témérité supposée, et que la fortune semble favoriser Nicias, mettez à profit les avantages de l'un et de l'autre. Surtout, ne vous repentez pas d'avoir décrété l'expédition de la Sicile, comme si la Sicile était une puissance formidable. Les villes qui la composent, surchargées d'hommes de toutes les nations, changent de gouvernement et admettent de nouveaux colons. Aussi personne chez eux ne se croit une patrie ; personne n'est muni d'armes pour sa sûreté personnelle, et ne voit dans son pays même un état régulier de défense ; chacun se tient prêt à saisir ce qu'il croit pouvoir obtenir par la voie de la persuasion, ou ce qu'il espère, en formant un parti, pouvoir prendre sur la fortune publique, et emporter avec lui dans une terre étrangère, supposé que son parti ait le dessous. Est-il probable qu'une pareille multitude s'accorde à suivre un bon avis, et qu'elle se réunisse pour agir ? Tous s'empresseront de se rendre à la première ouverture capable de leur plaire, surtout s'ils sont en état de révolte, ainsi que nous l'apprenons. D'ailleurs les Siciliens n'ont pas autant d'oplites qu'ils se vantent d'en avoir, et de plus les autres peuplades helléniques ne sont pas aussi nombreuses que le suppose le dénombrement de chacune d'elles : mais l'Hellade [sicilienne], s'en imposant complètement à elle-même, a, dans cette guerre, à peine établi un armement qui suffise.

» Tel est, et bien plus favorable encore pour nous, d'après ce que j'entends, l'état de la Sicile : car un grand nombre de barbares, en haine des Syracusains, se joindront à nous pour les attaquer ; et les affaires d'ici ne vous causeront pas d'embarras, si vous prenez de sages mesures. Outre ces mêmes ennemis qu'en vous embarquant vous allez, dit-on, laisser derrière vous, nos pères avaient encore le Mède à combattre ; ils ont cependant acquis l'empire sans autre supériorité que celle de leur marine. Jamais les Péloponnésiens, quoique très forts, n'eurent moins qu'aujourd'hui l'espérance de l'emporter sur nous. Même notre expédition n'ayant pas lieu, ils pourront toujours ravager nos campagnes : mais avec leurs forces navales ils ne sauraient nous inquiéter, parce qu'il nous restera encore assez de vaisseaux pour tenir tête.

CHAP. 18. » Quelle sera donc l'excuse de notre lenteur ? Sous quel prétexte nous dispenser de secourir nos alliés de Sicile, que les sermens prêtés et reçus nous obligent de défendre ? Et n'objectons pas qu'eux-mêmes ne nous ont point assistés : en nous les attachant, nous voulions, non qu'ils vinssent nous prêter assistance réciproque, mais qu'ils tinssent en respect nos ennemis de la Sicile et ne leur permissent pas de venir nous attaquer dans notre pays. Nous-mêmes, et tous ceux qui jamais ont commandé, nous défendîmes toujours avec zèle les Hellènes ou les barbares qui nous ont tour à tour implorés. Demeurer en repos, ou examiner scrupuleusement qui l'on doit secourir, c'est, après avoir ajouté quelque chose à sa puissance, le moyen de la compromettre tout entière : car on ne se défend pas contre une puissance supérieure comme la nôtre seulement en repoussant ses attaques, mais en les prévenant. Nous ne sommes pas maîtres de modérer à notre gré l'exercice du pouvoir ; c'est une nécessité de notre position de dresser aux uns des piéges, d'agir sans cesse contre les autres, puisque nous risquons de tomber sous le joug si nous ne l'imposons. N'envisageons pas le repos du même œil que les autres, à moins que nous ne voulions changer nos institutions pour adopter celles d'autrui. Persuadés que, passant en pays étranger, nous étendrons notre domination, embarquons-nous : ce sera humilier l'orgueil des Péloponnésiens que de paraître les mépriser, et de voguer vers la Sicile, au lieu de nous abandonner à un dangereux repos. Ou, ce qui est probable, nous obtiendrons, avec les forces que nous acquerrons dans cette île, l'empire sur toute l'Hellade, ou nous ferons beaucoup de mal aux Syracusains, et par là nous travaillerons pour nous-mêmes et pour nos alliés. Avec notre flotte, nous serons maîtres, ou de rester, si nous obtenons quelque succès, ou de nous retirer ; car notre marine nous donnera la supériorité sur toute la Sicile. Que les raisons de Nicias ne vous touchent point : elles tendent à vous retenir dans l'inaction, et à jeter la division entre les jeunes gens et les vieillards. Suivez l'exemple de vos pères, qui, jeunes et vieux, animés d'un même esprit, ont porté à ce haut degré la splendeur de l'empire. Tâchez, par les mêmes moyens, d'ajouter encore à sa prospérité, et soyez convaincus que la jeunesse et la vieillesse ne peuvent rien l'une sans l'autre ; que le bon, le médiocre et le mauvais réunis, auront la plus grande force ; qu'au sein d'une lâche oisiveté, la république s'usera d'elle-même comme tout le reste, et que toutes les connaissances arriveront à la décrépitude, mais que, dans un état de lutte, elle ajoutera sans cesse à son expérience, et que c'est par des actions, mieux que par des discours, qu'elle apprendra à se défendre. En un mot, je maintiens qu'un peuple actif se détruira s'il passe de l'activité au repos, et que le plus sûr moyen de conservation pour lui est de suivre, au sein de la concorde, ses lois et ses coutumes, même vicieuses. »

Chap. 19. Ainsi parla Alcibiade : excités par ses paroles et les supplications des exilés d'Égeste et de Léontium, qui leur rappelaient la foi des sermens et imploraient des secours, les Athéniens votèrent la guerre avec bien plus de chaleur encore qu'auparavant. Nicias reconnut qu'il ne gagnerait rien sur eux en reproduisant les mêmes raisonnemens dont il avait déjà fait usage ; mais il crut qu'en détaillant les préparatifs qu'exigeait l'entreprise, et les leur montrant énormes, il les ferait peut-être changer d'avis. Il s'avança donc, et leur tint en substance ce discours :

Chap. 20. « Athéniens, je vous vois absolument déterminés à l'expédition : puisse-t-elle donc réussir comme nous le voulons ! Je vais vous faire connaître ce que je pense dans la circonstance actuelle. D'après ce que j'entends dire, les villes que nous allons attaquer sont puissantes ; indépendantes les unes des autres, elles n'ont pas besoin de ces révolutions où l'on se précipite volontiers pour passer d'un dur esclavage à une condition meilleure. Nombreuses pour une seule île, helléniques la plupart, elles ne préféreront certainement pas notre domination à leur liberté. Si j'en excepte Naxos et Catane, qui, j'espère, se joindront à nous, à cause des liens de consanguinité qui les unissent aux Léontins, il en est sept autres principalement dont l'état militaire est, à tous égards, aussi respectable que le nôtre, et parmi elles Sélinonte, et Syracuses que menacent particulièrement nos armes. Elles sont bien pourvues d'oplites, d'archers, de gens de trait, de navires et d'équipages ; elles ont des richesses dans les mains des particuliers, et des trésors déposés dans les hiérons des Sélinontins : Syracuses reçoit même de divers peuples barbares des contributions en nature ; et, ce qui procure à ces villes un grand avantage, elles ont une forte cavalerie, et du grain qu'elles recueillent dans le pays sans avoir besoin d'en tirer du dehors.

Chap. 21. » Contre une telle puissance ce n'est pas assez de forces navales ordinaires, il faut encore que nous transportions avec nous une formidable infanterie, si du moins nous voulons faire quelque chose qui réponde à la grandeur de nos projets, et ne pas voir une forte cavalerie rendre notre descente impossible ; précaution de rigueur, surtout si les villes effrayées se liguent, et si les Égestains, nos uniques alliés, sont seuls disposés à nous fournir une cavalerie qui nous seconde. Ce serait une honte d'être contraints à nous retirer, ou de nous voir réduits à mander de nouvelles troupes, pour n'avoir pas pris d'abord de sages mesures. Partons d'ici avec un puissant appareil, n'ignorant pas que nous allons naviguer loin de notre patrie, et que nous ne combattrons point avec les mêmes avantages qu'ici ; qu'enfin nous n'allons pas, en qualité d'alliés, dans un pays de notre dépendance, où nous puissions aisément recevoir de l'amitié les secours nécessaires, mais dans une contrée étrangère, et d'où, pendant quatre mois de mauvaise saison, il est difficile de faire parvenir des nouvelles.

Chap. 22. » Je crois donc que nous devons emmener un grand nombre d'oplites, athéniens, alliés, sujets, et tâcher même d'en attirer du Péloponnèse, soit par la persuasion, soit par l'appât d'une solde. Il nous faut aussi beaucoup d'archers et de frondeurs, pour résister à la cavalerie ennemie, et une grande quantité de vaisseaux, pour transporter aisément toutes nos provisions. Il faudra encore emporter d'ici, sur des bâtimens de charge, du froment et de l'orge grillée, et des boulangers soudoyés, pris dans chaque moulin en proportion du nombre qu'il en emploie, afin que l'armée ne manque pas de subsistances s'il survient impossibilité de naviguer ; car toute ville ne sera pas en état d'entretenir des troupes si nombreuses. Soyons de même, autant que possible, pourvus de tout le reste, et ne comptons pas sur autrui. Mais surtout emportons beaucoup d'argent : car ces richesses des Égestains qui, dit-on, nous attendent, croyez qu'elles ne sont prêtes qu'en paroles.

Chap. 23. » Si nous arrivons non seulement avec des forces égales, mais avec une supériorité marquée à tous égards, leurs belliqueux oplites exceptés, peut-être alors pourrons-nous, non pas toutefois sans de grandes difficultés, vaincre nos ennemis et sauver nos amis. Songez que nous partons dans le dessein d'occuper une ville en pays étranger et ennemi ; qu'il faut, dès le premier jour où nous prendrons terre, nous rendre maîtres de la campagne, ou bien qu'au premier échec tout nous deviendra contraire. Dans cette crainte, et convaincus que nous avons besoin d'une grande sagesse et d'un bonheur plus grand encore (et le bonheur n'est point aux ordres de l'homme), je veux, en partant, m'abandonner le moins possible à la fortune, et prendre des mesures qui garantissent le succès. Voilà, je crois, ce que sollicite l'intérêt de la république entière, et ce qui peut assurer notre salut, quand nous allons combattre pour elle. Si quelqu'un est d'un avis contraire, je lui cède le commandement. »

Chap. 24. Telles furent les considérations que présenta Nicias ; il espérait, en multipliant les difficultés, ou détourner les Athéniens de l'entreprise, ou, s'il était obligé de faire la guerre, partir au moins, de cette manière, en toute sûreté. Mais l'immensité de ces préparatifs, loin de refroidir les Athéniens, ne fit qu'accroître leur ardeur. Il arriva tout le contraire de ce qu'attendait Nicias : ses conseils furent goûtés, et toute crainte fut bannie. Le désir de s'embarquer saisit tout le monde à-la-fois ; les plus âgés, dans l'idée de soumettre le pays vers lequel ils allaient voguer, ou d'être au moins, avec de telles forces, à l'abri des revers ; les plus jeunes, par l'envie de voir et de connaître une contrée lointaine, avec la plus ferme espérance d'en revenir ; la multitude et le soldat, dans l'espoir de gagner de l'argent, d'ajouter à la force de l'état, et d'établir sur la conquête projetée une solde perpétuelle. Au milieu de cette foule avide et passionnée, ceux qui ne goûtaient pas l'entreprise auraient craint, en donnant un avis, de paraître mal intentionnés : ils se taisaient.

Chap. 25. Enfin un Athénien s'avança, et, appelant Nicias par son nom et le sommant de comparaître, lui dit qu'il ne fallait ni chercher des prétextes, ni différer, mais déclarer à l'instant, en présence de tous, quels préparatifs les Athéniens devaient décréter. Obligé de répondre, Nicias dit qu'il en délibérerait plus mûrement et à loisir avec ses collègues ; mais qu'à en juger dans le moment, il ne faudrait pas mettre en mer moins de cent trirèmes ; que les Athéniens fourniraient pour le transport des gens de guerre autant de bâtimens qu'ils jugeraient à propos, et qu'on demanderait le reste aux alliés ; que les oplites, tant d'Athènes que des villes confédérées, devaient s'embarquer au nombre de cinq mille, et même plus, s'il était possible ; que pour le reste de l'armement, archers d'Athènes et de Crète, frondeurs, enfin pour tout ce qui serait nécessaire, on suivrait la même proportion.

Chap. 26. Il dit : on décréta que les généraux auraient de pleins pouvoirs, et que, pour ce qui concernait le nombre des troupes et toute l'expédition, ils feraient ce qu'ils jugeraient le plus avantageux à l'état. Ensuite commencèrent les apprêts. On dépêcha des ordres aux alliés ; des rôles furent dressés. La république commençait à respirer et de la peste et des maux d'une guerre continue ; elle avait acquis une nombreuse jeunesse et amassé des trésors à la faveur de la suspension d'armes : on satisfaisait donc plus aisément à toutes les réquisitions ; les préparatifs se faisaient.

Chap. 27. On en était occupé lorsque, dans une même nuit, la face de presque tout ce qu'il y avait à Athènes d'hermès de pierre, se trouva mutilée. Les hermès sont des figures carrées, et, suivant l'usage du pays, on en voit un grand nombre, soit aux vestibules des maisons particulières, soit dans les hiérons. Les coupables n'étaient pas connus : on en fit la recherche; de grandes récompenses, aux frais de l'état, furent promises aux dénonciateurs; il fut même enjoint par un décret à quiconque aurait connaissance de quelque autre sacrilége, citoyens, étrangers, esclaves, de le dénoncer hardiment. On donna une grande importance à cette affaire, qui semblait de mauvais augure pour l'entreprise; on y voyait un complot dont le but avait été d'amener une révolution et de détruire le gouvernement populaire.

Chap. 28. Des *métèques* et des valets, sans faire aucune déposition relative aux hermès, dénoncèrent et des mutilations de statues commises précédemment par des jeunes gens dans les transports d'une folle gaîté et dans la chaleur du vin, et de dérisoires célébrations des mystères qui avaient eu lieu en certaines maisons. C'était Alcibiade qu'ils chargeaient. Ses plus grands ennemis feignaient de croire à cette accusation contre un citoyen qui les empêchait de se placer à la tête du peuple, espérant, s'ils le chassaient, devenir les premiers de l'état. Ils exagéraient la gravité du fait, répétant, dans leurs clameurs, que la mutilation des hermès et la profanation des mystères avaient sans doute pour objet l'abolition de la démocratie, et qu'aucun de ces sacriléges n'avait été commis sans la participation d'Alcibiade; ils ajoutaient en preuve la licence effrénée de toute sa conduite, qui s'accordait si mal avec le régime populaire.

Chap. 29. Alcibiade se défendit aussitôt de ces inculpations. Il était prêt à comparaître avant son départ, pour être interrogé; à subir la peine des délits dont on donnerait la preuve, ou à reprendre le commandement, s'il était absous : car les préparatifs se trouvaient dès-lors terminés. Il protestait contre les accusations qui pourraient être intentées en son absence, et demandait la mort sans délai, s'il était coupable. Il remontrait que le parti le plus prudent était de ne pas laisser sortir à la tête d'une armée si considérable un homme prévenu de tels délits, avant de l'avoir jugé. Mais ses ennemis craignaient que, cité en jugement, il n'eût pour lui la bienveillance de l'armée, l'indulgence et la faiblesse du peuple, qu'une considération puissante porterait d'ailleurs à le ménager; car c'était à cause de lui que partaient les Argiens et quelques troupes de Mantinée. Pour détourner l'objet de sa demande et refroidir le peuple, ils mirent en avant d'autres orateurs. Ceux-ci représentèrent qu'Alcibiade devait s'embarquer sans délai, que son départ ne pouvait être différé, et qu'on ajournerait la cause à son retour : car ils voulaient le charger encore davantage, ce qui serait plus facile en son absence, et le rappeler ensuite pour son procès. Il fut décidé qu'il partirait.

Chap. 30. On était déjà au milieu de l'été quand on mit à la voile pour la Sicile. Il fut ordonné que la plupart des alliés, les bâtimens destinés au transport des vivres, les navires de charge, et tous les bagages qui suivaient l'armée, se rassembleraient à Corcyre, d'où, tous ensemble, ils traverseraient la mer Ionienne et gagneraient l'Iapygie. Au jour prescrit, les Athéniens et ceux des alliés qui se trouvaient à Athènes, se rendirent au Pirée dès le lever de l'aurore, et montèrent leurs vaisseaux pour faire voile. Presque toute la ville, tant citoyens qu'étrangers, descendit avec eux. Les gens du pays accompagnaient ceux qui leur appartenaient : ceux-ci, leurs amis; ceux-là, leurs parens; d'autres, leurs fils. Ils partaient, se livrant aux plus brillantes espérances, et en même temps versant des larmes et gémissant;

occupés de ce qu'ils allaient acquérir, et de ceux que peut-être ils ne reverraient plus, songeant à quelle distance ils étaient envoyés hors de leur patrie.

Chap. 31. Dans cet instant suprême où il fallait se séparer, non sans sujet de crainte de chaque côté [ceux-ci courant aux dangers, ceux-là y demeurant exposés], on sentait tous les périls de l'entreprise bien mieux qu'à l'instant où on l'avait décrétée ; mais les regards étaient en même temps frappés de la force et du nombre des apprêts de toute espèce, et ce coup-d'œil rassurait. Les étrangers et une foule immense étaient accourus pour contempler ce spectacle, bien digne en effet d'attirer tant de regards, et fort au-dessus de ce que l'imagination pouvait s'en figurer. Cet armement, le premier qui, entièrement composé de troupes helléniques, fût sorti d'une seule ville, surpassait en somptuosité et en magnificence tous ceux qu'on avait pu voir jusqu'à ce jour. A la vérité une multitude non moindre de vaisseaux et d'oplites avait été réunie pour l'expédition d'Épidaurie, conduite par Périclès, et même pour celle de Potidée, commandée par Agnon. Dans cette dernière, les Athéniens seuls avaient donné quatre mille oplites, trois cents chevaux, cent trirèmes; ceux de Lesbos et de Chio, cinquante ; et un grand nombre d'alliés était monté sur la flotte. Mais il ne s'agissait alors que d'une courte traversée, et tous les préparatifs avaient été peu considérables; au lieu que cette dernière expédition, qui devait être d'une longue durée, avait exigé tout-à-la-fois des troupes de terre et de mer, comme pour faire face à la double espèce de besoins qu'on pourrait éprouver. L'équipement se fit à grands frais, aux dépens du public et des triérarques. L'état donnait par jour une drachme à chaque matelot, et fournissait des vaisseaux vides, dont soixante légers et quarante destinés à porter des troupes. Les triérarques, qui pourvoyaient ces bâtimens des meilleurs équipages, accordaient aux *thranites* et aux autres rameurs une augmentation de solde, indépendamment de celle que payait le trésor public. Ils avaient traité avec magnificence les sculptures de la proue des vaisseaux et tous les ornemens ; chacun d'eux se piquait d'émulation, et voulait que son navire fût le plus brillant et le plus léger. On avait enrôlé la meilleure infanterie, et ceux qui la composaient disputaient entre eux d'élégance et de luxe dans le choix des armes et des vêtemens. C'était à qui remplirait le mieux les ordres, et l'on eût dit qu'il s'agissait plutôt de déployer aux yeux de l'Hellade la force et l'opulence d'Athènes, que de faire des apprêts contre un ennemi : car, si l'on calcule la dépense du trésor public et les dépenses privées des guerriers, tous les frais que l'état avait déjà faits, tout ce qu'il fit emporter aux généraux, ce qu'il en coûta en particulier à chacun pour s'équiper, et à chaque triérarque pour son bâtiment, sans compter ce qu'il devait dépenser encore ; ce que d'ailleurs il est à présumer que chacun, partant pour une longue expédition, prenait avec soi pour le voyage, indépendamment de la solde, et de plus tous les effets que les soldats et les marchands destinaient à faire des échanges, on trouvera qu'en tout, dépenses publiques et particulières comprises, il sortit hors de la république une somme considérable de talens. Cette flotte devint le sujet de tous les entretiens ; l'audace de l'entreprise, l'éclat du spectacle, l'importance d'une expédition qui menaçait un grand peuple, tout causait l'étonnement. C'était d'ailleurs le plus grand trajet qu'on eût tenté hors de l'Attique, une entreprise qui promettait tout pour l'avenir, et pour le succès de laquelle on réunissait toutes ses forces.

Chap. 32. Les troupes étant montées sur les trirèmes et les bâtimens se trouvant chargés de tout ce qu'il fallait emporter, l'ordre du silence fut donné au son de la trompette. Les prières accoutumées avant le départ ne se firent pas en particulier sur chaque navire, mais sur la flotte entière, par l'organe d'un héraut. On mêla le vin dans les cratères, et toute l'armée, chefs et soldats, fit les libations dans des vases d'or et d'argent. La multitude qui couvrait le rivage se joignit à ces prières, tant les citoyens que tous ceux qui désiraient le succès de l'entreprise. Après avoir chanté le péan et achevé les libations, on fit voile. Les vaisseaux à peine sortant du port, à la file l'un de l'autre, rivalisèrent de vitesse jusqu'à Égine ; de là ils se hâtèrent d'arriver à Corcyre, rendez-vous des alliés.

Syracuses recevait de bien des côtés à-la-fois des nouvelles de cet embarquement hostile ; mais long-temps on ne crut rien. Cependant une assemblée fut convoquée : les uns ne doutaient pas de l'expédition des Athéniens ; les autres la niaient. Hermocrate parut à la tribune ; se croyant bien informé, il parla ainsi :

Chap. 33. « Syracusains, je vous semblerai peut-être, moi ainsi que d'autres, choquer la vraisemblance, en annonçant comme certaine l'arrivée des Athéniens. Je le sais, ceux qui disent ou annoncent des faits en apparence peu croyables, loin de persuader, passent pour des insensés ; mais, devant les périls de la république, une telle considération ne me fermera pas la bouche, surtout quand je me sais mieux instruit que d'autres. Oui, les Athéniens s'avancent avec une puissante armée de terre et de mer, sous prétexte de secourir les Égestains et de rétablir les Léontins, mais, en effet, pour envahir la Sicile, et surtout Syracuses, assurés, s'ils deviennent maîtres de cette place, d'avoir aisément tout le reste. Attendez-vous donc à les voir bientôt arriver, et examinez, d'après vos ressources, quels sont vos moyens de résistance. Ne restez pas sans défense par mépris pour vos ennemis, ni dans une entière incurie par incrédulité ; mais, tout en croyant à la réalité de l'entreprise, ne redoutez ni leur audace, ni leurs forces. Ils ne peuvent pas nous faire plus de mal qu'ils en auront à souffrir de notre part. En arrivant avec un grand appareil, ils ne nous rendent pas un faible service : nos affaires en iront mieux auprès des autres peuples de la Sicile, qui, vivement alarmés, seront plus disposés à combattre avec nous. Si nous parvenons à vaincre les Athéniens ou à les chasser sans qu'ils aient rien fait (car je n'appréhende nullement que leurs espérances soient comblées), ce sera pour nous le plus heureux événement, et je suis loin de désespérer du succès. Il est rare, en effet, que de grandes armées, helléniques ou barbares, aient réussi dans des contrées lointaines : on ne peut jamais arriver en plus grand nombre que les habitans et les voisins du pays qu'on vient attaquer ; car la crainte les réunit tous ; et si, faute de provisions, on succombe en terre étrangère, quoique ce malheur doive être surtout imputé à l'imprudence de ceux qui le supportent, il n'en laisse pas moins un grand renom à leurs ennemis. C'est ainsi que le Mède, qui éprouva des revers aussi inattendus que multipliés, a fait la gloire des Athéniens, par cela seul qu'il était venu de si loin attaquer Athènes : espérons que l'invasion dont aujourd'hui Athènes nous menace, aura pour nous un semblable résultat.

Chap. 34. » Pleins de confiance, faisons ici nos dispositions : envoyons chez les Sicules, pour confirmer nos anciennes alliances et en obtenir de nouvelles, et députons dans le reste de la Sicile; montrons à tous qu'un danger commun les menace. Envoyons dans l'Italie, pour que ses peuples se liguent avec nous ou rejettent l'alliance des Athéniens. Il serait bon, suivant moi, d'envoyer aussi chez les Carthaginois, qui, loin d'être tranquilles, se figurent sans cesse les Athéniens à leurs portes. Peut-être, dans la pensée que s'ils négligent cette occasion ils se trouveront eux-mêmes dans l'embarras, voudront-ils nous secourir d'une manière quelconque, soit ouvertement, soit en secret. S'ils en ont la volonté, ils en ont plus le pouvoir qu'aucun des peuples existans : ils possèdent beaucoup d'or et d'argent, ressource toute puissante, surtout à la guerre. Envoyons aussi à Lacédémone et à Corinthe; invitons ces deux républiques à nous donner de prompts secours, et à fondre en même temps l'une et l'autre sur l'Attique.

» Mais il est une entreprise bien plus importante, à mon avis, et que votre indolence accoutumée ne permet pas de vous persuader aisément. Cependant je vais vous en faire part. Si tout ce que nous sommes de Siciliens, ou du moins le plus grand nombre possible, nous mettions à flot tous nos bâtimens, et si, avec des vivres pour deux mois, allant au-devant des Athéniens jusqu'à Tarente et au cap d'Iapygie, nous leur apprenions qu'avant d'attaquer la Sicile ils auront à combattre pour traverser en entier la mer Ionienne, nous les étonnerions par ce trait d'audace; et comme Tarente nous accueillerait, nous les amènerions à considérer que, gardiens de notre pays, nous partirons d'une terre amie pour fondre sur eux; qu'ils ont une grande étendue de mer à traverser avec un immense appareil; qu'il

leur sera difficile, dans un si long trajet, de rester en ordre; que nous les attaquerons avec avantage, leur flotte marchant lentement et ne pouvant attaquer que par petites divisions. Supposons que, pour nous attaquer en corps, ils se débarrassent des vaisseaux de provision et ne prennent que leurs vaisseaux légers; s'ils se servent de la rame, nous tomberons sur eux quand ils seront fatigués; si nous craignons de les assaillir, nous serons libres de nous retirer à Tarente. Mais eux, qui se seront embarqués avec peu de provisions et dans l'espérance de n'avoir à soutenir qu'un combat naval, éprouveront sûrement la disette sur des côtes inhabitées. S'ils y restent, on les assiégera; s'ils suivent le littoral, ils abandonneront une partie de leurs ressources, et, mal assurés de l'accueil des villes, ils tomberont dans l'abattement. Pour moi, je pense qu'arrêtés par ces considérations, ils ne partiront même pas de Corcyre; mais que, tout occupés à délibérer, à observer combien et où nous sommes, ils se verront, par des lenteurs forcées, renvoyés à l'hiver; ou que, frappés de l'audace de notre démarche, ils renonceront à l'expédition : surtout les plus expérimentés de leurs généraux les conduisant à contre-cœur, nous dit-on, et devant avec joie saisir le prétexte de les ramener, pour peu qu'on nous voie faire une action d'éclat. Je suis bien sûr qu'on grossira les objets en leur annonçant nos préparatifs : or les jugemens des hommes se règlent sur ce qu'on leur dit; ils craignent moins ceux qui se bornent à montrer qu'ils repousseront l'attaque, que ceux qui prennent les devants, parce qu'ils croient ces derniers capables de tenir tête au danger. Cette crainte, les Athéniens l'éprouveront. Ils viennent dans l'idée qu'on ne se défendra pas; ils nous méprisent avec juste cause, parce que nous n'avons pas uni nos forces à celles des Lacédémoniens pour les détruire ; mais, s'ils nous voient une audace qu'ils sont loin de nous supposer, ils en seront plus frappés que de nos forces effectives, s'ils pouvaient les connaître.

» Croyez-moi donc ; osez ce que je vous conseille, sinon préparez-vous au plus tôt à la guerre. Et que chacun se mette bien dans l'esprit que c'est par la vigueur de l'exécution qu'on prouve son mépris pour les agresseurs, et que si, dès le moment même, jugeant très sûrs les préparatifs commandés par une juste crainte, on les exécute comme se voyant au moment du danger, on aura pris le plus sage parti. Les Athéniens arrivent : je sais qu'ils sont en mer ; je dirais presque, ils sont arrivés. »

CHAP. 35. Telle fut la harangue d'Hermocrate. De grandes disputes s'élevèrent parmi les Syracusains. Les uns assuraient que les Athéniens ne viendraient pas, et que les bruits semés étaient faux. « Quand ils viendraient, disaient les autres, quel mal feraient-ils que nous ne leur rendissions au double ? » D'autres méprisaient ces rumeurs et les tournaient en risée. Il en était peu qui ajoutassent foi aux paroles d'Hermocrate et redoutassent l'événement. Alors parut à la tribune Athénagoras, premier magistrat du peuple, et à qui son éloquence populaire donnait le plus grand ascendant sur l'esprit de la multitude ; il prononça ce discours :

CHAP. 36. « Plût aux dieux qu'en effet les Athéniens fussent assez insensés pour venir eux-mêmes se livrer entre nos mains ! Certes il faudrait être bien timide, ou peu ami de son pays, pour former un vœu contraire. Aussi ce n'est pas l'audace qui m'étonne dans ceux qui annoncent de telles nouvelles et cherchent à nous effrayer ; c'est leur stupidité, s'ils croient qu'on ne les devine pas. Appréhendant pour eux-mêmes, ils veulent plonger l'état dans la terreur, afin de cacher leur pusillanimité dans l'épouvante commune. Voilà l'effet que produisent ces nouvelles, qui ne se répandent pas d'elles-mêmes et que forgent des agitateurs de profession. Mais vous, si vous êtes sages, vous raisonnerez sur le parti à prendre, non d'après ce qu'ils annoncent, mais d'après ce que doivent faire des hommes aussi prudens et aussi expérimentés que les Athéniens. Est-il croyable qu'ils laissent derrière eux les Péloponnésiens et une guerre non terminée, pour venir, de leur propre mouvement, en chercher une autre non moins périlleuse ! Ne doivent-ils pas se féliciter plutôt de ce que nous n'allons pas les attaquer nous-mêmes, nous dont le pays possède de si nombreuses et de si puissantes cités !

CHAP. 37. » Mais s'ils venaient, comme on le dit, je ne crains pas de l'affirmer, la Sicile, mieux pourvue de tout que le Péloponnèse, est plus capable de les réduire, et notre république seule est bien plus forte que l'armée qui, dit-on, s'avance maintenant, fût-elle deux fois encore plus nombreuse. Je suis certain qu'ils n'ont point de cavalerie, qu'ils n'en tireront que fort peu d'Égeste, et qu'il ne viendra pas sur une flotte autant d'oplites que nous en avons. Il est difficile, même avec des vaisseaux légers, de franchir une vaste étendue de mer, et d'apporter tout ce qui d'ailleurs est nécessaire pour attaquer une ville de l'importance de la nôtre. Je suis si loin des craintes qu'on cherche à vous inspirer, que même si les Athéniens, à leur arrivée, avaient à leur disposition une autre ville telle que Syracuses, située sur nos frontières et d'où ils feraient la guerre, à peine alors pourrais-je croire qu'ils évitassent leur entière destruction :

à plus forte raison ne sauraient-ils y échapper au sein de la Sicile tout entière leur ennemie ; car enfin ils s'y trouveront relégués dans un camp formé de vaisseaux et de petites tentes, pourvu à peine du plus strict nécessaire, et d'où notre cavalerie né leur permettra guère de s'éloigner. Ou plutôt je pense qu'ils ne pourront pas même prendre terre, tant nos forces, à mon avis, seront supérieures.

Chap. 58. » Ce que je dis, les Athéniens le savent comme moi, et je suis sûr qu'ils songent uniquement à conserver ce qu'ils possèdent. Mais il se trouve ici des gens qui disent ce qui n'est point, ce qui ne sera point, et ce n'est pas d'aujourd'hui ; à chaque occasion qui s'en présente, ils effraient le peuple par de semblables discours, par d'autres encore plus dangereux, et même par des voies de fait. Leur but est de se placer à la tête de la république : combien je crains qu'à force de tentatives ils ne réussissent un jour, et que nous ne sachions ni nous mettre en garde contre leurs desseins avant d'en subir les funestes résultats, ni les punir quand ils seront connus ! Aussi, très souvent, en proie aux séditions, obligée de soutenir des combats moins contre les ennemis du dehors que contre elle-même, et quelquefois soumise à des tyrans et à des pouvoirs usurpés, notre république jouit rarement de la tranquillité. Si vous suivez mes conseils, je tâcherai que de tels maux ne l'affligent pas de nos jours. Vis-à-vis de la multitude, j'emploierai la persuasion ; je déploierai les châtimens contre les artisans de semblables trames, non seulement contre des hommes évidemment coupables qu'il est difficile de prendre sur le fait, mais contre ceux qui méditent le crime sans pouvoir le consommer : car c'est peu de se défendre contre les attentats d'un ennemi ; il faut de plus se prémunir contre ses intentions même, de crainte de tomber dans ses embûches, si, à l'avance, on ne s'en est pas garanti. Quant aux partisans de l'oligarchie, je les convaincrai de leurs perfides projets, j'éclairerai leur conduite, je les instruirai de leur devoir ; et c'est, je crois, le meilleur moyen de les détourner du crime.

» Mais vous, jeunes gens, car c'est une question que souvent je me suis faite, que prétendez-vous ? Avoir déjà part au gouvernement ? La loi le défend. Elle vous écarte des charges, parce que vous ne sauriez les remplir, mais non pour vous en tenir éloignés quand vous en deviendrez capables. Voulez-vous n'être pas réduits à l'égalité avec le plus grand nombre ? Et comment serait-il juste que des hommes qui ont la même existence ne jouissent pas des mêmes privilèges ?

Chap. 39. » Quelqu'un dira que la démocratie est absurde et inique, et que les riches gouvernent mieux. Je réponds d'abord que le mot *démocratie* comprend la république tout entière, et que l'oligarchie n'en désigne qu'une portion ; ensuite, que les riches sont excellens pour garder les richesses, les gens sages pour donner des conseils, et le peuple pour juger après avoir entendu l'exposé des affaires ; et que ces différentes classes de citoyens, considérées soit séparément soit collectivement, trouvent toutes l'égalité parfaite dans la démocratie, au lieu que l'oligarchie n'appelle le grand nombre qu'au seul partage des dangers, et, non contente de ravir la plus grande partie des avantages, les usurpe tous ; odieux privilége, auquel aspirent ici des hommes puissans et des jeunes gens, et qui ne peut se maintenir dans une grande république. Certes, vous êtes ou les plus insensés des hommes, si vous ne voyez pas que c'est à votre perte que vous courez ; ou bien les plus imprudens et les plus injustes de tous les Hellènes que je connais, si, le sachant, vous persévérez dans votre folie.

Chap. 40. » Mieux instruits, ou corrigés, occupez-vous du bien public, persuadés que vous, principaux citoyens, aurez une part égale, supérieure même, à celle de la multitude, mais qu'avec des volontés contraires vous risquez de perdre le tout. Cessez de répandre de pareils bruits, bien convaincus que nous pressentons vos desseins et que nous n'en souffrirons pas l'exécution. Notre ville, quand même les Athéniens arriveraient, se défendra d'une manière digne d'elle. Nous avons des généraux qui auront l'œil sur les événemens. Si, comme je le crois, il n'y a rien de vrai dans tout ce qu'on nous annonce, l'état ne se laissera point intimider par vos avis, il ne vous choisira pas pour ses chefs et ne se jettera pas de plein gré dans l'esclavage ; mais, voyant de ses propres yeux, il jugera vos discours comme équivalant à des actions, et, loin de se laisser ravir sa liberté sur la foi de vains discours, il travaillera à la conserver : d'actives précautions déjoueront vos complots. »

Chap. 41. Voilà ce que dit Athénagoras. L'un des généraux, se levant, ne permit plus à personne de prendre la parole, et il s'exprima lui-même ainsi sur la question qu'on agitait : « Il n'est sage ni de débiter ni d'écouter des invectives. Il vaut mieux, d'après les bruits qui se répandent, que chaque citoyen en particulier, que la république entière, se disposent à bien recevoir les ennemis. Si les précautions sont inutiles, il ne résultera aucun malheur de s'être pourvu de chevaux, d'armes, de tout ce qu'exige la guerre. Vos généraux veilleront sur ces apprêts, feront leur revue, enverront sonder les dispositions des villes, en un mot, régleront tous les objets essentiels. Bien des mesures sont déjà prises ; nous instruirons l'assemblée de ce qui viendra à notre connaissance. » Ainsi parla ce général ; l'assemblée fut dissoute.

Chap. 42. Cependant les Athéniens étaient déjà tous à Corcyre avec les alliés. Les généraux firent d'abord une nouvelle revue de la flotte, et la disposèrent dans l'ordre où elle devait entrer en rade et se ranger en bataille. Ils en formèrent trois divisions, qu'ils se partagèrent au sort, afin d'éviter les embarras qu'en voguant tous ensemble ils eussent éprouvés à faire de l'eau, à entrer dans les ports, à se pourvoir de munitions dans les endroits où il faudrait séjourner ; afin aussi que les troupes observassent un ordre plus régulier et fussent plus faciles à commander, chaque division n'ayant à obéir qu'à son chef particulier. Ils se firent ensuite devancer en Italie et en Sicile par trois vaisseaux, les chargeant de s'informer des villes qui consentiraient à les recevoir, et de revenir à la rencontre de la flotte, afin de communiquer ces renseignemens aux généraux avant leur arrivée.

Chap. 43. Ces dispositions terminées, les Athéniens quittèrent Corcyre, se dirigeant vers la Sicile avec toutes les trirèmes, au nombre de cent trente-quatre, et deux pentécontores rhodiennes. L'Attique avait fourni cent de ces vaisseaux, dont soixante légers ; les autres portaient des gens de guerre ; Chio et les autres alliés avaient fourni le reste de la flotte. Les oplites étaient en tout au nombre de cinq mille cent hommes, dont quinze cents citoyens d'Athènes portés sur le rôle ; sept cents *thètes*, valets de vaisseaux ; de plus des sujets d'Athènes, des Argiens, au nombre de cinq cents, et deux cent cinquante Mantinéens soldés. Les archers formaient en tout quatre cent quatre-vingts hommes, dont quatre-vingts de Crète : on comptait sept cents frondeurs rhodiens, et cent vingt bannis de Mégares, armés à la légère. On n'avait qu'un seul navire pour le transport des chevaux : il portait trente cavaliers.

Chap. 44. Telles furent les premières forces qui firent le trajet pour cette guerre. Trente vaisseaux de charge les accompagnaient, portant les bagages et les subsistances, les boulangers, les maçons, les forgerons. On y avait embarqué tous les instrumens nécessaires à des constructions de murailles. Avec ces vaisseaux marchaient cent bâtimens, obligés de servir dans cette expédition. Beaucoup d'autres navires et vaisseaux de charge allaient volontairement, et dans des vues de commerce, à la suite de l'armée.

Tous ces vaisseaux, sortis de Coreyre, traversèrent en masse le golfe d'Ionie. Les uns gagnèrent le cap Iapygie, les autres Tarente, d'autres abordèrent ailleurs, suivant les facilités qui s'offrirent à chacun. Ils côtoyèrent l'Italie, sans qu'aucune ville les reçût dans ses murs ni dans ses marchés; on leur permettait seulement de se mettre en rade et de faire de l'eau; ce que Tarente et Locres n'accordèrent même pas. Les Athéniens arrivèrent enfin à Rhégium, promontoire d'Italie, et s'y rassemblèrent; mais, exclus de la ville, ils se virent obligés de camper au dehors, dans l'hiéron de Diane, où s'ouvrit un marché. Les vaisseaux furent tirés à sec; on prit du repos, puis on entra en négociation avec les Rhégiens, les priant, en qualité de Chalcidiens, de secourir les Léontins, de même origine. La réponse fut qu'on resterait neutre, et qu'on suivrait l'exemple que donnerait le reste de l'Italie. Les Athéniens réfléchissaient sur les moyens de réussir en Sicile, et attendaient en même temps, d'Égeste, le retour des vaisseaux qu'ils avaient expédiés en avant, voulant savoir si les rapports faits à Athènes sur les richesses de cette ville s'accordaient avec la vérité.

Chap. 45. Cependant arrive de toutes parts à Syracuses la nouvelle certaine que la flotte d'Athènes est à Rhégium : elle est transmise particulièrement par les gens envoyés en observation. Dès lors plus de doute : on s'occupe avec ardeur de tous les préparatifs; on envoie chez les Sicules, aux uns des troupes pour les protéger, aux autres des députations; on transporte des garnisons dans les places situées sur le bord de la mer et qu'on pouvait approvisionner en longeant la côte; on fait dans la ville la revue des chevaux et des armes, et l'on examine si tout se trouve en bon état; enfin l'on dispose tout comme pour une guerre prochaine et même en quelque sorte commencée.

Chap. 46. Les trois vaisseaux revinrent à Rhégium, annonçant que toutes ces grandes richesses promises n'existaient pas, et qu'il ne se montrait que trente talens. Les généraux se trouvaient découragés et de cet obstacle qui se présentait dès le début de l'entreprise, et de ce que les Rhégiens refusaient de prendre une part active à l'expédition, eux qu'on avait gagnés les premiers, et sur lesquels il semblait qu'on dût compter, à cause de l'amitié et de la communauté d'origine qui les unissaient aux Léontins. Nicias s'était attendu à la conduite des Égestains; mais les deux autres généraux la jugeaient hors de toute vraisemblance. Voici la ruse qu'avaient imaginée les Égestains, quand les premiers députés d'Athènes vinrent prendre des informations sur leurs ressources. Ils les avaient conduits à Éryx, dans l'hiéron de Vénus, et avaient montré des vases, des aiguières, des cassolettes à brûler de l'encens, des richesses de toute espèce : tout était en argent, et paraissait aux yeux d'une grande valeur, sans en avoir beaucoup. Ceux qui montaient les trirèmes furent invités en particulier à des repas où, pour les recevoir, on rassemblait et tout ce qu'il y avait de vaisselle d'or et d'argent à Égeste, et ce qu'on avait pu en emprunter aux villes voisines, phéniciennes ou helléniques ; et chacun en couvrait ses buffets comme d'un bien qui lui eût été propre. Presque toujours la même servait partout, et comme partout on en voyait une grande quantité, les gens des trirèmes étaient dans l'admiration. De retour à Athènes, ils disaient çà et là qu'ils avaient vu des richesses immenses. Trompés eux-mêmes, ils persuadaient les autres, et quand on sut qu'il n'y avait pas d'argent à Égeste, les troupes leur adressèrent de vifs reproches. Les généraux délibérèrent sur les circonstances présentes.

Chap. 47. L'avis de Nicias était qu'on se dirigeât en masse contre Sélinonte, ce qui faisait le principal objet de l'expédition. Si les Égestains fournissaient de l'argent pour toutes les troupes, d'après cela on prendrait un parti ; sinon, ils seraient requis de fournir de vivres les soixante vaisseaux qu'ils avaient demandés, et l'on s'arrêterait pour réconcilier avec eux, de gré ou de force, ceux de Sélinonte ; on passerait ensuite en vue des autres villes, pour y montrer la puissance d'Athènes et prouver avec quel zèle elle sert ses amis et ses alliés ; puis on retournerait dans l'Attique, à moins qu'on ne se vît en peu de temps, et d'une manière inattendue, en état de secourir les Léontins, ou de s'attacher quelques autres villes, sans compromettre la république en épuisant ses finances pour des intérêts étrangers.

Chap. 48. Alcibiade prétendit qu'il serait honteux, après un si grand armement, de s'en retourner sans avoir rien fait ; qu'on devait envoyer des hérauts dans toutes les villes, excepté Sélinonte et Syracuses ; travailler à détacher une partie des Sicules de la cause des Syracusains, et à gagner l'amitié des autres, qui fourniraient des troupes et des subsistances ; que d'abord on s'assurerait de Messène ; car cette ville, qui avait sur toutes les autres l'avantage de commander le trajet et l'abord de l'île, offrirait à l'armée un port et un lieu de séjour. Après avoir attiré des villes à leur alliance et reconnu le parti que chacun embrasserait, ils attaqueraient Syracuses et Sélinonte, si la dernière ne s'accordait pas avec Égeste, et si l'autre refusait de rétablir les Léontins.

Chap. 49. Lamachus, d'un avis contraire, déclara hautement qu'il fallait voguer contre Syracuses, et, sans délai, diriger tous les efforts contre cette ville sans défense et où dominait la crainte ; que toute armée inspirait d'abord la terreur, mais que, si elle tardait à paraître, l'ennemi rassuré n'éprouvait en la voyant que le sentiment du mépris : qu'en attaquant soudain, tandis qu'ils étaient encore attendus avec crainte, les Athéniens auraient la supériorité ; que tout serait dans l'épouvante, d'abord à leur seul aspect, puisqu'ils se montreraient en grand nombre, ensuite par l'attente des maux qu'on aurait à souffrir, surtout par la nécessité de courir sans délai les hasards du combat. Comme on n'avait pas cru à l'expédition, ils trouveraient sans doute, au dehors, dans les campagnes, beaucoup d'hommes à enlever ; ou si ces hommes parvenaient à se jeter dans la ville, l'armée ne manquerait pas de ressources, puisqu'elle ne commencerait le siège de la place qu'après s'être rendue maîtresse du plat pays. Dès-lors les autres peuples de la Sicile, au lieu de faire cause commune avec Syracuses, n'hésiteraient pas à les venir joindre, sans attendre l'événement ; enfin, pour se ménager une retraite et mettre à l'ancre, la flotte trouverait une bonne rade à Mégares, place abandonnée, qui n'était pas fort éloignée de Syracuses, ni par terre, ni par mer.

CHAP. 50. Lamachus, tout en ouvrant cet avis, ne laissa pas que de se ranger à celui d'Alcibiade. Celui-ci passa sur son vaisseau à Messène, et y porta des propositions d'alliance qui ne furent pas écoutées. On lui répondit que les Athéniens ne seraient pas reçus dans la ville, mais qu'on leur ouvrirait un marché au dehors. Il retourna à Rhégium. Les généraux chargèrent de troupes soixante de leurs vaisseaux, prirent des munitions, et cinglèrent vers Naxos, laissant à Rhégium un des leurs avec le reste de l'armée. Reçus dans la ville par les habitans de Naxos, ils passèrent à Catane. Les portes leur ayant été fermées (car il se trouvait à Catane des gens de la faction de Syracuses), ils se dirigèrent vers le Térias, passèrent la nuit sur ses bords, et voguèrent le lendemain vers Syracuses, faisant marcher tous les autres vaisseaux sur une même ligne; mais ils en envoyèrent dix en avant pour entrer dans le grand port, avec ordre d'observer si quelques bâtimens étaient tirés à flot, de s'avancer, et de publier du haut de la flottille que les Athéniens venaient pour rétablir les Léontins; qu'ils y étaient tenus à titre d'alliés, ayant avec eux une origine commune; que les Léontins qui se trouvaient à Syracuses, pouvaient donc sans crainte les rejoindre comme amis et bienfaiteurs. Après avoir fait cette proclamation et bien observé les ports, la ville, la disposition des lieux, afin de voir d'où ils partiraient pour combattre, ils se rembarquèrent pour Catane.

CHAP. 51. Les habitans de cette ville, après avoir convoqué une assemblée, reçurent dans leurs murs, non l'armée, mais les généraux, en les invitant à dire ce qu'ils voulaient. Tandis qu'Alcibiade parlait, et que la portion de citoyens qui était dans la ville s'occupait de l'assemblée, les troupes, sans qu'on s'en aperçût, abattirent une porte mal construite et entrèrent dans l'*agora*. Ceux qui tenaient pour la faction de Syracuses (c'était le petit nombre), voyant les troupes dans la ville, saisis d'effroi, se retirèrent sans bruit; les autres décrétèrent que l'alliance d'Athènes serait acceptée, et mandèrent de Rhégium le reste de l'armée. Les Athéniens y allèrent, puis revinrent à Catane avec toutes leurs forces, et y établirent leur camp.

CHAP. 52. On vint leur annoncer de Camarine qu'on se rendrait s'ils avançaient, et que les Syracusains appareillaient. Ils se portent donc en masse d'abord contre Syracuses; mais ne voyant dans le port aucun mouvement de vaisseaux, ils se dirigent sans délai vers Camarine, en suivant les côtes, approchent du rivage avec circonspection, et de leur flotte font entendre la voix d'un héraut. Mais elle ne fut point écoutée: les Camarinéens dirent qu'ils s'étaient engagés par serment à ne recevoir à-la-fois qu'un vaisseau athénien, à moins qu'eux-mêmes n'en mandassent un plus grand nombre. Les Athéniens se retirèrent sans avoir rien obtenu, débarquèrent dans une campagne dépendante de Syracuses, et firent du butin; mais la cavalerie syracusaine étant survenue et leur ayant tué des troupes légères dispersées, ils revinrent à Catane.

CHAP. 53. Ils rencontrèrent la Salaminienne: elle arrivait d'Athènes, apportant à Alcibiade l'ordre de venir répondre aux accusations que lui intentait la république. On mandait aussi quelques-uns de ses soldats, dénoncés comme coupables, les uns de la profanation des mystères, les autres de la mutilation des hermès. Après le départ des troupes, les Athéniens ne s'étaient pas refroidis sur la recherche de ces sacrilèges. Sans peser la valeur des dénonciations, et, dans leur défiance, accueillant tout indistinctement, ils arrêtaient, sur la foi d'hommes perdus, et mettaient aux fers les plus honnêtes gens : ils croyaient qu'il valait mieux scruter à fond cette affaire et en découvrir la vérité, que de laisser échapper, à cause de la bassesse du délateur, un accusé, quelque honnête qu'il leur parût être d'ailleurs. Le peuple savait, par la tradition, que la tyrannie de Pisistrate et de ses fils avait fini par être pesante ; qu'elle n'avait été renversée ni par les Athéniens, ni par Harmodius, mais par les Lacédémoniens ; il était donc toujours dans la crainte, tout devenait l'objet de ses défiances.

Chap. 54. Un incident auquel l'amour n'était pas étranger, donna lieu à l'audacieuse entreprise d'Aristogiton et d'Harmodius. En la racontant, je démontrerai que personne, sans même en excepter les Athéniens, n'a parlé avec exactitude de ces tyrans, ni du fait dont il s'agit. Après Pisistrate, mort en possession de la tyrannie dans un âge avancé, ce ne fut pas, comme on le pense, Hipparque, mais Hippias, son fils aîné, qui régna. Harmodius était dans l'âge où la jeunesse a le plus d'éclat : Aristogiton, citoyen de moyenne condition, l'aima et lui plut. Harmodius, recherché par Hipparque, fils de Pisistrate, ne répondit point à ses désirs, qu'il fit connaître à Aristogiton. Celui-ci conçut tout le chagrin qu'inspire l'amour jaloux, et craignant que son rival n'employât la force, il résolut dès-lors de mettre en usage tout ce qu'il avait de moyens pour détruire la tyrannie. Hipparque cependant renouvela ses tentatives auprès d'Harmodius, mais toujours avec aussi peu de succès. Il ne voulait rien faire qui tînt de la violence, mais il se préparait à l'outrager dans une circonstance et pour une cause difficiles à expliquer, et, en apparence, étrangères à sa passion : car, loin de se montrer dur envers le peuple dans l'exercice de sa puissance, il administrait de manière à imposer silence à l'envie. Ces tyrans affectèrent long-temps la sagesse et la vertu ; contens de lever sur les Athéniens le vingtième des revenus, ils embellissaient la ville, soutenaient la guerre et faisaient, dans les fêtes, les frais des sacrifices. La république, dans tout le reste, était gouvernée d'après ses antiques lois : seulement les tyrans avaient soin de placer quelqu'un des leurs dans les charges. Plusieurs remplirent à Athènes la magistrature annuelle ; entre autres Pisistrate, qui portait le nom de son aïeul, et qui, fils du tyran Hippias, éleva, pendant qu'il était archonte, l'autel des douze dieux dans l'agora, et celui d'Apollon, dans l'hiéron d'Apollon pythien. Le peuple athénien ayant ajouté de nouvelles constructions à l'autel qui était dans l'agora, l'inscription disparut ; mais on lit encore celle de l'autel d'Apollon, quoique l'écriture en soit fatiguée. Elle porte : « Pisistrate, fils d'Hippias, a élevé ce monument de sa magistrature dans l'enceinte consacrée à Apollon pythien. »

Chap. 55. Qu'Hippias, comme aîné, ait succédé à Pisistrate, c'est un fait que j'affirme, le tenant d'une tradition certaine, d'une tradition que j'ai discutée plus scrupuleusement que qui que ce soit, et dont ce que je vais dire prouvera l'authenticité. Seul entre les fils légitimes de Pisistrate, Hippias eut des enfans, fait démontré par l'inscription de l'autel et par celle de la colonne posée dans l'acropole d'Athènes : cette dernière inscription, où sont rappelés les attentats des tyrans, ne signale aucun enfant de Thessalus ni d'Hipparque, mais en nomme cinq d'Hippias. Il les eut de Myrrhine, fille de Callias, qui lui-même était fils d'Hypérochide. Vraisemblablement Hippias, étant l'aîné, fut marié le premier; sur la colonne il est inscrit le premier après son père, et cela devait être, puisqu'il lui succéda en qualité d'aîné. Hippias fût difficilement, je crois, resté en possession de la tyrannie, s'il s'en était emparé le jour même du décès d'Hipparque, supposé mort souverain. Qui ne voit que s'il se maintint dans la souveraineté, il le dut aux mesures sans nombre prises pour sa sûreté, au soin qu'il avait eu dès long-temps de se rendre redoutable aux citoyens et de s'entourer d'une garde qu'il savait choisir? Il ne se trouva pas dans l'embarras qu'il aurait éprouvé, s'il avait été le plus jeune, et qu'auparavant il n'eût pas joui constamment du pouvoir. Mais, Hipparque étant devenu célèbre par son malheur, on a cru qu'il avait régné.

Chap. 56. Il parvint, comme il le projetait, à outrager cruellement Harmodius, afin de punir ses refus. Harmodius avait une jeune sœur: invitée à venir porter une corbeille dans une fête, elle se présenta, et fut honteusement chassée: on soutint qu'on ne l'avait pas mandée, et que d'ailleurs elle n'était pas d'une naissance à remplir cette fonction. Cette insulte irrita vivement Harmodius; Aristogiton, par l'amour qu'il portait à ce jeune homme, la ressentit plus vivement encore. Ils firent toutes leurs dispositions de concert avec ceux qui devaient les seconder, ils attendirent, pour l'exécution, la fête des grandes Panathénées, le seul jour où l'on voyait sans défiance quantité de citoyens en armes pour former le cortége de la cérémonie. Ils devaient eux-mêmes porter les premiers coups, et le reste des conjurés les aiderait aussitôt à se défendre contre les gardes. Pour plus de sûreté, ils firent entrer peu de monde dans la conjuration. Ils comptaient bien qu'au premier signal donné, ceux même qu'ils n'auraient pas prévenus saisiraient l'occasion de recouvrer leur liberté, surtout se trouvant les armes à la main.

Chap. 57. Le jour de la fête étant arrivé, Hippias, avec ses gardes, rangeait le cortége dans le Céramique, hors de la ville. Déjà s'avançaient, pour le frapper, Harmodius et Aristogiton, armés de poignards, quand ils virent l'un des conjurés s'entretenir avec lui : car il se laissait aborder. Effrayés, se croyant dénoncés et au moment d'être arrêtés, ils voulurent se venger d'abord, s'il était possible, de celui qui les avait insultés et réduits à cette extrémité. Soudain ils courent aux portes, s'élancent dans la ville, et, trouvant Hipparque dans l'endroit nommé *Léocorium*, ils se jettent sur lui à l'improviste, et tous deux devenus furieux, l'un par jalousie, l'autre par le ressentiment de son injure, ils le frappent et le tuent. Aristogiton parvient d'abord à se soustraire aux gardes; mais la foule accourt, il est pris et maltraité. Harmodius fut tué sur-le-champ.

Chap. 58. Hippias reçoit la nouvelle dans le Céramique. Aussitôt il se transporte, non sur le lieu de la scène, mais vers les citoyens armés qui accompagnaient la pompe, et qui étaient à quelque distance; il les joint avant qu'ils aient rien appris, se compose un visage qui ne témoigne rien de relatif à l'événement, et leur ordonne de gagner, sans armes, un endroit qu'il leur montre. Ils s'y rendent, dans l'idée qu'il a quelque chose à leur communiquer. Alors, donnant ordre à ses gardes de les désarmer, il choisit et fait arrêter ceux qu'il soupçonne et tous ceux sur qui sont trouvés des poignards; car on n'avait coutume d'apporter à cette cérémonie que la pique et le bouclier.

Chap. 59. Un chagrin amoureux avait fait concevoir le projet : troublés par une alarme subite, Harmodius et Aristogiton l'exécutèrent avec précipitation et en désespérés. La tyrannie en devint plus pesante. Hippias, dès-lors plus craintif, donna la mort à quantité de citoyens, et en même temps porta ses regards au dehors, cherchant s'il ne pourrait pas, de quelque endroit que ce fût, se mettre en sûreté en cas de révolution. Il maria, lui Athénien, sa fille Archédice à un habitant de Lampsaque, Aïantide, fils d'Hippoclès, tyran de Lampsaque, parce qu'il savait cette famille en grand crédit auprès du roi Darius. On voit à Lampsaque le monument d'Archédice, avec cette inscription : « Ici est déposée la cendre d'Archédice, fille d'Hippias, le plus vaillant des Hellènes de son temps : fille, épouse, sœur et mère de tyrans, elle n'en avait pas plus d'orgueil. »

Hippias exerça encore trois années la tyrannie à Athènes, et fut déposé dans le cours de la troisième, par les Lacédémoniens et les Alcméonides, exilés d'Athènes. Il se retira, sur la foi publique, à Sigéum, et de là à Lampsaque, près d'Aïantide, d'où il passa auprès de Darius; et vingt ans après, avancé en âge, il combattit pour les Mèdes à la bataille de Marathon.

Chap. 60. Le peuple, en réfléchissant sur ces événemens, et rappelant à sa mémoire ce qu'il en avait entendu raconter, était dur et soupçonneux pour ceux qu'on accusait de la profanation des mystères. Partout il voyait des conjurations en faveur de l'oligarchie et de la tyrannie; et, dans sa colère, déjà il avait jeté en prison quantité de citoyens, et des plus distingués. Loin de se calmer, s'irritant chaque jour de plus en plus, il encombrait les prisons. Dans ces circonstances, un des prisonniers, celui de tous qui paraissait le plus coupable, reçut d'un de ses compagnons de captivité le conseil de porter une dénonciation, vraie ou fausse, on l'ignore; car, ni dans le temps même, ni dans la suite, personne n'a rien su dire de certain sur les auteurs de ce qui s'était passé. Enfin l'on persuada à ce prisonnier qu'il devait, fût-il innocent, s'assurer l'impunité, et tout-à-la-fois pourvoir à son propre salut et délivrer la république des soupçons qui l'agitaient; qu'il y avait bien plus de sûreté à convenir de tout hardiment, qu'à courir les risques d'un jugement en persistant à nier. Il s'accusa donc lui-même et plusieurs autres avec lui de la mutilation des hermès. Le peuple, qui avait regardé jusque là comme un grand malheur de ne pas connaître ceux qui tramaient contre lui, apprit avec joie ce qu'il croyait être la vérité. On relâcha le délateur et ceux qui étaient avec lui et qu'il n'accusa pas. On jugea les accusés; on punit de mort ceux que l'on tenait, et l'on mit à prix la tête de ceux qui avaient fui. On ignore si les malheureux qui périrent furent justement punis; mais au moins, dans la circonstance, le reste des citoyens fut soulagé.

Chap. 61. Les Athéniens recevaient avidement les dénonciations contre Alcibiade, toujours excités par les ennemis qui l'avaient attaqué avant son départ. Se croyant bien instruits sur l'affaire des hermès, la profanation des mystères leur parut bien plus évidemment alors avoir le même motif, celui de conspirer contre l'autorité du peuple. En effet, dans ce même temps et au milieu des publiques alarmes, un corps d'armée, asse peu considérable, s'était avancé jusqu'à l'isthme, entretenant des intelligences avec les Béotiens : il parut donc que ce corps d'armée arrivait par suite de conventions avec Alcibiade, et non pour les Béotiens, et que, si, sur les indices reçus, on n'eût pas prévenu le malheur en arrêtant les personnes dénoncées, Athènes eût été livrée. On passa même une certaine nuit en armes dans la ville. Les hôtes qu'Alcibiade avait à Argos, furent soupçonnés de complots contre la démocratie, et, par suite de ces soupçons, les Athéniens livrèrent au peuple d'Argos, pour les faire mourir, les otages argiens déposés dans des îles. De tous côtés les soupçons enveloppèrent Alcibiade. Dans l'intention de le punir de mort, on envoya, comme nous l'avons dit, la galère Salaminienne en Sicile le mander, lui et tous ceux qui étaient dénoncés. L'ordre était, non de l'arrêter, mais de lui signifier qu'il eût à suivre cette galère pour venir se justifier. On usait de ménagemens, de peur d'exciter des mouvemens dans les armées qui étaient en Sicile, soit celle d'Athènes, soit celle des ennemis : mais surtout on voulait que les Mantinéens et les Argiens demeurassent, et l'on attribuait à leur attachement pour Alcibiade la part qu'ils prenaient à cette expédition.

Alcibiade monta donc sur son vaisseau, lui et les autres prévenus ; et ils partirent de la Sicile à la suite de la Salaminienne, comme pour se rendre à Athènes ; mais, arrivés à Thurium, ils cessèrent de la suivre, débarquèrent et disparurent, craignant, d'après d'aussi violentes accusations, d'aborder à Athènes et de s'y mettre en justice. Les gens de la Salaminienne cherchèrent quelque temps Alcibiade et ses compagnons ; mais, ne les ayant pas trouvés, ils se rembarquèrent promptement. Alcibiade, dès-lors banni, passa bientôt après, sur un petit bâtiment, de la campagne de Thurium dans le Péloponnèse ; les Athéniens le condamnèrent à mort par contumace, lui et ceux qui l'accompagnaient.

Chap. 62. Après le départ d'Alcibiade, les généraux qui restaient en Sicile, ayant formé deux divisions qu'ils se partagèrent par la voie du sort, mirent en mer, avec toutes leurs forces, pour Sélinonte et Égeste. Ils voulaient savoir si les Égestains leur donneraient cet argent tant promis, observer la situation de Sélinonte, et s'instruire des différends de cette ville avec Égeste. Ils suivirent les sinuosités de la côte, ayant la Sicile à gauche, du côté qui regarde le golfe de Tyrrhénie, et arrivèrent, en ralentissant leur marche, vers Himère, la seule ville hellénique qui soit dans cette partie de l'île. N'y ayant pas été reçus, ils prirent dans leur paraple Hyccares, place maritime de la Sicanie et ennemie des Égestains, et, après l'avoir réduite en servitude, la remirent à ceux d'Égeste, dont la cavalerie les avait secondés ; puis, traversant le pays des Sicules, ils revinrent par terre à Catane, tandis que les vaisseaux tournaient le nord de la Sicile, emmenant leurs prisonniers en esclavage. Quant à Nicias, il fit sans délai le paraple d'Hyccares à Égeste, y conféra sur divers objets, reçut trente talens, rejoignit l'armée, vendit les prisonniers, dont il tira cent vingt talens. La vente faite, Nicias et ses collègues se rendirent, en tournant l'île, chez les alliés des Sicules, et les pressèrent d'envoyer des troupes ; avec la moitié de leurs forces, ils marchèrent contre Hybla Caléotis [ou Mégares], place ennemie qu'on ne put forcer. Alors l'été finissait.

Chap. 63. Dès le commencement de l'hiver qui lui succéda, les Athéniens se préparèrent à marcher contre Syracuses. Les Syracusains, de leur côté, se disposaient à s'avancer contre eux. Ils reprenaient chaque jour plus de courage, parce que, au moment de leur première terreur, les Athéniens ne les avaient pas pressés comme ils s'y attendaient; et quand ils les eurent vus suivre loin d'eux la côte nord, aller attaquer Hybla et la manquer, ils en vinrent à les mépriser.

Alors, comme il arrive à une multitude qui s'enhardit, ils pressèrent les généraux de les mener contre Catane, puisque les ennemis ne venaient point à eux : sans cesse des cavaliers poussaient jusqu'au camp des Athéniens, les observaient, et, entre autres insultes, leur demandaient s'ils n'étaient pas venus en pays étranger plutôt pour s'établir avec eux que pour rétablir les Léontins.

CHAP. 64. Témoins de cette audace, les généraux athéniens voulurent les attirer hors de la ville avec la plus grande partie possible de la population, et, à la faveur de la nuit, longer la côte pour s'emparer à loisir d'un bon poste où ils établiraient des retranchemens. Ils sentaient bien qu'ils n'auraient pas le même avantage s'ils forçaient la descente à la vue d'ennemis préparés, ou s'ils étaient aperçus en allant les attaquer par terre; que la cavalerie de Syracuses, qui était nombreuse, tandis qu'eux-mêmes en manquaient, harcèlerait les troupes légères et le bagage, au lieu qu'en suivant leur dessein, ils prendraient un poste où la cavalerie leur ferait peu de mal. Des exilés de Syracuses à leur suite leur en indiquèrent un sur l'Olympium, dont ils s'emparèrent en effet. Voici le stratagème que les généraux imaginèrent pour exécuter ce qu'ils avaient résolu. Ils firent partir un Catanéen, leur affidé, qui ne paraissait pas moins attaché aux généraux syracusains : or cet homme était de Catane; il dit à ces derniers qu'il venait de la part de quelques Catanéens dont ils savaient les noms et qu'ils connaissaient dans Catane pour être encore attachés à leur parti. Il ajouta que les Athéniens y passaient la nuit loin de leur camp; que s'ils voulaient, au jour indiqué, arriver avec l'aurore, les partisans de Catane retiendraient ce qu'il y aurait d'Athéniens dans la ville, et incendieraient les vaisseaux, tandis qu'eux-mêmes, attaquant les palissades, se rendraient facilement maîtres du camp; que beaucoup de Catanéens seconderaient cette opération; que ceux qui l'avaient envoyé, étaient déjà tout prêts.

CHAP. 65. Les généraux syracusains, déjà pleins de confiance, et qui même, avant d'avoir reçu cet avis, se disposaient à marcher contre Catane, ajoutèrent foi très légèrement à ce que leur disait cet homme, et, prenant jour aussitôt pour l'exécution, ils le congédièrent. Déjà sont arrivés plusieurs des alliés, entre autres ceux de Sélinonte; l'ordre de sortir est donné à tous les Syracusains. Toutes les dispositions faites, à l'approche du jour dont on est convenu, ils se mettent en marche pour Catane, et campent près du fleuve Simèthe, dans les campagnes de Léontium. Instruits de ce départ pour Catane, les Athéniens, et tout ce qui se trouvait avec eux de Sicules ou autres venus à leur secours, montent leurs vaisseaux et leurs petits bâtimens, et, vers la nuit, font voile contre Syracuses. Ils descendirent, au lever de l'aurore, à ce poste de l'Olympium, pour y établir leur camp. Mais bientôt les cavaliers syracusains, arrivés les premiers à Catane, s'aperçoivent que toute l'armée est en mer : ils retournent en diligence vers l'infanterie, et tous ensemble se mettent en marche pour aller au secours de Syracuses.

CHAP. 66. Comme ils avaient beaucoup de chemin à faire, les Athéniens eurent le loisir de se retrancher dans un poste qui les rendait maîtres, par sa situation, d'attaquer quand ils voudraient, et où la cavalerie ennemie ne pourrait les incommoder, ni pendant, ni avant l'action. En effet, d'un côté ils étaient flanqués de murs, de maisons, d'arbres et d'un marais; et de l'autre, de lieux escarpés. Ils coupèrent des arbres dans les forêts voisines, les portèrent sur le bord de la mer, et plantèrent des palissades auprès de leurs vaisseaux ainsi que sur la rive du port Dascon. Aux endroits où la descente était plus facile, ils avaient élevé à la hâte des fortifications en pierres brutes et en bois, et rompu le pont de l'Anapus. Personne, tant qu'ils furent occupés de ces préparatifs, ne sortait de la ville pour y mettre obstacle; mais enfin parurent les cavaliers syracusains, que bientôt suivit l'infanterie tout entière. Ces troupes réunies s'avancèrent d'abord très près de l'armée athénienne; mais, voyant qu'on ne venait pas au devant d'elles, elles firent retraite, traversèrent la voie Hélorine, et bivouaquèrent.

Chap. 67. Le lendemain, les Athéniens et leurs alliés se préparèrent au combat et se rangèrent ainsi : les Argiens et les Mantinéens avaient l'aile droite; les Athéniens, le centre; le reste des alliés, l'aile gauche. La moitié de leur armée, placée en avant, était sur huit de profondeur; l'autre moitié, placée près des tentes, et pareillement sur huit de profondeur, formait un carré long, et avait ordre d'observer sur quels points l'armée souffrirait, pour y porter du renfort. Les porte-bagages étaient couverts par ce corps de réserve. Les généraux syracusains rangèrent, sur seize hommes de hauteur, et les hoplites, tous Syracusains, sans distinction ni de dignités ni d'âge, et ce qu'ils avaient d'alliés fidèles. On comptait parmi ces auxiliaires d'abord les Sélinontins, en-

suite les cavaliers de Géla, au nombre en tout de deux cents; environ vingt cavaliers et cinquante archers de Camarine. Ils placèrent sur la droite la cavalerie, qui n'avait pas moins de douze cents hommes, et près d'elle les gens de trait. Au moment où les Athéniens allaient attaquer, Nicias passa successivement devant les troupes des différentes villes, et anima leur courage à peu près en ces termes :

Chap. 68. « Est-il besoin d'adresser un long discours à des hommes qu'anime un même intérêt? Vos forces me semblent plus propres à donner de la confiance, que ne le seraient de belles paroles avec une armée faible. Ici se trouvent des guerriers d'Argos, de Mantinée, d'Athènes, les plus belliqueux d'entre les insulaires; et comment, avec de tels alliés, et si nombreux, ne pas compter sur la victoire, surtout quand on ne nous oppose que des gens ramassés au hasard, des gens qui ne sont pas, comme nous, l'élite de la patrie, et, pour dire encore plus, des Siciliens, qui croient n'avoir pas à nous redouter, et qui ne tiendront pas contre nous, parce qu'ils ont moins d'habileté que de présomption? Songez aussi que vous êtes loin de votre pays, et que vous n'aurez de terrain à vous que celui que vous emporterez par la force des armes. Nos ennemis, j'en suis sûr, s'animent entre eux en se rappelant qu'ils vont combattre au sein de la patrie et pour leurs foyers : et moi je vous représente au contraire que ce n'est point dans votre patrie que vous combattrez; qu'il faut vous rendre maîtres de cette terre, ou que vous n'en sortirez que difficilement, car vous serez accablés par une formidable cavalerie. Enflammés par le souvenir de vos exploits, attaquez vivement vos adversaires, et croyez que la nécessité qui vous presse [que l'extrême difficulté de gagner un asile, en cas d'échec], est plus à redouter que l'ennemi. »

Chap. 69. Aussitôt après cette exhortation, Nicias mena ses soldats à l'action. Les Syracusains ne s'attendaient pas à combattre si promptement : plusieurs étaient allés à la ville, qui n'était pas éloignée; même en accourant, ils arrivaient un peu tard; chacun se rangeait au hasard avec les premiers corps qu'il trouvait formés. Dans ce combat, comme dans les autres, ils ne manquaient ni d'ardeur ni de courage; aussi longtemps que les soutenait leur habileté, ils disputaient de valeur avec l'ennemi, et ce n'était que le défaut d'expérience qui trahissait leur volonté.

Ils n'avaient pas cru que les Athéniens dussent attaquer les premiers : obligés de se défendre à la hâte, ils prirent les armes et allèrent à leur rencontre. Des deux côtés, les pierriers, les frondeurs et les archers commencèrent l'action, et, suivant la coutume des troupes légères, se mirent réciproquement en fuite. Les devins offrirent bientôt les victimes d'usage, et les trompettes donnèrent aux hoplites le signal de la mêlée. Les deux armées s'ébranlent : les Syracusains ont à défendre leurs foyers, leur existence pour le moment, et dans l'avenir leur indépendance; les Athéniens combattent pour une terre étrangère qu'ils veulent s'approprier, et craignent, par une défaite, de compromettre le sort de leur propre patrie; les Argiens et les autres alliés libres, pour partager avec Athènes les dépouilles qu'ils ont tous convoitées, et retourner victorieux dans leur propre patrie; les alliés sujets, d'abord pour leur salut, qu'ils ne peuvent trouver que dans la victoire, ensuite pour un intérêt accessoire, pour se rendre à eux-mêmes leur condition meilleure lorsqu'ils auraient concouru à soumettre un autre peuple.

Chap. 70. On en vint aux mains : on opposa de part et d'autre une longue et vive résistance. Il survint des coups de tonnerre, des éclairs et une forte pluie, en sorte que, dans l'âme de ceux qui combattaient pour la première fois et n'avaient nulle idée de la guerre, ce désordre des élémens ajoutait à leurs craintes. Les vieux soldats, ne voyant dans cet orage qu'un effet naturel de la saison, étaient bien plus effrayés de voir que leurs adversaires ne fléchissaient pas. Mais d'abord les Argiens ayant repoussé la gauche des Syracusains, et ensuite les Athéniens ce qui leur était opposé, le reste de l'armée syracusaine fut aussitôt rompu et mis en fuite. Les Athéniens ne se livrèrent pas long-temps à la poursuite; car la cavalerie syracusaine, nombreuse et intacte, les contenait, et, fondant sur ceux des hoplites qu'elle voyait acharnés à la poursuite, les forçait de reculer; mais ceux-ci, se réunissant et se tenant serrés, après avoir poursuivi l'ennemi aussi long-temps qu'ils le purent sans danger, revinrent sur leurs pas et élevèrent un trophée. Les Syracusains se rallièrent sur le chemin d'Hélore, se mirent en ordre autant que la circonstance le permettait, et envoyèrent un détachement à la garde de l'Olympium, de peur que les Athéniens ne pillassent les richesses qui s'y trouvaient déposées. Le reste rentra dans la ville.

Chap. 71. Les Athéniens n'allèrent point à l'hiéron [Olympium], mais ils rassemblèrent leurs morts, les mirent sur le bûcher, près duquel ils passèrent la nuit; le lendemain ils permirent aux Syracusains, qui avaient perdu à peu près deux cent soixante hommes, les alliés compris, d'enlever leurs morts, puis recueillirent les ossemens des leurs. La perte des Athéniens, en y comprenant celle des alliés, ne montait qu'à cinquante hommes. Riches de dépouilles ennemies, ils retournèrent à Catane : car on était en hiver, et ils se croyaient hors d'état de continuer la guerre avant qu'Athènes et ses alliés de Sicile leur eussent envoyé de la cavalerie, pour qu'ils cessassent d'avoir dans cette partie une complète infériorité. Ils voulaient aussi recueillir de l'argent et de la Sicile et d'Athènes, et mettre dans leurs intérêts quelques villes, qu'ils espéraient trouver, après cette bataille, plus disposées à l'obéissance. Enfin, ils songeaient à se procurer des munitions de bouche et tout ce dont ils avaient besoin pour commencer au printemps leurs attaques contre Syracuses.

Chap. 72. Dans ce dessein, ils se retirèrent à Naxos et à Catane, pour y prendre les quartiers d'hiver. Les Syracusains ensevelirent leurs morts et convoquèrent une assemblée. Là parut à la tribune Hermocrate, fils d'Hermon, personnage qui, ne le cédant en sagesse à personne, était d'ailleurs aussi distingué par son expérience militaire que par sa valeur. Il s'efforça de rassurer ses compatriotes, les exhortant à ne pas se laisser abattre par un échec : il leur disait qu'on n'avait pas vaincu leurs âmes ; que le défaut de discipline seul leur avait nui ; que cependant ils n'avaient pas montré autant d'infériorité qu'on pourrait croire, surtout ayant eu, eux hommes privés ou novices dans l'art des combats, à lutter contre les guerriers les plus expérimentés de l'Hellade ; que ce qui leur avait été funeste, c'était le grand nombre de généraux (ils étaient quinze), le partage du commandement, l'anarchie parmi une foule de guerriers postés sans ordre ; que s'ils nommaient un petit nombre de généraux expérimentés, s'ils exerçaient les troupes pendant l'hiver, si, pour avoir beaucoup d'hoplites, ils donnaient des armes à ceux qui en manquaient, s'ils les forçaient à remplir toutes les parties du devoir militaire, ils seraient probablement vainqueurs ; qu'ils avaient déjà le courage, qu'il fallait y joindre la science militaire ; que ces deux qualités s'accroîtraient, l'habileté, en s'exerçant au milieu des dangers, le courage, en se rendant supérieur à lui-même par la confiance que donne l'habileté. Il fallait, ajoutait-il, élire peu de généraux, les munir de pleins pouvoirs, et s'engager envers eux, par serment, à obéir aux ordres émanés de leur prudence. Ainsi les opérations qui devaient être secrètes, resteraient ignorées ; tout s'exécuterait en bon ordre, et sans qu'on osât opposer de vaines excuses.

Chap. 73. Les Syracusains, après l'avoir entendu, n'hésitèrent point à changer tous ses avis en décrets, et l'élurent lui-même général, avec Héraclite, fils de Lysimaque, et Sicanus, fils d'Exéceste : trois en tout. Ils députèrent à Corinthe et à Lacédémone, pour en obtenir des secours, et engager les Lacédémoniens à se déclarer ouvertement et à pousser plus vigoureusement la guerre en leur faveur contre les Athéniens : ce qui mettrait ceux-ci dans la nécessité de quitter la Sicile, ou du moins les empêcherait d'envoyer autant de renforts à leur armée.

Chap. 74. Les Athéniens qui étaient à Catane se dirigèrent aussitôt contre Messène, dans l'idée que cette place allait leur être livrée : mais les intrigues qu'ils y avaient pratiquées ne réussirent pas. Alcibiade, qui en avait connaissance, rappelé du commandement et sachant bien qu'il partait pour l'exil, avertit de ces menées les partisans que Syracuse avait à Messène. Ceux-ci commencèrent par mettre à mort tous ceux de leurs concitoyens qui trempaient dans le complot, et, se trouvant en armes au milieu du tumulte qu'ils avaient excité, firent décréter qu'on ne recevrait pas les Athéniens. Ceux-ci restèrent treize jours devant la place ; mais, souffrant des rigueurs de la saison, manquant du nécessaire, et ne voyant rien réussir, ils retournèrent à Naxos, palissadèrent leur camp, s'établirent en quartiers d'hiver, et dépêchèrent à Athènes des trirèmes, pour demander que l'argent et la cavalerie leur fussent envoyés au printemps.

Chap. 75. Les Syracusains profitèrent aussi de l'hiver pour construire, près de la ville et sur toute la partie qui regarde Épipoles, un mur qui renfermait le Téménite, craignant, en cas d'échec, que le circuit très étroit de la ville ne fût trop facile à renfermer d'un mur de circonvallation. Ils renforcèrent d'une garnison et Mégares et l'Olympium, et garnirent la côte de palis à tous les endroits abordables. Sachant que les Athéniens hivernaient à Naxos, ils se portèrent avec toutes leurs forces contre Catane, dévastèrent une partie du territoire, mirent le feu aux tentes et aux retranchemens, puis retournèrent chez eux. Ils envoyèrent aussi à Camarine, sur la nouvelle qu'Athènes y députait pour attirer les habitans à son parti, en réclamant l'exécution du traité fait du temps de Lachès. Ils soupçonnaient les Camarinéens de n'avoir pas fourni de bon cœur les premiers secours et de ne vouloir plus en donner à l'avenir : peut-être, témoins de la supériorité des Athéniens, et cédant au penchant d'une ancienne amitié, se rangeraient-ils de leur parti. Hermocrate arriva de la part des Syracusains, et Euphémus de la part des Athéniens ; chacun avait ses collègues. Il y eut des conférences ; Hermocrate, pour prendre les devans sur les envoyés d'Athènes, tint ce discours :

Chap. 76. « Ce n'est pas dans la crainte que l'aspect des forces arrivées d'Athènes ne vous effraie, qu'on nous a députés vers vous : nous appréhendions bien plus qu'avant de nous entendre vous ne fussiez séduits par les discours que vont vous adresser les Athéniens. Ils viennent en Sicile sous un prétexte que vous connaissez, mais avec une intention que nous soupçonnons tous. Je crois qu'ils veulent moins affermir les établissemens des Léontins, que nous chasser des nôtres. Il n'est pas naturel en effet de dépeupler les villes de l'Hellade, et d'en fonder dans la Sicile ; de s'intéresser, à raison des liens de consanguinité, aux Léontins, qui sont Chalcidiens, et de tenir asservis les Chalcidiens de l'Eubée, dont ceux-là sont une colonie. Mais ils veulent user contre les Léontins des mêmes moyens qui leur ont servi contre les Chalcidiens. Après avoir, dans le seul but avoué de châtier le Mède, persuadé aux Ioniens et à tous les alliés, qui tiraient d'eux leur origine, de les reconnaître pour chefs, ils les subjuguèrent tour à tour, les uns, disaient-ils, parce qu'ils avaient abandonné l'armée, les autres parce qu'ils se faisaient une guerre mutuelle, d'autres encore sous mille prétextes spécieux. Ils n'ont pas plus combattu le Mède pour la liberté des Hellènes, que les Hellènes n'ont défendu leur liberté : mais les uns ont pris les armes pour qu'on leur fût asservi, plutôt qu'au Mède ; les autres ont repoussé le Mède pour se donner un maître qui est, non pas plus stupide, mais plus pervers dans sa politique.

Chap. 77. » Nous ne venons pas faire le détail de toutes les injustices des Athéniens : il est trop facile de les accuser ; ce que nous pourrions dire vous est trop connu. C'est nous-mêmes plutôt que nous accuserons, nous qui avons l'exemple des Hellènes du continent, nous qui savons qu'ils furent asservis, faute de s'être défendus. Nous voyons qu'Athènes emploie aujourd'hui contre nous de semblables ruses, qu'elle s'annonce comme voulant rétablir les Léontins en faveur d'une commune origine et secourir les Égestains à titre d'alliés ; et nous différons de nous réunir ! et nous hésitons à lui montrer que nous sommes, non de ces Ioniens, de ces Hellespontins, de ces insulaires, toujours prêts à secouer le joug du Mède ou de tel autre maître, et cependant toujours esclaves, mais des Doriens, des peuples autonomes, sortis du Péloponnèse, d'un pays libre, pour habiter la Sicile ! Attendrons-nous qu'on nous asservisse les uns après les autres, lorsque nous savons qu'il n'est que ce seul moyen de nous conquérir ; quand nous voyons que c'est précisément celui qu'emploient les Athéniens, détachant de nous, ceux-ci par la séduction, ceux-là par l'espoir de leur alliance s'ils attaquent des voisins, d'autres encore en les caressant, en leur offrant successivement la perspective de quelque autre avantage ! Et pouvons-nous croire que si, dans la Sicile, un compatriote éloigné périt avant nous, le mal ne nous atteindra pas, et que celui qui souffre le premier, sera le seul qui ait à souffrir ?

CHAP. 78. » Si quelqu'un de vous s'est mis dans l'esprit que ce n'est pas lui qu'Athènes juge son ennemi, mais les Syracusains ; s'il lui semble dur de s'exposer pour notre pays, il doit observer qu'il ne s'agit pas plus de notre pays que d'un autre, et qu'en venant combattre sur notre territoire, il combattra également pour le sien, avec d'autant plus de sûreté, que nous ne sommes point encore détruits, qu'il nous aurait pour alliés et ne serait pas seul à se défendre. Qu'il sache que les Athéniens ne prétendent pas se venger de notre haine, mais que, sous le prétexte de la vengeance, ils veulent surtout s'assurer l'amitié des Camarinéens. Celui dont nous excitons l'envie ou la crainte (car toujours la supériorité fut l'objet de l'une et de l'autre), celui qui, dans de semblables sentimens, désire notre humiliation pour nous rendre plus modestes, et qui souhaite en même temps notre conservation pour sa propre sûreté, veut ce qui n'est pas en la puissance de l'homme : il est en effet impossible qu'un homme dirige de la même manière et tout ensemble son désir et la fortune. Tel qui s'abuse ainsi, un jour peut-être, en déplorant ses propres maux, regrettera de n'avoir plus à envier notre prospérité : regrets superflus, réservés à quiconque aura quitté notre parti et n'aura pas voulu partager des dangers communs : je dis communs, non pas en paroles, mais de fait ; car on pourra dire que celui qui aura sauvé notre puissance, aura, dans la réalité, pourvu à son propre salut.

» Voilà, ô Camarinéens, vous qui, placés sur nos frontières, êtes, après nous, les premiers que menace le danger, voilà ce que vous auriez dû prévoir au lieu de nous servir mollement comme vous faites. Il fallait plutôt venir à nous de votre propre mouvement, nous exhorter, nous encourager, avec cette ardeur que vous mettriez à implorer notre secours si les Athéniens eussent attaqué Camarine la première. Mais ni vous ni d'autres n'avez eu encore cette pensée.

CHAP. 79. » Vous direz peut-être, pour couvrir votre pusillanimité du voile de la justice, qu'il existe une alliance entre vous et Athènes. Mais cette alliance, ce n'est pas contre vos amis que vous l'avez conclue, c'est contre les ennemis qui viendraient vous assaillir : vous avez contracté l'engagement de secourir les Athéniens attaqués, et non pas agresseurs, comme ils le sont à présent. Aussi les citoyens de Rhégium, quoique Chalcidiens, refusent-ils de s'unir à eux pour rétablir les Léontins, qui sont aussi Chalcidiens. Certes il serait étrange qu'ils eussent deviné les effets qui doivent résulter de la justice apparente des Athéniens, et pris un sage parti, sans avoir de raisons plausibles pour le faire goûter ; et que vous, qui pouvez alléguer en votre faveur des motifs si puissans, vous voulussiez servir vos adversaires naturels, et vous réunir à ces mortels ennemis pour perdre les amis à qui la nature vous lie si étroitement. Ayez en horreur une telle injustice, et secourez-nous sans craindre l'appareil de leurs forces. Ces forces, si nous nous divisions au gré de leurs désirs, deviennent redoutables : elles le sont peu si tous nous restons unis. Ils ont eu affaire à nous seuls ; et cependant vainqueurs dans un combat, ils se sont retirés précipitamment, sans pouvoir exécuter leurs projets.

Chap. 80. » En nous tenant dans l'union, nous aurions tort de perdre courage. Formons ensemble une étroite confédération, avec d'autant plus de zèle, que nous allons être secondés par les peuples du Péloponnèse, guerriers bien supérieurs aux Athéniens. Et ne voyez pas de l'égalité pour nous et de la sûreté pour vous dans le désir que vous avez manifesté de rester neutres, comme étant alliés de tous deux : cette égalité n'existe pas de fait comme en paroles ; car si, faute de vos secours, celui qu'on attaque est perdu tandis que l'agresseur triomphera, qu'aurez-vous fait autre chose que permettre la ruine de Syracuses et favoriser l'odieuse ambition d'Athènes ! Certes, il est plus beau de vous unir à ceux qu'on insulte, à ceux qui ne composent avec vous qu'une seule famille, et de protéger les intérêts communs de la Sicile, que de favoriser les usurpations des Athéniens, vos prétendus amis.

» En un mot, les Syracusains jugent inutile de vous apprendre, à vous et à d'autres peuples, ce que vous savez aussi bien vous-mêmes. Nous vous implorons, et en même temps, si vous n'écoutez pas nos prières, nous protestons contre vous, nous Doriens, attaqués par des Ioniens, nos constans ennemis ; nous que vous, Doriens, ne craindriez pas de trahir. Si les Athéniens nous subjuguent, ils le devront à l'influence du parti que vous aurez pris ; et néanmoins eux seuls en auront la gloire : et le prix de leur triomphe sera de mettre sous leur joug ceux-là mêmes qui les auront fait triompher. Mais si la victoire est à nous, vous serez punis comme auteurs des dangers que nous aurons courus. Examinez donc, et choisissez entre une servitude qui vous met pour le moment à l'abri des dangers, et l'avantage de vaincre avec nous, de ne pas vous donner honteusement des maîtres, et d'éviter notre haine, qui ne serait pas de courte durée. »

Chap. 81. Tel fut le discours d'Hermocrate. Après lui, Euphémus, député d'Athènes, parla à peu près en ces termes :

Chap. 82. « Nous n'étions revenus que pour renouveler avec vous une ancienne alliance ; mais, le député de Syracuses s'élevant contre nous, il convient de montrer que les Athéniens ont droit à l'empire qu'ils possèdent. Lui-même a cité le plus fort témoignage en notre faveur, en disant que de tout temps les Ioniens furent les ennemis des Doriens : le fait est vrai ; et c'est en qualité d'Ioniens que nous avons cherché les moyens de n'être pas soumis aux peuples du Péloponnèse, Doriens, plus nombreux que nous, et voisins de notre pays. Quand, après la guerre des Mèdes, nous eûmes acquis une marine, nous repoussâmes la domination et le commandement des Lacédémoniens, parce qu'il ne leur appartenait pas plus de nous commander qu'à nous de leur donner des ordres; j'en excepterai le temps où ils furent les plus forts. Reconnus pour chefs des peuples auparavant soumis au grand roi, si nous avons pris sur eux la prééminence, c'est que, pour nous soustraire à la domination du Péloponnèse, il fallait avoir une force capable de lui résister. Et, à dire vrai, ce n'est pas injustement que nous avons réduit ces Ioniens, ces insulaires, que les Syracusains nous reprochent d'avoir asservis quoiqu'ils eussent avec nous une même origine. Ils s'étaient armés avec le Mède contre la mère patrie, contre nous; ils n'avaient pas osé détruire leurs propriétés, comme nous, qui avions abandonné notre ville. Après avoir d'eux-mêmes choisi la servitude, ils voulaient nous imposer le même joug.

Chap. 83. » D'après ces considérations, si nous avons l'empire, certes nous en sommes dignes; nous que les Hellènes ont vus fournir, avec un zèle à toute épreuve, le plus grand nombre de vaisseaux; nous qui avons eu à souffrir même de la part des Ioniens, qui prostituaient aux Mèdes une affection qu'ils nous devaient; nous qui ne voulions nous rendre redoutables qu'aux seuls peuples du Péloponnèse. Nous ne recourrons pas à de vains discours pour montrer que nous avons un droit acquis au commandement, soit pour avoir seuls détruit les barbares, soit pour avoir bravé les dangers plus encore pour la liberté de ces Ioniens que pour celle de tous les Hellènes et pour la nôtre : or on ne peut blâmer un peuple, de pourvoir au salut de peuples qui ne lui sont pas étrangers. Aujourd'hui, c'est pour notre sûreté que nous sommes venus en Sicile, et nous voyons que nos intérêts sont les vôtres. Nous le démontrons et par les calomnies mêmes de ces députés, et par les idées de défiance qu'ils vous inspirent et qui excitent principalement vos craintes. Nous le savons, au milieu des alarmes et des soupçons, on peut au premier moment être séduit par un discours flatteur; mais ensuite, lorsqu'il est question d'agir, on finit par faire ce qui est utile : en effet, c'est par crainte que nous nous sommes saisis de la domination sur l'Hellade; par le même sentiment nous venons établir en Sicile, avec l'aide de nos amis, l'ordre qui convient à notre sûreté, non pour les asservir, mais pour les soustraire à la servitude.

Chap. 84. » Et qu'on n'objecte pas qu'il ne nous appartenait point de nous montrer vos défenseurs. Si vous subsistez, si vous n'êtes pas trop faibles pour résister aux Syracusains, ils seront moins en état d'envoyer des forces aux Péloponnésiens, et par là de nous nuire : et c'est ainsi que vos intérêts et les nôtres se trouvent étroitement liés. Il nous importe, par la même raison, de rétablir les Léontins, non pour les réduire à la condition de sujets, comme les Chalcidiens de l'Eubée, dont l'origine leur est commune, mais pour les rendre puissans afin que, voisins de Syracuses, ils nous servent en inquiétant cette ville. Dans l'Hellade, nous nous suffisons à nous-mêmes contre nos ennemis. Quant à ces Chalcidiens, qu'on trouve inconséquent que nous ayons asservis quand nous travaillons à affranchir ceux de Sicile, il nous importe qu'ils soient hors d'état de faire la guerre et ne nous fournissent que de l'argent; mais les Léontins et nos autres amis ne nous serviront qu'autant qu'ils jouiront de la plus grande liberté.

Chap. 85. » Or, pour un monarque,

pour une république qui commande, rien de ce qui est utile n'est déraisonnable ; rien n'est ami que ce qui inspire la confiance. Au gré des circonstances, on sera ami ou ennemi. Ici nous avons intérêt, non pas de nuire à nos amis, mais de les fortifier pour affaiblir ceux qui nous sont contraires. La défiance serait déplacée : nous agissons avec les alliés de notre pays en raison des avantages que chacun d'eux peut nous procurer. Les habitans de Chio et de Méthymne nous fournissent des vaisseaux et vivent autonomes; la plupart paient un tribut pécuniaire sévèrement exigé; d'autres, portant les armes avec nous, quoique insulaires et faciles à conquérir, restent cependant libres, parce qu'ils sont avantageusement placés sur les côtes du Péloponnèse. On doit donc présumer que nous ne prendrons ici que des mesures dictées par notre intérêt, et aussi, nous l'avouons, par la crainte que nous inspirent les Syracusains.

» Ils aspirent à vous dominer, et veulent, en nous rendant suspects à vos yeux, que nous soyons forcés de nous retirer sans succès : ils veulent établir eux-mêmes leur empire sur la Sicile, soit par la force, soit en vous isolant et vous privant de tout secours. Tel est en effet le sort qui vous attend inévitablement, si vous embrassez leur parti : car, pour vous rendre la liberté, il ne sera plus désormais facile d'amener des troupes aussi nombreuses, réunies sous un même commandement et pour un même objet ; et quand nous ne serons plus ici, les Syracusains ne seront certainement pas inférieurs dans une lutte avec vous.

Chap. 86. » Les faits suffisent pour convaincre ceux qui penseraient autrement. Vous nous avez attirés par le seul motif que nous aurions nous-mêmes des risques à courir si nous vous laissions tomber sous le joug des Syracusains : vous ne devez donc pas à présent regarder comme suspect ce motif que vous jugiez si puissant pour nous persuader alors, ni vous défier de nous parce que nous venons, avec des forces plus respectables, attaquer la puissance de vos ennemis : c'est contre eux bien plutôt qu'il faut vous armer de défiance. Sans vous, nous ne pouvons rester ici ; et même, si, devenus perfides, nous parvenions à subjuguer la Sicile, la longueur du trajet, la difficulté de garder de grandes villes, les forces continentales qu'on nous opposerait, tout mettrait obstacle à la conservation de notre conquête. Mais eux, habitant, non pas un camp, mais une ville qui touche vos limites, et dont la population est plus formidable que ce que nous avons ici de troupes, sans cesse ils vous épient ; et dès que l'occasion s'offrira, ils ne la laisseront pas échapper. Ils l'ont déjà montré plus d'une fois, entre autres contre les Léontins. Encore aujourd'hui ils ont l'audace de vous appeler, comme des insensés, contre ceux qui répriment leurs efforts, et qui, jusqu'à présent, ont empêché la Sicile de tomber sous leur joug. C'est avec bien plus de sincérité que nous vous invitons à ne pas compromettre votre salut, qui dépend de notre assistance mutuelle. Songez que, même sans alliés, les Syracusains, redoutables par leur nombre, ont toujours une route ouverte pour venir vous attaquer, et qu'il ne se présentera pas souvent une si belle occasion de vous défendre avec des forces imposantes. Si, par méfiance, vous souffrez qu'elles se retirent sans succès, ou à la suite d'un échec, un jour viendra que vous voudrez en voir près de vous du moins une faible partie ; et vous le voudrez quand ce secours, si même il vous arrivait, ne pourra plus servir.

Chap. 87. » Que nul de vous, Camarinéens et autres habitans de la Sicile, ne prête une oreille crédule aux imputations des Syracusains. Nous avons dit la vérité tout entière sur les soupçons répandus contre nous : pour achever de vous persuader, je vais me résumer en peu de mots. Nous affirmons donc que nous avons pris l'empire sur les alliés de notre pays pour n'être soumis à personne, que nous offrons la liberté à nos alliés de Sicile pour qu'ils ne nous nuisent pas, et que nous avons beaucoup à faire parce que nous avons beaucoup à craindre. De tout temps nous avons secouru ceux d'entre vous qui étaient opprimés, et nous venons les secourir encore, non pas de nous-mêmes, mais parce qu'on nous appelle. Ne vous érigez pas en juges de notre conduite, et n'essayez pas, censeurs à contre-temps, de nous détourner de nos desseins. Si notre activité et notre caractère tout-à-la-fois peuvent vous servir, acceptez nos offres et profitez-en. Croyez que ce défaut qu'on nous reproche, loin de nuire également à tous, présente de grandes ressources à la plupart des Hellènes. Partout, et dans le pays même où nous ne nous trouvons pas, celui qui veut opprimer et celui qui craint l'oppression s'attendent également, l'un à recevoir des secours pour prix de sa soumission à Athènes, l'autre, si nous arrivons, à ne pouvoir sans risque exécuter son projet; d'où il résulte que l'un est forcé malgré lui à la modération, et que l'autre est sauvé sans qu'il lui en coûte. Ne repoussez donc pas un avantage commun à tous ceux qui le réclament, et qui s'offre maintenant à vous; mais, établissant une comparaison entre votre sort et celui des autres, au lieu de vous tenir toujours en garde contre les Syracusains, unissez-vous à nous pour les attaquer enfin vous-mêmes. »

Chap. 88. Ainsi parla Euphémus. Les habitans de Camarine étaient partagés entre deux affections différentes : d'un côté, ils avaient de la bienveillance pour les Athéniens, autant du moins qu'ils le pouvaient, soupçonnant que l'expédition avait pour but l'asservissement de la Sicile; de l'autre, toujours en différends avec Syracuses au sujet des limites, et craignant que cette ville, dont ils étaient si voisins, seule et sans leur secours ne triomphât d'Athènes, ils lui avaient d'abord envoyé quelque peu de cavalerie, avec l'intention de l'aider davantage dans la suite, quoiqu'avec réserve. Cependant, pour ne pas se montrer, dans les circonstances présentes, moins portés pour les Athéniens, surtout après l'avantage que ceux-ci venaient d'obtenir, ils crurent, dans leur réponse, devoir traiter avec égalité les deux partis. Fixés à cette résolution, ils répondirent que, la guerre s'étant élevée entre deux peuples alliés, ils croyaient, par respect pour les sermens, devoir rester neutres. Les députés d'Athènes et ceux de Syracuses se retirèrent.

Pendant que les Syracusains se disposaient à la guerre, les Athéniens campés à Naxos négociaient avec les Sicules, pour en attirer le plus grand nombre à leur parti. Ceux des Sicules qui, sujets de Syracuses, étaient plus du côté des plaines, ne les accueillirent point; ceux qui habitaient l'intérieur des terres, et dont l'installation était plus ancienne, s'empressèrent presque tous de se déclarer pour Athènes, et apportèrent à l'armée des vivres, et quelques-uns même de l'argent. Les Athéniens marchèrent contre ceux qui n'embrassaient pas leur cause, forcèrent les uns à s'y joindre, empêchèrent les autres de recevoir la garnison et les secours qui leur venaient de Syracuses. Pendant l'hiver, ils se portèrent de Naxos à Catane, rétablirent le camp brûlé par les Syracusains, et y séjournèrent le reste de la saison. Ils envoyèrent des trirèmes, soit à Carthage, pour se concilier l'amitié de cette république et essayer d'en tirer quelques services, soit dans la Tyrrhénie, sur l'avis qu'ils avaient reçu de quelques villes, qu'elles étaient disposées à combattre avec eux. Ils expédièrent de tous côtés des messages aux Sicules, et prièrent les Égestains de leur envoyer le plus de cavalerie qu'ils pourraient. Des briques, du fer, tous les matériaux nécessaires à des fortifications, furent préparés; ils s'occupaient de tout ce que devait exiger la guerre qui commencerait au printemps.

Cependant les députés de Syracuses envoyés à Corinthe et à Lacédémone essayaient, dans leur paraple, d'engager les peuples de l'Italie à ne pas voir d'un œil indifférent les entreprises des Athéniens, qui ne les menaçaient pas moins eux-mêmes que la Sicile. Arrivés à Corinthe, ils entrèrent en négociation, et demandèrent que cette ville leur prêtât assistance en considération de la communauté d'origine. Aussitôt les Corinthiens décrétèrent qu'ils mettraient tout leur zèle à secourir Syracuses. Non contens de donner les premiers cet exemple, ils voulurent joindre leur députation à celle que cette république envoyait aux Lacédémoniens pour les presser de faire contre Athènes une guerre encore plus ouverte et d'envoyer des secours en Sicile. Les députés de Corinthe arrivèrent à Lacédémone, ainsi qu'Alcibiade, qui, avec les compagnons de son exil, était passé, sur un vaisseau de transport, des champs de Thurium à Cyllène, dans l'Élide, et était parti pour Lacédémone, sur l'invitation des Lacédémoniens eux-mêmes. Il avait entrepris ce voyage sous la garantie publique; car il craignait qu'ils ne conservassent quelque ressentiment de l'affaire de Mantinée. Les envoyés de Corinthe, ceux de Syracuses, et Alcibiade, firent tous à l'assemblée la même demande : elle fut accueillie. Quoique les éphores et les magistrats eussent l'intention d'envoyer des députés à Syracuses pour l'empêcher de composer avec les Athéniens, ils n'étaient pas disposés à donner des secours : mais Alcibiade, s'avançant dans l'assemblée, sut tirer les Lacédémoniens de leur apathie, en leur tenant à peu près ce discours :

CHAP. 89. « Lacédémoniens, il faut que je commence par me justifier auprès de vous, de peur que les préventions qu'on a pu vous inspirer contre moi, ne vous empêchent d'accueillir des conseils d'où dépend le salut de votre république. Le droit d'hospitalité dont jouirent ici mes ancêtres, et que, sur je ne sais quel sujet de plainte, ils avaient abandonné, c'est moi qui l'ai fait revivre, et je vous ai bien servis en diverses occasions, surtout lors de votre disgrâce à Pylos : vous cependant, quand je continuais à me montrer si zélé pour vos intérêts, vous vous êtes réconciliés avec Athènes, et, en employant pour cette réconciliation l'entremise de mes ennemis, vous avez relevé leur crédit et abaissé le mien. Piqué de cette offense, j'eus droit de chercher à vous nuire, soit en me déclarant en faveur des Mantinéens et des Argiens, soit en d'autres circonstances. Si donc vous m'en vouliez, quoique injustement, lorsque je vous desservais, vous changerez de disposition en considérant le vrai motif qui m'a fait agir. De même, si quelqu'un me juge défavorablement sur ce que j'inclinais davantage pour le parti populaire, qu'il sache que sur ce point encore ses préventions sont mal fondées. Nous fûmes, il est vrai, toujours ennemis des tyrans : tout ce qui s'oppose au pouvoir absolu s'appelle parti démocratique; or, c'est d'après cette tendance que s'est soutenue la considération qui m'a placé à la tête du peuple. Athènes se régissant par le gouvernement populaire, il était nécessaire de suivre le mouvement imprimé par les circonstances. Cependant nous avons tâché, quoique le champ fût ouvert à la licence, de nous faire une politique modérée. Mais il y eut dès les temps anciens, et il existe encore de nos jours, des gens qui entraînent la multitude aux plus méprisables excès : ce sont eux qui m'ont chassé. Tant que j'ai été à la tête des affaires, j'ai pensé qu'une république puissante et libre devait être maintenue dans l'état où on la trouvait. Quant à la démocratie en elle-même, tous les gens sensés la jugeaient; moi-même j'étais aussi capable de l'apprécier que je serais à présent en état de m'en moquer : mais on ne dirait rien de nouveau sur ce mode de gouvernement et sur ses folles doctrines. Le changer cependant était une entreprise qui ne me semblait pas exempte de péril lorsque vous étiez à nos portes.

Chap. 90. » Voilà les faits relatifs aux préventions qui peuvent m'être contraires. Quant aux objets de votre délibération, sur lesquels, mieux instruit que personne, je vous dois des éclaircissemens, écoutez avec attention.

» Nous avons passé en Sicile pour essayer de nous soumettre d'abord les Siciliens, et après eux les peuples de l'Italie; pour tenter ensuite d'assujettir Carthage et les pays de sa domination. Si ces projets eussent pu réussir en tout, ou du moins dans leur plus grande partie, nous devions alors attaquer le Péloponnèse avec les nouvelles forces qu'auraient ajoutées à notre empire les Hellènes de Sicile, un grand nombre d'étrangers soudoyés, et des Ibères et autres barbares réputés généralement les plus belliqueux de ces contrées. l'Italie fournit du bois en abondance, et indépendamment des trirèmes que nous avions déjà, nous en construisions un grand nombre, et nous assiégions le Péloponnèse; et par mer, avec des vaisseaux, et par terre, en faisant des incursions avec des troupes de terre. Nous enlevions des villes par force, nous en investissions d'autres, et nous espérions, à la suite de ces conquêtes, étendre notre empire sur tous les Hellènes. Quant aux subsides et aux vivres, les villes conquises devaient nous en fournir suffisamment, sans qu'il fût besoin de recourir aux finances d'Athènes.

Chap. 91. » Vous venez d'entendre de la bouche d'un homme qui doit les bien connaître, quels étaient nos projets dans l'expédition que nous venons d'entreprendre : les généraux qui restent les suivront s'ils peuvent. Apprenez maintenant que la Sicile ne peut tenir si vous ne la secourez. Les Siciliens, quoique manquant d'habileté, pourraient cependant, s'ils se réunissaient tous, échapper encore au danger : mais les Syracusains, isolés, déjà vaincus dans une bataille où ils avaient risqué toutes leurs forces, et contenus par une flotte ennemie, ne pourront résister aux troupes que les Athéniens ont transportées dans ce pays; et, cette ville prise, on est maître de la Sicile, et bientôt de l'Italie. Dès-lors ce malheur dont je vous menaçais tout-à-l'heure, ne tardera pas à tomber sur vous. Croyez donc que vous n'aurez pas seulement à délibérer sur la Sicile, mais sur le Péloponnèse lui-même, si vous n'exécutez sans délai ce que je vais vous dire. Faites passer en Sicile une armée dont les hommes puissent être rameurs dans le passage et soldats à leur arrivée; et, ce que je crois plus utile encore qu'une armée, envoyez pour général un

Spartiate, qui réunisse sous un même commandement tous les alliés qui sont actuellement dans ce pays-là, et qui contraigne au service ceux qui voudraient s'y refuser. Ainsi vos amis déclarés prendront plus d'assurance; les peuples qui hésitent viendront à vous avec moins de crainte. Il faut en même temps pousser ici la guerre plus franchement; alors les Syracusains, ne doutant plus de votre attachement, feront plus de résistance, et les Athéniens enverront moins de nouveaux renforts à leur armée. Fortifiez Décélie dans l'Attique : voilà ce que les Athéniens ont toujours le plus redouté; voilà le seul malheur qu'ils croient n'avoir pas éprouvé dans la guerre. Or le plus sûr moyen de nuire à ses ennemis, c'est de leur faire le mal qu'on sait qu'ils redoutent davantage : car probablement ils connaissent et appréhendent ce qui peut leur nuire. Sans détailler les avantages que vous retirerez de ces fortifications et ceux dont vous priverez vos ennemis, je vais exposer en peu de mots les plus considérables. Ce pays abonde en richesses dont vous saisirez une part et dont l'autre portion viendra à vous d'elle-même. Les Athéniens perdront aussitôt le produit de leurs mines d'argent du Laurium, et tout ce que leur rapportent et le territoire et l'administration de la justice. Mais surtout ils verront diminuer les revenus qu'ils tirent de leurs alliés : ceux-ci dédaigneront de les leur payer, regardant dès-lors Athènes comme votre conquête.

Chap. 92. » De vous, Lacédémoniens, dépend l'exécution vive et prompte d'une partie de ce plan : pour moi, j'espère fort qu'il réussira, et, j'ose le croire, mon attente ne sera pas trompée. Ce que je demande, c'est qu'on ne prenne pas de moi une opinion désavantageuse, sur ce qu'autrefois je semblais aimer ma patrie, et que maintenant vous me voyez prêt à l'attaquer de tout mon pouvoir, de concert avec ses plus grands ennemis. Je demande encore qu'on n'attribue pas mes paroles à cette effervescence ordinaire à l'âme d'un proscrit. Un proscrit tel que moi fuit devant les méchans qui le persécutent, mais ne recule nullement à la pensée de vous servir, si vous prenez confiance en lui : je tiens moins pour adversaires ceux qui, ainsi que vous, ont, dans l'occasion, fait du mal à leurs ennemis, que ceux qui ont forcé leurs amis à devenir ennemis. L'amour de la patrie est un sentiment tout puissant sur mon âme quand la patrie me laisse vivre en sûreté dans son sein, et non plus alors qu'elle m'opprime. D'ailleurs je me considère, non comme allant attaquer une patrie encore existante, mais plutôt comme voulant reconquérir une patrie qui n'est plus. Le véritable ami de son pays n'est pas l'homme pusillanime qui, injustement exilé, s'abstient d'y rentrer à main armée; mais le citoyen qui, à tout prix, et parce qu'il l'aime passionnément, s'efforce de recouvrer son héritage. Je vous invite donc, Lacédémoniens, à m'employer sans crainte dans les dangers, dans les plus rudes travaux. Vous ne pouvez ignorer, d'après la voix publique, que si Alcibiade ennemi vous a fait du mal, il pourrait aussi, étant votre ami, vous rendre de grands services, lui qui connaît et les intérêts d'Athènes, qui lui furent confiés si long-temps, et les besoins de Sparte, qu'il avait devinés et qui ont été l'objet constant de ses méditations. Songez à la haute importance de cette délibération : ne balancez pas à passer dans la Sicile et à marcher contre l'Attique. Dans l'une, avec peu de monde, vous sauverez votre pays; dans l'autre, vous ruinerez la puissance actuelle d'Athènes et celle qu'elle pourrait acquérir par la suite, et, jouissant à l'avenir de la paix intérieure, vous aurez sur l'Hellade entière un empire qu'elle vous offrira d'elle-même, un empire fondé non sur la violence, mais sur la bienveillance et l'estime. »

Chap. 93. Ainsi parla Alcibiade. Les Lacédémoniens avaient déjà conçu le projet de marcher contre Athènes; cependant ils différaient et attendaient l'occasion de se déclarer. Mais quand ils eurent appris de sa bouche tous ces détails, assurés qu'ils venaient d'entendre un témoin bien instruit, leur irrésolution cessa. Toutes leurs pensées s'arrêtèrent à fortifier Décélie, et à faire partir sur-le-champ des secours pour la Sicile. Gylippe, fils de Cléandridas, choisi à l'instant même pour commander aux Syracusains, devait se consulter avec eux et avec les Corinthiens, et employer tous les moyens qui seraient en son pouvoir pour procurer au plus tôt à Syracuses le plus puissant renfort. Il pressa les Corinthiens de lui expédier sur-le-champ à Asine deux vaisseaux de Corinthe, d'appareiller tous ceux qu'on pourrait lui envoyer, et de les tenir prêts à mettre en mer lorsqu'il serait temps. Les Corinthiens promirent de se conformer à ses intentions et partirent de Lacédémone.

Alors arriva à Athènes la trirème que les généraux athéniens avaient dépêchée de Sicile pour demander des munitions et de la cavalerie. Sur cette réquisition, les Athéniens décrétèrent un envoi de cavalerie et de subsistances.

L'hiver finissait, avec la dix-septième année de la guerre dont Thucydide a écrit l'histoire.

Chap. 94. L'été suivant, dès les premiers jours du printemps, les Athéniens qui étaient en Sicile appareillèrent de Catane, et se rendirent, en suivant les sinuosités des côtes, à Mégares de Sicile. Les Syracusains, comme je l'ai dit plus haut, en avaient chassé les habitans du temps de Gélon, et étaient restés maîtres du pays. Les Athéniens y firent une descente, ravagèrent les campagnes, s'avancèrent jusqu'à un fort des Syracusains, et, n'ayant pu le prendre, gagnèrent par terre et par le fleuve Térias, entrèrent dans la plaine, la saccagèrent et incendièrent les champs de blé. Ils rencontrèrent des Syracusains en assez petit nombre, en tuèrent quelques-uns, dressèrent un trophée et retournèrent à leurs vaisseaux; puis revenant à Catane, ils en tirèrent des subsistances, et se portèrent avec toute l'armée à Centoripes, place des Sicules. Après l'avoir reçue à composition et mis le feu aux blés des Inesséens et des Hybléens, ils se retirèrent. De retour à Catane, ils y trouvèrent deux cent cinquante hommes de cavalerie qui arrivaient d'Athènes avec leurs équipages, mais sans chevaux, parce qu'on avait pensé qu'il leur en serait fourni en Sicile. Il leur vint aussi trente archers à cheval et trois cents talens d'argent.

Chap. 95. Dans le même printemps, les Lacédémoniens marchèrent contre Argos et s'avancèrent jusqu'à Cléones : mais il survint un tremblement de terre, et ils se retirèrent. Les Argiens se répandirent ensuite dans la Thyréatide, pays situé sur leurs frontières, et firent sur les Lacédémoniens un riche butin, qui ne leur valut pas moins de vingt-cinq talens.

Peu de temps après et dans le cours du même été, le peuple de Thespies se souleva contre ses magistrats, mais sans pouvoir, quoique secondé par les Athéniens, s'emparer du gouvernement. Les uns furent pris, les autres réduits à chercher un refuge à Athènes.

Chap. 96. Les Syracusains apprennent dans le même été que les Athéniens, ayant reçu de la cavalerie, se disposent à marcher contre eux. Persuadés que s'ils empêchaient l'ennemi de s'emparer d'Épipoles, lieu escarpé et qui domine la ville, ils le mettraient par-là dans l'impossibilité de les enfermer d'un mur de circonvallation, quand même une victoire l'aurait rendu maître de la campagne, ils résolurent de garder les accès d'Épipoles, les seuls qu'il pût tenter : car de tous les autres côtés sont des collines qui vont en pente jusqu'à la ville, en sorte que le terrain qu'elles enveloppent est en entier à découvert. Les Syracusains ont nommé ce lieu *Épipoles* parce qu'il domine le reste du pays. Avec le jour, ils allèrent, en masse, gagner la prairie que baigne l'Anapus. Hermocrate et ses collègues, récemment investis du commandement, firent la revue des hoplites, et choisirent parmi eux sept cents hommes que commandait Diomile, exilé d'Andros : ils garderaient Épipoles, et, réunis, ils seraient à portée de seconder avec promptitude toute autre opération.

Chap. 97. Dès le jour qui suivit cette nuit, les Athéniens firent la revue des troupes à l'insu des ennemis, sortirent de Catane par mer avec toutes leurs forces, abordèrent avec précaution dans un lieu nommé *Léon*, distant d'Épipoles de six ou sept stades, et mirent à terre leur infanterie, tandis que leur flotte allait stationner à Thapsos. Cette chersonèse avancée dans la mer, et ne tenant à la terre que par un isthme étroit, n'est, ni par terre ni par mer, fort éloignée de Syracuses. Les soldats de la flotte, après avoir garni l'isthme de palissades, restèrent dans Thapsos : quant à l'infanterie, elle courut précipitamment à Épipoles, et en gravit la hauteur du côté d'Euryèle, avant que ceux des Syracusains qui passaient en revue dans la prairie pussent s'apercevoir de sa marche et s'avancer contre elle. Ils vinrent cependant enfin avec plus ou moins de célérité, entre autres les six cents aux ordres de Diomile. Il n'y avait pas, de la prairie, moins de vingt-cinq stades à franchir pour se trouver en présence : ils attaquèrent donc en désordre, furent battus et rentrèrent dans la ville. Diomile fut tué, et avec lui périrent trois cents des siens environ. Les Athéniens dressèrent un trophée, rendirent par composition les morts aux Syracusains, et descendirent le lendemain jusqu'au pied de la place. Comme il ne se fit pas contre eux de sortie, ils se retirèrent et se mirent à construire, au sommet de la pente escarpée d'Épipoles, à Labdale, un fort qui regardait Mégares : ils le destinaient à servir de magasin pour leurs effets et leur argent, toutes les fois qu'ils s'écarteraient pour combattre ou travailler à des retranchemens.

Chap. 98. Peu après, il leur arriva d'Égeste trois cents cavaliers, et environ cent hommes, tant de chez les Sicules que de Naxos et autres lieux. Les deux cent cinquante cavaliers d'Athènes avaient reçu des chevaux de Catane et d'Égeste, ou en avaient acheté. On rassembla en tout six cent cinquante cavaliers. Les Athéniens laissèrent une garnison à Labdale, allèrent à Tycé, s'y arrêtèrent, et travaillèrent sans délai à un mur de circonvallation. La célérité de leurs travaux effraya les Syracusains; ils ne crurent pas devoir rester tranquilles spectateurs, et s'avancèrent dans le dessein de combattre. Déjà l'on était en présence; mais les généraux Syracusains, voyant leurs troupes éparses et considérant la difficulté de les ranger en bataille, retournèrent à la ville. Seulement ils laissèrent de la cavalerie, dont la présence empêchait les ennemis d'aller chercher des pierres et de s'écarter;

mais un corps d'hoplites athéniens, soutenu par les cavaliers, l'attaqua et la mit en fuite. On lui tua quelques hommes, et cet avantage fut signalé par un trophée.

Chap. 99. Le lendemain, les Athéniens se remirent à leur mur de circonvallation : les uns s'occupaient de la partie de ce mur qui regardait le nord; les autres apportaient des pierres et du bois de charpente, qu'on se passait de proche en proche, et qu'on déposait à Trogile, point où la circonvallation à construire, depuis le grand port jusqu'à l'autre mer, se trouvait être la plus courte.

Les Syracusains, qui suivaient en tout les conseils d'Hermocrate, l'un de leurs généraux, ne voulaient plus en venir contre les Athéniens à une affaire décisive, dont le résultat serait ou la victoire ou une entière défaite. Il leur parut qu'il était mieux d'opposer une contrevallation sur un des points par où devait passer la circonvallation des ennemis : s'ils les prévenaient, ils leur couperaient le passage; si les Athéniens venaient les attaquer, on emploierait à protéger les travaux une seule partie de l'armée, on occuperait les débouchés, on fermerait les avenues par des palissades, tandis que l'ennemi marchant avec toutes ses forces, ne pourrait le faire sans abandonner ses ouvrages. Ils sortirent donc, et bâtirent leur mur, à partir de la ville, en commençant au-dessous [et vis-à-vis du mur] de la circonvallation des Athéniens, et donnant à ce mur une direction perpendiculaire [aux lignes des Athéniens]. Ils coupèrent les oliviers de l'hiéron, et en construisirent des tours. La flotte athénienne n'étant pas encore passée de Thapsos au grand port, les Syracusains restaient maîtres de la mer, et les Athéniens étaient obligés de faire venir par terre de Thapsos les choses nécessaires.

Chap. 100. Les Syracusains avaient construit des palissades et leur contre-mur, sans que les Athéniens vinssent les en empêcher, parce qu'ils craignaient, s'ils se partageaient, d'avoir peine à soutenir le combat, et parce que d'ailleurs ils se hâtaient de finir les travaux : les Syracusains, croyant avoir consolidé les leurs, laissèrent un corps de troupes pour les garder, et rentrèrent dans la ville. Quant aux Athéniens, ils détruisirent un aqueduc qui portait l'eau à Syracuses par des canots souterrains; puis, remarquant que les Syracusains se retiraient sous leurs tentes vers le milieu du jour, que plusieurs même allaient à la ville, et que ceux qui étaient de garde aux palissades s'acquittaient négligemment de leur devoir, ils envoyèrent trois cents hommes d'élite et quelques troupes légères et bien armées, avec ordre de courir subitement au mur qu'on leur opposait. Le reste des troupes fut partagé en deux corps, commandés chacun par l'un des deux généraux : l'un de ces corps s'approcha de la ville pour faire face aux troupes qui en sortiraient, et l'autre se dirigea vers les palissades voisines de la porte. Les trois cents attaquèrent et enlevèrent les palissades; ceux qui les gardaient les abandonnèrent pour se réfugier derrière les travaux avancés qui étaient au Téménite. Les Athéniens les y poursuivirent et s'y jetèrent avec eux, mais furent chassés. Là périrent quelques Argiens et un petit nombre d'Athéniens. L'armée entière, revenant à la charge, détruisit le contre-mur qu'élevaient les Syracusains, arracha les palissades, emporta les pieux, et dressa un trophée.

Chap. 101. Le lendemain, les Athéniens entreprirent, à partir de leur mur de circonvallation, de fortifier le *rocher escarpé* qui domine le marais, et qui, faisant partie d'Épipoles, regarde en cet endroit le grand port; *point* d'où le mur de circonvallation, traversant la plaine et le marais pour descendre vers le grand port, devenait très court. Les Syracusains, de leur côté, à partir de la ville, construisirent de nouvelles palissades qui traversaient le marais, et creusèrent en même temps un fossé parallèle à ces palissades, afin d'empêcher les Athéniens de prolonger leurs ouvrages jusqu'à la mer. Ceux-ci, ayant terminé leurs travaux sur le rocher, marchèrent contre ces nouveaux ouvrages, envoyèrent ordre à leur flotte de doubler Thapsos et de s'avancer jusqu'au grand port de Syracuses, puis, au point du jour, descendirent d'Épipoles dans la plaine, jetèrent sur le marais, à l'endroit où il est bourbeux et presque solide, des portes et de larges planches, et le traversèrent. Dès l'aurore, ils étaient maîtres des fossés et des palissades, si l'on en excepte une partie qu'ils prirent bientôt après. Il se donna un combat où ils eurent le dessus. L'aile droite des Syracusains prit la fuite du côté de la ville, et l'aile gauche le long du fleuve. Les trois cents hommes d'élite d'Athènes coururent au pont pour leur couper le passage. Les Syracusains, qui avaient là une grande partie de leur cavalerie, craignant que le pont ne fût intercepté, s'avancèrent contre ces trois cents, les mirent en fuite, et attaquèrent l'aile droite des Athéniens. Cette impétuosité porte l'effroi dans les premiers rangs : Lamachus, qui le voit, accourt avec les Argiens et quelques archers ; il vient, de l'aile gauche, donner du renfort. Mais au passage d'un fossé, n'ayant que peu d'hommes qui le passaient avec lui, il fut tué avec cinq ou six des siens. Les Syracusains, sans délai, enlevèrent ces morts, et les transportèrent au-delà du fleuve en lieu sûr, puis se retirè-rent, voyant s'avancer la division des Athéniens.

Chap. 102. Cependant ceux qui d'abord avaient fui du côté de la ville, à la vue de ce qui se passait, reprirent courage, revinrent sur leurs pas, firent face aux Athéniens qui étaient devant eux, et envoyèrent un détachement aux constructions de celle des collines des Épipoles qui domine les marais, croyant ces constructions abandonnées, et par là faciles à enlever. Ils s'emparèrent en effet de la fortification avancée qui avait mille pieds, et la pillèrent; mais la présence de Nicias protégea les constructions où il se trouvait retenu par une indisposition. En effet, il ordonna aux valets, auxquels il ne voyait pas d'autre moyen pour être les plus forts, de mettre le feu à tout ce que l'on avait de machines et de bois en avant du retranchement. Ce qu'il avait prévu arriva : l'incendie empêcha l'approche des Syracusains qui se retirèrent ; et de plus, un renfort d'Athéniens qui avaient poursuivi l'ennemi au bas de la plaine, revint du côté de l'enceinte ; et dans le même temps, suivant l'ordre donné, les vaisseaux voguaient de Thapsos vers le grand port. Ceux des Syracusains qui étaient sur les hauteurs, à la vue de ces mouvemens, se retirèrent à la hâte et rentrèrent dans la ville, ainsi que toute l'armée, ne se croyant plus, avec ce qu'ils avaient de forces, en état d'empêcher la conduite des constructions dirigées vers la mer.

Chap. 103. Les Athéniens érigèrent ensuite un trophée, accordèrent aux ennemis la permission d'enlever leurs morts, et reçurent le corps de Lamachus et des guerriers tués à ses côtés. Ayant alors toutes leurs forces de terre et de mer, ils ceignirent les assiégés d'un double mur, qui, partant de la partie la plus escarpée des Épipoles, se prolongeait jusqu'à la mer. De tous côtés, il leur arrivait d'Italie des munitions. Il leur vint aussi de chez les Sicules quantité d'alliés restés jusque là dans l'irrésolution, et de la Tyrsénie, trois pentécontores.

Tout enfin allait de manière à leur donner de meilleures espérances. Les Syracusains ne comptaient plus sur la supériorité, ne voyant arriver aucun secours du Péloponnèse; ils parlaient entre eux d'accommodement, et en portaient des paroles à Nicias; car lui seul commandait depuis la mort toute récente de Lamachus. Rien ne se concluait; mais, comme on devait l'attendre de gens hors d'eux-mêmes, et plus resserrés que jamais, on faisait des propositions de toute espèce au général ennemi, et l'on s'accordait encore moins dans l'intérieur de la ville. Le malheur des circonstances avait semé les soupçons entre les citoyens. On destitua les généraux sous lesquels étaient arrivés des échecs qu'on ne manquait pas d'attribuer à leur mauvaise fortune ou à leur perfidie. On leur en substitua de nouveaux, Héraclide, Euclès et Tellias.

CHAP. 104. Cependant Gylippe de Lacédémone et les vaisseaux partis de Corinthe, étaient sur les côtes de la Leucadie portant au plus tôt des secours en Sicile; mais il leur arrivait de fâcheuses nouvelles, et toutes, d'accord dans leur fausseté, portaient que déjà Syracuses était entièrement investie d'un mur de circonvallation. Gylippe n'eut donc plus, du côté de ce pays, aucune espérance. Voulant du moins s'attacher l'Italie, il se hâta, avec Pythen de Corinthe, de traverser la mer d'Ionie pour arriver à Tarente. Ils avaient deux vaisseaux de Lacédémone et deux de Corinthe. Les Corinthiens, indépendamment des dix vaisseaux qui leur appartenaient, devaient mettre en mer lorsqu'ils auraient équipé deux vaisseaux de la Leucadie, trois d'Ambracie. Gylippe, de Tarente, alla négocier dans la Thuriatide, où il avait hérité, de son père, du droit de cité; mais ne pouvant gagner les habitants, remit en mer et cotoya l'Italie. Du golfe Térinéen, emporté par un vent très violent lorsqu'il est fixé au nord, il fut jeté dans la haute mer; puis, après avoir lutté contre la tempête, il revint prendre terre à Tarente, et fit tirer à sec, pour les radouber, les vaisseaux qui avaient souffert.

Nicias apprit qu'il était en mer, et n'eut que du mépris pour le petit nombre de vaisseaux qui l'accompagnaient. Les habitants de Thurium éprouvèrent le même sentiment. On le regardait comme équipé plutôt pour exercer la piraterie que pour faire la guerre, et personne encore ne se joignit à lui.

CHAP. 105. A la même époque de cet été, les Lacédémoniens entrèrent dans l'Argolide avec leurs alliés, et saccagèrent une grande partie de la campagne. Les Athéniens, avec trente vaisseaux, amenèrent des secours aux Argiens; et par là, rompirent ouvertement la trève avec les Lacédémoniens; car jusque là ils s'étaient bornés à guerroyer de concert avec les Argiens et les Mantinéens, en sortant de Pylos pour faire la piraterie, non sur les côtes de la Laconie, mais sur celles du reste du Péloponnèse. Invités plusieurs fois par les Argiens à approcher, seulement en armes, des côtes de la Laconie, et à se retirer après en avoir dévasté quelque faible partie, ils l'avaient refusé. Mais en cette occasion, sous le commandement de Pythodore, de Læspodius et de Démarate, descendus à Épidaure-Limèra, à Prasie, et en d'autres campagnes, ils les avaient saccagées : ce qui donnait aux Lacédémoniens un juste motif de se défendre contre eux.

Après le départ des Lacédémoniens, et quand les Athéniens eurent quitté l'Argolide, et se furent rembarqués, les Argiens se jetèrent sur la Phliasie, dévastèrent les champs, tuèrent du monde, puis rentrèrent chez eux.

LIVRE SEPTIÈME.

CHAP. PREMIER. Gylippe et Python, après avoir radoubé leurs vaisseaux, longèrent la côte depuis Tarente jusque chez les Locriens Épizéphyriens. Bien informés que Syracuses n'était pas encore entièrement bloquée, et qu'on y pouvait entrer par Épipoles, ils délibérèrent s'ils tenteraient d'y aller par mer, ayant la Sicile à leur droite, ou si, ayant la Sicile à leur gauche, ils vogueraient d'abord vers Himère pour y prendre avec eux les habitans et tout ce qu'ils pourraient engager dans leur service, et aller ensuite à Syracuses par terre. Ils se décidèrent d'autant plus volontiers pour la dernière route, que les quatre vaisseaux envoyés contre eux par Nicias, qui les savait à Locres, ne paraissaient pas encore. Ils les prévinrent, franchirent la longueur du détroit, et, après avoir relâché à Rhégium et à Messène, arrivèrent à Himère, y mirent leurs vaisseaux à sec, et persuadèrent aux habitans de les seconder, de les suivre, et de fournir d'armes ceux des gens de leurs équipages qui en manquaient. Ils envoyèrent chez les Sélinontins, et leur indiquèrent un rendez-vous où ils les prièrent de venir au-devant d'eux avec toutes leurs forces. Les habitans de Sélinonte promirent d'envoyer quelques troupes, en petit nombre; les citoyens de Géla et quelques Sicules firent la même promesse. Ces derniers montraient bien plus de zèle qu'auparavant : Archonidas, prince puissant, ami d'Athènes, et qui, de ces côtés, régnait sur une partie des Sicules, était mort depuis peu. Ils étaient encore animés par l'idée que Gylippe agirait vigoureusement. Ce général, emmenant ce qu'il avait pu armer de matelots et de soldats de marine, au nombre de sept cents, les hoplites et les troupes légères d'Himère, qui formaient ensemble mille hommes, cent cavaliers, quelques troupes légères de Sélinonte, des cavaliers de Géla, en très petit nombre, et des Sicules au nombre de mille en tout, marcha vers Syracuses.

CHAP. 2. Cependant les Corinthiens, partis de la Leucadie avec les autres vaisseaux, mirent toute la célérité possible à secourir Syracuses. Gongyle, l'un des généraux de Corinthe, parti le dernier avec un seul vaisseau, y arriva le premier, peu de temps avant Gylippe, et trouva les Syracusains disposés à capituler. Il les en détourna, et parvint à les rassurer, en leur apprenant que d'autres vaisseaux le suivaient, et qu'ils allaient voir arriver, en qualité de général, Gylippe, fils de Cléandridas, que leur envoyait Lacédémone. Les Syracusains reprirent courage, et sortirent avec toutes leurs troupes à la rencontre de Gylippe, ayant appris qu'il n'était pas loin. Ce général prit en passant Ièges, forteresse des Sicules, mit ses troupes en ordre de bataille, vint à Épipoles, monta par Euryèle, comme avaient fait auparavant les Athéniens, et, ayant opéré sa jonction avec les Syracusains, marcha aux retranchemens ennemis.

Au moment même où il survint, le double mur des Athéniens, qui devait aller jusqu'au grand port, et qui avait déjà une longueur de sept à huit stades, était terminé, à l'exception d'une petite partie qui regardait la mer, à laquelle ils travaillaient encore. Quant au reste de la circonvallation regardant Trogile et dirigée vers l'autre mer, on y voyait les pierres déjà la plupart sur le lieu; des travaux étaient à moitié faits, et d'autres achevés, puis abandonnés. Les Syracusains étaient réduits à ces extrémités.

Chap. 3. A l'arrivée subite de Gylippe et de l'armée de Syracuses, les Athéniens, d'abord troublés, se mirent cependant en bataille. Gylippe, campé près de leurs retranchemens, leur déclara, par un héraut, que s'ils voulaient sortir de la Sicile dans cinq jours, en prenant tout ce qui leur appartenait, il consentait à traiter avec eux. Ils méprisèrent ces propositions et renvoyèrent le héraut sans réponse. Des deux côtés on se préparait au combat, quand Gylippe, voyant les Syracusains en désordre, peu disposés à se mettre en bataille, porta son armée dans un endroit plus ouvert. Nicias ne fit point avancer la sienne, et se tint dans ses retranchemens. L'ennemi ne s'avançant pas, Gylippe conduisit ses troupes sur le tertre appelé *Téménite*, et s'y posta. Le lendemain il marcha droit aux fortifications avec la plus grande partie de son monde, pour empêcher les Athéniens de porter ailleurs des secours, et envoya un détachement au fort Labdale. Il l'enleva; tous ceux qu'on y prit furent égorgés. La vue des Athéniens ne portait pas sur cette place. Le même jour, une de leurs trirèmes fut prise comme elle entrait dans le port.

Chap. 4. Les Syracusains et leurs alliés se mirent à élever un mur qui traversait Épipoles; il partait de la ville, et devait gagner, en montant, le mur simple, qui avait une direction perpendiculaire aux lignes ennemies, afin que, s'ils ne pouvaient arrêter les constructions des Athéniens, ils les empêchassent du moins de former entièrement le blocus. Les Athéniens étaient déjà montés sur les hauteurs, après avoir terminé le retranchement qui gagnait la mer; mais, comme il se trouvait une partie faible, Gylippe, de nuit, y conduisit son armée et l'attaqua. Les Athéniens, campés hors des retranchemens, s'aperçurent de sa marche, et allèrent au-devant de lui; mais il fut informé de leur approche et retira ses troupes sans délai.

Les Athéniens donnèrent à leur muraille plus de hauteur, y firent eux-mêmes la garde, confièrent à des alliés le reste du retranchement, en assignant à chacun une certaine partie. Nicias jugea nécessaire de fortifier le cap Plemmyrium, situé en face de la ville, et qui, s'avançant dans le grand port, en étrécit l'entrée. En le fortifiant, on rendrait évidemment plus facile l'arrivée des convois; on stationnerait à une moindre distance du petit port, et alors, plus à portée de Syracuses, on ne serait plus obligé, comme on l'était alors, de ramener la flotte *du fond* du port, si les Syracusains faisaient quelque mouvement par mer. Il projetait surtout une guerre maritime, voyant que, depuis l'arrivée de Gylippe, on ne devait plus s'attendre sur terre aux mêmes succès. Il fit donc passer à Plemmyrium l'armée et la flotte, et y construisit trois forts. Là furent déposés la plupart des ustensiles; là les vaisseaux légers et les bâtimens de charge vinrent mettre à l'ancre, ce qui fut la première et principale cause de la perte de l'équipage. L'eau manquait; on était obligé de l'aller chercher au loin, ainsi que le bois, et l'on ne pouvait sortir sans être maltraité par les cavaliers ennemis, maîtres de la campagne. En effet le tiers de la cavalerie avait été rangé à Polichna, située sur l'Olympium, pour empêcher les Athéniens de sortir de Plemmyrium et d'infester le pays. Nicias n'ignorait pas que le reste des vaisseaux de Corinthe arrivait; il envoya vingt vaisseaux à la découverte, avec ordre de se mettre en station dans les parages des Locriens et de Rhégium, et aux abords de la Sicile.

Chap. 5. Cependant Gylippe bâtissait la muraille qui traversait Épipoles, des pierres mêmes que les Athéniens y avaient amassées pour leurs propres ouvrages. En même temps il amenait en dehors des fortifications les troupes de Syracuses et des alliés, et les mettait en ordre de bataille. Les Athéniens, de leur côté, se rangeaient en présence. Quand Gylippe crut le moment favorable, il commença l'attaque. On en vint aux mains, et l'affaire se passa dans l'intervalle des retranchemens; ce qui rendait inutile la cavalerie de Syracuses et des alliés. Les Syracusains, vaincus, enlevèrent leurs morts par accord. Les Athéniens dressèrent un trophée.

Gylippe assembla ses troupes, et leur représenta que ce n'était point à elles-mêmes, mais à lui seul, qu'il fallait imputer leur malheur; qu'en les mettant en bataille à l'étroit dans l'espace qui séparait les retranchemens, il s'était ôté l'usage de la cavalerie et des gens de trait. Il leur annonça qu'il allait de nouveau les mener à l'ennemi. Il les invitait à se mettre bien dans l'esprit qu'elles ne seraient pas inférieures en forces; quant aux dispositions de l'âme, il leur serait impardonnable, à eux Péloponnésiens et Doriens, de se croire incapables de vaincre et de chasser de leur pays des Ioniens, des insulaires, le rebut des nations.

Chap. 6. Le moment arrivé, il les mena de nouveau à l'ennemi. Nicias et les Athéniens pensaient de leur côté que, quand même ils ne voudraient pas engager l'action, ils ne pouvaient d'un œil tranquille voir s'élever et s'achever la contrevallation de l'ennemi. En effet il s'en fallait de peu qu'elle ne dépassât leurs travaux, et si elle venait à les excéder, ce serait la même chose pour eux de vaincre dans une suite de combats sans cesse répétés, ou de ne pas combattre du tout. Les troupes d'Athènes s'avancèrent donc à la rencontre de Gylippe. Celui-ci, avant d'attaquer, conduisit les hoplites plus en avant des tranchées que la première fois; il disposa la cavalerie et les gens de trait de manière à prendre en flanc les Athéniens, et les posta dans un lieu spacieux, à l'endroit où se terminaient les retranchemens des deux armées. La cavalerie, pendant l'action, fondit sur l'aile gauche des Athéniens, qui lui était opposée, et la mit en fuite. Par suite de cette manœuvre, le reste de l'armée, battu, se retira en désordre dans ses lignes. Les Syracusains eurent le temps, la nuit suivante, et d'élever leur muraille près de celle des Athéniens, et de la prolonger au-delà, en sorte qu'ils n'avaient plus à redouter de la part de l'ennemi aucun empêchement, et qu'ils lui ôtaient absolument le moyen de les renfermer, même en gagnant une bataille.

Chap. 7. Le reste des vaisseaux de Corinthe, d'Ampracie et de Leucade, au nombre de douze, arriva sans avoir été rencontré par les vaisseaux d'observation d'Athènes. Érasinidas de Corinthe les commandait. Ils aidèrent les Syracusains à conduire leurs retranchemens jusqu'au mur transversal. Gylippe partit dans le dessein de lever dans les autres parties de la Sicile des troupes de terre et de mer, et d'engager dans la fédération des villes qui n'avaient encore montré que peu de zèle, ou qui même n'avaient voulu prendre aucune part à la guerre. D'autres députés, syracusains et corinthiens, furent dépêchés à Lacédémone et à Corinthe, pour y solliciter encore une nouvelle armée : elle passerait sur des vaisseaux de charge, sur de petits bâtimens, comme il se pourrait enfin, pourvu qu'elle arrivât, parce que les Athéniens avaient aussi mandé du renfort. Les Syracusains, voulant se signaler dans cette grande affaire, équipaient une flotte, et dans tout le reste montraient beaucoup d'ardeur.

Chap. 8. Nicias, informé des opérations des ennemis, et voyant chaque jour leurs forces s'accroître et les siennes diminuer, envoya de son côté des messages à Athènes; ce qu'il avait déjà fait en plusieurs occasions, et ce qu'il jugeait alors plus nécessaire que jamais, se croyant réduit aux dernières extrémités, et ne voyant plus d'autre moyen de salut que le rappel de l'armée ou l'envoi de puissans renforts. Dans la crainte que ceux qu'il dépêchait, faute d'éloquence ou d'habileté, ou bien encore pour complaire à la multitude, ne représentassent pas fidèlement l'état des choses, il les chargea d'une lettre, espérant que, par ce moyen déjà employé en plusieurs occasions et que les circonstances, devenues plus critiques, réclamaient impérieusement, les Athéniens, bien instruits de sa façon de penser, sans qu'elle pût être altérée par ceux qui en feraient le rapport, régleraient leurs délibérations sur la situation réelle des affaires. Ses agens partirent chargés de sa lettre, avec des instructions sur tout ce qu'ils devaient ajouter, et lui-même resta dans son camp, faisant en sorte de n'être plus exposé qu'aux dangers qu'il voudrait bien courir.

Chap. 9. A la fin de cet été, Évétion, général des Athéniens, assaillit Amphipolis avec Perdiccas et avec une multitude de soldats thraces. Il ne put se rendre maître de la ville; mais il en fit faire le tour à trois trirèmes, en remontant le Strymon, et il assiégea la place du côté de ce fleuve, prenant l'Himéréum pour quartier général.

L'été finissait.

Chap. 10. L'hiver suivant, les agens de Nicias arrivèrent à Athènes. Ils exposèrent tout ce qu'ils étaient chargés de dire de vive voix, répondirent à toutes les demandes, et remirent leurs dépêches. Le greffier de la république, s'avançant au milieu de l'assemblée, en fit lecture. Voici ce qu'elles portaient:

Chap. 11. « Vous avez appris, Athéniens, par beaucoup de lettres précédentes, ce que nous avons fait jusqu'à l'époque actuelle: il est aujourd'hui d'une grande importance que vous soyez aussi bien informés de notre situation présente, pour en faire l'objet de vos délibérations. Les Syracusains avaient été défaits dans la plupart des combats; déjà nous avions construit des retranchemens, dans l'intervalle desquels nous sommes encore, quand Gylippe de Lacédémone est arrivé à la tête d'une armée tirée du Péloponnèse et de quelques villes de la Sicile. Nous l'avions vaincu dans la première bataille; mais le lendemain, soutenu d'une cavalerie nombreuse et de gens de trait, il nous a repoussés dans nos lignes. La supériorité de nos ennemis ne nous permet plus de continuer les travaux de circonvallation, et nous réduit à l'inaction. Il nous est impossible de déployer simultanément toutes nos forces, parce que la garde des retranchemens occupe une partie des troupes. D'ailleurs, comme les ennemis ont coupé notre ligne par un mur, à l'endroit où elle n'était pas achevée, nous ne pouvons plus les investir si nous ne forçons leur mur de contrevallation, ce qui exigerait des forces supérieures. Ainsi, d'assiégeans, nous sommes devenus assiégés, au moins du côté de terre; car, resserrés par la cavalerie, nous ne pouvons avancer dans la campagne.

Chap. 12. » Ils viennent encore d'envoyer demander au Péloponnèse une autre armée, et Gylippe part lui-même pour les villes de la Sicile. Son dessein est d'engager celles qui sont neutres à se déclarer, et de tirer des autres, s'il est possible, de nouvelles troupes de terre et de mer. Ils veulent, comme je l'apprends, essayer à-la-fois nos lignes par terre avec de l'infanterie, et par mer avec une flotte. Et que personne ne trouve étrange qu'ils pensent à nous attaquer même par mer : ils savent que notre flotte, d'abord si imposante, et qui n'offrait que des vaisseaux bien appareillés et des équipages sains, n'a plus maintenant que des vaisseaux pourris, pour avoir trop long-temps tenu la mer, et des équipages ruinés. Nous ne pouvons mettre les bâtimens à sec pour les radouber à la vue de la flotte ennemie, aussi forte et même plus nombreuse que la nôtre, et qui se montre sans cesse disposée à nous assaillir. Nul doute qu'elle n'en ait le dessein. Il ne tient qu'aux ennemis de nous attaquer ; il leur est plus facile de mettre leurs bâtimens à sec, car ils ne sont pas obligés de se tenir en rade contre d'autres vaisseaux.

Chap. 13. » Nous, au contraire, nous ne pourrions entreprendre une attaque, quand nous aurions une flotte supérieure, et que nous ne serions pas forcés, comme à présent, de tenir tous nos vaisseaux sur la défensive. Pour peu que nous retranchions de notre garde, nous manquerons de subsistances, n'ayant déjà que trop de peine à faire passer nos convois à la vue de Syracuses. Voilà ce qui a ruiné et ce qui continue de ruiner nos équipages ; car nos matelots sont tués par la cavalerie dès qu'ils s'écartent pour aller au loin chercher du bois, du fourrage, de l'eau ; quant aux valets, comme les deux camps sont à la vue l'un de l'autre, ils désertent. Des étrangers qu'on a contraints de monter nos vaisseaux, une partie se disperse dans les villes ; ceux qu'on a gagnés par l'appât d'une solde, et qui croyaient venir plutôt au pillage qu'au combat, voyant à présent, contre leur attente, et la flotte et tout l'appareil guerrier des ennemis, se retirent, les uns déclarant nettement qu'ils ne veulent plus servir ; les autres allant où ils peuvent, ce qui n'est pas difficile, car la Sicile est d'une grande étendue ; d'autres, achetant des esclaves d'Hyccara, obtiennent des triérarques la permission de se faire remplacer, et dèslors plus de précision dans la manœuvre.

Chap. 14. » Je vous écris ce que vous ne pouvez ignorer, que les équipages ne conservent pas long-temps leur première ardeur, et qu'il est peu de matelots qui sachent diriger un vaisseau et ramer de concert. Le plus embarrassant, c'est que, malgré le commandement dont vous m'avez investi, il n'est pas en mon pouvoir d'obvier à ces inconvéniens (car vous êtes des esprits difficiles à gouverner), et que d'ailleurs nous ne savons d'où tirer des recrues pour compléter les équipages. Tandis que les ennemis trouvent des facilités de toutes parts, nous sommes réduits à prendre sur la masse que nous avons amenée, et ce que nous avons de forces réelles, et ce que nous perdons. Naxos et Catane, maintenant nos alliées, sont hors d'état de subvenir à nos besoins. Si, pour comble de malheur, les places de l'Italie qui nous fournissent des subsistances nous délaissent, instruites de notre situation et sachant que vous ne nous secourez pas, nous serons réduits aux dernières extrémités et vaincus sans combats.

» Je voudrais vous donner des nouvelles plus agréables ; mais je ne puis vous en écrire de plus importantes puisqu'il faut que vous soyez bien informés de l'état de votre armée, pour en délibérer. D'ailleurs je connais votre caractère ;

je sais que vous aimez à entendre des mensonges flatteurs, mais qu'ensuite vous en accusez les auteurs, si les événemens ne répondent pas à leurs promesses. J'ai donc jugé plus sûr de vous dire la vérité.

Chap. 15. » Soyez persuadés que tous, chefs et soldats, dans l'expédition dont vous les avez chargés, se sont conduits sans reproche ; mais, à présent que la Sicile entière se soulève contre nous et attend une nouvelle armée du Péloponnèse, souvenez-vous bien, dans vos délibérations, que vous n'avez ici que des forces insuffisantes. Il faut ou les rappeler, ou envoyer une seconde armée de terre et de mer, aussi forte que la première, avec de l'argent, et beaucoup : il faut aussi me donner un successeur ; la néfrétique dont je suis tourmenté ne me permet plus de rester à mon poste. Je mérite de votre part cette condescendance. Tant que j'ai eu de la santé, je vous ai servis, souvent avec bonheur, à la tête de vos armées. Au reste, ce que vous jugerez à propos de faire doit être prêt dès le commencement du printemps ; point de lenteurs. Les ennemis de Sicile n'ont pas beaucoup de chemin à faire pour s'approvisionner en Sicile. Quant aux provisions du Péloponnèse, elles tarderont, il est vrai ; mais, si vous n'y prenez garde, les uns, comme précédemment, arriveront, à votre grand étonnement ; les autres vous préviendront. »

Chap. 16. Voilà ce qu'exposait la lettre de Nicias. Les Athéniens, après en avoir entendu la lecture, ne lui donnèrent point de successeur ; mais, jusqu'à l'arrivée des collègues qu'ils lui choisirent, ils lui adjoignirent deux hommes de son armée, Ménandre et Eutydème, pour que, dans son état d'infirmité, il ne soutînt pas lui seul toutes les fatigues. Ils décrétèrent l'envoi d'une autre armée de terre et de mer, composée d'Athéniens inscrits sur le rôle et d'alliés, élurent pour collègues de Nicias Démosthène, fils d'Alcisthène, et Eurymédon, fils de Théoclès, et se hâtèrent d'expédier ce dernier à l'approche du solstice d'hiver, lui remettant dix vaisseaux et cent vingt talens d'argent, et le chargeant d'annoncer à l'armée qu'elle recevrait du renfort et qu'on s'occupait d'elle.

Chap. 17. Démosthène devait partir au commencement du printemps : en attendant, il songeait aux préparatifs. Il ordonna aux alliés de tenir prêts de l'argent, des vaisseaux, des gens de guerre. Les Athéniens envoyèrent sur les côtes du Péloponnèse vingt vaisseaux en observation, pour empêcher qu'on ne passât de Corinthe et du Péloponnèse en Sicile : car les Corinthiens, depuis le retour de leurs députés, mieux informés de l'état du pays, et persuadés qu'ils avaient eu raison d'expédier les premiers vaisseaux, mettaient encore plus d'ardeur dans leurs résolutions. Ils se disposaient à transporter des hoplites en Sicile sur des vaisseaux de charge, pendant que les Lacédémoniens en expédieraient des autres parties du Péloponnèse, et ils équipaient vingt-cinq vaisseaux destinés à provoquer au combat la flotte d'observation qui était à Naupacte : d'ailleurs les Athéniens de Naupacte troubleraient moins la traversée de leurs vaisseaux de charge, étant obligés de surveiller les trirèmes qu'on leur opposerait.

Chap. 18. D'un autre côté, les Lacédémoniens se préparaient, comme ils l'avaient auparavant décrété, à faire une nouvelle irruption dans l'Attique. Ils étaient excités par les Syracusains et les Corinthiens, qui savaient qu'Athènes envoyait des secours en Sicile, et qui voulaient mettre obstacle à ces renforts par une diversion sur le pays ennemi. Alcibiade les pressait, montrait la nécessité de fortifier Décélie et de ne pas se ralentir sur les opérations de la guerre.

Mais ce qui surtout les encourageait, c'était la pensée que les Athéniens, ayant à soutenir une double guerre contre eux et les Siciliens, seraient plus faciles à vaincre; que de plus leurs ennemis avaient donné l'exemple de l'infraction des traités. A la vérité les Lacédémoniens s'accusaient bien plus eux-mêmes de les avoir violés dans la guerre précédente, puisque les Thébains, en pleine paix, étaient entrés à Platée, et parce que d'ailleurs le traité défendait d'en venir aux armes contre la puissance contractante qui offrirait de se soumettre à un jugement; et cependant ils avaient refusé d'écouter les Athéniens qui les appelaient en justice réglée. Ils regardaient donc leurs infortunes comme une juste punition de cette faute, et se reprochaient à eux-mêmes et la catastrophe de Pylos, et tous les autres revers qu'ils avaient éprouvés. Mais, depuis que les Athéniens, sortis de leurs ports avec trente vaisseaux, avaient dévasté les campagnes d'Épidaure et de Prasies, et d'autres territoires; depuis qu'ils étaient partis de Pylos pour exercer le brigandage, qu'ils avaient refusé de prendre les voies de la justice toutes les fois que, sur des différends relatifs à des articles susceptibles de contestation, les Lacédémoniens les y avaient invités, ceux-ci, persuadés que les Athéniens attireraient sur eux, à leur tour, la peine d'une faute semblable à celle qu'auparavant eux-mêmes s'étaient reprochée, ne respiraient plus que les combats.

Le même hiver, ils ordonnèrent aux alliés de fournir du fer, et préparèrent tous les matériaux nécessaires pour les travaux de fortifications; ils expédièrent aussi des secours en Sicile sur des vaisseaux de charge, et contraignirent les autres peuples du Péloponnèse à suivre leur exemple.

L'hiver finit, et la dix-huitième année de la guerre dont Thucydide a écrit l'histoire.

Chap. 19. Dès le commencement du printemps, les Lacédémoniens et les alliés firent soudain irruption dans l'Attique, sous le commandement d'Agis, fils d'Archidamus, roi des Lacédémoniens. Après avoir dévasté les plaines, ils fortifièrent Décélie: ce travail fut partagé entre les troupes des différentes villes. Décélie est située à cent vingt stades d'Athènes, et à une distance égale, ou du moins pas beaucoup plus grande de la Béotie. Les constructions établies dans la plaine et dans les lieux forts par leur position, et d'où l'on pouvait le plus aisément nuire aux ennemis, se voyaient d'Athènes. Pendant que les Péloponnésiens et les alliés qui étaient dans l'Attique, s'occupaient de ces fortifications, ceux qui étaient restés dans le Péloponnèse envoyaient des hoplites en Sicile sur des vaisseaux de transport. Les Lacédémoniens firent un choix parmi les Hilotes et les néodamodes, et de ces deux classes ils tirèrent six cents hoplites qui eurent pour commandant le Spartiate Eccritus. Les Béotiens envoyèrent trois cents hoplites que commandaient Xénon et Nicon, tous deux de Thèbes, et Hégésandre de Thespies. Ils mirent à la voile, en partant du Ténare, cap de la Laconie, et, peu de temps après, les Corinthiens envoyèrent cinq cents hoplites, les uns de Corinthe même, les autres pris à leur solde dans l'Arcadie, commandés par Alexarque de Corinthe. Les Sicyoniens envoyèrent, avec les Corinthiens, deux cents hoplites que commandait Sargée de Sicyone. Les vingt-cinq vaisseaux de Corinthe, équipés pendant l'hiver, se tenaient en station vis-à-vis des vingt vaisseaux d'Athènes qui étaient à Naupacte, attendant que les bâtimens de charge, sortis du Péloponnèse avec les hoplites, eussent passé des côtes de l'Hellade en Italie ; par cette raison, on les avait expédiés d'avance : on espérait que les vaisseaux de transport attireraient moins que les trirèmes l'attention des Athéniens.

CHAP. 20. Pendant que les ennemis fortifiaient Décélie, les Athéniens, dès les premiers jours du printemps, envoyèrent sur les côtes du Péloponnèse trente vaisseaux sous le commandement de Chariclès, fils d'Apollodore, qui avait ordre de passer à Argos, pour inviter, conformément au traité d'alliance, les hoplites argiens à se rendre sur sa flotte. Ainsi qu'ils l'avaient décrété, ils firent partir pour la Sicile Démosthène, avec soixante vaisseaux d'Athènes, cinq de Chio, douze cents hoplites athéniens inscrits sur le rôle, en outre de ces deux îles, dont chacune en fournit le plus grand nombre possible. Ils tirèrent aussi d'autres alliés leurs sujets tout ce qu'ils purent se procurer d'objets utiles à la guerre. Démosthène eut ordre, avant tout, de se joindre à Chariclès, de longer avec lui les côtes de la Laconie et d'y exercer de concert des hostilités ; et il fit voile pour Égine, où il attendit que ce qui pouvait encore manquer de troupes fût arrivé, et que Chariclès eût pris avec lui les Argiens.

CHAP. 21. En Sicile, à la même époque du printemps, Gylippe revenait à Syracuses, amenant, des différentes villes où il avait réussi, le plus de troupes qu'il avait pu lever. Il assembla les Syracusains, et leur dit qu'il fallait équiper le plus de vaisseaux qu'on pourrait, et hasarder un combat naval ; qu'il ne doutait pas qu'on ne fît des actions dignes du péril, et décisives pour le succès de la guerre. Hermocrate le seconda,

et contribua beaucoup à persuader qu'il ne fallait pas craindre d'attaquer les Athéniens sur mer. Il représenta que ce peuple lui-même n'avait pas reçu de ses pères l'art de la marine comme un héritage dont on ne pût le dépouiller ; qu'il était plus que les Syracusains un peuple de terre ferme, contraint par les Mèdes à devenir marin ; qu'avec des hommes audacieux, tels que les Athéniens, le moyen de se faire redouter était de montrer une audace égale ; que souvent les Athéniens, sans l'emporter en force, mais en attaquant avec témérité, remplissaient les autres de terreur, et qu'ils éprouveraient eux-mêmes ce qu'ils faisaient éprouver à leurs ennemis. Il était sûr, ajouta-t-il, que si contre leur attente, Syracuses osait opposer ses vaisseaux, elle les effraierait, et prendrait plus d'avantage que les Athéniens, par leur habileté, n'en auraient sur l'inexpérience de leurs ennemis. Il leur ordonna donc de s'essayer sur leur flotte sans balancer. Les Syracusains, persuadés par les discours de Gylippe, d'Hermocrate et de quelques autres, se disposent aussitôt avec ardeur à livrer un combat de mer, et équipent les vaisseaux.

CHAP. 22. La flotte était prête : Gylippe, vers la nuit, à la tête de toute son armée de terre, marcha en personne aux lignes de Plemmyrium, tandis qu'au même signal trente-cinq trirèmes syracusaines du grand port se mettaient en mouvement, et que quarante-cinq du petit port, où était le chantier, tournaient la côte, voulant se réunir à la flotte du port de l'intérieur et attaquer Plemmyrium de concert, afin de jeter le désordre parmi les Athéniens de deux côtés à-la-fois. Quant à ces derniers, ils montèrent à la hâte soixante vaisseaux ; vingt-cinq voguèrent à la rencontre des trente-cinq vaisseaux syracusains du grand port, et le reste au-devant de ceux qui tournaient la côte en sortant du chantier. Aussitôt commença l'action à l'entrée du grand port; longtemps les deux flottes s'opposèrent une résistance égale, l'une voulant forcer l'entrée, et l'autre la défendre.

Chap. 23. Cependant ceux des Athéniens qui gardaient les forts de Plemmyrium, descendent sur le rivage, dans la seule attente d'un combat naval; ils sont surpris par Gylippe, qui, se jetant, au point du jour, sur les forts, enlève d'abord le plus grand, et ensuite les deux petits. Les troupes préposées à la garde de ceux-ci, voyant qu'on avait sans peine emporté le premier, ne firent aucune résistance. Les hommes qui, après la perte du premier fort, se sauvèrent sur les bâtimens et sur un vaisseau de transport, purent à peine regagner le camp, car les Syracusains, qui venaient d'avoir l'avantage dans le grand port, les poursuivirent avec une seule trirème qui fendait légèrement la mer. Mais, les deux derniers retranchemens emportés, ceux qui en sortirent longèrent aisément la côte, parce que la flotte de Syracuses venait d'être battue.

En effet, les vaisseaux syracusains qui combattaient à l'entrée du port, y rentrant sans ordre, après avoir repoussé ceux d'Athènes, et s'entrechoquant les uns les autres, avaient ainsi donné la victoire aux Athéniens. Les navires que ceux-ci mirent en fuite, furent les mêmes qui d'abord les avaient vaincus dans le port. Ils en submergèrent onze, et tuèrent la plupart des hommes, excepté ceux des trois vaisseaux, qu'ils firent prisonniers. Eux-mêmes perdirent trois de leurs bâtimens, tirèrent à terre les débris des vaisseaux syracusains, dressèrent un trophée dans un îlot qui regarde Plemmyrium, et retournèrent au camp.

Chap. 24. Telle fut la fortune des Syracusains dans le combat naval : se voyant maîtres des forts de Plemmyrium, ils élevèrent trois trophées, détruisirent l'un des deux retranchemens qu'ils avaient pris, réparèrent les autres et y mirent garnison. On avait pris ou tué bien des hommes à la défense de ces ouvrages; beaucoup de richesses en avaient été enlevées. Comme c'était le magasin des Athéniens, il s'y trouvait quantité d'effets et de subsistances qui appartenaient, soit à des marchands, soit à des triérarques : là étaient déposés les voiles de quarante trirèmes, les autres agrès, et trois trirèmes mises à sec. Mais ce qui fit le plus de tort à l'armée, ce fut la perte de Plemmyrium : car les Athéniens n'avaient plus d'abordage sûr pour l'apport des munitions; Plemmyrium devenait désormais pour les Syracusains un point de départ d'où ils mettaient en mer pour les arrêter, et il ne pouvait plus se faire d'importation sans livrer de combat. Cet échec, qui en présageait d'autres, effrayait l'armée et la décourageait.

Chap. 25. Les Syracusains dépêchèrent ensuite douze vaisseaux, sous le commandement d'Agatharque de Syracuses. L'un, destiné pour le Péloponnèse, y portait des députés chargés d'exposer quelles espérances donnait leur position, et d'inviter les Péloponnésiens à pousser plus vivement la guerre du continent. Les onze autres vaisseaux cinglèrent vers l'Italie, parce qu'on avait appris qu'il arrivait, pour les Athéniens, des bâtimens richement chargés. Ils les rencontrèrent, en détruisirent la plus grande partie, et brûlèrent, dans la Cauloniatide, des bois de construction destinés à l'ennemi. Ensuite ils voguèrent vers Locres. Ils y étaient à l'ancre, quand un bâtiment de transport du Péloponnèse y aborda, portant des hoplites thespiens. Les Syracusains les reçurent à bord de leurs vaisseaux, et reprirent, le long des côtes, le chemin de Syracuses. Cependant les Athéniens les épiaient avec vingt vaisseaux, près de Mégares : ils prirent un des bâtimens avec les hommes qu'il portait, mais ne purent s'emparer des autres, qui gagnèrent Syracuses.

Il y eut aussi dans le port une action de peu d'importance. Près du rivage [dans la partie la plus occidentale d'Achradine], les Syracusains avaient fermé avec des pieux l'entrée des anciennes loges de vaisseaux, pour que la flotte pût se tenir à l'ancre sans craindre les attaques des Athéniens. Il s'agissait d'enlever ces pieux. Les Athéniens firent avancer un gros navire du port de dix mille ballots, garni de parapets, et surmonté de tours de bois, afin de protéger ceux des leurs qui, montés sur des barques, tiraient et arrachaient les pieux, à l'aide de cabestans, en même temps que des plongeurs en sciaient d'autres sous les eaux. Les Syracusains, du haut des loges de vaisseaux, tiraient sur les Athéniens, qui leur répondaient de dessus leur gros navire et qui parvinrent à enlever enfin la plus grande partie des pieux. Ceux qui étaient cachés donnaient le plus de peine; car on en avait planté qui, ne s'élevant pas à fleur d'eau, devenaient très dangereux pour les vaisseaux qui en approchaient; on ne les apercevait pas, et l'on échouait comme sur un récif. Des plongeurs, gagnés à prix d'argent, parvenaient à les scier. Cependant les Syracusains en plantèrent de nouveaux.

Il se fit des deux côtés bien d'autres tentatives, ainsi qu'on devait l'attendre de deux armées si rapprochées et rangées en face l'une de l'autre. On se harcelait, on ne négligeait aucun moyen de se nuire réciproquement. Les Syracusains envoyèrent dans les villes une députation composée de Corinthiens, d'Ampraciotes et de Lacédémoniens : ils y annoncèrent la prise de Plemmyrium, et ce combat naval où leur propre désordre, plutôt que la force des ennemis, les avait vaincus. Ils représentèrent que d'ailleurs on conservait de justes espérances, et réclamèrent des secours de vaisseaux et de troupes de terre, ajoutant que les Athéniens attendaient une nouvelle armée, mais que si on la prévenait en battant la première, la guerre serait terminée. Voilà ce qui se passait en Sicile.

Chap. 26. Démosthène, ayant rassemblé les troupes qu'il devait conduire en Sicile, partit d'Égine, et, faisant voile pour le Péloponnèse, se joignit à Chariclès et aux trente vaisseaux d'Athènes. Ils prirent avec eux des hoplites d'Argos et voguèrent vers la Laconie. D'abord ils ravagèrent une partie d'Épidaure-Liméra; et, prenant terre ensuite dans la partie de la Laconie qui regarde Cythères, et où est l'hiéron d'Apollon, ils ravagèrent quelques champs. Dans ce canton est un lieu qui a la forme d'un isthme : ils le fortifièrent, afin d'offrir un asile aux Hilotes qui déserteraient de chez les Lacédémoniens, et un point de départ à ceux qui de là, comme de Pylos, exerceraient la piraterie. Démosthène, après s'être emparé de ce poste, partit pour Corcyre; il devait y prendre à bord les alliés et naviguer aussitôt vers la Sicile. Chariclès attendit que les fortifications fussent terminées, y laissa garnison, et revint à Athènes avec les trente navires et les Argiens.

Chap. 27. Dans le cours du même été arrivèrent à Athènes treize cents peltastes de ces Thraces armés de poignards et de la race des Diens. Ils avaient dû partir pour la Sicile avec Démosthène; mais, comme ils avaient trop tardé, les Athéniens résolurent de les renvoyer au pays d'où ils venaient. Les retenir pour la guerre de Décélie, c'était évidemment une grande charge; car on donnait à chacun d'eux une drachme par jour. Toutes les troupes de Lacédémone avaient été employées, durant l'été, à fortifier la place, et depuis, elle était occupée par des garnisons qu'y envoyaient les villes et qui se succédaient à un temps déterminé; ce qui tourmentait beaucoup Athènes. Les affaires de cette république étaient surtout ruinées par les pertes qu'elle éprouvait en hommes et en argent. Jusqu'alors elle avait supporté des incursions de courte durée qui ne l'empêchaient pas, le reste du temps, de tirer parti de son territoire: mais, à présent que les ennemis restaient constamment dans le fort, que quelquefois il en venait plus que le fort n'en pouvait contenir, qu'une garnison régulière et complète faisait des excursions dans la campagne pour satisfaire aux besoins de la vie, et que le roi Agis se tenait dans l'Attique et n'y faisait pas mollement la guerre, les Athéniens se voyaient réduits à la plus dure extrémité. Ils étaient privés de tout leur territoire; plus de vingt mille de leurs esclaves, presque tous gens de métier, avaient fui; tous leurs bestiaux, toutes leurs bêtes de somme, étaient perdus. La cavalerie, étant journellement occupée, faisant des courses sur Décélie ou gardant le territoire, les chevaux, sans cesse fatigués sur un terrain inégal, étaient ou blessés ou estropiés.

Chap. 28. L'importation des denrées de l'Eubée se faisait autrefois d'Orope par terre, en traversant Décélie, ce qui abrégeait le chemin: mais elle devenait dispendieuse depuis qu'on était obligé de la faire par mer, en doublant le cap Sunium. La ville, manquant à-la-fois de tous les objets qu'on tirait du dehors, offrait moins l'aspect d'une cité que d'un château fort. Les citoyens se succédaient, durant le jour, pour monter la garde sur les remparts; et la nuit, en hiver comme en été, tous, excepté les cavaliers, s'épuisaient de fatigue, veillant sans cesse les uns dans le camp, les autres sur les remparts.

Mais rien ne les accablait plus que d'avoir à soutenir deux guerres à-la-fois. Ils en étaient venus à un tel point d'opiniâtreté, qu'avant l'événement on n'eût trouvé que des incrédules, si l'on eût avancé qu'investis par les retranchemens des Péloponnésiens, ils ne voudraient pas même alors quitter la Sicile; que même ils iraient construire autour de Syracuses, ville par elle-même aussi grande qu'Athènes, des travaux semblables à ceux qu'on dirigeait contre eux dans l'Attique; qu'ils offriraient aux regards des Hellènes étonnés un prodige d'audace et de puissance tellement incroyable, qu'au commencement de la guerre on avait pensé que si les Péloponnésiens entraient dans l'Attique, les Athéniens pourraient bien tenir un ou deux ans, peut-être trois, mais pas davantage; un prodige tel, que, dix-sept ans après la première invasion, déjà entièrement épuisés par cette guerre, ils passeraient en Sicile et se surchargeraient d'une seconde guerre aussi lourde que celle qu'ils soutenaient encore contre le Péloponnèse. Il n'est donc pas étonnant qu'avec tout le mal que leur causait Décélie, et toutes les dépenses immenses qui leur survenaient, ils fussent dans une entière disette d'argent. Au lieu du tribut ordinaire, ils imposèrent leurs sujets à un vingtième sur les marchandises qui s'exportaient par mer, se flattant d'en retirer davantage. Leurs dépenses, bien différentes de ce qu'elles étaient autrefois, s'étaient considérablement accrues en proportion des embarras de la guerre, et ils se voyaient privés de leurs revenus.

Chap. 29. Ils renvoyèrent donc tout de suite, faute d'argent et par économie, les Thraces, arrivés trop tard pour se joindre à Démosthène, et chargèrent Diitréphès de les reconduire, en lui ordonnant, comme il devait traverser dans toute son étendue le canal de l'Euripe, d'employer ces troupes, dans le paraple, à faire aux ennemis le plus de mal qu'il se pourrait. Ayant débarqué avec ses Thraces sur le territoire de Tanagre, il y fait à la hâte quelque butin [qu'il va déposer dans l'île d'Eubée]; puis vers le soir, parti de Chalcis d'Eubée, il traverse l'Euripe, aborde en Béotie, marche sur Mycalesse, passe, sans être aperçu, la nuit dans l'Hermæum, situé à seize stades de Mycalesse, et, à la pointe du jour, fond sur la ville : elle est grande, mais il la prit, parce qu'il trouva sans défense les habitans, qui ne s'attendaient pas que jamais quelqu'un, du moins du côté de la mer, pût s'avancer contre eux à une telle distance dans l'intérieur des terres. Leurs murailles faibles, croulant en quelques endroits, avaient peu de hauteur; et telle était leur sécurité, qu'ils avaient laissé les portes ouvertes. Les Thraces se précipitèrent dans Mycalesse, pillèrent les maisons et les hiérons, tuèrent les hommes, sans respecter ni la vieillesse ni le jeune âge, égorgeant ce qui se trouvait devant eux, massacrant femmes, enfans, tout jusqu'aux bêtes de somme et autres animaux qu'ils apercevaient : car les Thraces, à l'exemple des peuples les plus barbares, se complaisent dans le carnage quand le succès les enhardit. La désolation était à son comble; la destruction et la mort apparaissaient sous toutes les formes. Ils tombèrent sur l'école, une des plus considérables du pays : les enfans venaient d'y entrer; ils furent tous égorgés. Jamais désastre plus grand ni plus inattendu n'affligea une ville tout entière.

Chap. 30. Les Thébains, consternés, accourent, rencontrent les Thraces encore peu éloignés, les épouvantent, leur arrachent le butin, les mettent en fuite, et les poursuivent sur les bords de l'Euripe chalcidique, et sur divers points de la côte, où étaient à l'ancre les vaisseaux qui les avaient amenés [et où ils cherchaient à se rembarquer, mais qui déjà s'étaient éloignés de la jetée]. Le moment de regagner ces vaisseaux fut celui où les Thraces perdirent le plus de monde, soit parce que le grand nombre ne savait pas nager, soit parce que les guerriers restés sur les bâtimens étaient allés, à la vue de ce qui se passait à terre, stationner à quelque distance de la jetée; car jusque-là, du moins, les Thraces, dans leur retraite, tantôt courant en avant, tantôt, selon l'usage du pays, se réunissant et faisant volte-face, s'étaient bien défendus contre les cavaliers thébains, qui furent les premiers de l'armée à les charger : en suivant cette tactique, il leur était péri peu de monde. Ils avaient fait aussi quelque perte dans la ville même, où l'on avait surpris des traîneurs occupés au pillage. Sur treize cents hommes ils en perdirent deux cent cinquante, tandis que les Thébains et autres, soit hoplites, soit cavaliers, qui avaient accouru à Mycalesse, n'eurent à regretter que la perte de vingt hommes, parmi lesquels Scriphondas, l'un des béotarques. Dans cette poursuite, les Mycalessiens perdirent encore des leurs. Voilà ce que souffrit Mycalesse; événement qui, en raison de l'étendue de cette ville, fut, dans le cours de cette guerre, le plus déplorable de tous.

Chap. 31. Démosthène, après la construction du fort qui l'avait occupé en Laconie, était donc allé à Corcyre. Ayant trouvé dans l'Élide, à Phia, un vaisseau à l'ancre qui devait porter en Sicile les hoplites de Corinthe, il le brisa;

mais les hommes échappèrent, prirent un autre vaisseau et continuèrent leur route. Il alla ensuite à Zacynthe et à Céphallénie, y reçut des hoplites, et manda de Naupacte une partie des Messéniens. De là, passant sur le continent opposé de l'Acarnanie, il vint à Alyzia et à Anactorium, qu'occupaient les Athéniens. Pendant qu'il était dans ce pays, Eurymédon le rencontra; il revenait de Sicile, où il avait été envoyé en hiver porter de l'argent à l'armée. Il lui donna des nouvelles de cette île, et lui raconta ce qu'on lui avait dit dans sa navigation, que les Syracusains avaient pris Plemmyrium. Conon, qui commandait, vint aussi les trouver, et leur apprit que les vingt-cinq vaisseaux de Corinthe qui stationnaient vis-à-vis d'eux et les observaient, ne discontinuaient pas les hostilités et étaient près de livrer un combat. Il les pria de lui envoyer des vaisseaux, parce qu'avec les dix-huit qu'il avait, il ne pouvait se mesurer contre les vingt-cinq des Corinthiens. Démosthène et Eurymédon firent partir avec lui dix de leurs vaisseaux les plus légers, pour les joindre à la flotte de Naupacte, et s'occupèrent du rassemblement des troupes. Eurymédon fit voile pour Corcyre, ordonna aux habitans de cette île d'équiper quinze vaisseaux, et fit des levées d'hoplites; car déjà commandant avec Démosthène, il changeait de route, d'après l'élection qu'on avait faite de lui. Démosthène rassembla, de diverses places de l'Acarnanie, des frondeurs et des gens de trait.

CHAP. 32. Les députés de Syracuses partis, après la prise de Plemmyrium, pour demander aux villes des secours, en avaient obtenu, et étaient près d'amener les troupes qu'ils venaient de lever. Nicias le sut: il envoya chez ceux des Sicules qui se trouvaient sur la route, chez les Centoripes alliés, chez les Alicycéens, et en d'autres villes, les prier de se réunir pour couper le passage à ces députés, qui n'avaient pas d'autre chemin à prendre après le refus des Agrigentins. Déjà les Siciliens étaient en marche quand, à cette sollicitation, les Sicules leur dressèrent trois embuscades, fondirent sur eux tout-à-coup lorsqu'ils étaient dans une pleine sécurité, et en tuèrent environ huit cents: de ce nombre furent tous les députés, à l'exception d'un seul, qui était de Corinthe. Celui-ci se mit à la tête des hommes qui échappèrent, au nombre de quinze cents, et les conduisit à Syracuses.

CHAP. 33. Dans ces mêmes jours, de Camarine, arrivèrent aux Syracusains cinq cents hoplites, trois cents hommes armés de javelots, et autant d'archers. Ceux de Géla envoyèrent une flottille de cinq vaisseaux, quatre cents hommes armés de javelots, et deux cents archers. Ils avaient enfin pour eux la Sicile presque entière, à l'exception des Agrigentins, qui gardaient la neutralité, tandis que les autres, restés jusqu'alors en suspens, se réunissaient en leur faveur contre les Athéniens.

Mais les Syracusains, après l'échec qu'ils venaient de recevoir chez les Sicules, différaient l'attaque. Quant à Démosthène et Eurymédon, dès que l'armée de Corcyre et du continent fut prête, ils traversèrent avec toutes les troupes le golfe d'Ionie, abordèrent au promontoire d'Iapygie, de là mirent à la voile, prirent terre aux Chérades, îles iapygiennes [situées vis-à-vis de Tarente], et emmenèrent sur leurs vaisseaux quelques gens de trait, Iapyges messapiens, au nombre de cent cinquante. Ce peuple était gouverné par Artas, avec qui les généraux athéniens renouvelèrent une ancienne alliance et qui leur donna ce renfort. Ils arrivèrent à Métaponte en Italie, obtinrent des habitants, à titre d'alliés, trois cents hommes armés de javelots et deux trirèmes, les prirent avec eux et suivirent la côte jusqu'à la Thuriatide, où, dans une insurrection, la faction qui leur était contraire venait de succomber. Ils s'y arrêtèrent pour faire la revue de leurs troupes, reconnaître s'il leur en manquait, et engager les Thuriens, puisque la fortune les favorisait, à les seconder avec vigueur, et à n'avoir d'autres amis et ennemis que les amis et ennemis des Athéniens.

Chap. 54. Ceux des Péloponnésiens qui alors, avec les vingt-cinq vaisseaux, stationnaient vis-à-vis de la flotte de Naupacte pour favoriser le passage de vaisseaux de charge allant en Sicile, se disposaient à un combat naval. Après avoir équipé encore d'autres vaisseaux, de manière que leur flotte n'était que de peu inférieure à celle des Athéniens, ils jetèrent l'ancre sous Érinée, [place] d'Achaïe dans la Rhypique. Ce lieu, où ils stationnèrent, a la forme d'un croissant : l'infanterie de Corinthe et des alliés en garnissait les deux pointes ; la flotte, commandée par le Corinthien Polyanthès, était au milieu et fermait le golfe. Les Athéniens, partant de Naupacte avec trente vaisseaux commandés par Diphilus, vinrent se présenter devant elle. D'abord les ennemis ne firent aucun mouvement ; mais quand ils jugèrent le moment favorable, le signal fut donné, ils s'avancèrent : l'action s'engagea. Long-temps les deux flottes s'opposèrent l'une à l'autre une égale résistance. Enfin trois vaisseaux de Corinthe furent brisés ; aucun de ceux des Athéniens ne coula bas, mais sept furent mis hors d'état de tenir la mer, ayant reçu des coups d'éperon, et les vaisseaux corinthiens, garnis de plus longues oreilles, leur ayant brisé leurs avans. L'issue de cette journée fut douteuse ; l'un et l'autre parti s'attribua la victoire. Cependant les Athéniens restèrent maîtres des débris des vaisseaux ennemis ; et, comme le vent poussait à la haute mer et que les Corinthiens ne revinrent plus à la charge, on se sépara. Il n'y eut pas de poursuite ; on ne fit pas de prisonniers. Les Corinthiens, qui s'étaient battus près de la côte, n'eurent pas de peine à se sauver. Du côté des Athéniens il n'y eut aucune perte de vaisseaux.

Dès que ceux-ci furent rentrés à Naupacte, les Corinthiens dressèrent un trophée, comme vainqueurs, parce qu'ils avaient mis plus de vaisseaux hors de combat, et ne croyant pas avoir été vaincus par cela seul que leurs ennemis ne s'estimaient pas vainqueurs : car les Corinthiens croyaient triompher s'ils n'éprouvaient pas une entière défaite, et les Athéniens se croyaient vaincus s'ils ne remportaient une victoire décidée. Mais bientôt les Péloponnésiens se retirèrent et leur armée se dispersa : les Athéniens alors, en qualité de vainqueurs, élevèrent un trophée dans l'Achaïe, à la distance d'environ vingt stades d'Érinée, où stationnait la flotte de Corinthe. Telle fut l'issue du combat naval.

Chap. 55. Les Thuriens, avec sept cents hoplites et trois cents hommes armés de javelots, étaient prêts de joindre Démosthène et Eurymédon. Ces généraux donnèrent ordre à la flotte de longer la côte jusqu'au territoire de Crotone. Eux-mêmes, après avoir fait le dénombrement de leurs troupes de terre sur les bords du Sybaris, les conduisirent par la Thuriatide. Ils étaient parvenus au fleuve Hylias, quand les Crotoniates leur envoyèrent déclarer qu'ils ne donneraient pas volontairement passage à l'armée sur leur territoire. Les Athéniens alors descendirent vers la mer, à l'embouchure de l'Hylias, et y passèrent la nuit. Leur flotte y vint au-devant d'eux. Ils la montèrent le lendemain, rasèrent la côte, prenant terre devant chacune des villes, excepté celles des Locriens, et arrivèrent enfin à Pétra, place du territoire des Rhégiens.

Chap. 36. Cependant les Syracusains, apprenant qu'ils étaient en mer, résolurent de hasarder encore un combat et sur mer et sur terre, avec l'armée qu'ils avaient rassemblée dans le dessein de prévenir l'arrivée du renfort. Ils firent dans la construction de leurs vaisseaux des changemens dont le précédent combat avait démontré la nécessité : ils rendirent les proues plus courtes et plus fortes, y fixèrent des oreilles plus épaisses, et à ces oreilles ils adaptèrent, le long des parois des vaisseaux, des étançons de six coudées en dedans et en dehors : c'était ainsi que les Corinthiens, pour le combat de Naupacte, avaient ajusté les proues de leurs bâtimens. Les Syracusains se promettaient la supériorité sur les navires athéniens, moins renforcés et faibles de la proue, parce que leur usage était d'attaquer non en s'avançant de front contre les proues des ennemis, mais en les prenant par le flanc. Ils croyaient aussi qu'il leur serait avantageux de combattre dans le grand port, où l'espace serait étroit pour un grand nombre de vaisseaux : qu'en donnant de la proue, et présentant l'attaque avec de larges et solides éperons, contre des vaisseaux qui manquaient d'épaisseur et de solidité, ils en briseraient sans peine les avans ; que, dans un espace resserré, les Athéniens ne pourraient ni tourner la flotte ni s'ouvrir un passage à travers, manœuvre dans laquelle ils mettaient la plus grande confiance. Tous leurs efforts seraient employés à ne pas laisser rompre leur ligne, que le peu d'espace préserverait d'ailleurs d'être tournée. Ils emploieraient avec succès la manœuvre qui, dans le premier combat, avait paru ignorance de la part des pilotes, laquelle consistait à heurter proue contre proue : les Athéniens repoussés ne pourraient reculer que vers la terre, à la hâte, dans un lieu resserré, dans un camp. Ils seraient, eux Syracusains, maîtres du reste du port ; et les Athéniens, dans le cas où ils seraient forcés, se porteraient dans un lieu étroit (*le Mychos*), tombant pêle-mêle les uns sur les autres : désordre qui dans toutes les batailles navales avait singulièrement nui aux Athéniens. Tandis que les vaisseaux syracusains auraient l'avantage de s'élancer de la pleine mer à l'attaque, et de reculer ensuite à leur gré, les Athéniens ne pourraient ni reculer ni se mouvoir comme eux dans toute l'enceinte du port, position d'autant plus critique qu'ils auraient contre eux et Plemmyrium [qu'on leur avait enlevé], et l'entrée resserrée du port.

Chap. 37. Les Syracusains, ayant ainsi ajouté à leurs connaissances et à leurs forces, et se trouvant en même temps plus encouragés par le succès du dernier combat naval, attaquèrent à-la-fois avec les troupes de terre et avec la flotte. Gylippe, un peu avant que les vaisseaux se missent en mouvement, avait fait sortir les troupes de terre, et les avait menées aux lignes des Athéniens sur toute l'étendue qui regarde la ville, tandis que, de l'autre côté de ces ouvrages, accourait, par son ordre, tout ce qu'il y avait à l'Olympium d'hoplites, de cavalerie et de troupes légères. Aussitôt après se mirent en mer les vaisseaux des Syracusains et des alliés. Les Athéniens, qui d'abord s'attendaient à ne voir agir que les troupes de terre, furent troublés en voyant aussi tout-à-coup la flotte s'avancer. Les uns se mettaient en bataille sur le mur, les autres en avant ; d'autres marchaient contre la cavalerie et les gens de trait, qui s'avançaient rapidement de l'Olympium et des environs, d'autres à-la-fois montaient sur les vaisseaux et portaient du secours sur la côte. Dès que les bâtimens furent garnis de troupes, on les conduisit à l'ennemi, au nombre de soixante-quinze. Les Syracusains en avaient à peu près quatre-vingts.

Chap. 58. Pendant la plus grande partie du jour, on ne fit que se charger, se repousser, s'essayer réciproquement, sans avantage décidé de part ni d'autre (si ce n'est que les Syracusains coulèrent bas un ou deux vaisseaux athéniens), et l'on se sépara. En même temps l'armée de terre des Syracusains s'éloigna de la circonvallation (des Athéniens). Le lendemain les Syracusains se tinrent en repos, sans laisser pénétrer leurs intentions. Les forces s'étant montrées égales sur mer, Nicias s'attendait à voir les ennemis recommencer l'attaque. Il obligea les triérarques à faire radouber ceux des vaisseaux qui avaient souffert, et ordonna de mettre à l'ancre des bâtimens de charge, en avant des palis qu'il avait plantés sur le rivage devant les vaisseaux, qui de la sorte se trouvaient enfermés comme dans un port. Il disposa ces bâtimens à deux pléthres l'un de l'autre, pour ménager aux vaisseaux qui seraient repoussés une retraite sûre d'où ils retourneraient à loisir au combat. Ces travaux occupèrent les Athéniens tout le jour, et ne se terminèrent qu'à la nuit.

Chap. 39. Le lendemain, de meilleure heure que la veille, les Syracusains firent, par terre et par mer, une attaque semblable à la précédente. Les deux flottes, en présence, passèrent encore une grande partie de la journée à se harceler. Mais enfin Ariston de Corinthe, fils de Pyrrhicus, le meilleur pilote qui fût à Syracuses, conseilla aux commandans de la flotte d'envoyer ordre à ceux qui, dans la ville, étaient chargés de la police, d'établir à la hâte un marché sur le bord de la mer, et d'obliger les marchands à y apporter en vente tout ce qu'ils avaient de comestibles : les gens de la flotte descendraient, prendraient sur-le-champ un repas près des vaisseaux, et presque aussitôt après feraient une seconde attaque, à laquelle les Athéniens seraient loin de s'attendre.

Chap. 40. On le crut, on envoya l'ordre, le marché fut prêt. Aussitôt les Syracusains ramèrent de la poupe, se rapprochèrent de la ville, descendirent et prirent leur repas. Les Athéniens, croyant qu'ils se retiraient par faiblesse, descendirent à terre, et s'occupèrent à loisir et des apprêts du repas et d'autres soins encore, pensant bien n'avoir plus à combattre du reste de la journée. Mais tout-à-coup les Syracusains appareillent et s'avancent une seconde fois. Les Athéniens, dans le plus grand trouble, encore à jeun la plupart, montent sans ordre sur la flotte, et ne viennent qu'avec peine à la rencontre. Pendant quelque temps on reste dans l'inaction, on s'observe. Les Athéniens, ne jugeant pas à propos de s'épuiser eux-mêmes, restant dans le même lieu et s'y excédant de fatigue, se décident enfin à ne plus différer l'attaque; ils s'animent mutuellement; ils engagent l'action. Les Syracusains les reçoivent, et, frappant de la proue, comme ils l'avaient résolu, brisent à coups d'éperons l'avant de leurs vaisseaux, qui, en même temps du haut des ponts, sont couverts d'une grêle de javelots. Mais les malheureux Athéniens eurent bien plus à souffrir des troupes qui montaient les barques légères; elles tombaient sur les rangs de rameurs de leurs vaisseaux, dont elles rasaient les flancs, en accablant de traits les équipages.

Chap. 41. Enfin ceux de Syracuses remportèrent une victoire complète. Les Athéniens, mis en fuite, se réfugiaient dans leur station, en passant entre leurs bâtimens de charge. Les Syracusains ne les poursuivirent pas jusqu'à ces bâtimens : les antennes suspendues au-dessus des espaces intermédiaires par lesquels on pouvait entrer, et qui portaient des dauphins de plomb, les en empêchaient. Deux vaisseaux syracusains qui osèrent s'en approcher avec la confiance que donne la victoire, furent très endommagés, et même l'un des deux fut pris avec les hommes qu'il portait. Les Syracusains avaient coulé bas sept vaisseaux d'Athènes, en avaient maltraité beaucoup d'autres, avaient pris et tué des hommes. Ils se retirèrent, et célébrèrent par des trophées leur double victoire. Dès-lors ils avaient l'intime conviction qu'ils étaient beaucoup plus forts sur mer; ils croyaient même qu'ils se rendraient maîtres de l'armée de terre, et se disposaient à une nouvelle attaque sur les deux élémens.

Chap. 42. Sur ces entrefaites apparaissent Démosthène et Eurymédon avec les secours que leur envoyaient les Athéniens : soixante-treize vaisseaux, y compris ceux des étrangers, cinq mille hoplites d'Athènes et des alliés, nombre de barbares et d'Hellènes armés de javelots, des frondeurs, des archers, et tout le reste d'un formidable appareil. A cet aspect, les Syracusains sont consternés : verront-ils jamais un terme à leurs maux? Seront-ils jamais délivrés de tant de dangers? Ils en doutaient, voyant que, malgré les fortifications qu'on opposait aux Athéniens à Décélie, il arrivait encore une armée toute aussi forte que la première, et qu'Athènes déployait en tout lieu des forces imposantes.

L'armée primitive des Athéniens venait de recevoir, eu égard à son triste état, un grand accroissement de force. Démosthène, voyant l'état des choses, sentit qu'il ne devait ni perdre du temps, ni commettre la même faute que Nicias. Terrible à son arrivée, ce général, au lieu de fondre aussitôt sur les Syracusains, ayant passé tout l'hiver à Catane, avait perdu dans l'opinion, et avait donné à Gylippe et à l'armée du Péloponnèse le temps de le prévenir. Les Syracusains n'auraient pas même demandé ce renfort, si Nicias les eût d'abord attaqués; ils n'eussent été détrompés et convaincus de leur faiblesse qu'au moment même où ils se seraient trouvés investis, et si alors ils eussent demandé du secours, ils n'en auraient pas tiré le même avantage.

Telles furent les réflexions de Démosthène : persuadé qu'il ne paraîtrait jamais plus formidable à l'ennemi que le premier jour de son arrivée, il voulut profiter de l'effroi qu'inspirait la présence de la nouvelle armée. Il voyait que les Syracusains n'avaient élevé qu'un simple mur pour empêcher les Athéniens de les investir, et que, pour l'enlever aisément et sans qu'on osât résister, il ne fallait que se rendre maître de la montée d'Épipoles, et en outre du camp qui s'y trouvait placé. Il se hâta donc de tenter l'entreprise, croyant abréger ainsi la durée de la guerre. S'il réussissait, il entrait à Syracuses; sinon, il remmenerait l'armée, sans perdre inutilement les troupes engagées dans l'expédition et ruiner la république entière. Les Athéniens donc sortirent de leurs retranchemens, et ravagèrent le territoire que baignait l'Anapus. Ils eurent, comme auparavant, la supériorité sur terre et sur mer; car les Syracusains ne leur opposèrent, d'un côté ni de l'autre, aucune résistance : il ne sortit contre eux que la cavalerie et les gens de trait de l'Olympium.

Chap. 43. Démosthène ensuite voulut tenter l'attaque du mur de contrevallation avec des machines de guerre : il les fit avancer; mais elles furent brûlées par les ennemis, qui se défendaient du haut des murailles. Le reste de ses troupes attaqua sur divers points, et fut repoussé. Ne croyant pas devoir perdre plus de temps, il persuada à Nicias et aux autres commandans d'attaquer Épipoles. Il jugeait impossible, pendant le jour, de s'avancer et de franchir la hauteur sans être aperçu; il ordonna aux soldats de se pourvoir de vivres pour cinq jours; et, prenant avec lui les appareilleurs, les maçons, tous les gens de trait, tout ce qui était nécessaire pour se retrancher si l'on avait l'avantage, il marcha sur Épipoles à la première veille, avec Eurymédon, Ménandre et toute l'armée. Nicias demeura dans les retranchemens. Ainsi que la première fois, on monta par Euryèle, sans être découvert par les gardes avancées; on attaqua, on enleva les ouvrages des Syracusains en cet endroit : quelques hommes de la garnison furent tués; la plupart fuirent et gagnèrent les camps d'Épipoles. Il y en avait trois dans les fortifications avancées, celui des Syracusains, celui des autres Siciliens et celui des alliés. Les fuyards annoncèrent l'arrivée de l'ennemi aux six cents Syracusains qui, de ce côté, formaient la première garde d'Épipoles. Ceux-ci accourent; Démosthène et les Athéniens les rencontrent, et, malgré la vigueur de leur défense, les mettent en fuite, et vont aussitôt en avant pour ne point laisser refroidir l'ardeur du soldat, et afin de terminer l'affaire qui les amenait. D'autres en même temps, s'emparaient d'emblée des premiers travaux abandonnés par la garde, et en arrachaient les créneaux. Les Syracusains et leurs alliés, Gylippe et ses soldats, sortirent des fortifications avancées. Comme on ne s'était pas attendu, pendant la nuit, à une entreprise aussi audacieuse, les troupes combattirent timidement, se laissèrent forcer et d'abord firent retraite. Les Athéniens s'avançaient en désordre, comme vainqueurs et impatiens d'achever de rompre à l'instant tout ce qui tenait encore, dans la crainte, s'ils laissaient à l'ennemi le temps de se reconnaître, qu'il ne parvînt à se rallier. Les Béotiens les premiers leur opposèrent de la résistance, les chargèrent, les firent reculer, les mirent en fuite.

Chap. 44. Dès-lors les Athéniens furent dans le plus grand désordre, et leur trouble devint tel, que ni eux ni leurs adversaires ne pouvaient aisément expliquer ce qui était arrivé. En plein jour, ceux qui se trouvent à une affaire sont mieux instruits, sans cependant tout savoir; chacun n'a connaissance, et encore une connaissance imparfaite, que de ce qui se passe autour de lui : le moyen donc que, dans un combat de nuit tel que celui-ci, le seul qui, dans cette guerre, ait eu lieu entre deux armées considérables, on puisse savoir nettement ce qui s'est passé? A la vérité la lune brillait : mais on se voyait les uns les autres comme on peut se voir à cette clarté : on apercevait bien la forme des corps, mais non de manière à distinguer l'ami de l'ennemi. Des hoplites des deux partis se trouvaient, non en petit nombre, resserrés dans un espace étroit. Des corps athéniens étaient déjà vaincus, tandis que d'autres s'avançaient n'ayant pas encore donné. Du reste de leur armée, une partie venait de monter, une autre arrivait. Ils ne savaient où aller; car déjà, la fuite étant décidée, le trouble était général, et difficilement se reconnaissait-on à la voix. Les Syracusains et les alliés victorieux s'animaient les uns les autres à grands cris, n'ayant pas d'autres signaux à donner dans l'obscurité, et en même temps recevaient vigoureusement ce qui se portait contre eux. Mais les Athéniens se cherchaient eux-mêmes, et tous ceux qu'ils rencontraient, même amis, ils les prenaient pour des ennemis à la poursuite de ceux des leurs qui fuyaient. Faute d'autres moyens de se reconnaître, ils se demandaient à chaque instant le mot de ralliement, et en le demandant tous à-la-fois, ils se jetaient eux-mêmes dans une extrême confusion et apprenaient ce mot aux ennemis; mais ils n'apprenaient pas de même celui des Syracusains, qui, victorieux et non dispersés, avaient moins de peine à se reconnaître. Se trouvaient-ils en force, l'ennemi qu'ils rencontraient et qui savait le mot, leur échappait : mais si eux-mêmes ne répondaient pas, on les massacrait. Ce qui leur nuisit le plus, ce fut le chant du péan, qui, à peu près le même des deux côtés, les jetait dans l'incertitude. Les Argiens, les Corcyréens, et tout ce qu'il y avait de Doriens dans l'armée d'Athènes, ne pouvaient le chanter sans effrayer les Athéniens, qu'effrayait également celui des ennemis.

Le désordre une fois mis entre eux, partout où ils se rencontraient, ils ne s'en tenaient plus à s'effrayer, ils se chargeaient : on se battait amis contre amis, citoyens contre citoyens, et l'on avait peine à se séparer. La descente d'Épipoles étant étroite, la plupart, poursuivis, se jetaient du haut des roches escarpées et périssaient. Ceux qui, sans accident, parvinrent à descendre dans la plaine, se sauvèrent presque tous à leur camp, surtout les soldats de la première armée, qui connaissaient mieux le pays ; mais plusieurs des derniers arrivés, se trompant de chemin, errèrent çà et là dans les champs. Le jour venu, la cavalerie syracusaine les poursuit, les enveloppe, les massacre.

Chap. 45. Le lendemain, les Syracusains dressèrent deux trophées : l'un à Épipoles, par où les ennemis étaient montés ; l'autre à l'endroit où les Béotiens avaient les premiers résisté. Les Athéniens demandèrent et obtinrent la permission d'enlever les morts. Eux et leurs alliés perdirent beaucoup d'hommes, mais encore plus d'armes ; car de ceux qui avaient été forcés de se précipiter, sans bouclier et sans armes, du haut des rochers, les uns avaient péri, d'autres s'étaient sauvés.

Chap. 46. Animés par un succès inespéré, les Syracusains retrouvèrent leur premier courage, et envoyèrent Sicanus, avec quinze vaisseaux, à Agrigente, pour gagner à leur parti cette république, déchirée par des factions ; tandis que Gylippe parcourait une seconde fois l'intérieur de la Sicile, pour en amener des troupes. Depuis l'affaire d'Épipoles, ils espéraient enlever de vive force les retranchemens de l'ennemi.

Chap. 47. Cependant les généraux Athéniens délibérèrent sur le malheur qu'ils venaient d'éprouver, et sur l'état de faiblesse où, à tous égards, l'armée se trouvait réduite. Ils ne pouvaient se dissimuler leurs mauvais succès, et voyaient les soldats excédés de leur séjour en Sicile, et tourmentés par la maladie, qui avait une double cause : on était dans la saison où il y a le plus de malades, et le lieu où l'on campait était marécageux et malsain. Tout d'ailleurs paraissait désespéré. Dans de telles conjonctures, Démosthène pensait qu'il ne fallait pas rester davantage : malheureux dans son attaque d'Épipoles, il se déclara pour le départ, ne voulant pas même qu'il fût différé davantage, pendant qu'on pouvait encore et faire le trajet et forcer le passage, du moins avec les vaisseaux qui venaient d'arriver. Il importait plus, disait-il, à la république de combattre ceux qui venaient d'élever une forteresse sur son territoire, que les Syracusains, devenus difficiles à soumettre; et la raison ne voulait pas qu'on perdît son temps à un siége lointain, ruineux et continué sans espoir de succès. Tel fut l'avis de Démosthène.

Chap. 48. Nicias voyait bien lui-même le mauvais état des affaires, mais il ne voulait ni l'avouer ouvertement, ni que les généraux, agitant au milieu d'un nombreux conseil la question du retour, se rendissent eux-mêmes, auprès des ennemis, les porteurs de cette nouvelle: car lorsqu'ils voudraient en venir à l'exécution, ils ne pourraient plus leur en faire un secret. D'ailleurs, connaissant mieux que personne l'état des assiégés, il espérait, si l'on prenait patience, que leurs affaires empireraient, que leurs finances s'épuiseraient, surtout depuis que la supériorité de la flotte rendait les Athéniens maîtres de la mer, outre que le parti qu'il avait à Syracuses et qui voulait lui livrer la place, lui défendait par des émissaires de se retirer.

Nicias, instruit de toutes ces choses, était réellement incertain du parti à prendre; cependant il déclara nettement qu'il ne remmenerait pas l'armée. « Les Athéniens, disait-il, ne jugeront pas vos raisons assez fortes pour autoriser votre départ sans un décret; de retour dans votre patrie, ce ne sera pas vous qui prononcerez sur vous-mêmes, qui jugerez en voyant les affaires comme vous les voyez ici, où vous n'êtes pas réduits à fonder votre opinion sur les invectives et les déclamations de perfides accusateurs: vous aurez pour juges une multitude disposée à croire tout orateur dont l'éloquence appuiera vos calomniateurs. Des soldats, et pour la plupart ceux qui maintenant, dans l'armée, s'écrient qu'ils sont à l'extrémité, ne crieront-ils pas aussi haut à leur arrivée, mais dans un sens contraire, représentant les généraux comme des traîtres qui auraient reçu de l'ennemi le prix de leur retraite? Il ajoutait que, pour lui, connaissant le caractère des Athéniens, il aimait mieux périr, s'il le fallait, dans le combat et de la main des ennemis, que condamné par ses concitoyens à une mort injuste et ignominieuse; que les affaires des Syracusains étaient encore pires que les siennes; qu'ils défrayaient des troupes étrangères, et faisaient beaucoup d'autres dépenses en fortifications autour de leur ville; que, depuis une année, entretenant une flotte considérable, ils se verraient bientôt sans ressources; qu'ils avaient déjà dépensé deux mille talens, sans compter tout ce qu'ils devaient; que s'ils faisaient subir des réductions à leur armée, en cessant de soudoyer des troupes, ils ruineraient leurs forces, lesquelles consistaient plutôt en alliés libres qu'en hommes nécessairement attachés au service, comme ceux dont se composaient les armées athéniennes: qu'on devait donc s'opiniâtrer au siége, et ne pas se retirer en se croyant vaincu par la supériorité des richesses, comme si celles de l'ennemi étaient en effet supérieures. »

Chap. 49. Nicias parlait avec assurance, bien informé de l'état de Syracuses et de l'épuisement du trésor public; d'intelligence avec un parti qui voulait livrer la place aux Athéniens, et qui, par un messager digne de foi, lui donnait avis de ne pas se retirer, et parce qu'en même temps il mettait beaucoup plus de confiance qu'auparavant dans les forces de sa flotte.

Démosthène n'était nullement d'avis que l'on continuât le siége. Si l'on ne pouvait pas ramener l'armée sans un décret des Athéniens, si l'on devait s'arrêter en Sicile, qu'on allât du moins à Thapsos ou à Catane, d'où l'armée de terre, répandue sur une grande portion du territoire, tirerait des subsistances, en pillant et causant de grands dommages ; tandis qu'avec leurs vaisseaux, les Athéniens lutteraient, non plus à l'étroit, ce qui tournait à l'avantage de l'ennemi, mais en pleine mer, où ils déploieraient les ressources de leur art, libres dans leurs mouvemens d'attaque et de retraite, et n'étant plus enfermés dans un espace étroit et circonscrit. Enfin il déclara qu'il n'était point d'avis qu'on restât dans la même position, mais qu'il fallait en changer au plus tôt.

Eurymédon pensait de même; mais Nicias soutenait l'opinion contraire : on hésitait, on ajournait, on soupçonnait que Nicias, qui montrait tant d'assurance, en savait plus qu'il n'en disait. Ainsi les Athéniens perdaient le temps et restaient dans le même lieu.

Chap. 50. Cependant Gylippe et Sicanus étaient de retour à Syracuses : Sicanus avait manqué Agrigente ; car, pendant qu'il était encore à Géla, la faction qui favorisait Syracuses venait de se réconcilier avec la faction contraire, qui avait eu le dessus. Pour Gylippe, il amenait des troupes considérables, levées dans la Sicile, et les hoplites envoyés au printemps dans le Péloponnèse sur des vaisseaux de charge, et qui venaient de Libye à Sélinonte : car, poussés dans la Libye, ils avaient reçu des habitans de Cyrène deux trirèmes et des guides pour la traversée, et avaient, dans le paraple [de la Libye], secouru les Évespérites assiégés par les Libyens, qu'ils vainquirent. De là ils avaient suivi la côte jusqu'à Néapolis, comptoir des Carthaginois, point d'où le trajet vers la Sicile est le plus court ; il est de deux jours et une nuit : ils l'avaient franchi et avaient abordé à Sélinonte.

Ces renforts arrivés, les Syracusains se disposèrent à combattre encore une fois par terre et par mer. Les généraux athéniens, voyant les forces de l'ennemi s'accroître d'une nouvelle armée, et leurs affaires, loin de prendre une meilleure face, empirer de jour en jour, ruinées surtout par les maladies qui atteignaient les troupes, regrettaient de ne s'être pas retirés plus tôt. Nicias lui-même, ne marquant plus autant d'opposition, se réduisait à les prier de ne pas délibérer ouvertement sur le départ. Ils firent donc savoir aux soldats, le plus secrètement possible, que le camp serait abandonné et qu'ils devaient se tenir prêts à un signal. Tout était disposé, on allait partir, quand la lune s'éclipsa ; car on était en pleine lune. La plupart des Athéniens prièrent les généraux de différer ; ce phénomène leur donnait des scrupules. Nicias, à qui les signes célestes, en particulier celui-ci, inspiraient une crainte trop superstitieuse, dit qu'avant qu'il se fût écoulé trois fois neuf jours, terme fixé par les devins, il ne permettrait plus de délibérer sur l'affaire du départ. Les Athéniens avaient déjà perdu trop de temps : cet événement les fit rester encore.

Chap. 51. Les Syracusains, instruits de ces circonstances, furent d'autant plus animés à s'opposer à cette retraite, que leurs ennemis, par le fait, reconnaissaient eux-mêmes avoir perdu la supériorité sur terre et sur mer. Il ne fallait pas non plus souffrir qu'ils allassent s'établir dans quelque autre partie de la Sicile, où il serait plus difficile de les combattre. On devait saisir l'occasion et les forcer, le plus tôt possible, à un combat de mer dans la position où ils se trouvaient. En conséquence la flotte appareilla et s'exerça pendant le nombre de jours qu'on jugea nécessaire. Dès que le moment parut favorable, les troupes de terre commencèrent, le premier jour, par attaquer les retranchemens. Il sortit contre elles, par quelques portes, des corps peu considérables, hoplites et cavaliers; les Syracusains firent prisonniers plusieurs de ces hoplites et poursuivirent le reste. Le passage étant étroit, les Athéniens perdirent soixante-dix cavaliers et quelques hoplites.

Chap. 52. Les Syracusains rentrèrent ce jour-là; mais le lendemain ils firent sortir soixante-seize vaisseaux, pendant que les troupes de terre marchaient aux retranchemens. Les Athéniens cinglèrent à la rencontre avec quatre-vingt-six navires. L'action s'engagea. Eurymédon commandait l'aile droite des Athéniens; il voulait envelopper la flotte ennemie, en formant, par la direction de ses vaisseaux, une ligne allongée vers la terre plutôt que vers la mer : mais les Syracusains, après avoir battu le centre, resserrèrent Eurymédon dans une espèce de golfe, au fond du port, le tuèrent, mirent hors de combat les vaisseaux qui le suivaient, poursuivirent ensuite tout le reste de la flotte et la poussèrent au rivage.

Chap. 53. Gylippe, voyant la flotte athénienne vaincue et repoussée hors des palis qui lui servaient d'asile, et voulant mettre hors de combat les troupes qui descendraient à terre et donner aux Syracusains plus de facilité à remorquer les vaisseaux ennemis vers leur propre terre, prend avec lui un détachement et va porter du secours sur le môle. Les Tyrrhéniens, qui faisaient la garde pour les Athéniens, voient cette troupe qui marche sans ordre, s'avancent, attaquent les premiers qui se présentent, les mettent en fuite et les jettent dans le marais de Lysimélie. Mais bientôt arriva un corps plus nombreux de Syracusains et d'alliés : les Athéniens surviennent pour soutenir les Tyrrhéniens et protéger leurs vaisseaux; ils engagent le combat,

sont vainqueurs, poursuivent les vaincus, tuent beaucoup d'hoplites et sauvent la plupart de leurs vaisseaux, qu'ils ramènent à leur station. Les Syracusains leur en prirent dix-huit, tant d'Athènes que des alliés, et tuèrent les hommes. Ils voulaient incendier le reste de la flotte : le vent portait du côté des Athéniens; ils lancèrent contre eux un vieux bâtiment de charge, rempli de torches et de sarmens, auxquels ils mirent le feu. Les Athéniens, craignant pour leurs vaisseaux, travaillèrent à l'éteindre, apaisèrent la flamme, empêchèrent le brûlot d'approcher, et sortirent de péril.

Chap. 54. Les Syracusains dressèrent un trophée en mémoire de la victoire navale et de celle qu'ils avaient remportée aux retranchemens, où ils avaient pris les hoplites, et d'où ils avaient amené aussi des chevaux enlevés à l'ennemi. Les Athéniens en dressèrent un de leur côté, pour la victoire des Tyrrhéniens, qui avaient mis en fuite l'infanterie et l'avaient poussée dans le marais, et pour celle qu'eux-mêmes avaient remportée avec le reste de leur armée.

Chap. 55. La flotte amenée postérieurement par Démosthène avait d'abord effrayé les Syracusains; mais quand ils eurent remporté sur mer une victoire éclatante, les Athéniens, à leur tour, furent entièrement découragés : l'étonnement que leur causait une telle catastrophe était grand; mais bien plus grand encore le repentir de leur déplorable descente en Sicile. En effet ils n'avaient attaqué que les villes où ils retrouvaient les formes de gouvernement et le régime populaire d'Athènes, puissantes d'ailleurs et fortes en vaisseaux et en cavalerie; des cités où ils ne pouvaient jeter le trouble, soit en suscitant des révolutions politiques, soit en déployant contre elles un appareil formidable : quoiqu'avec des forces supérieures, ils avaient essuyé de fréquens échecs : ils en avaient été découragés ; mais depuis leur défaite inopinée sur mer, ils perdaient jusqu'à la dernière lueur d'espérance.

Chap. 56. Cependant les Syracusains, ayant intrépidement longé le port, songeaient à en clore l'entrée, de peur que les Athéniens, s'ils en avaient le projet, n'en sortissent à leur insu. Ce n'était plus à se sauver eux-mêmes qu'ils mettaient leurs soins, mais à empêcher les Athéniens de se sauver. Ils croyaient, ce qui était vrai, que leur position était meilleure, et que s'ils pouvaient remporter sur les Athéniens une victoire décisive sur terre et sur mer, ils s'honoreraient aux yeux des Hellènes par une lutte glorieuse ; car, dès ce moment, les autres Hellènes seraient, les uns délivrés, les autres hors de la crainte. Les forces qui resteraient aux Athéniens deviendraient insuffisantes à soutenir la guerre qu'on leur ferait, et les Syracusains, à qui l'on attribuerait ces brillans résultats, commanderaient le respect à leur siècle et aux âges à venir : lutte mémorable, surtout parce qu'ils auraient vaincu les Athéniens et des alliés armés pour la même cause ; et parce que, s'ils n'avaient pas vaincu seuls, mais avec des auxiliaires, ils avaient du moins partagé le commandement avec les Lacédémoniens et les Corinthiens, fait en quelque sorte de leur ville le bouclier de la Sicile, et donné un grand lustre à leur marine. En effet, jamais, jusqu'à cette guerre-ci, qui réunit tant de peuples pour Athènes ou Lacédémone, on n'en avait vu un aussi grand nombre ligué contre une seule république.

Chap. 57. Voici les nations qui combattirent avec ces deux républiques, pour ou contre la Sicile, devant Syracuses : les unes, afin de partager la conquête du pays, les autres, pour s'y opposer. Elles avaient embrassé l'un ou l'autre parti, non par esprit de justice ou en considération d'une commune origine, mais ou cédant à la nécessité, ou éblouies des chances de succès que leur présentaient les circonstances.

Les Athéniens, Ioniens d'origine, marchèrent avec joie contre les Syracusains, qui étaient Doriens ; et, avec eux, des peuples qui avaient même langue et mêmes usages, ceux de Lemnos et d'Imbros, et les Éginètes, alors maîtres d'Égine.

Les Hestiéens, qui habitaient Hestiée en Eubée, unirent leurs armes à celles des Athéniens, dont ils étaient colonie. D'autres peuples prirent part à cette entreprise à titre de sujets, ou comme alliés libres, ou comme soudoyés.

Entre les sujets soumis au tribut, on comptait les Érétriens, les Chalcidiens, les Styriens et les Carystiens, tous de l'île d'Eubée ; des îles étaient venus ceux de Céos, d'Andros et de Téos ; et de l'Ionie, les Milésiens, les Samiens et ceux de Chio, qui, non tributaires, suivaient en qualité d'auxiliaires et fournissaient des vaisseaux.

La plupart de ces peuples sont Ioniens et originaires d'Athènes, excepté les Carysiens, qui appartiennent à la Dryopide. Sujets, ils obéissaient ; Ioniens, ils marchaient volontiers contre des Doriens.

Il y avait en outre des Éoliens. Ceux de Méthymne étaient tenus de fournir des vaisseaux et non pas un tribut. Ténédos et Énia payaient tribut. Ces Éoliens se trouvèrent dans la nécessité de combattre d'autres Éoliens, contre les Béotiens, leurs fondateurs, qui étaient avec les Syracusains ; mais les Platéens, qui étaient Béotiens, seuls d'entre les peuples de la Béotie, firent la guerre aux Béotiens pour satisfaire leur haine.

Les Rhodiens et les Cythéréens sont d'origine dorienne : ceux de Cythères, colonie de Lacédémone, portèrent les armes contre les Lacédémoniens que Gylippe commandait. Les Rhodiens, Argiens d'origine, étaient obligés de combattre et des Syracusains Doriens et les habitans de Géla, Argiens, et même leurs propres colons, qui combattaient avec les Syracusains.

Les habitans de Céphallénie et de Zacynthe, voisins du Péloponnèse, quoique libres, ne laissaient pas, comme insulaires, d'être dominés par les Athéniens, maîtres de la mer, et ils les suivaient.

Les Corcyréens, non seulement Doriens, mais encore évidemment Corinthiens, firent la guerre aux Corinthiens, dont ils sont colonie, et aux Syracusains, avec qui ils ont une commune origine. Ils prétextaient l'impérieuse nécessité; mais le véritable motif était leur haine contre Corinthe.

Ceux qu'on appelle aujourd'hui *Messéniens*, soit de Naupacte, soit de Pylos, qu'Athènes possédait alors, furent pris pour cette guerre, aussi bien que les exilés de Mégares, qui, en petit nombre, et par suite de leur malheur, combattirent les habitans de Sélinonte, qui sont Mégariens.

Les autres peuples qui prirent part à cette expédition le firent plutôt volontairement que par contrainte. Les Argiens s'y engagèrent moins à titre d'alliés qu'en haine de Lacédémone; ainsi, par des animosités particulières, différens peuples suivirent, quoique Doriens, les Athéniens d'origine ionique, qui marchaient contre des peuples d'origine dorique.

Les Mantinéens et autres Arcadiens soudoyés, accoutumés à marcher contre tous ceux qu'on leur désignait pour ennemis, aussi par amour du gain, jugèrent ennemis les Arcadiens, qui marchaient avec les Corinthiens.

Les Crétois et les Étoliens se laissèrent pareillement gagner par l'appât de la solde. Ainsi les Crétois, qui avaient fondé Géla avec les Rhodiens, firent la guerre, non pas en faveur de leur colonie, mais contre elle, et non par inclination, mais pour gagner l'argent qu'on leur offrait.

Ce fut aussi par amour du gain que plusieurs Acarnanes donnèrent des secours; mais, alliés pour la plupart, ils n'obéissaient qu'à leur amitié pour Démosthène et à leur bienveillance pour les Athéniens.

Le golfe d'Ionie bornait le territoire des peuples dont nous venons de parler. En Italie, ceux de Thurium et de Métaponte, en proie à des séditions, furent entraînés dans cette ligue, ainsi que les habitans de Naxos et de Catane en Sicile.

Entre les barbares, les Égestains, qui avaient soulevé la plupart des peuples de la Sicile et de ceux du dehors, et une partie des Thyrséniens, étaient excités par leur haine contre Syracuses. On soudoyait les Iapyges. Voilà les nations qui combattirent avec Athènes.

Chap. 58. Les Syracusains, de leur côté, eurent pour auxiliaires les Camarinéens, qui leur étaient limitrophes; après les Camarinéens, ceux de Géla; puis, les Agrigentins étant neutres, les Sélinontins, situés à l'opposite de Syracuses et habitant la côte de Sicile tournée vers la Libye; ensuite les Himéréens, dont le territoire regarde la mer de Tyrrhénie; les Himéréens, les seuls Hellènes de cette côte, les seuls aussi qui secoururent les Syracusains.

Tels sont les Hellènes de Sicile, tous Doriens et autonomes, qui les secondèrent.

Entre les barbares, il n'y eut pour Syracuses que les Sicules, ceux du moins qui ne s'étaient pas déclarés pour Athènes.

Aux Hellènes hors de la Sicile, les Lacédémoniens fournirent un général spartiate, des Hilotes, et des néodamodes que leur incorporation parmi les citoyens constitue libres.

Les Corinthiens seuls fournirent de l'infanterie et des vaisseaux ; les Leucadiens, les Ampraciotes, servirent avec eux, parce qu'ils avaient une même origine. Des troupes soudoyées furent envoyées de l'Arcadie par les Corinthiens ; on força les Sicyoniens à faire la guerre.

On n'eut, hors du Péloponnèse, que les Béotiens.

Comparés à tous ceux qui se rendirent en Sicile, les Siciliens fournirent à eux seuls le contingent le plus considérable sous tous les rapports. Ils le devaient, habitant de grandes cités. Ils rassemblèrent beaucoup d'hoplites, des matelots, de la cavalerie, enfin tout ce que réclamaient les différentes branches de service. On peut dire aussi que les Syracusains, comparés à tout le reste des peuples de Sicile, fournirent le contingent le plus considérable, à raison de l'étendue de leur ville, et parce que c'étaient eux qui couraient le plus grand danger.

Chap. 59. Tels furent les secours que rassemblèrent les deux partis. Ils les avaient dans le temps dont je parle, et depuis ni l'un ni l'autre n'en reçut de nouveaux. Les Syracusains et leurs alliés avaient raison de penser que ce serait un bel exploit, à la suite de leur victoire navale, de faire prisonnière toute l'armée des Athéniens, cette armée naguère si formidable, sans lui laisser aucun moyen d'échapper ni par terre, ni par mer. Ils s'occupèrent donc de fermer le grand port, qui avait environ huit stades d'ouverture. Ils en obstruèrent l'entrée, en y mettant à l'ancre des trirèmes, des vaisseaux de charge et des barques. Ils faisaient en même temps tous les apprêts nécessaires, dans le cas où les Athéniens oseraient hasarder encore un combat naval ; et ils donnaient à tout la plus scrupuleuse attention.

Chap. 60. Les Athéniens, qui se voyaient renfermés, et qui n'ignoraient pas les desseins ultérieurs de l'ennemi, crurent devoir tenir conseil. Les généraux et taxiarques s'assemblèrent. Ils manquaient de tout : pour le moment ils n'avaient pas de convois à recevoir ; car, dans l'idée d'un prochain départ, ils avaient fait dire à Catane de n'en pas envoyer, et ils n'en devaient pas même attendre à l'avenir, à moins de remporter une victoire navale. Ils résolurent donc d'abandonner leurs retranchemens supérieurs, de s'emparer de quelque lieu voisin de la flotte, où ils construiraient un fort qui pût, quoique très petit, contenir les ustensiles et les malades ; ils y mettraient garnison et feraient monter tout le reste des troupes sur la flotte, sans distinction des bâtimens encore en bon état ou presque entièrement hors de service. Alors ils livreraient combat : vainqueurs, ils se porteraient à Catane ; vaincus, ils incendieraient leurs vaisseaux, et, rangés en ordre de bataille, ils gagneraient, par terre, le lieu le plus voisin et ami, soit hellène, soit barbare.

Cet avis passa ; ils l'exécutèrent. Ils descendirent avec précaution de leurs retranchemens, équipèrent tous les vaisseaux, au nombre d'environ cent dix, et forcèrent à les monter tout ce qu'il y avait d'hommes que leur âge rendait aptes à un service quelconque. Ils placèrent sur les ponts quantité d'archers et de gens de trait, Acarnanes ou autres étrangers, et pourvurent à tout le reste, autant que le permettaient de telles circonstances et le projet qu'ils avaient conçu. Presque tout était prêt, quand Nicias, qui voyait les troupes abattues d'une défaite maritime, désastre dont elles n'avaient pas l'habitude, et cependant résolues à tout risquer au plus tôt, parce qu'elles manquaient de vivres, les convoqua, tâcha, pour la première fois, de les encourager, et leur parla en ces termes :

Chap. 61. « Soldats athéniens et alliés, dans le combat qui va se livrer, il ne s'agit de rien moins, et pour les ennemis, et pour vous tous en commun et en particulier, que du salut de la patrie. Ce n'est qu'en remportant une victoire navale que nous pouvons espérer de revoir la ville qui nous a vus naître. Ne vous découragez pas ; n'ayez point la faiblesse des hommes inexpérimentés, à qui l'imagination ne présage plus qu'un effrayant avenir, une continuité de revers. Athéniens, qui avez acquis l'expérience de bien des guerres, et vous, alliés, tant de fois associés à nos périls, n'oubliez pas que la guerre amène des événemens inattendus ; considérant que la fortune peut aussi nous devenir favorable, disposez-vous à réparer vos derniers malheurs avec une confiance qui réponde au grand nombre de combattans que vous avez sous les yeux.

Chap. 62. » De concert avec les pilotes, nous avons examiné, disposé, autant que le permettent les circonstances, tout ce qui, dans l'espace étroit du port, peut tourner à notre avantage, et contre la multitude des vaisseaux ennemis, et contre ces troupes dont on a chargé les ponts, et qui précédemment nous ont tant incommodés. Nous allons faire monter sur les nôtres quantité d'archers, des gens de trait, toute cette multitude que nous n'aurions garde d'employer dans un combat en haute mer, où la pesanteur des vaisseaux nuirait à l'habileté de la manœuvre ; mais ici elle nous servira, parce que, du haut de notre flotte, c'est un combat de terre que nous sommes contraints de livrer. Rien ne nous a plus nui que les forts éperons dont les ennemis ont armé leurs vaisseaux : nous avons imaginé d'adapter aux nôtres ce qui peut les en défendre ; des crampons de fer qui, si les soldats font leur devoir, ne laisseront pas aux bâtimens qui nous auront une fois approchés la liberté de reculer pour revenir à la charge. Réduits à changer le combat naval en une action de terre ferme, ne reculons pas, ne laissons pas reculer ceux qui combattront contre nous : tel est certainement notre intérêt, la côte, à l'exception seulement de l'espace qu'occupe notre camp, ne nous offrant partout qu'une terre ennemie.

Chap. 63. » Voilà ce dont il faut vous ressouvenir : il s'agit d'un combat opiniâtre, où l'on ne songera point à regagner la terre ; où, dès qu'une fois vous aurez attaqué un vaisseau, il ne faudra plus vous en détacher que vous n'ayez défait les guerriers qui en couvriront le tillac. Ici je ne m'adresse pas moins aux hoplites qu'aux équipages, puisque c'est surtout l'affaire de ceux qui vont combattre du haut des ponts. Il dépend encore de vous d'obtenir l'avantage par la valeur de votre infanterie. J'exhorte les matelots à ne pas trop se laisser abattre par le malheur ; je dis plus, je les en conjure, à présent qu'ils ont un meilleur pontage et plus de bâtimens. Et vous qui, réputés Athéniens sans l'être, étiez admirés dans l'Hellade, et pour la connaissance de notre langue, et pour l'heureuse imitation de nos manières ; vous qui participez à notre domination autant que nous-mêmes, et beaucoup plus encore, puisque vous êtes moins exposés aux insultes de nos ennemis, songez combien vous est précieuse la conservation de ce bonheur dont vous avez toujours joui. Libres comme nous, et seuls associés à notre empire, serait-il juste à vous d'en trahir aujourd'hui les intérêts ! Pleins de mépris pour ces Corinthiens que vous avez si souvent vaincus, et pour ces Siciliens dont aucun n'osa tenir devant vous tant que votre marine demeura florissante, défendez-vous contre eux, et montrez que, malgré votre affaiblissement et vos désastres, votre habileté l'emporte encore sur la force et la fortune de vos ennemis.

Chap. 64. » Et vous, Athéniens, je vous rappelle encore que vous n'avez laissé ni dans vos chantiers une flotte semblable à celle-ci, ni derrière vous une jeunesse guerrière qui vous ressemble. S'il vous arrive autre chose que d'être victorieux, vos ennemis de Sicile se porteront aussitôt contre votre patrie, et les citoyens que nous y avons laissés se verront dans l'impuissance de résister aux ennemis qui déjà les environnent, et à ceux qui viendront de ces contrées dans l'instant même. Vous serez sujets de Syracuses, vous qui savez dans quel dessein vous êtes venus ici ; et vos compatriotes obéiront à Lacédémone. Si jamais vous avez montré un grand courage, ayez celui de prévenir en un seul combat ce double malheur, et songez, tous ensemble et chacun en particulier, qu'avec vous, sur ces vaisseaux que vous allez monter, seront les forces de terre et de mer de votre patrie, la république elle-même, et le grand nom d'Athènes. Ceux qui l'emportent sur les autres en habileté ou en valeur n'auront jamais une plus belle occasion de le faire connaître, et dans leur intérêt personnel, et pour le salut de tous. »

Chap. 65. Nicias, après avoir ainsi exhorté les troupes, leur ordonna de monter sur la flotte. Gylippe et les Syracusains, à la vue de tous ces apprêts, jugeaient aisément qu'ils allaient être attaqués. On les prévint aussi que l'ennemi se servirait de crampons : ils travaillèrent à parer à cet inconvénient comme à tous les autres. Ils garnirent d'une grande quantité de peaux les proues et les parties supérieures des navires, afin que les crampons, venant à glisser, ne trouvassent point de prise. Quand tout fut prêt, les généraux et Gylippe exhortèrent leurs soldats en ces termes :

Chap. 66. « Nous avons fait de grandes choses ; il s'agit de combattre pour signaler de nouveau notre valeur : c'est, je crois, Syracusains et alliés, ce que la plupart d'entre vous n'ignorent pas ; autrement verrait-on en vous tant d'ardeur? Si quelqu'un de vous cependant n'est pas encore assez instruit, nous allons l'éclairer. Ces Athéniens, arrivés ici pour asservir la Sicile, et soumettre ensuite, s'ils eussent réussi, le Péloponnèse et l'Hellade tout entière, ces Hellènes les plus puissans qu'aient vus les siècles passés et le siècle présent, vous les avez, vous les premiers, vaincus sur cet élément qui leur a tout soumis, et, j'en ai l'assurance, vous allez les vaincre encore. Quand on se voit une fois arrêté dans une partie où l'on a la prétention d'exceller, il reste une confiance en soi-même bien plus faible que si l'on avait eu d'abord moins d'orgueil. Trompé dans les espérances que donnait la présomption, on cède, et l'on n'a plus même la force qu'on pouvait avoir. C'est là sans doute ce qu'éprouvent aujourd'hui les Athéniens.

Chap. 67. » Nous, au contraire, ce que nous avions auparavant, cette bravoure qui, avant même qu'elle fût secondée par l'expérience, nous a fait tout oser, est maintenant plus assurée ; et, l'opinion que nous sommes les plus forts, puisque nous avons vaincu des adversaires eux-mêmes si puissans, se joignant à notre valeur naturelle, nos espérances, par ces deux raisons, sont doublées ; et d'ordinaire beaucoup d'espoir donne, au moment d'agir, beaucoup de résolution. Ce que nous avons à imiter en préparatifs pour nous défendre contre les leurs, nous est familier déjà, et aucune de leurs tentatives ne nous trouvera au dépourvu. Ils ont, contre leur usage, fait monter sur les ponts nombre d'hoplites, quantité de gens de trait, hommes de terre ferme, si l'on peut parler ainsi, des Acarnanes et autres, qui, loin d'être habiles à lancer des traits, puisqu'ils sont comme attachés sur des vaisseaux, troubleront nécessairement le service de la flotte, et se troubleront eux-mêmes de balancemens nouveaux pour eux. La multitude de leurs vaisseaux ne leur sera d'aucun avantage : j'en avertis ceux d'entre vous que pourrait intimider le petit nombre des nôtres. Des bâtimens nombreux, combattant dans un espace resserré, seront lents à exécuter les manœuvres, et plus faciles à endommager par les machines que nous avons préparées. Apprenez la vérité, d'après des rapports que nous croyons fidèles. Accablés de mille maux, consternés de leur dénuement, hors d'eux-mêmes, ne se fiant guère plus à leurs préparatifs qu'à la fortune dont ils veulent courir les chances, ils se proposent, dans leur désespoir, de forcer le passage et d'échapper par mer, ou de faire retraite après un combat de terre, assurés de ne pouvoir devenir, quoi qu'il arrive, plus malheureux qu'ils ne le sont.

Chap. 68. » Précipitons-nous sur cette armée en désordre, et bravons la fortune de nos plus mortels ennemis, qui se trahit elle-même. Croyons qu'il est très légitime d'assouvir son ressentiment contre des hommes qui n'ont pour colorer leurs injustices que le prétexte de punir un agresseur; et, en exerçant une légitime vengeance, nous goûterons le plaisir qu'on dit être le plus doux. Vous le savez tous, ils ont marché sur notre pays en ennemis, et en ennemis cruels, pour nous asservir.

S'ils avaient réussi, ils auraient condamné les hommes aux plus affreux tourmens; nos enfans et nos épouses à l'ignominie; la république entière, à porter le plus honteux de tous les noms. Justement indignés d'un pareil attentat, soyez impitoyables, et croyez n'avoir rien gagné s'ils opèrent impunément leur retraite; vainqueurs, quel plus beau fruit retireraient-ils de leur victoire? Mais si, comme il est vraisemblable, notre attente n'est point trompée, le prix du combat sera pour nous la gloire de les avoir punis, et d'assurer à la Sicile cette liberté dont elle jouissait auparavant. Les plus nobles périls sont ceux où l'on a peu à perdre par la défaite, et beaucoup à gagner par la victoire. »

Chap. 69. Les généraux de Syracuses et Gylippe, après avoir ainsi exhorté leurs soldats, voient les Athéniens monter sur la flotte; eux-mêmes, à l'instant, embarquent leurs troupes. Cependant Nicias, effrayé de sa position, considérait toute la grandeur du péril (on touchait au moment de quitter la rive). Il ressentit alors tout ce qu'on éprouve dans les occasions décisives. Il lui sembla que, dans le fait, tout lui manquait, et que dans sa harangue il n'avait pas encore dit tout ce qu'il devait dire. Les triérarques furent donc mandés l'un après l'autre; il nommait chacun d'eux par son nom propre, par celui de son père, par celui de sa tribu; exhortant ceux qui avaient brillé de quelque éclat, à ne pas le ternir; ceux qu'illustraient leurs ancêtres, à ne pas déshonorer les vertus de leurs pères; il leur rappelait leur patrie, cette liberté dont chacun jouissait sans redouter la censure; leur disait beaucoup d'autres choses que des chefs en de pareilles extrémités, non seulement peuvent dire sans crainte de paraître à personne répéter des déclamations banales, mais qu'ils expriment avec un accent animé; jugeant, dans un tel moment de détresse, propres à les émouvoir, les noms d'épouses, d'enfans, de dieux paternels.

Croyant avoir dit plutôt ce qui était indispensable que ce qu'il eût convenu de dire, il les quitta, conduisit les troupes de terre vers la mer, et les rangea le long de la rive, donnant à sa ligne le plus de développement possible, pour inspirer plus de confiance aux guerriers qui étaient sur les vaisseaux. Démosthène, Ménandre et Euthydème, qui commandaient la flotte, partirent de la station qu'occupaient leurs escadres, gagnèrent la clôture du port, voulant forcer le passage que les Syracusains s'étaient ménagé [pour que leurs vaisseaux eussent la liberté d'entrer ou de sortir], et gagner la haute mer.

Chap. 70. Les Syracusains et leurs alliés s'étaient mis les premiers en mouvement, avec autant de vaisseaux qu'ils en avaient précédemment. Un détachement de leur flotte défendait le passage; le reste était rangé autour du port, pour fondre de tous côtés sur les Athéniens, et recevoir le secours des troupes de terre en quelque endroit qu'abordassent les bâtimens. Sinacus et Agatharque commandaient chacun une aile tout entière; Pythen et les Corinthiens, le centre.

Les Athéniens, arrivés au *zeugma* [clôture du port], eurent, dans l'impétuosité du premier choc, l'avantage sur les vaisseaux qui gardaient cette clôture. Ils s'efforçaient de rompre les chaînes, lorsque, de toutes parts, fondirent sur eux les Syracusains et les alliés. Non seulement au *zeugma*, mais encore dans l'intérieur du port, se livra un combat plus terrible que les précédens. C'était, sur les deux flottes, entre les équipages, la plus vive émulation de se porter où ils en recevaient l'ordre.

Les pilotes, rivaux les uns des autres, montraient à l'envi leur adresse. Deux navires fondaient-ils l'un sur l'autre, les troupes, sur le pont, voulaient déployer autant de valeur que les matelots montraient d'habileté. Chacun, au poste qui lui était marqué, s'efforçait de se signaler. Une foule de bâtimens combattaient dans un espace resserré : on n'en comptait guère moins de deux cents dans les deux flottes. Les vaisseaux s'accrochaient rarement, parce qu'on ne pouvait ni se retirer, ni rompre et traverser les lignes ennemies; mais il y avait de fréquentes rencontres de vaisseaux, ou fuyant ou poursuivant. Tant que deux vaisseaux cherchaient à s'aborder, les gens de trait, du haut des ponts, faisaient pleuvoir une grêle de javelots, de flèches et de pierres, jusqu'à ce qu'on en vînt aux mains : alors les hoplites s'efforçaient de sauter sur le bâtiment ennemi. A cause du peu d'espace, en même temps qu'on assaillait, on était assailli; deux bâtimens, et même plus, étaient contraints de s'acharner contre un seul : les pilotes avaient à se préserver des uns, à attaquer les autres, ne s'occupant point de chaque chose une à une, mais faisant face à tous les dangers à-la-fois. Au bruit de nombreux vaisseaux qui s'entreheurtaient, on était saisi d'épouvante; les céleustes parlaient et n'étaient point entendus. Des deux côtés à-la-fois, les céleustes exhortaient, poussaient des cris, soit par devoir, soit par émulation. Les Athéniens criaient qu'on forçât le passage, que, pour sauver ses jours et revoir sa patrie, c'était plus que jamais le moment d'avoir du cœur; les Syracusains et leurs alliés, qu'il était beau d'empêcher l'ennemi de fuir, et glorieux à chacun des combattans d'ajouter par la victoire à la puissance de son pays. Les généraux, de part et d'autre, voyaient-ils un vaisseau contraint de ramer par la proue, ils appelaient le triérarque par son nom : les Athéniens lui demandaient s'il aimait donc mieux une terre couverte de ses plus cruels ennemis, que la mer, dont il avait acquis l'empire au prix de tant de travaux; les Syracusains, s'il fuirait devant ces Athéniens qu'il savait impatiens de fuir à tout prix, s'il fuirait devant des fuyards.

Chap. 71. Les deux armées de terre, à l'aspect de cette lutte, dont les avantages étaient balancés, engageaient entre elles comme une lutte d'anxiété : les Siciliens, jaloux d'acquérir encore plus de gloire; les Athéniens, agresseurs, dans la crainte de plus grands revers : les vaisseaux portant toute leur fortune, on ne peut exprimer combien ils redoutaient l'avenir. A cause de l'inégalité du terrain, le combat leur offrait nécessairement des scènes opposées : les contemplant à peu de distance, tous ne pouvaient regarder au même endroit à-la-fois. Ceux qui voyaient leur parti victorieux, prenaient courage, et suppliaient les dieux de les sauver. Les regards des autres se portaient où l'on avait du désavantage : ils criaient, ils sanglotaient; et, d'après ce qui frappait leurs yeux, ils étaient plus consternés que ceux qui se trouvaient au fort de l'action. D'autres, à la vue d'un combat naval dont les chances semblaient égales à cause de la prolongation d'une lutte dont la crise n'arrivait pas, suivaient, exprimaient tous, des mouvemens de leurs corps, l'anxiété de leurs âmes : en effet, ils étaient au moment de se sauver ou de périr. Tant que la victoire se disputait, ce n'était, dans l'armée athénienne, que lamentations; on entendait ces cris : *nous sommes vainqueurs! nous sommes vaincus!* et toutes sortes d'exclamations qu'en un grand danger doivent faire entendre de nombreux combattans.

On était à peu près dans la même agitation sur les vaisseaux, quand enfin les Syracusains et leurs alliés prirent une supériorité décidée, mirent les Athéniens en fuite, les pressèrent vivement, et les poursuivirent à grands cris vers le rivage. Les guerriers de la flotte qui ne furent pas faits prisonniers en mer, prirent terre où ils purent, et regagnèrent le camp. L'armée de terre n'était plus partagée entre des sentimens divers : tous également, tous se lamentaient, gémissaient. Les uns couraient à la défense des vaisseaux; les autres à ce qui restait de retranchemens; d'autres, et c'était le plus grand nombre, ne voyant plus qu'eux, ne songeaient qu'aux moyens de se sauver : la consternation était à son comble : ils souffraient les maux qu'ils avaient faits aux Lacédémoniens à Pylos. En effet, ceux-ci, après avoir perdu leur flotte, avaient perdu aussi les guerriers passés dans Sphactérie : de même alors, les Athéniens [après avoir perdu leurs vaisseaux] désespéraient de se sauver par terre, à moins d'un miracle.

Chap. 72. Après une bataille navale si opiniâtre, où, des deux côtés, périrent tant d'hommes et de vaisseaux, les vainqueurs, Syracusains et alliés, recueillirent les morts et les débris de leurs navires, retournèrent à la ville, et dressèrent un trophée. Les Athéniens, abattus de l'excès de leurs maux, ne songeaient pas même à réclamer leurs morts et les débris de leur flotte : ils ne pensaient qu'à faire retraite dès la nuit.

Démosthène vint trouver Nicias, et lui proposa de couvrir de troupes le reste des bâtimens, et de forcer, s'il était possible, le passage au lever de l'aurore : il représentait qu'ils avaient encore plus de vaisseaux capables de tenir la mer que les ennemis; car il en restait bien soixante aux Athéniens, tandis que les Syracusains en avaient moins de cinquante. Nicias était du même avis; mais, quand ils voulurent en venir à l'exécution, les équipages refusèrent le service : consternés, ils se croyaient désormais incapables de vaincre; ils avaient tous la même pensée, celle de se retirer par terre.

Chap. 73. Hermocrate de Syracuses la devina. Il jugea fort dangereux qu'une armée si nombreuse fît retraite par terre, et s'arrêta dans quelque partie de la Sicile, d'où elle ferait encore la guerre. Il va trouver les magistrats, communique ses idées, représente qu'on ne doit pas souffrir que les Athéniens se retirent de nuit; qu'il faut que tous les Syracusains, que tous les alliés, sortent, bouchent les issues, s'emparent des défilés et les gardent. Les magistrats, partageant complètement son opinion, trouvaient ces mesures nécessaires; mais ils ne croyaient pas qu'un peuple livré à la joie, qui avait besoin de repos, surtout dans un jour de fête (car ce jour-là précisément tombait la fête d'Hercule), pût obéir aisément. Dans l'ivresse de la victoire, la plupart célébraient la fête en buvant, et la dernière chose qu'on pût espérer de leur persuader était de prendre les armes et de sortir contre l'ennemi. Les magistrats jugeaient cette difficulté insurmontable. Hermocrate, voyant qu'il ne gagnait rien sur eux, s'avisa d'une ruse. De peur que les Athéniens, devançant ses projets, ne franchissent à loisir, pendant la nuit, la partie la plus difficile de la route, il fit passer à leur camp, vers la chute du jour, quelques-uns de ses amis avec des cavaliers. Ils s'approchent à portée de la voix, appellent à eux, comme amis, quelques Athéniens [car plusieurs Syracusains venaient donner des avis à Nicias sur ce qui se passait dans la ville], disent à ce général de ne point se mettre en marche cette nuit, parce que les passages étaient gardés, mais de se préparer tranquillement à opérer sa retraite le lendemain. La commission remplie, ils partent. Ceux qui les avaient écoutés, font leur rapport aux généraux.

Chap. 74. Ceux-ci ne firent aucun mouvement pendant la nuit, ne soupçonnant point de ruse. N'étant pas partis sur-le-champ, ils jugèrent encore à propos de s'arrêter le lendemain, afin que les soldats, autant que les conjonctures le permettaient, eussent le temps de prendre le strict nécessaire pour vivre; car on laissait tout le reste. Gylippe et les Syracusains sortirent avec de la cavalerie, allèrent en avant, obstruèrent les chemins que pouvaient prendre les ennemis, gardèrent les passages des ruisseaux et des rivières, et se mirent en ordre pour les recevoir dans les endroits où ils estimaient cette précaution nécessaire; puis, mettant en mer pour écarter de la côte les vaisseaux ennemis, ils en brûlèrent quelques-uns que les Athéniens avaient eu intention de brûler eux-mêmes; les autres, à mesure qu'on les rencontrait, furent tranquillement remorqués près de la ville, sans que personne y mît obstacle.

Chap. 75. Nicias et Démosthène, croyant avoir fait les apprêts nécessaires, donnèrent l'ordre du départ, le surlendemain du combat naval. Ce qu'il y avait d'affreux, ce n'était pas seulement l'état de leurs affaires considérées dans les détails, et la pensée qu'ils faisaient retraite après avoir perdu toute la flotte, et qu'à la place de ces grandes espérances, il ne restait que des périls pour les troupes et pour la république elle-même; mais le camp qu'on abandonnait offrait aux regards le plus triste spectacle, et remplissait l'âme des plus douloureux sentimens. Les morts restaient sans sépulture, et celui qui voyait étendu sur la terre un infortuné qu'il avait chéri, éprouvait une affliction mêlée de terreur. Malades ou blessés, les vivans qu'on abandonnait, bien plus à plaindre que les morts, inspiraient encore plus de regrets : ils priaient, gémissaient, réduisaient l'armée au désespoir, demandant qu'on daignât les emmener, implorant à grands cris la pitié de parens ou d'amis, si toutefois ils en trouvaient encore ; se suspendant à leurs compagnons de tente, se traînant sur leurs pas, tant qu'ils se trouvaient un reste de forces, et, quand enfin elles les abandonnaient, invoquant contre eux les dieux, et poussant des gémissemens. Les troupes fondaient en larmes, tombaient en une déchirante perplexité, s'éloignaient avec peine de cette terre, quoique ennemie, où elles avaient souffert tant de maux, des maux moins terribles encore que ceux que leur cachait le voile de l'avenir. On était dans l'accablement, on s'adressait réciproquement des reproches : on eût cru voir des malheureux fuyant d'une ville prise d'assaut, d'une ville considérable, car ils n'étaient pas moins de quarante mille. Tous emportaient ce qu'ils pouvaient, suivant le besoin. Les hoplites et les cavaliers, soit défiance, soit manque de valets, se chargeaient, contre l'usage, de leurs munitions, qu'ils portaient avec leurs armes. Les valets avaient déserté, quelques-uns depuis long-temps, la plupart à l'instant même. Ce qu'on emportait n'était pas même suffisant, car dans le camp il ne restait plus de subsistances. Leur déplorable position et cet excès de maux où tous se voyaient également réduits, égalité qui en soi présentait pourtant cette espèce de soulagement qui résulte du grand nombre des compagnons d'infortune, ne leur semblait pas supportable malgré ce soulagement. Et d'ailleurs, de quel état prospère, de quel comble de gloire, en quel abîme de misère et d'opprobre on se voyait tombé! Quelle différence entre cette armée venue dans le dessein d'asservir, et celle qui fuyait sans espoir probable d'échapper à l'ennemi ou à l'esclavage! Sortis d'Athènes au chant des péans, au milieu des vœux et des bénédictions, ils n'entendaient plus, en se retirant, que des paroles de sinistre augure. Au lieu d'être portés sur leurs vaisseaux naguère triomphans, ils se retiraient honteusement par terre, mettant désormais leur dernier espoir non plus dans une flotte, mais dans les hoplites : heureux encore s'ils pouvaient, au prix de tous ces maux, échapper à tant de périls suspendus sur leurs têtes.

Chap. 76. Nicias, qui voyait l'armée découragée et dans une grande crise, se montrait à ses soldats, parcourait les rangs, exhortait, encourageait, autant que le lui permettaient les circonstances, faisant entendre à ceux dont il pouvait approcher une voix plus forte que de coutume, parce qu'il était très animé, et voulant produire une grande impression par l'accent de sa voix au loin répandue.

Chap. 77. « Dans notre déplorable position, ô Athéniens et alliés, il faut conserver encore de l'espoir; d'autres se sont sauvés de dangers encore plus terribles. Ne nous reprochons pas trop durement à nous-mêmes nos désastres et tous ces malheurs inattendus. Moi-même, qui ne suis pas plus robuste qu'aucun de vous (vous voyez mon état de souffrance), et qui, dans ma vie privée et publique, fus aussi constamment heureux qu'on peut l'être, je me vois réduit aux mêmes extrémités que les plus misérables. Cependant je me suis acquitté de tous les devoirs religieux que prescrivent les lois, et me suis montré juste envers les hommes, sans jamais provoquer la haine. Aussi, quelque déplorable que soit notre position, mon âme néanmoins conserve encore une ferme espérance pour l'avenir : nos revers, qui nous épouvantent plus qu'il ne convient, auront peut-être une fin prochaine. Nos ennemis ont eu assez de bonheur ; et si notre entreprise a irrité quelque divinité, nous sommes maintenant assez punis. D'autres avant nous se sont montrés agresseurs : ils avaient fait de ces fautes que comporte l'humanité ; ils n'ont pas souffert des maux sans mesure et sans terme. Nous pouvons espérer aussi que Dieu va désormais nous traiter avec plus de clémence ; car nous sommes plus dignes de sa pitié que de sa colère. En vous regardant vous-mêmes, et voyant en quel nombre vous êtes, bien armés et marchant en bon ordre, ne vous abandonnez pas à trop de frayeur. Songez que partout où vous vous arrêterez, vous formerez aussitôt une cité puissante, et qu'aucune république de la Sicile ne pourrait ni vous résister aisément, si vous l'attaquez, ni vous chasser si vous formez un établissement. Marchez en bon ordre, et toujours vous tenant sur vos gardes. En quelque lieu que vous soyez obligés de combattre, n'ayez qu'une seule pensée : c'est que ce lieu, si vous êtes vainqueurs, sera votre patrie, votre rempart. Nous marcherons jour et nuit, car nous n'avons que peu de vivres. Si nous arrivons chez quelque peuple sicule, et qu'il nous reste fidèle par la crainte qu'inspirent les Syracusains, croyez dès lors votre salut assuré. Déjà des messages expédiés vers ces villes les invitent à venir à notre rencontre, à nous apporter des subsistances. En un mot, sachez que la nécessité vous fait une loi du courage, puisqu'il n'est autour de vous aucun asile où vous puissiez vous réfugier si vous manquez d'énergie. Mais si vous échappez aux ennemis, vous qui n'êtes pas citoyens d'Athènes, vous reverrez les objets de vos désirs, et vous, Athéniens, vous raffermirez la puissance chancelante de la république : car ce sont les hommes qui constituent les villes, et non des murs déserts et des vaisseaux vides. »

Chap. 78. C'était ainsi que Nicias exhortait son armée en la parcourant ; s'il voyait quelque part des soldats dispersés et marchant en désordre, il les rassemblait et les faisait rentrer dans les rangs. Démosthène tenait à peu près les mêmes discours aux troupes qu'il commandait. La division aux ordres de Nicias marchait en bataillon carré ; celle de Démosthène suivait les porte-bagages, et le gros de l'armée était couvert par les hoplites.

Arrivés au passage de l'Anapus, ils trouvèrent sur le bord de ce fleuve un détachement de Syracusains et d'alliés rangé en bataille : ils le repoussèrent, se rendirent maîtres des passages, et continuèrent d'avancer, mais sans relâche harcelés par la cavalerie syracusaine et par les troupes légères qui les accablaient de traits. Ils franchirent, dans cette journée, à peu près quarante stades, et passèrent la nuit près d'un tertre, d'où, partant le lendemain de bonne heure, ils firent environ vingt stades, et descendirent dans une plaine habitée. Ils y campèrent à dessein d'en tirer quelques vivres et de l'eau pour emporter avec eux, car ils en avaient peu pour la route à faire, qui était d'un grand nombre de stades. Cependant les Syracusains se portent en avant, et interceptent le passage que l'ennemi devait franchir, la roche Acrée, éminence forte par elle-même, et bordée des deux côtés de ravins escarpés et profonds. Le lendemain les Athéniens s'avancent; la nombreuse cavalerie de Syracuses et les gens de trait les arrêtent, lancent des traits, voltigent autour d'eux. Après une longue escarmouche, les Athéniens retournèrent au lieu d'où ils étaient partis, mais où ils ne trouvaient plus de vivres, la cavalerie ennemie les empêchant de s'écarter.

Chap. 79. Le lendemain matin ils se remirent en marche, et s'ouvrirent de vive force le passage jusqu'à la colline fortifiée; ils la trouvèrent dominée, devant eux, par l'infanterie disposée sur un ordre profond, parce que le lieu était resserré. Ils attaquèrent le retranchement: mais une grêle de traits les accablait; les ennemis, rangés en amphithéâtre, tiraient en grand nombre à-la-fois, et ces traits, lancés d'en haut, en devenaient plus meurtriers. Ne pouvant forcer la muraille, ils firent retraite et prirent du repos: alors il survint du tonnerre et de la pluie, comme en été aux approches de l'automne. La consternation allait croissant: tout semblait conjuré pour leur ruine.

Tandis qu'ils prenaient un peu de repos, Gylippe et les Syracusains chargèrent un détachement d'élever derrière eux un mur sur le chemin par où ils étaient venus; mais les Athéniens envoyèrent un autre détachement pour s'opposer à ce travail. Leur armée se rapprocha plus aisément de la plaine, et passa la nuit en chemin. Le lendemain ils allèrent en avant; mais l'ennemi les entourant de toutes parts, en blessa un grand nombre : il reculait quand les Athéniens s'ébranlaient; il fondait sur eux quand ils reculaient. Il pressait surtout les derniers rangs, dans l'espoir que, s'il en mettait en fuite, ne fût-ce qu'un petit nombre, l'effroi se répandrait dans toute l'armée. Cette manœuvre dura long-temps; mais les Athéniens tinrent ferme. Après avoir ensuite marché près de cinq à six stades, ils se reposèrent dans la plaine. Les Syracusains s'éloignèrent et regagnèrent le camp.

Chap. 80. L'armée, réduite à la dernière misère, manquait de munitions de toute espèce: en tant d'attaques, bien des soldats avaient été blessés. Nicias et Démosthène jugèrent à propos d'allumer, la nuit, quantité de feux; et d'emmener l'armée, non par la route d'abord projetée, mais du côté de la mer, par une route opposée à celle où les attendait l'ennemi. Elle ne conduisait pas à Catane, mais elle prenait de l'autre côté de la Sicile, et menait à Camarina, à Géla, à d'autres villes helléniques et barbares situées dans cette partie de l'île. Les feux allumés, on marcha pendant la nuit. Les troupes éprouvèrent des terreurs paniques, comme il arrive surtout dans les grandes armées, et encore plus la nuit, quand il faut marcher à travers le territoire de l'ennemi et dans le voisinage de ses troupes. La division de Nicias, qui formait l'avant-garde, poursuivit sa route et prit beaucoup d'avance. Celle de Démosthène, qui formait à peu près la moitié de l'armée, se coupa et marcha en désordre. Cependant, au point du jour, ils parvinrent au bord de la mer, prirent la route Hélorine, et s'avancèrent pour gagner et longer le Cacyparis, en suivre le cours, et pénétrer dans les terres en remontant ce fleuve: car ils se flattaient de rencontrer sur cette route les Sicules qu'ils avaient mandés. Parvenus au fleuve, ils trouvèrent un détachement qui élevait un mur et plantait des palis pour couper le passage. Ils forcèrent le détachement et marchèrent vers un autre fleuve, l'Érinée, sous la conduite de leurs chefs.

Chap. 81. Cependant, au point du jour, les Syracusains et les alliés reconnurent l'évasion des Athéniens; la plupart accusaient Gylippe de les avoir volontairement laissé échapper. On sut aisément le chemin qu'ils avaient pris; on se met à leur poursuite, on les atteint à l'heure du dîner. La division de Démosthène était la dernière, parce qu'elle avait marché lentement et en désordre, à cause des frayeurs de la nuit précédente. Les ennemis la joignent et l'attaquent. La cavalerie n'eut pas de peine à investir ces troupes divisées, et à les resserrer dans un étroit espace. La division de Nicias était en avant, à cent cinquante stades plus loin. Il l'avait conduite avec plus de célérité, pensant que, dans une telle circonstance, s'arrêter volontairement et livrer des combats n'est pas un moyen de salut; mais qu'il faut se retirer le plus promptement qu'on peut, et n'en venir aux mains qu'à la dernière extrémité. Démosthène avait plus à souffrir; parti le dernier, c'était lui que sans cesse harcelait l'ennemi. Se voyant poursuivi, il songea moins à redoubler de vitesse qu'à se mettre en ordre de bataille. Il perdit du temps, fut enveloppé, et se vit dans un grand embarras lui et les siens. Renfermés dans un lieu qu'environnaient des murs et que traversait un chemin planté d'oliviers, ils étaient de toutes parts accablés de traits. Les Syracusains aimaient mieux escarmoucher ainsi, que d'en venir à un combat en règle : car se risquer contre des hommes au désespoir, c'eût été travailler moins pour soi que pour les Athéniens; et en même temps, chacun d'eux, content d'un avantage maintenant bien assuré, épargnait un peu sa personne dans la crainte de malheurs qui l'empêcheraient de profiter du succès.

CHAP. 82. Durant le jour, Gylippe et les Syracusains lancèrent des traits de toutes parts. Quand ils virent les Athéniens et leurs alliés accablés de blessures et de fatigue, ils envoyèrent offrir la liberté aux insulaires qui voudraient passer de leur côté, ce qui fut accepté par ceux de quelques villes, mais en petit nombre. Il se fit ensuite une convention avec tout le reste de l'armée. Les soldats devaient remettre leurs armes, et l'on s'engageait à leur laisser la vie, sans y attenter, ni par des moyens violens, ni par les chaînes, ni par le refus de l'absolu nécessaire. Six mille se rendirent, livrèrent tout l'argent qu'ils avaient, le jetèrent dans des boucliers dont ils emplirent quatre. On les mena aussitôt à la ville. Nicias avec ses troupes parvint le même jour au fleuve Érinée, et gagna une hauteur où il campa.

CHAP. 83. Les Syracusains l'atteignirent le lendemain, lui apprirent que Démosthène s'était rendu, et l'engagèrent à suivre cet exemple. Ne voulant pas croire à ce rapport, il demanda et obtint la permission d'envoyer un cavalier. Cet homme, de retour, lui ayant confirmé le rapport, il déclara à Gylippe et aux Syracusains, par un héraut, qu'il était prêt à stipuler au nom d'Athènes qu'elle leur rembourserait les frais de la guerre, à condition qu'ils laisseraient partir son armée. Il offrait de donner en otages, jusqu'au paiement de la somme, des citoyens d'Athènes, un homme par talent. Les Syracusains et Gylippe rejetèrent la proposition, attaquèrent les Athéniens, les enveloppèrent, et, de toutes parts, tirèrent sur eux jusqu'au soir. Ceux-ci, manquant de vivres et de toute autre munition, étaient bien malheureux ; cependant ils voulurent profiter pour partir du repos de la nuit. Ils prirent leurs armes, mais sans pouvoir échapper à la vigilance des Syracusains, qui chantèrent le péan. Les Athéniens, se voyant découverts, quittèrent leurs armes, à l'exception de trois cents hommes qui forcèrent la garde et allèrent la nuit où ils purent.

Chap. 84. Le jour venu, Nicias se mit en marche. Les Syracusains et les alliés continuaient de les harceler de toutes parts, de tirer des flèches et de lancer des javelots. Cependant les Athéniens se hâtaient d'arriver au fleuve Assinare, toujours assaillis de cavaliers et autres troupes, mais se flattant d'être mieux s'ils passaient le fleuve, et d'ailleurs épuisés et tourmentés par la soif : ils y parviennent, s'y précipitent en désordre ; c'est à qui passera le premier. L'ennemi qui les presse, rend le passage difficile : obligés de se serrer en avançant, ils tombent les uns sur les autres, et se foulent aux pieds ; se heurtant contre les javelots de leurs voisins, s'embarrassant dans les ustensiles, les uns se tuent, d'autres sont entraînés par le courant. Les bords étaient escarpés : les Syracusains, qui avaient gagné l'autre rive, tiraient d'en haut sur des infortunés qui se livraient avidement au plaisir d'étancher leur soif et qui se mettaient d'eux-mêmes en désordre dans un fleuve profond. Les Péloponnésiens y descendent et en font un affreux carnage. L'eau se trouble, mais, toute bourbeuse et sanglante, on la boit encore, on se la dispute les armes à la main.

Chap. 85. Enfin les morts étant les uns sur les autres entassés dans le fleuve, et l'armée abîmée, ceux-ci ayant péri submergés, ceux-là se trouvant atteints par la cavalerie, Nicias se rendit à Gylippe, à qui il se fiait plus qu'aux Syracusains, et se remit à la discrétion des Lacédémoniens et de ce général, en les priant d'arrêter le carnage. Gylippe alors ordonna de faire prisonnière la division de Nicias. On emmena vivans tous ceux que les Syracusains n'avaient pas cachés (ils en avaient caché beaucoup), et on envoya à la poursuite des trois cents qui avaient échappé à la garde pendant la nuit, et que l'on arrêta. Le nombre de ceux que l'on fit en masse prisonniers de l'état n'était pas considérable ; ceux qui furent dérobés par des particuliers étaient nombreux. La Sicile en fut remplie. Ils n'appartenaient point à l'état, ne s'étant pas rendus sur convention, comme les soldats de Démosthène. Il y eut beaucoup de morts, car cette action avait été aussi meurtrière qu'aucune autre de cette guerre. Il avait aussi péri bien du monde dans les attaques que les Athéniens avaient eues à soutenir dans la marche. Cependant beaucoup s'évadèrent, les uns sur-le-champ ; les autres dans la suite, et après avoir été réduits en esclavage : Catane leur offrait un refuge.

Chap. 86. Les Syracusains et les alliés se réunirent et retournèrent à la ville, emmenant avec eux le plus de prisonniers et de dépouilles qu'il leur fut possible. Quant au reste des prisonniers, soit Athéniens, soit alliés d'Athènes, on les descendit dans les carrières, où l'on croyait la garde plus sûre.

Nicias et Démosthène furent massacrés : ce fut contre la volonté de Gylippe, qui pensait être glorieusement récompensé de sa longue lutte en amenant aux Lacédémoniens, entre autres trophées, les généraux qu'on lui avait opposés.

Démosthène était l'homme que les Lacédémoniens haïssaient le plus, à cause du mal qu'il leur avait fait à Sphactérie et à Pylos : au contraire ils aimaient Nicias pour les services qu'il leur avait rendus dans cette même circonstance : car il s'était signalé par son zèle en faveur des prisonniers de l'île, et avait déterminé les Athéniens à conclure l'accord qui leur donnait la liberté. Ces bons offices lui ayant mérité la bienveillance des Lacédémoniens, il s'était, avec une entière confiance, remis à la foi de Gylippe. Mais des Syracusains le craignaient, disait-on, parce qu'ils avaient eu des intelligences avec lui; s'il était mis à la torture, il leur donnerait de l'inquiétude au milieu de leurs prospérités. D'autres, et surtout les Corinthiens, appréhendaient qu'étant riche, il ne séduisît des gens qui le feraient échapper, et qu'il ne parvînt à leur susciter encore de nouvelles affaires. Ils gagnèrent les alliés et le tuèrent. Telles furent à-peu-près les causes de la mort de l'homme qui, de tous les Hellènes de mon temps, mérita le moins, par sa piété, d'éprouver un tel sort.

Chap. 87. Quant aux prisonniers renfermés dans les carrières, les Syracusains les traitèrent durement dès les premiers jours. En effet, dans un lieu profond et à découvert, où ils étaient en grand nombre, les ardeurs du soleil, d'abord, et un air étouffant, les incommodaient; et ensuite les nuits fraîches d'automne changeaient la constitution du corps et amenaient la faiblesse et les maladies qui en sont la suite.

Contraints de satisfaire, en un lieu resserré, à toutes les nécessités de la vie, et de souffrir près d'eux des morts entassés les uns sur les autres, ils périssaient, les uns de leurs blessures, les autres des variations qu'ils éprouvaient ou d'autres causes semblables. Respirant une insupportable odeur, ils étaient tourmentés tout ensemble par la soif et la faim : car, durant huit mois, on donna à chacun d'eux [par jour] une cotyle d'eau et deux cotyles de blé. De ces maux et d'autres qu'ils devaient souffrir, jetés dans un tel lieu, aucun ne leur fut épargné. Ils furent ainsi resserrés pendant soixante-dix jours. On ne garda ensuite que les Athéniens et ceux de Sicile et d'Italie qui avaient porté les armes avec eux; le reste fut vendu. On ne saurait dire exactement le nombre des prisonniers; mais il ne se monte pas à moins de sept mille. Ce fut en effet pour les Hellènes le plus cruel des désastres de cette guerre : ce fut aussi, à mon jugement, de tous les événemens qu'aient éprouvés les Hellènes et dont on ait conservé le souvenir, le plus glorieux pour les vainqueurs, le plus funeste pour les vaincus. Ceux-ci, entièrement défaits, n'eurent, à aucun égard, de légers maux à souffrir : ce fut une destruction complète : armée, vaisseaux, ils perdirent tout; et d'une multitude innombrable, il ne revint chez eux qu'un petit nombre d'hommes. Tels furent les événemens de la guerre de Sicile.

LIVRE HUITIÈME.

Chap. premier. Athènes a bientôt reçu les nouvelles de la catastrophe. Elles trouvèrent long-temps des incrédules; même sur le témoignage des guerriers de la première distinction échappés au combat, on doutait que la défaite eût été si générale. Mais, la vérité enfin connue, on prit en haine les orateurs dont les voix avaient, réunies, inspiré tant de zèle pour l'expédition, comme si le peuple ne l'avait pas lui-même sanctionnée. Les publicateurs d'oracles, les devins, et tous ceux qui, en échauffant les esprits, avaient amené à croire qu'on se rendrait maître de la Sicile, furent les objets de l'indignation publique. On n'avait, de toutes parts, que sujet de douleurs, et aux calamités qu'on venait d'éprouver se joignaient la terreur et une profonde consternation. D'un côté, chacun avait à gémir en particulier sur ses pertes, et la république à regretter cette multitude d'hoplites, de cavaliers, cette jeunesse florissante qu'elle n'était plus en état de remplacer; de l'autre, on ne voyait plus dans les chantiers de vaisseaux en état de tenir mer, plus d'argent dans le trésor, plus de matelots pour la flotte; et, dans une telle détresse, nulle espérance de salut. Les Athéniens croyaient que soudain les peuples de la Sicile navigueraient contre le Pirée, surtout après une si mémorable victoire; que, de leur pays même, des Péloponnésiens et autres voisins, avec un appareil deux fois plus formidable, les presseraient et par terre et par mer; qu'à tant d'ennemis se joindraient leurs propres alliés révoltés. On décréta néanmoins qu'il fallait, autant que le permettraient les circonstances, ne pas céder, équiper même une flotte, se procurer, comme on pourrait, des bois de construction et de l'argent; tenir les alliés, et l'Eubée surtout, en respect; mettre de l'économie dans les dépenses de l'intérieur de la ville; élire un conseil de sages vieillards, qui s'occuperait des décrets préparatoires qu'exigeraient les conjonctures critiques; enfin (car tel est l'usage du peuple), on était prêt, dans la terreur subite qui frappait les esprits, à rétablir le bon ordre dans toutes les parties du gouvernement. Ce qu'on venait de décréter, on l'exécuta. L'été finissait.

CHAP. 2. L'hiver suivant, la grande catastrophe des Athéniens en Sicile exalta les esprits de tous les Hellènes. Ceux qui n'étaient alliés ni de l'un, ni de l'autre parti, se croyaient obligés de prendre les armes sans même attendre qu'ils y fussent invités : ils voulaient marcher contre Athènes, persuadés, chacun en particulier, que les armées de cette république seraient venues fondre sur eux, si les affaires de Sicile avaient prospéré; que d'ailleurs on verrait bientôt finir cette guerre, et qu'il serait beau d'y avoir eu quelque part. Les alliés des Lacédémoniens, tous unanimement, se sentaient plus d'ardeur que jamais à terminer promptement les maux qu'ils enduraient; mais surtout les sujets d'Athènes, même sans consulter leurs forces, étaient prêts à se soulever, jugeant des affaires dans un moment d'enthousiasme, et, dans leurs conjectures, n'accordant pas aux Athéniens la moindre chance de salut pour l'année suivante. Lacédémone était encouragée par toutes ces considérations; et surtout parce qu'au retour du printemps les alliés de Sicile, avec une puissance formidable, seraient alors contraints, par la nécessité même, d'unir leurs vaisseaux à ses flottes. De toutes parts flattée des plus belles espérances, elle voulait sans délai reprendre les armes : elle se représentait que cette guerre heureusement terminée la mettrait pour l'avenir à l'abri des dangers qu'elle aurait eus à redouter de la part des Athéniens s'ils avaient ajouté la domination de la Sicile à leur puissance, et que, les détruisant eux-mêmes, elle deviendrait paisiblement la dominatrice de toute l'Hellade.

CHAP. 3. Agis, dans ce même hiver, partant de Décélie avec des forces considérables, recueillit, pour l'entretien de la flotte, les contributions des alliés. Il gagna le golfe Maliaque, fit un grand butin sur les Étéens, anciens ennemis de sa nation, et le convertit en argent. Il exigea aussi des ôtages et des contributions pécuniaires des Achéens phtiotes et des autres peuples de cette contrée, sujets de la Thessalie, quoique les Thessaliens se plaignissent de ces vexations et les supportassent impatiemment. Il déposa les ôtages à Corinthe, dont il tâcha d'obtenir l'alliance. Les Lacédémoniens exigèrent des villes qu'elles construisissent cent vaisseaux, s'obligèrent eux-mêmes à en fournir vingt-cinq, ainsi que les Béotiens; en demandèrent quinze aux Phocéens et aux Locriens, le même nombre aux Corinthiens; dix aux Arcadiens, aux Pelléniens et aux Sicyoniens; autant aux Mégariens, aux Trézémiens, aux Épidauriens et aux Hermioniens. Ils firent toutes leurs dispositions pour ouvrir la campagne à l'entrée du printemps.

Chap. 4. Les Athéniens, comme ils l'avaient résolu, se procurèrent aussi, pendant l'hiver, des bois de construction, mirent des vaisseaux sur le chantier, et fortifièrent Sunium, pour que les bâtimens qui leur apporteraient des subsistances pussent, sans crainte de l'ennemi, doubler le promontoire sans danger. Ils abandonnèrent le fort qu'ils avaient élevé dans la Laconie, lorsqu'ils côtoyaient le Péloponnèse pour aller en Sicile, et tout ce qui leur paraissait entraîner des dépenses superflues, s'imposant une stricte économie, et s'appliquant surtout à prévenir la défection des alliés.

Chap. 5. Tandis qu'on agissait ainsi de part et d'autre, et qu'on se livrait aux apprêts de la guerre avec la même ardeur que si on la commençait, les peuples de l'Eubée, cet hiver même, furent les premiers à traiter avec Agis pour se détacher d'Athènes. Il accueillit leur proposition, et fit venir de Lacédémone, pour les commander, Alcamène, fils de Sthénélaïdas, et Mélanthe. Ils arrivèrent, amenant avec eux environ trois cents néodamodes. Agis travaillait à leur préparer le passage, quand les Lesbiens se présentèrent aussi dans le dessein de se soulever contre Athènes. Les Béotiens étaient d'intelligence avec eux, et Agis, à leur sollicitation, convint de suspendre l'exécution de ses projets contre l'Eubée, fit les dispositions nécessaires pour favoriser la défection des Lesbiens, et leur donna, pour diriger le complot, Alcamène, qui allait faire voile pour leur île : il agissait sans prendre les ordres des Lacédémoniens; car tout le temps qu'il occupa Décélie, il fut maître, avec les forces qui lui étaient confiées, d'envoyer des troupes partout où il voulait et de les rappeler ensuite, et d'exiger des contributions en argent. On peut dire qu'à cette époque les alliés lui obéissaient bien plus qu'aux Lacédémoniens de Sparte : en effet, les forces qu'il avait à ses ordres le rendaient redoutable en tout lieu. Il embrassa les intérêts des Lesbiens. Les habitans de Chio et d'Érythres, non moins disposés à la défection, ne s'adressèrent point à lui, mais à Lacédémone. On remarquait parmi eux un envoyé de Tissapherne, qui gouvernait les provinces maritimes au nom de Darius, fils d'Artaxerxès. Tissapherne excitait les Péloponnésiens à la guerre, et promettait de pourvoir à la subsistance de l'armée. Le roi venait de lui demander les tributs arriérés de sa satrapie, qu'il ne pouvait, à cause des Athéniens, se faire payer des villes helléniques. Il espérait, quand il aurait humilié Athènes, toucher plus aisément ses contributions, amener les Lacédémoniens à l'alliance du roi, et lui envoyer, mort ou vif, suivant l'ordre de ce prince, Amorgès, bâtard de Pissuthnès, qui s'était révolté dans la Carie. Les habitans de Chio et Tissapherne agirent de concert.

Chap. 6. Vers le même temps, Calligite, fils de Laophon de Mégares, et Timagoras, fils d'Athénagoras de Cyzique, tous deux exilés, et qui avaient trouvé un asile auprès de Pharnabaze, fils de Pharnace, arrivent à Lacédémone. Pharnabaze les députait pour engager cette république à envoyer une flotte sur l'Hellespont, et afin encore, ce que Tissapherne avait fort à cœur, de soulever contre Athènes, s'il était possible, les villes de son gouvernement pour en recevoir les tributs, et de se donner le mérite d'engager au plus tôt les Lacédémoniens dans l'alliance du roi. Comme les émissaires de Pharnabaze et de Tissapherne négociaient séparément, il s'éleva de vives contestations entre les Lacédémoniens, les uns voulant qu'on envoyât des vaisseaux et des troupes dans l'Ionie et à Chio; les autres, que cet envoi fût pour l'Hellespont. Cependant les sollicitations de Tissapherne et des habitans de Chio furent bien mieux accueillies, soutenues par Alcibiade, qui, par ses ancêtres, était étroitement uni à Endius par le lien de l'hospitalité, à tel point que la maison d'Alcibiade avait adopté un nom lacédémonien, car le père d'Endius s'appelait Alcibiade.

Les Lacédémoniens ne laissèrent pas d'envoyer d'abord à Chio un périèce, nommé Phrynis, pour reconnaître si cette république avait autant de vaisseaux qu'elle l'annonçait, et si d'ailleurs ses moyens répondaient à ce que publiait la renommée. Sur le rapport affirmatif de cet envoyé, ils firent aussitôt alliance avec les habitans de Chio et d'Érythres; décrétèrent qu'il leur serait envoyé quarante vaisseaux, vu qu'ils n'en avaient pas moins de soixante fournis par les villes que ceux de Chio avaient indiquées. Ils allaient d'abord en faire partir dix avec Mélancridas, qui les commandait; mais, après un tremblement de terre qui survint, ils n'en appareillèrent que cinq au lieu de dix, et nommèrent pour les commander Chalcidée, au lieu de Mélancridas.

L'hiver finissait, et la dix-neuvième année de la guerre que Thucydide a écrite.

Chap. 7. Dès le commencement de l'été suivant, ceux de Chio pressèrent l'expédition de la flotte. Ils craignaient que les négociations, toutes conduites à l'insu d'Athènes, ne parvinssent à sa connaissance. Les Lacédémoniens, sur leurs instances, dépêchèrent à Corinthe deux Spartiates, afin que tous les vaisseaux, soit ceux qu'Agis appareillait pour Lesbos, soit d'autres encore de la mer de Crissa, allassent promptement, par-dessus l'isthme, dans la mer qui regarde Athènes, et fissent tous voile pour Chio. La totalité des vaisseaux alliés, au point du départ, était de trente-neuf.

Chap. 8. Calligite et Timagoras refusèrent, au nom de Pharnabaze, de prendre part à cette expédition de Chio, et ne donnèrent pas les vingt talens qu'ils avaient apportés pour l'envoi de la flotte; et postérieurement ils résolurent, de leur propre autorité, de se joindre à un autre armement.

Agis, voyant les Lacédémoniens se prononcer d'abord pour Chio, n'émit pas un vœu contraire : en conséquence, les alliés rassemblés à Corinthe délibérèrent et arrêtèrent de se rendre d'abord à Chio, sous le commandement de Chalcidée, qui avait équipé les cinq vaisseaux, dans la Laconie; d'aller ensuite à Lesbos, accompagnés aussi du général Alcamène, sur lequel Agis avait les mêmes vues; de là, de passer dans l'Hellespont (expédition dont on avait chargé Cléarque, fils de Ramphias); de transporter par-dessus l'isthme la moitié des vaisseaux, qui, sans délai, mettraient en mer, afin que les Athéniens ne fissent pas plus attention à la flotte qui allait faire voile qu'à celle qui partirait ensuite : car, de ce côté, ils ne mettaient aucun mystère à l'expédition, pleins de mépris pour l'impuissance d'Athènes, qui ne se montrait nulle part avec une flotte importante. Conformément à cette résolution, vingt-un vaisseaux furent sur-le-champ passés par-dessus l'isthme.

Chap. 9. Les alliés pressaient le départ; mais les Corinthiens montraient peu d'empressement à s'embarquer avec eux avant la célébration des jeux isthmiques. Agis, approuvant qu'ils ne violassent pas la trêve, voulait que l'expédition se fît en son nom. Les Corinthiens ne goûtant pas cette idée, et l'affaire traînant en longueur, les Athéniens pressentirent plus facilement les projets de Chio, et chargèrent de leurs réclamations et de leurs plaintes Aristocrate, l'un de leurs généraux. Ceux de Chio nièrent les griefs, et, comme alliés, reçurent l'ordre d'envoyer des vaisseaux, gages de fidélité : ils en envoyèrent sept. La raison de cet envoi, c'est que le parti populaire ne savait rien de ce qui se tramait, et que les partisans de l'oligarchie, qui voyaient tout, ne voulaient pas indisposer contre eux la multitude avant d'avoir reçu un renfort, et d'ailleurs ne s'attendaient plus à l'arrivée des Péloponnésiens, qui tardaient à paraître.

Chap. 10. Cependant on célébrait les jeux isthmiques. Les Athéniens se rendirent, selon leur promesse, à ce spectacle religieux, et pénétrèrent mieux alors les projets de ceux de Chio. De retour, ils prirent leurs mesures pour que la flotte de Corinthe ne partît pas à leur insu de Cenchrées. Après la fête, vingt-un vaisseaux, commandés par Alcamène, cinglaient vers Chio : les Athéniens, s'avançant à leur rencontre avec un nombre de vaisseaux d'abord égal, cherchaient à les pousser vers la haute mer : mais, après bien du temps, les Péloponnésiens, loin de se laisser attirer, s'étant éloignés de la haute mer, les Athéniens se retirèrent aussi (car ils ne se fiaient pas aux sept vaisseaux de Chio qui faisaient partie de leur flotte) : mais en ayant ensuite appareillé une autre de trente-sept voiles, ils les atteignirent comme ils longeaient les côtes, et les poursuivirent jusqu'au Piréum, lieu désert, qui est le dernier des ports de la Corinthie, vers les frontières de l'Épidaurie.

Les Péloponnésiens perdirent un vaisseau qui était au large, rallièrent les autres et prirent terre. Les Athéniens, les ayant attaqués et par mer et par terre, les jetèrent dans le trouble et la confusion, brisèrent sur le rivage la plus grande partie des bâtimens, et tuèrent le commandant Alcamène : pour eux, ils ne perdirent que peu des leurs.

Chap. 11. Les combattans s'étant séparés, les Athéniens bloquèrent la flotte ennemie avec un nombre suffisant de vaisseaux, et gagnèrent avec le reste un îlot voisin. Ils y campèrent et envoyèrent à Athènes demander du renfort : car le lendemain étaient arrivés au secours des Péloponnésiens, les Corinthiens, et, peu après, d'autres peuples du voisinage. A la vue de tant de difficultés pour défendre leur flotte en un lieu désert, les Péloponnésiens étaient dans une grande perplexité. Ils avaient voulu d'abord l'incendier : mais ensuite ils se décidèrent à la tirer à sec, en chargeant l'infanterie de la garder jusqu'à ce qu'il s'offrît quelque moyen de salut. Agis, qui jugeait toute la grandeur du danger, leur avait envoyé le Spartiate Thermon. Quant aux Lacédémoniens, on les avait précédemment informés que les vaisseaux avaient passé l'isthme : en effet les éphores avaient enjoint à Alcamène de transmettre sans délai la nouvelle par un cavalier. A l'arrivée du message, ils voulaient envoyer les cinq vaisseaux sous la conduite de Chalcidé, en lui adjoignant Alcibiade. On en pressait le départ, quand on apprit que la flotte était bloquée dans le Piréum. Consternés de voir si mal commencer l'expédition de l'Ionie, ils songeaient, non plus à faire sortir des vaisseaux de leur port, mais à en rappeler quelques-uns qui déjà étaient en mer.

Chap. 12. Alcibiade n'en fut pas plus tôt instruit qu'il conjura de nouveau Endius et les autres éphores de ne pas abandonner l'expédition par découragement : il représenta qu'on arriverait à Chio avant qu'il pût y parvenir aucune nouvelle de l'échec de la flotte : lui-même, abordant en Ionie et dépeignant la faiblesse d'Athènes et l'ardeur de Lacédémone, déciderait facilement les villes à se soulever, et paraîtrait plus que personne mériter de la confiance. Il dit en particulier à Endius qu'il serait glorieux pour lui de soustraire l'Ionie à l'alliance d'Athènes ; de procurer à Lacédémone celle du grand roi, et d'enlever ce succès à Agis, son ennemi : car Alcibiade était alors ennemi d'Agis. Il persuada Endius, partit avec les cinq vaisseaux que commandait Chalcidée, et fit le trajet en grande diligence.

Chap. 13. Vers le même temps revenaient de Sicile les seize vaisseaux du Péloponnèse que Gylippe avait amenés au secours des Syracusains, et à qui, sur les côtes de la Leucadie, les vingt-sept vaisseaux d'Athènes, commandés par Hippoclès, fils de Ménippe, avaient disputé leur retour dans l'Hellade. Je ne parle pas des autres vaisseaux de la flotte corinthienne, car tous, un seul excepté, échappés aux Athéniens, avaient abordé à Corinthe.

Chap. 14. Chalcidée et Alcibiade, craignant d'être découverts, faisaient prisonniers tous ceux qu'ils rencontraient sur leur route. Le premier point du continent qu'ils touchèrent fut Coryce [d'Ionie]. Après y avoir déposé les prisonniers, ils s'abouchèrent avec des habitans de Chio qui étaient d'intelligence avec eux, et dont l'avis fut qu'ils abordassent sans se faire annoncer. Ils apparaissent soudain. La surprise et l'effroi saisissent les esprits de la multitude : quant aux partisans de l'oligarchie, ils s'étaient arrangés de manière que le sénat se trouvât convoqué. Chalcidée et Alcibiade exposent que d'autres vaisseaux, en grand nombre, faisaient voile pour Chio, mais ne disent rien de la flotte bloquée au Pirée ; déterminent de nouveau ceux de Chio et l'Érythrée à se détacher d'Athènes, et partent ensuite avec trois vaisseaux pour Clazomènes, qu'ils soulèvent. Les Clazoméniens passèrent aussitôt sur le continent et fortifièrent Polichna, asile qu'ils se ménageaient dans le cas où il faudrait abandonner la petite île qu'ils habitaient. Les rebelles étaient tous occupés de fortifications et de préparatifs de guerre.

Chap. 15. Athènes reçoit bientôt les nouvelles de Chio. Les Athéniens se persuadent qu'un danger trop manifeste les menace ; que le reste des alliés ne tardera pas, quand une république de cette importance se révolte. Malgré le désir de ne pas toucher, de toute la guerre, aux mille talens mis en réserve, ils abrogent la peine [de mort] portée contre celui qui aborderait la question d'y toucher ou la mettrait aux voix ; décrètent la *disponibilité* de la somme, l'équipement d'une flotte considérable, sur-le-champ même, l'envoi de huit des bâtimens de garde au Pirée, qui, sous les ordres de Strombichide, fils de Diotime, avaient quitté le blocus pour se mettre à la poursuite de ceux de Chalcidée, et qui, n'ayant pu les atteindre, étaient revenus à leur poste ; enfin le prochain départ de douze autres vaisseaux qu'on détacherait du même blocus. Quant aux sept vaisseaux de Chio qui, unis à la flotte athénienne, tenaient assiégés au Périum ceux du Péloponnèse, on les ramena dans l'Attique ; on affranchit les esclaves qui les montaient et l'on mit aux fers les hommes libres. Des vaisseaux promptement appareillés avaient été envoyés au blocus pour y remplacer les vaisseaux partis de Chio, et l'on se disposait à en appareiller encore. L'ardeur était universelle : or prenait les plus vigoureuses mesures contre la rébellion de Chio.

Chap. 16. Cependant Strombichide arrive à Samos avec ses huit vaisseaux, joint à sa flotte un vaisseau samien, se porte à Téos, et conjure les habitans de ne pas faire de mouvement. Chalcidée, de son côté, faisait voile de Chio à Samos, avec vingt-trois vaisseaux, soutenu de l'infanterie des Clazoméniens et des Érythréens, qui le suivaient en marchant parallèlement à la flotte. Strombichide, pressentant une lutte prochaine, avait, le premier, gagné la haute mer; mais, voyant la supériorité de la flotte ennemie qui était partie de Chio, il s'enfuit à Samos : on se mit à sa poursuite. Les Téiens, qui d'abord avaient refusé de recevoir l'armée de terre, l'accueillirent ensuite, voyant les Athéniens en fuite. Le parti démocratique était d'abord resté dans l'inaction, attendant le retour de Chalcidée; mais, comme il tardait, ils rasèrent eux-mêmes le mur élevé par les Athéniens du côté où Téos regarde le continent. Ils furent secondés, dans cette opération, par l'arrivée d'un petit nombre de barbares que commandait Tagès, lieutenant de Tissapherne.

Chap. 17. Chalcidée et Tissapherne, étant revenus de la poursuite de Strombichide, convertirent en hoplites les matelots de la flotte péloponnésienne, et, les laissant à Chio, les remplacèrent par des matelots de cette île; équipèrent encore vingt autres bâtimens et se portèrent sur Milet pour y opérer une défection. Alcibiade, ami des principaux citoyens de cette république, voulait les mettre dans le parti avant l'arrivée des vaisseaux péloponnésiens, et assurer à ceux de Chio, à Chalcidée, à lui-même, et à l'éphore Endius, à qui il l'avait promis, tout l'honneur de la lutte, et celui d'avoir opéré la défection de tant de villes avec les seules forces de Chio et les cinq navires de Chalcidée. Ils firent donc, sans être aperçus, la plus grande partie du trajet, devancèrent de peu Thrasiclès, qui, avec douze vaisseaux, venait d'Athènes seconder Strombichide, et soulevèrent Milet. Les Athéniens arrivèrent sur leurs traces avec dix-neuf vaisseaux : on ne les reçut pas; ils prirent terre à Ladé, île adjacente.

La révolte de Milet venait d'éclater quand le grand roi, par l'entremise de Tissapherne et de Chalcidée, conclut, pour la première fois, avec Lacédémone, une alliance offensive et défensive dont voici la teneur :

Chap. 18. Les Lacédémoniens et leurs alliés ont conclu avec le grand roi et avec Tissapherne alliance offensive et défensive, aux conditions suivantes :

Toutes les contrées et les villes que possède le grand roi ou que possédaient ses pères, resteront sous sa domination.

Le grand roi, les Lacédémoniens et leurs alliés, empêcheront, en commun, que les Athéniens ne reçoivent rien des villes d'où ils tirent de l'argent ou tout autre revenu.

Le grand roi, les Lacédémoniens et leurs alliés, feront, en commun, la guerre aux Athéniens. Il ne sera permis ni au grand roi, ni aux Lacédémoniens, ni aux alliés, de faire la paix avec Athènes sans l'aveu de toutes les parties contractantes.

Ceux qui se révolteront contre le grand roi, seront ennemis de Lacédémone et des alliés.

Ceux qui se soulèveront contre Lacédémone et leurs alliés, seront ennemis du grand roi.

Chap. 19. Telle fut la teneur du traité. Aussitôt après, les habitans de Chio équipèrent dix autres bâtimens, et firent voile pour Anéa, dans le dessein de savoir ce qui s'était passé à Milet, et de soulever en même temps les villes; mais, un message de Chalcidée leur ayant porté l'ordre de revenir, surtout parce qu'Amorgès allait arriver par terre avec une armée, ils cinglèrent vers l'hiéron de Jupiter, d'où ils découvrirent seize vaisseaux amenés par Diomédon, et partis après ceux que commandait Thrasiclès. Un des vaisseaux s'enfuit à Éphèse, les autres se dirigèrent vers Téos. Les Athéniens en prirent quatre vides dont les hommes avaient eu le temps de se sauver à terre; le reste gagna Téos. Les Athéniens se rendirent à Samos. Ceux de Chio, s'étant mis en mer avec le reste de leur flotte et avec leur infanterie, soulevèrent Lébédos et Ères. Tous revinrent ensuite, infanterie et vaisseaux.

CHAP. 20. Cependant les vingt bâtimens péloponnésiens du Périum, que les Athéniens avaient poursuivis, et qu'ils tenaient en échec avec un nombre égal de voiles, rompant soudain la ligne qui les bloquait, remportèrent la victoire et prirent quatre vaisseaux. Arrivés à Cenchrées, ils se disposèrent de nouveau à cingler vers Chio et vers l'Ionie. Astyochus, alors navarque, arrivait de Lacédémone pour prendre le commandement de la flotte. Les troupes de terre étant sorties de Téos, Tissapherne, qui lui-même y était venu avec une armée et avait démoli ce qui pouvait rester de fortifications dans Téos, se retira aussi. Peu de temps après son départ, Diomédon, venu d'Athènes avec dix vaisseaux, obtint des Téiens qu'ils consentissent aussi à le recevoir. Il longea ensuite les côtes pour aller à Ères, tenta vainement de s'en rendre maître, et se rembarqua.

CHAP. 21. Dans le même temps, la faction populaire de Samos, de concert avec des Athéniens qu'avaient amenés trois vaisseaux, se souleva contre les principaux citoyens : elle en massacra deux cents, en exila quatre cents, se partagea les maisons et les terres des proscrits, et reçut, par un décret d'Athènes, à titre d'alliée qui venait de prouver son attachement à la démocratie, le droit de se régir à l'avenir par ses propres lois : elle exclut les *géomores* de tout privilége, les déclara inhabiles à faire aucune donation; et nul homme du parti populaire ne pouvait plus contracter alliance avec eux, soit en donnant ses filles, soit en prenant chez eux des épouses.

CHAP. 22. Après ces événemens, dans le même été, les habitans de Chio, conservant toute leur première ardeur, se montrant en masse, sans les Péloponnésiens, pour soulever les villes, et voulant en même temps exciter le plus grand nombre possible à partager leurs périls, marchèrent seuls et sans alliés contre Lesbos, tandis que l'infanterie des Péloponnésiens présens et des alliés de la contrée se rendait à Clazomènes et à Cume, sous les ordres du Spartiate Évalas; le périèce Diniadas commandait la flotte. Les vaisseaux abordent et soulèvent d'abord Méthymne.

CHAP. 23. Astyochus, navarque lacédémonien, suivant sa première destination, se rendit de Cenchrées à Chio. Le surlendemain de son arrivée, voguaient vers Lesbos les vingt-cinq vaisseaux de l'Attique que commandaient Diomédon et Léon : car ce dernier, parti d'Athènes après son collègue, avait renforcé la flotte de dix vaisseaux. Astyochus, le même jour, s'étant mis en mer sur le soir, réunissant à sa flotte un vaisseau de Chio, vogua aussi vers Lesbos pour la secourir, s'il était possible, arriva à Pyrrha, et de là, le lendemain, à Éresse, où il apprit que les Athéniens venaient de prendre d'emblée Mytilène. En effet, les Athéniens n'étant point attendus et abordant avec précaution, s'étaient rendus maîtres de la flotte de Chio; puis, ayant fait une descente et battu ce qui restait, ils avaient pris la ville.

Astyochus, informé de ce contretemps et par les Éressiens et par les navires de Chio qui, à leur retour de Méthymne avec Eubulus, d'abord interceptés, s'étaient ensuite échappés lors de la prise de Mitylène, au nombre de trois seulement (car le quatrième était tombé au pouvoir des Athéniens); Astyochus, dis-je, continua sa marche contre Mitylène, souleva Éresse, arma les hoplites de sa flotte et les envoya par terre à Antisse et à Méthymne, sous la conduite d'Étéonicus. Lui-même s'y rendait en longeant les côtes avec ses vaisseaux et les trois de Chio, espérant qu'à son aspect les Méthymnéens se rassureraient et persisteraient dans leur défection. Mais, tout lui ayant été contraire à Lesbos, il revint avec son armée à Chio. Les troupes qu'on avait embarquées et qui devaient aller sur l'Hellespont, regagnèrent leurs villes.

Chio, à la suite de ces événemens, reçut six vaisseaux de la flotte péloponnésienne alliée qui était à Cenchrées. Quant aux Athéniens, ils apaisèrent la révolte de Lesbos, partirent de cette île, prirent Polichna, cette petite ville d'Asie que les Clazoméniens avaient fortifiée, et firent rentrer ceux-ci dans l'île, excepté les chefs de la défection, qui se retirèrent à Daphnonte. Ainsi Clazomènes rentra sous la puissance d'Athènes.

Chap. 24. Ce même été, les Athéniens, qui tenaient Milet en échec avec les vingt bâtimens stationnés à Ladé, firent une descente à Panorme, ville de la Milésie, et tuèrent le Lacédémonien Chalcidée, qui était accouru avec trop peu de monde. Le surlendemain, ils mirent en mer après avoir dressé un trophée, que les Milésiens enlevèrent comme dressé par des gens qui ne s'étaient pas rendus maîtres du territoire. Quant à Léon et Diomédon, avec des vaisseaux athéniens tirés de Lesbos, des Énusses, îles situées vis-à-vis de Chio, de Sidusse, de Ptélée, ils effectuèrent une descente dans l'Érythrée et démolirent les forts qu'ils y possédaient; puis, prenant Lesbos pour point de départ de leurs vaisseaux, ils faisaient la guerre à ceux de Chio, ayant à bord des hoplites enrôlés forcément.

Ils effectuèrent ensuite une descente à Cardamyle, battirent à Bolisse ceux de Chio venus à leur rencontre, en tuèrent un grand nombre et soulevèrent les places de cette contrée. Ils remportèrent encore une autre victoire à Phanes et une troisième à Leuconium; puis, ceux de Chio ne paraissant plus, ils ravagèrent impitoyablement un territoire où tout annonçait une prospérité que rien n'avait altérée depuis la guerre des Mèdes jusqu'alors. Car de tous les peuples que je connaisse, ceux de Chio sont les seuls, après les Lacédémoniens, qui aient uni la sagesse au bonheur; et plus la république allait s'agrandissant, plus ils s'attachaient à consolider ce qui lui donnait de l'éclat. Et nous dirons à ceux qui accuseraient d'imprudence leur défection actuelle, qu'ils avaient tout fait dans l'espoir d'affronter les périls avec de braves et nombreux alliés; d'ailleurs ils savaient que les Athéniens eux-mêmes, après leur désastre en Sicile, ne pouvaient nier que leurs affaires ne fussent dans la plus déplorable situation. S'ils ont échoué par suite d'événemens inattendus, qui pourtant sont dans la nature des choses humaines, leur erreur était commune à tant d'autres qui croyaient, comme eux, que bientôt la puissance d'Athènes serait détruite de fond en comble. Exclus du commerce de la mer et voyant le pays dévasté, quelques citoyens entreprirent de livrer la ville aux Athéniens. Instruits du projet, les magistrats n'agirent point personnellement, mais ils appelèrent d'Érythres Astyochus avec les quatre vaisseaux dont il disposait, et délibérèrent avec lui sur les moyens les plus doux d'apaiser le soulèvement, en prenant des otages, ou de toute autre manière. Telle était la position de Chio.

Chap. 25. A la fin du même été, quinze cents hoplites athéniens, mille d'Argos (car les Athéniens avaient converti en hoplites cinq cents *psiles* argiens), mille des alliés partis d'Athènes sous la conduite de Phrynicus, Onomaclès et Scironidès, et montés sur quarante-huit vaisseaux dont plusieurs étaient destinés à transporter des hoplites, abordèrent à l'île de Samos, passèrent de là à Milet, et campèrent devant la place. Les Milésiens, étant sortis au nombre de huit cents hoplites contre ceux du Péloponnèse venus avec Chalcidée, les auxiliaires de Tissapherne, et Tissapherne en personne avec sa cavalerie, livrèrent bataille aux Athéniens et à leurs alliés. Les Argiens, dépassant tous les autres de leur aile, s'avancèrent sans ordre, par mépris pour des Ioniens, qui sans doute ne les attendraient pas, furent vaincus par les Milésiens, et ne perdirent pas moins de trois cents hommes. Les Athéniens, de leur côté, battirent d'abord les Péloponnésiens, et repoussèrent ensuite les barbares et tout le bagage, mais sans avoir affaire aux Milésiens. Ceux-ci, après avoir mis les Argiens en fuite, trouvant à leur retour le reste de leur armée battu, étaient rentrés dans la ville. Les Athéniens victorieux assirent leur camp sous les murs de la place. Des deux côtés, dans cette bataille, les Ioniens eurent l'avantage sur les Doriens: car les Athéniens battirent les Péloponnésiens qui leur étaient opposés, et les Milésiens défirent les troupes d'Argos. Les vainqueurs dressèrent un trophée et se préparèrent à investir d'une muraille la place, dont le terrain était resserré comme un isthme, persuadés que s'ils réduisaient Milet, le reste serait facile à soumettre.

Chap. 26. Cependant, à la fin du jour, ils reçoivent la nouvelle que la flotte de cinquante-cinq vaisseaux du Péloponnèse et de Sicile allait arriver. D'après les conseils d'Hermocrate de Syracuses, qui encourageait les Siciliens à poursuivre l'entière destruction d'Athènes, vingt vaisseaux étaient venus de Syracuses et deux de Sélinonte. Ceux qu'on avait appareillés dans le Péloponnèse étaient prêts, et Théramène de Lacédémone avait reçu l'ordre de conduire ces deux flottes au navarque Astyochus. Elles relâchèrent d'abord à Éléum, île située vis-à-vis de Milet, puis, sur la nouvelle que les Athéniens étaient près de Milet, elles gagnèrent le golfe Iasique, voulant connaître ce qui se passait à Milet. Alcibiade arrive à cheval dans la Milésie, à Tichiusse, où elles avaient stationné après être entrées dans le golfe, leur donne des détails de l'action, car il s'y était trouvé et avait combattu avec les Milésiens et Tissapherne, exhorte les troupes, si elles ne veulent pas ruiner entièrement les espérances de l'Ionie, à porter les plus prompts secours à Milet, et à ne pas voir d'un œil indifférent investir cette place d'un mur de circonvallation.

Chap. 27. Elles allaient agir dès le point du jour; mais Phrynicus, général des Athéniens, ayant appris de Léros l'arrivée de la flotte, et voyant ses collègues déterminés à soutenir le choc et à courir les chances d'une bataille navale, déclara qu'il n'en ferait rien, qu'il empêcherait, du moins autant qu'il serait en lui, qu'eux-mêmes, ou tout autre, courussent des hasards ; qu'on serait dans la suite maîtres de combattre, quand on saurait avec certitude le nombre des vaisseaux ennemis et ce qu'on aurait à leur opposer, et lorsqu'on se serait préparé convenablement et à loisir ; mais que jamais il n'irait, cédant follement à une mauvaise honte, au-devant d'une affaire décisive; qu'il ne serait pas honteux aux Athéniens d'obéir en mer aux circonstances, mais qu'il le serait bien davantage d'essuyer une défaite quelconque, et de livrer la république non seulement au déshonneur, mais encore au plus grand péril; qu'à la suite de ses malheurs récens à peine lui était-il permis, même avec des préparatifs sûrs, de risquer la première une attaque en quelque occasion que ce fût, soit volontairement, soit par nécessité; comment donc, sans y être forcée, s'exposerait-elle à des dangers de son choix! Il ordonna de prendre au plus tôt les blessés, l'infanterie, le bagage, de laisser le butin qu'ils avaient fait sur l'ennemi, pour ne pas surcharger les vaisseaux, et de faire voile vers Samos : de là, après avoir rassemblé toute la flotte, on ferait, si les circonstances étaient favorables, des courses sur l'ennemi. Il fit goûter ce projet et le mit à exécution. La sagesse de Phrynicus se montra non seulement dans cette occasion, mais encore dans la suite, et aussi bien dans toutes les affaires dont il eut le maniement que dans celle dont nous venons de parler. Ainsi, dès le soir, les Athéniens s'éloignèrent de Milet sans profiter de la victoire. Les Argiens, honteux de leur défaite, passèrent aussitôt de Samos dans leur pays.

Chap. 28. Les Péloponnésiens, avec l'aurore, de Tichiusse, levèrent l'ancre, allèrent à Milet, et, après avoir vainement attendu l'ennemi durant un jour, le lendemain ils prirent avec eux les vaisseaux de Milet qui avaient accompagné Chalcidée et qu'avaient chassés les ennemis, et retournèrent à Tichiusse pour y prendre les effets précieux qu'ils y avaient déposés. Ils arrivent : Tissapherne s'y rend avec ses troupes, les décide à faire voile pour Iasos, où se tenait Amorgès, ennemi du grand roi. Ils livrèrent une attaque subite, et, comme on ne s'attendait à voir que des vaisseaux d'Athènes, ils enlevèrent la place. Les Syracusains se signalèrent dans cette affaire. On prit vif cet Amorgès, bâtard de Pissuthnès, qui s'était révolté contre le roi. Les Péloponnésiens le livrèrent à Tissapherne, pour le conduire, s'il le voulait, au roi, comme il en avait reçu l'ordre, et ils pillèrent Iasos, place qui jouissait d'une ancienne opulence, et où les soldats firent un riche butin. Loin de faire aucun mal aux auxiliaires d'Amorgès, ils les reçurent dans leurs rangs, étant pour la plupart du Péloponnèse; abandonnèrent à Tissapherne la place et les prisonniers, tant libres qu'esclaves, à la charge d'un darique par tête, revinrent ensuite à Milet, firent passer par terre, jusqu'à Érythres, avec les troupes auxiliaires d'Amorgès, Pédarite, fils de Léon, que les Lacédémoniens envoyaient commander à Chio, puis établirent Philippe à Milet.

L'été finissait.

Chap. 29. L'hiver suivant, Tissapherne, après avoir établi garnison à Iasos, se rendit à Milet, et, comme il l'avait promis à Lacédémone, donna, pour un mois de subside, une drachme attique à chaque soldat de tous les vaisseaux. Il voulait, pour le reste du temps, ne donner que trois oboles, jusqu'à ce qu'il eût consulté la volonté du roi, ajoutant que, s'il en recevait l'ordre, il donnerait la drachme entière. Hermocrate, général syracusain, s'opposait à cet arrangement. Pour Théramène, qui n'était pas commandant de la flotte, et qui ne prenait part à l'expédition que pour remettre les vaisseaux à Astyochus, il traitait mollement l'affaire de la solde. On convint cependant qu'indépendamment des cinq vaisseaux [à qui l'on continuerait la drachme], on donnerait à chaque homme un peu plus de trois oboles : car Tissapherne paya pour les cinquante-cinq vaisseaux trente talens par mois, et l'on promit de payer au même taux tous les vaisseaux qui excéderaient ce nombre.

CHAP. 30. Le même hiver, les Athéniens qui étaient à Samos reçurent d'Athènes un renfort de trente-cinq vaisseaux commandés par Charminus, Strombichide et Euctémon. Ils rassemblèrent tous ceux qui étaient devant Chio et d'autres encore, et résolurent d'assiéger Milet par mer, d'envoyer contre Chio une armée de terre et une flotte, et de tirer les commandans au sort ; ce qui fut exécuté. Strombichide, Onomaclès et Euctémon, à qui échut l'expédition de Chio, se dirigèrent sur cette île avec trente vaisseaux, embarquant sur des bâtimens destinés au transport des hoplites une partie des mille hoplites qui avaient été devant Milet. Les autres restant à Samos, dominateurs de la mer avec soixante-quatorze vaisseaux, se préparaient au siège de Milet.

CHAP. 31. Astyochus, de son côté, qui se trouvait alors à Chio, se faisait remettre des otages, par crainte de trahison : mais il renonça à ces précautions quand il sut que la flotte conduite par [le Lacédémonien] Théramène allait arriver, et que les affaires des alliés se trouvaient en meilleur état. Il prit dix vaisseaux du Péloponnèse et autant de Chio, mit en mer, et, après avoir attaqué sans succès Ptéléum, naviguá contre Clazomènes, où il ordonna aux partisans d'Athènes de se transporter à Daphnonte, à quelque distance de la mer, et d'embrasser le parti de Lacédémone. Les mêmes ordres étaient donnés par Tamos, hyparque d'Ionie. On n'obéit pas. Astyochus alors attaqua la ville, qui n'était pas murée : cependant, ne pouvant la soumettre, il remit en mer par un gros temps; et tira du côté de Phocée et de Cume, tandis que le reste des vaisseaux alla mouiller dans les îles voisines de Clazomènes, Marathuse, Pélé, Drimysse. Retenus huit jours dans ces îles par les vents contraires, ils détruisirent et consommèrent en partie ce que les malheureux Clazoméniens y avaient déposé, embarquèrent le reste, et allèrent rejoindre Astyochus à Phocée et à Cume.

CHAP. 32. Astyochus était dans ces parages, lorsqu'arrivèrent des députés lesbiens, voulant leur livrer Lesbos. Ils le persuadèrent : mais, comme les Corinthiens et les autres alliés ne montraient que de la répugnance pour une entreprise où déjà ils avaient échoué, il remit en mer pour Chio. Sa flotte fut battue de la tempête, et ses vaisseaux dispersés arrivèrent enfin de divers points. Pédarite s'y rendit bientôt après, en suivant les côtes : venu par terre de Milet, il s'était arrêté à Érythres, d'où, avec ses troupes, il avait traversé le bras de mer qui sépare Érythres de Chio. Il amenait aussi, des cinq vaisseaux de Chalcidée, des soldats au nombre d'environ cinq cents, que ce général avait laissés avec leurs armes. Sur l'avis que quelques Lesbiens songeaient à se soulever, Astyochus représenta à Pédarite et aux habitans de Chio qu'il fallait conduire une flotte à Lesbos et favoriser cette disposition: que ce serait augmenter le nombre des alliés, ou du moins faire du mal aux Athéniens, si l'on n'avait pas d'autres succès. Mais il ne fut pas écouté ; Pédarite dit même qu'il ne lui sacrifierait pas la flotte de Chio.

Chap. 33. Astyochus alors, prenant les cinq vaisseaux de Corinthe, un de Mégares, un d'Hermione, et ceux de la Laconie qu'il avait amenés, partait pour Milet afin de prendre le commandement de la flotte; il partait, faisant aux habitans de Chio de violentes menaces, et protestant qu'il ne les secourrait pas au besoin. Il avait abordé à Coryce de l'Érythrée et y avait campé. Cependant les Athéniens, qui, de Samos, naviguaient contre Chio avec un appareil militaire, avaient mis à l'ancre de l'autre côté d'un monticule qui séparait les deux flottes ennemies; elles ne s'aperçurent pas l'une l'autre. Astyochus, ayant reçu de Pédarite une lettre qui lui mandait que des Érythréens prisonniers, relâchés par les Samiens pour tramer une trahison dans leur patrie, s'y rendaient à dessein d'exécuter le complot, retourna aussitôt à Érythres, et peu s'en fallut qu'il ne tombât au milieu des Athéniens. Pédarite fit le trajet pour le joindre : ils firent ensemble des recherches sur la prétendue conspiration, et ayant trouvé que ce n'était qu'une feinte dont ces hommes avaient usé pour se sauver de Samos, ils les déchargèrent d'accusation et partirent, Pédarite pour Chio, Astyochus pour Milet, comme il en avait le dessein. En effet il y allait [avant d'avoir reçu la lettre de Pédarite].

Chap. 34. Cependant la flotte d'Athènes, sortie de Coryce, fit, en doublant le cap d'Arginum, la rencontre de trois vaisseaux longs de Chio : elle ne les eut pas plus tôt aperçus, qu'elle se mit à leur poursuite. Une grande tempête s'éleva : les vaisseaux de Chio se réfugièrent avec peine dans le port : de ceux des Athéniens, les trois qui s'étaient le plus avancés se brisèrent et échouèrent près de la ville, avec perte considérable d'hommes pris ou tués; les autres se sauvèrent dans le port situé au pied du mont Mimas, et qu'on appelle *Phénicônte*; de là ils passèrent à Lesbos, et travaillèrent à se retrancher.

Chap. 35. Le même hiver, le Lacédémonien Hippocrate, parti du Péloponnèse, lui troisième, avec un vaisseau de la Laconie, un de Syracuses et dix de Thurium, qu'avait commandés Doriée, fils de Diagoras, aborda à Cnide, qui s'était détachée de Tissapherne. Ceux de Milet le prièrent aussitôt de n'employer que la moitié de ses bâtimens à la garde de Cnide, et d'aller, avec ceux qui étaient à Triopium, protéger une flotte marchande qui venait d'Égypte : Triopium, promontoire de la Cnidie, est hiéron d'Apollon. Sur ces nouvelles, les Athéniens partirent de Samos et prirent les six vaisseaux qui étaient de garde à Triopium : les hommes leur échappèrent. Voguant ensuite à Cnide, ils assaillirent la ville, qui n'est pas murée, et faillirent la prendre. Le lendemain, second assaut : mais on avait employé la nuit à se mettre en meilleur état de défense, et les hommes échappés de Triopium s'étaient jetés dans la place. Les assiégeans firent moins de mal aux ennemis que la veille; ils se répandirent dans la campagne, la ravagèrent, et remirent à la voile pour Samos.

Chap. 36. A la même époque, quand Astyochus vint trouver la flotte à Milet, les Péloponnésiens étaient encore bien munis de tout ce qu'exigeaient les besoins de l'armée. Le subside accordé suffisait à la solde; il restait aux soldats de grandes richesses qu'ils avaient pillées à Iasos, et les Milésiens supportaient avec zèle le poids de la guerre. Cependant les Péloponnésiens trouvaient incomplet et peu avantageux le premier traité fait entre Tissapherne et Chalcidée. Ils en firent un autre qui fut dirigé par Théramène, et dont voici la teneur :

Chap. 37. « Suivant l'accord fait entre les Lacédémoniens et leurs alliés, d'une part, et le roi Darius, les enfans de ce prince et Tissapherne, de l'autre, il y aura paix et amitié entre eux, aux conditions suivantes :

» Toutes les contrées et les villes qui appartiennent au roi, ou qui ont appartenu à son père ou à ses ancêtres, ne seront exposées à la guerre ni à aucun dommage de la part des Lacédémoniens ni des alliés de Lacédémone.

» Les Lacédémoniens ni les alliés des Lacédémoniens ne pourront lever sur ces villes aucun tribut.

» Le roi Darius, ni ceux à qui ce roi commande, ne se dirigeront sur les terres de la Laconie ou de leurs alliés, soit pour leur faire la guerre, soit pour leur causer un dommage quelconque.

» Si quelque demande est faite au roi par Lacédémone et ses alliés, ou par le roi à Lacédémone et ses alliés, et qu'ils parviennent à l'obtenir les uns des autres, ce qu'ils feront sera bien fait.

» Ils uniront leurs armes contre Athènes et ses alliés.

» S'ils concluent la paix, ce ne sera non plus qu'en commun.

» Toute armée qui se trouvera sur les terres du roi, et qu'il aura mandée, sera entretenue aux frais du roi.

» Si quelqu'une des villes qui ont un traité avec le roi marchait hostilement sur les terres de ce prince, les autres s'opposeraient à cette entreprise, et défendraient le roi de toute leur puissance.

» Dans le cas où une ville comprise dans les états du grand roi, ou soumise à sa domination, tenterait une irruption contre Lacédémone, ou contre ses alliés, le roi s'y opposerait et la défendrait de toute sa puissance. »

Chap. 38. Après cet accord, Théramène remit la flotte à Astyochus, monta sur un bâtiment léger et disparut. Quant à l'armée athénienne, elle venait de passer de Lesbos dans l'île de Chio : maîtres de la terre et de la mer, ils environnèrent d'un mur Delphinium, place d'ailleurs forte du côté de la terre, munie de ports, et peu éloignée de la ville de Chio. Les habitans de l'île, affligés du malheur constant de leurs armes, d'ailleurs peu d'accord entre eux, voyant en outre que Pédarite venait de punir de la peine capitale Tydée, fils d'Ion, et ceux de son parti qui tenaient pour Athènes, et que le reste de la ville se trouvait asservi par une véritable oligarchie, se tenaient dans l'inaction, livrés à des défiances réciproques : ni eux, par toutes ces raisons, ni les troupes auxiliaires de Pédarite, ne pouvaient évidemment inspirer une grande confiance. On envoya toutefois à Milet réclamer l'assistance d'Astyochus; et, sur son refus, Pédarite fit passer des plaintes à Lacédémone. Telle était la position des Athéniens dans l'île de Chio. Leur flotte de Samos alla en course contre celle de Milet ; mais, comme on n'avançait pas à sa rencontre, elle se retira et demeura tranquille à Samos.

Chap. 39. Les Lacédémoniens, à la sollicitation de Calligite de Mégares et de Timagoras de Cyzique, avaient appareillé une flotte qu'ils destinaient à Pharnabaze : elle sortit ce même hiver du Péloponnèse, forte de vingt-sept voiles, et prit, aux approches du solstice, la route d'Ionie : Antisthène, de Sparte, la commandait. Onze Spartiates furent dépêchés à cette occasion pour aller servir de conseil à Astyochus. L'un d'eux était Lichas, fils d'Arcésilas. Ils avaient ordre, à leur arrivée à Milet, de travailler en commun à mettre toutes les affaires dans le meilleur état; d'envoyer, s'ils le jugeaient à propos, à Pharnabaze, dans l'Hellespont, ou cette même flotte qu'ils montaient, ou un nombre plus ou moins grand de vaisseaux, et de mettre à la tête de cette expédition Cléarque, fils de Rhamphias, qui partait avec eux. Comme les lettres de Pédarite avaient rendu suspect Astyochus, les onze avaient le pouvoir de lui ôter, s'ils le jugeaient à propos, le commandement de la flotte, et de le donner à Antisthène. Ce fut de Malée que ces vaisseaux prirent le large : ils abordèrent à Mélos, y rencontrèrent dix vaisseaux athéniens, en prirent trois vides, et les brûlèrent. Mais craignant ensuite (ce qui arriva) que les vaisseaux échappés de Mélos n'avertissent à Samos de leur navigation, ils cinglèrent vers la Crète, prenant le vait enfermée par une circonvallation trop étendue pour que les armées de mer et de terre combinées ne laissassent pas quelque issue. Quoique les vues d'Astyochus eussent été d'abord différentes, et malgré toutes ses menaces antérieures, quand il vit les alliés eux-mêmes remplis de zèle pour leur défense, il fit ses dispositions pour les secourir.

CHAP. 44. Cependant il reçut de Caune l'avis que les Lacédémoniens qu'on lui donnait pour conseil y étaient arrivés avec les vingt-sept vaisseaux. Pensant que tout devait céder devant l'obligation d'escorter une flotte de cette importance, de lui mieux assurer l'empire de la mer,

Mais, une forte pluie étant survenue, le ciel s'étant chargé de nuages, le désordre se met dans la flotte, elle s'égare dans les ténèbres; au lever de l'aurore elle est dispersée. L'aile gauche fut aperçue des Athéniens, tandis que l'autre errait aux environs de l'île. Charminus et ses gens, avec moins de vingt vaisseaux, se portent aussitôt sur ceux qu'ils aperçoivent, les prenant pour ceux de Caune qu'ils guettent. Ils les attaquent à l'instant, en coulent trois à fond, en mettent d'autres hors de combat. Ils étaient vainqueurs lorsque parut inopinément la plus grande partie de la flotte. Entourés de toutes parts, ils fuient, perdent six vaisseaux, et se réfugient, avec le reste, dans l'île de Teuglusse, d'où ils gagnent Halicarnasse. Les Péloponnésiens, qui avaient relâché à Cnide, s'étant réunis aux vingt-sept vaisseaux de Caune, et ne formant plus qu'une seule flotte, allèrent à Syme, et, après y avoir dressé un trophée, rentrèrent dans le port de Cnide.

Chap. 43. Les Athéniens, consternés de ce combat naval, allèrent à Syme avec toute leur flotte de Samos; mais n'attaquèrent pas celle de Cnide, et n'en furent pas attaqués. Ils prirent à Syme tous les agrès des vaisseaux, insultèrent Lorymes sur le continent, puis se rembarquèrent pour Samos. On radoubait à Cnide tous les vaisseaux qui avaient besoin de réparations. Tissapherne y était: les onze Lacédémoniens eurent avec lui des conférences sur ce qu'ils n'approuvaient pas dans le passé, et sur le moyen de diriger désormais les opérations de la guerre au plus grand avantage des deux puissances. Lichas s'attachait surtout à examiner ce qui s'était fait; jugeait les deux traités vicieux, même celui de Théramène; trouvait étrange que le grand roi prétendît encore dominer sur les pays qu'avaient autrefois possédés son père ou ses ancêtres (car, en vertu de ces traités, toutes les îles, les Locriens, et autres peuplades, jusques et y compris la Béotie, rentraient toutes sous la domination du grand roi); et que les Lacédémoniens, au lieu de délivrer l'Hellade, la replaçassent tout entière sous le joug du Mède. Il voulait qu'on fît de nouveaux accords mieux conçus, après avoir annulé ceux qui avaient été faits, et qu'on ne reçût pas le subside à de telles conditions. Tissapherne, indigné, se retira sans avoir rien conclu.

Chap. 44. Les Lacédémoniens résolurent d'aller à l'île de Rhode, où les principaux de la république les appelaient par l'organe d'un héraut: ils comptaient unir à leur parti cette île puissante, riche en troupes de terre et de mer, et se croyaient, au moyen de cette alliance, en état d'entretenir cette flotte sans demander des subsides à Tissapherne. Mettant donc à la voile de Cnide, cet hiver même, ils abordèrent avec quatre-vingt-quatorze vaisseaux à Camire, la principale ville des Rhodiens. Bien des gens, ne sachant rien de ce qui se passait, prirent l'alarme et s'enfuirent, d'autant plus effrayés, que la ville n'était pas ceinte de murs. Les Lacédémoniens convoquèrent les habitans et ceux des deux autres villes rhodiennes, Linde et Ialyse, et ils leur persuadèrent d'abjurer l'alliance d'Athènes. Ainsi l'île entière embrassa la cause de Lacédémone. Les Athéniens, instruits de ce qui se passait, de Samos mirent à la voile dans l'intention de prévenir leurs ennemis, et parurent au large. Mais ils arrivèrent un peu trop tard, se retirèrent aussitôt à Chalcé, et de là à Samos. Ensuite ils se mirent en course de Chalcé, de Cos et de Samos, et firent la guerre aux Rhodiens. Les Péloponnésiens levèrent sur cette république une contribution de trente talens, tirèrent à sec leur flotte, et restèrent quatre-vingts jours dans l'inaction.

CHAP. 45. Voici ce qui se passait dans ces circonstances, et même avant qu'ils allassent à l'île de Rhode. Alcibiade, après la mort de Chalcidée et la bataille de Milet, devint suspect aux Péloponnésiens. Astyochus reçut de leur part une lettre écrite de Lacédémone, qui lui mandait de le faire mourir. Alcibiade était connu comme ennemi d'Agis, et d'ailleurs homme évidemment peu sûr. Il eut des craintes, et se retira près de Tissapherne. Il ne négligea rien, dans la suite, pour faire, auprès de ce satrape, tout le mal qu'il put aux Péloponnésiens. Tout se réglait par ses conseils. Il fit réduire leur solde à trois oboles, au lieu d'une drachme attique, qui encore n'était pas toujours payée. Il pressa Tissapherne de leur représenter que longtemps avant eux les Athéniens, savans dans la marine, ne donnaient que trois oboles à leurs équipages, moins par pauvreté, que pour empêcher les matelots de devenir insolens par trop d'aisance, et dans la crainte que les uns ne se rendissent moins propres au service, en dépensant leur argent à des plaisirs qui énervent le corps, et que d'autres ne négligeassent leurs vaisseaux, en laissant pour gage de leurs personnes le décompte qui leur reviendrait. Il lui apprit à gagner par argent les triérarques et les généraux des villes pour les faire consentir à cette réduction. Ceux de Syracuses n'eurent point de part à ces libéralités : Hermocrate, leur général, seul, au nom des alliés, improuvait les villes qui demandaient de l'argent, et leur disait, au nom de Tissapherne, que les habitans de Chio n'avaient pas de pudeur, eux qui, quoique les plus riches des Hellènes, ne doivent leur salut qu'à des secours, de demander que d'autres risquassent vie et biens pour leur liberté : il s'élevait contre l'injustice des autres villes, qui ne voulaient pas donner pour elles-mêmes autant et plus qu'elles avaient dépensé avant de se jeter dans les bras des Athéniens. Il ajoutait que Tissapherne avait raison de songer à l'épargne, lui qui alors faisait la guerre à ses frais; mais que, s'il recevait un jour du roi le subside, il leur paierait la solde en entier, et accorderait aux villes les soulagemens qu'elles auraient droit d'espérer.

CHAP. 46. Alcibiade engageait aussi Tissapherne à ne pas trop se hâter de terminer la guerre; à renoncer à l'idée, soit de fournir d'autres vaisseaux que les vaisseaux phéniciens qu'il appareillait avec lenteur, soit de se constituer en une plus forte dépense de solde pour donner à un seul peuple l'empire de la terre et de la mer. Il fallait, lui disait-il, laisser la puissance partagée entre les deux nations rivales, et conserver au roi le moyen d'exciter l'une des deux contre l'autre qui voudrait lui nuire : si la supériorité par terre et par mer était réunie sur un même peuple, il ne saurait à qui recourir pour réprimer cette domination nouvelle, à moins qu'il ne voulût compromettre la sienne à grands frais et non sans de grands périls. Il représentait que, dans des affaires de cette importance, il fallait aller à ce qui coûtait le moins, et qu'il pouvait, en pleine sûreté, ruiner les Hellènes par eux-mêmes; qu'il lui serait plus avantageux de partager la basse Asie avec les Athéniens; que leur ambition se portait moins du côté du continent; que la politique persanne s'accommodait mieux de leur langage et de leurs actions, puisqu'ils réduiraient sous leur propre domination les pays maritimes, et sous celle du roi les Hellènes qui habitent dans son empire; que les Lacédémoniens, au contraire, ne portaient les armes que pour rendre la liberté aux Hellènes ; qu'on ne pouvait supposer qu'ils voulussent délivrer l'Hellade du joug des Athéniens, hellènes, et qu'ils ne voulussent pas la délivrer du joug de peuples qu'ils appelaient barbares, à moins que ceux-ci ne parvinssent un jour à les renverser eux-mêmes. Il lui conseillait donc de miner les deux états rivaux l'un par l'autre, et, une fois la puissance athénienne bien entamée, d'éloigner les Péloponnésiens de sa province.

Telles étaient aussi, en grande partie, les vues de Tissapherne, autant qu'on en pouvait juger par sa conduite. Il donna donc à Alcibiade toute sa confiance, charmé de l'excellence de ses conseils ; pourvut fort mal à la subsistance des Péloponnésiens, et sut les empêcher de combattre sur mer. Il leur répétait que la flotte phénicienne ne tarderait pas à venir, et qu'alors ils auraient dans les combats une supériorité décidée. Il ruina leurs affaires, détruisit la force de leur marine, devenue très puissante, et, dans tout le reste, se conduisit avec une mauvaise volonté si évidente qu'il était impossible de ne pas l'apercevoir.

Chap. 47. Alcibiade donnait ces conseils et à Tissapherne et au grand roi, quand il était auprès d'eux, croyant qu'il ne pouvait en donner de meilleurs ; et par là, en même temps, préparant son retour dans sa patrie, certain que, s'il ne la détruisait pas, il ne tiendrait qu'à lui de persuader un jour aux Athéniens de le rappeler : or, selon lui, le meilleur moyen de les y déterminer, c'était que l'on vît que Tissapherne était son ami. Le moyen réussit en effet. Les soldats athéniens de Samos comprenant qu'il jouissait d'un grand crédit auprès de ce satrape, ceux de leurs triérarques qui avaient le plus d'influence se prononcèrent pour la destruction de la démocratie. Ces dispositions venaient en partie des paroles qu'il faisait porter aux plus puissans d'entre les triérarques, les priant de dire aux plus honnêtes gens qu'il ne voulait rentrer dans son pays que pour y établir l'autorité du petit nombre, et non pour y soutenir le pouvoir des méchans et celui de la multitude qui l'avait chassé ; que son dessein était de leur concilier l'amitié de Tissapherne, et de gouverner avec eux ; mais ce qui les déterminait plus encore, c'est qu'ils avaient depuis long-temps les mêmes vues.

Chap. 48. D'abord le projet se débattit dans l'armée, d'où il passa dans la ville. Quelques personnes allèrent de Samos sur le continent pour conférer avec Alcibiade. Il promit de leur concilier l'amitié de Tissapherne, ensuite celle du grand roi, s'ils voulaient renoncer au gouvernement populaire, moyen le plus sûr de gagner la confiance du prince. Les citoyens les plus considérables, et c'étaient ceux qui avaient le plus à souffrir, conçurent beaucoup d'espoir de prendre le maniement des affaires, et de l'emporter sur les ennemis. De retour à Samos, ils engagèrent dans leur ligue les hommes qu'ils jugeaient le plus disposés à la servir, et déclarèrent ouvertement au gros de l'armée qu'ils auraient le grand roi pour ami, et qu'il leur fournirait de l'argent, pourvu qu'Alcibiade rentrât dans son pays, et qu'on ne restât pas sous le régime populaire. Quoique la multitude ne vît pas sans chagrin ce qui se passait, elle demeura tranquille, dans l'espoir que le grand roi lui paierait un subside.

Après avoir fait à la multitude cette communication, ceux qui voulaient établir l'oligarchie examinèrent entre eux de nouveau, et avec le plus grand nombre de leurs amis, le projet d'Alcibiade. Il leur semblait à tous d'une exécution facile, et digne de confiance; mais il déplut à Phrynicus, alors encore général. Il croyait, et c'était la vérité, qu'Alcibiade ne voulait pas plus de l'oligarchie que de la démocratie; qu'il n'avait d'autres vues, en changeant la constitution de l'état, que de tirer parti des circonstances pour se faire rappeler par ses amis. Il représenta qu'il fallait prendre garde de se jeter dans une guerre civile pour complaire au grand roi. Les Lacédémoniens étant devenus sur mer les égaux des Athéniens, et ayant des villes considérables sous la domination de ce prince, il était absurde d'imaginer qu'il se donnât de l'embarras en s'unissant aux Athéniens, dont il se défiait, tandis qu'il avait à sa disposition l'amitié des Péloponnésiens, qui ne lui avaient donné aucun sujet de plainte. A l'égard des villes alliées, à qui l'on promettait l'oligarchie quand les Athéniens eux-mêmes ne vivraient plus sous le gouvernement populaire, il se disait bien certain que celles qui s'étaient soulevées n'en reviendraient pas davantage à leur alliance, et que celles qui s'y trouvaient encore n'en seraient pas moins remuantes; à la liberté, ces républiques ne préféreraient pas la servitude sous un état gouverné par l'oligarchie ou par la démocratie, ou qui adopterait l'un ou l'autre de ces deux régimes : ceux qu'on appelait les honnêtes gens penseraient que les novateurs, étant pour la multitude elle-même la cause et les artisans de mille maux dont ils tireraient leur avantage particulier, ne leur nuiraient pas moins que la multitude même; qu'être sous leur joug, c'est mourir avec plus de violence et sans forme de procès, au lieu qu'on trouvait un refuge auprès du peuple, qui servait de frein à ceux-là. Il savait avec certitude que telle était la façon de penser des villes instruites par les faits mêmes; en un mot, il n'approuvait rien de ce que proposait Alcibiade, ni rien de ce qui se passait.

Chap. 49. Ceux qui étaient du complot ne persistant pas moins dans leurs premières résolutions, accueillirent les propositions qu'on leur faisait, et se disposèrent à envoyer à Athènes Pisandre et quelques autres députés, pour y ménager le retour d'Alcibiade et la destruction de la démocratie, et pour rendre Tissapherne ami des Athéniens.

Chap. 50. Phrynicus, voyant qu'on allait parler du rappel d'Alcibiade, et que les Athéniens n'en rejetteraient pas la proposition, craignit, après tout ce qu'il avait dit pour s'y opposer, qu'Alcibiade, si en effet il revenait, ne le punît des obstacles qu'il aurait apportés à son retour. Pour se soustraire à ce danger, il envoya secrètement un exprès à Astyochus, qui commandait la flotte de Lacédémone et qui se trouvait encore à Milet. Il lui apprenait qu'Alcibiade travaillait à ruiner les affaires de Sparte et à rendre Tissapherne ami d'Athènes; il ne lui parlait pas moins ouvertement du reste des affaires, ajoutant qu'on devait lui pardonner s'il cherchait à nuire à son ennemi, même au désavantage de la république.

Mais Astyochus, n'ayant plus, comme auparavant, de démêlés avec Alcibiade, ne conservait pas contre lui de ressentiment. Il va le trouver à Magnésie, près de Tissapherne, leur raconte à tous deux ce qu'on lui a mandé de Samos, et devient ainsi dénonciateur. Par cette démarche, il cherchait, dit-on, pour son intérêt particulier, à s'attacher Tissapherne : afin de réussir, il mit encore en usage d'autres moyens, tels que celui de n'agir que mollement pour faire payer aux troupes la solde entière. Bientôt Alcibiade écrivit contre Phrynicus aux principaux de Samos, leur apprenant ce que venait de faire ce général, et les priant de lui donner la mort. Phrynicus, troublé et sentant tout le danger où le mettait cette dénonciation, députe une seconde fois vers Astyochus. Il se plaignait de ce que le secret avait été mal gardé sur ces premières confidences, ajoutant qu'il était prêt à livrer aux Péloponnésiens, pour la mettre en pièces, toute l'armée qui était à Samos. Il entrait dans les détails, lui indiquant les moyens d'en venir à l'exécution contre une ville qui n'était pas murée, lui déclarant enfin que, se trouvant en danger pour l'amour des Lacédémoniens, on ne pouvait le blâmer de faire ce qu'il faisait, et même toute autre chose, plutôt que de périr victime de cruels ennemis. Astyochus communiqua le nouveau message à Alcibiade.

Chap. 51. Phrynicus, qui avait pressenti cette infidélité, et qui, sur cette affaire, attendait à tout moment une lettre d'Alcibiade, prend les devans, informe les soldats que les ennemis doivent venir surprendre Samos, profitant de ce que la place n'était pas murée et de ce que la flotte ne pouvait se loger tout entière dans le port; que sa nouvelle est certaine, et qu'il faut, en diligence, fortifier Samos et se tenir sur ses gardes. En sa qualité de général, il était maître de faire prendre ces mesures : les soldats se mirent à l'ouvrage. Ainsi la place qui devait être murée, le fut avec plus de célérité.

Bientôt après arrivèrent les lettres d'Alcibiade : elles portaient que l'armée était trahie par Phrynicus, et que les ennemis allaient fondre sur elle. Mais Alcibiade ne parut pas digne de foi; on supposa que, sachant d'avance ce qui se passait chez l'ennemi, il en jetait, par haine, la complicité sur Phrynicus : en sorte que, loin de lui nuire, il le servit par ces dénonciations.

Chap. 52. Alcibiade, après cela, séduisait Tissapherne, et l'engageait à se rapprocher des Athéniens, lui qui craignait les Péloponnésiens, dont il voyait la flotte plus nombreuse que celle de leurs ennemis, et qui d'ailleurs ne demandait qu'à se laisser persuader par un moyen quelconque, surtout depuis qu'il avait connaissance des contestations des Péloponnésiens au sujet du traité conclu avec Théramène. En effet elles avaient eu lieu lorsqu'ils étaient encore à Rhode; et ce qu'Alcibiade avait dit auparavant, que les Lacédémoniens voulaient affranchir toutes les villes, se trouva confirmé par Lichas, refusant d'admettre en principe que le roi dût rester maître des villes dont lui-même ou ses pères avaient eu la domination. Alcibiade donc, qui avait à lutter pour de grands intérêts, se livrait à Tissapherne, qu'il courtisait sans réserve.

Chap. 53. Cependant les députés envoyés de Samos avec Pisandre arrivent à Athènes. Admis dans l'assemblée du peuple, ils traitèrent bien des articles en substance, mais surtout appuyèrent fortement sur ce qu'il était au pouvoir des Athéniens, en rappelant Alcibiade et renonçant au gouvernement populaire, d'obtenir l'alliance du grand roi et de l'emporter sur les peuples du Péloponnèse. Bien des voix s'élevèrent en faveur de la démocratie : les ennemis d'Alcibiade s'écriaient que ce serait une indignité de souffrir qu'il rentrât après avoir violé toutes les lois; les Eumolpides et les Céryces attestaient les mystères profanés, cause de son exil, et demandaient, au nom de ce qu'il y avait de plus sacré, qu'il ne revînt pas. Pisandre, ne se laissant intimider ni par les contradictions, ni par les plaintes, s'épuise en sophismes envers ses contradicteurs, et demande séparément à chacun d'eux sur quelles espérances ils fondent le salut de la république, quand les Péloponnésiens n'ont pas moins qu'eux de vaisseaux en mer; quand ils ont plus de villes alliées; quand ils reçoivent de l'argent du grand roi et de Tissapherne, tandis qu'eux-mêmes n'en ont plus, à moins qu'on ne parvienne à faire passer le grand roi dans leur parti. Comme ceux qu'il interrogeait étaient forcés de répondre qu'ils n'avaient pas d'espérance. « Et nous n'en pourrons avoir, reprit-il hautement, qu'en mettant dans notre politique plus de modestie, qu'en donnant l'autorité à un petit nombre de citoyens, pour inspirer au roi de la confiance, et en nous occupant moins, dans les circonstances actuelles, de la forme de notre gouvernement que de notre salut. Nous changerons dans la suite, si quelque chose nous déplaît; mais rappelons Alcibiade, le seul homme maintenant capable de rétablir nos affaires. »

Chap. 54. Les partisans de la démocratie d'abord s'indignèrent à ce mot d'oligarchie; mais, comme Pisandre leur montrait clairement qu'il n'était pas d'autre moyen de salut, alors espérant en même temps le retour de la démocratie, ils cédèrent et consentirent. Il fut décrété que Pisandre, remettant en mer avec dix citoyens, ferait pour le mieux en ce qui concernait Alcibiade et Tissapherne. Sur les plaintes qu'il porta contre Phrynicus, on destitua celui-ci du commandement, ainsi que son collègue Scironidès, et, à leur place, on envoya Diomédon et Léon. Pisandre, jugeant que Phrynicus serait toujours contraire aux mesures que l'on prenait en faveur d'Alcibiade, l'accusait d'avoir livré Iasos et Amorgès: il fit successivement des visites à tous les corps assermentés chargés de la justice et de l'administration, leur conseilla de se consulter pour l'abolition de la démocratie, et, ayant tout disposé pour que les affaires ne traînassent plus en longueur, il mit en mer avec ses dix collègues pour aller reprendre ses négociations auprès de Tissapherne.

Chap. 55. Le même hiver, Léon et Diomédon joignirent la flotte des Athéniens, et voguèrent vers l'île de Rhode. Ils trouvèrent les vaisseaux du Péloponnèse tirés à sec, mirent pied à terre, vainquirent les Rhodiens, qui voulaient se défendre, et retournèrent à Chalcé. Dans la suite, ce fut de l'île de Cos qu'ils firent le plus souvent la guerre, comme du lieu le plus commode pour épier les mouvemens de la flotte ennemie.

Xénophontidas de Laconie vint aussi de Chio à Rhode, envoyé par Pédarite. Il annonça que les ouvrages des Athéniens étaient déjà terminés, et que c'en était fait de Chio, si l'on ne s'empressait de venir au secours avec toute la flotte. Il fut résolu qu'on secourrait cette île.

Cependant Pédarite, avec ce qu'il avait de troupes auxiliaires et avec les habitans de Chio, attaquant les retranchemens construits par les Athéniens autour de la flotte et forçant un point de ces retranchemens, se rendit maître de quelques vaisseaux mis à sec: mais bientôt les Athéniens y étant accourus, ceux de Chio fuirent les premiers; le reste des troupes de Pédarite fut battu; lui-même périt avec grand nombre d'habitans de Chio, et bien des équipages de guerre furent pris.

Chap. 56. Après cet échec, ceux de Chio se virent encore plus étroitement investis qu'auparavant par terre et par mer: une grande famine les désolait.

Pisandre et les autres députés, arrivés auprès de Tissapherne, entrèrent en conférence. Alcibiade ne comptait plus trop sur ce satrape, qui craignait encore plus les peuples du Péloponnèse que les Athéniens, et qui voulait continuer à les miner les uns et les autres, suivant le conseil que lui-même lui en avait donné. Il l'engagea astucieusement à demander trop aux Athéniens, pour qu'on ne pût s'accorder. Tel était aussi, je crois, le désir secret de Tissapherne : la crainte le lui inspirait. Pour Alcibiade, voyant que le satrape n'avait envie de terminer à aucune condition, il voulut sans doute persuader aux Athéniens qu'il ne manquait pas de crédit auprès de lui, et que c'étaient eux qui ne faisaient pas des offres suffisantes, quand ce Perse, déjà tout décidé en leur faveur, ne demandait qu'à embrasser ouvertement leur parti. Il fit, au nom de Tissapherne et en sa présence, tant de demandes exagérées, qu'il empêcha de rien conclure, quoique les Athéniens en accordassent la plus grande partie : en effet, il voulait qu'on livrât l'Ionie tout entière, ensuite les îles adjacentes, et faisait encore d'autres propositions que les Athéniens ne rejetaient pas. Enfin, à la troisième conférence, pour ne pas laisser voir clairement qu'il ne pouvait rien, il demanda qu'il fût permis au roi de construire une flotte, et de longer leurs côtes avec le nombre de bâtimens qu'il jugerait à propos. Les Athéniens alors, jugeant que la chose était inexécutable, qu'Alcibiade les jouait, refusèrent, se retirèrent indignés, et retournèrent à Samos.

Chap. 57. Aussitôt après, et dans le même hiver, Tissapherne revint à Caune, pour ramener encore une fois les Péloponnésiens à Milet, faire avec eux, aux meilleures conditions qu'il serait possible, un nouveau traité, leur payer un subside, et ne pas avoir en eux des ennemis déclarés. Il craignait que, ne pouvant suffire à l'entretien de toute leur flotte et forcés de se battre contre les Athéniens, ils ne fussent vaincus, ou qu'ils ne laissassent leurs vaisseaux dénués d'équipages, et que les Athéniens ne parvinssent à leur but sans avoir besoin de son assistance ; mais il appréhendait surtout que, pour se procurer des vivres, ils ne ravageassent le continent. Pour toutes ces raisons, et dans la vue de suivre son objet, qui était de rendre égales entre elles les puissances de l'Hellade, il manda les Péloponnésiens, leur paya le subside, et fit, pour la troisième fois, l'accord suivant.

Chap. 58. « La treizième année du règne de Darius, Alcippidas étant éphore de Lacédémone, les Lacédémoniens et leurs alliés ont traité, dans la plaine du Méandre, avec Tissapherne, Hiéramène et les enfans de Pharnace, pour leurs intérêts respectifs, aux conditions suivantes :

» Tout le pays du grand roi qui fait partie de l'Asie, restera sous sa domination ; il le tiendra suivant sa volonté.

» Lacédémone et ses alliés n'entreront pas à mauvaise intention dans le pays du grand roi, ni le grand roi sur le territoire des Lacédémoniens et de leurs alliés.

» Si quelqu'un de Lacédémone ou de ses alliés pénètre dans le pays du roi à mauvaise intention, Lacédémone et ses alliés s'y opposeront ; et si quelqu'un des sujets du roi marche contre les Lacédémoniens pour leur nuire, le roi s'y opposera.

» Tissapherne paiera à la flotte actuelle le subside convenu, jusqu'à l'arrivée de la flotte du roi.

» Après l'arrivée de la flotte du roi, si Lacédémone et ses alliés veulent soudoyer leur flotte, ils en seront les maîtres. S'ils veulent recevoir le subside de Tissapherne, il le leur paiera ; mais, la guerre finissant, les Lacédémoniens et leurs alliés rembourseront à Tissapherne tout l'argent qu'ils en auront reçu.

» Les vaisseaux du roi arrivés, la flotte des Lacédémoniens, celle des alliés et celle du grand roi feront la guerre en commun, suivant que le jugeront à propos Tissapherne, les Lacédémoniens et les alliés; et s'ils veulent faire la paix avec les Athéniens, ils la feront d'un commun accord. »

CHAP. 59. Tel fut le traité. Tissapherne se disposa ensuite à faire venir, comme il en était convenu, les vaisseaux phéniciens, et à remplir toutes ses autres promesses. Il voulait faire voir qu'il s'en occupait.

CHAP. 60. Les Béotiens, à la fin de l'hiver, prirent par intelligence Orope, où les Athéniens avaient une garnison. Ils étaient secondés par des Érétriens, et même des Oropiens, qui tramaient le soulèvement de l'Eubée. Orope touchant à Érétrie, il était impossible, tant qu'elle appartiendrait aux Athéniens, qu'elle n'incommodât pas Érétrie et le reste de l'Eubée.

Maîtres d'Orope, les Érétriens passèrent à Rhode et appelèrent les Péloponnésiens dans l'Eubée. Mais ceux-ci étaient plus pressés de porter des secours à Chio, qui se trouvait dans une fâcheuse position. Ils partirent de l'île de Rhode pour s'y rendre avec toute leur flotte. Ils étaient au cap Triopium quand ils virent en haute mer les Athéniens venant de Chalcé. Les deux flottes ne s'avancèrent pas l'une contre l'autre; mais les Athéniens allèrent à Samos, et les Péloponnésiens à Milet : ces derniers voyaient qu'il était impossible, sans livrer un combat naval, de secourir Chio.

L'hiver finissait, ainsi que la vingtième année de la guerre qu'a écrite Thucydide.

CHAP. 61. L'été suivant, dès les premiers jours du printemps, le Spartiate Dercylidas fut envoyé par terre, de Milet, sur l'Hellespont, avec une armée peu nombreuse, pour soulever Abydos, colonie de Milet; et ceux de Chio, assiégés par mer, furent contraints de livrer un combat naval dans le moment où Astyochus ne savait comment les secourir. Il était encore à Rhode, quand ils reçurent, de Milet, pour commandant, après la mort de Pédarite, le Spartiate Léon, qu'ils avaient mandé, et qui était venu comme *épibate* d'Antisthène. Ils reçurent aussi douze vaisseaux qui gardaient Milet, cinq de Thurium, quatre de Syracuses, un d'Anéa, un de Milet et un de Léon. Ceux de Chio sortirent en masse, s'emparèrent d'un lieu fortifié par la nature, mirent en mer et combattirent avec trente-six vaisseaux contre trente-deux d'Athènes. L'action fut vive : le jour touchait à sa fin quand ceux de Chio et leurs alliés retournèrent sans désavantage à la ville.

CHAP. 62. Aussitôt après cette bataille, Dercylidas, parti de Milet en suivant les côtes, ne fut pas plus tôt arrivé dans l'Hellespont, qu'Abydos se souleva en faveur de ce Spartiate et de Pharnabaze : exemple que suivit Lampsaque deux jours après. Strombichide, à cette nouvelle, accourt de Chio avec vingt-quatre vaisseaux athéniens, dont faisaient partie des bâtimens construits pour le transport des troupes et montés par des hoplites, défait les Lampsacéniens sortis hors de leurs murs, prend d'emblée Lampsaque, qui n'était pas murée, enlève les esclaves et tous les objets à sa convenance, rétablit les hommes libres dans leurs foyers, et marche contre Abydos. La place ne se rendit pas : il y donna inutilement assaut, et se rembarqua pour aller à Sestos, ville de la Chersonèse, située sur la côte opposée et qu'autrefois les Mèdes possédaient. Il en fit une forteresse pour la garde de l'Hellespont.

Chap. 63. Cependant l'empire de la mer fut mieux assuré à ceux de Chio et aux Péloponnésiens, et Astyochus prit courage à la nouvelle du combat naval et du départ de Strombichide et de la flotte de Milet. En longeant les côtes, il passe à Chio avec deux vaisseaux, en tire ceux qui y étaient, et vogue contre Samos avec la flotte entière. Mais bientôt il revint à Milet : les Athéniens, se défiant toujours les uns des autres, n'étaient pas venus à sa rencontre. En effet, à cette époque, et même auparavant, Athènes venait d'abolir la démocratie : car l'armée, d'une part, depuis le retour de Pisandre et de ses collègues de chez Tissapherne, s'était prononcée bien plus fortement qu'auparavant (les Samiens eux-mêmes, qui précédemment s'étaient révoltés contre l'oligarchie, ayant engagé les principaux de cette armée à tenter l'établissement du régime oligarchique) ; et, d'autre part, les Athéniens qui étaient dans Samos, s'étant concertés entre eux, avaient décidé qu'il fallait laisser Alcibiade, qui sans doute ne voudrait pas les seconder (car il ne leur paraissait pas homme à se prononcer pour le régime oligarchique) : c'était à eux, disaient-ils, qui se trouvaient au milieu du danger, à ne pas s'abandonner eux-mêmes, à soutenir la guerre, à s'empresser de fournir et de l'argent et tout ce dont on pouvait avoir besoin, puisqu'ils travaillaient dans leur intérêt privé non moins que dans l'intérêt de tous.

Chap. 64. Après s'être donc ainsi mutuellement exhortés, ils envoyèrent droit à Athènes Pisandre et la moitié des députés, pour y conduire les affaires, avec ordre d'établir l'oligarchie dans toutes les villes sujettes où ils aborderaient, et ils firent passer l'autre moitié en diverses villes sujettes. Quant à Diotréphès, qui se trouvait à Chio, et qu'on venait de nommer commandant du littoral de la Thrace, il partit pour sa destination. Arrivé à Thasos, il y abolit le gouvernement populaire. Mais, après son départ, et dès le mois suivant, les Thasiens n'eurent rien de plus pressé que de ceindre leur ville de murs, comme ne se souciant plus d'une aristocratie combinée avec celle des Athéniens, et s'attendant chaque jour à se voir affranchis par Lacédémone. En effet leurs exilés, chassés par les Athéniens, se trouvaient au milieu des Péloponnésiens ; et, d'accord avec les amis qu'ils avaient laissés chez eux, ils travaillaient de tout leur pouvoir à leur faire amener une flotte de Lacédémone et à soulever Thasos. Il leur arriva ce qu'ils désiraient le plus ; le bon ordre fut rétabli sans danger, et la démocratie, qui leur eût été contraire, fut abolie. Thasos, et bien d'autres villes sujettes, je crois, éprouvèrent tout le contraire de ce que demandaient ceux des Athéniens qui établissaient l'oligarchie ; car les villes, voyant mieux et opérant plus sûrement, passèrent à une liberté décidée, se gardant bien de lui préférer cette administration qui, donnée par les Athéniens, cachait sous une apparence de vigueur de véritables ulcères.

Chap. 65. Cependant Pisandre et ses collègues, ainsi qu'il leur avait été ordonné, longeant les côtes, abolirent la démocratie dans les villes ; et, dans quelques-unes, prenant, pour leur propre sûreté, des hoplites, arrivèrent enfin à Athènes. Ils trouvèrent les choses bien avancées pour la plupart par ceux de leur faction : car quelques jeunes gens, s'étant concertés, avaient tué secrètement Androclès, l'un des principaux soutiens de la démocratie, lequel n'avait pas peu contribué à l'exil d'Alcibiade. Deux motifs les avaient surtout portés à ce meurtre ; ils voulaient se défaire de l'un des meneurs, et en même temps complaire à Alcibiade, dont ils attendaient le retour et qui devait leur procurer l'amitié de Tissapherne. Ils avaient de même fait périr en secret plusieurs personnes opposées à leur parti. On avait déclaré ouvertement, dans un discours fabriqué d'avance, que désormais la solde des troupes serait le seul salaire payé par l'état; qu'on n'admettrait au maniement des affaires que cinq mille citoyens, gens capables surtout de servir la république de leurs biens et de leur personne.

Chap. 66. La plupart goûtaient cet arrangement, qui donnait l'administration des affaires à ceux qui devaient opérer la révolution. Le peuple ne laissait pas de s'assembler encore, ainsi que le sénat de la fève; mais ils ne statuaient que ce que les conjurés voulaient. Les orateurs étaient de ce corps; et ce qu'ils devaient proposer était examiné d'avance. A la vue d'une faction nombreuse, tout le monde tremblait, personne n'élevait la voix contre elle. Quelqu'un en avait-il l'audace, on trouvait bientôt un moyen de s'en défaire. Nulle recherche contre les meurtriers; nulle procédure, nulle poursuite contre ceux qu'on soupçonnait. Le peuple, immobile de stupeur, s'estimait heureux, même en se taisant, d'échapper à la violence. On croyait les conjurés bien plus nombreux encore qu'ils ne l'étaient, et les courages étaient subjugués : la grandeur de la ville, l'impossibilité de se connaître les uns les autres, ne permettaient pas d'en savoir le nombre. Aussi, malgré toute l'indignation dont on était pénétré, ne pouvait-on faire entendre ses plaintes à personne pour concerter un projet de vengeance : il aurait fallu s'ouvrir à un inconnu, ou à quelqu'un de connu, mais dont on se défiait. En effet tous ceux qui composaient le parti populaire étaient suspects les uns aux autres, et se jugeaient réciproquement fauteurs de la conjuration; car il y était entré des gens qu'on n'aurait jamais cru devoir se tourner vers l'oligarchie : ces défections étaient cause qu'on n'osait plus se fier à la multitude, et elles redoublaient la sécurité des oligarques par la défiance qu'elles inspiraient au peuple contre lui-même.

Chap. 67. Ce fut donc en de telles circonstances qu'arrivèrent Pisandre et ses collègues. Ils s'occupèrent aussitôt de ce qui restait à faire. D'abord ils assemblèrent le peuple, et ouvrirent l'avis d'élire dix citoyens qui auraient plein pouvoir de faire des lois. Ces décemvirs, à jour fixé, présenteraient au peuple la constitution qu'ils auraient dressée et qui leur paraîtrait la meilleure. Ce jour arrivé, ils convoquèrent l'assemblée à Colone, hiéron de Neptune, situé hors de la ville, à la distance d'environ quatre stades. Tout ce que les décemvirs proposèrent, ce fut qu'il serait permis à tout Athénien d'émettre l'opinion qu'il lui plairait, et ils portèrent de grandes peines contre celui qui accuserait l'opinant d'enfreindre les lois, ou l'offenserait d'une manière quelconque. Alors il fut ouvertement prononcé qu'aucune magistrature ne s'exercerait désormais suivant la forme ancienne, et qu'il ne serait plus affecté de rétributions pécuniaires; mais qu'on élirait cinq présidens, électeurs de cent citoyens, dont chacun s'en adjoindrait trois autres; que ces quatre cents, entrant au conseil, gouverneraient avec plein pouvoir, comme ils le jugeraient convenable, et qu'ils assembleraient les cinq mille quand ils le croiraient nécessaire.

Chap. 68. Ce fut Pisandre qui proposa ce décret, Pisandre qui montra ouvertement dans tout le reste un zèle ardent à dissoudre la démocratie. Mais celui qui avait arrangé toute cette grande affaire, qui en avait amené le dénouement et qui l'avait préparé de longue main, c'était Antiphon, homme qui ne le cédait en vertu à aucun des Athéniens de son temps, qui pensait merveilleusement bien et exprimait de même ce qu'il pensait ; n'aimant à paraître ni dans l'assemblée du peuple ni dans aucune discussion publique : suspect à la multitude à cause de son énergique éloquence, il était, entre tant d'autres, le plus capable de rendre de grands services à ceux qui avaient de grands intérêts à défendre, soit dans les tribunaux, soit dans les assemblées du peuple, quel que fût le consultant ; et quand ensuite la faction populaire poursuivit les quatre cents, mis en cause dans l'affaire de ces mêmes hommes au pouvoir desquels il avait tant contribué, affaire où il s'agissait pour lui de la vie, il se signala par la plus éloquente des plaidoiries connues jusqu'au moment où j'écris. Phrynicus aussi se montra le plus zélé de tous pour le gouvernement oligarchique, par la crainte qu'il avait d'Alcibiade, qu'il savait être bien instruit de toutes ses menées avec Astyochus durant son séjour à Samos, et persuadé que jamais sans doute cet ambitieux ne reviendrait se soumettre à l'oligarchie : une fois prononcé pour cette révolution, il se montra le plus intrépide contre tous les dangers. Théramène, fils d'Agnon, tenait, entre ceux qui détruisirent l'état populaire, le premier rang par son esprit et son éloquence. Ainsi, quelque hardie que fût cette entreprise, conduite par un grand nombre d'hommes habiles, on ne doit pas s'étonner qu'elle ait réussi. Il était difficile en effet d'abolir dans Athènes la liberté dont le peuple jouissait depuis près d'un siècle qu'il avait expulsé les tyrans, un peuple qui non seulement n'avait pas l'habitude de l'obéissance, mais qui était, depuis le milieu de cette période, accoutumé à commander.

Chap. 69. Ces arrangemens une fois convenus sans aucune contradiction, l'assemblée se sépara après les avoir sanctionnés, et les quatre cents furent introduits dans le conseil de la manière que je vais rapporter. Tous les Athéniens, dans la crainte des ennemis qui étaient à Décélie, restaient toujours en armes, les uns sur le rempart, les autres aux corps de réserve. On laissa partir ce jour-là, comme à l'ordinaire, ceux qui n'étaient pas de la conjuration ; mais on avait averti en secret les conjurés de ne pas se rendre aux postes, de se tenir à l'écart : en cas d'opposition, ils prendraient les armes pour la réprimer. C'étaient des gens d'Andros et de Ténos, trois cents Carystiens, et de ces colons qu'Athènes avait envoyés peupler Égine. Ils étaient venus, suivant les ordres, armés à ce dessein. Ces dispositions faites, les quatre cents vinrent, chacun armé d'un poignard qu'il tenait caché ; ils étaient accompagnés de cent vingt jeunes Hellènes dont ils se servaient quand ils avaient besoin d'un coup de main. Ils surprirent au conseil les sénateurs de la fève, et leur commandèrent de sortir, en recevant leur salaire : ils leur apportaient la rétribution pour le temps qu'ils auraient eu encore à être en fonctions ; elle leur fut donnée à leur sortie.

Chap. 70. Les sénateurs se retirèrent humblement sans rien répliquer : les autres citoyens ne firent aucun mouvement, et tout resta tranquille. Les quatre cents entrèrent dans le conseil, prirent parmi eux des prytanes désignés par le sort, et procédèrent à leur inauguration en faisant les prières et les sacrifices d'usage lorsqu'on entrait en charge. Ayant fait ensuite de grands changemens au régime populaire, mais sans rappeler les exilés, à cause d'Alcibiade, ils gouvernèrent d'une main ferme, firent mourir quelques personnes, mais en petit nombre, et seulement celles dont il leur paraissait utile de se défaire; plusieurs furent mis aux fers, d'autres furent bannis. Par l'entremise d'un héraut, ils manifestèrent à Agis, roi de Lacédémone, qui était à Décélie, leur vœu pour une réconciliation. Il était naturel, disaient-ils, qu'il entrât dans la ville d'accord avec eux, et qu'il les préférât au parti démocratique, indigne de toute confiance.

Chap. 71. Mais Agis croyait que la ville ne resterait pas tranquille, que le peuple ne trahirait pas si tôt son ancienne liberté; qu'en voyant paraître une nombreuse armée de Lacédémoniens, la multitude ne se tiendrait pas en repos : il ne pouvait même se persuader que, dans la circonstance actuelle, le trouble ne fût à son comble. Il ne répondit donc à ceux que lui envoyaient les quatre cents rien qui tendît à un accord : il avait déjà mandé du Péloponnèse une armée respectable; et, peu de temps après, joignant à ce renfort la garnison de Décélie, il s'approcha des murailles. Il espérait que les Athéniens, fatigués de leurs dissensions, se soumettraient aux conditions qu'il lui plairait d'imposer, ou que même il prendrait d'emblée une ville vraisemblablement dans le trouble au-dedans et au-dehors; car il ne pourrait manquer d'enlever les longs murs abandonnés. Mais quand il s'en approcha, la multitude ne fit pas même le moindre mouvement : on se contenta de faire sortir la cavalerie, quelques hoplites, des troupes légères et des gens de trait, qui renversèrent ceux des ennemis qui s'étaient trop avancés, et restèrent maîtres des corps et des armes de quelques-uns des morts. Agis, voyant que l'événement ne répondait pas à son attente, retira ses troupes, demeura tranquille à Décélie avec son monde, que peu de jours après il renvoya à Lacédémone. Les quatre cents ne laissèrent pas ensuite de négocier encore avec lui; et voyant ceux qu'on lui députait mieux accueillis, et même d'après ses conseils, ils expédièrent pour Lacédémone des députés, dans l'intention d'en venir à un traité de paix.

Chap. 72. Ils envoyèrent aussi dix hommes à Samos pour tranquilliser l'armée, et lui faire entendre que ce n'était pas dans des vues préjudiciables, soit à la république, soit aux citoyens, qu'ils venaient d'établir l'oligarchie, mais pour tout sauver; que c'étaient cinq mille citoyens, et non pas seulement quatre cents, qui étaient à la tête de l'administration, et que cependant jamais les Athéniens, à cause des expéditions et des affaires des frontières, n'en viendraient à délibérer sur une affaire assez importante pour rassembler les cinq mille conseillers. Ils les chargèrent de dire tout ce qui d'ailleurs convenait à la circonstance. On les avait expédiés aussitôt après l'établissement de la nouvelle constitution, dans la crainte, comme il arriva, que la multitude des troupes de mer ne voulût pas se tenir sous l'oligarchie, et que, le mal commençant par la révolte des matelots, eux-mêmes ne fussent renversés.

Chap. 73. Déjà cependant l'oligarchie s'annonçait à Samos, et cette révolution s'opérait précisément à l'époque où les quatre cents établissaient leur autorité. Ceux des Samiens dont se composait la masse populaire, et qui s'étaient antérieurement soulevés contre les grands, avaient ensuite changé de sentiment, et, séduits par Pisandre, lorsqu'il vint à Samos, et par les Athéniens conjurés qui s'y trouvaient, ils avaient eux-mêmes formé, jusqu'au nombre de trois cents, une conjuration, résolus d'attaquer les autres comme étant de la faction populaire. Ils tuèrent un certain Athénien nommé Hyperbolus, méchant homme, chassé de sa patrie par le ban de l'ostracisme, non que son crédit ou sa grandeur portât ombrage, mais à cause de sa basse méchanceté et parce qu'il faisait honte à la république. Ils agissaient en cela de concert avec Charminus, l'un des généraux, et avec quelques Athéniens qui se trouvaient chez eux et à qui ils avaient donné parole. Ce fut aussi à leur instigation qu'ils firent d'autres coups de main semblables. Ils allaient assaillir les hommes de la faction populaire; mais ceux-ci, qui le pressentaient, en donnèrent avis aux généraux Léon et Diomédon, lesquels, étant redevables au peuple de leur élévation, ne supportaient pas volontiers l'oligarchie; à Thrasybule et à Thrasylle, l'un triérarque, l'autre chef d'hoplites, et à quelques autres qui toujours avaient paru le plus contraires aux projets des conjurés: ils les supplièrent de ne les pas voir avec indifférence livrés à la mort, et la république de Samos aliénée de celle d'Athènes, qui jusqu'alors avait dû à Samos seule le maintien de sa puissance. Ces commandans les écoutèrent; prenant chaque soldat en particulier, et principalement ceux qui montaient le Paralus, tous Athéniens et hommes libres, qui, de tout temps, avaient été ennemis de l'oligarchie, même avant qu'elle s'établît; ils les exhortaient à s'opposer aux menées des oligarques. Aussi Léon et Diomédon ne faisaient jamais des excursions en mer sans laisser quelques vaisseaux pour la garde: en sorte que le parti populaire de Samos, appuyé de ces secours, et surtout des Paraliens, sortit victorieux de la lutte qu'engagèrent avec lui les trois cents, mit à mort une trentaine de conjurés, prononça la peine de l'exil contre trois des plus coupables, accorda aux autres amnistie, et continua de se gouverner de bon accord, suivant les principes de la démocratie.

Chap. 74. Les Samiens et l'armée, pour annoncer à Athènes ce qui venait de se passer, dépêchent aussitôt, sur le vaisseau Paralus, Chéréas, fils d'Archestrate, qui s'était montré chaud partisan de la révolution oligarchique: en effet ils ne savaient pas encore que le pouvoir était dans les mains des quatre cents. Ceux-ci, à l'arrivée du Paralus, mirent aux fers deux ou trois des Paraliens, s'emparèrent du vaisseau, embarquèrent les hommes sur un autre navire chargé de troupes, et les envoyèrent en garnison sur les côtes de l'Eubée. Chéréas, frappé de ce qui se passait, trouva moyen d'échapper, revint à Samos, et rendit compte à l'armée de la situation d'Athènes, exagérant encore tous les maux que souffrait cette ville, racontant que tous les citoyens étaient frappés de verges, qu'on n'osait ouvrir la bouche contre les usurpateurs, que les épouses et les enfans des citoyens étaient outragés, que les quatre cents projetaient d'arrêter les parens de tous les gens de guerre qui, à Samos, n'étaient pas de leur faction, et de leur donner la mort s'ils désobéissaient. Il ajoutait encore bien d'autres détails qu'il surchargeait de mensonges.

Chap. 75. A ce récit, les guerriers de Samos voulaient d'abord se jeter sur ceux qui avaient le plus contribué à l'établissement de l'oligarchie et sur leurs complices: mais, retenus par les plus modérés, et sur la représentation que, la flotte ennemie étant en présence, ils allaient tout perdre, ils s'apaisèrent. Ensuite Thrasybule, fils de Lycus, et Thrasylle, principaux auteurs du changement qui venait de s'opérer, voulant rappeler solennellement Samos à la démocratie, lièrent par les sermens les plus forts tous les soldats, surtout ceux du parti oligarchique: d'après ces sermens, ils devaient demeurer attachés à la constitution démocratique, vivre dans la concorde, pousser vivement la guerre contre les Péloponnésiens, rester ennemis des quatre cents et n'entretenir avec eux aucune communication par le ministère des hérauts. Tout ce qu'il y avait de Samiens en âge de porter les armes prêta le même serment. L'armée s'unit d'intérêts et de dangers avec ceux de la ville de Samos, croyant que pour les uns et les autres il n'était aucun espoir de salut, et qu'ils périraient tous également, si les quatre cents et les ennemis qui étaient à Milet devenaient les maîtres.

CHAP. 76. Alors grande division entre Athènes et l'armée de Samos: celle-ci voulant contraindre Athènes à conserver l'état populaire, celle-là voulant obliger le camp de Samos à reconnaître l'oligarchie. Les soldats formèrent aussitôt une assemblée, dans laquelle ils déposèrent les généraux et ceux des triérarques qui lui étaient suspects, et en créèrent de nouveaux: Thrasybule et Thrasylle furent seuls conservés. Les guerriers se donnaient les uns aux autres, dans cette assemblée, de grands motifs d'encouragement; se disant qu'il ne fallait pas s'effrayer si Athènes rompait avec eux; que c'était le plus petit nombre qui se détachait du plus grand, et de ceux qui avaient, à tous égards, les plus puissantes ressources; que, maîtres de toute la flotte, ils pouvaient forcer les autres villes de leur domination à fournir de l'argent, tout aussi bien que s'ils sortaient d'Athènes pour en exiger; qu'ils avaient pour eux Samos, ville puissante, et qui, du temps qu'elle était en guerre avec les Athéniens, avait été au moment de leur enlever l'empire de la mer. Comme auparavant, de cette place, ils repousseraient les efforts de leurs ennemis; au moyen des vaisseaux, ils se procureraient le nécessaire plus aisément que les habitans d'Athènes. Maîtres de Samos, nous avons su, antérieurement, nous rendre maîtres des abords du Pirée: dans la circonstance présente, ne nous est-il pas bien plus aisé, si ceux d'Athènes ne veulent pas nous rétablir dans nos droits politiques, de leur ôter l'usage de la mer, qu'à eux de nous en priver? Ils ajoutaient que les ressources qu'ils pourraient tirer d'Athènes pour se mettre au-dessus des ennemis étaient bien peu de chose et ne méritaient aucune attention; qu'ils n'avaient rien perdu en cessant d'avoir pour eux des gens qui n'avaient plus ni argent à leur envoyer, puisqu'au contraire c'étaient les soldats qui leur en fournissaient, ni un conseil raisonnable, seul moyen qui assure à un état son pouvoir sur les armées; que de plus Athènes en était venue jusqu'à se rendre coupable du plus criant délit, celui de détruire les lois de la patrie, et que l'armée, qui défendait ces lois, contraindrait Athènes à les respecter, en sorte que ceux d'entre eux qui prendraient un bon parti n'auraient aucun désavantage; qu'Alcibiade, s'il obtenait d'eux son retour et la sécurité, s'empresserait de leur procurer l'alliance du roi; mais que surtout, avec une flotte si puissante, ils sauraient toujours bien, quand tout le reste viendrait à leur manquer, se procurer une retraite où ils trouveraient des villes et un territoire.

CHAP. 77. Après s'être ainsi harangués et encouragés, ils se préparèrent vivement à la guerre. Les dix députés envoyés à Samos par les quatre cents apprirent ces nouvelles lorsqu'ils étaient à Délos, et restèrent dans l'inaction.

CHAP. 78. Vers le même temps, les troupes qui à Milet montaient la flotte du Péloponnèse, se répandaient en clameurs contre Astyochus et Tissapherne, qui ruinaient les affaires. Elles accusaient, d'une part, Astyochus de n'avoir pas voulu livrer un combat naval pendant qu'on était encore supérieur en forces et que la flotte ennemie était peu nombreuse (surtout dans les circonstances actuelles, où l'on disait Athènes déchirée par deux factions, et ses vaisseaux non encore réunis); elles représentaient qu'en attendant les vaisseaux phéniciens promis par Tissapherne, ce qui d'ailleurs n'était qu'une promesse sans réalité, les affaires étaient en grand péril. D'autre part, elles accusaient Tissapherne, qui n'amenait pas ses vaisseaux, qui ne fournissait pas régulièrement le subside, ne le payait pas en entier, et ruinait leur flotte. Animées par les Syracusains surtout, elles soutenaient qu'il ne fallait plus différer, mais qu'il était temps de combattre.

CHAP. 79. Les alliés et Astyochus, frappés de ces murmures, ayant résolu, en considération aussi des troubles de Samos, d'en venir à une bataille décisive, mirent en mer avec tous les vaisseaux, au nombre de cent douze, voulant cingler vers Mycale, après avoir ordonné aux Milésiens de s'y rendre par terre. Les Athéniens, avec quatre-vingt-deux vaisseaux de Samos, étaient à l'ancre à Glaucé, mouillage du territoire de Mycale. Samos, de ce côté-là, est à peu de distance du continent et regarde Mycale. Ils se retirèrent à Samos quand ils virent approcher la flotte du Péloponnèse, ne se croyant pas assez en forces pour risquer une affaire décisive. D'ailleurs ils avaient pressenti que leurs ennemis de Milet désiraient le combat, et ils attendaient de l'Hellespont Strombichide : il devait amener à leur secours la flotte qui, de Chio, était passée à Abydos, et qu'on lui avait demandée. Tels furent les motifs de leur retraite à Samos.

Cependant les Péloponnésiens, descendus à Mycale, y campèrent avec les troupes de terre de Milet et des pays voisins. Ils allaient, le lendemain, voguer vers Samos, quand ils apprirent que Strombichide et sa flotte étaient arrivés de l'Hellespont; aussitôt ils retournèrent à Milet. Les Athéniens, après avoir reçu ce renfort, cinglèrent eux-mêmes contre Milet, avec cent huit vaisseaux, dans le dessein de livrer une bataille décisive; mais, personne ne se présentant, ils revinrent à Samos.

CHAP. 80. Aussitôt après, et dans le même été, les Péloponnésiens, qui ne s'étaient pas avancés en pleine mer, ne se sentant pas, même avec tous leurs vaisseaux rassemblés, en état de combattre, ne savaient d'où tirer de l'argent pour la solde de tant de vaisseaux, surtout lorsque Tissapherne payait mal. Ils envoyèrent, avec quarante navires, auprès de Pharnabaze, Cléarque, fils de Rhamphias : l'ordre leur en avait été donné du Péloponèse. Pharnabaze les invitait lui-même et se montrait disposé à payer le subside; et d'ailleurs on leur annonçait que Byzance se souleverait en leur faveur. Ces bâtimens, ayant pris le large pour n'être point aperçus des Athéniens, furent assaillis d'une tempête; ceux de Cléarque, lequel était retourné par terre dans l'Hellespont pour en prendre le commandement, relâchèrent à Délos, et revinrent ensuite à Milet : c'était le plus grand nombre. Les autres, au nombre de dix, commandés par Élixus de Mégares, s'étant sauvés, arrivèrent dans l'Hellespont, et opérèrent la défection de Byzance. Les Athéniens qui étaient à Samos, informés de cet événement, envoyèrent des vaisseaux pour la défense des places de l'Hellespont. Il y eut, à la vue de Byzance, un léger combat de huit vaisseaux contre huit.

Chap. 81. Ceux qui étaient à la tête des affaires à Samos, et qui, comme Thrasybule, depuis la révolution qu'il avait opérée, persistaient toujours dans le dessein de rappeler Alcibiade, parviennent enfin, dans une assemblée, à faire goûter ce projet au gros de l'armée. Elle décrète son retour, lui accorde toute sûreté. Thrasybule alors se rend auprès de Tissapherne, puis amène Alcibiade à Samos, croyant que l'unique moyen de salut était qu'Alcibiade s'attachât Tissapherne et l'enlevât aux Péloponnésiens. Une assemblée est convoquée : Alcibiade s'y plaint de son exil, en déplore la rigueur ; s'étend beaucoup sur la situation des affaires politiques ; inspire de grandes espérances, du moins pour l'avenir ; exagère son crédit auprès de Tissapherne, afin d'imposer de la crainte à ceux qui, dans Athènes, étaient à la tête de l'oligarchie, afin encore de dissoudre plus aisément les conjurations, d'imprimer plus de respect aux Athéniens de Samos, et de leur inspirer plus d'audace. Il voulait aussi décrier les ennemis auprès de Tissapherne, et détruire leurs espérances. Dans son discours, plein de jactance, il faisait les plus magnifiques promesses. Tissapherne, disait-il, l'avait assuré confidentiellement que, s'il pouvait se fier aux Athéniens, tant qu'il lui resterait quelque chose, dût-il même faire argent de son lit, le subside ne leur manquerait jamais, et qu'au lieu de faire passer aux Péloponnésiens les vaisseaux de Phénicie, ce serait à eux qu'il procurerait ce renfort ; mais qu'il ne prendrait confiance en eux que lorsqu'Alcibiade, à son retour, l'aurait assuré [solennellement et en homme revêtu d'un caractère public] qu'il pouvait compter sur Athènes.

Chap. 82. Charmés par ces belles paroles et par beaucoup d'autres encore, ils le donnent pour collègue aux généraux déjà nommés, et remettent dans ses mains la conduite de toutes les affaires. Ils n'auraient échangé pour rien au monde l'espoir qu'ils concevaient de se sauver et de se venger des quatre cents. D'après ce qu'ils venaient d'entendre, méprisant l'ennemi qui se trouvait en présence, ils allaient voguer contre le Pirée. Mais Alcibiade, quoique vivement sollicité, s'opposa à ce qu'on allât au Pirée en laissant les ennemis qu'on avait trop près de soi. Il dit que, puisqu'il venait d'être élu général, il réglerait d'abord avec Tissapherne les affaires de la guerre : et en effet, l'assemblée dissoute, il partit, voulant paraître tout communiquer à ce satrape, se donner auprès de lui une grande importance, lui montrer qu'il venait d'être revêtu du généralat, et qu'il était en état de le servir et de lui nuire. Il réussit par cette conduite à faire peur de Tissapherne aux Athéniens, et des Athéniens à Tissapherne.

Chap. 83. Les Péloponnésiens de Milet, informés du rappel d'Alcibiade, furent encore bien plus indisposés contre Tissapherne, à qui déjà ils avaient retiré leur confiance. Devenu plus négligent à leur payer leur solde à cause de leur refus de combattre les Athéniens qui s'étaient montrés à la vue de Milet, les manœuvres d'Alcibiade l'avaient rendu plus odieux encore qu'auparavant. Les soldats s'assemblaient entre eux ; et non seulement les soldats, mais encore des personnages considérables, se plaignaient de recevoir, au lieu de la solde entière, un traitement faible et encore très irrégulièrement payé ; disant qu'à moins d'en venir à une bataille générale, ou de passer dans un lieu d'où l'on tirât des subsistances, on verrait les hommes déserter la flotte. On rejetait tout sur Astyochus, qui, pour son intérêt particulier, s'efforçait par toute sorte de moyens de complaire à Tissapherne.

Chap. 84. Au milieu de ces raisonnemens, on se soulève contre Astyochus. Il est assailli par les matelots de Syracuses et de Thurium, qui demandent la solde avec d'autant plus de hardiesse qu'ils sont tous des hommes libres : Astyochus met de la hauteur dans sa réponse, menace même Doriée, qui appuyait les réclamations de ses matelots, et en vient jusqu'à lever sur lui le bâton de commandement. A ce geste, les soldats, violens comme le sont les gens de mer, jetant de grands cris, avaient fait un mouvement pour fondre sur lui ; il voit le danger et s'élance sur un autel : il ne fut point frappé; les soldats se séparèrent.

Cependant les Milésiens, ayant attaqué le fort que Tissapherne avait construit à Milet, venaient de le prendre et d'en chasser la garnison. Les Syracusains surtout approuvaient ce coup de main : mais Lichas le blâmait, et prétendait qu'il fallait que les Milésiens et autres peuples de la domination du grand roi continuassent de servir Tissapherne à des conditions modérées, et lui montrassent de la déférence jusqu'à ce qu'ils eussent terminé heureusement la guerre ; ce qui, joint à d'autres causes semblables, irrita tellement les Milésiens, que, Lichas étant mort quelque temps après de maladie, ils ne le laissèrent pas inhumer où le voulaient les Lacédémoniens qui étaient près de lui.

Chap. 85. Pendant qu'irrités contre Astyochus et Tissapherne, les Péloponnésiens s'accordaient si mal dans la conduite des affaires, Mindare vint de Lacédémone remplacer Astyochus dans le commandement de la flotte; il en prit possession, et Astyochus s'embarqua pour Lacédémone. Tissapherne fit partir avec lui, en qualité d'ambassadeur, un des hommes qu'il avait près de sa personne, le Carien Gaulitès, qui savait les deux langues, et qu'il avait chargé de sa justification et de ses réclamations contre l'entreprise des Milésiens sur le fort. Il savait que les Milésiens étaient en chemin pour aller surtout déclamer contre lui ; qu'Hermocrate, qui conservait du ressentiment pour l'affaire de la solde, était avec eux, et qu'il ne manquerait pas de l'accuser de duplicité et de faire entendre qu'il était d'intelligence avec Alcibiade pour ruiner les affaires du Péloponnèse. Enfin, quand Hermocrate fut banni de Syracuses, et que d'autres Syracusains, Potamis, Myscon et Démarchus, furent venus à Milet prendre le commandement de la flotte, Tissapherne poursuivit Théramène avec encore plus d'acharnement dans son exil, portant contre lui différentes accusations, et celle entre autres de ne s'être fait son ennemi que sur le refus d'une somme d'argent qu'il avait demandée et n'avait pas obtenue. Astyochus, les Milésiens et Hermocrate passèrent donc à Lacédémone, tandis qu'Alcibiade, de chez Tissapherne, revenait à Samos.

Chap. 86. Les députés que les quatre cents avaient expédiés pour apaiser l'armée de Samos et lui donner des éclaircissemens sur leur conduite, arrivaient de Délos lorsqu'Alcibiade était déjà dans Samos. Une assemblée fut convoquée : ils voulaient y prendre la parole ; mais les soldats refusèrent d'abord de les entendre, criant qu'il fallait donner la mort aux destructeurs de la démocratie. Enfin cependant ils se calment et les écoutent. Les députés exposèrent qu'on avait fait la révolution non pour la ruine, mais pour le salut de la république ; qu'on n'avait pas voulu la livrer aux ennemis, puisque, si l'on en avait eu le dessein, on l'aurait exécuté lors de l'invasion du territoire ; que tous ceux qui faisaient partie des cinq mille parviendraient aux charges à leur tour; qu'il était faux que les parens des guerriers de Samos fussent exposés à des outrages, comme l'avait calomnieusement avancé Chabrias; qu'on ne leur faisait aucun mal, et que chacun d'eux restait paisiblement en jouissance de ses biens. Ils ajoutèrent beaucoup d'autres choses; mais, loin de les écouter plus favorablement, les soldats s'irritèrent. On ouvrit des avis différens, celui surtout d'aller au Pirée. Alcibiade fut, dans cette conjoncture, l'homme qui rendit le plus grand service à la république. Au milieu de ces emportemens des Athéniens de Samos, empressés de s'embarquer pour tourner leurs armes contre eux-mêmes, ce qui sans doute était livrer à l'instant aux ennemis l'Ionie et l'Hellespont, nul autre que lui n'était en état de contenir la multitude. Il la fit renoncer à l'embarquement, en imposa par ses reproches à ceux qui maltraitaient en particulier les députés, donna lui-même la réponse, et dit, en les congédiant, qu'il ne s'opposerait pas à l'autorité des cinq mille; mais qu'on devait déposer les quatre cents et rétablir le conseil des cinq cents comme par le passé; qu'il trouvait bon qu'on eût fait des réductions sur la dépense pour ajouter à la solde des troupes. Il les engageait d'ailleurs à tenir ferme et à ne rien céder à l'ennemi, assurant que, la république une fois sauvée, les Athéniens, et de Samos et d'Athènes, finiraient par s'accorder entre eux; mais que si l'un des deux partis, celui de Samos ou celui d'Athènes, venait à succomber, il ne resterait plus avec qui se réconcilier.

L'assemblée avait dans son sein des députés d'Argos qui offraient au parti populaire d'Athènes à Samos l'assistance de leur pays. Alcibiade les combla d'éloges, et les congédia, en les priant de se présenter quand ils seraient mandés. Ils étaient venus avec les Paraliens, lesquels, embarqués par les quatre cents sur un vaisseau qui portait avec eux beaucoup d'autres soldats, avaient reçu, peu auparavant, l'ordre d'aller en observation sur les côtes de l'Eubée après qu'ils auraient conduit à Lacédémone les trois députés qu'y envoyait la faction des quatre cents, Lespodius, Aristophon et Milésias. Mais les Paraliens, arrivés à Argos, s'étant saisis des députés [des quatre cents], les avaient livrés aux Argiens, comme principaux auteurs de la révolution qui avait renversé le gouvernement populaire; et se gardant bien de retourner à Athènes, ils étaient revenus sur la trirème dont ils étaient maîtres, ramenant les députés argiens d'Argos à Samos.

Chap. 87. Dans le même été, et dans le temps même que, surtout à cause du rappel d'Alcibiade, les Péloponnésiens étaient le plus irrités contre Tissapherne, le jugeant partisan d'Athènes, ce satrape prenait le parti, sans doute pour effacer ces impressions, d'aller trouver à Aspende la flotte de Phénicie. Il engageait Lichas à l'accompagner, et promettait de laisser près de l'armée Tamos son lieutenant, qui serait chargé de payer le subside en son absence. On parle diversement de ce voyage, et il n'est pas aisé de savoir à quelle intention Tissapherne se rendit à Aspende, ni pourquoi, s'y étant rendu, il n'en amena pas la flotte avec lui. Que les vaisseaux de Phénicie soient venus jusqu'à Aspende, au nombre de cent quarante-sept, c'est un fait incontestable: mais pour quelle raison ne vinrent-ils pas jusqu'à l'armée, c'est sur quoi l'on forme bien des conjectures. Les uns pensent qu'il voulait (conformément à son projet) miner les Péloponnésiens par son absence: car Tamos, chargé de payer la solde, la réduisait, loin de l'augmenter. D'autres imaginent qu'en faisant venir la flotte phénicienne à Aspende, il n'avait d'autre objet que de tirer un profit clair du renvoi d'une flotte [qu'alors il n'aurait plus à sa solde]; car, de fait, il ne devait pas l'employer. D'autres encore prétendent que c'était pour dissiper les clameurs de Lacédémone, pour faire dire qu'il n'avait aucun tort, et qu'on ne pouvait douter que la flotte, près de laquelle il se rendait, ne fût réellement équipée. Quant à moi, il me semble démontré qu'en n'amenant pas la flotte, son but était de ruiner les Hellènes pendant le temps que prendraient son voyage et son séjour; de tenir les deux partis dans une sorte d'équilibre, afin de ne rendre aucun des deux plus fort en se joignant à l'un ou à l'autre; car, s'il eût voulu terminer la guerre, il y aurait indubitablement réussi. En effet, en amenant la flotte aux Lacédémoniens, il leur eût, sans doute, procuré la victoire, puisqu'ils étaient à l'ancre en présence des ennemis avec des forces plutôt égales qu'inférieures. Ce qui le trahit surtout, ce fut le prétexte qu'il allégua pour s'excuser de n'avoir pas amené la flotte. Elle était, disait-il, plus faible que le roi ne l'avait ordonné : mais il en aurait d'autant mieux servi ce prince, puisqu'en lui causant moins de dépense, il aurait opéré les mêmes choses. Enfin, quel que fût l'objet de Tissapherne, ce satrape fit le voyage d'Aspende ; il s'y trouva avec les Phéniciens, et, sur son invitation, les Péloponnésiens y firent passer Philippe de Lacédémone avec deux trirèmes, croyant l'envoyer au-devant de la flotte.

Chap. 88. Alcibiade, informé que Tissapherne prenait la route d'Aspende, mit aussitôt à la voile avec treize vaisseaux, promettant à ceux de Samos de leur rendre un service signalé, qu'il leur garantissait : c'était ou d'amener aux Athéniens la flotte de Phénicie, ou d'empêcher qu'elle ne passât du côté des Péloponnésiens. On peut croire qu'il savait depuis long-temps que Tissapherne ne voulait pas amener cette flotte ; mais il prétendait, en montrant aux ennemis l'amitié de ce satrape pour les Athéniens et pour lui-même, le rendre encore plus odieux aux Péloponnésiens, et, par ce moyen, le forcer d'autant plus sûrement à embrasser le parti d'Athènes. Il mit à la voile, et se dirigea vers l'orient, en cinglant droit vers Phasélis et Caune.

Chap. 89. De retour à Athènes, les députés envoyés à Samos par les quatre cents rapportèrent ce que leur avait dit Alcibiade : qu'il voulait qu'on tînt ferme sans rien céder aux ennemis; qu'il avait de fortes raisons d'espérer qu'il les réconcilierait avec l'armée, et que tous ensemble triompheraient des Péloponnésiens. Beaucoup d'oligarques, qui, déjà fatigués d'un dangereux pouvoir, l'auraient volontiers abdiqué pour se mettre à l'abri, sentirent, sur ce rapport, ranimer leur courage.

Ils commençaient à s'assembler, à se répandre en plaintes sur l'état des affaires; ils voyaient à leur tête des capitaines consommés, tout-à-la-fois membres du corps oligarchique et revêtus de magistratures, Théramène, fils d'Agnon, Aristocrate, fils de Sicélius, et d'autres qui avaient la plus grande part à ce qui se passait; mais en même temps ils craignaient, disaient-ils, que l'armée de Samos, qu'Alcibiade, que ceux qu'on avait députés à Lacédémone, en refusant de reconnaître l'autorité des cinq mille, ne nuisissent à la république; que la suppression du régime oligarchique n'était point nécessaire; que seulement il fallait ramener le gouvernement à plus d'égalité, et montrer que les cinq mille avaient une autorité non pas de nom, mais de fait. Sous ce langage politique se cachaient leurs véritables pensées. Dans leur ambition personnelle, la plupart d'entre eux se faisaient un principe d'après lequel se détruit nécessairement toute oligarchie qui succède à la démocratie : car, dès le premier jour d'une telle révolution, tous ne demandent pas seulement à se trouver, en un jour, égaux entre eux; mais chacun veut s'y voir de beaucoup le premier : au lieu que dans la démocratie, où tout se fait par élection, on en supporte d'autant plus facilement les résultats, qu'on n'est pas humilié par des égaux. Le crédit d'Alcibiade à Samos les encourageait : ils croyaient ce crédit solide, et ne voyaient rien de stable dans l'oligarchie. C'était entre eux un combat à qui deviendrait le chef du gouvernement démocratique.

Chap. 90. Mais ils avaient pour adversaires les quatre cents, les chefs de l'oligarchie : Phrynicus, qui, lors de son commandement à Samos, avait eu des différends avec Alcibiade; Aristarque, de tout temps plus opposé que personne à l'état démocratique; Pisandre, Antiphon, et d'autres du nombre des hommes les plus puissans. En effet, dès qu'ils eurent établi le nouveau régime et eurent vu se résoudre en démocratie la constitution qu'ils avaient formée à Samos, ils dépêchèrent à Lacédémone des députés choisis dans leur sein, travaillèrent au raffermissement de l'oligarchie, et fortifièrent l'Éétionée. Mais ils furent encore bien plus ardens à soutenir leur ouvrage, quand, au retour de la députation qu'ils avaient envoyée à Samos, ils virent changer le plus grand nombre, et ceux même d'entre eux qui leur semblaient les plus sûrs. Au milieu des craintes que leur causaient l'intérieur et Samos, ils firent partir en diligence Antiphon, Phrynicus et autres, au nombre de dix, et leur recommandèrent de ménager une réconciliation avec les Lacédémoniens, à quelque prix que ce fût, pour peu que les conditions fussent supportables; et ils continuèrent avec plus d'ardeur encore à fortifier l'Éétionée. L'objet de ces travaux, comme l'assurait Théramène et ceux de son parti, était, non de fermer l'entrée du Pirée à l'armée de Samos si elle prétendait y pénétrer de vive force, mais de recevoir, quand on voudrait, les ennemis par terre et par mer : car l'Éétionée forme l'un des deux promontoires du Pirée, et c'est de ce côté qu'on entre directement dans ce port. On joignait donc le nouveau mur à celui qui existait déjà du côté de la terre ferme; de manière qu'en y plaçant un petit nombre d'hommes, on commandait l'entrée du Pirée : car précisément à l'une des deux tours construites à l'entrée étroite du port se terminaient et l'ancien mur, qui traversait la terre ferme, et le nouveau, qui fermait l'entrée du port et entrait presque dans la mer. Ils élevèrent aussi, tout près de cette muraille, une galerie qui était très grande et voisine de la nouvelle construction qu'on venait d'exécuter dans le Pirée. Seuls maîtres de cette galerie, ils obligeaient d'y déposer le blé qui se trouvait dans la ville et celui qu'on amenait par mer : c'était de là qu'il fallait le tirer pour le mettre en vente.

Chap. 91. Voilà ce qui, depuis long-temps, excitait les murmures de Théramène; et quand les députés furent revenus sans être parvenus à un accommodement général, il soutint que la construction de ce mur pourrait amener la perte totale de la ville. En effet, dans ces circonstances, à l'invitation des Eubéens, quarante-deux vaisseaux sortis du Péloponnèse (dont quelques-uns venaient de chez les Tarentins et les Loeriens, tous deux peuples d'Italie et de chez les Sicules) se trouvaient déjà sur les côtes de la Laconie et se préparaient à cingler vers l'Eubée, sous les ordres du Spartiate Hégésandridas. Théramène prétendait que la destination de cette flotte était moins pour l'Eubée que pour ceux qui construisaient le mur de l'Éétionée, et que, si l'on ne se tenait pas sur ses gardes, on serait égorgé au moment où l'on s'y attendrait le moins. Ces accusations contre les oligarques avaient bien quelque chose de réel et n'étaient pas seulement une maligne déclamation. En effet les oligarques voulaient, en fondant l'oligarchie, commander aux Athéniens et aux alliés, ou du moins, étant maîtres des fortifications et des vaisseaux, vivre dans l'indépendance. Enfin, si ces ressources leur manquaient, ils voulaient ne pas être égorgés par la multitude quand elle recouvrerait l'autorité, s'accorder avec les ennemis, même en leur livrant la flotte et les fortifications, et avoir un gouvernement quelconque pourvu qu'ils fussent sûrs au moins de la vie.

Chap. 92. Aussi pressaient-ils les fortifications, en y ménageant de petites portes, des sentiers dérobés, des retraites qu'on pourrait offrir aux ennemis, voulant terminer avant que leurs adversaires pussent y mettre obstacle. Les propos dont ils étaient l'objet se tenaient d'abord en secret et entre peu de personnes : mais quand Phrynicus, au retour de sa députation de Lacédémone, à l'heure où l'agora est le plus fréquentée, eut été lâchement attaqué par un des hommes qui faisaient la ronde, et tué sur-le-champ presque au sortir du conseil ; quand un certain Argien, son complice, arrêté et mis à la torture par ordre des quatre cents, ne nomma personne qui eût ordonné le crime, et dit seulement que tout ce qu'il savait,

c'était que bien des personnes s'assemblaient chez le commandant de la ronde et en d'autres maisons ; quand on vit cet événement n'avoir aucune suite, alors Théramène, Aristocrate et tous ceux qui pensaient de même, soit qu'ils fussent ou non du corps des quatre cents, agirent bien plus à découvert. Déjà les vaisseaux partis de la Laconie avaient tourné les côtes, pris terre à Épidaure, et infesté le territoire d'Égine. Théramène prétendait qu'il n'était pas possible que des vaisseaux qui auraient fait voile pour l'Eubée, fussent entrés dans le golfe où est Égine, pour se diriger ensuite sur cette île, et qu'ils eussent, en faisant une marche rétrograde, mis ensuite à l'ancre à Épidaure ; qu'on les avait donc mandés pour l'objet dont il ne cessait de se plaindre, et que le temps de rester dans l'inaction était passé. Enfin, après bien d'autres discours propres à semer la défiance et à exciter un soulèvement, on en vint aux effets. Aristocrate lui-même était commandant des compagnies d'hoplites qui travaillaient au mur de l'Éétionée dans le Pirée, et avait avec lui sa compagnie. Ces hoplites arrêtèrent le général Alexiclès, membre de l'oligarchie, fortement attaché au parti contraire à celui de Théramène, et le menèrent dans une maison où ils le retinrent prisonnier. Plusieurs les secondèrent, entre autres Hermon, commandant des rondes établies à Munychie : on ne s'en étonnera pas, puisque le corps des hoplites tenait à cette faction.

Les quatre cents siégeaient en ce moment au conseil. Dès qu'on leur rapporta ce qui venait de se passer, tous furent prêts à courir aux armes, excepté ceux à qui déplaisait l'état actuel. Ils menaçaient Théramène et tous ceux qui pensaient comme lui. Théramène, pour se justifier, leur dit qu'il était prêt à les accompagner pour délivrer Alexiclès : et, prenant avec lui un des généraux qui partageait ses sentimens, il courut au Pirée. Aristarque y vint aussi avec les jeunes gens de l'ordre des chevaliers. Grand mouvement, épouvantable tumulte. Dans la ville, tous croyaient que le Pirée était pris et Alexiclès égorgé ; au Pirée, on s'attendait à une irruption de la ville tout entière. Déjà en effet les rues étaient pleines de gens qui couraient aux armes ; ils furent avec peine retenus par les vieillards et par Thucydide de Pharsale, hôte d'Athènes, qui se trouvait là. Celui-ci les arrêtait tous les uns après les autres, et leur criait de ne pas perdre l'état, quand ils avaient l'ennemi si près d'eux. Ils s'apaisèrent et n'en vinrent pas aux mains les uns contre les autres.

Théramène était lui-même général ; quand il fut au Pirée, il s'emporta violemment contre les hoplites, mais de bouche seulement, au lieu qu'Aristarque et ceux de la faction contraire étaient en effet dans l'indignation. Cela n'empêcha pas les hoplites d'aller la plupart à l'ouvrage, sans se repentir de ce qu'ils avaient fait. Ils demandèrent à Théramène s'il croyait que ce fût pour le bien de l'état que s'élevait la muraille, et s'il ne vaudrait pas mieux la raser. Il répondit que s'ils jugeaient à propos de l'abattre, il était de leur avis. Aussitôt les hoplites et une foule de gens du Pirée montent sur le mur et le démolissent. Pour animer la multitude, on lui disait que ceux qui voulaient que les cinq mille eussent l'autorité au lieu des quatre cents, devaient prendre part à cet œuvre. On se servait du nom des cinq mille pour se mettre à couvert, et ne pas parler tout haut de rendre au peuple l'autorité. On craignait que ce corps des cinq mille n'existât en effet, et qu'on ne risquât de se perdre, en s'ouvrant, sans le savoir, à quelqu'un d'entre eux. Ainsi les quatre cents ne voulaient ni que les cinq mille existassent, ni qu'on sût qu'ils n'avaient pas d'existence : ils sentaient que faire participer tant de monde au gouvernement, c'était former un état populaire ; mais que garder là-dessus le secret, c'était tenir les citoyens dans une crainte réciproque.

Chap. 93. Le lendemain les quatre cents, tout troublés, s'assemblèrent au conseil. Les hoplites du Pirée relâchèrent Alexiclès, et, après avoir détruit la muraille, se rendirent en armes au théâtre de Bacchus à Munychie, où ils formèrent une assemblée. D'après la résolution qu'ils y prirent, ils coururent à la ville, et se tinrent tout armés dans l'Anacéum. Il s'y rendit quelques personnes choisies par les quatre cents, et il s'établit des pourparlers d'homme à homme. On engagea ceux qu'on vit les plus modérés à se tenir en repos et à contenir les autres. On assura qu'on ferait connaître les cinq mille, et que ce serait entre eux et à leur choix que seraient pris les quatre cents ; qu'en attendant, il ne fallait pas perdre l'état et en faire la proie de l'ennemi. Beaucoup de personnes parlaient dans le même esprit, et beaucoup aussi les écoutaient ; le corps des hoplites devint plus tranquille, craignant par-dessus tout de mettre l'état en danger. On convint de tenir, à jour prescrit, une assemblée au théâtre de Bacchus, pour ramener la concorde.

Chap. 94. Le jour marqué pour l'assemblée au théâtre de Bacchus arriva : elle allait se former, quand on vint annoncer qu'Hégésandridas, avec quarante-deux vaisseaux, passait de Mégares à Salamine. Il n'y eut aucun hoplite qui ne crût voir accompli ce que disaient depuis long-temps Théramène et ses partisans, que cette flotte s'avançait au nouveau fort, et qu'on avait bien fait de le raser. C'était peut-être en effet d'après quelques intelligences qu'Hégésandridas croisait de ces côtés et dans les parages d'Épidaure; mais il n'est pas hors de vraisemblance qu'il s'y arrêtait à cause des troubles d'Athènes, et pensant qu'il pouvait bien être arrivé à propos. A cette nouvelle, les Athéniens en masse courent au Pirée, se croyant menacés, de la part des ennemis, d'une guerre plus redoutable que leurs querelles intestines, et dont le théâtre était, non pas lointain, mais devant leur port. Les uns montent les vaisseaux qui se trouvent appareillés, les autres tirent des bâtimens à la mer, d'autres s'apprêtent à défendre les murs et l'entrée du port.

CHAP. 95. Cependant la flotte du Péloponnèse longe et double le cap Sunium, met à l'ancre entre Thorice et Prasies, et finit par gagner Orope. Les Athéniens, au milieu des dissensions qui agitaient leur ville et pressés de se défendre contre le péril le plus imminent, furent obligés de prendre, pour armer leurs vaisseaux, tout ce qui se présenta, et firent partir pour Érétrie une flotte commandée par Thymocharis : car, l'Attique étant bloquée, l'Eubée devenait tout pour eux. La flotte, arrivée à sa destination et accrue des vaisseaux qui se trouvaient d'avance en Eubée, était de trente-six voiles. Elle se vit aussitôt dans la nécessité de combattre; car Hégésandridas, après l'heure du repas, partit d'Orope, qui, mesure maritime, est à soixante stades d'Érétrie. Il s'avançait; les Athéniens allaient monter leurs vaisseaux, croyant trouver les soldats à bord; mais ceux-ci étaient allés chercher des vivres pour le dîner, non pas au marché, car les Érétriens avaient eu la précaution d'empêcher qu'il ne s'y vendît rien, mais dans des maisons particulières, aux extrémités de la ville. C'était, en s'opposant à ce qu'ils missent à temps en mer, donner aux ennemis la facilité de les prévenir, et forcer les Athéniens à se présenter au combat dans le mauvais état où ils se trouvaient. On avait fait pis encore, en donnant de la ville aux Péloponnésiens le signal du moment où ils devaient partir. En ce triste appareil, les Athéniens mettent en mer, combattent au-dessus du port d'Érétrie, et ne laissent pas d'opposer quelque résistance : mais bientôt mis en fuite, on les poursuit à la côte. Ceux qui cherchèrent un refuge dans la ville des Érétriens comme dans une place amie, furent les plus malheureux, tous furent égorgés; ceux qui gagnèrent le fort des Athéniens dans Érétrie, y trouvèrent un asile sûr, ainsi que les vaisseaux qui passèrent à Chalcis. Les ennemis prirent vingt-deux bâtimens athéniens, tuèrent une partie des hommes, firent prisonniers les autres, et dressèrent un trophée. Peu de temps après, ils soulevèrent l'Eubée entière, à l'exception d'Oréum, que les Athéniens occupaient, et mirent ordre aux affaires de l'île.

CHAP. 96. A la nouvelle des événemens de l'Eubée, les Athéniens tombèrent dans le plus grand abattement qu'ils eussent encore éprouvé. Ni leur désastre en Sicile, tout déplorable qu'alors il leur avait paru, ni aucun autre malheur, ne les avait jetés dans une telle épouvante. L'armée de Samos détachée de leur parti, point d'hommes pour monter des flottes qui n'existaient plus, eux-mêmes dans la dissension, au moment peut-être de s'égorger; et, pour surcroît de douleur, cette dernière infortune qui leur ravissait et leurs vaisseaux et l'Eubée, dont ils tiraient plus de ressources que de l'Attique même : comment ne seraient-ils pas tombés dans le découragement? Ce qui les troublait le plus, c'était la crainte que l'ennemi victorieux (danger imminent) ne se portât subitement au Pirée, dégarni de vaisseaux. A chaque instant ils le voyaient arriver, ce qu'en effet il eût facilement exécuté avec plus d'audace. Il n'avait qu'à former le siége d'Athènes pour y accroître encore les discordes, et il eût obligé la flotte d'Ionie, quoique ennemie de l'oligarchie, de venir au secours de parens chéris et de toute la république. Dès-lors il avait pour lui l'Hellespont, l'Ionie, les îles, tout jusqu'à l'Eubée, et, pour ainsi dire, toutes les possessions d'Athènes. Mais ce n'est pas seulement en cette circonstance, c'est en beaucoup d'autres, que les Lacédémoniens se montrèrent, de tous les peuples, celui qu'Athènes devait préférer d'avoir pour adversaire : d'un caractère opposé à celui des Athéniens, lents contre des esprits vifs, craintifs vis-à-vis d'hommes entreprenans, ils aidèrent eux-mêmes leurs rivaux à se procurer l'empire de la mer. C'est ce que firent bien voir les Syracusains : aussi actifs, aussi entreprenans que les Athéniens, ils leur avaient fait la guerre avec succès.

CHAP. 97. Les Athéniens, malgré la consternation où les jetait le malheur qui leur était annoncé, ne laissèrent pas d'équiper vingt navires, et formèrent une assemblée, la première de ce nouveau régime, qui fut convoquée dans le Pnyx, où l'on avait coutume de s'assembler auparavant. Là, ils déposèrent les quatre cents, et décrétèrent que le gouvernement serait confié aux cinq mille; que tous ceux qui portaient les armes seraient de ce nombre; que personne ne recevrait de salaire pour aucune fonction, et que ceux qui en recevraient seraient notés d'infamie. Il y eut dans la suite d'autres assemblées, même très fréquentes; on y établit des nomothètes, on y fit divers règlemens relatifs à l'administration de l'état. Ces premiers temps sont l'époque où, de mes jours, il est certain que les Athéniens se sont le mieux conduits en politique; ils surent tenir la balance égale entre la puissance des riches et celle du peuple, ce qui d'abord fit sortir la république de l'état fâcheux où elle était tombée. On décréta aussi le rappel d'Alcibiade et de ceux qui étaient avec lui; on les pressa, ainsi que l'armée de Samos, de prendre part aux affaires.

CHAP. 98. Dans cette révolution, Pisandre, Alexiclès, et les principaux auteurs de la constitution oligarchique, se sauvèrent promptement à Décélie. Seul d'entre eux, Aristarque, qui était en même temps général, prenant à la hâte quelques archers des nations les plus barbares, gagna le fort Énoé, qui appartenait aux Athéniens, sur les confins de la Béotie. Les Corinthiens, de concert avec des Béotiens qui s'étaient rendus volontairement à leur appel, l'assiégeaient, pour se venger de la perte de leurs gens défaits par ceux d'Énoé à leur retour de Décélie. Aristarque eut avec eux des conférences. Il trompa les défenseurs d'Énoé, en disant que les Athéniens de la ville avaient traité avec Lacédémone; que, suivant un des articles, il allait remettre la place aux Béotiens, et qu'à cette condition l'accord avait été conclu. Ils le crurent en sa qualité de général, et parce qu'étant assiégés ils ne pouvaient rien savoir. Ils sortirent de la place sous la foi publique. Ainsi les Béotiens prirent possession d'Énoé, qui leur fut abandonnée. L'oligarchie et la sédition cessèrent de désoler Athènes.

CHAP. 99. Vers la même époque de cet été, les Péloponnésiens qui étaient à Milet ne touchaient point de solde. Nul de ceux qu'à son départ pour Aspende Tissapherne avait chargés du subside, ne le leur fournissait. Ils ne voyaient arriver ni ce satrape, ni les vaisseaux de Phénicie. Philippe, envoyé à sa suite, écrivait au navarque Mindare que ces vaisseaux ne viendraient pas, et que les Péloponnésiens étaient, à tous égards, le jouet de Tissapherne. Le Spartiate Hippocrate, qui était à Phasélis, écrivait la même chose, ajoutant que Pharnabaze, qui espérait tirer un meilleur parti de leur jonction, plein de zèle, les invitait à s'unir à lui, prêt, disait-il, à leur amener des vaisseaux, et à soulever contre les Athéniens le reste des villes de son gouvernement, comme l'avait promis Tissapherne.

Mindare, qui faisait observer une exacte discipline, donna subitement l'ordre du départ, pour en dérober la connaissance à ceux de Samos; de Milet il mit à la voile avec soixante-treize vaisseaux, et cingla vers l'Hellespont. Déjà, le même été, seize vaisseaux y avaient abordé, et les troupes avaient infesté une partie de la Chersonèse; mais Mindare, assailli d'une tempête, fut obligé de relâcher à Icaros; il y fut retenu cinq à six jours par les vents contraires, puis il vint aborder à Chio.

Chap. 100. Thrasylle, informé qu'il était parti de Milet, mit, de Samos, à la voile avec cinquante-cinq vaisseaux, et fit la plus grande diligence, de peur que Mindare n'arrivât avant lui dans l'Hellespont. Assuré qu'il était à Chio, il eut soin de placer à Lesbos, sur la côte opposée, des gens chargés de l'épier, afin qu'aucun de ses mouvemens ne pût lui échapper. Il partit lui-même pour Méthymne, et y donna des ordres pour des approvisionnemens de farine et autres munitions nécessaires, dans le dessein de faire des courses de Lesbos à Chio, si Mindare continuait d'y séjourner. Il voulait en même temps se transporter à Éresse, qui s'était détachée de Lesbos, et, s'il était possible, s'en rendre maître. De riches bannis de Méthymne, ayant mandé de Cyme cinquante hoplites qui se joignirent à eux par amitié, et en ayant pris d'autres à leur solde sur le continent, ce qui donnait en tout trois cents hommes, que commandait Anaxarque de Thèbes, lié à ces bannis par une commune origine, avaient attaqué Méthymne. Repoussés dans une première tentative par les Athéniens en garnison à Mitylène, qui accoururent, et chassés une seconde fois à la suite d'un combat, ils s'étaient retirés par la montagne et avaient soulevé Éresse. Thrasylle donc projetait, dès qu'il serait arrivé à Éresse avec une flotte, d'attaquer la place. Thrasybule, sur la nouvelle de l'expédition des bannis, s'y était auparavant transporté de Samos avec cinq vaisseaux; mais, venu trop tard, il se tenait à l'ancre à la vue de la place. Bientôt encore arriva aux bannis un renfort de deux vaisseaux qui retournaient de l'Hellespont dans l'Attique: ce qui leur formait en tout une flotte de soixante-sept bâtimens, d'où ils tirèrent et des soldats et tout ce qui était nécessaire à former un camp, à battre Éresse avec des machines et à tout mettre en œuvre pour la prendre.

Chap. 101. Cependant Mindare et les vaisseaux du Péloponnèse, étant restés deux jours à Chio pour faire des vivres, et ayant reçu par tête, des habitans, trois tessaracostes du pays, partirent le troisième jour, et gagnèrent aussitôt la haute mer, pour ne pas rencontrer la flotte qui était à Éresse. Laissant Lesbos à leur gauche, ils faisaient voile vers le continent. Ils relâchèrent dans la campagne de Phocée, au port de Cratéries, y dînèrent, et, côtoyant le territoire de Cyme, ils allèrent souper aux Arginuses, partie du continent qui fait face à Mitylène. De là encore, au milieu des ténèbres de la nuit, longeant les côtes, ils gagnèrent la terre ferme à Harmatonte, vis-à-vis de Méthymne, puis, après y avoir pris quelque nourriture, ils côtoyèrent rapidement, Lectum, Larisse, Hamaxite, et les places voisines, et arrivèrent avant le milieu de la nuit à Rhétium, qui fait déjà partie de l'Hellespont. Quelques vaisseaux prirent terre à Sigée, et d'autres en divers endroits de cette plage.

Chap. 102. Ceux des Athéniens qui étaient à Sestos avec dix-huit vaisseaux, apprirent, par les signaux de torches agitées, et reconnurent par les feux allumés tout-à-coup dans les campagnes occupées par l'ennemi, que les Péloponnésiens arrivaient. Ils se retirèrent cette nuit même, avec toute la célérité possible, côtoyant la chersonèse et se dirigeant vers Éléonte, afin d'éviter, dans une mer ouverte, la flotte ennemie. Ils ne furent pas aperçus des seize vaisseaux qui étaient à Abydos, quoique Mindare eût recommandé de bien observer si les Athéniens quittaient leur station. A l'aurore, ceux-ci reconnaissent les vaisseaux de Mindare et les poursuivent. La plupart se sauvèrent sur le continent et à Lemnos : mais quatre navires traîneurs furent atteints comme ils longeaient le territoire d'Éléonte. Les Péloponnésiens en firent échouer un près de l'hiéron de Protésilas, et s'en rendirent maîtres avec les hommes qui le montaient ; ils en prirent deux autres sans les équipages, et en brûlèrent un près d'Imbros, mais qui était vide.

Chap. 103. Ayant réuni ensuite aux autres vaisseaux ceux d'Abydos, ce qui faisait en tout quatre-vingt-six, dès le jour même ils assiégèrent Éléonte, et, la place ne se rendant pas, ils se retirèrent à Abydos. Les Athéniens, trompés par leurs éclaireurs, et croyant que la flotte ennemie ne pouvait passer à leur insu, battaient à loisir les murailles d'Éresse; mais, instruits de la vérité, ils abandonnèrent aussitôt le siége, et allèrent au secours de l'Hellespont. Ils prirent deux vaisseaux du Péloponnèse qui, s'étant avancés en mer à la poursuite avec trop de témérité, vinrent se jeter au milieu d'eux ; arrivèrent le lendemain à Éléonte, s'y arrêtèrent, reçurent d'Imbros tous les bâtimens qui s'y étaient réfugiés, et mirent cinq jours à se préparer au combat.

Chap. 104. Voici comment se livra le combat naval. Les Athéniens, rangés en file, côtoyèrent le rivage, se dirigeant vers Sestos. Les Péloponnésiens, voyant d'Abydos qu'ils approchaient, mirent en mer pour aller à leur rencontre. Quand les deux flottes jugèrent le combat inévitable, elles s'étendirent, celle d'Athènes, le long de la chersonèse, en sorte que ses quatre-vingts vaisseaux occupaient depuis Idacus jusqu'à Arrhianes; et celle du Péloponnèse, composée de soixante-huit bâtimens, depuis Abydos à peu près jusqu'à Dardanus. La droite des Péloponnésiens était formée par les Syracusains ; Mindare lui-même occupait la gauche avec les vaisseaux qui manœuvraient le mieux. Thrasylle commandait la gauche des Athéniens, et Thrasybule la droite. Les autres généraux [alliés] s'étaient postés chacun avec sa division.

Les Péloponnésiens se hâtaient de donner les premiers; avec leur gauche, ils s'efforçaient, d'une part, de dépasser la droite des Athéniens, de les empêcher, s'ils le pouvaient, de sortir du détroit et d'entrer dans la mer Égée, et, d'autre part, de les charger au centre et de les jeter sur la côte, qui n'était pas éloignée.

Les Athéniens, devinant l'intention de l'ennemi, s'étendirent, débordèrent du côté où celui-ci voulait les enfermer, et le prévinrent par la rapidité de leur course. Déjà leur gauche avait doublé le cap Cynossème : par suite de cette manœuvre, le centre n'était plus composé que de vaisseaux faibles, épars, d'ailleurs moins fournis d'équipages ; et comme Cynossème était anguleux et proéminent, ils ne pouvaient apercevoir ce qui se passait au-delà.

Chap. 105. Les Péloponnésiens alors, fondant sur ce centre, poussèrent sur la plage les vaisseaux athéniens, et, bien supérieurs à leurs ennemis, ils descendirent à terre. Ni Thrasylle, de la gauche, ni, de la droite, Thrasybule, assailli par tant de vaisseaux, ne pouvaient porter du secours au centre : car la pointe de Cynossème leur bornait la vue, et d'ailleurs ils étaient contenus par les Syracusains et par d'autres vaisseaux aussi nombreux. [Telle était la position des Athéniens] lorsqu'enfin les Péloponnésiens, avec cette confiance que donne la victoire, se mirent séparément à la chasse des vaisseaux et commencèrent à dégarnir quelques parties de leurs rangs. Thrasybule alors, voyant que les vaisseaux ennemis ne cherchaient plus à déborder l'aile droite où il était, cesse lui-même d'étendre sa ligne vers la mer Égée, se retourne, fond sur les vaisseaux qui lui sont opposés, les met en fuite ; [rentrant dans l'intérieur du détroit] il se porte contre la partie victorieuse de la flotte péloponnésienne, trouve les vaisseaux épars, les charge, et, sans combat, frappe le plus grand nombre de terreur. Déjà les Syracusains avaient cédé aux efforts de Thrasylle ; ils pressèrent encore plus leur fuite, en voyant la déroute du reste de la flotte.

Chap. 106. La défaite des ennemis était décidée. La plupart des Péloponnésiens fuirent d'abord vers le fleuve Pydius, ensuite vers Abydos. Les Athéniens ne prirent qu'un petit nombre de vaisseaux, car l'Hellespont, étant étroit, ne présentait à l'ennemi qu'un faible espace de mer à franchir pour se mettre en sûreté. Cependant cette victoire ne pouvait venir plus à propos aux Athéniens : les malheurs qu'ils venaient d'éprouver en peu de temps, et leur désastre en Sicile, avaient rendu redoutable à leurs yeux la marine du Péloponnèse ; mais ils cessèrent d'avoir mauvaise opinion d'eux-mêmes, et de trop estimer les forces maritimes de l'ennemi. Les vaisseaux dont ils se rendirent maîtres furent huit de Chio, cinq de Corinthe, deux d'Ampracie, deux de Béotie, un de Lacédémone, un de Syracuses et un des Pellénéens. Pour eux, ils en perdirent quinze. Ils dressèrent un trophée à la pointe où est Cynossème, recueillirent les débris des vaisseaux, accordèrent aux ennemis la permission d'enlever leurs morts, et envoyèrent une trirème porter à Athènes la nouvelle de la victoire. Les Athéniens, en apprenant, à l'arrivée de ces vaisseaux, leur bonheur inespéré, se rassurèrent sur leur infortune en Eubée et sur les suites de leurs divisions ; ils crurent que leur sort était dans leurs mains, et qu'avec de l'ardeur et de l'énergie ils reprendraient la supériorité.

Chap. 107. Le surlendemain du combat naval, les Athéniens qui étaient à Sestos, s'étant pressés de radouber les vaisseaux, allèrent à Cyzique, qui s'était soulevée. Ils virent à l'ancre, vers Harpagium et Priape, les huit vaisseaux de Byzance, firent voile sur eux, battirent les équipages qui étaient à terre, et prirent les vaisseaux. Arrivés à Cyzique, ville sans mur d'enceinte, ils firent rentrer les habitans sous leur puissance et les mirent à contribution.

Cependant les Péloponnésiens passèrent d'Abydos à Éléonte, et recouvrèrent ceux des vaisseaux qu'on leur avait pris et qui étaient en bon état : les autres avaient été brûlés par ceux d'Éléonte. Ils envoyèrent Hippocrate et Épiclès en Eubée, pour en amener les bâtimens qui s'y trouvaient.

Chap. 108. Vers cette époque, Alcibiade, avec treize vaisseaux, aborda, venant de Caune et de Phasélis, à Samos. Il annonça qu'il avait détourné la flotte de Phénicie de venir se joindre aux Péloponnésiens, et qu'il avait rendu Tissapherne, plus qu'auparavant, ami d'Athènes. Il équipa neuf bâtimens en outre de ceux qu'il avait déjà, mit à contribution les habitans d'Halicarnasse, ceignit la ville de Cos d'une muraille, y établit des magistrats, et revint à Samos vers l'automne.

Tissapherne, ayant appris que la flotte du Péloponnèse était passée de Milet dans l'Hellespont, appareilla et se porta d'Aspende dans l'Ionie.

Pendant que les Péloponnésiens étaient dans l'Hellespont, les Antandriens, qui sont des Éoliens, firent venir d'Abydos et arriver à Antandros, à travers le mont Ida, des hoplites qu'ils introduisirent dans leur ville. Ils avaient à se plaindre du Perse Astacès, lieutenant de Tissapherne. Les habitans de Délos, que les Athéniens avaient chassés de leur île pour la purifier, étaient venus habiter Atramyttium. Astacès, dissimulant la haine qu'il leur portait, invita les principaux d'entre eux à une expédition, les attira sous de faux dehors d'alliance et d'amitié, et, saisissant le moment où ils prenaient leur repas, il les fit entourer de ses gens et tuer à coups de flèche. Les Antandriens, après cet acte de perfidie, craignaient de sa part de nouveaux attentats ; et comme d'ailleurs il leur imposait des charges qu'ils ne pouvaient supporter, ils chassèrent la garnison qu'il avait mise dans l'acropole.

Chap. 109. Tissapherne, informé de cette nouvelle action des Péloponnésiens, qui ne s'étaient pas contentés de ce qu'ils avaient fait à Milet et à Cnide (car ils en avaient aussi chassé les garnisons), sentit combien il leur était devenu odieux, et il avait à craindre qu'ils ne lui causassent encore d'autres dommages. Il aurait été d'ailleurs très piqué que Pharnabaze pût les gagner en moins de temps et à moins de frais que lui, et obtenir quelques succès contre les Athéniens. Il résolut donc de les aller trouver dans l'Hellespont, pour leur reprocher ce qu'ils avaient fait à Antandros, et se justifier de la manière la plus plausible au sujet des vaisseaux de Phénicie, et sur d'autres points. Arrivé à Éphèse, il offrit un sacrifice à Diane.

Quand viendra la fin de l'hiver qui suivit cet été, alors sera terminée la vingt-unième année de la guerre.

La guerre du Péloponnèse ne finit pas avec l'histoire de Thucydide. Xénophon, qui le premier fit connaître cet œuvre immortel, l'a continué dans son livre des *Helléniques*, et conduit l'histoire de la Grèce jusqu'à la deuxième bataille de Mantinée. Cet ouvrage admirable sous tant de rapports ne nous a pas paru de nature à intéresser aussi vivement nos lecteurs que la *Cyropédie* et la *Retraite des dix mille*. Nous dirons même en passant que les batailles de Leuctres et de Mantinée sont présentées par Xénophon de telle sorte, qu'elles deviennent inintelligibles aux yeux du militaire le plus exercé. Ceci paraît bien étrange; il ne l'est pas moins de voir Xénophon insinuer à son lecteur que le héros Thébain fit plus pour sa gloire que pour le véritable avantage de sa patrie. N'est-ce donc rien que de l'avoir élevée tout-à-coup à un aussi haut degré de splendeur? Sans la mort d'Épaminondas, Thèbes allait peut-être balancer les destinées de la Grèce avec Athènes et Lacédémone. Revenons à la guerre du Péloponnèse.

Au temps où finit l'histoire de Thucydide, et où commence celle de Xénophon, Sparte jouissait d'une grande supériorité sur Athènes sa rivale; elle lui disputait même l'empire de la mer, mais uniquement avec l'argent du roi des Perses, le secours des satrapes et les vaisseaux des alliés : elle avait à peine elle-même quelques galères.

Cependant il était presque sans exemple qu'une armée spartiate eût été battue; et telle était l'influence de l'esprit qui, dans cette république, animait tous les membres de l'état, que la victoire suivait ses phalanges, lors même qu'elles n'étaient composées que d'alliés et de nouveaux citoyens.

Bien que la mer séparât Lacédémone de la plupart des contrées où elle faisait respecter ses lois, une bataille navale, quel qu'en fût le succès, n'opérait pas un changement sensible ou durable dans l'état de ses affaires, parce qu'on ne ferme pas la mer comme on bloque une ville, et que la constance des Spartiates suppléait à leur habileté et souvent même à la fortune qui, sur mer, semblait s'être déclarée en faveur des Athéniens.

Xénophon commence ses *Helléniques* par quelques événemens peu remarquables, et il décrit la conduite singulière des Athéniens à l'égard d'Alcibiade, qui les servait quoique banni, qu'ils aimaient et outrageaient tour-à-tour, mais qu'ils ne cessaient d'admirer et de craindre. L'historien fait ensuite le récit du combat des Arginuses, dont la perte eût entraîné celle d'Athènes, de cette ville orgueilleuse et imprévoyante qui succomba également après l'avoir gagnée, parce qu'elle ne put soutenir ce retour de prospérité.

Les Athéniens étaient bien supérieurs aux Spartiates pour le nombre des vaisseaux; et le pilote de Callicratidas, commandant la flotte lacédémonienne, lui conseillait d'éviter le combat. « Ma mort, répondit Callicratidas, ne rendra pas Sparte moins heureuse, et il serait honteux de fuir. » Il périt dans le combat. De dix vaisseaux lacédémoniens, neuf furent coulés à fond. Les alliés de Sparte en perdirent soixante. Les Athéniens n'eurent à regretter que vingt-cinq vaisseaux. Cependant Ethéonice, qui assiégeait l'Athénien Conon dans Mitylène, sauva son armée, et ce qui restait auprès de lui de la flotte lacédémonienne.

Dix stratéges, en comptant Conon, commandaient les forces navales d'Athènes, lorsque la bataille des Arginuses fut gagnée. Ils furent tous cassés, à l'exception de Conon, et trois d'entre eux se bannirent eux-mêmes: on cita les six autres devant le peuple, pour n'avoir pas secouru ceux des leurs dont les vaisseaux avaient péri dans le combat.

Ils avaient pourtant détaché dans ce dessein, quarante-six vaisseaux, sous la conduite de Théramène et de Thrasybule; mais une tempête empêcha ceux-ci d'exécuter leur entreprise, et le peuple voulait immoler des victimes aux citoyens qui avaient été privés de sépulture. Théramène, pour se sauver, accusa les généraux. Le sénat, consulté sur la forme du jugement, se laissa influencer par l'animosité de la multitude, et les six stratéges furent jugés par un seul suffrage du peuple assemblé. Les uns pouvaient être innocens, les autres coupables; on les condamna tous à mort.

Un homme cependant rétablissait la marine de Sparte, et en moins d'une année parvenait à relever le courage de ses concitoyens. C'était Lysandre, replacé à la tête des troupes depuis la mort de Callicratidas. Ayant tourné ses armes vers l'Hellespont, il avait assiégé et pris Lampsaque, lorsque la flotte des Athéniens fit voile pour aller à sa rencontre.

Elle vint mouiller à Égos-Potamos, en face de Lampsaque, dans le dessein de combattre dès le lendemain même. Lysandre ayant rangé sa flotte en bataille, attendit les Athéniens, et affecta une sorte d'inaction sur laquelle ils prirent le change; car dès que la nuit fut venue, ils débarquèrent sur la côte, et se répandirent çà et là sans crainte, comme s'ils eussent été loin de l'ennemi. Le lendemain, remontant à bord, ils présentèrent de nouveau, mais inutilement, le combat à Lysandre. Cette manœuvre se répéta pendant quatre jours de suite, malgré les avis salutaires qu'Alcibiade faisait passer aux Athéniens. Ils étaient sur une côte désavantageuse, où ils n'avaient aucune retraite, et la plus grande indiscipline régnait parmi les soldats et les matelots. Alcibiade offrait d'attaquer les ennemis par terre avec des troupes de Thrace; mais ses conseils furent méprisés.

Enfin, le cinquième jour, Lysandre saisit l'instant où les Athéniens étaient descendus à terre, et fit avancer sa flotte. Conon, qui commandait celle des Athéniens, se voyant hors d'état de résister, s'échappa avec neuf galères, et prit la route de Cypre.

Lysandre, maître du champ de bataille, cerne les Athéniens, les taille en pièces, et massacre tous ceux qui accourent pour monter sur les vaisseaux. Ensuite il descend à terre et achève d'exterminer les fuyards. Il fit trois mille prisonniers, parmi lesquels se trouvaient trois généraux. Cette terrible défaite amena la prise d'Athènes où Lysandre entra en conquérant, et termina la guerre du Péloponnèse qui durait depuis vingt-huit années.

Par le traité que dicta le vainqueur, il fut stipulé que les fortifications du Pyrée seraient démolies; qu'Athènes ne conserverait que douze galères; qu'elle retirerait les garnisons des villes dont elle s'était emparée; qu'elle rappellerait les bannis, et qu'elle ne pourrait armer enfin qu'avec le consentement de Lacédémone.

Les alliés de Sparte voulaient qu'Athènes fût détruite. Thèbes surtout et

Corinthe insistaient pour qu'on exterminât cette république insolente; mais Athènes avait rendu de trop grands services à la Grèce; on lui laissa la liberté de se gouverner à son gré. Le peuple mécontent de ses lois nomma trente commissaires pour les réformer, et ces commissaires devinrent les tyrans de la patrie. Ces tyrans ne jouirent pas long-temps de cette autorité absolue, qu'ils exerçaient en commun. Chacun d'eux désira d'en dépouiller ses collègues, et le peuple, incapable de supporter plus long-temps leur joug, courut aux armes, les attaqua de toutes parts, et les mit dans la nécessité de se réunir pour leur défense naturelle. Les dissensions nées entre ces tyrans donnèrent lieu à une guerre civile qui finit avec leur bannissement.

XÉNOPHON.

BIBLIOTHÈQUE MILITAIRE.

XENOPHON,

Retraite des Dix Mille.

TRADUCTION DE LA LUZERNE.

1835.

La traduction que nous réimprimons est faite par un homme également distingué dans la littérature et dans les armes.

On peut s'étonner avec raison que ce travail, achevé depuis près de soixante ans, ne laisse presque rien à désirer, surtout si l'on songe qu'à cette époque l'étude de la langue grecque était peu suivie, et qu'elle devait offrir des difficultés. Telle est pourtant la traduction du comte de La Luzerne, officier général sous Louis XV. Nous allons parler de quelques légers changemens que nous nous sommes permis de faire; car nous comptons pour rien plusieurs passages obscurs de Xénophon que des leçons de meilleurs manuscrits ont éclaircis, et qu'il était de notre devoir de vérifier.

Le mot *cohorte* appartient essentiellement à la milice romaine, et ne doit pas être confondu avec le *lochos* des Grecs. Ici La Luzerne s'est trouvé arrêté par une difficulté qui a fait tomber d'Ablancourt, son prédécesseur, dans une erreur très grave, le lochos ne pouvant pas être pris pour un point de départ uniforme chez les différens peuples de la Grèce.

Dans l'organisation de la phalange, telle que Philippe l'institua, et que nous avons fait connaître par *l'Essai sur la tactique des Grecs*, lochos veut dire *file*, sans aucun doute; et cette file pouvait être composée de huit, dix, douze, et même de seize combattans. Mais l'ordonnance des Spartiates était en effet fort différente; chez ce peuple, l'armée se divisait en quatre grands corps, le *mora*, le *lochos*, le *pentecostys*, et l'*énomotie*. Or Cléarque qui commandait les dix mille, leur avait évidemment donné la formation de Lacédémone où il était né.

La Luzerne était doué d'une bien autre perspicacité que d'Ablancourt, et il s'est bien donné de garde de nommer, comme lui, *lochos*, *file*; mais il a sauté par dessus la difficulté. Le savant Gail, à qui nous devons une excellente traduction de Thucydide, traduction bien supérieure à tout ce qu'on a publié, s'est servi aussi du mot cohorte, et par une singularité dont on se rend difficilement compte, il appelle *lochage* (*lochagos*) le chef de lochos que La Luzerne désigne comme *centurion*.

Le mora était commandé par un *polémarque*. Soit que le texte de Xénophon se trouve corrompu ; soit que cet historien, étant lui-même d'Athènes, ait préféré l'emploi d'un terme consacré chez ses concitoyens pour indiquer le chef de la plus grande division de l'armée ; il se sert du mot *stratego*s, auquel celui de *général* a été substitué par La Luzerne et les autres traducteurs. Nous l'avons laissé par la raison que le *stratége* remplace imparfaitement le *polémarque*, et qu'après tout l'un et l'autre peuvent se traduire par *général*. Sous le polémarque, il y avait quatre *chefs de lochos*, huit *pentécontarques*, et seize *énomotarques*. Nous disons de préférence chef de lochos au lieu de *lochagos* qui signifie plus ordinairement chef de file.

Quelquefois, comme l'a fort bien remarqué le traducteur, Xénophon se sert du mot *taxis* pour désigner des sections considérables de l'armée ; d'autres fois, ce terme dénote un rang de l'infanterie pesante ; mais les différens corps formés par les dix mille, rentrent presque toujours dans les subdivisions que nous avons indiquées.

Les Grecs, comme les Latins, avaient deux manières de rendre le mot *homme* : *anthropos* et *aner*. Cette dernière expression présente toujours une acception particulière, et c'est celle qu'emploie Xénophon, lorsque, pressé comme il l'est souvent par des circonstances difficiles, il s'adresse aux compagnons de ses travaux. Ne semblerait-il pas que le mot *hommes* dont il se sert au pluriel (*andres*), serait mieux rendu par le mot *citoyens* que par celui de *soldats*, surtout si l'on considère que c'étaient les citoyens qui formaient les armées des républiques anciennes. Nous indiquons ce changement que nous n'avons osé faire.

Xénophon a intitulé cet ouvrage : *Expédition des Grecs vers l'Asie supérieure*. Le titre que nous avons choisi paraît plus convenable, et a toujours été ajouté au premier.

Il n'est pas nécessaire, dit un écrivain judicieux, de recommander aux militaires la lecture de ce livre, où ils trouveront plus que des manœuvres ; mais il est peut-être besoin de la conseiller à ceux qui, sans être magistrats ni guerriers, sont obligés de traiter avec les hommes, de manier les grandes affaires, et de calculer la valeur des nations.

XÉNOPHON,

Retraite des Dix Mille.

LIVRE PREMIER.

De l'hymen de Darius et de Parysatis naquirent deux princes. L'aîné se nomma Artaxerxès, le plus jeune, Cyrus. Darius, lorsqu'il fut devenu infirme et qu'il soupçonna que la fin de sa vie n'était pas éloignée, voulut avoir près de lui ses deux fils. L'aîné se trouvait à la cour de son père. Le roi manda Cyrus des provinces dont il l'avait fait satrape, dignité à laquelle il avait joint le commandement de toutes les troupes, dont la plaine du Castole était le quartier d'assemblée. Cyrus partit donc pour la Haute-Asie, ayant pris avec lui Tissapherne, qui le suivit en qualité d'ami, et escorté de trois cents hoplites grecs, commandés par Xénias de Parrhasie.

Darius étant mort, et Artaxerxès étant monté sur le trône, Tissapherne calomnie Cyrus auprès de son frère, et l'accuse de tramer une conspiration contre lui. Le roi croit le délateur, et fait arrêter Cyrus pour le punir de mort. Mais Parysatis leur mère, sollicite, obtient la grâce de son fils, et le renvoie dans son gouvernement. Cyrus ayant couru risque de la vie et reçu un affront, ne s'occupe plus, dès qu'il est parti, que des moyens de se soustraire au pouvoir de son frère, et de s'emparer lui-même du trône, s'il lui est possible. Parysatis favorisait les desseins de ce jeune prince, qu'elle préférait à Artaxerxès. Quiconque arrivait de la cour chez Cyrus en était si bien traité qu'on ne le quittait pas sans se sentir plus d'attachement pour lui que pour le roi, et il mettait tous ses soins à gagner l'affection des peuples de son gouvernement, et à les former au métier de la guerre. Il levait d'ailleurs des troupes grecques le plus secrètement qu'il lui était possible pour prendre le roi au dépourvu. Lorsqu'on recrutait des troupes, il ordonnait aux commandans d'enrôler le plus qu'ils pourraient des meilleurs soldats du Péloponnèse, sous prétexte que Tissapherne avait dessein d'attaquer ces places. Car ce satrape était anciennement maître des villes d'Ionie, le roi les lui ayant données. Mais toutes, excepté Milet, venaient de se soustraire à lui, et s'étaient soumises à Cyrus. Tissapherne ayant pressenti que les habitans de Milet avaient le même projet, en fit mourir plusieurs, et en bannit d'autres. Ceux-ci furent accueillis de Cyrus, qui ayant assemblé une armée assiégea Milet par mer et par terre, et tâcha de faire rentrer les bannis dans leur patrie. C'était un nouveau prétexte pour lui de lever des troupes. Il envoya vers le roi et le pria de confier plutôt ces villes à son frère que d'y laisser commander Tissapherne. Parysatis appuyait de tout son crédit cette demande de son fils, en sorte qu'Artaxerxès, loin de soupçonner le piége qu'on lui tendait, crut que Cyrus ne faisait ces armemens dispendieux que contre Tissapherne. Il ne fut pas même fâché de les voir en guerre ; car son frère lui envoyait exactement les tributs dus au monarque par les villes qui avaient appartenu à ce satrape.

Il se levait pour Cyrus une autre armée dans la presqu'île de Thrace vis-à-vis d'Abydos ; et voici de quelle manière. Cléarque, Lacédémonien, était banni de sa patrie ; Cyrus l'ayant connu, conçut de l'estime pour lui et lui donna dix mille dariques. Cléarque employa cette somme à lever des troupes avec lesquelles, faisant des excursions hors de la Chersonèse, il porta la guerre chez les Thraces, qui habitent au-dessus de l'Hellespont. Il assurait par-là le repos des colonies grecques établies de ces côtés, et la plupart des villes situées sur l'Hellespont fournissaient volontairement des subsides pour l'entretien de ses soldats. C'était un second corps de troupes à la disposition du prince, et qui ne faisait point d'ombrage au roi. Aristippe, Thessalien, hôte de Cyrus, persécuté par une des factions qui divisaient sa patrie, vient le trouver, et lui demande environ deux mille soldats grecs, avec leur solde de trois mois, l'assurant qu'au moyen de ce secours il viendra à bout de ses adversaires. Cyrus lui donne environ quatre mille hommes et leur paie de six mois, lui recommandant de ne point s'accommoder avec la faction opposée qu'il n'en soit convenu avec lui. Nouvelle armée entretenue en Thessalie, à la disposition de Cyrus, sans qu'on se doutât qu'il y eût part. Il ordonne à Proxène de Béotie, dont il était ami, de lever le plus de troupes qu'il serait possible et de venir le joindre, sous prétexte qu'il veut marcher contre les Pisidiens qui inquiètent son gouvernement. Il donne le même ordre à Sophénète de Stymphale, et à Socrate Achéen, tous deux attachés aussi à lui par les liens de l'hospitalité, comme pour faire avec les bannis de Milet la guerre à Tissapherne ; ce que chacun d'eux exécuta.

Lorsqu'il juge qu'il est temps de s'avancer vers la Haute-Asie, il prend pour prétexte de sa marche le projet de chasser entièrement les Pisidiens de son gouvernement. Il a l'air de rassembler contre eux toutes les troupes barbares et grecques qui sont dans le pays. Il fait dire à Cléarque de le joindre avec toutes ses forces, et à Aristippe de lui renvoyer celles qu'il a, après s'être réconcilié avec ses concitoyens. Xénias Arcadien, qui commandait les troupes étrangères dans ses garnisons, reçoit ordre de les amener toutes, et de n'y laisser que ce qui est nécessaire pour la garde des citadelles. Cyrus retire en même temps de devant Milet l'armée qui l'assiégeait, et engage les bannis de cette ville à suivre ses drapeaux, leur promettant que s'il réussit dans son expédition, il ne désarmera point qu'il ne les ait rétablis dans leur patrie. Ils lui obéirent avec plaisir, car ils avaient confiance en lui ; et ayant pris leurs armes, ils le joignirent à Sardes. Xénias y arriva avec près de quatre mille hoplites tirés des garnisons ; Proxène, avec environ quinze cents hoplites, et cinq cents hommes de troupes légères ; Sophénète de Stymphale, avec mille hoplites ; Socrate d'Achaïe, avec cinq cents environ, et Pasion de Mégare, avec sept cents à peu près. Ces deux derniers venaient du siége de Milet. Telles furent les troupes qui joignirent Cyrus à Sardes. Tissapherne ayant observé ces mouvemens, et jugeant que de tels préparatifs étaient trop considérables pour ne menacer que les Pisidiens, partit avec environ cinq cents chevaux, et fit la plus grande diligence pour se rendre auprès du roi. Ce prince se mit en état de défense dès que Tissapherne l'eut instruit de l'armement de son frère.

Cyrus partit de Sardes à la tête de ces troupes, et traversant la Lydie, il fit en trois marches vingt-deux parasanges, et arriva aux bords du Méandre, dont la largeur est de deux plèthres. Un pont construit sur sept bateaux le traversait. Ayant passé ce fleuve et fait une marche de huit parasanges dans la Phrygie, l'armée se trouva à Colosses, ville peuplée, riche et grande. Cyrus y séjourna sept jours; Menon de Thessalie l'y joignit, et lui amena mille hoplites et cinq cents armés à la légère, tant Dolopes qu'Æniens et Olynthiens. De là ayant fait vingt parasanges en trois marches, on parvint à Célènes, ville de Phrygie, peuplée, grande et florissante. Cyrus y avait un palais et un grand parc plein de bêtes fauves, qu'il chassait lorsqu'il voulait s'exercer lui et ses chevaux. Le Méandre, dont les sources sont dans le palais même, coule au milieu du parc et traverse ensuite la ville de Célènes. Dans cette même ville est un autre château fortifié appartenant au grand roi, au-dessous de la citadelle, et à la source du Marsyas. De là ce fleuve, à travers la ville de Célènes, va se jeter dans le Méandre. La largeur du Marsyas est de vingt-cinq pieds. C'est là, dit-on, qu'Apollon ayant vaincu le satyre de ce nom, qui osait entrer en concurrence de talent avec lui, l'écorcha et suspendit sa peau dans l'antre d'où sortent les sources. Telle est la cause qui a fait donner au fleuve le nom de Marsyas. On dit aussi que ce château et la citadelle de Célènes furent bâtis par Xerxès, lorsqu'il se retirait de la Grèce, après sa défaite. Cyrus y séjourna trente jours. Cléarque, banni de Sparte, s'y rendit avec mille hoplites, huit cents Thraces armés à la légère, et deux cents archers crétois; Sosias de Syracuses, avec mille hoplites, et Sophénète Arcadien, avec le même nombre. Cyrus fit dans son parc la revue et le dénombrement des Grecs. Il se trouva onze mille hoplites et environ deux mille hommes armés à la légère.

Cyrus fit ensuite en deux marches dix parasanges, et arriva à Peltes, ville peuplée. Il y séjourna trois jours, pendant lesquels Xénias Arcadien célébra par des sacrifices les lupercales, et proposa des jeux et des combats gymniques, dont les prix étaient des étrilles d'or. Cyrus même fut du nombre des spectateurs. De là, en deux marches il fit douze parasanges, et arriva au marché des Céramiens, ville peuplée et située à l'extrémité de la Mysie. Puis il fit trente parasanges en trois marches et demeura cinq jours à Caystropédium, ville peuplée. Il était dû aux troupes plus de trois mois de leur solde. Elles venaient souvent la demander jusqu'à la porte de Cyrus. Ce prince tâchait de gagner du temps, ne les payait que d'espérances, et l'on ne pouvait douter qu'il n'en fût affligé; car il n'était pas dans son caractère de refuser de remplir ses engagemens lorsqu'il pouvait le faire. Epyaxa, femme de Syennesis, roi de Cilicie, vint alors trouver Cyrus, et on dit qu'elle lui fit présent de sommes considérables. Il fit aussitôt payer à son armée la solde de quatre mois. Cette reine de Cilicie avait à sa suite des gardes Ciliciens et Aspendiens. Le bruit courut que Cyrus avait obtenu ses faveurs.

Il fit ensuite en deux marches dix parasanges et arriva à Thymbrie, ville peuplée. Là près du chemin est une fontaine qui porte le nom de Midas, roi de Phrygie. On prétend que c'est en mêlant du vin aux eaux de cette source que Midas y surprit le satyre qu'il poursuivait. Puis en deux marches de dix parasanges encore, Cyrus vint à Tyrium, ville peuplée. Il y séjourna trois jours. La reine de Cilicie demanda, dit-on, à Cyrus de lui montrer son armée; et voulant la satisfaire, il fit dans la plaine la revue des Grecs et des Barbares qui le suivaient. Il ordonna aux Grecs de se mettre en bataille suivant leurs usages, et à chacun de leurs généraux d'y ranger ses troupes. Ils se formèrent donc sur quatre de hauteur. Ménon et ses soldats fermaient l'aile droite. A l'aile gauche étaient Cléarque et les siens. Le centre était occupé par les autres généraux grecs. Cyrus vit d'abord les Barbares qui défilèrent devant lui par escadrons et par bataillons. Il passa ensuite sur son char, accompagné de la reine de Cilicie dans une litière, le long du front des Grecs. Ils avaient tous des casques d'airain, des tuniques de pourpre, des grevières et des boucliers bien nets et reluisans. Après avoir passé le long de toute leur ligne, Cyrus arrêta son char devant le centre de la phalange et envoya Pigrès, son interprète, ordonner aux généraux grecs de faire présenter les armes et marcher toute la ligne en avant. Ceux-ci prévinrent de cet ordre leurs soldats, et dès que la trompette eut donné le signal, on marcha en avant les armes présentées. Le pas s'accéléra peu à peu, les cris militaires s'élevèrent, et les soldats sans commandement se mettant à la course s'avançaient vers leurs tentes. Cette manœuvre inspira de la terreur à un grand nombre de Barbares. La reine de Cilicie s'enfuit dans sa litière. Les marchands du camp abandonnant leurs denrées, prirent aussi la fuite. Les Grecs en rirent et rentrèrent dans leurs tentes. La reine de Cilicie admira la tenue et la discipline des troupes grecques, et Cyrus fut charmé de voir l'effroi qu'elles inspiraient aux Barbares.

On fit ensuite vingt parasanges en trois marches, et l'on séjourna trois jours à Iconium, dernière ville de la Phrygie. Puis Cyrus, en cinq jours de marche, parcourut trente parasanges à travers la Lycaonie. Comme cette province était ennemie, il permit aux Grecs de la piller. De là il renvoya la reine de Cilicie dans ses états par le chemin le plus court, sous l'escorte de Ménon, Thessalien, et des Grecs qu'il commandait. Cyrus, avec le reste de l'armée, traversa la Cappadoce, et ayant fait vingt-cinq parasanges en quatre marches, arriva à Dana, ville peuplée, grande et riche, où il séjourna trois jours, pendant lesquels, sous prétexte d'un complot formé contre lui par un Perse nommé Mégapherne, teinturier du roi en pourpre, et par un autre homme qui tenait le premier rang parmi ses officiers inférieurs, il les punit de mort. On essaya ensuite de pénétrer en Cilicie. Le chemin qui y menait, quoique praticable aux voitures, était si escarpé, qu'une armée ne pouvait y passer si on lui opposait la moindre résistance. On disait que Syennésis était maître des hauteurs et gardait cet unique passage. Cyrus s'arrêta donc un jour dans la plaine. Le lendemain vint la nouvelle que Syennésis avait abandonné les postes élevés qu'il occupait, dès qu'il avait appris que le corps de Ménon ayant passé les montagnes était en Cilicie, et que Tamos y conduisait de la côte d'Ionie les vaisseaux de Cyrus et des Lacédémoniens qu'il commandait. Cyrus monta sur les hauteurs, personne ne l'en empêchant plus, et prit les tentes des Ciliciens. De là il descendit dans une vaste et belle plaine, entrecoupée de ruisseaux, couverte de vignes et d'arbres de toute espèce. Le terroir rapporte beaucoup de sésame, de panis, de millet, de froment et d'orge. Une chaîne de montagnes escarpées et élevées lui sert partout de fortification naturelle et l'entoure de la mer à la mer.

Descendant à travers cette plaine, Cyrus fit vingt-cinq parasanges en quatre jours de marche, et arriva à Tarse, ville de Cilicie, grande et riche, où Syennésis avait son palais. Elle est coupée en deux par un fleuve large de deux plèthres, nommé le Cydné. Les habitans l'avaient abandonnée et s'étaient réfugiés avec le roi dans un lieu fortifié sur la montagne. Il ne restait que ceux qui tenaient hôtellerie; mais dans Soles et dans Issus, villes maritimes, le peuple n'avait point quitté ses habitations. Epyaxa, femme de Syennésis, était arrivée à Tarse cinq jours avant Cyrus; Menon, en traversant les montagnes, avait perdu deux de ses lochos. On a prétendu que s'étant mis à piller, ils avaient été taillés en pièces par les Ciliciens; d'autres ont dit, que, restés en arrière, ils n'avaient pu ni rejoindre le gros de la troupe, ni retrouver le chemin qu'il avait suivi, et qu'ils avaient péri en le cherchant. Ces deux lochos faisaient cent hoplites. Les autres Grecs, furieux de la perte de leurs camarades, pillèrent, à leur arrivée, la ville de Tarse et le palais. Dès que Cyrus fut entré dans la ville, il manda Syennésis. Celui-ci répondit qu'il ne s'était jamais remis entre les mains de plus fort que lui, et il ne voulut se rendre près de Cyrus qu'après que sa femme le lui eut persuadé, et qu'il eut reçu des sûretés. Les deux princes s'étant abouchés ensuite, Syennésis fournit à Cyrus beaucoup d'argent pour subvenir à l'entretien de son armée. Cyrus lui fit les présens qu'offrent les rois de Perse à ceux qu'ils veulent honorer, lui donna un cheval dont le mors était d'or massif, un collier, des brasselets de même matière, un cimeterre à poignée d'or, un habillement à la perse.

Il lui promit qu'on ne pillerait plus la Cilicie, et lui permit de reprendre les esclaves qu'on avait enlevés à ses sujets, partout où il les retrouverait.

Cyrus et son armée séjournèrent vingt jours à Tarse; car les soldats déclaraient qu'ils n'iraient pas plus en avant, soupçonnant déjà qu'on les menait contre le roi, et prétendant ne s'être point engagés pour cette entreprise. Cléarque le premier voulut forcer les siens d'avancer. Ceux-ci, dès qu'il commença à marcher, jetèrent des pierres sur lui et sur ses équipages; peu s'en fallut qu'il ne fût lapidé. Ensuite ayant senti qu'il ne pouvait les contraindre à le suivre, il les assembla. D'abord il se tint longtemps debout, versant des larmes. Les soldats étonnés, le regardaient en silence. Puis il leur parla ainsi.

« Soldats, ne soyez point surpris
» que les circonstances présentes m'affli-
» gent. Je suis devenu hôte de Cyrus,
» et lorsque j'ai été banni de ma patrie,
» ce prince, outre plusieurs autres té-
» moignages de son estime, m'a donné
» dix mille dariques. Je n'ai point ré-
» servé cet argent pour mon usage par-
» ticulier; je ne l'ai point employé à mes
» plaisirs. Il a été dépensé pour votre
» entretien. J'ai fait d'abord la guerre
» aux Thraces. Avec vous j'ai vengé la
» Grèce. Nous avons chassé de la Cher-
» sonèse ces barbares qui voulaient dé-
» pouiller les Grecs du territoire qu'ils y
» possèdent. Lorsque Cyrus m'a appelé,
» je vous ai menés à lui pour lui être
» utile, s'il avait besoin de moi, et re-
» connaître ainsi ses bienfaits. Puisque
» vous ne voulez plus le suivre, il faut
» ou que vous trahissant je reste ami de
» Cyrus, ou que trompant la confiance
» de ce prince, je lie mon sort au vôtre.
» Je ne sais si je choisis le parti le plus
» juste, mais je vous préférerai à mon
» bienfaiteur, et quelques malheurs qui

» puissent en résulter, je les supporterai avec vous. Personne ne dira jamais qu'ayant conduit des Grecs à un prince étranger, j'aie trahi mes compatriotes et préféré l'amitié des barbares. Mais puisque vous ne voulez plus m'obéir ni me suivre, c'est moi qui vous suivrai, et je partagerai le sort qui vous attend. Je vous regarde comme ma patrie, comme mes amis, comme mes compagnons; avec vous je serai respecté partout où j'irai; séparé de vous, je ne pourrai ni aider un ami, ni repousser un adversaire. Soyez donc bien convaincus que partout où vous irez je vous suis. » Ainsi parla Cléarque. Ses soldats et ceux des autres généraux grecs ayant entendu ces paroles, le louèrent de ce qu'il annonçait qu'il ne marcherait pas contre le roi. Plus de deux mille de ceux de Xénias et de Pasion, prenant leurs armes et leur bagage, vinrent camper avec lui.

Cyrus, embarrassé et affligé de cet événement, envoya chercher Cléarque. Celui-ci ne voulut point aller trouver le prince; mais il lui fit dire secrètement de prendre courage, et le fit assurer qu'il amènerait cette affaire à un dénoûment heureux. Il le pria de l'envoyer chercher encore publiquement, et refusa de nouveau d'obéir à ses ordres. Ensuite ayant convoqué ses anciens soldats, ceux qui s'y étaient joints, et quiconque voudrait l'entendre, il parla en ces termes :

« Soldats, nos engagemens avec Cyrus, » et ceux de ce prince avec nous, sont » également rompus. Nous ne sommes » plus ses troupes, puisque nous refu- » sons de le suivre, et il n'est plus tenu » de nous stipendier. Je sais qu'il nous » regarde comme des parjures. Voilà » pourquoi je refuse de me rendre chez » lui lorsqu'il me mande. Je rougirais » (et c'est ce qui me touche le plus), je » rougirais, dis-je, à son aspect, sen- » tant que j'ai trompé entièrement sa » confiance. Je crains d'ailleurs qu'il ne » me fasse arrêter et ne punisse l'injure » dont il me croit coupable envers lui. » Ce n'est point, ce me semble, le mo- » ment de s'endormir et de négliger le » soin de notre salut, mais bien de ré- » soudre ce qu'il convient de faire en » de telles circonstances. Je pense qu'il » faut délibérer sur les moyens d'être » ici en sûreté, si nous voulons y rester, » ou, si nous nous déterminons à la re- » traite, sur ceux de la faire avec sécu- » rité et de nous procurer des vivres ; » car sans cette précaution, chef, sol- » dats, tout est perdu. Cyrus est pour » ses amis un ami chaud, pour ses enne- » mis un ennemi redoutable. Peu éloi- » gnés de lui, à ce qu'il me semble, » nous voyons tous, nous savons qu'il » a de l'infanterie, de la cavalerie, une » flotte. Il est donc temps que chacun de » vous propose l'avis qu'il croit le meil- » leur. » Cléarque se tut, ayant prononcé ce discours.

Alors diverses personnes se levèrent. Les uns de leur propre mouvement dirent ce qu'ils pensaient. D'autres, suscités par Cléarque, démontrèrent combien il était difficile de séjourner ou de se retirer sans l'agrément de Cyrus. Un d'entre eux, feignant de vouloir qu'on marchât au plus tôt vers la Grèce, fut d'avis qu'on élût d'autres chefs si Cléarque ne voulait pas ramener l'armée; qu'on achetât des vivres (il y avait un marché dans le camp des barbares); qu'on pliât les équipages, et qu'allant trouver Cyrus, on lui demandât des vaisseaux pour s'embarquer, ou, s'il s'y refusait, un guide qui menât les Grecs par terre comme en pays ami. « Que s'il ne veut pas même nous don- » ner un guide, prenons nos rangs au » plus tôt; envoyons un détachement » s'emparer des hauteurs; tâchons de

» n'être prévenus ni par Cyrus ni par
» les Ciliciens, dont nous avons pillé les
» biens et fait un grand nombre es-
» claves. » Tel fut le discours de ce
Grec. Après lui, Cléarque dit ce peu de
mots :

« Qu'aucun de vous ne prétende que
» dans cette retraite je me charge du
» commandement. Je vois beaucoup de
» raisons qui m'en éloignent. Mais sa-
» chez que j'obéirai avec toute l'exacti-
» tude possible au chef que vous choi-
» sirez, et personne ne vous donnera
» plus que moi l'exemple de la subordi-
» nation. » Un autre Grec se leva ensuite,
et prenant la parole dit, qu'il fallait être
bien simple pour demander à Cyrus ses
vaisseaux, comme s'il renonçait à son
entreprise, ou pour en espérer un guide
lorsqu'on traversait ses projets. « Si
» nous devons nous fier au guide que
» nous donnera ce prince, pourquoi ne
» le pas prier lui-même de s'emparer
» pour nous des hauteurs qui comman-
» dent notre retraite ? Quant à moi je
» tremblerais de monter sur les vais-
» seaux qu'il nous fournirait, de peur
» qu'il ne les sacrifiât pour nous sub-
» merger dans les flots. Je tremblerais
» de suivre un guide donné par lui, de
» peur qu'il ne nous conduisît dans des
» défilés d'où il serait impossible de sor-
» tir. Je voudrais, si je pars contre le
» gré de Cyrus, pouvoir faire ma re-
» traite à son insu, projet impossible !
» Ce sont, je vous l'assure, des idées
» frivoles que tout ce qu'on vous a pro-
» posé jusqu'ici. Mon avis est qu'on
» envoie à ce prince Cléarque et une dé-
» putation de gens capables ; qu'on l'in-
» terroge sur l'usage qu'il veut faire de
» nous. S'il ne s'agit que d'une expédi-
» tion à-peu-près semblable à celles où
» il a employé ci-devant d'autres merce-
» naires, il faut le suivre et ne nous pas
» montrer plus lâches qu'eux ; mais si

» son entreprise est plus importante que
» la précédente, si elle nous expose à
» plus de fatigues et de dangers, il
» faudra que Cyrus nous persuade de
» le suivre ou que nous lui persua-
» dions de nous renvoyer en pays ami.
» Alors s'il nous entraîne, nous mar-
» cherons avec zèle et mériterons son
» amitié ; si nous le quittons, nous
» nous retirerons avec sûreté. Que nos
» députés nous rapportent sa réponse.
» Nous délibérerons après l'avoir enten-
» due. »

Cet avis l'emporta. On choisit des députés qu'on envoya avec Cléarque, et ils
firent à Cyrus les questions arrêtées. Ce
prince répondit qu'on lui avait rapporté
qu'Abrocomas, son ennemi, était à la distance de douze marches en avant sur les
bords de l'Euphrate, qu'il voulait marcher contre lui, le punir s'il le joignait.
« S'il fuit, au contraire, nous délibére-
» rons là sur ce qu'il y aura à faire. »

Les députés ayant entendu cette
réponse, l'annoncèrent aux soldats.
Ceux-ci soupçonnèrent bien que Cyrus les menait contre Artaxerxès. Ils
résolurent cependant de le suivre.
Comme ils demandaient une paie plus
forte, Cyrus leur promit d'augmenter
leur solde de moitié en sus, et de donner au lieu d'une darique par mois au
soldat trois demi-dariques. Au reste,
personne n'entendit dire alors, au moins
publiquement, qu'on marchât contre le
roi.

Au sortir de Tarse, Cyrus fit en deux
marches dix parasanges et parvint au
fleuve Sarus, large de trois plèthres. Le
lendemain, en une marche de cinq parasanges, on arriva sur les bords du fleuve
Pyrame, large d'un stade. De là en deux
jours l'armée fit quinze parasanges et
se trouva à Issus, dernière ville de la
Cilicie. Elle est peuplée, grande, florissante et située sur le bord de la mer. On

y séjourna trois jours, pendant lesquels arrivèrent trente-cinq vaisseaux venant du Péloponnèse et commandés par Pythagore, Lacédémonien. Tamos, Égyptien, les conduisait depuis Éphèse. Il avait avec lui vingt-cinq autres vaisseaux de Cyrus, avec lesquels il avait assiégé Milet, ville dans le parti de Tissapherne, et avait servi le prince contre ce satrape. Sur ces bâtimens étaient Chirisophe, Lacédémonien, qu'avait mandé Cyrus, et sept cents hoplites qu'il commandait pour ce prince. Les vaisseaux jetèrent l'ancre et mouillèrent près de la tente de Cyrus. Ce fut là que quatre cents hoplites grecs à la solde d'Abrocomas, ayant déserté de son armée, se joignirent à Cyrus et marchèrent avec lui contre le roi.

D'Issus, ce prince, dans une marche de cinq parasanges, vint aux portes de la Cilicie et de la Syrie. C'étaient deux murailles. Celle du côté de la Cilicie était gardée par Syennésis et par ses troupes. On prétendait qu'une garnison d'Artaxerxès occupait celle qui était au-delà et du côté de la Syrie. Entre les deux, coule le fleuve Carsus, large d'un plèthre. La distance des murailles est de trois stades. On ne pouvait forcer ce défilé, car le chemin était étroit, les fortifications descendaient jusqu'à la mer ; au-dessus étaient des rochers à pic et l'on avait pratiqué des portes dans les murailles. C'était pour s'ouvrir ce passage que Cyrus avait fait venir sa flotte, voulant pouvoir porter des hoplites, soit dans l'intervalle, soit au-delà des murailles, et passer en forçant les ennemis s'ils gardaient le pas de Syrie ; car Cyrus présumait qu'Abrocomas, qui avait beaucoup de troupes à ses ordres, n'y manquerait pas. Abrocomas cependant n'en fit rien ; mais dès qu'il sut que Cyrus était en Cilicie, il se retira de la Phénicie et marcha vers le roi avec une armée qu'on disait être de trois cent mille hommes.

De là on fit en un jour de marche cinq parasanges dans la Syrie, et on arriva à Myriandre, ville habitée par les Phéniciens et située sur le bord de la mer. C'était un lieu commerçant. Beaucoup de vaisseaux marchands y mouillaient. On y séjourna sept jours. Deux généraux grecs, Xénias d'Arcadie et Pasion de Mégare, montant sur un petit bâtiment et y chargeant ce qu'ils avaient de plus précieux, mirent à la voile. Ils étaient, suivant l'opinion la plus commune, mécontens et jaloux de ce que Cyrus laissait à Cléarque ceux de leurs soldats qui s'étaient joints à lui pour retourner en Grèce et pour ne pas marcher contre Artaxerxès. Dès que ces généraux eurent disparu, on prétendit que Cyrus enverrait contre eux ses trirèmes, et les uns souhaitaient qu'ils fussent arrêtés et traités comme des fourbes, d'autres plaignaient le sort qui les attendait, s'ils tombaient entre les mains de ce prince.

Cyrus ayant assemblé les généraux, leur dit : « Xénias et Pasion nous ont
» abandonnés. Mais qu'ils ne se glori-
» fient pas d'avoir trompé ma vigilance,
» et de m'avoir échappé ; car je sais où
» ils vont, et j'ai des trirèmes qui me
» ramèneraient bientôt leur bâtiment.
» Mais j'atteste les Dieux que je ne les
» poursuivrai pas. Personne ne dira
» que, tant qu'un homme reste à mon
» service, je l'emploie utilement pour
» moi, et que lorsqu'il veut se retirer
» je l'arrête, le traite mal et le dépouille
» de ses richesses. Qu'ils s'en aillent
» donc et songent qu'ils en usent plus
» mal envers moi que moi envers eux.
» J'ai en mon pouvoir leurs femmes,
» leurs enfans, qu'on garde dans la ville
» de Tralles, mais ils ne seront pas
» même privés de ces gages. Ils les rece-
» vront de mes mains comme le prix de

» la valeur avec laquelle ils m'ont pré-
» cédemment servi. » Ainsi parla le
prince ; et ceux des Grecs qui n'étaient
pas zélés pour l'entreprise, ayant appris
cette belle action de Cyrus, le suivirent
avec plus de plaisir et d'affection.

Cyrus ensuite fit vingt parasanges en
quatre marches et vint sur les bords du
fleuve Chalus, dont la largeur est d'un
plèthre. Ce fleuve était plein de grands
poissons apprivoisés, que les Syriens
regardaient comme des Dieux, ne souffrant pas qu'on leur fît aucun mal, non
plus qu'aux colombes. Les villages près
desquels on campait appartenaient à
Parysatis et lui avaient été donnés pour
son entretien. On fit ensuite trente parasanges en cinq marches, et l'on arriva
aux sources du fleuve Daradax, large
d'un plèthre. Là était le palais de Bélesis,
gouverneur de la Syrie, et un parc très
vaste, très beau, et fécond en fruits de
toutes les saisons. Cyrus rasa le parc et
brûla le palais. Quinze parasanges par-
courues en trois marches firent enfin
arriver l'armée à Thapsaque, ville grande et florissante sur les bords de l'Euphrate, fleuve large de quatre stades.
On y demeura cinq jours, et Cyrus ayant
fait venir les généraux grecs, leur annonça qu'on marcherait contre le grand
roi vers Babylone. Il leur ordonna de le
déclarer aux troupes et de les engager à
le suivre. Les généraux convoquèrent
l'assemblée et annoncèrent ce qui leur
était prescrit aux soldats. Ceux-ci s'indignèrent contre leurs chefs, qui (préten-
daient-ils) savaient depuis long-temps ce
projet et le leur avaient caché. Ils ajoutèrent qu'ils n'avanceraient pas qu'on
ne leur donnât la même gratification
qu'aux Grecs qui avaient accompagné
Cyrus lorsqu'il revint à la cour de Darius, ce qui était d'autant plus juste que
les autres ne marchaient point au combat
et servaient seulement d'escorte à Cyrus

mandé par son père. Les généraux en
rendirent compte au prince. Il promit
de donner à chaque homme cinq mines
d'argent, lorsqu'ils seraient arrivés à
Babylone et de leur payer leur solde
entière jusqu'à ce qu'il les eût ramenés
en Ionie. Ces promesses gagnèrent la
plupart des Grecs. Menon, avant que
les autres troupes eussent décidé ce
qu'elles feraient et si elles suivraient ou
non Cyrus, convoqua séparément les
siennes et leur parla ainsi :

« Soldats, si vous m'en croyez, vous
» obtiendrez, sans danger ni fatigue,
» d'être plus favorisés de Cyrus, que
» tout le reste de l'armée. Que vous
» conseillé-je de faire? Cyrus prie les
» Grecs de marcher avec lui contre le
» roi. Je dis qu'il faut passer l'Euphrate
» avant qu'on sache ce que le reste de
» nos compatriotes répondra à Cyrus.
» S'ils résolvent de le suivre, vous paraî-
» trez en être la cause, leur ayant donné
» l'exemple de passer le fleuve. Cyrus
» vous regardera comme les plus zélés
» pour son service, vous en saura gré
» et vous en récompensera; car il sait
» mieux qu'un autre reconnaître un
» bienfait. Si l'avis contraire prévaut
» parmi les Grecs, nous retournerons
» tous sur nos pas, mais vous aurez seuls
» obéi. Cyrus vous emploiera comme ses
» soldats les plus fidèles, vous confiera
» les commandemens des places et des
» lochos, et si vous demandez quel-
» qu'autre grâce, je sais que vous l'ob-
» tiendrez de ce prince qui vous affec-
» tionnera. » La troupe, ayant entendu
ce discours, obéit et traversa l'Euphrate
avant que les autres Grecs eussent rendu
leur réponse. Cyrus, lorsqu'il les sut
passés, en fut enchanté, et ayant envoyé
Glus, il leur dit par l'organe de cet interprète : « Grecs, j'ai déjà à me louer
» de vous, mais croyez que je ne suis
» plus Cyrus, ou vous aurez bientôt à

» vous louer de moi. » A ces mots les soldats conçurent de grandes espérances, et firent des vœux pour le succès de l'entreprise. On dit que Cyrus envoya à Menon de magnifiques présens. Ce prince traversa ensuite le fleuve à gué, et toute l'armée le suivit. Personne n'eut de l'eau au-dessus de l'aisselle. Les habitants de Thapsaque prétendaient que l'Euphrate n'avait jamais été guéable qu'alors, et qu'on ne pouvait le traverser sans bateaux. Abrocomas, qui précédait Cyrus, les avait brûlés pour empêcher le passage du prince. On regarda cet événement comme un miracle. Il parut évident que le fleuve s'était abaissé devant Cyrus comme devant son roi futur.

On fit ensuite en neuf marches cinquante parasanges à travers la Syrie, et l'on arriva sur les bords de l'Araxe. Il y avait en cet endroit beaucoup de villages qui regorgeaient de blé et de vin. On y séjourna trois jours, et on s'y pourvut de vivres. L'armée passa ensuite en Arabie, et ayant l'Euphrate à sa droite, fit en trois jours trente-cinq parasanges dans un pays désert, uni comme la mer et couvert d'absynthe. S'il s'y trouvait d'autres plantes ou cannes, toutes étaient odoriférantes et aromatiques; mais il n'y avait pas un arbre. Quant aux animaux, les plus nombreux étaient les ânes sauvages. On voyait aussi beaucoup d'autruches. Il s'y trouvait encore des outardes et des gazelles. Les cavaliers donnaient quelquefois la chasse à ce gibier. Les ânes, lorsqu'on les poursuivait, gagnaient de l'avance et s'arrêtaient, car ils allaient beaucoup plus vite que les chevaux. Dès que le chasseur approchait, ils répétaient la même manœuvre, en sorte qu'on ne pouvait les joindre, à moins que les cavaliers, se postant en des lieux différens, ne les chassassent avec des relais. La chair de ceux qu'on prit ressemblait à celle du cerf, mais était plus délicate. Personne ne put attraper d'autruches. Les cavaliers qui en poursuivirent y renoncèrent promptement, car elles s'enfuyaient en volant au loin, courant sur leurs pieds, et s'aidant de leurs ailes étendues, dont elles se servent comme de voiles. Quant aux outardes, en les faisant repartir promptement on les prenait avec facilité; car elles ont, comme les perdrix, le vol court et sont bientôt lasses. La chair en était exquise.

Après avoir traversé ce pays, on arriva sur les bords du fleuve Mascas, dont la largeur est d'un plèthre. Là était une ville nommée Corfote, grande, mal peuplée et entourée des eaux du Mascas. On y séjourna trois jours, et l'on s'y pourvut de vivres. De là, en treize jours de marche, l'armée fit quatre-vingt-dix parasanges dans le désert, ayant toujours l'Euphrate à sa droite, et elle arriva à Pyle. Dans ces marches, beaucoup de bêtes de somme périrent de disette, car il n'y avait ni foin, ni arbres, et tout le pays était nu. Les habitants fouillaient près du fleuve et travaillaient des meules de moulin. Ils les transportaient à Babylone, les vendaient, en achetaient du blé, et vivaient de ce commerce. Les vivres manquèrent à l'armée, et l'on n'en pouvait plus acheter qu'au marché Lydien, dans le camp des Barbares de l'armée de Cyrus. La capithe de farine de blé ou d'orge coûtait quatre sigles. Le sigle vaut sept oboles attiques et demi, et la capithe contient deux chénix attiques. Les soldats ne se soutenaient qu'en mangeant de la viande. Il y eut de ces marches qu'on fit fort longues, lorsqu'on voulait venir camper à portée de l'eau ou du fourrage. Un jour, dans un chemin étroit, où l'on ne voyait que de la boue et où les voitures avaient peine à passer, Cyrus s'arrêta avec les plus distingués et les plus riches des Perses de sa suite; il chargea Glus et Pigrès de prendre des pionniers de l'armée des Barbares, et de tirer les chariots du mauvais pas. Ayant trouvé qu'ils s'y portaient avec peu de zèle, il ordonna comme en colère aux seigneurs perses qui entouraient sa personne de dégager les voitures. Ce fut alors qu'on put voir un bel exemple de subordination. Chacun jeta aussitôt sa robe de pourpre sur la place où il se trouvait, se mit à courir comme s'il se fût agi d'un prix, et descendit ainsi un côteau qui était assez rapide. Quoiqu'ils eussent des tuniques magnifiques, des caleçons brodés, et que quelques-uns portassent des colliers et des bracelets précieux, ils sautèrent sans hésiter, ainsi vêtus, au milieu de la boue, et soulevant les chariots, les en dégagèrent plus promptement que l'on ne l'aurait cru. En tout Cyrus accéléra évidemment autant qu'il le put la marche de son armée, ne séjournant que lorsque le besoin de se pourvoir de vivres, ou quelque autre nécessité l'y contraignait. Il pensait que plus il se presserait d'arriver, moins il trouverait le roi préparé à combattre; que plus il différerait au contraire, plus Artaxerxès rassemblerait de troupes contre lui, et quiconque y réfléchissait, sentait que l'empire des Perses était puissant par l'étendue des provinces et par le nombre des hommes, mais que la séparation de ses forces et la longueur des distances le rendaient faible contre un adversaire qui l'attaquerait avec célérité.

Sur l'autre rive de l'Euphrate, et vis-à-vis du camp que l'armée occupait dans le désert, était une grande ville florissante. On la nommait Carmande. Les soldats y achetaient des vivres, passant ainsi sur des radeaux. Ils remplissaient de foin et de matières légères les peaux qui leur servaient de couvertures. Il les joignaient ensuite et les cousaient de façon que l'eau ne pût mouiller le foin. C'est sur cette espèce de radeau qu'ils passaient le fleuve et transportaient leurs vivres, du vin fait avec des dattes et du panis, car c'était le grain le plus commun dans ce pays. Une dispute s'étant élevée en cet endroit entre des soldats de Menon et d'autres de Cléarque, Cléarque jugea qu'un soldat de Menon avait tort et le frappa. Celui-ci de retour à son camp s'en plaignit à ses camarades, qui s'en offensèrent et devinrent furieux contre Cléarque. Le même jour ce général, après avoir été au passage du fleuve et avoir jeté les yeux sur le marché, revenait à cheval à sa tente avec peu de suite et traversait le camp de Menon. Cyrus était encore en marche et n'était pas arrivé au camp. Un des soldats de Menon, qui fendait du bois, voyant Cléarque passer, lui jeta sa hache, et le manqua. Un autre soldat lui lança une pierre; un autre l'imita, et un grand cri s'étant élevé, beaucoup de soldats lui en jetèrent. Cléarque se réfugie dans son camp, crie aussitôt *aux armes*, et ordonne à ses hoplites de rester en bataille, les boucliers devant leurs genoux. Lui-même avec les Thraces armés à la légère et les cavaliers (car il y en avait dans le corps qu'il commandait plus de quarante, dont la plupart étaient Thraces), lui-même, dis-je, marche contre la troupe de Menon, qui étonnée, ainsi que son chef, court aux armes. Quelques-uns restaient en place ne sachant quel parti prendre. Proxène, qui par hasard avait marché plus lentement que les autres, arriva enfin à la tête de ses soldats. Il les fit avancer aussitôt entre les deux troupes, quitta même ses armes, et supplia Cléarque de ne pas se porter à ces extrémités. Cléarque, qui avait pensé être lapidé, s'indigna de ce que Proxène parlait avec modération de cet événement, et lui dit de se retirer et de ne plus s'opposer à sa vengeance. Alors Cyrus étant arrivé, et ayant appris ce qui se passait, prit ses armes en main, vint à toute bride avec ceux de ses confidens qui se trouvèrent près de lui au milieu des Grecs prêts à se charger, et parla ainsi : « Cléarque, Proxène, Grecs » qui êtes présens, vous ignorez ce que » vous faites. Si vous vous combattez » les uns les autres, songez que dès ce » jour il me faut périr, et que vous pé- » rirez vous-mêmes peu après moi; car » dès que nos affaires tourneront mal, » tous ces Barbares que vous voyez à » ma suite seront plus nos ennemis que » ceux qui sont dans l'armée du roi. » Cléarque ayant entendu ce discours rentra en lui-même. Les deux partis cessèrent de se menacer et allèrent poser leurs armes à leur place.

L'armée s'avançant, on trouva des pas de chevaux, du crotin, et on jugea qu'il avait passé là environ deux mille cavaliers. Ce détachement brûlait, en avant de l'armée de Cyrus, les fourrages et tout ce qui aurait pu lui être utile. Orontas, Perse du sang royal, qui passait pour un des meilleurs guerriers de sa nation, et qui avait déjà porté les armes contre Cyrus, forma le dessein de le trahir. Il s'était réconcilié avec ce prince, et lui dit que s'il voulait lui donner mille chevaux, il se faisait fort de surprendre et de passer au fil de l'épée le détachement qui brûlait et ravageait d'avance le pays, ou de ramener beaucoup de prisonniers, d'empêcher les incendies et de faire en sorte que l'ennemi ne pût rapporter au roi ce qu'il aurait vu de l'armée de Cyrus. Ce prince ayant écouté ce conseil, le regarde comme utile, et dit à Orontas de prendre des piquets de tous les corps.

Orontas croyant son détachement prêt à marcher, écrit une lettre au roi, lui mande qu'il amènera le plus qu'il pourra de la cavalerie de Cyrus, et le prie de prévenir la sienne de le recevoir comme ami. La lettre rappelait aussi au roi l'ancien attachement et la fidélité d'Orontas. Il en chargea un homme qu'il croyait fidèle et qui ne l'eut pas plus tôt reçue, qu'il l'alla montrer à Cyrus. Le prince l'ayant lue, fit arrêter Orontas et assembla dans sa tente sept des Perses les plus distingués de sa suite. Il ordonna aussi aux généraux grecs d'amener de leurs soldats, qui se rangeassent autour de sa tente, et y posassent leurs armes à terre. Les généraux s'y rendirent avec environ trois mille hoplites. Cyrus appela au conseil de guerre Cléarque, qui lui paraissait, ainsi qu'aux autres, être le chef des Grecs qui jouissait de la plus grande considération. Cléarque, lorsqu'il en sortit, raconta à ses amis comment s'était passé le jugement d'Orontas (car on n'avait point enjoint le secret), et rapporta ainsi le discours par lequel Cyrus avait ouvert l'assemblée.

« Je vous ai appelés près de moi, mes » amis, pour délibérer avec vous sur ce » que je dois faire et pour traiter, de la » manière la plus juste devant les Dieux » et devant les hommes, Orontas que » vous voyez. Il m'a été d'abord donné » par mon père pour être soumis à mes » ordres. Ensuite mon frère le lui ayant, » à ce qu'il prétendait, ordonné, il » prit les armes contre moi en défendant » la citadelle de Sardes. Je lui fis la » guerre de mon côté de façon à lui » faire désirer la fin des hostilités. Je » reçus sa main en signe de réconcilia- » tion et lui donnai la mienne. Depuis ce » temps, poursuivit-il, répondez-moi, » Orontas, avez-vous éprouvé de moi » quelque injustice ? » Orontas répondit que non. Cyrus l'interrogea de nouveau. « N'ayant point à vous plaindre de moi,

» comme vous en convenez vous-même, » ne vous êtes-vous pas révolté depuis et lié avec les Mysiens? Ne ravagiez-» vous pas autant que vous le pouviez » mon gouvernement? » Orontas l'avoua. « Lorsque vous eûtes reconnu » votre impuissance, reprit Cyrus, ne » vîntes-vous pas à l'autel de Diane? Ne » m'assurâtes-vous pas de votre repen-» tir? Ne me laissai-je pas persuader à » vos discours? Ne me donnâtes-vous » pas de rechef votre foi? Ne reçûtes-» vous pas la mienne? » Orontas convint encore de ces faits. « On a décou-» vert, poursuivit Cyrus, que vous me » tendiez, pour la troisième fois, des » embûches. Quelle injure vous ai-je » faite? » Orontas dit qu'il n'en avait reçu aucune. « Vous convenez donc, » ajouta Cyrus, que c'est vous qui êtes » injuste envers moi? » Il le faut bien, dit Orontas. Cyrus lui demanda ensuite : « Pourriez-vous encore, devenant l'enne-» mi de mon frère, me rester désormais » fidèle? » Orontas répondit : « Quand je » le serais, Cyrus, je ne passerais ja-» mais dans votre esprit pour l'être. »

Cyrus s'adressa alors à ceux qui étaient présens : « Vous savez, leur dit-» il, ce que cet homme a fait. Vous en-» tendez ce qu'il dit. Parlez le premier, » Cléarque, et donnez votre avis. — » Mon avis, dit Cléarque, est de nous » défaire au plus tôt de lui; il ne faudra » plus veiller sur ses démarches, et dé-» livrés de ce soin, nous aurons le loisir » de nous occuper de ceux qui veulent » être de nos amis et de leur faire du » bien. » Cléarque ajoutait que les autres juges s'étaient rangés à son opinion. Par l'ordre de Cyrus, tous les assistans et les parens même d'Orontas se levèrent et le prirent par la ceinture pour désigner qu'il était condamné à mort. Il fut ensuite entraîné hors de la tente par ceux qui en avaient l'ordre.

En le voyant passer, ceux qui se prosternaient précédemment devant lui, se prosternèrent encore, quoiqu'ils sussent qu'on le menait au supplice. On le conduisit dans la tente d'Artapate, le plus affidé des chambellans de Cyrus, et personne depuis ne le revit ni ne fut en état d'affirmer de quel genre de mort il avait péri. Chacun fit des conjectures différentes. Il ne parut même en aucun endroit des vestiges de sa sépulture.

De là on fit en trois marches douze parasanges en Babylonie. Au dernier de ces camps, Cyrus fit, vers le milieu de la nuit, dans la plaine, la revue des Grecs et des Barbares; car il présumait que le lendemain à la pointe du jour le roi viendrait avec son armée lui présenter la bataille. Il chargea Cléarque de conduire l'aile droite des Grecs, et Ménon le Thessalien de commander leur gauche. Lui-même rangea en bataille ses troupes nationales. Après la revue, dès la pointe du jour, des transfuges qui venaient de l'armée du roi en donnèrent à Cyrus des nouvelles. Ce prince ayant appelé les généraux grecs et les chefs de lochos, tint conseil avec eux sur la manière de livrer bataille, et leur prononça ce discours pour les exhorter et les enhardir. « Si je mène avec moi des » Grecs comme auxiliaires, ce n'est pas » que je manque de troupes barbares. » Mais j'ai compté sur votre courage. » J'ai estimé que vous valiez mieux dans » une armée qu'une foule de ces esclaves. » Voilà pourquoi je vous ai associés à » mon entreprise. Conduisez-vous donc » comme des hommes libres, montrez-» vous dignes de ce bien précieux que » vous possédez et dont je vous félicite; » car ne doutez pas que je ne préfé-» rasse la liberté à tous les avantages » dont je jouis et à beaucoup d'autres » encore. Pour que vous n'ignoriez pas » à quel combat vous marchez, je vais

» vous en instruire. La multitude des ennemis est innombrable. Ils attaquent en jetant de grands cris. Si vous soutenez ce vain appareil, je rougis d'avance de l'opinion que vous concevrez de mes compatriotes. Pour vous qui êtes des hommes, quand vous vous serez conduits valeureusement, je renverrai en Grèce, avec un sort digne d'envie, ceux d'entre vous qui voudront y retourner. Mais j'espère faire en sorte qu'un grand nombre préfèrent de rester à ma cour et d'y jouir de mes bienfaits. »

Gaulitès, banni de Samos, et attaché à Cyrus, se trouvait présent. « On prétend, Cyrus, dit-il à ce prince, que vous promettez beaucoup maintenant parce que vous êtes dans un danger imminent, mais que la prospérité vous fera oublier vos promesses. D'autres disent que quand même vous vous en souviendriez et voudriez les remplir, vous ne pourriez jamais donner tout ce que vous avez promis. » Cyrus répondit à ce discours : « L'empire de mes pères s'étend vers le midi jusqu'aux climats que la chaleur excessive rend inhabitables, vers le nord jusqu'à des pays que le grand froid rend également déserts. Le milieu n'a pour satrapes que les amis de mon frère. Vous êtes les miens, et si je remporte la victoire, il faudra que je vous confie ces gouvernemens. Je ne crains donc pas qu'il me manque dans ma prospérité de quoi donner à tous mes amis ; je crains de n'avoir pas assez d'amis pour les récompenses que j'aurai à distribuer alors. Je promets d'ailleurs à chacun des Grecs une couronne d'or. »

Ceux qui entendirent ce discours en conçurent un nouveau zèle et firent part de ces promesses aux autres Grecs. Les généraux, et même quelques simples soldats de cette nation, entrèrent chez Cyrus pour savoir ce qu'ils obtiendraient de lui s'ils remportaient la victoire. Il les renvoya tous après les avoir remplis d'espérances. Tous ceux qui s'entretenaient avec lui l'exhortaient à ne pas combattre en personne et à se placer derrière la ligne. C'est dans ce moment que Cléarque lui fit une question conçue à-peu-près dans ces termes : « Pensez-vous, Cyrus, que le roi combattra ? — Oui, par Jupiter, répondit Cyrus, s'il est fils de Darius et de Parysatis, et mon frère, ce ne sera pas sans combat que je m'emparerai de son trône. »

Pendant que les troupes s'armaient, on en fit le dénombrement. Il se trouva de Grecs dix mille quatre cents hoplites et deux mille quatre cents armés à la légère. Les Barbares de l'armée de Cyrus montaient à cent mille, et ils avaient environ vingt chars armés de faux. L'armée ennemie était, disait-on, de douze cent mille hommes, et l'on y comptait deux cents chars armés de faux. Il faut y joindre six mille chevaux, commandés par Artagerse. Ils devaient se former en avant du roi, et couvrir sa personne. Il y avait quatre principaux commandans ou généraux ou conducteurs de cette armée du roi, Abrocomas, Tissapherne, Gobryas, Arbace. Chacun avait trois cent mille hommes à ses ordres. Mais il ne se trouva à la bataille que neuf cent mille hommes de ces troupes et cent cinquante archers, Abrocomas, qui revenait de Phénicie, n'étant arrivé avec sa division que cinq jours après l'affaire. Cyrus fut instruit de ces détails par les transfuges de l'armée du grand roi, avant la bataille, et depuis cet événement, les prisonniers que l'on fit confirmèrent le rapport des déserteurs.

De là Cyrus fit une marche de trois parasanges, toute son armée, tant Grecs que Barbares, étant rangée en ordre de bataille, parce qu'on croyait que le roi viendrait attaquer ce jour-là. Car au milieu de cette marche était un fossé creusé de main d'homme, large de cinq orgyes et profond de trois. Il était long de douze parasanges et s'étendait en haut dans la plaine jusqu'au mur de la Médie. Dans ce lieu sont des canaux remplis d'une eau courante qu'ils tirent du Tigre. On en compte quatre. Leur largeur est d'un plèthre. Ils sont profonds, portent des bateaux chargés de blé et se jettent dans l'Euphrate. La distance de l'un à l'autre est d'une parasange. On les passe sur des ponts.

Près de l'Euphrate était un passage étroit entre le fleuve et le fossé, large d'environ vingt pieds. Le grand roi avait fait creuser ce fossé pour se retrancher lorsqu'il avait appris que Cyrus marchait à lui. Cyrus et son armée passèrent le défilé et se trouvèrent au-delà du fossé. Le roi ne se présenta pas pour combattre ce jour-là ; mais l'on remarqua aisément beaucoup de pas d'hommes et de chevaux qui se retiraient. Là Cyrus ayant fait venir le devin Silanus d'Ambracie, lui donna trois mille dariques, parce que onze jours auparavant, faisant un sacrifice, Silanus avait annoncé au prince que le roi ne lui livrerait pas bataille dans les dix jours suivans. Cyrus répondit : « Il ne me la présentera plus » si ces dix jours se passent sans com- » battre ; et si vous dites la vérité, je » vous promets dix talens. » Le terme étant expiré, le prince paya cette somme. Comme le roi ne s'était point opposé au passage du fossé, Cyrus, et beaucoup d'autres crurent qu'il avait renoncé au projet de livrer bataille, et le lendemain ce prince marcha avec moins de précaution. Le surlendemain, il voyageait assis sur son char, précédé de peu de troupes en ordre. La plus grande partie de l'armée marchait pêle mêle et sans observer ses rangs. Beaucoup de soldats avaient mis leurs armes sur les voitures d'équipages et sur les bêtes de somme.

C'était à-peu-près l'heure où le peuple abonde dans les places publiques, et l'on n'était pas loin du camp qu'on voulait prendre, lorsque Patagyas, Perse de la suite de Cyrus et attaché à ce prince, paraît, courant à bride abattue sur un cheval écumant de sueur. Il crie dans la langue des Grecs et dans celle des Barbares à tout ce qu'il rencontre, que le roi s'avance avec une armée innombrable et se prépare à attaquer. Aussitôt s'élève un grand tumulte. Les Grecs et les Barbares croient qu'ils vont être chargés sur-le-champ, et avant d'avoir pu se former. Cyrus étant sauté à bas de son char, et ayant revêtu sa cuirasse, monta à cheval, prit en main les javelots, ordonna que toutes les troupes s'armassent et que chacun reprît son rang. On se forma à la hâte. Cléarque fermait l'aile droite appuyée à l'Euphrate. Proxène le joignait, suivi des autres généraux. Menon et son corps étaient à la gauche des Grecs. A l'aile droite, près de Cléarque, on plaça les Grecs armés à la légère et environ mille chevaux paphlagoniens. Ariée, lieutenant-général de Cyrus, avec les Barbares qui servaient ce prince, s'appuya à Menon et occupa la gauche de toute l'armée. Cyrus se plaça au centre avec six cents cavaliers tous revêtus de grandes cuirasses, de cuissards et de casques. Cyrus seul se tenait prêt à combattre sans avoir la tête armée. On dit que tel est l'usage des Perses lorsqu'ils s'exposent aux dangers de la guerre. La tête et le poitrail des chevaux de cette troupe étaient bardés de fer. Les cavaliers avaient des sabres à la grecque.

On était au milieu du jour, que l'ennemi ne paraissait point encore. Dès que le soleil commença à décliner, on aperçut des tourbillons de poussière. Ils ressemblaient à une nuée blanche, qui bientôt après se noircit et couvrit une vaste étendue de la plaine. Quand l'armée du roi s'approcha, on vit d'abord briller l'airain. Bientôt après, on découvrit la pointe des lances et on distingua les rangs. A la gauche de l'ennemi était de la cavalerie armée de cuirasses blanches. On dit que Tissapherne la commandait. A cette troupe s'appuyait de l'infanterie légère qui portait des boucliers à la Perse ; puis d'autre infanterie pesante avec des boucliers de bois qui la couvraient de la tête aux pieds (c'étaient, disait-on, les Égyptiens); ensuite d'autre cavalerie; ensuite des archers, tous rangés par nation, et chaque nation marchait formée en colonne pleine. En avant, à de grandes distances les uns des autres, étaient les chars armés de faux attachées à l'essieu, dont les unes s'étendaient obliquement à droite et à gauche, les autres, placées sous le siége du conducteur, s'inclinaient vers la terre, de manière à couper tout ce qu'elles rencontreraient. Le projet était qu'ils se précipitassent sur la ligne des Grecs et les taillassent en pièces. Ce que Cyrus avait dit aux Grecs, lorsqu'il les prévint de ne pas s'effrayer des cris des Barbares, se trouva sans fondement; car ils ne poussèrent pas un cri et marchèrent en avant dans le plus grand silence, sans s'animer, et d'un pas égal et lent. Alors Cyrus, passant le long de la ligne avec Pigrès son interprète, et trois ou quatre autres Perses, cria à Cléarque de marcher avec sa troupe au centre des ennemis où était le roi. « Si nous plions ce centre, » ajouta-t-il, la victoire est à nous. » Cléarque voyant le gros de la cavalerie qu'on lui désignait, et entendant dire à Cyrus que le roi était au-delà de la gauche des Grecs (car telle était la multitude de ses troupes que son centre, où il se tenait, dépassait même la gauche des Barbares de l'armée de Cyrus), Cléarque, dis-je, ne voulut cependant pas tirer son aile droite des bords du fleuve, de peur d'être enveloppé de tous côtés, et répondit à Cyrus qu'il aurait soin que tout allât bien.

Cependant l'armée barbare s'avançait bien alignée. Le corps des Grecs restant en place, se formait encore et recevait les soldats qui venaient reprendre leurs rangs. Cyrus passait à cheval le long de la ligne et à peu de distance du front. Il considérait les deux armées, regardant tantôt l'ennemi, tantôt ses troupes. Xénophon, Athénien, qui l'aperçut de la division des Grecs où il était, piqua pour le joindre et lui demanda s'il avait quelque ordre à donner. Cyrus s'arrêta et lui recommanda de publier que les présages étaient heureux et les entrailles des victimes favorables. En disant ces paroles, il entendit un bruit qui courait dans les rangs et demanda quel était ce tumulte. Xénophon lui répondit que c'était le mot qu'on faisait passer pour la seconde fois. Cyrus s'étonna que quelqu'un l'eût donné, et demanda quel était le mot. Xénophon lui dit : « Jupiter sau- » veur et la victoire. — Soit, repartit » Cyrus, je le reçois avec transport. » Ayant parlé ainsi, il se porta au poste qu'il avait choisi. Il n'y avait plus que trois ou quatre stades entre le front des deux armées, lorsque les Grecs chantèrent le péan et commencèrent à s'ébranler pour charger. Comme la ligne flottait en marchant, ce qui restait en arrière ayant couru pour s'aligner, tous les Grecs jetèrent en même temps les cris usités pour invoquer le dieu de la guerre, et se mirent à la course. Quelques-uns prétendent même qu'ils frappaient avec leurs piques sur leurs boucliers pour effrayer les chevaux. Avant qu'ils fussent à la portée du trait, la cavalerie barbare détourna ses chevaux et prit la fuite. Les Grecs la poursuivirent de toutes leurs forces et se crièrent les uns aux autres de ne pas courir et de suivre en gardant leurs rangs. Quant aux chars des Barbares, dénués de conducteurs, les uns retournèrent sur l'armée des ennemis, les autres traversèrent la ligne des Grecs. Dès que les Grecs les voyaient venir, ils s'arrêtaient et s'ouvraient pour les laisser passer. Il n'y eut qu'un soldat qui, frappé d'étonnement, comme on le serait dans l'Hippodrome, ne se rangea pas, et fut choqué par un de ces chars; mais cet homme même n'en reçut aucun mal, à ce qu'on prétend. Aucun autre des Grecs ne fut blessé à cette affaire, si ce n'est un seul à l'aile gauche, qui fut, dit-on, atteint d'une flèche.

Cyrus voyant les Grecs vaincre et poursuivre tout ce qui était devant eux, ressentit une vive joie. Déjà les Perses qui l'entouraient l'adoraient comme leur roi. Cette apparence de succès ne l'engagea pas à se livrer à la poursuite des fuyards. Mais à la tête de l'escadron serré des six cents chevaux qu'il avait avec lui, il observait avec soin quel parti prendrait son frère; car il savait qu'il était au centre de l'armée perse. C'est le poste ordinaire de tous les généraux des Barbares. Ils croient qu'étant des deux côtés entourés de leurs troupes, ils y sont plus en sûreté, et qu'il ne faut à leur armée que la moitié du temps pour recevoir leurs ordres, s'ils en ont à donner. Le roi, placé ainsi au centre de la sienne, dépassait cependant la gauche de Cyrus. Ce monarque ne trouvant point d'ennemis devant lui ni devant les six mille chevaux qui couvraient sa personne, fit faire à sa droite un mouvement de conversion comme pour envelopper l'autre armée. Cyrus craignant qu'il ne prît les Grecs à dos et ne les taillât en pièces, pique à lui, et chargeant avec les six cents chevaux de sa garde, il replie tout ce qui est devant le roi, et met en fuite les six mille chevaux commandés par Artagerse. On dit même que Cyrus tua Artagerse de sa main.

Dès que la déroute commença, les six cents chevaux de Cyrus s'éparpillèrent à la poursuite des fuyards. Il ne resta que peu de monde auprès de lui, et presque uniquement ceux qu'on appelait ses commensaux. Étant au milieu d'eux, il aperçut le roi et sa troupe dorée. Il ne put se contenir, et ayant dit : « Je vois » mon homme, » il se précipite sur lui, le frappe à la poitrine, et le blesse à travers la cuirasse, à ce qu'atteste Ctésias le médecin, qui prétend avoir lui-même pansé et guéri la blessure. Pendant que Cyrus frappe le roi, il est percé lui-même au-dessous de l'œil d'un javelot lancé avec force. Ctésias, qui était avec Artaxerxès, raconte combien perdit la troupe qui entourait le roi dans ce combat des deux frères et de leurs suites. Cyrus fut tué, et près de lui tombèrent huit des plus braves guerriers qui l'accompagnaient. On prétend qu'Artapate, le plus fidèle de ses chambellans, voyant Cyrus à terre, sauta à bas de son cheval et se jeta sur le cadavre de son maître. Les uns disent que le roi l'y fit égorger, d'autres que ce fut lui qui s'y égorgea lui-même ayant tiré son cimeterre; car il en portait un à poignée d'or, ainsi qu'un collier, des brasselets et les autres marques de distinction dont se paraient les premiers des Perses, Cyrus se plaisant à l'honorer à cause de son affection et de sa fidélité.

Ainsi finit Cyrus. Tous ceux qui passent pour l'avoir intimement connu s'accordent à dire que c'est le Perse, depuis l'ancien Cyrus, qui s'est montré le plus digne de l'empire, et qui possédait le plus les vertus d'un grand roi. Dès les premiers temps de sa vie, élevé avec son frère et d'autres enfans, il passait pour l'emporter en tout genre sur ses compagnons; car tous les fils des Perses de la première distinction reçoivent leur éducation aux portes du palais du roi. Ils y prennent d'excellentes leçons de sagesse et n'y peuvent voir ni entendre rien de malhonnête. Ils observent ou on leur dit que les uns sont distingués par le roi, les autres disgraciés et privés de leurs emplois, en sorte que dès leur enfance ils apprennent à commander et à obéir. Cyrus était regardé alors comme celui des enfans de son âge qui montrait le plus de disposition à s'instruire. Ceux d'une naissance moins distinguée n'obéissaient pas avec tant d'exactitude aux vieillards. Il témoigna ensuite le plus d'ardeur pour l'équitation, et passa pour mener le mieux un cheval. On jugea qu'il s'adonnait et s'appliquait plus qu'aucun autre aux exercices d'un guerrier, à lancer des flèches et des javelots. Lorsque son âge le lui permit, il aima la chasse avec passion, et personne ne fut plus avide des dangers qu'on y court. Un jour il ne voulut pas fuir un ours qui revenait sur lui. L'ayant au contraire attaqué, il fut arraché de son cheval par cette bête féroce, en reçut des blessures dont il lui restait des cicatrices apparentes, mais finit par le tuer, et fit un sort digne d'envie à celui des chasseurs qui était arrivé le premier à son secours.

Envoyé ensuite dans l'Asie-Mineure par son père, qui lui donna le gouvernement de la Lydie, de la grande Phrygie, de la Cappadoce, et le commandement général de toutes les troupes qui doivent s'assembler dans la plaine de Castole; il fit voir d'abord qu'il se faisait un devoir sacré de ne jamais violer un traité, de ne jamais manquer à ses conventions, à ses promesses. Voilà pourquoi et les villes dont le gouvernement lui était commis, et tous les particuliers avaient confiance en lui. Si quelqu'un avait été son ennemi, il ne craignait plus, après s'être réconcilié avec Cyrus, que ce prince violât le traité pour satisfaire sa vengeance. C'est aussi par cette raison que lorsqu'il fit la guerre à Tissapherne, toutes les villes, excepté Milet, aimèrent mieux obéir à Cyrus qu'au satrape, et Milet ne redoutait ce prince que parce qu'il ne voulait point abandonner les bannis. En effet, il déclara qu'ayant été une fois leur ami, il ne cesserait jamais de l'être, quand même leur nombre diminuerait et leurs affaires tourneraient plus mal, et sa conduite confirma cette promesse. Quiconque lui faisait du bien ou du mal, il affectait de le vaincre en bons ou en mauvais procédés, et l'on rapporte de lui ce souhait : « Puissé-je vivre assez long-temps pour rendre au double les injures et les bienfaits! » C'est le seul de notre siècle à qui tant d'hommes se soient empressés de livrer leurs biens, leurs villes et leurs personnes.

On ne lui reprochera pas de s'être laissé narguer par les scélérats et les malfaiteurs. Il les punissait avec la plus grande sévérité. On voyait souvent le long des chemins fréquentés des hommes mutilés de leurs pieds, de leurs mains, de leurs yeux, en sorte que dans le gouvernement de Cyrus tout Grec ou Barbare qui ne violait point les lois pouvait voyager sans crainte, aller où il voulait et porter tout ce qui lui convenait. On convient qu'il honorait singulièrement tous ceux qui se distinguaient à la guerre. La première qu'il eut à soutenir fut contre les Pisidiens et les Mysiens. Il entra avec ses troupes dans leur pays, et tous ceux qu'il vit se montrer de bonne grâce dans les occasions périlleuses, il leur donna des commandemens dans la contrée qu'il conquit, les distingua par d'autres récompenses, et montra qu'il pensait que les richesses et le bonheur étaient faits pour les braves, et que les poltrons n'étaient bons qu'à leur servir d'esclaves. Aussi c'était à qui courrait aux périls dès qu'on espérait être vu de Cyrus.

Quant à la justice, s'il voyait quelqu'un jaloux de la pratiquer ouvertement, il faisait tous ses efforts pour le rendre plus riche que ceux qui par l'injustice se montraient épris d'un vil gain. Son administration en beaucoup d'autres points avait pour base l'équité, et il en tirait cet avantage qu'il commandait une armée véritable ; car les généraux, et les autres chefs grecs n'accouraient pas à lui par les motifs d'une cupidité vulgaire, mais parce qu'ils avaient reconnu que servir Cyrus avec distinction, et lui obéir avec exactitude, leur était plus favorable que la solde qu'on leur payait par mois. Si quelqu'un exécutait bien l'ordre qu'il avait donné, il ne laissait jamais ce zèle sans récompense. Aussi disait-on de lui qu'il était le prince le mieux servi en tout genre. Voyait-il un homme économe sévère, mais avec justice, administrer bien le pays qui lui était confié, et en tirer de grands revenus, il ne lui ôtait jamais rien, il lui donnait au contraire encore plus ; en sorte qu'on travaillait avec joie, qu'on acquérait avec sécurité, et personne ne dissimulait à Cyrus sa fortune ; car il ne paraissait pas envier les richesses qu'on avouait. C'était des trésors qu'on célait qu'il cherchait à s'emparer. On convient que de tous les mortels il était celui qui avait le plus l'art de cultiver ceux qu'il faisait ses amis, qu'il savait lui être affectionnés, qu'il jugeait capables de le seconder dans tout ce qu'il voudrait entreprendre ; et comme il croyait avoir besoin qu'ils l'aidassent, il tâchait de leur rendre l'aide la plus puissante dès qu'il leur connaissait un désir.

Je crois que de tous les hommes il est celui qui, par beaucoup de raisons, a reçu le plus de présens. Mais il les distribuait tous, principalement à ses amis, consultant les goûts et les besoins urgens de chacun. Lui envoyait-on de riches parures ? Soit qu'elles fussent d'usage à la guerre, soit qu'elles fussent de simple décoration, on prétend qu'il disait que son corps ne pouvait pas les porter toutes, et qu'il regardait comme le plus bel ornement d'un homme d'avoir des amis bien ornés. Il n'est point étonnant qu'il ait vaincu ses amis en munificence, étant plus puissant qu'eux. Mais qu'en attentions, en désir d'obliger, il les surpassât de même, c'est ce qui me paraît plus admirable. Car souvent il leur envoyait des vases à demi-pleins de vin, lorsqu'il en avait reçu d'excellent, leur faisant dire que depuis long-temps il n'en avait point trouvé de meilleur. « Cyrus vous l'envoie donc, et vous prie » de le boire aujourd'hui avec vos meil- » leurs amis. » Souvent aussi il leur envoyait des moitiés d'oies, de pains ou quelque mets dont il avait essayé, et chargeait le porteur de leur dire : « Cy- » rus a trouvé ceci excellent. Il veut que » vous en goûtiez aussi. » Quand le fourrage était très rare et que par le nombre de valets qu'il avait et le soin qu'il y mettait, il avait pu s'en procurer, il en faisait distribuer à ses amis et leur recommandait d'en donner à leurs chevaux de monture, afin que ces chevaux n'étant point affaiblis par la faim les portassent mieux. Il appelait ses amis en route, s'il devait passer à la vue de beaucoup de monde, et leur parlait d'un air occupé, pour montrer quels étaient ceux qu'il honorait de sa confiance. D'après ce que j'entends dire, je juge qu'il n'y a eu personne ou parmi les Grecs ou parmi les Barbares qui ait été plus aimé. En voici encore une preuve. Quoique Cyrus ne fût que le premier esclave du roi, personne ne le voulut quitter pour ce monarque. Orontas seul l'essaya, et ce Perse même éprouva bientôt que l'homme en qui il avait confiance était plus attaché à Cyrus qu'à lui. Mais lorsque la guerre fut déclarée entre les deux frères, beaucoup de sujets d'Artaxerxès, et même des favoris que le roi aimait le plus, l'abandonnèrent pour aller trouver Cyrus. Ils jugeaient qu'en se conduisant avec valeur ils obtiendraient à la cour de ce prince des honneurs plus dignes d'eux qu'à celle d'Artaxerxès. La mort de Cyrus fournit encore une grande preuve et qu'il était personnellement bon, et qu'il savait distinguer sûrement les hommes fidèles, affectionnés et constans; car lorsqu'il tomba, tous ses amis, ses commensaux, qui combattaient à ses côtés, se firent tuer en voulant le venger. Ariée seul lui survécut, parce qu'il commandait alors la cavalerie de l'aile gauche. Dès qu'il sut la mort du prince, il prit la fuite, et emmena les troupes qui étaient à ses ordres.

On coupa, sur le champ de bataille même, la tête et la main droite de Cyrus. Le roi avec ses troupes, poursuivant les fuyards, entre dans le camp de son frère. Les Barbares, que conduisait Ariée, ne s'arrêtent pas dans leur fuite, mais traversent leur camp et se réfugient dans celui d'où l'on était parti le matin, qui était éloigné, disait-on, du champ de bataille de quatre parasanges. Le roi et ses troupes mettent tout au pillage, et prennent la Phocéenne, concubine de Cyrus, dont on vantait beaucoup les talens et la beauté. Une plus jeune, qui était de Milet, arrêtée par les soldats du roi, s'enfuit nue vers les Grecs qui étaient de garde aux équipages. Ceux-ci se formèrent, tuèrent bon nombre de ces pillards, et perdirent aussi quelques hommes. Mais ils ne quittèrent point leur poste, et sauvèrent non seulement cette femme, mais tout ce qui se trouva derrière eux, hommes et effets. Le roi et les Grecs étaient alors environ à trente stades les uns des autres. Les Grecs poursuivaient ce qui était en avant d'eux, comme s'ils eussent tout vaincu. Les Perses pillaient le camp de Cyrus, comme si toute leur armée eût eu l'avantage. Mais les Grecs apprenant que le roi tombait sur leurs bagages, et Tissapherne ayant dit à ce prince que les Grecs avaient repoussé l'aile qui leur était opposée et s'avançaient à la poursuite des fuyards, Artaxerxès rallie et reforme ses troupes. D'un autre côté, Cléarque appelle Proxène, celui des généraux grecs qui se trouvait le plus près de lui, et ils délibèrent s'ils enverront un détachement pour sauver les équipages ou s'ils y marcheront tous en force.

Alors ils virent que le roi, qui était sur leurs derrières, s'avançait vers eux. Les Grecs firent volte-face, et se préparèrent à le recevoir, s'il tentait de les attaquer de ce côté-là; mais le roi prit une autre direction, et ramena son armée par le chemin qu'elle avait suivi en venant, lorsqu'il avait tourné l'aile gauche de Cyrus. Il s'était joint à ses troupes, et les déserteurs qui avaient passé aux Grecs pendant la bataille, et ce qui suivait Tissapherne, et Tissapherne lui-même; car ce satrape n'avait pas pris la fuite à la première mêlée. Il avait percé au contraire près du fleuve, où étaient les Grecs armés à la légère. Il n'en tua à la vérité aucun, en traversant leur ligne, parce que les Grecs s'ouvrant, frappaient et dardaient la cavalerie qui passait. Ils étaient commandés par Épisthène d'Amphipolis, qui avait la réputation d'un général prudent. Tissapherne s'éloigna donc d'eux avec perte, et parvenu au camp des Grecs, il y rencontra le roi. Ayant joint leurs troupes et les ayant formées, ils marchèrent ensemble. Lorsqu'ils furent à la hauteur de la gauche des Grecs, ceux-ci craignirent qu'on ne les prît en flanc, et que se pliant des deux côtés sur eux, les Barbares ne les taillassent en pièces. Ils voulaient, par un quart de conversion, faire marcher leur aile gauche jusqu'à l'Euphrate et appuyer le derrière de leur ligne à ce fleuve. Pendant qu'ils s'y résolvaient, le roi reprit sa première position, et formant devant eux sa ligne, s'avança pour les attaquer comme il avait fait d'abord. Les Grecs voyant les Barbares près d'eux et rangés en bataille, chantèrent de nouveau le péan, et chargèrent avec encore plus d'ardeur que la première fois. Les Barbares ne les attendirent pas et s'enfuirent de plus loin qu'ils n'avaient fait à la charge précédente. Les Grecs les poursuivirent jusqu'à un village et s'y arrêtèrent. Car le village était dominé par une colline où s'étaient reformées les troupes du roi, non pas à la vérité l'infanterie; mais la colline était couverte de cavalerie, et l'on ne pouvait savoir ce qui se passait derrière. On prétendait y voir l'étendard royal. C'est une aigle d'or déployant ses ailes et posée sur une pique.

Les Grecs s'étant avancés ensuite vers la colline, la cavalerie l'abandonna. Elle ne se retira pas tout entière à-la-fois; mais par pelotons, l'un d'un côté, l'autre de l'autre. La colline se dégarnissait peu à peu, et enfin tout disparut. Cléarque n'y voulut pas faire monter les Grecs. Il fit faire halte au bas, et envoya au sommet Lycius de Syracuse et un autre Grec, leur ordonnant de rapporter ce qu'ils auraient découvert au-delà du tertre. Lycius y poussa son cheval et revint dire qu'on voyait les ennemis fuir à toutes jambes. Ceci se passait presqu'au coucher du soleil. Les Grecs s'arrêtèrent et posèrent leurs armes à terre pour se reposer. Ils s'étonnaient que Cyrus ne parût point, ou qu'il ne leur arrivât personne chargé de ses ordres. Car ils ignoraient que ce prince fût tué, et croyaient qu'il était à la poursuite des ennemis, ou qu'il s'était avancé pour s'emparer de quelque poste. Ils délibérèrent si restant où ils étaient, ils y feraient venir leurs équipages, ou s'ils se retireraient au camp. Ils se déterminèrent à ce dernier parti, et arrivèrent à leurs tentes vers l'heure du souper. Telle fut la fin de cette journée. Les Grecs trouvèrent la plupart de leurs effets et tous les vivres pillés. Les troupes du roi avaient fait aussi main-basse sur les caissons pleins de farine et de vin, dont Cyrus s'était pourvu pour en faire la distribution aux Grecs, s'il survenait par hasard à son armée une grande disette de vivres. On disait que ces caissons étaient au nombre de quatre cents. Par cette raison, la plupart des Grecs ne purent souper, et ils n'avaient pas dîné. Car avant qu'on prît un camp et qu'on envoyât le soldat faire ce repas, le roi avait paru. Voilà comment les Grecs passèrent cette nuit.

LIVRE DEUXIÈME.

On a vu, dans le livre précédent, comment Cyrus leva des troupes grecques lorsqu'il entreprit son expédition contre Artaxerxès. On y a lu tout ce qui se passa pendant la marche, les détails de la bataille, comment Cyrus fut tué, et comment les Grecs revenus à leur camp y passèrent la nuit, persuadés qu'ils avaient battu toutes les troupes du roi, et que Cyrus était en vie. A la pointe du jour, les généraux s'as-

semblèrent. Ils s'étonnaient que Cyrus n'envoyât personne leur porter des ordres ou ne parût pas lui-même. Ils résolurent de faire charger les équipages qui leur restaient, de prendre les armes, et de marcher en avant pour se réunir au prince. Ils s'ébranlaient déjà, lorsqu'au lever du soleil Proclès, gouverneur de Teuthraine, qui descendait de Damarate le Lacédémonien, et Glus, fils de Tamos, arrivèrent. Ils apprirent aux Grecs que Cyrus avait été tué; qu'Ariée ayant fui avec ses Barbares, occupait le camp d'où l'on était parti la veille; qu'il leur promettait de les y attendre tout le jour, s'ils voulaient s'y rendre; mais que dès le lendemain, à ce qu'il annonçait, il se mettrait en marche pour retourner en Ionie. Les généraux et tous les Grecs ayant entendu ce discours, s'affligeaient. Cléarque dit : « Plût au ciel que Cyrus vécût
» encore! Mais puisqu'il est mort, an-
» noncez à Ariée que nous avons battu
» le roi, qu'il n'y a plus de troupes de-
» vant nous, comme vous le voyez vous-
» mêmes, et que nous allions marcher
» contre Artaxerxès, si vous ne fussiez
» survenus. Qu'Ariée nous joigne. Nous
» lui promettons de le placer sur le
» trône; car c'est aux vainqueurs à dis-
» poser des empires. » Ayant dit ces mots, il renvoya les députés, et les fit accompagner par Chirisophe Lacédémonien, et par Ménon de Thessalie. Ménon brigua lui-même cet emploi; car il était ami d'Ariée et lié à ce barbare par les nœuds de l'hospitalité. Les députés partirent. Cléarque attendit leur retour. L'armée se procura des vivres comme elle put. On prit aux équipages des bœufs et des ânes qu'on tua. Le soldat, pour avoir du bois, s'avançant un peu hors de la ligne jusqu'au lieu où s'était donnée la bataille, ramassa les flèches qu'on avait fait mettre bas aux déserteurs de l'armée du roi. Il y en avait une grande quantité. On trouva aussi des boucliers à la perse, des boucliers de bois des Égyptiens, beaucoup de boucliers d'armés à la légère, et des caissons vides. On se servit de ces bois pour faire bouillir les viandes, et l'on vécut ainsi ce jour-là.

Vers l'heure où la multitude abonde dans les places publiques, il arrive des hérauts, de la part du roi et de Tissapherne. Ils étaient tous Barbares, à Phalinus près, Grec qui était à la suite de ce satrape, et qui en était considéré; car il se donnait pour avoir des connaissances sur la tactique et sur le maniement des armes. Les hérauts s'étant approchés et ayant appelé les généraux, leur annoncent que le roi se regardant comme vainqueur, par la mort de Cyrus, ordonne aux Grecs de rendre les armes, de venir aux portes de son palais implorer sa clémence, et tâcher d'obtenir de lui un traitement favorable. Voilà ce que déclarèrent les hérauts. Les Grecs s'indignèrent de leur discours. Cléarque se contenta de dire que ce n'était point aux vainqueurs à mettre bas les armes. « Vous autres, ajouta-t-il;
» généraux, mes compagnons, répon-
» dez ce que vous croirez de meilleur
» et de plus honnête. Je reviens à vous
» dans un moment. » Un de ses domestiques était venu le chercher pour qu'il vît les entrailles de la victime; car il sacrifiait lors de l'arrivée des Perses. Cléanor d'Arcadie, le plus âgé des chefs, répondit qu'on mourrait avant de rendre les armes. Proxène de Thèbes prit la parole et dit : « Tout ceci m'é-
» tonne, Phalinus. Est-ce à titre de
» vainqueur, est-ce à titre d'ami et
» comme un présent que le roi nous de-
» mande nos armes? Si c'est comme
» vainqueur, qu'est-il besoin de les de-
» mander? Que ne vient-il les prendre?

» S'il veut les obtenir par la voie de la
» persuasion, qu'il déclare donc quel
» sera le traitement des Grecs, lorsqu'ils
» auront eu pour lui cette déférence. »
Phalinus répondit : « Le roi croit avoir
» remporté la victoire, puisque Cyrus a
» été tué ; car qui peut désormais lui
» disputer son empire ? Il vous regarde
» comme étant en son pouvoir, parce
» qu'il vous tient au milieu de ses états,
» entre des fleuves que vous ne pouvez
» repasser, et qu'il peut vous accabler
» sous une telle multitude d'hommes,
» que vous ne suffiriez pas à les égorger
» s'il vous les livrait désarmés. »

Xénophon Athénien prit ensuite la parole : « Vous le voyez vous-même,
» Phalinus, dit-il, nous n'avons plus
» d'autre ressource que nos armes et
» notre courage. Tant que nous garde-
» rons nos armes, il nous reste l'espoir
» que notre courage nous servira. Si
» nous les avions livrées, nous crain-
» drions de perdre jusqu'à la vie. Ne
» pensez donc pas que nous nous dé-
» pouillions pour vous du seul bien qui
» nous reste. Croyez que nous nous
» en servirons plutôt pour vous disputer
» les biens dont vous jouissez. » Phalinus sourit à ce discours, et répondit :
« Jeune homme, vous avez l'air d'un
» philosophe, et vous parlez avec agré-
» ment. Mais sachez que vous êtes un
» insensé si vous présumez que votre
» valeur l'emportera sur les forces du
» roi. » On prétend qu'il y eut alors des
Grecs qui montrèrent quelque faiblesse,
et qui dirent que comme ils avaient été
fidèles à Cyrus, ils le seraient au roi
s'il voulait se réconcilier avec eux, et
qu'ils lui deviendraient infiniment utiles;
qu'Artaxerxès pourrait les employer à
toute autre entreprise de son goût;
mais que s'il voulait les faire passer en
Égypte, ils l'aideraient à soumettre ce
royaume. Sur ces entrefaites, Cléarque
revint et demanda si l'on avait répondu
aux hérauts. Phalinus reprit la parole
et lui dit : « L'un répond d'une façon,
» Cléarque, l'autre d'une autre. Parlez
» vous-même, et dites-nous ce que vous
» pensez. — Je vous ai vu, Phalinus,
» avec plaisir, répondit Cléarque, et
» tout le camp, à ce que je présume,
» vous en dirait autant ; car vous êtes
» Grec, et vous ne voyez ici que des
» Grecs. Dans la position où nous nous
» trouvons, nous allons vous demander
» avis sur ce qu'il y a à faire, d'après
» les propositions que vous nous appor-
» tez. Conseillez-nous donc, je vous en
» conjure par les Dieux, ce que vous
» croirez le plus honnête, le plus cou-
» rageux, et ce qui doit vous couvrir de
» gloire chez la postérité ; car on y dira,
» tel fut le conseil que donna aux Grecs
» Phalinus que le roi envoyait pour leur
» ordonner de rendre les armes. Quel
» qu'il soit, ce conseil, vous sentez que
» de toute nécessité on en parlera en
» Grèce. » Par ces insinuations, Cléarque voulait engager le député même du
roi à conseiller qu'on ne lui rendît pas
les armes, et relever ainsi l'espoir et le
courage des Grecs. Phalinus l'éluda par
ses détours, et contre l'attente de Cléarque, il parla ainsi :

« Si entre mille chances il en est un
» seule pour que vous échappiez au cour-
» roux du roi, en lui faisant la guerre,
» je vous conseille de ne point livrer vos
» armes. Mais, si en résistant à ce
» prince il ne vous reste aucun espoir
» de salut, embrassez, croyez-moi, le
» seul parti qui puisse sauver vos jours. »
Cléarque répliqua : « Tel est donc votre
» avis, Phalinus. Portez de notre part
» au roi cette réponse : s'il veut être de
» nos amis, nous lui serons plus utiles,
» et s'il est de nos ennemis, nous le
» combattrons mieux, les armes à la
» main qu'après nous en être dépouil-

» lés. » Phalinus dit : « Nous lui ferons
» part de cette résolution. Il nous a
» chargés de plus de vous annoncer
» qu'il vous accordait une trêve tant que
» vous resteriez dans ce camp, mais
» qu'elle serait rompue dès que vous
» vous ébranleriez pour marcher en
» avant ou en arrière. Répondez donc
» sur ce point. Restez-vous ici, préfé-
» rant la trêve, ou dirai-je au roi que
» vous recommencez les hostilités ? —
» Annoncez-lui, reprit Cléarque, que
» nous acceptons les conditions qu'il
» propose. — Qu'entendez-vous par-là,
» dit Phalinus? — Que tant que nous res-
» terons ici, dit Cléarque, la trêve au-
» ra lieu; que, dès que nous marche-
» rons en avant ou en arrière, les hos-
» tilités recommenceront. — Mais, in-
» sista Phalinus, qu'annoncerai-je au roi
» définitivement, la trêve ou la guerre? »
Cléarque répéta encore : « La trêve tant
» que nous resterons ici, la guerre dès
» que nous nous porterons en avant ou
» en arrière; » et il ne voulut pas s'expliquer davantage sur ce qu'il projetait.
Phalinus et les hérauts qui l'accompagnaient se retirèrent.

Proclès et Chirisophe revinrent du
camp d'Ariée. (Ménon y était resté auprès de ce chef des barbares.) Il rapportèrent qu'Ariée disait qu'il y avait
beaucoup de Perses plus distingués que
lui, qui ne souffriraient pas qu'il s'assît
sur le trône et leur donnât des lois.
« Mais si vous voulez faire votre retraite
» avec lui, il vous fait dire de le joindre
» cette nuit, sinon il vous annonce qu'il
» décampera demain au point du jour.—
» Il faut faire ce que vous proposez, re-
» prit Cléarque, si nous allons joindre
» Ariée, sinon prenez le parti que vous
» croirez le plus avantageux pour vous. »
Par ces mots vagues il ne s'ouvrait pas
même à eux de son dessein. Ensuite, au
coucher du soleil, ayant assemblé les
généraux et les chefs de lochos, il leur
tint ce discours : « Compagnons, j'ai
» consulté les dieux par des sacrifices
» pour savoir si nous marcherions contre
» le roi. Les entrailles n'ont pas été favo-
» rables et avec raison. Car, à ce que
» j'entends dire, le roi a mis entre nous
» et lui le Tigre, fleuve navigable que
» nous ne pouvons passer sans bateaux,
» et nous n'en avons point. Rester ici, est
» impraticable, car les vivres nous man-
» quent. Mais quant à rejoindre l'armée
» barbare de Cyrus, les dieux nous y in-
» vitent par des signes très favorables.
» Voici donc ce qu'il faut faire : sépa-
» rons-nous, et que chacun soupe avec
» ce qu'il a. Dès qu'on sonnera la re-
» traite, pliez vos bagages; chargez-les
» au second signal; au troisième, sui-
» vez-moi; je vous conduirai. La colonne
» des équipages longera le fleuve, et
» sera couverte par celle de l'infanterie. »
Les généraux et les chefs de lochos se
retirèrent après ce discours, et firent ce
qui était prescrit. De ce moment Cléarque commanda en chef et ils lui obéirent, non qu'ils l'eussent élu, mais on
sentait que lui seul avait la capacité
qu'exige le commandement d'une armée, et que l'expérience manquait aux
autres. Voici le calcul du chemin qu'a-
vait parcouru l'armée depuis Éphèse,
ville d'Ionie, jusqu'au champ de bataille. En quatre-vingt-treize marches,
elle avait fait cinq cent trente-cinq parasanges ou seize mille cinquante stades; et l'on dit que du champ de bataille à Babylone, il y avait trois cent
soixante stades.

La nuit étant survenue, Miltocythès,
Thrace, déserta et passa à l'armée du
roi avec quarante cavaliers thraces qu'il
commandait et trois cents soldats à-peu-
près de la même nation. Cléarque conduisit le reste de l'armée comme il avait
annoncé. On le suivit et l'on arriva vers

minuit au camp d'avant la bataille qu'occupaient Ariée et ses troupes. Les Grecs ayant pris leurs rangs, et posé ainsi les armes à terre, leurs généraux et leurs chefs de lochos allèrent trouver Ariée. Les Grecs, Ariée et les principaux de son armée se jurèrent de ne point se trahir les uns les autres; mais de se secourir loyalement en toute occasion. Les Barbares jurèrent de plus qu'ils conduiraient les Grecs sans fraude ni embûches. Ces sermens furent proférés après qu'on eut immolé un sanglier, un taureau, un loup et un bélier; les Grecs trempant leurs épées, et les Barbares leurs lances, dans un bouclier plein du sang des victimes. Après s'être donné réciproquement ces assurances de fidélité, Cléarque parla ainsi : « Puisque
» nous entreprenons ensemble la même
» retraite, dites-nous, Ariée, ce que
» vous pensez sur la route qu'il nous
» faut suivre? Choisirons-nous celle que
» nous prîmes en venant, ou en imagi-
» nez-vous une meilleure? — Nous mour-
» rions de faim, répondit Ariée, si nous
» revenions par le même chemin : il ne
» nous reste plus de vivres. Dans les dix-
» sept dernières marches que nous avons
» faites pour arriver ici, nous n'avons
» rien trouvé dans le pays, ou nous
» avons consommé en passant le peu qui
» y était. Mon projet est de me retirer
» par un chemin plus long, mais mieux
» approvisionné. Il nous faut faire, les
» premiers jours, des marches aussi
» longues qu'il sera possible, pour nous
» éloigner de l'armée du roi; si nous
» gagnons une fois sur lui, deux ou
» trois marches, il ne pourra plus nous
» joindre. Car nous suivre avec peu de
» troupes, c'est ce qu'il n'osera pas.
» Avec un grand nombre il ne pourra
» avancer autant, et peut-être l'embar-
» ras des vivres le retardera-t-il encore :
» tel est, dit Ariée, mon avis. »

Ce projet des généraux ne tendait qu'à échapper au roi ou à le fuir. La fortune conduisit mieux les troupes. Dès que le jour parut, elles se mirent en marche, le soleil luisant à leur droite. On comptait qu'au coucher de cet astre on arriverait à des villages de Babylonie, et en cela on ne se trompa pas. Vers le soir on crut voir de la cavalerie ennemie. Ceux des Grecs qui n'étaient pas dans leurs rangs coururent les reprendre. Ariée, qui était monté sur un charriot, parce qu'il était blessé, mit pied à terre, prit sa cuirasse, et ceux qui l'entouraient en firent autant. Pendant qu'ils s'armaient, revinrent les gens envoyés à la découverte. Ils rapportèrent qu'il n'y avait point de cavalerie, et que ce qu'on voyait était des bêtes de somme qui pâturaient. Tout le monde conclut aussitôt que le roi campait près delà, d'autant qu'il paraissait s'élever de la fumée de quelques villages peu éloignés. Cléarque ne marcha point à l'ennemi. Il voyait que ses troupes étaient lasses, à jeun, et qu'il se faisait tard. Il ne se détourna point non plus de peur d'avoir l'air de fuir. Mais s'avançant droit devant lui, il fit camper la tête de la colonne sur le terrain des villages les plus voisins. L'armée du roi en avait tout enlevé, jusqu'aux bois dont les maisons étaient construites. Les premiers venus rangèrent leurs tentes avec assez d'ordre; les autres n'arrivant qu'à la nuit noire, campèrent au hasard et jetèrent de grands cris, s'appelant les uns les autres. Ces cris furent entendus même des ennemis, et les effrayèrent au point que ceux qui campaient le plus près des Grecs s'enfuirent de leurs tentes. On s'en aperçut le lendemain, car il ne paraissait plus dans les environs ni bête de somme, ni camp, ni fumée. Le roi lui-même, à ce qu'il parut, fut effrayé de la marche des Grecs. Il le prouva par ce qu'il fit le jour suivant. La nuit s'avançant, une terreur panique saisit aussi les Grecs. Il survint un tumulte et un bruit tels qu'il s'en élève ordinairement dans ces sortes d'alertes. Cléarque avait par hasard sous sa main l'Éléen Tolmidès, le meilleur des hérauts de ce temps. Il lui dit d'ordonner qu'on fit silence et de proclamer ensuite, de la part des chefs, qu'une récompense d'un talent d'argent était promise à quiconque dénoncerait celui qui avait lâché un âne dans le camp. Quand on l'eut publié, les soldats sentirent que leur terreur était frivole et qu'il n'était rien arrivé à leurs généraux. Dès le point du jour, Cléarque ordonna aux Grecs de se former dans le même ordre où ils étaient le jour de la bataille, et de poser ainsi leurs armes à terre.

On eut alors une preuve évidente de ce que j'ai avancé tout-à-l'heure, que l'arrivée des Grecs avait frappé le roi de terreur. Ce prince, qui leur avait fait ordonner la veille de rendre leurs armes, envoya, dès le lever du soleil, des hérauts proposer un traité. Arrivés aux postes avancés, ils demandèrent les généraux. Les grandes gardes le leur firent savoir; et Cléarque, qui dans ce moment inspectait les rangs des Grecs, ordonna qu'on dît aux hérauts d'attendre jusqu'à ce qu'il eût le temps de leur donner audience. Puis ayant tellement disposé l'armée, que la phalange fût serrée, eût bonne apparence, et qu'aucun des soldats qui manquaient d'armes ne fût en évidence; il fit appeler les députés du roi et alla lui-même au devant d'eux, escorté des soldats les plus beaux et les mieux armés. Il recommanda aux autres généraux d'en user de même. Quand on fut près des députés, Cléarque leur demanda ce qu'ils voulaient. Les députés dirent qu'ils venaient pour un traité; qu'ils étaient chargés de rapporter au roi les intentions des Grecs, et autorisés à faire connaître aux Grecs celles du roi. Cléarque répondit : « Rapportez donc à » votre monarque qu'il faut d'abord » combattre; car nous n'avons pas au » camp de quoi dîner, et à moins d'en » fournir aux Grecs, personne n'osera » leur parler de traité. » Après avoir entendu ces mots, les députés repartirent au galop et revinrent bientôt après, ce qui prouva que le roi n'était pas loin, ou qu'il y avait au moins près de là quelqu'un chargé de ses pouvoirs pour la négociation. « Le roi, dirent les députés, » trouve votre demande raisonnable, et » nous revenons avec des guides qui, si » la trêve se conclut, vous conduiront » où vous trouverez des vivres. — Le » roi, demanda Cléarque, offre-t-il dès » ce moment sûreté aux négociateurs » seulement qui iront le trouver et en » reviendront, ou à toute l'armée? — » A toute l'armée, dirent les députés, » jusqu'à ce que le roi ait reçu vos propositions. » Après cette réponse, Cléarque les fit éloigner et délibéra avec les généraux. On résolut de conclure promptement ces préliminaires pour marcher aux vivres et s'en fournir sans hostilités. « C'est bien mon avis, dit » Cléarque. Je différerai cependant de » répondre. Je laisserai aux députés du » roi le temps de craindre que nous ne » refusions le traité. Je pense que nos » soldats n'en auront pas moins d'inquié» tude. » Ensuite lorsqu'il crut le moment convenable arrivé, il annonça aux députés qu'il accédait aux préliminaires offerts, et leur dit de le mener aussitôt où étaient les vivres. Ces Perses y conduisirent l'armée.

Cléarque allant conclure le traité, faisait marcher les troupes en bataille, et commandait lui-même l'arrière-garde. On rencontra des fossés et des canaux si pleins d'eau, qu'on ne pouvait les passer sans ponts. Mais on en fit à la hâte, soit avec les palmiers tombés d'eux-mêmes, soit avec ceux qu'on coupa. C'était alors qu'on pouvait voir quel général était Cléarque. De sa main gauche il tenait une pique, dans la droite il avait une canne. Si quelqu'un des Grecs commandés pour ouvrir la route lui paraissait montrer de la paresse, il le tirait de sa place et y substituait un travailleur plus actif. Lui-même, entrant dans la boue, mettait la main à l'ouvrage, en sorte que tous les pionniers auraient rougi d'y montrer moins d'ardeur que lui. Il n'avait commandé pour cette corvée que les Grecs au-dessous de trente ans. Des soldats plus âgés y concoururent volontairement dès qu'ils virent le zèle de Cléarque. Ce général se hâtait d'autant plus, qu'il soupçonnait qu'en cette saison les fossés n'étaient pas toujours aussi pleins d'eau, car ce n'était pas le temps d'arroser la plaine. Il présumait que le roi avait fait lâcher des eaux pour montrer aux Grecs que beaucoup d'obstacles s'opposeraient à leur marche.

On arriva aux villages où les guides avaient indiqué qu'on pourrait prendre des vivres. On y trouva beaucoup de blé, du vin de palmier et une boisson acide tirée de ces arbres, qui avait fermenté et bouilli. On servait aux domestiques des dattes pareilles à celles que nous voyons en Grèce, et il n'en paraissait à la table des maîtres que de choisies et d'étonnantes pour leur beauté et leur grosseur. Leur couleur ne différait point de celle de l'ambre jaune. On en mettait quelques-unes à part pour les faire sécher, et on les servait au dessert. C'était un mets délicieux pour la fin du repas; mais il occasionnait des maux de tête. Ce fut là encore que pour la première fois nos soldats mangèrent du chou palmiste. La plupart admiraient sa forme et le goût agréable qui lui est particulier; mais il causait aussi des maux de tête violens. Le palmier séchait en entier dès qu'on avait enlevé le sommet de sa tige. On séjourna trois jours en cet endroit. Tissapherne et le frère de la reine, avec trois autres Perses, vinrent de la part du roi, suivis d'un grand nombre d'esclaves. Les généraux grecs étant allés au-devant d'eux, Tissapherne leur dit d'abord, par la bouche de son interprète :

« Grecs, j'habite dans le voisinage de
» la Grèce, et depuis que je vous ai vus
» tomber dans un abîme de malheurs
» dont vous ne pouvez vous retirer, j'ai
» regardé comme un honneur pour moi
» d'obtenir du roi, si je le pouvais,
» qu'il me permît de vous ramener dans
» votre patrie. Car je pense m'assurer
» par-là des droits, non seulement à
» votre reconnaissance, mais à celle de
» toute la Grèce. D'après cette opinion,
» j'ai supplié le roi, je lui ai représenté
» qu'il était juste qu'il m'accordât une
» grâce. Je lui ai rappelé que c'était moi
» qui lui avais donné le premier avis de
» la marche de Cyrus, qu'en lui apportant cette nouvelle, je lui avais amené
» du secours, que de tout ce qu'on vous
» avait opposé le jour de la bataille, j'étais le seul qui n'eusse pas pris la fuite; que j'avais percé et l'avais rejoint à
» votre camp lorsqu'il s'y porta après la
» mort de son frère; qu'enfin avec ces
» troupes qui m'escortent et qui lui sont
» le plus affectionnées j'avais poursuivi
» l'armée barbare de Cyrus. Artaxerxès
» m'a promis de peser ces raisons. Il
» m'a ordonné de venir vous trouver et
» de vous demander pourquoi vous lui
» aviez fait la guerre. Je vous conseille
» de rendre une réponse modérée, afin
» qu'il me soit plus aisé d'obtenir pour
» vous du roi un traitement favorable,
» si cependant j'y puis réussir. »

Les Grecs s'étant éloignés ensuite, délibérèrent. Puis ils répondirent, Cléarque portant la parole : « Nous ne nous » sommes point assemblés pour faire la » guerre au roi. Nous n'avons pas cru » marcher contre lui. Cyrus (vous le » savez vous-mêmes) a inventé mille » prétextes pour nous prendre au dé- » pourvu, et pour nous amener jusqu'ici. » Cependant lorsque nous l'avons vu au » milieu des dangers, nous avons rougi » de le trahir à la face des Dieux et des » hommes, nous étant laissés précédem- » ment combler de ses faveurs. Depuis » que ce prince a été tué, nous ne dis- » putons plus au roi sa couronne, nous » n'avons point de raisons pour vouloir » ravager ses états, nous ne souhaitons » point de mal à sa personne, et nous » nous retirerions dans notre patrie si » personne ne nous inquiétait. Mais si » l'on nous fait une injure, nous tâche- » rons, avec l'aide des Dieux, de la re- » pousser. Qui que ce soit, au contraire, » qui nous prévienne par des bienfaits, » nous les lui rendrons, si nous le pou- « vons, avec usure. » Ainsi parla Cléarque.

Tissapherne l'ayant entendu, répliqua : « Je rendrai au roi ce discours, et » viendrai vous redire ses intentions. » Que jusqu'à mon retour la trêve sub- » siste. Nous vous fournirons pendant » ce temps des vivres à acheter. » Le satrape ne revint point le lendemain, ce qui causa de l'inquiétude aux Grecs. Il arriva le jour d'après, et annonça qu'il avait obtenu du roi avec peine et comme une grâce le salut des Grecs, quoique beaucoup de Perses fussent d'un avis contraire et objectassent qu'il était indigne de la grandeur du roi, de laisser échapper des troupes qui avaient porté les armes contre lui. « Enfin, dit-il, » vous pouvez recevoir notre serment : » nous vous promettrons de vous faire » traiter en amis dans tous les états du » roi, et de vous ramener fidèlement en » Grèce ; vous faisant trouver des marchés » garnis de vivres sur toute votre route. » Où vous n'en trouverez pas, il vous » sera permis de prendre dans le pays » ce qui vous sera nécessaire. Il faudra » que vous nous juriez de votre côté de » traverser cet empire comme pays ami, » sans rien endommager, achetant les » vivres à prix d'argent, lorsqu'il y aura » un marché où l'on vous en vendra, et » n'en prenant au pays qu'à défaut de » marchés. » Cela fut arrêté. Tissapherne et le beau-frère du roi, d'un côté, les généraux et les chefs de lochos grecs de l'autre, jurèrent l'observation de ces articles, et se donnèrent réciproquement la main en signe d'alliance. Tissapherne dit ensuite : « Je vais retrouver le roi : » lorsque j'aurai terminé les affaires qui » me restent, je reviendrai avec mes » équipages pour vous ramener en Grè- » ce, et retourner moi-même dans mon » gouvernement. »

Les Grecs, et Ariée qui campait près d'eux, attendirent ensuite Tissapherne plus de vingt jours. Pendant ce temps les frères d'Ariée et d'autres de ses parens viennent le trouver. Des Perses passent aussi à son camp et parlent à ses troupes pour les rassurer. Quelques-uns même leur promettent avec serment, de la part du roi, qu'il ne les punira jamais d'avoir porté les armes pour Cyrus, et qu'il oubliera tout ce qui s'est passé. Dès ce moment il parut qu'Ariée, et les chefs de son armée avaient moins d'égards pour les Grecs. Plusieurs de ceux-ci en furent mécontens, et allant trouver Cléarque et les autres généraux, ils leur dirent : « Pourquoi rester ici ? » savons-nous pas que le roi met la plus » grande importance à nous extermi- » ner afin que les autres Grecs trem- » blent de porter la guerre dans ses

» états? Maintenant il nous engage à sé-
» journer ici, parce que ses troupes
» sont dispersées. Dès qu'il les aura
» rassemblées, il ne manquera pas de
» tomber sur nous. Peut-être creuse-t-il
» des fossés, élève-t-il des murs pour
» rendre notre retour impossible. Il ne
» consentira jamais que, revenus en
» Grèce, nous racontions qu'avec aussi
» peu de troupes, ayant défait les sien-
» nes à la porte de sa capitale, nous
» nous sommes retirés en le narguant. »

Cléarque répondit à ceux qui lui parlaient ainsi : « Toutes ces pensées se
» sont présentées à mon esprit comme
» au vôtre. Mais je réfléchis que si nous
» partons maintenant, nous aurons l'air
» de nous retirer en guerre, et de trans-
» gresser le traité. De-là, nous ne trou-
» verrons nulle part ni à acheter ni à
» prendre des vivres. De plus, personne
» ne voudra nous servir de guide : dès
» que nous aurons pris ce parti, Ariée
» nous abandonnera ; il ne nous restera
» plus un seul ami, et ceux mêmes qui
» l'étaient auparavant deviendront nos
» ennemis. J'ignore si nous avons d'au-
» tres fleuves à passer ; mais nous sa-
» vons que l'Euphrate seul nous arrê-
» tera, et qu'il est impossible de le tra-
» verser quand des ennemis nous en dis-
» puteront le passage. S'il faut combat-
» tre, nous n'avons point de cavalerie.
» Les Perses en ont beaucoup et d'ex-
» cellente, en sorte que l'ennemi, s'il est
» repoussé ne perdra rien, et que s'il
» nous bat, il n'est pas possible qu'il lui
» échappe un seul de nous. Je ne con-
» çois pas d'ailleurs ce qui aurait pu
» obliger le roi, qui a tant de moyens
» de nous exterminer, s'il veut le faire,
» à jurer la paix, à nous tendre la main
» en signe d'alliance, à prendre les
» dieux à témoin de ses sermens, uni-
» quement pour se parjurer, et rendre
» désormais sa foi suspecte aux Grecs
» et aux Barbares. » Cléarque tint beaucoup de semblables discours.

Sur ces entrefaites, Tissapherne arriva avec ses troupes, et comme ayant
dessein de retourner dans son gouvernement. Orontas l'accompagnait et avait
aussi son armée. Ce dernier emmenait
la fille du roi qu'il avait épousée. De-là
on partit sous la conduite de Tissapherne qui faisait trouver des vivres à
acheter. Ariée, avec l'armée barbare de
Cyrus, accompagnait Tissapherne et
Orontas, et campait avec eux. Les Grecs
se défiant de ces Barbares, prenaient des
guides et marchaient séparément. On
campait séparément aussi, à une parasange au plus les uns des autres. On se
tenait de part et d'autre sur ses gardes,
comme si l'on eût été en guerre, et ces précautions engendrèrent aussitôt des soupçons. Quelquefois les Grecs et les Barbares se rencontraient en allant au fourrage
ou au bois et se frappaient, ce qui fit naître
une haine réciproque. On arriva en trois
marches au mur de la Médie et on le passa. Il est construit de briques cuites au feu
et liées par un ciment d'asphalte. Sa largeur est de vingt pieds, sa hauteur de
cent. On disait qu'il était long de vingt
parasanges. Babylone n'en était pas éloignée.

De-là on fit en deux marches huit parasanges. On traversa deux canaux, l'un
sur un pont à demeure, l'autre sur
un pont soutenu par sept bateaux. Ces
canaux recevaient leurs eaux du Tigre.
On avait tiré de ces canaux des fossés
qui coupaient le pays. Les premiers
étaient larges. Ils se subdivisaient en
d'autres moindres, et finissaient en petites rigoles telles qu'on en pratique en
Grèce pour arroser les champs de panis.
On arriva enfin sur les bords du Tigre.
A quinze stades de ce fleuve était une
ville grande et peuplée, nommée Sitacé.
Les Grecs campèrent tout auprès et à

peu de distance d'un parc beau, vaste et planté d'arbres de toutes espèces.

Les Barbares avaient passé le Tigre et ne paraissaient plus. Proxène et Xénophon se promenaient par hasard après souper à la tête du camp en avant des armes. Arrive un homme qui demande aux gardes avancées où il trouvera Proxène ou Cléarque. Il ne demandait point Ménon, quoiqu'il vînt de la part d'Ariée, hôte de ce Grec. Proxène ayant répondu qu'il était un de ceux qu'il cherchait, cet homme lui dit : « Ariée et Artaèze, ci-devant attachés » à Cyrus, et qui vous veulent toujours » du bien, m'ont envoyé vers vous. Ils » vous recommandent de vous tenir sur » vos gardes, de peur que les Barbares » ne vous attaquent cette nuit ; car il y » a beaucoup de troupes dans le parc » voisin. Ils vous conseillent aussi d'en- » voyer une garde au pont du Tigre, que » Tissapherne a résolu de replier dans » la nuit, s'il lui est possible, pour em- » pêcher que vous ne passiez le Tigre, » et pour vous tenir enfermés entre le » fleuve et le canal. » Proxène et Xénophon entendant ce rapport, mènent l'homme à Cléarque et lui rendent compte de ce qu'il a dit. Cléarque fut troublé et même très effrayé de ce récit. Parmi les Grecs qui étaient là, un jeune homme ayant réfléchi, dit qu'il ne serait pas conséquent aux ennemis d'attaquer et de rompre le pont. « S'ils at- » taquent, il est évident qu'il faut qu'ils » nous battent ou qu'ils soient battus. » Supposons qu'ils doivent remporter » la victoire, qu'ont-ils besoin de replier » le pont ? Quand il y en aurait plu- » sieurs autres, où nous réfugierions- » nous après une défaite ? Que si l'a- » vantage est à nous, le pont rom- » pu, les Barbares n'ont plus de re- » traite, et les forces nombreuses qui » sont sur l'autre rive ne pourraient » leur donner le moindre secours. »

Cléarque demanda ensuite à l'homme qu'on lui avait amené, quelle était l'étendue du pays contenu entre le Tigre et le canal. On apprit, par sa réponse, que ce pays était vaste, qu'il y avait des villages et beaucoup de grandes villes. On reconnut alors que les Barbares avaient insidieusement envoyé cet émissaire, parce qu'ils craignaient que les Grecs, qui avaient passé le pont du canal, ne se fixassent dans cette espèce d'île, où ils auraient eu pour rempart d'un côté le Tigre, de l'autre le canal ; qu'ils ne tirassent des vivres de la contrée même qui était vaste, féconde et peuplée de cultivateurs, et qu'il ne s'y formât un asile sûr pour quiconque voudrait insulter le roi. On prit ensuite du repos. On envoya cependant une garde au pont du Tigre. On ne fut attaqué d'aucun côté. La garde même du pont assura depuis qu'il n'y était venu aucun Barbare. Dès le point du jour, l'armée grecque passa avec le plus de précautions qu'elle put ce pont soutenu par trente-sept bateaux ; car quelques-uns des Grecs qui étaient près de Tissapherne avaient prévenu qu'on serait attaqué au passage. Mais tous ces avis se trouvèrent dénués de fondement. Glus seulement et quelques autres Barbares parurent pendant qu'on traversait le fleuve. Ils observèrent si les Grecs passaient, et l'ayant vu, ils s'éloignèrent au galop.

Des bords du Tigre, on fit, en quatre jours de marche, vingt parasanges. On arriva au fleuve Physcus, large d'un plèthre. Un pont le traversait. En cet endroit était aussi une grande ville nommée Opis, près de laquelle les Grecs rencontrèrent un frère bâtard de Cyrus et d'Artaxerxès, et une armée nombreuse qu'il amenait de Suze et d'Ecbatane pour secourir le roi. Il fit faire halte à ses troupes et regarda passer les

Grecs. Cléarque était à leur tête et les fit défiler deux à deux. De temps en temps il s'arrêtait. Tant que la tête de la colonne faisait halte, le reste de l'armée le faisait nécessairement aussi, en sorte que les Grecs eux-mêmes trouvaient leurs troupes plus nombreuses, et que le Perse qui les considérait en fut frappé d'étonnement. De là en six marches on fit trente parasanges à travers les déserts de la Médie, et l'on arriva dans le domaine de Parysatis, mère du roi et de Cyrus. Tissapherne, pour insulter aux mânes de ce prince, permit aux Grecs d'y piller les villages, et leur défendit seulement de faire des esclaves. Il y avait beaucoup de blé, de menu bétail et d'autres effets. Puis on fit en cinq marches vingt parasanges dans le désert, l'armée ayant le Tigre à sa gauche. A la première de ces marches, on vit sur l'autre rive du fleuve une ville grande et florissante nommée Cænes, d'où les Barbares, sur des radeaux faits avec des peaux, apportèrent à l'armée des pains, du fromage et du vin.

On arriva ensuite sur les bords du fleuve Zabate, large de quatre plèthres. On y séjourna trois jours. Les soupçons réciproques des Grecs et des Barbares s'y accrurent. Il ne parut pas cependant qu'on se tendît aucune embûche. Cléarque résolut de s'aboucher avec Tissapherne pour détruire, s'il le pouvait, ces soupçons avant qu'ils dégénérassent en une guerre ouverte. Il envoya dire au satrape qu'il désirait conférer avec lui. Tissapherne répondit qu'il était prêt à le recevoir; et quand ils se virent, Cléarque lui tint ce discours :

« Je me souviens, Tissapherne, des
» sermens que nous nous sommes faits,
» et de la foi que nous nous sommes
» donnée, de ne nous point attaquer.
» Vous n'en êtes pas moins en garde
» contre nous, et vous nous considérez
» encore comme ennemis. Nous l'aper-
» cevons tous, et par cette raison nous
» nous gardons de même. J'ai beau cher-
» cher cependant, je ne puis découvrir
» que vous ayez tenté de nous nuire, et
» je suis certain que les Grecs ne for-
» ment aucun projet contre vous. Voilà
» pourquoi j'ai désiré que nous nous
» abouchassions, afin que, s'il est possi-
» ble, nous anéantissions cette défiance
» mutuelle. Car j'ai vu que souvent des
» hommes, ou prêtant l'oreille à la ca-
» lomnie, ou se livrant à des soupçons,
» ont conçu les uns des autres une
» crainte mal fondée, et que ceux qui
» ont mieux aimé prévenir l'injure que
» la souffrir ont causé des maux sans
» remède à ceux qui ne leur voulaient,
» qui ne leur auraient jamais fait aucun
» mal. Je pense qu'une explication est
» ce qui dissipe le mieux de tels mal-en-
» tendus, et je suis venu dans le dessein
» de vous prouver que vous n'avez pas
» raison de vous défier de nous. Nos
» sermens, dont les Dieux sont témoins
» (et c'est pour moi la première et la
» plus importante considération), nos
» sermens, dis-je, nous interdisent toute
» inimitié. Je ne pourrais regarder
» comme heureux un mortel à qui sa
» conscience reprocherait de s'être joué
» des Dieux; car si l'on est en guerre
» avec eux, quelle fuite rapide peut
» nous soustraire à leur poursuite? Quel-
» les ténèbres peuvent nous cacher à
» leurs yeux? Quel lieu fortifié est un
» rempart contre leur vengeance? Rien
» n'est indépendant de l'autorité su-
» prême des Dieux. Ils ont dans tous les
» lieux, ils ont sur tout ce qui existe un
» pouvoir égal et sans bornes. Telle est
» mon opinion sur les immortels et sur
» les sermens garans de l'amitié que
» nous nous sommes mutuellement pro-
» mise. Descendant à des considérations
» humaines, je vous regarde, dans la

» conjoncture présente, comme le plus
» grand bien et le plus précieux pour
» les Grecs. Avec vous quelle route nous
» sera difficile? Quel fleuve ne passe-
» rons-nous pas? Où manquerons-nous
» de vivres? Sans vous, nous voyage-
» rons toujours dans les ténèbres, car
» nous ignorons absolument notre che-
» min. Nous serons arrêtés par tous les
» fleuves. Une poignée d'hommes nous
» sera redoutable. Les déserts nous le
» seront encore plus. C'est là que nous
» attendent des difficultés sans nombre.
» Si donc la fureur nous aveuglait jus-
» qu'à vous faire périr, que résulterait-il
» pour nous d'avoir immolé notre bien-
» faiteur, si ce n'est de nous attirer une
» nouvelle guerre avec le roi, avec le
» plus puissant de tous les vengeurs? Je
» vais vous exposer de plus à quelles es-
» pérances personnelles je renoncerais
» en entreprenant de vous faire la moin-
» dre injure. J'ai désiré de me faire ami
» de Cyrus, parce que je croyais trouver
» en lui l'homme le plus capable d'obli-
» ger qui il voudrait. Je vous vois main-
» tenant réunir à votre gouvernement
» celui de ce prince. Je vous vois héri-
» tier de sa puissance et soutenu de celle
» du roi, contre laquelle luttait Cyrus.
» Dans ces circonstances, quel homme
» assez insensé pour ne pas désirer d'ê-
» tre de vos amis? Je me flatte que vous
» voudrez aussi être le nôtre, et je vous
» indiquerai ce qui me le fait présumer.
» Je vois les Mysiens et les Pisidiens in-
» quiéter votre gouvernement. J'espère,
» avec les Grecs que je commande, les
» humilier et vous les soumettre. J'en
» entends dire autant de beaucoup d'au-
» tres peuples. Je me crois en état de
» les empêcher de troubler sans cesse
» votre tranquillité. Les Égyptiens, je
» le sais, sont ceux contre lesquels vous
» êtes le plus irrités, et je ne vois pas
» quelles troupes vous pourriez vous as-
» socier, pour châtier ces rebelles, qu
» valussent celles dont je suis le chef
» Aux environs de votre gouvernement
» vous deviendriez le protecteur le plu
» puissant de quiconque vous voudrie
» favoriser; vous ordonneriez en maîtr
» absolu la destruction de qui oserai
» vous insulter, en nous ayant pou
» ministres de vos vengeances, nous qu
» ne vous servirions pas seulement pa
» l'espoir de la solde, mais par des mo
» tifs de reconnaissance et par un just
» souvenir de notre salut que nous vou
» devrions. Après avoir fait toutes ces
» réflexions, il me paraît si étonnan
» que vous ayez de nous quelque dé-
» fiance, que je serais charmé de savoi
» quel a été l'homme assez éloquent
» pour vous persuader que nous avons
» de mauvais desseins contre vous. »
Cléarque ayant fini de parler, Tissapherne répondit :
« Je suis charmé, Cléarque, de vous
» entendre tenir ce discours sensé. Car,
» puisque vous pensez ainsi, je croirai
» désormais que vous ne pouvez for-
» mer de projets nuisibles contre moi,
» sans en former contre vous-même.
» Écoutez-moi à votre tour, et apprenez
» que vous ne sauriez avec justice vous
» défier ni d'Artaxerxès ni de moi. Si
» nous avions voulu vous perdre, vous
» semble-t-il que nous n'eussions pas as-
» sez de cavalerie, d'infanterie, d'armes,
» pour vous nuire sans courir le moindre
» risque. Présumez-vous que nous ne
» trouvassions pas de lieu favorable pour
» vous attaquer? Mais combien dans le
» pays qui fait des vœux pour nous, de
» vastes plaines que vous vous fatiguez
» à traverser? Combien sur votre che-
» min de montagnes dont nous pouvons
» vous boucher les passages en les occu-
» pant avant vous? Combien de fleuves
» au-delà desquels nous pouvons ne lais-
» ser défiler que la quantité de vos trou-

» pes que nous voudrons combattre ?
» Que dis-je ! Il en est que vous ne pas-
» seriez même jamais sans notre secours.
» Supposons qu'aucun de ces moyens
» ne nous réussisse, les fruits de la terre
» peuvent-ils résister au feu ? Nous brû-
» lerons tout devant vous, et nous vous
» opposerons la famine pour adversaire.
» Pouvez-vous, quelque braves que
» vous soyez, le combattre ? Comment,
» ayant autant de moyens de vous faire
» la guerre sans courir le moindre dan-
» ger, choisirions-nous entre tant de
» manières la seule qui soit impie envers
» les dieux et qui nous couvrirait de
» honte devant les hommes, qui ne con-
» vient qu'à des gens sans ressource,
» plongés dans l'embarras, pressés par
» la nécessité, qu'à des scélérats qui
» veulent retirer quelque avantage de
» leur parjure envers les dieux, et de
» leur infidélité envers les humains ?
» Nous ne sommes pas à ce point,
» Cléarque, insensés et déraisonnables.
» Pourquoi donc, lorsqu'il nous était
» facile de vous détruire, ne vous
» avons-nous pas attaqués ? Sachez que
» vous le devez au désir vif que j'ai eu
» de gagner l'amitié des Grecs, et de
» revenir dans mon gouvernement, m'é-
» tant assuré, par mes bienfaits, l'atta-
» chement de ces troupes, sur lesquelles
» Cyrus, en les menant dans la Haute-
» Asie, ne comptait, que parce qu'il les
» stipendiait. Vous m'avez désigné quel-
» ques-uns des avantages que je puis
» retirer de votre affection. Vous avez
» omis le plus important, et je le sens.
» Il est permis au roi seul de porter la
» tiare droite sur sa tête ; mais avec
» votre assistance, un autre a peut-être
» droit de la porter ainsi dans son cœur. »

Ce discours parut sincère à Cléarque : « Ceux donc, reprit-il, qui, tandis
» que nous avons des motifs aussi puis-
» sans d'être amis, tâchent par calom-
» nies de susciter la guerre entre nous,
» méritent les derniers supplices. —
» Pour moi, dit Tissapherne, je dé-
» noncerai ceux qui me disent que vous
» tramez des complots contre moi et
» contre mon armée. Je les nommerai à
» vos généraux et à vos chefs de lochos,
» s'ils veulent venir publiquement me
» trouver. — Je vous les amènerai tous,
» répliqua Cléarque, et je vous décla-
» rerai quiconque me tient sur vous de
» semblables discours. » Tissapherne,
après cet entretien, fit beaucoup de caresse à Cléarque, et le retint à souper.
Ce général étant retourné le lendemain
au camp, parut persuadé des intentions
pacifiques de Tissapherne, et publia ce
que le satrape lui avait dit. Il ajouta
qu'il fallait que les chefs invités par Tissapherne se rendissent chez ce Perse,
et que ceux des Grecs, qui seraient
convaincus de calomnie, fussent punis
comme traîtres, et mal-intentionnés pour
leurs compatriotes. Il soupçonnait Ménon de ce crime, sachant qu'Ariée et
lui avaient eu une conférence avec Tissapherne ; que Ménon, d'ailleurs, formait un parti contre lui, et, par une
conduite insidieuse, voulait lui débaucher toute l'armée, et s'assurer par-là
l'amitié de Tissapherne. Cléarque, de
son côté, visait à s'attacher toutes les
troupes, et à se défaire des rivaux qui
l'inquiétaient. Quelques soldats furent
d'un avis contraire à celui de Cléarque,
et dirent qu'il ne fallait pas que tous les
généraux et les chefs de lochos allassent
chez Tissapherne, ni qu'on se fiât aveu-
glement à lui. Cléarque insista fortement jusqu'à ce qu'il eût fait décider
qu'il irait cinq généraux et vingt chefs
de lochos. Environ deux cents soldats
les suivirent, comme pour aller acheter
des vivres.

Quand ils furent arrivés à la tente du
satrape, on fit entrer les cinq géné-

raux, Proxène de Béotie, Menon de Thessalie, Agias Arcadien, Cléarque Lacédémonien et Socrate d'Achaïe. Les chefs de lochos restèrent à la porte. Peu de temps après, au même signal, on arrêta les généraux qui étaient entrés, et on fit main-basse sur tout ce qui se trouvait de Grecs en dehors. Ensuite quelque cavalerie barbare se dispersant dans la plaine, passa au fil de l'épée tout ce qu'elle trouva de Grecs indistinctement hommes libres et esclaves. Les Grecs, qui l'aperçurent de leur camp, s'étonnèrent de cette excursion, et ne concevaient pas ce que ces cavaliers pourraient faire. Mais enfin Nicarque Arcadien arriva. Il avait pris la fuite, quoique blessé au ventre et tenant ses entrailles dans ses mains : il raconta tout ce qui s'était passé. Aussitôt les Grecs coururent aux armes, frappés de terreur, et présumant que leur camp allait être à l'instant assailli par les Barbares; mais l'armée entière de Tissapherne n'y marcha pas. Il ne vint qu'Ariée, Artaèze et Mithradate qui avaient été les plus intimes amis de Cyrus. L'interprète des Grecs dit qu'il voyait aussi parmi ces Barbares le frère de Tissapherne, et qu'il le reconnaissait bien. Ils étaient escortés d'environ trois cents Perses cuirassés. Quand ils furent près du camp, ils demandèrent que quelque général ou un chef de lochos s'avançât pour qu'ils lui annonçassent les intentions du roi. Cléanor d'Orchomène et Sophrénète de Stymphale sortirent du camp avec précaution. Xénophon Athénien les suivit pour apprendre des nouvelles de Proxène. Chirisophe se trouvait absent pour lors, ayant été avec d'autres Grecs chercher des vivres dans un village. Quand on fut à portée de s'entendre, Ariée dit : « Grecs, Cléar- » que ayant été convaincu de violer ses » sermens et de transgresser le traité, a » reçu la peine qui lui était due : il » n'est plus. Proxène et Menon, qui » ont dénoncé sa perfidie, reçoivent de » grands honneurs. Quant à vous, le roi » vous demande vos armes, et prétend » qu'elles lui appartiennent, puisque vous » les portiez pour Cyrus son esclave. »

Les Grecs lui répondirent, Cléanor d'Orchomène portant la parole : « O le » plus méchant des hommes, Ariée! » O vous tous qui étiez dans l'intimité » de Cyrus! pouvez-vous lever les yeux » sans rougir vers les Dieux ou sur les » hommes; vous qui ayant juré d'avoir » les mêmes amis et les mêmes ennemis » que nous, avez depuis machiné notre » perte avec Tissapherne, le plus impie » et le plus scélérat des mortels; avez » égorgé les généraux mêmes qui avaient » reçu votre serment, et nous ayant » tous trahis, marchez contre nous avec » nos ennemis? » Ariée, répliqua : « Cléarque avait déjà été convaincu de » tendre des embûches à Tissapherne, » à Orontas et à nous tous qui les accom- » pagnons. — Cléarque, donc, reprit » Xénophon, a été justement puni d'a- » voir violé le traité, malgré ses ser- » mens; car il est juste que les parjures » périssent. Mais Proxène et Menon, » puisque vous avez à vous louer d'eux » et qu'ils sont nos généraux, renvoyez- » les nous. Egalement bien intentionnés » pour vous et pour nous, il est évident » qu'ils ne tâcheront de nous inspirer » que les desseins les plus avantageux » aux deux armées. » Les Barbares ayant long-temps conféré ensemble sur cette réponse, se retirèrent sans en avoir rendu aucune.

Les généraux qu'on avait ainsi arrêtés furent menés à Artaxerxès : ce roi leur fit couper la tête. Telle fut leur fin. Cléarque, l'un d'eux, de l'avis de tous ceux qui l'ont intimement connu, passait pour avoir au plus haut degré les talens et le goût de son métier. Il resta chez les Lacédémoniens tant qu'ils furent en guerre avec Athènes. La paix s'étant faite, il persuada à sa patrie que les Thraces insultaient les Grecs ; et ayant gagné comme il put les Ephores, il mit à la voile pour faire la guerre aux Thraces qui habitent au-dessus de la Chersonèse et de Périnthe. Après son départ, les Ephores changèrent d'avis et tâchèrent de le faire revenir de l'Isthme. Il cessa alors de leur obéir et continua sa navigation vers l'Hellespont. Cette désobéissance le fit condamner à mort par les magistrats de Sparte. N'ayant plus de patrie, il vint trouver Cyrus ; et j'ai indiqué ailleurs de quelle manière il gagna la confiance de ce prince. Cyrus lui donna dix mille dariques. Cléarque les ayant reçues ne s'abandonna point à une vie voluptueuse et oisive ; mais avec cet argent il leva une armée, et fit la guerre aux Thraces. Il les vainquit en bataille rangée, puis pilla et ravagea leur pays. Cette guerre l'occupa jusqu'à ce que ses troupes devinssent nécessaires à Cyrus. Il partit alors pour aller faire une nouvelle guerre avec ce prince.

Tous ces traits me paraissent indiquer un homme passionné pour la guerre ; qui préfère à la paix, dont, sans honte et sans dommage, il pourrait goûter les douceurs ; qui, lorsque l'oisiveté lui est permise, va chercher les fatigues de la guerre, et lorsqu'il peut jouir sans péril de ses richesses, aime mieux les dissiper en courant aux combats. Il dépensait pour la guerre comme un autre fait pour ses amours, ou pour quelque genre de volupté. Tel était le goût de Cléarque pour le métier des armes. Quant à ses talens, voici d'après quoi l'on en peut juger. Il aimait les dangers ; conduisait, la nuit comme le jour, ses troupes à l'ennemi, et, dans les occasions périlleuses, il était prudent et fécond en expédiens, comme l'ont avoué tous ceux qui l'y ont vu. Il passait pour avoir, autant qu'il est possible, le don de commander, mais d'après son génie particulier ; car nul ne fut plus capable que lui d'inventer les moyens de fournir ou de faire préparer des vivres à ses troupes. Il savait aussi inculquer à tout ce qui l'entourait qu'il ne fallait pas lui désobéir. Il retirait cet avantage de sa dureté ; car il avait l'aspect sévère, la voix rude. Il punissait toujours avec rigueur et quelquefois avec colère, en sorte qu'il s'en est plus d'une fois repenti. C'était cependant aussi par principe qu'il châtiait ; car il regardait des hommes indisciplinés comme n'étant bons à rien. On prétend même lui avoir entendu dire qu'il fallait que le soldat craignît plus son général que l'ennemi ; soit qu'on lui prescrivît de garder un poste, ou d'épargner le pays ami, ou de marcher avec résolution à l'ennemi. Aussi dans les dangers, les troupes le désiraient ardemment pour chef, et le préféraient à tout autre. La sévérité de ses traits se changeait alors, disait-on, en sérénité, et sa dureté avait l'air d'une mâle assurance qui ne devait plus faire trembler que l'ennemi, et où le soldat lisait son salut ; mais le péril évanoui, dès qu'on pouvait passer sous les drapeaux d'un autre chef, beaucoup de Grecs quittaient les siens ; car il n'avait point d'aménité : il se montrait toujours dur et cruel, et ses soldats le voyaient du même œil que des enfans voient leur pédagogue. Aussi n'y eut-il jamais personne qui le suivît par amitié et par inclination. Mais ceux que leur patrie, le besoin, ou quelque autre nécessité avaient mis et forçaient de rester sous ses ordres, servaient avec une subordination sans égale. Dès que ses troupes eurent commencé à vaincre sous lui, beaucoup de raisons les rendirent excellentes. L'audace, en présence de l'ennemi, leur était devenue une vertu familière, et la crainte d'être punies par leur chef les avait singulièrement disciplinées. Tel était Cléarque lorsqu'il commandait; mais il passait pour ne pas aimer à être commandé par un autre. Il avait environ cinquante ans quand il mourut.

Proxène de Béotie, dès qu'il sortit de l'enfance, conçut l'ambition de devenir capable des plus grandes choses. Pour satisfaire ce désir, il se mit à l'école de Gorgias de Léontium. Quand il eut pris de ses leçons, se croyant en état de commander, et s'il devenait ami des grands, de payer par ses services leurs bienfaits, il joignit Cyrus, et s'associa à l'expédition de ce prince. Il espérait y acquérir une grande réputation, un grand pouvoir, de grandes richesses. Mais s'il conçut ces désirs, il prouva évidemment qu'il ne voulait rien obtenir par des moyens bas et injustes. Il croyait que ce n'était que par des voies droites et honnêtes qu'il fallait parvenir à son but, et que si elles ne l'y menaient pas, il valait mieux n'y jamais atteindre. Il ne lui manquait rien pour commander de braves et d'honnêtes gens; mais il ne savait inspirer aux subalternes, ni respect ni crainte. Que dis-je? Il avait plus l'air de respecter ses soldats que d'être respecté d'eux. On voyait qu'il craignait plus de s'en faire haïr qu'ils ne craignaient de lui désobéir. Il croyait que, pour bien commander, et pour s'en faire la réputation, il suffisait de donner des louanges à qui se conduisait avec bravoure, et d'en refuser à qui tombait en faute. De là, parmi ceux qui étaient à ses ordres, tout ce qui avait des sentimens de probité et d'honneur lui était affectionné, tous les méchans complotaient contre lui, et tâchaient de tirer parti de sa facilité. Il mourut âgé d'environ trente ans.

Menon de Thessalie était possédé d'une soif insatiable de l'or, et ne la cachait pas. Il désirait le commandement pour s'emparer de plus de trésors; les honneurs, pour gagner davantage. Il ne voulait être ami des gens les plus puissans que pour commettre impunément des injustices. Il regardait le parjure, le mensonge, la fourberie comme le chemin le plus court qui menât à l'objet de ses désirs. Il traitait de bêtise la simplicité et la sincérité. On voyait clairement qu'il n'aimait personne, et s'il se disait l'ami de quelqu'un, il n'en cherchait pas moins ouvertement à lui nuire. Jamais sa raillerie ne tomba sur un ennemi, et il ne parlait point des gens avec qui il vivait familièrement sans se moquer d'eux. Ce n'était point à envahir le bien des ennemis, qu'il dirigeait ses projets. Il jugeait difficile de prendre à qui se tenait sur ses gardes. Il pensait avoir seul remarqué qu'il était plus aisé de dépouiller un ami, et de s'approprier ce qu'on ne songeait point à défendre. Il redoutait tout ce qu'il connaissait de parjures et de méchans, comme gens cuirassés contre son attaque. Mais il tâchait de profiter de la faiblesse dont il taxait les gens pieux et qui faisaient profession de sincérité. Comme il est des hommes qui étalent avec complaisance leur piété, leur franchise, leur droiture, Menon se targuait de son art à tromper, à inventer des fourberies, à tourner en ridicule ses amis. Il regardait comme n'ayant pas reçu d'éducation quiconque n'était pas fin et rusé. Essayait-il d'obtenir le premier rang dans l'amitié d'un homme, il croyait qu'il ne manquerait pas de captiver son esprit en décriant près de lui ses amis les plus intimes. C'était en se rendant complice des crimes de ses soldats, qu'il travaillait à s'assurer leur soumission. Pour se faire considérer et cultiver, il laissait apercevoir que personne n'avait plus que lui le pouvoir et la volonté de nuire. Était-il abandonné de quelqu'un, il croyait l'avoir bien traité, de ne l'avoir pas perdu pendant qu'il s'en était servi. On pourrait mentir sur son compte si l'on entrait dans des détails peu connus; mais je n'en rapporterai que ce qui est su de tout le monde. Étant dans la fleur de la jeunesse, il obtint d'Aristippe le commandement des troupes étrangères de son armée; il passa le reste de sa jeunesse dans la plus grande faveur auprès d'Ariée, barbare qui aimait les jeunes gens d'une jolie figure. Lui-même, dans un âge tendre, conçut une passion violente pour Tharypas, plus âgé que lui. Quand les généraux grecs furent mis à mort pour avoir fait avec Cyrus la guerre au roi, Menon, à qui l'on avait le même reproche à faire, ne subit pas le même sort. Il fut cependant ensuite condamné par le roi au supplice; non pas à avoir, comme Cléarque et les autres généraux, la tête tranchée, ce qui passait pour le genre de mort le plus noble; mais on dit qu'il périt, après avoir souffert pendant un an les tourmens auxquels on condamne les scélérats.

Agias d'Arcadie et Socrate d'Achaïe furent mis à mort aussi. Ils n'eurent jamais à essuyer de railleries sur leur conduite à la guerre, ni de reproches sur leurs procédés envers leurs amis. Tous deux étaient âgés d'environ quarante ans.

LIVRE TROISIÈME.

J'ai rendu compte, dans les livres précédens, de la marche des Grecs et de Cyrus vers la haute Asie; de ce qui s'y était passé jusqu'à la bataille; des événemens qui suivirent la mort de ce prince; du traité conclu entre les Grecs et Tissapherne, et du commencement de leur retraite avec ce satrape. Quand on eut arrêté leurs généraux et mis à mort tout ce qui les avait suivis de chefs et de soldats, les Grecs se trouvèrent dans un grand embarras. Ils songèrent qu'ils étaient au centre de l'empire d'Artaxerxès, entourés de tous côtés de beaucoup de villes et de nations leurs ennemies. Personne ne devait plus fournir un marché garni de vivres. Ils se trouvaient à plus de dix mille stades de la Grèce, n'avaient plus de guide, et la route qui les eût ramenés dans leur patrie, leur était barrée par des fleuves qu'ils ne pouvaient traverser. Les Barbares que Cyrus avait conduits dans la haute Asie les avaient trahis : seuls et abandonnés, ils n'avaient pas un homme de cavalerie. Il était évident que désormais vainqueurs, ils ne tueraient pas un fuyard; vaincus, ils perdraient jusqu'au dernier soldat. Ces réflexions et leur découragement furent cause que peu d'entre eux purent manger ce soir-là. Peu allumèrent des feux, et il n'y en eut pas beaucoup qui dans la nuit vinssent jusqu'aux armes : chacun se reposa où il se trouva; aucun ne goûta les douceurs du sommeil. Tourmentés par leurs chagrins, ils regrettaient leur patrie, leurs parens, leurs femmes, leurs enfans, qu'ils n'espéraient plus revoir, et affectés de ces idées, tous restaient dans un morne repos.

Il y avait dans l'armée un Athénien nommé Xénophon. Il ne l'avait suivie ni comme général, ni comme chef de lochos, ni comme soldat. Proxène, qui était un des anciens hôtes de sa famille, l'avait tiré de la maison paternelle, en lui promettant, s'il venait, de le mettre bien avec Cyrus, « de l'amitié duquel, » disait ce général, je crois avoir plus à » espérer que de ma patrie. » Xénophon

ayant lu la lettre de Proxène, consulta sur son départ Socrate l'Athénien. Socrate, craignant que Xénophon ne se rendît suspect aux Athéniens, en se liant avec Cyrus qui avait paru aider de toute sa puissance les Lacédémoniens dans leur guerre contre Athènes; Socrate, dis-je, lui conseilla d'aller à Delphes et d'y consulter sur son dessein le Dieu qui y rend des oracles. Xénophon y étant allé, demanda à Apollon à quel Dieu il devait offrir des sacrifices et faire des vœux, afin que le voyage qu'il projetait tournât le plus avantageusement pour lui, et qu'il revînt sain et sauf, après un heureux succès. La réponse d'Apollon lui désigna à quels Dieux il convenait de faire des sacrifices. Xénophon, de retour à Athènes, apprend à Socrate l'oracle qui lui a été rendu. Ce philosophe l'ayant entendu, reproche à son disciple de n'avoir pas demandé d'abord lequel valait mieux pour lui de partir ou de rester; mais de s'être déterminé lui-même à partir, et de n'avoir consulté l'oracle que sur les moyens les plus propres à rendre son voyage heureux. « Cependant, puisque
» vous vous êtes borné à cette question,
» ajouta Socrate, il faut faire ce que le
» Dieu a prescrit. » Ainsi Xénophon ayant sacrifié aux Dieux indiqués par Apollon, mit à la voile. Il rejoignit à Sardes Proxène et Cyrus prêts à marcher vers la haute Asie. On le présenta à Cyrus. D'après le désir de Proxène, ce prince témoigna aussi qu'il souhaitait que Xénophon restât à son armée, et lui dit que dès que l'expédition serait finie il le renverrait. On prétendait que l'armement se faisait contre les Pisidiens.

Xénophon commença la campagne, ayant été ainsi trompé sur l'objet de l'entreprise, mais n'étant pas joué par Proxène; car ni ce général, ni aucun autre des Grecs, si ce n'est Cléarque, ne se doutaient qu'on marchât contre le roi. Lorsqu'on fut arrivé en Cilicie, il parut évident que c'était contre Artaxerxès que se faisait cette expédition. La plupart des Grecs, effrayés de la longueur de la route, ne suivirent que contre leur gré Cyrus. La honte de reculer aux yeux de leurs camarades et du prince les retint à son armée. Xénophon fut de ce nombre. Dans l'extrémité où l'on était réduit pour lors, il s'affligeait comme les autres, et ne pouvait dormir. Le sommeil cependant ayant un instant fermé sa paupière, il eut un songe. Il lui sembla entendre gronder le tonnerre, et voir tomber sur la maison de son père la foudre, qui la mit toute en feu. Il s'éveilla aussitôt saisi de terreur. D'une part, il jugea que ce songe ne lui présageait rien que d'heureux; car au milieu des fatigues et des dangers, il lui avait apparu une grande lumière venant du ciel; d'autre part, il craignit qu'il ne pût sortir de l'empire du roi, et que de tous côtés il n'y fût retenu par des obstacles, jugeant que ce songe venait de Jupiter roi, et s'étant vu de toutes parts environné de flammes.

Par les événemens qui suivirent ce songe, on pourra reconnaître de quelle nature il était; car voici ce qui arrive aussitôt: Xénophon s'éveille, et telles sont les premières idées qui le frappent:
« Pourquoi suis-je couché? La nuit s'a-
» vance. Avec le jour nous aurons pro-
» bablement l'ennemi sur les bras; si
» nous tombons au pouvoir du roi, qui
» l'empêchera, après que nous aurons
» été témoins du plus affreux spectacle,
» après qu'il nous aura fait souffrir tou-
» tes les horreurs des supplices, de nous
» condamner à la mort la plus ignomi-
» nieuse? Personne ne se prépare,
» personne ne songe même à prendre
» les moyens de repousser l'en-
» nemi. Nous restons tous couchés

» comme si nous avions le loisir de nous
» livrer au repos. Que fais-je moi-même?
» D'où attends-je un général qui prenne
» le parti qu'exigent les circonstances,
» et jusqu'à quel âge dois-je différer de
» veiller moi-même à mon salut? Car je
» n'ai pas l'air de vieillir beaucoup si je
» me rends aujourd'hui à l'ennemi. »
D'après ces réflexions, il se lève et appelle d'abord les chefs de lochos de la section de Proxène. Quand ils furent assemblés, il leur dit : « Braves chefs, je ne
» puis ni dormir (et sans doute vous ne
» dormiez pas plus que moi), ni rester
» plus long-temps couché, ayant devant
» les yeux la triste situation où nous
» sommes réduits; car il est évident que
» nos ennemis n'ont voulu être en guerre
» ouverte avec nous qu'après avoir cru
» s'y être bien préparés, et personne de
» nous ne s'occupe des moyens de les
» repousser vigoureusement. Quel sort
» pensons-nous qui nous attende, si
» nous perdons courage et tombons dans
» les mains du roi, de ce prince inhu-
» main qui, ne trouvant pas sa cruauté
» assouvie par la mort de son propre
» frère, en a mutilé le cadavre, a fait
» couper la tête et la main de Cyrus, et
» les a exposées en spectacle au haut
» d'une pique? Quels supplices ré-
» serve-t-il, croyez-vous, pour nous,
» dont personne n'épouse ici les intérêts,
» et qui avons pris les armes pour le
» faire tomber du trône dans l'esclavage,
» ou même pour lui ôter, si nous pou-
» vions, la vie? Ne nous fera-t-il pas su-
» bir les plus honteuses tortures? Ne
» cherchera-t-il pas tous les moyens
» d'inspirer au reste des mortels une
» terreur qui les détourne de porter la
» guerre au sein de ses états? Il faut
» donc tout tenter pour ne pas tomber
» en son pouvoir. Tant qu'a duré le trai-
» té, je n'ai cessé de plaindre les Grecs
» et d'envier le bonheur d'Artaxerxès et
» des Perses. Je considérais l'immensité
» et la fertilité du pays que possédaient
» nos ennemis, l'abondance dans la-
» quelle ils nageaient. Que d'esclaves!
» que de bétail! que d'or et d'habits
» magnifiques! Tournant ensuite mes
» regards sur notre armée, je voyais
» qu'aucun de ces biens n'était à nous
» sans l'acheter. Je savais qu'il ne res-
» tait plus de quoi payer qu'à peu de
» nos soldats, et que nos sermens nous
» empêchaient tous de nous fournir du
» nécessaire, autrement que l'argent à
» la main. Souvent, d'après ces consi-
» dérations, notre traité m'effrayait plus
» que ne m'effraie aujourd'hui la guerre.
» Puisque la convention est rompue par
» le fait des Perses, il me semble qu'ils
» ont mis fin en même temps, et aux
» outrages qu'il nous fallait essuyer
» d'eux, et aux soupçons continuels
» dans lesquels il nous fallait vivre. Tous
» les biens dont ils jouissaient ne sont
» pas plus à eux désormais qu'ils ne sont
» à nous. Comme les prix des jeux de la
» Grèce déposés entre les prétendans,
» ils appartiendront aux plus coura-
» geux. Les Dieux sont les arbitres de
» ce combat, et sans doute (car ils sont
» justes) ils se déclareront pour nous.
» Les Barbares les ont offensés par
» leurs parjures, et nous, lorsque nous
» nous sommes vus entourés de tant
» d'objets de tentation, nous nous som-
» mes sévèrement abstenus de rien
» prendre par respect pour nos sermens
» et pour les immortels. Je crois donc
» que nous pouvons marcher au combat
» avec plus d'assurance que nos ennemis.
» Nous avons d'ailleurs plus qu'eux l'ha-
» bitude et la force de supporter le froid,
» le chaud, la fatigue, et grâces au ciel,
» nos âmes sont d'une meilleure trempe.
» Les Barbares seront plus faciles que
» nous à blesser et à tuer si les Dieux
» nous accordent comme ci-devant la

» victoire. Mais peut-être d'autres Grecs
» que nous ont-ils en ce moment la
» même pensée? N'attendons pas, je
» vous en conjure par les immortels,
» qu'ils viennent nous trouver, et que
» ce soient eux qui nous exhortent à une
» défense honorable; commençons les
» premiers à marcher dans le chemin de
» l'honneur et entraînons-y les autres.
» Montrez-vous les plus braves des
» chefs grecs; montrez-vous plus di-
» gnes d'être généraux que nos géné-
» raux eux-mêmes. Si vous voulez cou-
» rir à cette gloire, j'ai dessein de vous
» suivre; si vous m'ordonnez de vous y
» conduire, je ne prétexte point mon
» âge pour m'en dispenser. Je crois au
» contraire que la vigueur de la jeunesse
» ne me rend que plus capable de re-
» pousser les maux qui me menacent. »
Ainsi parla Xénophon.

Les chefs ayant entendu son discours, lui dirent tous de se mettre à leur tête. Il n'y eut qu'un certain Apollonide, qui affectait de parler le dialecte béotien, qui soutint que c'était déraisonner que de prétendre qu'il y eût d'autre espoir de salut, que de fléchir le roi, s'il était possible; et il commençait à exposer les difficultés qu'il trouvait à se tirer autrement d'affaire. Xénophon l'interrompit par ces mots : « O le plus étonnant des
» hommes, qui ne concevez pas ce que
» vous voyez, qui ne vous souvenez pas
» de ce qui a frappé vos oreilles ! Vous
» étiez avec nous lorsqu'après la mort
» de Cyrus, le roi enorgueilli de sa
» bonne fortune, nous fit ordonner de
» rendre les armes; mais dès qu'il vit
» qu'au lieu de les rendre nous nous en
» étions couverts, que nous avions mar-
» ché à lui et campé à peu de distance
» de son armée, que ne fit-il pas pour ob-
» tenir la paix ? Il envoya des députés,
» mendia notre alliance et fournit des vi-
» vres d'avance. Nos généraux et nos au-
» tres chefs ensuite se fiant sur le traité et
» ayant été sans armes, comme vous
» voudriez que nous y allassions encore,
» s'aboucher avec les Barbares, où en
» sont-ils maintenant? Accablés de
» coups, de blessures, d'outrages, les
» malheureux ne peuvent obtenir la
» mort qu'ils implorent sans doute. Vous
» avez vu tout ce que je dis là, et traitez
» de vains discoureurs ceux qui parlent
» de résistance. Vous nous exhorterez
» à aller encore faire d'inutiles efforts
» pour fléchir nos ennemis. Mon avis,
» braves chefs, est de ne plus laisser cet
» homme prendre rang avec nous, de
» lui ôter son grade, de lui mettre des
» bagages sur le dos, et de nous en ser-
» vir à cette vile fonction; car il est
» Grec, mais par ses sentimens il désho-
» nore et sa patrie et toute la Grèce. »
Agasias de Stymphale reprit : « Cet
» homme n'a rien de commun ni avec la
» Béotie, ni avec la Grèce; car je lui ai
» vu les deux oreilles percées comme à
» un Lydien, » et ce fait était vrai. On le chassa donc, et les autres chefs de lochos marchant le long de la ligne, appelaient le général, s'il était en vie, ou, si le général était mort, ceux qui commandaient sous ses ordres. Tous s'étant assemblés, s'assirent en avant des armes. Les généraux et les autres chefs qui s'y trouvèrent montaient au nombre de cent à-peu-près. Il était alors environ minuit. Hiéronyme Éléen, le plus âgé parmi ceux de la section de Proxène, prit le premier la parole et tint ce discours : « Géné-
» raux et chefs de lochos, en jetant les
» yeux sur notre situation, il nous a pa-
» ru convenable de nous assembler et de
» vous appeler pour délibérer ensemble
» et trouver, si nous le pouvons, quel-
» que expédient avantageux. Redites
» donc ici, Xénophon, ajouta-t-il, ce
» que vous nous avez communiqué. »
Xénophon parla alors en ces termes :

« Nous savons tous que le roi et Tis-
» sapherne ont fait arrêter autant de
» Grecs qu'ils ont pu. On ne peut dou-
» ter qu'ils ne tendent des piéges au
» reste, et ne nous fassent périr s'ils en
» ont les moyens ; je pense donc qu'il
» nous faut faire les derniers efforts
» pour ne point tomber au pouvoir des
» Barbares, mais pour qu'ils tombent
» plutôt au nôtre s'il se peut. Soyez bien
» convaincus qu'il s'en présente, à tous
» tant que nous sommes ici, la plus belle
» occasion. Il n'est point de soldats qui
» n'aient les yeux tournés sur vous ; s'ils
» vous voient consternés, ils se condui-
» ront tous en lâches ; mais si vous pa-
» raissez vous disposer à marcher à l'en-
» nemi et y exhortez le reste de l'armée,
» sachez et qu'elle vous suivra et qu'elle
» tâchera de vous imiter. Il est juste que
» vous différiez un peu du simple soldat :
» vous êtes les uns ses généraux, les
» autres commandant les subdivisions
» des sections placées sous leurs ordres.
» Pendant la paix on vous considérait
» plus que le soldat, vous jouissiez d'une
» plus grande opulence : vous devez
» donc maintenant, que nous sommes en
» guerre, vous estimer encore vous-
» mêmes plus que la multitude qui vous
» suit. Vous devez prévoir, vous devez
» travailler pour elle, s'il est nécessaire,
» et je pense d'abord que vous rendrez
» un grand service à l'armée de vous oc-
» cuper à remplacer au plus tôt les gé-
» néraux et les autres chefs qu'elle a
» perdus ; car, pour m'expliquer en
» deux mots, sans eux, rien de glorieux,
» rien de vigoureux à espérer nulle part,
» mais surtout à la guerre. La discipline
» est, à mon avis, le salut des armées :
» l'indiscipline en a perdu beaucoup.
» Après avoir élu autant de nouveaux
» chefs qu'il nous en manque, je pense
» qu'il sera très à propos que vous ras-
» sembliez et encouragiez le reste des
» Grecs ; car vous avez sans doute re-
» marqué dans quelle consternation
» étaient plongés les détachemens, et
» quand ils ont été prendre leurs armes,
» et quand ils ont marché aux postes
» avancés. Tant qu'elle durera, je ne sais
» à quoi sera bon le soldat, soit qu'on
» ait à l'employer de jour où de nuit.
» Mais si l'on détourne ses pensées vers
» d'autres objets, si on lui fait envisager,
» non pas seulement le mal qu'il peut
» souffrir, mais encore celui qu'il peut
» faire, on relèvera son courage ; car
» vous savez sans doute qu'à la guerre
» ce n'est ni la multitude des hommes,
» ni leur force corporelle qui donnent
» les victoires ; mais ceux qui, avec les
» âmes les plus vigoureuses et la protec-
» tion des Dieux, marchent droit à l'en-
» nemi, trouvent rarement des adver-
» saires qui les attendent, et j'ai fait
» l'observation suivante : Quiconque
» dans le métier des armes tâche, à
» quelque prix que ce soit, de prolon-
» ger ses jours, meurt presque toujours
» honteusement et comme un lâche ;
» mais tous ceux qui regardent la mort
» comme un mal commun à tous les
» hommes, et qu'il faut nécessairement
» subir, qui ne combattent que pour
» obtenir une fin glorieuse, ce sont ceux-
» là, dis-je, que je vois surtout parve-
» nir à une longue vieillesse et passer
» jusqu'à leur trépas les jours les plus
» heureux. D'après ces réflexions, voici
» le moment où il faut montrer notre
» courage et réveiller celui des autres. »
Xénophon cessa alors de parler.

Chirisophe prit ensuite la parole, et
dit : « Je ne vous connaissais point jus-
» qu'ici, Xénophon ; j'avais seulement
» entendu dire que vous étiez Athénien.
» Je loue maintenant et vos discours et
» vos actions : je voudrais pour le bien
» de tous les Grecs, que la plupart d'en-
» tre eux vous ressemblassent. Ne tar-

» dons point, ajouta-t-il. Séparons-nous,
» compagnons. Que ceux d'entre vous
» qui manquent de chefs en choisissent.
» Revenez ensuite au centre du camp
» avec ceux que vous aurez élus; puis
» nous y convoquerons toute l'armée.
» Que le héraut Tolmidès ne manque pas
» de s'y trouver aussi avec nous. » A
ces mots il se leva pour qu'on ne différât
plus et que l'on fît ce qui était urgent.
On élut ensuite pour généraux Timasion
Dardanien, à la place de Cléarque; Xanticle Achéen, à la place de Socrate; Cléanor d'Orchomène, au lieu d'Agias d'Arcadie; Philésius Achéen, au lieu de Menon; et Xénophon d'Athènes succéda à Proxène.

Après qu'on eut fait l'élection, le jour étant prêt à paraître, les chefs vinrent au centre du camp. Ils jugèrent à propos de placer les gardes en avant et de convoquer ensuite tous les soldats. Quand ils furent réunis, Chirisophe Lacédémonien se leva d'abord et parla en ces termes: « Soldats, notre situation présente
» est fâcheuse. Nous avons perdu des gé-
» néraux, des chefs de lochos, des sol-
» dats dignes de nos regrets. D'ailleurs
» les troupes d'Ariée qui ont été jusqu'ici
» nos alliées ont fini par nous trahir. Il
» faut cependant vous montrer mainte-
» nant courageux et ne vous point laisser
» abattre. Il faut tâcher de nous sauver,
» si nous le pouvons, par des victoires
» éclatantes, sinon de trouver une mort
» honorable. Mais tant que nous vivrons,
» ne nous livrons jamais aux mains de
» nos ennemis; car nous aurions, je
» crois, à souffrir des maux, que puisse
» le ciel faire retomber sur leurs têtes! »

Cléanor d'Orchomène se leva ensuite et tint ce discours: « Vous voyez, sol-
» dats, les parjures du roi et son im-
» piété. Vous voyez l'infidélité de Tissa-
» pherne. Il nous a dit qu'étant voisin
» de la Grèce, il mettait la plus grande
» importance à nous sauver; il y a ajouté
» des sermens, nous a présenté la main
» en signe d'alliance, et tout cela pour
» tromper et pour arrêter ensuite nos
» généraux. Il n'a pas même craint
» Jupiter, vengeur des droits de l'hospi-
» talité; mais après avoir fait asseoir
» Cléarque à sa table, il a mis à mort
» des Grecs trompés par de telles perfi-
» dies. Ariée, que nous avons voulu
» élever au trône, qui avait reçu notre
» foi, qui nous avait donné la sienne
» lorsque nous nous promîmes récipro-
» quement de ne nous point trahir, Ariée
» n'a pas craint davantage les immortels,
» et n'a pas respecté les mânes de Cyrus.
» Ariée, que Cyrus a, pendant sa vie,
» comblé d'honneurs, passe maintenant
» dans le parti des plus cruels ennemis de
» ce prince, et tâche de nuire aux Grecs,
» aux défenseurs de Cyrus. Puissent les
» Dieux punir ces scélérats! C'est à nous,
» qui sommes témoins de leurs crimes, à
» ne nous plus laisser tromper par eux,
» mais à les combattre le plus courageu-
» sement que nous pourrons, et à subir
» ce que le ciel ordonnera de nous. »

Xénophon se leva alors, revêtu des habits et des armes les plus magnifiques qu'il avait pu se procurer. Il avait pensé que, si les Dieux lui donnaient la victoire, la plus superbe parure siérait au vainqueur, et que s'il fallait succomber, il était convenable de mourir dans les plus beaux vêtemens, qui déposeraient qu'il s'était jugé digne de les porter. Il commença à parler en ces termes: « Cléanor
» vous expose les parjures et l'infidélité
» des Barbares; je présume que vous ne
» les ignorez pas. Si l'armée veut faire
» une nouvelle paix avec eux, elle ne peut
» manquer d'être fort découragée, en
» considérant ce qu'ils ont fait souffrir à
» nos généraux, qui, sur la foi des
» traités, se sont remis en leurs mains.
» Mais si nous résolvons de punir les
» armes à la main, ces traîtres du crime

» qu'ils ont commis, et de leur faire la
» guerre par toutes sortes de moyens,
» nous avons, si les Dieux nous aident,
» l'espoir le mieux fondé de nous sauver
» avec gloire. » Pendant que Xénophon
parlait ainsi, un Grec éternue. Les soldats l'ayant entendu se prosternent tous en même temps, et adorent le Dieu qui leur donne ce présage. Xénophon leur dit : « Puisqu'au moment où nous délibé-
» rons sur notre salut, nous recevons
» un présage que nous envoie Jupiter
» sauveur, je suis d'avis que nous fas-
» sions vœu de sacrifier à ce Dieu, en
» actions de grâces de notre délivrance,
» dès que nous serons en pays ami, et
» que nous adressions en même temps
» aux autres Dieux la promesse de leur
» immoler alors des victimes, selon no-
» tre pouvoir. Que ceux qui sont de
» mon opinion, ajouta Xénophon, lè-
» vent la main. » Tous les Grecs la levèrent. On prononça alors les vœux, et l'on chanta le péan; puis les hommages dus aux Dieux leur ayant été rendus, Xénophon continua ainsi :

« Je vous disais que nous avons beau-
» coup de puissans motifs d'espérer que
» nous nous sauverons avec gloire. D'a-
» bord nous observons les sermens
» dont nous avons appelé les Dieux à
» témoins; et nos ennemis se sont par-
» jurés : traité, sermens, ils ont tout
» violé. Il est donc probable que les
» Dieux combattront avec nous contre
» nos adversaires, les Dieux qui, aussi-
» tôt qu'il leur plaît, peuvent rendre en
» un moment les grands bien petits, et
» sauvent avec facilité les faibles des pé-
» rils les plus imminens. Je vais même
» vous rappeler les dangers qu'ont cou-
» rus vos ancêtres, pour vous convaincre
» qu'il est de votre intérêt de vous con-
» duire avec courage, et, qu'aidés par
» les immortels, de braves gens se tirent
» d'affaire à quelques extrémités qu'ils

» soient réduits. Quand les Perses et
» leurs alliés vinrent avec une armée
» nombreuse pour détruire Athènes,
» les Athéniens osèrent leur résister et
» les vainquirent. Ils avaient fait vœu à
» Diane de lui immoler autant de chèvres
» qu'ils tueraient d'ennemis, et n'en
» trouvant pas assez pour accomplir
» leur promesse, ils prirent le parti d'en
» sacrifier cinq cents tous les ans, usage
» qui dure encore. Lorsqu'ensuite Xer-
» xès, qui avait rassemblé des troupes
» innombrables, marcha contre la Grè-
» ce, vos ancêtres battirent sur terre et
» sur mer les aïeuls de vos ennemis.
» Vous en voyez des monumens dans
» les trophées qui existent encore; mais
» la plus grande preuve que vous en
» ayez est la liberté des villes où vous
» êtes nés, et où vous avez reçu votre
» éducation, car vous ne connaissez
» point de maître parmi les hommes, et
» vous ne vous prosternez que devant
» les Dieux. Tels furent les aïeux dont
» vous sortez : je ne dirai point qu'ils
» aient à rougir de leurs neveux. Il y a
» peu de jours qu'opposés en ligne aux
» descendans de l'armée de Xerxès, vous
» avez, avec l'aide des Dieux, vaincu des
» troupes beaucoup plus nombreuses
» que les vôtres; vous vous êtes con-
» duits alors avec distinction, quoiqu'il
» ne s'agit que de mettre Cyrus sur le
» trône. Aujourd'hui qu'il y va de votre
» salut, il vous convient de montrer en-
» core plus d'ardeur et de courage ;
» vous devez même désormais attaquer
» l'ennemi avec plus d'audace. Avant
» que vous eussiez éprouvé ce que sont
» les Perses, vous avez marché contre
» une multitude innombrable, et avez
» osé les charger avec ce courage qui
» est héréditaire aux Grecs ; maintenant
» vous savez par expérience que les Bar-
» bares, en quelque nombre qu'ils
» soient, se gardent bien de vous atten-

» dre : comment le craindriez-vous encore ? Ne regardez pas non plus comme un désavantage que l'armée barbare de Cyrus, qui a ci-devant combattu en ligne avec nous, nous ait abandonnés. Ces troupes sont encore plus lâches que celles que nous avons battues ; elles nous ont donc quittés, et se sont réfugiées près de celles de Tissapherne : ne vaut-il pas beaucoup mieux voir dans la ligne de l'ennemi que dans la nôtre des gens qui veulent toujours être les premiers à fuir ? Que si quelqu'un de vous est consterné de ce que nous n'avons point de cavalerie, tandis que l'ennemi nous en oppose une nombreuse, songez que dix mille cavaliers ne sont que dix mille hommes ; car personne n'a jamais été tué, dans une affaire, d'une morsure ou d'un coup de pied de cheval. Ce sont les hommes qui font le sort des batailles. Nous sommes portés plus solidement que le cavalier ; obligé de se tenir sur le dos de son cheval dans un exact équilibre, il n'est pas seulement effrayé de nos coups, et la crainte de tomber l'inquiète encore. Nous autres, appuyés sur un sol ferme, nous frappons plus fortement si quelqu'un nous approche, et nous atteignons le but où nous visons, avec plus de certitude. Les cavaliers n'ont sur nous qu'un avantage, c'est de se mettre plus tôt en sûreté par la fuite. Mais peut-être, incapables de vous effrayer des combats qu'il faudra livrer, vous affligez-vous seulement de ce que Tissapherne ne nous conduira plus, de ce que le roi ne nous fera plus trouver un marché et des vivres. Considérez lequel vaut mieux d'avoir pour guide un satrape qui machine évidemment notre perte, ou de faire conduire l'armée par des hommes qu'on aura pris dans le pays, à qui on donnera des ordres, et qui sauront que leur tête répond des fautes qu'ils pourraient commettre contre nous. Quant aux vivres, serait-il plus avantageux d'en payer fort cher une petite mesure au marché que nous feraient trouver les Barbares, surtout devant être bientôt réduits à n'avoir plus de quoi en acheter, qu'il ne le sera de prendre en vainqueurs, si nous avons des succès, notre subsistance, à la mesure que chacun de nous voudra ? Peut-être reconnaissez-vous que tout ce que je viens de vous faire envisager est préférable ; mais craignez-vous de ne pouvoir traverser les fleuves, et vous plaignez-vous d'avoir été cruellement trompés par les Barbares, qui en ont mis de nouveaux entre la Grèce et vous ? Songez que c'est la plus grande folie qu'ait pu faire votre ennemi ; car, tous les fleuves, quoique l'on ne puisse pas les passer loin de leurs sources, si l'on remonte, deviennent enfin guéables, et l'on n'y trouve pas de l'eau jusqu'au genou. Mais, quand même le passage en serait impraticable, quand nous manquerions de guides, il ne faudrait pas pour cela se désespérer. Nous connaissons les Mysiens, que je ne regarde pas comme de meilleures troupes que nous, qui, dans l'empire du roi, habitent malgré lui beaucoup de villes grandes et florissantes. Nous savons que les Pisidiens en font autant ; nous avons vu nous-mêmes les Lycaoniens occuper des lieux fortifiés au milieu de vastes plaines, et recueillir les fruits que sèment pour eux les sujets d'Artaxerxès. Je vous dirais alors qu'il faut ne pas paraître vouloir retourner en Grèce, mais feindre au contraire de nous préparer à fixer quelque part ici notre séjour ; car je sais que le roi voudrait engager les Mysiens à sortir

» de ses états, fallût-il leur donner et tous les guides qu'ils désireraient pour les conduire, et tous les otages qu'ils exigeraient pour n'avoir aucun piége à craindre. Que dis-je? il ferait aplanir les chemins pour eux, et les renverrait tous, s'ils le demandaient, dans des chars attelés de quatre chevaux. Artaxerxès, je n'en doute point, serait trop heureux d'en user ainsi avec nous, s'il voyait que nous nous préparassions à rester ici; mais je craindrais que nous étant une fois habitués à vivre dans l'oisiveté et dans l'abondance, à goûter les plaisirs de l'amour avec les femmes et les filles des Perses et des Mèdes qui ont toutes la taille belle et la figure charmante, je craindrais, dis-je, que, comme ceux qui mangent du lotos, nous n'oubliassions de retourner dans notre patrie. Il me paraît donc juste et convenable de tâcher d'abord de revoir la Grèce et nos familles, d'y annoncer à nos compatriotes qu'ils ne vivent dans la misère que parce qu'ils le veulent bien, de leur apprendre qu'ils pourraient mener ici ceux de leurs concitoyens qui sont dénués de fortune, et qu'ils les verraient bientôt nager dans l'opulence; car tous ces biens, amis, sont des prix qui attendent un vainqueur. J'ai maintenant à vous exposer les moyens de marcher avec le plus de sécurité, et de combattre, s'il le faut, avec le plus de succès. D'abord, continua Xénophon, je suis d'avis de brûler les caissons qui nous suivent, afin que les voitures ne décident pas les mouvemens de l'armée, mais que nous nous portions où le bien commun l'exigera. Brûlons ensuite nos tentes, elles sont embarrassantes à porter, et ne servent de rien à des gens qui ne doivent plus songer qu'à combattre et à se fournir du nécessaire; débarrassons-nous aussi de tout le superflu des bagages; ne gardons que les armes et les ustensiles nécessaires à la vie: c'est le moyen d'avoir le plus de soldats dans les rangs, et le moins aux équipages, car vous savez que tout ce qui appartient aux vaincus passe en des mains étrangères, et si nous sommes vainqueurs, nous devons regarder de plus nos ennemis eux-mêmes comme des esclaves destinés à porter pour nous leurs propres dépouilles. Il me reste à traiter le point que je regarde comme le plus important. Vous voyez que les Perses n'ont osé se déclarer nos ennemis, qu'après avoir arrêté nos généraux; ils ont cru que nous serions en état de les vaincre, tant que nous aurions des chefs et que nous leur obéirions; mais ils ont espéré que lorsqu'ils nous les auraient enlevés, l'anarchie et l'indiscipline suffiraient pour nous perdre. Il faut donc que les nouveaux commandans soient beaucoup plus vigilans que les précédens, et que le soldat se montre beaucoup plus discipliné, et obéisse aux chefs avec une exactitude toute autre que par le passé. Si vous décidez que tout homme qui se trouvera présent aidera le commandant à châtier quiconque aura désobéi, l'espérance des Perses sera bien trompée: au lieu d'un seul Cléarque, ils en verront renaître en un jour dix mille, qui ne permettront à aucun Grec de se conduire en lâche. Mais il est temps de finir: l'ennemi va peut-être déboucher sur nous tout-à-l'heure. Ce que vous approuvez de mon discours, faites-le passer en loi au plus vite pour qu'on l'exécute. Si quelqu'un a un meilleur avis à ouvrir, qu'il parle avec hardiesse, ne fût-il qu'un simple soldat; car il s'agit du salut commun, et tous les Grecs y ont intérêt. »

Chirisophe parla ensuite: « S'il y a

» dit-il, quelque chose à ajouter à ce
» qu'a dit Xénophon, on le peut, et c'en
» est le moment; mais je suis d'avis d'ap-
» prouver sur-le-champ et d'arrêter ce
» qu'il propose : que ceux qui pensent
» comme moi lèvent la main. » Tous les
Grecs la levèrent. Xénophon se releva et
dit encore : « Écoutez-moi, soldats, je
» vais vous exposer les événemens qu'il
» convient, à ce qu'il me semble, de
» prévoir. Il est évident qu'il nous faut
» aller où nous pourrons avoir des vi-
» vres. J'entends dire qu'il y a de beaux
» villages à vingt stades au plus de notre
» camp. Je ne serais pas étonné que les
» ennemis nous suivissent pour nous
» harceler dans notre retraite, sembla-
» bles à ces chiens timides qui courent
» après les passans et les mordent, s'ils
» le peuvent, mais qui fuient à leur tour
» dès qu'on les poursuit. L'ordre le plus
» sûr pour notre marche est peut-être
» de former avec l'infanterie pesamment
» armée une colonne à centre vide, afin
» que les bagages et les esclaves, étant au
» milieu, n'aient rien à craindre. Si nous
» désignions dès à présent qui dirigera
» la marche et commandera le front, qui
» veillera sur les deux flancs et qui sera
» à la queue; lorsque les ennemis mar-
» cheront à nous, nous n'aurions point
» de délibération à faire, nous nous
» trouverions formés et en état de com-
» battre. Quelqu'un a-t-il de meilleures
» dispositions à proposer, qu'on les
» adopte; sinon qu'aujourd'hui Chiriso-
» phe marche à notre tête, d'autant qu'il
» est Lacédémonien; que les deux plus
» anciens généraux s'occupent des deux
» flancs; Timasion et moi, comme les
» plus jeunes, nous resterons à l'arrière-
» garde. Dans la suite, après avoir essayé
» de cet ordre de marche, nous pour-
» rons toujours agiter, suivant les cir-
» constances, ce qu'il y aura de plus
» avantageux pour nous. Si quelqu'un a

» de meilleures vues, qu'il parle. » Personne ne s'opposant à celles de Xénophon, il reprit : « Que ceux donc qui
» approuvent lèvent la main. » Le décret
passa. « Maintenant, dit Xénophon,
» il faut faire exactement, en nous reti-
» rant, ce qui vient d'être arrêté. Que
» celui d'entre vous qui veut revoir sa
» famille se souvienne de se conduire
» avec courage, car ç'en est le seul
» moyen; que celui qui veut vivre tâche
» de vaincre, car les vainqueurs donnent
» la mort et les vaincus la reçoivent. J'en
» dis autant à qui désire des richesses : en
» remportant la victoire, on sauve son bien
» et l'on s'empare de celui de l'ennemi. »
Ce discours fini, toute l'armée se leva,
et étant retournée au camp, brûla les
voitures et les tentes. On se distribuait
ce qu'on avait de superflu et ce dont un
autre pouvait avoir besoin : on jeta le
reste au feu, puis on dîna. Pendant que
les Grecs prenaient ce repas, Mithradate
approche du camp avec environ trente
chevaux, fait appeler les généraux, et
leur dit : « Grecs, j'étais, vous le savez,
» attaché à Cyrus; maintenant je me
» sens de l'affection pour vous, et je
» passe ici ma vie dans les plus grandes
» frayeurs pour moi-même. Si je voyais
» donc que vous eussiez embrassé un
» parti salutaire, je vous rejoindrais
» avec toute ma suite. Dites-moi, ajou-
» ta-t-il, quel est votre projet. Vous par-
» lez à votre ami, à un homme bien in-
» tentionné pour vous, qui voudrait
» partager vos entreprises. » Les généraux délibérèrent et résolurent de lui
répondre ainsi (ce fut Chirisophe qui
porta la parole) : « Notre dessein est de
» retourner en Grèce, et si l'on nous
» laisse passer, de ménager le plus que
» nous pourrons le pays que nous avons
» à traverser; mais si l'on nous en barre
» le chemin, nous ferons tous nos efforts
» pour nous frayer une route les armes

» à la main. » Mithradate tâcha alors de leur prouver qu'il leur était impossible d'échapper malgré le roi. On reconnut qu'il fallait se défier de ce Barbare, car un des parens de Tissapherne l'accompagnait et en répondait. Dès ce moment les généraux jugèrent à propos de faire publier un ban pour défendre tout colloque tant qu'on serait en pays ennemi, car les Barbares qui venaient conférer débauchaient des soldats grecs. Ils séduisirent même un chef (Nicarque d'Arcadie), qui déserta la nuit et emmena environ vingt hommes.

Quand l'armée eut dîné et passé le fleuve Zabate, elle marcha en ordre. Les bêtes de somme et les esclaves étaient au centre du bataillon carré. On n'avait pas fait encore beaucoup de chemin lorsque Mithradate reparut avec un escadron d'environ deux cents chevaux, et précédé de quatre cents archers ou frondeurs, tous légers à la course et agiles. Il s'avançait vers les Grecs comme ami; mais dès qu'il fut près de leur corps, tout-à-coup sa cavalerie et son infanterie tirèrent des flèches, ses frondeurs lancèrent des pierres. Il y eut des Grecs blessés. Leur arrière-garde souffrit sans pouvoir faire aucun mal à l'ennemi; car les archers crétois n'atteignaient pas d'aussi loin que les Perses, et d'ailleurs, comme ils ne portaient point d'armes défensives, on les avait renfermés dans le centre du bataillon carré. Ceux qui lançaient des javelots ne pouvaient les faire porter jusqu'aux frondeurs ennemis: Xénophon crut en conséquence qu'il fallait repousser ces Barbares. L'infanterie pesante et les armés à la légère qui se trouvèrent sous ses ordres à l'arrière-garde, firent volte-face et poursuivirent les Perses, mais n'en purent joindre aucun, car les Grecs n'avaient point de cavalerie, et l'infanterie perse prenant la fuite de loin, l'infanterie grecque ne pouvait la joindre à une petite distance du gros de l'armée, et n'osait pas s'en écarter davantage. Les cavaliers barbares, même lorsqu'ils fuyaient, lançaient des flèches derrière eux, et blessaient des Grecs; tout le chemin que ceux-ci faisaient à la poursuite de l'ennemi, ils l'avaient à faire une seconde fois en retraite et en combattant, en sorte que dans toute sa journée l'armée n'avança que de vingt-cinq stades, et n'arriva que le soir aux villages. Le soldat retomba dans le découragement. Chirisophe et les plus anciens généraux reprochaient à Xénophon de s'être détaché de l'armée pour courir après l'ennemi, et de s'être exposé sans avoir pu faire le moindre mal aux Perses.

Xénophon écouta ces généraux, et leur répondit qu'ils l'accusaient avec raison, et que le fait déposait en leur faveur. «Mais, ajouta-t-il, ce qui m'a
» obligé à poursuivre l'ennemi, c'est que
» je voyais qu'il faisait impunément
» souffrir beaucoup notre arrière-garde
» quand nous restions collés à l'armée.
» En marchant aux Barbares, nous
» avons constaté la vérité de ce que vous
» dites, car nous n'avons pas pu faire
» plus de mal, et notre retraite a été très
» difficile. Grâces soient donc rendues
» aux Dieux de ce que les ennemis ne
» sont pas tombés sur nous en force, et
» n'ont envoyé qu'un petit détachement;
» ils ne nous ont pas nui beaucoup, et
» ils nous indiquent nos besoins, car ni
» les flèches des archers crétois, ni nos
» javelots ne peuvent atteindre aussi loin
» que les arcs et les frondes des Barba-
» res. Marchons-nous à eux, nous ne
» pouvons les suivre loin de notre ar-
» mée, mais seulement jusqu'à une pe-
» tite distance, et telle qu'un homme à
» pied, quelque agile qu'il soit, n'en
» peut attraper un autre qui a sur lui une

» avance de la portée de l'arc. Si nous
» voulons donc empêcher l'ennemi de
» nous inquiéter dans notre marche, il
» faut au plus tôt nous pourvoir de ca-
» valerie et de frondeurs. J'entends dire
» qu'il est dans notre armée des Rho-
» diens dont la plupart passent pour sa-
» voir se servir de la fronde et pour at-
» teindre à une portée double de celle
» des frondes ennemies; car les Perses
» lancent des pierres très grosses, et
» leurs frondes, par cette raison, ne por-
» tent pas loin, au lieu que les Rhodiens
» savent aussi lancer des balles de plomb.
» Si nous examinons donc quels sont les
» soldats qui ont des frondes, si nous
» leur en payons la valeur, si l'on pro-
» met une autre gratification à ceux qui
» voudront en faire de nouvelles, si l'on
» imagine quelque immunité pour les
» volontaires dont se formera notre corps
» de frondeurs, il s'en présentera peut-
» être d'assez bons pour être d'une
» grande utilité à l'armée. Je vois des
» chevaux à notre camp; j'en ai quel-
» ques-uns à mes équipages. Il en reste
» de ceux de Cléarque; nous en avons
» pris à l'ennemi beaucoup d'autres que
» nous employons à porter des bagages.
» Choisissons dans le nombre total, ren-
» dons pour indemnité à ceux à qui ils
» appartiennent d'autres bêtes de somme,
» équipons des chevaux de manière à
» porter des cavaliers: peut-être inquié-
» teront-ils à leur tour l'ennemi dans sa
» fuite. » Cet avis passa. On forma dans
la nuit un corps d'environ deux cents
frondeurs. Le lendemain on choisit environ cinquante chevaux et autant de cavaliers. On leur fournit ensuite des habillemens de peau et des cuirasses. Lycius
Athénien, fils de Polystrate, fut mis à
la tête de ce petit escadron.

On séjourna le reste du jour, et le
lendemain les Grecs se mirent en marche de meilleure heure; car ils avaient
un ravin à traverser, et l'on craignait
qu'au passage de ce défilé l'ennemi n'at-
taquât. On était déjà au-delà, lorsque
Mithradate reparut avec mille chevaux,
et environ quatre mille archers et frondeurs. Tissapherne lui avait donné ce
détachement qu'il avait demandé, et
Mithradate avait promis au satrape que
s'il lui confiait ces forces, il viendrait
à bout des Grecs, et les lui livrerait.
Il avait conçu du mépris pour eux,
parce qu'à la dernière escarmouche,
quoiqu'il n'eût que peu de troupes, il
n'avait rien perdu et leur avait fait, à
ce qu'il présumait, beaucoup de mal.
Les Grecs avaient passé le ravin et en
étaient éloignés d'environ huit stades,
quand Mithradate le traversa avec son
détachement. On avait, dans l'armée
grecque, désigné de l'infanterie pesante
et des armés à la légère, qui devaient
poursuivre l'ennemi, et on avait ordonné aux cinquante chevaux de s'a-
bandonner hardiment aux trousses des
fuyards, les assurant qu'ils seraient suivis et bien soutenus. Mithradate avait
rejoint les Grecs, et était déjà à la
portée de la fronde et du trait quand la
trompette donna le signal. L'infanterie
commandée courut aussitôt sur l'ennemi, et les cinquante chevaux s'y portèrent. Les Barbares ne les attendirent
pas et fuirent vers le ravin. Ils perdirent dans cette déroute beaucoup d'infanterie; et environ dix-huit de leurs
cavaliers furent faits prisonniers dans
le ravin. Les Grecs, sans qu'on l'eût
ordonné, mutilèrent les cadavres de
ceux qu'ils avaient tués, pour que la vue
en inspirât plus de terreur aux ennemis.

Après cet échec, les Barbares s'éloignèrent. Les Grecs ayant marché le
reste du jour sans être inquiétés, arrivèrent sur les bords du Tigre. On y
trouva une ville grande, mais déserte,
nommée Larisse; elle avait été autrefois

habitée par les Mèdes ; ses murs avaient vingt-cinq pieds d'épaisseur, et cent de hauteur ; son enceinte était de deux parasanges : les murailles étaient bâties de brique, mais elles étaient de pierre de taille depuis leurs fondemens jusqu'à la hauteur de vingt pieds. Lorsque les Perses enlevèrent aux Mèdes l'empire de l'Asie, le roi de Perse assiégea cette place et ne pouvait d'aucune manière s'en rendre maître ; mais le soleil ayant disparu, comme s'il se fût enveloppé d'un nuage, les assiégés en furent consternés, et laissèrent prendre la ville. A peu de distance de ses murs était une pyramide de pierre, haute de deux plèthres ; chaque côté de sa base avait un plèthre de longueur. Beaucoup de Barbares, qui avaient fui des villages voisins, s'y étaient retirés.

L'armée fit ensuite une marche de six parasanges, et arriva près d'une citadelle grande et abandonnée, et d'une ville qui la joignait. La ville se nommait Mespila : les Mèdes l'avaient jadis habitée. Sur un mur épais de cinquante pieds, qui, depuis ses fondemens jusqu'à cinquante pieds de haut, était construit d'une pierre de taille, incrustée de coquilles, s'élevait un nouveau mur de la même épaisseur et de cent pieds de haut, bâti de brique. Telle était l'enceinte de cette ville, qui avait six parasanges de circuit ; on dit que Médie, femme du roi des Mèdes, s'y réfugia lorsque leur empire fut envahi par les Perses. Le roi de Perse assiégea cette place et ne pouvait la prendre ni par force, ni par blocus. Jupiter frappa de terreur les habitans, et la ville se rendit.

L'armée fit ensuite une journée de quatre parasanges. Pendant la marche, Tissapherne parut avec sa propre cavalerie, les forces d'Orontas, gendre du roi, l'armée barbare de Cyrus, celle que le frère bâtard d'Artaxerxès avait amenée au secours de ce monarque, et d'autres renforts que le roi avait donnés au satrape, en sorte qu'il déploya un grand nombre de troupes. S'étant approché, il en rangea partie en bataille contre l'arrière-garde des Grecs, et en porta sur leurs flancs. Il n'osa pas cependant faire charger et courir le risque d'une affaire générale ; mais il ordonna à ses archers et à ses frondeurs de tirer. Les Rhodiens qu'on avait insérés çà et là, dans les rangs de l'infanterie, s'étant servis de leurs frondes, et les archers des Grecs ayant tiré des flèches à la manière des Scythes, aucun de leurs coups ne porta à faux ; car, vu la multitude des ennemis, quand on l'aurait voulu, on aurait eu peine à ne les point toucher. Tissapherne se retira légèrement hors de la portée du trait, et fit replier ses troupes. Le reste du jour, les Grecs continuèrent leur marche, et les Barbares les suivirent de loin ; mais ils n'osèrent renouveler ce genre d'escarmouche, car ni les flèches des Perses, ni celles de presque aucun archer ne portaient aussi loin que les frondes des Rhodiens. Les arcs des Perses sont fort grands ; toutes leurs flèches qu'on ramassait étaient utiles aux Crétois, qui continuèrent à s'en servir, et s'exerçaient à les décocher sous un angle élevé, afin qu'elles portassent très loin. On trouva, dans des villages, du plomb et des cordes de nerf dont on tira parti pour les frondes.

Ce même jour, les Grecs cantonnèrent dans les villages qu'ils trouvèrent, et les Barbares, à qui leur escarmouche avait mal réussi, se retirèrent. L'armée grecque séjourna un jour, et se fournit de vivres ; car ces villages regorgeaient de blé. Le lendemain, on marcha. Le pays était uni. Tissapherne suivit et harcela les Grecs ; ils reconnurent alors qu'un bataillon carré est un mauvais ordre de marche quand on a l'ennemi sur ses talons, car lorsque les ailes du bataillon se rapprochent forcément, ou dans un chemin qui se rétrécit, ou dans des gorges de montagnes, ou au passage d'un pont, il faut que les soldats se resserrent. Marchant avec difficulté, ils s'écrasent, ils se mêlent, et l'on tire difficilement un bon parti d'hommes qui n'observent plus leurs rangs. Lorsque les ailes reprennent leurs distances, avant que les fantassins ainsi confondus se reforment, il se fait un vide au centre, et le soldat qui se voit séparé, perd courage s'il a l'ennemi sur les bras. Quand il fallait passer un pont, ou quelque autre défilé, tout le monde se hâtait; c'était à qui serait le premier au-delà, et les ennemis avaient une belle occasion de charger. Les généraux le sentirent, et formèrent six lochos, chacun de cent hommes. Ils nommèrent des chefs à ces lochos, et sous eux des pentecontarques et des énomotarques. Dans la marche, lorsque les ailes se rapprochaient, ils faisaient halte, et restaient en arrière pour laisser passer le défilé, puis remarchaient en dehors des autres troupes pour reprendre leur hauteur. Lorsque les flancs du bataillon s'éloignaient, ce détachement remplissait le vide qui se formait au centre du front, par lochos, pentecostys ou énomoties, selon que l'espace était plus ou moins grand, et faisaient en sorte que le front présentât toujours une ligne pleine. Fallait-il passer un défilé plus étroit, ou un pont, il n'y avait pas de désordre; mais les chefs faisaient marcher leurs lochos les uns après les autres, et s'il était besoin de se reformer quelque part en bataille, s'y rangeaient en un moment. L'armée fit ainsi quatre marches.

Le cinquième jour, pendant la marche, on aperçut un palais entouré de beaucoup de villages; le chemin qui y conduisait passait à travers une suite de collines élevées, qui prenaient naissance d'une grande montagne, au pied de laquelle était un village. Les Grecs virent avec plaisir ce terrain montueux: leur joie paraissait fondée, l'ennemi qui les suivait ayant une nombreuse cavalerie. Lorsqu'au sortir de la plaine ils furent montés au sommet du premier tertre, ils redescendirent pour monter au second. Les Barbares surviennent. Leurs officiers, armés de fouets, les contraignent à nous accabler, de haut en bas, de traits jetés à la main, de pierres lancées avec leurs frondes, de flèches décochées de leurs arcs. Ils blessèrent ainsi beaucoup de Grecs, vainquirent les troupes légères, et les obligèrent de se réfugier au milieu des hoplites, en sorte que les Grecs ne purent faire usage ce jour-là de leurs archers et de leurs frondeurs, qui se tinrent aux équipages. L'infanterie grecque, incommodée de ces décharges, résolut de marcher aux Perses; le poids de ses armes l'empêcha de regagner promptement le sommet de la colline, et l'ennemi se retira fort légèrement. Cette infanterie eut encore à souffrir pour rejoindre le corps d'armée. A la seconde colline, même manœuvre. A la troisième, les Grecs résolurent de ne plus détacher d'infanterie pesante; mais ils ouvrirent le flanc droit du bataillon carré, et en firent sortir des armés à la légère, qui marchèrent vers la grande montagne. Ces troupes prirent le dessus de l'ennemi, qui n'osa plus inquiéter les Grecs lorsqu'ils redescendaient une colline; car il craignait d'être coupé et enveloppé de deux côtés. On marcha ainsi le reste du jour. L'armée grecque suivit son chemin de colline en colline: les armés à la légère longèrent la montagne qui dominait. On arriva à des villages, et l'on constitua huit médecins pour panser les blessés ; car il y en avait beaucoup.

On y séjourna trois jours, et à cause des blessés, et parce qu'on y trouva beaucoup de vivres, de la farine de froment, du vin, et un grand amas d'orge à l'usage des chevaux. Toutes ces provisions avaient été rassemblées pour le satrape de la province. Le quatrième jour les Grecs descendirent dans la plaine. Tissapherne les ayant rejoints avec son armée, les força de cantonner dans le premier village qu'ils trouvèrent, et de ne plus tenter de combattre en marchant ; car ils avaient beaucoup de blessés. Des soldats les portaient et laissaient eux-mêmes porter leurs armes à d'autres Grecs, ce qui faisait une multitude d'hommes hors de service. Mais lorsqu'on fut cantonné, et que les Barbares, s'approchant du village, voulurent inquiéter les Grecs, ceux-ci eurent de beaucoup l'avantage ; car il était très différent de repousser, par des sorties, d'un lieu fermé, ces légères incursions, ou de marcher en plaine, occupés sans cesse à résister aux efforts de l'ennemi. Vers le soir arriva l'heure où les Barbares devaient s'éloigner ; car ils ne campaient jamais à moins de soixante stades des Grecs, craignant d'être attaqués de nuit. Une armée perse est, en effet, dans les ténèbres, une mauvaise armée ; ils lient leurs chevaux, et leur mettent le plus souvent des entraves, de peur qu'ils ne s'enfuient. Survient-il une alerte, il faut que le cavalier perse selle, bride son cheval et le monte, après avoir pris sa cuirasse, toutes choses difficiles à exécuter la nuit, et surtout dans un moment de tumulte et de confusion. Voilà pourquoi les Perses campaient loin des Grecs.

Lorsqu'on sut que les Barbares voulaient se retirer, et que l'ordre en fut donné à leurs troupes, les hérauts publièrent aux Grecs de se tenir prêts à marcher, et les ennemis l'entendirent. Ils différèrent leur retraite quelque temps ; mais quand il commença à se faire tard, ils se replièrent, car ils ne croyaient pas qu'il fût avantageux pour eux de marcher ni d'arriver de nuit à leur camp. Les Grecs, dès qu'ils virent clairement que les Barbares se retiraient, partirent eux-mêmes, firent environ soixante stades, et mirent une telle distance entre les deux armées, que ni le lendemain, ni le surlendemain il ne parut un ennemi. Le jour suivant, les Barbares qui s'étaient avancés la nuit occupent un poste avantageux sur la route par laquelle il fallait que l'armée grecque passât : c'était la crête d'une montagne qui dominait le seul chemin par où l'on descendait dans une autre plaine. Chirisophe voyant cette hauteur garnie d'ennemis qui l'avaient prévenu, envoie chercher Xénophon à l'arrière-garde, et lui fait dire de lui amener les armés à la légère qui y étaient. Xénophon ne les en tira point, car il voyait déjà paraître Tissapherne et toute son armée. Mais se portant lui-même au galop vers Chirisophe : « Que » me voulez-vous, demanda-t-il ? — » Vous pouvez le voir vous-même, répondit Chirisophe. L'ennemi s'est emparé avant nous du mamelon qui commande le chemin par où nous allions » descendre, et il n'y a moyen de passer » qu'en taillant ces gens-là en pièces. » Mais pourquoi n'avez-vous point amené les armés à la légère ? » Xénophon dit qu'il n'avait pas jugé convenable de laisser l'arrière-garde sans défense, l'ennemi commençant à déboucher sur elle. « Mais, ajouta-t-il, il est pressant de » nous décider sur les moyens de déposter ceux que nous voyons occuper la » hauteur en avant de nous. » Xénophon jeta alors les yeux sur le sommet de la montagne au-dessus de la position où se trouvait l'armée, et vit qu'il communiquait à la colline importante, occupée par l'ennemi. « Le meilleur » moyen, dit-il à Chirisophe, est de ga» gner au plus vite le dessus des Bar» bares. Si nous y réussissons, ils ne » pourront pas tenir dans le poste d'où » ils dominent notre passage. Demeurez, » si vous le voulez, à l'armée, et je mar» che à la montagne, ou, si vous l'aimez » mieux, portez-vous-y, et laissez-moi » au gros des troupes. — Je vous donne » le choix, répondit Chirisophe. » Xénophon lui dit que, comme le plus jeune, il préférait d'être détaché, et lui demanda de lui donner des hommes du front, parce qu'il eût été trop long d'en faire venir de la queue. Chirisophe commanda, pour marcher avec Xénophon, les armés à la légère de l'avant-garde, qu'il y remplaça par ceux qui étaient au centre du carré; il commanda de plus les trois cents hommes d'élite qui étaient sous ses ordres à la tête de l'armée, et leur dit de suivre Xénophon.

Ce détachement marcha le plus vite qu'il put. Les ennemis qui étaient sur une hauteur, dès qu'ils s'aperçurent qu'on voulait gagner le sommet de la montagne, y coururent à l'envi pour prévenir les Grecs. Il s'éleva alors de grands cris, et de l'armée grecque qui exhortait ses troupes, et de celle de Tissapherne qui tâchait d'animer les Barbares. Xénophon, courant à cheval sur le flanc de son détachement, excitait le soldat par ses discours. « C'est » maintenant, mes amis, vous devez le » croire, c'est maintenant que vous com» battez pour revoir la Grèce, vos en» fans et vos femmes; essuyez quelques » momens de fatigue : le reste de votre » route, vous n'aurez plus de combats à » livrer. » Sotéridas de Sicyon lui dit : « Vous en parlez à votre aise, Xéno» phon, notre situation ne se ressemble » pas : un cheval vous porte, et moi je » porte un bouclier, et j'en suis très » fatigué. » A ces mots Xénophon se jeta à bas de son cheval, poussa cet homme hors du rang, et lui ayant arraché le bouclier, montait le plus vite qu'il lui était possible. Ce général se trouvait avoir de plus sa cuirasse de cavalier, en sorte que le poids de ses armes l'écrasait en marchant. Il exhortait cependant toujours la tête d'avancer, et la queue, qui avait peine à suivre, de rejoindre. Les soldats frappent Sotéridas, lui jettent des pierres, lui disent des injures, jusqu'à ce qu'ils l'obligent de reprendre son bouclier et son rang. Xénophon remonta sur son cheval, et s'en servit tant que le chemin fut praticable; mais quand il cessa de l'être, ce général quitta sa monture, courut à pied avec les troupes, et les Grecs se trouvèrent arrivés au sommet de la montagne avant les ennemis.

Les Barbares tournèrent alors le dos, et chacun d'eux se sauva comme il put. Le détachement de Xénophon fut maître des hauteurs. L'armée de Tissapherne et celle d'Ariée se détournèrent et prirent un autre chemin. L'armée grecque, aux ordres de Chirisophe, descendit dans la plaine, et cantonna dans un village plein de vivres. Il y en avait beaucoup d'autres aussi bien approvisionnés dans le même canton, sur les bords du Tigre. Pendant l'après-midi, l'ennemi paraît à l'improviste dans la plaine, et passe au fil de l'épée quelques Grecs qui s'y étaient dispersés pour piller; car on avait pris beaucoup de troupeaux, dans le moment que les conducteurs les faisaient passer de l'autre côté du fleuve. Alors Tissapherne et ses troupes essayèrent de mettre le feu aux villages, et quelques Grecs s'en désespéraient, craignant de ne plus trouver où se fournir de vivres, si les Barbares prenaient le parti de tout brûler. Chirisophe, avec ses troupes, revenait après avoir porté secours aux Grecs épars, sur qui étaient tombés les Barbares. Xénophon, qui descendait de la montagne, courant en ce moment le long des rangs : « Grecs, » leur dit-il, vous voyez les Barbares regarder déjà cette contrée comme à » nous. Ce sont eux qui transgressent » la condition qu'ils nous avaient imposée par le traité, de ne rien brûler » dans l'empire du roi. Ils y portent le » feu comme en pays qu'ils ne possèdent » plus ; mais dans quelque lieu qu'ils » laissent des vivres pour eux-mêmes, » ils nous y verront marcher. Je suis » d'avis, Chirisophe, ajouta-t-il, de porter secours, contre ces incendiaires, » aux villages qu'ils brûlent, comme à » notre bien. — Je ne suis point du tout » de votre opinion, dit Chirisophe, mettons-nous plutôt nous-mêmes à brûler : » c'est le moyen le plus prompt de faire » cesser les Barbares. »

De retour à leurs tentes, les généraux et les chefs de lochos s'assemblèrent, tandis que le soldat s'occupait à chercher des vivres. On se trouvait dans un grand embarras. D'un côté étaient des montagnes excessivement élevées, de l'autre un fleuve si profond, qu'en le sondant avec les piques on n'en pouvait toucher le fond. Un Rhodien vient trouver les généraux qui ne savaient quel parti prendre. « Je me charge de faire passer » l'armée, dit-il, et de transporter quatre mille hommes d'infanterie à-la-fois » au-delà du Tigre, si vous voulez me » fournir les matériaux dont j'ai besoin, » et me promettre un talent pour récompense. — De quoi avez-vous besoin, » lui demanda-t-on ? — Il me faudra, » dit-il, deux mille outres. Mais je vois » beaucoup de moutons, de chèvres, de » bœufs, d'ânes ; en les écorchant et en » soufflant leurs peaux ; je vous procurerai un moyen facile de passer. Il me » faudra aussi les cordes et les sangles » dont vous vous servez aux équipages » pour charger les bêtes de somme. » Avec ces liens, j'attacherai les outres » que j'aurai disposées les unes près des » autres ; j'y suspendrai des pierres que » je laisserai tomber en guise d'ancres ; » puis mettant à l'eau ce radeau, et le » contenant des deux côtés par de forts » liens, je jetterai dessus des fascines, » et sur les fascines de la terre. Vous allez voir que vous ne courrez aucun » risque d'enfoncer ; car chaque outre » peut soutenir deux hommes, et les fascines recouvertes de terre vous empêcheront de glisser. »

Les généraux ayant prêté l'oreille à cette proposition, jugèrent que l'invention était ingénieuse et l'exécution impossible, car il y avait au-delà du fleuve beaucoup de cavalerie qui aurait empêché les premières troupes, qui l'auraient essayé, de mettre pied à terre, et qui se serait opposée à tout ce qu'on aurait tenté. Le lendemain, les Grecs revinrent sur leurs pas vers Babylone ; ils occupèrent des villages qui n'étaient pas brûlés, et brûlèrent ceux dont ils sortaient. Les Perses ne firent point marcher leur cavalerie contre eux ; ils les contemplaient et paraissaient bien étonnés, ne pouvant concevoir ni où se porteraient leurs ennemis, ni quel projet ils avaient en tête. Pendant que le soldat cherchait des vivres, on convoqua une nouvelle assemblée de généraux et de chefs de lochos, et s'étant fait amener tous les prisonniers qu'on avait faits, on tâcha de tirer d'eux des connaissances sur tous les pays dont on était entouré. Ils dirent que vers le midi, par le chemin que l'armée avait suivi, on retournerait à Babylone et dans la Médie ; que vers l'orient étaient Suse et Ecbatane, où le roi passe le printemps et l'été; qu'en traversant le fleuve et tirant au couchant, on marcherait vers l'Ionie et la Lydie; qu'enfin vers le nord, en s'enfonçant dans les montagnes, on se trouverait dans le pays des Carduques. Ces peuples, disait-on, habitaient un sol montueux, étaient belliqueux, et n'obéissaient point au roi de Perse. On prétendait qu'une armée de cent vingt mille hommes, envoyée par ce prince, avait voulu y pénétrer, et qu'il n'en était pas revenu un seul soldat, à cause de la difficulté des chemins; on ajoutait que lorsque ces peuples faisaient un traité avec le satrape qui commandait dans la plaine, un commerce libre subsistait alors entre eux et les Perses.

Après ce rapport, les généraux firent séparer les prisonniers qui disaient connaître chaque pays, et ne déclarèrent point quelle route ils voulaient choisir; mais ils avaient jugé nécessaire de se frayer un chemin dans les montagnes des Carduques; car on leur avait annoncé qu'après les avoir traversées, ils entreraient en Arménie, pays vaste et fertile où commandait Orontas. De là on prétendait qu'il leur serait facile de se porter où ils voudraient. Ils sacrifièrent ensuite afin qu'il leur fût loisible de partir à l'heure qu'ils jugeraient convenable, car ils craignaient qu'on ne s'emparât d'avance du sommet des montagnes. On fit dire à l'ordre que l'armée, après avoir soupé, pliât ses bagages, puis se reposât, mais fût prête à marcher dès qu'on l'en avertirait.

LIVRE QUATRIÈME.

On a exposé dans les livres précédens ce qui s'est passé dans la marche de Cyrus jusqu'à la bataille, et ce qui est arrivé depuis la bataille, soit pendant la paix faite entre les Grecs et le roi, soit depuis que ce prince et Tissapherne eurent violé le traité, furent en guerre ouverte avec les Grecs, et que l'armée de ce satrape les poursuivit.

Quand les Grecs furent arrivés à l'endroit où la largeur et la profondeur du Tigre leur rendaient le passage de ce fleuve impossible, et où ils ne pouvaient plus le longer (car il n'y avait aucun chemin sur les bords, mais les montagnes des Carduques tombent à pic dans le fleuve), les généraux jugèrent qu'il fallait prendre leur route à travers les montagnes. Ils tenaient des prisonniers, qu'après avoir traversé le territoire montueux des Carduques, ils pourraient, s'ils le voulaient, passer le Tigre en Arménie près de ses sources, ou même les tourner, s'ils le préféraient. Celles de l'Euphrate, disait-on, n'étaient pas éloignées de celles du Tigre; mais il se trouve en ce pays des défilés. Voici comment se fit l'irruption des Grecs dans le pays des Carduques. On tâcha de décamper secrètement et de prévenir l'ennemi qui aurait pu s'emparer le premier des hauteurs. Vers l'heure où l'on relève pour la dernière fois les sentinelles, comme il ne restait plus aux Grecs que le temps nécessaire pour passer de nuit la plaine, ils levèrent leur camp, et s'étant mis en marche dès que l'ordre en fut donné, ils arrivèrent au pied de la montagne au point du jour. Chirisophe était à la tête de l'armée; il conduisait sa section et avait avec lui toutes les troupes légères. Xénophon n'en avait point à l'arrière-garde qu'il commandait : elle n'était composée que d'infanterie pesamment armée; car il ne paraissait pas être à craindre que l'ennemi chargeât la queue de la colonne pendant qu'on monterait. Chirisophe gagna le sommet de la montagne avant qu'aucun ennemi en eût connaissance; il continua à marcher en avant, et l'armée le suivait à mesure qu'elle était arrivée sur la hauteur. On parvint ainsi à des villages situés dans des gorges et dans des fonds.

Les Carduques abandonnèrent leurs maisons, et avec leurs femmes et leurs enfans s'enfuirent sur les montagnes. On trouva des vivres en abondance. Les maisons étaient garnies de beaucoup de vases d'airain; les Grecs n'en enlevèrent aucun et ne poursuivirent point les habitans. Ils voulaient, par ces ménagemens, engager, s'ils le pouvaient, les Carduques à les laisser passer comme amis, d'autant que ces peuples étaient en guerre avec le roi; mais on prit les vivres qu'on trouva : la nécessité y contraignait. Les Carduques ne prêtèrent point l'oreille aux Grecs qui les rappelaient, et ne montrèrent aucune disposition pacifique. L'arrière-garde ne descendit qu'à la nuit dans les villages, car le chemin était si étroit que l'armée avait employé un jour entier à monter au sommet et à descendre le revers de la montagne. Quelques Carduques s'étant rassemblés, tombèrent sur les traîneurs, en tuèrent plusieurs et en blessèrent d'autres avec les flèches et les pierres qu'ils lançaient. Heureusement les Barbares étaient en petit nombre, parce que les Grecs étaient entrés dans leur pays sans qu'ils l'eussent prévu; car si les Carduques eussent été rassemblés en force, une grande partie de l'armée eût couru risque d'être taillée en pièces. On cantonna ainsi cette nuit dans les villages. Les Carduques allumèrent des feux tout autour sur les pointes des montagnes, et en vue les uns des autres.

Au point du jour, les généraux et les chefs de lochos s'assemblèrent et résolurent de ne garder pour leur marche que les bêtes de somme nécessaires, de trier les meilleures, de laisser le reste, et de donner la liberté à tous les prisonniers que l'armée avait faits récemment et condamnés à l'esclavage; car la multitude des bêtes d'équipage et des prisonniers rendait la marche lente. Beaucoup de Grecs étaient employés à y donner des ordres; c'était autant de soldats hors de service : il fallait trouver et porter le double de vivres pour une telle quantité d'hommes. Ce ban ayant été agréé par les généraux, les hérauts le publièrent.

Après dîner, l'armée se mit en marche. Les généraux, s'arrêtant à un défilé, ôtèrent les équipages et les esclaves superflus aux Grecs qui n'avaient pas obéi au ban. Tous se soumirent. Quelques-uns seulement firent passer en fraude ou un jeune garçon, ou une jolie maîtresse. On marcha ainsi toute la journée, repoussant quelquefois l'ennemi, et faisant halte de temps en temps. Le lendemain s'élève un grand orage : il fallut cependant marcher, car il n'y avait plus assez de vivres pour l'armée. Chirisophe la conduisit : Xénophon marcha à l'arrière-garde. On fut assailli vigoureusement par l'ennemi. Les passages étant étroits, les Carduques s'approchaient et tiraient alors avec leurs arcs et leurs frondes. Les Grecs, contraints à les poursuivre et à se retirer ensuite eux-mêmes, ne pouvaient avancer dans leur marche que lentement : souvent, lorsque les ennemis attaquaient vivement, Xénophon demandait que l'armée fît halte. Chirisophe, dès qu'il en était instruit, avait coutume de s'arrêter; mais il y eut une occasion où il ne s'arrêta pas, marcha au contraire plus vite, et commanda qu'on suivît. Il était clair qu'il se passait quelque chose à la tête, mais Xénophon n'avait pas le loisir de s'y porter pour voir la cause de cette marche précipitée, et l'arrière-garde suivait d'un train qui lui donnait l'air de fuir à toutes jambes.

On perdit alors Cléonyme Lacédémonien, brave soldat; il eut le flanc percé d'une flèche qui traversa et son bouclier et son habit de peau. Basias d'Arcadie eut aussi la tête percée de part en part. Quand on fut arrivé au lieu où l'on voulait camper, Xénophon alla sur-le-champ trouver Chirisophe et lui reprocha de ne l'avoir pas attendu, et de l'avoir mis dans le cas de fuir en combattant. « Il
» vient de périr deux braves Grecs,
» deux excellens soldats, nous n'avons
» pu ni les enterrer, ni enlever leurs
» corps. » Chirisophe répond à ce discours : « Regardez ces montagnes, elles
» sont partout inaccessibles. Nous n'avons, pour sortir d'ici, que ce chemin
» escarpé que vous voyez, et vous pouvez y remarquer une multitude de
» Barbares qui l'ont occupé avant nous,
» et gardent le seul débouché que nous
» ayons : voilà pourquoi je me suis hâté
» et ne vous ai point attendu. Je voulais
» les prévenir, s'il était possible, et les
» empêcher de s'emparer avant nous
» des hauteurs. Les guides que nous
» avons assurent qu'il n'y a point d'autre chemin. — J'ai, dit Xénophon,
» deux prisonniers que je viens de faire,
» car dans l'embarras où me jetaient les
» Barbares, je leur ai tendu une embuscade, ce qui nous a donné le loisir de
» respirer un moment. Nous avons tué
» quelques ennemis. Je voulais aussi en
» prendre pour avoir des gens qui connussent le pays et qui nous servissent
» de guides. »

On fit amener sur-le-champ ces deux hommes, et les ayant séparés, on tâcha de leur faire dire s'ils connaissaient un autre chemin que celui qu'on voyait. Le premier, quelque effroi qu'on lui inspirât, dit qu'il n'en savait point d'autre; comme on ne put en rien tirer qui fût utile à l'armée, on l'égorgea aux yeux du second. Celui-ci répondit que son camarade n'avait refusé d'indiquer une autre route, quoiqu'il en eût une, que parce qu'il avait vers ce canton une fille mariée. Il promit de conduire les Grecs par un chemin praticable, même aux chevaux d'équipages. On lui demanda s'il ne s'y trouvait point de pas difficile. Il répondit qu'il y avait une hauteur qui rendrait le passage de l'armée impossible si l'on ne s'en emparait avant les ennemis. On fut d'avis d'assembler aussitôt les chefs de lochos, les armés à la légère, et quelques hoplites, de leur exposer de quoi il s'agissait, de leur demander s'il y en avait qui voulussent se distinguer et y marcher comme volontaires. Il se présenta d'abord parmi les hoplites deux Arcadiens, Aristonyme de Méthydrie, et Agasias de Stymphale. Une noble contestation s'éleva entre ce dernier et Callimaque de Parrhasie, Arcadien aussi. Agasias dit qu'il voulait être de ce coup de main, et proposa d'y mener des volontaires qu'il prendrait dans toute l'armée. « Car je suis sûr,
» dit-il, que beaucoup de jeunes soldats
» me suivront si je les y conduis. » On demande alors s'il est quelque homme des troupes légères ou quelque taxiarque qui veuille être du détachement. Aristéas de Chio s'y engage. Il rendit, dans plusieurs occasions de ce genre, des services importans à l'armée.

Le jour tombait. On fait manger les volontaires, puis on leur commande de partir. On leur livre le guide lié. On convient avec eux que s'ils s'emparent du sommet de la montagne, ils s'y maintiendront toute la nuit ; qu'à la pointe du jour, ils feront pour signal sonner leur trompette ; qu'ensuite ils descendront de ce poste élevé sur les ennemis qui gardent le grand chemin, et que l'armée avancera à leur secours le plus légèrement qu'elle pourra. Cet arrangement pris, les volontaires se mettent en marche, au nombre de deux mille environ. Il pleuvait beaucoup. Pour couvrir leurs mouvemens, et tourner toute l'attention des ennemis sur le grand chemin qu'on voyait, Xénophon s'y porte avec les troupes de l'arrière-garde. On arrive à un ravin qu'il fallait passer avant de gravir sur la montagne; alors les Barbares roulent de grosses et de petites pierres: il y en avait de rondes et de telles qu'elles auraient fait la charge d'une voiture. Ces pierres, en rebondissant sur les rochers se fendaient en éclats, et acquéraient la rapidité de celles qu'on lance avec la fronde : il était absolument impossible d'approcher du chemin. Quelques-uns des chefs de lochos faisaient semblant de chercher des sentiers moins impraticables. On continua cette manœuvre jusqu'à ce que la nuit fût noire. Quand on crut pouvoir se retirer sans que les ennemis le vissent, l'armée revint souper; car ceux des soldats, qui avaient été le matin d'arrière-garde, n'avaient pas même dîné. Les ennemis ne cessèrent pendant la nuit de rouler des morceaux de rocher: on le conjectura d'après le bruit qu'on entendit. Les volontaires, qui avaient le guide avec eux, ayant pris un détour, surprennent une grand-garde de l'ennemi assise auprès d'un feu qu'elle avait allumé; ils en tuent une partie, poursuivent les autres jusqu'à des précipices, et restent dans ce poste croyant être les maîtres du sommet de la montagne. Ils se trompaient, et étaient dominés par un autre mamelon, près duquel passait le chemin étroit qu'ils suivaient et qu'ils avaient trouvé gardé par l'ennemi. Mais du poste qu'ils avaient forcé, on pouvait marcher au gros des Carduques qui barraient la grande route à la vue des Grecs. Les volontaires se tinrent où ils étaient et y passèrent la nuit.

Dès que le jour pointa, ils marchèrent en ordre et en silence à l'ennemi; et, comme il faisait du brouillard, ils s'en approchèrent sans être vus. Quand on s'aperçut enfin réciproquement, la trompette donna le signal, et les Grecs ayant jeté des cris militaires, coururent sur les Barbares. Ceux-ci ne les attendirent pas, mais prirent la fuite et abandonnèrent la défense du chemin : on en tua peu, car ils étaient agiles à la course. Chirisophe et ses troupes, entendant le son de la trompette, marchèrent aussitôt par la grande route. D'autres généraux suivirent les sentiers qu'ils trouvèrent, et montèrent comme ils purent, les Grecs se tirant en haut les uns les autres avec leurs piques. Ce furent ceux-là qui joignirent les premiers les volontaires qui avaient déposté l'ennemi. Xénophon, avec la moitié de l'arrière-garde, prit le même chemin que le guide avait indiqué aux volontaires, car il était plus commode pour les bêtes de somme. Ce général fit suivre l'autre moitié derrière les équipages. Dans sa marche se trouve une colline qui dominait le chemin et qui était occupée par des troupes ennemies; il fallait ou les tailler en pièces, ou se trouver séparé du reste des Grecs. On aurait bien pris le même chemin qu'eux, mais celui que l'on suivait était le seul où pussent passer les équipages. Les Grecs, s'étant exhortés les uns les autres, montèrent à la colline formés en colonnes par lochos; ils n'attaquaient point l'ennemi de tous côtés, mais lui laissaient une retraite pour l'engager à prendre la fuite. Les Barbares, voyant monter les Grecs, quittèrent leur poste en fuyant, et sans avoir lancé ni flèches, ni javelots, sur ce qui défilait dans le chemin au-dessous d'eux. Les Grecs avaient déjà dépassé cette colline; ils en voient en avant une autre occupée par l'ennemi, et jugent à propos d'y marcher. Mais Xénophon craignant que s'il laissait sans défense le poste dont il venait de chasser les Barbares, ils n'y revinssent et ne tombassent sur les équipages à leur passage (car la colonne en était longue à cause du peu de largeur des chemins), Xénophon, dis-je, laisse sur la première colline deux chefs de lochos, Céphisidore, Athénien, fils de Céphisiphon, et Archagoras, banni d'Argos : lui-même, avec le reste des troupes, marche à la seconde colline et s'en empare de la même manière. Il y avait encore un troisième mamelon beaucoup plus escarpé : c'était celui qui dominait le poste où les ennemis ayant allumé du feu avaient été surpris la nuit par les volontaires. Dès que les Grecs s'en approchent, les Barbares l'abandonnent sans combattre. Tout le monde en fut étonné ; on présumait qu'ils ne s'en étaient retirés que de peur d'y être enveloppés et assiégés. Mais les Carduques, qui avaient vu du sommet du mamelon ce qui se passait à la queue de la colonne des Grecs, couraient tous charger l'arrière-garde.

Xénophon, avec les plus jeunes soldats, monta au haut du mamelon, et ordonna au reste de ses troupes que la tête marchât lentement, afin que les derniers lochos pussent rejoindre, et que lorsqu'en suivant le chemin on trouverait un terrain uni, on s'y formât et qu'on y posât en ordre les armes à terre. Alors arrive Archagoras d'Argos, qui fuyait ; il raconte qu'on a été chassé de la première colline, que Céphisidore et Amphicrate y ont été tués, ainsi que tous les Grecs qui n'ont pas sauté du rocher en bas et rejoint l'arrière-garde. Après avoir eu cet avantage, les Barbares vinrent occuper une autre colline vis-à-vis du dernier mamelon. Xénophon leur proposa, par la voie d'un interprète, une suspension d'armes, et redemanda les morts. Les Barbares promirent de les rendre si l'on s'engageait à ne point brûler leurs villages : Xénophon y consentit. Cette conférence se passait pendant que le reste de l'armée continuait à défiler, et toutes les troupes avaient dépassé le mamelon et s'étaient réunies. Les ennemis faisaient halte pour lors ; mais dès que les Grecs commencèrent à descendre du mamelon pour rejoindre leurs camarades, dont les armes étaient posées à terre, les Barbares s'avancèrent en grand nombre et avec beaucoup de bruit ; quand ils eurent gagné le plus haut tertre du mamelon, d'où Xénophon descendait encore, ils roulèrent des pierres et cassèrent la cuisse d'un Grec. Xénophon avait été abandonné de l'homme qui portait son bouclier ; Euryloque de Lusie, Arcadien, courut à lui, le couvrit du sien, et tous deux se retirèrent sous un seul bouclier ; les autres soldats rejoignirent le gros de troupes grecques qui était formé plus loin.

Toute l'armée grecque se trouvant alors réunie, cantonna dans beaucoup de belles maisons où foisonnaient les vivres. Il y avait une telle abondance de vin, qu'on le gardait dans des citernes cimentées. Xénophon et Chirisophe convinrent avec les Carduques de leur rendre leur compatriote qui servait de guide, et les Carduques rendirent les morts : ces cadavres reçurent, autant qu'il fut possible aux Grecs, tous les honneurs dus aux mânes de gens courageux. Le lendemain on marcha sans guide. Les ennemis toujours combattant, toujours s'emparant d'avance des défilés, barraient le passage de l'armée. S'ils arrêtaient l'avant-garde, Xénophon, de la queue de la colonne où il était, gravissait sur la montagne, et tâchant de gagner le dessus de l'ennemi, dissipait l'obstacle. Chirisophe rendait le même service à l'arrière-garde lorsqu'elle était attaquée, et avec les troupes de la tête, en parvenant à dominer l'ennemi, il ouvrait un passage à la queue. Ils se portaient secours ainsi mutuellement, et dans toutes leurs manœuvres veillaient à la sûreté réciproque de leurs divisions. Quelquefois les Barbares inquiétaient à la descente les troupes qui avaient monté, car ils étaient si agiles, qu'on ne pouvait les joindre, quoiqu'ils ne prissent la fuite qu'à quelques pas des Grecs. Ils ne portaient rien que leurs arcs et leurs frondes, et ils étaient d'excellens archers ; leurs arcs étaient à-peu-près de trois coudées, et leurs flèches en avaient plus de deux ; ils les décochaient en avançant le pied gauche et tirant à eux la corde vers le bas de l'arc. Leurs flèches traversaient les boucliers et les cuirasses. Quand les Grecs en ramassaient, ils y attachaient des courroies et s'en servaient en guise de javelots. Dans tout ce pays montueux, les Crétois rendirent les plus grands services ; ils étaient commandés par Stratoclès de Crète.

Ce jour même, l'armée cantonna dans les villages qui dominent la plaine arrosée par le Centrite, fleuve large d'environ deux plèthres, et qui sépare l'Arménie du pays des Carduques. Les Grecs s'y reposèrent. Le fleuve est éloigné de six ou sept stades des montagnes des Carduques. Les vivres qu'on trouvait et le souvenir des fatigues passées rendaient ce séjour agréable aux Grecs ; car pendant les sept jours qu'ils avaient employés à traverser le pays des Carduques, ils avaient eu sans cesse les armes à la main et avaient plus souffert de maux que toute la puissance du roi et la perfidie de Tissapherne n'avaient pu leur en faire. Délivrés de leurs ennemis, ou du moins croyant l'être, ils goûtèrent avec délices les douceurs du sommeil. Quand le jour parut, ils aperçurent au-delà du Centrite de la cavalerie armée de pied en cap, qui se disposait à leur en disputer le passage, et plus haut de l'infanterie rangée en bataille pour les empêcher de pénétrer en Arménie. C'étaient des Arméniens, des Mygdoniens et des Chaldéens mercenaires à la solde d'Orontas et d'Artuque. Les Chaldéens étaient, disait-on, un peuple libre et courageux ; ils portaient pour armes de grands boucliers à la perse et des piques. Les hauteurs sur lesquelles ils s'étaient formés étaient éloignées du fleuve de trois ou quatre plèthres. On ne voyait qu'un seul chemin qui y montât, et il paraissait fait de main d'homme. Ce fut vis-à-vis de ce débouché que les Grecs tentèrent de passer ; mais ayant éprouvé qu'ils auraient de l'eau au-dessus de l'aisselle, que le courant était rapide et le fond du lit garni de grandes pierres glissantes, qu'on ne pouvait porter les armes dans l'eau, qu'en élevant leurs bras pour ne point mouiller leurs armes le courant les emporterait eux-mêmes, qu'en les mettant sur leurs têtes c'était s'exposer nus aux flèches et aux autres traits de l'ennemi ; après avoir fait, dis-je, cette épreuve, ils se retirèrent et marquèrent en cet endroit même leur camp sur les bords du fleuve.

Alors au sommet de la montagne, où l'armée grecque avait cantonné la nuit précédente, on aperçut un grand nombre de Carduques rassemblés et en armes. Les Grecs se décourageaient en considérant la difficulté de traverser le fleuve, en voyant sur la rive ultérieure des troupes s'opposer à leur passage, et derrière eux les Carduques qui ne manqueraient pas de les prendre à dos au moment où ils passeraient. On demeura donc où l'on se trouvait ce jour-là et la nuit suivante, et l'on était dans un grand embarras. Xénophon eut un songe ; il rêva que ses pieds étaient chargés de fers qui se rompirent d'eux-mêmes tout-à-coup, le laissèrent libre, et lui permirent de marcher tant qu'il lui plut. A la pointe du jour il va trouver Chirisophe, lui dit qu'il a l'espoir de tirer l'armée heureusement d'affaire, et lui raconte ce qu'il a vu en songe. Chirisophe s'en réjouit, et tous les généraux qui se trouvèrent présens se hâtèrent de sacrifier en attendant le jour. Dès la première victime, les entrailles donnèrent des signes favorables : de retour du sacrifice, les généraux et les centurions firent dire à l'armée de manger. Pendant que Xénophon dînait, deux jeunes Grecs accoururent à lui ; car tout le monde savait qu'il était permis de l'aborder pendant ses repas, et de le réveiller même lorsqu'il dormait pour lui parler de ce qui concernait la guerre. Ces jeunes gens lui dirent qu'en ramassant des broussailles sèches pour faire du feu, ils avaient vu au-delà du Centrite, entre des rochers qui descendaient jusqu'à son lit, un vieillard, sa femme et de jeunes filles déposer, dans une caverne qui formait le roc, des espèces de sacs qui paraissaient contenir des habits ; qu'ils avaient cru pouvoir y passer en sûreté, parce que le sol ne permettait pas à la cavalerie ennemie d'en approcher ; qu'ils avaient dépouillé leurs vêtemens, et, n'ayant qu'un poignard nu à la main, s'étaient jetés dans le fleuve comme pour nager, mais qu'ils l'avaient traversé sans avoir de l'eau jusqu'à la ceinture ; qu'ils avaient pris les habits cachés par les Arméniens, et étaient revenus.

Aussitôt Xénophon fit lui-même des libations ; il ordonna qu'on versât du vin à ces jeunes gens pour qu'ils en fissent aussi, et conjurassent les Dieux qui lui avaient envoyé le songe et fait connaître un gué, de confirmer, par des succès, de si heureux présages. Après cet acte de religion, il les mena aussitôt à Chirisophe : ils lui répétèrent le même récit. Chirisophe, quand il eut entendu leur rapport, fit à son tour des libations ; puis ayant donné ordre à toute l'armée de plier ses équipages, on assemble les autres généraux, et l'on délibéra sur les meilleures dispositions à faire pour passer le fleuve sans perte, repousser les ennemis qui étaient sur l'autre rive, et n'être point entamés par ceux qu'on laissait derrière soi. On décida que Chirisophe marcherait à la tête, et traverserait le Centrite, suivi de la moitié de l'armée ; que Xénophon resterait en-deçà avec l'autre moitié ; et que les équipages et les esclaves passeraient le gué entre ces deux corps. Après avoir bien arrêté ce projet, on se mit en marche. Les jeunes gens servaient de guides ; l'armée longeait le fleuve et l'avait à sa gauche : elle fit ainsi à-peu-près quatre stades pour arriver au gué.

Pendant la marche, la cavalerie ennemie se portait toujours à la hauteur des Grecs sur la rive opposée. Quand on fut vis-à-vis du gué, on posa les armes à terre, en ordre, sur le bord du fleuve. Puis Chirisophe, le premier, la tête ceinte d'une couronne, quitta ses habits ; reprit ses armes, et donna ordre aux troupes d'en faire autant. Il dit aux chefs de former l'armée en colonnes par lochos, et de marcher à la même hauteur, les uns à sa droite, les autres à sa gauche. Les sacrificateurs immolèrent des victimes sur le bord du fleuve. Les ennemis se servirent en vain de leurs arcs et de leurs frondes ; les Grecs étaient hors de portée. Quand les entrailles eurent été jugées favorables, toute l'armée chanta le péan et poussa des cris de guerre. Toutes les femmes y joignirent leurs voix ; car beaucoup de Grecs avaient des maîtresses à leur suite.

Chirisophe entra dans le lit du fleuve, et sa division le suivit. Xénophon, avec les soldats les plus agiles de l'arrière-garde, courut de toute sa force au passage qui était vis-à-vis l'entrée des montagnes d'Arménie; il feignit d'y vouloir traverser le fleuve pour envelopper la cavalerie qui en avait longé les bords. Quand les ennemis virent que le corps de Chirisophe passait le gué avec facilité, et que le détachement de Xénophon courait sur leurs derrières, ils craignirent d'être coupés, et fuirent à toutes jambes jusqu'au premier passage; puis ayant gagné le chemin qui s'enfonçait dans les montagnes d'Arménie, ils le suivirent. Lycius, qui commandait le petit escadron des Grecs, et Eschine, qui avait à ses ordres les armés à la légère de la division de Chirisophe, voyant leur déroute, se mirent à leur poursuite. L'infanterie pesante les y exhortait, et leur criait qu'on les soutiendrait, et qu'elle gravirait avec eux sur la montagne. Chirisophe, après avoir passé, ne s'amusa pas à courir après la cavalerie; mais en sortant du fleuve, il marcha droit à l'infanterie qui était postée sur les collines voisines: ce corps voyant sa cavalerie en fuite, et les hoplites grecs s'avancer pour le charger, abandonna les hauteurs qui dominaient le fleuve.

Xénophon, quand il eut remarqué que tout allait bien sur l'autre rive, revint au plus vite au gué que passait l'armée; car on voyait déjà les Carduques descendre dans la plaine pour tomber sur les dernières troupes qui traverseraient. Chirisophe était alors maître des hauteurs. Lycius, et d'autres Grecs, en petit nombre, prirent, en poursuivant l'ennemi, ce qui était resté en arrière de ses bagages, et il s'y trouva des habits magnifiques et des vases à boire, précieux. Les équipages de l'armée grecque et les esclaves passaient encore; Xénophon fit face aux Carduques et tourna les armes contre eux; il ordonna aux chefs de former leurs lochos en colonnes par énomoties, puis de faire appuyer les énomoties sur celle de la gauche, jusqu'à ce que les boucliers se touchassent et qu'on présentât une ligne pleine à l'ennemi, le tout en ordre renversé; en sorte que les chefs de lochos et les énomotarques se trouvassent du côté des Carduques, et les serre-files, du côté du fleuve.

Les Carduques, dès qu'ils virent que les équipages étaient passés, et qu'il ne restait que peu de troupes de l'arrière-garde, qui paraissaient dénuées de secours, s'avancèrent contre elles au plus vite, chantant quelques hymnes barbares. Chirisophe, de son côté, se trouvant en sûreté, renvoie à Xénophon les armés à la légère, les frondeurs, les archers, et leur prescrit de faire ce que ce général ordonnera. Xénophon, qui les voit descendre et venir à lui, leur fait dire, par un aide-de-camp, de se tenir sur le bord de la rivière sans la passer, et lorsqu'il commencerait à entrer dans l'eau, de s'y jeter eux-mêmes en dehors de la ligne et sur les deux flancs, comme s'ils voulaient repasser le fleuve et charger les Carduques, tenant leurs javelots prêts à être lancés, et les archers ayant la flèche sur leur arc; de menacer ainsi, mais de ne pas s'engager fort avant dans le fleuve. Il prescrit à son arrière-garde de courir sur l'ennemi, après avoir chanté le péan, dès que les pierres, lancées par les frondes, parviendront jusqu'à eux, retentiront sur leurs boucliers. Il ajoute qu'aussitôt qu'ils auront mis les Barbares en fuite, et que, des bords du fleuve, la trompette sonnera la charge, ils aient à faire demi-tour à droite et à courir de toutes leurs forces, les serre-files en tête de la ligne; qu'ils passent ensuite le gué, chaque division marchant droit devant elle pour ne point s'embarrasser les uns les autres. « Que la honte » de fuir ne vous retienne point, dit-il:

» on regardera comme le meilleur soldat celui qui arrivera le premier sur la rive opposée. »

Les Carduques virent donc qu'il restait peu de troupes; car beaucoup des soldats qui devaient faire l'arrière-garde l'avaient quittée, les uns pour prendre soin de leurs bêtes de somme, les autres pour veiller sur les esclaves qui portaient leurs bagages, plusieurs pour aller joindre leurs maîtresses. Les Barbares alors marchèrent hardiment aux Grecs, et, avec leurs arcs et leurs frondes, commencèrent à faire des décharges. Les Grecs ayant chanté l'hymne du combat, coururent sur eux. Les Carduques ne les attendirent pas; car ils étaient armés comme dans leurs montagnes, de façon à charger et à fuir rapidement, mais désavantageusement pour combattre de pied-ferme. Alors la trompette donne le signal. A ce bruit militaire, l'ennemi fuit encore plus vite; les Grecs font demi-tour à droite, et fuyant de leur côté, à toutes jambes, traversent le fleuve. Quelques Carduques s'en apercevant, revinrent en courant vers le fleuve, et tirèrent des flèches, dont peu de Grecs furent blessés. Mais on voyait encore fuir la plus grande partie des Barbares quand les Grecs furent parvenus à l'autre rive. Les troupes que Chirisophe avait envoyées au secours, emportées par leur courage, et s'étant avancées plus qu'il ne convenait, repassèrent le fleuve après celles de Xénophon, et il y eut aussi parmi elles quelques Grecs de blessés.

Vers midi, l'armée ayant achevé de passer, marcha rangée en bataille dans la plaine d'Arménie, et à travers des collines douces et peu élevées. Elle ne fit pas moins de cinq parasanges, car il n'y avait pas de villages près du fleuve, à cause de la guerre continuelle que se faisaient les Perses et les Carduques; celui où l'on arriva était grand; il y avait un palais pour le satrape, et la plupart des maisons étaient surmontées de tours. On y trouva des vivres en abondance; on fit ensuite en deux marches dix parasanges, et on parvint à dépasser les sources du Tigre; puis en trois marches de quinze parasanges, on arriva aux bords du Téléboas. Ce n'est pas un grand fleuve, mais l'eau en est belle : sur ses rives étaient beaucoup de villages. La partie de l'Arménie où l'on se trouvait alors se nommait l'Arménie occidentale. Téribaze en était commandant; c'était un favori d'Artaxerxès, et lorsqu'il se trouvait à la cour, nul autre Perse que lui n'aidait le roi à monter à cheval. Il s'approcha de l'armée, suivi de quelque cavalerie, et envoya en avant un interprète annoncer aux chefs qu'il voulait conférer avec eux. Les généraux jugèrent à propos d'écouter ce qu'il avait à leur dire, et s'étant avancés jusqu'à portée d'être entendus de lui, lui demandèrent ce qu'il voulait. Il répondit qu'il s'engagerait par un traité à ne faire aucun mal aux Grecs, pourvu qu'ils ne brûlassent point de maisons dans son gouvernement, et qu'ils se contentassent de prendre les vivres dont ils auraient besoin. Les généraux agréèrent cette proposition, et on fit alliance à ces conditions.

De là on traversa une plaine et l'on fit quinze parasanges en trois marches. Téribaze et son armée cotoyaient celle des Grecs à dix stades environ de distance. On arriva à un palais entouré d'un grand nombre de villages qui regorgeaient de vivres. L'armée ayant campé, il tomba pendant la nuit beaucoup de neige. Le matin on arrêta de cantonner les divisions et les généraux dans différens villages : car on ne voyait d'ennemis nulle part, et la grande quantité de neige semblait ne laisser rien à craindre. On y trouva toute sorte de vivres excellens, des bestiaux, du blé, du vin vieux et d'un parfum exquis, du raisin sec et des légumes de toute espèce. Quelques Grecs s'étant écartés de leur cantonnement, dirent qu'ils avaient vu un camp et aperçu pendant la nuit beaucoup de feux. Les généraux jugèrent qu'il n'était pas sûr de cantonner dans des villages séparés, et qu'il fallait rassembler l'armée; on la rassembla donc encore une fois, et l'on résolut de la tenir au bivouac. Pendant la nuit qu'elle y passa, il tomba une quantité excessive de neige; elle couvrit les armes et les hommes qui étaient couchés, et raidit même les jambes des chevaux de bât. Hommes, bêtes, tout était engourdi: rien ne se relevait; c'était un spectacle digne de compassion de voir tout couché et tout couvert de neige. Xénophon eut le premier le courage de se lever nu et de fendre du bois; un autre Grec bientôt l'imita, lui prit des bûches et se mit à en fendre aussi. Alors tous les soldats se relevèrent, firent du feu, et commencèrent à se frotter de matières grasses qu'ils trouvèrent en abondance dans ce pays, et qui leur tinrent lieu d'huile d'olive, comme de saindoux, d'huiles tirées du sésame, d'amandes amères et des fruits du térébinthe. On y trouva aussi des essences faites des mêmes substances.

On résolut ensuite de renvoyer l'armée dans ses cantonnemens pour qu'elle fût à couvert. Les soldats coururent avec transport, et en jetant de grands cris de joie, retrouver un abri et des vivres. Tous ceux qui, en quittant leurs habitations, les avaient brûlées, en reçurent la peine, car ils furent mal logés et presqu'au bivouac. On détacha pendant la nuit Démocrate de Teménium avec quelques hommes sur les montagnes où les soldats, qui s'étaient écartés, disaient avoir vu des feux. Ce Grec passait pour avoir fait jusque-là des rapports très fidèles à l'armée, avoir constaté la réalité des faits véritables, et démontré chimériques ceux qui n'existaient pas. Il dit à son retour qu'il n'avait point vu de feux; mais il ramena un homme qu'il avait arrêté, qui portait un arc semblable à ceux des Perses, un carquois et une hache telle qu'en ont les Amazones. On demanda au prisonnier de quel pays il était. « Je suis Perse, » répondit-il, et envoyé de l'armée de » Téribaze pour y faire porter des vi- » vres. » On s'informa de lui quelle était la force de cette armée et pourquoi on l'avait assemblée. Il dit que Téribaze avait toutes les troupes de sa province, et de plus des Chalybes et des Taoques mercenaires; il ajouta que ce général avait fait ces préparatifs pour attaquer les Grecs sur le sommet de la montagne à un défilé qui était le seul chemin par où ils pussent passer.

D'après ce rapport, les généraux furent d'avis de rassembler l'armée, et aussitôt, ayant laissé une garde commandée par Sophénète de Stymphale, ils marchèrent et prirent le prisonnier pour guide. Quand on fut au haut des montagnes, les armés à la légère s'étant avancés et ayant aperçu le camp de Téribaze, n'attendirent pas l'infanterie pesante, mais jetèrent de grands cris et coururent sur l'ennemi. Les Barbares, effrayés de ce bruit, prirent la fuite avant d'être chargés par les Grecs; on leur tua cependant quelques hommes; on prit environ vingt chevaux et la tente de Téribaze, où étaient des lits à pieds d'argent, des vases destinés aux festins et des esclaves qui se disaient boulangers et échansons de ce Perse. Les généraux grecs qui menaient l'infanterie pesante, apprenant ce qui s'était passé, résolurent de revenir au plus vite au camp d'où ils étaient partis, de peur que la garde qu'ils y avaient laissée ne fût attaquée en leur absence; ils firent aussitôt sonner l'appel, se retirèrent, et dans le même jour furent de retour au camp.

On jugea à propos, dès le lendemain, de se mettre en marche et de faire la plus grande diligence avant que l'ennemi se ralliât et occupât les défilés; on plia sur-le-champ les équipages, et l'armée qui était conduite par beaucoup de guides, ayant marché à travers la neige épaisse dont le pays était couvert, arriva le même jour au-delà du sommet des montagnes, où Téribaze devait attaquer les Grecs, et y campa. De là on fit trois marches dans le désert le long de l'Euphrate, qu'on passa ayant de l'eau jusqu'au nombril. On disait que la source de ce fleuve n'était pas éloignée, puis on fit quinze parasanges en trois jours dans une plaine couverte de beaucoup de neige. La troisième journée fut dure pour le soldat : un vent du nord impétueux qui lui soufflait au visage le brûlait et le glaçait jusqu'aux os. Un des devins fut d'avis de sacrifier au vent ; on lui immola des victimes, et la violence avec laquelle il soufflait parut évidemment cesser aussitôt. L'épaisseur de la neige était d'une orgye : beaucoup de bêtes de somme, d'esclaves, et environ trente soldats y périrent. On passa la nuit autour de grands feux, car il y avait beaucoup de bois sur le lieu où on s'arrêta, mais les derniers arrivés n'en trouvèrent plus. Les premiers qui avaient allumé les feux ne permettaient à ceux-ci de s'en approcher qu'après s'être fait donner par eux du froment ou quelque autre chose à manger. On se fit part les uns aux autres des provisions qu'on avait ; où l'on allumait du feu, la neige se fondait, et il se faisait de grands trous jusqu'à la terre : c'était là qu'on pouvait mesurer la hauteur de la neige.

On marcha tout le jour suivant dans la neige, et beaucoup de Grecs étaient malades de besoin. Xénophon, qui était à l'arrière-garde, en ayant trouvé plusieurs qui ne pouvaient se soutenir, ne concevait pas quel était leur mal. Un homme qui en avait l'expérience lui apprit que cet accident était certainement causé par la faim, et que s'ils avaient à manger, ils seraient bientôt debout. Xénophon alla aux équipages et donna lui-même à ces malheureux, ou leur fit porter par des soldats agiles à la course, tout ce qu'on trouva de vin et de vivres; dès qu'ils avaient mangé quelque chose, ils se levaient et continuaient leur route. Chirisophe qui était à la tête arriva à la nuit tombante à un village, et rencontra en avant des murs, près d'une fontaine, des femmes et des filles du lieu qui portaient de l'eau. Elles demandèrent aux Grecs qui ils étaient ; l'interprète leur répondit en langue perse que c'étaient des troupes qu'Artaxerxès envoyait au satrape. Elles répliquèrent qu'on ne trouverait pas le satrape dans ce village, mais qu'il n'était qu'à un parasange de là. Comme il était tard, les Grecs entrèrent dans les murs à la suite de ces femmes, et allèrent chez celui qui avait la principale autorité du lieu. Chirisophe fit loger tout ce qui avait pu suivre de l'armée ; le reste des soldats, auxquels il avait été impossible d'arriver, passa la nuit sans feu et sans nourriture; et il y en eut qui périrent. Quelques ennemis s'étaient réunis et poursuivaient les Grecs: ces Barbares prenaient les équipages qui restaient forcément arriérés, puis se battaient les uns contre les autres pour le partage du butin. On laissa en arrière aussi des soldats que la neige avait aveuglés, ou à qui le froid excessif avait fait geler des doigts des pieds. Le moyen de préserver ses yeux de l'éclat de la neige était de mettre devant quelque chose de noir quand on marchait, et l'on empêchait ses pieds de geler en les remuant, ne prenant pas de repos et se déchaussant avant de se coucher. Lorsqu'on s'endormait chaussé, les courroies entraient dans le pied, et la chaussure se durcissait et s'y attachait en gelant; car les vieux souliers des Grecs s'étaient usés, et ils s'étaient fait faire des espèces de sandales avec du cuir de bœufs récemment écorchés. Toutes ces raisons furent cause qu'il y eut quelques traîneurs. Ils aperçurent un lieu qui paraissait noir, parce qu'il n'y avait plus de neige, et ils jugèrent qu'elle s'y était fondue: ils ne se trompaient pas. C'était l'effet d'une source voisine au-dessus de laquelle une sorte de brouillard s'élevait dans le vallon; ils se détournèrent du chemin pour gagner cette place, s'y assirent et déclarèrent qu'ils ne marcheraient plus. Xénophon, dès qu'il en fut instruit à l'arrière-garde qu'il commandait, y alla, les supplia, les conjura de toutes manières de ne pas rester en arrière, leur disant qu'un gros corps d'ennemis suivait les Grecs. Il finit par se fâcher aussi inutilement; les traîneurs lui répondirent qu'il n'avait qu'à les égorger s'il voulait, mais qu'ils ne pouvaient faire un pas. On jugea que le meilleur parti à prendre était d'inspirer, s'il était possible, une telle terreur aux ennemis, qu'ils ne revinssent pas attaquer ces infortunés. Il faisait une nuit très noire; les Barbares s'avançaient avec un grand bruit et se disputaient entre eux ce qu'ils avaient pillé. L'arrière-garde, qui était en bon état s'étant relevée, courut sur eux. Les traîneurs jetèrent les plus grands cris qu'ils purent, et frappèrent de leurs piques sur leurs boucliers. Les ennemis effrayés fuirent à travers la neige au fond du vallon, et on ne les entendit plus.

Xénophon et les troupes qu'il commandait promirent aux traîneurs qu'il leur viendrait le lendemain du secours, puis continuèrent leur marche. Ils n'avaient pas fait quatre stades qu'ils trouvent la colonne se reposant sur la neige et les soldats couverts de leurs manteaux: on n'avait point placé de gardes. Xénophon fit relever les troupes; elles dirent que ce qui était en avant faisait halte. Xénophon avança lui-même, et envoya devant lui les plus vigoureux des armés à la légère avec ordre d'examiner ce qui arrêtait la marche; ils lui rapportèrent que toute l'armée se reposait de même que l'arrière-garde. Le corps de Xénophon resta ainsi au bivouac sans allumer de feu, sans souper. On posa des gardes le mieux que l'on put. Un peu avant le point du jour ce général envoya les plus jeunes soldats aux traîneurs, avec ordre de les faire lever et avancer. Au même moment des Grecs, qui avaient cantonné dans le village, furent envoyés par Chirisophe pour s'informer des nouvelles de l'arrière-garde. On les vit arriver avec plaisir; et on les chargea de porter au cantonnement les traîneurs trop las ou trop malades pour suivre. On se remit en marche, et on n'avait pas fait vingt stades qu'on entra dans le village où cantonnait Chirisophe. L'armée s'étant ainsi réunie, on jugea qu'il n'y avait point de danger à la disperser par divisions dans plusieurs cantonnemens: Chirisophe resta dans le sien. Les autres généraux ayant tiré au sort les villages qu'on découvrait, marchèrent avec leurs divisions aux lieux qui leur étaient échus.

Polycrate Athénien, chef de lochos, demanda qu'il lui fût permis de devancer la troupe. Il choisit des soldats agiles, court au village que le sort avait destiné à Xénophon, y surprend tous les paysans, le magistrat, dix-sept poulains qu'on élevait pour le tribut dû au roi, et la fille du magistrat, mariée depuis huit jours ; son mari était allé chasser le lièvre, et ne se trouvant point dans le village, il ne fut pas pris. Les maisons étaient pratiquées sous terre, et quoique leur ouverture ressemblât à celle d'un puits, l'étage inférieur était vaste. On avait creusé d'autres entrées pour les bestiaux, mais les hommes descendaient par des échelles. Il y avait dans ces espèces de cavernes des chèvres, des brebis, des bœufs, des volailles et des petits de toutes ces espèces : tout le bétail y était nourri au foin. On trouva du froment, de l'orge, des légumes et de grands vases qui contenaient de la bière faite avec de l'orge. Ce grain y était mêlé encore et s'élevait en surnageant jusqu'au bord de ces vases qui étaient pleins ; à leur surface nageaient aussi des chalumeaux, les uns plus petits, les autres plus grands : il fallait, quand on avait soif, en porter un à sa bouche et sucer. Cette boisson était forte si l'on n'y mêlait de l'eau ; mais on la trouvait très agréable dès qu'on s'y était accoutumé.

Xénophon fit souper le magistrat avec lui, lui dit de se rassurer, lui promit que s'il rendait service à l'armée en lui servant de guide, jusqu'à ce qu'elle arrivât dans une autre province, on ne lui enlèverait pas ses enfans, et qu'on aurait soin avant de partir de remplir sa maison de vivres en dédommagement de ce qu'on aurait consommé. L'Arménien promit ce qu'on exigeait de lui, et pour commencer à montrer son zèle, il découvrit où l'on avait enfoui des tonneaux de vin. Les soldats passèrent cette nuit à leur cantonnement, plongés dans le repos et dans l'abondance ; ils tinrent le magistrat sous bonne garde, et eurent l'œil sur ses enfans. Le lendemain Xénophon prit avec lui le magistrat et alla trouver Chirisophe. Quand un village était près de son chemin, il le traversait. Partout il trouva les Grecs faisant des festins et livrés à la joie ; partout on chercha à le retenir, et on lui offrit à dîner ; partout il vit servir sur la même table de l'agneau, du chevreau, du porc frais, du veau, de la volaille, et une grande quantité de pains de froment et de pains d'orge. Quand par bienveillance pour un ami on le pressait de boire, c'était en le traînant à une chaudière ; il fallait qu'il courbât sa tête et humât sa boisson comme un bœuf. On permit au magistrat du village que menait Xénophon de prendre tout ce qu'il souhaiterait : il n'accepta aucun présent ; mais dès qu'il voyait un de ses parens, il le prenait avec lui.

Quand Xénophon et sa suite furent arrivés au village de Chirisophe, ils trouvèrent aussi les Grecs de ce cantonnement à table, couronnés de guirlandes de foin sec, et se faisant servir par des enfans arméniens vêtus d'habillemens barbares : on leur désignait par signes comme à des sourds ce qu'ils avaient à faire. Chirisophe et Xénophon, après les premiers complimens d'amitié, firent demander par celui de leurs interprètes qui parlait la langue perse, au magistrat prisonnier, dans quel pays ils étaient. Il répondit en Arménie. On lui demanda encore pour qui étaient élevés les poulains qu'on avait trouvés. Il répliqua que c'était le tribut qu'on payait au roi ; il ajouta que la province voisine était habitée par les Chalybes, et indiqua le chemin qui y conduisait. Xénophon le ramena ensuite à sa famille, et lui donna un vieux cheval qu'il avait pris, lui recommandant de l'engraisser et de l'immoler ; car Xénophon avait su que ce cheval était consacré au soleil ; et comme la route l'avait fatigué, il était à craindre qu'il ne mourût. Ce général prit un poulain pour lui-même et en donna un à chacun des généraux et des chefs de lochos. Les chevaux dans ce pays étaient moins grands que ceux de Perse, mais ils avaient plus d'ardeur. Le magistrat arménien apprit aux Grecs à attacher de petits sacs aux pieds de leurs montures et des bêtes de somme lorsqu'ils marcheraient sur la neige; sans cette précaution, elles y enfonçaient jusqu'aux sangles.

On cantonna sept jours; le huitième, Xénophon donne le magistrat de son village à Chirisophe pour servir de guide. On laisse à cet Arménien dans sa maison tout ce qui l'habitait. On n'emmène que son fils qui entrait dans l'âge de puberté; on met cet enfant sous la garde d'Episthène d'Amphipolis, et l'on promet au père que s'il conduit bien l'armée on lui rendra aussi son fils, et qu'il le ramènera avec lui. On remplit ensuite son château de tout ce qu'on y peut porter, et l'on se met en marche : ce nouveau guide n'était point lié et conduisait l'armée à travers les neiges. On était déjà à la fin de la troisième marche quand Chirisophe se mit en colère contre lui de ce qu'il ne menait point les Grecs à des villages; il répondit qu'il n'y en avait aucun dans les environs. Chirisophe le battit et ne le fit point enchaîner : la nuit suivante l'Arménien s'esquiva et abandonna son fils. Le châtiment de ce guide et le peu de soin qu'on prit pour s'en assurer, occasionnèrent le seul différent qui s'éleva dans toute la route entre Chirisophe et Xénophon. Épisthène devint amoureux du jeune homme, l'emmena en Grèce, et eut lieu d'être content de ses services et de sa fidélité.

De là, en sept marches de cinq parasanges chacune, on arriva aux bords du Phase, fleuve large d'un pléthre; puis on fit dix autres parasanges en deux marches; enfin, sur le sommet d'une montagne qu'on allait passer pour redescendre en plaine, on aperçut les Chalybes, les Taoques et les Phasiens qui attendaient l'armée grecque. Chirisophe, les voyant dans cette position, fit faire halte à la tête, à trente stades d'eux à-peu-près; car il ne voulait pas s'en approcher en ordre de marche. Il ordonna aux autres chefs de faire avancer les sections, et de les mettre en bataille à mesure qu'elles joindraient, de façon que l'armée fût rangée sur une ligne pleine. Quand l'arrière-garde même se fut formée, il assembla les généraux et les chefs de lochos et leur dit :

« Les ennemis, comme vous le voyez,
» occupent le sommet de la montagne;
» il est temps d'agiter quelles dispositions on doit faire pour combattre avec
» succès. Je suis d'avis d'envoyer le soldat dîner, et de délibérer nous-mêmes
» si c'est aujourd'hui ou demain qu'il
» convient de passer la montagne. Pour
» moi, dit Cléanor, je pense qu'il faut
» dîner au plus vite, courir aux armes
» aussitôt et marcher à l'ennemi; car il
» nous voit. Si nous différons au lendemain, nous lui inspirerons plus d'audace, et dès que cette troupe s'enhardira, probablement d'autres Barbares
» viendront s'y joindre, et leur nombre
» augmentera à vue d'œil. »

Xénophon dit ensuite : « Voici mon
» opinion. S'il est nécessaire d'essuyer
» un combat, il faut se préparer à attaquer vigoureusement; mais si nous
» voulons seulement saisir le moyen le
» plus facile de passer la montagne, il
» ne faut songer, ce me semble, qu'à
» faire tuer et blesser le moins de Grecs
» qu'il sera possible. La partie de ces
» monts, que nous voyons, s'étend à
» plus de soixante stades, et il ne paraît
» de troupes ennemies, qui nous observent, que sur ce chemin; il vaudrait
» beaucoup mieux tâcher de dérober à
» l'ennemi notre marche, et de le prévenir en nous portant dans la partie
» où il ne veille pas, que d'attaquer un

» poste fortifié par la nature, et des hommes préparés à se bien défendre. On gravit plus aisément sur un mont escarpé, quand on n'a point d'ennemis à combattre, qu'on ne marche, quand on en est entouré, dans la plaine la plus unie ; on voit mieux où l'on pose le pied la nuit, quand on n'a rien à craindre, que le jour en se battant, et l'on se fatigue moins à fouler un terrain pierreux, lorsqu'on est sans inquiétude, qu'à marcher sur le duvet lorsqu'on craint sans cesse pour sa tête. Il ne me paraît pas impossible de nous dérober à nos ennemis. Qui nous empêche de partir de nuit, et ils ne pourront nous voir ; de prendre un long détour, et ils auront peine à en être informés ? Je voudrais que, par nos dispositions et par nos manœuvres, nous feignissions de vouloir suivre le chemin qu'ils nous barrent, et en forcer le passage. Ces Barbares y feront rester d'autant plus de troupes, et nous trouverons le reste de la montagne d'autant plus dégarni de défenseurs. Mais il ne me sied pas, Chirisophe, de parler de feintes et de fraudes devant un Lacédémonien ; vous avez tous, tant que vous êtes d'hommes considérables dans cet état, la réputation d'avoir été formés dès votre enfance au larcin. Les filouteries, que la loi de Sparte ne prohibe pas, au lieu d'être déshonorantes, sont pour vous une occupation, et même un devoir dont vous ne pouvez vous dispenser ; pour vous mieux instruire à commettre un vol et à vous en cacher, la peine du fouet est prononcée contre ceux qui sont pris sur le fait. Voici le moment de nous montrer les fruits de l'éducation que vous avez reçue. Prenez garde que pendant que nous chercherons à dérober notre marche à l'ennemi, et à lui voler pour ainsi dire la montagne dont il croit être le maître, il ne nous y attrape et ne nous donne bien les étrivières.

» — Les Athéniens, à ce qu'on m'a dit, sont encore des voleurs plus adroits que nous, reprit Chirisophe : leur trésor public en fait foi. Les dangers effrayans que courent ceux qui y sont surpris ne vous rebutent pas ; ce sont les plus puissans de votre république qui s'en mêlent surtout, s'il est vrai que ce soient les citoyens les plus puissans qu'on y élit magistrats. Vous n'avez donc pas moins que moi, mon cher Xénophon, une belle occasion de prouver que vous avez profité de l'éducation et des bons exemples qu'on vous a donnés. — Je suis prêt, répliqua Xénophon, et dès que nous aurons soupé, j'offre d'aller, avec les troupes de mon arrière-garde, m'emparer des hauteurs. J'ai des guides ; car nos troupes légères, en sortant d'une embuscade, ont pris quelques-uns de ces voleurs de camp, qui nous suivent. Je sais, de ceux-ci, que la montagne n'est pas impraticable, qu'on y mène paître des chèvres, des bœufs, et que si une fois nous en occupons une partie, nous pourrons y faire passer nos équipages. J'espère d'ailleurs que quand nous en aurons gagné le sommet, et que les ennemis nous verront de niveau avec eux, ils ne nous y attendront pas long-temps ; car actuellement, ils n'ont pas le courage de descendre et de se former en plaine devant nous. — Pourquoi, dit Chirisophe, faut-il que vous y marchiez et que vous quittiez le commandement de l'arrière-garde ? Envoyez plutôt un détachement, s'il ne se présente pas de volontaires. » Aussitôt Aristonyme de Méthydrie vint s'offrir avec des hoplites, et Aristée de Chio, et Nicomaque d'Éta avec des armés à la légère. Il fut convenu que quand ils seraient maîtres des hauteurs, ils en donneraient le signal en allumant de grands feux. On dîna ensuite. Puis Chirisophe fit avancer toute l'armée à dix stades de là, où environ, vers l'ennemi, pour faire croire encore plus que les projets d'attaque étaient dirigés de ce côté.

Quand on eut soupé et que la nuit fut venue, le détachement partit, s'empara des hauteurs, et l'armée resta au bivouac où elle se trouvait. Dès que l'ennemi s'aperçut que des Grecs avaient gravi sur la montagne, il veilla et alluma, pendant toute la nuit, beaucoup de feux. Lorsqu'il fut jour, Chirisophe, après avoir sacrifié, conduisit l'armée par le grand chemin. Le détachement, maître d'une partie de la montagne et des hauteurs, marcha aux Barbares; la plus grande partie de ceux-ci restèrent dans leur poste sur la crête du mont : il marcha seulement quelques troupes contre les volontaires grecs. Ces deux détachemens se chargèrent avant que les armées fussent aux mains. Les Grecs eurent l'avantage dans cette mêlée : ils battent et poursuivent les Barbares. Alors les armés à la légère de l'armée grecque courent, de la plaine, contre ceux qui étaient rangés en bataille. Chirisophe suivait le plus vite qu'il pouvait, mais faisant cependant marcher en ordre son infanterie pesante. Le gros des ennemis, posté sur le chemin, voyant son détachement battu sur les hauteurs, prit la fuite; on en tua beaucoup, et l'on prit une infinité de boucliers à la perse : les Grecs, pour les rendre inutiles, les coupèrent avec leurs sabres. L'armée, après avoir monté, fit un sacrifice, éleva un trophée, et descendant le revers de la montagne, arriva dans une plaine et dans des villages où tout abondait.

On marcha ensuite contre les Taoques, et l'on fit, en cinq marches, trente parasanges. L'armée manqua de vivres; car les Taoques habitaient des places fortifiées où ils avaient transporté tout ce qui servait à leur subsistance. Enfin l'armée arriva à un lieu où il n'y avait ni villes, ni maisons, mais où beaucoup d'hommes et de femmes s'étaient réfugiés avec leurs bestiaux : Chirisophe le fit attaquer aussitôt. Quand la première division eut été repoussée, une seconde y marcha, puis une autre, et ainsi de suite; car ce poste n'était pas accessible de tous côtés, ni à beaucoup de troupes à-la-fois; mais presque tout autour régnait un escarpement à pic. Xénophon étant arrivé avec l'infanterie pesante et les armés à la légère de l'arrière-garde, Chirisophe lui dit : « Vous
» venez à propos; il faut forcer ce poste,
» car si nous n'y réussissons pas, l'ar-
» mée meurt de faim. »

Ils délibérèrent alors ensemble, et Xénophon demandant ce qui empêchait qu'on ne pénétrât dans ce poste : « Il n'y
» a d'autre accès, répondit Chirisophe,
» que celui que vous voyez; dès qu'on
» s'y présente et qu'on tente de monter,
» les Barbares font rouler des pierres du
» haut de ce rocher élevé, et voilà com-
» ment s'en trouvent ceux qui en ont été
» atteints. » Il lui montra en même temps des Grecs qui avaient les côtes et les cuisses fracassées. « S'ils épuisent
» leurs pierres, dit Xénophon, y aura-
» t-il encore quelque obstacle qui nous
» arrête au passage, ou n'y en aura-t-il
» plus? car nous n'apercevons que peu
» d'hommes dans ce poste, et deux ou
» trois tout au plus qui soient armés. A
» peine l'espace périlleux à parcourir
» est-il d'un plèthre et demi : vous le
» voyez vous-même; plus d'un plèthre
» encore est couvert de gros pins épars,
» et ni les pierres qu'on lance, ni celles
» qu'on fait rouler ne blesseraient des

» hommes qui se tiendraient debout der-
» rière ces arbres. Il ne restera donc
» plus qu'un demi-plèthre environ qu'il
» faudra traverser à la course dès que
» l'ennemi prendra un moment de re-
» pos. — Mais, répliqua Chirisophe,
» aussitôt que nous nous mettrons en
» marche pour gagner ce bois clair, une
» grêle de pierres tombera sur nous.
» — Tant mieux, dit Xénophon, les Bar-
» bares consommeront certainement
» d'autant plus vite les magasins qu'ils
» en ont faits. Mais portons-nous à l'en-
» droit d'où nous aurons moins à cou-
» rir, si nous pouvons monter à l'assaut,
» et d'où notre retraite sera la plus fa-
» cile, si nous sommes réduits à prendre
» ce parti. »

Alors Chirisophe et Xénophon s'avancèrent avec Callimaque Parrhasien, celui
des chefs de lochos de l'arrière-garde
qui était de jour : les autres restèrent
dans le terrain où il n'y avait rien à
craindre. Ensuite environ soixante-dix
hommes se portèrent derrière les arbres,
non en troupe, mais un à un, chacun
prenant garde à soi le mieux qu'il pouvait. Agasias de Stymphale et Aristonyme de Méthydrie, qui étaient aussi
chefs de lochos de l'arrière-garde, et
d'autres Grecs se tenaient debout hors
de l'espace planté; car les arbres ne pouvaient mettre à couvert qu'un lochos. Callimaque alors invente un stratagême; il
courait à deux ou trois pas de son arbre
et se retirait promptement derrière dès
qu'on lançait des pierres. Chaque fois
qu'il répétait cette manœuvre, les ennemis en jetaient plus de dix charretées.
Agasias voyait ce que faisait Callimaque.
Il observait que toute l'armée avait les
yeux tournés sur ce chef, et craignait
qu'il ne courût le premier au poste
des ennemis et qu'il n'y entrât; il y court
lui-même et devance tous les Grecs,
n'appelant ni Aristonyme, qui était près

de lui, ni Euryloque de Lusie, quoiqu'ils fussent tous deux ses amis, ni aucun autre Grec. Callimaque le voyant
passer, l'arrête par le bord de son bouclier : alors Aristonyme de Méthydrie
les devance tous deux, et après lui Euryloque. Tous ces Grecs étaient rivaux
de gloire, cherchaient sans cesse à se
distinguer, et c'est ainsi qu'à l'envi l'un
de l'autre ils prirent le poste; car dès
qu'un d'eux y fut entré, les Barbares ne
jetèrent plus de pierres.

On y vit un spectacle affreux. Les
femmes jetaient leurs enfans du haut du
rocher et se précipitaient ensuite : les
hommes en faisaient autant. Ænée de
Stymphale, chef de lochos, aperçut un
Barbare qui courait pour se précipiter
et qui avait un habit magnifique. Il le
saisit pour l'en empêcher; le Barbare
l'entraîne : tous deux tombent de rochers en rochers au fond d'un abîme,
et périssent ainsi. On ne fit que peu de
prisonniers, mais on trouva beaucoup de
bœufs, d'ânes et de menu bétail.

On fit ensuite cinquante parasanges
en sept jours, à travers le pays des Chalybes. C'était le peuple le plus belliqueux
qu'eût trouvé l'armée sur son passage;
il croisait la pique avec les Grecs. Les
Chalybes portaient des corselets de toile
piquée qui leur descendaient jusqu'à la
hanche; au lieu de basques, beaucoup
de cordes tortillées tombaient du bas de
ces corselets. Ces Barbares avaient des
casques, des grévières, et portaient à
la ceinture un petit sabre qui n'était pas
plus long que ceux des Lacédémoniens;
avec cette arme, ils égorgeaient les prisonniers qu'ils pouvaient faire, leur coupaient la tête et l'emportaient en s'en
allant. Ils chantaient, ils dansaient, dès
qu'ils pouvaient être vus de l'ennemi;
ils portaient aussi une pique longue d'environ quinze coudées, et armée d'une
seule pointe de fer. Ils se tenaient dans

des villes; aussitôt que les Grecs en avaient passé une, les Chalybes les suivaient et les attaquaient sans relâche; puis ils se retiraient dans des lieux fortifiés où ils avaient transporté toutes leurs provisions de bouche, en sorte que l'armée n'en put trouver dans ce pays, et vécut des bestiaux qu'elle avait pris aux Taoques.

Les Grecs arrivèrent ensuite sur les bords du fleuve Harpasus, large de quatre pléthres. De là ayant fait, en quatre marches, vingt parasanges à travers le pays des Scythins, après avoir traversé de grandes plaines, ils se trouvèrent dans des villages où ils séjournèrent trois jours, et firent provision de vivres; puis, en quatre autres marches de la même longueur, ils arrivèrent à une grande ville, riche et bien peuplée: on la nommait Gymnias. Celui qui commandait dans cette province envoie un guide aux Grecs pour les conduire par un autre pays avec lequel il était en guerre; ce guide vient les trouver et leur promet de les mener en cinq jours à un lieu d'où ils découvriront la mer: il consent d'être puni de mort s'il les trompe. Il conduit en effet l'armée, et dès qu'il l'a fait entrer sur le territoire ennemi, il l'exhorte à tout brûler et ravager, ce qui fit voir que c'était pour assouvir la haine de ses compatriotes et non par bienveillance pour les Grecs qu'il les accompagnait. On arriva, le cinquième jour, à la montagne sacrée, qui s'appelait le mont Téchès. Les premiers qui eurent gravi jusqu'au sommet aperçurent la mer et jetèrent de grands cris; ils furent entendus de Xénophon et de l'arrière-garde. On y crut que de nouveaux ennemis attaquaient la tête de la colonne; car la queue était harcelée et poursuivie par les peuples dont on avait brûlé le pays. L'arrière-garde leur ayant tendu une embuscade, en tua quelques-uns, en fit d'autres prisonniers, et prit environ vingt boucliers. Ils étaient de la forme de ceux des Perses, recouverts d'un cuir de bœuf cru, et garni de ses poils.

Les cris s'augmentèrent et se rapprochèrent; car de nouveaux soldats se joignaient sans cesse en courant à ceux qui criaient. Leur nombre augmentant, le bruit redoublait, et Xénophon crut qu'il ne s'agissait pas d'une bagatelle. Il monta à cheval, prit avec lui Lycius et les cavaliers grecs, et courut le long du flanc de la colonne pour donner du secours; il distingua bientôt que les soldats criaient *la mer, la mer*, et se félicitaient les uns les autres; alors arrière-garde, équipages, cavaliers, tout courut au sommet de la montagne. Quand tous les Grecs y furent arrivés, ils s'embrassèrent; ils sautèrent au cou de leurs généraux et de leurs chefs de lochos, les larmes aux yeux. Aussitôt, sans qu'on ait jamais su qui leur donna ce conseil, les soldats apportent des pierres et en élèvent un grand tas; ils le couvrent de ces boucliers garnis de cuir cru, de bâtons, et d'autres boucliers à la perse, pris à l'ennemi. Le guide coupa plusieurs de ces boucliers, et exhorta les Grecs à l'imiter. Ils renvoyèrent ensuite ce barbare, après lui avoir fait des présens. L'armée lui donna un cheval, un vase d'argent, un habillement à la perse, et dix dariques; il demanda surtout des bagues, et en obtint de beaucoup de soldats; ensuite il montra un village où l'on pouvait cantonner, et le chemin qu'il fallait suivre à travers le pays des Macrons; puis il attendit jusqu'au soir, et quand la nuit fut noire, il partit et quitta l'armée.

Les Grecs firent ensuite, en trois marches, dix parasanges à travers le pays des Macrons. Le premier jour on arriva à un fleuve qui séparait ce pays de celui des Scythins ; sur la droite de l'armée était une montagne très escarpée, à sa gauche, un autre fleuve dans lequel se jetait celui qui faisait les limites des deux provinces, et qu'il fallait passer. Sa rive était bordée d'une lisière de bois ; ce n'était pas une haute futaie, mais un taillis fourré. Les Grecs s'étant avancés, commencèrent à le couper ; ils se hâtaient d'autant plus qu'ils voulaient sortir promptement de cette mauvaise position. Les Macrons, armés de boucliers à la perse, de lances, et revêtus de tuniques tissues de crin, s'étaient mis en bataille sur l'autre rive du fleuve ; ils s'exhortaient mutuellement à bien combattre, et jetaient des pierres qui retombaient dans l'eau ; car ils ne purent atteindre les Grecs, ni en blesser aucun.

Alors un des armés à la légère, qui disait avoir été esclave à Athènes, vint trouver Xénophon, et lui dit qu'il savait la langue de ces Barbares. « Je crois, » ajouta-t-il, « que leur pays est ma patrie, et si rien ne s'y oppose, je » voudrais causer avec eux. — Rien ne » vous en empêche, reprit Xénophon : » parlez-leur, et sachez d'abord quels » ils sont. » On leur fit cette question, et ils dirent qu'on les appelait les Macrons. « Demandez-leur, ajouta Xéno- » phon, pourquoi ils se sont rangés en » bataille contre nous, et veulent être nos » ennemis. » — C'est, répondirent les Macrons, parce que vous venez envahir notre pays. — Répliquez-leur, dirent les généraux, que ce n'est point pour leur causer le moindre dommage que nous y voulons passer, mais qu'ayant fait la guerre à Artaxerxès, nous désirons de retourner en Grèce et d'arriver à la mer. » Les Barbares voulurent savoir si les Grecs confirmeraient ces paroles par des sermens. Ceux-ci demandèrent à recevoir et à donner les signes garans de la paix. Les Macrons donnèrent aux Grecs une de leurs lances, et les Grecs, aux Macrons, une de leurs piques : telle était chez eux, dirent ces peuples, la forme des engagemens. Les deux armées appelèrent ensuite les Dieux à témoin de leurs sermens.

Dès que cette alliance fut conclue, les Macrons coupèrent, avec les Grecs, le taillis ; ouvrirent une route pour les faire passer ; se mêlèrent dans leurs rangs ; leur fournirent tous les vivres qu'ils purent, en les leur faisant payer ; et leur servirent de guides pendant trois jours, jusqu'à ce qu'ils les eussent conduits aux montagnes de la Colchide. Là était un mont élevé, mais accessible, sur la crête duquel les Colques paraissaient en bataille. Les Grecs se formèrent d'abord en ligne pleine, comme pour attaquer dans cet ordre les Barbares et monter ainsi jusqu'à eux. Les généraux s'assemblèrent ensuite et raisonnèrent sur les dispositions qu'il convenait de faire pour charger avec plus de succès ; Xénophon dit qu'il était d'avis de rompre la ligne pour former tous les lochos en colonnes qui marcheraient à la même hauteur : « car une ligne pleine se rompra bien- » tôt d'elle-même. Ici la montagne sera » praticable, là elle ne le sera pas : le » soldat qui aura dû combattre en ligne » pleine se découragera dès qu'il y verra » du vide. D'ailleurs si nous marchons » sur un ordre profond, la ligne des » ennemis nous débordera, et ils feront » marcher, comme ils voudront, contre » nous, ce qui nous dépassera de leurs » ailes ; si nous nous mettons au con- » traire sur peu d'hommes de hauteur, » je ne serais pas étonné que la ligne » fût enfoncée quelque part, vu la mul- » titude de Barbares et de traits qui » tomberont sur nous. Que l'ennemi » perce en un point, toute l'armée grec- » que est battue. Je suis donc d'avis

» de marcher sur beaucoup de colonnes
» de front, qui seront d'un lochos cha-
» cune, et de laisser entre elles assez
» d'intervalle pour que nos derniers lo-
» chos dépassent les ailes de l'armée
» barbare; ainsi les extrémités de notre
» front déborderont celui de l'ennemi,
» et, dans l'ordre que je propose, les
» chefs et les meilleurs soldats se trou-
» veront à la tête des colonnes : chaque
» lochos marchera par où le chemin sera
» praticable. Il ne sera pas facile à l'en-
» nemi de pénétrer dans les intervalles;
» il se trouverait entre deux rangs de
» nos piques. Il ne lui sera pas facile
» non plus de tailler en pièces un lochos
» qui marchera en colonne. Si l'un d'eux
» résistait avec peine, le plus voisin lui
» porterait du secours; et dès qu'un
» seul aura pu gagner le haut de la
» montagne, l'ennemi ne tiendra plus. »
Cet avis fut adopté : on forma en colonnes les lochos; Xénophon se porta
de la droite à la gauche de l'armée, et
en passant il parla ainsi aux soldats :
« Grecs, l'ennemi que vous voyez est le
» seul obstacle qui nous empêche d'être
» déjà au but désiré depuis si long-
» temps; il faut dévorer, si nous le pou-
» vons, ces hommes tout en vie. »

Lorsque chacun fut à son poste et
qu'on eut formé les colonnes, on compta
à-peu-près quatre-vingts lochos, chacun
d'environ cent hommes pesamment armés. On partagea en trois les armés à la
légère et les archers; on en fit marcher
une division au-delà de l'aile gauche,
une autre au-delà de l'aile droite, la
dernière se tint au centre. Chacune de
ces divisions était d'environ six cents
hommes. Les généraux ordonnèrent
qu'on invoquât les Dieux; le soldat leur
adressa des vœux, chanta le péan et se
mit en marche. Chirisophe et Xénophon, l'un et l'autre à la tête d'une des
divisions d'armés à la légère qu'on avait
envoyées aux ailes, se portaient au-delà
du front de l'ennemi. Les Barbares les
voyant, marchèrent pour s'y opposer;
mais en voulant étendre leur ligne par
la droite et par la gauche, elle s'ouvrit,
et il se fit un grand vide au centre.
La division des Grecs armés à la légère,
commandée par Eschine d'Acarnanie,
qui marchait au centre en avant de l'infanterie arcadienne, crut, en voyant
l'ennemi se séparer, qu'il prenait la
fuite; ils coururent sur lui tant qu'ils
purent, et ce fut le premier corps qui
gagna la crête de la montagne. L'infanterie arcadienne, aux ordres de Cléanor
d'Orchomène, tâcha de les suivre et de
les soutenir; les Barbares, dès qu'ils
virent les Grecs courir à eux, ne tinrent
plus, mais prirent la fuite, l'un d'un
côté, l'autre de l'autre. Les Grecs étant
montés, trouvèrent beaucoup de villages abondamment remplis de vivres, et
y cantonnèrent; ils n'y rencontrèrent
rien qui les étonnât, si ce n'est qu'il y
avait beaucoup de ruches, et que tous
les soldats qui mangèrent des gâteaux
de miel, eurent le transport au cerveau,
vomirent, furent purgés, et qu'aucun
d'eux ne pouvait se tenir sur ses jambes.
Ceux qui n'en avaient que goûté, avaient
l'air de gens plongés dans l'ivresse; ceux
qui en avaient pris davantage ressemblaient, les uns à des furieux, les autres
à des mourans. On voyait plus de soldats étendus sur la terre, que si l'armée
eût perdu une bataille, et la même
consternation y régnait. Le lendemain
personne ne mourut; le transport cessait à-peu-près à la même heure où il
avait pris la veille. Le troisième et le
quatrième jour, les empoisonnés se levèrent, las et fatigués, comme on l'est
après l'effet d'un remède violent.

On fit ensuite sept parasanges en
deux marches. On arriva sur le bord de
la mer à Trébizonde, ville grecque fort

peuplée; elle est située sur le Pont-Euxin, dans le pays des Colques, et c'est une colonie des Sinopéens. Les Grecs y demeurèrent environ un mois sur le territoire de la Colchide, où ils s'écartèrent pour piller. Les habitans de Trébizonde établirent un marché dans le camp des Grecs, les reçurent, et leur offrirent les présens de l'hospitalité, des bœufs, de la farine d'orge et du vin; ils obtinrent même de l'armée qu'elle ménageât les Colques qui étaient les plus voisins, et habitaient la plaine: ceux-ci firent aussi des présens aux Grecs, et leur donnèrent surtout des bêtes à cornes. L'armée se prépara alors à faire aux Dieux les sacrifices qu'on leur avait voués, car il était venu assez de bœufs pour les immoler à Jupiter sauveur et à Hercule, et pour leur rendre grâces d'avoir conduit les Grecs en pays ami. On ne manquait pas non plus de victimes pour accomplir les promesses faites aux autres Dieux. On célébra des jeux et des combats gymniques sur la montagne où l'on campait, et l'on choisit Dracontius de Sparte pour faire préparer la lice et pour présider aux jeux: ce Grec avait été banni de sa patrie dès l'enfance, parce qu'il avait frappé avec un sabre court, à la lacédémonienne, et tué sans le vouloir un enfant de son âge.

Les sacrifices étant finis, on donna à Dracontius les peaux des victimes, et on lui dit de conduire les Grecs au lieu préparé pour la course. Il désigna la place même où on se trouvait. « Cette colline, » dit-il, est excellente, et l'on peut y » courir dans tous les sens qu'on voudra. — Mais, lui objecta-t-on, comment pourront lutter les athlètes sur » un sol pierreux et dans un terrain » planté d'arbres? — Tant pis pour ceux » qui tomberont, répondit Dracontius, » ils s'en feront plus de mal. » Des enfans, dont la plupart étaient esclaves et prisonniers, s'exercèrent à la course du stade, et plus de soixante Crétois, à celle du dolique; d'autres à la lutte, au pugilat, au pancrace. Le spectacle fut beau. Nombre de contendans étaient descendus dans l'arène; ces regards de leurs compagnons enflammaient leur émulation. Il y eut aussi des courses de chevaux. Il fallait descendre du haut de la montagne au bord de la mer, et de là remonter jusqu'à l'autel. La plupart des chevaux s'abandonnèrent à la descente; mais ce ne fut qu'avec peine et lentement qu'ils remontèrent ce coteau très escarpé. On entendait de toutes parts les clameurs, les ris et les exhortations mutuelles des Grecs.

LIVRE CINQUIÈME.

Dans les livres précédens on a lu tout ce que firent les Grecs, et pendant qu'ils marchèrent avec Cyrus, et lorsqu'ils se retirèrent après sa mort, jusqu'au jour où ils arrivèrent sur les bords de l'Euxin à Trébizonde, ville grecque. On a raconté comment ils s'acquittèrent envers les Dieux des sacrifices qu'ils avaient voué de leur faire dès qu'ils seraient en pays ami, en action de grâces de leur salut.

L'armée s'assembla ensuite, et on délibéra sur la route qui restait à faire. Antiléon de Thurium se leva le premier, et parla en ces termes: « Je suis las enfin, mes compagnons, de plier bagage, de marcher, de courir, de porter mes armes, d'observer mon rang, de monter la garde, de combattre sans cesse. Puisque nous voilà au bord de la mer, je veux ne plus essuyer ces fatigues, mais achever ma route sur un vaisseau, et, étendu de mon long, arriver comme Ulysse en dormant dans la Grèce. » Il s'éleva un grand

bruit à ces mots. Tous les soldats crièrent qu'il avait raison ; un autre Grec parla et fut du même avis : tout ce qui était présent formait le même vœu. Chirisophe se leva ensuite et dit : « Grecs, je
» suis ami d'Anaxibius, et c'est heureu-
» sement lui qui commande maintenant
» les forces navales des Lacédémoniens.
» Si vous me députez vers lui, je revien-
» drai, je l'espère, avec les galères et
» les bâtimens de transport nécessaires
» pour vous embarquer. Puisque vous
» voulez continuer votre route par mer,
» attendez mon retour, que j'accélère-
» rai, et qui ne peut tarder. » Ces pa-
roles comblèrent de joie le soldat, et il fut arrêté que Chirisophe mettrait à la voile le plus tôt qu'il pourrait.

Après lui Xénophon se leva et tint ce discours : « Nous envoyons Chirisophe
» nous chercher une flotte, et nous l'at-
» tendrons ici. Je vais donc vous parler
» de ce qu'il me paraît important de
» prévoir pour notre séjour. D'abord il
» faut nous fournir de vivres dans le
» pays ennemi ; car le marché ne suffit
» pas à nos besoins. Peu de Grecs ont
» de l'argent pour y acheter le néces-
» saire, et nous sommes en guerre avec
» les peuples de la contrée qui nous en-
» vironne ; il est à craindre que si nous
» y allons prendre des vivres sans pré-
» caution, nous ne perdions beaucoup
» de soldats. C'est donc par des excur-
» sions en force, si vous m'en croyez,
» que nous approvisionnerons notre
» camp; mais que personne ne s'en écarte
» par d'autres motifs : votre salut en dé-
» pend. Chargez les généraux d'y veil-
» ler. » Cet avis fut adopté. « Écoutez
» encore ceci, ajouta Xénophon. Plu-
» sieurs de vous iront sans doute à cette
» maraude. Je pense qu'il faudrait que
» celui qui aura le projet de sortir du
» camp en prévînt les généraux et indi-
» quât où il va : nous saurons ainsi ce
» qu'il y aura de soldats absens et ce qui
» restera au drapeau. Nous préparerons
» tout pour les cas urgens ; dès le mo-
» ment où quelques-uns de vous auront
» besoin de secours, nous saurons où il
» faudra leur en porter. Si des Grecs peu
» sensés et sans expérience méditent une
» entreprise, nous les aiderons de nos
» conseils et nous tâcherons de savoir à
» quelles forces ils doivent avoir af-
» faire. » On approuva et on arrêta ce que proposait Xénophon. « Faites encore
» une réflexion, dit ce général, l'ennemi
» a le loisir de songer à nous piller aussi,
» et c'est avec justice qu'il nous tend des
» embûches; car nous nous sommes ap-
» proprié ses biens. Il est posté sur les
» hauteurs qui nous dominent ; je crois
» donc qu'il faut que l'armée soit entou-
» rée de grandes gardes. Détachés par
» piquets tour-à-tour, faisons bonne
» garde et observons l'ennemi; les Bar-
» bares auront moins de facilité à nous
» surprendre. Voici une considération
» importante encore. Si nous pouvions
» compter certainement sur le retour de
» Chirisophe avec une flotte capable de
» transporter toute l'armée, ce que je
» vais vous dire serait inutile ; mais dans
» le doute où nous sommes, je voudrais
» tâcher de nous pourvoir ici même de
» bâtimens. Si lorsque ce général revien-
» dra nous nous trouvons en avoir déjà
» un assez grand nombre, l'abondance
» ne nuit pas, et nous en naviguerons
» plus à notre aise ; mais si Chirisophe
» n'en ramenait point, ceux que nous
» aurons rassemblés ici seront notre res-
» source. Je vois souvent des navires
» longer cette côte : empruntons aux ha-
» bitans de Trébizonde de longs bateaux ;
» nous nous en servirons à ramener ici
» les vaisseaux qui passeront ; nous les
» garderons et leur ôterons le gouver-
» nail. Nous en userons ainsi jusqu'à ce
» que nous en ayons rassemblé ce qu'il

» nous en faut, et par cette prévoyance
» les moyens de nous embarquer ne
» nous manqueront probablement pas. »
Ceci fut ratifié encore. « Examinez de
» plus, dit-il, s'il n'est pas juste que
» l'armée nourrisse tous les matelots de
» ces vaisseaux tant qu'ils resteront ici,
» et que l'on convienne avec eux d'une
» somme pour nous transporter en
» Grèce, en sorte qu'ils ne nous soient
» pas utiles sans y trouver leur profit. »
On approuva encore cette proposition.
« Je suis aussi d'avis, dit Xénophon, de
» prévoir le cas où nous ne pourrions
» d'aucune manière nous procurer assez
» de bâtimens, et d'annoncer aux villes
» maritimes qu'elles aient à réparer les
» chemins; car j'entends dire qu'ils sont
» en mauvais état. La terreur de nos ar-
» mes et surtout le désir d'être débarras-
» sés de nous les rendront dociles à cette
» invitation. »

On s'écria alors qu'il ne fallait pas
songer à prendre cette précaution. Xénophon sentit l'inconséquence des Grecs,
et ne proposa point d'aller aux voix;
mais il persuada en secret aux villes de
travailler volontairement à la réparation
des chemins, en leur exposant que
l'armée s'éloignerait plus vite si les routes étaient ouvertes et commodes. Les
habitans de Trébizonde prêtèrent un
vaisseau à cinquante rames, que les
Grecs firent commander par Dexippe Lacédémonien. Dexippe ne s'occupa pas à
arrêter des bâtimens, et prenant la fuite
secrètement avec le vaisseau qu'il montait, il sortit du Pont-Euxin; il reçut
dans la suite la peine de sa trahison, car
ayant intrigué en Thrace à la cour de
Seuthès, il y fut tué par Nicandre Lacédémonien. Les Grecs empruntèrent
aussi un vaisseau à trente rames, et l'envoyèrent en mer aux ordres de Polycrate
Athénien, qui ramena près du camp tous
les bâtimens qu'il put arrêter : on en tira
la cargaison qu'on mit sous bonne garde
pour que rien ne se perdît, et les bâtimens servirent au transport des troupes.
Pendant que ceci se passait, les Grecs
allaient piller le pays ennemi : les uns
étaient heureux, les autres ne trouvaient
rien. Cléænète ayant mené son lochos et
celui d'un autre chef attaquer un poste
de difficile accès, y fut tué, et beaucoup
de Grecs périrent avec lui.

Quand les vivres manquèrent aux environs du camp, en sorte que le soldat
ne pouvait en aller prendre et revenir le
même jour, Xénophon se munit de guides à Trébizonde, conduit la moitié de
l'armée contre les Driliens, et laisse
l'autre moitié pour garder le camp; car
les Colques qu'on avait chassés de leurs
maisons s'étaient rassemblés en grand
nombre et occupaient les hauteurs. Les
habitans de Trébizonde ne menaient jamais l'armée grecque où il lui eût été le
plus facile de s'approvisionner, parce
que c'eût été chez des peuples de leurs
amis; mais ils la conduisirent de grand
cœur contre les Driliens dont ils avaient
à se plaindre. Des nations riveraines du
Pont-Euxin, celle-ci est la plus belliqueuse; elle habite un pays montueux
et dont les chemins sont presque impraticables.

Lorsque les Grecs y furent entrés,
les Driliens en se retirant brûlèrent tous
les lieux dont ils jugeaient que l'ennemi
pouvait s'emparer : il ne resta rien à
prendre que quelques porcs, bœufs et
autres bestiaux échappés aux flammes.
Il y avait un lieu qu'on nommait leur métropole; ils s'y étaient tous rassemblés.
A l'entour régnait un ravin très profond,
et les abords de la place étaient difficiles. Les armés à la légère coururent sept
ou huit stades en avant de l'infanterie,
passèrent le ravin, et voyant des bestiaux et beaucoup d'autre pillage à faire,
attaquèrent la place. Un grand nombre

de Grecs armés de piques, qui étaient sortis du camp pour aller prendre des vivres, les avaient suivis, en sorte qu'il y avait plus de deux mille hommes au-delà du ravin. Après avoir combattu et avoir été repoussés (car la ville était encore entourée d'un large fossé, dont le revers était palissadé et flanqué d'un grand nombre de tours de bois), après ces vains efforts, dis-je, les Grecs tâchèrent de se retirer; mais dès qu'ils y songeaient, les Barbares fondaient sur eux; il était donc impossible de revenir sur ses pas, d'autant que du lieu où l'on était on ne pouvait descendre qu'un à un dans le ravin. Les Grecs en font instruire Xénophon qui marchait à la tête des hoplites; leur député annonce à ce général qu'il y a un grand butin à faire dans la place et qu'elle regorge de richesses. « Nous ne saurions l'emporter de vive
» force, car elle est fortifiée; il n'est pas
» aisé non plus de nous retirer en bon
» ordre : l'ennemi fait sur nous des sor-
» ties vigoureuses, et le terrain ajoute
» aux difficultés de notre retraite. »

Xénophon ayant entendu ce rapport, mena l'infanterie jusqu'au bord du ravin, et y fit poser en ordre les armes à terre. Lui seul avec les chefs de lochos le traversa et examina s'il valait mieux faire retirer les Grecs qui avaient passé le ravin, ou faire avancer aussi au-delà toute l'infanterie, pour tenter de prendre la place d'emblée. Il paraissait impossible de faire une retraite qui ne coûtât beaucoup d'hommes, et les chefs de lochos pensaient qu'on pouvait se rendre maître de la ville. Xénophon se rendit à leur avis et se confia aux indices donnés par les Dieux; car les devins avaient déclaré qu'on combattrait, mais que la fin de l'entreprise serait heureuse. Le général renvoie les chefs pour faire passer le ravin aux hoplites. Lui-même reste, sépare les armés à la légère qui étaient mêlés, leur fait reprendre leurs rangs, et ne les laisse provoquer l'ennemi par aucune escarmouche. Quand les hoplites furent arrivés, il ordonna que chaque chef formât son lochos sur l'ordre où il croirait que le soldat combattrait le plus avantageusement : comme ils étaient près l'un de l'autre, il attendait d'eux cette rivalité de courage qu'ils avaient montrée à l'envi dans toutes les occasions. Les chefs exécutèrent l'ordre qu'on leur avait donné. Xénophon prescrivit aux armés à la légère de s'avancer le javelot à la main, et aux archers la flèche posée sur l'arc, pour les lancer sur l'ennemi dès qu'on donnerait le signal; il recommanda aux uns et aux autres de remplir de pierres leurs havre-sacs, et chargea des hommes vigilans d'y tenir la main. Après ces préparatifs, les chefs de lochos, les pentecontarques et les simples soldats qui ne s'estimaient pas moins qu'eux, se trouvèrent rangés en bataille et se voyaient les uns les autres; car par la nature du lieu on apercevait d'un coup-d'œil toute la ligne. Quand on eut chanté le péan et que la trompette eut donné le signal, on jeta les cris ordinaires du combat, et aussitôt les hoplites coururent sur l'ennemi; on décocha en même temps les traits de toute espèce, javelots, flèches, pierres, les unes lancées avec la fronde, les autres en plus grand nombre jetées à la main : il y avait même des Grecs qui portaient du feu. La grande quantité des traits fit retirer l'ennemi de la palissade et des tours. Agasias de Stymphale et Philoxène de Pélène, ayant posé leurs armes à terre, montèrent en simple tunique. Un Grec tendit la main à un autre et le tira; un troisième monta tout seul, et la place paraissait prise. Toutes les troupes légères y coururent et pillèrent ce qu'elles purent. Xénophon se tenant à la porte empêchait autant qu'il le pouvait les hoplites d'y entrer ; car d'autres ennemis paraissaient sur des hauteurs fortifiées. Peu de temps après on entendit dans la ville de grands cris : les Grecs fuyaient, les uns avec le butin qu'ils avaient pris, quelques autres blessés ; et on se poussait beaucoup à la porte. On interrogea ceux qui sortaient ; ils répondirent qu'il existait dans la place un fort d'où les ennemis avaient fait une sortie et blessé beaucoup de monde.

Xénophon fit publier par le héraut Tolmidès que ceux qui voudraient avoir part au butin entrassent dans la place. Beaucoup de Grecs s'y portèrent, et ayant pénétré à grand'peine à cause de la foule, repoussèrent enfin l'ennemi et le renfermèrent encore une fois dans la citadelle ; tout le reste de l'enceinte fut mis au pillage, et l'armée emportait ce qu'elle avait pris. Les hoplites se tenaient en armes le plus près de la palissade, les autres dans la rue qui menait à la citadelle. Xénophon et les chefs de lochos allèrent reconnaître si l'on pouvait s'en emparer : c'était un moyen d'assurer la retraite qui paraissait très périlleuse tant que l'ennemi occuperait ce poste. Ils eurent beau observer, ils le jugèrent absolument imprenable. On se prépara enfin à revenir sur ses pas. Les soldats arrachèrent chacun devant soi les pieux de la palissade ; on envoya au butin les hommes inutiles et la plus grande partie des hoplites ; les chefs de lochos ne firent rester sous les armes que les soldats en qui ils avaient le plus de confiance.

Dès qu'on commença à reculer, beaucoup de Barbares firent une sortie. Ils portaient des boucliers à la perse, des lances, des grévières et des casques semblables à ceux des Paphlagoniens ; il y eut d'autres ennemis qui montèrent sur les maisons des deux côtés de la rue, en sorte qu'il n'y avait pas de sûreté à les poursuivre jusqu'aux portes de la citadelle, car ils lançaient de grosses bûches du haut des maisons. On ne pouvait ni rester dans la place, ni s'en retirer ; là nuit allait survenir et ajoutait à la terreur des Grecs. Tandis qu'ils combattent et ne savent comment se tirer d'affaire, un Dieu sans doute leur présente le moyen de se sauver. Tout-à-coup une des maisons de la droite s'enflamma sans qu'on sût qui y avait mis le feu ; aussitôt qu'elle s'écroula, tous les Barbares quittèrent ce rang de maisons et prirent la fuite. Xénophon profita de la leçon que le hasard lui donnait, et fit mettre le feu à celles qui étaient sur la gauche ; elles étaient construites de bois et s'enflammèrent bien vite. Les Barbares qui les occupaient prirent la fuite à leur tour ; les Grecs n'étaient plus inquiétés que par ceux qui barraient en face d'eux la largeur de la rue. Il était évident qu'on en serait attaqué à la sortie de la ville et à la descente du fossé. Xénophon ordonna alors à tous les soldats qui se trouvaient hors de la portée du trait d'amasser du bois et de le jeter entre le front de l'armée et celui de l'ennemi. Quand il y en eut assez d'entassé, on l'alluma ; on mit aussi le feu aux maisons situées près du fossé pour donner de l'occupation à l'ennemi : c'est ainsi que les Grecs se retirèrent à grand'peine de la place, ayant mis le feu pour barrière entre eux et les Barbares. Ville, maisons, tours, palissades, tout fut brûlé, excepté la citadelle.

Le lendemain, les Grecs continuèrent leur retraite avec les vivres qu'ils avaient pris ; comme ils craignaient le défilé étroit et escarpé par où l'on descendait de la place vers Trébizonde, ils feignirent de tendre une embuscade. Un Mysien, qui portait pour nom de guerre celui de sa patrie, prit avec lui quatre ou cinq Crétois, resta dans un lieu fourré et fit semblant de vouloir s'y cacher.

Les boucliers de ces armés à la légère étaient garnis d'airain, et on les apercevait reluire en différens endroits. Les Barbares en furent frappés et craignirent de tomber dans une embuscade; l'armée descendait cependant. Quand le Mysien la crut assez éloignée, il fit signe à sa petite troupe de prendre la fuite à toutes jambes; lui-même s'enfuit avec eux. Les Crétois, qui craignaient d'être joints à la course, quittèrent le chemin et se sauvèrent en se précipitant à travers le bois. Le Mysien suivit la route et criait en fuyant qu'on vint le secourir. Il accourut à son secours des Grecs qui le reçurent blessé par l'ennemi; puis ils se retirèrent par le pas en arrière pour se garantir des traits que lançaient les Barbares. Quelques Crétois tirèrent aussi des flèches à l'ennemi, et le tout rejoignit l'armée au camp sans avoir perdu un seul homme.

Chirisophe n'arrivait point; on n'avait pas rassemblé assez de bâtimens pour transporter toute l'armée, et elle ne trouvait plus de vivres à enlever. On jugea qu'il fallait quitter le pays; on embarqua les malades, les soldats âgés de plus de quarante ans, les enfans, les femmes, et tous les équipages dont on pouvait se passer, avec Philésius et Sophénète, les plus âgés des généraux, aux soins desquels on commit ce qui montait sur les vaisseaux. Le reste de l'armée se mit en route. Les marches étaient ouvertes et les chemins réparés; elle arriva ainsi par terre en trois jours à Cérasunte, ville grecque, colonie des Sinopéens, et située sur le bord de la mer dans la Colchide. On y séjourna trois jours et l'on y fit la revue et le dénombrement des hoplites sous les armes; de plus de dix mille il n'en restait en vie que huit mille six cents: les ennemis, la neige et les maladies avaient fait périr le reste. On partagea alors l'argent provenant de la vente des prisonniers; on préleva le dixième pour Apollon et pour Diane Éphésienne; les généraux divisèrent cette portion des Dieux, et chacun d'eux se chargea d'en garder une partie pour la leur offrir. Néon d'Asinée reçut au nom de Chirisophe celle qui devait être remise à ce général.

Xénophon ayant fait faire une offrande pour Apollon, la consacra à Delphes dans le trésor des Athéniens, et y fit inscrire son nom et celui de Proxène son hôte qui avait été mis à mort avec Cléarque. Quant à la portion de Diane, lorsqu'il revint d'Asie avec Agésilas, il la laissa à Mégabyze, prêtre de cette déesse; car marchant avec Agésilas vers la Béotie où se donna la bataille de Coronée, Xénophon prévoyait qu'il y courrait de grands dangers. Il recommanda à Mégabyze de ne rendre ce dépôt qu'à lui-même s'il survivait au combat; mais s'il y succombait, de faire faire ce qu'il croirait être le plus agréable à Diane et de le lui consacrer. Xénophon ayant été depuis banni de sa patrie et habitant alors Scilunte, ville bâtie par les Lacédémoniens dans les environs d'Olympie, Mégabyze vint voir les jeux olympiques et lui rendit son dépôt. Xénophon consulta les oracles, et dans le lieu indiqué par les Dieux, il acheta un territoire qu'il consacra à Diane; ce territoire se trouva précisément traversé par le fleuve Sellenus. Un autre fleuve du même nom coule en Asie près du temple de Diane à Éphèse; tous les deux sont poissonneux; on trouve dans tous les deux des coquillages. Dans le domaine acquis pour cette déesse près de Scilunte, on chasse du gibier de toute espèce. Des fonds consacrés à Diane, Xénophon lui éleva encore un temple et un autel; tous les ans ce général employait la dixième partie des fruits que produisaient ses terres, à faire un sacrifice pompeux. Tous les citoyens, tous les habitans du voisinage, hommes et femmes, prenaient part à la fête. Le domaine de la déesse fournissait aux assistans de la farine d'orge, du pain, du vin, des fruits secs; on leur distribuait une portion des victimes engraissées dans les pâturages sacrés et du gibier, car les fils de Xénophon et des autres citoyens faisaient une grande chasse pour cette fête; ceux qui voulaient chasser avec eux y étaient admis. On prenait, soit sur le domaine consacré à Diane, soit sur celui de Pholoé, des sangliers, des chevreuils et des cerfs; ce lieu est situé à vingt stades environ du temple de Jupiter à Olympie, sur le chemin de cette ville à Sparte. Dans l'enceinte consacrée à Diane sont des bois, et des montagnes couvertes d'arbres, où l'on peut élever des porcs, des chèvres, des brebis et des chevaux : les équipages de ceux qui venaient à la fête y étaient donc abondamment nourris. Autour du temple même on a planté un verger d'arbres fruitiers qui donnent toute sorte d'excellens fruits dans la saison. Le temple ressemble en petit à celui d'Éphèse; la statue de la déesse dans l'un a été faite d'après celle qui est dans l'autre; mais celle de Scilunte est de bois de cyprès, et celle d'Éphèse d'or massif. On a élevé près du temple une colonne avec cette inscription : *Ce territoire est consacré à Diane. Que celui qui l'occupera et en recueillera les fruits en prélève annuellement le dixième pour un sacrifice, et emploie le reste à entretenir le temple : s'il le néglige, la déesse en tirera vengeance.*

Les Grecs qui étaient venus par mer à Cérasunte en partirent de même : on fit marcher par terre le reste de l'armée. Arrivée aux confins du pays des Mosynéciens, elle leur envoie pour député Timésithée de Trébizonde, qui était leur hôte public, et leur fait demander si elle doit regarder leur territoire qu'elle va traverser comme pays ami ou comme ennemi. Les Mosynéciens répondirent que le parti qu'on prendrait leur importait peu; car ils se reposaient sur la force de leurs places. Timésithée expose alors à l'armée que les Mosynéciens sont divisés, que la partie de ces peuples qui habite à l'ouest est en guerre avec ceux-ci; on jugea à propos d'envoyer chercher les premiers et de leur proposer une alliance offensive contre les autres. Timésithée y fut député et ramena avec lui leurs chefs; quand ils furent arrivés, ils s'assemblèrent avec les généraux grecs, et Xénophon leur parla ainsi, Timésithée lui servant d'interprète :

« Mosynéciens, nous voulons retour-
» ner en Grèce par terre, car nous n'a-
» vons point de vaisseaux : la partie de
» votre nation, qu'on dit être en guerre
» ouverte avec vous, s'oppose à notre
» passage. Vous pouvez, si vous le vou-
» lez, vous allier à nous, venger les in-
» jures que vous avez reçues de vos en-
» nemis, et les réduire à jamais sous
» votre puissance. Songez que si vous
» nous laissez passer, vous ne retrouve-
» rez plus l'occasion d'avoir pour auxi-
» liaire une armée telle que la nôtre. »
Le chef des Mosynéciens répondit qu'il était du même sentiment, et qu'il acceptait l'alliance. « Voyons donc, poursui-
» vit Xénophon, à quoi vous voulez nous
» employer, si le traité se conclut, et de
» quelle utilité vous nous serez récipro-
» quement pour continuer notre mar-
» che. » Ils dirent qu'ils pouvaient faire une diversion, et attaquer à revers l'ennemi commun; qu'ils enverraient d'ailleurs, au camp des Grecs, une flotte et des hommes qui leur serviraient, et de guides et de troupes auxiliaires.

Ils repartirent ensuite après avoir donné leur foi et reçu celle des Grecs, et revinrent le lendemain avec trois cents pirogues. Chacune était faite d'un seul tronc d'arbre, et portait trois hommes, dont deux descendirent à terre et y posèrent leurs armes en ordre, laissant le troisième dans la pirogue; ces pirogues s'en retournèrent conduites ainsi par un seul matelot. Voici comment se formèrent ceux qui avaient débarqué : ils se mirent sur plusieurs files, l'une vis-à-vis de l'autre, et chacune de cent hommes à-peu-près, comme fait le chœur sur le théâtre; ils portaient tous des boucliers à la perse, couverts de cuirs de bœufs blancs, garnis de leur poil, et de la forme d'une feuille de lierre. Ils tenaient de l'autre main un javelot long d'environ six coudées, qui était armé à un bout d'une pointe de fer, et finissait, du côté de la poignée, en boule travaillée dans le bois même. Leurs tuniques leur descendaient jusqu'aux genoux; elles étaient d'une toile épaisse comme des couvertures de lit; leurs têtes étaient couvertes de casques de cuir, semblables à ceux des Paphlagoniens, mais sur le milieu desquels une tresse de crin s'élevait en spirale, ce qui leur donnait assez l'apparence d'une tiare: ils étaient aussi armés de haches de fer. Un d'entre eux préluda; tous aussitôt se mirent à chanter, et, marchant en cadence, passèrent à travers les rangs et les armes des Grecs, puis s'avancèrent aussitôt contre l'ennemi et vers le poste qui paraissait le plus facile à attaquer. C'était un lieu en avant de la ville qu'ils nommaient leur métropole. Dans cette ville était la principale forteresse des Mosynéciens, cause originaire de cette guerre; car ceux qui l'occupaient semblaient être maîtres de tout le pays des Mosynéciens. Les alliés des Grecs prétendaient que le parti contraire n'en était pas le juste possesseur : qu'elle devait leur appartenir en commun; que leurs adversaires s'en étaient emparés, et, par cette invasion, avaient pris sur eux un grand ascendant.

Quelques Grecs les suivirent sans que les généraux leur en eussent donné l'ordre, mais attirés par l'espoir du pillage. L'ennemi les laissa avancer assez longtemps et ne se montra point; enfin les voyant près du poste, il fait une sortie, met en fuite les assaillans, tue beaucoup de Barbares et quelques-uns des Grecs qui les avaient accompagnés. Il poursuivit même les fuyards jusqu'à ce qu'il découvrît l'armée grecque qui marchait à leur secours: alors il se détourna et commença sa retraite. Les vainqueurs coupèrent les têtes des morts et les montrèrent aux Mosynéciens leurs ennemis, et aux Grecs; ils dansaient en même temps et chantaient des airs de leur pays. Les Grecs s'affligèrent beaucoup d'avoir enhardi l'ennemi, et d'avoir vu fuir, avec les Barbares, une grande quantité de leurs compatriotes, qui ne s'étaient jamais conduits aussi lâchement depuis le commencement de l'expédition. Xénophon les convoqua tous, et leur dit : « Soldats, que ce qui s'est
» passé ne vous décourage point ; vous
» en retirez un avantage plus grand que
» le mal que vous avez souffert. D'abord
» vous avez appris que les Mosynéciens
» qui nous servent de guides sont bien
» réellement en guerre avec ceux qui
» nous ont forcés à les traiter en enne-
» mis; de plus, les Grecs, qui ne se
» sont pas souciés de rester dans nos
» rangs, et qui ont cru qu'avec des
» Barbares ils auraient les mêmes suc-
» cès qu'avec leurs compatriotes, vien-
» nent d'en être punis, et ne s'aviseront
» plus de s'écarter de notre armée. Il
» faut vous préparer maintenant à mon-
» trer à vos alliés que vous valez mieux
» qu'eux, et, à vos ennemis, qu'ils n'ont
» plus à combattre des soldats épars,
» mais de tout autres hommes. »

On passa le reste du jour dans cette position. Le lendemain, ayant fait un sacrifice, et les entrailles ayant donné des signes favorables, l'armée dîna ; elle se forma ensuite en colonnes par lochos. Les Barbares furent rangés sur le même ordre, et placés à l'aile gauche; puis on marcha. Les archers étaient dans l'intervalle des lochos, leur premier rang un peu en arrière de celui de l'infanterie; car, parmi les ennemis, il y en avait d'agiles à la course, qui se portaient rapidement en avant et lançaient des pierres. Les archers et les armés à la légère les repoussèrent ; le reste de l'armée marcha lentement et bien aligné, d'abord vers le lieu où les Grecs et leurs alliés avaient été battus la veille; car l'ennemi s'y était rangé en bataille. Il attendit les armés à la légère et engagea le combat avec eux ; mais il prit la fuite dès que l'infanterie approcha. Les armés à la légère se mirent aussitôt à ses trousses, et montèrent, en le poursuivant, vers la métropole. L'infanterie pesante suivait en ordre de bataille. Quand on eut gravi jusqu'aux premières maisons de la ville, tous les Barbares se rallièrent, et renouvelèrent le combat; soit en lançant aux Grecs des javelots, soit en les attaquant de près, et tâchant de les repousser avec de grosses et de longues piques dont ils étaient armés, et qu'un homme avait peine à porter.

Les Grecs ne reculant point, mais s'avançant au contraire pour charger, les Barbares prirent la fuite, et dès lors tout ce qui était dans la ville l'abandonna. Le roi ne voulut point sortir d'une tour de bois construite sur le sommet de la montagne : c'est sa résidence ordinaire. Il y est entretenu aux frais de tout son peuple, et observe, de ce lieu élevé, ce qui pourrait menacer la ville ; il y fut consumé avec l'édifice qu'on brûla. Dans le premier poste qu'on avait forcé était une tour pareille ; des Barbares qui s'y étaient réfugiés, eurent la même obstination, et subirent le même sort. Les Grecs mirent la ville au pillage ; ils trouvèrent, dans les maisons, des amas de pains entassés depuis l'année précédente, suivant l'usage du pays, à ce que dirent les Mosynéciens ; il y avait aussi du blé nouveau en gerbes ; la plus grande partie de ce grain était de l'épeautre. Dans des cruches on trouva des tranches de dauphin salé ; d'autres vases étaient pleins de la graisse de ce poisson ; elle était employée, par les Mosynéciens, aux mêmes usages que l'huile d'olive par les Grecs. Des planchers étaient couverts d'une grande quantité de châtaignes, dont la substance intérieure n'était séparée par aucune membrane ; on les faisait bouillir, et les habitans les mangeaient souvent ainsi en guise de pain. Il se trouva aussi du vin, qui, lorsqu'on le buvait pur, paraissait aigre à cause de sa rudesse ; mais si on le mêlait avec de l'eau, il acquérait du parfum et un goût agréable.

Les Grecs dînèrent et continuèrent ensuite leur marche, après avoir remis la place à leurs alliés. De toutes les villes occupées par les ennemis que l'armée trouva sur son chemin, les moins fortes furent abandonnées par leurs défenseurs, les autres se rendirent volontairement. Voici ce que c'était que la plupart de ces villes : elles étaient distantes entre elles d'environ quatre-vingts stades, les unes plus, les autres moins. En jetant des cris d'une place, les Barbares se faisaient entendre de l'autre, tant il y avait de montagnes et de vallons dans ce pays. Quand on fut arrivé à la partie habitée par les alliés des Grecs, ils firent remarquer que les enfans des gens riches, nourris de châtaignes bouillies, étaient gras, avaient la peau très délicate et très blanche, et qu'à mesure leur grosseur, et ensuite leur grandeur, il y avait peu de différence; leur dos était peint de plusieurs couleurs, et, sur le devant de leur corps, on avait dessiné partout et pointillé des fleurs. Ce peuple ne se cachait de rien, et tâchait, aux yeux de toute l'armée, d'obtenir les dernières faveurs des filles qui la suivaient. Tel était l'usage du pays: tous les hommes y étaient blancs, et les femmes aussi. Les Grecs dirent que, dans le cours de toute leur expédition, ils n'avaient passé chez aucune nation aussi barbare, et dont les mœurs fussent plus éloignées des leurs. Les Mosynéciens faisaient en public ce dont tous les autres humains se cachent, et s'abstiendraient s'ils étaient vus; dès qu'ils étaient seuls, au contraire, ils se conduisaient comme s'ils eussent été en société. Ils se parlaient à eux-mêmes; ils interrompaient leurs monologues par des ris; puis ils se levaient, et dans quelque endroit qu'ils se trouvassent, ils se mettaient à danser avec l'air de vouloir montrer leur agilité à des spectateurs, quoiqu'ils n'en eussent point.

Les Grecs employèrent huit jours à traverser le pays de leurs ennemis et celui de leurs alliés, et arrivèrent à celui des Chalybes: c'était un peuple peu nombreux et soumis aux Mosynéciens; la plupart vivaient de leur travail aux mines de fer. On trouva ensuite le pays des Tibaréniens, dont le sol est plus uni; leurs places sont situées sur le bord de la mer, et moins fortes. Les généraux voulaient les attaquer de vive force pour que l'armée y fît du butin, et refusèrent d'abord les dons de l'hospitalité que vinrent leur offrir les députés de ce peuple. On leur dit d'attendre jusqu'à ce qu'on eût délibéré, et on sacrifia. Après avoir immolé beaucoup de victimes, tous les devins s'accordèrent à dire que les Dieux n'avaient témoigné, par aucun indice, qu'ils approuvassent cette guerre. On reçut donc enfin les présens des Tibaréniens; et ayant marché pendant deux jours, en ménageant leur territoire comme pays ami, l'on arriva à Cotyore, ville grecque, colonie de Sinope, et située dans le pays des Tibaréniens.

Jusque-là l'armée ne s'était point embarquée, et voici le calcul du chemin qu'elle avait parcouru à son retour, depuis le champ de bataille où Cyrus fut tué, jusqu'à Cotyore. En cent vingt-deux marches, elle avait fait six cent vingt parasanges, ou dix-huit mille vingt stades, dans l'espace de huit mois; elle séjourna près de Cotyore quarante-cinq jours, pendant lesquels on offrit d'abord des sacrifices aux Dieux. Chaque nation grecque fit séparément une procession solennelle, et s'exerça à des combats gymniques. On allait prendre des vivres, soit dans la Paphlagonie, soit dans le territoire de Cotyore; car les habitans de cette ville n'en faisaient pas trouver aux Grecs à prix d'argent, et ne voulaient point recevoir les malades de l'armée dans l'enceinte de la place.

Il arrive alors des députés de Sinope; ils craignaient et pour la ville de Cotyore qui dépendait d'eux et leur payait tribut, et pour son territoire qu'ils avaient ouï dire qu'on ravageait. Ils vinrent au camp et parlèrent ainsi, par l'organe d'Hécatonyme, qui passait pour un homme éloquent: « Soldats, la ville de
» Sinope nous a envoyés pour vous com-
» plimenter, vous qui êtes des Grecs,
» d'avoir vaincu les Barbares, et pour
» vous féliciter de ce que vous êtes enfin
» ici, ayant surmonté, si l'on en croit
» la renommée, un grand nombre de
» formidables obstacles. Nous sommes
» Grecs comme vous, et il serait juste
» qu'à ce titre nous eussions quelque
» sujet de nous louer de vous, et n'en

» eussions aucun de nous en plaindre,
» d'autant que nous ne vous avons pas
» donné le moindre exemple d'hostilités
» et d'insultes. Les citoyens de cette ville
» de Cotyore sont une de nos colonies;
» nous leur avons donné le domaine
» qu'ils cultivent, après l'avoir conquis
» sur les Barbares : voilà pourquoi ils
» nous paient, ainsi que les habitans de
» Cérasunte et ceux de Trébizonde, le
» tribut que nous leur avons imposé.
» Quelque mal que vous fassiez à ces
» peuples, la ville de Sinope croit le res-
» sentir. Nous avons entendu dire que
» vous étiez entrés à main armée dans
» Cotyore; que vous aviez logé quelques
» soldats dans la ville, et que vous pre-
» niez, sur son territoire, ce dont vous
» aviez besoin, par violence et non de
» gré à gré. Nous n'approuvons point
» votre conduite, et si vous persistez,
» vous nous obligerez de nous allier à
» Corylas, aux Paphlagoniens, et à tous
» les autres peuples avec lesquels nous
» pourrons nous liguer. »

Xénophon se leva, et répondit ainsi au nom de l'armée : « Sinopéens, nous
» sommes venus ici satisfaits d'avoir
» sauvé nos jours et nos armes. Piller,
» nous charger de butin, et combattre
» en même temps nos ennemis, nous au-
» rait été impossible. Nous sommes en-
» fin arrivés jusqu'à des villes grecques:
» à Trébizonde, où l'on nous apportait
» des vivres à acheter, nous n'en avons
» pris qu'en payant. Les citoyens de
» cette ville ont rendu des honneurs à
» l'armée, et lui ont offert les présens
» de l'hospitalité: nous nous sommes ac-
» quittés envers eux par des honneurs
» pareils; nous avons épargné ceux des
» Barbares dont ils étaient alliés; nous
» avons attaqué ceux de leurs ennemis
» contre lesquels ils nous ont conduits
» eux-mêmes, et leur avons fait tout le
» mal que nous avons pu. Interrogez
» des habitans de Trébizonde; deman-
» dez-leur comment nous en avons agi
» avec eux : il s'en trouve ici que par
» amitié leur ville nous a donnés pour
» guides. Partout, au contraire, où nous
» arrivons, et ne trouvons point de vi-
» vres à acheter, que le pays soit grec
» ou barbare, nous prenons ce dont
» nous avons besoin, non par licence,
» mais par nécessité. Cette nécessité
» nous a réduits à faire la guerre aux
» Carduques, aux Chaldéens, aux Tao-
» ques, quoiqu'ils ne fussent point su-
» jets d'Artaxerxès, et que nous les re-
» gardassions comme des ennemis re-
» doutables; car ils ne voulaient point
» nous faire trouver un marché garni
» de vivres. Les Macrons, au contraire,
» nous en ont fourni à prix d'argent,
» comme ils ont pu; quoique ce fussent
» aussi des Barbares, nous les avons
» traités comme amis, et nous n'avons
» rien pris chez eux par violence. Si
» nous en avons usé autrement avec les
» habitans de Cotyore, que vous dites
» dépendre de vous, ils ne doivent en
» accuser qu'eux-mêmes; ils ne se sont
» point conduits avec nous comme amis;
» ils ont fermé leurs portes, et n'ont
» voulu ni nous laisser entrer dans la
» place, ni nous apporter au camp des
» vivres pour notre argent; ils en ont
» rejeté la faute sur le gouverneur que
» vous leur avez donné. Je passe au re-
» proche que vous nous faites d'être en-
» trés par force et d'occuper leurs mai-
» sons. Nous les avons priés de loger
» nos malades; comme on n'ouvrait
» point les portes, nous sommes entrés
» dans la place par le côté même où l'on
» refusait de nous admettre. Nous n'y
» avons fait aucun autre acte de vio-
» lence, mais nos malades sont à l'abri
» des injures de l'air, dans des maisons
» où ils vivent à leurs propres frais.
» Pour qu'ils n'y soient pas à la disposi-

» tion de votre gouverneur, et que nous
» puissions les transporter quand il nous
» conviendra, nous avons mis des gar-
» des aux portes. Le reste de l'armée,
» vous le voyez, couche au bivouac,
» garde exactement ses rangs, est tou-
» jours prêt à reconnaître un bienfait et
» à repousser une insulte. Vous nous
» menacez, et prétendez qu'il ne dé-
» pend que de vous de faire alliance
» contre nous avec Corylas et les Pa-
» phlagoniens. Nous ferons la guerre,
» si vous nous y contraignez, et à vous,
» et à eux ; nous nous sommes déjà
» éprouvés contre des forces bien plus
» nombreuses ; mais, peut-être, si nous
» le jugions à propos, serait-ce à nous
» que s'allierait ce chef des Paphlago-
» niens. Le bruit est venu jusqu'à nos
» oreilles, qu'il souhaitait ardemment
» être maître de votre ville et des postes
» fortifiés sur le bord de la mer. Nous
» tâcherons de nous concilier son amitié
» en le servant dans ses projets. »

Les autres députés qui accompagnaient Hécatonyme parurent alors très mécontens du discours qu'il avait tenu. Un d'eux s'avança et dit aux Grecs qu'ils n'étaient point venus pour leur déclarer la guerre, mais pour leur donner au contraire des témoignages d'amitié. « Si
» vous venez à Sinope, nous vous y re-
» cevrons, et vous offrirons les dons de
» l'hospitalité. Nous allons dès mainte-
» nant ordonner aux habitans de Cotyore
» de vous fournir les secours qui dépen-
» dent d'eux ; car nous voyons que vous
» ne nous avez dit rien que de vrai. »
Bientôt après la ville de Cotyore envoya des présens, et les généraux reçurent de leur côté comme leurs hôtes les députés des Sinopéens. Ils s'entretinrent ensemble sur ce qui concernait les uns et les autres. Différentes matières, mais surtout des questions sur le reste de la route et sur les services mutuels qu'on pouvait se rendre, furent le sujet de cet entretien. Ainsi finit la journée.

Le lendemain les généraux convoquèrent les soldats ; ils jugèrent convenable d'appeler les députés et de délibérer avec eux sur les moyens d'achever la route que l'armée avait encore à faire pour arriver en Grèce ; car s'il fallait aller par terre, il paraissait utile d'avoir des guides sinopéens, vu la connaissance qu'ils avaient de la Paphlagonie, et les Grecs devaient avoir bien plus besoin encore de la ville de Sinope, s'ils voulaient s'embarquer : elle seule paraissait en état de leur fournir la quantité de bâtimens nécessaires pour transporter toute l'armée. On appela donc les députés pour délibérer avec eux ; on leur dit que comme Grecs le premier service qu'ils devaient rendre à des compatriotes était de se montrer bien intentionnés pour eux, et de leur donner les meilleurs conseils.

Hécatonyme se leva ; il commença par une apologie du discours qu'il avait tenu la veille ; il dit que le propos qui lui était échappé, que la ville de Sinope pouvait se liguer avec les Paphlagoniens, ne signifiait point qu'elle voulût faire avec ces peuples la guerre à l'armée grecque, mais au contraire que pouvant songer à l'alliance des Barbares, sa patrie préférerait celle des Grecs. Ceux-ci l'ayant pressé de leur donner son avis sur le point discuté, après avoir invoqué les Dieux, il parla ainsi : « Puisse-t-il m'ar-
» river toutes sortes de prospérités si je
» vous conseille le parti que je crois le
» meilleur ! Puisse m'arriver le contraire
» si je vous parle autrement ! Je regarde
» cette délibération comme sainte. Lors-
» que l'événement aura prouvé que je
» vous ai bien conseillés, beaucoup de
» vous autres Grecs me louerez, beau-
» coup me maudirez si je vous engage à
» prendre un parti qui vous soit funeste.

» Je sais qu'en vous proposant de vous
» embarquer, je constitue ma patrie en
» beaucoup plus de frais et d'embarras;
» car ce sera à nous à vous fournir des
» bâtimens; au lieu que si vous alliez par
» terre, ce serait à vous-mêmes à vous
» ouvrir une route les armes à la main.
» Il faut cependant dire ce que je pense
» et ce que je sais, car je connais par
» expérience le pays et les forces des
» Paphlagoniens. On trouve dans leur
» province et les plus belles plaines et les
» montagnes les plus élevées. Je sais
» d'abord par où vous serez contraints
» d'y entrer : il n'y a point d'autre che-
» min qu'une gorge, dominée des deux
» côtés par des montagnes élevées;
» qu'une poignée d'hommes occupe ces
» hauteurs, ils sont maîtres du défilé, et
» tous les humains réunis n'y passeraient
» pas malgré eux. Je montrerai ce local
» à des Grecs, si vous voulez y envoyer
» avec moi. On trouve ensuite des plai-
» nes; elles sont défendues par une ca-
» valerie que les Barbares regardent
» comme meilleure de toute celle d'Ar-
» taxerxès : elle n'a point marché au se-
» cours de ce monarque, quoiqu'elle en
» eût reçu l'ordre. Celui qui la commande
» en est fier et ne se pique pas d'une
» obéissance si exacte. Supposons que
» vous vous soyez glissés à travers les
» montagnes, ou que prévenant les enne-
» mis vous vous en soyez emparés avant
» eux, que vous ayez défait en bataille
» rangée dans la plaine leur cavalerie, et
» leur infanterie qui monte à plus de
» cent vingt mille hommes, vous arrive-
» rez à des fleuves. Le premier est le
» Thermodon, large de trois plèthres :
» je présume que vous aurez peine à le
» passer, ayant en tête des ennemis nom-
» breux et suivis par d'autres qui mena-
» ceront votre arrière-garde. Vous trou-
» verez ensuite l'Iris, dont la largeur est
» la même. Le troisième est l'Halys :
» celui-là n'a pas moins de deux stades
» de largeur ; vous ne pourrez le traver-
» ser sans bateaux, et qui vous en four-
» nira? Après l'Halys, si vous le passez,
» vous arriverez aux bords du Parthé-
» nius, qui est aussi peu guéable. Je re-
» garde donc que continuer votre route
» par terre est un parti, je ne dis pas
» difficile, mais absolument impossible
» dans l'exécution. Si vous vous embar-
» quez, vous longerez la côte d'ici à Si-
» nope, et de Sinope à Héraclée. D'Hé-
» raclée vous ne serez plus embarrassés
» ni pour aller par terre, ni pour conti-
» nuer votre navigation, si vous l'aimez
» mieux, car vous trouverez dans cette
» ville beaucoup de bâtimens. »

Quand Hécatonyme eut parlé en ces
termes, les uns soupçonnèrent que ce
discours lui avait été inspiré par ses liaisons avec Corylas, car il était hôte de
ce Barbare ; d'autres jugèrent que l'espoir d'une récompense l'avait engagé à
donner ce conseil; d'autres enfin présu-
mèrent qu'il n'avait ainsi parlé que pour
détourner l'armée de traverser le territoire des Sinopéens qui aurait pu souffrir de ce passage. Les Grecs arrêtèrent
cependant qu'on irait par mer. Xénophon
dit ensuite : « Sinopéens, nos soldats
» choisissent la route que vous leur con-
» seillez. Voici à quoi ils se sont déter-
» minés : S'il doit se trouver assez de bâ-
» timens pour transporter jusqu'au der-
» nier homme, nous nous embarquerons
» tous; mais aucun soldat ne montera à
» bord s'il faut laisser à terre une partie
» de l'armée, tandis que le reste met-
» trait à la voile, car nous sentons que
» partout où nous serons en force, nous
» pourrons et sauver nos jours et nous
» faire fournir des vivres; mais que si
» l'ennemi nous trouve une seule fois
» plus faibles que lui, nous subirons le
» sort des esclaves. » Hécatonyme et ses
compagnons ayant entendu cette ré-

ponse, prièrent l'armée d'envoyer des députés à Sinope; elle y députa Callimaque Arcadien, Ariston d'Athènes, et Samolas Achéen, qui partirent aussitôt.

Pendant leur absence, Xénophon voyant cette multitude d'hoplites, de peltastes, d'archers, de frondeurs et de cavaliers, tous exercés long-temps au métier des armes, et devenus d'excellentes troupes, les voyant, dis-je, sur les bords du Pont-Euxin, où l'on ne pourrait qu'avec des frais énormes rassembler de telles forces, songea qu'il serait glorieux d'y fonder une ville et d'y augmenter et la puissance et les possessions des Grecs. Le nombre des troupes et celui des peuples qui habitent le long des rivages de cette mer lui faisaient conjecturer que cette colonie deviendrait considérable. Avant de s'en ouvrir à qui que ce fût de l'armée, Xénophon fit appeler Silanus d'Ambracie, qui avait été devin de Cyrus, et sacrifia pour consulter les Dieux sur ce projet. Silanus en redoutant le succès, et craignant qu'on n'arrêtât dans ce pays l'armée, y répandit le bruit que Xénophon voulait fixer les Grecs dans les environs, y bâtir une ville et s'acquérir par-là à lui-même et une grande réputation et une grande puissance; car ce devin n'aspirait qu'à retourner au plus tôt en Grèce. Il avait conservé les trois mille dariques qu'il avait reçues de Cyrus lorsqu'il lui eut annoncé, en observant les victimes, qu'on ne combattrait pas de dix jours, et que l'événement eut confirmé sa prédiction. Des soldats à qui ces propos revinrent, quelques-uns trouvaient plus avantageux de rester dans le pays, mais la plupart étaient d'un avis contraire. Timasion Dardanien et Thorax de Béotie dirent à certains négocians d'Héraclée et de Sinope qui se trouvèrent près de l'armée que si l'on ne donnait pas aux Grecs une solde afin qu'ils puissent se fournir de vivres pour le temps de leur navigation, on courait grand risque de fixer sur les bords de l'Euxin des troupes aussi nombreuses et aussi aguerries. « Car voici les
» discours que Xénophon nous exhorte
» à tenir à l'armée, et il les tiendra lui-
» même tout aussitôt que les bâtimens
» que nous attendons seront arrivés. Sol-
» dats, nous vous voyons dans la dé-
» tresse; vous n'avez ni de quoi acheter
» le nécessaire pour le temps où vous se-
» rez en mer, ni de quoi enrichir votre
» famille à votre retour. Si vous voulez
» choisir un des pays situés autour de
» l'Euxin, vous l'envahiriez aisément.
» On permettrait alors à ceux qui vou-
» draient retourner dans leur patrie de
» partir; ceux qui préféreraient de fixer
» leur séjour dans cette nouvelle con-
» quête en seraient les maîtres. Vous
» avez des vaisseaux et pouvez vous por-
» ter subitement où vous voudrez. »

Les négocians, frappés de ce qu'on leur annonçait, le rapportèrent aux villes qu'ils habitaient. Timasion y envoya avec eux Erymaque Dardanien et Thorax de Béotie pour y parler sur le même ton. Les Sinopéens et les habitans d'Héraclée, dès qu'ils l'ont appris, envoient à Timasion, lui font dire qu'ils lui donneront l'argent nécessaire, qu'il gagne l'armée et l'engage à mettre à la voile et à sortir du Pont-Euxin. Timasion reçut avec plaisir cette nouvelle, et à l'assemblée des soldats il parla en ces termes : « Soldats, il ne faut point songer à nous
» fixer ici; nous ne devons avoir rien de
» plus cher que la Grèce. J'entends dire
» qu'il est parmi nous des Grecs qui,
» sans nous le communiquer, ont sacrifié
» et consulté les Dieux sur un établisse-
» ment que je réprouve; si vous voulez
» mettre à la voile au commencement du
» mois prochain pour abandonner
» l'Euxin, je m'engage à faire payer à

» chacun de vous une solde qui sera
» d'un cyzicène par mois. Je vous mène-
» rai dans la Troade, d'où je suis main-
» tenant banni ; vous y aurez ma patrie
» pour alliée, et je sais qu'elle me rece-
» vra avec plaisir. Je vous conduirai en-
» suite où vous ferez beaucoup de butin,
» car l'Éolie, la Phrygie, la Troade, le
» gouvernement entier de Pharnabaze,
» tous ces pays me sont parfaitement
» connus, les uns parce que j'en suis
» originaire, les autres parce que j'y ai
» fait la guerre avec Cléarque et Dercyl-
» lidas. »

Thorax de Béotie se leva aussitôt ; c'était un rival qui enviait à Xénophon son rang de général, et qui tâchait sans cesse de le lui enlever. Il dit aux Grecs qu'à la sortie du Pont-Euxin ils trouveraient la Chersonèse, contrée belle et opulente, que ceux qui voudraient s'y fixer le pourraient ; qu'il serait loisible à ceux qui préféreraient leur patrie d'y retourner ; qu'il était ridicule de chercher un établissement parmi les Barbares, tandis qu'il restait tant de pays fertiles à occuper au sein de la Grèce. « Jusqu'à ce que vous y soyez parvenus, » ajouta-t-il, je vous réponds de la solde » que vous a fait espérer Timasion. » Il parlait ainsi parce qu'il savait ce que les villes de Sinope et d'Héraclée avaient promis à ce Grec pour engager l'armée à s'embarquer et à passer le Bosphore. Xénophon cependant gardait un profond silence. Philésius et Lycon, Achéens tous deux, se levèrent et dirent que c'était un crime grave à ce général de solliciter séparément les Grecs à demeurer dans ces contrées ; d'avoir été jusqu'à consulter les Dieux par des sacrifices à l'insu de l'armée ; et de ne pas ouvrir la bouche lorsqu'on délibérait en commun sur ce même sujet. Ces accusations forcèrent Xénophon de se lever et de tenir ce discours :

« Soldats, vous me voyez faire le plus
» de sacrifices que je peux ; j'ai en vue
» votre prospérité et la mienne. Je tâche
» de dire, de penser, d'exécuter ce qui
» doit tourner le plus glorieusement et le
» plus avantageusement pour vous et
» pour moi. Je viens de sacrifier préci-
» sément pour savoir s'il valait mieux
» vous parler le premier de mon projet
» et travailler à l'exécuter, ou ne me mê-
» ler en rien de cette affaire. Silanus
» m'a répondu que les entrailles des vic-
» times étaient belles : c'est le point le
» plus important. Il savait qu'il ne par-
» lait pas à un homme sans expérience,
» parce que j'assiste toujours aux sacri-
» fices. Il a ajouté qu'il lisait dans les
» entrailles qu'il se tramait contre moi
» des fourberies et des embûches, et il
» était bien sûr de la vérité de sa prédic-
» tion ; car il savait que lui-même tâchait
» de me calomnier près de vous. Il a
» semé le bruit que je voulais exécuter
» mes desseins sans vous les avoir fait
» approuver par la voie de la persuasion.
» Lorsque je vous ai vus dans la détresse,
» j'ai songé, j'en conviens, aux moyens
» de nous emparer d'une place d'où les
» Grecs qui voudraient retourner promp-
» tement dans leur patrie mettraient aus-
» sitôt à la voile, et où ceux qui aime-
» raient mieux différer leur retour res-
» teraient jusqu'à ce qu'ils eussent ac-
» quis assez de richesses pour être utiles
» à leurs familles. Mais depuis que je
» vois les habitans de Sinope et d'Héra-
» clée vous envoyer des bâtimens, de-
» puis que je vois des hommes vous pro-
» mettre une solde qui commencera à
» courir le premier du mois prochain,
» il me paraît avantageux de nous reti-
» rer sains et saufs où nous voulions ar-
» river, et de recevoir en outre une solde
» pour prix de notre départ. Je me dé-
» siste donc de mes autres idées, et je
» déclare qu'il faut s'en désister à ceux

» qui m'étaient venus trouver et m'a-
» vaient exhorté à exécuter mon projet;
» car voici ma façon de penser : tant que
» vous serez en force comme mainte-
» nant, je prévois que vous serez res-
» pectés et que vous vous ferez fournir
» des vivres. Le premier droit que donne
» la victoire est de s'emparer de ce qui
» appartient aux vaincus; mais si vous
» dispersez et morcelez vos forces, vous
» ne pourrez plus prendre en maîtres
» votre subsistance, et vous ne vous re-
» tirerez pas d'ici sans essuyer des infor-
» tunes. Je suis donc de même avis que
» vous. Nous devons retourner en Grèce,
» et si quelqu'un de nous cherche à res-
» ter dans un autre pays, ou qu'on le
» surprenne essayant de quitter l'armée
» avant qu'elle soit en lieu de sûreté, il
» faut le juger et le condamner comme
» coupable. Que quiconque embrasse
» mon opinion lève la main. » Tous les
Grecs la levèrent.

Silanus se mit à crier, et tâcha de faire
entendre qu'il était juste de laisser ceux
qui le voudraient partir séparément et
quitter l'armée. Les soldats ne purent
souffrir un tel discours; ils menacèrent
ce devin; on lui dit que s'il était pris sur
le fait, et fuyant secrètement, il en porterait la peine. Peu de temps après, les
citoyens d'Héraclée ayant su que l'armée
avait résolu de s'embarquer pour sortir
de l'Euxin, et que Xénophon même
avait été de cette opinion, envoyèrent
les navires; mais ils ne tinrent pas parole sur l'article de la solde et de l'argent qu'ils avaient promis à Timasion et
à Thorax de leur faire passer. Ceux qui
avaient répondu à l'armée qu'elle serait
stipendiée, craignirent sa colère et furent frappés de terreur. Ils prirent avec
eux les généraux qui avaient eu connaissance de leurs premières démarches, et
vinrent trouver Xénophon (or, tous les
autres généraux avaient été instruits de
la négociation, si ce n'est Néon d'Asinée qui commandait pour Chirisophe
alors absent). Ils dirent à Xénophon
qu'ils se repentaient de ce qu'ils avaient
fait; que puisqu'on avait des vaisseaux,
il leur semblait que le meilleur parti à
prendre était de voguer vers le Phase et
de s'emparer du pays adjacent. Le fils
d'Æétès en était alors roi. Xénophon
leur répondit qu'il n'en parlerait point à
l'armée. « Assemblez-la vous-mêmes,
» ajouta-t-il, et faites-lui, si vous le vou-
» lez, cette proposition. » Timasion témoigna alors qu'il était d'avis qu'on ne
convoquât pas une assemblée générale,
mais que chacun des généraux tâchât
d'abord de persuader les chefs de lochos
qui lui étaient subordonnés. On se sépara et on y travailla.

Les soldats apprirent ce qui se passait.
Néon répandit le bruit que Xénophon,
ayant séduit les généraux, voulait tromper les soldats et les ramener vers le
Phase. Les soldats s'en indignèrent; il
se fit des assemblées particulières et des
cercles de séditieux. Déjà l'on craignait
beaucoup de voir renouveler l'attentat
commis sur les hérauts des Colques et
sur les commissaires des vivres; car des
uns et des autres, tous ceux qui n'avaient
pu se réfugier sur les vaisseaux avaient
été lapidés. Xénophon, dès qu'il fut instruit de ces germes de révolte, crut
qu'il fallait au plus tôt convoquer toute
l'armée et ne lui pas donner le temps de
s'assembler d'elle-même. Il ordonna au
héraut de l'annoncer aux Grecs; aussitôt qu'ils entendirent la proclamation,
ils coururent avec plaisir au lieu indiqué. Xénophon n'accusa point les généraux d'être venus le chercher et d'avoir
tenté de le séduire; il parla en ces termes :

« Soldats, j'entends dire qu'on m'im-
» pute injustement de vous avoir trompés
» et de vouloir vous ramener à l'embou-

» chute du Phase. Écoutez-moi donc,
» je vous en conjure par les immortels.
» Si je suis coupable, il ne faut point
» que je sorte d'ici sans en être puni;
» s'il vous paraît au contraire que mes
» accusateurs m'ont calomnié, traitez-les
» comme vous jugerez qu'ils le méritent.
» Vous savez où le soleil se couche et où
» il se lève; vous n'ignorez pas que c'est
» vers l'occident que doit faire route ce-
» lui qui veut aller en Grèce, et que pour
» retourner chez les Barbares il faut au
» contraire tourner la proue vers l'orient.
» Y a-t-il quelqu'un qui pût vous abuser
» au point de vous faire croire que l'o-
» rient est où le soleil se couche et l'oc-
» cident où il se lève? Nous savons de
» plus que le vent de nord est favorable
» aux vaisseaux qui sortent de l'Euxin
» pour revenir en Grèce, et que le vent
» de midi est le meilleur pour entrer
» dans le Phase. Vous dites vous-mêmes,
» quand c'est l'aquilon qui souffle, voilà
» un beau temps pour revenir par mer
» dans notre patrie! Quel moyen donc
» de vous tromper et de vous engager à
» vous embarquer par un vent de midi?
» Mais je vous ferai peut-être monter à
» bord pendant un calme? Naviguerai-je
» donc sur plus d'un vaisseau, et ne
» vous trouverez-vous pas partagés sur
» plus de cent autres? Comment m'y
» prendrais-je, ou pour vous faire vio-
» lence, ou pour vous induire en erreur,
» si vous ne vouliez pas faire la même
» navigation que moi? Je suppose même
» qu'abusés et ensorcelés pour ainsi dire
» par mes artifices, vous arrivez avec
» moi dans le Phase; nous descendons
» enfin à terre; vous reconnaîtrez au
» moins alors que vous n'êtes pas en
» Grèce, et le perfide qui vous aura
» trompé se trouvera au milieu de près
» de dix mille Grecs couverts de leurs ar-
» mes. Un homme pourrait-il mieux
» s'assurer un châtiment sévère qu'en

» formant de tels complots contre vous
» et contre lui-même? Vous ajoutez foi
» à de vains propos tenus par des gens
» insensés, jaloux de votre général et
» des honneurs que vous lui rendez. Je
» n'ai pas mérité cependant d'être en
» butte aux envieux. Qui empêchai-je
» d'exposer un avis utile à l'armée, de
» combattre pour votre salut et pour le
» sien, de veiller à la sûreté commune
» et d'en prendre un soin particulier?
» Eh quoi! si vous voulez élire d'autres
» généraux, quelqu'un croit-il que je
» l'exclurai de ce grade? Je me retire.
» Qu'un autre vous commande! seule-
» ment qu'il fasse le bien de l'armée!
» Mais ce que j'ai dit à ce sujet me suffit.
» S'il est un Grec qui croie encore avoir
» été trompé ou qui présume qu'on puisse
» en tromper d'autres, qu'il prenne la
» parole, qu'il vous instruise de l'objet
» de ses craintes. Quand vous aurez as-
» sez discuté cette matière, ne vous sé-
» parez pas que je ne vous aie parlé de ce
» que je remarque dans l'armée : ce sont
» les germes d'un mal plus réel. S'il doit
» s'étendre et devenir aussi violent qu'on
» a droit de le conjecturer, il est bien
» temps certainement de délibérer sur
» nos affaires : tâchons de ne pas passer
» pour les plus scélérats des mortels, de
» ne nous pas couvrir de honte devant
» les Dieux, devant les hommes amis et
» ennemis, et de ne nous pas faire uni-
» versellement mépriser. » Les soldats
ne comprirent point ce que signifiaient
ces mots; ils en parurent étonnés et dirent à Xénophon de s'expliquer. Il re-
commença à parler en ces termes :

« Vous savez bien qu'il y avait dans
» les montagnes des Barbares des bour-
» gades alliées de Cérasunte, d'où quel-
» ques habitants descendaient et venaient
» vous vendre du bétail, et les autres
» denrées qu'ils avaient; il me semble
» même que plusieurs de vous ont été

» dans la plus voisine de ces bourgades,
» et sont revenus au camp après avoir
» acheté ce dont ils avaient besoin. Cléa-
» rate, chef de lochos, ayant été infor-
» mé qu'elle était petite et se gardait
» mal, parce qu'elle se reposait sur la
» foi des traités, y marcha de nuit sans
» en prévenir aucun des généraux, avec
» intention de la piller; il avait dessein,
» s'il s'en rendait maître, de ne plus re-
» venir à l'armée, mais de monter à bord
» d'un bâtiment sur lequel ses camara-
» des de chambrée longeaient la côte,
» d'y charger son butin, de mettre à la
» voile et de sortir de l'Euxin. Ses ca-
» marades dont je vous parle, qui étaient
» sur le navire, savaient le projet du
» chef, et en étaient complices : je viens
» d'en être informé. Cléarate s'associa
» tous les Grecs qu'il put engager à
» le suivre, et les mena droit à la place;
» mais le jour ayant paru avant qu'on
» fût arrivé aux portes, les Barbares
» se rassemblent, occupent des lieux
» fortifiés par la nature, d'où frappant
» les Grecs et leur lançant des traits, ils
» tuent Cléarate et beaucoup des siens :
» quelques-uns fuient et arrivent à Cé-
» rasunte; cela se passait le jour même
» que nous nous mîmes en marche pour
» venir ici. Plusieurs des Grecs qui nous
» devaient suivre par mer étaient encore
» dans Cérasunte, et leurs navires n'a-
» vaient point levé l'ancre. Il y arriva
» ensuite, à ce que disent les habitans
» de Cérasunte, trois vieillards députés
» de la bourgade qu'on avait voulu in-
» sulter. Ils nous cherchaient; ne nous
» ayant plus trouvés, ils témoignèrent aux
» Cérasuntiens qu'ils étaient étonnés et
» qu'ils ne concevaient pas quel motif
» nous avait fait marcher contre eux.
» Les Cérasuntiens disent leur avoir ré-
» pondu que l'attaque ne s'était point
» faite d'après une résolution publique,
» mais que des particuliers s'étaient por-
» tés à cet attentat. Ils assurent que les
» Barbares en témoignèrent une vive
» joie, qu'ils allaient s'embarquer pour
» venir ici nous raconter ce qui s'était
» passé, et qu'ils invitèrent ceux des
» Grecs qui le souhaiteraient à aller en-
» sevelir les morts. Quelques-uns des
» fuyards se trouvaient encore à Céra-
» sunte; ils surent le projet des Barba-
» res; ils osèrent leur jeter des pierres
» et exhorter d'autres Grecs à les imi-
» ter. Les trois malheureux députés sont
» restés sur la place et ont été lapidés.
» Après cet assassinat, quelques Céra-
» suntiens vinrent nous trouver et nous
» firent un récit exact de l'événement :
» leur rapport m'affligea ainsi que les
» autres généraux. Nous délibérions
» avec ces étrangers sur les moyens de
» donner la sépulture aux cadavres de
» nos compatriotes, et nous étions en-
» semble assis à la tête du camp, en
» avant des armes, quand tout-à-coup
» nous entendons de grands cris : *frappe,*
» *frappe, jette, jette*. Nous voyons
» bientôt beaucoup de Grecs accourir;
» les uns tenaient des pierres dans leurs
» mains, d'autres en ramassaient par
» terre. Les Cérasuntiens, témoins de
» ce qui s'était passé dans leur ville, s'ef-
» fraient et se retirent vers les vaisseaux.
» Que dis-je! par Jupiter! quelques-uns
» de nous-mêmes n'étaient pas sans
» crainte. Je m'avançai vers les sédi-
» tieux et leur demandai de quoi il s'a-
» gissait; il y en avait beaucoup qui l'i-
» gnoraient et qui cependant tenaient
» des pierres. Je m'adressai enfin à un
» soldat qui était au fait; il me répondit
» que les commissaires des vivres vexaient
» horriblement l'armée. Pendant que cet
» homme me parle, un autre aperçoit le
» commissaire Zélarque qui se retirait
» vers le rivage et il jette un grand cri.
» Dès que la multitude l'a entendu, elle
» court sur Zélarque comme sur un san-

» glier ou sur un cerf qui paraîtrait
» tout-à-coup dans la plaine. Les Céra-
» suntiens voyant nos soldats se précipi-
» ter de leur côté, croient qu'on leur en
» veut, fuient tant qu'ils ont de forces,
» et se jettent dans la mer : quelques-
» uns des nôtres y tombent aussi, et
» tous ceux qui ne savaient pas nager se
» sont noyés. Que croyez-vous que pen-
» sassent alors les Cérasuntiens? Ils n'a-
» vaient aucun tort à se reprocher,
» mais ils craignaient qu'une rage subite
» n'eût pris à notre armée comme elle
» prend à des chiens, et considérez où
» vous en serez réduits si une telle indis-
» cipline subsiste à l'avenir. Vous aurez
» beau vous assembler, vous n'aurez
» l'autorité ni de déclarer la guerre à
» qui vous voudrez, ni de la finir quand
» il vous conviendra; un particulier en-
» traînera l'armée aux entreprises qu'il
» aura seul adoptées. Si quelques dépu-
» tés viennent désormais vous demander
» la paix ou vous faire d'autres proposi-
» tions, qui voudra les assassinera, et
» vous laissera ignorer à jamais les mo-
» tifs qui les amenaient vers vous. Les gé-
» néraux que vous vous êtes donnés vous-
» mêmes n'auront plus d'autorité. Qui-
» conque s'élira lui-même chef de sédi-
» tieux et criera *tue, tue*, s'il trouve des
» compagnons qui lui prêtent la main,
» comme il vient d'arriver, aura le pouvoir
» de faire périr, sans forme de justice,
» tout général ou tout particulier qu'il au-
» ra proscrit. Considérez un peu les obli-
» gations que vous avez à ces chefs qui
» n'ont d'autre autorité que celle qu'ils
» se sont arrogée. Zélarque, commis-
» saire des vivres, s'il est coupable en-
» vers nous, a mis à la voile et a dispa-
» ru sans recevoir la peine due à son
» crime ; s'il est innocent, il fuit loin de
» l'armée, craignant d'être mis à mort
» injustement et de n'être point entendu.
» Grâces à ceux qui ont lapidé les dépu-
» tés, vous êtes les seuls des Grecs qui
» ne puissiez entrer avec sécurité dans
» les murs de Cérasunte si vous n'y ar-
» rivez en force. Les Barbares, qui
» avaient tué des nôtres, vous invitaient
» à venir librement leur donner la sé-
» pulture; il résulte de ces attentats que
» vous ne pouvez plus y aller, même
» précédés d'un héraut. Et qui de vous,
» ayant donné l'exemple d'assassiner les
» hérauts, oserait s'avancer avec un ca-
» ducée? Nous y avons suppléé; nous
» avons prié les habitants de Cérasunte
» d'inhumer ces infortunés. Si les faits
» que je viens de raconter sont louables,
» approuvez-les par un décret public :
» chacun s'attendant à les voir renouve-
» ler, se tiendra sur ses gardes et se ba-
» raquera dans un lieu fortifié. Jugez-
» vous au contraire que ce ne sont pas
» des traits d'hommes sociables, mais de
» bêtes féroces; cherchez les moyens
» d'arrêter cette licence. Autrement, par
» Jupiter, comment les Dieux agréeront-
» ils nos sacrifices quand ils verront
» nos actions impies? Comment combat-
» trons-nous nos ennemis si nous nous
» égorgeons les uns les autres? Quelle
» ville nous ouvrira ses portes et voudra
» être notre alliée, sachant qu'une telle in-
» discipline règne parmi nous? Qui osera
» venir vendre des vivres à notre camp
» lorsqu'il sera public que les plus grands
» crimes n'ont rien qui nous arrête? Si
» nous croyons avoir mérité quelque
» gloire, quelle bouche osera prononcer
» les louanges de scélérats tels que nous?
» car je sais que nous donnerions nous-
» mêmes ce nom à qui aurait commis
» de semblables forfaits. »

Aussitôt tous les Grecs se levèrent,
et dirent qu'il fallait sévir contre les auteurs d'une telle indiscipline, défendre
qu'elle recommençât, et punir désormais de mort le premier qui contre-
viendrait à cette loi. On chargea les gé-

néraux de livrer les coupables à la justice. On arrêta qu'on rechercherait toutes les fautes commises depuis la mort de Cyrus, et l'on en établit juges les chefs de lochos; puis Xénophon fut d'avis, et tous les devins conseillèrent qu'on purifiât l'armée. On l'ordonna, et cette cérémonie fut célébrée.

Il fut décidé aussi que les généraux seraient recherchés sur leur conduite précédente. Le compte rendu, Philésius et Xanticlès furent condamnés à restituer vingt mines qui manquaient à la somme qui leur avait été confiée, et qui était destinée au fret des bâtimens de transport; Sophénète le fut à une amende de dix mines, pour avoir exercé négligemment les fonctions de général depuis qu'on lui avait conféré ce rang. Quelques soldats accusèrent ensuite Xénophon de les avoir frappés, et lui reprochèrent de les traiter avec hauteur et pétulance. Xénophon se leva, et somma le premier qui avait porté plainte contre lui de dire d'abord en quelle occasion il l'avait battu. Lorsque nous mourions de froid, répondit celui-ci, et que nous étions couverts de neige. Xénophon répliqua : « Si c'est par le froid
» excessif dont vous nous parlez, pen-
» dant la disette de vivres, tandis qu'il
» n'y avait pas une goutte de vin à l'ar-
» mée, que nous étions accablés de fa-
» tigues et poursuivis par l'ennemi, si
» c'est, dis-je, dans de telles circons-
» tances que j'en ai agi avec violence,
» je conviens que je suis plus vicieux
» que les ânes mêmes, dont la lassitude,
» dit-on, n'arrête pas la lubricité; mais
» exposez le motif pour lequel je vous
» ai frappé. Vous demandais-je quelque
» chose? Est-ce pour punir votre refus
» que j'ai levé la main sur vous? S'agis-
» sait-il d'une restitution que j'exigeais?
» Attribuez-vous ma vivacité à la jalou-
» sie ou à l'ivresse? » Le soldat convint que Xénophon n'avait été animé par aucun de ces motifs. Ce général demanda au Grec s'il était alors dans les rangs des hoplites. « Non, reprit-il. — Faisiez-
» vous votre service parmi les armés à
» la légère? — Non, repartit l'accusa-
» teur; quoique homme libre, je con-
» duisais un mulet; mes camarades de
» chambrée m'en avaient confié le soin. »
Xénophon reconnut alors son homme.
« N'êtes-vous pas, lui demanda-t-il, ce-
» lui qui transportiez un malade?—Oui,
» par Jupiter, répliqua le Grec; mais
» vous m'y aviez forcé, et aviez jeté par
» terre le bagage de mes compagnons.
» — Voici comment je l'ai jeté par terre,
» reprit Xénophon : j'en ai chargé d'au-
» tres soldats; je leur ai ordonné de me
» remettre ce dépôt, et je vous ai tout
» rendu, sans qu'il y eût rien d'égaré,
» lorsque vous m'avez représenté l'hom-
» me que je vous avais confié. Écoutez
» tous comment cette affaire s'est pas-
» sée; ceci vaut la peine d'être entendu :
» On laissait en arrière un de nos
» compatriotes, parce qu'il ne pouvait
» plus marcher; je ne le connaissais
» point particulièrement : tout ce que
» j'en savais, c'est qu'il était de notre
» armée. Je vous ai contraint de le por-
» ter de peur qu'il ne pérît; car les en-
» nemis nous poursuivaient, autant que
» je puis m'en souvenir. » L'accusateur convint de ces faits. « Je vous avais dit
» de gagner les devans, poursuivit Xé-
» nophon; je marchais moi-même à
» l'arrière-garde. Je vous retrouve creu-
» sant une fosse pour enterrer l'homme
» dont je vous avais chargé; je m'arrê-
» tai et vous louai de lui rendre les der-
» niers devoirs; mais en présence de
» nous, le prétendu mort ploya la jam-
» be : tout ce qu'il y avait de témoins
» cria qu'il était encore en vie. Eh bien,
» répondîtes-vous, qu'il vive tant qu'il
» voudra; pour moi je ne l'emporterai

» point d'ici : ce fut alors que je vous
» frappai. Le fait est vrai ; car il me
» parut que vous aviez très bien su qu'il
» respirait encore lorsque vous aviez
» préparé sa sépulture. — Eh quoi !
» reprit l'accusateur, en est-il moins
» mort depuis ce moment où je vous le
» représentai ? — Nul de nous, répli-
» qua Xénophon, n'est immortel : faut-
» il pour cela nous enterrer tout vi-
» vans ? » Alors il n'y eut qu'une voix
dans l'assemblée : on s'écria que l'homme qui se plaignait n'avait pas été assez
châtié. Xénophon invita ensuite ses autres accusateurs à exposer pourquoi il
avait porté la main sur chacun d'eux.
Aucun ne se levant, et tous restant
muets, il parla lui-même en ces termes :
« Soldats, je conviens que j'ai frappé
» beaucoup de Grecs, parce qu'ils sor-
» taient de leurs rangs ; ils n'ont dû
» leur salut qu'à ceux d'entre vous qui
» restaient à leur poste et combattaient
» l'ennemi lorsqu'il se présentait, tandis
» que cette foule de pillards quittait le
» gros de l'armée, courait en avant au
» butin, et cherchait à s'enrichir plus
» que les braves. Si nous les avions tous
» imités, nous aurions tous péri. J'aurai
» frappé encore, et forcé de marcher,
» un soldat qui se laissait aller, ne vou-
» lait point se lever, et se livrait, pour
» ainsi dire, lui-même à l'ennemi ; car
» il m'est arrivé à moi-même, dans la
» rigueur du froid, ayant attendu que
» des Grecs eussent chargé leurs équipa-
» ges, et étant resté long-temps assis,
» de m'apercevoir que j'avais peine à me
» relever et à étendre mes jambes. D'a-
» près cette expérience personnelle, dès
» que je voyais quelqu'un s'asseoir et
» faire le paresseux, je le faisais mar-
» cher devant moi ; car le mouvement
» et l'action fournissent une sorte de
» chaleur et de souplesse aux membres.
» Je remarquais, au contraire, que le

» repos et l'attitude où l'on reste, quand
» on se tient assis, contribuaient à gla-
» cer le sang et à faire geler les doigts
» des pieds, accident que vous savez
» être arrivé à plusieurs d'entre vous.
» Peut-être trouvant un homme qui res-
» tait en arrière par nonchalance, qui
» se faisait attendre par vous qui mar-
» chiez à la tête de la colonne, et qui
» bouchait le passage à notre arrière-
» garde, je lui aurai donné des coups
» avec ma main, pour lui épargner ceux
» qu'il aurait reçus de la lance des Bar-
» bares. Ceux que j'ai ainsi sauvés peu-
» vent maintenant me demander compte
» d'un châtiment inique que je leur au-
» rai infligé ; mais s'ils étaient tombés
» au pouvoir de l'ennemi, quels maux
» auraient-ils soufferts ! quelle justice
» s'en seraient-ils fait rendre ! Mon rai-
» sonnement, poursuivit-il, est simple :
» si j'ai puni un Grec, pour son bien,
» j'avoue que j'ai mérité la même peine
» qu'un père qui châtie ses enfans,
» qu'un maître qui corrige ses écoliers :
» les chirurgiens coupent un membre et
» appliquent le feu pour le salut du ma-
» lade. Si vous croyez que je me sois
» conduit ainsi par vivacité, songez que,
» grâces aux Dieux, je vis maintenant
» dans une sécurité bien plus grande
» qu'alors ; je me sens plus d'audace ;
» je bois plus de vin, et je ne frappe
» cependant aucun soldat ; car je vois
» qu'un calme heureux a succédé pour
» vous aux orages ; mais lorsqu'une
» tempête agite la mer et soulève des
» montagnes de flots, ne voyez-vous
» pas que, pour un signe de tête, le pi-
» lote se met en colère contre les mate-
» lots de la proue, et que le timonier
» exerce un pouvoir non moins despoti-
» que contre ceux de la poupe ? C'est
» qu'en cet instant critique la faute la
» plus légère peut faire engloutir tout
» l'équipage. Mais n'avez-vous pas pro-

» noncé alors vous-mêmes que c'était
» avec justice que je frappais les soldats
» en faute? Vous n'aviez point, comme
» maintenant, de petites pierres en main
» pour aller au scrutin; vous teniez vos
» armes; vous nous entouriez et pou-
» viez secourir ceux que je corrigeais;
» mais, par Jupiter, vous ne preniez
» pas leur parti, et vous ne m'aidiez
» pas non plus à châtier celui qui quit-
» tait son rang. Par cette connivence,
» vous avez enhardi contre moi les plus
» mauvais soldats, et avez autorisé les
» airs de fierté qu'ils se donnent; car si
» vous vouliez le remarquer, vous trou-
» veriez, j'en suis persuadé, que ceux
» qui ont témoigné le plus de lâcheté
» alors, montrent aujourd'hui le plus
» d'insolence: Boïscus, cet athlète thes-
» salien, prétendait alors, comme ma-
» lade, devoir être dispensé de porter
» son bouclier; c'est lui, à ce que j'en-
» tends dire, qui vient de piller beau-
» coup d'habitans de Cotyore. Si vous
» prenez un parti sensé sur cet attentat,
» vous en userez avec ce voleur tout au-
» trement qu'on en use avec les chiens:
» on met à l'attache pendant le jour ceux
» qui sont méchans, et on ne les lâche
» que la nuit. Pour lui, la prudence
» exige que la nuit vous le teniez dans
» les fers, et le laissiez jouir, pendant
» le jour seulement, de sa liberté. Mais
» poursuivit Xénophon, j'ai droit de
» m'étonner de ce que vous ne vous
» rappelez et ne citez de moi que ce qui
» a pu me rendre odieux à quelques-uns
» d'entre vous. S'il en est, au contraire,
» à qui j'aie porté des secours contre la
» rigueur du froid, que j'aie défendus
» contre l'ennemi, à qui j'aie été utile
» dans leurs détresses et dans leurs ma-
» ladies, personne n'en rappelle la mé-
» moire. Si j'ai loué ceux qui faisaient
» une belle action, et honoré, autant
» qu'il était en moi, les braves, on ne

» s'en souvient pas davantage. Il est
» beau cependant, il est juste; que dis-
» je! c'est un devoir sacré et agréable
» de conserver le souvenir des bienfaits
» plutôt que celui des injures. »

Tous les Grecs se levèrent à ces mots; ils se rappelèrent les uns aux autres ce qu'ils devaient à Xénophon, et la recherche qu'on avait faite de sa conduite finit ainsi par tourner à sa gloire.

LIVRE SIXIÈME.

Pendant le séjour que l'armée fit dans le camp sous Cotyore, les soldats vécurent, les uns de ce qu'on leur vendait au marché, les autres, de la maraude qu'ils faisaient en Paphlagonie. Les Paphlagoniens, réciproquement, saisissaient l'occasion d'enlever tout ce qui s'écartait du camp; ils tâchaient aussi de faire quelque mal la nuit aux Grecs qui s'étaient baraqués un peu loin des autres. Ces hostilités augmentèrent l'animosité mutuelle de ce peuple et des soldats. Corylas, qui se trouvait alors commander en Paphlagonie, envoie aux Grecs des députés, montés sur de beaux chevaux, et vêtus d'habits magnifiques; ils annoncent que Corylas est disposé à ne plus inquiéter l'armée, si elle respecte elle-même le pays. Les généraux répondirent qu'ils en délibéreraient avec elle, et donnèrent l'hospitalité aux députés. Ils appelèrent aussi ceux qu'il parut le plus convenable d'inviter; puis ayant immolé aux Dieux des bœufs et d'autres bestiaux qu'on avait pris, on servit un assez beau repas; on soupa, couché sur l'herbe, et l'on but dans des coupes de corne, qu'on trouvait dans le pays.

Quand on eut fait les libations et chanté le péan, des Thraces se levèrent d'abord et dansèrent tout armés au son de la flûte; ils sautaient légèrement et s'élevaient fort haut; ils tenaient en main leurs sabres nus, paraissaient s'en servir et combattre. Enfin l'un des danseurs frappa l'autre, et tout le monde crut qu'il l'avait tué; mais c'était un artifice innocent. Les Paphlagoniens jetèrent un grand cri. Le vainqueur dépouilla son adversaire des armes qu'il portait, et sortit en chantant Sitalcès. D'autres Thraces emportèrent le vaincu comme mort; il n'avait cependant pas reçu le moindre mal. Ensuite les Ænians et les Magnésiens se levèrent et commencèrent, revêtus de leurs armes, une pantomime qu'on appelle la danse des semeurs; en voici la description: un des acteurs met ses armes à terre à côté de lui, sème ensuite un champ et conduit une charrue, se retournant souvent, comme un homme qui a peur; un voleur s'avance vers lui; l'autre, dès qu'il l'aperçoit, saute sur ses armes, court au voleur, et se bat contre lui pour défendre ses bœufs: tous les mouvemens se faisaient en cadence, au son de la flûte. Enfin le voleur a le dessus, garrote le laboureur et emmène son attelage. D'autres fois le laboureur était victorieux; il liait au voleur les mains derrière le dos, l'attachait à côté de ses bœufs, et le faisait marcher ainsi devant lui.

Un Mysien entra ensuite sur la scène; il tenait, dans chacune de ses mains, un bouclier léger; quelquefois il s'en servait en dansant, comme s'il eût eu à se défendre contre deux adversaires; quelquefois, comme s'il n'eût eu affaire qu'à un seul. Souvent il tournait et faisait le saut périlleux sans lâcher ses boucliers: c'était un spectacle agréable qu'il donnait; il finit par danser à la manière des Perses, frappant d'un bouclier sur l'autre; il se mettait à genoux, se relevait, et exécutait tous ces mouvemens en mesure et au son de la flûte. Des Mantinéens et quelques autres Arcadiens se levèrent ensuite, et parurent après lui sur la scène; ils étaient couverts des plus belles armes qu'ils avaient pu trouver; ils s'avancèrent en cadence, les flûtes jouant une marche guerrière; ils chantèrent le péan, puis dansèrent comme dans les cérémonies religieuses. Les Paphlagoniens qui étaient présens, s'étonnaient de ce que toutes les danses s'exécutaient par des hommes armés de toutes pièces. Le Mysien, qui vit leur surprise, ayant engagé un des Arcadiens à permettre qu'on fît paraître une danseuse qu'il avait pour esclave, l'habilla le plus élégamment qu'il put, lui mit à la main un bouclier léger, et la fit entrer; elle dansa légèrement la pyrrhique: on lui donna beaucoup d'applaudissemens. Les Paphlagoniens demandèrent aux Grecs si leurs femmes combattaient avec eux. On leur répondit que c'étaient elles qui avaient repoussé le roi du camp lorsqu'il était venu piller les équipages. Telle fut la fin des amusemens de cette nuit.

Le lendemain, on admit les députés à l'assemblée de l'armée; elle fut d'avis de convenir avec les Paphlagoniens qu'il ne se commettrait désormais aucune hostilité de part ni d'autre. Les députés repartirent ensuite. Les Grecs, jugeant qu'ils avaient assez de bâtimens, s'embarquèrent. Le vent était favorable; ils longèrent ainsi, pendant un jour et pendant une nuit, la côte de Paphlagonie qu'ils avaient à leur gauche, arrivèrent le lendemain à Sinope, et mouillèrent dans le port de cette ville, qu'on nomme Harmène. La ville de Sinope est bâtie dans la Paphlagonie; ses habitans sont une colonie de Milet; ils envoyèrent aux Grecs, pour dons de l'hospitalité, trois mille médimnes de farine et quinze cents cérames de vin. Chirisophe y arriva avec des galères. Le soldat s'attendait qu'il apporterait d'autres secours, mais il n'en était rien; il annonça seulement qu'Anaxibius et les autres Grecs chantaient les louanges de l'armée, et que cet amiral lui promettait une solde dès qu'elle serait sortie de l'Euxin.

Les soldats restèrent cinq jours à Harmène. Comme ils se voyaient moins éloignés de leur patrie, ils conçurent, plus que jamais, le désir d'y rentrer, enrichis de quelque butin; ils jugèrent qu'en donnant un seul chef à l'armée, il tirerait meilleur parti des troupes, et de nuit et de jour, que ne le pouvaient faire plusieurs généraux, entre lesquels l'autorité était divisée; qu'un seul homme garderait mieux le secret sur les projets qui doivent être cachés, laisserait moins échapper de momens précieux, lorsqu'il serait nécessaire de prévenir l'ennemi; qu'il ne faudrait plus des conférences continuelles; que le chef seul ferait exécuter ce qu'il aurait projeté, car auparavant les généraux ne faisaient rien que ce qui avait été décidé entre eux à la pluralité des voix. En formant ce dessein, l'armée tournait les yeux sur Xénophon : les chefs de lochos le vinrent trouver, et lui dirent que le vœu de tous les Grecs était de l'avoir à leur tête; chacun lui témoignait son affection, et tâchait de l'engager à se charger du commandement suprême. Xénophon n'en était pas éloigné; il pensait que c'était un moyen d'augmenter sa considération, et de faire parvenir son nom avec plus de gloire dans sa patrie et près de ses amis; il espérait même que peut-être l'armée lui devrait des succès et quelque nouvelle prospérité.

Ces réflexions lui faisaient désirer de devenir commandant en chef; mais il hésitait, lorsqu'il songeait que personne ne peut lire dans l'avenir, et qu'il courait risque de perdre, dans ce rang, la gloire même qu'il avait précédemment acquise. Embarrassé pour se décider, il crut que le meilleur parti à prendre était de consulter les Dieux, et, en présence de deux sacrificateurs, il immola des victimes à Jupiter roi, celui auquel l'oracle de Delphes lui avait ordonné ci-devant de sacrifier; Xénophon jugeait d'ailleurs que c'était ce Dieu qui lui avait envoyé le songe qu'il avait eu lorsqu'on l'avait élu, avec d'autres généraux, pour prendre soin de l'armée. Il se ressouvenait aussi qu'en partant d'Éphèse, pour se faire présenter à Cyrus, il avait entendu, sur sa droite, le cri d'un aigle perché. Un devin, qui accompagnait alors Xénophon, lui avait dit que cet augure lui annonçait de grandes choses et au-dessus de la fortune d'un particulier; qu'il acquerrait de la gloire, mais qu'il l'achèterait par beaucoup de fatigues, l'aigle n'étant jamais plus attaqué par les autres oiseaux que lorsqu'il est posé. Le devin ajouta que ce n'étaient point des richesses que promettait une telle rencontre, parce que l'aigle n'enlève communément sa subsistance qu'en volant de tous côtés et planant dans les airs. Jupiter lui annonça alors clairement, par les signes qu'on trouva dans les entrailles des victimes, qu'il ne devait ni briguer le généralat suprême, ni l'accepter s'il était élu : tel fut le résultat du sacrifice. L'armée s'assembla; tout le monde dit qu'il fallait élire un chef, et ce point arrêté, on proposa Xénophon. Quand il fut hors de doute que, si l'on recueillait les voix, le choix tomberait sur lui, il se leva et parla en ces termes :

« Soldats, je vois avec plaisir les nou-
» velles marques d'honneur que vous
» me destinez; je suis homme; les
» mouvemens de la reconnaissance ne
» sont point étrangers à mon cœur, et
» je conjure les Dieux de me donner

» l'occasion de procurer quelque avantage à l'armée; mais il me paraît qu'il n'est ni de votre intérêt ni du mien que je sois élu général en chef, au préjudice d'un Lacédémonien qui est présent; les Lacédémoniens vous en accorderont moins facilement les secours que vous aurez à leur demander, et je ne sais si je n'aurais moi-même rien à craindre de leur ressentiment; car je vois qu'ils n'ont cessé d'être en guerre avec ma patrie qu'après avoir fait reconnaître à la république entière des Athéniens que les Lacédémoniens avaient droit d'être leurs chefs, comme ils l'étaient déjà de toute la Grèce. Contens de cet aveu, ils ont cessé aussitôt les hostilités, et levé le siége d'Athènes. Témoin de ces événemens, si j'anéantis ici, autant qu'il est en moi, la prétention de ce peuple vainqueur, j'ai peur qu'on ne me mette bien vite à la raison. Quant à ce que vous imaginez qu'il s'élèvera moins de séditions sous le commandement d'un seul que sous celui de plusieurs, sachez que je ne me mettrai à la tête d'aucune faction, si vous élisez un autre que moi; car je pense qu'à la guerre, se révolter contre le chef, c'est conspirer contre son propre salut; mais si vous m'éleviez à ce rang, je ne serais point étonné que vous trouvassiez des esprits soulevés et contre vous et contre moi. »

A ces mots, beaucoup plus de Grecs se levèrent et crièrent qu'il fallait que Xénophon les commandât. Agasias de Stymphale dit qu'il trouvait ridicule ce prétendu privilége des Lacédémoniens; « il ne leur manquerait plus, ajouta-t-il, » que de se mettre en colère, si, dans » un festin, on ne choisissait pas un de » leurs compatriotes pour y présider. » Puisqu'il est ainsi, nous n'avons pas » probablement le droit de commander » nos lochos, nous qui sommes Arca» diens. » On applaudit alors avec grand bruit au discours d'Agasias.

Xénophon s'étant aperçu qu'il fallait insister davantage, s'avança, et dit aux Grecs : « Pour vous mettre parfaitement » au fait des motifs de mon refus (j'en » jure par tous les Dieux et par toutes » les Déesses), dès que j'ai pressenti vo» tre dessein, je les ai consultés, par » des sacrifices, pour savoir s'il vous » serait avantageux de me confier un » pouvoir sans partage, et à moi de » l'accepter; ils m'ont déclaré qu'il fal» lait m'en abstenir, et me l'ont indiqué » dans les entrailles des victimes par des » signes si évidens, que l'homme qui » s'y connaît le moins n'aurait pu s'y » méprendre. » Alors on choisit pour commandant en chef Chirisophe. Ce général ainsi élu, s'approcha de l'assemblée, et parla en ces termes : « Sachez, » soldats, que si vous vous étiez donné » un autre chef, je ne me serais point » révolté contre lui; mais vous avez » rendu service à Xénophon de ne le » point élire; on l'a déjà calomnié près » d'Anaxibius. C'est Dexippe qui lui a » nui autant qu'il l'a pu, quoique j'aie » fait tous mes efforts pour fermer la » bouche à ce traître. Je suis persuadé, » a-t-il dit, que Xénophon a mieux aimé » avoir pour compagnon, dans le géné» ralat, Timasion, Dardanien, de la di» vision de Cléarque, que moi qui suis » Lacédémonien. » Chirisophe ajouta : « Puisque vous m'avez mis à votre tête, » je tâcherai qu'il en résulte pour vous » tout le bien qu'il dépendra de moi de » vous procurer. Préparez-vous, ce» pendant, à lever l'ancre demain, si le » temps le permet : nous ferons voile » vers Héraclée; il faut que tous les bâ» timens tâchent d'y arriver; débar» qués là, nous délibérerons sur ce qu'il » y aura à faire. »

On mit à la voile le lendemain, par un vent favorable, et on côtoya la terre pendant deux jours. Les Grecs découvrirent, en passant, le promontoire de Jason, où l'on dit qu'Argo, le plus célèbre des navires, mouilla autrefois; ils aperçurent ensuite les embouchures de différens fleuves : d'abord celle du Thermodon, puis celle de l'Halys, enfin celle du Parthénius (1). Après avoir passé devant cette dernière, on arriva à Héraclée, ville grecque, colonie de Mégare, située dans le pays des Maryandéniens ; la flotte grecque mouilla près de la Chersonèse Achérusiade : c'est là, dit-on, qu'Hercule descendit aux enfers pour enchaîner Cerbère ; et comme preuve de sa descente, on montre encore un gouffre qui a plus de deux stades de profondeur. Les habitans d'Héraclée envoyèrent aux Grecs les dons de l'hospitalité, trois mille médimnes de farine d'orge, deux mille cérames de vin, vingt bœufs et cent moutons. La plaine est traversée par un fleuve nommé le Lycus, large d'environ deux pléthres.

Les soldats s'étant assemblés, délibérèrent s'ils continueraient leur route par terre ou par mer, jusqu'à leur sortie du Pont. Lycon d'Achaïe se leva et parla en ces termes : « Soldats, je suis étonné » de la négligence de nos généraux qui » ne tâchent point de nous procurer de » quoi acheter des provisions : les présens de l'hospitalité, qu'on vient d'envoyer à l'armée, suffiront à peine pour » la nourrir trois jours, et je ne vois pas » où nous fournir de vivres pour continuer notre route : je suis donc d'avis » de demander à la ville d'Héraclée une » contribution d'au moins trois mille cyzicènes. » Un autre opina à exiger la solde de l'armée pour un mois, ce qui devait monter à dix mille cyzicènes pour le moins. « Choisissons, dit-il, des députés ; envoyons-les sur-le-champ à » Héraclée, pendant que nous resterons » assis dans ce lieu, et quand ils nous » auront fait leur rapport, nous aviserons en conséquence à prendre un » parti. » On proposa d'élire divers députés, Chirisophe, d'abord comme généralissime : quelques-uns nommèrent aussi Xénophon ; mais Chirisophe et lui refusèrent fermement de se charger de cette ambassade ; car ils pensaient, l'un et l'autre, qu'il fallait ne rien exiger d'une ville grecque et amie, mais se contenter de ce qu'elle donnait volontairement. Comme on vit le peu de zèle qu'ils avaient pour un tel emploi, on envoya Lycon d'Achaïe, Callimaque Parrhasien, et Agasias de Stymphale : arrivés à Héraclée, ils dirent ce qui avait été arrêté au camp ; on prétend que Lycon ajouta même des menaces, et fit sentir ce qu'on aurait à craindre si l'on ne donnait entière satisfaction à l'armée. Les habitans répondirent aux députés qu'ils délibéreraient sur leur proposition ; ils firent rentrer aussitôt les effets qu'ils avaient dans les champs, approvisionnèrent leur ville, en fermèrent les portes, et on vit briller des armes sur les remparts.

(1) Xénophon semble joindre au mérite d'une élégance simple, celui de l'exactitude historique. Voici cependant une erreur géographique où il est tombé. Le Thermodon, l'Iris et l'Halys se jettent certainement dans le Pont-Euxin, entre Trébizonde et Sinope. J'ai consulté le douzième livre de Strabon, la description du tour de l'Euxin, *Periplus Ponti-Euxini*, qu'on attribue à Arrien, des cartes modernes et des relations de voyageurs. Leur témoignage unanime ne permet pas de douter de ce fait. Comment est-il donc possible que les Grecs, dans leur navigation de Sinope à Héraclée, passent devant les embouchures du Thermodon et de l'Halys ? On pourrait en dire autant sur le rivage de Jason, dont plusieurs auteurs anciens ont déterminé la position entre Cotyore et Sinope. Peut-être Xénophon n'écrivit-il son journal que pendant sa retraite à Scilunte, et sa mémoire le trompa-t-elle sur le seul fait où l'on puisse le soupçonner d'inexactitude.

Les auteurs de ces troubles accusèrent les généraux d'avoir fait avorter le projet. Les Arcadiens et les Achéens s'assemblèrent séparément du reste de l'armée ; les principaux chefs de cette faction étaient Callimaque Parrhasien, et Lycon d'Achaïe ; ils disaient qu'il était honteux qu'un Athénien, qui n'avait point amené de troupes à l'armée, commandât des Lacédémoniens et des habitans du Péloponnèse ; ils prétendaient que les travaux étaient leur lot, et que d'autres en recueillaient les fruits, quoique ce fût à eux que l'armée dût son salut ; que les Arcadiens et les Achéens y avaient presque seuls contribué ; que le reste des Grecs n'était rien en comparaison d'eux (et effectivement ces deux nations faisaient plus de la moitié des troupes), que s'ils agissaient sensément, ils se sépareraient des autres, se choisiraient eux-mêmes des généraux, feraient route à part, et tâcheraient de s'enrichir en faisant quelque butin : cet avis fut adopté. Tout ce qu'il y avait d'Achéens ou d'Arcadiens dans les divisions de Chirisophe ou de Xénophon, quittèrent ces deux chefs et se réunirent à leurs compatriotes ; puis ils élurent pour généraux dix d'entre eux, et arrêtèrent que ces nouveaux chefs feraient exécuter ce qui serait décidé à la pluralité des voix dans un conseil qu'ils formeraient. Alors tomba le pouvoir suprême de Chirisophe, six ou sept jours après qu'on le lui eut décerné.

Xénophon voulait accompagner ces factieux, et croyait que le salut de l'armée était attaché à ce que chaque division ne prît pas une route différente ; mais Néon lui persuada de marcher séparément d'eux. Ce Grec savait de Chirisophe, que Cléandre, gouverneur de Byzance, avait dit qu'il se rendrait avec ses galères, au port de Calpé. Néon donna ce conseil à Xénophon, afin qu'eux seuls et leurs divisions profitassent de cette flotte, et s'embarquassent dessus. Chirisophe, dégoûté par ce qui s'était passé, et en ayant conçu de l'humeur contre l'armée, permit à Xénophon de faire tout ce qu'il voudrait. Ce général fut tenté de s'embarquer seul et d'abandonner les troupes ; mais ayant fait un sacrifice à Hercule conducteur, pour savoir s'il lui serait plus avantageux de rester à la tête de la division qu'il commandait, ou de la quitter, ce Dieu lui fit voir dans les entrailles des victimes, qu'il ne devait point se détacher de ses soldats. Ainsi l'armée se sépara en trois corps : les Arcadiens et les Achéens faisaient plus de quatre mille cinq cents hommes, tous infanterie pesante. Chirisophe avait sous lui environ quatorze cents hoplites et presque sept cents armés à la légère ; ces derniers étaient les Thraces qu'avait amenés Cléarque. A peu près dix-sept cents hoplites et trois cents armés à la légère formaient la division de Xénophon ; il avait seul de la cavalerie à ses ordres ; elle formait une petite troupe d'environ quarante chevaux.

Les Arcadiens ayant obtenu, des habitans d'Héraclée, des bâtimens de transport, mettent, les premiers, à la voile, pour tomber à l'improviste sur les Bithyniens, et y faire le plus de butin qu'il leur sera possible. Ils descendent au port de Calpé, situé vers le milieu de la Thrace. Chirisophe partit d'Héraclée et marcha à travers l'intérieur du pays ; mais quand il fut entré en Thrace, il regagna les bords de la mer, et continua sa route par terre, côtoyant le rivage ; car il se sentait déjà malade. Xénophon ayant mis à la voile, débarque aux confins de la Thrace et du territoire d'Héraclée, puis s'avance dans le milieu des terres, et suit ainsi le chemin de Calpé.

On a dit ci-dessus comment avait été dissous le commandement en chef de Chirisophe, et comment l'armée s'était partagée. Voici ce que fit chacune des divisions : les Arcadiens, ayant débarqué de nuit au port de Calpé, marchèrent vers les premiers villages, à cinquante stades à-peu-près de la mer. Quand le jour eut paru, chaque général mena ses troupes dans un cantonnement séparé ; on conduisit deux lochos à chaque village qui parut plus considérable ; on convint d'une colline pour rendez-vous général. L'irruption des Grecs avait été imprévue et subite ; ils firent, par cette raison, beaucoup de prisonniers, et enlevèrent une grande quantité de menu bétail.

Les Thraces qui avaient pu fuir, se réunirent : comme ils étaient armés à la légère, il y en avait beaucoup qui avaient échappé à l'infanterie pesante des Grecs, quoiqu'ils fussent presque entre ses mains. Quand ils se furent rassemblés, ils attaquèrent d'abord le lochos de Smicrès, un des généraux arcadiens, tandis que cette troupe marchait au rendez-vous désigné, chargée de butin. Les Grecs continuèrent quelque temps leur marche en combattant ; mais, au passage d'un ravin, ils sont chargés et rompus : Smicrès est tué, et tous les soldats sont passés au fil de l'épée. Tel fut à-peu-près le sort d'Hégésandre, chef de lochos, l'un des dix nouveaux généraux ; il ne revint avec lui que huit hommes de sa troupe ; les autres chefs gagnèrent la colline et s'y rassemblèrent, les uns sans avoir été attaqués, les autres avec peine. Les Thraces, après ce premier succès, s'appelèrent les uns les autres, et concevant une nouvelle audace, rassemblèrent des forces pendant toute la nuit. Dès la pointe du jour, ils se formèrent en bataille tout autour de la colline où campaient les Grecs ; ils avaient beaucoup de cavalerie et d'infanterie légère : leur nombre s'augmentait sans cesse, et ils insultaient impunément l'infanterie des Grecs ; car il n'y avait, du côté de ceux-ci, ni armés à la légère, ni archers, ni cavalerie. Les Thraces s'avançant, les uns à la course, les autres au galop de leurs chevaux, lançaient des javelots, et se retiraient aisément dès qu'on marchait à eux ; ils firent cette manœuvre de plusieurs côtés, et, sans avoir un seul blessé, blessèrent beaucoup de Grecs : ceux-ci furent réduits à ne pouvoir sortir de leur poste, et les Thraces finirent par se mettre entre eux et l'endroit où ils allaient à l'eau. Dans cette détresse, les Grecs parlèrent de capitulation ; les Thraces leur accordèrent toutes les autres conditions, mais ne voulurent point donner d'otages, quoique les Grecs en exigeassent d'eux. Ce refus arrêtait la conclusion du traité. Telle était la situation des Arcadiens.

Chirisophe, marchant par terre, le long des bords de la mer, sans être inquiété, arrive au port de Calpé. Xénophon traversait l'intérieur du pays. Sa cavalerie, détachée en avant, rencontre des députés qui allaient remplir l'objet de leur mission ; on les conduit à ce général. Il leur demande s'ils ne savent aucunes nouvelles de quelque autre division de l'armée. Ils rapportent tout ce qui s'est passé, racontent que les Grecs sont assiégés en ce moment même sur une colline, et que tous les Thraces entourent exactement ce poste. On mit alors ces hommes sous bonne garde, pour servir de guides en quelque endroit qu'il fallût se porter ; puis Xénophon, ayant posé dix vedettes, convoqua ses soldats, et leur dit :

« Soldats, une partie des Arcadiens a
» péri, et les autres sont investis sur un
» tertre qu'ils occupent. Je pense que si

» nous laissons périr encore ceux-ci, il ne nous reste à nous-mêmes aucun espoir de salut, vu la multitude des ennemis et l'audace qu'ils auront conçue. Le meilleur parti que nous ayons à prendre est donc de secourir au plus vite nos compagnons pour joindre nos armes aux leurs, s'ils respirent encore, et pour ne pas demeurer seuls exposés aux plus grands dangers. Nous allons maintenant avancer, jusqu'à ce que nous jugions qu'il est heure de souper. Nous prendrons alors un camp. Que pendant notre marche Timasion se porte en avant avec la cavalerie, et, sans nous perdre de vue, éclaire ce qui se passe, afin qu'il n'y ait rien dont nous ne soyons instruits. » Xénophon envoya en même temps des hommes agiles tirés des troupes légères sur les flancs de sa division et sur les hauteurs, avec ordre de l'informer de ce qu'ils découvriraient, et il leur enjoignit de mettre le feu à tout ce qui pouvait être incendié. « Pour nous, soldats, ajouta-t-il, nous n'avons plus de retraite à espérer; Héraclée est trop loin pour y retourner. Chrysopolis se trouve à une grande distance en avant de nous, et nous sommes près de l'ennemi. Le lieu le moins éloigné est le port de Calpé; nous devons y supposer maintenant Chirisophe, s'il a eu le bonheur d'échapper aux Thraces; mais il n'y a à Calpé même ni des bâtimens pour nous embarquer, ni des vivres pour subsister, si nous devons y séjourner, ne fût-ce que pendant un jour. Laisser périr les Arcadiens assiégés et, nous joignant aux seules troupes de Chirisophe, courir à de nouveaux dangers, est un parti plus mauvais que de délivrer nos compatriotes, de rassembler en un même lieu tout ce qui restera de Grecs, et de pourvoir alors d'un commun accord à nous tirer d'affaire.

» Il faut donc marcher, et dans le fond de vos âmes vous préparer à trouver une mort glorieuse ou à vous signaler par l'exploit le plus brillant, si le salut de tant de Grecs doit être votre ouvrage, et tel est peut-être le dessein de la Providence. Elle se plaît à abaisser des superbes qui ont eu trop de confiance en eux-mêmes; elle veut nous couvrir de plus de gloire qu'eux, nous qui n'entreprenons rien sans commencer par invoquer les immortels. Ayez donc à me suivre, et portez grande attention à ce qui vous sera prescrit pour pouvoir l'exécuter ponctuellement. »

Ayant dit ces mots, il se mit à la tête des troupes. La cavalerie se dispersa autant qu'elle le put faire sans risque, et brûla tout ce qui se trouva sur son chemin. En arrière d'elle les armés à la légère occupèrent successivement les hauteurs que l'armée laissait sur ses flancs; ils détruisirent, en y portant la flamme, tout ce qu'ils virent et qu'ils purent incendier; le reste des troupes ensuite en usait de même à son passage lorsqu'il s'y trouvait quelque chose d'épargné. Le pays entier paraissait en feu, et ce spectacle annonçait la marche d'une armée nombreuse. L'heure en étant venue, les Grecs montèrent sur une colline et y campèrent. Ils découvrirent de là les feux de l'ennemi qui n'étaient qu'à environ quarante stades d'eux, et ils en allumèrent eux-mêmes le plus qu'ils purent. Quand l'armée eut soupé, on ordonna d'éteindre au plus vite tous ces feux; on plaça des gardes avancées, et l'on prit quelque repos pendant la nuit. A la pointe du jour l'armée, après avoir adressé des prières aux Dieux, et s'être rangée en ordre de bataille, marcha en avant le plus rapidement qu'elle put. Timasion et la cavalerie précédaient le gros des troupes; ils avaient avec eux des guides, et s'étant avancés, ils se trouvèrent sans le savoir sur le tertre, où les Arcadiens avaient été investis. Ils n'y virent plus ni amis, ni ennemis, et ils en instruisirent aussitôt Xénophon et sa division. Il ne restait sur cette colline que des vieilles femmes, des vieillards, quelques mauvais moutons et bêtes à corne qu'on y avait abandonnés. On fut d'abord étonné, et l'on ne concevait pas ce qui pouvait être arrivé; on s'en informa ensuite aux malheureux qui avaient été laissés sur le lieu; on apprit d'eux que les Thraces s'étaient retirés dès le soir. Ces vieillards ajoutèrent que le corps des Grecs s'était mis en mouvement le matin, mais qu'ils ignoraient sur quelle direction il s'était porté.

Xénophon et ses troupes ayant reçu ces informations, dînèrent, puis on fit plier les équipages et on se remit en marche dans le dessein de rejoindre au plus tôt les autres Grecs au port de Calpé. Chemin faisant, les soldats trouvèrent la trace des Arcadiens et des Achéens qui retournaient à ce port. Ayant suivi la même route, ils se revirent enfin les uns les autres avec transport, et s'embrassèrent comme frères. Les Arcadiens demandèrent aux soldats de Xénophon pourquoi ils avaient éteint les feux. « Ne les voyant plus allumés, ajoutèrent-» ils, nous avons cru d'abord que vous » attaqueriez pendant la nuit les Thra-» ces. L'ennemi a eu, à ce que nous pré-» sumons, la même idée, et l'effroi qu'il » en a conçu l'a fait décamper; car c'est » vers cette heure à-peu-près qu'a com-» mencé sa retraite. Comme vous n'ar-» riviez point, le temps qu'il vous fallait » pour nous rejoindre étant plus qu'é-» coulé, nous avons présumé qu'instruits » de notre situation vous aviez été frap-» pés de terreur vous-mêmes, et que » vous vous étiez retirés vers la mer. » Nous nous sommes déterminés à ne » pas rester en arrière de vous; c'est » pour exécuter ce projet que nous » avons marché jusqu'ici. »

On resta tout le jour au bivouac sur le rivage de la mer, près du port. Le lieu qu'on nomme port de Calpé est situé dans la Thrace asiatique. Cette Thrace est sur la droite des navigateurs qui entrent dans le Pont-Euxin, et s'étend du Bosphore jusqu'au territoire d'Héraclée. Pour aller de Byzance à cette ville, un long jour suffit aux galères qui ne se servent que de leurs rames. On ne trouve entre deux aucune ville grecque, ni alliée des Grecs. Tout le pays est habité par les Thraces ou par les Bithyniens. On dit que les Grecs qui échouent sur leur côte ou qui tombent par quelque autre accident entre leurs mains, essuient toutes sortes d'outrages et éprouvent la cruauté de ces peuples. Le port de Calpé est à moitié chemin d'Héraclée à Byzance pour les navigateurs. Un promontoire s'y avance au milieu des flots; le côté qui termine vers la pleine mer est un rocher à pic qui n'a pas moins de vingt orgyes de haut dans l'endroit où il est le moins élevé. Un isthme de quatre plèthres de largeur tout au plus joint ce promontoire à la terre, et l'espace renfermé entre la mer et ce passage étroit pourrait contenir une ville peuplée de dix mille habitans. Le bassin du port est sous le rocher même : du côté de l'ouest, un autre rivage l'environne; une source abondante d'eau douce sort de terre près de la mer, et dominée par le promontoire dépend de ceux qui l'occupent. Les bords mêmes de la mer fourniraient une grande quantité de beaux bois de construction, et une infinité d'autres bois garnissent le pays. La montagne qui prend naissance au port, s'étend dans l'intérieur des terres jusqu'à vingt stades environ. C'est un terroir découvert et fertile, où l'on ne trouve point de pierres; mais le côté du mont qui borde le rivage, dans l'espace de plus de vingt stades, offre une forêt touffue d'arbres de toute espèce et fort élevés. Le reste du pays est beau, d'une vaste étendue, et couvert d'un grand nombre de villages qui sont très peuplés; car le sol y rapporte de l'orge, du froment, toutes sortes de légumes, du panis, du sésame, et quantité de figues; beaucoup de vignes y donnent d'excellens vins; enfin il y croît des plantes de toute espèce, si ce n'est des oliviers. Tels étaient les environs de Calpé.

Les soldats se baraquèrent le long de la côte, loin de vouloir aborder un lieu propre à fonder une ville. Ils craignaient même de n'être venus où ils se trouvaient, que par les mauvais desseins de ceux qui projetaient de fonder une ville; car ce n'était point la misère qui avait engagé la plupart des soldats à venir recevoir la paie de Cyrus, mais l'opinion que d'après la renommée ils avaient conçue de la générosité de ce prince. Les uns avaient entraîné à leur suite des dissipateurs ruinés; d'autres s'étaient dérobés à leurs pères et à leurs mères. Il y en avait qui avaient abandonné leurs enfans avec le projet de revenir un jour au sein de leurs familles et d'y rapporter les richesses qu'ils auraient acquises; car ils avaient entendu dire que d'autres étrangers faisaient fortune à la suite de Cyrus. Des hommes animés par de tels motifs désiraient donc tous de revoir leur patrie et d'y arriver sains et saufs.

Le lendemain de la réunion de tous les Grecs, dès que le jour parut, Xénophon immola des victimes aux Dieux pour savoir s'il ferait sortir l'armée du camp. Il était nécessaire d'aller chercher des vivres, et ce général projetait aussi de donner la sépulture aux morts. Les entrailles ayant été favorables, les Arcadiens mêmes le suivirent et enterrèrent la plupart de leurs compatriotes chacun à la place où il avait été tué; car leurs cadavres y étaient restés depuis cinq jours, et il n'était plus possible de les transporter. Il y eut des morts qu'on apporta de différens chemins pour les entasser. Ceux-ci reçurent tous les honneurs qu'on put leur rendre dans les circonstances où l'on était. On éleva un vaste cénotaphe et un grand bûcher, qu'on couvrit de couronnes, à ceux dont on ne trouva point les corps. Après avoir rendu ces derniers devoirs à leurs compagnons, les soldats revinrent au camp et se couchèrent lorsqu'ils eurent soupé. Le lendemain ils s'assemblèrent tous; les principaux instigateurs de cette assemblée étaient Agasias de Stymphale, chef de lochos, Hiéronyme d'Élide, qui avait le même grade, et les plus âgés des Arcadiens. On fit une loi qui défendait, sous peine de mort, à qui que ce fût de proposer dorénavant que l'armée se séparât; on arrêta aussi que chacun y reprendrait la place qu'il avait précédemment occupée, et que le commandement en serait rendu aux anciens généraux. Chirisophe, l'un d'eux, venait de mourir de l'effet d'un remède qu'on lui avait administré pendant la fièvre. Néon d'Asinée l'avait remplacé.

Xénophon se leva ensuite, et parla en ces termes: « Soldats, c'est par terre
» certainement, comme vous le pouvez
» juger vous-mêmes, qu'il faut conduire
» l'armée, car nous n'avons point de bâ-
» timens. Il est même nécessaire de par-
» tir au plus tôt, puisque les vivres nous
» manquent. Nous autres, généraux,
» nous allons sacrifier; préparez-vous
» de votre côté à combattre plus vigou-
» reusement que jamais, car l'ennemi
» a repris courage. » Les généraux firent ensuite leur sacrifice; le devin qui y assistait, était Arexion, Arcadien; car Silanus, d'Ambracie, avait affrété

un navire à Héraclée, et s'était évadé de cette ville en fugitif. C'était pour consulter les Dieux sur le départ de l'armée, qu'on sacrifiait : on ne trouva point dans les entrailles des victimes des signes favorables; on demeura donc au camp ce jour-là. Il y eut des Grecs qui osèrent dire que Xénophon, qui voulait fonder une ville dans la presqu'île de Calpé, avait gagné le devin, et l'avait engagé à répandre le bruit que les Dieux s'opposaient au départ. Ce général fit publier par un héraut que qui voudrait, pourrait assister au sacrifice qu'on ferait le lendemain, et que s'il se trouvait quelque devin dans l'armée, il eût à s'y rendre pour observer avec lui les entrailles : le sacrifice commença; beaucoup de spectateurs entouraient l'autel; on immola en vain jusqu'à trois victimes; on ne put y trouver de signes heureux, qui autorisassent la marche de l'armée; les soldats s'en affligèrent; car ils avaient consommé les vivres qu'ils avaient apportés, et il n'y avait point de marché où ils pussent en acheter.

L'armée s'étant assemblée ensuite, Xénophon tint encore ce discours : « Vous » en êtes témoins, soldats, les Immortels » s'opposent à notre départ; je vous » vois manquer de vivres; il me paraît » donc nécessaire de faire de nouveaux » sacrifices, pour savoir si nous devons » en aller prendre. » Un Grec s'éleva alors et dit : « Ce n'est pas sans fonde— » ment que les entrailles des victimes » nous empêchent de partir. J'ai su, » des matelots d'un navire qui aborda » hier ici par hasard, que Cléandre » doit venir de la ville de Byzance dont » il est gouverneur, et nous amener des » galères et des bâtimens de transport. » Tout le monde fut alors d'avis d'attendre cette flotte; mais il était de toute nécessité de sortir du camp pour se procurer des provisions. On immola encore, pour en obtenir la permission, jusqu'à trois victimes : les Dieux la refusèrent constamment. Déjà les soldats allaient à la tente de Xénophon, et criaient qu'ils n'avaient pas de quoi manger. Ce général s'obstina, et répondit qu'il ne mènerait point hors du camp l'armée, tant qu'il n'y aurait pas eu de présages heureux.

Le lendemain, on fit un nouveau sacrifice, et l'armée presque entière, attirée par l'intérêt que chacun prenait à l'événement, formait un cercle autour des victimes; on finit par en manquer. Les généraux ne conduisirent point les troupes hors de la ligne, et convoquèrent les soldats; Xénophon leur dit : « L'ennemi est sans doute rassemblé, » et nous met dans la nécessité de le » combattre; si donc nous laissions nos » équipages dans le poste de Calpé, » fortifié par la nature, et marchions » en armes comme pour livrer bataille, » nous trouverions probablement dans » les entrailles des victimes des signes » plus favorables. » A ces mots les Grecs s'écrièrent qu'il fallait ne rien transporter dans ce lieu funeste, mais sacrifier au plus vite. On n'avait point de menu bétail; on immola des bœufs d'attelage, qu'on acheta. Xénophon recommanda à Cléanor, Arcadien, de tout préparer avec zèle, pour que rien ne retardât la marche, si les Dieux l'approuvaient; mais quelques soins qu'on eût pris, on ne put obtenir des présages heureux.

Néon avait succédé au généralat de Chirisophe, et commandait sa division; voyant la disette extrême où l'armée était réduite, il voulut faire plaisir aux Grecs, et ayant trouvé un habitant d'Héraclée, qui disait connaître des villages où l'on pourrait prendre des vivres, à peu de distance du camp, il fit publier par un héraut que ceux qui voudraient en aller chercher se présentassent, et qu'il y marcherait à leur tête : près de deux mille hommes armés de javelots, portant des outres, des sacs et toutes sortes d'espèces de vases, sortirent du camp; lorsqu'ils furent entrés dans les villages et se furent dispersés pour piller, la cavalerie de Pharnabaze tomba d'abord sur eux; elle était venue au secours des Bithyniens, dans le dessein de concourir avec ce peuple, pour empêcher, s'il était possible, les Grecs de pénétrer en Phrygie : cette cavalerie passa au fil de l'épée au moins cinq cents Grecs; le reste se réfugia sur la montagne.

Un des fuyards rapporta au camp la nouvelle de cette déroute. Xénophon, comme les sacrifices ce jour-là même n'avaient rien annoncé d'heureux, prit un bœuf d'attelage (car on n'avait point d'autre victime), l'immola, et marcha au secours des Grecs, avec tous les soldats âgés de moins de cinquante ans; ils sauvèrent ceux de leurs compagnons qui n'avaient point péri, et revinrent au camp avec eux. Déjà s'approchait l'heure du coucher du soleil, et les Grecs, fort découragés, s'étaient mis à souper. Tout-à-coup quelques Bithyniens, ayant traversé des bois fourrés, tombèrent sur les gardes avancées, tuèrent plusieurs hommes, et poursuivirent les autres jusqu'au camp. Un grand cri s'éleva; tous les Grecs coururent aux armes; il parut dangereux de poursuivre l'ennemi et de changer la position du camp pendant la nuit; car le pays était couvert. Toute l'armée resta jusqu'au lendemain matin sous les armes, après avoir posé de nouvelles grandes gardes assez fortes pour résister, si elles eussent été attaquées.

On passa ainsi la nuit. Le lendemain, dès la pointe du jour, les généraux menèrent l'armée dans le poste presque inattaquable de Calpé; le soldat prit ses armes, ses équipages, et suivit ses chefs. Avant l'heure du dîner, le défilé qui est l'unique entrée de ce lieu, était retranché par un fossé qu'on avait creusé, et dont on avait palissadé le revers; on n'avait laissé pour tout accès que trois portes. Il arriva alors d'Héraclée un bâtiment chargé de farine d'orge, de bestiaux et de vin. Xénophon, qui s'était levé de grand matin, sacrifia, pour obtenir des Dieux la permission de sortir du camp, et de marcher à l'ennemi : dès la première victime, on trouva des signes favorables; à la fin du sacrifice, le devin Arexion de Parrhasie aperçoit un aigle dont le vol était d'un augure heureux, et dit à Xénophon de se mettre à la tête de l'armée et de la faire marcher. Après avoir passé le fossé, on posa les armes à terre, et on fit publier par un héraut que les soldats, dès qu'ils auraient dîné, sortissent armés; mais qu'ils laissassent derrière le retranchement les esclaves, et tout ce qui ne portait point d'armes; tout sortit donc, excepté Néon, à qui l'on confia la garde du camp, comme poste honorable; mais les chefs de lochos et les soldats le quittaient; ils eussent rougi de ne point suivre l'armée qui marchait au combat. Néon ne laissa donc aux équipages que les soldats âgés de plus de quarante-cinq ans; ceux-là seuls y demeurèrent, le reste marcha. Avant d'avoir fait quinze stades, on trouva des morts; et ayant couvert les premiers cadavres qu'on aperçut d'une aile de la ligne, on enterra tout ce qui se trouva derrière; après avoir enseveli ceux-là, on marcha en avant; puis on répéta la même manœuvre; dès que la ligne avait dépassé d'autres morts qui n'étaient pas inhumés, on leur donnait la sépulture, et on ensevelit ainsi tous ceux qu'on fit couvrir successivement par l'armée. Lorsqu'on fut arrivé au chemin qui venait des villages, on y trouva beaucoup de cadavres près l'un de l'autre; on les transporta tous dans la même place, et on les y couvrit de terre.

Il était plus de midi quand l'armée s'avança au-delà des villages; les soldats prenaient les vivres qu'ils apercevaient derrière l'étendue de la ligne. Tout-à-coup on découvre l'ennemi, qui avait monté le revers de quelques collines en face des Grecs; il était sur une ligne pleine, et avait beaucoup de cavalerie et d'infanterie; car Spithridate et Rhatine étaient arrivés avec un détachement considérable que leur avait donné Pharnabaze. Dès que ces troupes eurent aperçu l'armée, elles s'arrêtèrent à-peu-près à quinze stades d'elle. Arexion, devin des Grecs, sacrifia sur-le-champ, et les entrailles de la première victime promirent le plus heureux succès. Xénophon dit ensuite aux autres généraux : « Je suis d'avis, mes compagnons, de » former des lochos en corps de réserve » derrière la ligne, afin que s'il est » quelque endroit où il soit besoin de » secours, ils y courent, et que l'en- » nemi en désordre trouve des troupes » fraîches et formées. » Tous les généraux furent de la même opinion que lui. « Menez donc, leur dit-il, l'armée droit » à l'ennemi, afin qu'après l'avoir aper- » çu et avoir été vus de lui, nous n'ayons » pas l'air de faire halte. Je vous join- » drai dès que j'aurai formé ces corps » subsidiaires, et que je les aurai placés » derrière la ligne, comme vous l'avez » arrêté. »

Les généraux conduisirent ensuite l'armée au petit pas; Xénophon ayant pris les trois derniers rangs, qui étaient de deux cents hommes chacun, forma l'un d'eux en un corps, et l'envoya vers l'aile droite, pour la suivre à la distance d'un plèthre environ, aux ordres de Samolas, Achéen; il garda l'autre pour marcher de même derrière le centre, et en donna le commandement à Pyrias, Arcadien; le dernier fut détaché vers l'aile gauche, et eut pour chef Phrasias, d'Athènes. L'armée avançant toujours, quand ceux qui la conduisaient furent arrivés à un grand vallon dont le passage était difficile, ils firent halte; car ils ignoraient s'il était possible de le traverser. On appela tous les généraux et les chefs de lochos à la tête de la ligne. Xénophon étonné, ne concevait pas ce qui pouvait arrêter la marche : il entendit bientôt l'invitation, et se porta au front à bride abattue. Quand tous les chefs furent assemblés, Sophénète, le plus âgé des généraux, dit qu'il était impossible de passer un lieu si difficile, et qu'il n'y avait pas sujet à délibération. Xénophon l'interrompit avec précipitation, et parla en ces termes :

« Vous savez, mes compagnons, que
» je n'ai jamais cherché à vous engager
» dans un danger inutile. Je vois en vous
» des hommes qui ont assez fait pour
» leur gloire et qui ne doivent plus songer
» qu'à leur salut; mais voici notre position
» actuelle: nous ne pouvons reculer d'ici
» sans combattre; si nous ne marchons
» pas à ces troupes, elles nous suivront
» et nous chargeront dans notre retraite.
» Considérez s'il vaut mieux aller en
» avant contre elles les armes présentées,
» ou faire demi-tour à droite et les voir
» ensuite sans cesse derrière nous prêtes
» à nous attaquer. Se retirer devant l'en-
» nemi, vous le savez, n'inspire point
» de sentimens d'honneur; mais le pour-
» suivre enhardit les hommes les plus
» lâches. J'aimerais mieux être à ses
» trousses avec la moitié moins de trou-
» pes que lui que d'être obligé de mar-
» cher en arrière avec des forces deux
» fois plus nombreuses. Je suis persuadé

z pas vous-mêmes vous figurer que ces gens nous attendent si nous les chargeons, et vous savez tous qu'ils oseront inquiéter notre retraite s'ils nous voient reculer. Débouchons au-delà de ce vallon presque impraticable; appuyons-y les derrières de notre ligne. Une telle position ne mérite-t-elle pas que des troupes qui doivent combattre se pressent de l'occuper? Oui, ce que je désire, c'est que l'ennemi ait tous les chemins ouverts pour sa retraite, et que le local même nous enseigne qu'il n'est pour nous de salut que dans la victoire. Je m'étonne que ce vallon inspire à quelques-uns de vous plus de terreur que tant de passages difficiles qui ne nous ont point arrêtés. Que dis-je! cette plaine où nous sommes ne sera-t-elle pas fâcheuse à traverser en revenant, si nous n'avons battu la cavalerie que vous voyez? Comment repasserons-nous les montagnes où il nous a fallu gravir pour parvenir ici, poursuivis par tant d'armés à la légère? Mais je veux que nous nous retirions sans perte jusqu'à la mer. Le Pont-Euxin n'a-t-il pas une bien autre étendue que ce vallon? et nous ne trouverons sur ses bords ni bâtimens pour nous embarquer, ni provisions pour y séjourner. Si nous nous empressons de revenir à nos retranchemens, les besoins de la vie nous forceront d'en sortir promptement; il vaut donc mieux livrer bataille aujourd'hui ayant bien dîné que de combattre demain à jeun. Compagnons, les sacrifices nous annoncent des succès; le vol des oiseaux nous a donné des augures favorables; les victimes ne pouvaient être plus belles; marchons à ces hommes; il ne faut pas qu'après avoir vu toute notre armée ils soupent à leur aise et marquent leur camp où il leur plaira. »

Tous les chefs de lochos pressèrent alors Xénophon de conduire l'armée, et personne ne s'y opposa. Il se mit donc à la tête après avoir ordonné qu'on traversât le vallon sans se rompre, et chacun marchant droit devant soi. Il présumait qu'on se trouverait ainsi au-delà plus promptement et plus en force que s'il faisait défiler les Grecs sur un pont qui était au milieu du vallon. Quand on l'eut traversé, Xénophon longea la ligne et tint ce discours : « Soldats, rappelez à votre mémoire toutes les journées où, avec l'aide des Dieux, votre valeur vous a fait triompher, et peignez-vous le sort qui attend ceux qui tournent le dos à l'ennemi; songez aussi que nous sommes aux portes de la Grèce; suivez Hercule conducteur et appelez-vous les uns les autres en vous exhortant à vous bien conduire. Que votre langage, que vos actions manifestent votre ardeur : il sera doux de les entendre célébrer par les hommes dont vous désirez les applaudissemens. »

Xénophon dit ces mots en galopant le long du front de la ligne; il la conduisait tout en parlant, et ayant fait placer sur les deux ailes les armés à la légère, il marcha à l'ennemi. On ordonna de porter la pique sur l'épaule droite jusqu'à ce que la trompette donnât le signal de la charge, de la présenter ensuite, puis de marcher lentement et en ordre, et de ne point courir en poursuivant l'ennemi. On fit alors passer le mot de ralliement : *Jupiter sauveur, Hercule conducteur.* Les ennemis croyant leur position bonne, attendirent les Grecs; ceux-ci s'étant approchés, leurs armés à la légère jetèrent les cris du combat, et se mirent à courir avant d'en avoir reçu l'ordre. L'ennemi, tant la cavalerie que le gros d'infanterie Bithynienne, marcha de son côté contre eux et les mit en fuite; mais la ligne d'infanterie grecque s'avançait, marchant au pas redoublé; le son de la trompette se fit entendre; les soldats chantèrent le péan, puis poussèrent les cris usités et baissèrent en même temps leurs piques. Les ennemis effrayés ne tinrent plus et prirent la fuite. Timasion les poursuivit avec la cavalerie grecque, et on en tua tout ce que put passer au fil de l'épée un escadron aussi peu nombreux. L'aile gauche de l'ennemi, qui avait été suivie par cette cavalerie, fut aussitôt dispersée; son aile droite n'étant pas aussi vivement poussée, fit halte sur une colline, et se forma. Les voyant arrêtés, les Grecs jugèrent que rien n'était plus facile et moins périlleux que de les charger sur-le-champ. L'armée chanta donc encore une fois le péan, et marcha aussitôt; l'ennemi n'attendit point les Grecs, et les armés à la légère poursuivirent cette aile droite jusqu'à ce qu'elle fût aussi dispersée que l'autre. Les ennemis eurent cependant peu d'hommes tués; car leur cavalerie, qui était nombreuse, inspirait de la terreur aux Grecs. Ceux-ci voyant cette cavalerie de Pharnabaze, qui était encore formée, et celle des Bithyniens qui s'y ralliait, contempler du haut d'une colline ce qui se passait, quelque las qu'ils fussent, jugèrent qu'il fallait cependant marcher comme ils pourraient à ces troupes, et ne leur pas laisser prendre du repos et de l'audace; ils s'y avancèrent donc rangés en bataille. Alors les ennemis se précipitèrent à toutes jambes du haut en bas du revers de la colline, comme s'ils eussent été poursuivis par d'autre cavalerie; ils entrèrent dans un vallon marécageux, inconnu aux Grecs; mais ceux-ci ne les poursuivaient point, et étaient déjà revenus sur leurs pas; car il était tard. De retour au lieu de la première mêlée, ils érigèrent un trophée, puis reprirent le chemin de leur camp, à-peu-près vers l'heure où le soleil se couchait : ils en étaient éloignés d'environ soixante stades.

Les ennemis s'occupèrent ensuite de la conservation de leur pays; ils transportèrent les habitans et leurs effets le plus loin qu'ils purent de Calpé; les Grecs y attendaient Cléandre, comme devant arriver au premier moment, suivi de galères et de bâtimens de transport. Ils sortaient chaque jour avec des bêtes de somme et des esclaves, et rapportaient, sans avoir couru de dangers, du froment, de l'orge, du vin, des légumes, du panis, des figues; car on trouvait de tout dans le pays, si ce n'est de l'huile d'olive. Toutes les fois que l'armée restait au camp pour se reposer, il était permis aux soldats d'aller en particulier à la maraude, et chacun profitait de ce qui lui tombait sous la main ; mais on arrêta que lorsque l'armée entière marcherait, ce que prendraient de leur côté ceux qui s'en écarteraient, serait confisqué au profit commun de tous les Grecs. Déjà une grande abondance régnait au camp; car de tous côtés il arrivait, des villes grecques, des denrées qu'on pouvait acheter, et les bâtimens qui longeaient la côte venaient avec plaisir jeter l'ancre près de Calpé, sur le bruit qui s'était répandu qu'on y bâtissait une ville, et qu'il y avait un port. Déjà même ceux des ennemis qui habitaient dans le voisinage, entendant dire que Xénophon était le fondateur de cette colonie, lui envoyaient des députés et lui faisaient demander ce qu'il fallait qu'ils fissent pour être en paix avec les Grecs. Ce général montra les députés aux soldats. Cléandre arriva sur ces entrefaites : il amenait deux galères, mais nul bâtiment de transport ne le suivait; il se trouva qu'au moment où il débarqua, l'armée était sortie du camp; quelques soldats avaient été séparément à la maraude; d'autres avaient couru sur la montagne voisine; ils avaient pris beaucoup de menu bétail. Craignant qu'il ne soit confisqué, ils s'adressent à Dexippe, à ce même Dexippe qui s'était enfui de Trébizonde avec le navire à cinquante rames qu'on lui avait confié. Ils lui proposent de sauver leur butin, sous condition qu'il en gardera une partie et qu'il leur rendra le reste.

Dexippe écarte aussitôt des soldats qui entouraient déjà cette maraude, et criaient qu'elle appartenait à la masse commune; puis il va trouver Cléandre et lui raconte qu'on veut lui ravir le bétail; Cléandre lui ordonne de lui amener le coupable : Dexippe met la main sur un Grec et le conduit à Cléandre. Agasias, qu'ils rencontrent par hasard sur leur passage, enlève à Dexippe ce soldat qui se trouvait être de son lochos; le reste des Grecs qui étaient présens commence à jeter des pierres à Dexippe et à l'appeler traître. Beaucoup des matelots de Cléandre furent saisis de frayeur, et coururent vers la mer; lui-même prit la fuite. Xénophon et les autres généraux continrent les soldats; ils dirent à Cléandre que ce n'était rien, et qu'une loi portée par toute l'armée avait occasionné ce tumulte : mais Cléandre, excité par Dexippe, et piqué d'avoir montré lui-même de la frayeur, répondit qu'il allait mettre à la voile, et faire publier dans toutes les villes, qu'on fermât les portes aux Grecs qui avaient suivi Cyrus, et qu'on les traitât en ennemis. Les Lacédémoniens avaient alors la plus grande autorité dans toute la Grèce.

Les Grecs sentirent qu'ils s'étaient fait une affaire fâcheuse, et supplièrent Cléandre de ne point exécuter ces menaces. Il les assura qu'il ne s'en désisterait que si on lui livrait et le premier qui avait jeté des pierres, et celui qui avait arraché à Dexippe le soldat arrêté. Agasias, qu'il désignait par ces paroles, était de tout temps ami de Xénophon, et c'était par cette raison-là même que Dexippe l'avait accusé. Les généraux crurent que, dans l'embarras où l'on se trouvait, il fallait convoquer l'armée. Il y en avait parmi eux qui s'inquiétaient peu de la colère de Cléandre; mais Xénophon regardait l'affaire comme sérieuse; il se leva et parla en ces termes :

« Soldats, je n'estime pas qu'il soit
» peu important pour nous que Cléan-
» dre nous abandonne dans les disposi-
» tions qu'il annonce. Nous voici déjà
» près des villes grecques, et les Lacé-
» démoniens sont à la tête de toute la
» Grèce; un seul homme de leur nation
» a assez de crédit dans ces villes pour
» faire adopter ce qu'il propose; si donc
» Cléandre nous ferme d'abord les por-
» tes de Byzance, puis défend aux au-
» tres gouverneurs de nous recevoir
» dans leurs places, nous accusant d'être
» sans loi et de désobéir aux Lacédémo-
» niens, le bruit en viendra à la fin aux
» oreilles d'Anaxibius qui commande les
» forces navales de cette nation. Il nous
» deviendra également difficile et de sé-
» journer ici, et de nous embarquer pour
» en sortir; car les Lacédémoniens ont
» maintenant l'empire de la terre et de la
» mer. Il ne faut pas, par attachement
» pour un ou deux Grecs d'entre nous,
» exclure tous les autres de revoir leur
» patrie; il vaut mieux obéir à tout ce que
» peuvent prescrire les Lacédémoniens,
» d'autant que les villes où nous avons
» pris naissance leur sont soumises. On
» m'a rapporté que Dexippe disait sans
» cesse à Cléandre qu'Agasias n'aurait
» jamais fait une telle action, s'il n'en
» eût pas reçu l'ordre de moi. Je vais
» donc vous décharger de l'accusation
» qu'on vous intente, vous tous, et Aga-
» sias lui-même, pourvu qu'il dise que

» j'ai été la cause du moindre de ces évé-
» nemens. Oui, si, par mon exemple, j'ai
» excité un seul Grec à jeter des pierres,
» ou à commettre quelque autre vio-
» lence, je me condamne moi-même;
» j'ai mérité une peine capitale, et je
» cours me présenter pour la subir;
» j'ajoute que quiconque sera accusé par
» Agasias, doit se remettre de même en-
» tre les mains et au jugement de Cléan-
» dre; c'est le moyen de vous laver tous
» des torts qu'on vous impute : certes,
» il serait fâcheux que, dans les cir-
» constances où nous nous trouvons,
» croyant obtenir en Grèce quelques
» honneurs et y recueillir des louanges,
» nous n'y fussions pas même traités
» comme le reste de nos compatriotes,
» et que l'on nous exclût de toutes les
» villes grecques. »

Agasias se leva ensuite et dit : « Grecs,
» j'en jure par tous les Immortels! je n'ai
» reçu ni de Xénophon, ni d'aucun de
» vous, le conseil d'enlever l'homme ar-
» rêté; mais j'ai trouvé cruel de me voir
» arracher un brave soldat par Dexippe,
» que vous savez qui vous a tous trahis;
» je l'ai tiré de ses mains, j'en conviens;
» ne me livrez pas à Cléandre, j'irai
» moi-même, comme le propose Xéno-
» phon, me remettre en son pouvoir,
» pour qu'il me juge, et qu'il ordonne
» ensuite de moi ce qu'il lui plaira; que
» cet événement ne soit pas la cause
» d'une guerre entre vous et les Lacé-
» démoniens; mais que chacun de mes
» camarades ait la liberté de se retirer où
» il lui conviendra, sans craindre d'être
» inquiété. Élisez des députés, envoyez-
» les avec moi à Cléandre, ils diront et
» feront pour moi ce que je pourrais
» omettre. » L'armée permit à Agasias
de désigner lui-même ceux par qui il
préférerait d'être accompagné : il choisit
les généraux; ils allèrent donc trouver
Cléandre avec Agasias et avec l'homme
que ce chef de lochos avait arraché à
Dexippe. Les généraux parlèrent en ces
termes :

« L'armée nous a envoyés vers vous,
» Cléandre; si vous l'accusez tout en-
» tière, elle vous permet de la juger et
» d'en ordonner ce que vous voudrez;
» s'il n'y a qu'un des Grecs, ou deux,
» ou un plus grand nombre qui vous
» soient suspects, son intention est qu'ils
» viennent eux-mêmes aux pieds de vo-
» tre tribunal. Est-ce à l'un de nous que
» vous imputez des torts? vous nous
» voyez comparaître. Serait-ce à un au-
» tre? désignez-le. Aucun des Grecs qui
» voudront nous obéir, ne se soustraira
» à votre justice. » Agasias, s'approchant ensuite, dit : « C'est moi, Cléan-
» dre, qui ai enlevé ce soldat à Dexippe
» qui le conduisait; c'est moi qui ai dit
» aux Grecs de frapper ce même Dexip-
» pe. Je connaissais mon soldat pour un
» homme valeureux, et je savais que
» Dexippe avait été choisi par l'armée
» pour monter un navire de cinquante
» rames, que nous avions emprunté aux
» habitans de Trébizonde. Je me sou-
» venais qu'au lieu de s'en servir à nous
» amener des bâtimens pour notre re-
» tour, comme il lui était ordonné, il
» s'était enfui, et avait trahi les compa-
» gnons avec lesquels il avait échappé à
» tant de dangers. Par lui, les habitans
» de Trébizonde ont perdu leur navire,
» et notre réputation en a souffert au-
» près d'eux. Il a, autant qu'il était en
» lui, machiné la perte de tous tant que
» nous sommes; car il avait entendu
» dire, comme nous, qu'il nous était
» impossible de retourner par terre dans
» la Grèce, et de traverser les fleuves
» qui nous en séparaient. Tel est l'hom-
» me à qui j'ai arraché mon soldat. S'il
» eût été conduit par vous ou par quel-
» qu'un à qui vous en eussiez donné
» l'ordre, et non par un déserteur de

» notre armée, soyez bien convaincu que je ne me serais permis rien de ce que j'ai fait; songez de plus que si vous prononcez en ce moment l'arrêt de mon trépas, vous aurez immolé un brave, pour venger un lâche et un scélérat. »

Cléandre écouta ce discours, et répondit qu'il ne prétendait point approuver Dexippe, s'il avait commis ces forfaits: qu'il ne pensait pas cependant que quand même ce Lacédémonien serait un homme abominable, on fût autorisé à user de violence envers lui. « Vous devriez en ce cas le juger comme vous demandez vous-mêmes à l'être aujourd'hui, et lui faire subir ensuite la peine due à son crime. Retirez-vous maintenant, et laissez-moi Agasias. Trouvez-vous à son jugement lorsque je vous ferai avertir; je n'accuse plus l'armée ni aucun autre Grec, puisque celui-ci convient d'avoir arraché le soldat des mains de Dexippe. » Le soldat dit alors: » Vous présumez peut-être, Cléandre, que l'on ne me conduisait vers vous que parce que j'étais en faute; je n'ai frappé personne; je n'ai point jeté de pierres; j'ai dit seulement que le bétail devait être confisqué au profit de l'armée; car les soldats ont fait la loi, que si l'un d'eux va en particulier à la maraude lorsque l'armée sort des retranchemens, ce qu'il prend appartient à toute l'armée. J'ai cité cette loi. Sur ce propos, Dexippe m'a saisi et m'entraînait, afin que personne n'osât parler et qu'il pût sauver le butin, s'en approprier une partie, et rendre l'autre aux maraudeurs, au mépris du décret de l'armée. — Puisque vous êtes l'homme dont il s'agit, dit Cléandre, restez ici afin que nous délibérions aussi sur ce qui vous concerne. »

Cléandre et les siens dînèrent ensuite. Xénophon convoqua l'armée, et lui conseilla d'envoyer à Cléandre des députés, pour lui demander la grâce des deux Grecs qu'il avait retenus. On arrêta qu'on députerait vers lui les généraux, les chefs de lochos, Dracontius de Sparte, et quiconque fut jugé capable de le fléchir. On les chargea de tâcher, par toutes les supplications possibles, de l'engager à relâcher les deux prisonniers. Xénophon y étant allé, lui dit : « Vous avez en votre pouvoir les accusés, Cléandre; l'armée vous a permis d'ordonner de leur sort et du sien; elle vous demande maintenant et vous conjure instamment de lui rendre ces deux Grecs, et de ne les pas faire périr: ils méritent cette grâce par toutes les fatigues qu'ils ont essuyées pour le salut de l'armée. Si elle obtient de vous cette faveur, elle vous promet de la reconnaître; et si vous daignez nous commander, et que les Dieux nous soient propices, nous vous montrerons que nos soldats sont disciplinés, et qu'avec l'aide du ciel et l'obéissance qu'ils ont pour leur général, ils ne craignent aucun ennemi; vous êtes même supplié, quand vous aurez pris le commandement, de nous mettre tous à l'épreuve, nous, Dexippe, les Grecs; de reconnaître ce que vaut chacun de nous, et de le traiter ensuite selon qu'il le mérite. » Cléandre répliqua à ce discours : « Par les fils de Léda! ma réponse ne se fera pas attendre : je vous rends les deux Grecs; j'irai moi-même vous trouver; et si les Dieux ne s'y opposent, ce sera moi qui vous ramènerai en Grèce. Vos discours me prouvent bien le contraire de ce qu'on m'avait dit de vous, que vous cherchiez à détacher votre armée de l'obéissance due aux Lacédémoniens. »

On donna des louanges à la clémence de Cléandre, et on retourna au camp

avec les deux Grecs qu'on avait délivrés. Cléandre sacrifia pour consulter les Dieux, sur le départ. Xénophon et lui conçurent, en se fréquentant, de l'amitié l'un pour l'autre, et ils se lièrent tous les deux par les nœuds de l'hospitalité. Quand ce Lacédémonien eut vu les soldats exécuter avec précision les commandemens qu'on leur faisait, il désira bien davantage d'être à la tête de l'armée; mais il eut beau sacrifier pendant trois jours, il ne put obtenir l'aveu des Dieux. Il assembla enfin les généraux, et leur dit : « Les présages que je trouve
» dans les entrailles des victimes ne me
» permettent point de conduire l'armée.
» Que ce refus des Dieux ne vous dé-
» courage pas ; c'est à vous probable-
» ment qu'il est réservé par eux de la
» ramener hors de l'Asie ; mettez-vous
» en marche ; je vous recevrai de mon
» mieux à votre arrivée à Byzance. »

Les soldats résolurent de lui offrir le menu bétail qui était au dépôt commun. Cléandre le reçut par honneur, mais le rendit aussitôt aux Grecs. Lui-même mit à la voile. Les soldats, après avoir vendu le blé qu'ils avaient apporté et les autres effets qu'ils avaient pris, se mirent en marche à travers la Bithynie; mais comme en suivant le chemin le plus droit ils ne trouvèrent rien à piller, le désir de ne pas rentrer en pays ami les mains vides leur fit prendre la résolution de revenir sur leurs pas pendant un jour et pendant une nuit. Ayant exécuté ce dessein, ils firent un grand nombre de prisonniers et emmenèrent beaucoup de menu bétail. Ils arrivèrent le sixième jour à Chrysopolis, lieu du territoire de Chalcédoine; ils y demeurèrent sept jours, occupés à vendre le butin qu'ils avaient fait.

LIVRE SEPTIÈME.

On a rapporté dans les livres précédens, d'abord toutes les actions des Grecs pendant leur marche aux ordres de Cyrus, jusqu'à l'affaire où ce prince fut tué ; ensuite ce qui leur arriva dans leur retraite depuis le champ de bataille jusqu'aux bords du Pont-Euxin; ce qu'ils firent enfin en côtoyant, soit par terre, soit par eau, les rivages de cette mer jusqu'à ce qu'ils parvinssent à Chrysopolis, en Asie, sur le Bosphore.

Alors Pharnabaze craignant que cette armée ne portât la guerre dans son gouvernement, envoya vers Anaxibius, amiral des Lacédémoniens, qui se trouvait pour lors à Byzance. Il le pria de faire sortir ces troupes de l'Asie, et lui promit de reconnaître ce service en faisant tout ce qu'Anaxibius exigerait de lui. Ce Lacédémonien fit venir les généraux et les chefs de lochos grecs à Byzance, et s'engagea à donner une paie aux soldats s'ils traversaient le détroit. Les autres généraux se chargèrent de faire mettre l'objet en délibération, et de lui rapporter la réponse des troupes. Xénophon seul dit qu'il voulait enfin quitter l'armée et s'embarquer pour retourner en Grèce. Anaxibius l'exhorta à rester encore avec les Grecs pendant le passage, et à ne s'en séparer qu'ensuite; Xénophon le lui promit.

Seuthès, Thrace, envoie aussi Médosade à Xénophon ; il veut l'engager à l'aider de tous ses efforts pour faire traverser à l'armée le Bosphore, et lui promet que s'il s'y emploie avec zèle, il n'aura pas lieu de s'en repentir. Ce général répond :
« Les Grecs vont certainement passer ce
» détroit, et Seuthès n'a besoin de rien
» promettre ni à moi, ni à qui que ce
» soit pour l'obtenir. Dès que l'armée
» aura le pied en Europe, je la quitte-
» rai. Qu'il s'adresse donc, comme il le

» jugera à propos, à ceux qui doivent
» rester avec les troupes et qui ont du
» crédit sur elles. »

Alors tous les Grecs passèrent à Byzance. Anaxibius ne leur donna point la paie qu'ils espéraient, mais fit publier par un héraut qu'ils prissent leurs armes, leur bagage, et sortissent de la ville, comme s'il eût voulu en faire la revue et les congédier. Les soldats s'affligeaient de n'avoir point d'argent pour acheter des vivres pendant la route qui leur restait à faire, et ne se pressaient pas de charger les équipages.

Xénophon, que les liens de l'hospitalité attachaient à Cléandre, gouverneur de Byzance, alla le voir, et l'embrassa comme prêt à s'embarquer pour retourner dans sa patrie. « Ne quittez point
» l'armée, lui dit ce Lacédémonien, ou
» vous donnerez des sujets de plainte
» contre vous; on vous impute déjà la
» lenteur avec laquelle vos soldats évacuent cette place. — Je n'en suis nullement la cause, répliqua Xénophon;
» mais ils ont besoin de se pourvoir de
» vivres, et n'ont pas de quoi en acheter; de là vient leur mauvaise humeur
» et la peine qu'ils ont à sortir de ces
» murs. — Je vous conseille néanmoins,
» ajouta Cléandre, de les accompagner
» hors d'ici, comme si vous vouliez
» marcher avec eux, et de ne vous en
» séparer que lorsque toute l'armée sera
» au-delà de nos remparts. — Allons
» donc trouver Anaxibius, repartit Xénophon, et convenons-en avec lui. »
Ils allèrent chez ce général, et lui répétèrent ce qu'ils avaient décidé entre eux. Il exhorta Xénophon à suivre ce projet, à faire au plus tôt sortir les équipages et les soldats, et lui dit de leur annoncer aussi que celui qui ne se trouverait pas à la revue et au dénombrement qu'on allait faire, déclarerait par là même qu'il était en faute. Les généraux sortirent donc les premiers de la place; des soldats les suivirent. Enfin presque toute l'armée était hors des murs, à l'exception de quelques Grecs qui restaient encore dans Byzance. Étéonique se tenait à la porte pour la fermer et mettre la barre, dès que le dernier homme serait passé.

Anaxibius ayant assemblé les généraux et les chefs de lochos, leur dit : « Prenez des vivres dans les villages de
» Thrace; vous y trouverez beaucoup
» d'orge, de froment et d'autres provisions; après vous en être munis, marchez vers la Chersonèse; Cynisque vous
» y donnera la paie. » Quelques soldats entendirent ces mots, et les rapportèrent à l'armée, ou peut-être même fut-ce quelque chef de lochos qui commit cette indiscrétion. Les généraux prenaient des informations sur Seuthès, demandaient s'il était allié ou ennemi, s'il fallait traverser le Mont Sacré, ou, faisant un détour, passer dans l'intérieur de la Thrace.

Pendant qu'ils tenaient ces discours, le soldat saute à ses armes et court de toute sa force vers Byzance comme pour rentrer dans les murs de cette ville. Étéonique et ceux qui étaient avec lui voyant les hoplites accourir, ferment les portes et mettent la barre; les soldats frappaient aux portes et criaient que c'était une injustice atroce qu'on commettait envers eux de les chasser hors des remparts où ils seraient à la merci de l'ennemi; ils menaçaient de fendre les portes à coups de hache si on ne les leur ouvrait de bonne grâce. Il y en eut qui coururent à la mer et qui, à l'extrémité du mur, grimpèrent sur les pierres qui s'avançaient dans les flots, et se jetèrent dans la place; d'autres soldats qui n'en étaient point sortis, voient ce qui se passe aux portes, coupent avec leurs haches les barres de derrière, ouvrent les battans, et l'armée se précipite dans la ville.

Dès que Xénophon s'aperçut de ce qui arrivait, il craignit que les Grecs ne s'abandonnassent au pillage et qu'il n'en résultât un malheur irréparable pour la ville, pour lui-même et pour l'armée ; il courut et entra dans la place avec la foule des soldats. Les citoyens voient les troupes pénétrer par violence dans l'enceinte de leurs murs ; ils fuient des places publiques ; les uns se retirent dans leurs maisons, les autres sur des navires ; ceux au contraire des habitans qui se trouvaient chez eux en sortent avec terreur ; il y en avait qui lançaient des galères à la mer pour se sauver ; tous se croyaient perdus, comme si la ville eût été prise d'assaut. Etéonique se réfugie dans la citadelle ; Anaxibius court à la mer, saute dans un bateau de pêcheur, suit la côte et vient aborder à la citadelle ; il envoie aussitôt chercher un détachement de la garnison de Chalcédoine ; car il ne croyait pas que celle qui était dans la forteresse avec lui fût suffisante pour arrêter l'impétuosité des Grecs.

Les soldats aperçoivent Xénophon au milieu d'eux ; ils se précipitent en foule sur lui et lui crient : « C'est actuellement, Xénophon, qu'il faut vous montrer un homme ; voilà une place, voilà
» des galères, voilà des richesses, voilà
» des troupes nombreuses à votre disposition ; vous pourriez maintenant
» nous faire du bien si vous le vouliez,
» et nous ferions de vous un homme
» puissant. — J'approuve ce que vous
» dites, répondit Xénophon, et je me
» conduirai en conséquence. Puisque
» tels sont vos désirs, rangez-vous au
» plus tôt en bataille et posez ainsi vos
» armes à terre. » Il leur parlait sur ce ton pour les apaiser ; il exhorta les autres généraux à leur tenir de semblables propos et à leur faire mettre bas les armes. Les Grecs se formèrent d'eux-mêmes. En peu de temps les hoplites furent sur cinquante de hauteur ; les armés à la légère coururent se ranger sur les deux ailes. La place où ils se trouvaient est très commode pour y mettre des troupes en bataille : on l'appelle la place des Thraces ; elle est unie et dégagée de maisons. Quand les armes furent posées à terre et que la première chaleur du soldat fut un peu tombée, Xénophon convoqua l'armée et parla en ces termes :

« Je ne m'étonne, soldats, ni de votre
» colère, ni de l'opinion où vous êtes
» qu'on vous a cruellement trompés ;
» mais si nous suivons ces mouvemens
» de fureur, si nous punissons de leur
» fourberie les Lacédémoniens qui sont
» entre nos mains, et une ville qui n'en
» est nullement complice, songez aux
» suites qu'auront vos ressentimens.
» Vous serez ennemis déclarés de Sparte, et il est aisé de prévoir dans
» quelle guerre vous vous engagez en
» jetant les yeux sur les événemens
» encore récens et en les rappelant à
» votre mémoire. Nous autres Athéniens,
» lorsque nous avons commencé la guerre
» contre ces mêmes Lacédémoniens et
» contre les villes de leur parti, nous
» avions au moins quatre cents galères,
» soit en mer, soit dans nos chantiers ;
» notre ville regorgeait de richesses ;
» nous tirions un revenu annuel de mille
» talens pour le moins de l'Attique ou
» des pays situés hors de nos frontières ;
» notre empire s'étendait sur toutes les
» îles ; il comprenait nombre de villes en
» Asie, beaucoup d'autres en Europe,
» et cette même Byzance où vous vous
» trouvez maintenant était alors sous nos
» lois. Nous n'en avons pas moins succombé, et vous le savez tous. Que
» croyez-vous qu'il nous arrive aujour-

» d'hui? Les Lacédémoniens ne sont
» plus ligués seulement avec les Achéens,
» mais encore avec Athènes et avec tous
» les anciens alliés de cette république.
» Nous avons nous-mêmes pour ennemis
» Tissapherne et tous les Barbares qui
» sont au-delà de la mer. Nous avons
» pour ennemi bien plus cruel encore
» le grand Roi, contre lequel nous
» avons marché pour lui ôter sa cou-
» ronne et pour lui arracher la vie
» s'il eût dépendu de nous. D'après ce
» tableau général de tout ce qui se réu-
» nit et conspire contre nous, est-il
» quelqu'un d'assez insensé pour présu-
» mer que nous en sortirions vainqueurs?
» Ne nous conduisons pas en furieux,
» je vous en conjure par les Immortels;
» ne nous perdons pas honteusement
» nous-mêmes en faisant la guerre à notre
» patrie, à nos amis, à nos parens, car
» ils sont tous citoyens des villes qui
» s'armeront contre nous, et ne sera-ce
» pas avec justice? Quoi! nous n'avons
» voulu garder aucune place des Bar-
» bares, quoique partout triomphans,
» et la première ville grecque où nous
» entrons, nous allons la mettre au pil-
» lage! Puissé-je, je le souhaite, être à
» cent pieds sous terre avant de vous
» voir commettre de pareils excès! Vous
» êtes Grecs, je vous conseille de vous
» soumettre aux chefs de la Grèce et
» d'essayer de vous faire accorder par
» eux un traitement équitable; mais si
» vous ne pouvez pas l'obtenir, il ne faut
» pas, quelque injustice qu'ils vous fas-
» sent, vous fermer à jamais les portes de
» votre patrie. Je suis d'avis d'envoyer
» des députés à Anaxibius, et de lui dire:
» Nous ne sommes point entrés ici pour
» y commettre la moindre violence, mais
» pour tâcher d'obtenir de vous, si nous
» le pouvions, quelques avantages, et
» pour vous faire voir, si vous nous re-
» fusez, que ce n'est pas parce que nous

» nous laissons abuser, mais parce que
» nous savons obéir, que nous sortons
» de Byzance. »

Ce parti fut adopté; on envoya Hiéronime d'Élide, Euryloque Arcadien et Philésius d'Achaïe faire ces représentations à Anaxibius. Ils partirent pour s'acquitter de leur mission. Les soldats étaient encore assis près de leurs armes quand Cyratade Thébain vint les aborder. Il n'était point banni de la Grèce, mais le désir de commander une armée le faisait voyager, et il allait offrir ses services à toutes les villes, à toutes les nations qui pouvaient avoir besoin d'un général. Il s'avança vers les soldats; il leur dit qu'il était prêt à les mener dans une partie de la Thrace nommée le Delta, où il y avait un butin abondant et précieux à faire, et il leur promit de leur fournir des vivres à discrétion jusqu'à ce qu'ils y fussent arrivés.

Les soldats écoutaient ces discours quand on leur apporta la réponse d'Anaxibius. Il leur faisait dire qu'ils ne se repentiraient pas de lui avoir obéi, qu'il rendrait compte de leur soumission aux magistrats de Sparte, et qu'il leur ferait en son particulier tout le bien qui dépendrait de lui. Les Grecs acceptèrent alors Cyratade pour général, et sortirent des murs de Byzance. Cyratade convint de se trouver le lendemain au camp, d'amener des victimes, un devin et des provisions de bouche pour l'armée. Dès qu'elle fut hors des portes, Anaxibius les fit fermer et ordonna à un héraut de publier que tout soldat qui serait pris dans la ville serait vendu comme esclave. Le lendemain, Cyratade vint avec les victimes et le sacrificateur. Vingt hommes le suivaient chargés de farine; vingt autres, de vin; trois, d'huile d'olive; un autre portait une telle provision d'ail, qu'il pliait sous le faix; un autre était de même chargé d'oignons. Cyratade fit poser le tout à terre comme pour le distribuer aux soldats, et commença le sacrifice.

Xénophon envoya chercher Cléandre; il le pria de lui obtenir la permission de rentrer dans Byzance et de s'y embarquer. Cléandre lui rendit une seconde visite. « J'ai eu de la peine, lui dit-il, à
» vous faire accorder la permission que
» vous sollicitiez. Il n'est pas à-propos,
» m'a répondu Anaxibius, que Xéno-
» phon soit dans Byzance, l'armée cam-
» pant presque sous ses murs; il m'a
» ajouté que les habitants de cette ville
» étaient divisés par des factions, et
» cherchaient à se nuire les uns aux au-
» tres. Il vous permet cependant d'y
» rentrer si vous voulez en partir, et
» mettre à la voile avec lui. » Xénophon, après avoir pris congé de ses soldats, revint donc avec Cléandre, et les portes lui furent ouvertes.

Cyratade, le premier jour, n'obtint point de présages heureux, et ne distribua rien aux Grecs; le lendemain les victimes étaient déjà près de l'autel, et Cyratade couronné allait sacrifier. Timasion Dardanien, Néon d'Asinée et Cléanor d'Orchomène s'avancèrent vers lui, lui dirent de suspendre le sacrifice, et lui annoncèrent qu'il ne commanderait point l'armée s'il ne lui fournissait des vivres. Il ordonna qu'on mesurât et distribuât ceux qu'il avait apportés; mais comme il s'en fallait beaucoup qu'il n'y en eût assez pour nourrir pendant un seul jour tous les Grecs, il se retira emmenant les victimes et renonçant au généralat.

Néon d'Asinée, Phrynisque Achéen et Timasion Dardanien, restèrent à l'armée, et s'étant avancés dans le pays, campèrent près des villages voisins de Byzance et appartenant aux Thraces; les généraux n'étaient pas d'accord entre eux; Cléanor et Phrynisque voulaient conduire l'armée au service de Seuthès; car ce Thrace les avait gagnés, et avait fait présent à l'un d'eux d'un cheval, à l'autre d'une femme. Néon souhaitait qu'on se portât vers la Chersonèse. Il pensait que si l'armée était en pays dépendant des Lacédémoniens, le commandement suprême lui serait probablement déféré. Timasion brûlait de repasser en Asie. Il espérait être admis peut-être ainsi à rentrer dans sa patrie; c'était le vœu des soldats. Le temps s'écoulait cependant; beaucoup de soldats vendirent leurs armes dans le pays, et s'embarquèrent comme ils purent pour retourner dans leur patrie; d'autres les donnèrent aux habitants de la campagne, et se mêlèrent à ceux des villes voisines. Anaxibius apprit avec plaisir cette dispersion de l'armée. Il avait été la cause première de cet événement; et croyait avoir fait le plus grand plaisir à Pharnabaze.

Anaxibius étant parti de Byzance sur un vaisseau, rencontra à Cyzique Aristarque, qui venait remplacer Cléandre et prendre le gouvernement confié à ce Lacédémonien. Aristarque annonça que Polus désigné amiral, et qui devait succéder à Anaxibius, était au moment d'arriver dans l'Hellespont. Anaxibius ordonna à Aristarque de vendre tous les soldats de l'armée de Cyrus qui seraient restés dans Byzance, et qu'il y trouverait encore. Cléandre n'avait point mis à exécution ce décret. Il avait au contraire rendu des soins aux malades, en avait pris compassion, et avait contraint les habitants de la ville de les loger. Aristarque, dès qu'il arriva, en vendit au plus vite au moins quatre cents. Anaxibius mit à la voile pour Parium, et envoya de là à Pharnabaze pour lui rappeler leurs mutuels engagemens. Mais ce satrape ayant appris qu'Aristarque, nouveau gouverneur de Byzance, était arrivé, et qu'un autre amiral remplaçait Anaxibius, ne tint pas grand compte de ce dernier. Il négocia directement avec Aristarque, et fit avec lui les mêmes conventions qu'il avait faites avec Anaxibius, relativement à l'armée qui avait suivi Cyrus.

Anaxibius alors envoya chercher Xénophon, lui ordonna de s'embarquer, d'aller au plus tôt, par quelque moyen que ce fût, joindre l'armée, de la contenir ensemble, d'y rappeler le plus qu'il pourrait des soldats dispersés, de marcher à Périnthe, et d'y faire monter les Grecs sur des vaisseaux pour passer en Asie. Il lui donne un navire à trente rames, une lettre, et envoie avec lui un homme chargé d'ordonner aux habitans de Périnthe de fournir des chevaux à Xénophon pour se rendre au camp en toute diligence. Ce général traverse la Propontide, et arrive à l'armée. Les soldats le revirent avec plaisir et le suivirent aussitôt avec zèle, dans l'espoir de quitter bientôt la Thrace pour repasser en Asie.

Seuthès de son côté ayant appris le retour de Xénophon, lui envoya par mer Médosade, pour le prier de lui amener l'armée, et lui fit faire des promesses par lesquelles il espérait le séduire. Xénophon répliqua que ce qu'on lui demandait était impossible, et Médosade retourna sur ses pas chargé de cette réponse. Quand les Grecs furent arrivés à Périnthe, Néon se détacha d'eux et campa séparément à la tête d'environ huit cents hommes. Tout le reste de l'armée demeura réuni et prit son camp sous les murs de Périnthe.

Xénophon chercha ensuite à se procurer des bâtimens pour faire traverser les troupes et pour débarquer au plus tôt en Asie. Sur ces entrefaites, Aristarque, gouverneur de Byzance, arriva de cette place avec deux galères. Pharnabaze l'avait gagné, et il défendit aux matelots de transporter l'armée. Il alla au camp, et ordonna pareillement aux soldats de ne point passer en Asie. Xénophon lui objecta qu'il en avait reçu l'ordre d'Anaxibius : « Il m'a envoyé ici chargé de » cette mission. » Aristarque répondit : » Anaxibius n'est plus amiral, et tout ce » pays est de mon gouvernement. Si je » trouve quelqu'un de vous en mer, je » coulerai bas son bâtiment. » Ayant dit ces mots, il retourna dans la ville. Le lendemain, il fit dire aux généraux et aux chefs de lochos de l'armée de le venir trouver. Ils étaient déjà près des murs, lorsque quelqu'un avertit Xénophon que s'il entrait, on l'arrêterait, qu'il recevrait peut-être sur le lieu même quelque mauvais traitement, ou qu'on le livrerait à Pharnabaze. Ayant reçu cet avis, il dit aux autres chefs de continuer leur marche, et prétendit avoir personnellement un sacrifice à faire. Il revint au camp, et sacrifia pour savoir si les dieux lui permettaient de tâcher d'engager l'armée à passer au service de Seuthès ; car il ne voyait pas qu'elle pût traverser sans danger la Propontide, Aristarque ayant des galères pour l'en empêcher. Il ne voulait pas non plus qu'elle allât s'enfermer dans la Chersonèse où elle aurait manqué de tout. D'ailleurs il aurait fallu obéir au gouverneur de cette presqu'île, et on n'y eût point trouvé de vivres.

Telles étaient les idées qui occupaient Xénophon. Les généraux et les chefs de lochos revinrent de chez Aristarque. Ils rapportèrent qu'il les avait renvoyés sans leur donner audience, et qu'il leur avait enjoint de revenir le soir ; ce qui parut dénoter encore plus clairement quelque embûche. Xénophon crut d'après les signes favorables qu'il avait trouvés dans les entrailles des victimes, que le parti le plus sûr pour lui et pour l'armée était de passer au service de Seuthès. Il prit avec lui Polycrate d'Athènes, chef de lochos, et pria tous les généraux, excepté Néon, d'envoyer à sa suite chacun un homme de confiance, puis il partit de nuit pour le camp de Seuthès, qui était à soixante stades de celui des Grecs. Quand on en fut près, on trouva des feux et il n'y avait point de troupes. Xénophon crut d'abord que ce Thrace avait décampé. Mais ayant entendu du bruit et des avertissemens que les sentinelles de Seuthès se donnaient les unes aux autres, il conçut que ce général faisait allumer ainsi des feux fort en avant des postes, afin qu'on ne pût voir les gardes qui se tenaient dans l'obscurité, ni savoir où elles étaient, et que tout ce qui s'en approchait au contraire ne réussît point à se cacher d'elles et fût aperçu à la lueur des flammes. Dès que Xénophon eut compris ce stratagème, il envoya en avant l'interprète qui se trouva à sa suite : « Annoncez, lui dit-il, à Seuthès » que Xénophon est ici et veut conférer » avec lui. » La garde demanda si c'était Xénophon d'Athènes, celui qui était à la tête de l'armée. « Lui-même, répon- » dit le général. » Les Thraces en sautèrent de joie, et coururent en informer leur chef. Peu après, environ deux cents armés à la légère arrivèrent, prirent Xénophon et sa suite, et les menèrent à Seuthès. Ce Thrace était dans une tour où il se gardait avec soin. Elle était entourée de chevaux tout bridés ; car il avait la précaution de les nourrir dans le jour, et on était sur ses gardes pendant la nuit. On prétendait que jadis les peuples de ce pays même avaient tué beaucoup d'hommes et enlevé tous les équipages à une armée nombreuse que commandait Térès, l'un des ancêtres de Seuthès. Ces peuples sont les Thyniens, et ils passent pour être les plus belliqueux des Thraces dans les entreprises nocturnes.

Lorsqu'on fut près de Seuthès, il ordonna qu'on fît entrer Xénophon avec deux hommes à son choix. Dès qu'ils furent introduits, on s'embrassa d'abord, et on but à la manière des Thraces, en se faisant passer de main en main des cornes pleines de vin. Seuthès avait avec lui ce même Médosade qu'il envoyait partout en députation. Xénophon commença ensuite à parler en ces termes : « Seuthès, vous m'avez envoyé » d'abord à Chalcédoine Médosade que » voici, pour me prier de concourir à » faire passer l'armée en Europe. Vous » me promettiez, à ce qu'il m'assurait, » si je vous rendais ce service, de le » payer par vos bienfaits. » Xénophon demanda ensuite à Médosade si cette assertion était vraie. Celui-ci en convint. « Le même Médosade revint vers moi » lorsque j'eus repassé de Parium au » camp, et m'assura que si je menais » l'armée à votre secours, je serais traité » par vous en ami et en frère, et que » vous me donneriez de plus les villes » maritimes qui sont en votre pouvoir. » Alors Xénophon pria encore Médosade d'attester ce qui en était, et ce Thrace confirma que le général n'avait rien dit que de vrai. « Rapportez donc mainte- » nant à Seuthès, dit Xénophon, quelle » réponse vous reçûtes de moi à Chalcé- » doine. — Vous me répondîtes d'abord » que l'armée allait passer à Byzance, » qu'il était inutile de gagner ni vous, ni » aucun autre Grec pour obtenir ce qui » était déjà résolu. Vous ajoutâtes que » vous quitteriez l'armée bientôt après » son passage, et tout ce que vous m'an- » nonçâtes s'est trouvé vrai. — Que » vous ai-je dit, répliqua Xénophon, » lorsque vous me vîntes trouver à Se- » lymbrie ? — Vous me dîtes que je » vous proposais l'impossible, que l'ar- » mée allait s'embarquer à Périnthe et » retourner en Asie. — Je me présente

» aujourd'hui devant vous, Seuthès, re-
» prit Xénophon, avec Phrynisque et
» Polycrate que vous voyez, l'un géné-
» ral, l'autre chef de lochos dans notre
» armée. Tous les autres généraux, ex-
» cepté Néon de Laconie, ont envoyé
» chacun avec moi l'homme en qui ils
» ont le plus de confiance. Ces députés
» sont à votre porte. Si vous voulez ren-
» dre notre traité plus authentique, fai-
» tes-les entrer aussi. Vous, Polycrate,
» allez les trouver. Dites-leur que je leur
» ordonne de quitter leurs armes, et
» revenez vous-même ici sans épée. »

Seuthès s'écria à ces mots qu'il ne se défiait d'aucun Athénien, qu'il savait qu'ils lui étaient attachés par les liens du sang, qu'il les regardait comme ses amis, et comptait sur leur affection. Quand les Grecs, dont la présence était nécessaire, furent entrés, Xénophon demanda à Seuthès pour quelle expédition il désirait le secours de l'armée. « Mœsade, répon-
» dit ce Thrace, était mon père. Il avait
» pour sujets les Mélandeptiens, les Thy-
» niens et les Thranipses. Quand les af-
» faires des Odryssiens tournèrent mal,
» mon père fut chassé de ses États et
» mourut de maladie. Je restai orphelin,
» et fus élevé à la cour de Médoce, qui
» règne maintenant. Parvenu à l'adoles-
» cence, je ne pus supporter de devoir
» ma subsistance à un étranger. Je m'as-
» sis près de lui sur un siége, et dans
» cette posture suppliante, je le conjurai
» de me fournir le plus de troupes qu'il
» pourrait pour faire tout le mal qui dé-
» pendrait de moi aux Thraces, qui
» avaient expulsé ma famille, et pour ne
» plus être à charge à mon bienfaiteur;
» il me donna des hommes et des che-
» vaux, que vous verrez quand le jour
» luira. Je vis maintenant, à leur tête,
» du butin que je fais dans le pays qui
» appartenait à mes pères; mais j'espère,
» avec l'aide des Dieux, le recouvrer

» sans peine, si vous vous joignez à moi,
» et c'est pour cette conquête que j'ai
» besoin de votre secours.

» — Dites-nous donc, reprit Xéno-
» phon, si nous venons porter les armes
» pour vous, quelle solde vous pourrez
» donner aux soldats, aux chefs de lo-
» chos et aux généraux, afin que ces
» Grecs aillent l'annoncer à l'armée. »
Seuthès promit à chaque soldat un cyzicène, le double à un chef de lochos,
le quadruple à un général; il offrit de
plus autant de terres qu'en désireraient
les Grecs, des attelages pour les cultiver,
et une ville maritime fortifiée. « Mais,
» dit Xénophon, si je tâche de vous ren-
» dre ce service et ne puis y réussir, si
» quelque vaine crainte de déplaire aux
» Lacédémoniens empêche le traité de se
» conclure, recevrez-vous dans vos états
» quiconque voudra s'y réfugier? —
» Accourez-y, reprit Seuthès, je vous
» y traiterai comme mes frères; je vous
» y accorderai des marques de distinc-
» tion, et je partagerai avec vous tout
» ce que je pourrai conquérir. Quant à
» vous, Xénophon, je vous donnerai ma
» fille, et si vous en avez une, je l'ache-
» terai de vous, suivant la coutume des
» Thraces; je vous ferai présent de Bi-
» santhe pour habitation : c'est la plus
» belle ville que je possède sur les bords
» de la mer. »

Après ce discours, on se présenta de part et d'autre la main en signe d'amitié, et les Grecs se retirèrent; ils arrivèrent avant le jour au camp, et chaque député rendit compte à son général de ce qui s'é-
tait passé. Dès qu'il fut jour, Aristarque fit appeler encore les généraux et les chefs de lochos : ceux-ci furent d'avis de n'y point aller, mais de convoquer les soldats. Tous se rendirent à l'assemblée, excepté ceux du corps de Néon qui campaient à environ dix stades de là. Quand on fut assemblé, Xénophon se leva et parla ainsi :

« Soldats, Aristarque a des galères et
» nous empêche de nous porter par mer
» où nous voulons; car il serait dange-
» reux de nous embarquer sur des bâti-
» mens moins forts que les siens. Il vous
» ordonne de marcher vers la Cherso-
» nèse, et de vous y frayer une route,
» les armes à la main, à travers le
» Mont-Sacré. Si vous vous ouvrez ce
» passage et pénétrez jusqu'à la Cher-
» sonèse, il vous promet de ne plus ven-
» dre ni dévouer à l'esclavage aucun de
» vous, ainsi qu'il l'a fait à Byzance; il
» assure que vous n'aurez plus de super-
» cherie à craindre, qu'on vous paiera
» une solde, au contraire, et qu'on ne
» négligera point, comme aujourd'hui,
» de vous faire trouver les premiers be-
» soins de la vie. Telles sont les offres
» d'Aristarque. Seuthès, de son côté,
» s'engage à vous bien traiter si vous
» allez le joindre. Voyez maintenant si
» vous voulez délibérer sur cette alter-
» native, dans ce moment même, ou
» seulement lorsque vous serez arrivés
» où il y a des vivres. Comme nous man-
» quons d'argent pour acheter, et qu'on
» ne nous laisse rien prendre ici sans
» payer, je suis d'avis de retourner d'a-
» bord à des villages où nous forcerons
» aisément les paysans à nous laisser pren-
» dre notre subsistance, d'écouter là ce
» qu'on exige de nous, de part et d'au-
» tre, et de choisir alors le parti le plus
» avantageux pour nous. Que quiconque
» pense comme moi, ajouta Xénophon,
» lève la main. » Tous les assistans la levèrent. « Nous allons donc décamper,
» dit ce général; chargez vos équipages,
» et quand vous en recevrez l'ordre,
» suivez celui qui sera à la tête de la
» colonne. »

Xénophon conduisit ensuite l'armée
qui marcha où il la menait. Néon et
d'autres personnes envoyées par Aristarque, voulaient engager les troupes à revenir sur leurs pas; mais on ne les
écouta point. Quand on eut fait environ
trente stades, Seuthès vint au-devant
des Grecs. Xénophon, dès qu'il l'aperçut, lui cria d'approcher afin que les
discours que ce Thrace lui tiendrait relativement à l'avantage commun, fussent entendus de plus de monde. Lorsque Seuthès se fut avancé; « Notre des-
» sein, lui dit Xénophon, est d'aller où
» nous trouverons de quoi subsister.
» Nous prêterons alors l'oreille à vos
» propositions et à celles d'Aristarque,
» et nous préférerons celles qui nous
» paraîtront les plus avantageuses; mais
» si vous nous conduisez vers le lieu où
» est la plus grande abondance de vi-
» vres, nous nous regarderons déjà com-
» me liés à vous par les nœuds de l'hos-
» pitalité. » Seuthès répondit : « Je
» connais beaucoup de gros villages
» pleins de provisions de toute espèce;
» ils ne sont éloignés d'ici qu'autant qu'il
» le faut pour vous faire gagner de l'ap-
» pétit, et trouver votre dîner meilleur.
» — Conduisez-nous donc; dit Xéno-
» phon. » On y arriva dans l'après-dînée;
les soldats s'assemblèrent, et Seuthès
leur dit : « Grecs, je vous demande de
» porter les armes pour moi; je vous
» promets que chaque soldat touchera
» pour sa paie un cyzicène par mois, et
» les chefs de lochos et les généraux à
» proportion. Je récompenserai, indé-
» pendamment de cette solde, ceux qui
» le mériteront. Vous vous ferez four-
» nir, comme maintenant, par le pays,
» votre subsistance; mais je m'appro-
» prierai ce qu'on prendra d'ailleurs,
» et du prix que j'en retirerai, je vous
» fournirai votre paie. Mes troupes sont
» propres à poursuivre et à chercher,
» dans ses dernières retraites, l'ennemi
» qui nous fuira ou voudra nous échap-
» per, et avec vous je tâcherai de vaincre
» ceux qui m'opposeraient de la résis-

» tance. » Xénophon lui demanda : « Jus-
» qu'à quelle distance de la mer préten-
» dez-vous que l'armée vous suive? — Ja-
» mais, répondit Seuthès, à plus de sept
» journées de chemin, et nous nous en
» tiendrons presque toujours plus près. »

Il fut permis ensuite à qui voulut de prendre la parole. Nombre de Grecs dirent que Seuthès faisait des propositions tout-à-fait avantageuses, qu'on était en hiver, que ceux qui auraient le dessein de s'embarquer pour retourner dans leur patrie, ne le pourraient point dans cette saison; qu'il n'était pas plus possible de rester en pays ami, puisqu'on n'y subsisterait qu'à prix d'argent, et qu'il paraissait plus dangereux de cantonner dans le pays ennemi séparément de Seuthès qu'avec lui; qu'ils regardaient dans ces circonstances comme un grand bonheur de trouver un prince qui leur offrît de plus une solde. Xénophon dit alors : « Si
» quelque Grec a des objections à faire,
» qu'il parle, sinon allons aux voix pour
» arrêter ici. » Personne n'ayant fait d'opposition, on recueillit les suffrages, et le traité fut approuvé. Xénophon annonça aussitôt à Seuthès que l'armée entrait à son service.

Les soldats cantonnèrent ensuite par divisions; Seuthès invita les généraux et les chefs de lochos à souper dans le village voisin, qu'il occupait. Quand ils vinrent pour se mettre à table et qu'ils furent à la porte de ce Thrace, ils y trouvèrent un certain Héraclide de Maronée. Il aborda tous ceux qu'il croyait en état de faire quelque présent à Seuthès; il s'adressa d'abord à des habitans de Parium qui venaient négocier un traité d'alliance entre leur patrie et Médoce, roi des Odryssiens, et qui portaient des dons à ce monarque et à son épouse. Héraclide leur représenta que Médoce régnait dans la Thrace supérieure à plus de douze journées de la mer, et que

Seuthès, aidé de tels auxiliaires, allait se rendre maître des bords de la Propontide. « Lorsqu'il sera votre voisin, il
» aura plus de moyens que qui que ce
» soit de vous faire du bien et du mal.
» Si vous raisonnez sensément, vous lui
» offrirez tous ces présens que vous por-
» tez à Médoce; vous retirerez plus d'a-
» vantage de votre libéralité en l'exer-
» çant ici qu'en allant chercher un prince
» qui habite loin de votre patrie. » Il persuada par de tels discours, puis il s'approcha de Timasion Dardanien, ayant ouï dire que ce général avait des vases précieux et de riches tapis ourdis dans le pays des Barbares. Il lui assura qu'il était d'usage que les convives invités par Seuthès lui fissent des présens. « Quand il aura acquis un grand pou-
» voir, il sera en état ou de vous faire
» rentrer dans votre patrie ou de
» vous enrichir si vous restez dans son
» royaume. »

Telles étaient les sollicitations d'Héraclide à tous ceux qu'il abordait. Il vint aussi à Xénophon, et lui dit : « Vous
» êtes de la ville la plus considérable de
» la Grèce, et Seuthès a de vous la plus
» grande opinion. Vous voudrez proba-
» blement posséder dans ce pays-ci des
» villes et des domaines, comme ont fait
» beaucoup d'autres Grecs. Il convient
» donc que vous offriez à Seuthès les
» dons les plus magnifiques. Je vous
» donne ce conseil par bienveillance, car
» je suis certain que plus les présens que
» vous allez faire surpasseront ceux des
» autres convives, plus Seuthès se pi-
» quera de vous distinguer d'eux dans la
» distribution de ses bienfaits, et voudra
» que vous teniez de lui des avantages
» plus considérables. » Cet avis mit Xénophon dans l'embarras, car il était repassé de Parium en Europe, n'ayant qu'un jeune esclave et l'argent qu'il lui fallait pour sa route.

On entra pour souper ; les convives étaient les premiers des Thraces qui se trouvaient auprès de Seuthès, les généraux et les chefs de loëhos grecs et quelques députés de villes. Ils s'assirent tous en cercle ; on apporta ensuite pour eux tous environ vingt trépieds pleins de viandes coupées en morceaux ; de grands pains étaient attachés à ces viandes ; on avait toujours soin de placer les mets de préférence devant les étrangers, car tel était l'usage. Seuthès servit le premier ; voici comment. Il prit les pains qui étaient près de lui, les rompit en morceaux assez petits et les jeta aux convives qu'il voulut ; il en usa de même pour les viandes, et il ne s'en réserva à lui-même que pour en goûter. Tous ceux qui avaient des mets devant eux imitèrent Seuthès. Il y avait un certain Arcadien nommé Ariste, très grand mangeur ; il ne s'embarrassa pas de servir, prit dans sa main un fort gros pain, mit de la viande sur ses genoux et soupa ainsi. On portait tout autour des convives des cornes pleines de vin, qu'aucun d'eux ne refusait. Quand l'échanson qui les apportait fut près d'Ariste, ce Grec apercevant Xénophon qui ne mangeait plus, dit à l'échanson : « Donne à ce général ; il a déjà du temps de reste, et je suis occupé. » Seuthès entendit la voix d'Ariste, et pour savoir ce qu'il disait le demanda à l'échanson ; celui-ci, qui savait le grec, expliqua le propos, et tout le monde se mit à rire.

Comme on continuait à boire, un Thrace entra, menant en main un cheval blanc. Il prit une corne pleine de vin et dit : « Je bois à votre santé, Seuthès, et vous fais ce présent. Monté sur ce cheval, vous pourrez poursuivre l'ennemi que vous voudrez, et serez sûr de le joindre ; vous pourrez le fuir, et n'en aurez rien à craindre. » Un autre conduisait un jeune esclave, et le donna de même à Seuthès en buvant à sa santé ; un troisième lui offrit des vêtemens pour son épouse ; Timasion but aussi à la santé de Seuthès en lui présentant une coupe d'argent et un tapis qui valait dix mines. Un certain Athénien, nommé Gnésippe, se leva et dit que c'était un ancien et très bel usage que ceux qui étaient riches fissent des présens au roi en signe de respect, mais que le roi donnât à ceux qui n'avaient rien. « C'est le moyen, dit-il, que je vous offre des dons dans la suite, et vous prouve ma vénération comme les autres. » Xénophon ne savait comment se conduire, d'autant qu'il se trouvait assis sur le siége le plus près de Seuthès, où on l'avait placé par honneur. Héraclide ordonna à l'échanson de lui présenter la corne ; Xénophon, qui se sentait déjà un peu échauffé du vin qu'il avait bu, se leva avec plus de hardiesse, prit la corne et dit : « Pour
» moi, Seuthès, je me donne à vous
» moi-même et tous mes compagnons,
» vous aurez en nous des amis fidèles ;
» aucun ne vous sert avec répugnance ;
» tous désirent au contraire de mériter
» encore plus que moi vos bonnes grâ-
» ces. Vous les voyez à votre armée,
» non qu'ils aient rien à vous demander ;
» ils ne brûlent que d'essuyer des fati-
» gues et de s'exposer à des dangers
» pour vous ; avec eux, s'il plaît aux
» Dieux, vous rentrerez dans les vastes
» possessions dont jouissaient vos ancê-
» tres, et vous y ajouterez de nouvelles
» conquêtes. Beaucoup de chevaux,
» nombre d'esclaves, des femmes char-
» mantes vous appartiendront, et ce ne
» seront plus des fruits du pillage, mais
» des présens que vous offriront volon-
» tairement vos sujets. » Seuthès se leva, but avec Xénophon, et versa le reste du vin sur le convive qui était de l'autre côté près de lui. Des Cérasuntiens entrèrent ensuite ; ces Barbares jouent de la

flûte et sonnent avec des trompettes faites de cuir de bœuf cru; ils observent la mesure, et leurs trompettes ont le son d'un instrument à corde. Seuthès lui-même se leva, jeta le cri de guerre et s'élança très légèrement, faisant semblant d'éviter l'atteinte d'un trait. On fit entrer aussi des bouffons.

Le soleil était près de se coucher; les Grecs se levèrent de table et dirent qu'il était heure de poser les gardes du soir et de donner le mot. Ils prièrent Seuthès d'ordonner qu'il n'entrât de nuit dans leurs cantonnemens aucun Thrace. « Car » nos ennemis, dirent-ils, sont Thraces » ainsi que vous qui êtes nos alliés, et » l'on pourrait s'y méprendre. » Dès que les Grecs sortirent, Seuthès se leva aussi. Il n'avait point du tout l'air d'un homme ivre; il sortit, rappela les généraux et leur dit: « Les ennemis ne sont point » encore instruits de notre alliance; si » nous marchons à eux avant qu'ils se » gardent contre nos incursions et se » préparent à nous résister, c'est le » moyen de faire plus de prisonniers et » de butin. » Les généraux approuvèrent son avis et le pressèrent de les y mener. « Préparez-vous à marcher, leur dit-il, » et attendez-moi; j'irai vous trouver » lorsqu'il sera heure de partir; je prendrai des armés à la légère et vos troupes, et avec l'aide des Dieux je vous » conduirai contre l'ennemi. » Xénophon lui répondit: « Puisqu'il faut marcher » de nuit, considérez si l'usage des » Grecs ne vaudrait pas mieux que le » vôtre. De jour, c'est la nature du pays » qui décide du genre des troupes qui » font la tête de la colonne; tantôt c'est » l'infanterie, tantôt la cavalerie. Mais la » nuit, notre règle est que les troupes » les plus pesantes soient en avant. Par» là, il est rare que l'armée se sépare; » on n'est guère exposé à se trouver les » uns loin des autres sans le savoir.

» Souvent des troupes qui se sont ainsi » divisées dans l'obscurité, tombent ensuite les unes sur les autres, ne se reconnaissent point, et se font réciproquement beaucoup de mal. » Seuthès reprit: « Votre réflexion est juste; j'adopterai votre usage. Je vous donnerai pour guides ceux des gens les plus » âgés du pays; qui le connaissent le » mieux. Je vous suivrai moi-même, et » ferai l'arrière-garde avec la cavalerie; » je me serai bientôt porté à la tête de » la colonne, s'il en est besoin. » Les Athéniens donnèrent ensuite le mot, à cause de leur parenté avec Seuthès. Cet entretien fini, on alla reposer.

Il était environ minuit quand Seuthès vint; sa cavalerie cuirassée, et son infanterie légère couverte de ses armes, l'accompagnaient; il remit aux Grecs les guides; les hoplites prirent ensuite la tête; les armés à la légère suivirent; la cavalerie fit l'arrière-garde. Quand il fut jour, Seuthès gagna le devant et se loua de l'ordre de marche des Grecs; il avoua que, plusieurs fois, dans des marches de nuit, quoiqu'il n'eût que peu de troupes, sa cavalerie s'était séparée de l'infanterie, « et maintenant, à la pointe du » jour, nous nous retrouvons comme il le » faut tous ensemble et en ordre. Attendez-moi ici et reposez-vous; je vais » faire une reconnaissance, et je vous rejoindrai ensuite. » Il piqua alors à travers la montagne, le long d'un chemin. Étant arrivé à un endroit où il y avait beaucoup de neige, il regarda dans le chemin s'il ne découvrirait point de pas d'hommes tournés de son côté, ou de celui de l'ennemi. Comme il vit que la route n'était pas frayée, il revint promptement sur ses pas, et dit aux Grecs: « Nous aurons, s'il plaît aux Dieux, » quelque succès: nous allons surprendre l'ennemi. Je conduirai en avant » la cavalerie pour arrêter tout ce que

» nous verrons, de peur qu'on ne donne
» avis de notre irruption : suivez-moi.
» Si vous restez en arrière, la trace des
» chevaux vous guidera. Quand nous
» serons parvenus au sommet de ces
» montagnes, nous trouverons au revers
» beaucoup de villages opulens. »

Il était environ midi quand Seuthès eut gagné la hauteur et découvrit dans le vallon les villages ; il revint au galop à l'infanterie. « Je vais, dit-il, faire des-
» cendre rapidement la cavalerie dans la
» plaine, et diriger les armés à la légère
» sur les villages. Suivez, le plus vite
» que vous pourrez, pour soutenir ces
» troupes si elles trouvaient quelque ré-
» sistance. » Xénophon, ayant entendu cet ordre, mit pied à terre. « Pourquoi des-
» cendez-vous de cheval, dit Seuthès,
» puisqu'il faut faire diligence ? — Je sais
» fort bien, répondit Xénophon, que ce
» n'est pas de moi seul que vous avez be-
» soin là-bas, et ces soldats en courront
» plus vite et avec plus de zèle quand ils
» me verront à pied à leur tête. »

Seuthès s'éloigna ensuite, et emmena Timasion avec le petit escadron grec, d'environ quarante chevaux, qui était à ses ordres. Xénophon ordonna aux soldats agiles et qui avaient moins de trente ans, de sortir de leurs rangs ; il les prit avec lui, et courut en avant. Cléanor conduisit le reste des troupes grecques. Quand elles furent dans les villages, Seuthès vint à elles avec environ cinquante chevaux, et dit à Xénophon :
« Ce que vous avez prédit est arrivé ;
» nous avons fait les habitans prison-
» niers ; mais ma cavalerie m'a aban-
» donné, et s'est éparpillée à la pour-
» suite des fuyards ; l'un est allé d'un
» côté, l'autre de l'autre. Je crains que
» l'ennemi ne s'arrête, et ne se rallie en
» quelque endroit, et qu'il ne traite mal
» ces troupes dispersées. Il faut aussi
» laisser du monde dans les villages ; car
» ils sont pleins d'habitans. — Je vais,
» dit Xénophon, avec les soldats qui me
» suivent, m'emparer des hauteurs. Di-
» tes à Cléanor de former une ligne dans
» la plaine en avant, mais près des vil-
» lages, pour les couvrir. » Cette manœuvre ayant été exécutée, on rassembla mille prisonniers, deux mille bêtes à cornes, et dix mille têtes de menu bétail. L'armée passa la nuit dans ce lieu.

Le lendemain, Seuthès brûla, de fond en comble, les villages, et n'y laissa aucune maison ; il voulait par là jeter la terreur dans le pays, et faire sentir aux habitans du voisinage quel sort les attendait s'ils ne se soumettaient pas à lui. Il partit ensuite, et envoya Héraclide à Périnthe, avec le butin, pour en faire de l'argent et avoir de quoi payer la solde de l'armée. Lui-même, avec les Grecs, alla prendre un camp dans la plaine des Thyniens. Ces peuples quittèrent leurs habitations et se réfugièrent dans les montagnes.

Il y avait beaucoup de neige, et il faisait un temps si dur, que l'eau qu'on apportait pour le souper gela en chemin ; il en arriva autant au vin dans les vases qui le contenaient, et beaucoup de Grecs eurent le nez et les oreilles brûlés par l'excès du froid. On vit alors clairement pourquoi les Thraces mettaient sur leurs têtes des fourrures de renard qui leur couvraient les oreilles ; pourquoi ils portaient à cheval des tuniques qui ne croisaient pas seulement sur leur poitrine, mais enveloppaient leurs cuisses ; et au lieu de chlamys, de longs vêtemens qui leur descendaient jusqu'aux pieds. Seuthès délivra quelques prisonniers, les envoya sur les montagnes, et fit dire par eux aux paysans que s'ils ne revenaient pas habiter leurs maisons et vivre soumis à ses lois, il brûlerait leurs villages, leurs provisions, et qu'ils mourraient de faim. Sur ces menaces, les vieillards, les femmes, les enfans descendirent. Mais les hommes dans la fleur de l'âge restèrent dans les villages situés sur la montagne. Seuthès l'ayant su, ordonna à Xénophon de prendre les plus jeunes des hoplites et de le suivre. On se mit en marche pendant la nuit, et à la pointe du jour on se présenta devant les villages; mais la plupart des Thraces prirent la fuite et échappèrent, car la montagne n'était pas loin. Seuthès perça à coups de javelot tous ceux qu'on put arrêter.

Il y avait à l'armée un certain Episthène d'Olynthe, qui aimait avec passion la jeunesse de son sexe. Il vit un enfant d'une figure agréable qui entrait dans l'âge de puberté; il le vit, dis-je, tenant en main un bouclier d'armés à la légère, et rangé parmi les malheureux destinés à mourir. Il courut à Xénophon, et le conjura d'intercéder pour ce joli enfant; Xénophon s'approcha de Seuthès et le pria de ne pas mettre à mort le jeune Thrace. Il lui dit quel était le goût d'Episthène, lui raconta que ce Grec levant autrefois un lochos n'avait cherché dans ses soldats d'autre mérite que la beauté, et avait donné à leur tête des preuves de sa valeur. Seuthès s'adressa à Episthène. « Aimez-vous, lui dit-il, ce jeune Thrace » jusqu'à vouloir prendre sa place, et » mourir pour le sauver? » Episthène présenta son col. « Frappez, dit-il, si » cet enfant le désire, et doit m'en savoir » gré. » Seuthès demanda au Thrace s'il voulait qu'on portât à Episthène le coup qui lui était destiné; le prisonnier n'y consentit pas, et supplia Seuthès de ne les mettre à mort ni l'un ni l'autre. Episthène embrassa alors cet enfant avec transport. « Venez maintenant, dit-il à » Seuthès, combattre contre moi pour » ravoir cette victime, car je ne m'en » séparerai pas volontairement. » Seuthès se mit à rire et ne songea plus à sa vengeance. Il jugea à propos que l'armée ne s'éloignât pas de ces villages, afin que les Thraces réfugiés sur la montagne ne pussent en tirer leur subsistance. Lui-même descendit un peu dans la plaine et y marqua le camp de ses troupes. Xénophon cantonna avec son détachement de soldats d'élite dans le village le plus élevé de ceux qui sont au pied du mont, et le reste des Grecs à peu de distance, mais sur le territoire des Thraces qu'on nomme les Montagnards.

Au bout de peu de jours les Thraces descendirent de la montagne pour tâcher d'obtenir de Seuthès une capitulation et pour lui offrir des otages. Xénophon vint le trouver aussi; il lui représenta que les Grecs étaient cantonnés dans une mauvaise position, que l'ennemi était près d'eux et que les soldats aimeraient mieux être au bivouac dans quelque poste fortifié par la nature qu'à l'abri dans un lieu étroit et dominé, où ils pouvaient tous périr. Seuthès lui dit de ne rien craindre, et lui fit voir les otages qu'il avait en son pouvoir. Quelques Thraces de ceux qui étaient sur la montagne vinrent aussi trouver Xénophon, et le prièrent d'obtenir de Seuthès la capitulation qu'ils négociaient. Ce général le leur promit, leur dit de ne point perdre courage, et leur garantit qu'il ne leur serait fait aucun mal s'ils se soumettaient à Seuthès; mais ils n'étaient venus tenir ces propos à Xénophon que pour reconnaître son cantonnement.

Voilà ce qui se passa pendant le jour. La nuit d'après, les Thraces vinrent de la montagne attaquer le village; le maître de chaque maison servait de guide; il aurait été difficile à tout autre de reconnaître dans l'obscurité et au milieu d'un village les différentes maisons, car elles étaient palissadées tout autour avec de grands pieux pour empêcher le bétail de sortir. Quand les Thraces furent arrivés à la porte de leurs habitations, les uns lancèrent des javelots, d'autres frappèrent avec des massues qu'ils portaient, à ce qu'ils prétendaient, pour briser le fer des piques ennemies. Il y en avait qui mettaient le feu aux maisons. « Sortez, » criaient-ils à Xénophon, en l'appelant » par son nom, venez mourir sous nos » coups, ou dans le lieu même où vous » êtes nous allons vous brûler tout vi- » vant. »

Déjà la flamme s'élevait au-dessus du toit; les Grecs qui logeaient avec Xénophon, et ce général lui-même, avaient pris leurs cuirasses, leurs boucliers, leurs sabres et leurs casques. Silanus de Maceste, âgé de dix-huit ans, donne le signal avec la trompette; aussitôt ces soldats et ceux qui occupaient d'autres maisons, sortent l'épée à la main; les Thraces prennent la fuite, et suivant leur coutume font tourner leurs boucliers autour d'eux et les passent derrière leur dos; quelques-uns furent pris en voulant sauter par-dessus la palissade, leurs boucliers s'étant embarrassés dans les pieux; d'autres furent tués en cherchant une issue, et ne pouvant la retrouver. Les Grecs poursuivirent l'ennemi jusque hors du village; quelques Thyniens revinrent sur leurs pas à la faveur de la nuit; cachés par l'obscurité, et découvrant les Grecs à la lueur du feu, ils lancèrent des javelots à ceux qui couraient autour de la maison enflammée. Hiéronyme, Enodias, chefs de lochos, et Théagène Locrien, qui avait le même grade, furent blessés par eux, mais aucun n'en mourut. Il y eut des soldats qui perdirent dans les flammes des habits et des équipages. Seuthès vint au secours des Grecs avec sept cavaliers, les premiers qu'il trouva sous sa main; il avait aussi avec lui un Thrace trompette. Ayant reconnu ce dont il s'agissait, il lui ordonna de sonner pendant tout le temps qu'il fut besoin de secours, ce qui contribua à intimider l'ennemi. Seuthès vint ensuite aux Grecs, les salua, et leur dit qu'il avait craint qu'ils n'eussent perdu beaucoup d'hommes.

Xénophon le pria ensuite de lui remettre les otages, et lui proposa de marcher ensemble à la montagne, ou, s'il ne voulait pas l'y accompagner, de lui permettre au moins de s'y porter avec les Grecs. Le lendemain Seuthès lui livra les otages : c'étaient des vieillards et les gens les plus considérables, dit-on, des montagnards. Seuthès amena aussi toutes ses troupes; le nombre en avait déjà triplé, car, dès que les Odryssiens avaient appris comment tournaient ses affaires, beaucoup d'entre eux avaient quitté leurs montagnes et étaient venus joindre son armée. Les Thyniens voyant de la hauteur des forces considérables, tant en infanterie pesante qu'en armés à la légère et en cavalerie, descendirent et supplièrent Seuthès de leur accorder la paix. Ils promettaient de se soumettre à tout, et demandaient qu'on reçût leurs serments. Seuthès fit appeler Xénophon, lui communiqua leurs propositions, et ajouta qu'il ne leur accorderait aucune capitulation si Xénophon voulait les punir de leur attaque nocturne. Ce général répondit : « Je les trouve assez punis de » perdre leur liberté et de tomber dans » l'esclavage. » Il dit ensuite à Seuthès qu'il lui conseillait de ne plus prendre désormais pour otages que ceux qui étaient le plus en état de nuire, et de laisser les vieillards dans leurs maisons. Tout ce qui habitait cette partie de la Thrace accéda au traité et se soumit aussi.

On traversa les montagnes et on marcha contre les Thraces qui habitent au-dessus de Byzance, vers le lieu appelé Delta. Ce pays ne faisait plus partie de l'empire qu'avait possédé Mésade, mais il avait anciennement appartenu à Térès Odryssien. Héraclide s'y trouva avec l'argent provenant de la vente du butin. Seuthès fit amener trois attelages de mulets (c'étaient les seuls qu'il eût) et plusieurs attelages de bœufs. Il appela Xénophon et lui dit de prendre pour lui ceux qu'il voudrait, et de distribuer les autres aux chefs de lochos et aux généraux. Celui-ci répondit : « Je n'ai besoin » de rien pour le présent ; vous me ré- » compenserez par la suite ; offrez ces » dons aux généraux et aux autres chefs » qui vous ont suivi comme moi. » Timasion Dardanien, Cléanor d'Orchomène, et Phrynisque Achéen, eurent chacun un attelage de mulets. On partagea entre les chefs de lochos les attelages de bœufs. Quoiqu'il fût échu un mois de solde, Seuthès n'en fit payer que vingt jours. Héraclide prétendait qu'il n'avait pu tirer plus d'argent des effets vendus. Xénophon, irrité, lui dit : « Vous me » paraissez, Héraclide, ne pas prendre » comme vous le devriez les intérêts de » Seuthès. Si vous les eussiez pris, vous » auriez rapporté de quoi payer la solde » entière. Il fallait emprunter, si vous » ne pouviez faire autrement ; et vendre » jusqu'à vos habits. »

Héraclide se fâcha de ce discours, et craignit qu'on ne lui fît perdre l'amitié de Seuthès. De ce jour, il calomnia Xénophon autant qu'il le put près de ce prince. Les soldats reprochaient à ce général qu'une partie de la paie leur restait due, et Seuthès s'offensait de ce que Xénophon exigeait avec fermeté qu'on payât les troupes. Ce Thrace lui répétait sans cesse auparavant que dès qu'on arriverait près de la mer, il le mettrait en possession de Bisanthe, de Ganus et du nouveau château. De ce moment, il ne lui parla plus d'aucune de ces promesses. C'était encore un tort qu'Héraclide avait fait à Xénophon, d'insinuer à Seuthès qu'il était dangereux de confier des places à un homme qui avait une armée à sa disposition.

Cependant Xénophon hésitait, et faisait des réflexions sur le projet de porter la guerre encore plus avant dans la Thrace supérieure. Héraclide conduisit les autres généraux à Seuthès, et voulut les engager à dire qu'ils n'auraient pas moins de crédit que Xénophon pour se faire suivre par l'armée ; il leur promit qu'on paierait sous peu de jours la solde entière de deux mois, et les exhorta à accompagner Seuthès dans son expédition. Timasion lui répondit : « Quand » vous m'offririez cinq mois de ma sol- » de, je ne marcherais pas sans Xéno- » phon. » Phrynisque et Cléanor tinrent le même discours.

Seuthès gronda alors Héraclide de n'avoir pas appelé Xénophon. On l'invita ensuite à venir seul ; mais comme il connaissait la fourberie d'Héraclide, et sentait que ce Grec voulait le mettre mal avec les autres généraux, il les amena tous avec lui, et se fit suivre aussi par les chefs de lochos. Quand Seuthès eut gagné tous ces chefs, on marcha avec lui. L'armée ayant le Pont-Euxin à sa droite, traversa tout le pays des Thraces appelés Mélinophages, et arriva à la côte de Salmydesse ; là, beaucoup des bâtimens qui entrent dans le Pont-Euxin touchent et s'engravent ; car il y a des bas-fonds dans la plus grande partie de cette mer. Les Thraces qui habitent sur ces parages ont posé des colonnes qui leur servent de bornes, et chacun pille ce qui échoue sur la partie de la côte qui lui appartient. On dit qu'avant qu'ils eussent fixé ces limites, il y en avait grand nombre d'égorgés, parce qu'ils s'entretuaient pour s'arracher le butin. On trouve sur cette côte beaucoup de lits, de cassettes, de livres et d'autres meubles que les gens de mer ont à bord dans des caisses de bois. Après avoir soumis cette contrée, on revint sur ses pas. Seuthès avait alors une armée plus nombreuse que celle des Grecs; car il avait recruté beaucoup plus d'Odryssiens encore qu'auparavant; ils étaient descendus de leurs montagnes pour le joindre, et tous les peuples qu'il soumettait prenaient aussitôt parti dans ses troupes. On campait dans une plaine au-dessus de Sélymbrie, à la distance de cinquante stades environ de la mer, et il n'était pas mention de solde. Les soldats étaient furieux contre Xénophon, et Seuthès ne le traitait plus avec la même amitié. Toutes les fois que ce général venait le trouver et voulait conférer avec lui, il se trouvait des prétextes pour différer de lui donner audience.

Au bout de deux mois environ, Charmin, Lacédémonien, et Polynice, viennent de la part de Thimbron; ils annoncent que les Lacédémoniens ont résolu de faire la guerre à Tissapherne; que Thimbron a mis à la voile pour cette expédition; qu'il a besoin de l'armée grecque, et qu'il promet à chaque soldat, pour solde, un darique par mois, le double à un chef de lochos, le quadruple à un général. Dès que ces Lacédémoniens furent arrivés, Héraclide, informé qu'ils devaient aller au camp, dit à Seuthès qu'il ne pouvait rien lui arriver de plus heureux. « Les Lacédémoniens ont besoin des troupes grecques, » et vous n'en savez plus que faire; en » les leur rendant, vous obligerez ce » peuple puissant, et les Grecs, cessant » de vous demander la solde qui leur » est due, sortiront de vos états. »

Seuthès ayant entendu ces raisons, ordonne qu'on lui amène les Lacédémoniens. Ayant appris d'eux-mêmes qu'ils vont à l'armée, il leur dit qu'il la leur rend avec plaisir, et qu'il veut être l'ami et l'allié des Lacédémoniens; il les invite à un festin, et les reçoit avec magnificence; il ne prie à ce repas ni Xénophon, ni aucun autre des généraux; et les Lacédémoniens lui ayant demandé quel homme était Xénophon : « Ce n'est » pas un homme méchant d'ailleurs, » répondit Seuthès; mais il n'aime que » ses soldats, et il en fait plus mal ses » affaires. — Mais, reprirent les Lacédé- » moniens, a-t-il le talent de gouverner » l'esprit du soldat? — Très fort, ré- » pliqua Héraclide. — Ne s'opposera-t-il » pas, dirent ceux-ci, à ce que nous » emmenions l'armée? — Si vous voulez, » répondit Héraclide, la convoquer et lui » promettre une solde, les soldats tien- » dront peu de compte de Xénophon, et » courront après vous. — Mais comment » les assembler, objectèrent les Lacédé- » moniens? — Nous vous conduirons, » dit Héraclide, demain de grand matin » à leur camp; je suis sûr que dès qu'ils » vous verront, ils se réuniront avec joie » autour de vous. » Ainsi finit cette journée.

Le lendemain, Seuthès et Héraclide mènent les Lacédémoniens à l'armée; elle s'assemble : les Lacédémoniens dirent aux soldats que Sparte avait résolu de faire la guerre à Tissapherne, « à ce » satrape dont vous avez vous-mêmes à » vous plaindre. Si vous voulez y mar- » cher avec nous, vous vous vengerez de » votre ennemi, et recevrez pour solde, » chaque soldat, un darique par mois; » chaque chef de lochos, le double; cha- » que général, le quadruple. » Les soldats écoutèrent avec plaisir ces propositions. Aussitôt je ne sais quel Arcadien se leva pour déclamer contre Xénophon. Seuthès était présent; il voulait savoir ce qu'on déciderait, et se tenait à portée d'entendre; il avait son interprète avec lui, et d'ailleurs il comprenait lui-même assez bien le grec. L'Arcadien commença

à parler en ces termes : « Lacédémo-
» niens, nous serions depuis long-temps
» avec vous, si Xénophon ne nous eût
» persuadé de venir ici; nous y avons
» passé l'hiver le plus dur, à faire, nuit
» et jour, la guerre sans y avoir rien ga-
» gné. C'est lui qui jouit du fruit de nos
» travaux. Seuthès l'a personnellement
» enrichi, et nous refuse injustement la
» solde qui nous est due. Oui, ajouta ce
» premier orateur, oui, pour moi je croi-
» rais avoir reçu ma paie, et je ne re-
» gretterais plus les fatigues que j'ai es-
» suyées, si je voyais Xénophon lapidé
» et puni des malheurs où il nous a en-
» traînés. » Un autre Grec se leva alors
et parla sur le même ton; puis un troisième; Xénophon tint ensuite ce discours :

« Certes un homme doit s'attendre à
» tout, puisque vous m'imputez aujour-
» d'hui à crime ce que je regarde au
» fond de ma conscience comme la plus
» grande preuve de zèle que j'aie pu ja-
» mais vous donner. J'étais déjà en route
» pour retourner dans ma patrie; je
» suis revenu sur mes pas, et par Jupi-
» ter! ce n'était point pour partager vo-
» tre prospérité; j'avais au contraire ap-
» pris dans quelle détresse vous vous
» trouviez, et je suis accouru pour vous
» rendre encore quelque service, s'il
» m'était possible. Dès que je fus de re-
» tour, Seuthès, que vous voyez, m'en-
» voya courrier sur courrier, me fit les
» plus belles promesses, et désira en
» vain que je vous engageasse à venir
» joindre son armée. Je n'entrepris point
» alors de vous le persuader, et vous le
» savez tous; je vous menai droit au
» port, d'où je croyais que nous passe-
» rions plus facilement et plus vite en
» Asie. Je trouvais ce dessein le plus
» avantageux de tous pour vous, et je
» savais que vous l'aviez adopté. Aris-
» tarque vint avec des galères, et nous

» empêcha de traverser la Propontide.
» Je vous convoquai aussitôt, comme il
» était juste, pour délibérer sur le parti
» qu'il fallait prendre. Vous entendîtes
» les ordres d'Aristarque qui vous com-
» mandait de marcher vers la Cherso-
» nèse; vous entendîtes les propositions
» de Seuthès qui vous priait de vous
» joindre à lui comme auxiliaires. Tous
» vos discours, tous vos suffrages ne se
» réunirent-ils pas pour ce Thrace? Di-
» tes-moi quel crime j'ai commis alors
» envers vous, de vous conduire où vous
» aviez tous résolu d'aller. Si je prenais
» le parti de Seuthès, depuis qu'il a com-
» mencé à vous jouer, et à éludé de payer
» votre solde, je mériterais vos repro-
» ches et votre haine; mais si après avoir
» été le plus avant dans ses bonnes grâ-
» ces, je me suis brouillé sans ménage-
» ment avec ce prince, pour vous avoir
» préférés à lui, est-il juste que ce soit
» vous qui me fassiez un crime de cette
» cause de notre rupture? Me direz-vous
» que cette brouillerie apparente n'est
» qu'un artifice, et qu'une partie de ce
» qui vous appartenait légitimement a
» été employée pour me gagner? Mais il
» est évident que, par des largesses
» secrètes, Seuthès n'a pas entendu
» perdre ce qu'il me donnait, et être
» obligé en même temps de s'acquitter
» de ce qu'il vous devait; il m'aura, d'a-
» près cette supposition, donné une lé-
» gère somme, afin que je le dispen-
» sasse de vous en payer une plus consi-
» dérable. Si telle est votre idée, vous
» pouvez, dans le moment même, nous
» frustrer tous les deux du fruit des
» complots que nous avons tramés contre
» vous. Exigez de Seuthès jusqu'à la
» dernière obole de la solde qui vous est
» due; alors, certainement si j'ai tiré
» quelque argent de lui, il me le rede-
» mandera, et en aura le droit, puisque
» je n'accomplirai pas la condition sous

» laquelle j'ai reçu. Mais je crois être
» fort loin d'avoir touché ce qui vous
» appartenait; j'en jure par tous les
» Dieux et par toutes les Déesses, ce
» qui devait me revenir en particulier,
» d'après les promesses que nous a faites
» Seuthès, ne m'est point encore payé;
» il est devant vous ce Seuthès, il m'en-
» tend, et, dans le fond de son cœur, il
» sait si je me parjure. Pour vous éton-
» ner davantage, je fais encore serment
» que je n'ai pas touché autant que les
» autres généraux, pas même autant que
» quelques-uns des chefs de lochos.
» Pourquoi me suis-je conduit ainsi? je
» vais vous le dire, soldats : j'espérais
» que plus je partagerais avec Seuthès
» son indigence, plus je pourrais comp-
» ter sur son amitié, quand il lui serait
» devenu facile de m'en donner des
» preuves. Je le vois prospérer, et je
» connais enfin quel est son but; mais,
» m'objectera-t-on peut-être, n'avez-
» vous point honte d'avoir été joué com-
» me le plus imbécile des hommes? J'en
» rougirais, par Jupiter ! si c'eût été un
» ennemi qui m'eût ainsi abusé; mais,
» entre amis, il me paraît plus honteux
» de tromper que d'être trompé; au
» reste, puisqu'il faut être en garde con-
» tre ses amis, je sais au moins que
» vous avez mieux observé cette maxime
» que moi, et que vous vous êtes tous
» bien gardés de donner à Seuthès le
» moindre prétexte de vous refuser ce
» qu'il vous a promis; nous ne lui avons
» fait tort en rien; dès qu'il nous a ap-
» pelés à quelque expédition, nous n'a-
» vons montré ni paresse, ni lâcheté.
» Mais, me direz-vous, il fallait exiger
» de lui des gages qui l'empêchassent de
» nous tromper quand il l'aurait voulu ?
» Écoutez ce que j'ai à répondre à cette
» objection, et ce que je ne dirais jamais
» en présence de Seuthès, si vous ne me
» paraissiez être ou tout-à-fait déraison-

» nables, ou ingrats au dernier point en-
» vers moi. Souvenez-vous des extrémi-
» tés où vous étiez réduits, et dont je
» vous ai tirés en vous menant à Seu-
» thès. Aristarque, Lacédémonien, n'a-
» vait-il pas fermé les portes de Périn-
» the, et ne vous empêchait-il pas d'en-
» trer dans la ville quand vous vous y pré-
» sentiez? Ne campiez-vous pas hors des
» murs au bivouac et exposés à toutes
» les injures de l'air? N'était-on pas au
» cœur de l'hiver? Ne vous fallait-il pas
» payer au marché votre subsistance?
» Les vivres, même à prix d'argent, y
» étaient-ils en abondance, et aviez-vous
» bien suffisamment de quoi vous en
» procurer? Vous étiez cependant con-
» traints de rester en Thrace. Des ga-
» lères en rade vous barraient la tra-
» verse de la Propontide. Demeurant en
» Europe, il fallait être en pays ennemi,
» et les Thraces vous opposaient une ca-
» valerie et une infanterie légère nom-
» breuse. Nous avions à la vérité de l'in-
» fanterie pesante, et en nous portant
» en force sur des villages, nous aurions
» peut-être pris quelques grains; mais
» notre butin aurait été peu de chose;
» nous n'avions point de troupes capa-
» bles de poursuivre l'ennemi, de faire
» des prisonniers, d'arrêter des bes-
» tiaux; car lorsque je vous ai rejoints,
» je n'ai retrouvé à votre camp ni cava-
» lerie, ni armés à la légère. Supposé
» que voyant l'extrême détresse où vous
» étiez, je n'eusse point exigé de solde
» et que je me fusse contenté de vous
» donner pour allié Seuthès, qui avait à
» ses ordres ce dont vous manquiez, de
» la cavalerie et des armés à la légère,
» croyez-vous que j'eusse fait un traité
» nuisible pour vous? Dès que vous avez
» été réunis à ses troupes, vous avez
» obligé les Thraces à fuir avec plus de
» célérité; de là, plus de grains se sont
» trouvés dans les villages; on a fait des

» esclaves, on a pris des bestiaux, dont
» vous avez eu votre part. Depuis que
» nous avons opposé de la cavalerie à
» nos ennemis, nous n'en avons pas
» revu un seul; jusque-là leur cavalerie
» et leurs armés à la légère nous pour-
» suivaient avec audace; ils nous empê-
» chaient de nous disperser, et de nous
» procurer par là plus de vivres. Si Seu-
» thès, qui vous a valu cette sécurité, ne
» vous a pas payé bien exactement votre
» solde, comptez-vous pour rien la tran-
» quillité dont vous avez joui? Regardez-
» vous son alliance comme un grand
» malheur qui vous soit arrivé, et croyez-
» vous que pour l'avoir négociée je mé-
» rite de ne pas sortir en vie de vos
» mains? Comment vous retirez-vous
» aujourd'hui? N'avez-vous pas passé
» votre hiver dans la plus grande abon-
» dance de tout ce qui est nécessaire à
» la vie? N'emportez-vous pas de plus ce
» qui vous a été payé par Seuthès? car
» vous avez vécu aux dépens de l'ennemi,
» et quoique vous fussiez au milieu de
» son pays, il ne vous a pas tué un
» homme; il n'a pas fait un seul de vous
» prisonnier. Ne vous reste-t-il pas ce
» que vous avez acquis de gloire en Asie
» contre les barbares, et n'y avez-vous
» pas ajouté celle d'avoir vaincu les
» Thraces à qui vous avez fait la guerre
» en Europe? Oui, j'ose vous dire que
» vous devez rendre grâces aux Dieux
» comme d'une faveur insigne, de ces
» prétendus malheurs que vous me re-
» prochez, et qui vous irritent contre
» moi. Telle est votre position actuelle.
» Considérez la mienne, je vous en con-
» jure par les immortels. Lorsque je le-
» vai l'ancre pour retourner à Athènes,
» j'emportais les louanges dont vous me
» combliez tous; j'espérais jouir de quel-
» que gloire chez le reste des Grecs,
» d'après l'opinion que vous leur don-
» neriez de moi; j'avais la confiance des

» Lacédémoniens, sans quoi ils ne m'au-
» raient pas renvoyé vers vous. Je pars
» maintenant calomnié par vous près de
» ces mêmes Lacédémoniens, parce
» que je vous suis trop attaché, haï de
» Seuthès, de ce Seuthès à qui j'ai rendu
» avec vous les plus grands services,
» chez qui j'espérais trouver une retraite
» glorieuse pour moi et pour mes en-
» fans, si j'en avais jamais; et comment
» me jugez-vous aujourd'hui vous-mê-
» mes qui m'avez fait tant d'ennemis
» cruels et plus puissans que moi, vous,
» dis-je, pour la prospérité desquels je
» n'ai cessé jamais, et je ne cesse pas
» encore de prendre des soins et de faire
» les derniers efforts? Vous me tenez en
» votre pouvoir; je n'ai point cherché à
» m'évader, ni à vous échapper par une
» honteuse fuite. Mais si vous me traitez
» comme vous l'annoncez, sachez que
» vous mettrez à mort un homme qui,
» sans calculer si c'était son devoir ou
» celui d'un autre, a souvent veillé pour
» votre salut, a essuyé à votre tête mille
» fatigues et couru encore plus de dan-
» gers; qui, par la faveur des Dieux, a
» érigé avec vous nombre de trophées
» des armes des barbares, et qui ne
» vous a résisté de tout son pouvoir que
» pour vous empêcher de vous faire un
» ennemi d'aucun des Grecs. Vous pou-
» vez maintenant aller où vous voudrez
» par terre et par mer. Vous ne trouve-
» rez nulle part une accusation intentée
» contre vous, et lorsqu'aujourd'hui la
» fortune vous rit, que vous allez mettre
» à la voile pour cette Asie, où vous as-
» pirez depuis si long-temps à porter la
» guerre; lorsque le peuple le plus puis-
» sant implore votre secours, qu'on
» vous donne une solde, et que les La-
» cédémoniens, qui passent maintenant
» pour la première nation de la Grèce,
» viennent vous chercher et se mettre à
» votre tête, vous croyez devoir saisir

» ce moment pour vous défaire au plus
» vite de moi. O vous qui vous piquez
» d'avoir tant de mémoire, ce n'était
» pas ainsi que vous me traitiez lorsque
» vous étiez dans des circonstances criti-
» ques et malheureuses; vous m'appeliez
» alors votre père, vous me juriez de
» vous souvenir toujours de moi comme
» de votre bienfaiteur. Que dis-je! ces
» Lacédémoniens mêmes qui viennent
» vous proposer de les suivre, ne sont
» pas si déraisonnables, et je suis con-
» vaincu qu'ils n'en concevront pas une
» meilleure opinion de vous en voyant
» comment vous en usez avec moi. »
Xénophon cessa alors de parler.

Charmin, l'un des Lacédémoniens, se leva, et dit aux Grecs : « Soldats, je
» ne crois pas que vous ayez un juste
» sujet d'être irrités contre ce général;
» je puis moi-même déposer en sa fa-
» veur; car lorsque Polynice et moi nous
» avons parlé de Xénophon à Seuthès,
» et lui avons demandé quel homme c'é-
» tait, il nous a répondu qu'il n'y avait
» d'autre reproche à lui faire que d'ai-
» mer trop le soldat, et qu'il en était
» plus mal avec lui-même Seuthès et
» avec les Lacédémoniens. » Eurilo-
que de Lusie, Arcadien, se leva ensuite, et dit : « Lacédémoniens, vous
» êtes nos généraux : la première af-
» faire dont vous devez, selon moi,
» vous occuper, est de nous faire
» payer par Seuthès de gré ou de
» force la solde qui nous est due, et de
» ne nous pas faire sortir auparavant de
» ses états. » Après lui Polycrate Athénien se leva pour parler en faveur de
Xénophon, et dit : « Soldats, j'aperçois
» ici Héraclide; il a pris le butin qui
» était le prix de nos fatigues; il l'a
» vendu, et n'a remis ni à Seuthès ni à
» nous l'argent qui en est provenu, mais
» il l'a volé et l'a gardé pour lui-même.
» Si nous faisons bien, nous nous en
» prendrons à lui, d'autant que ce n'est
» point un Thrace; il est Grec comme
» nous, et s'est rendu coupable envers
» ses compatriotes. » Ce discours qu'entendait Héraclide, le frappa de terreur; il s'approcha de Seuthès : « Si nous nous
» conduisons sensément, lui dit-il, nous
» nous éloignerons, et ne resterons pas
» plus long-temps au pouvoir des Grecs. »
Ils remontèrent donc sur leurs chevaux, et coururent à toute bride à leur camp; de là Seuthès envoie Ebozelmius son interprète à Xénophon, exhorte ce général à rester à son service avec mille soldats Grecs, s'engage à lui donner les places maritimes et tout ce qu'il lui avait promis, et lui communique, sous le secret, qu'il sait de Polynice que si Xénophon tombe entre les mains des Lacédémoniens, Thimbron le fera certainement mourir. Xénophon avait reçu le même avis de beaucoup d'autres de ses hôtes; on l'avait prévenu que la calomnie ne l'avait pas épargné, et qu'il ferait bien d'être sur ses gardes. D'après ces conseils, Xénophon prit deux victimes et les sacrifia à Jupiter-roi, pour savoir s'il ferait mieux de rester avec Seuthès aux conditions que lui offrait ce prince, ou de partir avec l'armée. Ce dieu lui ordonna de la suivre.

Alors Seuthès porta son camp encore plus loin de celui des Grecs; ceux-ci cantonnèrent dans des villages, d'où ils devaient gagner les bords de la mer, après s'être approvisionnés de vivres : ces villages avaient été donnés par Seuthès à Médosade. Ce Thrace supporta avec peine de voir les Grecs consommer tout ce qu'ils trouvaient dans sa nouvelle possession; il prend avec lui environ cinquante chevaux, et l'homme le plus considérable parmi les Odryssiens, qui étaient descendus de leurs montagnes et s'étaient joints à Seuthès. Il s'avance, et appelle Xénophon hors du cantonnement des Grecs. Ce général se fait suivre par quelques chefs de lochos et par d'autres personnes affidées, et s'approche de Médosade. « Vous nous » faites tort, Xénophon, dit ce Thrace, » en ravageant nos villages ; nous ve- » nons, moi de la part de Seuthès, et » cet Odryssien de la part de Médoce, » roi de la Thrace supérieure, vous an- » noncer que vous ayez à évacuer le » pays ; si vous vous y refusez, nous ne » vous permettrons plus d'exercer une » telle licence, et nous repousserons » comme ennemis des gens résolus à » ravager notre contrée. »

Xénophon répliqua ainsi à ces menaces : « C'est avec peine que je me vois » obligé de répondre à un homme tel » que vous et à de semblables discours ; » je ne m'expliquerai qu'à cause de ce » jeune Odryssien ; je veux qu'il sache » qui vous êtes, et quels sont les Grecs. » Avant d'être vos alliés, nous traver- » sions comme nous le voulions ce pays, » nous y portions le ravage et la flamme » partout où il nous plaisait ; mais vous, » lorsqu'on vous députa vers les Grecs, » ne vous trouvâtes-vous pas trop heu- » reux de loger au milieu de nous, et de » n'y avoir aucun ennemi à craindre ? » Vous ne pouviez entrer dans cette pro- » vince, ou si vous y pénétriez quelque- » fois, vous vous y teniez au bivouac, » vos chevaux toujours bridés comme » dans le pays d'un ennemi plus fort que » vous. Depuis notre alliance, nous vous » avons rendus maîtres de cette contrée, » et vous prétendez maintenant nous » chasser du pays même que vous n'a- » vez conquis que par notre secours, et » dont vous savez bien que l'ennemi ne » pouvait nous repousser. Non seule- » ment vous ne cherchez pas à nous ren- » voyer en nous comblant de présens et » de bienfaits, pour reconnaître ce que » vous nous devez ; mais vous prétendez

» nous empêcher, autant qu'il est en » vous, de cantonner pendant notre » marche. Quoi ! vous osez tenir de tels » propos et vous ne craignez pas les » Dieux, et vous ne rougissez pas devant » ce jeune homme qui vous voit mainte- » nant dans la prospérité, vous qui, » comme vous l'avez avoué vous-même, » n'aviez avant votre alliance d'autres » ressources pour vivre que le pillage et » les incursions. Mais pourquoi, ajouta » Xénophon, est-ce à moi que vous vous » adressez ? je n'ai plus ici de comman- » dement ; vous venez de livrer aux La- » cédémoniens l'armée grecque pour la » conduire en Asie, et vous n'avez eu » garde (grands politiques que vous » êtes), de m'appeler au traité, de » peur que comme je m'étais rendu » odieux à ce peuple puissant, en faisant » passer notre armée à votre service, je » ne me réconciliasse avec lui en la lui » rendant. »

Dès que l'Odryssien eut entendu cette réponse, il dit à Médosade : « Je rentre » en terre, et je n'ai pu sans confusion » entendre ce discours ; si j'avais été au- » paravant au fait de ce qui s'est passé, » je ne vous aurais jamais suivi ici, et je » m'en éloigne au plus vite ; Médoce, » mon roi, ne m'approuverait pas de » chasser ainsi nos bienfaiteurs. » Ayant proféré ces mots, il remonta à cheval, s'éloigna, et presque tout le détachement le suivit ; il ne resta que quatre ou cinq cavaliers avec Médosade. Comme il n'était affligé que de voir ses terres ravagées, il dit à Xénophon d'appeler les deux Lacédémoniens. Ce général se fit accompagner de ceux qu'il jugea à propos de choisir, et alla trouver Charmin et Polynice, il leur dit que Médosade les envoyait chercher ; et leur proposerait, comme à lui, qu'on se retirât du pays. « Je pense, ajouta Xénophon, » que vous obtiendrez pour l'armée la

» solde qui lui est due, si vous répon-
» dez à ce Thrace, que les Grecs vous
» prient de leur faire payer de gré ou
» de force ce qui leur est dû par Seu-
» thès; qu'il vous promettent de vous
» suivre avec zèle lorsqu'ils l'auront ob-
» tenu; que leur demande vous semble lé-
» gitime, et que vous vous êtes engagés à
» ne faire partir l'armée que lorsque cette
» justice aura été rendue au soldat. » Les
Lacédémoniens promirent de faire valoir ces raisons, et d'alléguer les plus
fortes que l'occasion leur suggérerait.
Ils s'avancèrent aussitôt, suivis de toutes les personnes que les circonstances
requéraient. Quand ils furent arrivés
près du Thrace, Charmin prit ainsi la
parole : « Expliquez-vous, Médosade, si
» vous avez quelque chose à nous dire,
» sinon, c'est nous qui avons à vous
» parler. » Médosade répondit d'un ton
fort soumis : « Seuthès et moi nous vous
» prions de ne faire aucun tort à ce pays
» qui nous est devenu cher; c'est nous
» qui ressentirions tout le mal que vous
» lui feriez, puisqu'il nous appartient. —
» Nous nous en éloignerons, reprirent
» les Lacédémoniens, aussitôt que ceux
» qui vous ont aidé à faire cette con-
» quête auront touché leur solde, autre-
» ment nous venons à leur secours;
» nous punirons quiconque a trahi ses
» sermens, et en a mal usé envers ses
» bienfaiteurs. Si telle a été votre con-
» duite, ce sera sur vous les premiers
» que tombera notre juste vengeance. »
« Voulez-vous, Médosade, ajouta Xé-
» nophon, puisque vous regardez le
» peuple d'ici comme vous étant attaché,
» lui permettre de décider la question,
» et de déclarer si c'est à vous, ou aux
» Grecs, à vous retirer de son pays. »
Médosade n'accepta point ce compromis;
mais il proposa aux Lacédémoniens, ou
d'aller trouver eux-mêmes Seuthès pour
lui demander la solde de l'armée, étant

persuadé que ce prince les écouterait
favorablement, ou d'y envoyer au moins
avec lui Xénophon, et il s'engagea à le
seconder de son crédit dans la négociation; il supplia qu'en attendant on
ne brûlât point ses villages. On prit le
parti de député Xénophon, accompagné des Grecs qui parurent les plus propres à cette mission; quand ils fut
arrivé près du roi des Thraces, il lui
dit : « Je ne viens point ici, Seuthès,
» pour vous rien demander; je veux
» vous faire sentir, si je le puis, que je
» n'ai point mérité votre haine, en recla-
» mant pour nos soldats l'effet des pro-
» messes que vous leur avez faites vo-
» lontairement; j'ai toujours cru qu'il
» n'était pas moins de votre intérêt que
» du leur, qu'ils fussent payés. J'ai con-
» sidéré d'abord, qu'après les dieux,
» c'était nous qui vous avions fait roi
» d'une vaste contrée et d'un peuple
» nombreux, et qui vous avions élevé à
» un rang si éclatant, qu'aucune de vos
» actions honnêtes ou honteuses ne peut
» être ignorée; il me paraît qu'il importe
» à un prince tel que vous de ne point
» passer pour avoir renvoyé sans récom-
» pense ses bienfaiteurs, qu'il lui im-
» porte encore d'être loué par la bouche
» de six mille hommes qui l'ont servi,
» et surtout de ne point s'établir la ré-
» putation de trahir sa parole. Je vois
» que celle des humains qui y ont man-
» qué ne leur sert de rien, est sans
» force et sans considération, quoiqu'ils
» la prodiguent partout; mais ceux qui
» font profession d'être fidèles à leurs
» engagemens, n'ont qu'à dire un mot
» dès qu'ils sont dans le besoin, ils ob-
» tiennent autant que d'autres en em-
» ployant la violence. Veulent-ils mettre
» quelqu'un à la raison, leurs menaces
» équivalent au châtiment auquel il fau-
» drait recourir. Il ne leur en coûte
» qu'une promesse, pour transiger aussi

» aisément que d'autres l'argent à la
» main. Rappelez-vous si vous nous
» aviez rien avancé lorsque nous avons
» fait alliance avec vous : je puis certifier
» que non. Ce fut donc par la confiance
» qu'on avait dans votre sincérité, que
» vous engageâtes une armée nombreuse
» à joindre ses armes aux vôtres, et à
» vous soumettre un empire qui ne vaut
» pas seulement cinquante talens, somme
» à laquelle les Grecs évaluent ce qui
» leur reste dû, mais des trésors bien
» plus considérables; et c'est par une
» avarice sordide, et pour retenir ces
» cinquante talens, que vous prostituez
» votre foi qui vous a valu votre cou-
» ronne. Rappelez-vous encore quelle
» importance vous mettiez à conquérir le
» pays qui vous est enfin soumis. Je suis
» sûr que vous désiriez beaucoup plus
» alors de réussir glorieusement dans vô-
» tre entreprise, comme il vous est arri-
» vé, que de posséder le centuple de l'ar-
» gent que vous nous refusez. Or, il me
» semble que comme il est plus fâcheux
» de retomber de la richesse dans la pau-
» vreté, qu'il ne le serait de n'être jamais
» sorti de l'indigence; que comme il est
» plus humiliant de redevenir particu-
» lier en descendant du trône, qu'il ne
» le serait de n'y être jamais monté; il
» me semble, dis-je, que ce serait de
» même un plus grand malheur et une
» plus grande tache dans votre vie d'être
» dépouillé de ce que vous possédez, que
» de n'en avoir joui. Vous savez que ce
» n'a pas été par inclination que vos
» peuples se sont soumis à votre domi-
» nation, que leur impuissance seule les
» y a contraints; et vous ne doutez pas
» qu'ils ne fissent de nouveaux efforts
» pour recouvrer leur liberté, si la ter-
» reur de vos armes ne les contenait
» dans le devoir; mais cette terreur, ne
» croyez-vous pas la leur inspirer plu-
» tôt, et les attacher davantage à votre
» empire, en leur faisant voir nos trou-
» pes disposées à rester sous vos ordres,
» si vous l'ordonnez; à revenir prompte-
» ment à votre secours, s'il en est be-
» soin; et tous ceux qui nous entendront
» parler de vous avec éloge, prêts à se
» ranger sous vos drapeaux, et à secon-
» der vos desseins quels qu'ils soient;
» qu'en faisant présumer à vos nouveaux
» sujets que personne ne voudra désor-
» mais joindre ses armes aux vôtres,
» parce qu'on craindra, d'après ce qui
» s'est passé, d'éprouver votre ingrati-
» tude et votre infidélité, et que nous
» sommes déjà nous-mêmes mieux inten-
» tionnés pour eux que pour vous? Ce
» n'a pas été d'ailleurs parce que les
» Thraces nous étaient inférieurs en
» nombre, qu'ils ont subi le joug, mais
» parce qu'ils manquaient de chefs. Vous
» avez donc à craindre qu'ils ne s'en choi-
» sissent aujourd'hui parmi ces Grecs
» qui croient avoir à se plaindre de vous,
» qu'ils ne mettent à leur tête les Lacé-
» démoniens mêmes, plus puissans que
» le reste de la Grèce; et ceux-ci qui
» ont besoin de notre armée se prête-
» ront à de tels desseins, si les soldats
» leur promettent de les suivre avec plus
» de zèle, lorsqu'ils auront tiré de vous
» la somme qu'on réclame. Il est d'ailleurs
» évident que les Thraces mêmes, que
» vous avez subjugués, prendraient les
» armes contre vous plus volontiers
» qu'ils ne marcheraient pour vous ser-
» vir; car tant que vous triompherez,
» ils resteront esclaves, et dès que vous
» serez vaincu ils recouvreront leur li-
» berté. Croyez-vous devoir déjà consi-
» dérer l'avantage et les vrais intérêts
» de votre nouvelle conquête? Songez
» que la contrée sera plus ménagée, si
» nos soldats, payés de ce qu'ils préten-
» dent, en sortent pacifiquement, que
» s'ils s'obstinent à y rester comme en
» pays ennemi, et s'ils vous obligent à

» tâcher de lever contre eux une armée
» plus nombreuse, qui aura également
» besoin de subsistances. Quant à l'ar-
» gent, n'en dépenserez-vous pas moins
» en nous payant sur-le-champ ce qui
» nous est dû, qu'en continuant à nous
» le devoir, et soudoyant, pour nous le
» disputer, une plus grande quantité
» de troupes? Mais Héraclide, à ce qu'il
» m'a déclaré, regarde la somme comme
» immense. Cependant la totalité de ce
» que nous exigeons de vous vous enri-
» chirait moins aujourd'hui si vous le
» touchiez, et vous coûterait moins, si
» vous vous détermineriez à le payer, que
» n'eût fait, avant notre alliance, la
» dixième partie de cette dette; car ce
» n'est pas la quotité d'une somme qui
» la rend considérable ou légère, ce
» sont les facultés de l'homme qui l'ac-
» quitte, et celles de l'homme qui la re-
» çoit; or, vos revenus annuels mainte-
» nant valent plus que le fonds de ce que
» vous possédiez jadis. Quant à moi,
» Seuthès, j'ai fait sur votre situation
» ces réflexions, et je vous les ai com-
» muniquées, par attachement pour
» vous, afin que vous vous montriez di-
» gne des faveurs que les Dieux vous
» ont accordées, et que vous ne me per-
» diez pas moi-même de réputation
» dans l'esprit du soldat; car, vu les
» dispositions où est actuellement l'ar-
» mée, vous devez être certain qu'il me
» serait également impossible de m'en
» servir pour me venger de mes enne-
» mis, ni pour vous procurer de nouveaux
» secours, si je formais l'un ou l'autre de
» ces projets. Je prends cependant à té-
» moin, et les Immortels à qui rien n'est
» caché, et vous-même, Seuthès, que
» je n'ai rien touché de vous pour les
» services que vous ont rendus nos sol-
» dats, et que non seulement je ne vous
» ai pas pressé de m'enrichir à leurs dé-
» pens, mais que je n'ai même pas ré-
» clamé ce que vous m'aviez promis. Je
» jure de plus que si vous m'aviez offert
» de remplir envers moi vos engage-
» mens, je n'aurais rien accepté, à moins
» que le soldat n'eût reçu en même temps
» jusqu'à la dernière obole de ce qui lui
» était dû. J'aurais regardé comme une
» infamie de stipuler mes intérêts parti-
» culiers, et de négliger les siens; de
» transiger avantageusement sur mes
» prétentions personnelles, et de laisser
» l'armée dans le malheur, surtout y
» jouissant de quelque considération.
» Qu'un Héraclide pense qu'il n'est d'au-
» tre bien dans ce monde, que d'accu-
» muler des trésors par quelques moyens
» que ce soit; quant à moi, Seuthès,
» j'estime que les plus précieuses, que
» les plus brillantes richesses d'un
» homme, et surtout d'un grand prince,
» sont la vertu, l'équité et la géné-
» rosité. Qui les possède, est en-
» touré d'amis et d'hommes qui aspi-
» rent à le devenir. Prospère-t-il? il voit
» tous les cœurs partager son bonheur;
» lui survient-il une infortune? une foule
» de secours se présentent pour l'en ti-
» rer. Si mes actions n'ont pu vous per-
» suader, que je suis au fond du cœur
» bien intentionné pour vous; si mes
» discours ne vous le font pas connaître;
» réfléchissez sur les propos du soldat.
» Vous étiez présent, et vous avez en-
» tendu vous-même ce qu'ont dit ceux
» qui voulaient blâmer ma conduite. On
» m'accusait devant les Lacédémoniens
» de vous être plus attaché qu'à ce peu-
» ple, et l'armée me reprochait d'avoir à
» cœur votre prospérité aux dépens de
» ses intérêts; on allait jusqu'à m'impu-
» ter d'avoir reçu de vous des présens.
» Mais ce dernier reproche, pensez-vous
» que je l'eusse essuyé, si l'on m'eût
» soupçonné de mauvaise volonté pour
» vous, et non pas de trop de zèle? Il
» me semble que quiconque accepte un

» don, doit concevoir aussitôt des senti-
» mens de reconnaissance pour son bien-
» faiteur, et chercher à lui en donner
» des preuves. Avant que je vous eusse
» rendu aucun service, vous me receviez
» toujours avec plaisir ; vos regards, vos
» discours, les présens de l'hospitalité
» étaient garans de votre bienveillance ;
» vous ne vous lassiez pas de m'accabler
» de promesses. Depuis que vos projets
» ont réussi, et que vous avez acquis la
» plus grande puissance que j'ai pu vous
» procurer, vous osez me dédaigner
» parce que j'ai perdu mon crédit sur
» l'armée. Je ne doute pas cependant
» que vous ne finissiez par la satisfaire.
» Le temps dessillera vos yeux, et vous
» ne pourrez supporter d'entendre les
» murmures de vos bienfaiteurs. Ce que
» je vous demande, c'est, en prenant ce
» parti, de songer à mon honneur et de
» tâcher de me remettre dans l'esprit du
» soldat tel que j'y étais lorsque je suis
» entré à votre service. »

Seuthès ayant entendu ce discours, maudit hautement celui qui était cause de ce que la solde des Grecs ne leur était pas payée depuis long-temps, et tout le monde crut qu'il désignait par ces mots Héraclide. « Pour moi, ajouta ce prince,
» je n'ai jamais prétendu priver les Grecs
» de ce que je leur dois, et je m'acquit-
» terai avec eux. — Puisque vous vous ré-
» solvez à les payer, reprit Xénophon, je
» vous conjure de leur faire tenir par
» moi cet argent, et de ne pas négliger
» l'occasion de me rendre dans l'armée
» la considération dont je jouissais lors-
» que nous vous avons joint. — Ce ne
» sera pas moi qui vous la ferai perdre,
» répliqua Seuthès, et si vous vouliez
» rester à mon camp avec mille fantas-
» sins seulement, je vous livrerais tous
» les dons et toutes les places que je
» vous ai promis. — Cet arrangement
» est devenu impossible, répondit Xéno-
» phon ; renvoyez-nous au plus tôt.
» Je sais cependant, dit Seuthès, que
» vous seriez plus en sûreté à ma cour
» qu'où vous allez. — Je suis reconnais-
» sant, répliqua Xénophon, de votre
» prévoyance et de vos bontés, mais je
» ne puis rester avec vous. Croyez que
» si dans aucun lieu je recouvre quelque
» considération, elle y tournera à votre
» avantage. » Seuthès s'expliqua alors en ces termes : « Je n'ai point d'argent,
» ou du moins j'en ai peu. Il ne me reste
» qu'un talent, et c'est à vous que je le
» donne. Prenez de plus six cents bœufs,
» environ quatre mille têtes de menu
» bétail, cent vingt esclaves et les ôtages
» des Thraces qui vous ont attaqués,
» puis retournez vers les Grecs. » Xénophon sourit, et lui dit : « Si la vente de
» ces effets ne suffit pas pour payer tout
» ce que réclame l'armée, à qui pour-
» rai-je dire qu'appartient le talent dont
» vous me gratifiez personnellement ?
» Puisque vous me faites entendre que
» je cours des risques à rejoindre l'ar-
» mée, ne faut-il pas au moins que je
» me garde d'être lapidé ? Vous avez en-
» tendu vous-même qu'on m'en a mena-
» cé. » Xénophon passa dans ce lieu le reste du jour et la nuit suivante.

Le lendemain, Seuthès livra aux députés ce qu'il avait promis, et l'envoya, conduit par des Thraces, au camp des Grecs. Le bruit s'y était répandu que Xénophon n'avait été trouver Seuthès que pour rester à sa cour et pour y recevoir les récompenses qu'on lui avait promises. Lorsqu'on le vit revenir, ce fut une joie universelle. On courut au-devant de lui. Dès que ce général aperçut Charmin et Polynice : « Voilà, leur
» dit-il, ce que vous avez fait recouvrer
» à l'armée ; je le remets entre vos mains ;
» vendez-le vous-mêmes et distribuez-en
» le prix au soldat. » Ces deux Lacédémoniens reçurent les effets, commirent

des Grecs pour les vendre, et par-là excitèrent contre eux-mêmes beaucoup de murmures. Xénophon se tint à l'écart; on voyait qu'il se préparait à retourner dans sa patrie, car la sentence de bannissement n'avait point encore été portée contre lui à Athènes. Ceux des Grecs qui étaient le plus liés avec lui vinrent le trouver pour le conjurer de ne point abandonner encore l'armée, de la conduire en Asie et d'en remettre lui-même le commandement à Thimbron.

On s'embarqua ensuite et l'on passa à Lampsaque. Euclide de Phliasie, devin, et fils de Cléagoras, qui a peint les songes dont on a décoré le lycée, vint au-devant de Xénophon. Il le félicita de ce qu'il avait échappé à tant de dangers, et lui demanda à quoi se montaient ses richesses. Xénophon lui jura qu'il n'avait pas de quoi s'en retourner à Athènes, à moins qu'il ne vendît son cheval et ses équipages. Euclide ne voulait pas le croire; mais les habitans de Lampsaque ayant envoyé à Xénophon les présens de l'hospitalité, ce général fit un sacrifice à Apollon, et plaça Euclide près de lui. Celui-ci ayant vu les entrailles des victimes, dit à Xénophon : « Je suis enfin » persuadé que vous ne rapportez rien » de votre entreprise. Quand vous de- » vriez vous enrichir dans la suite, et » qu'il ne s'y trouverait point d'autre » obstacle, vous vous opposez vous- » même à la bienfaisance des dieux. — » C'est Jupiter Milichien, continua Eu- » clide, qui repousse loin de vous la » fortune. Avez-vous fait à ce dieu des » sacrifices? Lui avez-vous offert des » holocaustes comme j'avais coutume de » lui en offrir pour vous à Athènes? » Xénophon avoua que depuis qu'il avait quitté sa patrie il n'avait point immolé de victimes à ce Dieu. Euclide conseilla à Xénophon de lui sacrifier, et lui annonça qu'il s'en trouverait mieux. Le lendemain, Xénophon alla à Ophrynium, y fit un sacrifice, et brûla des porcs entiers, suivant le rit d'Athènes. Le Dieu lui accorda des signes favorables. Le même jour arrivèrent Biton et Euclide pour distribuer de l'argent à l'armée. Ils se lièrent par les nœuds de l'hospitalité à Xénophon, et soupçonnant que c'était par besoin d'argent qu'il s'était défait à Lampsaque, pour cinquante dariques, de son cheval, qu'on leur dit qu'il aimait beaucoup, ils le rachetèrent et forcèrent ce général de le reprendre sans vouloir en recevoir le prix.

On marcha ensuite à travers la Troade; on passa sur le mont Ida, et l'on arriva d'abord à Antandre, puis, en suivant le rivage de la mer qui baigne les côtes de Lydie, on se porta dans la plaine de Thèbes. De là, traversant Atramytium et Certonium, on entra près d'Atarne dans la plaine du Caïque, et l'on parvint à Pergame, ville de Mysie. Xénophon y logea chez Hellas, femme de Gongylus Erétrien, et mère de Gorgion et de Gongylus. Elle l'instruisit qu'Asidate, l'un des Perses les plus distingués, était dans la plaine; elle ajouta que si Xénophon voulait y marcher de nuit avec trois cents hommes, il le prendrait probablement avec sa femme, ses enfans, et tous ses trésors qui étaient considérables; elle lui donna pour guides son cousin, et Daphnagoras, un de ses plus intimes amis. Xénophon offrit avec eux un sacrifice. Agasias d'Elide, devin, qui y assistait, lui dit que les entrailles étaient très favorables, et qu'il pouvait faire Asidate prisonnier. Xénophon se mit donc en marche après souper. Il avait pris avec lui les chefs de lochos qu'il aimait le plus et qui lui avaient en tout temps été le plus attachés, pour les faire participer à sa bonne fortune. Environ six cents hommes sortirent aussi malgré lui, et le suivirent; mais les chefs prirent le devant, ne voulant point avoir à partager le butin avec cette foule, tant ils croyaient que les trésors d'Asidate n'attendaient que leurs mains.

On arriva vers minuit. On laissa volontairement échapper des environs de la tour des esclaves et beaucoup d'autre butin qu'on négligea. On n'en voulait qu'à Asidate et à ses biens. On attaqua en vain la tour de vive force. Ne pouvant s'en emparer ainsi (car elle était grosse, élevée, munie de créneaux et défendue par un grand nombre de braves gens), on tâcha de s'ouvrir une route par la fouille. L'épaisseur du mur était de huit briques; il y eut cependant une ouverture pratiquée à la pointe du jour. Aussitôt un des assiégés perça avec une grande broche la cuisse de celui des Grecs qui se trouva le plus près, et d'ailleurs, par une grêle de flèches, les Barbares rendaient les approches très dangereuses. Ils jetaient de grands cris; ils allumaient des feux pour signaux. Itabelius marcha à leur secours avec ses forces. Les hoplites qui étaient en garnison à Comanie, environ quatre-vingts chevaux de la cavalerie hyrcanienne à la solde du roi, et près de huit cents armés à la légère s'avançaient. Il sortit aussi de la cavalerie, de Parthénium, d'Apollonie et des lieux voisins.

Il était temps de penser aux moyens de faire la retraite; on prit tous les bœufs, tout le menu bétail, tous les esclaves qu'on put rassembler; on les enferma dans une colonne à centre vide qu'on forma. Ce n'était pas qu'on songeât encore à revenir chargés de butin; on ne s'occupait qu'à empêcher que la retraite n'eût l'air d'une fuite, et à ne pas enhardir l'ennemi et décourager le soldat en abandonnant ce qu'on avait pris. On se retira donc en posture de défendre le butin. Gongylus, qui voyait le petit nombre des Grecs et la multitude des ennemis dont ils étaient poursuivis, sortit, malgré sa mère, avec ses forces pour prendre part à l'affaire. Proclès, descendant de Damarate, amena aussi du secours d'Elisarne et de Teuthranie. La troupe de Xénophon, écrasée par les flèches qu'on lui décochait et par les pierres que lançaient les frondes, marcha faisant face de tous côtés pour opposer ses armes aux traits de l'ennemi, et repassa à grand'peine le Caïque. Près de la moitié des Grecs étaient blessés; Agasias de Stymphale, chef de lochos, le fut aussi en cet endroit, ayant toujours combattu avec le plus grand courage. Enfin, les Grecs achevèrent leur retraite, conservant environ deux cents esclaves et ce qu'il leur fallait de menu bétail pour offrir des sacrifices aux Dieux.

Le lendemain, après avoir immolé ces victimes, Xénophon conduisit de nuit toutes les troupes le plus loin qu'il put dans la Lydie, afin qu'Asidate ne craignît plus son voisinage et négligeât de se garder; mais ce Perse ayant été instruit du sacrifice de Xénophon, et sachant que ce général avait de nouveau consulté les Dieux, et devait marcher contre lui avec toute l'armée, alla loger dans des villages sous Parthénium et contigus à cette ville. Il y tomba précisément dans les troupes que conduisait Xénophon. On le prit avec sa femme, ses enfans, ses chevaux et tous ses trésors. Ainsi fut accompli ce que les Dieux avaient annoncé lors du premier sacrifice. Les Grecs se retirèrent à Pergame, et Xénophon n'eut point à se plaindre de Jupiter, car les Lacédémoniens, les chefs de lochos, les autres généraux et les soldats convinrent de lui donner ce qu'il y avait de plus précieux dans le butin; des chevaux, des attelages et d'autres effets. Non seulement il fut enrichi par-là, mais il se trouva même en état d'obliger ses amis.

Thimbron, qui arriva alors, prit le commandement de l'armée, l'incorpora dans les autres troupes qu'il amenait, et fit la guerre à Tissapherne et à Pharnabaze.

Voici les noms de ceux qui gouvernaient toutes les provinces soumises au grand roi, que nous traversâmes. Artimas était commandant de Lydie, Artacamas de Phrygie, Mithridate de Lycaonie et de Cappadoce, Syennesis de Cilicie, Dernès de Phénicie et d'Arabie, Bélésis de Syrie et d'Assyrie, Roparas de Babylone, Arbacas de Médie, Teribaze du pays du Phase et des Hespérites. Les Carduques, les Chalybes, les Chaldéens, les Macrons, les Colques, les Mosynœciens, les Coètes et les Tibaréniens étaient des peuples autonomes. Corylas gouvernait la Paphlagonie; Pharnabaze, la Bithynie; et les Thraces d'Europe obéissaient à Seuthès.

J'y joins le calcul du chemin que nous fîmes soit en pénétrant dans l'Asie supérieure, soit dans notre retraite. En deux cent quinze marches, nous parcourûmes onze cent cinquante parasanges, ou trente-quatre mille deux cent cinquante stades pendant l'espace de quinze mois.

BIBLIOTHÈQUE MILITAIRE.

XÉNOPHON.

La Cyropédie.

TRADUCTION DE J.-B. GAIL.

1835.

La Cyropédie de Xénophon est-elle une histoire, est-elle un roman ? Cette question est loin de manquer d'intérêt pour les érudits qui aiment à conquérir une légère parcelle de vérité difficile, par les procédés d'une critique à-la-fois subtile et profonde. Ici ce genre de dissertation ne serait pas à sa place, et toutefois il est probable qu'en dernier résultat nous serions conduits, par nos recherches, à conclure que la Cyropédie est tout ensemble une histoire et un roman ; histoire, par les traits que Xénophon avait recueillis sur l'éducation générale donnée en Perse aux jeunes gens d'une caste privilégiée, celle des guerriers ; roman, parce que l'auteur a évidemment rattaché avec complaisance, avec amour, ses idées favorites, et les fruits de son expérience consommée dans l'art de la guerre, aux documens recueillis par lui sur la jeunesse de Cyrus. Xénophon a décrit l'enfance et la vie d'un prince élevé d'une manière qui plaisait à son imagination et à ses affections politiques, parce qu'il trouvait l'occasion d'ajouter à la réalité tous les préceptes de ses propres doctrines. Ce livre, qui offre quelque analogie avec le *Télémaque* de Fénélon, est peut-être l'un de ceux dont la lecture est la plus attachante parmi les monumens littéraires de la Grèce. Il y règne une simplicité de style tout antique, un fond de bon sens remarquable, des aperçus ingénieux semés à pleines mains. Mais si jamais un ouvrage de ce genre fut véritablement à sa place, malgré l'apparence romanesque attachée à son titre, c'est dans cette Bibliothèque spéciale destinée aux militaires. *La Cyropédie* est curieuse à étudier comme le plus ancien monument d'une éducation guerrière ; a-t-elle moins de charme parce qu'il s'y joint l'intérêt d'une narration, et le cadre animé d'un petit roman? Plus d'un militaire, en parcourant ces pages qui offrent, au premier abord, moins de gravité que celles de Polybe ou d'Arrien, découvrira çà et là des détails qui lui donneront à penser, des leçons de prévoyance, des préceptes de stratégie antique qui, adaptés à la nôtre au moyen d'un léger travail de la réflexion, peuvent concourir à former le bon officier, le général expérimenté. Xénophon voulait donner le type idéal d'une parfaite éducation militaire, comme Fénélon, celui de l'éducation d'un prince. Les lecteurs de la *Bibliothèque militaire* accepteront avec plaisir ce que *la Cyropédie* renferme d'amusant, et liront avec fruit ce qu'elle contient d'instructif.

Fr. GAIL.

XÉNOPHON.

La Cyropédie.

LIVRE PREMIER.

CHAPITRE PREMIER. J'observais un jour combien de démocraties ont été renversées par des hommes qui préféraient tout autre gouvernement, combien de monarchies et d'oligarchies ont été détruites par des factions populaires, combien d'ambitieux ont été dépouillés de la souveraine puissance qu'ils venaient d'usurper, et combien l'on admire le bonheur et l'habileté de ceux qui ont su s'y maintenir même peu de temps. Je considérais ensuite que dans les maisons des particuliers, composées les unes d'un nombreux domestique, les autres d'un petit nombre de serviteurs, les chefs ne savent pas commander, même à ce petit nombre. Je remarquais, d'un autre côté, que les bœufs, les chevaux se laissent conduire par ceux qui les soignent; qu'en général tous ceux qu'on appelle pasteurs sont justement réputés maîtres des animaux confiés à leur garde. Je voyais que ces animaux leur obéissent plus volontiers que les hommes à ceux qui les gouvernent; car les troupeaux suivent le chemin que leur indique le berger; ils paissent dans les champs où il les mène, et respectent ceux qu'il leur interdit. Ils le laissent user à son gré du profit qu'ils lui rapportent : jamais on ne vit un troupeau se révolter contre le pasteur, soit en cessant de lui obéir, soit en le privant de son revenu. S'ils sont méchans, c'est pour tout autre que le maître qui les gouverne et qui vit à leurs dépens, tandis que les hommes ne s'élèvent contre personne avec plus de violence que contre ceux en qui ils aperçoivent le projet de dominer. Je concluais de ces réflexions qu'il n'est pas pour l'homme d'animal plus difficile à gouverner que l'homme.

Mais quand je considérai que le Perse Cyrus maintint sous ses lois un grand nombre d'hommes, de cités, de nations, alors contraint de changer d'avis, je reconnus qu'il n'est ni impossible, ni même difficile, avec de l'adresse, de commander à des hommes. En effet, on a vu des peuples éloignés des états de Cyrus, de plusieurs journées ou de plusieurs mois de chemin, qui ne l'avaient pas même vu ou qui désespéraient de le voir, reconnaître volontairement son empire. Aussi a-t-il éclipsé tous les souverains que la naissance ou le droit de conquête a placés sur le trône. Le roi des Scythes, maître d'un peuple nombreux, n'oserait tenter de reculer ses frontières; il s'estime heureux de pouvoir contenir ses sujets naturels. On doit dire la même chose du roi de Thrace, du roi d'Illyrie, et de plusieurs autres rois : car on sait qu'il existe encore aujourd'hui en Europe des nations autonomes et indépendantes les unes des autres.

Cyrus voyant l'Asie peuplée de ces nations autonomes, se mit en campagne avec une petite armée de Perses, et, secondé des Mèdes et des Hyrcaniens, il subjugua les Syriens, les Assyriens, les Arabes, les habitans de la Cappadoce, des deux Phrygies, les Lydiens, les Cariens, les Phéniciens, les Babyloniens. Il assujettit la Bactriane, les Indes, la Cilicie, les Saces, les Paphlagoniens, les Mariandyns, et tant d'autres nations qu'il serait trop long de nommer. Il soumit aussi les Grecs asiatiques, puis, descendant vers la mer, il conquit l'île de Chypre et l'Égypte. Ces peuples n'entendaient point sa langue, ne s'entendaient point entre eux; et néanmoins telle fut la terreur de son nom, dans cette immensité de pays qu'il parcourut, que tout trembla devant lui, nul n'osa conspirer. Il gagna si bien l'affection de ses nouveaux sujets, qu'ils aimaient à vivre sous sa dépendance. Enfin il soumit tant de provinces, qu'il serait difficile de les parcourir toutes, partant de la capitale et marchant vers le levant ou le couchant, vers le septentrion ou le midi. Pénétré d'admiration pour ce grand homme, j'ai recherché son origine, quel a été son caractère, quelle éducation l'a rendu supérieur dans l'art de régner. Je vais donc essayer de raconter ce que j'en ai ouï dire et ce que j'en ai pu découvrir par moi-même.

CHAP. 2. Le père de Cyrus était Cambyse, roi de Perse. Il descendait de la maison des Perséides, qui rapportent leur origine à Persée. Sa mère, appelée Mandane, était fille d'Astyage, roi des Mèdes. Les historiens et les poètes barbares nous disent que la nature, en douant Cyrus d'une figure agréable, lui avait donné une âme sensible et un amour si vif de l'étude et de la gloire, que, pour mériter des éloges, il n'y avait point de travaux qu'il n'entreprît, point de périls qu'il ne sût braver. Voilà ce que l'on s'accorde à nous raconter de sa physionomie et des belles qualités de son âme.

Il fut élevé suivant les usages des Perses, qui, différens de la plupart des autres peuples, s'occupent, avant tout, de l'utilité publique. Ailleurs on laisse un père élever ses enfans à son gré; arrivés à un certain âge, ils vivent eux-mêmes comme il leur plaît : on leur défend seulement de dérober, de piller, de forcer les maisons, de maltraiter personne injustement, de séduire la femme d'autrui, de désobéir aux magistrats, et quiconque enfreint la loi dans quelqu'un de ces points, est puni. Mais les lois des Perses préviennent le mal et forment les citoyens de manière qu'ils ne soient jamais capables de bassesse ou de perversité. Voici en quoi elles consistent :

Le palais du roi et les tribunaux sont bâtis dans une grande place qu'on nomme Éleuthère. On relègue ailleurs les marchands avec leurs marchandises, leurs clameurs et leur grossièreté : ils troubleraient le bel ordre qui règne dans les exercices. Cette place est divisée en quatre parties : la première est destinée pour les enfans, la seconde pour les adolescens, la troisième pour les hommes faits, la dernière pour ceux qui ont passé l'âge de porter les armes. La loi veut qu'ils se trouvent tous les jours chacun dans leur quartier; les enfans et les hommes faits dès la pointe du jour; les anciens quand ils le peuvent commodément, excepté à certains jours où ils sont obligés de se présenter. Tous les adolescens passent la nuit autour des tribunaux avec leurs armes : on en excepte ceux d'entre eux qui sont mariés; ils ne s'y rendent que d'après un avertissement; cependant on n'approuve pas leurs fréquentes absences.

Comme la nation des Perses est composée de douze tribus, chacune de ces quatre classes a douze chefs. Les enfans sont gouvernés par douze vieillards élus parmi ceux qu'on croit les plus propres à les bien élever; les adolescens, par ceux d'entre les hommes faits qui paraissent les plus capables de les former à la vertu; les hommes faits, par ceux de leur classe à qui l'on suppose le plus de talent pour exciter les autres à bien remplir leurs devoirs ordinaires, et à suivre les ordres du conseil suprême : les anciens eux-mêmes, de peur qu'ils ne manquent aux obligations que la loi leur impose, ont des surveillans choisis dans leur classe. Mais afin de rendre plus sensibles les soins qu'ils prennent pour former d'excellens citoyens, je vais exposer en détail ce que les lois exigent de chacune des classes.

Les enfans se rendent aux écoles pour apprendre la justice; ils vous disent qu'ils vont à ce genre d'étude comme on va chez nous s'instruire dans les lettres. Leurs gouverneurs sont occupés, la plus grande partie du jour, à juger leurs différens : car il s'en élève entre eux comme parmi les hommes faits; ils s'accusent de larcin, de rapine, de violence, de tromperie, d'injures et de tous autres délits semblables. Une peine est prononcée tant contre les coupables convaincus que contre ceux qui accusent injustement. On connaît surtout d'un crime, source de tant de haines parmi les hommes, et contre lequel il n'est point d'action en justice, l'ingratitude. Si l'on découvre qu'un enfant qui a reçu un bon office n'est point reconnaissant quand il le peut, on le punit rigoureusement, parce qu'on pense que les ingrats négligent les Dieux, leurs parens, leur patrie, leurs amis. L'impudence, compagne inséparable de l'ingratitude, conduit effectivement à tous les vices.

On enseigne la tempérance aux enfans : ils ont un grand encouragement à la pratique de cette vertu, dans l'exemple des anciens, qu'ils voient vivre dans une tempérance continuelle. L'obéissance aux magistrats est encore un des objets de leur éducation : la soumission entière des vieillards aux ordres de leurs chefs contribue beaucoup à y soumettre les enfans. Ils apprennent de même à supporter la faim et la soif, en voyant que les vieillards ne sortent pour leur repas qu'avec la permission de leurs surveillans, et en prenant leur nourriture non auprès de leur mère, mais chez leur maître, et aux heures que les gouverneurs prescrivent : chacun d'eux apporte du pain pour toute nourriture, du cresson pour tout assaisonnement, une tasse pour puiser de l'eau à la rivière lorsqu'ils ont soif. Ils apprennent encore à tirer de l'arc et à lancer le javelot. Tels sont les exercices des enfans depuis leur naissance jusqu'à seize ou dix-sept ans; ils entrent ensuite dans la classe des adolescens : alors voici comment ils vivent.

Durant dix années, on leur fait passer les nuits, comme on vient de le dire, auprès des tribunaux, autant pour la sûreté de la ville que pour s'assurer de leur sagesse; car cet âge surtout a besoin d'être surveillé. Le jour ils sont aux ordres des magistrats, pour ce qui peut intéresser la république, et, s'il est nécessaire, ils se tiennent tous dans leur quartier. Mais lorsque le roi sort pour la chasse, ce qui arrive plusieurs fois le mois, il prend avec lui la moitié de ces jeunes gens : chacun d'eux doit porter un arc, un carquois plein de flèches, une épée avec le fourreau, ou une hache, un bouclier d'osier et deux javelots, l'un pour lancer, l'autre pour s'en servir à la main, dans l'occasion. Si les Perses font de la chasse un exercice public où le roi marche à la tête de sa troupe, comme pour une expédition militaire, où il agit lui-même et veut que les autres agissent, c'est qu'ils la regardent comme un véritable apprentissage du métier de la guerre. En effet, la chasse accoutume à se lever matin, à supporter le froid, le chaud; elle endurcit à la fatigue des courses et des voyages. D'ailleurs, on emploie nécessairement contre les animaux que l'on rencontre l'arc et le javelot. Souvent même elle aiguise le courage: car si une bête vigoureuse s'avance impétueusement contre le chasseur, il faut qu'il sache à-la-fois et la frapper à son approche et se garantir de ses attaques; en sorte qu'il n'est rien de ce qui appartient à la guerre qu'on ne retrouve dans la chasse.

Quand ils partent, ils emportent leur dîner, qui est le même que celui des enfans, mais plus ample, comme cela doit être. Tant que la chasse dure, ils ne mangent point : s'il arrive que l'animal les force à la prolonger ou qu'ils la prolongent pour leur plaisir, ils soupent de leur dîner et chassent le lendemain jusqu'au souper. Ils comptent ces deux journées pour une, parce qu'ils n'ont fait qu'un repas. On les accoutume à ce genre de vie, afin qu'il ne leur paraisse pas nouveau lorsque la guerre leur en fera une nécessité. Quand la chasse est heureuse, ils soupent de ce qu'ils ont pris, autrement ils sont réduits au cresson. Si l'on pense qu'alors ils mangent sans appétit le pain et le cresson, et qu'ils boivent l'eau avec répugnance, que l'on se rappelle comme on savoure le pain le plus grossier lorsqu'on a faim, avec quelle volupté on boit l'eau quand on a soif.

Ceux des jeunes gens qui restent à la ville s'occupent de ce qu'ils ont appris durant les premières années, à tirer de l'arc, à lancer le javelot, et tous s'y livrent avec une égale émulation. Ces exercices se font quelquefois en public: alors on propose des prix aux vainqueurs. Si l'une des tribus se distingue par un plus grand nombre de sujets courageux, adroits, obéissans, les citoyens louent et honorent non seulement leur gouverneur actuel, mais celui qui les a élevés dans l'enfance. Au reste, ces jeunes gens sont employés par les magistrats, soit à la garde des endroits qu'il faut surveiller, soit à la recherche des malfaiteurs et à la poursuite des brigands, soit enfin à des entreprises qui demandent vigueur et célérité. Telle est l'éducation des adolescens. Après dix années ainsi employées, ils entrent dans la classe des hommes faits, où ils demeurent vingt-cinq ans de la manière que je vais dire.

D'abord ils se tiennent toujours prêts, comme les adolescens, à l'ordre des magistrats, lorsque le service de la république exige des gens dont l'âge ait mûri l'esprit et n'ait pas encore affaibli le corps. S'il s'agit d'aller à la guerre, ceux qu'on a soumis aux degrés d'éducation dont j'ai parlé ne portent ni arc, ni javelot; ils n'ont que des armes à combattre de près, une cuirasse sur la poitrine, une épée ou une hache à la main droite, au bras gauche un bouclier semblable à celui avec lequel on peint aujourd'hui les Perses. C'est de cet ordre que l'on tire tous les magistrats, excepté ceux qui président à l'éducation des enfans. Au bout de vingt-cinq ans, lorsqu'ils en ont cinquante accomplis, ils passent dans la classe de ceux qu'on nomme anciens, et qui le sont réellement. Ceux-ci ne portent point les armes hors de leur patrie : ils restent, soit pour veiller aux intérêts communs, soit pour rendre la justice aux particuliers. Ils jugent les crimes capitaux et nomment à tous les emplois. Lorsqu'un adolescent ou un homme fait a violé quelque loi, il est dénoncé par le chef de sa tribu ou par tout autre: les vieillards entendent l'accusation et dégradent l'accusé, flétrissure qui le rend infâme pour le reste de sa vie.

Afin de donner une idée plus claire du gouvernement des Perses, je remonterai un peu plus haut: ce que j'en ai déjà dit me dispense d'un long détail. On compte dans la Perse environ cent vingt mille hommes; aucun d'eux n'est exclus par la loi, des charges ni des honneurs: tous peuvent envoyer leurs enfans aux écoles publiques de justice; cependant il n'y a que les citoyens en état de nourrir les leurs, sans travail, qui les y envoient; les autres les gardent chez eux. Élevé dans ces écoles, on est admissible à la classe des adolescens; quiconque n'a pas reçu la première éducation en est exclus. Les adolescens qui ont fourni leur carrière complète peuvent prendre place parmi les hommes faits et être promus comme eux aux magistratures, aux dignités; mais ceux qui n'ont point passé par les deux premières classes n'entrent point dans la troisième: cette classe conduit, quand on y a vécu sans reproche, à celle des anciens; celle-ci se trouve ainsi composée de personnages qui ont parcouru tous les degrés de la vertu.

Telle est la forme de gouvernement par laquelle les Perses croient parvenir à se rendre meilleurs. Ils conservent encore aujourd'hui des usages qui attestent et l'austérité de leur régime domestique et leurs continuels efforts pour le maintenir. Par exemple, il est malhonnête parmi eux de se permettre en société de cracher, de se moucher, de laisser échapper quelque signe d'une mauvaise digestion; il n'est pas moins indécent de s'écarter pour satisfaire des besoins pressans. Or, sans une extrême sobriété, sans la pratique des exercices qui consument les humeurs ou en détournent le cours, leur serait-il possible d'observer ces bienséances!

Chap. 3. Voilà ce que j'avais à dire des Perses en général: parlons à présent de Cyrus, puisque c'est son histoire que j'entreprends; racontons ses actions, remontons à son enfance. Cyrus fut élevé, jusqu'à l'âge de douze ans et un peu plus, suivant ces coutumes. Il l'emportait sur tous ceux de son âge, soit par sa facilité à saisir ce qu'on enseignait, soit par le courage et l'adresse à exécuter ce qu'il entreprenait. Lorsqu'il fut parvenu à l'âge que je viens de dire, Astyage invita Mandane à se rendre auprès de lui avec son fils, qu'il désirait voir sur ce qu'il avait ouï dire de sa beauté et de ses excellentes qualités. Mandane partit pour la cour de Médie, accompagnée de Cyrus. Dès l'abord, à peine reconnaît-il qu'Astyage est père de Mandane, ce jeune prince, naturellement caressant, l'embrasse avec cet air familier d'un ancien camarade ou d'un ancien ami. Voyant ensuite qu'Astyage avait les yeux peints, le visage fardé et une chevelure artificielle (c'est la mode en Médie, ainsi que de porter des robes et des manteaux de pourpre, des colliers et des bracelets, au lieu que les Perses, encore aujourd'hui, quand ils ne sortent point de chez eux, sont aussi simples dans leurs habits que sobres dans leurs repas); voyant, dis-je, la parure du prince, et le regardant avec attention: « Oh! ma mère, que mon aïeul est beau! — Lequel, reprit la reine, trouves-tu le plus beau de Cambyse ou d'Astyage? — Mon père est le plus beau des Perses et mon aïeul le plus beau des Mèdes que j'ai vus sur la route et à la cour. » Astyage, l'embrassant à son tour, le fit revêtir d'une robe magnifique et parer de colliers et de bracelets; depuis ce moment, il ne sortait plus sans être accompagné de son petit-fils monté comme lui sur un cheval dont le mors était d'or. Cyrus enfant et ami de l'éclat, flatté d'ailleurs des distinctions, prenait grand plaisir à la belle robe. Sa joie était extrême d'apprendre à monter à cheval : car il est rare de voir des chevaux en Perse, à cause de la difficulté de les élever et de s'en servir dans un pays de montagnes.

Astyage soupait un jour avec sa fille et Cyrus qu'il voulait disposer par la bonne chère à moins regretter la Perse; sa table était couverte de sauces, de ragoûts et de mets de toute espèce : « O mon papa, s'écria Cyrus, que tu as de peine si tu es obligé de porter la main à chacun de ces plats et de goûter de tous ces mets! — Eh quoi! ce souper ne te semble-t-il pas meilleur que ceux de la Perse? — Non, nous avons en Perse une voie plus simple et plus courte pour apaiser la faim : il ne nous faut que du pain et de la viande sans apprêt; au lieu que vous, qui tendez au même but, vous vous égarez çà et là, et vous n'arrivez qu'avec peine, même long-temps après nous. — Mais, mon fils, nous ne sommes pas fâchés de nous égarer ainsi : tu connaîtras ce plaisir quand tu auras goûté de nos mets. — Cependant, répliqua Cyrus, je vois que tu en es toi-même dégoûté. — A quoi le vois-tu? — C'est que j'ai remarqué que quand tu as touché à ces ragoûts, tu essuies promptement tes mains avec une serviette, comme si tu étais fâché de les voir pleines de sauce; ce que tu ne fais pas quand tu n'as pris que du pain. — Eh bien! mon fils, use, si tu l'aimes mieux, de viandes sans apprêt, afin de retourner vigoureux dans ton pays. »

En même temps il fit servir devant lui un grand nombre de plats, tant de venaison, que d'autres viandes. Alors Cyrus lui dit : « Toutes ces viandes, mon papa, me les donnes-tu? puis-je en faire ce que je voudrai? — Oui, mon fils, oui, je te les donne. » Sur cette réponse, Cyrus prit les mets, qu'il distribua aux officiers de son grand-père, en disant à l'un : « Je vous fais ce présent, parce que vous me montrez avec affection à monter à cheval; à un autre, parce que vous m'avez donné un javelot, et je l'ai encore; à un troisième, parce que vous servez fidèlement mon grand-père; à un quatrième, parce que vous révérez ma mère; ainsi de suite, jusqu'à ce qu'il eût tout donné. — Et à mon échanson Sacas, que je considère beaucoup, pourquoi ne lui donnes-tu rien?» (Sacas était un très bel homme, chargé d'introduire chez Astyage les personnes qui avaient à lui parler, et de renvoyer celles qu'il ne croyait pas à propos de laisser entrer.) Au lieu de répondre, Cyrus, comme un enfant qui ne craint pas d'être indiscret, interroge brusquement son aïeul : « Pourquoi donc as-tu tant de considération pour Sacas? — Ne vois-tu pas, répliqua le roi, en plaisantant, avec quelle dextérité, avec quelle grâce il sert à boire? » En effet les échansons des rois mèdes servent adroitement, ils versent le vin avec une extrême propreté, tiennent la coupe de trois doigts seulement, et la présentent à celui qui doit boire, de manière qu'il la prenne sans peine. « Eh bien, dit Cyrus, commande, je te prie, à Sacas de me donner la coupe : en te servant aussi bien que lui, je mériterai de te plaire. » Astyage y consent : Cyrus s'empare de la coupe, la rince avec grâce, comme il l'avait vu faire à l'échanson; puis composant son visage, prenant un air sérieux et un maintien grave, il la présente au roi, qui en rit beaucoup, ainsi que Mandane. Cyrus lui-même, riant aux éclats, se jette au cou de son grand-père, et dit en l'embrassant : « Sacas, te voilà perdu ; je t'enlèverai ta charge, j'en ferai mieux que toi les fonctions ; de plus, je ne boirai pas le vin. » Car lorsque les échansons des rois leur présentent la coupe, ils tirent, avec une cuiller, un peu de la liqueur qu'elle contient ; ils la versent dans leur main gauche, et l'avalent : s'ils y avaient mêlé du poison, ils en seraient les premières victimes.

Astyage continuant de plaisanter : « Pourquoi, mon fils, dit-il à Cyrus, voulant imiter Sacas, n'as-tu pas goûté le vin ? — C'est qu'en vérité j'ai craint qu'on n'eût mis du poison dans le vase ; car, au festin que tu donnas à tes amis, le jour de ta naissance, je vis clairement que Sacas vous avait tous empoisonnés. — Et comment vis-tu cela ? — C'est que je m'aperçus d'un dérangement considérable dans vos corps et dans vos esprits. Vous faisiez des choses que vous ne pardonneriez pas à des enfans comme moi ; vous criiez tous à-la-fois, vous ne vous entendiez pas ; vous chantiez ridiculement, et, sans écouter celui qui chantait, vous juriez qu'il chantait à merveille. Chacun de vous vantait sa force ; cependant, lorsqu'il fallut se lever pour danser, loin de faire des pas en cadence, vous ne pouviez même vous tenir fermes sur vos pieds. Tu avais oublié, toi, que tu étais roi ; eux, qu'ils étaient sujets. J'appris, pour la première fois, que la liberté de parler consistait dans l'abus que vous faisiez alors de la parole ; car vous ne vous taisiez pas. — Mais, mon fils, ton père ne s'enivre donc jamais ? — Non, jamais. — Comment fait-il ? — Quand il a bu, il cesse d'avoir soif ; et c'est tout ce que la boisson opère en lui : aussi n'a-t-il point, je pense, de Sacas pour échanson. »

« Mon fils, lui dit Mandane, tu en veux bien à Sacas ; pourquoi l'attaquer ainsi ? — Parce que je le hais : souvent, lorsque j'accours avec empressement pour voir le roi, ce méchant me refuse l'entrée. Grand-papa, laisse-moi, je te supplie, pour trois jours seulement, le maître absolu de Sacas. — Comment userais-tu de ton autorité sur lui ? — Je me posterais, comme lui, à l'entrée de ton appartement, et lui dirais, quand il se présenterait pour le dîner : « Il n'est » pas possible de se mettre à table ; le roi » est en affaire. » Quand il viendrait pour le souper : « Le roi est au bain. » Si la faim le pressait : « Le roi est » dans l'appartement des femmes. » Enfin je lui rendrais l'impatience qu'il me cause en m'empêchant de te voir. » Cyrus égayait ainsi les soupers. Dans le cours de la journée, si son aïeul ou son oncle désirait quelque chose, on se fût difficilement montré plus empressé que lui, tant il avait à cœur de leur plaire.

Lorsqu'Astyage vit Mandane se disposer à retourner en Perse, il la pria de lui laisser Cyrus. « Je ne souhaite rien tant, répondit-elle, que de faire tout ce qui vous est agréable ; mais, je l'avoue, j'aurais d'la peine à vous laisser mon fils malgré lui. » Sur quoi Astyage dit à Cyrus : « Mon fils, si tu demeures ici, Sacas ne t'empêchera plus d'entrer ; quand tu voudras me voir, tu en seras le maître, et plus tu me feras de visites, plus je t'en saurai gré. Tu te serviras de mes chevaux, et d'autres encore, autant que tu en voudras ; et quand tu nous quitteras, tu emmèneras ceux qui te plairont le plus. A tes repas, on te servira des mets simples, selon ton goût. Je te donne toutes les bêtes fauves qui sont actuellement dans mon parc ; j'y en rassemblerai d'autres de toute espèce ; et dès que tu sauras monter à cheval, tu les chasseras, tu les abattras à coups de flèche et de javelot, à l'exemple des hommes faits. Je te procurerai aussi des camarades pour jouer avec toi : enfin, quelque chose que tu me demandes, tu ne seras pas refusé. »

Dès qu'Astyage eut cessé de parler, Mandane demanda à Cyrus, lequel il aimait le mieux, de rester ou de s'en retourner. Il répondit aussitôt, sans balancer, qu'il aimait mieux rester. « Eh ! pourquoi, reprit Mandane? — C'est qu'en Perse, je suis reconnu pour le plus adroit de ceux de mon âge à tirer de l'arc, à lancer le javelot, tandis qu'ici tous l'emportent sur moi dans l'art de monter à cheval; ce qui m'afflige fort, je te l'avoue. Or, si tu me laisses ici, et que j'apprenne à bien manier un cheval, j'espère qu'à mon retour en Perse, je surpasserai ceux que l'on vante tant dans les exercices à pied; et revenant en Médie, où je serai devenu le meilleur cavalier, je m'efforcerai de servir mon aïeul à la guerre. — Et la justice, mon fils, comment l'étudieras-tu? tes maîtres sont en Perse. — J'en connais à fond les principes. — Qui t'en répond? — Le témoignage de mon maître; il me trouvait déjà tellement instruit sur ce point, qu'il m'avait établi juge de mes camarades. Un jour cependant je fus puni très sévèrement, pour avoir mal jugé. Voici l'affaire : un enfant déjà grand, dont la robe était courte, ayant remarqué qu'un autre enfant plus petit avait une longue robe, la lui ôta, s'en revêtit, et lui mit la sienne. Juge de la contestation, je trouvai convenable que chacun d'eux eût la robe qui allait le mieux à sa taille. Le maître me corrigea, et me dit que lorsque j'aurais à prononcer sur la convenance, il faudrait juger comme j'avais fait; mais puisqu'il s'agissait de décider à qui la robe appartenait, il fallait examiner lequel devait rester possesseur de la robe, ou celui qui l'avait enlevée, ou celui qui l'avait faite ou achetée. Rien de juste, continuait-il, que ce qui est conforme aux lois : tout ce qui y déroge, est violence. Il voulait donc qu'un juge ne suivît d'autre règle que la loi. D'après ce principe, ma mère, je sais parfaitement ce qui est juste; et si j'ai encore besoin de leçons, Astyage que voici m'instruira. — Mais, mon fils, les mêmes choses ne sont pas réputées justes en Perse et chez les Mèdes : par exemple, ici le roi s'est rendu maître absolu; et l'on croit chez les Perses qu'il est de la justice de vivre égaux en droits. Ton père le premier ne fait rien que conformément à la loi, ne reçoit rien au-delà de ce que la loi détermine; c'est elle, et non sa volonté, qui règle sa puissance. Songe aux terribles châtimens qui t'accueilleraient à ton retour en Perse, si tu apportais d'ici, au lieu de maximes royales, ces maximes tyranniques, suivant lesquelles un seul veut avoir plus que tous les autres ensemble. — Mais Astyage m'apprendrait plutôt à me contenter de peu, qu'à désirer beaucoup; vois comme il accoutume les Mèdes à posséder moins que lui. Sois donc assurée que ni moi, ni personne, ne le quitterons avec des idées ambitieuses. » Tels étaient les propos de Cyrus.

Chap. 4. Enfin Mandane partit, et son fils resta en Médie, où il fut élevé. Il eut bientôt fait connaissance et formé des liaisons d'amitié avec les jeunes Mèdes : il se concilia bientôt l'affection des pères, qu'il visitait quelquefois, et qui voyaient sa bienveillance pour leurs fils; de sorte que s'ils avaient quelque grâce à demander au roi, ils les chargeaient d'engager Cyrus à la solliciter. De son côté, Cyrus, généreux, et sensible à la gloire d'obliger, n'avait rien plus à cœur que d'obtenir ce qu'ils désiraient : et quelque chose qu'il demandât, Astyage ne pouvait se résoudre à le refuser. Dans le cours d'une maladie, son petit-fils ne l'avait pas quitté; il n'avait cessé de pleurer, et de montrer combien il craignait pour la vie de son aïeul. La nuit, Astyage avait-il besoin de quelque chose, Cyrus s'en apercevait le premier, il était debout avant tous les autres, pour le servir dans ce qu'il croyait lui être agréable ; ce qui lui avait entièrement gagné le cœur d'Astyage. Cyrus aimait peut-être trop à parler ; mais ce défaut venait en partie de son éducation. Son gouverneur l'obligeait de lui rendre compte de ce qu'il faisait, et d'interroger ses camarades, lorsqu'il jugeait leurs différens ; d'ailleurs il questionnait beaucoup ceux avec qui il se trouvait : lui faisait-on des questions, la vivacité de son esprit lui fournissait de promptes reparties. La réunion de ces différentes causes l'avait rendu grand parleur. Mais comme dans les adolescens qui ont pris de bonne heure leur croissance, on remarque un certain air enfantin qui décèle leur âge, de même le babil de Cyrus annonçait, non la présomption, mais une simplicité naïve jointe au désir de plaire : aussi aimait-on mieux l'entendre parler beaucoup, que de le voir silencieux. Lorsqu'en croissant il eut atteint l'âge qui conduit à la puberté, il parla moins, et d'un ton plus modéré ; il devint si timide, qu'il rougissait dès qu'il se trouvait avec de plus âgés que lui. Il ne cherchait plus, comme les jeunes chiens, à jouer indistinctement avec tous ceux qu'il rencontrait : plus posé, il devint aussi tout-à-fait aimable dans la société.

A l'égard des exercices où les jeunes gens se provoquent l'un l'autre, il défiait ses camarades, non dans ceux où il excellait, mais dans les choses où il connaissait leur supériorité, ajoutant qu'il l'emporterait sur eux. Ainsi, quoiqu'il ne fût pas encore ferme à cheval, il y montait le premier pour lancer le javelot ou tirer de l'arc, et il était le premier à rire de sa maladresse, quand il était vaincu. Comme, loin de se rebuter des exercices où il avait du désavantage, il s'y opiniâtrait au contraire pour acquérir ce qui lui manquait, il égala bientôt ceux de son âge dans l'art de l'équitation ; bientôt même, à force d'application, il les surpassa. En peu de temps il eut détruit toutes les bêtes du parc, en les forçant, en les tuant à coups de flèche ou de javelot, au point qu'Astyage ne savait plus où lui en trouver. Cyrus voyant que son aïeul, avec la meilleure volonté, ne pouvait lui procurer des bêtes fauves : « Pourquoi, grand-papa, te donner tant de peine à m'en chercher ? si tu me laissais aller à la chasse avec mon oncle, toutes celles que je verrais, je croirais que tu les élèves pour moi. » Il désirait passionnément de chasser hors du parc, mais il n'osait presser le roi comme dans son enfance ; déjà même il le visitait avec plus de réserve. Autrefois il se plaignait de ce que Sacas lui défendait l'entrée : devenu depuis pour lui-même un autre Sacas, il ne se présentait point qu'il ne sût si le moment était favorable. Il priait instamment Sacas, de l'avertir quand il était à propos ou non d'entrer, en sorte que Sacas, comme tous les autres, l'affectionnait extrêmement.

Cependant Astyage s'apercevant qu'il brûlait de chasser hors du parc, lui permit d'accompagner son oncle, et lui donna des gardes à cheval, d'un âge mûr, qu'il chargea de lui faire éviter les lieux difficiles, et de le garantir de l'attaque des animaux féroces. Cyrus se hâta de demander à ceux qui l'accompagnaient, quelles étaient les bêtes dont l'approche est dangereuse, quelles étaient celles qu'on peut poursuivre sans crainte. Il en a coûté la vie à plus d'un chasseur, répondirent-ils, pour avoir vu de trop près les ours, les lions, les sangliers, les léopards : mais les cerfs, les chevreuils, les ânes, les brebis sauvages, ne font aucun mal. Ils lui disaient encore, que les lieux escarpés n'étaient pas moins à craindre que les bêtes féroces; que d'affreux précipices avaient englouti des cavaliers avec leurs chevaux.

Tandis que Cyrus écoutait avec attention, parut un cerf qui fuyait en bondissant: aussitôt oubliant ce qu'on venait de lui dire, il le poursuit, il ne voit plus que la route que prend l'animal. Mais son cheval s'abat en sautant; peu s'en faut que Cyrus ne se rompe le cou: cependant il se retient quoiqu'avec peine. Le cheval se relève; Cyrus gagne la plaine, atteint le cerf qu'il perce de son dard. Grand et magnifique exploit! Il s'en applaudissait, lorsque ses gardes l'ayant joint, le réprimandèrent, et lui dirent le danger qu'il avait couru; ils ajoutèrent qu'ils en avertiraient le roi. Cyrus ayant mis pied à terre, se tenait debout devant eux, chagrin de cette réprimande, lorsque soudain il entend un cri: hors de lui-même, il saute sur son cheval, voit un sanglier venir droit à lui, court au-devant, lui lance son dard avec tant de justesse, qu'il le frappe entre les yeux et l'étend mort. Son oncle blâme sa témérité; mais lui, pour toute réponse, le conjure de lui permettre de porter et de présenter sa chasse au roi. « Si jamais il apprenait que tu as couru ces bêtes, il ne le pardonnerait ni à toi, ni à moi qui t'ai laissé faire. — Qu'il me châtie comme il voudra, pourvu que je lui offre mon présent: et toi-même, mon oncle, punis-moi, si tu le veux; mais accorde-moi la grâce que je te demande. — Fais donc ce qui te plaît; aussi bien on dirait que tu es déjà notre roi. »

Aussitôt Cyrus fit enlever les deux bêtes, qu'il alla présenter à son aïeul, en lui disant que c'était pour lui qu'il avait chassé. Il ne lui montra pas les dards, mais il les mit encore tout sanglans dans un lieu où il crut qu'il les verrait. « Mon fils, lui dit Astyage, je reçois de bon cœur ton présent; mais je n'avais pas un tel besoin de cerf et de sanglier, que tu dusses t'exposer au danger. — Eh bien, grand-papa, si tu n'en as pas besoin, abandonne-les moi, je t'en supplie; je les partagerai entre mes camarades. — Prends, mon fils, et donne non seulement ta chasse, mais encore tout ce que tu voudras et à qui tu voudras. » Cyrus prit le gibier, et le distribuant à ses camarades: « O mes amis, leur dit-il, comme nous perdions le temps à chasser dans le parc! c'était, en quelque sorte, chasser des bêtes à qui l'on eût lié les jambes; elles étaient emprisonnées dans un espace étroit, maigres et pelées, les unes boîteuses, les autres mutilées. Mais comme les animaux des montagnes et des champs sont beaux! qu'ils sont vigoureux! comme leur poil est lisse! Les cerfs s'élançaient vers les nues aussi légers que des oiseaux: les sangliers allaient aux coups, avec cette intrépidité que l'on nous dépeint dans les hommes courageux; ils sont d'ailleurs si gros, qu'il est impossible de les manquer. Oui, ces deux bêtes, quoique mortes, me paraissent plus belles que celles qu'on enferme vivantes dans le parc. Mais enfin, vos parens ne vous laisseraient-ils pas venir à la chasse? — Sans doute, si Astyage l'ordonnait. — Qui lui en portera la parole? — Eh! qui peut mieux que vous le persuader? — En vérité, je ne conçois pas quel homme je suis; je n'ose plus, ni parler à mon aïeul, ni même le regarder en face, comme un autre; pour peu que cet embarras augmente, je deviendrai tout-à-fait imbécile, stupide; tandis que dans mon enfance, je parlais plus qu'on ne voulait. — Ce que vous dites là nous effraie! quoi, vous ne pourriez plus rien faire pour nous, et nous serions forcés de recourir à d'autres, lorsqu'il dépend de vous de nous servir?» Ce propos piqua Cyrus : il les quitta sans répliquer ; et après s'être excité lui-même à prendre de la hardiesse, et avoir réfléchi sur le moyen de faire consentir Astyage, sans le fâcher, à la demande de ses camarades et à la sienne, il entra et lui tint ce discours :

« Seigneur, si un de tes esclaves s'était enfui, et que tu l'eusses repris, comment le traiterais-tu? — Je le condamnerais à travailler chargé de chaînes. — Et s'il revenait de lui-même? — J'ordonnerais qu'on le fouettât, afin qu'il ne retombât pas dans la même faute; après quoi, je me servirais de lui comme auparavant. — Prépare-toi donc à me fouetter; car j'ai le projet de m'enfuir avec mes camarades, pour aller à la chasse. — Tu as bien fait de m'en prévenir : je te défends de sortir du palais. Il serait beau que j'eusse enlevé à ma fille son enfant, pour en faire mon pourvoyeur. » Cyrus obéit, resta; mais triste, morne et sans proférer une parole. Astyage le voyant dans cet excès d'abattement, le mène à la chasse ; il avait rassemblé, outre les jeunes Mèdes, quantité de cavaliers et de fantassins, et ordonné qu'on lançât les bêtes fauves vers les lieux accessibles aux chevaux. Il y eut donc une grande chasse, où il parut avec une pompe royale. Il défendit à tous les chasseurs de frapper aucun animal, avant que Cyrus fût las d'en tuer. Mais le jeune prince le pria de lever cette défense : « Si tu veux, seigneur, que j'aie du plaisir, permets à tous mes camarades de poursuivre, et de disputer d'adresse entre eux. » Astyage le permit, et se plaça dans un endroit d'où il considérait les chasseurs, qui tantôt attaquaient les bêtes à l'envi, tantôt les poursuivaient et les atteignaient de leurs dards : il aimait à voir Cyrus, ne pouvant se taire dans l'excès de sa joie, mais semblable à un chien courageux, redoublant ses cris aux approches de sa proie, encourageant les chasseurs, appelant chacun par son nom. Il se réjouissait de l'entendre plaisanter les uns sur leur maladresse, féliciter les autres de leurs succès, sans en être jaloux. Après la chasse, qui fut heureuse, Astyage s'en alla ; mais il s'y était tellement diverti, qu'il y retourna, dans ses moments de loisir, accompagné de son petit-fils, des jeunes Mèdes, par égard pour lui, et de beaucoup d'autres chasseurs. Cyrus passait ainsi la plus grande partie de son temps ; il divertissait et obligeait tout le monde, sans nuire à personne.

Il avait quinze ou seize ans, lorsque le fils du roi d'Assyrie, qui était sur le point de se marier, voulut aussi faire une chasse. Ce prince, ayant ouï dire qu'il y avait quantité de bêtes fauves dans la partie des états de son père, qui avoisinait la Médie, où l'on n'avait point chassé pendant la guerre précédente, choisit ce canton. Pour la sûreté de sa personne, il prit avec lui des cavaliers et des peltastes, qui, des bois, devaient lancer le gibier dans la plaine. Arrivé auprès des forteresses défendues par des garnisons, il se fit préparer à souper, comme devant chasser le lendemain. Sur le soir, arrivèrent de la ville voisine, des cavaliers et des fantassins, pour relever la garde. La jonction de ces deux gardes, réunies à son escorte, lui parut former une grande armée. Aussitôt il prend la résolution d'aller piller la Médie : cette expédition, selon lui plus honorable qu'une chasse, lui procurerait pour les sacrifices un plus grand nombre de victimes. Dès la pointe du jour il met son armée en mouvement ; il laisse son infanterie en bataille sur la frontière, et s'avance, à la tête de sa cavalerie, vers les forteresses des Mèdes. Pendant que plusieurs détachemens se répandent dans la campagne, avec ordre d'enlever et d'amener tout ce qui s'offrirait à eux, il retient auprès de lui l'élite de ses gens, et s'arrête en présence des garnisons mèdes, pour empêcher toute sortie sur ses coureurs.

Déjà ce plan s'exécute, lorsque Astyage apprend que l'ennemi est entré sur ses terres. Aussitôt il vole au secours de la frontière, avec ce qu'il avait de troupes, accompagné de son fils, qui rassemble à la hâte quelques cavaliers, en ordonnant aux autres de le joindre en diligence. A la vue des troupes assyriennes qui se présentaient rangées en bataille, et de leur cavalerie dans l'inaction, les Mèdes s'arrêtèrent aussi. Cependant Cyrus, témoin de l'ardeur générale à courir sur l'ennemi, ne put contenir la sienne. Son aïeul lui avait donné une très belle armure faite exprès pour lui, et qui allait bien à sa taille : impatient d'en faire usage, il désespérait d'en voir arriver le moment. Il s'en revêt, monte à cheval, et joint le roi, qui, surpris et ne sachant qui l'avait engagé à venir, lui permet cependant de demeurer près de lui. « Seigneur, lui dit Cyrus, apercevant la cavalerie qui faisait face aux Mèdes, ces hommes immobiles sur leurs chevaux, sont-ce des ennemis? — Assurément. — Et ceux qui courent dans la plaine? — Encore. — Par Jupiter! quoi, des gens qui semblent si lâches et si mal montés, osent ainsi nous piller! Il faut, avec quelques-uns des nôtres, leur donner la chasse. — Eh, mon fils, ne vois-tu pas ce gros escadron rangé en bataille? Si nous faisons un mouvement pour charger les pillards, il tombera sur nous, et nous coupera; nous ne sommes point encore assez forts. — Mais si tu restes à ton poste, avec les troupes fraîches qui vont arriver, ceux-ci craindront, ils ne remueront pas, et les pillards voyant des détachemens à leur poursuite, lâcheront prise. »

Astyage trouva cette idée heureuse. Pénétré d'admiration pour sa présence d'esprit et sa prudence, il ordonne sur-le-champ à Cyaxare de marcher contre les coureurs, avec un escadron. « S'ils font un mouvement vers toi, dit-il, j'en ferai un autre qui les forcera de porter sur moi leur attention. » Cyaxare prit l'élite de la cavalerie, et se mit en marche. Cyrus, qui n'attendait que ce signal, part en même temps; bientôt il est à la tête de la troupe : Cyaxare et ses cavaliers le suivaient avec ardeur. A leur approche, les pillards abandonnèrent le butin, et fuirent; mais ils furent coupés par les soldats de Cyrus, qui, à son exemple, faisaient main-basse sur ceux qu'ils atteignaient : ceux qui s'étaient échappés en fuyant d'un autre côté, furent poursuivis sans relâche; on fit sur eux des prisonniers. Pour Cyrus, tel qu'un chien courageux, qui ne connaissant point le danger, attaque inconsidérément un sanglier, il ne songeait qu'à frapper l'ennemi, sans rien voir au-delà.

Les Assyriens voyant le danger des leurs, commencèrent à s'ébranler, espérant que la poursuite cesserait, dès qu'on les verrait fondre. Mais, bien loin de ralentir son ardeur, Cyrus poussait toujours plus avant. Transporté de joie, il appelait à grands cris Cyaxare, il pressait vivement l'ennemi; la déroute était générale. Cyaxare le suivait de près, sans doute dans la crainte des reproches de son père : les autres suivaient aussi. Tous, en cette occasion, se montraient acharnés à la poursuite, même ceux qui eussent manqué de bravoure contre des adversaires en présence.

Astyage, remarquant que ses cavaliers poursuivaient avec témérité, et que les

Assyriens allaient à leur rencontre, serrés et rangés en bataille, fut alarmé pour Cyaxare et pour Cyrus, du danger qu'ils couraient, s'ils tombaient en désordre sur des troupes bien préparées à les recevoir : il marcha droit à l'ennemi. Dès que les Assyriens s'aperçurent du mouvement d'Astyage, ils firent halte, le javelot à la main et l'arc bandé, ne doutant pas que les Mèdes ne s'arrêtassent, suivant leur coutume, à la portée du trait. Jusqu'alors, les combats des deux nations n'avaient été que de simples escarmouches; elles s'approchaient, elles se provoquaient à coups de flèches, souvent des jours entiers. Mais les Assyriens voyant, d'un côté, leurs coureurs se replier sur le corps de l'armée, devant Cyrus qui leur donnait la chasse; de l'autre, Astyage déjà posté avec sa cavalerie à la portée de l'arc, ils se découragèrent et prirent la fuite. Ils furent poursuivis par les troupes réunies d'Astyage, qui firent un grand nombre de prisonniers : tout ce qui tombait sous leur main, hommes, chevaux, était frappé ; on tuait ce qui ne pouvait suivre. L'ennemi fut poussé ainsi jusqu'au poste de l'infanterie assyrienne, où l'on s'arrêta, crainte de quelque embuscade. Astyage s'en retourna, glorieux de l'avantage de sa cavalerie, mais embarrassé de ce qu'il dirait à Cyrus ; car s'il ne pouvait douter que le succès de la journée ne lui fût dû, il avait à lui reprocher son emportement dans l'action.

Et de fait, pendant que l'armée se retirait, Cyrus resté seul sur le champ de bataille, le parcourait à cheval contemplant les morts. Ses gardes ne l'en arrachèrent qu'avec peine, pour le mener au roi. Cyrus, en approchant de son aïeul, tâchait de se cacher derrière eux, parce qu'il remarquait sur son visage un air de mécontentement. Voilà ce qui se passa chez les Mèdes. Le nom de Cyrus était dans toutes les bouches ; il devenait l'objet de tous les chants, le sujet de tous les entretiens. Astyage, qui auparavant le considérait, ne put dès-lors se défendre de l'admirer.

Quelle dut être la joie de Cambyse, en apprenant les exploits de son fils ! Au récit de tant d'actions d'un homme fait, il le rappela pour achever son cours d'éducation, suivant les usages des Perses. On prétend que Cyrus, pour ne point déplaire à son père et ne pas donner lieu aux reproches de ses compatriotes, déclara lui-même qu'il voulait partir. Astyage, sentant qu'il fallait consentir à son départ, lui donna les chevaux qu'il voulut emmener, et le renvoya comblé de présens. A la tendre amitié qu'il avait pour lui, se joignit l'espoir qu'il serait un jour l'appui de ses amis, la terreur de ses ennemis.

A son départ, les enfans, les jeunes gens, les hommes faits, les vieillards, Astyage lui-même, tous à cheval, l'accompagnèrent ; tous revinrent en pleurant. Ce ne fut pas aussi sans beaucoup de larmes, que Cyrus se sépara d'eux. On assure qu'il distribua à ses jeunes amis une grande partie des présens d'Astyage ; qu'il se dépouilla, entre autres, de sa robe médique, pour la donner à un de ses camarades, comme gage de son affection particulière. Ceux qui avaient accepté les présens, les renvoyèrent au roi, qui les fit remettre à Cyrus ; mais tout fut renvoyé en Médie. « Si tu veux, écrivait-il à son aïeul, que
» je retourne avec honneur dans tes
» états, permets que chacun garde le
» don que je lui ai fait. » Astyage se rendit au vœu de son petit-fils.

Je ne dois pas omettre une anecdote amoureuse. Au moment du départ de Cyrus, tous ses parens, près de le quitter, le baisèrent à la bouche, suivant un usage des Perses qui s'observe encore à présent; et prirent ainsi congé de lui. Un Mède distingué par son mérite, qui depuis long-temps était frappé de la beauté de Cyrus, venait de voir donner le baiser du départ; il attendit que les parens se fussent retirés, puis s'approchant : « Cyrus, lui dit-il, suis-je le seul de tes parens que tu méconnaisses? — Es-tu aussi mon parent? — Assurément. — Voilà donc pourquoi tu me fixais; je crois t'y avoir souvent surpris. — Je désirais en effet de t'aborder; mais, les Dieux m'en sont témoins, je ne l'osais pas. — Tu avais tort, puisque tu es mon parent.» Aussitôt il s'avança vers lui et l'embrassa. Alors le Mède satisfait lui demanda si c'était la coutume en Perse de saluer ainsi ses parens. « Oui, quand on se revoit après quelque absence, ou que l'on se quitte. — Tu dois donc m'embrasser encore une fois; car tu vois que je prends congé de toi. » Cyrus l'embrasse, le congédie et se retire. Ils n'avaient pas fait beaucoup de chemin, chacun de leur côté, lorsque le Mède revint sur ses pas, à bride abattue. « Aurais-tu, lui cria Cyrus, en le voyant, oublié de me dire quelque chose? — Point du tout, je reviens après une absence. — Oui, mon cher parent, mais qui est bien courte. — Courte, reprit le Mède! tu ne sais donc pas qu'un clin d'œil, sans voir un prince si aimable, me paraît d'une bien longue durée? » A ce propos, Cyrus, dont les larmes coulaient encore, se mit à rire, et lui dit, en le quittant, de prendre courage; que dans peu de temps il serait de retour, qu'alors il le verrait tout à son aise, sans cligner les yeux, s'il le trouvait bon.

Chap. 5. Cyrus, de retour en Perse, passa encore une année dans la classe des enfans. Ses camarades le plaisantèrent d'abord sur la vie efféminée dont il avait sans doute contracté l'habitude en Médie : mais quand ils virent qu'il s'accommodait de leur nourriture, de leur boisson, et que, si à certains jours de fête on servait quelque mets plus délicat, loin de trouver sa portion trop modique, il en donnait aux autres; enfin lorsqu'ils eurent reconnu qu'à tous égards il leur était supérieur, ils le regardèrent avec admiration. Ce cours terminé, il entra dans la classe des adolescens, et s'y distingua de même par son application aux divers exercices, par sa patience, son respect pour les anciens, et sa soumission aux magistrats.

Cependant Astyage mourut. Cyaxare son fils, frère de la mère de Cyrus, prit les rênes de la Médie. Dans le même temps, le roi d'Assyrie, après avoir dompté la nombreuse nation des Syriens, assujetti le roi d'Arabie, soumis les Hyrcaniens, investi la Bactriane, se persuada qu'il subjuguerait aisément tous les peuples circonvoisins, s'il affaiblissait les Mèdes, qu'il regardait comme les plus redoutables. Il dépêcha donc des ambassadeurs vers les princes et les peuples ses tributaires, Crésus, roi de Lydie, le roi de Cappadoce, les habitans des deux Phrygies, les Cariens, les Paphlagoniens, les Indiens, les Ciliciens. Il les chargeait de répandre de mauvaises impressions contre les Mèdes et les Perses, de représenter que ces deux nations nombreuses et puissantes, étant amies, et unies par des mariages réciproques, il était à craindre qu'elles ne parvinssent, si on ne les prévenait, à écraser les autres en les attaquant successivement. Tous se liguèrent avec lui, les uns entraînés par ces considérations, d'autres séduits par les présens et l'or du roi d'Assyrie, prince assez riche pour prodiguer l'un et l'autre. Dès que Cyaxare, fils d'Astyage, fut informé des desseins et des préparatifs de la ligue, il ne négligea rien de son côté, pour se mettre en état de défense. Il députa vers les

Perses, et vers leur roi Cambyse son beau-frère, avec ordre exprès de voir Cyrus et de le prier, si les Perses donnaient des troupes aux Mèdes, d'en solliciter le commandement.

Cyrus, après avoir passé dix ans dans la classe des adolescens, était entré dans celle des hommes faits. Il fut élu par les sénateurs, général des troupes qui devaient aller en Médie; emploi qu'il accepta. On lui permit de s'associer deux cents homotimes, dont chacun eut la liberté de s'adjoindre quatre autres citoyens du même rang; ce qui forma le nombre de mille. Il fut permis de plus à chacun des mille homotimes, de choisir dans la classe inférieure, dix peltastes, dix frondeurs et dix archers; ce qui faisait en tout dix mille archers, dix mille peltastes et dix mille frondeurs, non compris les mille homotimes.

Telle était l'armée confiée à Cyrus. Dès qu'il eut été nommé, son premier sentiment fut pour les Dieux. Il sacrifia sous d'heureux auspices, et prit ensuite ses deux cents homotimes, qui choisirent à leur tour quatre de leurs pareils. Puis les ayant assemblés tous, il leur tint ce discours:

« Mes amis, ce n'est pas d'aujourd'hui » que je vous connais. Je vous ai choisis, » parce que je vous ai vus, depuis votre » enfance, aussi constans à observer ce » qui est regardé chez nous comme hon» nête, que fidèles à vous abstenir de ce » qui ne l'est pas. Vous allez apprendre » par quels motifs j'ai accepté le com» mandement, et pourquoi je vous as» semble ici. Je sais que nos ancêtres » nous valaient bien, qu'aucune vertu » ne leur était étrangère; mais je ne puis » voir quel bien en a résulté, soit pour » eux, soit pour la république. Il me » semble néanmoins qu'on ne pratique » la vertu que pour jouir d'un meilleur » sort que ceux qui la négligent. Celui » qui se prive d'un plaisir présent, ne le » fait pas dans le dessein de n'en goûter » jamais aucun; c'est au contraire afin » de se préparer, par cette privation » même, des jouissances plus vives pour » un autre temps. Celui qui ambitionne » de briller dans la carrière de l'élo» quence, n'a pas pour but de haran» guer sans cesse; il espère qu'en ac» quérant le don de la persuasion, il sera » un jour utile à la société. Il en est de » même de celui qui se dévoue au mé» tier des armes: ce n'est pas pour com» battre sans relâche, qu'il se livre à de » pénibles exercices; il se flatte que, » devenu habile guerrier, il partagera » avec sa patrie la gloire, les honneurs » et la prospérité qui couronneront ses » talens militaires. Si parmi ces hommes » il s'en trouvait qui, après de longs » travaux, eussent été prévenus par la » vieillesse, sans avoir su tirer aucun » profit de leurs peines, je les compare» rais à un laboureur qui, jaloux de sa » profession, sèmerait et planterait avec » le plus grand soin, et qui ensuite, au » lieu de récolter ses grains, de cueillir » ses fruits dans la saison, les laisserait » tomber à terre; ou bien à un athlète, » qui après s'être laborieusement exer» cé, et s'être mis en état de mériter le » prix, finirait par ne pas entrer dans la » lice: car il me semble qu'on pourrait » aussi, sans injustice, taxer un tel » homme de folie.

» Amis, qu'un tel malheur ne nous » arrive point: et puisque la conscience » nous dit que nous avons, dès l'en» fance, contracté l'habitude du courage » et de la vertu, marchons à l'ennemi, » que je sais, pour l'avoir vu de près, » être incapable de tenir contre nous. » On n'est point bon soldat, pour savoir » tirer de l'arc, lancer le javelot, ou ma» nier un cheval, si dans les grandes oc» casions on se laisse vaincre par la fati-

» gue et les veilles : or les Assyriens, » peuple mou, ne peuvent ni soutenir » les travaux, ni résister au sommeil. » On n'est pas bon soldat, si, habile » d'ailleurs, on n'a pas appris comment » on doit se conduire avec les alliés » et avec les ennemis : or il est clair » qu'ils ignorent cette science importante. Vous, au contraire, vous savez » user de la nuit comme les autres usent » du jour ; pour vous, le travail est la » route du plaisir ; la faim vous sert d'assaisonnement ; vous buvez l'eau avec » plus de volupté que les lions même : » enfin vous avez pénétré vos âmes de » cette noble passion qui fait les guer- » riers, puisque vous aimez la louange » avant tout. Or les hommes sensibles à » la louange, vont au-devant de ce qui » la procure, et supportent pour elle » avec joie les fatigues et les dangers. » Au reste, si je vous parlais ainsi contre » ma pensée, ce serait me tromper » moi-même, puisque si vous me dé- » mentiez, le blâme de l'événement re- » tomberait sur moi. Mais non, mes es- » pérances ne seront point trompées : » j'en ai pour garans ma propre expé- » rience, votre attachement pour moi, et » la démence de nos ennemis. Marchons » avec confiance ; nous ne craignons » point le titre d'usurpateurs. Une na- » tion ennemie donne, par ses hostilités, » le signal de la guerre ; une nation amie » réclame notre secours. Est-il rien de » plus juste que de repousser la vio- » lence, rien de plus beau que de servir » ses amis ? Vous avez encore un puis- » sant motif de confiance ; c'est que » dans cette expédition, je n'ai point né- » gligé les Dieux : vous savez, vous avec » qui j'ai vécu si long-temps, que dans » les petites comme dans les grandes » entreprises, je commence toujours par » les implorer. Mais à quoi bon vous en » dire davantage ? Choisissez les hommes » que l'état vous accorde ; faites vos pré- » paratifs, et marchez vers la Médie. Je » vous suivrai de près ; il faut qu'aupa- » ravant je voie mon père : instruit de » l'état des ennemis, je ferais tout pour » assurer, avec l'aide des Dieux, le suc- » cès de nos armes. » Tous s'empressèrent d'exécuter ses ordres.

Chap. 6. Cyrus, de retour auprès de son père, implora Vesta, Jupiter et les autres divinités domestiques ; puis il partit. Cambyse l'accompagna jusqu'à la frontière. Ils étaient à peine sortis du palais, que les éclairs brillèrent ; on entendit quelques coups de tonnerre d'un augure favorable. A ces signes manifestes de la protection du grand Jupiter, ils continuèrent leur route, sans attendre d'autres présages.

« Mon fils, dit Cambyse à Cyrus en marchant, il est évident par les sacrifices et par les signes célestes, que les Dieux nous sont propices. Je pense que tu en es toi-même convaincu ; car je me suis appliqué à te donner cette intelligence. Je voulais que tu connusses sans interprète leurs volontés ; que pour voir et pour entendre, tu n'eusses recours ni aux yeux, ni aux oreilles des devins, qui, s'ils le voulaient, te tromperaient par une fausse explication des prodiges ; que, faute de devins, tu ne fusses pas embarrassé à expliquer les signes ; enfin, que possédant l'art divinatoire, tu susses exécuter ce que les Dieux te prescriraient.

« —Mon père, répondit Cyrus, je ferai de continuels efforts pour mériter, comme tu dis, que les Dieux ne nous envoient que des avertissemens salutaires. Je me souviens de t'avoir ouï dire un jour, qu'un moyen efficace de s'assurer leur protection, c'était de ne pas attendre la détresse pour recourir à eux, mais de les honorer surtout dans les temps de prospérité. Tu ajoutais qu'on en devait agir ainsi à l'égard de ses amis. — Ainsi, mon fils, tu implores les Dieux avec plus de confiance, parce que tu leur rends assidument hommage ; tu espères en obtenir des faveurs, parce que tu ne te reproches point de les avoir négligés. — Oui, mon père, je me persuade que je suis aimé des Dieux. — Te le rappelles-tu, mon fils ? nous convenions encore, qu'en quelque situation qu'ils nous placent, l'homme instruit agira toujours mieux que l'ignorant, que l'homme actif fera plus que l'indolent, que l'homme sage vivra plus heureux que l'imprudent ; qu'enfin l'on ne doit solliciter les faveurs des dieux, qu'en se montrant digne de les recevoir.

» — Je me le rappelle très bien, et j'étais forcé d'en convenir. Tu ajoutais encore, qu'il n'est pas même permis de demander aux Dieux de sortir victorieux d'un combat à cheval, lorsqu'on n'a point appris l'équitation ; de l'emporter sur d'habiles archers, quand on ne sait pas tirer de l'arc ; de gouverner sagement un vaisseau, lorsqu'on ignore la manœuvre ; d'avoir une abondante moisson, quand on n'a point semé ; d'échapper aux périls de la guerre, lorsqu'on ne pourvoit pas à sa défense. Ces vœux, disais-tu, sont contraires à l'ordre établi par la divinité ; il est aussi juste qu'ils ne soient point exaucés, qu'il l'est parmi nous que ceux qui forment une demande contraire à la loi, essuient un refus.

» — Mon fils, as-tu oublié ce que nous disions encore, que si un citoyen qui se comporte en homme vertueux, et qui par son industrie vit dans l'aisance avec sa famille, mérite des éloges, on doit certainement de l'admiration à celui qui, se trouvant chargé de commander aux autres, sait pourvoir abondamment à leurs besoins, et les maintenir dans le devoir ! — Je m'en souviens à merveille. Il me semblait, comme à toi, qu'il n'y a rien de plus difficile que de bien gouverner ; et je me confirme dans cette pensée, quand je réfléchis sur le gouvernement en lui-même. Mais lorsque je jette les yeux sur les autres nations, et que je considère quels chefs elles ont à leur tête, surtout quels ennemis nous avons à combattre, il me semble qu'il serait honteux de les redouter, et de ne pas marcher avec assurance à leur rencontre : tous, à commencer par nos alliés que voici, s'imaginent que la différence du prince à ses sujets, consiste en ce que le prince vit à plus grands frais, qu'il a plus d'argent dans son trésor, qu'il dort plus long-temps et travaille moins. Selon moi, au contraire, le prince doit se distinguer de ses sujets, non par une vie plus oisive, mais par l'activité, la prévoyance, l'amour du travail.

» — Mais, mon fils, il est des obstacles qui viennent, non des hommes, mais des choses mêmes, et qu'il n'est pas facile de surmonter. Tu sens, par exemple, que ton commandement expirerait bientôt, si ton armée manquait de munitions. — Oui : mais Cyaxare a dit qu'il en fournirait pour toutes les troupes qui partiraient d'ici. — Quoi ! tu pars plein de confiance dans les trésors de Cyaxare ? — Assurément. — Connais-tu bien l'état de ses finances ? — Non, en vérité. — Ainsi tu comptes sur ce que tu ne vois pas. Sais-tu donc que tu éprouveras une foule de besoins ; qu'à présent même tu es forcé de faire de grandes dépenses ? — Je le sais. — Mais, si les fonds manquent à Cyaxare, ou qu'il veuille manquer de parole, que deviendra ton armée ? sans doute, les affaires iront mal. — De grâce, mon père, si tu sais quelque moyen qui soit en mon pouvoir pour assurer la subsistance d'une armée, enseigne-le moi, tandis que nous sommes encore en pays ami. — Quoi ! mon fils, tu me demandes quels sont les moyens pour approvisionner une armée? mais qui est plus en état de les trouver, que celui qui a la force en main? Tu pars d'ici avec un corps d'infanterie, que tu ne changerais pas contre un autre beaucoup plus nombreux; et tu seras joint par la cavalerie mède, dont on connaît la supériorité. Avec de telles forces, quelle nation voisine ne s'empressera de te secourir, ou pour devenir ton amie, ou pour éviter quelque malheur? Prends si bien tes mesures de concert avec Cyaxare, que jamais ton armée ne manque du nécessaire : occupe-toi d'approvisionnemens, ne fût-ce que pour rendre tes soldats industrieux ; et surtout souviens-toi de ne jamais attendre, pour remplir tes magasins, que la nécessité t'y contraigne. C'est pendant l'abondance qu'il faut se précautionner contre la disette : tu obtiendras plus aisément ce que tu demanderas, quand tu paraîtras n'être pas dans le besoin. Cette prévoyance, mon fils, en prévenant les murmures des troupes, te conciliera encore le respect des étrangers. Tes soldats, quand rien ne leur manquera, marcheront de bon cœur, soit pour attaquer l'ennemi, soit pour protéger un allié; et tes discours auront d'autant plus de poids, qu'on te verra plus en état de faire du bien ou du mal.

» — Mon père, une autre vérité non moins constante, c'est que mes soldats ne me sauront aucun gré de ce qu'ils vont recevoir; car ils savent à quelle condition les appelle Cyaxare : au lieu que si je leur accorde quelque gratification, ils en seront flattés, et mes libéralités m'assureront leur attachement. Un général qui, avec des forces suffisantes, tant pour aider des amis qui le serviront à leur tour que pour s'enrichir aux dépens de l'ennemi, négligerait de faire des largesses, serait, à mon avis, aussi blâmable qu'un homme qui, possédant des terres, et des esclaves pour les cultiver, laisserait ses champs en friche et sans produit. Sois donc persuadé, mon père, que jamais en pays ami ou ennemi je n'oublierai de pourvoir aux besoins des troupes.

» — Te souviens-tu, mon fils, de quelques autres points qui semblaient commander notre attention? — Oh! je n'ai point oublié ce jour où j'allai te demander de l'argent pour payer le maître qui prétendait m'avoir appris la science d'un général d'armée. En me comptant cet argent, tu me fis à-peu-près ces questions : Mon fils, cet homme à qui tu portes le prix de ses leçons, t'en a-t-il donné sur l'économie militaire? car les soldats ont les mêmes besoins que les serviteurs d'une maison. Je t'avouai de bonne foi que mon maître ne m'en avait pas dit un seul mot. Ensuite tu demandas s'il m'avait parlé des moyens d'entretenir la vigueur et la santé, objets dont un général ne doit pas moins s'occuper que des détails du commandement : t'ayant répondu que non, tu me demandas s'il m'avait donné quelque méthode pour perfectionner les soldats aux exercices militaires. Non, répondis-je encore. T'a-t-il, repris-tu, enseigné l'art de leur inspirer de l'ardeur? car en tout l'ardeur ou la nonchalance rend le succès bien différent. Quand je t'eus encore répondu non, tu voulus savoir s'il m'avait instruit à rendre le soldat obéissant. Comme tu vis qu'il n'en avait rien fait, tu me demandas enfin ce qu'il m'avait enseigné pour qu'il prétendît m'avoir formé à l'art de commander une armée. Je te répliquai qu'il m'avait appris à la ranger en bataille. Tu te mis à rire; puis, reprenant chacune de tes questions : A quoi sert, me dis-tu, de savoir ranger une armée en bataille quand elle manque de subsistances, qu'elle est en proie aux maladies, que les troupes ignorent les ruses de la guerre, qu'elles sont mal disciplinées? Lorsque tu m'eus démontré que l'ordre de bataille n'est qu'une petite partie de la science du général, je te demandai si tu pouvais m'enseigner les autres; tu me conseillas d'aller m'entretenir avec les militaires les plus célèbres dans leur art, et de les interroger sur chacun de ces objets. Depuis ce moment j'ai fréquenté ceux que j'entends citer comme les plus expérimentés.

» Quant aux vivres, je crois suffisans ceux que Cyaxare s'est engagé de nous fournir. Pour ce qui concerne la santé, comme j'ai ouï dire et vu par moi-même que les généraux, à l'exemple des villes qui ont des médecins pour les cas de maladie, en mènent toujours quelques-uns à la suite de l'armée pour traiter les soldats, je me suis occupé de cet objet dès le moment de ma nomination, et je me flatte, mon père, que j'aurai avec moi les plus habiles gens. — Semblables aux ouvriers qui raccommodent les habits déchirés, ces hommes dont tu parles, mon fils, ne réparent que la santé des malades; mais il est un soin digne de toi, celui de prévenir les maladies. — Mon père, que faire pour y réussir? — Lorsque tu te proposeras de séjourner long-temps dans un pays, tu commenceras par choisir un lieu sain pour camper: avec de l'attention tu n'y seras pas trompé; car le peuple répète sans cesse que l'air est salubre en tel endroit, malsain dans tel autre. Pour en juger sûrement, examine la constitution physique des habitans et la couleur de leur teint. Mais ce n'est pas assez de connaître la nature du climat; songe comment tu entretiens toi-même ta santé. — D'abord, je ne surcharge point mon estomac, ce qui est très nuisible; ensuite j'aide ma digestion par l'exercice. Je crois ce régime excellent pour conserver ma santé et me fortifier. — Eh bien! gouverne ainsi tes soldats. — Mon père, leur restera-t-il du temps pour les exercices? — Il le faut, puisque cela est nécessaire. Une armée bien tenue doit toujours s'occuper, soit à nuire à l'ennemi, soit à se procurer quelque avantage; car s'il est malaisé de nourrir un seul homme oisif, et plus encore, mon fils, une famille entière, rien de plus difficile que de faire subsister dans l'inaction une armée composée d'un nombre infini de bouches, et qui entre ordinairement en campagne avec peu de vivres qu'elle ne sait point économiser. Une armée ne doit donc jamais rester oisive. — Ainsi, mon père, un général indolent, selon toi, ne vaut pas mieux qu'un laboureur paresseux. — Sans doute: mais j'affirme qu'un général actif saura, à moins que quelque dieu ne s'y oppose, approvisionner l'armée et y entretenir la santé. — A l'égard des manœuvres militaires, je pense, mon père, que pour y former les soldats et les trouver tout exercés dans l'occasion, il serait à propos d'établir des jeux où l'on proposerait des prix aux vainqueurs. — Excellente idée! mon fils; en la suivant tu verras tes troupes exécuter leurs évolutions avec cette précision que tu remarques dans un chœur de danse ou de musique. — Des espérances flatteuses ne seraient-elles pas un bon moyen d'exciter l'ardeur des troupes? — Oui; mais ne ressemble pas au chasseur qui pour animer ses chiens les rappellerait toujours du ton dont il leur parle quand il a vu la bête. Les chiens d'abord accourent à sa voix; mais s'il les a trompés, ils finissent par ne plus lui obéir, lors même qu'il découvre le gibier. Il en est de même des espérances: un homme qui aurait souvent donné de fausses promesses finirait par ne plus persuader, lors même qu'il serait de bonne foi. Un général, mon fils, ne doit rien avancer dont il ne soit parfaitement sûr, quoique le contraire puisse quelquefois réussir : il lui importe de réserver pour les plus grands dangers des encouragemens qui obtiennent une confiance absolue.

» — En vérité, mon père, ce que tu dis est sage, et je le mettrai volontiers en pratique. Quant à l'art de rendre les soldats dociles, je crois n'y être pas étranger ; tu m'en as donné des leçons dès mon enfance, en me pliant à l'obéissance et me confiant ensuite à des maîtres qui m'ont fortifié dans cette habitude. Arrivés dans la classe des adolescens, notre gouverneur nous surveillait fortement sur ce point : et d'ailleurs la plupart des lois ne semblent faites que pour enseigner à commander et à obéir. Après avoir beaucoup réfléchi sur cette matière, je vois que le secret le plus efficace pour porter à la subordination est de louer et de récompenser l'obéissance, de punir au contraire et de noter d'infamie les rebelles. — Oui bien, pour obtenir une obéissance forcée : mais pour qu'elle soit volontaire, ce qui est préférable, il est un chemin plus court. Les hommes se soumettent très volontiers à celui qu'ils croient plus éclairé qu'eux-mêmes sur leurs propres intérêts. Entre mille exemples, vois avec quel empressement les malades appellent le médecin qui leur ordonnera ce qu'ils doivent faire; vois comme dans un vaisseau tout l'équipage obéit au pilote, comme dans une route le voyageur s'attache constamment à ceux qu'il croit savoir les chemins mieux que lui. Mais si l'on pense que l'obéissance sera nuisible, point de châtiment qui puisse contraindre, point de récompense qui encourage. Quel homme recevrait un funeste bienfait ! — Ainsi donc, mon père, selon toi, pour avoir des hommes obéissans, rien de mieux que de passer dans leur esprit pour être plus sage qu'eux. — Assurément. —

Mais comment en peu de temps donner de soi cette opinion? — Le moyen le plus simple de paraître intelligent, c'est de l'être en effet. Quelques comparaisons te prouveront que je dis vrai. Je suppose que tu veuilles sans talent passer pour bon laboureur, pour bon écuyer, pour savant médecin, pour excellent joueur de flûte, enfin, pour habile dans un genre quelconque, à combien d'artifices te faudra-t-il recourir pour établir ta réputation? En vain tu gagnerais des prôneurs, en vain tu serais muni de ce qui convient à chacun de ces arts; si tu en imposais d'abord, bientôt la première épreuve mettrait à découvert et ton imposture et ta sotte vanité. — Mais comment acquérir un fonds de connaissances dans une partie qui doit être utile? — C'est, mon fils, en étudiant tout ce qui est à la portée de l'esprit humain, comme tu as étudié la tactique. Dans ce qui est au-dessus des lumières et de la prévoyance humaine, tu surpasseras les autres hommes en intelligence si tu consultes les Dieux par l'organe des devins, et si d'ailleurs tu exécutes ce que tu auras jugé le meilleur, car jamais l'homme prudent ne se néglige sur ce point. Au reste, pour être aimé de ceux que l'on commande, ce qui est de la plus haute importance, on tiendra la même conduite que si l'on désirait se faire des amis, je veux dire qu'il faut donner des preuves évidentes de son bon cœur. Je sais, mon fils, qu'on ne peut pas, à cet égard, tout ce qu'on veut : du moins on se réjouit avec eux du bien qui leur arrive; on s'afflige du malheur qu'ils éprouvent, on s'empresse à les secourir dans leur infortune; on leur montre de l'inquiétude sur les périls qui les menacent, on s'occupe du soin de les en garantir : tu leur dois surtout ces marques d'attachement.

» Dans une campagne d'été, il faut qu'on remarque le courage du chef à supporter l'ardeur du soleil; il faut en hiver, qu'il endure le plus de froid; lorsqu'il s'agit de travailler, qu'il se montre le plus laborieux : car tout cela gagne le cœur des soldats. — Ainsi, mon père, tu prétends qu'un général doit mieux soutenir la fatigue que ceux qu'il commande. — Oui, sans doute : cependant ne t'alarme pas. Sache, mon fils, que les mêmes travaux n'affectent pas également le corps d'un général et celui d'un simple soldat; ils sont adoucis pour celui-là, par l'honneur, et par la certitude que pas une de ses actions ne reste ignorée.

» — Mais, mon père, quand l'armée est fournie de munitions, que les soldats sont sains, infatigables, exercés aux manœuvres militaires, impatiens de signaler leur bravoure, aimant mieux obéir que se refuser au commandement; ne juges-tu pas qu'il est à propos d'en venir promptement aux mains avec l'ennemi? — Assurément, si l'on espère le faire avec avantage. Autrement, plus je compterais sur ma valeur et celle de mes troupes, plus je serais circonspect; par la raison que plus une chose est précieuse, plus on est attentif à la mettre en sûreté.

» — Et comment se procurer sur ses ennemis un avantage certain? — La question que tu me fais n'est pas des moins importantes, et ne se résout pas sur-le-champ. Apprends, mon fils, que pour réussir, il faut savoir tendre des piéges, dissimuler, ruser, tromper, dérober, piller, et savoir tout cela mieux que l'ennemi. — Par Hercule, s'écria Cyrus, en riant aux éclats, quel homme tu veux que je devienne! — Un homme tel qu'il n'y en aura point de plus juste, de plus ami des lois. — Pourquoi donc nous enseigniez-vous tout le contraire dans l'enfance et dans l'adolescence? — On vous l'enseignerait encore pour vivre avec vos concitoyens et vos amis. Mais ne vous rappelez-vous pas que pour nuire à l'ennemi, vous appreniez quantité de moyens? — Moi, mon père, je n'en apprenais aucun. — Pourquoi appreniez-vous à tirer de l'arc, à lancer le javelot, à pousser vers les toiles ou dans les piéges les sangliers et les cerfs? Pourquoi, au lieu d'attaquer de front les lions, les ours, les léopards, cherchiez-vous toujours à les combattre sans danger? Ne vois-tu pas dans tout cela des ruses, des tours d'adresse, des supercheries, des moyens d'avoir sur eux l'avantage? — Oui, contre les bêtes; mais je sais bien que quand je laissais voir seulement l'intention de tromper un homme, j'étais sévèrement puni. — Aussi vous défendait-on de tirer des flèches ou de lancer un dard contre des hommes : nous vous apprenions à viser juste à un but, non pour que vous fissiez du mal à vos amis, mais afin qu'en temps de guerre vous pussiez atteindre même les hommes. Ce n'était pas non plus contre vos semblables, mais contre les bêtes, que nous vous enseignions à user de ruses, à prendre vos avantages : nous voulions, non que vous eussiez de quoi nuire à vos amis, mais que vous n'ignorassiez aucun des stratagèmes militaires. — Puisqu'il est également utile de savoir faire aux hommes et du bien et du mal, on devait donc nous enseigner l'un et l'autre. — Aussi dit-on que du temps de nos pères il y avait un maître qui, pour enseigner la justice, s'y prenait ainsi que tu le désires. Il apprenait aux enfans à ne point mentir et à mentir, à ne point tromper et à tromper, à ne point calomnier et à calomnier, à négliger leur propre avantage et à le chercher : mais, faisant distinction des personnes, il démontrait qu'on devait employer l'un à l'égard de ses ennemis, l'autre à l'égard de ses amis. Il allait jusqu'à enseigner qu'il est juste de tromper ses amis, même de les voler, quand leur intérêt le conseille. Le maître exerçait nécessairement ses disciples à mettre ces leçons en pratique; comme on dit que les Grecs instruisent à user de ruse dans la lutte, et que même ils accoutument les enfans à l'employer les uns contre les autres. Cependant il se trouva de ces enfans nés avec un tel goût pour la gloutonerie, pour la fraude, peut-être aussi tellement avides de gain, qu'ils ne purent s'empêcher de chercher leur intérêt, même au préjudice de leurs amis. Alors une loi, subsistante encore aujourd'hui, prescrivit d'enseigner simplement aux jeunes gens, comme nous l'enseignons à nos serviteurs, à dire la vérité, à ne point tromper, à ne point dérober, à ne rien convoiter, sous peine d'être punis : on voulait, avec cette éducation, avoir des citoyens d'un commerce plus doux. Arrivés à ton âge, on jugeait qu'il n'y avait plus de danger à leur apprendre les lois de la guerre, vu qu'il n'était pas à craindre qu'habitués à des égards réciproques, ils devinssent tout-à-coup des citoyens barbares. Ainsi, nous ne parlons pas de l'amour devant les enfans, de peur que l'indiscrétion se joignant à l'ardeur du tempérament, ne les porte à des excès.

— Rien de plus sage; mais, mon père, puisque j'apprends si tard comment on prend ses avantages sur les ennemis, ne diffère plus tes instructions sur ce point. — Eh bien, épie, autant que tu le pourras, le moment de fondre sur eux avec rapidité, lorsqu'ils seront en désordre, et ton armée rangée en bataille; lorsqu'ils seront désarmés et toi sous les armes; lorsqu'ils seront endormis, et que tu veilleras; lorsque tu les auras reconnus sans être découvert; lorsque tu les verras dans un mauvais poste, et que tu seras avantageusement placé. — Est-il possible, mon père, que les ennemis tombent dans de si lourdes fautes? — Il est inévitable que tes ennemis et toi-même y tombiez quelquefois. Ne faut-il pas, de part et d'autre, que vous mangiez, que vous dormiez, que le matin vous vous éloigniez du camp pour satisfaire aux nécessités naturelles, que vous passiez par les chemins tels qu'ils se rencontrent? En réfléchissant sur tout cela, tu te tiendras plus que jamais sur tes gardes, lorsque tu te croiras le plus faible; tu attaqueras vigoureusement, lorsque tu te sentiras supérieur en force.

— N'est-ce que dans ces occasions-là qu'on peut avoir l'avantage? y en a-t-il encore d'autres? — Oui, mon fils, même de bien plus importantes; car dans celles dont je viens de parler, tous les gens de guerre se tiennent sur leurs gardes, parce qu'ils connaissent le danger : mais ceux qui possèdent l'art de tromper l'ennemi, peuvent le surprendre, après l'avoir entretenu dans une fausse sécurité; tantôt ils mettront son armée en désordre, en feignant de fuir devant lui; tantôt, par une fuite simulée, ils l'attireront dans des lieux difficiles où ils fondront sur lui. Au reste, mon fils, ne t'en tiens pas aux ruses de guerre qu'on t'aura enseignées; il faudra quelquefois en imaginer toi-même. Les musiciens ne se bornent point aux airs qu'ils ont appris, ils en inventent : et si la fécondité brillante de leur imagination, leur vaut des applaudissemens, quels éloges ne doit-on pas à des stratagèmes nouveaux, plus efficaces par là même pour tromper son adversaire!

» Et certes, quand tu n'emploierais contre les hommes, que les ruses dont tu avais coutume d'user contre les plus petits animaux, quel avantage tu aurais sur l'ennemi! Tu te levais quelquefois au milieu de la nuit, au plus fort de l'hiver, pour aller à la chasse aux oiseaux : avant qu'ils fussent éveillés, tes lacets étaient si bien tendus, qu'il ne paraissait pas que la terre eût été remuée. Tu avais dressé des oiseaux à t'aider à tromper leurs semblables; et du fond du réduit d'où tu voyais sans être vu, tu t'élançais sur ta proie, avant qu'elle pût t'échapper. Quant au lièvre, comme cet animal ne paît que dans les ténèbres, et que le jour il garde le gîte, tu avais des chiens dressés à le quêter, d'autres à courre cette bête légère quand elle était lancée, enfin à la prendre sur pied : si elle les mettait en défaut, tu épiais ses refuites ordinaires, et tu y tendais des filets qui ne s'apercevaient pas et où elle s'embarrassait dans sa course rapide. De crainte qu'elle ne se dégageât, tu postais des gens pour observer ce qui arriverait, et courir sur l'animal : ceux-là devaient se tenir en silence et bien cachés, tandis que resté en arrière, tu le poursuivais, poussant des cris qui l'étourdissaient au point de se laisser prendre sans résistance. Je te l'ai déjà dit, mon fils, si tu emploies ces mêmes artifices contre les ennemis, je ne crois pas qu'il t'en échappe un seul. Quand tu te trouves forcé d'en venir aux mains en rase campagne, à force ouverte et armes égales, c'est alors que les avantages ménagés de longue main servent infiniment : j'entends par avantages, d'avoir des soldats dont l'âme participe à la vigueur du corps, et bien exercés à toutes les manœuvres militaires. Sache encore que ceux de qui tu veux être obéi, voudront aussi pour eux des soins prévoyans. Que ton esprit, dans une sollicitude continuelle, médite la nuit ce que tu feras exécuter lorsque le jour paraîtra; le jour, ce qu'il conviendra de faire la nuit.

» Je ne te dirai point comment il faut ranger une armée en bataille, régler sa marche de jour ou de nuit, dans des défilés ou dans de grandes routes, dans le plat pays ou dans les montagnes; comment il faut asseoir un camp, poser des sentinelles, soit pour la nuit, soit pour le jour; mener les troupes à l'ennemi, ou ordonner la retraite; les conduire à l'attaque d'une place, approcher des murs, ou s'en tenir éloigné; comment on assure le passage des bois, des rivières; quelles mesures on prend contre la cavalerie, les lanciers, les archers; quelle disposition tu feras, si l'ennemi vient à toi pendant que tu marches en colonne; quel mouvement tu dois faire, si tandis que tu marches en ordre de bataille, il se prépare à t'attaquer en queue ou en flanc; enfin, par quel moyen tu peux découvrir ses projets et lui cacher les tiens. Plus d'une fois je t'ai dit sur cela tout ce que je savais : d'ailleurs, tu n'as négligé aucun des militaires qui te paraissaient instruits, et tu as profité de leurs connaissances. Il ne s'agit plus, ce me semble, que d'user à propos des moyens que tu jugeras convenables.

» Mais ce qui est bien important, apprends de moi, mon fils, à ne jamais, au mépris des auspices, exposer ta personne ou ton armée, persuadé que les hommes n'ont pour se conduire que des conjectures, et qu'ils ignorent quel projet doit tourner à leur avantage. Juges-en par des exemples. Combien d'hommes réputés habiles politiques ont conseillé de porter la guerre à des ennemis qui ont écrasé le peuple séduit par un fatal conseil! Combien, après avoir contribué à l'élévation d'un particulier, à l'agrandissement d'une république, ont vu leurs services payés des plus indignes traitemens! Les uns ont mieux aimé pour esclaves que pour amis, des gens avec qui ils pouvaient avoir un commerce réciproque de bons offices : l'amour-propre offensé les en a punis. Les autres, non contens de jouir agréablement de leur portion de biens, jaloux de tout envahir, ont été dépouillés même de ce qui leur appartenait. D'autres, après avoir amassé de cet or, objet de tant de vœux, sont morts victimes de leur cupidité. Tant il est vrai que la prudence humaine ne sait pas mieux choisir que le hasard ! Mais les Dieux, ô mon fils, qui tiennent à tous les temps, connaissent également le passé, le présent, et ce que doit amener chacun de ces termes; ils avertissent les mortels qui les consultent et qu'ils regardent d'un œil favorable, de ce qu'il faut faire ou éviter. Qu'on ne s'étonne pas si tous les hommes n'obtiennent pas leurs faveurs : les Dieux ne sont pas obligés de les accorder à ceux qu'il ne leur plaît pas de protéger. »

LIVRE DEUXIÈME.

Chapitre premier. En discourant ainsi, ils arrivent aux frontières de la Perse, où ils aperçoivent un aigle d'heureux augure qui semblait les guider. Après avoir prié les Divinités et les héros tutélaires de la Perse de recevoir favorablement leurs adieux, ils sortirent des frontières. Dès qu'ils les eurent franchies, ils supplièrent les Dieux protecteurs de la Médie de les accueillir avec bienveillance; puis ils s'embrassèrent selon l'usage. Cambyse reprit le chemin de la Perse; Cyrus s'avança dans la Médie, où était Cyaxare.

Dès que Cyrus l'eut joint, aussitôt après les embrassemens accoutumés, Cyaxare lui demanda combien il lui amenait de combattans. Trente mille, lui répondit Cyrus, qui ont déjà servi sous vos drapeaux et à votre solde; il vous arrive de plus des homotimes qui ne sont jamais sortis de la Perse.—Combien sont-ils?—Si vous les comptez, vous ne serez pas satisfait; mais songez que cette poignée d'hommes qu'on appelle *homotimes*, l'emporte facilement sur le reste de la nation, toute nombreuse qu'elle est. Mais avez-vous besoin d'eux? ne vous alarmez-vous pas en vain, sans que les ennemis approchent? — Par Jupiter! ils viennent, et même en grand nombre. — Comment le savez-vous? — Par le récit unanime, à quelques circonstances près, de beaucoup de Mèdes arrivant d'Assyrie. — Il faut donc les combattre? — Nous y sommes contraints. — Parlez-moi donc, et de nos troupes, et de celles qui marchent contre nous, puisque vous les connaissez. Instruits de l'état des unes et des autres, nous délibérerons sur les moyens de combattre avec le plus grand avantage. — Écoutez: Le Lydien Crésus est, dit-on, accompagné de dix mille cavaliers, et de plus de quarante mille, soit archers, soit peltastes. Artamas, prince de la grande Phrygie, amène huit mille cavaliers, et environ quarante mille tant lanciers que peltastes. Aribée, roi de Cappadoce, a six mille cavaliers environ, et non moins de trente mille archers et peltastes. L'Arabe Maragdas conduit à-peu-près dix mille cavaliers, cent chars, et quantité de frondeurs. J'ignore encore s'ils sont suivis des Grecs asiatiques : mais ceux qui occupent cette partie de la Phrygie située sur les bords de l'Hellespont, doivent, dit-on, se joindre à Gabée, qui peut avoir, dans les plaines du Caystre, six mille chevaux et dix mille peltastes. Pour les Cariens, les Ciliciens, les Paphlagoniens, on dit qu'ils n'entreront pas dans la ligue, quoiqu'on les ait sollicités. Quant au monarque assyrien qui règne sur Babylone et sur le reste de l'Assyrie, il amènera, je pense, vingt mille cavaliers au moins, deux cents chars au plus, mais probablement un grand nombre de gens de pied; c'est la coutume quand il attaque nos frontières.—Vous dites donc que les ennemis ont soixante mille hommes de cavalerie, et plus de deux cent mille peltastes ou archers : quelles forces prétendez-vous leur opposer?—La cavalerie mède est de plus de dix mille hommes : pour les peltastes et les archers, notre pays en fournira au plus soixante mille. Nous aurons des Arméniens nos voisins, quatre mille cavaliers et vingt mille hommes de pied. —Selon vous, repartit Cyrus, notre cavalerie ne fait pas le tiers de la cavalerie ennemie, et notre infanterie n'est à-peu-près que la moitié de la leur.—Quoi, dit Cyaxare, est-ce qu'à présent vous regardez comme peu nombreux les Perses que vous amenez? — Nous examinerons bientôt, si nous avons encore besoin d'hommes ou non : maintenant apprenez-moi quelle est la façon de combattre de chacune de ces nations. — Pour toutes à-peu-près la même; car nos gens et les leurs se servent de l'arc et du javelot. — Avec de telles armes il faut nécessairement combattre de loin. — Cela est vrai.—La victoire sera donc où il y aura plus de combattans; car le grand nombre blessera et détruira plutôt qu'il ne sera blessé et détruit par le petit nombre. — Dans ce cas, le meilleur expédient est d'envoyer chez les Perses, leur représenter que si la Médie éprouve un échec, ils auront tout à craindre, et leur demander un renfort. — Sachez que, quand tous les Perses viendraient, nous ne surpasserions pas encore les ennemis en nombre. — Voyez-vous un meilleur moyen? — Pour moi, si j'étais à votre place, je fabriquerais pour tous les Perses qui viennent après moi, des armes pareilles à celles que portent les homotimes. Ces armes sont une cuirasse pour couvrir la poitrine, un bouclier d'osier pour la main gauche, le cimeterre ou la hache pour la droite. Par ce moyen, nos gens iront en avant avec une parfaite sécurité, et l'ennemi préférera la fuite à la résistance. Nous combattrons, nous, tout ce qui tiendra ferme : nous vous chargeons, vous et votre cavalerie, de poursuivre si bien les fuyards, qu'ils ne puissent ni s'arrêter dans leur fuite, ni revenir à la charge. »

Ainsi parla Cyrus. Cyaxare jugea qu'il avait raison, ne songea plus à mander de nouvelles troupes, et fit travailler aux armes dont on vient de parler. Elles étaient presque achevées, quand les homotimes arrivèrent avec l'armée perse. Aussitôt Cyrus les assemble, et leur tient ce discours :

« Mes amis, en vous voyant ainsi ar-
» més et impatiens de vous mesurer avec
» l'ennemi, en considérant que les Per-
» ses qui vous suivent n'ont des armes
» que pour combattre de loin, j'ai craint
» que si, en petit nombre, vous ren-
» contriez, sans être soutenus, un corps
» nombreux, il ne vous arrivât quelque
» malheur. Comme les Perses que vous
» amenez sont robustes, ils auront des
» armes semblables aux vôtres : c'est à
» vous d'exciter leur courage. Un chef
» doit non seulement se montrer brave,
» mais encore s'efforcer d'inspirer sa
» bravoure à ceux qu'il commande. »

Les homotimes se réjouirent tous, en songeant qu'un plus grand nombre de guerriers les seconderait. L'un d'entre eux prenant la parole : « On s'étonnera
» peut-être que je conseille à Cyrus de
» parler lui-même aux Perses qui vien-
» dront prendre leurs armes pour com-
» battre avec nous; mais je suis per-
» suadé que les discours de l'homme
» qui a le pouvoir de récompenser et de
» punir, agissent efficacement sur les
» esprits. Fait-il un présent, ceux qui
» le reçoivent l'estiment plus, quoique
» inférieur à celui que leur offrent des
» égaux. Ces nouveaux compagnons
» d'armes goûteront plus les exhorta-
» tions de Cyrus que les nôtres. Élevés

» au rang d'homotimes par le fils de
» leur roi et par leur général, ils croi-
» ront cette promotion plus solide que
» si elle était notre ouvrage. Cependant
» nous ne négligerons rien de ce qui dé-
» pend de nous : nous devons par tous
» les moyens animer leur courage,
» puisqu'en l'augmentant nous travail-
» lerons pour notre propre utilité. »

Cyrus ayant donc fait apporter les armes et assembler tous ces Perses : « Soldats, leur dit-il, vous êtes tous
» nés et élevés dans le même pays que
» nous ; vos corps ne sont pas moins
» robustes, vos âmes doivent être aussi
» courageuses. Il est vrai que dans no-
» tre patrie vous ne partagiez pas nos
» prérogatives ; non par aucun motif
» d'exclusion, mais parce que vous étiez
» contraints de travailler pour vivre.
» Aujourd'hui, avec l'aide des Dieux,
» je m'occuperai de vos besoins. Il ne
» tient qu'à vous de prendre des armes
» semblables aux nôtres, de partager
» les mêmes dangers, et de prétendre
» aux mêmes récompenses si la victoire
» couronne notre valeur. Jusqu'à pré-
» sent vous vous êtes servis, ainsi que
» nous, de l'arc et du javelot ; mais,
» moins exercés que des guerriers qui
» avaient plus de loisir, il n'est pas éton-
» nant que vous fussiez moins adroits.
» Avec cette armure que voici, nous
» n'aurons sur vous aucun avantage :
» chacun aura la poitrine garnie d'une
» cuirasse, la main gauche armée d'un
» bouclier tel que nous le portons, et la
» droite, d'une épée ou d'une hache
» pour frapper l'ennemi, sans craindre
» que nos coups portent à faux. Quelle
» autre différence peut-il donc y avoir
» entre nous que celle de la bravoure ?
» et, sans doute, sur ce point vous ne
» vous montrerez pas inférieurs. Avons-
» nous, en effet, plus de motifs que
» vous pour souhaiter la victoire, qui
» procure et assure tant de biens ? Nous
» importe-t-il plus qu'à vous de recher-
» cher cette supériorité qui donne aux
» vainqueurs toutes les possessions des
» vaincus ? Vous venez de m'entendre,
» dit Cyrus en finissant : vous voyez ces
» armes ; prenez-les si elles vous con-
» viennent, et faites-vous inscrire chez
» vos taxiarques, au même rang que
» nous. Que ceux qui se plaisent dans la
» classe des mercenaires, gardent les
» armes convenables à cet état, » Ainsi parla Cyrus. Les Perses jugeant, d'après ce discours, que s'ils ne consentaient pas à partager le sort des homotimes et à remplir les mêmes obligations, ils mériteraient d'être misérables toute leur vie, se firent tous inscrire ; et tous prirent les armes qui leur étaient offertes.

Cependant, comme les ennemis ne paraissaient pas encore, quoiqu'on dit qu'ils s'avançaient, Cyrus mettait ce temps à profit pour exercer et fortifier ses soldats, pour les former à la tactique, et pour exciter entre eux une émulation guerrière. Avant tout, il enjoignit aux valets que lui avait donnés Cyaxare, de fournir aux soldats ce dont ils auraient besoin. D'après cette précaution, ils n'avaient plus qu'à s'occuper de la guerre. Convaincu qu'on n'excelle dans un art qu'en y donnant toute son application sans la partager entre plusieurs objets, il leur interdit l'arc et le javelot, et ne leur laissa que l'épée, le bouclier et la cuirasse. Il les mettait ainsi dans la nécessité de fondre tous ensemble sur l'ennemi, ou d'avouer leur inutilité à l'égard de leurs compagnons d'armes ; aveu humiliant pour des hommes qui savent qu'on ne les solde que sous la condition de défendre ceux qui les emploient.

Il avait encore observé que les hommes aiment de préférence tout ce qui est objet d'émulation. Il proposa donc tous les exercices qu'il savait être bons à des guerriers. Il recommandait au simple soldat d'être soumis à ses chefs, laborieux, hardi sans témérité, adroit, curieux de belles armes, et sur tous ces points avide d'éloges ; au cinquainier, de se montrer ce que doit être un brave soldat, et de faire que sa cinquaine lui ressemblât. Il demandait les mêmes soins au dizainier pour sa dizaine, au lochage pour son escouade ; ainsi du taxiarque et des autres chefs : irréprochables dans leur conduite, ils surveilleraient les sous-officiers, afin que ceux-ci maintinssent leurs inférieurs dans le devoir.

Voici quelles récompenses il annonçait : le taxiarque qui disciplinerait le mieux sa compagnie, deviendrait chiliarque ; le lochage dont les soldats seraient le mieux exercés, deviendrait taxiarque ; le dizainier le plus distingué obtiendrait le grade de lochage ; le cinquainier, celui de dizainier ; le simple soldat, celui de cinquainier. De là résultaient la soumission des subordonnés envers leurs chefs, et en outre, des distinctions qu'il accordait à chacun, selon son mérite. Il donnait aux plus braves de plus hautes espérances, si dans la suite ils remportaient un grand avantage. Il établit pareillement des prix d'émulation pour les compagnies entières, pour les escouades, pour les dizaines, pour les cinquaines, qui montreraient plus de déférence à leurs chefs et plus d'attachement à la discipline ; ces prix étaient ceux qui convenaient à une multitude. Tels étaient les moyens employés par Cyrus : les troupes répondaient à ses vues.

Il régla le nombre des tentes sur celui des taxiarques, chacune de grandeur suffisante pour contenir une compagnie entière ; or une compagnie était de cent hommes : ainsi les troupes logeaient par compagnie. Cet arrangement, suivant lui, devait disposer ses soldats au combat, puisqu'ils voyaient que la nourriture était la même pour tous : ceux qui se comporteraient avec moins de bravoure, ne pourraient alléguer pour prétexte, qu'on les traitait moins bien que les autres. Ils gagneraient à se connaître réciproquement, car naturellement les hommes sont plus retenus en présence de ceux qui les connaissent : quand on n'est pas connu, l'on se permet aisément de faire le mal, comme lorsqu'on est dans l'obscurité. Ils contracteraient d'ailleurs l'utile habitude de garder leur rang ; car le taxiarque, le lochage, le dizainier, le cinquainier faisaient, chacun dans leur tente, observer le même ordre que dans la marche : cet ordre dans les compagnies lui semblait nécessaire, soit pour prévenir la confusion, soit pour se rallier plus facilement dans un moment de trouble. C'est ainsi qu'on assemble sans peine des pierres ou des pièces de bois destinées pour un bâtiment, quoique dispersées çà et là, lorsqu'elles portent des marques qui indiquent la place où chacune doit être mise. Comme d'ailleurs il avait remarqué que les animaux nourris ensemble s'attristent dès qu'on les sépare, il pensait que des hommes vivant en commun, ne se quitteraient pas volontiers.

Il avait soin qu'ils ne prissent leur repas, le dîner et le souper, qu'après s'être fatigués jusqu'à suer : ou il les faisait chasser à outrance, ou il imaginait quelques jeux violens, ou il les employait pour lui-même, et dirigeait les travaux de sorte qu'ils ne revinssent que trempés de sueur. Il croyait qu'ils en mangeraient avec plus d'appétit, qu'ils en seraient plus robustes et plus en état de supporter la fatigue. » Il pensait encore que, travaillant ensemble, ils en seraient d'un commerce plus doux ; de même qu'on voit les chevaux se tenir tranquilles avec leurs compagnons de travail. Enfin, des soldats qui se disent à eux-mêmes qu'ils sont bien exercés, marchent à l'ennemi avec plus de confiance.

Cyrus s'était fait arranger une tente assez vaste pour contenir ceux qu'il jugeait à propos d'admettre à sa table : or il y invitait le plus ordinairement les taxiarques, tantôt l'un, tantôt l'autre, suivant les circonstances; quelquefois les lochages, les dizainiers, les cinquainiers, les simples soldats; quelquefois une cinquaine, une dizaine, une compagnie entière. Il accordait cette marque de bienveillance à ceux qui tenaient la conduite qu'il eût voulu que tinssent tous les autres. A sa table, chacun était servi comme lui. Il avait les mêmes égards pour les gens destinés au service du soldat : ces gens-là, disait-il, qui suivent nos armées, méritent-ils moins de considération que des hérauts, que des ambassadeurs? il faut qu'ils soient fidèles, instruits des détails militaires, intelligens, prompts, laborieux, actifs, intrépides; de plus, qu'à toutes les qualités qui forment un brave homme, ils joignent cette bonne volonté qui fait qu'on ne dédaigne aucune commission, qu'on est toujours prêt à exécuter l'ordre du général.

Chap. 2. Cyrus avait soin, lorsqu'il réunissait des officiers dans sa tente, que la conversation fût à-la-fois agréable et instructive. Un jour, il leur proposa cette question : Pensez-vous, mes amis, que ce soit un désavantage pour les autres hommes de n'avoir pas reçu la même éducation que nous, ou qu'il n'y ait aucune différence entre eux et nous, soit pour la société, soit pour la guerre? Je ne sais pas encore, répondit Hystaspe, comment ils se montreront dans le combat; mais je puis assurer que dans la société plusieurs paraissent d'un commerce difficile. Dernièrement Cyaxare ayant envoyé pour chaque compagnie des viandes de sacrifices, on en distribua à chacun de nous trois portions et plus. Le cuisinier m'en avait servi à moi le premier : lorsqu'il s'apprêtait à commencer le second tour, je lui ordonnai de commencer par la queue et de servir en sens contraire. A l'instant, un soldat du milieu du cercle s'écria, en jurant, qu'il n'y avait point d'égalité dans la distribution, si on ne commençait jamais par le centre. Fâché d'apprendre qu'il parût y avoir de l'inégalité, je l'invitai à se placer près de moi : il m'obéit d'un air fort grave; et quand notre tour fut arrivé, nous trouvant les derniers, il ne restait que de petites portions. Le soldat paraissait fort triste : « Fortune ennemie, se disait-il à lui-même, faut-il qu'on m'ait fait venir à cette place! — Sois tranquille, lui dis-je, on va recommencer par nous, tu auras la plus grosse part. » Là-dessus le cuisinier apporte son troisième et dernier service; le soldat prend sa part après moi : mais à peine celui qui le suivait avait pris la sienne, que mon homme trouvant le morceau de son voisin plus fort que le sien, le rejeta pour en choisir un autre. Le cuisinier qui pensait qu'il n'en voulait plus, continua son service, sans lui laisser le temps de prendre un autre morceau : ce qui le courrouça au point qu'après avoir laissé emporter le morceau dont il était le maître, il renversa encore, moitié surprise, moitié colère, la sauce qui lui restait sans viande. Un lochage assis près de nous battait des mains, riant et se divertissant de cette scène. Pour moi, je feignais de tousser; j'avais peine à me contenir. Voilà, Cyrus, l'humeur d'un de nos camarades.

Après ce récit qui amusa, comme cela

devait être, un taxiarque prenant la parole: « Il paraît, Cyrus, qu'Hystaspe avait rencontré un homme de mauvaise humeur; pour moi, voici mon aventure. Lorsqu'après nous avoir enseigné les évolutions militaires tu nous eus congédiés en nous ordonnant d'exercer nos compagnies conformément à tes leçons, je commençai, à l'exemple de mes camarades, par dresser une escouade; je plaçai le chef à la tête, derrière lui un jeune soldat, puis les autres dans l'ordre que je jugeai convenable: cela fait, je me postai vis-à-vis d'eux, et les regardant, dès que je crus qu'il en était temps, je leur ordonnai d'avancer. Alors mon jeune soldat, dépassant son lochage, se trouva à la tête de l'escouade. Que fais-tu, lui dis-je? — J'avance comme vous me l'ordonnez. — Ce n'est pas à toi seul, mais à toute la troupe que l'ordre s'adresse. A ces mots, se tournant vers ses camarades: « N'entendez-vous pas qu'on nous commande à tous d'avancer? » Sur-le-champ tous marchent vers moi, laissant leur lochage derrière eux. Celui-ci les rappelle à leur rang, ils se fâchent. « Auquel donc, s'écrient-ils, devons-nous obéir! l'un ordonne, l'autre défend d'avancer. » Je pris patience. Je remis mes gens en ordre, en leur disant de ne point se mettre en mouvement que celui qui était devant ne commençât à marcher; que chacun devait être seulement attentif à suivre celui qui le précédait. Dans ce temps-là même, quelqu'un qui s'en allait en Perse vint me demander une lettre que j'avais écrite pour ce pays. Le lochage savait où je l'avais mise, je lui dis d'aller promptement la chercher; il part en courant: le jeune homme court après lui, armé de son épée et de sa cuirasse; les autres, à son exemple, en font autant, et bientôt ma lettre arrive escortée: tant mon escouade observe scrupuleusement la discipline que tu leur prescris. »

Tout le monde riait de la pompeuse escorte de la lettre. « Bons dieux, s'écria Cyrus, quels camarades nous avons là! Puisqu'un chétif repas gagne ainsi leur amitié, et qu'ils sont dociles au point d'obéir avant de savoir ce qu'on leur commande, je ne sais si l'on pourrait désirer de meilleurs soldats. »

Lorsqu'il les eut ainsi loués tout en plaisantant, un taxiarque nommé Aglaïtadas, homme de mœurs austères, qui se trouvait là, lui adressant la parole: « Crois-tu, Cyrus, que ces gens-là disent vrai? — Et quel motif auraient-ils de mentir? — Nul autre motif que celui d'amuser et de se faire valoir par leurs contes. — Doucement, ne les accuse point d'être vains: selon moi, ce nom convient à des gens qui veulent paraître ou plus riches, ou plus braves qu'ils ne sont en effet, et à ceux qui promettent au-delà de ce qu'ils peuvent, surtout si l'on voit qu'ils agissent dans des vues d'intérêt: mais celui qui cherche à divertir ses amis sans intérêt, sans malice, sans causer aucun préjudice, pourquoi ne le regarderait-on pas plutôt comme un homme aimable et poli que comme un homme avantageux! »

Cyrus prenait ainsi la défense de ceux qui avaient égayé la compagnie. Le taxiarque qui venait de raconter la plaisante aventure de la lettre, apostrophant Aglaïtadas: « Sans doute, lui dit-il, si nous cherchions à t'affliger, à l'exemple de ces gens qui, par des vers touchans ou des histoires lamentables inventées à plaisir, s'efforcent d'arracher des larmes, tu te plaindrais de nous avec raison, puisque, même avec la conviction que nous voulons uniquement te réjouir, tu ne laisses pas de nous traiter avec dureté. — Je soutiens, moi, que j'ai raison: en cherchant à faire rire, on sert bien moins ses amis qu'en les faisant pleurer; avec un jugement sain, tu reconnaîtrais que je dis vrai. Certes, ce n'est point sans les contrarier qu'un père forme ses enfans à la vertu, qu'un maître enseigne les sciences à ses disciples : et les lois portent-elles les citoyens à la justice en ménageant toujours leur sensibilité? Me diras-tu que ceux qui possèdent le talent d'exciter le rire rendent les corps plus robustes, les âmes plus propres ou à l'administration domestique, ou au gouvernement de l'état? — Aglaïtadas, dit alors Hystaspe, si tu m'en crois, tu distribueras hardiment à nos ennemis ce bien précieux que tu nous vantes, et tu essaieras de les faire pleurer; mais ce ris que tu estimes si peu, tu le garderas précieusement pour nous qui sommes tes amis : tu dois en avoir une ample provision, car tu ne l'as pas épuisé par l'usage; je doute même que tu en aies jamais usé volontairement en faveur de tes amis et de tes hôtes : ainsi tu n'as aucun prétexte pour ne point nous en faire part. — Prétends-tu, Hystaspe, tirer de moi de quoi t'amuser? — Ce serait une folie, repartit le taxiarque; on en tirerait du feu plutôt qu'une saillie aimable. » A ce mot, tous ceux qui connaissaient le caractère d'Aglaïtadas, rirent aux éclats, et lui-même ne put s'empêcher de sourire. Cyrus voyant qu'il se déridait : « Taxiarque, tu as tort de pervertir ainsi le plus sérieux des hommes, en forçant à rire un ennemi déclaré de la gaîté. »

Cet entretien fini, Chrysante prit la parole : « Cyrus, et vous tous qui êtes présens, je suis dans la ferme persuasion que les Perses qui nous ont accompagnés ne sont pas tous d'une égale valeur; cependant, si la fortune nous favorise, tous voudront être récompensés également : or rien, à mon avis, ne serait plus inégal que de traiter également le brave et le lâche. — Eh bien! mes amis, dit Cyrus jurant par les Dieux, il n'y a rien de mieux à faire que de prendre à ce sujet l'avis de toute l'armée : elle décidera lequel lui paraît plus expédient, si le ciel seconde notre entreprise, ou de traiter tout le monde également, ou de régler les distinctions sur le mérite. — Pourquoi, reprit Chrysante, au lieu de discuter ne pas déclarer simplement votre volonté? N'avez-vous pas, seul et de votre propre mouvement, établi des prix? Par Jupiter! ce n'est pas ici la même chose : les soldats, persuadés que le commandement est à moi par droit de naissance, peuvent bien ne pas me trouver injuste dans la distribution des grades; mais ils regarderont, je pense, les fruits de notre expédition comme un bien qui leur appartient autant qu'à moi. — Croyez-vous, repartit Chrysante, que les troupes assemblées opinent pour l'inégalité du partage, qui donne aux plus braves les honneurs et le butin? — Je le crois, et parce que vous appuierez cet avis, et parce qu'il serait honteux de soutenir le contraire et de ne vouloir pas que celui qui a le mieux servi soit le mieux récompensé. Je pense que les plus lâches mêmes jugeront utile cette distinction en faveur des plus braves. »

C'était particulièrement pour les homotimes que Cyrus désirait faire passer ce règlement : il savait qu'ils redoubleraient d'ardeur quand ils s'attendraient à être jugés sur leurs actions et récompensés suivant leur mérite; et comme les homotimes ne craignaient rien tant que d'être confondus, par l'égalité du traitement, avec les simples soldats, il crut à propos de mettre sur-le-champ l'affaire en délibération. Tous ceux qui étaient dans sa tente furent du même avis, et l'on convint qu'il serait appuyé par quiconque se piquait de bravoure. Sur cela, un des taxiarques dit en souriant : « Je connais un soldat qui ne manquera pas de dire que les partages ne doivent point être égaux. — Qui est-ce, demanda quelqu'un? — C'est un soldat de ma compagnie qui veut en toute occasion avoir plus que ses camarades. — Veut-il avoir aussi plus de part au travail, demanda un autre? — Non pas, dit le taxiarque; j'avoue que je m'étais trompé: il permet, avec beaucoup de complaisance, à qui le veut, de prendre plus de part que lui au travail et à la fatigue. — Je pense, dit Cyrus, que pour avoir un corps de troupes excellent et bien discipliné, il faut réformer tous ceux qui lui ressembleraient: car je remarque que les soldats vont d'ordinaire comme on les mène; et si les gens vertueux tâchent de porter au bien leurs compagnons, les méchans les entraînent au mal. Ceux-ci même ne réussissent que trop souvent à grossir leur parti: secondé de la volupté, le vice marchant dans des routes fleuries séduit la multitude, tandis que dans ses sentiers escarpés la vertu n'a rien d'attrayant, surtout lorsque des pervers l'invitent à suivre une pente douce et facile. Si donc parmi nos soldats il s'en trouve qui ne soient que mous et paresseux, je les assimile à des frelons qui consomment en pure perte une partie des vivres; mais ceux qui étant mous au travail exigent impudemment un bon salaire, sont d'un pernicieux exemple: comme leur perversité est souvent heureuse, il en faut absolument purger l'armée. N'examinez pas si vous aurez des soldats perses pour compléter vos compagnies. Quand vous avez besoin de chevaux, vous cherchez les meilleurs, sans vous informer s'ils sont de votre pays: choisissez de même, chez les autres nations, les hommes qui vous paraîtront les plus propres à vous fortifier et à vous faire honneur. Pour démontrer par des exemples l'avantage de cette pratique, voyez un char: attelé de chevaux pesans, il n'a qu'une marche lente, et sa marche sera mal réglée si les chevaux sont de force inégale. Une maison ne peut être bien administrée par de mauvais serviteurs: il serait moins fâcheux d'en manquer que d'en avoir qui la ruinent. Sachez, mes amis, qu'en renvoyant les mauvais sujets, non seulement on gagne d'en être débarrassé, mais de plus, parmi ceux qui nous resteront, ceux qui commencent à se corrompre reprendront leur ancienne pureté. Enfin, la note d'infamie dont on aura flétri les méchans deviendra pour les bons un nouvel encouragement à la vertu. » Ainsi parla Cyrus; toute l'assemblée goûta son avis et s'y conforma.

Cyrus voulait égayer de nouveau la société: s'étant aperçu qu'un taxiarque amenait avec lui et faisait asseoir sur le même lit un homme à longue barbe, extrêmement laid, il lui adresse la parole: « Sambaulas, est-ce pour sa beauté, qu'à la mode des Grecs, tu mènes partout ce jeune homme qui est à table à côté de toi? — J'avoue, répondit Sambaulas, que j'ai beaucoup de plaisir à le voir et à vivre avec lui. » A ces mots, tous les convives regardent le personnage en face: la vue de son excessive laideur excite un rire général. « Au nom des Dieux, Sambaulas, dit quelqu'un, qu'a donc fait cet homme pour mériter de toi une telle affection? — Je vais vous le dire: en quelque temps que je l'aie appelé, soit le jour, soit la nuit, il n'a jamais allégué de prétexte pour s'en dispenser; il est venu non à pas lents, mais courant de toute sa force: quelque ordre que je lui aie donné, il l'a toujours exécuté avec la plus grande diligence: il m'a formé les autres dizainiers sur son modèle, non par des paroles mais par ses exemples. — S'il est tel que tu le dépeins, dit un des convives, tu devrais l'embrasser comme on embrasse ses parens. — Il n'en fera rien, repartit le hideux soldat; il n'aime pas les ouvrages pénibles : s'il m'embrassait, il mériterait dispense de toute espèce d'exercices. »

Chap. 5. On passait ainsi, dans la tente de Cyrus, du sérieux au plaisant. Lorsqu'on eut fait les troisièmes libations et qu'on eut imploré les Dieux, on sortit de la tente pour s'aller coucher.

Le lendemain, le prince assembla toutes les troupes, et leur tint ce discours : « Amis, le moment du combat » approche; les ennemis s'avancent : si » nous remportons la victoire (et il faut » que nous en parlions sans cesse et que » nous l'obtenions), nous avons dans » nos mains leurs biens et leurs person- » nes; mais vaincus, tous nos biens de- » viennent le prix du vainqueur. Sachez » donc qu'une armée dont les soldats se » persuadent qu'on ne peut réussir qu'au- » tant que chacun paiera de sa personne, » aura de prompts et brillans succès, » parce qu'alors on ne néglige rien de ce » qu'il faut faire. L'armée, au contraire, » où chaque guerrier, se reposant sur » son compagnon, s'imaginerait qu'il y a » sans lui assez d'autres bras pour agir » et combattre, ne tarderait pas à éprou- » ver tous les malheurs ensemble. Ainsi » le veut la Divinité; elle donne des maî- » tres à ceux qui ne savent pas se com- » mander eux-mêmes de glorieux tra- » vaux. Que quelqu'un d'entre vous se » lève, et qu'il dise par quel moyen il » pense qu'on excitera plus efficacement » le courage : sera-ce en accordant plus » de distinctions à ceux qui auront es- » suyé plus de fatigues et de dangers, ou » en montrant à tous qu'il est indifférent » d'être lâche, puisque tous obtiendront » des récompenses égales? »

A ces mots se leva l'un des homotimes, Chrysante, qui sous un extérieur peu avantageux, cachait une rare prudence : « Cyrus, en nous invitant à une » pareille délibération, votre avis n'est » pas, sans doute, qu'il faille traiter les » lâches comme les braves; vous vouliez » plutôt éprouver si quelqu'un d'entre » nous ne se trahirait pas lui-même en » faisant soupçonner par son discours, » qu'il prétend, sans action remarqua- » ble, partager également les fruits de » la valeur des autres. Pour moi, comme » je ne suis ni vigoureux ni agile, je sens » que si l'on me juge par ce que je puis » faire, je ne serai dans l'armée ni le » premier ni le second, ni le millième, » ni peut-être même le dix-millième; » mais en même temps je suis persuadé » que si les plus robustes remplissent » leur devoir avec zèle, j'obtiendrai la » portion de récompense que j'aurai » méritée. Si au contraire les lâches de- » meurent dans l'inaction, et que les » guerriers braves et robustes agissent » mollement, je crains d'avoir plus de » part que je ne voudrais à toute autre » chose qu'aux fruits de la victoire. »

Après ce discours de Chrysante, Phéraulas se leva; c'était un Perse de la classe du peuple, mais né avec des sentimens au-dessus de sa condition, d'une belle figure, et très agréable au prince qui l'avait attaché à sa personne. « Cy- » rus, dit-il, et vous Perses ici présens, » il me semble qu'enfin nous pouvons » tous également disputer le prix de la » vertu; je vois que la nourriture est la » même pour tous, nous sommes tous ad- » mis à la familiarité du prince, on nous » excite tous par les mêmes motifs à bien » faire, on recommande également à tous » d'obéir aux chefs, et j'observe qu'une » prompte obéissance est d'un grand » mérite auprès de Cyrus. A l'égard de » la bravoure, on ne dira pas qu'elle soit » faite pour les uns et non pour les au- » tres; il est d'avance décidé qu'elle ho- » nore également tous ceux en qui elle » se trouve. Quant à la manière de com- » battre, celle qui nous est prescrite

» n'est-elle pas familière à l'homme? c'est ainsi que sans autre maître que la nature, l'animal sait se défendre; le bœuf frappe de la corne, le cheval rue, le chien mord, le sanglier se sert de ses défenses; sans avoir fréquenté aucune école, ils se préservent de tout ce qui pourrait leur nuire. C'est ainsi que dès mon enfance je savais très bien parer un coup dont je me croyais menacé; au défaut d'autres armes, j'opposais mes mains à celui qui voulait me frapper: j'employais ce moyen sans qu'on me l'eût montré; quelquefois même on m'avait puni pour l'avoir employé dès mon enfance. Si j'apercevais une épée, je m'en saisissais: la nature seule m'avait indiqué par où il fallait la prendre; car, loin de me l'enseigner, on me le défendait, comme d'autres choses que me défendaient mon père et ma mère, mais qui m'étaient commandées par un impérieux instinct: même quand je n'étais pas aperçu, je m'escrimais contre tout ce qui se rencontrait; et cette action non-seulement m'était aussi naturelle que de marcher et de courir, mais devenait pour moi un divertissement. Enfin, puisqu'avec nos nouvelles armes il faut moins d'art que de courage, comment ne nous empresserions-nous pas d'entrer en lice avec ces homotimes? Les mêmes récompenses sont destinées à notre valeur; cependant nous savons que nous avons moins à perdre qu'eux: ils risquent la vie la plus honorable et la plus délicieuse; nous exposons nous autres une vie laborieuse, obscure, où je ne vois que misère. Ce qui, plus que tout le reste, excite mon courage, c'est que Cyrus me jugera; juge sans envie, qui, j'en jure par les Dieux, chérit les braves gens autant que lui-même, et qui sent plus de plaisir à donner ce qu'il possède, qu'à le garder pour en jouir.

» Les homotimes, je le sais, sont fiers d'avoir été élevés à supporter la faim, la soif, le froid: ils ignorent donc que nous y avons été formés comme eux par un maître plus absolu, la nécessité, qui ne nous a que trop bien instruits dans cette science. A la vérité, ils s'exerçaient à porter leurs armes; mais qui ignore combien l'art les a rendues légères? et nous, nous étions souvent contraints de marcher, de courir avec des charges énormes; de sorte qu'aujourd'hui ces mêmes armes me semblent plutôt des ailes qu'un fardeau. Je vous le déclare donc, Cyrus, je combattrai, et tel que vous me voyez, je prétends aux récompenses que j'aurai méritées. Pour vous, qui êtes, ainsi que moi, de la classe inférieure, je vous exhorte à soutenir le défi que nous offrons à ces homotimes élevés avec tant de soin, à ces hommes qui sont maintenant engagés dans une lutte plébéienne. » Lorsque Phéraulas eut cessé de parler, plusieurs Perses se levèrent pour appuyer les deux opinions: il fut décidé que chacun serait récompensé selon son mérite, et que Cyrus en serait le juge; ce qui fut suivi.

Peu après Cyrus invite à souper une compagnie entière avec son taxiarque; il avait vu diviser sa compagnie en deux bandes, puis les ranger en bataille, l'une vis-à-vis de l'autre: tous avaient la poitrine munie d'une cuirasse, le bras gauche d'un bouclier; l'une des bandes était armée de grosses cannes, l'autre devait ramasser et jeter des mottes de terre. Quand tous étaient prêts, il donnait le signal du combat: aussitôt ceux-ci de lancer leurs mottes qui venaient frapper les cuirasses, les boucliers, les jambes et les cuisses de la bande opposée. Mais lorsqu'on se mesurait de près, la troupe armée de bâtons frappait tantôt sur les mains, les cuisses ou les jambes, tantôt sur la tête et le dos de ceux qui se baissaient pour ramasser des mottes; enfin elle les mettait en déroute et les poursuivait, en les frappant, avec de grands éclats de rire. La première bande, à son tour, s'armant de cannes, traitait l'autre comme elle en avait été traitée. Cyrus agréablement surpris de l'obéissance des soldats et de l'invention du taxiarque qui tout-à-la-fois exerçait et divertissait sa troupe, flatté d'ailleurs de ce que la victoire restait à ceux qui combattaient à la manière des Perses, les invita donc à souper. Lorsqu'ils entrèrent dans sa tente, il en vit plusieurs qui avaient ou la main ou la jambe bandée; il leur demanda de quelle arme ils avaient été blessés. « Par des coups de mottes de terre, répondirent-ils. — Est-ce avant ou après vous être joints que vous les avez reçus? Ils répliquèrent que c'était lorsqu'ils se battaient de loin, et qu'il n'y avait eu que du plaisir dès qu'ils s'étaient approchés. » Ceux qu'on avait blessés à coups de cannes s'écrièrent qu'il n'y avait point eu à rire pour eux dans la mêlée; en même temps ils montrèrent des blessures, les uns à la main, les autres à la tête ou au visage : ensuite, comme on se l'imagine bien, ils se mirent à plaisanter sur leurs infortunes réciproques. Le lendemain toute la campagne fut couverte de soldats qui se livraient au même exercice; et depuis ce temps ce fut leur amusement favori, quand ils n'avaient pas d'occupations plus sérieuses.

Un autre jour il vit un taxiarque qui ramenait sa compagnie des bords du fleuve, pour aller dîner, la faisait d'abord marcher sur une file, puis commandait à la seconde, à la troisième, à la quatrième escouade d'avancer : les quatre chefs se trouvaient ainsi au premier rang. Il ordonnait ensuite aux escouades de doubler les files, de manière que les dizainiers venaient en première ligne; enfin, par un second doublement, les cinquainiers y venaient aussi. Arrivé à la porte de la tente, il rangeait de nouveau ses soldats sur une seule file, et les faisait entrer un à un, d'abord ceux de la première escouade, ensuite ceux de la seconde, de la troisième, de la quatrième; puis il leur ordonnait de se placer à table, dans l'ordre où ils étaient entrés. La patience et le zèle de ce taxiarque plurent tellement à Cyrus, qu'il l'invita de même à souper, lui et sa compagnie. « Seigneur, dit un autre taxiarque qui était du souper, n'inviterez-vous pas aussi la mienne? car elle ne manque jamais, avant ses repas, à toutes ces évolutions : de plus, lorsque mes soldats sortent de table, le serre-file de la dernière escouade conduit l'escouade entière, de sorte que les derniers se trouvent à la tête; le serre-file de la troisième escouade précède pareillement la sienne; il en est de même de la seconde et de la première : par cette manœuvre, les soldats apprennent comment on fait retraite au besoin. Lorsque nous partons pour le lieu destiné à nos promenades, si nous allons vers le levant, je marche à leur tête, et chacun suit selon son rang; la première escouade d'abord, puis la seconde, la troisième, la quatrième; enfin les dizaines et les cinquaines, aussi longtemps que je le désire : mais si nous tournons vers le couchant, le serre-file et les soldats de la queue se trouvent à la tête; et quoique alors je me trouve à la queue, on ne m'en obéit pas moins : on s'accoutume par ce moyen à savoir ou conduire ou suivre. — Faites-vous souvent cette manœuvre? — Toutes les fois qu'il faut souper. — Eh bien, je t'invite à souper, toi et ta compagnie; puisque tu t'exerces avant et après le repas, le jour et la nuit, puisque tu entretiens la vigueur du corps par l'exercice, en même temps que tu augmentes celle de l'âme par la discipline : et comme tu fais tout au double, il est juste de t'offrir un double repas. — Apparemment, reprit le taxiarque, ce ne sera pas le même jour, à moins que vous ne nous donniez un double estomac. » Après cette conversation, l'on se sépara. Cyrus invita, comme il l'avait dit, cette compagnie à souper, tant pour le lendemain que pour le jour suivant : témoins de cette faveur, toutes les autres s'empressèrent de l'imiter.

Chap. 4. Un jour que Cyrus faisait la revue de son armée, et qu'il la rangeait en bataille, un envoyé de Cyaxare vint lui annoncer des ambassadeurs du roi des Indes ; qu'il se rendît donc incessamment auprès de son oncle. « Je vous apporte, ajouta l'envoyé, de beaux vêtemens de la part du roi : il veut vous présenter dans la plus grande magnificence aux Indiens, qui ne manqueront pas de remarquer l'ajustement sous lequel vous paraîtrez. » Cyrus ordonne sur-le-champ au premier taxiarque de se mettre à la tête de sa compagnie, et de la ranger sur une seule file à la droite de l'armée, lui recommandant de faire passer ce même ordre au second taxiarque, et du second à tous les autres successivement jusqu'au dernier. L'ordre fut aussitôt exécuté que donné : en un instant l'armée se trouva disposée sur trois cents hommes de front (car il y avait autant de taxiarques), et sur cent de hauteur. Cette disposition faite, Cyrus se mit à la tête, leur ordonna de le suivre, et partit en doublant le pas. Mais bientôt observant que le chemin qui conduisait au palais, était trop étroit pour trois cents hommes de front, il commanda aux dix premières compagnies, qui formaient ensemble mille hommes, de le suivre, dans l'ordre où elles se trouvaient, aux dix autres de se mettre à la queue des premières, et ainsi de dix en dix. Comme il continuait à marcher ainsi à la tête de l'armée, sans s'arrêter, chaque troupe de mille hommes suivant de près celle qui la précédait, il envoya deux aides-de-camp à l'entrée du chemin, pour avertir de ce qu'il fallait faire, ceux qui l'ignoraient. Lorsqu'on fut proche du palais, il ordonna au premier taxiarque de ranger sa compagnie sur douze de hauteur, de manière que les douzainiers formassent la première ligne, du côté du palais : il lui enjoignit de faire passer cet ordre au second capitaine ; ainsi de proche en proche, à tous les autres ; ce qui fut exécuté. Cyrus se rendit alors auprès de Cyaxare, avec son habillement perse, que ne déshonorait aucun faste étranger. Si le roi fut flatté de sa diligence, ce ne fut pas sans chagrin qu'il le vit grossièrement vêtu. « A quoi penses-tu, lui dit-il, de te présenter en cet état devant les Indiens? Je désirais que tu parusses dans le plus grand éclat : j'eusse été flatté que l'on vît le fils de ma sœur dans toute sa magnificence. — Cyaxare, si je m'étais habillé de pourpre, paré de colliers, chargé de bracelets, et qu'avec cela j'eusse tardé à venir, vous aurais-je donc fait tant d'honneur? Mon empressement à vous montrer des troupes aussi bien disciplinées que nombreuses ; ma prompte et respectueuse obéissance, la soumission de mes soldats à vos ordres, la sueur qui coule de mon front, ne sont-ils pas pour vous comme pour moi la plus riche des parures? » Le roi sentant la justesse de cette réponse, ordonna qu'on introduisît les Indiens.

Lorsqu'ils furent entrés : « Nous venons, dirent-ils, de la part du roi des Indes, pour te demander quel est le sujet de la guerre entre les Assyriens et les Mèdes. Nous sommes chargés d'aller, quand nous saurons ta réponse, faire la même question au roi d'Assyrie ; enfin, de vous notifier à l'un et à l'autre, que notre maître embrassera, après un mûr examen, le parti de l'offensé. — Apprenez de moi, répondit Cyaxare, que nous ne faisons aucun tort au roi d'Assyrie; allez vers lui et sachez quelles sont ses prétentions. Seigneur, dit Cyrus, me sera-t-il permis d'ajouter un mot? — Parlez. — Déclarez au roi des Indes, si toutefois Cyaxare l'approuve, que nous le prendrons lui-même pour arbitre, dans le cas où le roi d'Assyrie se plaindrait de nous. Après cette réponse, les ambassadeurs se retirèrent.

Quand ils furent sortis, Cyrus tint ce discours à Cyaxare : « En quittant la Perse pour me rendre près de vous, je n'emportai pas avec moi beaucoup d'argent; il m'en reste fort peu ; ce que j'avais, je l'ai dépensé pour mes soldats. Peut-être cela vous surprend-il, puisque vous fournissez à leur subsistance : mais vous saurez qu'il m'a servi uniquement à distinguer, à gratifier ceux qui le méritaient. Je pense que dans toute entreprise on aime mieux s'assurer du zèle de ceux qu'on emploie, en les encourageant, en leur faisant du bien, qu'en les chagrinant, ou en les traitant durement. C'est, ce me semble, particulièrement à la guerre qu'on doit gagner les cœurs par la douceur et la bienfaisance, si on veut avoir de braves compagnons d'armes. Il faut que des soldats, pour nous seconder avec zèle, soient nos amis et non pas nos ennemis; qu'ils ne soient point jaloux des succès de leur général, et qu'ils ne l'abandonnent point dans ses malheurs. D'après ces considérations, de nouveaux fonds me semblent nécessaires: Surchargé comme vous l'êtes d'une infinité de dépenses, il serait déraisonnable de n'avoir recours qu'à vous seul. Avisons donc, vous et moi, à ce que nous ferons pour que les finances ne vous manquent point; car tant que votre trésor sera bien garni, je suis convaincu que je pourrai y puiser au besoin, surtout si mes dépenses doivent tourner à votre profit. Dernièrement, si ma mémoire est fidèle, vous disiez que le roi d'Arménie, sur la nouvelle que nos ennemis s'approchaient, vous traitait avec peu d'égards ; qu'il ne vous envoyait pas de troupes, qu'il refusait de payer le tribut accoutumé. — Cela est vrai, dit Cyaxare; aussi, ne sais-je lequel serait le plus avantageux, ou de lui déclarer la guerre, et de le soumettre par la force, ou de dissimuler dans ce moment, pour ne pas donner à mes ennemis un nouvel allié. — Les lieux qu'il habite sont-ils ouverts, ou fortifiés ? — Pas très fortifiés ; j'y ai toujours eu l'œil : mais il a des montagnes où il peut se retirer sans qu'il soit possible ni de le forcer ni de s'emparer des effets qu'il y aurait transportés ; à moins de le tenir long-temps bloqué, comme fit autrefois mon père. — Si vous voulez, reprit Cyrus, me donner un corps de cavalerie suffisant, j'espère, avec l'aide des Dieux, le réduire à vous envoyer des troupes, à vous payer le tribut, je dis plus, à le mettre dans nos intérêts plus qu'il n'y est à présent. — Je me flatte qu'en effet, tu y réussiras plus aisément que moi. J'ai ouï dire que quelques-uns de ses fils ont chassé quelquefois avec toi : probablement ils viendront te trouver; et dès que tu te seras assuré d'eux, tu amèneras les choses au point où nous les désirons. — Vous pensez donc qu'il importe que notre dessein reste bien secret?—Oui, parce qu'ils donneront plus tôt dans le piége, et qu'on les surprendra lorsqu'ils s'y attendront le moins. — Écoutez donc, et voyez si je raisonne juste. Il m'est souvent arrivé de mener tous mes Perses à la chasse vers les frontières qui séparent vos états d'avec l'Arménie, et même de me faire suivre de quelques escadrons de votre cavalerie. — Tu peux faire encore la même chose, sans porter ombrage à l'ennemi ; mais si tu mènes plus de troupes qu'à l'ordinaire, tu deviendras suspect. — Ne peut-on pas imaginer un prétexte aussi plausible pour nos soldats que pour les Arméniens eux-mêmes? on dira que je projette une grande chasse ; et je vous demanderai publiquement de la cavalerie. — Fort bien : moi, de mon côté, je feindrai de ne pouvoir t'en donner que très peu, sous prétexte que je veux visiter mes frontières du côté de l'Assyrie ; et de fait, mon dessein est d'y aller pour les fortifier le plus possible. Mais lorsque tu seras arrivé avec tes troupes, et que tu auras chassé pendant deux jours, je t'enverrai la meilleure partie de la cavalerie et de l'infanterie que j'ai rassemblées ; et dès que tu l'auras, tu entreras dans le pays ennemi, tandis qu'à la tête du reste de mon armée je tâcherai de ne pas m'éloigner, pour me montrer au besoin. »

Toutes ces mesures prises, Cyaxare fixa le rendez-vous de la cavalerie et de son infanterie vers les frontières, et les fit précéder de voitures chargées de munitions. De son côté, Cyrus sacrifia aux de lui : « Mes amis, avec l'aide du ciel, nous ferons bonne chasse. » Arrivé près de la frontière, il se mit à chasser, suivant sa coutume : le gros de l'armée, cavalerie et infanterie, marchait en avant pour faire lever les bêtes, tandis que des hommes d'élite distribués çà et là les surprenaient au passage ou les poursuivaient. On prit quantité de sangliers, de cerfs, de chevreuils, et d'ânes sauvages, espèce d'animaux encore aujourd'hui très commune dans ces contrées. La chasse finie, Cyrus se trouvant sur les frontières de l'Arménie, fit apprêter à souper. Le lendemain il chassa de nouveau, en s'approchant de certaines montagnes dont il désirait de s'emparer ; et la chasse finit par le souper, comme le jour précédent. Cyrus jugeant alors que les troupes de Cyaxare n'étaient pas loin, leur manda secrètement de souper à-peu-près à la distance de deux parasanges ; il espérait par là faire prendre le change à l'ennemi. Il ordonnait en même temps à leur commandant de se rendre auprès de lui dès qu'on aurait

» soldats des plus alertes, qu'à leur ha-
» billement et à leur nombre on prenne
» pour des voleurs. S'ils rencontrent des
» Arméniens, ils les arrêteront, de crainte
» qu'ils n'avertissent leurs compatriotes :
» ceux qu'ils ne pourront joindre, ils les
» écarteront par la terreur, de sorte
» qu'ils ne voient pas notre armée, et
» qu'ils croient n'avoir affaire qu'à des
» brigands. C'est à toi d'exécuter ce
» stratagème : pour moi, dès la pointe
» du jour, suivi du reste de l'infanterie
» et de toute la cavalerie, je m'avance-
» rai, en traversant la plaine, vers le
» palais du roi. S'il se met en état de dé-
» fense, il faudra combattre; s'il se re-
» tire, nous le poursuivrons; s'il se
» sauve dans les montagnes, qu'il n'é-
» chappe aucun de ceux qui tomberont
» dans tes mains. Songe bien que c'est
» une vraie chasse : nous, nous battrons
» la campagne; toi, tu veilleras aux toi-
» les. Souviens-toi qu'avant de lancer
» les bêtes, il faut occuper tous les pas-
» sages ; et que les chasseurs doivent se
» tenir en embuscades pour ne pas faire
» rebrousser chemin à l'animal qui vient
» à eux. Garde-toi, Chrysante, de faire
» ici ce que tu faisais souvent, par amour
» pour la chasse; plus d'une fois tu as
» passé des nuits entières sans te cou-
» cher : au contraire, laisse un peu re-
» poser tes soldats, afin qu'ils résistent
» au sommeil. Il t'arrive aussi d'errer
» dans les montagnes, moins faute de
» guide, qu'entraîné par l'ardeur du
» butin sur les pas des animaux. Ne t'en-
» gage pas, de même, dans des chemins
» de difficile accès : recommande à tes
» guides de te conduire par la route la
» plus aisée, à moins qu'il n'y en ait une
» beaucoup plus courte; pour une ar-
» mée, le chemin le plus doux est le plus
» court. Ne va pas non plus, suivant
» ton usage, traverser les montagnes
» en courant : modère ta marche; prends

» un pas que tes troupes puissent suivre.
» Il sera bon encore que quelques-uns
» des plus robustes et des plus dispos
» fassent halte; puis, le reste des trou-
» pes passé, ceux-ci doublant le pas,
» encourageront les autres à les imiter.»
Chrysante l'entendit : glorieux de sa
mission, il sort avec ses guides, donne
les ordres nécessaires aux troupes qui
devaient le suivre, et prend ensuite du
repos. On dormit tout le temps convenable; puis on s'avança vers les montagnes.

Dès que le jour parut, Cyrus envoya
un héraut au roi d'Arménie, avec cet
ordre : « Roi d'Arménie, Cyrus t'or-
» donne de te rendre sans délai auprès
» de lui avec des troupes et le tribut que
» tu dois. » « S'il te demande où je suis ?
dis franchement que je suis sur la frontière; si je marche en personne ? réponds-
lui, ce qui est vrai, que tu l'ignores;
quel est le nombre de mes soldats ? dis-
lui qu'il te fasse accompagner de quelqu'un pour en juger.» En donnant cette
instruction au héraut, il trouvait plus
humain d'avertir ainsi le roi, que d'entrer sur ses terres sans le prévenir. Cependant, il marchait à la tête de ses
troupes, rangées dans le meilleur ordre,
soit pour la marche, soit pour le combat; ordonnant au soldat de respecter
les personnes, de rassurer les Arméniens
qu'il rencontrerait, et de leur déclarer
qu'ils seraient libres d'apporter dans le
camp les vivres qu'ils auraient à vendre.

LIVRE TROISIÈME.

CHAPITRE PREMIER. Telle était la conduite de Cyrus. Le roi d'Arménie fut
frappé de ce que l'envoyé lui disait de la
part de Cyrus : il se sentait coupable
pour n'avoir ni payé le tribut, ni envoyé
des troupes à Cyaxare. Ce qui ajoutait

encore à son effroi, c'est qu'on allait découvrir qu'il commençait à fortifier sa ville capitale, de manière à pouvoir s'y défendre. Agité de toutes ces craintes, il envoie çà et là, il rassemble ses troupes; il fait passer dans les montagnes, sous bonne escorte, Sabaris, le plus jeune de ses fils, la reine, ses filles, la femme de son fils aîné, ses bijoux, ce qu'il avait de plus précieux, et détache des coureurs pour observer ce que faisait Cyrus. Il armait tous les Arméniens qui se trouvaient autour de sa personne lorsqu'on vint lui annoncer que Cyrus marchait sur ses pas. Loin d'oser se mettre en défense, il s'éloigne; les Arméniens, à son exemple, regagnent en hâte leurs maisons pour mettre leurs effets en sûreté. Cyrus voyant la plaine couverte de gens qui se sauvaient avec leurs troupeaux, envoya dire qu'on ne ferait aucun mal à ceux qui demeureraient, mais qu'on traiterait en ennemis ceux qui seraient pris en fuyant. Le plus grand nombre resta: quelques-uns suivirent le roi. D'un autre côté, ceux qui escortaient les princesses vers les montagnes, ayant donné dans l'embuscade de Chrysante, poussèrent un grand cri et furent presque tous pris dans leur fuite. Le fils du roi, ses femmes, ses filles, tombèrent au pouvoir de l'ennemi, ainsi que tout ce qui marchait à leur suite. A cette nouvelle, le roi, incertain du parti qu'il prendrait, se sauva sur les hauteurs; Cyrus, qui avait vu ce mouvement, l'investit aussitôt avec les troupes qu'il avait sous la main, et fit dire à Chrysante de quitter la montagne pour le venir joindre.

Tandis que l'armée se rassemblait, il envoya au roi d'Arménie un héraut chargé de lui faire cette question : « Roi d'Arménie, que préfères-tu, de rester où tu es pour lutter contre la soif et la faim, ou de descendre dans la plaine pour combattre contre nous ? » Sur la réponse du roi qu'il ne voulait avoir affaire ni à l'un, ni à l'autre de ces ennemis, Cyrus, par l'organe de son héraut, lui dit encore : « Pourquoi, au lieu de descendre, restes-tu à ce poste ? — Parce que je suis incertain de ce que je dois faire. — Peux-tu hésiter, puisqu'il ne tient qu'à toi de venir défendre ta cause ? — Qui sera mon juge ? — Pas d'autre que celui que les Dieux ont fait l'arbitre absolu de ton sort. » Contraint par la nécessité, il descendit de sa colline. Cyrus le reçut lui et sa suite au milieu de son armée, qui, devenue complète par l'arrivée de Chrysante, l'environna de toutes parts.

Tigrane, fils aîné du roi d'Arménie, qui avait souvent chassé avec Cyrus, arrivait alors d'un voyage en pays étranger. Informé de ce qui se passe, sur-le-champ même et dans l'équipage de voyageur, il va trouver le prince perse. On conçoit qu'en voyant son père, sa mère, ses sœurs, sa femme prisonniers, il versa des larmes. Cyrus borna tout son accueil à lui dire : « Tu arrives à temps pour assister au jugement de ton père. » Bientôt il assemble les chefs des Perses et des Mèdes, mande aussi les grands d'Arménie, et permet aux femmes qui étaient dans leurs chariots d'écouter ce qu'il allait dire. Lorsque tout fut prêt, il commença en ces termes : « Roi d'Arménie, je te conseille avant tout de ne rien dire que de vrai dans ta défense, afin d'éloigner de toi le plus odieux des crimes, car tu dois savoir que l'imposture rend tout-à-fait indigne de pardon. Tes enfans, ces femmes, les Arméniens ici présens, connaissent tous ta conduite : s'ils entendent le mensonge sortir de ta bouche et que je découvre la vérité, ils jugeront que tu te condamnes à subir les derniers supplices. — Demande-moi ce qu'il te plaira ; je ne déguiserai rien, quoi qu'il en puisse arriver. — Réponds donc; n'as-tu jamais fait la guerre à mon aïeul maternel Astyage et aux Mèdes? — Oui. — Après ta défaite, ne promis-tu pas de lui payer un tribut, de marcher sous ses drapeaux en quelque lieu qu'il te l'ordonnât, et de n'avoir aucune place forte? — Cela est vrai. — Pourquoi donc n'as-tu envoyé ni tribut, ni soldats? pourquoi as-tu fortifié tes places? — Je désirais m'affranchir : il me semblait si beau de recouvrer ma liberté, de la transmettre à mes enfans! — Il est beau, sans doute, de combattre pour échapper à l'esclavage : mais si un homme vaincu dans un combat, ou asservi de toute autre manière, tentait ouvertement de se dérober à ses maîtres, dis-moi toi-même, le récompenserais-tu comme un homme généreux, louable dans sa conduite, ou le punirais-tu comme criminel? — Je le punirais : il faut bien que je l'avoue, puisque tu me défends de mentir.

» — Réponds donc clairement à chacune de mes questions. Si quelque grand de tes états manquait aux devoirs de sa charge, la lui laisserais-tu, ou le remplacerais-tu par un autre? — Je le remplacerais. — Si cet homme possédait de grandes richesses, lui permettrais-tu d'en jouir, ou le dépouillerais-tu? — Je le dépouillerais de tout ce qu'il se trouverait posséder. — Et si tu découvrais qu'il eût quelque intelligence avec tes ennemis, que ferais-tu? — Je lui ôterais la vie : Eh ! ne vaut-il pas mieux que je meure disant la vérité que convaincu de mensonge? »

A ces mots, son fils arracha sa tiare de dessus la tête, et déchira ses vêtemens. Les femmes, poussant de grands cris, se meurtrissaient le visage, comme si leur père n'était déjà plus, et qu'elles-mêmes dussent perdre la vie.

Cyrus ayant ordonné qu'on fît silence, poursuivit en ces termes : « Roi d'Arménie, voilà donc tes principes de justice; eh bien! que me conseilles-tu? » Le roi d'Arménie réduit au silence ne savait s'il conseillerait à Cyrus de lui ôter la vie, ou s'il démentirait ce qu'il venait de dire. Tigrane, l'un de ses fils, prenant la parole : « Seigneur, lui dit-il, puisque mon père hésite, me sera-t-il permis de t'indiquer la conduite que tu dois tenir à son égard pour ton propre intérêt? » Cyrus, se ressouvenant que lorsqu'ils allaient à la chasse ensemble Tigrane avait toujours près de lui un certain sophiste dont il faisait grand cas, fut curieux d'entendre raisonner ce prince, et l'exhorta franchement à dire sa pensée. « Si tu approuves les projets et les actions de mon père, je te conseille de le prendre pour modèle; mais si tu juges qu'il ait erré dans ses projets et dans sa conduite, je t'exhorte à ne pas l'imiter. — Tigrane, en pratiquant la justice, je n'imiterai point un coupable. — Cela est vrai. — Ainsi, de ton propre aveu, il faut punir ton père, puisqu'il est juste de punir quiconque agit contre la justice. — Mais, Cyrus, en infligeant une punition, veux-tu qu'elle tourne à ton avantage ou qu'elle nuise à tes intérêts? — Dans ce dernier cas, je me punirais moi-même. — C'est pourtant ce qui t'arrivera si tu fais périr des hommes qui sont à toi, dans le temps où il t'importe le plus de les conserver. — Eh ! peut-on compter sur des gens convaincus d'infidélité? — Oui, s'ils deviennent sages; car, selon moi, sans la sagesse les autres vertus sont inutiles : à quoi, par exemple, servirait un homme robuste, vaillant, habile à manier un cheval, riche, puissant, si la sagesse lui manquait; mais, avec cette vertu, tout ami est utile, tout domestique est bon serviteur. — Tu dis donc que dans un même jour ton père, de peu sensé qu'il était, est devenu sage. — Assurément. — Tu prétends donc que la sagesse est une passion ainsi que la tristesse, et non pas une qualité que donne la réflexion : cependant, si pour devenir sage il faut d'abord être sensé, est-il possible qu'un homme qui manque de sens se trouve sage tout-à-coup? — Quoi! tu n'as jamais observé qu'un homme qui ose se battre contre un plus fort, guérit de sa témérité lorsqu'il est vaincu? N'as-tu jamais vu que de deux états en guerre celui qui avait du désavantage aimait mieux obéir à l'autre que résister? — Quel est donc ce désavantage qui peut avoir rendu ton père aussi sage que tu le dis? — Celui de se voir plus esclave que jamais, après avoir tenté de recouvrer sa liberté, celui d'avoir échoué toutes les fois qu'il croyait devoir ou tenir une entreprise secrète, ou attaquer de vive force. Il voit que tu l'as pris dans tes piéges comme tu l'as voulu, et aussi facilement que si tu avais eu affaire à un aveugle, à un sourd, à un homme dépourvu de sens; il voit que, lorsque tu l'as voulu, tu es resté si impénétrable pour lui, que tu l'as enfermé, sans qu'il s'en doutât, dans les lieux mêmes dont il se faisait un rempart; que tu l'as si bien prévenu de vitesse, que tu es arrivé d'un pays éloigné avec une armée nombreuse, avant qu'il eût rassemblé ses troupes qui étaient près de lui. — Et tu penses qu'un tel revers, que la connaissance de la supériorité d'autrui peuvent rendre un homme sage? — Beaucoup mieux qu'une défaite dans le champ d'honneur. Un adversaire vaincu dans un combat singulier croira qu'en fortifiant son corps par l'exercice il peut de nouveau se représenter au combat : un état subjugué espérera, avec le secours de ses alliés, réparer ses pertes, au lieu qu'un homme qui connaît la supériorité d'un autre se soumet à lui volontiers et sans contrainte.

— Tigrane, tu me parais croire que les hommes violens ou injustes, que les voleurs, que les fourbes ne connaissent point d'hommes modérés, équitables, ennemis du vol et de la fraude : tu ignores donc que ton père, en nous trompant constamment, en rompant tous les traités, savait que nous observions scrupuleusement ceux conclus avec Astyage. — Aussi, prince, je ne dis pas qu'il suffise, pour devenir sage, de connaître des gens qui vaillent mieux que soi; à moins qu'on ne se trouve, comme mon père, sous la main d'un plus puissant. — Mais ton père n'a point encore éprouvé de mal; je conçois pourtant qu'il a tout à craindre. — Eh bien! Cyrus, imagines-tu rien qui abatte plus l'âme qu'une crainte violente? Ne sais-tu pas que des hommes blessés par l'épée, instrument des plus fortes punitions, veulent encore se venger, au lieu qu'on ne peut regarder en face ceux que l'on craint, lors même qu'ils parlent avec le ton de la clémence. — Tu crois donc que la crainte d'être puni tourmente plus que la punition? — Toi-même tu n'en pourrais douter : tu sais dans quel accablement tombent ceux qui craignent l'exil, ceux qui à l'instant du combat craignent d'être vaincus, ceux qui en s'embarquant appréhendent le naufrage, ceux qui sont menacés d'esclavage ou de prison; tous ces malheureux ne peuvent, dans leur effroi, ni manger, ni dormir : mais les uns une fois exilés, les autres ou vaincus ou asservis, on les voit tous manger avec plus d'appétit et dormir plus tranquilles que des hommes heureux. Des exemples expliqueront encore mieux ce que c'est que le fardeau de la crainte. On a vu des gens qui, dans la crainte de mourir s'ils étaient pris, se donnaient la mort, les uns en se précipitant, les autres en s'étranglant, d'autres en s'égorgeant : tant il est vrai que de toutes les passions la crainte est celle qui ébranle le plus fortement nos âmes. Te figures-tu l'état actuel de mon père, qui redoute l'esclavage pour lui, pour la reine, pour moi, pour tous ses enfans ? — Je n'ai pas de peine à croire à cette déchirante situation de son âme ; mais je sais aussi que l'homme insolent dans la prospérité, faible et petit dans les revers, reprend, s'il se relève de sa chute, et son ancienne arrogance et ses premières manœuvres. — Nos fautes, il est vrai, t'autorisent à te défier de nous ; mais ne peux-tu pas construire de nouvelles forteresses, te rendre maître de nos places fortes, t'assurer de notre fidélité par toutes sortes de voies ? Jamais tu ne nous entendras nous plaindre : nous n'oublierons pas que nous nous sommes attiré nos malheurs. Si tu donnes l'Arménie à quelqu'un de tes favoris qui ne t'ait point manqué, et que tu la lui donnes avec des précautions qui annoncent de la défiance, crains que pour prix d'un pareil bienfait il ne te regarde plus comme ami. D'un autre côté, si de peur d'encourir sa haine tu ne lui imposes point un frein qui le retienne dans le devoir, tremble qu'il n'ait bientôt plus besoin que nous d'être ramené à la raison. — En vérité, Tigrane, j'aurais de la répugnance à employer des gens dont je saurais ne devoir les services qu'à la contrainte : il me semble que je supporterais plus facilement les fautes d'un homme qui, avec de bonnes intentions, avec un sincère attachement, seconderait mes vues pour le bien général, que je ne m'accommoderais de l'obéissance forcée, même la plus exacte, d'un ennemi personnel. — Et de qui serais-tu désormais autant chéri que de nous ? — De ceux qui n'ont jamais été mes ennemis, si je fais pour eux ce que tu me presses de faire pour toi et les tiens. — Y a-t-il quelqu'un au monde pour qui tu puisses faire autant que pour mon père ? Et d'abord, crois-tu qu'un homme qui ne t'aura point offensé te sache gré de lui laisser la vie ? Si tu ne ui enlèves ni sa femme, ni ses enfans, en sera-t-il aussi reconnaissant que celui qui confesse que tu peux avec justice les arracher d'entre ses bras ? Est-il quelqu'un qui doive être plus affligé que nous de ne pas avoir le royaume d'Arménie ? Celui qui ressentirait le plus de chagrin de s'en voir privé sera donc pénétré, en l'obtenant, de la plus vive reconnaissance. Si tu as à cœur de laisser à ton départ l'Arménie tranquille, comptes-tu y parvenir plus sûrement avec un nouveau gouvernement qu'en laissant subsister l'ancien ? Si tu veux emmener d'ici un corps d'armée, qui sera plus capable de choisir les soldats que celui qui les a souvent employés ? S'il t'arrive d'avoir besoin d'argent, qui pourra mieux t'en procurer que celui qui connaît les ressources de l'état et qui en dispose ? O brave Cyrus, prends garde, en nous perdant, de te faire plus de tort à toi-même que mon père n'eût voulu t'en faire. » Ainsi parla Tigrane.

Cyrus l'avait écouté avec un plaisir extrême en voyant l'effet de ses promesses à Cyaxare. Il se rappelait d'avoir dit à ce dernier qu'il comptait lui procurer un allié plus fidèle à l'avenir que par le passé. « Eh bien ! dit-il en adressant de nouveau la parole au roi d'Arménie, si je cède à toutes ces instances, combien me donneras-tu de troupes, quelle somme d'argent me fourniras-tu pour la guerre. — Cyrus, je ne puis répondre avec plus de franchise et de vérité qu'en te découvrant toutes les forces de ce royaume, afin que tu décides ce que tu veux emmener d'hommes et ce que tu nous laisseras pour la défense du pays : je te dirai de même à quoi montent mes finances ; quand tu le sauras, tu prendras ce qu'il te plaira, tu laisseras ce que tu jugeras à propos. — Fais ce que tu dis : apprends-moi combien tu as de soldats et en quoi consistent tes richesses. — L'Arménie, répondit le roi, fournit environ huit mille cavaliers et quarante mille fantassins. Mes richesses, évaluées en argent, en y comprenant les trésors que m'a laissés mon père, montent à plus de trois mille talens. — De tes troupes, repartit à l'instant Cyrus, comme tu es en guerre avec les Chaldéens tes voisins, tu ne me donneras que la moitié : à l'égard de tes richesses, au lieu de cinquante talens que tu devais à Cyaxare à titre de tribut, tu en paieras cent à cause de ton infidélité ; mais tu m'en prêteras cent autres, et je te promets, si le ciel seconde mes desseins, ou de te rendre de plus grands services, ou d'acquitter cette somme en nature si je puis. Si je ne le fais pas, on pourra m'accuser d'impuissance, mais non de mauvaise foi. — Au nom des Dieux, Cyrus, ne parle pas ainsi, autrement tu ne ranimeras pas ma confiance. Sois assuré que ce que tu me laisses n'est pas moins à toi que ce que tu emporteras. — Soit, dit Cyrus ; mais que me donneras-tu pour la rançon de ton épouse ? — Tout ce que je possède. — Pour tes enfans ? — Encore tout ce que je possède. — C'est une fois plus que tu n'as réellement. — Et toi, Tigrane, que donnerais-tu pour la liberté de ta femme ? (Ce prince nouvellement marié l'aimait éperdûment.) — Cyrus, je donnerais jusqu'à ma vie pour la garantir de l'esclavage. — Reprends-la, elle est à toi ; je ne la regarde point comme captive puisque tu n'as jamais abandonné notre parti : et toi, roi d'Arménie, reprends aussi ta femme et tes enfans, sans rançon, afin qu'ils sachent qu'ils n'ont pas cessé d'être libres. Vous souperez avec nous ; vous irez ensuite où il vous plaira. »

Ils restèrent. Le souper fini, lorsqu'on était encore dans la tente, Cyrus dit à Tigrane : « Qu'est devenu cet homme qui chassait avec nous, dont tu faisais tant de cas ? — Eh ! mon père ne l'a-t-il pas fait périr ! — Pour quel crime ? — Sous prétexte qu'il me corrompait. Cependant il avait l'âme si honnête, que près d'expirer il me fit appeler et me dit : « Tigrane, ne témoigne point à ton père aucun ressentiment de ma mort ; c'est par ignorance, non par méchanceté qu'il m'ôte la vie : or, j'estime que les fautes commises par ignorance sont involontaires. » — L'infortuné ! s'écria Cyrus. — Seigneur, répliqua le roi, quand un mari tue celui qu'il surprend dans un commerce criminel avec sa femme, c'est moins pour la détourner du crime que pour punir un ennemi qui lui ravit un cœur que lui seul avait droit de posséder. J'avais conçu de la jalousie contre cet homme, parce qu'il me semblait que mon fils lui rendait plus d'honneur qu'à moi. — Ta faute, dit Cyrus, est un effet de la faiblesse humaine : oublie-la, Tigrane, en faveur de ton père. »

Après s'être ainsi entretenus, et s'être donné tous les témoignages d'une sincère réconciliation, les princes et les princesses d'Arménie montèrent dans leurs chariots, et s'en retournèrent comblés de joie. Arrivés au palais, l'un vantait la sagesse de Cyrus, l'autre sa bravoure, celui-ci son caractère affable, celui-là sa taille et sa beauté ; sur quoi Tigrane s'adressant à sa femme : « Et à toi aussi, te semblait-il beau ? — En vérité, je n'ai point jeté les yeux sur lui. — Sur qui donc ? — Sur celui qui a dit qu'il donnerait sa vie pour que je ne fusse point esclave. » Ce jour étant ainsi heureusement terminé, chacun se livra au sommeil.

Le lendemain, le roi envoya des présens pour Cyrus et ses troupes, et ordonna aux Arméniens destinés à servir dans l'armée perse, de s'y rendre dans trois jours. En même temps il compta le double de l'argent qu'il devait fournir : mais Cyrus, après avoir pris la somme qu'il avait demandée, lui rendit le surplus; ensuite il s'informa si ce serait le père ou le fils qui commanderait les troupes arméniennes. « Celui que tu voudras, répondit le roi. — Pour moi, Cyrus, ajouta Tigrane, je ne te quitterai point, dussé-je ne te suivre que pour porter le bagage. — Combien donnerais-tu, repartit Cyrus en riant, pour que ta femme apprît que tu es porteur de bagages? — Il ne sera pas nécessaire de le lui apprendre, car elle me suivra et pourra voir toutes mes actions. — Hâtez-vous donc de faire vos préparatifs. — Compte que nous serons prêts et munis de tout ce que mon père doit nous donner. » Les soldats, après avoir reçu leurs présens, allèrent prendre du repos.

Chap. 2. Le lendemain, Cyrus escorté de Tigrane, d'une troupe des meilleurs cavaliers mèdes, et de ceux de ses amis qu'il jugeait à propos d'avoir avec lui, sortit du camp, à cheval, pour aller reconnaître le pays et voir où l'on pourrait construire une forteresse. Arrivé sur une éminence, il pria Tigrane de lui indiquer les montagnes d'où les Chaldéens descendaient pour venir piller l'Arménie. Tigrane les lui ayant montrées, Cyrus lui demanda si elles étaient pour lors abandonnées. « Non certes, les Chaldéens y tiennent sans cesse des sentinelles qui leur donnent avis de tout ce qu'elles aperçoivent. — Que font-ils quand ils sont ainsi avertis? — Ils en défendent l'accès de toutes leurs forces. » Après cette réponse, Cyrus remarqua qu'une grande partie de la campagne était, par les suites de la guerre, inculte et déserte. Il retourna au camp avec son escorte; et bientôt on soupa, puis l'on prit du repos. Le jour suivant, arriva Tigrane avec son bagage, suivi de quatre mille cavaliers, dix mille archers, et autant de peltastes.

Pendant que les troupes arméniennes s'assemblaient, Cyrus offrait des sacrifices. Ayant obtenu de favorables augures, il convoqua les chefs des Mèdes, et leur tint ce discours : « Mes amis, ces » montagnes que nous voyons appar- » tiennent aux Chaldéens ; mais si nous » en devenons maîtres et que nous cons- » truisions un fort sur le sommet, nous » tiendrons en respect et la Chaldée et » l'Arménie. Les auspices sont pour » nous; d'ailleurs, rien ne secondera » mieux le courage que la célérité. Si » nous atteignons le haut de la monta- » gne avant que les Chaldéens s'y ras- » semblent, ou nous nous y établirons » sans coup férir, ou du moins nous » n'aurons affaire qu'à une poignée de » faibles ennemis. Il n'y a point d'entre- » prise plus facile ni moins périlleuse, » si nous déployons une activité soute- » nue. Courez donc aux armes : vous » Mèdes, avancez par la gauche; qu'une » moitié de vous, Arméniens, prenne la » droite, que l'autre moitié fasse l'avant- » garde : vous, cavaliers, restez sur les » derrières, pour nous encourager et » hâter notre marche; ne souffrez point » de traîneurs. »

A peine eut-il cessé de parler, qu'il se mit à la tête de ses troupes formées en colonnes. Les Chaldéens voyant une armée qui marchait rapidement vers la montagne, donnèrent aux leurs le signal convenu, et se rassemblèrent en s'appelant les uns les autres à grands cris. Cyrus encourageait ses soldats : « Perses, entendez-vous? nos ennemis nous disent de nous hâter. Si nous gagnons les premiers le sommet de la montagne, tous leurs efforts deviendront inutiles. » Or ces Chaldéens, ordinairement armés d'un bouclier d'osier et de deux javelots, passent pour les plus belliqueux de ces contrées : guerriers et pauvres (car le pays montueux qu'ils habitent est généralement stérile), ils se mettent volontiers à la solde de quiconque a besoin de leurs services.

Lorsque les troupes de Cyrus approchaient de la cime de la montagne, Tigrane, qui marchait à ses côtés, lui dit : « Sais-tu, prince, qu'il nous faudra bientôt combattre ? car les Arméniens ne soutiendront point le choc des Chaldéens. — Je le sais, répondit Cyrus, » en même temps il encouragea les Perses à se préparer à la poursuite de l'ennemi, dès que les Arméniens, en fuyant, l'auraient attiré près d'eux. Les Arméniens continuèrent à monter ; les Chaldéens les voyant approcher, fondent sur eux, à grands cris, selon leur usage : ceux-ci, à leur ordinaire, tournent le dos. Les Chaldéens les poursuivent ; mais bientôt rencontrant le reste des troupes qui montait vers eux, l'épée à la main, quelques-uns qui s'étaient trop avancés sont tués ou faits prisonniers, les autres s'enfuient avec précipitation : bientôt Cyrus fut maître des hauteurs. Dès qu'il y fut arrivé, il découvrit les maisons des Chaldéens, et remarqua que ceux qui étaient plus voisins de la montagne, les abandonnaient. Toutes les troupes étant montées, Cyrus leur ordonna de dîner. Après le repas, ayant observé que dans le lieu fortifié où les Chaldéens avaient placé leur corps-de-garde, on avait de l'eau en abondance, il résolut d'y construire une forteresse. Tigrane eut ordre de mander à son père qu'il se rendît promptement à l'armée, avec tout ce qu'il pourrait ramasser de charpentiers et de maçons. Le courrier partit ; Cyrus commença l'ouvrage avec ce qu'il avait de travailleurs.

On lui amena sur ces entrefaites plusieurs prisonniers, les uns enchaînés, les autres blessés : il les voit, fait ôter les chaînes aux premiers, et met les blessés entre les mains des médecins, avec ordre de les soigner. Il dit ensuite aux Chaldéens qu'il n'était venu ni pour les détruire ni pour satisfaire une ardeur guerrière, mais dans l'intention d'établir une paix solide entre eux et les Arméniens. « Avant que je me fusse emparé de ces montagnes, ajouta-t-il, vous n'aviez, je le sais, nulle raison de désirer la paix ; vos possessions étaient en sûreté, et vous pouviez piller et ravager celles des Arméniens. Voyez maintenant votre situation. Prisonniers, je vous rends votre liberté ; je vous permets d'aller délibérer avec vos compatriotes et vous décider ou pour la guerre ou pour notre alliance. Optez-vous pour la guerre, ne venez ici que bien armés : si vous préférez la paix, venez sans armes ; je ferai en sorte, si vous devenez nos amis, que vous ne vous trouviez pas mal de notre amitié. » A ces mots, les Chaldéens lui donnèrent de grands éloges, lui baisèrent mille fois les mains, et retournèrent dans leurs habitations.

Quand le roi d'Arménie eut reçu la nouvelle de la victoire et l'ordre de se rendre auprès de Cyrus, il partit avec le plus de diligence possible, amenant quantité d'ouvriers munis de tous les outils nécessaires. « Seigneur, dit-il, en abordant le prince, j'admire comment avec si peu de connaissances de l'avenir nous osons, pauvres humains, former tant de projets. Lorsque je travaillais à recouvrer ma liberté, je suis tombé dans une servitude encore plus dure : prisonnier, je croyais tout perdu, et ma condition devient plus belle qu'elle ne le fut jamais. Les Chaldéens nous désolaient par de continuels brigandages, et maintenant ils sont réduits à l'état où je désirais les voir. Je te dirai, seigneur, que j'aurais donné beaucoup plus que tu n'as exigé de moi, pour obtenir qu'ils fussent chassés de ces montagnes. Par ce seul bienfait, tu viens d'acquitter les promesses que tu nous fis en recevant notre argent; nous t'avons même de nouvelles obligations, que nous ne pouvons oublier sans rougir, si nous ne sommes pas les plus lâches des hommes : au reste, quoi que nous fassions, notre reconnaissance ne nous acquittera jamais envers un tel bienfaiteur. » Ainsi parla le roi d'Arménie.

Bientôt les Chaldéens vinrent supplier Cyrus de leur accorder la paix. « Quelle raison avez-vous de la désirer? n'est-ce pas l'espérance d'y trouver, à présent que nous sommes maîtres des montagnes, plus de sûreté que dans la guerre? — Oui, répondirent les Chaldéens. — Et si la paix, continua Cyrus, vous procurait encore d'autres avantages? — Nous la trouverions encore plus agréable. — Ne vous regardez-vous pas comme pauvres uniquement à cause de la stérilité de votre sol? — Oui, seigneur. — Eh bien, voudriez-vous qu'il vous fût permis de cultiver dans l'Arménie autant de terrain qu'il vous plairait, à la charge de payer au roi les mêmes redevances que ses sujets? — Oui, mais avec la certitude qu'on ne nous fera point d'injustice. — Et toi, roi d'Arménie, voudrais-tu qu'ils cultivassent chez toi les terres incultes, en payant les impôts ordinaires? — Je donnerais beaucoup pour favoriser ce projet; mes revenus en recevraient un grand accroissement. — Vous, Chaldéens, vous avez des montagnes remplies de pâturages; consentiriez-vous que les Arméniens y menassent leurs troupeaux, pourvu que ceux à qui ils appartiennent vous payassent un droit raisonnable? — Très volontiers; c'est nous offrir du profit sans peine. — Roi d'Arménie, désirerais-tu jouir de ces pâturages, si en accordant aux Chaldéens une légère indemnité, tu en retirais un grand avantage? — Assurément, si j'espérais en jouir avec sûreté. — Ne jouirais-tu pas d'une entière sûreté, ayant une garnison sur la montagne? — Oui. — Mais, reprirent les Chaldéens, que les Arméniens soient maîtres des hauteurs, loin de pouvoir cultiver sûrement les champs qu'ils nous céderont, nous ne pourrons pas même cultiver les nôtres. — Si la garnison vous protégeait? — Alors nos affaires iraient bien. — Les nôtres iraient mal, reprit le roi, si on leur rendait leurs montagnes, surtout munies d'une forteresse. — Voici donc, ajouta Cyrus, ce que je ferai : je ne confierai la garde des hauteurs ni aux Arméniens ni aux Chaldéens; je m'en charge : et si l'un des deux peuples nuit à l'autre, je défendrai l'offensé. » On applaudit à la proposition; l'on convint que c'était le seul moyen de rendre la paix durable : puis les deux peuples se jurèrent foi mutuelle, aux conditions qu'ils seraient indépendans l'un de l'autre, qu'ils s'allieraient par des mariages, qu'ils jouiraient en commun des terres labourables et des pâturages, enfin, que si l'un était attaqué, l'autre fournirait des troupes. Ainsi fut conclu ce traité, qui dure encore aujourd'hui, entre les Chaldéens et le roi d'Arménie. Aussitôt, les deux peuples travaillèrent de concert à la construction de la forteresse, gage de leur félicité commune, et y transportèrent les matériaux.

Le soir même, Cyrus ne voyant en eux que des amis, les invita tous à souper dans sa tente. Pendant le repas, un Chaldéen se mit à dire qu'à la vérité cette alliance serait agréable à la majorité de la nation; mais qu'il y avait des Chaldéens que l'habitude du pillage et du métier des armes rendait inhabiles aux travaux de l'agriculture. Ils n'ont d'autre occupation que de piller, et de se mettre tantôt à la solde du roi des Indes, car il possède de grands trésors, tantôt aussi à la solde d'Astyage. « Que ne viennent-ils avec nous, dit Cyrus? ils n'auront eu nulle part une plus forte paie. » Tous répondirent qu'oui, qu'il s'en trouverait beaucoup d'empressés à le servir. Voilà ce qui fut arrêté de part et d'autre. Cyrus, en apprenant que les Chaldéens avaient de fréquentes relations avec le roi de l'Inde, et se rappelant que ce prince avait envoyé en Médie des ambassadeurs, qui étaient allés ensuite en Assyrie pour examiner l'état de ces deux royaumes, résolut d'instruire lui-même le monarque indien de ce qu'il venait de faire. « Roi d'Arménie, dit-il, et vous Chaldéens, si j'envoyais un ambassadeur au roi de l'Inde, voudriez-vous lui associer quelques-uns de vos sujets, qui pussent lui servir de guides, et agir de concert pour faciliter ma négociation auprès de ce monarque? Je désirerais être plus riche que je ne suis, afin de pouvoir donner une bonne paie aux soldats qui la méritent, et récompenser honorablement ceux qui se distinguent. Je voudrais me voir dans la plus grande opulence ; et j'en sens le besoin. J'aimerais pourtant à ménager vos fonds, car je vous regarde comme mes amis : mais je recevrais volontiers des secours du monarque indien, s'il consentait à m'en fournir. L'ambassadeur à qui je vous propose de joindre de vos gens pour le guider dans sa route, et le seconder dans sa négociation, dira de ma part à ce prince, en l'abordant : Roi des Indes, Cyrus me dépêche vers toi, pour te représenter que l'argent lui manque. Il attend une nouvelle armée qui lui arrive de Perse (je l'attends en effet). Il te mande que si tu lui envoies selon ton pouvoir, et que les Dieux secondent ses projets, il se conduira envers toi de sorte que tu croiras avoir travaillé pour tes propres intérêts en l'obligeant. Voilà ce que dira mon ambassadeur; chargez les vôtres des instructions que vous jugerez les plus utiles. Si nous réussissons, nous en serons plus à notre aise : si ce roi nous refuse, comme alors nous ne lui avons aucune obligation, nous pourrons prendre à son égard le parti le plus avantageux pour nous. » Cyrus tenait ce discours, dans l'espérance que les ambassadeurs arméniens et chaldéens parleraient de lui chez les Indiens, comme il souhaitait qu'on en parlât dans tout l'univers. La conversation épuisée, on sortit de la tente ; et chacun alla se reposer.

CHAP. 3. Le lendemain, Cyrus fit partir son ambassadeur, avec les instructions nécessaires. Le roi d'Arménie et les Chaldéens députèrent ceux qu'ils crurent les plus propres à le seconder, et à donner de Cyrus l'idée qu'on en devait avoir. Bientôt après, la forteresse se trouva pourvue de munitions, et de soldats ; il en donna le commandement à celui des Mèdes dont il croyait le choix le plus agréable à Cyaxare ; puis il descendit des montagnes, suivi des troupes qu'il avait amenées de Médie, de celles du roi d'Arménie, et d'un corps d'environ quatre mille Chaldéens, qui s'estimaient les meilleurs guerriers de l'armée. Quand il eut gagné les lieux habités, il n'y eut personne dans l'Arménie qui ne sortît de sa maison : hommes, femmes, tous accouraient au-devant de lui, se réjouissant de la paix, apportant, amenant ce qu'ils avaient de plus précieux à lui offrir. Le roi d'Arménie ne fut point blessé de cet empressement général à rendre hommage à Cyrus, qu'il jugeait en devoir être flatté. La reine elle-même accourut avec ses filles et le plus jeune de ses fils : elle apporportait avec divers présens, l'or que Cyrus avait déjà refusé. Ce prince s'en étant aperçu, « Non, leur dit-il, vous n'obtiendrez pas de moi que je reçoive dans mes expéditions un tel prix de mes bienfaits : vous, princesse, retournez dans votre palais, emportez vos trésors, et ne souffrez pas que votre mari les enfouisse; employez-en une partie à faire un magnifique équipage de guerre pour votre fils; que le reste vous procure à vous, à vos époux, à vos filles et à vos autres fils, plus de jouissances, plus d'agrémens, durant le cours de votre vie : car enfin on ne doit enterrer que les morts. » Il dit, et reprit sa route, accompagné du roi et de tous les Arméniens, qui le conduisirent jusqu'à la frontière, en l'appelant sans cesse leur bienfaiteur, le meilleur des hommes. Le roi, qui jouissait de la paix dans ses états, ajouta de nouvelles troupes à celles qu'il avait déjà données; et Cyrus sortit moins riche des sommes qu'il avait reçues, que des trésors dont sa bienfaisance pourrait disposer au besoin.

L'armée campa ce jour-là sur la frontière : le lendemain il renvoya son armée et son argent à Cyaxare, qui suivant sa promesse, s'était approché; pour lui, partout où il trouvait des bêtes fauves, il prenait avec Tigrane et quelques seigneurs perses, le divertissement de la chasse. Lorsqu'il fut arrivé en Médie, il distribua à chaque taxiarque une somme suffisante pour accorder des distinctions aux soldats qui les avaient méritées; persuadé que si chaque officier mettait sa troupe sur un bon pied, l'armée entière se trouverait dans le meilleur état. Voyait-il quelque chose qui pût dans son armée paraître avec avantage, il se la procurait pour la distribuer à ceux qu'il en estimait les plus dignes. Des troupes bien entretenues, sont, disait-il, l'ornement du général. Pendant qu'il faisait ses distributions, Cyrus adressa ce discours aux taxiarques, aux chefs d'escouade, et à tous ses autres officiers : « Mes amis, nous avons de justes sujets de nous livrer à la joie, puisque nous sommes dans l'abondance, et que nous pourrons désormais accorder des récompenses proportionnées au mérite de chacun. Mais n'oublions jamais par quels moyens nous avons acquis tant de biens. Avec un peu de réflexion, vous sentirez que nous en sommes redevables à nos veilles, à nos travaux, à notre célérité, à notre supériorité sur l'ennemi. Persévérez dans ces sentimens, convaincus que la soumission, la patience, la fermeté dans les dangers, conduisent à des plaisirs purs, au bonheur. »

Trouvant alors ses soldats assez endurcis au travail pour supporter les fatigues de la guerre, assez aguerris pour mépriser l'ennemi, bien exercés au maniement des armes, adroits à s'en servir, et accoutumés à la subordination, il résolut de former incessamment quelque entreprise. Il n'ignorait pas qu'un général, en temporisant, a souvent perdu le fruit des plus grands préparatifs : il voyait d'ailleurs, que l'émulation à disputer le prix des exercices, devenue trop vive parmi ses soldats, dégénérait en jalousie. Il prit donc le parti de les mener à l'ennemi. Il savait qu'un sentiment d'affection mutuelle attache l'un à l'autre des hommes qui partagent les mêmes périls : bien loin de porter envie à celui qui a de plus belles armes, à celui qui a la passion de la gloire, on le loue, on l'affectionne, on ne voit plus en lui que ce qu'il fait pour le bien général. Après avoir donc armé ses soldats le mieux qu'il put, et les avoir rangés en bataille, il appela les myriarques, les chiliarques, les taxiarques et les chefs d'escouade. Ces officiers n'entraient point dans les rangs : s'ils allaient prendre les ordres du général, ou lui rendre compte, les douzainiers et les sixainiers contenaient les soldats, qui, par ce moyen, ne restaient jamais sans chefs.

Lorsque tous ceux dont la présence était nécessaire furent assemblés, il les promena dans les rangs, leur en fit remarquer les bonnes dispositions, et leur dit quelle partie des auxiliaires promettait davantage. Après avoir excité en eux la volonté d'agir, il leur dit de retourner chacun à leurs postes, d'instruire les troupes de ce qu'ils venaient d'apprendre de lui, et d'échauffer tellement le cœur des soldats, qu'ils marchassent avec ardeur à l'ennemi, enfin de se trouver le lendemain matin aux portes du palais de Cyaxare. Ses ordres furent ponctuellement exécutés ; le lendemain, à la pointe du jour, les officiers se trouvèrent au lieu du rendez-vous. Cyrus étant entré avec eux, adressa la parole au roi, en ces termes :

« Ce que j'ai à dire, Cyaxare, sans » doute vous l'avez déjà pensé comme » nous : peut-être n'osez-vous proposer » de faire sortir l'armée de la Médie, » dans la crainte qu'on ne vous croie las » de nous fournir des subsistances. Mais » puisque vous gardez le silence, je » vais, moi, parler et pour vous et pour » nous. Préparés au combat, nous esti- » mons tous que nous ne devons point » attendre l'entrée de l'ennemi sur vos » terres : au lieu de demeurer tran- » quilles dans un pays ami, allons por- » ter la guerre dans celui des ennemis. » Tant que nous restons chez vous, » nous y causons involontairement du » dommage ; sur leur territoire, au con- » traire, nous pillerions avec plaisir : » d'ailleurs il vous en coûte beaucoup » ici pour nous entretenir ; là, nous » vivrons à leurs dépens. S'il devait y » avoir plus de danger pour nous en » Assyrie qu'en Médie, nous aurions » tort, sans doute, de ne pas choisir le » parti le plus sûr ; mais soit que nous » attendions, soit que nous allions au- » devant, ils seront toujours les mêmes » hommes : nous, de notre côté, soit » que nous attendions ici l'irruption de » l'ennemi, soit que nous allions lui li- » vrer bataille, nous serons également » les mêmes. Mais que dis-je ? préve- » nons-le avec l'ardeur de gens qui ne » craignent pas son approche : nous au- » rons, nous, d'intrépides soldats ; pour » eux, ils seront bien plus épouvantés, » quand ils apprendront que loin d'at- » tendre, renfermés dans nos foyers et » tremblans, qu'ils viennent dévaster » nos terres, nous les prévenons, en » portant le ravage sur les leurs. Rien » ne nous importe plus que de fortifier » par la confiance les âmes de nos sol- » dats, et d'affaiblir par la peur celles » de nos ennemis. Le péril alors ne sera » plus égal, selon moi ; il diminuera » pour les uns et croîtra pour les autres. » J'ai souvent ouï dire à mon père, à » vous-même, et tout le monde en con- » vient, que le courage décide du sort » des combats bien plus que la force. »

Ainsi parla Cyrus. Cyaxare lui répondit en ces termes : « Cyrus, et vous Perses ici présens, ne me soupçonnez pas de vous fournir à regret des subsistances : je pense néanmoins, ainsi que vous, qu'il n'y a rien de mieux à faire que d'entrer en Assyrie. — Puisque c'est l'avis général, reprit Cyrus, préparons nos équipages ; et si les Dieux sont pour nous, partons sans différer. » Après avoir ordonné aux soldats de préparer leurs bagages, il sacrifia d'abord au Dieu suprême, puis aux autres divinités, les priant de favoriser ses desseins, de servir de guides à l'armée, de lui prêter leur assistance, de combattre avec elle, et d'inspirer aux chefs des conseils salutaires. Il invoqua pareillement les héros habitans et tutélaires de la Médie. Dès qu'il vit les sacrifices favorables, et l'armée déjà rassemblée sur la frontière, il partit sous les plus heureux auspices. A son arrivée dans le pays ennemi, il fit des libations à la Terre, pour se la rendre propice : il apaisa par des victimes les Dieux et les héros de l'Assyrie; puis il sacrifia de nouveau à Jupiter, protecteur de sa patrie, sans oublier aucun des autres Dieux que sa mémoire lui rappelait.

Toutes les cérémonies achevées, l'infanterie se mit en marche, et campa à une petite distance de la frontière, tandis que la cavalerie courait la campagne, d'où elle revint bientôt chargée d'un immense butin. Peu après, l'armée décampa : elle était dans l'abondance, et ne cessait de ravager le pays, en attendant l'arrivée des ennemis. Lorsqu'on eut appris qu'ils n'étaient plus qu'à dix journées de chemin, Cyrus dit à Cyaxare : « Il est temps, seigneur, d'aller à leur rencontre, et de ne montrer de timidité ni à nos troupes, ni à eux; qu'il soit évident, au contraire, que nous ne combattons pas malgré nous. » Cyaxare approuva ce conseil : l'armée, depuis ce moment, ne marcha plus qu'en bataille, faisant chaque jour autant de chemin qu'il plaisait aux deux princes. Elle prenait son repas du soir avant le coucher du soleil, et n'avait de feu durant la nuit qu'en avant du camp, afin que si quelqu'un s'approchait, à la faveur de l'obscurité, on pût le voir sans en être vu. Quelquefois, pour donner le change aux ennemis, on allumait les feux sur les derrières du camp; en sorte que bien souvent, leurs espions, trompés par ce stratagème, tombaient dans les gardes avancées, croyant en être fort loin.

Lorsque les deux armées furent proche l'une de l'autre, les Assyriens et leurs alliés creusèrent un fossé autour de leur camp; ce que pratiquent encore les rois barbares, lorsqu'ils campent. Comme ils ont beaucoup de bras, ce travail s'exécute promptement. Ils savent que durant la nuit la cavalerie, surtout la leur, est en désordre et sans forces. En effet, les chevaux étant attachés au piquet avec des entraves aux pieds, il est difficile que le cavalier, en cas d'alarme, les détache, qu'il les bride, qu'il les équipe, qu'il se couvre de son armure; et quand il surmonterait ces obstacles, il lui serait impossible de traverser le camp à cheval : aussi, les Assyriens et les autres barbares ne manquent-ils jamais de se retrancher. Ils pensent en même temps, qu'à l'abri de leurs fossés, ils peuvent, quand ils le veulent, éviter le combat.

Les deux armées approchaient donc l'une de l'autre. Lorsqu'il n'y eut plus entre elles que la distance d'environ une parasange, les Assyriens placèrent leur camp dans un lieu fortifié de retranchemens, comme je viens de le dire, mais découvert; Cyrus, au contraire, choisit pour le sien, l'endroit le moins exposé à la vue, derrière quelques villages et quelques collines. Il savait qu'à la guerre les mouvemens inopinés sont plus propres à jeter l'épouvante. Cette nuit, on prit quelque repos, après avoir établi de part et d'autre des gardes avancées. Le lendemain, le roi d'Assyrie, Crésus et les chefs des alliés, laissèrent leurs troupes tranquilles dans les retranchemens; mais Cyrus et Cyaxare rangèrent les leurs en bataille, pour se trouver en état de combattre, si les ennemis avançaient. Quand on fut certain qu'ils ne sortiraient pas de leur camp, et qu'il ne se passerait rien de tout le jour, Cyaxare fit appeler Cyrus et quelques-uns des principaux officiers : « Mes amis, leur dit-il, je suis d'avis que nous avancions, dans le même ordre où nous sommes, jusqu'aux retranchemens des Assyriens, pour leur prouver que nous voulons combattre. S'ils ne paraissent pas, ils trembleront en voyant notre intrépidité; et nos soldats se retireront animés d'une nouvelle ardeur. — Au nom des Dieux, seigneur, répondit Cyrus, gardons-nous-en bien. En nous montrant aux ennemis, dans ce moment où ils se sentent hors d'insulte, ils nous verront approcher sans crainte : lorsque ensuite nous ferons retraite après une tentative inutile, et qu'ils auront pu remarquer à loisir que nous leur sommes fort inférieurs en nombre, ils feront peu de cas de nous; et demain ils sortiront avec bien plus de résolution. Maintenant qu'ils nous savent près d'eux, sans nous voir, sachez que loin de nous mépriser, ils sont inquiets sur nos projets; je suis même sûr qu'ils s'entretiennent continuellement de nous. Lorsqu'ils sortiront de leurs retranchemens, paraissons tout-à-coup, courons à eux; saisissons l'instant depuis si long-temps désiré. » Cyaxare et tous les officiers approuvèrent cet avis. Après le souper, on posta des corps-de-garde, on alluma des feux en avant; puis on alla se reposer.

Le lendemain matin, Cyrus, une couronne sur la tête, accompagné des homotimes, qui avaient eu ordre de venir, couronnés comme leur chef, offrit un sacrifice qu'il termina par ce discours : « Braves camarades, les Dieux,
» les devins, mes connaissances dans la
» divination, tout nous annonce à-la-
» fois une bataille prochaine, la victoire,
» et le salut de la patrie. Je rougirais si
» j'avais seulement la pensée de vous
» avertir de vos devoirs : vous les con-
» naissez comme moi; vous les avez
» médités; ils ont été et sont encore le
» sujet continuel de tous nos entretiens.
» Vous êtes en état, autant que moi,
» d'en donner des leçons : cependant
» peut-être n'avez-vous pas songé à un
» point important; écoutez-moi. Il convient que vous rappeliez à ceux qui
» sont élevés depuis peu au rang de nos
» compagnons d'armes, et que nous tâ-
» chons de rendre semblables à nous,
» dans quelle vue Cyaxare nous a nour-
» ris; quel a été le but de nos exerci-
» ces; quelles instructions, quels con-
» seils nous leur avons donnés. Ils annoncèrent alors qu'ils seraient volon-
» tiers nos antagonistes : rappelez-leur
» que ce jour va mettre à découvert le
» mérite de chacun. Il ne serait pas
» étonnant que quelques-uns d'entre eux
» eussent encore besoin qu'on les fît
» ressouvenir de ce qu'ils n'ont appris
» qu'un peu tard. Ne serait-on pas trop
» heureux qu'ils remplissent leurs de-
» voirs par l'inspiration d'autrui? Vous,
» de qui elle leur sera venue, vous y gagnerez d'avoir montré quels hommes
» vous êtes : car celui qui, dans une ba-
» taille, sait augmenter le courage des
» autres, peut, à bon droit, se piquer
» d'être un guerrier parfait; au lieu que
» celui qui n'a de courage que pour lui,
» et qui s'en contente, n'est brave qu'à
» demi. Je ne leur parlerai donc pas;
» c'est vous que je charge de ce soin :
» par-là ils chercheront à vous plaire;
» car, chacun dans votre compagnie,
» vous les avez sous vos yeux. Sachez
» que tant qu'ils vous verront pleins de
» résolution, vous leur donnerez et à
» beaucoup d'autres des leçons d'intré-
» pidité qui seront, non de vaines pa-
» roles, mais des exemples. Allez dîner,
» ajouta-t-il, sans quitter vos couron-
» nes; et après les libations ordinaires,
» la tête ceinte des mêmes couronnes,
» retournez à votre poste. »

Lorsqu'ils furent sortis, Cyrus manda les serre-files : « Braves Perses, leur dit-il, vous voilà au rang des homotimes. Comme aux autres vertus militaires vous joignez la prudence que donnent les années, je vous ai assigné un poste non moins honorable que celui des officiers qui occupent le premier rang : placés au dernier, vous les observerez, vous les encouragerez, vous les rendrez encore plus braves. Vous remarquerez ceux qui agiraient nonchalamment, vous ne leur permettrez pas d'être lâches. Au reste, vous êtes, plus que personne, intéressés à la victoire, tant à cause de votre âge, qu'à raison de la pesanteur de votre armure. Quand ceux des premiers rangs vous inviteront par leurs cris à les suivre, marchez en diligence ; et pour ne leur céder en rien, pressez-les à votre tour de vous mener plus vite à l'ennemi. Allez ; quand vous aurez dîné, revenez, la couronne sur la tête, prendre rang avec vos camarades. »

Pendant que ceci se passait au camp de Cyrus, les Assyriens qui avaient déjà pris leur repas, sortirent avec assurance de leurs retranchemens, et se mirent en bataille sous les yeux du roi, qui donnait lui-même ses ordres, monté sur un char. « Assyriens, leur disait-il, c'est maintenant qu'il faut déployer la valeur ; il s'agit de combattre pour votre vie, pour la terre qui vous a vus naître, pour les foyers qui vous ont nourris, pour vos femmes, vos enfans, pour tout ce que vous avez de plus cher. Vainqueurs, vous conservez tous ces biens ; vaincus, sachez que vous perdez tout : animés par le désir de la victoire, combattez intrépidement. Ce serait une folie de prétendre vaincre en opposant à l'ennemi les parties du corps qui sont sans yeux, sans mains, sans armes ; ce serait une folie de fuir pour sauver sa vie ; nous savons que le moyen de la conserver, c'est de vaincre, et qu'on trouve la mort plus tôt en fuyant qu'en tenant ferme. Il ne serait pas moins insensé, quand on aime les richesses, de se laisser vaincre : car personne n'ignore que le vainqueur garde tout ce qui lui appartient, qu'il s'empare des biens des vaincus, tandis que ceux-ci perdent tout, jusqu'à la liberté. »

Dans ce moment, Cyaxare envoya dire à Cyrus, qu'il était temps de marcher à l'ennemi. « Les Assyriens n'ont à présent, continua-t-il, qu'une poignée d'hommes hors des retranchemens ; mais avant que nous les joignions, leur armée grossira. N'attendons pas qu'ils nous soient supérieurs en nombre : chargeons-les, pendant que nous croyons qu'il nous sera facile de les écraser. » Cyrus lui répondit : « Sachez bien, Cyaxare, qu'à moins que nous n'ayons défait plus de la moitié de leur armée, ils diront, qu'effrayés de leur multitude, nous n'avons osé attaquer qu'un petit nombre. Ils ne se croiront pas battus ; nous serons obligés d'en venir à une seconde action ; et peut-être feront-ils des dispositions plus sages qu'aujourd'hui, puisqu'ils se livrent à notre discrétion, et nous laissent maîtres de choisir à quel nombre d'ennemis nous voulons avoir affaire. » Les envoyés s'en retournèrent avec cette réponse.

Chrysante et quelques homotimes arrivèrent, amenant avec eux plusieurs transfuges. Cyrus, comme cela devait être, les questionna sur ce qui se passait dans l'armée ennemie : ils dirent que les Assyriens sortaient en armes de leur camp ; que le roi en personne les rangeait en bataille ; qu'il leur faisait beaucoup de belles exhortations, à mesure qu'ils sortaient du camp pour prendre leurs rangs ; que c'était là le rapport des gens qui l'avaient entendu. « Cyrus, reprit Chrysante, si tu assemblais de même tes soldats, si tu les haranguais, tu en as encore le temps, est-ce que tes discours ne redoubleraient pas leur ardeur? — Mon cher Chrysante, ne te mets point en peine des harangues du roi d'Assyrie; il n'y en a point d'assez puissantes pour transformer subitement en braves soldats les poltrons, en archers habiles ceux qui manqueraient d'exercice, en bons lanciers, en cavaliers instruits ceux qui ne seraient ni l'un ni l'autre. On n'en ferait pas même de bons esclaves, s'ils n'étaient accoutumés à la fatigue. — Mais, Cyrus, aurais-tu donc peu fait, si tu échauffais leur courage?—Eh quoi! un discours peut-il en un seul jour inspirer de l'honneur à ceux qui l'entendent, les rendre incapables de lâcheté, les porter à braver, pour l'amour de la gloire, tous les travaux et tous les périls, inculquer profondément dans leurs âmes qu'il vaut mieux mourir en combattant, que devoir son salut à la fuite? Si on veut que les hommes se pénètrent de ces sentimens, et qu'ils ne les oublient jamais, il faut d'abord établir des lois qui assurent aux citoyens vertueux une existence honorable et libre, et qui condamnent les lâches à traîner dans l'humiliation une vie misérable et abjecte : il faut ensuite confier ces hommes à des chefs qui les forment, par leur exemple autant que par des préceptes, à la pratique des vertus, jusqu'à ce qu'ils soient bien convaincus qu'il n'y a de vraiment heureux que ceux qui par leur valeur s'acquièrent l'estime publique ; et que les lâches, les gens sans honneur sont les plus malheureux du monde. Voilà quels sentimens doivent animer des hommes qui veulent, par le secours de l'instruction, se montrer supérieurs à la crainte. S'il suffisait, pour les animer d'une ardeur guerrière, de les haranguer au moment où couverts de leurs armes ils vont à la charge, moment où la plupart oublient les anciennes instructions, rien ne serait plus aisé que d'acquérir pour soi et d'enseigner aux autres la plus grande des vertus. Pour moi, je ne me fierais pas même à nos soldats que nous exerçons depuis si long-temps, si je ne vous voyais à leur tête, pour leur apprendre par vos exemples comment il faut se comporter, et pour rappeler à leur devoir ceux qui l'oublieraient. En un mot, Chrysante, je serais surpris qu'un discours éloquent eût plus de pouvoir pour donner du courage, qu'un air bien chanté n'a de force pour rendre musicien celui qui n'aurait nulle teinture de musique. »

Durant cet entretien, Cyaxare fit dire de nouveau à Cyrus, qu'il avait tort de différer, et de ne pas mener promptement les troupes à l'ennemi. « Retournez vers Cyaxare, répondit le prince aux envoyés, et dites-lui, en présence de tout le monde, que les Assyriens ne sont pas encore sortis de leur camp en assez grand nombre : mais, puisqu'il le veut, je vais exécuter ses ordres. » En finissant ces mots, il invoque les Dieux, met les troupes en mouvement, s'avance à leur tête, au pas redoublé. Les soldats, depuis long-temps accoutumés à marcher sans confondre leurs rangs, le suivent en bon ordre. L'émulation qui régnait entre eux, la vigueur de leurs corps fortifiés par l'habitude du travail, la présence des officiers aux premiers rangs, tout leur donnait de l'assurance : enfin, ils avançaient avec joie, parce que la prudence les dirigeait. Une longue expérience leur avait appris qu'il est plus facile et plus sûr de combattre de près contre des cavaliers, des archers et des acontistes.

Avant d'arriver à la portée de l'arc,

Cyrus donna pour mot de ralliement, JUPITER AUXILIAIRE ET CONDUCTEUR. Lorsque le mot, après avoir passé de bouche en bouche, lui fut revenu, il entonna, suivant l'usage, une hymne, que les soldats continuèrent, chantant de toute leur voix, avec un respect religieux. Dans ces occasions, celui qui craint les Dieux, redoute moins les hommes. L'hymne achevé, les homotimes recommencent à marcher d'un pas égal et dans le meilleur ordre, se regardant l'un l'autre, appelant par leur nom ceux qui sont à côté d'eux et derrière, répétant sans cesse, allons, amis, allons, avançons braves camarades. Les derniers rangs, répondant aux cris des premiers, les exhortent à leur tour, les pressent de les mener vigoureusement. On ne voit dans l'armée de Cyrus qu'ardeur, amour de la gloire, confiance, zèle à s'encourager réciproquement, prudence, discipline : dispositions désespérantes pour les ennemis.

Quant aux Assyriens, ceux qui devaient engager le combat montés sur des chars, sautèrent dessus à l'approche des Perses, et se replièrent sur le gros de leur armée. Les archers, les acontistes et les frondeurs firent une décharge, mais de trop loin. Cependant les Perses avançaient, et foulaient aux pieds les flèches des Assyriens. Alors Cyrus s'écrie : « Vaillans guerriers, que quelqu'un d'entre vous double le pas, et que son exemple devienne un signal pour les autres. » A ces mots, répétés dans un instant, plusieurs, emportés par leur courage et par le désir d'en venir aux mains, commencent à courir; ils sont suivis du reste de l'armée : Cyrus lui-même, cessant de marcher au pas, est bientôt à leur tête; il les précède en criant : « Qui me suit? où est le brave qui le premier renversera un ennemi? » Ceux qui l'entendent, répondent par le même cri; tous ont bientôt répété avec lui : « Qui me suit? où sont les braves? » Telle fut l'impétuosité avec laquelle les troupes perses volèrent au combat. Mais les ennemis, loin de les attendre, prirent la fuite; et se retirèrent dans leurs retranchemens. Tandis qu'ils se poussaient à l'entrée, les Perses qui les avaient poursuivis, en firent un grand carnage; puis fondant sur ceux qui tombaient dans le fossé, ils tuèrent indistinctement et les hommes et les chevaux des chars qu'on y avait entraînés et précipités dans le désordre de la fuite. La cavalerie mède voyant cette déroute, chargea celle des ennemis; mais ceux-ci s'enfuirent encore à toute bride : la poursuite fut vive, il se fit un grand carnage d'hommes et de chevaux. Ceux des Assyriens postés en dedans des retranchemens, sur la crête du fossé, étaient si épouvantés du spectacle qui s'offrait à leurs yeux, qu'ils n'avaient ni la force ni la pensée de se servir de leurs flèches et de leurs dards, contre ceux qui massacraient leurs camarades : s'étant même aperçus que quelques Perses avaient forcé l'entrée du camp, ils abandonnèrent la crête du fossé et s'enfuirent.

Les femmes des Assyriens et de leurs alliés, voyant que la déroute était générale, même dans le camp, faisaient retentir l'air de leurs cris; elles couraient çà et là tout éperdues, les mères portant leurs enfans dans leurs bras, les plus jeunes arrachant leurs habits, se déchirant le visage, conjurant ceux qu'elles rencontraient de ne point les abandonner, de combattre pour leurs femmes, leurs enfans, pour leur propre vie. Dans ce moment, les rois alliés, avec leurs meilleurs soldats, postés à l'entrée du camp, et montés sur le lieu le plus élevé des retranchemens, combattaient en personne et ranimaient le courage de leurs troupes. Cyrus s'apercevant de ce mouvement, et craignant, s'il entreprenait de forcer le passage, que ses gens trop peu nombreux ne fussent accablés par la multitude, ordonna qu'on se retirât soudain hors de la portée du trait. Il fut aisé de distinguer les homotimes à leur prompte obéissance, à leur zèle pour faire exécuter l'ordre du général. Quand ils se furent éloignés de la portée du trait, ils reprirent leurs rangs mieux encore que ne l'eût fait un chœur de danseurs : tant chacun connaissait avec précision où il devait se placer.

LIVRE QUATRIÈME.

CHAPITRE PREMIER. Cyrus, ayant tenu ferme assez long-temps avec son armée pour donner à connaître à l'ennemi qu'il était prêt à combattre encore s'il voulait sortir de ses retranchemens, et ne voyant aucun mouvement, alla camper avec ses troupes à la distance qu'il jugea convenable. Lorsqu'il eut établi des sentinelles et envoyé des espions à la découverte, il rassembla ses soldats ; et leur parla ainsi : « Braves Perses, je » rends grâces aux Dieux de tout mon » cœur, vous aussi, je crois, après » avoir obtenu une si belle victoire sans » perdre aucun des nôtres. Il est juste » de leur en témoigner, et à présent et » dans tous les temps, par tous les » moyens qui dépendront de nous, une » sincère reconnaissance. Pour vous, je » ne puis assez vous louer ; car vous » avez tous contribué au succès de cette » journée ; et dès que mes officiers » m'auront donné des détails, je m'efforcerai de reconnaître le mérite de » chacun par des éloges et des récompenses. Quant au taxiarque Chrysante, qui commandait près de moi, » je n'ai pas besoin de m'informer de sa » conduite : je sais par moi-même comment il s'est montré ; il a fait tout ce » que j'aime à croire que vous faisiez » tous. Dans l'instant où j'ordonnais la » retraite, je l'appelai par son nom ; il » avait le bras levé, prêt à frapper un » ennemi : jaloux d'obéir, il n'achève » pas, il se retire, il transmet rapidement mon ordre aux autres capitaines ; » en sorte que Chrysante et sa troupe » étaient hors de la portée du trait, » avant que les ennemis se fussent aperçus que nous faisions retraite, et qu'ils » eussent songé à bander leurs arcs » ou lancer leurs javelots. C'est cette » prompte obéissance qui l'a sauvé lui » et les siens. J'en vois plusieurs moins » heureux : lorsque je saurai dans quelle » circonstance ils ont été blessés, je » m'expliquerai sur leur compte. A l'égard de Chrysante, puisque prudent » et brave dans l'exécution, il ne sait » pas moins obéir que commander, je » le fais chiliarque ; et si les Dieux m'accordent de nouvelles faveurs, même » alors je ne l'oublierai pas. Vous tous » qui m'écoutez, voici un conseil que je » vous donne : pensez continuellement » à ce que vous avez vu dans le combat ; » afin que vous jugiez par vous-mêmes » lequel est le plus sûr pour conserver » sa vie, de tenir ferme ou de fuir ; lequel de deux soldats qui marchent à » l'ennemi, l'un de bon gré, l'autre » avec répugnance, échappe plus facilement au danger ; quel est enfin le » charme de la victoire ? Vous en jugerez sainement, et d'après votre expérience, et sur ce qui s'est passé récemment sous vos yeux. Le souvenir » que vous en garderez affermira votre » courage. Mais, il en est temps, allez » prendre votre repas, braves et sages » guerriers chéris des Dieux ; allez faire » des libations en leur honneur, chantez

» un péan ; et tenez-vous prêts à exécu-
» ter ce qui vous sera commandé. »

A ces mots, il monte à cheval et part pour se rendre auprès de Cyaxare. Après s'être réjoui avec lui, comme cela devait être; après avoir visité le quartier des Mèdes, et demandé au roi si rien ne lui manquait, il rejoignit son armée.

Dès que les Perses eurent soupé, et posé des sentinelles comme la prudence l'exigeait, ils se livrèrent au repos. Cependant les Assyriens, après la mort de leur roi et la perte de leurs plus braves compagnons, étaient tous dans la consternation ; plusieurs même s'étaient enfuis pendant la nuit. Crésus et les autres alliés perdaient courage en voyant cette désertion : tout leur était contraire. Ce qui mettait le comble à leur découragement, c'est que les principaux officiers de l'armée semblaient avoir perdu jusqu'à la faculté de penser : ils abandonnèrent donc leur camp, et se sauvèrent à la faveur de la nuit.

Au point du jour, comme on s'aperçut de la désertion du camp, Cyrus y fit entrer les Perses les premiers. Les ennemis y avaient laissé quantité de brebis, de bœufs, de chariots remplis d'une infinité de choses utiles. Les Mèdes qui étaient demeurés avec Cyaxare, s'y rendirent aussi ; et toute l'armée y fit son repas. Cyrus ayant ensuite convoqué ses taxiarques, leur adressa ce discours : « Mes amis, que de biens, et
» quels biens encore, nous échappent,
» lorsque les Dieux nous les offraient !
» Les ennemis frappés de terreur, ont
» pris la fuite ; vous le voyez. Comment
» des gens qui ont abandonné en fuyant,
» des retranchemens où ils étaient à
» couvert, tiendraient-ils devant nous
» en rase campagne ? Comment les mê-
» mes hommes qui ont lâché pied avant
» de nous connaître, oseraient-ils, bat-
» tus et maltraités, résister à leurs vain-
» queurs, lorsque les plus braves d'en-
» tre eux ont péri ? De méprisables sol-
» dats voudront-ils se mesurer avec
» nous ? — Pourquoi, s'écria quelqu'un, avec un avantage aussi marqué, ne nous hâtons-nous pas de les poursuivre ? — Parce que nous manquons de cavalerie, répliqua Cyrus, et que les plus considérables d'entre les ennemis, qu'il nous importerait le plus de tuer ou faire prisonniers, s'en retournent à cheval dans leur pays. Nous avons bien pu, avec l'aide des Dieux, les mettre en déroute ; mais il nous est impossible de les atteindre en les poursuivant. — Que n'allez-vous, lui répondit-on, en faire l'observation à Cyaxare. — Eh bien, venez tous avec moi, afin qu'il voie que nous pensons tous de même. » Ils le suivirent, et dirent tout ce qui leur parut le plus propre à faire réussir ce qu'ils proposaient.

Cyaxare, soit jalousie de ce que les Perses ouvraient les premiers cet avis, soit persuasion qu'il serait sage de ne pas courir de nouveaux hasards (car le roi se livrait alors à la joie, et voyait beaucoup de Mèdes imiter son exemple), répondit : « Cyrus, je sais, pour
» l'avoir vu et ouï dire, que vous autres
» Perses, vous êtes, de tous les hom-
» mes, les plus exercés à n'user immo-
» dérément d'aucun plaisir. Pour moi, je
» pense qu'il importe bien davantage de
» se modérer au milieu des plus grandes
» jouissances : or, y a-t-il rien au monde
» qui en procure de plus sensibles que
» notre bonheur présent ? Si nous le
» ménageons sagement, sans doute heu-
» reux loin des dangers, nous vieilli-
» rons en paix : si au contraire nous
» sommes insatiables, et qu'après ce
» bonheur nous en poursuivions un au-
» tre, craignons le sort de ces naviga-
» teurs qui, éblouis de leur fortune,

LA CYROPÉDIE, LIV. IV.   665

» s'obstinent à courir les mers, jusqu'à
» ce qu'ils périssent enfin; ou de ces
» guerriers, qui, vainqueurs d'abord,
» perdent le fruit de leur victoire, pour
» avoir voulu en obtenir une seconde.
» Si les ennemis qui ont pris la fuite
» nous étaient inférieurs en nombre,
» sans doute nous hasarderions peu à
» les poursuivre; mais considérez que
» nous n'avons défait, avec toutes nos
» troupes réunies, qu'une très petite
» partie des leurs, et que les autres
» n'ont point combattu. Si nous ne les
» provoquons pas, comme ils ne con-
» naissent ni leurs forces, ni les nôtres,
» ils se retireront par ignorance et pu-
» sillanimité; mais s'ils voient que la
» fuite leur est aussi dangereuse que la
» résistance, n'est-il pas à craindre
» qu'ils ne deviennent braves malgré
» eux? Persuadez-vous que vous ne dé-
» sirez pas plus ardemment de prendre
» leurs femmes et leurs enfans, qu'ils
» ne désirent de les sauver. Considérez
» encore qu'une troupe de laies, quoi-
» que nombreuse, s'enfuit avec ses pe-
» tits, dès qu'elle est découverte, et
» qu'une laie seule, si on donne la chasse
» aux siens, loin de fuir, s'élance sur
» le chasseur qui tente de les lui ra-
» vir. Les ennemis s'étaient renfermés
» dans leurs retranchemens; nous avons
» donc pu choisir le nombre des leurs
» que nous voulions combattre : mais si
» nous les joignons en plaine, et qu'ils
» apprennent à se diviser en plusieurs
» corps, qui nous attaquent, l'un de
» front comme tout récemment, deux
» autres en flanc, un quatrième par der-
» rière, peut-être n'aurons-nous ni as-
» sez d'yeux ni assez de mains pour
» nous défendre. Enfin je ne voudrais
» pas, lorsque je vois les Mèdes se di-
» vertir, les contraindre à chercher de
» nouveaux périls. »

« — Mais ne contraignez personne,
repartit Cyrus; confiez-moi seulement
ceux qui voudront bien me suivre, et
j'espère que nous vous ramènerons de
quoi vous réjouir, vous et vos amis.
Nous n'irons certainement pas attaquer
le gros de l'armée ennemie, puisqu'il
nous serait même impossible de l'atteindre; mais, si nous rencontrons quelque
corps détaché, ou resté en arrière, nous
ne l'épargnerons pas. Songez qu'à votre
prière, nous sommes venus de loin vous
offrir nos bras : il est juste qu'à votre
tour, vous vous occupiez de nos intérêts, afin que nous ne partions pas les
mains vides, et que nous ne fondions
pas notre espoir sur vos finances seules.
— Si quelqu'un veut te suivre, répondit
Cyaxare, j'en serai fort aise. — Envoyez donc avec moi un Mède bien connu, pour annoncer aux autres ce que
vous venez de décider. — Prends celui
qu'il te plaira. Le hasard fit trouver là
ce Mède qui s'était dit cousin de Cyrus,
et qui l'avait tant de fois embrassé. —
Cyaxare, je me contente de celui-ci. —
Soit, qu'il te suive; et toi, dit-il au
Mède, vas annoncer que chacun est libre d'accompagner Cyrus. » Quand ils
furent sortis de la tente : « C'est maintenant, lui dit Cyrus, que tu me prou-
veras si tu disais vrai quand tu m'assu-
rais que tu prenais beaucoup de plaisir
à me voir. — Si tu le veux, oh! je ne
te quitterai plus. — Exciteras-tu pareillement tes compatriotes à me suivre? —
Oui, je te le jure, et même jusqu'à ce
que je mérite que tu prennes aussi quelque plaisir à me voir. » En effet, il
remplit avec zèle la commission de
Cyaxare auprès des Mèdes; ajoutant
que pour lui, jamais il ne quitterait un
prince qui joignait à la valeur et à la
beauté l'avantage encore plus grand d'ê-
tre issu du sang des Dieux.

Chap. 2. Sur ces entrefaites, il vint à
Cyrus, comme par une faveur des

Dieux, des ambassadeurs hyrcaniens. Cette nation est voisine de l'Assyrie, et, peu nombreuse, elle avait subi la loi du plus puissant : elle passait et passe encore aujourd'hui pour fournir d'excellens hommes de cheval. Aussi les Assyriens se servaient d'eux comme les Lacédémoniens se servent des Scirites, ne leur épargnant ni fatigues, ni dangers. Dans leur dernière déroute, ils en avaient placé à la queue de leur arrière-garde environ mille, afin que si l'ennemi tombait sur les derrières, ils en essuyassent le premier choc. Les Hyrcaniens marchaient aussi les derniers de l'armée, ayant avec eux leurs chariots et leur famille, suivant la coutume de la plupart des nations asiatiques, lorsqu'elles vont à la guerre, car ils avaient adopté cet usage. Réfléchissant donc sur les mauvais traitemens qu'ils essuyaient, considérant de plus que le roi d'Assyrie était mort, qu'ils étaient défaits, que la terreur était générale parmi les troupes, que leurs alliés se décourageaient et les abandonnaient, ils jugèrent l'occasion favorable pour se révolter, pourvu que Cyrus voulût, de concert avec eux, attaquer l'ennemi commun. Dans ce dessein, ils députèrent vers Cyrus, dont la dernière bataille avait rendu le nom très célèbre.

Les envoyés lui exposèrent les motifs de leur haine contre les Assyriens, lui offrirent, s'il voulait marcher contre eux, de le seconder et de lui servir de guides. Ils s'étendirent, pour l'exciter fortement à cette entreprise, sur l'état présent des ennemis. Cyrus leur demanda s'ils pensaient qu'on pût les joindre avant qu'ils gagnassent leurs forteresses ; car, ajouta-t-il, pour leur donner une haute idée des Perses, nous regardons comme un revers que les ennemis nous aient échappé. Les envoyés répondirent qu'on les joindrait en partant le lendemain de grand matin ; que leur nombre et l'embarras des chariots rendaient leur marche pesante ; que de plus, n'ayant point reposé la nuit précédente, ils n'avaient fait qu'une petite traite. — Quelle assurance, reprit Cyrus, nous donnerez-vous que vous dites la vérité ? — Si demain, répliquèrent-ils, nous partons à la pointe du jour, nous vous amenons des otages : engagez-nous seulement votre foi en présence des Dieux, et tendez-nous la main afin que nous portions à nos compatriotes ces gages de votre parole. » Cyrus jura que s'ils tenaient leurs promesses, il les regarderait comme des fidèles amis et ne les traiterait pas moins bien que les Perses et les Mèdes. Encore aujourd'hui l'on voit les Hyrcaniens jouissant d'une grande confiance et admis à tous les emplois comme les Mèdes et les Perses les plus considérés.

Les troupes avaient soupé et il était encore jour : Cyrus leur ordonna de sortir de leurs tentes, et pria les ambassadeurs hyrcaniens de demeurer pour les accompagner. Tous les Perses, comme cela devait être, furent bientôt hors du camp, ainsi que Tigrane et ses Arméniens. Les Mèdes venaient en foule s'offrir à Cyrus : les uns, parce qu'ils avaient été ses amis dans son enfance ; les autres, parce qu'en chassant avec lui ils n'avaient eu qu'à se louer de sa douceur ; ceux-ci lui savaient gré de les avoir délivrés d'un grand effroi ; ceux-là, en le voyant vertueux, espéraient qu'un jour il deviendrait monarque heureux, grand et puissant ; d'autres voulaient s'acquitter des services qu'il leur avait rendus dans le temps de son éducation chez les Mèdes ; et certes il avait fait beaucoup d'heureux à la cour d'Astyage, tant il aimait à obliger. L'espoir du butin en attirait d'autres : le bruit s'était répandu que les Hyrcaniens qu'ils voyaient devaient les conduire à un riche pillage. Cyrus se vit donc suivi de presque tous les Mèdes, à l'exception des officiers de la maison de Cyaxare; ceux-ci restèrent avec leurs soldats : les autres partirent avec l'allégresse et l'ardeur de gens qui marchent sans contrainte, de plein gré, avec affection pour leur général. Lorsque l'armée entière fut sortie du camp, Cyrus vint aux Mèdes les premiers. Après avoir loué leur bonne volonté, il pria les Dieux de les assister eux et les siens, et de le mettre lui-même en état de reconnaître leur zèle. Il ordonna ensuite que l'infanterie marchât la première, que la cavalerie mède la suivît, et que toutes les fois qu'on ferait halte pendant la route, ou qu'on prendrait du repos, on eût soin de détacher vers lui quelques cavaliers pour leur donner les ordres nécessaires.

Après ces dispositions, il commanda aux Hyrcaniens de se mettre à la tête de l'armée. « Pourquoi, lui dirent-ils, n'attendez-vous pas, avant de marcher, que nous ayons amené nos otages pour garans de notre fidélité? — C'est que je considère, répondit Cyrus, que nous avons tous des garans dans notre courage et dans la force de nos bras : nous sommes dans une position à pouvoir vous récompenser, si vous dites vrai; mais si vous nous trompez, nous croyons que, loin de dépendre de vous, nous saurons, avec la protection des Dieux, devenir les arbitres de votre sort. Au reste, puisque, selon votre rapport, vos compatriotes sont à la queue de l'armée, montrez-nous-les dès que vous les découvrirez, afin que nous les épargnions. » Les Hyrcaniens, à ces mots, se mirent, selon son commandement, à la tête des troupes. Pénétrés d'admiration pour sa magnanimité, ils ne redoutaient ni les Assyriens, ni les Lydiens, ni leurs alliés ; ils craignaient seulement que Cyrus ne jugeât indifférent de les avoir ou de ne les avoir pas pour auxiliaires.

On raconte que la nuit étant survenue pendant qu'ils étaient en route, une lumière brillante, qui partait du ciel, se répandit soudain sur Cyrus et son armée, ce qui excita dans toutes les âmes une frayeur religieuse et redoubla leur ardeur. Comme les troupes marchaient à grands pas, et légèrement équipées, elles firent tant de chemin, qu'à la pointe du jour elles avaient déjà joint le corps des Hyrcaniens. D'aussi loin que les envoyés les virent : Voilà nos compatriotes, dirent-ils à Cyrus; nous les reconnaissons à leur position à la queue de l'armée et à la multitude des feux. A l'instant il leur fit dire par un de ces envoyés que s'ils étaient amis, ils vinssent promptement à lui la main droite levée. Il députa aussi quelqu'un des siens : il le chargeait de dire aux Hyrcaniens qu'on en agirait avec eux comme ils en agiraient eux-mêmes. Tandis que l'un des deux envoyés hyrcaniens allait vers ses compatriotes, l'autre demeura auprès de Cyrus, qui fit faire halte pour observer comment les Hyrcaniens se comporteraient. Dans cet intervalle, Tigrane et les chefs des Mèdes piquèrent vers lui pour lui demander ce qu'ils devaient faire. Ces troupes que vous voyez près de nous, répondit-il, sont celles des Hyrcaniens : un de leurs envoyés, accompagné de quelqu'un des nôtres, est allé leur dire que s'ils sont amis ils aient à venir à nous en levant la main droite. S'ils se présentent ainsi, que chacun de vous à son rang leur réponde par le même signe et les rassure ; mais s'ils prennent leurs armes ou qu'ils cherchent à s'enfuir, faites en sorte qu'il n'en échappe aucun.

Tel fut l'ordre de Cyrus. Les Hyrcaniens, de leur côté, eurent à peine entendu les propositions des envoyés, que, transportés de joie, ils montèrent à cheval, et arrivèrent la main droite levée, comme cela était convenu. Les Mèdes et les Perses leur répondirent par le même signe et par l'accueil le plus amical. « Hyrcaniens, dit ensuite Cyrus, désormais nous avons en vous une entière confiance : que la vôtre soit réciproque. Commencez par nous apprendre à quelle distance nous sommes du lieu qu'occupent les chefs des ennemis avec le gros de leurs troupes. » Ils répondirent que la distance n'était guère que d'une parasange.

« Perses et Mèdes, continua le prince, » et vous à qui je parle comme à des » alliés qui partageront notre fortune, » Hyrcaniens, ne perdez pas de vue que » nous sommes dans une conjoncture » où l'indolence attirerait sur nous tous » les malheurs ; car les ennemis savent » ce qui nous amène. En allant vigou- » reusement à eux, en les attaquant avec » intrépidité, vous les verrez, comme » des esclaves fugitifs que l'on retrouve, » les uns se jeter à vos genoux, les au- » tres s'enfuir, d'autres ne savoir quel » parti prendre. C'est quand ils seront » vaincus qu'ils nous apercevront ; ils » seront assaillis sans se douter que nous » approchons, sans pouvoir ni se ranger » en bataille, ni se préparer au combat. » Si donc nous voulons souper gaîment, » dormir tranquilles et vivre désormais » heureux, ne leur donnons le loisir ni » de délibérer, ni de faire d'utiles pré- » paratifs, ni même de reconnaître qu'ils » ont affaire à des hommes : qu'ils ne » voient que des boucliers, que des » épées, que des haches, que des plaies. » Vous, Hyrcaniens, vous marcherez en » avant pour couvrir notre front, afin » que la vue de vos armes entretienne le » plus long-temps possible l'erreur des » ennemis. Lorsque je serai près de leur » camp, qu'on laisse auprès de moi un » escadron de chaque nation, dont je » puisse me servir, suivant les circons- » tances, sans quitter mon poste. Vous » chefs et vous vieux soldats, si vous » êtes prudens, marchez serrés, de peur » qu'en donnant dans un épais bataillon » vous ne soyez repoussés. Laissez les » jeunes gens poursuivre ; qu'ils fassent » main-basse : le plus sûr pour nous est » d'épargner le moins possible d'enne- » mis. Si nous remportons une victoire » complète, abstenons-nous du pillage : » trop souvent il a ruiné les vainqueurs : » le soldat qui s'y abandonne n'est plus » qu'un goujat qu'il est dès-lors permis » de traiter en esclave. Soyez convain- » cus qu'il n'y a rien de plus lucratif que » la victoire ; celui qu'elle couronne tient » entre ses mains les hommes, les fem- » mes, les richesses, de vastes pays : » n'ayons d'autre objet que de la con- » server ; le pillard même, avec son bu- » tin, retombera en notre puissance. » Souvenez-vous, en poursuivant les » fuyards, de rentrer de jour au camp ; » car, la nuit venue, on ne recevra plus » personne. » Après ce discours, il renvoya les officiers chacun à leur poste, et ordonna qu'en s'y rendant ils répétassent les mêmes choses aux dizainiers, qui étant au premier rang, se trouvaient à portée d'entendre : quant aux dizainiers, ils communiqueraient les mêmes ordres à leurs dizaines. L'armée continua sa marche : les Hyrcaniens faisaient l'avant-garde ; Cyrus, avec les Perses, occupait le centre ; la cavalerie, comme cela devait être, était placée sur les ailes.

Bientôt le jour éclaira les Assyriens sur leur sort : les uns étaient étonnés de ce qu'ils voyaient, d'autres commençaient à reconnaître le danger, les autres donnaient des nouvelles ; ici on criait aux armes, là on déliait les chevaux, ailleurs on pliait le bagage ; les uns détachaient précipitamment les armes chargées sur les bêtes de somme; d'autres s'armaient, ou sautaient sur leurs chevaux, ou leur mettaient la bride ; ceux-là faisaient monter leurs femmes dans les chariots, ceux-ci se chargeaient de leurs effets les plus précieux, comme pour les sauver; on en surprenait qui travaillaient à les enfouir : mais la plupart cherchaient leur salut dans la fuite. On s'imagine aisément qu'ils firent tout, excepté de se défendre ; ils périssaient sans coup férir.

Comme on était en été, Crésus, roi de Lydie, avait fait partir ses femmes la nuit dans des chariots, afin que la fraîcheur leur rendît le voyage moins incommode ; il les suivait avec sa cavalerie. Le roi de la Phrygie, située sur les bords de l'Hellespont, avait fait de même : mais lorsque ces deux princes eurent appris des fuyards, qui les avaient atteints, ce qui s'était passé, ils se mirent à fuir à bride abattue. Cependant les Hyrcaniens tuèrent les rois des Cappadociens et des Arabes, qui n'avaient pu s'éloigner, et qui firent bonne résistance, quoiqu'ils n'eussent pas eu le temps de prendre leurs armes. La plus grande perte fut du côté des Assyriens et des Arabes, qui étant dans leur pays, n'avaient pas pressé leur marche. Tandis que les Mèdes et les Hyrcaniens, usant du droit des vainqueurs, poursuivaient les ennemis, Cyrus ordonna aux cavaliers restés près de lui, d'investir le camp, et de tuer tous ceux qu'ils en verraient sortir armés : quant à ceux qui n'en sortaient pas, cavaliers, peltastes et archers, il fit publier qu'ils apportassent leurs armes liées en faisceaux, et laissassent les chevaux au piquet devant les tentes, sous peine de mort en cas de désobéissance. Les cavaliers perses, l'épée à la main, investirent le camp. Ceux des ennemis qui avaient des armes, les apportèrent dans un lieu désigné ; et des soldats préposés par le général, y mirent le feu.

Cyrus n'ignorait pas que ses troupes en partant ne s'étaient point pourvues de munitions de bouche, sans lesquelles il n'est possible ni de s'engager dans une expédition militaire, ni de tenter aucune autre entreprise. Comme il songeait aux moyens de s'en procurer abondamment et promptement, il se dit à lui-même qu'une armée en campagne avait toujours à sa suite des valets et des pourvoyeurs, tant pour soigner les tentes, que pour fournir aux soldats, lorsqu'ils y rentrent, les choses nécessaires ; et il jugea que vraisemblablement c'était surtout de cette sorte de gens qu'on venait de prendre dans le camp ennemi, parce qu'ils étaient occupés des bagages. Il fit donc publier, par un héraut, que tous les pourvoyeurs se présentassent sur-le-champ ; que s'il en manquait quelqu'un, le plus ancien de la tente vînt à sa place ; menaçant les rebelles de toute sa sévérité. Les pourvoyeurs, voyant que leurs maîtres eux-mêmes se soumettaient, se hâtèrent d'obéir. Quand ils furent arrivés, Cyrus ordonna que ceux qui, dans leurs tentes, avaient des vivres pour plus de deux mois, eussent à s'asseoir : puis les ayant comptés des yeux, il donna le même ordre à ceux qui n'avaient des vivres que pour un mois ; et presque tous se trouvèrent dans ce cas. S'étant instruit ainsi de l'état des provisions : « Si vous craignez, leur dit-il, les mauvais traitemens, et que vous vouliez gagner nos bonnes grâces, ayez soin de préparer dans chaque tente, pour les maîtres et les valets, le double de ce que vous fournissiez chaque jour ; que rien ne manque pour un bon repas, car nos gens reviendront aussitôt qu'ils auront fait une déroute complète, et ils exigeront qu'on satisfasse largement à leurs besoins. Sachez qu'il vous importe qu'ils n'aient point à se plaindre de la réception qui leur sera faite. »

A ces mots, tous se mirent en devoir d'exécuter ses ordres. Pour lui, il assembla ses taxiarques, et leur tint ce discours : « Mes amis, je vois qu'il ne
» tient qu'à nous de nous mettre à ta-
» ble, en l'absence de nos alliés, et de
» profiter des apprêts faits avec tant de
» soin. Mais je crois que nous gagne-
» rons moins à faire bonne chère, qu'à
» montrer que nous nous occupons de
» nos camarades : un bon repas aug-
» menterait-il nos forces, autant que
» l'affection de nos alliés? Si pendant
» qu'ils poursuivent nos ennemis, qu'ils
» les taillent en pièces, qu'ils opposent
» peut-être encore la force à la force,
» nous leur témoignions assez d'indiffé-
» rence pour nous livrer au plaisir de
» la bonne chère avant d'être informés
» de leur sort, nous nous couvririons
» de honte, et nous pourrions nous
» voir bientôt affaiblis par leur défec-
» tion. Si au contraire nous nous occu-
» pons d'eux, tandis qu'ils essuient des
» fatigues et des dangers, de sorte qu'à
» leur retour ils trouvent le nécessaire,
» nous nous préparerons à nous-mêmes
» un repas plus gai que celui que nous
» ferions à présent en cédant à notre
» appétit. Observez encore que quand
» nous ne leur devrions pas ces égards,
» il ne faudrait pas moins nous préser-
» ver des excès de la table : car, bien
» loin que nous n'ayons plus rien à
» faire, nous sommes dans une position
» critique, qui exige surcroît de vigi-
» lance. Les prisonniers que nous avons
» dans le camp, sont en plus grand
» nombre que nous : comme ils ne sont
» pas enchaînés, il faut à-la-fois, et
» nous défier d'eux, et prendre garde
» qu'ils ne nous échappent, si nous
» voulons avoir des valets pour le ser-
» vice de l'armée. De plus, nous n'a-
» vons point ici notre cavalerie; nou
» ignorons où elle est, et nous ne som-
» mes pas sûrs qu'à son retour elle
» veuille rester. D'où je conclus qu'il
» faut que chacun de nous boive e
» mange si sobrement, qu'il résiste au
» sommeil, et conserve toute sa raison
» Je sais aussi qu'il y a dans le camp
» beaucoup de richesses, et qu'il ne
» tiendrait qu'à nous d'en détourner
» autant qu'il nous plairait, quoique
» nos alliés, qui nous ont aidés à nous
» en rendre maîtres, aient droit de les
» partager : mais je doute que nous ga-
» gnions plus à cette infidélité, qu'au
» témoignage de notre bonne foi, dont
» le prix sera, de leur part, un re-
» doublement d'affection. Mon avis est
» qu'après le retour des Mèdes, des
» Hyrcaniens et de Tigrane, nous leur
» laissions le soin du partage. Si notre
» part se trouve la moins forte, regar-
» dons cette inégalité comme utile, puis-
» que l'intérêt les disposerait à demeu-
» rer plus volontiers avec nous. L'avi-
» dité nous procurerait des biens peu
» durables; au lieu qu'en les négligeant
» pour nous emparer du pays qui les
» produit, nous assurons, à nous et aux
» nôtres, de solides avantages. Pour-
» quoi dans notre patrie nous exerçait-
» on à réprimer la gourmandise et l'a-
» mour inconsidéré du gain, sinon pour
» nous apprendre à vaincre dans l'occa-
» sion ces deux penchans? or, je ne
» vois pas qu'il puisse jamais s'en pré-
» senter une plus belle pour mettre ces
» leçons en pratique. »

Ainsi parla Cyrus. « Seigneur, répondit le perse Hystaspe, l'un des homotimes, il serait étrange qu'à la chasse nous eussions souvent le courage de nous priver de nourriture pour prendre un vil et chétif animal, et que lorsqu'il s'agit du bonheur de la vie entière, on nous vît négliger nos devoirs en cédant à des obstacles qui arrêtent des lâches, mais dont triomphent les braves. » L'assemblée approuva ce que venait de dire Hystaspe à l'appui du discours de Cyrus. « Puisque nous sommes tous du même avis, ajouta le prince, que chaque capitaine envoie, par escouade, cinq soldats des plus intelligens parcourir le camp, pour encourager par des éloges ceux qu'ils verront occupés à pourvoir à nos besoins, et punir sévèrement, avec l'autorité d'un maître, ceux qu'ils trouveront oisifs. » Les officiers exécutèrent cet ordre.

CHAP. 3. Cependant il était arrivé quelques détachemens mèdes. Les uns, ayant atteint dans la route des chariots chargés de munitions, qui étaient partis du camp ennemi avant le jour, les forçaient d'y retourner ; les autres revenaient de même, avec des chariots remplis de très belles femmes, soit épouses, soit concubines, que pour leur beauté les Assyriens menaient avec eux. C'est encore aujourd'hui la coutume des peuples de l'Asie, lorsqu'ils vont à la guerre ; ils se font suivre de ce qu'ils ont de plus précieux : ils disent qu'à la vue de ce qui leur est cher, ils combattent plus vaillamment, et sentent la nécessité d'une vigoureuse défense. Peut-être est-ce là leur motif ; peut-être aussi l'amour du plaisir y entre-t-il pour beaucoup.

Cyrus, en voyant ce qu'avaient fait les Mèdes et les Hyrcaniens, ressentit presque du dépit contre lui-même et contre ceux qui l'entouraient : la bravoure des Perses, contraints de rester dans l'inaction, lui semblait effacée par celle des alliés. Ceux qui amenaient le butin au camp, le lui montraient, et retournaient aussitôt à la poursuite des ennemis, suivant l'ordre qu'ils disaient avoir reçu de leurs chefs. Cyrus, quoique mortifié à la vue des effets qu'on apportait, les fit ranger séparément. Il assembla de nouveau ses taxiarques, et s'étant placé dans un lieu d'où il pouvait être entendu de tous, il leur tint ce discours :

« Vous jugez, comme moi, que si
» nous étions maîtres des biens que voi-
» ci, ils enrichiraient tous les Perses,
» et nous principalement, qui les méri-
» tons par nos travaux : mais je ne vois
» pas comment nous en emparer, puis-
» que nous serons trop faibles, tant que
» nous manquerons de cavalerie na-
» tionale. Considérez que nous portons
» des armes propres à mettre en dé-
» route les ennemis que nous combat-
» trons de près : mais quand ils lâche-
» ront pied, comment pourrons-nous,
» avec de telles armes et sans chevaux,
» ou faire prisonniers, ou tuer des ca-
» valiers, des archers, des peltastes,
» des gens de trait, qui fuiront de tou-
» tes leurs forces ? Qui les empêchera
» de fondre sur nous et de nous harce-
» ler, sachant que nous ne sommes pas
» plus à craindre pour eux, que des ar-
» bres qui ne sauraient courir. Aussi
» est-il clair que les cavaliers qui nous
» accompagnent, croient avoir sur le
» butin autant, peut-être même plus de
» droit que nous. Voilà notre situation.
» N'est-il pas évident que si nous parve-
» nons à nous procurer une cavalerie
» qui ne le cède pas à la leur, nous
» pourrons exécuter seuls les entrepri-
» ses auxquelles nous les associons main-
» tenant, et qu'ils en deviendront beau-
» coup moins avantageux ! car lorsque
» nous nous suffirons à nous-mêmes,
» nous nous embarrasserons peu qu'ils
» veuillent rester, ou nous quitter. D'a-
» près ces raisons, vous sentez tous, je
» crois, combien il importe aux Perses

» d'avoir un corps de cavalerie natio-
» nale. Peut-être trouvez-vous de la dif-
» ficulté à le former : examinons donc
» et les moyens que nous avons, et ce
» qui nous manque. On a pris dans le
» camp, grand nombre de chevaux, des
» freins pour les conduire, et les autres
» harnais nécessaires : nous y trouvons
» aussi ce qu'il faut pour armer un ca-
» valier, des cuirasses pour couvrir le
» corps, des javelots, soit pour les lan-
» cer, soit pour les tenir à la main. Que
» faut-il de plus? des hommes? C'est
» ce qui nous manque le moins; car
» rien n'est plus à nous que nous-mê-
» mes. On m'objectera peut-être que
» nous ne savons pas manier un cheval :
» j'en conviens; mais ceux qui le savent
» maintenant, l'ignoraient avant de l'a-
» voir appris. Ils se sont formés dès
» leur jeunesse, me direz-vous encore.
» Eh quoi ! les enfans ont-ils plus de
» disposition que les hommes faits,
» pour apprendre ce qu'on leur dit ou
» qu'on leur montre? Et lesquels, des
» hommes faits ou des enfans, sont les
» plus capables d'exécuter ce qu'ils ont
» appris? J'ajoute que nous avons plus
» de loisir que les enfans et la plupart
» des autres hommes. Nous ne sommes
» point obligés, comme les premiers,
» d'apprendre à tirer de l'arc, nous le
» savons depuis long-temps; ni à lancer
» le javelot, nous le savons aussi. Nous
» n'avons pas les mêmes entraves que
» la plupart des hommes, qui sont con-
» traints, ceux-ci de cultiver la terre,
» ceux-là d'exercer un métier, d'autres
» de veiller à leurs affaires domestiques.
» Pour nous, nous sommes soldats par
» état; nous le sommes encore par né-
» cessité. De plus, il n'en est pas ici
» comme de certaines pratiques militai-
» res, qui sont utiles, mais pénibles.
» N'est-il pas, en effet, plus doux de
» voyager à cheval qu'à pied? n'est-il
» pas agréable de pouvoir, dans un
» occasion qui exige de la célérité, vo
» ler au secours d'un ami; de pouvoi
» atteindre à la course un animal, u
» homme? N'est-il pas commode d
» charger son cheval de ses armes
» c'est les avoir sans cesse sous la main
» On pourrait appréhender que, s'i
» faut combattre ainsi avant de savoir
» manier nos chevaux, nous ne cessions
» d'être bons fantassins, sans être deve-
» nus bons cavaliers. Il est encore facile
» de dissiper cette crainte : nous serons
» libres de combattre à pied, quand
» nous le voudrons; et il n'y a pas d'ap-
» parence que les leçons d'équitation
» nous fassent oublier les manœuvres
» de l'infanterie. »

Lorsque Cyrus eut fini son discours :
« Seigneur, dit Chrysante, je brûle
» d'apprendre à monter à cheval; je
» me figure que, devenu bon cavalier,
» je serai un homme ailé. Maintenant
» quand je cours contre un homme but
» à but, je m'estime heureux si je le
» précède seulement de la tête : je suis
» content, si voyant un animal fuir de-
» vant moi, je parviens en courant à
» l'approcher assez pour l'atteindre d'un
» javelot ou d'une flèche, avant qu'il
» soit trop éloigné. Quand je serai hom-
» me de cheval, je pourrai porter la
» mort à un ennemi, à quelque distance
» que je l'aperçoive : si je poursuis des
» bêtes fauves, je les joindrai d'assez
» près, les unes pour les percer de la
» main, les autres pour les ajuster aussi
» sûrement que si elles étaient immo-
» biles : car quelque agiles que soient
» deux animaux, lorsqu'ils s'appro-
» chent, ils sont l'un à l'égard de l'au-
» tre comme privés de mouvement.
» Aussi entre les êtres animés, n'en est-
» il pas à qui j'aie porté plus d'envie
» qu'aux hippocentaures, s'il est vrai
» qu'ils aient existé avec la prudence

» de l'homme pour raisonner, avec des
» mains pour agir, avec la vitesse et la
» force du cheval pour atteindre ce qui
» fuyait, et terrasser ce qui résistait.
» En devenant cavalier, je réunirai tous
» ces avantages; je me servirai de mon
» âme pour prévoir, de mes mains pour
» porter des armes, de la vitesse du
» cheval pour courir, de sa force pour
» renverser ce qui me résistera. D'ail-
» leurs, je ne formerai pas, comme les
» hippocentaures, un même corps avec
» mon cheval; ce qui vaut mieux que
» d'y être attaché par un lien naturel et
» indissoluble. Je m'imagine que de tels
» êtres ne devaient ni user de certaines
» commodités inventées par les hom-
» mes, ni jouir de certains plaisirs que
» la nature accorde aux chevaux. Pour
» moi, quand je serai cavalier, je ferai,
» à cheval, ce que faisaient les hippo-
» centaures; mais je pourrai, étant à
» pied, manger, me vêtir, me coucher,
» comme les autres hommes, de sorte
» que je serai un hippocentaure dont
» les parties peuvent être séparées ou
» rejointes à volonté. J'aurai encore cet
» avantage sur l'hippocentaure, qu'il
» n'avait que deux yeux pour observer,
» et deux oreilles pour entendre; au
» lieu que moi j'aurai quatre yeux et
» quatre oreilles. J'ai ouï dire, en effet,
» que le cheval voit et entend des choses
» avant son cavalier, et qu'il l'en aver-
» tit. Inscrivez-moi donc au nombre de
» ceux qui désirent devenir cavaliers. »
— Et nous aussi, s'écrièrent les autres
capitaines. — Puisque tel est, reprit
Cyrus, le vœu général, pourquoi ne
pas déclarer par une loi, que ce sera
désormais un déshonneur pour tout
Perse à qui j'aurai fourni un cheval,
d'être rencontré à pied, quelque peu
de chemin qu'il ait à faire, afin qu'on
nous prenne pour de vrais hippocentaures? Tous accueillirent la proposition : de là l'usage qui s'observe encore
chez les Perses, que les plus distingués
de la nation ne soient jamais vus marchant à pied, à moins qu'ils n'y soient
contraints. Voilà ce qui se passa dans
l'assemblée.

CHAP. IV. Peu après le milieu du jour,
les cavaliers mèdes et hyrcaniens revinrent, amenant avec eux des chevaux et
quelques prisonniers : ils avaient laissé
la vie à ceux qui avaient rendu les armes. Le premier soin de Cyrus, à leur
arrivée, fut de s'informer si personne
d'entre eux n'était blessé. « Non, Seigneur, répondirent-ils. » Il leur demanda ce qu'ils avaient fait : ils lui en
rendirent compte, en vantant chacune
de leurs actions. Cyrus les écoutait avec
plaisir, et leur répondit par ce mot d'é-
loge : « On voit que vous vous êtes com-
portés en braves gens, car vous avez
l'air plus grand, plus noble et plus fier
qu'auparavant. » Ensuite il les questionna sur le chemin qu'ils avaient fait,
et sur la population du pays. Ils lui
dirent qu'ils en avaient parcouru une
grande étendue; qu'il était très peuplé,
rempli de brebis, de chèvres, de bœufs,
de chevaux, de blé et de denrées de
toute espèce. « Nous avons donc, reprit
Cyrus, deux choses à faire, subjuguer
les possesseurs de tous ces biens, et les
obliger à rester chez eux : un pays peuplé est une possession de grand prix; il
perd toute sa valeur s'il est abandonné
de ses habitans. Vous avez tué, je le
sais, ceux des ennemis qui ont tenté de
se défendre : vous avez bien fait; c'est
le moyen d'assurer la victoire. Vous avez
pris ceux qui ont mis bas les armes;
mais je crois qu'il nous serait avantageux de les relâcher. Par là, nous nous
délivrerons du soin de nous garder d'eux,
de les garder eux-mêmes, de les nourrir,
notre intention n'étant pas de les faire
mourir de faim : en les renvoyant, nous

augmenterons le nombre des prisonniers ; car si nous nous emparons du pays, tous les habitans seront à nous ; et quand ils verront que nous avons donné la vie et la liberté à leurs camarades, ils aimeront mieux rester et obéir que d'éprouver le sort des armes. Voilà mon avis : si quelqu'un en a un meilleur à proposer, qu'il parle. »

L'avis étant unanimement adopté, Cyrus fit assembler les prisonniers, et leur dit : « Votre soumission vous a sau-
» vé la vie ; si vous vous conduisez de
» même à l'avenir, il ne vous arrivera
» rien de fâcheux, vous n'aurez fait que
» changer de maîtres. Vous habiterez
» les mêmes maisons, vous cultiverez
» les mêmes champs, vous vivrez avec
» les mêmes femmes, vous aurez la même
» autorité sur vos enfans : seulement,
» vous ne ferez plus la guerre ni à nous,
» ni à aucun autre peuple ; si vous êtes
» insultés, nous combattrons pour vous.
» Afin même que vous ne puissiez être
» forcés à prendre les armes, remettez-
» nous celles que vous avez : quiconque
» les apportera, jouira en pleine sécurité
» de la paix et des autres biens dont je
» parle ; au lieu que nous tournerons nos
» forces contre ceux qui ne livreront pas
» leurs armes. Si quelqu'un se donne à
» nous d'assez bon cœur pour chercher
» à devenir utile par ses actions ou par
» ses conseils, nous le traiterons, non
» comme un captif, mais comme bienfai-
» teur et ami. Retenez bien ce que je
» vous dis, et l'annoncez à vos compa-
» triotes. S'il s'en trouvait qui osassent
» contrarier votre vœu, menez-nous
» vers eux ; afin qu'ils sachent que c'est
» à vous de donner la loi, et non de la
» recevoir. » Ainsi parla Cyrus. Les prisonniers se prosternèrent à ses pieds, et promirent d'exécuter ce qu'il avait prescrit.

Chap. v. Lorsqu'ils furent partis :
« Mèdes et Arméniens, dit Cyrus, il est
» temps que nous pensions à prendre
» notre repas : nous vous avons fait pré-
» parer, avec tout le zèle possible, ce qui
» vous est nécessaire ; allez. Vous nous
» enverrez la moitié de la provision de
» pain ; il y en a suffisamment pour nous
» tous : n'envoyez ni viande ni boisson ;
» nous en avons ce qu'il nous faut. Vous,
» Hyrcaniens, conduisez-les aux tentes :
» vous donnerez les plus grandes aux
» chefs ; vous savez où elles sont : les
» autres seront partagées aux soldats
» de la manière que vous jugerez la plus
» convenable. Allez ensuite souper à vo-
» tre aise ; vos tentes ne sont point en-
» dommagées ; tout y est prêt comme
» dans les autres. Soyez sans inquiétude
» sur la garde des dehors du camp pen-
» dant cette nuit ; nous nous en char-
» geons : veillez seulement à celle du
» dedans ; et comme les prisonniers qui
» sont dans les tentes ne sont pas encore
» nos amis, ne quittez pas vos armes. »
Les Mèdes et les soldats de Tigrane, voyant qu'en effet tout était prêt pour le repas, allèrent se laver ; puis ayant changé d'habit, ils soupèrent. Les chevaux n'avaient point été oubliés ; ils ne manquèrent de rien. Les Mèdes et les Arméniens envoyèrent aux Perses la moitié de leurs pains, mais sans y joindre ni vin ni viande, parce que Cyrus leur avait assuré que ses soldats en avaient abondamment : or il avait voulu dire seulement que la faim leur tenait lieu de bonne chère, et que l'eau du fleuve suffisait pour leur boisson. Lorsque les Perses eurent soupé, et que la nuit fut venue, Cyrus fit partir plusieurs détachemens, les uns de cinq hommes, les autres de dix, avec ordre de se mettre en embuscade autour du camp ; afin que personne n'y entrât, et qu'on arrêtât ceux qui voudraient en sortir avec du butin, comme il arriva effectivement ;

car plusieurs prisonniers tentèrent de s'évader. On en saisit quelques-uns : Cyrus les fit étrangler, et laissa l'argent qu'ils emportaient aux soldats qui les avaient pris. Il arriva de là qu'on n'aurait pas depuis rencontré un seul homme qui sortît de nuit. C'est ainsi que les Perses passèrent cette nuit. Quant aux Mèdes, ils burent, mangèrent, dansèrent au son des flûtes, et se rassasièrent de plaisirs : on avait trouvé dans le camp de quoi occuper agréablement des gens qui ne voulaient pas dormir.

Or, la nuit même du départ de Cyrus, Cyaxare, en réjouissance de la victoire, s'était enivré avec ses courtisans. Comme il entendait un grand bruit, il ne doutait pas que presque tous les Mèdes ne fussent restés. Mais ce bruit était causé par les valets, qui avaient pris sur les Assyriens du vin et des vivres, et qui en l'absence de leurs maîtres, avaient bu outre mesure. Quand il fut jour, le roi, étonné que personne ne se présentât à sa porte, excepté ceux qui avaient soupé avec lui, et apprenant que les Mèdes avaient quitté le camp avec leurs cavaliers, sortit de sa tente, et reconnut qu'on lui avait dit la vérité. Alors il entra dans une étrange colère contre Cyrus et les Mèdes, qui s'en étaient allés et l'avaient laissé seul. Comme il était dur et violent, il chargea un de ceux qui se trouvaient près de lui de prendre quelques cavaliers, de courir après les troupes qui avaient suivi Cyrus, et de dire de sa part à ce prince : « Je ne croyais pas, Cyrus, que vous fussiez capable de me traiter si légèrement, ni que vous, Mèdes, connaissant le projet du prince, vous voulussiez y concourir par votre abandon. Que Cyrus revienne s'il veut; mais vous, revenez en diligence. » Tel fut l'ordre de Cyaxare.

« Seigneur, dit l'envoyé, comment trouver les Mèdes ? — Comment ont fait Cyrus et ceux qui l'accompagnent, répliqua le roi, pour trouver les Assyriens ! — J'ai ouï dire, répondit l'envoyé, que quelques Hyrcaniens, déserteurs de l'armée ennemie, sont venus ici et lui ont servi de guides. » Cyaxare, beaucoup plus irrité de ce que Cyrus ne l'avait point instruit de ce fait, n'en fut que plus ardent à rappeler ses troupes pour affaiblir l'armée de son neveu, et prit un ton plus menaçant qu'auparavant, tant contre les Mèdes qui ne reviendraient pas, que contre l'envoyé, s'il n'exécutait pas sa commission avec vigueur. Le Mède partit à la tête d'une centaine de cavaliers, très affligé lui-même de n'avoir pas suivi Cyrus. Etant arrivés à un endroit où le chemin se partageait en plusieurs routes, ils en prirent une qui les égara, et ne rejoignirent l'armée de Cyrus qu'après avoir rencontré par hasard quelques Assyriens fugitifs, qu'ils obligèrent de les conduire au camp : encore n'y arrivèrent-ils qu'au milieu de la nuit, à la faveur de la clarté des feux. Les gardes, conformément aux ordres de Cyrus, ne laissèrent pas entrer avant le jour. Dès qu'il parut, Cyrus fit appeler les mages, et leur ordonna de choisir dans le butin les dons qu'il était d'usage d'offrir aux Dieux, en reconnaissance de leur bienfaisante protection. Pendant que les mages exécutaient cet ordre, il convoqua les homotimes et leur dit :

« Soldats, c'est à la Divinité que nous
» devons les richesses immenses que
» vous avez sous les yeux ; mais nous
» sommes en trop petit nombre pour les
» conserver. D'un côté, si nous ne veil-
» lons pas à la garde de ces biens,
» fruits de nos travaux, ils passeront
» en d'autres mains ; de l'autre, si nous
» laissons ici des troupes, nous serons
» visiblement sans forces. Je suis donc
» d'avis que quelqu'un de vous aille in-
» cessamment instruire les Perses de

» notre situation, et les presser de nous
» envoyer sans délai un renfort, s'ils
» aspirent à l'empire de l'Asie et à la
» possession de toutes ses richesses.
» Vous, le plus âgé d'entre nous, par-
» tez : rendez-leur compte de l'état des
» choses; ajoutez que je me charge de
» fournir à l'entretien des soldats qu'ils
» m'enverront. Vous voyez les trésors
» que nous possédons; ne leur cachez
» rien. Demandez à mon père quelle
» portion je dois envoyer aux Dieux de
» la Perse, et aux magistrats, quelle por-
» tion revient à la république. Qu'on
» députe aussi vers nous des officiers
» publics, pour inspecter ce qui se passe
» ici et pour former conseil. Allez vous
» préparer, et prenez une escouade qui
» vous servira d'escorte. »

Cyrus fit ensuite appeler les Mèdes. L'envoyé de Cyaxare parut au milieu d'eux. Il parla publiquement de la colère de son maître contre Cyrus, de ses menaces contre les Mèdes, et finit par déclarer que Cyaxare leur enjoignait de retourner vers lui, quand même Cyrus s'obstinerait à rester. Les Mèdes, à ces paroles de l'envoyé, demeuraient interdits : ils n'avaient point de prétexte pour désobéir au roi, qui les rappelait; mais le connaissant pour un maître impitoyable, ils craignaient, en obéissant, l'effet de ses menaces. Cyrus prit la parole :
« Mèdes, dit-il, et vous envoyé de leur
» roi, je ne m'étonne pas que Cyaxare,
» se voyant attaqué par une foule d'en-
» nemis, et ignorant nos succès, trem-
» ble pour nous et pour lui : mais lors-
» qu'il saura qu'une grande partie des
» Assyriens a perdu la vie, et que le
» reste est en fuite, d'abord il cessera
» de craindre, puis il reconnaîtra qu'il
» n'a pas été abandonné par des amis
» qui détruisaient ses ennemis. Peut-il
» raisonnablement se plaindre de nous,
» qui le servons si bien et n'entrepre-
» nons rien de notre propre mouvement!
» Je n'ai agi qu'après avoir obtenu la
» permission de vous emmener avec
» moi : vous, de votre côté, vous n'avez
» point demandé à partir comme des
» gens qui auraient désiré de le quitter;
» vous êtes venus ici sur l'invitation qu'il
» en avait faite à tous ceux qui vou-
» draient me suivre. Je suis convaincu
» que notre bonne fortune le calmera,
» et que sa colère cessera avec sa crain-
» te. » S'adressant ensuite à l'envoyé :
« Vous devez, lui dit-il, être fatigué; al-
» lez vous reposer. Nous, Perses, com-
» me nous présumons que les ennemis
» approchent ou pour nous attaquer ou
» pour se soumettre, rangeons-nous en
» bataille dans le meilleur ordre : cet
» appareil imposant peut hâter la réus-
» site de nos desseins. Vous, prince
» d'Hyrcanie, prenez sur vous d'ordon-
» ner à vos officiers qu'ils mettent leurs
» soldats sous les armes. »

L'Hyrcanien ayant transmis cet ordre, vint rejoindre Cyrus, qui lui dit :
« Je vois avec plaisir que votre conduite
» nous donne à-la-fois des preuves, et
» de votre amitié pour nous, et de votre
» intelligence. Il est clair que nous avons
» aujourd'hui les mêmes intérêts : si les
» Assyriens sont mes ennemis, ils sont
» encore plus les vôtres. Agissons donc
» de concert pour qu'aucun de nos alliés
» ne nous abandonne, et que nous nous
» en procurions de nouveaux s'il est
» possible. Vous savez que l'envoyé de
» Cyaxare rappelle la cavalerie mède :
» si elle nous quitte, comment tiendrons-
» nous avec nos gens de pied? Faisons
» donc en sorte, vous et moi, que cet
» envoyé, qui est venu pour emmener
» les siens, veuille lui-même rester avec
» nous. Cherchez-lui d'abord une tente
» très commode, où il trouve à souhait
» le nécessaire; je tâcherai de lui don-
» ner un emploi qui lui soit plus agréa-

» ble que de s'en retourner. Parlez-lui aussi des grands biens qui nous attendent nous et nos amis, si les choses se passent heureusement. Quand vous vous serez acquitté de cette commission, revenez vers moi. »

Pendant que l'Hyrcanien conduisait le Mède à la tente qu'il lui destinait, le Perse, qui avait ordre d'aller dans son pays, se présenta tout prêt à partir. Cyrus lui recommanda de nouveau de rendre compte à ses compatriotes de ce qu'il venait d'entendre, et le chargea d'une lettre pour Cyaxare. Je veux vous la lire, ajouta-t-il, afin que vous sachiez ce qu'elle contient, et que vous répondiez aux questions qu'il pourrait vous faire. La lettre était conçue en ces termes :

« Cyrus à Cyaxare, salut. Nous ne vous avons point abandonné ; car on n'est point abandonné de ses amis lorsque, par leur courage, on triomphe de ses ennemis. Loin que notre départ vous ait exposé à quelque danger, nous avons assuré votre repos d'autant plus sûrement que nous nous sommes plus éloignés de vous. Ce n'est pas en restant oisifs auprès de ses amis qu'on pourvoit à leur sûreté ; c'est en repoussant leurs ennemis le plus loin qu'il est possible qu'on les met à l'abri du péril. Vous vous plaignez, Cyaxare ; considérez, je vous prie, quelle a été ma conduite envers vous, et quelle est la vôtre envers moi. Je vous ai amené des auxiliaires, moins, à la vérité, que vous n'en demandiez, mais autant que j'en ai pu rassembler. Pendant que j'étais sur les terres de votre obéissance, vous m'avez permis d'emmener ceux de vos soldats que je pourrais engager à me suivre : maintenant que je suis en pays ennemi, vous rappelez auprès de vous, non pas seulement ceux des Mèdes qui souhaiteraient de s'en retourner, mais tous sans exception. J'avais compté partager ma reconnaissance entre vous et vos sujets ; vous me forcez à vous oublier et à la réserver toute entière pour ceux qui ont bien voulu m'accompagner. Je ne puis néanmoins me résoudre à vous imiter : j'envoie en Perse solliciter un renfort, et j'ordonne que les troupes destinées à venir joindre mon armée commencent par s'informer si elles peuvent vous être utiles, en sorte que vous en disposiez à votre gré et sans leur aveu. Quoique plus jeune, je hasarderai de vous donner des conseils. Ne retirez jamais le don que vous aurez fait, de peur que l'inimitié ne prenne la place de la reconnaissance. Lorsque vous désirerez qu'on se rende promptement auprès de vous, que votre ordre ne soit pas accompagné de menaces : gardez-vous surtout d'en faire à une multitude, en observant que vous êtes seul ; vous lui apprendriez à vous mépriser. Au reste, nous tâcherons de vous rejoindre dès que nous aurons exécuté des projets dont le succès sera également avantageux et à vous et à nous. Portez-vous bien. »

« Remettez cette lettre à Cyaxare, continua Cyrus ; et s'il vous questionne, réglez votre réponse sur ce que je lui écris : vous vous conduirez de même avec les Perses. » Après avoir instruit son envoyé, il lui donna la lettre ; et en le congédiant : « Faites diligence, lui dit-il, vous savez combien il importe que vous soyez promptement de retour. »

Déjà les Hyrcaniens et les soldats de Tigrane étaient sous les armes, ainsi que les Perses. Tandis que Cyrus considérait leur tenue, arrivèrent quelques habitans du voisinage, qui amenaient des chevaux et apportaient leurs armes. Cyrus ordonna de jeter les javelots au lieu où les ennemis, qui s'étaient rendus précédemment, avaient déposé les leurs; de les brûler, à la réserve de ceux dont pourraient avoir besoin les soldats chargés de cette exécution. A l'égard des chevaux, il commanda que ceux qui les avaient amenés demeurassent dans le camp pour les garder, et qu'ils y attendissent ses ordres. Ayant ensuite appelé les chefs de la cavalerie mède et ceux des Hyrcaniens :

« Braves amis, généreux alliés, leur » dit-il, ne soyez point surpris si je vous » assemble souvent; comme notre situa- » tion est nouvelle pour nous, il n'a pas » été possible de mettre ordre à tout : » cette confusion produira nécessaire- » ment de l'embarras jusqu'à ce que » chaque chose soit mise à sa place. » Nous avons fait un butin immense, et » de plus nombre de prisonniers; mais » comme chacun de nous ignore ce qui » lui appartient dans ces prises, et que » nul de nos prisonniers ne sait quel » est son maître, on en voit peu qui » s'acquittent de leur devoir : presque » tous sont incertains de ce qu'on exige » d'eux. Pour remédier à ce désordre, » faites des partages. Ceux qui se trou- » vent logés dans des tentes bien pour- » vues de vivres, de vin, de serviteurs, » de lits, de vêtemens, en un mot, de » tous les ustensiles nécessaires pour » camper commodément, n'ont besoin » de rien de plus; il reste seulement à » leur faire entendre qu'ils doivent en » avoir soin dorénavant comme de leur » propre bien. Si quelqu'un habite une » tente mal pourvue, suppléez ce qui lui » manque. Je ne doute pas qu'après » cette distribution il ne vous reste en- » core bien des choses; car les ennemis » en avaient plus qu'il n'en faut pour » notre armée. Les trésoriers du roi » d'Assyrie et des autres princes ses al- » liés, sont venus m'avertir qu'ils avaient » dans leurs caisses de l'or monnayé, » provenant de certains tributs dont ils » m'ont parlé. Sommez-les par un hé- » raut de vous l'apporter au lieu que » vous indiquerez, sous des peines qui in- » timident quiconque désobéirait. Lors- » que cet argent sera entre vos mains, » vous le partagerez de façon que le ca- » valier ait le double du fantassin; par- » là, vous aurez de quoi acheter ce qui » vous manquerait. Faites, dès à-pré- » sent, publier liberté entière dans le » marché du camp; que les vivandiers » et les marchands puissent exposer en » sûreté leurs denrées, les vendre, en » apporter d'autres, afin que notre camp » soit fréquenté. »

On fit aussitôt la proclamation. « Mais, dirent les Mèdes et les Hyrcaniens, comment faire ce partage sans que vous y soyez présens, vous et vos Perses? — Pensez-vous, répondit Cyrus, qu'il ne se doive rien faire que l'armée entière n'y prenne part? N'est-ce pas assez, quand les circonstances le commandent, que nous agissions, moi pour vous, et vous en notre nom? Exiger le concours de tous, n'est-ce pas le moyen de multiplier les affaires et d'avancer peu? Considérez que nous avons gardé le butin et que vous l'avez cru bien gardé; chargez-vous, à votre tour, de la distribution, que nous trouverons bien faite : nous vaquerons, nous, à d'autres soins qui puissent concourir au bien commun. Présentement, ajouta-t-il, comptez les chevaux que nous avions et ceux qu'on nous amène : si on ne les monte, loin de servir ils embarrasseront par le soin qu'il en faudra prendre; mais si nous les donnons à des cavaliers, nous serons délivrés de ce soin et nous augmenterons nos forces. Si vous avez à qui les donner, et avec qui vous préféreriez de courir les hasards de la guerre, favorisez-les : si vous aimez mieux nous avoir pour compagnons, donnez-les nous. Lorsque seuls vous poursuiviez les ennemis, nous craignions pour vous des malheurs, nous rougissions de ne pouvoir partager avec vous le danger; mais quand on nous donnera des chevaux, nous vous accompagnerons partout. Si vous jugez qu'à cheval nous soyons plus utiles, je me flatte que notre ardeur ne sera point en défaut : si vous nous croyez plus propres à vous seconder en combattant à pied, nous serons bientôt descendus et devenus fantassins ; nous trouverons alors des gens qui garderont nos chevaux. — Seigneur, répondirent les Mèdes et les Hyrcaniens, nous n'avons personne à qui nous destinions ces chevaux ; et quand nous aurions l'intention de les donner, nous y renoncerions, puisque vous les désirez : disposez-en comme il vous plaira ; ils sont à vous. — Je les accepte, dit Cyrus ; puissions-nous être désormais cavaliers à notre plus grand bien ! Partagez, ajouta-t-il, le butin qui reste en commun : mettez premièrement à part pour les Dieux ce que les mages indiqueront ; puis choisissez pour Cyaxare ce qui vous paraîtra lui devoir être le plus agréable. — Il faut, s'écrièrent-ils en riant, lui choisir de belles femmes.—Des femmes, soit, repartit Cyrus ; autre chose encore si vous le voulez. Je vous recommande à vous, Hyrcaniens, de faire en sorte que les Mèdes, qui m'ont suivi de bon gré, n'aient point sujet de se plaindre ; et à vous, Mèdes, de traiter les Hyrcaniens, nos premiers alliés, avec une telle distinction qu'ils se louent d'avoir embrassé notre parti. Admettez au partage l'envoyé de Cyaxare et ceux qui l'accompagnent ; pressez-le de demeurer avec nous, afin que mieux instruit de l'état de nos affaires, il en rende un compte exact à Cyaxare. Pour mes Perses, ils se contenteront de ce que vous aurez de trop, après vous être abondamment pourvus. Une éducation rustique nous a rendus étrangers au luxe. Certes, si on nous voyait quelque chose de précieux, nous apprêterions à rire, comme cela ne manquera pas d'arriver lorsque nous monterons à cheval, et que nous tomberons à terre. »

Les Mèdes et les Hyrcaniens allèrent partager le butin, en riant de la plaisanterie sur les nouveaux cavaliers. Cyrus ayant appelé les taxiarques, leur commanda de prendre les chevaux et les palefreniers avec leurs outils ; de faire de ce butin plusieurs parts égales suivant le nombre des compagnies, et de tirer au sort pour le choix. Ensuite il publia dans le camp que s'il se trouvait parmi les Assyriens, Syriens ou Arabes prisonniers, des esclaves nés en Médie, en Perse, dans la Bactriane, en Carie, en Cilicie, en Grèce, ou dans quelque autre pays d'où ils auraient été enlevés par force, ils eussent à se présenter. On en vit bientôt accourir un grand nombre. Cyrus ayant choisi les mieux faits, leur dit qu'en recouvrant la liberté ils s'engageaient à porter les armes qu'il allait leur donner ; que de son côté, il pourvoirait à tous leurs besoins. Il les mena lui-même aux taxiarques ; il recommanda de fournir à ces nouveaux soldats de petits boucliers et des épées légères, afin qu'ils pussent, avec cette armure, suivre la cavalerie, et leur fit distribuer la même portion de vivres qu'aux soldats perses. Il ordonna de plus aux officiers de ne marcher jamais qu'à cheval, armés de la pique et de la cuirasse, comme il en donnait l'exemple, et de choisir parmi les homotimes d'autres chefs pour commander à leur place ceux de la même classe qui n'auraient point de chevaux.

CHAP. 6. Sur ces entrefaites arrive à cheval un vieillard assyrien, nommé Go-

bryas, suivi d'une troupe de cavaliers bien armés. Les officiers préposés pour recevoir les armes des ennemis qui se rendraient, demandèrent aux cavaliers leurs piques, afin qu'on les brûlât comme on en avait brûlé beaucoup d'autres. Gobryas répondit qu'auparavant il désirait voir Cyrus. On laissa ses gens à l'entrée du camp, et on le conduisit au prince. « Seigneur, lui dit-il, dès qu'il
» fut en sa présence, je suis Assyrien :
» je possède un château très fort, et je
» domine sur un vaste pays. Je fournis-
» sais au roi d'Assyrie environ mille
» chevaux : je lui étais plus attaché que
» personne. Cet excellent prince est tom-
» bé sous vos coups ; et son fils, mon
» plus mortel ennemi, lui a succédé. Je
» viens en suppliant me jeter à vos ge-
» noux : je me donne à vous, je serai
» votre sujet et votre allié ; mais devenez
» mon vengeur. Autant qu'il est en mon
» pouvoir, je vous adopte pour mon
» fils ; car je n'ai plus de fils. J'en avais
» un seul, Seigneur, aussi estimable
» pour ses qualités qu'aimable par sa
» figure : il m'aimait, il me respectait,
» il avait pour moi tous les sentiments
» qui font le bonheur d'un père. Le roi
» défunt l'avait mandé pour lui donner
» sa fille en mariage : moi, flatté d'une
» si honorable alliance, je m'étais em-
» pressé de le faire partir. Un jour le
» perfide, qui règne maintenant, invita
» mon fils à une partie de chasse ; et
» comme il s'estimait beaucoup meilleur
» cavalier, il lui laissa toute liberté de
» chasser : mon fils croyait être avec
» un ami. Un ours parut : tous deux le
» poursuivent ; le prince lance son dard
» et le manque : plût aux Dieux qu'il ne
» l'eût pas manqué ! Mon fils, qui au-
» rait dû être moins adroit, lance le
» sien, abat l'animal. Le prince, piqué,
» dissimule sa jalousie. Un instant après,
» on rencontre un lion ; le prince le
» manque pareillement, ce qui n'est pas
» extraordinaire à la chasse : mon fils,
» d'un coup, hélas ! trop heureux, ren-
» verse le lion, et s'écrie : « De la même
» main j'ai lancé deux dards ; tous les
» deux ont porté. » A ces mots, le traî-
» tre, ne contenant plus sa fureur ja-
» louse, arrache un javelot des mains
» de quelqu'un de sa suite, et l'enfon-
» çant dans le sein de mon fils, de mon
» cher fils, de mon fils unique, il lui
» ôte la vie. Malheureux père ! au lieu
» d'un jeune époux je revis un cadavre ;
» et moi, vieillard, je mis dans le tom-
» beau le meilleur, le plus aimé des fils,
» dont les joues étaient à peine ombra-
» gées d'un léger duvet. On eût dit que
» son assassin s'était défait d'un enne-
» mi : il ne témoigna nul repentir, ne
» rendit, en expiation de son horrible
» forfait, aucun honneur à la mémoire
» du mort. Son père me plaignit, et se
» montra sensible à ma douleur. S'il
» vivait encore, vous ne me verriez pas
» implorer votre secours contre lui : j'en
» avais reçu autant de témoignages de
» bonté que je lui avais donné de preu-
» ves d'attachement. Mais puis-je con-
» server les mêmes sentimens pour l'as-
» sassin de mon fils, qui règne à pré-
» sent ? et lui-même me regardera-t-il
» comme son ami ? Il sait quels sont mes
» sentimens envers lui, qu'avant son
» crime je vivais heureux, et que main-
» tenant, privé de mon fils, je traîne
» dans les larmes une douloureuse vieil-
» lesse. Oui, Seigneur, si vous me rece-
» vez dans votre alliance, et que vous me
» donniez quelque espérance de venger
» la mort de ce fils chéri, je croirai re-
» naître ; je vivrai sans honte et mour-
» rai sans regret. »

Cyrus répondit à Gobryas : « Si vo- tre cœur ne dément point ce que vous venez de dire, je reçois volontiers votre prière ; je vous promets qu'avec l'aide des Dieux, je châtierai l'assassin de votre fils. Mais si nous vous accordons ce que vous demandez, et que nous vous laissions vos forteresses, vos terres, vos armes, et l'autorité que vous avez exercée jusqu'à présent, que ferez-vous pour nous? — A votre premier ordre, dit Gobryas, je vous livrerai mes châteaux; je vous paierai pour mes terres le même tribut que je payais au roi d'Assyrie : lorsque vous serez en guerre, je vous accompagnerai avec toutes les forces de mon pays. J'ai de plus une fille nubile, que j'aime tendrement; j'espérais, en l'élevant, la voir un jour l'épouse du prince régnant : elle-même, Seigneur, est venue, fondant en larmes, me supplier de ne la pas livrer au meurtrier de son frère; eh! que j'en étais éloigné! Je la remets entre vos mains; ayez pour elle les mêmes sentimens que vous me voyez déjà pour vous. — A ces conditions, reprit Cyrus, en lui tendant la main et prenant la sienne, je vous donne ma foi, je reçois la vôtre : que les Dieux en soient témoins! » Ce traité conclu, il le pressa de s'en retourner avec ses armes, et lui demanda à quelle distance était la forteresse où il se proposait d'aller. « En partant demain de grand matin, répondit Gobryas, le jour suivant vous passerez la nuit avec nous. » Sur cela, Gobryas se retira, en laissant un guide.

Les Mèdes étaient revenus joindre Cyrus, après avoir délivré pour les Dieux ce que les mages avaient eux-mêmes demandé. Ils avaient mis à part pour Cyrus, une tente magnifique, une femme susienne qu'on estimait la plus belle de toute l'Asie, et deux musiciennes renommées. Ce qu'ils avaient ensuite trouvé de plus précieux, avait été choisi pour Cyaxare : puis, comme ils avaient en abondance des effets de toute espèce, ils s'étaient largement pourvus de ceux dont ils avaient le plus besoin, afin de n'en point manquer pendant la campagne. Les Hyrcaniens prirent ce qu'ils désiraient; et l'envoyé de Cyaxare fut admis à partager également. Enfin, les tentes qui restaient furent données à Cyrus, pour l'usage des Perses. Quant à l'argent monnayé, on convint de le distribuer lorsque le tout serait recueilli; ce qui s'exécuta.

Cette opération finie, Cyrus ordonna que le butin destiné pour Cyaxare fût confié à la garde de ceux qu'il savait lui être particulièrement attachés : quant aux présens qu'on lui réservait, il déclara qu'il les acceptait de bon cœur, mais qu'ils resteraient à la disposition de quiconque en aurait besoin. « Seigneur, dit un Mède passionné pour la musique, hier au soir j'entendis chanter vos deux musiciennes; elles m'ont fait un plaisir infini : si vous m'en donniez une, le séjour du camp me serait beaucoup plus agréable que celui de ma maison. — Je vous la donne, répondit Cyrus, et je vous suis plus obligé de me l'avoir demandée, que vous ne l'êtes de l'avoir obtenue, tant j'ai à cœur de vous complaire. » Le Mède prit la musicienne et l'emmena.

LIVRE CINQUIÈME.

CHAPITRE PREMIER. Cyrus fit appeler le Mède Araspe, son intime ami dès l'enfance; c'était celui à qui il avait donné sa robe médique, quand il quitta la cour d'Astyage pour retourner en Perse : il le mandait pour lui confier la femme et la tente. Cette femme était l'épouse d'Abradate, roi de la Susiane. Dans le temps où l'on s'empara du camp des Assyriens, Abradate n'y était point : le roi d'Assyrie, lui connaissant des liaisons d'hospitalité avec le roi de la Bactriane, l'avait député vers ce prince, pour solliciter son alliance. Cyrus chargea donc Araspe de garder la princesse, jusqu'à ce qu'il la redemandât.

« Seigneur, lui dit Araspe sur cet ordre, as-tu vu la femme que tu confies à ma garde? — Non, répondit Cyrus. — Et moi je l'ai vue, lorsque nous la choisissions pour toi. En entrant dans sa tente, nous ne la distinguâmes pas d'abord : elle était assise à terre, entourée de ses femmes, et vêtue comme elles. Mais ensuite, lorsque voulant savoir laquelle était la maîtresse, nous les eûmes regardées toutes avec attention; quoiqu'elle fût assise, couverte d'un voile et les yeux baissés, nous remarquâmes une grande différence entre elle et les autres. Nous la priâmes de se lever. Ses femmes se levèrent en même temps : elle les surpassait toutes par sa stature et l'élégance de sa taille, et par les grâces qui brillaient en elle, quoiqu'elle fût simplement vêtue. Sa robe était baignée de ses larmes, qui coulaient jusqu'à ses pieds. Alors le plus âgé d'entre nous lui adressant la parole: « Rassurez-vous, princesse, la renommée nous apprend que votre époux est doué de grandes qualités; sachez néanmoins que celui à qui nous vous destinons, ne lui cède ni en beauté, ni en esprit, ni en puissance. Oui, si quelqu'un est digne d'admiration, c'est, selon nous, Cyrus, à qui vous appartiendrez désormais. »

» A ces mots, elle déchira le voile qui lui couvrait la tête, poussant, elle et ses femmes, des cris lamentables. Ce désordre nous ayant laissé voir la plus grande partie de son visage, son cou, ses mains, nous avons jugé qu'il ne fut jamais en Asie une mortelle aussi parfaitement belle : mais, Cyrus, il faut que tu la voies. — J'en suis beaucoup moins tenté, si elle est telle que tu la dépeins. — Pourquoi? — Parce que si je me laissais, au seul récit de sa beauté, persuader de la voir, ayant peu de loisir, je craindrais qu'elle-même ne me persuadât plus aisément encore de la revoir, et que je ne négligeasse les affaires dont je dois m'occuper, pour me tenir sans cesse auprès d'elle.

»—Penses-tu, Seigneur, reprit Araspe en riant, que la beauté puisse contraindre un homme à agir contre son devoir? Si la beauté avait ce pouvoir, ne l'exercerait-elle pas également sur tous? Voyez le feu, il brûle tous ceux qui l'approchent, parce qu'il est de sa nature de brûler. Quant aux belles personnes, les uns en deviennent amoureux, les autres les voient d'un œil indifférent; d'ailleurs, autant d'hommes, autant de goûts différens. L'amour dépend de la volonté; on aime qui l'on veut aimer. Le frère n'est point amoureux de sa sœur, ni le père de sa fille; et toutes deux ont d'autres amans : de plus, la crainte des lois peut réprimer l'amour. Mais si on publiait une loi qui défendît d'avoir faim quand on a besoin de manger, d'avoir soif quand on est altéré, d'avoir froid l'hiver, et chaud l'été, nulle puissance ne la ferait observer, parce que l'homme est naturellement subjugué par ces différentes sensations : l'amour, au contraire, est soumis à la volonté; chacun attache librement son affection aux objets qui lui plaisent, de même qu'on aime de préférence tel vêtement, telle chaussure.

»—Si l'amour est volontaire, répliqua Cyrus, comment n'est-on pas maître de cesser d'aimer quand on le veut? J'ai vu des gens pleurer de la douleur que l'amour leur causait, et néanmoins servir en esclaves l'objet de leur passion, eux qui, avant d'aimer, regardaient la servitude comme un très grand mal; je les ai vus donner beaucoup de choses dont il ne leur était pas avantageux de se priver, et désirer d'être délivrés de leur amour comme d'une maladie, sans pouvoir se guérir, liés par une puissance plus forte que des chaînes de fer. Aussi les amans se montrent-ils gratuitement esclaves de la personne qu'ils aiment; et, malgré les tourmens qu'ils éprouvent, loin d'entreprendre de se soustraire à son empire, ils craignent sans cesse qu'elle ne leur échappe.

» — Ce que tu dis est vrai, telle est leur condition, repartit le jeune Araspe; mais de tels amans sont des lâches : aussi se croient-ils assez malheureux pour désirer de mourir, quoique avec mille moyens de sortir de la vie, ils ne la quittent pas. Ce sont des hommes de ce caractère qui cèdent au désir de voler et de s'emparer du bien d'autrui : néanmoins quand ils ont ou volé ou dérobé, tu le sais, tu es le premier à leur en faire un crime, tu les punis sans miséricorde, parce qu'ils n'étaient point nécessités à voler. J'en dis autant de la beauté; elle ne contraint pas à aimer, à commettre des actions injustes. Sans doute il est des hommes vils que leurs passions maîtrisent, et qui en accusent l'amour; mais les hommes honnêtes et vertueux ont beau désirer de l'or, de bons chevaux, de belles femmes, ils savent s'en passer plutôt que de se les procurer par une injustice. Ainsi, quoique j'aie vu la captive susienne, et qu'elle m'ait paru très belle, je n'en suis pas moins ici à cheval près de toi; je n'en remplis pas moins tous mes autres devoirs.

» — Cela est vrai; peut-être l'as-tu quittée trop tôt, et avant le temps qu'il faut à l'amour pour prendre un homme dans ses filets. Pour moi, quoiqu'on ne se brûle pas à l'instant pour toucher le feu, que le bois ne s'enflamme pas tout-à-coup, je ne m'expose néanmoins ni à toucher le feu, ni à regarder une belle personne. Je ne te conseillerais pas, Araspe, de donner plus de liberté à tes regards : car le feu ne brûle que par le contact, tandis que la beauté enflamme de loin ceux qui la regardent.

— Rassure-toi, Cyrus; quand je ne cesserais de contempler la belle captive, jamais je ne serai subjugué au point de rien faire qu'on puisse me reprocher.

— Soit : garde-la donc comme je te l'ai recommandé; prends-en soin : dans la suite il nous sera peut-être utile de l'avoir en notre puissance. »

Après cette conversation, ils se séparèrent. Le jeune Mède voyait dans la Susienne la plus belle des femmes; il découvrait en elle d'excellentes qualités : il remarquait que s'il avait du plaisir à lui rendre des soins, elle ne les recevait pas avec indifférence; qu'elle-même lui en rendait à son tour; que quand il entrait dans sa tente, des esclaves, par l'ordre de leur maîtresse, prévenaient ses besoins; que s'il était malade, rien ne lui manquait. Ces circonstances réunies produisirent ce qui devait naturellement arriver : Araspe fut pris par l'amour.

Cependant Cyrus, qui souhaitait que les Mèdes et les autres alliés restassent volontairement dans son parti, convoqua les principaux d'entre eux, et leur parla en ces termes : « Mèdes, et vous
» alliés ici présens, je sais que ce ne fut
» ni l'amour de l'argent, ni l'envie de
» servir Cyaxare qui vous rassembla
» sous mes drapeaux; c'est par attache-
» ment et par estime pour moi, que
» vous avez voulu partager avec nous
» les fatigues et les dangers d'une mar-
» che de nuit. Je ne pourrais, sans in-
» justice, me dispenser de la reconnais-
» sance que je vous dois; malheureuse-
» ment je ne suis pas encore en état de

» vous la témoigner comme vous le mé-
» ritez ; je ne rougis pas de l'avouer ;
» mais je rougirais d'ajouter que si vous
» demeurez avec moi, je saurai bien
» m'acquitter ; je craindrais de paraître
» ne vous faire cette promesse, que
» pour vous déterminer à rester plus
» volontiers. Je me bornerai à vous dire
» que dans le cas où vous me quitteriez
» pour obéir à Cyaxare, je me compor-
» terai, si j'obtiens quelque succès, de
» manière à ce que vous ayez à vous
» louer de ma gratitude : car Cyrus ne
» s'en retournera pas. Je suis lié aux
» Hyrcaniens par la foi du serment ; j'y
» serai fidèle, et ne m'exposerai jamais
» au reproche de les avoir trahis. D'ail-
» leurs, je ferai en sorte que Gobryas,
» qui nous livre ses forteresses, ses
» domaines, ses troupes, ne se repente
» point d'avoir recherché notre amitié.
» Un motif plus puissant encore me re-
» tient ici : je me couvrirais de honte,
» et je craindrais d'offenser les Dieux,
» si par une crainte imprudente j'aban-
» donnais les biens signalés qu'ils nous
» donnent. Je suis déterminé à rester.
» Faites ce qu'il vous plaira : dites-moi
» seulement quel parti vous prenez. »

Ainsi parla Cyrus. Le Mède qui autrefois s'était dit son parent, lui répondit le premier. « Seigneur roi, ac-
» cepte ce titre, parce qu'il me semble
» que la nature ne t'a pas moins fait
» pour être roi, que le chef des abeil-
» les, qui naît dans une ruche, pour les
» gouverner. Les abeilles lui obéissent
» constamment et volontiers : s'il de-
» meure dans la ruche, aucune ne s'é-
» loigne ; s'il en sort, toutes l'accompa-
» gnent, tant elles sont attachées à ses
» lois. Les hommes que tu vois, Sei-
» gneur, sont retenus auprès de toi par
» le même attrait. Quand tu allas de
» Médie en Perse, quel Mède, jeune ou
» vieux, chercha des prétextes pour ne
» pas t'accompagner, jusqu'au moment
» où Astyage nous rappela ? Lorsque
» ensuite, tu es revenu de la Perse à
» notre secours, nous avons vu pres-
» que tous tes amis empressés à te sui-
» vre. Quand tu as entrepris cette der-
» nière expédition, tous les Mèdes, de
» leur propre mouvement, se sont joints
» à toi. Tels sont aujourd'hui nos sen-
» timens, qu'en quelque lieu que nous
» soyons avec toi, même en pays en-
» nemi, nous nous croyons en sûreté,
» et que sans toi nous craindrions mê-
» me de retourner dans notre patrie.
» Que les autres déclarent leurs inten-
» tions : pour moi, Seigneur, et ceux
» que je commande, nous resterons
» près de toi ; ta présence nous fera
» tout supporter ; tes bienfaits anime-
» ront notre courage. »

Tigrane alors prenant la parole :
« Ne sois pas surpris, Cyrus, si je
garde le silence ; je ne suis point ici
pour délibérer, mais pour exécuter tes
ordres. — Mèdes, dit ensuite le prince
d'Hyrcanie, si vous partiez, je vous
croirais poussés par un génie malfaisant,
ennemi de votre bonheur. Quel homme,
s'il n'est dépourvu de sens, tournerait
le dos à des ennemis en fuite ? Qui refu-
serait, ou leurs armes quand ils les livrent, ou leurs fortunes et leurs personnes lorsqu'ils les abandonnent, surtout ayant un général comme le nôtre,
qui, j'en prends les Dieux à témoin,
trouve plus de plaisir à nous faire du
bien qu'à grossir son trésor ? » A ces
mots, tous les Mèdes s'écrièrent : « C'est
toi, Cyrus, qui nous as fait sortir de
notre patrie ; c'est avec toi que nous y
rentrerons quand tu le jugeras à propos. » Cyrus attendri, fit à l'instant
cette prière : « Grand Jupiter, accorde-
moi, je t'en conjure, de surpasser par
mes bienfaits leur généreux attachement ! » Ensuite il leur dit qu'ils pou-

vaient demeurer tranquilles, quand ils auraient posé les sentinelles; et il enjoignit aux Perses de donner les meilleures tentes aux cavaliers, les autres aux fantassins; de plus, d'obliger les valets à préparer chaque jour le nécessaire aux soldats, à le porter aux différentes compagnies, et à mener aux cavaliers les chevaux tout pansés, en sorte que les Perses n'eussent à s'occuper que de la guerre.

Chap. 2. Ces détails remplirent la journée. Le lendemain matin, l'armée se mit en marche pour joindre Gobryas. Cyrus était à cheval avec les cavaliers perses au nombre d'environ deux mille, suivis d'autant de gens de pied, qui portaient leurs boucliers et leurs épées : le reste des troupes suivait en bon ordre. Cyrus chargea les cavaliers d'avertir les fantassins, nouvellement attachés à leur service, que l'on punirait quiconque d'entre eux serait surpris hors des rangs, soit au-delà de l'arrière-garde, soit en avant sur le front de l'armée ou sur les côtés.

Le jour suivant, vers le soir, on arrive au château de Gobryas : on trouve une place très forte, et les remparts garnis de toutes les machines propres à repousser les attaques de l'ennemi : derrière ces ouvrages extérieurs étaient rassemblés quantité de bœufs et d'autre bétail. Gobryas fit prier Cyrus de visiter à cheval les dehors du château, pour examiner s'il y avait quelque endroit faible, et de lui envoyer des hommes de confiance qui pussent, à leur retour, lui rendre compte de l'état de l'intérieur. Cyrus voulant s'assurer si la place était véritablement imprenable, et si Gobryas ne le trompait pas, en fit le tour ; il remarqua qu'elle était si bien fortifiée de toutes parts, que l'accès en devenait impossible. Ceux qui avaient été envoyés à Gobryas rapportèrent que les munitions y étaient en une telle abondance, qu'à leur avis elles suffiraient pour nourrir un siècle entier ceux qui l'habitaient. Ce rapport causait quelque inquiétude à Cyrus, lorsque Gobryas vint à lui, accompagné de tous ceux qui étaient dans le château, les uns chargés de vin, de farines d'orge et de blé, les autres amenant des bœufs, des chèvres, des brebis, des cochons. En un mot, ils apportaient de quoi donner à l'armée un souper splendide. Les gens chargés de faire cuire les viandes se mirent à les couper, et préparèrent le repas.

Gobryas, ayant fait sortir tout le monde du château, invita Cyrus à y entrer avec les précautions qu'il jugerait nécessaires. Le prince, précédé d'un corps de troupes et d'émissaires chargés de visiter les lieux, s'approche de la place. Bientôt les portes sont ouvertes ; il entre, il invite tous ses amis et les principaux chefs à le suivre.

Lorsqu'ils furent rassemblés, Gobryas apporta des coupes d'or, des aiguières, des vases, des bijoux, avec quantité de dariques et d'effets précieux; puis il amena sa fille, qui joignait à la beauté du visage une taille majestueuse: elle parut en habit de deuil, à cause de la mort de son frère. « Seigneur, dit Gobryas, je te fais don de toutes ces richesses, et je mets ma fille entre tes mains ; tu en disposeras à ton gré. Mais nous te supplions, moi, de venger mon fils : elle de venger son frère. — Dernièrement je te promis d'employer tout mon pouvoir à te venger si tu ne me trompais pas : comme je vois que tu m'as dit vrai, reçois ma parole ; je fais la même promesse à ta fille, et je la tiendrai avec la protection des Dieux. J'accepte tes présens, mais pour les rendre à ta fille et à celui qui sera son époux. Je n'emporterai d'ici qu'un seul de tes dons ; avec celui-là je partirai plus content que si tu m'avais donné les immenses richesses renfermées dans Babylone, même dans l'univers. »

Gobryas, étonné de ce discours, et soupçonnant qu'il voulait parler de sa fille, lui demanda quel était ce don si précieux. « Je ne doute pas, Gobryas, répondit le prince, qu'il n'y ait beaucoup de gens au monde qui ne voudraient ni commettre une injustice, ni se parjurer, ni mentir de propos délibéré : cependant, parce que personne ne leur a confié ni un dépôt considérable d'argent, ni le gouvernement d'un état, ni la défense d'une place, ni la garde de ses enfans, ils meurent sans avoir montré de quoi ils étaient capables. Mais toi, en remettant entre mes mains des biens de toute espèce, des châteaux fortifiés, tes troupes, une fille, digne objet de tous les vœux, tu me fournis le moyen d'apprendre à l'univers que Cyrus n'est point parjure envers ses hôtes, que l'amour des richesses ne le rend point injuste, qu'il ne manque point à la foi jurée. C'est là, Gobryas, sois-en sûr, ce don qui excitera toujours ma reconnaissance, tant que je serai juste et jaloux de mériter les éloges qui m'ont été jusqu'ici donnés à ce titre. Puissé-je te combler à mon tour de biens et d'honneurs ! Quant à ta fille, ne crains point de ne pas rencontrer un mari digne d'elle : j'ai plusieurs braves amis ; celui d'entre eux qu'elle aura pour époux sera-t-il plus ou moins riche qu'elle, je l'ignore ; mais sache qu'il en est parmi eux pour qui les grands biens dont tu la doteras ne seraient pas un motif de rechercher ton alliance avec plus d'empressement. Ceux-là même envient aujourd'hui mon sort, et demandent à tous les Dieux de pouvoir montrer un jour qu'ils sont aussi fidèles que moi envers leurs amis ; qu'ils ne cèdent jamais à l'ennemi tant qu'ils ont un souffle de vie, à moins qu'ils n'aient le ciel contre eux ; et qu'ils font plus de cas de la vertu et de la bonne renommée, que de ton opulence jointe à celle des Syriens et des Assyriens. Ce sont des hommes de ce caractère que tu vois ici. — Au nom des Dieux, Seigneur, reprit Gobryas en souriant, indique-les moi, afin que je t'en demande un pour mon gendre. — Tu n'auras pas besoin de moi pour les connaître : viens avec nous ; bientôt tu seras toi-même en état de les faire connaître aux autres. »

Cela dit, Cyrus prit la main de Gobryas, se leva et partit avec toute sa suite. On le pressa vainement de souper dans le château ; il voulut retourner au camp, et emmena Gobryas souper avec lui. Lorsque le prince fut couché sur un monceau de feuillages, « Dis-moi, Gobryas, crois-tu avoir plus de lits que chacun de nous ? — Certes, vous possédez plus de tapis et plus de lits que moi : votre maison est aussi beaucoup plus vaste que la mienne, vous dont l'habitation est la terre entière et la voûte des cieux. Ainsi vous avez autant de lits qu'il y a de places sur la surface de la terre : vous avez pour tapis, non la dépouille des brebis, mais les broussailles qui croissent sur les montagnes et dans les champs. »

Gobryas, qui mangeait pour la première fois avec les Perses, et voyait les mets grossiers qu'on leur servait, jugea que ses gens étaient beaucoup mieux traités, surtout quand il eut remarqué la tempérance des conviés. En effet, quelque espèce de mets ou de boisson qu'on présente à un Perse formé aux écoles publiques, il n'y jette point un œil avide, il n'y porte pas une main empressée ; son esprit calme n'est pas moins capable de réflexion que s'il n'était pas à table. Ainsi qu'un bon cavalier conserve à cheval toute sa tête, et peut, en faisant route, examiner, écouter, parler à propos ; de même, disent les Perses, on doit en mangeant rester maître de son âme et de son appétit. Il n'appartient, selon eux, qu'à des chiens, qu'à des bêtes voraces d'éprouver quelque émotion à la vue du boire et du manger.

Gobryas remarqua aussi qu'ils se faisaient mutuellement de ces questions auxquelles on aime à répondre ; qu'ils s'agaçaient par des plaisanteries dont on s'applaudit ordinairement d'être l'objet ; qu'ils allaient quelquefois jusqu'à la raillerie, mais de manière qu'il n'y entrât ni parole offensante, ni geste incivil, ni aucun signe d'aigreur. Ce qui lui sembla surtout digne d'éloge, fut de voir que les chefs ne prétendaient pas à une portion de vivres plus considérable que le simple soldat qui partageait avec eux les mêmes dangers ; qu'ils ne croyaient faire un bon repas que lorsqu'ils échauffaient le courage de leurs compagnons d'armes. Aussi Gobryas, se levant pour s'en retourner, dit à Cyrus : « Je ne suis plus surpris, Cyrus, qu'avec tout notre or, nos vases précieux, nos vêtemens, nous valions moins que vous. Nous mettons, nous, tous nos soins à les amasser ; vous ne travaillez, vous et vos Perses, qu'à vous rendre meilleurs. — A demain, Gobryas, reprit Cyrus ; viens nous joindre dès le matin avec tes cavaliers tout armés : j'examinerai l'état de tes forces ; puis tu dirigeras notre marche à travers ton pays, en nous indiquant ce qui appartient à nos amis, ce qui est à nos ennemis. » Ils allèrent ensuite l'un et l'autre vaquer à leurs préparatifs.

Dès que le jour parut, Gobryas vint avec sa cavalerie, et servit de guide à l'armée. Cyrus, en général habile, ne s'occupait pas tellement du soin de régler la marche, qu'il ne songeât aux moyens d'accroître ses forces en diminuant celles de l'ennemi. Dans cette vue, il appela Gobryas et le prince hyrcanien, qu'il jugeait les plus propres à l'instruire de ce qu'il voulait savoir. « Mes amis, leur dit-il, je pense qu'en délibérant avec de si fidèles alliés sur les opérations de cette guerre je ne puis me tromper : je vois que vous avez d'ailleurs encore plus d'intérêt que moi à faire que le roi d'Assyrie n'ait pas l'avantage. Déçu dans mes espérances, je me tournerais d'un autre côté ; mais vous, si ce prince était vainqueur, vous verriez toutes vos possessions passer en des mains étrangères. Ce n'est point par haine contre moi qu'il est devenu mon ennemi ; il croit seulement qu'il lui importe que nous ne devenions pas trop puissans. C'est là le motif de la guerre qu'il nous fait : vous, au contraire, il vous hait parce qu'il croit que vous l'avez offensé. »

Ils répondirent l'un et l'autre à Cyrus qu'il fallait qu'il suivît son plan conformément à ces idées, dont ils sentaient la justesse ; que d'ailleurs ils étaient fort inquiets sur le succès de leur entreprise commune. « Dites-moi, continua Cyrus, si vous êtes les seuls que l'Assyrien regarde comme ses ennemis, ou si vous connaissez quelque autre nation mal disposée à son égard. — Je puis assurer, dit le prince hyrcanien, que les Cadusiens, peuple nombreux et vaillant, le détestent. Il en est de même des Saces nos voisins, qu'il a vexés en mille manières ; car il a tenté de les asservir comme nous. — Vous pensez donc qu'ils s'uniraient volontiers à nous pour l'attaquer ! — Oui, répondirent-ils, et même avec ardeur, s'ils pouvaient nous joindre. — Qui les en empêche ? — Les Assyriens eux-mêmes, dont tu traverses actuellement le pays. — Mais, Gobryas, reprit Cyrus, ne t'ai-je pas entendu parler de l'arrogance extrême du jeune prince qui règne aujourd'hui? — Je ne l'ai que trop éprouvée. — Serais-tu le seul qui aurait eu à s'en plaindre, ou d'autres que toi en ont-ils essuyé de semblables traitemens? — Certes, le nombre en est grand : mais sans te raconter toutes les violences qu'il exerce contre des gens trop faibles pour lui résister, je ne te parlerai que du fils d'un homme beaucoup plus puissant que moi, qui, son ami ainsi que mon fils, vivait avec lui dès l'enfance. Un jour qu'ils mangeaient ensemble, le prince le saisit et le fit eunuque, pour cela seul, dit-on alors, que la maîtresse du prince avait loué la beauté du jeune homme et vanté le bonheur de celle qui l'aurait pour époux : il allègue aujourd'hui pour excuse de cette violence, que le jeune homme avait tenté de séduire sa maîtresse. Quoi qu'il en soit, l'infortuné jeune homme est eunuque, et il gouverne à présent les états que son père lui a laissés en mourant. — Penses-tu qu'il fût bien aise de nous voir chez lui s'il croyait que nous vinssions pour le servir? — Je n'en doute pas; mais il est difficile que nous le joignions. — Pourquoi? — Parce qu'il faut, pour cela, pénétrer au-delà de Babylone. — En quoi cette entreprise est-elle si difficile ? — En ce que je sais qu'il sortira de cette ville beaucoup plus de troupes que tu n'en as : sois même persuadé que si à présent il te vient moins d'Assyriens t'apporter leurs armes et t'amener leurs chevaux, c'est uniquement parce que ton armée a paru peu considérable à ceux qui l'ont vue, et que le bruit s'en est répandu dans le pays. En conséquence, j'estime que nous devons, dans notre marche, être toujours sur nos gardes. »

Quand Gobryas eut cessé de parler : « Tu as bien raison, lui répondit Cyrus, d'insister sur la nécessité de rendre notre marche la plus sûre possible. Pour moi, en y réfléchissant, je n'imagine pas de meilleur moyen que d'aller droit à Babylone, puisque c'est là que les Assyriens ont rassemblé leurs principales forces. Tu prétends, toi, qu'ils sont nombreux, et moi j'ajoute qu'ils seront redoutables, s'ils joignent le courage à l'avantage du nombre. S'ils ne nous voient pas et qu'ils soupçonnent que la peur nous empêche de nous montrer, sois sûr que dès-lors, délivrés de toute crainte, ils deviendront d'autant plus hardis qu'ils auront été plus long-temps sans nous voir. Si, au contraire, de ce moment nous marchons à eux, nous les trouverons, les uns pleurant la mort de leurs camarades tombés sous nos coups, les autres embarrassés des bandages de leurs blessures, tous encore pleins du souvenir de notre bravoure, de leur fuite et de leur infortune. Une autre considération encore, Gobryas, c'est qu'une troupe intrépide est capable d'efforts auxquels rien ne résiste; mais si la frayeur s'en empare, plus elle est nombreuse, plus l'épouvante y cause de trouble et de désordre. Les mauvaises nouvelles qui se répandent, les incidens fâcheux qui surviennent, la pâleur, le découragement peint sur les visages, tout accroît la terreur. Dans une telle crise, il n'est aisé ni de calmer avec de belles paroles, ni de persuader de retourner au combat, ni de ranimer le courage par une honorable retraite : plus les exhortations sont vives, plus le danger paraît pressant.

» Examinons ton objection dans toute sa force. Si désormais la multitude doit décider de la victoire, tu crains avec raison; nous sommes en péril : mais si le succès des batailles dépend encore, comme nous l'avons éprouvé, de la valeur des troupes, marche avec assurance; avec la protection des Dieux, tu trouveras parmi nous plus de soldats de bonne volonté que parmi nos ennemis.

» Afin que tu aies un nouveau motif de confiance, considère qu'ils sont aujourd'hui beaucoup moins qu'ils [n'étaient quand nous les défîmes, beaucoup moins encore qu'ils n'étaient quand ils s'enfuirent de leur camp ; au lieu que nous, nous sommes plus grands en qualité de vainqueurs, plus forts puisque la fortune nous favorise, plus nombreux par la jonction de tes troupes aux nôtres : car ne fais pas à tes gens l'injure de les compter pour peu depuis qu'ils sont avec nous. Gobryas, dans une armée victorieuse, tout, jusqu'aux valets, suit avec ardeur. Songe d'ailleurs que les ennemis peuvent, dès-à-présent, nous découvrir, et que jamais nous ne leur paraîtrons plus redoutables qu'en les allant chercher. Voilà mon avis : conduis-nous donc droit à Babylone. »

CHAP. 3. Après quatre jours de marche, l'armée arriva aux extrémités des états de Gobryas. Aussitôt qu'elle fut entrée dans le pays ennemi, Cyrus fit faire halte, et demeura en bataille à la tête de l'infanterie et d'une troupe de cavalerie qu'il jugea suffisante pour ses desseins. Il envoya le reste battre la campagne, avec ordre de se défaire de tout ce qu'on rencontrerait d'ennemis armés, et de lui amener les autres avec le bétail qu'on prendrait. Il commanda à ses cavaliers perses d'accompagner les coureurs : plusieurs revinrent renversés de leurs chevaux ; plusieurs rapportèrent un butin considérable.

Pendant qu'on exposait ce butin, Cyrus convoqua les chefs tant des Mèdes que des Hyrcaniens, et les homotimes. « Mes amis, leur dit-il, Gobryas nous a donné bien généreusement l'hospitalité. Si après avoir choisi dans le butin ce qu'on doit, suivant l'usage, offrir aux Dieux, et en avoir retenu une portion pour l'armée, nous lui abandonnions le surplus, nous ferions une chose louable ; et l'on verrait que nous tâchons de surpasser nos bienfaiteurs en générosité. » Cette proposition fut reçue avec acclamation, et généralement applaudie. « Ne différons pas, dit quelqu'un ; Gobryas nous a pris pour des misérables, parce que nous ne sommes point venus chargés de dariques, et que nous ne buvons point dans des coupes d'or : ce procédé lui apprendra qu'on peut avoir l'âme noble sans être riche. — Allez donc, reprit Cyrus, remettez aux mages les offrandes destinées pour les Dieux : réservez les provisions nécessaires à l'armée ; appelez ensuite Gobryas, et donnez-lui le reste du butin. » Ce qui fut exécuté ponctuellement.

Cyrus ensuite avança vers Babylone avec son armée rangée dans l'ordre où elle était le jour du combat. Voyant que les Assyriens ne venaient point à sa rencontre, il chargea le même Gobryas d'aller leur dire de sa part, que si leur roi voulait sortir pour en venir aux mains, Cyrus était prêt ; mais que s'il ne défendait pas ses états, il eût à se soumettre.

Gobryas s'étant avancé jusqu'où il le pouvait sans danger, s'acquitta de sa commission. Le roi lui envoya cette réponse : « Voici, Gobryas, ce que dit ton maître : je me repens, non d'avoir tué ton fils, mais de ne t'avoir pas fait mourir comme lui. Si vous voulez une bataille, revenez dans trente jours : présentement nous sommes occupés ; nous faisons nos préparatifs. — Puisse ce repentir, s'écria Gobryas, ne finir qu'avec ta vie ! car je vois que depuis qu'il est entré dans ton âme, je fais ton tourment. » Il revint rendre compte de la réponse de l'Assyrien ; sur quoi Cyrus fit retirer ses troupes, et parlant à Gobryas : « Tu disais, je crois, que le prince mutilé par le roi d'Assyrie, se joindrait à nous? — Je n'en saurais douter, d'après plusieurs entretiens où nous nous parlions avec franchise. — Puisque tu penses ainsi, va le trouver; efforcez-vous d'abord, toi et les tiens, de découvrir ce qu'il pense; lorsque ensuite tu t'entretiendras avec lui, si tu juges qu'il désire véritablement être de nos amis, il faudra prendre toutes les mesures pour qu'il ne transpire rien de notre intelligence. A la guerre, on ne sert jamais mieux ses amis qu'en passant pour leur ennemi; et jamais on ne nuit plus sûrement à ses ennemis qu'en paraissant leur ami. — Oui, je suis certain, repartit Gobryas, que Gadatas paierait fort cher le plaisir de faire beaucoup de mal au roi d'Assyrie : il s'agit de voir comment il peut lui nuire.

» — Penses-tu, demanda Cyrus, que le gouverneur de ce château situé sur la frontière du côté des Hyrcaniens et des Saces, et que tu dis avoir été bâti tant pour les contenir que pour servir de boulevart au pays en cas de guerre, voulût y recevoir Gadatas s'il s'en approchait avec des troupes? — Oui, pourvu qu'il s'y présentât tandis qu'il n'est pas suspect. — Eh bien, il ne le sera pas, si je vais assiéger ses places fortes, comme pour m'en rendre maître, et qu'il m'oppose, lui, une vigoureuse résistance. Je m'emparerai de quelqu'une de ses possessions; de son côté il fera sur nous quelques prisonniers, nommément ceux qui doivent aller par mon ordre, vers les peuples que vous m'avez dit être ennemis du roi d'Assyrie. Les prisonniers interrogés répondront qu'ils allaient chez ces peuples pour faire apporter des échelles au château : Gadatas, feignant d'apprendre cette nouvelle, ira promptement trouver le gouverneur, sous prétexte de lui donner avis de notre entreprise. — Si l'on suit cette conduite, dit Gobryas, je suis convaincu que le gouverneur recevra Gadatas dans la place, qu'il le priera même d'y demeurer avec lui jusqu'à ce que tu en sois éloigné. — Crois-tu que Gadatas, quand il sera entré dans le château, puisse le remettre entre nos mains? — La reddition en est certaine, si tandis qu'il fera toutes ses dispositions au-dedans, tu attaques vigoureusement les dehors. — Pars donc, instruis-le bien, et reviens sans différer. Tu ne saurais ni lui rien dire, ni lui rien montrer qui dépose mieux en faveur de notre bonne foi que le traitement que tu as reçu de nous. » Gobryas se mit en chemin : Gadatas ravi de le voir, convint de tout avec lui; et l'accord fut conclu.

Informé par Gobryas que l'entière exécution du projet paraissait être assurée, Cyrus attaque dès le lendemain, et malgré la résistance apparente de Gadatas emporte une forteresse dont lui-même avait conseillé le siége. Quant aux envoyés que Cyrus avait dépêchés vers différens peuples, Gadatas en laisse échapper quelques-uns, afin qu'ils ramènent des troupes et apportent des échelles : mais il en arrête plusieurs, qu'il interroge en présence de témoins. Il apprend d'eux l'objet de leur mission; il fait ses préparatifs pour son départ, et dès la nuit même il se met en route, sous prétexte d'aller avertir le gouverneur. On ajoute foi à ses paroles; il entre dans le château comme auxiliaire. De concert avec le gouverneur, il dispose tout pour la défense : mais à l'approche de Cyrus, il se rend maître de la place, aidé des prisonniers perses qu'il avait emmenés.

Après avoir établi l'ordre nécessaire pour la sûreté de sa conquête, il vint trouver Cyrus; et l'adorant selon l'usage, « Seigneur, lui dit-il, livre-toi à la joie. — Oui je m'y livre tout entier, répartit Cyrus, puisque les Dieux, d'accord avec toi, ne m'y invitent pas seulement, mais qu'ils m'en font un devoir. Je m'estime heureux de laisser nos alliés tranquilles possesseurs de ce château. Pour toi, Gadatas, si le roi d'Assyrie t'a privé, comme on le dit, de la faculté d'avoir des enfans, il ne t'a pas ôté celle de te faire des amis : crois que ton action t'en assure à jamais ; et tu trouveras en nous, autant que nous le pourrons, les mêmes secours que si tu avais des fils et des petits-fils. »

Comme il parlait encore, le prince hyrcanien, informé de ce qui s'était passé, accourut, et lui prenant la main droite : « O trésor de tes amis ! s'écria-t-il, ô Cyrus ! combien tu me rends redevable envers les Dieux qui m'ont ménagé ton alliance ! — Va, repartit Cyrus, prendre possession de cette place qui m'attire de ta part ces témoignages d'affection ; gouverne-la de manière que cette conquête soit précieuse à ta nation, à nos alliés, surtout à Gadatas, à qui nous la devons et qui nous l'abandonne. — Ne serait-il pas à propos, reprit l'Hyrcanien, à l'arrivée des Cadusiens, des Saces et de mes compatriotes, d'indiquer une assemblée à laquelle Gadatas serait invité, afin que tous les intéressés à la conservation de cette forteresse avisent ensemble aux moyens d'en tirer le meilleur parti ? » Cyrus approuva cette idée : on s'assembla ; il fut décidé que la forteresse serait gardée en commun par les peuples à qui il importait de la conserver ainsi pour leur servir à-la-fois de place d'armes et de rempart contre les Assyriens. Cet événement fit que les Cadusiens, les Saces et les Hyrcaniens s'engagèrent dans cette guerre avec plus d'ardeur et en plus grand nombre. Les premiers fournirent environ vingt mille peltastes et quatre mille cavaliers ; les Saces, dix mille archers à pied, et deux mille à cheval. Les Hyrcaniens donnèrent autant d'infanterie qu'ils purent, et complétèrent leurs corps de cavalerie à deux mille hommes : jusque-là ils avaient été obligés d'en laisser la plus grande partie dans leur pays pour le défendre contre les Cadusiens et les Saces, ennemis des Assyriens. Pendant le séjour que Cyrus fit devant la forteresse pour assurer sa conquête, un grand nombre d'Assyriens, dont les habitations étaient peu éloignées, s'empressèrent, ou d'amener leurs chevaux, ou d'apporter leurs armes, dans la crainte des peuples voisins.

Sur ces entrefaites, Gadatas vint trouver Cyrus, et lui dit qu'il recevait la nouvelle que le roi d'Assyrie, indigné de la prise du château, se préparait à faire irruption sur ses terres. « Si tu me permets de m'en aller, ajouta-t-il, je tâcherai de défendre mes places fortes : le reste m'intéresse moins. — En partant tout-à-l'heure, reprit Cyrus, quand arriveras-tu chez toi ? — Dans trois jours je puis y souper. — Et crois-tu que l'Assyrien soit sitôt prêt à t'attaquer ? — Je n'en doute pas ; il se hâtera d'autant plus qu'il te voit encore éloigné de mes états. — Combien donc me faudrait-il de temps pour m'y rendre ? — Seigneur, comme ton armée est nombreuse, tu ne peux arriver en moins de six ou sept jours de marche. — Pars sans différer, reprit Cyrus : je ferai la plus grande diligence qu'il me sera possible. »

Dès que Gadatas fut parti, Cyrus assembla les chefs des alliés, qui, pour la plupart, se montraient pleins d'ardeur, et leur tint ce discours : « Généreux » alliés, Gadatas a exécuté une entre- » prise dont nous avons tous senti l'im- » portance ; et cela, sans que nous eus- » sions encore rien fait pour lui. On » apprend aujourd'hui que le roi d'As-

44

» syrie envahit ses terres pour venger
» le dommage qu'il croit en avoir reçu;
» peut-être encore, dans la pensée que
» s'il ne punit ceux qui l'abandonnent
» pour se joindre à nous, tandis que
» nous ne faisons point de quartier à
» ceux qui lui restent fidèles, bientôt
» personne ne voudra demeurer son al-
» lié. J'estime que nous nous ferons
» honneur, en secourant de toutes nos
» forces Gadatas, qui a si bien mérité
» de nous; qu'il est de la justice que
» nous le servions à notre tour; et
» qu'en nous conduisant ainsi à son
» égard, nous travaillerons pour nos
» propres intérêts. Quand on nous ver-
» ra jaloux de payer avec usure le bien
» ou le mal qu'on nous fait, on cherche-
» ra notre amitié, on craindra de nous
» avoir pour ennemis. Mais si nous pa-
» raissons abandonner Gadatas, grands
» Dieux! par quels discours persuade-
» rons-nous à d'autres d'embrasser no-
» tre parti? Oserons-nous vanter nos
» procédés? Qui de nous pourra lever
» les yeux sur Gadatas, après que tant
» d'hommes réunis se seront laissé vain-
» cre en générosité par un seul homme,
» un homme tel que le malheureux
» Gadatas? »

Ainsi parla Cyrus. Tous opinèrent pour la prompte exécution de ce projet. « Puisque vous êtes de mon avis, re-
» prit-il, laissons pour escorter les bêtes
» de charge et les chariots, celles de
» nos troupes qui sont les plus propres
» à ce soin; Gobryas les commandera
» et marchera à leur tête : outre qu'il
» connaît les chemins, il a tous les ta-
» lens qu'exige cette mission. Nous au-
» tres, nous partirons avec nos soldats
» et nos chevaux les plus vigoureux,
» en ne nous chargeant de munitions
» que pour trois jours. Plus notre équi-
» page sera modeste et simple, plus
» nous aurons de plaisir, les jours sui-
» vans, à dîner, souper et dormir. Voi-
» ci quel sera l'ordre de notre marche.
» Toi, Chrysante, tu conduiras l'avant-
» garde composée des soldats armés de
» cuirasses : le chemin étant large et
» uni, tu placeras de front les taxiar-
» ques, dont chacun aura sa compagnie
» rangée sur une seule file; nous avan-
» cerons avec d'autant plus de vitesse
» et de sûreté, que nos rangs seront
» plus serrés. Je veux que les soldats
» cuirassés marchent les premiers, par
» la raison que les troupes légèrement
» armées se trouvant précédées par le
» corps le plus pesant, doivent suivre
» sans peine, et que si, pendant la nuit,
» on mettait à la tête le corps le plus
» dispos, comme une avant-garde s'est
» bientôt éloignée, l'armée se diviserait.
» Artabase commandera les peltastes et
» les archers des Perses; il sera suivi
» du Mède Andramias, qui conduira
» l'infanterie mède, d'Embas à la tête
» de l'infanterie arménienne, d'Artuchas
» et de ses Hyrcaniens, de Thambradas
» et de l'infanterie des Saces, de Dama-
» tas avec celle des Cadusiens. Tous ces
» chefs feront leur disposition de ma-
» nière que les capitaines se trouvent
» au front de leur colonne; les peltastes
» occuperont la droite, les archers la
» gauche : cet ordre donnera plus de
» facilité pour agir. Viendront ensuite
» les conducteurs des bagages : leurs
» chefs auront soin que tout soit ras-
» semblé avant de prendre du repos;
» que dès la pointe du jour ils soient
» rendus avec les bagages au lieu qui
» leur sera indiqué, et qu'ils marchent
» en ordre. A la suite des bagages, le
» Perse Madatas conduira la cavalerie
» perse. Les hécatontarques, rangés de
» front, seront suivis chacun de leur
» compagnie sur une file, comme pour
» l'infanterie. Le Mède Rambacas sui-
» vra les Perses avec sa cavalerie. Toi,

» Tigrane, tu marcheras après lui, à la tête de la tienne; puis les autres hipparques, chacun avec les troupes qu'ils ont amenées. Saces, vous les suivrez. Les Cadusiens, qui sont arrivés les derniers, fermeront la marche. Et toi, Alceuna, qui les commandes, tu veilleras sur l'arrière-garde; et qu'il ne reste personne derrière tes cavaliers. Que les chefs et tous les bons soldats marchent en silence : la nuit on a plus besoin des oreilles que des yeux pour être instruit de ce qui se passe, et pour agir. Le désordre embarrasse plus, et on y remédie plus difficilement la nuit que le jour. Il faut donc observer le silence, et garder son rang. Lorsqu'on devra décamper de nuit, on multipliera les gardes, qu'on relèvera souvent, dans la crainte qu'une trop longue veille n'incommode quelqu'un pour la marche du lendemain. Le son de la trompette donnera le signal du départ : alors munis de ce qui vous est nécessaire, tenez-vous prêts à marcher vers Babylone. Que les premiers encouragent ceux qu'ils précèdent à suivre de près. »

Ces instructions finies, les chefs retournèrent à leurs tentes. Dans le chemin, ils parlèrent avec admiration de la mémoire de leur général, qui ayant tant d'ordres à donner, appelait chacun par son nom. Cyrus s'y était exercé : il trouvait étrange que des artisans sussent les noms des outils de leur métier; que le médecin connût par leur nom, les instrumens de son art, et les remèdes qu'il emploie; et qu'un général eût assez peu d'intelligence pour ignorer les noms de ses officiers, qui sont les instrumens dont il se sert pour attaquer ou pour défendre, pour animer la confiance ou jeter la terreur.

Voulait-il donner à quelqu'un une marque de considération, il lui paraissait honnête de l'appeler par son nom. Il était persuadé que des guerriers qui se croient connus du général, cherchent plus ardemment les occasions de se faire remarquer par quelque action d'éclat, et se rendent plus attentifs à ne rien faire qui les déshonore. Ce serait, disait-il, une sottise à un général, lorsqu'il a des ordres à donner, d'imiter certains maîtres, qui chez eux disent vaguement : qu'on aille chercher de l'eau; qu'on fende du bois. A de pareils commandemens, ajoutait-il, les serviteurs se regardent l'un l'autre, sans qu'aucun mette la main à l'œuvre : quoiqu'ils soient tous en faute, nul d'entre eux ne s'accuse, nul ne craint la punition, parce que la faute est commune à tous. C'est pour cela que Cyrus nommait toujours ceux à qui il donnait un ordre. Telle était sur ce point sa manière de voir.

Les soldats qui pour lors avaient fini leur repas, établirent des gardes, ramassèrent le bagage, et allèrent se reposer. Vers le milieu de la nuit, la trompette donne le signal. Dans le moment Cyrus, après avoir dit à Chrysante de se tenir durant la route à la tête de l'armée, sortit accompagné de ses aides-de-camp. Chrysante parut bientôt emmenant les soldats cuirassés : Cyrus lui donna des guides, et lui enjoignit de marcher lentement, jusqu'à ce qu'il lui expédiât un nouvel ordre; car toutes les troupes n'étaient pas encore en mouvement. Pour lui, restant au même lieu, il faisait ranger les soldats à mesure qu'ils arrivaient, et envoyait presser ceux qui étaient les moins diligens.

Quand elles furent toutes en marche, il dépêcha des cavaliers pour en donner avis à Chrysante, et lui dire qu'il doublât le pas : il partit ensuite à che-

44.

val, pour gagner la tête de l'armée. Il reexaminait, sans rien dire, les différentes compagnies : s'il voyait des soldats marcher en silence et bien alignés, il s'approchait d'eux, demandait leur nom, et dès qu'il le savait, il leur donnait des éloges. S'il remarquait de la confusion dans quelque endroit, il tâchait d'en démêler la cause et d'y remédier. J'oubliais une de ses précautions dans cette marche de nuit. Il fit précéder toute l'armée d'un peloton de gens hardis et dispos, qui pussent voir Chrysante et en être vus : ils devaient l'avertir de tout ce qu'ils entendraient ou découvriraient. Cette troupe était commandée par un officier chargé de les équiper, et de transmettre à Chrysante les avis importans, sans le fatiguer de rapports inutiles. C'est ainsi qu'ils marchèrent cette nuit là.

Lorsque le jour parut, Cyrus laissa, pour soutenir l'infanterie cadusienne qui venait la dernière, la cavalerie de la même nation, et fit prendre les devans aux autres corps de cavalerie; parce que ayant l'ennemi en tête, il voulait être en état, ou de combattre avec toutes ses forces, s'il trouvait de la résistance, ou de poursuivre les fuyards, si on en apercevait quelques-uns. Dans cette vue, il avait toujours sous la main des escadrons tout prêts à donner la chasse aux ennemis, si la circonstance l'exigeait, et d'autres qui restaient auprès de lui; car il ne souffrait pas que la cavalerie entière se détachât. Telle fut la disposition de sa marche, durant laquelle il n'eut point de poste fixe : il allait sans cesse d'un endroit à l'autre, visitant les différens corps et pourvoyant à leurs besoins.

Chap. 4. Cependant un des principaux officiers de la cavalerie de Gadatas, considérant que son maître avait secoué le joug du roi d'Assyrie, s'imagina que si Gadatas éprouvait un revers, il pourrait en obtenir la dépouille. Dans cette pensée, il dépêche au roi l'un de ses plus fidèles serviteurs, chargé de lui dire, s'il le trouvait sur les terres de Gadatas avec son armée, qu'il serait facile de faire tomber dans une embuscade le rebelle et toutes ses troupes.

L'envoyé devait encore déclarer au roi quelles étaient ces forces, le prévenir que Cyrus ne les accompagnait pas, lui apprendre par quel chemin ce prince arriverait. Pour s'attirer plus de confiance, il écrivait à d'autres serviteurs qu'ils livrassent au monarque assyrien un château qu'il possédait dans les états de Gadatas, avec tous les effets qui y étaient renfermés. Il mandait de plus au roi, que s'il réussissait, il le joindrait quand il aurait tué Gadatas; s'il manquait son coup, il passerait du moins à son service le reste de sa vie. L'envoyé se rendit en diligence auprès du roi; et lui déclara ce qui l'amenait. Aussitôt le roi s'empare de la forteresse, et fait poster dans les villages voisins, qui se touchaient presque les uns les autres, un gros corps de cavalerie et des chars. Gadatas, arrivé près de ce lieu, envoya quelques soldats à la découverte : dès que le roi les vit approcher, il fit sortir deux ou trois chars, et un petit nombre de cavaliers, qui avaient ordre de prendre la fuite, comme des gens qui ne se sentent point en force et qui ont peur. Les soldats de Gadatas les voyant fuir, se mettent à les poursuivre, et font signe à leur chef d'avancer : Gadatas, trompé par le stratagème, poursuit à toute bride. Les Assyriens le croyant à leur discrétion, sortent d'embuscade. A cette apparition, Gadatas fuit; on le charge avec furie : le traître qui en voulait à ses jours, l'atteint, le frappe, et le blesse à l'épaule, d'un coup qui ne fut pas mortel. Après ce bel exploit, il part pour joindre les Assyriens : il en est reconnu, pousse vigoureusement son cheval, et avec eux, seconde le roi dans la poursuite des fuyards. Plusieurs qui avaient des chevaux pesans, furent faits prisonniers par des ennemis mieux montés. La cavalerie de Gadatas déjà épuisée des fatigues de la route, était près de succomber, lorsqu'on vit Cyrus arrivant avec son armée.

Il faut croire que ce fut avec cette joie que ressentent des navigateurs qui découvrent le port, après la tempête. Cyrus fut d'abord surpris de ce qu'il voyait : mais quand il fut instruit et qu'il eut reconnu que les Assyriens venaient à lui, il fit avancer contre eux son armée en bataille. Les Assyriens, de leur côté, ayant vu le danger, prirent la fuite, et furent poursuivis par le corps de troupes commandé pour ces sortes d'occasions : Cyrus continua d'avancer avec le reste de l'armée, afin d'appuyer son détachement. On prit, dans cette déroute, plusieurs chars, dont les cochers avaient été renversés en voulant tourner pour s'enfuir, ou par d'autres accidens : quelques-uns furent coupés dans le chemin, et saisis par les cavaliers, qui tuèrent un grand nombre d'ennemis, entre autres, le traître qui avait blessé Gadatas. Quant à l'infanterie assyrienne qui assiégeait son château, une partie se sauva en fuyant dans la forteresse qu'on avait livrée au roi d'Assyrie ; l'autre avait prévenu l'arrivée des Perses, et s'était réfugiée dans une grande ville dépendante de ce prince, où lui-même chercha un asile avec sa cavalerie et ses chars.

Après cet exploit, Cyrus se retire sur les terres de Gadatas, donne ses ordres à ceux qui étaient chargés de la garde du butin, va le visiter, et s'informe de l'état de sa blessure. Mais Gadatas, le bras en écharpe, courut au devant de lui. « J'allais, lui dit Cyrus ravi de le voir, apprendre de toi-même comment tu te portes.—Et moi, j'accours, repartit Gadatas, pour contempler de nouveau le visage d'un homme qui a l'âme si généreuse, d'un prince qui n'ayant nul besoin de moi, qui ne m'ayant rien promis, qui n'ayant reçu personnellement de moi aucun service, pour cela seul que j'ai été de quelque utilité à ses amis, me secourt si puissamment que sans lui je périssais, et que par lui je suis sauvé. Non, j'en atteste les Dieux, si j'étais resté tel que m'avait formé la nature, et que j'eusse été père, je doute qu'un fils m'eût rendu les mêmes soins. Je connais des fils, entre autres le prince qui règne aujourd'hui en Assyrie, qui a fait plus de mal à son père qu'il ne pourra jamais t'en causer.

» — Mon cher Gadatas, reprit Cyrus, tu exaltes ma personne, et tu ne parles pas de ce qu'il y a ici de plus merveilleux.—Et quoi, Seigneur, dit Gadatas? — C'est répondit Cyrus, le zèle de tant de Perses, de Mèdes, d'Hyrcaniens, de tout ce que tu vois d'Arméniens, de Saces, de Cadusiens, qui sont accourus à ton secours. — Que Jupiter, que les Dieux, s'écria Gadatas, comblent de biens ces nations, mais surtout le prince qui les a rendues ce qu'elles sont ! Seigneur, continua-t-il, daigne recevoir ces présens que mes facultés me permettent de t'offrir : ils serviront à traiter honorablement des hôtes qui méritent tes éloges. » Ses gens apportèrent des provisions en assez grande abondance pour qu'il y eût de quoi sacrifier, si on le désirait, et de quoi donner aux troupes un repas digne de leur valeur et de leurs succès.

Le chef des Cadusiens posté à l'arrière-garde, n'avait point eu part à la poursuite des ennemis. Jaloux de se distinguer aussi par quelque fait éclatant, sans se concerter avec Cyrus, sans lui communiquer son dessein, il alla faire une incursion du côté de Babylone. Tandis que ses cavaliers étaient dispersés dans la campagne, le roi d'Assyrie sort tout-à-coup de la ville où il s'était réfugié, et paraît à la tête de ses troupes, rangées dans le meilleur ordre. S'apercevant que les Cadusiens étaient seuls, il fond sur eux, tue leur chef et plusieurs soldats, s'empare d'un grand nombre de chevaux, reprend le butin qu'ils emportaient; et, après les avoir poursuivis tant qu'il crut pouvoir le faire sans danger, il retourne sur ses pas. Les premiers d'entre les Cadusiens, échappés à cette défaite, rentrèrent le soir dans le camp.

Lorsque Cyrus eut appris cette mauvaise nouvelle, il courut au devant des vaincus, accueillit les blessés, à mesure qu'ils arrivaient, et les envoya vers Gadatas pour les faire panser : il établit les autres dans une tente; et afin que rien ne leur manquât, il en prit soin lui-même, secondé de quelques homotimes. Dans ces occasions, les âmes sensibles s'empressent de concourir au soulagement des malheureux. Cyrus paraissait pénétré de douleur : à l'heure du souper, toutes les troupes s'étant mises à manger, il continua, suivi de quelques valets, de veiller avec les médecins sur les blessés, dont il ne voulait pas qu'aucun fût négligé : il les visitait en personne, ou bien il envoyait à ceux qu'il ne pouvait aller voir, des gens pour les soigner. C'est ainsi que les Cadusiens passèrent la nuit.

Le lendemain à la pointe du jour, Cyrus convoqua, par un héraut, les chefs des alliés, et tous les Cadusiens sans exception, et leur tint ce discours :

« Généreux alliés, imputons à la condition humaine le malheur qui vient d'arriver; il n'est pas étonnant que des hommes fassent des fautes : mais du moins tirons une instruction de cet événement; apprenons que des troupes inférieures en nombre à celles de leurs ennemis, ne doivent jamais se séparer du gros de l'armée. Je ne dis pas cependant qu'il ne faille en aucune circonstance s'exposer à faire une marche qui serait nécessaire, même avec un corps moins nombreux que n'était celui des Cadusiens lorsqu'ils sont entrés sur les terres du roi d'Assyrie; mais il faut que ce soit de concert avec le général, qui a des forces suffisantes pour protéger l'entreprise : s'il arrive qu'elle échoue malgré cette précaution, il est possible aussi que le général, par quelque stratagème, ôte aux ennemis l'envie d'attaquer son détachement, et qu'il parvienne à le mettre à l'abri de toute insulte, en leur suscitant ailleurs des affaires plus pressantes. Lorsqu'on s'éloigne ainsi de l'armée, on n'en est point séparé, on tient toujours au corps. Au contraire, l'officier qui part suivi de sa troupe, sans dire où il la mène, ne diffère point de celui qui se met seul en campagne.

» Au reste, poursuivit Cyrus, avec l'aide des Dieux, nous ne tarderons pas à nous venger. Aussitôt que vous aurez dîné, je vous mènerai sur le champ de bataille; nous donnerons la sépulture aux morts. Si le ciel nous seconde, nous montrerons aux Assyriens, dans le lieu même où ils se flattent d'avoir eu quelque supériorité, des troupes plus braves que les leurs; et nous les réduirons à ne plus regarder avec plaisir les champs où ils ont défait nos alliés. S'ils ne viennent point à notre rencontre, nous

» brûlerons leurs villages, nous ravage-
» rons la campagne, afin qu'ils ne
» voient plus d'objets qui les réjouissent,
» et qu'ils n'aient plus que le spectacle
» de leurs propres calamités. Que les
» chefs, ajouta-t-il, aillent prendre leur
» repas. Vous, Cadusiens, dès que vous
» serez retournés à votre quartier, choi-
» sissez vous-mêmes, selon votre usage,
» un chef pour veiller à vos besoins,
» sous la protection des Dieux et sous
» la mienne : quand vous aurez dîné,
» vous m'enverrez celui que vous aurez
» choisi. » Ils procédèrent, sans délai,
à l'élection.

Cyrus ayant fait sortir les troupes du camp, et assigné au chef que les Cadusiens venaient d'élire, le poste qu'il devait occuper : « Aie soin, lui dit-il, de faire marcher près de moi tes soldats, afin que nous travaillions ensemble à les ranimer. L'armée partit : lorsqu'elle fut arrivée au lieu où les Cadusiens avaient été battus, on enterra les morts ; on pilla la campagne ; et les troupes rentrèrent, chargées de butin, sur les terres de Gadatas.

Il vint alors en pensée à Cyrus, que les peuples voisins de Babylone qui avaient embrassé son parti, seraient maltraités après son départ. Il chargea donc tous les prisonniers qu'il mit en liberté et qu'il fit accompagner par un héraut, d'annoncer de sa part au roi d'Assyrie, que si ce prince s'engageait à ne point troubler les travaux des laboureurs dont les maîtres l'avaient abandonné pour entrer dans l'alliance des Perses, lui, Cyrus, traiterait de même et ne vexerait en aucune manière les laboureurs assyriens. « Si vous les empêchez de cultiver leurs champs, devait ajouter le héraut, vous ne ferez tort qu'à un petit nombre d'hommes, car les terres de mes nouveaux alliés sont peu étendues ; au lieu que je laisserais aux vôtres la culture de vastes campagnes. La récolte des fruits, si la guerre continue, sera le partage du plus fort : elle vous appartiendra, si nous faisons la paix. Dans le cas où quelques-uns violeraient le traité, en prenant les armes, les miens contre vous, les vôtres contre moi ; nous nous unirons pour les punir. » Le héraut partit avec cette instruction.

Les Assyriens, informés des propositions de Cyrus, firent tout pour engager leur roi à les accepter, comme un moyen de diminuer les maux de la guerre. Le roi, soit à la persuasion de ses sujets, soit de son propre mouvement, consentit au traité : il fut donc convenu qu'il y aurait paix pour les cultivateurs, guerre entre gens armés. Malgré cet accord en faveur des laboureurs, Cyrus, en offrant à ses alliés sûreté dans leurs pâturages, leur permit, afin qu'ils continuassent plus volontiers la campagne, de dévaster les terres des peuples non compris dans le traité. En effet, en s'abstenant du pillage on n'en est pas plus à l'abri du danger ; tandis que la fatigue paraît plus légère en vivant aux dépens de l'ennemi.

Pendant que Cyrus se préparait à partir, Gadatas vint lui offrir de nouveaux présens, dont la profusion et la variété prouvaient son opulence : entre autres, quantité de chevaux qu'il avait ôtés à ses cavaliers, n'osant plus se fier à eux depuis l'embuscade. « Seigneur, dit-il en abordant Cyrus, dispose dès-à-présent de toutes ces choses comme il te plaira : ce qui me reste, n'est pas moins à toi. Il n'est point né et jamais il ne naîtra de moi d'enfans à qui je puisse laisser mon héritage ; il faut qu'avec moi périssent et ma race et mon nom. Cependant, Cyrus, j'en atteste les Dieux, qui voient et entendent tout, je n'ai jamais mérité, par aucune action injuste, ni par aucune parole répréhensible, le traitement que j'ai subi. » En prononçant ces mots, il pleurait sur son sort; les larmes ne lui permirent pas d'en dire davantage.

Cyrus, touché de l'action de Gadatas, plaignit son infortune, et lui répondit : « J'accepte tes chevaux, et je crois te bien servir en les donnant à des gens mieux intentionnés pour toi que ceux qui les montaient. Je vais, ainsi que je le désirais depuis long-temps, porter à dix mille hommes le corps de cavalerie perse. Remporte tes autres biens, et garde-les jusqu'à ce que tu me voies assez riche pour ne te pas céder en générosité : je serais honteux, si tu m'avais plus donné que tu n'aurais reçu de moi. — Seigneur, reprit Gadatas, je sens ta délicatesse; mais c'est un dépôt que je te confie : juge toi-même si je suis en état de le conserver. Tant que nous vivions en bonne intelligence avec le roi d'Assyrie, on ne connaissait point de séjour plus agréable que le domaine de mon père. Le voisinage de l'immense Babylone nous procurait tous les avantages d'une grande ville; et nous pouvions en éviter les incommodités, en nous retirant chez nous. Aujourd'hui que nous sommes ennemis, il est certain qu'aussitôt que tu seras éloigné, nous resterons en butte aux piéges des Assyriens, moi et tous ceux qui m'appartiennent. Ainsi je m'attends à mener désormais une vie misérable, ayant pour ennemis des voisins que je verrai plus puissans que nous. Tu me demanderas peut-être pourquoi je n'ai pas fait ces réflexions avant de changer de parti. Outragé, indigné; pouvais-je considérer quel était le parti le plus sûr? Je ne nourrissais qu'un sentiment au fond de mon cœur; je me demandais impatiemment quand enfin je me vengerais d'un barbare, abhorré des Dieux et des hommes, qui porte une haine irréconciliable, non à ceux qui l'offensent, mais à celui qu'il soupçonne valoir mieux que lui. Aussi, pervers comme il est, jamais il n'aura pour alliés que des hommes encore plus pervers que lui : si parmi ces alliés il en découvre un dont le mérite lui fasse ombrage, crois, Cyrus, que tu n'auras point à combattre cet homme de mérite; laisse agir le roi, il tentera tout pour le perdre. Cependant, avec ses vils satellites il lui sera facile de me nuire. »

Cyrus jugeant que l'inquiétude de Gadatas était fondée, lui répliqua : « Que ne mets-tu dans tes places des garnisons assez fortes, pour y trouver sûreté quand il te plaira d'y aller? Que ne nous suis-tu? Si les Dieux continuent de nous protéger, ce sera plutôt à l'Assyrien de te redouter qu'à toi de le craindre. Viens avec moi, emmène les personnes que tu aimes à voir, et dont la société te plaît : je ne doute pas que tu ne nous serves encore très utilement; je te promets, de mon côté, tous les secours qui dépendront de moi. » Gadatas, commençant à respirer : « Seigneur, dit-il, aurai-je le temps d'achever mes préparatifs avant que tu quittes ces lieux? je voudrais emmener ma mère. — Le temps ne te manquera pas, répondit Cyrus; je ne partirai point que tu ne m'aies averti que tu es prêt. »

Gadatas sortit sur-le-champ : il établit, de concert avec Cyrus, des garnisons dans les châteaux qu'il avait réparés, et rassembla tout ce qui pouvait être nécessaire pour tenir un grand état. Il choisit ensuite, pour partir avec lui, plusieurs de ses sujets; les uns, parce qu'ils lui étaient agréables, les autres, parce qu'ils lui étaient suspects. Il exigea des derniers, qu'ils emmenassent ou leurs femmes ou leurs sœurs : ce seraient autant de liens qui les retiendraient.

Gadatas avec sa suite accompagnait Cyrus, lui indiquant les chemins et les lieux abondans en eau, en fourrages, en vivres, afin que l'armée ne campât que dans des cantons fertiles.

Lorsqu'on fut arrivé à la vue de Babylone, Cyrus, s'apercevant que la route suivie aboutissait aux murs de la ville, appela Gobryas et Gadatas, et leur demanda s'il n'y avait pas un autre chemin qui les approchât moins des murailles. « Seigneur, répondit Gobryas, il y en a plusieurs autres; mais j'ai pensé que tu désirerais passer le plus près possible de la ville, afin de montrer à l'ennemi le nombre et le bon état de tes troupes. Je me souviens que dans le temps où elles étaient beaucoup moins nombreuses, tu vins si près des fortifications, que les Assyriens pouvaient aisément reconnaître la médiocrité de tes forces : aujourd'hui, quelques préparatifs qu'ait faits le roi pour te recevoir (car il t'annonça pour lors qu'il allait y travailler), je présume que dès qu'il aura vu de près ton armée, il se croira mal préparé. — Gobryas, répliqua Cyrus, tu me parais surpris que dans le temps où je suis venu ici, avec des troupes moins considérables, je les aie conduites jusque sous les murs, et que dans ce moment où leur nombre est augmenté, je ne veuille plus les en approcher : cesse de t'étonner. Il est différent, Gobryas, de mener une armée à l'ennemi, ou de vouloir seulement passer à sa vue. Dans le premier cas, on avance en suivant l'ordonnance la plus avantageuse pour le combat : dans le second, un général prudent songe moins à la célérité qu'à la sûreté de la marche. Lorsqu'une armée est en route, les chariots et autres bagages qui occupent nécessairement un grand espace, doivent être couverts par des gens armés, et ne paraître jamais sans défense aux yeux de l'ennemi : mais une telle disposition force les troupes de s'étendre et de s'affaiblir. Que des ennemis, sortant d'une place forte, serrés et en bon ordre, viennent les assaillir tandis qu'elles défilent, n'auront-ils pas beaucoup d'avantage, de quelque côté qu'ils forment leur attaque? Une armée qui marche en colonne, ne peut sans beaucoup de temps porter du secours à l'endroit attaqué ; au lieu que l'ennemi qui fait une sortie, peut en un instant secourir les siens, et rentrer dans ses retranchemens. Si donc nous nous contentons d'approcher des Assyriens à la distance que nous occupons, et que nous restions aussi étendus que nous le sommes, ils verront à la vérité nos forces; mais l'escorte armée qui couvrira nos bagages offrira un aspect imposant. S'ils sortaient pour nous entamer par quelque endroit, comme nous les apercevrions de loin, nous ne courrions pas risque d'être surpris. Mais puisqu'il faudrait que pour nous attaquer ils s'éloignassent de leurs murailles, comptez, mes amis, qu'ils n'entreprendront rien, à moins qu'ils ne s'imaginent que toutes leurs forces réunies peuvent être supérieures aux nôtres : ils auraient trop à craindre pour leur retraite. » Tous ceux qui étaient présens furent de l'avis de Cyrus; et Gobryas conduisit l'armée suivant l'ordre qui lui avait été donné. Pendant qu'elle passait à la vue de Babylone, le prince se tint constamment à l'arrière-garde, pour la fortifier par sa présence.

Après plusieurs jours de marche, on arriva sur les frontières des Syriens et des Mèdes, dans le même lieu où l'armée était entrée en campagne. Les Syriens y avaient trois châteaux, dont l'un mal fortifié, fut emporté d'assaut : la terreur qu'inspirait Cyrus, et les insinuations de Gadatas déterminèrent les garnisons à livrer les deux autres.

Chap. 5. Cette expédition terminée, Cyrus dépêcha un des siens vers Cyaxare, avec une lettre, pour le prier de se rendre à l'armée; afin qu'ils pussent délibérer ensemble sur l'usage qu'on devait faire des châteaux dont on venait de s'emparer; et pour que Cyaxare, après avoir examiné l'état des troupes, donnât son avis, tant sur ce qui les concernait que sur les entreprises qu'on pouvait former. « Tu ajouteras, dit-il à l'envoyé, que, s'il veut, j'irai le joindre et camper auprès de lui. » Le messager partit pour remplir sa mission. Les Mèdes avaient choisi pour Cyaxare la tente du roi d'Assyrie : Cyrus ordonna qu'on dressât cette tente, qu'on la meublât le plus magnifiquement possible, et que l'on y plaçât dans la partie destinée aux femmes, les deux captives avec les musiciennes qu'on avait réservées pour le roi. Cet ordre fut exécuté.

Cyaxare, après avoir entendu l'envoyé, jugea qu'il était plus expédient pour lui que l'armée demeurât sur la frontière : car les Perses que Cyrus avait demandés étaient déjà entrés en Médie, au nombre de quarante mille, tant archers que peltastes; et le roi, sachant qu'ils faisaient beaucoup de dégât sur ses terres, avait bien plus d'envie d'en être délivré que d'y recevoir des troupes encore plus nombreuses. Ainsi le chef qui amenait ce renfort, ayant demandé à Cyaxare, conformément à l'ordre de Cyrus, s'il avait besoin de ce secours, et Cyaxare ayant répondu que non, partit le jour même avec ses Perses, pour aller joindre son général, qu'on lui dit n'être pas éloigné.

Le lendemain Cyaxare se mit en chemin, avec ce qui lui restait de cavaliers mèdes. Quand Cyrus eut lieu de croire que ce prince approchait, il se hâta d'aller à sa rencontre, à la tête de la cavalerie perse, qui formait un corps assez nombreux, et de celle des Mèdes, des Arméniens, des Hyrcaniens, auxquels il joignit ceux d'entre les autres alliés qui étaient les mieux montés et les mieux armés : il montrait ainsi à son oncle l'état de ses forces. Cyaxare, voyant Cyrus accompagné d'un si grand nombre de gens d'élite, tandis que lui n'avait pour cortége qu'une petite troupe peu imposante, se sentit humilié, et conçut un violent chagrin. Cyrus descendit de cheval, et s'avança pour l'embrasser, selon l'usage. Cyaxare descendit aussi, mais détourna son visage, et au lieu de recevoir le baiser de son neveu, il fondit en larmes, devant toute l'armée.

Alors Cyrus fit retirer un peu à l'écart ceux qui l'accompagnaient; et prenant Cyaxare par la main, il le mena sous des palmiers qui étaient près du chemin, fit étendre des tapis de Médie, invita le roi à s'asseoir, et s'étant mis à ses côtés : « Au nom des Dieux, mon cher oncle, dites-moi pourquoi vous êtes indisposé contre moi; que voyez-vous ici qui puisse vous chagriner? — C'est, répondit Cyaxare, parce que moi qui n'ai, de mémoire d'homme, que des rois pour aïeux, qui suis fils de roi, roi moi-même, je me vois arrivant ici dans l'équipage le plus humiliant; tandis qu'entouré de mes sujets et d'un grand nombre d'autres troupes, vous paraissez avec tout l'éclat de la grandeur et de l'autorité. Certes il serait dur de recevoir de ses ennemis un pareil affront : combien, grand Jupiter, est-il plus cruel de l'essuyer de la part de ceux de qui on ne devait pas l'attendre! Oui, j'aimerais mieux mourir dix fois que d'être vu dans cet abaissement, exposé à l'abandon, à la risée de mes sujets : car je sais que non seulement votre pouvoir, mais celui même de mes esclaves, est au-dessus du mien;

et qu'ils viennent à ma rencontre plus en état de m'offenser que je ne le suis de les punir. »

En proférant ces mots, ses larmes coulèrent avec plus d'abondance; Cyrus ne put retenir les siennes. Puis s'étant un peu remis : « Vous vous trompez, Cyaxare, lui dit-il, et vous jugez mal, si vous pensez que ma présence autorise les Mèdes à vous manquer impunément. Je ne suis étonné ni de votre colère, ni de vos craintes : je n'examinerai point si vous avez raison, ou non, d'être irrité contre eux; peut-être souffririez-vous impatiemment ce que je dirais pour leur justification. Mais je ne vous le dissimulerai pas, je regarde comme une grande faute, dans un homme revêtu de l'autorité, de menacer à-la-fois tous ceux qui lui sont soumis. S'il en épouvante beaucoup, il se fait nécessairement beaucoup d'ennemis; s'il les menace tous, nécessairement il les invite tous à se tenir étroitement unis. Pourquoi ne vous ai-je pas renvoyé vos troupes, avant de revenir vers vous? c'est que j'appréhendais que votre courroux ne vous exposât à quelque chose de fâcheux, qui nous aurait tous affligés. Grâces aux Dieux, vous serez ici à l'abri de ce danger. Quant à l'idée qui vous est venue que je vous ai manqué, il est bien douloureux pour moi, pendant que je travaille de toutes mes forces pour le plus grand avantage de mes amis, qu'on me soupçonne d'avoir des desseins contraires à leurs intérêts. Mais cessons de nous accuser légèrement; voyons plutôt, s'il est possible, en quoi consiste l'offense dont vous vous plaignez. Je vais vous faire une proposition raisonnable entre gens qui s'aiment. Si je suis convaincu de vous avoir nui en quelque chose, je m'avouerai coupable : s'il est prouvé que je ne vous ai pas nui, que je n'en ai pas même eu la pensée, ne confesserez-vous pas que vous n'avez nul sujet de vous plaindre de moi? — Je serai, dit le roi, forcé de l'avouer. — Et s'il est clair, reprit Cyrus, que je vous ai bien servi, que j'ai cherché à vous être utile autant que je le pouvais, ne conviendrez-vous pas que je suis plus digne d'éloges que de blâme? — Cela est juste. — Eh bien, poursuivit Cyrus, considérons chacune de mes actions : c'est le vrai moyen de discerner ce que j'ai fait de bien et ce que j'ai fait de mal. Remontons, si cette époque vous suffit, au temps où le commandement me fut déféré.

Lorsque vous fûtes informé que les ennemis s'étaient rassemblés en grand nombre, et marchaient contre votre personne et vos états, vous envoyâtes aussitôt demander du secours aux Perses; et vous me fîtes prier, en particulier, s'ils vous accordaient des troupes, d'en solliciter le commandement, et de venir moi-même à leur tête. Ne me suis-je pas rendu à vos instances? ne vous ai-je pas amené les meilleurs soldats, et dans le plus grand nombre qu'il m'a été possible? — Il est vrai. — Dites-moi donc d'abord si vous regardez ce procédé comme une offense ou comme un service. — Assurément comme un grand service. — Continuons. Quand les ennemis sont arrivés, et qu'il a fallu en venir aux mains avec eux, m'avez-vous vu me refuser à la fatigue et m'épargner dans les dangers? — Non, certes; non. — Quand, par l'assistance des Dieux, nous eûmes vaincu, que les ennemis eurent fait retraite, que je vous pressai de joindre nos forces pour les poursuivre et achever leur défaite, et pour recueillir en commun les fruits de la victoire, pouvez-vous m'accuser d'avoir alors trop consulté mes intérêts particuliers? » A cela, Cyaxare ne répondit rien.

« Puisque vous aimez mieux, reprit Cyrus, vous taire sur cet article, que de me répondre, dites si vous croyez que je vous aie offensé, lorsque vous voyant persuadé qu'il n'y avait pas de sûreté à poursuivre, je vous priai, sans vous empêcher de partager avec moi un honorable péril, de m'envoyer un certain nombre de cavaliers. De grâce, montrez-moi en quoi j'ai eu tort de vous faire cette demande, moi qui avais déjà combattu pour vous en qualité d'allié. » Comme Cyaxare gardait encore le silence : « Puisque vous refusez, continua Cyrus, de vous expliquer sur ce point, dites-moi du moins si je vous offensai, quand sur votre réponse que vous ne vouliez pas troubler la joie à laquelle les Mèdes se livraient, et les forcer à une marche périlleuse, je me bornai, au lieu de vous en témoigner le moindre ressentiment, à vous demander la chose du monde qui vous coûtait le moins, celle qu'il vous était le plus facile d'ordonner aux Mèdes ; car je vous priai de m'accorder les hommes qui voudraient me suivre. Le consentement que vous me donnâtes m'aurait été inutile, si je ne fusse venu à bout de les persuader : j'allai les trouver ; plusieurs se rendirent à mon invitation, je partis avec eux sous votre bon plaisir. Si cette conduite vous paraît criminelle, on se rendrait apparemment coupable en recevant un don de votre main. Nous nous mîmes en marche : depuis notre départ, qu'avons-nous fait qui ne soit connu de tout le monde ? Ne nous sommes-nous pas emparés du camp des Assyriens ? n'avons-nous pas fait main-basse sur la plus grande partie des ennemis qui étaient venus vous attaquer, et contraint le reste à nous livrer, les uns leurs armes, les autres leurs chevaux ? De plus, les richesses de ceux qu'on voyait auparavant piller votre pays, sont aujourd'hui entre les mains de vos amis, qui les apportent pour vous et pour eux, si vous le permettez. Enfin, et c'est là le service le plus important et le plus signalé, vous voyez votre domaine agrandi, celui de vos ennemis resserré ; plusieurs de leurs châteaux en votre pouvoir ; les vôtres, que les Syriens vous avaient enlevés, rentrés sous votre obéissance. En vérité, je serais honteux de dire que je désire savoir si ces différentes actions sont bonnes ou mauvaises : je suis prêt néanmoins à vous écouter ; expliquez-vous, je vous prie. »

Cyrus ayant cessé de parler, Cyaxare lui répondit : « Non, Cyrus, on ne saurait dire qu'il y ait rien de répréhensible dans ce que vous avez fait ; mais sachez que plus j'en retire d'avantages, plus je me sens chargé d'un poids qui m'accable. J'aimerais beaucoup mieux avoir reculé les limites de vos états avec mes troupes, que de vous devoir par elles l'agrandissement des miens. Ce que vous avez fait, Cyrus, en tournant à votre gloire, me couvre de honte. Il me serait bien plus agréable de vous faire des présens que de recevoir ceux que vous m'offrez : car c'est en me dépouillant, que vous m'enrichissez. Je serais moins affligé, si les Mèdes avaient à se plaindre de vous, que je ne le suis de les voir comblés de vos bienfaits. Vous trouverez que ma façon de penser n'est pas raisonnable ; mais changeons de rôle : supposez un moment que c'est de vous, non de moi, qu'il est question. Que diriez-vous, si vous éleviez des chiens pour la garde de votre maison, et qu'un étranger, en les caressant, parvînt à être plus connu d'eux que vous-même, vous réjouiriez-vous du soin qu'il aurait pris ? Cette comparaison vous paraît-elle trop peu sensible ; supposons que quelqu'un prît un tel ascendant sur l'esprit de ceux qui sont à votre service, domestiques ou soldats, qu'ils aimassent mieux lui appartenir qu'à vous, lui sauriez-vous beaucoup de gré de la conduite qu'il aurait tenue pour se les attacher? Tirons une autre comparaison de la chose du monde la plus chère aux hommes, et dont ils sont le plus jaloux. Qu'un homme, par ses assiduités, réussisse à se faire aimer de votre femme plus que vous, ce succès vous réjouira-t-il? Je suis sûr que bien loin de vous réjouir, vous seriez mortellement blessé. Mais, et ceci a plus de rapport avec la position où je me trouve, si quelqu'un avait tellement gagné l'affection des Perses que vous avez amenés, qu'ils vous abandonnassent pour le suivre, compteriez-vous cet homme au rang de vos amis? Vous le regarderiez, je crois, comme un ennemi qui vous eût fait plus de mal que s'il eût tué une partie de vos soldats.

» Allons plus loin. Si un de vos amis à qui vous auriez dit, par honnêteté, prenez de mes biens ce qu'il vous plaira, s'avisait de prendre, à la faveur de cette offre, tout ce qu'il pourrait emporter, et s'enrichissait ainsi à vos dépens, vous laissant à peine le nécessaire, n'auriez-vous point de reproche à lui faire? Si vos torts avec moi ne sont pas précisément les mêmes, ils diffèrent peu. Vous convenez qu'aussitôt que je vous eus permis d'emmener ceux de mes sujets qui voudraient vous suivre, vous partîtes avec toutes mes troupes, et que vous me laissâtes seul. Vous m'apportez aujourd'hui le butin que vous avez fait, aidé de leur secours, et vous m'annoncez qu'avec le même secours vous avez étendu ma domination; ainsi, n'ayant eu personnellement aucune part à vos exploits, je me présente ici comme une femme, pour recevoir les dons que des étrangers et mes propres sujets viennent m'offrir : enfin, on vous juge digne de commander ; moi, l'on m'en croit incapable. Sont-ce là, Cyrus, des services signalés? Si mes véritables intérêts vous étaient chers, vous auriez surtout évité avec le plus grand soin, de porter la moindre atteinte à mon honneur et à mon autorité. Que m'importe, en effet, que mes frontières soient reculées, si je suis déshonoré? Car si j'ai maintenu jusqu'ici les Mèdes dans mon obéissance, je le dois, non à une supériorité réelle de talens, mais à l'opinion où ils étaient, que nous autres souverains nous leur sommes en tout supérieurs.

» — Au nom des Dieux, mon cher oncle, reprit Cyrus en l'interrompant, si jamais j'ai fait quelque chose qui vous fût agréable, accordez-moi la grâce que je vous demande; cessez de m'accuser présentement. Quand vous m'aurez éprouvé, si vous reconnaissez que mes actions ont eu pour objet vos intérêts, aimez-moi comme je vous aime, et avouez que je vous ai bien servi : si vous trouvez le contraire, plaignez-vous de moi. — Soit, dit Cyaxare, vous avez raison ; j'y consens. — Me permettez-vous, reprit Cyrus, de vous embrasser? — Oui, si vous le voulez. — Vous ne détournerez donc point votre visage, comme vous venez de faire? — Non. » Cyrus l'embrassa.

A cette vue, les Mèdes, les Perses, les alliés, qui tous étaient inquiets de l'issue de cet entretien, firent éclater leur joie. Les deux princes montèrent à cheval : les Mèdes, au signe que Cyrus leur fit, se mirent en marche à la suite de Cyaxare; les Perses suivirent Cyrus, et furent suivis eux-mêmes du reste des alliés.

Lorsqu'on fut arrivé au camp, on conduisit Cyaxare dans la tente qu'on lui avait dressée ; et tout ce dont il pouvait avoir besoin fut préparé par les gens qui en avaient reçu l'ordre. Les Mèdes, profitant du loisir de ce prince, avant le souper, vinrent lui apporter des présens, quelques-uns de leur propre mouvement, le plus grand nombre à l'instigation de Cyrus : l'un lui offrit un bel échanson, l'autre un bon cuisinier, celui-ci un boulanger, celui-là un musicien, un autre des vases, un autre une robe précieuse ; chacun donnait une partie du butin qui lui était échu. Cyaxare reconnut alors que Cyrus ne lui avait fait aucun tort dans l'esprit des Mèdes, et qu'ils ne lui étaient pas moins affectionnés qu'auparavant.

L'heure du repas étant venue, Cyaxare, qui revoyait Cyrus après une longue absence, l'invita à souper avec lui. « Dispensez-m'en, Seigneur ; tous les auxiliaires que vous voyez ici, n'étant venus que sur notre invitation, je ferais une grande faute si, au lieu de prendre soin d'eux, je m'occupais de mon plaisir. Quand les soldats se croient négligés, l'ardeur des bons se ralentit, les mauvais deviennent insolens. Mais vous qui avez fait une longue traite, il est temps que vous mangiez. Accueillez avec bonté, et retenez pour souper avec vous les Mèdes qui vous sont attachés, afin qu'ils cessent de vous craindre. Je vais m'occuper des choses dont je viens de vous parler : demain matin les principaux officiers se rendront à la porte de votre tente, afin que nous délibérions avec vous sur le parti qu'il convient de prendre pour la suite. Vous proposerez vous-même l'objet de la délibération ; savoir, lequel est le plus à propos, ou de continuer la guerre, ou de licencier les troupes. »

Pendant que Cyaxare soupait, Cyrus assembla ceux de ses amis qu'il jugea les meilleurs pour le conseil et pour l'action. « Mes amis, leur dit-il, les Dieux » ont exaucé nos premiers vœux : nous » sommes maîtres de tout le pays que » nous avons parcouru ; nous voyons » nos adversaires s'affaiblir, nos trou- » pes plus nombreuses et plus redouta- » bles. Dans cette position, si les alliés » qui nous accompagnent, veulent de- » meurer avec nous, nous pouvons pré- » tendre à de plus grands exploits, en » employant à propos soit la force, soit » la persuasion. Vous n'êtes donc pas » moins intéressés que moi à faire en » sorte que la plus grande partie de ces » alliés ne nous quitte point. Comme ce- » lui qui dans une bataille fait le plus de » prisonniers, est estimé le plus vaillant ; » de même celui qui dans un conseil sait » amener le plus grand nombre de per- » sonnes à son avis, passe, à bon droit, » pour le plus habile dans l'art de par- » ler et de persuader. Cependant, ne » vous appliquez pas à offrir de l'élo- » quence dans les discours que vous » tiendrez à chacun d'eux en particu- » lier ; mais parlez de manière que leurs » actions prouvent que vous les avez » persuadés. Occupez-vous de cette tâ- » che importante. Pour moi, je vais, » autant que je le puis, pourvoir à ce » que les soldats aient le nécessaire, » avant qu'on leur propose de délibérer » sur le projet de continuer la guerre ? »

LIVRE SIXIÈME.

Chapitre premier. La journée ainsi passée, l'on soupa, puis l'on alla se reposer. Le lendemain, dès le matin, tous les alliés se rendirent auprès de Cyaxare. Déjà il entend le bruit de la foule qui se presse aux portes de sa tente. Pendant qu'il s'habillait, les Perses présentèrent à Cyrus, l'un des Cadusiens, qui le priaient de demeurer, un autre les Hyrcaniens, celui-ci Gobryas, celui-là le chef des Saces : Hystaspe amenait l'infortuné Gadatas, qui de même conjurait Cyrus de ne pas l'abandonner. Cyrus, qui savait que Gadatas mourait de peur que l'armée ne fût licenciée, lui dit en riant : « Il est clair, Gadatas, que c'est Hystaspe qui t'a suggéré les sentimens que tu manifestes. » Gadatas, levant les mains au ciel, jura qu'Hystaspe n'y avait aucune part : « mais je vois, ajouta-t-il, que si vous vous retirez avec vos troupes, c'en est fait de mes possessions ; voilà pourquoi je suis venu en personne demander à Hystaspe s'il connaissait ta résolution relative au licenciement des troupes. — A ce qu'il paraît, dit Cyrus, j'ai tort de m'en prendre à Hystaspe. — Oui, Cyrus, oui, tu as tort ; car moi-même je lui ai représenté que tu ne pouvais rester, parce que ton père te rappelait. — Que dis-tu, tu as osé décider de ce que je ferais ou ne ferais pas ? — Cela est vrai ; je te vois une si grande impatience d'aller te montrer en Perse, et faire à ton père le récit détaillé de chacun de tes exploits ! — Et toi, n'as-tu nulle envie de retourner dans ta patrie ? — Non, par Jupiter, non, je ne m'en irai point ; je resterai, les armes à la main, jusqu'à ce que j'aie soumis le roi d'Assyrie à Gadatas que tu vois. »

Pendant ce badinage, soutenu d'un ton sérieux, Cyaxare, magnifiquement vêtu, sortit de sa tente, et alla se placer sur son trône. Quand tous ceux qui devaient assister au conseil furent assemblés, et qu'on eut fait silence : « Généreux alliés, dit Cyaxare, puisque je me trouve ici, et que je suis l'aîné de Cyrus, permettez que je prenne le premier la parole. Je pense donc qu'il est maintenant essentiel pour nous d'examiner si nous devons continuer la guerre, ou licencier l'armée. Que quelqu'un dise son avis. »

Le prince d'Hyrcanie se leva. « Braves compagnons, dit-il, je ne vois pas qu'il soit besoin de délibérer, lorsque les choses indiquent ce qu'il y a de mieux à faire. Nous savons tous qu'en demeurant unis, nous faisons plus de mal à l'ennemi qu'il ne nous en fait ; et que pendant que nous étions séparés, il nous traitait d'une manière aussi satisfaisante pour lui que fâcheuse pour nous.

» — A quoi bon, dit le chef des Cadusiens, délibérer si nous devons partir d'ici, pour aller séparément dans nos maisons, nous qui ne pouvons sans danger, même les armes à la main, nous éloigner de vous ; nous qui, vous le savez, avons été punis pour nous en être écartés un moment ? »

Après le Cadusien, ce Mède qui s'était dit autrefois le parent de Cyrus, Artabase, prenant la parole : « Pour moi, Cyaxare, j'envisage la question bien autrement que les préopinans. Ils prétendent qu'il faut rester ici pour faire la guerre : moi, je déclare que c'était en Médie que la guerre avait lieu. Alors il me fallait tantôt courir à la défense de nos biens qu'on enlevait, tantôt veiller à celle de nos châteaux menacés, presque toujours en alarme et sur la défensive ; et cette guerre était à mes frais. Actuellement nous tenons les forteresses des ennemis ; je ne les redoute point ; je fais d'ailleurs bonne chère à leurs dépens : d'où je conclus que notre existence, dans notre pays, étant un état de guerre continuelle, et la vie militaire qu'on mène ici une fête continuelle, on ne doit point rompre cette société. » Après Artabase, Gobryas parla : « Chers alliés, jusqu'à présent je n'ai qu'à me louer de la droiture de Cyrus ; il n'a manqué à aucune de ses promesses : mais s'il abandonne ce pays, le roi d'Assyrie jouira donc en paix de ses injustices ; il vous aura impunément insultés ; et moi, loin d'être vengé du mal qu'il m'a fait, je serai une seconde fois puni d'être entré dans votre alliance. »

Lorsqu'ils eurent tous dit leur avis, Cyrus parla en ces termes : « Braves » guerriers, je ne doute point non plus » qu'en congédiant nos troupes, notre » parti ne devienne plus faible, et celui » des ennemis plus fort : car ceux qu'on » a dépouillés de leurs armes, en au» ront bientôt fabriqué d'autres; ceux » dont on a pris les chevaux, seront » bientôt remontés; les morts seront » bientôt remplacés par une florissante » jeunesse qui leur succédera : en sorte » qu'il ne faudra pas s'étonner si dans » peu ils nous suscitent de nouveaux » embarras. Pourquoi donc ai-je con» seillé à Cyaxare de mettre en délibé» ration si on licencierait l'armée? c'est » que je crains l'avenir : je vois avancer » contre nous des ennemis, à qui nous » ne pourrons résister dans l'état où » nous sommes.

» L'hiver approche; et si nous avons » un abri, nos chevaux, nos valets, les » simples soldats n'en ont pas, eux sans » qui l'on ne saurait faire la guerre. » Quant aux vivres, nous les avons épui» sés partout où nous avons passé : où » nous n'avons point été, les ennemis, re» doutant notre approche, les ont trans» portés dans des forteresses; en sorte » qu'ils en sont les maîtres et qu'il nous » serait impossible de rien trouver dans » les campagnes. Or, qui est assez cou» rageux, assez robuste pour combat» tre en même temps la faim, le froid, » les ennemis? Pour tenir la campagne » à ce prix, je dis, moi, qu'il vaut » mieux renvoyer l'armée de son plein » gré, que d'y être contraints par la » nécessité. Si donc nous nous détermi» nons à rester armés, je crois que nous » devons nous hâter de prendre aux en» nemis autant de forteresses qu'il sera » possible, et d'en construire nous-mê» mes de nouvelles. Cela fait, l'abon» dance sera pour ceux qui auront su » s'emparer de plus de subsistances et » en remplir leurs magasins ; et la di» sette, pour celui des deux partis qui » manquera de places fortes. A présent » nous ressemblons parfaitement à des » navigateurs ; ils voguent sans cesse, » et ce qu'ils viennent de parcourir n'est » pas plus à eux que ce qu'ils n'ont pas » parcouru. Mais quand nous aurons » des places fortes, la contrée se décla» rera contre l'ennemi, et nous joui» rons plus tranquillement du fruit de » nos conquêtes.

» Que ceux d'entre vous qui crain» draient d'être envoyés en garnison » loin de leur pays, n'aient pas d'in» quiétude : nous autres Perses, qui » sommes déjà loin de notre patrie, » nous nous chargerons de la garde des » lieux les plus voisins de l'ennemi. » Pour vous, défendez et cultivez les » cantons de l'Assyrie, limitrophes de » vos habitations. Si nous réussissons » à défendre ceux qui avoisinent l'enne» mi, vous qui en êtes à une si grande » distance, vous vivrez dans une paix » profonde : car les Assyriens, je crois, » ne fermeront pas les yeux sur des pé» rils prochains, pour aller au loin vous » attaquer. »

Aussitôt qu'il eut cessé de parler, tous les chefs, et Cyaxare lui-même, déclarèrent en se levant, qu'ils étaient prêts à exécuter ce qu'il proposait. Gadatas et Gobryas dirent aussitôt, que si les alliés y consentaient, ils bâtiraient chacun une forteresse, qui servirait à la défense commune. Cyrus, voyant que tous entraient avec ardeur dans ses vues, reprit ainsi : « Puisque nous paraissons avoir à cœur de faire tout ce que nous jugeons nécessaire, préparons au plus tôt des machines pour battre en ruine les murailles des ennemis, et assurons-nous d'ouvriers pour construire de fortes tours. Cyaxare promit une machine, qu'il se chargeait de faire construire : Gadatas et Gobryas s'engagèrent à en donner une en commun ; Tigrane prit le même engagement ; Cyrus dit qu'il tâcherait d'en fournir deux. Ces résolutions prises, on chercha des ouvriers, on rassembla les matériaux nécessaires à la construction des machines ; et l'inspection de ces ouvrages fut confiée à des personnes en qui l'on reconnut le plus de capacité.

Cyrus, prévoyant que ces travaux emporteraient beaucoup de temps, mena camper son armée dans le lieu qu'il estima le plus sain et le plus commode pour le transport des choses dont on aurait besoin. Il entoura les endroits faibles d'un si bon retranchement, que les troupes qui se succéderaient à la garde du camp, fussent à l'abri de l'insulte, lors même qu'elles se trouveraient séparées du gros de l'armée. De plus, il s'informait aux gens qui connaissaient le pays, de quel côté les soldats pourraient faire le plus de butin : lui-même il les y menait, tant pour leur procurer des vivres en abondance, que pour les rendre plus sains, plus vigoureux, par la fatigue de ces courses, et pour les entretenir dans l'habitude de garder leurs rangs en marchant.

Pendant que Cyrus se livrait à ces occupations, on apprit, par les transfuges et par les prisonniers babyloniens, que le roi d'Assyrie était allé en Lydie, emportant avec lui quantité d'or, d'argent, de richesses, et de bijoux précieux. Les simples soldats conjecturèrent qu'effrayé de leur approche, il transportait ses trésors en lieu sûr : mais Cyrus, bien convaincu qu'il n'entreprenait ce voyage que pour lui susciter, s'il le pouvait, de nouveaux ennemis, fit les préparatifs nécessaires pour une seconde bataille. Il compléta d'abord la cavalerie perse, avec les chevaux des prisonniers et avec ceux que lui donnaient ses amis : car il recevait volontiers ces sortes de présens, et quiconque lui offrait un cheval ou une belle armure, était sûr de n'être pas refusé.

Il se procura des chariots, tant parmi ceux pris sur l'ennemi, que par d'autres voies : mais il abolit l'usage des chars tels qu'étaient jadis ceux des Troyens, et tels que sont encore ceux des Cyrénéens. Jusque là les Mèdes, les Syriens, les Arabes et tous les peuples asiatiques n'en avaient point d'autres. Comme ils étaient montés par les plus braves, Cyrus avait remarqué que des gens qui étaient l'élite de l'armée ne servaient qu'à escarmoucher, et contribuaient peu au gain de la bataille : d'ailleurs, trois cents chars pour trois cents combattans, exigeaient douze cents chevaux et trois cents cochers, choisis entre ceux qui méritaient le plus de confiance ; encore ces trois cents hommes ne causaient aucun dommage à l'ennemi. Cyrus, en abolissant l'usage de ces chars, en fit construire d'une forme nouvelle plus convenable pour la guerre. Les roues en étaient fortes, par là moins sujettes à se briser ; l'essieu long, car ce qui a de l'étendue est moins sujet à renverser : le siége, d'un bois épais, s'élevait en forme de tour, mais ne couvrait le cocher que jusqu'à la hauteur du coude, afin qu'il eût la facilité de conduire ses chevaux ; chaque cocher armé de toutes pièces, n'avait que les yeux découverts : aux deux bouts de l'essieu étaient placées deux faux de fer, longues d'environ deux coudées, et deux autres par dessous dont la pointe tournée contre terre, devait percer à travers les bataillons ennemis. Cette nouvelle construction, dont Cyrus fut l'inventeur, est encore en usage dans les pays soumis au roi de Perse. Il avait de plus quantité de chameaux, qui lui venaient, les uns de ses amis, les autres des captures faites sur les Assyriens.

Au milieu de ces préparatifs, Cyrus jugeant à propos d'envoyer quelqu'un en Lydie, et d'apprendre ce que faisait le roi d'Assyrie, Araspe, chargé de la garde de la belle prisonnière, lui parut propre à cette commission. Voici qu'elle était son aventure : Araspe, éperdument amoureux de sa captive, avait été contraint de lui ouvrir son cœur; la belle Susienne, fidèle à son mari qu'elle aimait quoique absent, ne l'avait point écouté: cependant, pour ne pas diviser deux amis, elle ne voulait point porter ses plaintes à Cyrus. Araspe, qui d'abord s'était flatté du succès, se voyant trompé dans son attente, la menaça d'emporter de force ce qu'elle refusait à ses prières. La captive, craignant quelque violence, ne tient plus l'affaire secrète, envoie un eunuque à Cyrus, avec ordre de lui déclarer tout. Cyrus ne put s'empêcher de rire de la défaite de cet homme qui se vantait d'être plus fort que l'amour; et à l'instant même il lui envoie Artabase avec l'eunuque, pour lui dire qu'une femme de ce rang devait être à l'abri de la violence, mais qu'il ne lui interdisait pas la persuasion. Artabase, en abordant Araspe, le traita durement, lui représentant que cette princesse était un dépôt sacré, lui reprochant son injustice, son incontinence, son impiété. Araspe, pénétré de douleur, fondant en larmes, et couvert de honte, tremblait de crainte d'être encore maltraité par Cyrus.

Le prince instruit de ce détail, le fit appeler; et lui parlant seul à seul : « Araspe, je te vois tremblant et confus; rassure-toi. J'ai ouï dire que des Dieux ont été vaincus par l'amour; et je sais dans quels écarts il a souvent entraîné les hommes réputés les plus sages : moi-même je sens, quand je me trouve avec de belles femmes, que je n'ai pas assez d'empire sur moi pour les regarder d'un œil indifférent. C'est moi, d'ailleurs, qui suis cause de ton malheur, moi qui t'ai enfermé avec cet invincible ennemi. — Ah! Cyrus, tu es toujours toi-même, bon et indulgent pour les faiblesses de l'humanité, tandis que les autres hommes ne cherchent qu'à m'accabler. Depuis que le bruit de mon infortune s'est répandu, mes ennemis me raillent; et mes amis me pressent de me cacher, pour me dérober au traitement dont ils craignent que tu ne punisses mon crime. — Eh bien, Araspe, apprends que ces bruits-là te mettent à portée de nous rendre, à nos alliés et à moi, un important service. — Plût au ciel, répondit Araspe, que j'eusse encore une occasion de te servir!

— Si tu veux feindre de me fuir, et passer, sous ce prétexte, dans l'armée ennemie, je suis sûr qu'on ajoutera foi à tout ce que tu diras. — Je n'en doute pas, repartit Araspe; et je suis convaincu que mes amis ne manqueront pas de publier que c'est là le motif de ma retraite. — Tu reviendras donc instruit du secret des ennemis : comme ils auront confiance en toi, ils te feront part de leurs desseins et de leurs ressources, et tu n'ignoreras rien de tout ce qu'il nous importe de savoir. — Je pars à l'heure même, dit Araspe : sois sûr qu'on ne me suspectera pas en me voyant fuir dans le moment où je dois redouter ton courroux.

— Mais auras-tu bien le courage de quitter la belle Panthée? — Seigneur, j'éprouve sensiblement que j'ai deux âmes; c'est une philosophie que vient de m'enseigner l'amour, ce dangereux sophiste : car enfin une âme ne peut être en même temps bonne et mauvaise, avoir à-la-fois des penchans honnêtes et des penchans honteux, vouloir une chose et ne la vouloir point. Oui, sans contredit, nous avons deux âmes; quand la bonne est maîtresse, elle fait le bien; quand la mauvaise prend le dessus, elle se livre à des excès honteux : à présent que ma bonne âme est forte de ton secours, elle a sur l'autre un empire absolu. — Quoi qu'il en soit, répliqua Cyrus, si tu es décidé à partir, voici ce que tu feras pour gagner la confiance des ennemis : fais-leur part de nos projets; mais ne leur en découvre que ce qu'il faut pour déconcerter les leurs : or tu y réussiras, si tu leur dis, par exemple, que nous nous préparons à faire une invasion dans leur pays; la crainte que chacun aura pour ses propres domaines, les empêchera de réunir leurs forces dans le même lieu. Demeure avec eux le plus long-temps que tu pourras : c'est lorsqu'ils seront le plus près de nous, que nous aurons le plus besoin de tes avis. Engage-les à choisir même l'ordre de bataille le plus fort. Tu le connaîtras bien sans doute, quand tu reviendras nous rejoindre; et il faudra de toute nécessité qu'ils s'y arrêtent : un changement subit mettrait toute leur armée en désordre. Araspe, muni de cette instruction, sortit du camp, accompagné de ses plus fidèles serviteurs, après avoir tenu à quelques personnes les propos qu'il jugea propres à favoriser ses desseins.

Dès que Panthée eut appris la retraite d'Araspe, elle fit dire à Cyrus : « Prince, que la défection d'Araspe ne te chagrine point; si tu me permets d'envoyer un courrier à mon mari, je te promets un ami plus fidèle qu'Araspe, et qui, j'en suis certaine, viendra suivi d'autant de troupes qu'il en aura pu rassembler : Abradate était aimé du père de celui qui occupe le trône d'Assyrie; mais le fils ayant tout fait pour semer la discorde entre lui et moi, nul doute que mon époux, qui le regarde comme un homme sans mœurs, ne l'abandonne volontiers pour s'attacher à un prince tel que toi. » Sur ces offres, Cyrus la presse de dépêcher un courrier à son mari; ce qu'elle exécute aussitôt.

Abradate ayant reconnu les chiffres de sa femme, et lu ce qu'elle lui mandait, partit volontiers avec environ deux mille chevaux, pour se rendre auprès de Cyrus. Arrivé au premier poste des Perses, il en donne avis au prince, qui le fait conduire d'abord à la tente de Panthée. Aussitôt que les deux époux s'aperçurent, ils se jetèrent dans les bras l'un de l'autre, avec le transport de joie que cause un bonheur inattendu.

Après ces embrassemens, Panthée entretint son mari de la pureté des mœurs de Cyrus, de sa modération, de la part qu'il avait prise à ses malheurs. Abradate, touché de ce récit : « Que puis-je faire, dit-il, ma chère Panthée, pour nous acquitter l'un et l'autre envers ce prince? — Que peux-tu faire de mieux, répondit-elle, que d'avoir pour lui les sentimens qu'il a eu pour toi? »

Cet entretien fini, Abradate alla visiter Cyrus. En l'abordant, il lui prit la main, et lui dit : « Cyrus, je ne puis mieux reconnaître tout ce que tu as fait pour nous, qu'en t'offrant en moi un serviteur, un ami, un allié; quelque entreprise que tu formes, je te seconderai de toutes mes forces. — J'accepte tes offres, répondit Cyrus : pour aujourd'hui, je te laisse souper avec Panthée; mais dorénavant il faudra que nous prenions nos repas ensemble dans ma tente, avec tes amis et les miens. »

Quelque temps après, Abradate ayant remarqué que Cyrus aimait beaucoup les chars armés de faux, les chevaux bardés et les cavaliers cuirassés, fit construire cent chars semblables à ceux des Perses, tira de sa cavalerie les chevaux nécessaires aux attelages; il voulut même les conduire en personne, monté sur un char à quatre timons, qui serait traîné par huit chevaux. De son côté, Panthée, son épouse, fit faire avec ses bijoux, une cuirasse, un casque et des brassards d'or pour Abradate; elle y joignit des bardes d'airain pour couvrir les chevaux du char.

Telle était la conduite d'Abradate. Cyrus, en voyant ce char à quatre timons, imagina qu'il serait possible d'en ajuster huit à un seul chariot, auquel seraient attelées huit paires de bœufs, pour traîner certaines machines en forme de tours, d'environ dix-huit pieds d'élévation, y compris la hauteur des roues. Il pensait que ces tours, placées derrière les rangs, protégeraient puissamment sa phalange et incommoderaient l'ennemi. Il y avait pratiqué des galeries et des créneaux : chaque tour renfermait vingt hommes. Quand tout fut prêt, il essaya de les faire aller, et les seize bœufs traînaient plus aisément une tour avec les vingt hommes, que deux bœufs ne traînent un chariot de bagage. La charge ordinaire de ces chariots est, pour deux bœufs, du poids d'environ vingt-cinq talens ; et les tours de Cyrus, quoique d'un bois aussi épais que celui qu'on emploie à la construction des théâtres tragiques, quoique garnies de vingt soldats avec leurs armes, donnaient moins à traîner à chaque paire de bœufs, que le poids de quinze talens. Cyrus, assuré de la facilité de transporter ces tours, résolut d'en avoir à la suite de son armée; persuadé qu'à la guerre, prendre ses avantages, c'est faire une chose permise et se procurer des moyens de salut et de prospérité.

Chap. 2. Dans ce même temps arrivèrent les ambassadeurs Indiens qui apportaient de l'argent à Cyrus; ils lui adressèrent ce discours de la part de leur maître : « Je suis fort aise que tu m'aies instruit de tes besoins ; je veux former avec toi des liaisons d'hospitalité. Je t'envoie une somme d'argent; si elle ne suffit pas, fais le moi savoir: mes ambassadeurs ont ordre de t'obéir en tout. — Eh bien, répondit Cyrus, que quelques-uns d'entre vous restent dans les tentes, gardant les richesses que vous m'apportez, et vivant le plus agréablement possible : que trois seulement passent chez l'ennemi, comme pour l'inviter à s'allier au roi de l'Inde, mais en effet pour observer ce qu'il dit, ce qu'il fait, et nous en informer, le monarque indien et moi. Si vous vous acquittez bien de cette commission, je vous en serai plus obligé que de votre argent : car nos espions déguisés en esclaves, ne peuvent nous apprendre que ce qui est su de tout le monde; au lieu que des gens tels que vous devinent souvent les plus secrètes résolutions. » Les Indiens accueillirent cette proposition, ils furent traités en amis; et, après avoir tout préparé pour leur voyage, ils partirent le lendemain, avec promesse de revenir aussitôt qu'ils se seraient instruits, autant qu'ils le pourraient, de la situation des ennemis.

Cependant Cyrus faisait ses préparatifs pour la guerre en homme qui ne conçoit pas des projets vulgaires. Il ne se bornait pas aux moyens approuvés par les alliés; il excitait encore entre des amis une noble rivalité, le désir d'avoir de plus belles armes, de savoir le mieux manier son cheval, lancer un dard, tirer une flèche, supporter la fatigue : il y réussit en les conduisant à la chasse, en distribuant des récompenses à ceux qui se distinguaient. Les officiers qu'il voyait attentifs à perfectionner la discipline de sa troupe, il les encourageait en leur donnant ou des éloges, ou les grâces qui pouvaient dépendre de lui. Quand il offrait un sacrifice ou célébrait une fête, il formait des divers exercices de la guerre autant de jeux militaires ; il accordait des prix aux vainqueurs : la gaîté animait toutes les troupes.

Déjà, excepté les machines, tout ce qu'il pouvait désirer était prêt pour marcher à l'ennemi. Déjà la cavalerie perse était complétée à dix mille hommes : il possédait cent chars armés de faux, construits à ses dépens ; cent autres que le susien Abradate avait faits pareils à ceux du prince ; cent aussi de Cyaxare, qui, par le conseil de son neveu, avait reformé sur le même modèle les chars médiques, auparavant semblables aux chars troyens et libyens : de plus, il avait été réglé que chaque chameau porterait deux archers. Une si grande confiance animait la plupart des soldats ; ils se croyaient déjà victorieux, ils comptaient pour rien les forces de l'ennemi.

Telle était la disposition des esprits, lorsque revinrent les Indiens envoyés par Cyrus pour observer. Ils rapportèrent que Crésus avait été élu général en chef de l'armée ; qu'on avait arrêté que les rois alliés s'y rendraient au plus tôt avec toutes leurs troupes, et des sommes considérables, pour stipendier autant de soldats qu'on en pourrait enrôler, et faire à propos des largesses ; que déjà ils avaient à leur solde quantité de Thraces armés de longues épées ; que cent vingt mille Égyptiens portant des haches, d'énormes boucliers qui les couvraient de la tête aux pieds, et de longues piques pareilles à celles dont ils se servent aujourd'hui, étaient en mer ; qu'ils attendaient encore une armée de Cypriens ; que déjà tous les Ciliciens, les habitants de l'une et l'autre Phrygie, les Lycaoniens, les Paphlagoniens, les Cappadociens, les Arabes, les Phéniciens, et les Assyriens, étaient arrivés, le roi de Babylone à leur tête ; que les Ioniens, les Éoliens et presque tous les Grecs d'Asie avaient été contraints de suivre Crésus ; que Crésus avait envoyé solliciter l'alliance des Lacédémoniens ; que le rendez-vous général était sur les bords du fleuve Pactole ; que de là on devait marcher vers Thymbrara, où s'assemblent encore de nos jours les barbares de la basse Syrie, soumis à la domination des Perses ; qu'enfin on avait ordonné à tous ceux qui auraient des vivres à vendre, de les porter dans ce lieu. Ce rapport était confirmé par les prisonniers ; car Cyrus s'attachait surtout à la poursuite de gens dont il fût possible de tirer quelques instructions : il faisait aussi passer chez l'ennemi des espions vêtus en esclaves, qui se donnaient pour transfuges.

A ces nouvelles, comme cela devoit être, tous les soldats étaient dans l'inquiétude ; ils allaient et venaient plus silencieux qu'auparavant ; ils n'avaient plus leur gaîté : on s'assemblaient par pelotons, on se questionnait, on raisonnait.

Cyrus remarquant que la terreur gagnait son armée, fit appeler les principaux chefs et tous ceux dont l'abattement eût été aussi préjudiciable que leur assurance devait être utile. Il ordonna aux gardes de ne point repousser les soldats qui se présenteraient pour entendre ce qu'il allait dire. Quand ils furent arrivés, il leur tint ce discours :

« Mes amis, je vous ai mandés, m'a-
» percevant que plusieurs d'entre vous
» paraissent effrayés, depuis les nou-
» velles qui nous sont venues de l'en-
» nemi. Il paraît étrange que quelqu'un

» parmi vous tremble, parce qu'on nous
» dit que l'ennemi rassemble ses trou-
» pes; et que vous ne soyez pas rem-
» plis de confiance, en voyant mainte-
» nant, que nous sommes et plus nom-
» breux, et, grâce au ciel, en bien
» meilleur état que lorsque nous les
» avons défaits. Grands dieux ! où en
» seriez-vous donc, vous que la crainte
» abat, si l'on vous annonçait qu'une
» armée telle que la nôtre, marche con-
» tre nous ? Vous entendriez dire pre-
» mièrement : Les mêmes ennemis qui
» vous ont déjà vaincus, enflés de leur
» premier succès, reviennent vous at-
» taquer. On vous dirait ensuite : Ceux
» qui ont mis en fuite vos archers et vos
» gens de trait, arrivent avec un ren-
» fort considérable de troupes qui ne
» leur cèdent point en bravoure. Leur
» infanterie, pesamment armée, mit la
» vôtre en déroute; aujourd'hui leur ca-
» valerie, armée de même, va se mesu-
» rer avec la vôtre : ce n'est ni avec l'arc
» et le dard, ni de loin, que chaque
» cavalier prétend combattre, mais de
» près, et un redoutable javelot en main.
» Ils ont des chars construits non pour
» fuir comme autrefois, mais pour se
» faire jour à travers les bataillons. Les
» chevaux qui les tirent, sont bardés;
» les cochers, placés dans des tours de
» bois, ont le casque en tête, et la par-
» tie de leur corps qui excède la hauteur
» du siége, est couverte d'une cuirasse :
» les essieux sont armés de longues
» faux de fer: d'ailleurs ils ont des cha-
» meaux montés par des soldats, et dont
» un seul peut épouvanter cent chevaux;
» enfin ils traînent à leur suite des
» tours, du haut desquelles, en proté-
» geant les leurs, ils vous accableront
» de traits, et vous mettront hors d'état
» de leur résister en rase campagne. Si
» on était venu vous apporter ces nou-
» velles de la situation des ennemis,

» qu'auriez-vous fait, vous qui trem-
» blez lorsqu'on vous annonce que Cré-
» sus est élu leur général, Crésus, plus
» lâche que pas un des Syriens, puis-
» que, dès qu'il vit leur déroute, il ne
» songea qu'à fuir, au lieu de les dé-
» fendre, tandis que les Syriens n'ont
» fui qu'après avoir été battus ? De
» plus, on annonce que ces ennemis ne
» sont pas en état de se défendre contre
» nous ; qu'ils soudoient des étrangers,
» dans l'espérance qu'ils combattront
» plus vaillamment pour eux qu'ils ne le
» feraient eux-mêmes. Si, malgré cet
» exposé fidèle, quelqu'un trouve leurs
» forces redoutables, et se défie des
» nôtres, je suis d'avis qu'on le leur
» envoie, il nous servira beaucoup plus
» étant avec eux que restant parmi
» nous. »

Ce discours fini, le perse Chrysante
se leva, et dit : « Ne sois pas étonné,
» seigneur, si quelques-uns d'entre nous
» ont paru tristes en écoutant les nou-
» velles des Indiens; c'était l'effet du
» dépit, non de la crainte. Imagine des
» gens qui veulent dîner, qui se croient
» à l'heure du repas, et à qui l'on vient
» demander un ouvrage avant de se
» mettre à table; certes, cette annonce
» ne leur fera nul plaisir. Voilà notre
» position. Nous pensions n'avoir plus
» qu'à nous enrichir des dépouilles des
» ennemis, lorsque nous avons appris
» qu'il nous restait encore une entre-
» prise à terminer ; nous avons alors
» ressenti un chagrin causé non par l'ef-
» froi, mais par le désir qu'elle fût dé-
» jà exécutée. Oui, puisqu'il s'agit de
» combattre non seulement pour la
» Syrie, fertile en blés, en bétail, en
» palmiers chargés de fruits, mais en-
» core pour la Lydie, pays abondant en
» vin, en figues, en huile, et baigné
» d'une mer qui apporte plus de ri-
» chesses qu'on en peut désirer ; loin

» d'éprouver du dépit, les troupes de
» Cyrus voleront avec plus d'ardeur
» que jamais à la conquête des richesses
» lydiennes. »

Ainsi parla Chrysante; son discours plut aux alliés : tous y applaudirent. « Je suis d'avis, dit Cyrus, qu'on se mette au plutôt en marche, afin d'arriver, les premiers, s'il est possible, où les ennemis font leurs magasins : plus nous ferons diligence, plus nous les prendrons au dépourvu. Tel est mon avis ; si quelqu'un connaît une mesure ou plus facile ou plus sûre, qu'il la propose. Comme presque tous les chefs convenaient qu'il était nécessaire de marcher promptement à l'ennemi, et que personne n'ouvrait un avis contraire, Cyrus reprit ainsi :

« Depuis long-temps, braves alliés,
» nos âmes, nos corps, nos armes,
» sont, grâce aux Dieux, dans le meil-
» leur état : ne songeons maintenant
» qu'à nous pourvoir de vivres à-peu-
» près pour vingt jours, tant pour nous
» que pour les bêtes de charge qui nous
» suivront ; car, à mon compte, nous
» mettrons plus de quinze journées à
» traverser un pays où nous ne trou-
» verons point de subsistances, parce
» que nous en avons enlevé, nous, une
» partie, et les ennemis autant qu'il leur
» a été possible. Munissons-nous donc
» de provisions de bouche : elles sont
» nécessaires pour combattre et pour
» vivre. A l'égard du vin, que chacun
» n'en prenne qu'autant qu'il lui en faut
» pour s'accoutumer par degrés à boire
» de l'eau : obligés de marcher long-
» temps sans trouver de vin, quelque
» provision que nous en fassions, nous
» n'en aurons pas assez. Mais afin que
» la privation subite de cette boisson ne
» nous cause point de maladie, voici ce
» qu'il faut faire. Dès à présent, com-
» mençons à ne boire que de l'eau pen-
» dant nos repas : ce changement nous
» sera peu sensible ; car ceux d'entre
» nous qui vivent de farine, la délayent
» dans l'eau, pour en faire une pâte ;
» le pain dont les autres se nourrissent,
» est de même pétri avec de l'eau ; c'est
» avec de l'eau, qu'on fait cuire tout ce
» qui se mange. Pourvu que nous bu-
» vions un peu de vin à la fin du repas,
» nous ne nous trouverons pas mal de
» ce régime. On retranchera ensuite
» une portion de ce vin, jusqu'à ce que
» nous ayons l'habitude de ne boire que
» de l'eau. Tout changement qui s'opère
» peu à peu, devient supportable pour
» tous les tempéramens. C'est ce que
» nous enseigne la divinité, en nous fai-
» sant passer insensiblement de l'hiver
» aux chaleurs brûlantes de l'été, et
» des chaleurs au grand froid : imitons-
» là, arrivons par degrés où il faut que
» nous en venions nécessairement.

» Emportez, au lieu de lits, un poids
» égal en choses nécessaires à la vie ;
» il n'y a jamais de superflu en ce
» genre. Ne craignez pas de dormir
» moins tranquillement, parce que vous
» n'aurez ni lits ni couvertures ; si cela
» vous arrive, c'est à moi que vous vous
» en prendrez : en santé comme en ma-
» ladie, il suffit d'être bien vêtu. Il faut
» s'approvisionner de viandes salées et de
» haut goût ; ce sont celles qui excitent
» l'appétit et se conservent long-temps.
» Lorsque nous arriverons dans des
» lieux non pillés, d'où nous pourrons
» tirer du blé, il faudra nous pourvoir
» de moulins à bras pour le broyer ; de
» tous les instrumens à faire du pain,
» c'est le moins pesant.

» N'oublions pas non plus les médi-
» camens pour les malades, ils ne char-
» gent pas beaucoup, et dans l'occasion
» ils serviront infiniment. Munissons-
» nous aussi de courroies pour attacher
» une infinité de choses que portent les

» hommes et les chevaux : qu'elles se rompent ou s'usent sans qu'on puisse les remplacer, on reste les bras croisés. Ceux qui ont appris à faire des javelots, feront bien d'emporter leur doloire : il est bon aussi de se munir d'une lime ; en aiguisant sa pique, on aiguise son courage : on rougirait d'être lâche, lorsqu'on a des armes affilées. Il faut encore avoir beaucoup de bois de charronnage, pour raccommoder les chars et les chariots : quand on a beaucoup à faire, quelque chose doit nécessairement arrêter. Aux matériaux on joindra les outils indispensables ; car on n'a pas des ouvriers partout : et cependant il en faut beaucoup pour le travail de chaque jour. On mettra sur chaque chariot une faucille et un hoyau ; sur chaque bête de charge, une hache et une faux : ces instrumens sont toujours utile aux particuliers, et souvent à l'armée entière.

» Vous, commandans des hoplites, informez-vous exactement si vos soldats ont une provision suffisante de vivres : ne négligeons rien de ce qui leur est nécessaire ; ce serait nous négliger nous-mêmes. Vous, chefs des bagages, examinez si l'on a chargé sur les bêtes de somme tout ce que j'ai ordonné ; et contraignez ceux qui n'ont point obéi. Vous, intendans des pionniers, vous avez la liste des acontistes, des archers, des frondeurs, que j'ai réformés : à ceux qui servaient dans les acontistes, donnez une hache propre à couper du bois, aux archers un hoyau, aux frondeurs une serpe ; faites-les marcher, avec ces instrumens, par petites troupes, à la tête des équipages, afin qu'au besoin vous applanissiez les chemins difficiles, et que je sache où vous prendre, lorsque vous me serez nécessaires.

» J'emmenerai des armuriers, des charrons, des cordonniers, tous de l'âge où l'on porte les armes, et munis de leurs outils : ainsi l'armée ne manquera d'aucune des choses qui dépendent de leur métier. Ils feront un corps séparé des soldats, et auront un lieu fixe où ils travailleront pour qui voudra les employer en payant. Si quelque marchand veut faire le commerce à la suite de l'armée, qu'il garde ses provisions, durant le nombre de jours que je viens de fixer : s'il vend avant l'expiration de ce terme, ses marchandises seront saisies ; mais il pourra, le terme passé, les débiter comme il le jugera à propos. Au reste, les marchands les mieux approvisionnés seront honorés et récompensés des alliés et de moi. Si quelqu'un d'entre eux n'a pas de fonds suffisans pour faire ses achats, qu'il amène avec lui des gens qui le connaissent et me garantissent qu'il nous suivra, je l'aiderai de ce que je possède. Voilà ce que j'avais à dire ; que ceux qui trouvent que je n'ai pas tout prévu, m'avertissent. Allez rassembler les bagages ; pour moi, je vais offrir un sacrifice pour notre départ : dès que j'aurai rempli ce devoir religieux, je donnerai le signal. Que les soldats pourvus de tout ce que j'ai ordonné, se rendent auprès de leurs officiers, dans le lieu indiqué : et vous, commandans, lorsque vos rangs seront formés, venez tous me trouver, pour apprendre quels postes vous occuperez. »

CHAP. 3. Les ordres reçus, on se dispose à partir ; Cyrus sacrifie : les présages lui ayant paru favorables, il se mit en marche avec son armée. Le premier jour, il campa le plus près possible du lieu d'où il était parti, afin que si l'on oubliait quelque chose on fût à portée de l'aller chercher, et de se procurer ce qu'on jugerait utile.

Cyaxare, pour ne pas laisser ses états sans défense, demeura sur la frontière, retenant auprès de lui la troisième partie des Mèdes ; et Cyrus continua sa marche avec la plus grande diligence. La cavalerie était à la tête, précédée de quelques coureurs que le prince envoyait en avant dans les lieux les plus favorables pour observer. Après la cavalerie, venaient les bagages. Lorsqu'on traversait des plaines, les chariots et les bêtes de somme marchaient sur plusieurs colonnes : à leur suite venait l'infanterie de la phalange ; et s'il restait en arrière quelques chariots ou quelques conducteurs, les officiers qui survenaient veillaient à ce que la marche ne fût point retardée. Dans les chemins serrés, le bagage demeurait au milieu, et les hoplites filaient de droite et de gauche ; en sorte qu'il y avait toujours des soldats à portée de remédier aux accidens. Chaque compagnie marchait ordinairement auprès de son bagage : nul voiturier ne pouvait quitter la sienne, à moins qu'il ne survînt empêchement, et chaque taxiarque en avait un qui précédait, avec une enseigne connue de sa troupe. Ainsi ils allaient tous ensemble ; et, comme chacun avait grand soin de ne laisser en arrière aucun de ses camarades, ils n'étaient point obligés de se chercher l'un l'autre ; leur bagage était en sûreté sous leurs yeux ; ils avaient dans le moment ce qui leur était nécessaire.

Cependant les coureurs qui étaient en avant, crurent apercevoir dans la plaine des hommes qui ramassaient du fourrage et du bois ; ils voyaient des bêtes de somme qui en emportaient des charges, d'autres qui paissaient : plus avant, un nuage de fumée ou de poussière leur semblait s'élever dans les airs.

A tous ces signes, ils reconnurent que l'ennemi n'était pas éloigné. Aussitôt leur commandant dépêcha vers Cyrus, qui fit dire aux coureurs de s'arrêter où ils étaient, et de l'instruire de ce qu'ils observeraient de nouveau : puis il chargea un escadron de cavalerie de s'avancer dans la plaine, pour faire quelques prisonniers qui donneraient des instructions plus sûres.

Pendant que ces ordres s'exécutaient, il fit faire halte à son armée, afin que les soldats eussent le loisir de tout préparer avant de s'approcher de l'ennemi. Il leur enjoignit d'abord de dîner, de reprendre ensuite leurs rangs, se tenant attentifs à ses ordres. Après le repas, Cyrus manda ses officiers de cavalerie et d'infanterie, les conducteurs des chars, et les chefs qui avaient l'inspection des machines, des bêtes de somme et des chariots de bagage. Comme ils étaient rassemblés, les cavaliers envoyés pour battre la campagne, revinrent avec des prisonniers, qui avouèrent à Cyrus qu'ils étaient de l'armée ennemie ; qu'ils avaient passé au-delà des gardes avancées, pour ramasser du bois et du fourrage ; que le grand nombre des troupes avait introduit la disette dans le camp. « A quelle distance, leur dit le prince, est actuellement votre armée ? — A la distance d'environ deux parasanges. — Parlait-on un peu de nous ? — Assurément, beaucoup ; on disait que déjà vous étiez fort près. — Et s'en réjouissait-on ? Il faisait cette question à cause de ceux qui l'écoutaient. — Non, par Jupiter ! loin de s'en réjouir, ils sont fort affligés. — Présentement que font-ils ? — ils rangent leurs troupes en bataille ; hier et avant-hier ils n'ont pas fait autre chose. — Et qui donne les ordres ? — Crésus lui-même, aidé d'un Grec, et d'un Mède qu'on dit transfuge de votre armée. —

Grand Jupiter, puissé-je, comme je le désire, voir cet homme entre mes mains ! »

Après ce discours, il fait retirer les prisonniers; et, comme il se retournait pour parler aux officiers qui l'environnaient, arrive un nouvel envoyé de la part du commandant des coureurs, qui lui dit qu'on apercevait dans la plaine un gros corps de cavalerie : nous conjecturons, ajouta-t-il, qu'il vient pour reconnaître l'armée; car il est précédé d'une centaine de cavaliers qui se portent en diligence de notre côté, peut-être à dessein de nous enlever notre poste, où il n'y a que dix hommes. Cyrus aussitôt ordonna à quelques-uns des cavaliers qu'il avait toujours sous la main, d'aller s'embusquer auprès de ce poste, sans y faire aucun mouvement, et sans être vus de l'ennemi. Dès que les dix hommes qui l'occupent pour nous, ajouta-t-il, l'auront abandonné, montrez-vous tout-à-coup, et chargez ceux qui s'en seront emparés. Que le grand escadron qui est dans la plaine ne vous inquiète pas : toi, Hystaspe, marche à sa rencontre avec mille chevaux ; mais prends garde de t'engager dans des lieux que tu ne connais pas ; contente-toi de protéger nos postes, et reviens. Si quelques ennemis accourent vers toi en levant la main droite, accueille-les avec amitié.

Hystaspe alla prendre ses armes : les cavaliers partirent suivant l'ordre de Cyrus. Ils n'avait pas encore atteint les postes occupés par les coureurs, lorsqu'ils rencontrèrent Araspe et sa suite, cet Araspe envoyé à la découverte des projets ennemis, ce gardien de la belle Susienne. D'aussi loin que Cyrus l'aperçut, il se leva de son siége, courut au-devant de lui, et lui tendit la main. Ceux qui se trouvèrent présens, ne sachant rien, comme cela devait être, de leur secrète intelligence, furent étonnés de cet accueil, jusqu'au moment où Cyrus leur tint ce discours :

« Mes amis, leur dit-il, vous voyez un brave homme qui revient nous joindre : il est temps que tout le monde sache ce qu'il a fait. Ce n'est ni le remords du crime, ni la crainte de mon ressentiment qui l'ont obligé à nous quitter : c'est moi qui l'ai envoyé dans le camp des ennemis, pour pénétrer dans leurs secrets et nous en instruire. Oui, Araspe, je me souviens des promesses que je t'ai faites ; nous nous unirons tous pour les remplir. Il est juste, braves compagnons, que vous honoriez avec moi la vertu d'un homme qui, pour nous servir, a eu le courage et d'exposer sa vie, et de se charger de l'apparence d'un crime. » Les chefs embrassèrent Araspe, et lui présentèrent la main. C'en est assez, dit Cyrus. Maintenant, Araspe, apprends-nous ce qu'il nous importe de savoir, sans nous flatter aux dépens de la vérité sur le nombre des ennemis : il vaudrait mieux qu'on nous eût trompés en exagérant qu'en diminuant leurs forces.

— J'ai tout fait, répondit Araspe, pour m'en éclaircir ; car je les aidais moi-même à ranger leur armée en bataille. — Tu es donc instruit, et de leur nombre et de leur ordonnance. — Par Jupiter ! je sais de plus de quelle manière ils se proposent d'engager le combat. — Dis-nous d'abord quel est en gros le nombre de leurs troupes. — Elles sont rangées, tant la cavalerie que l'infanterie, sur trente de hauteur, à l'exception des Égyptiens, et occupent un terrein d'environ quarante stades : j'ai apporté la plus grande attention pour m'assurer de l'étendue qu'elles couvraient. — Tu as dit à l'exception des Égyptiens ; quelle est donc leur ordonnance ? — Leurs myriarques for-

ment leurs bataillons de dix mille hommes chacun, cent de front sur cent de hauteur; tel est, disent-ils, l'usage de leur pays : Crésus ne le leur a permis qu'avec une extrême répugnance, parce qu'il voulait que son armée eût un front beaucoup plus étendu que n'a la tienne.
— Pourquoi le désirait-il? — Sans doute pour vous envelopper avec la partie qui dépasserait. — Qu'il prenne garde, en voulant envelopper, d'être enveloppé lui-même. Mais, nous venons d'entendre ce qu'il nous importait de savoir : voici, mes amis, ce que vous avez à faire.

» Allez, en sortant d'ici, visiter vos armes et les harnois de vos chevaux ; souvent pour la plus petite chose qui manque, l'homme, le cheval, le char, deviennent inutiles. Demain matin, pendant que je sacrifierai, que vos hommes déjeûnent, que vos chevaux mangent, de peur que le moment d'agir ne nous surprenne à jeun. Toi, Araspe, tu te placeras à l'aile droite, comme tu as fait jusqu'à présent; et vous, myriarques, vous conserverez vos postes accoutumés : ce n'est pas au moment du combat qu'il faut changer l'attelage d'un char. Ordonnez aux taxiarques et aux chefs d'escouade de se mettre en bataille sur douze de hauteur, en rangeant chaque escouade sur deux files. » Or l'escouade était de vingt-quatre soldats.

— Cyrus, dit un des myriarques, crois-tu qu'avec si peu de hauteur nous puissions résister à d'épais bataillons?
— Et toi, répliqua Cyrus, crois-tu que des bataillons dont l'épaisseur fait que la plupart des soldats ne sauraient atteindre l'ennemi avec leurs armes, puissent être d'un grand secours aux leurs, et faire bien du mal au parti opposé? Je désirerais que les hoplites égyptiens, au lieu d'être sur cent, fussent sur dix mille de hauteur; nous aurions affaire à beaucoup moins d'hommes. Quant à nos troupes, par la hauteur que je leur donne, j'estime qu'elles seront toutes en action, toutes en état de s'entre-secourir. Derrière les fantassins cuirassés, je placerai les acontistes, après ceux-ci les archers. Qui, en effet, placerait en première ligne des corps qui conviennent eux-mêmes n'être nullement propres à combattre de près? Mais, couverts par l'infanterie pesante, ils tiendront ferme, et incommoderont les Assyriens, les uns en lançant leurs javelots, les autres en tirant leurs flèches par dessus les premiers rangs. Quelque moyen qu'on emploie pour nuire à l'ennemi, pourvu qu'on réussisse, on sert utilement les siens.

» Je placerai en dernière ligne le corps qu'on appelle corps de réserve. Comme une maison n'est d'aucun usage si les fondemens et le toit n'en valent rien, de même une armée devient inutile, si les premiers et les derniers rangs ne sont composés de bons soldats. Mettez-vous donc en bataille dans l'ordre que j'ai prescrit; chefs de l'infanterie pesante à la première ligne, chefs de l'infanterie légère à la seconde, commandans des archers à la troisième; toi commandant de l'arrière-garde, placé à la dernière ligne, recommande à chacun de tes soldats d'observer les mouvemens de la file qui sera devant lui, d'encourager ceux qui se comporteront vaillamment, de contenir les lâches par de fortes menaces. Si quelqu'un tourne le dos et trahit, qu'on le tue. C'est à ceux qui sont placés au front de l'armée, d'animer, par leurs discours et par leurs actions, les soldats qui marchent après eux; mais vous qui êtes au dernier rang, vous devez être plus redoutables aux lâches que l'ennemi même.

» Voilà ce que j'avais à vous ordonner. Toi, Euphrate, qui commande les machines, fais que nos tours roulantes suivent les troupes d'aussi près qu'il sera possible. Toi, Dauchus, aie soin que tes équipages suivent immédiatement les tours ; ordonne à tes gens de punir quiconque avancerait hors de son rang, ou resterait en arrière. Carduchus, qui conduis les chariots des femmes, tu marcheras après les équipages. Cette longue file de chariots qui nous suivra, en faisant paraître notre armée plus nombreuse, nous procurera encore le moyen de tendre quelque piége à l'ennemi : s'il tente de nous envelopper, elle l'obligera du moins à former une plus grande enceinte ; et plus il embrassera de terrain, plus il perdra de ses forces. Voilà ce que vous avez à faire. Artabase, et toi Artagersas, prenez chacun vos mille fantassins, et placez-vous derrière les chariots ; Pharnuchus, et toi Asiadatas, au lieu de vous mettre en bataille avec le reste de la cavalerie, postez-vous aussi derrière les chariots, chacun avec vos mille cavaliers, et rendez-vous ensuite auprès de moi, ainsi que les autres chefs : songez à vous tenir prêts comme si vous deviez les premiers engager l'action. Capitaine des archers qui montent les chameaux, place-toi aussi à la suite des chariots, et fais ce qu'Artagersas t'ordonnera. Vous, commandans des chars, tirez au sort à qui rangera ses cent chars en première ligne au front de l'armée ; les deux autres centaines borderont de droite et de gauche les deux flancs. » Telle fut l'ordonnance des troupes de Cyrus.

« Prince, dit aussitôt Abradate, roi des Susiens, je me chargerai volontiers, si tu le trouves bon, du commandement des chars que tu opposes au centre de l'armée ennemie. » Cyrus, louant son courage et lui tendant la main, demanda aux Perses qui devaient monter les autres chars, s'ils y consentaient. Comme ils répondirent qu'ils ne le pouvaient avec honneur, il les fit tirer au sort : Abradate obtint par cette voie ce qu'il proposait, et fut chargé de faire tête aux troupes égyptiennes. Tous les chefs se retirèrent pour s'occuper de leurs préparatifs : ils soupèrent, posèrent les sentinelles, et se couchèrent.

Chap. 4. Le lendemain matin, pendant que Cyrus sacrifiait, les troupes qui avaient déjà pris leur repas et fait des libations, s'armaient de leurs belles tuniques, de leurs belles cuirasses, de leurs casques superbes. Les chevaux avaient tous la tête et le poitrail armés : ceux de la cavalerie étaient de plus bardés sur la croupe, ceux des chars sur les flancs. L'armée entière brillait de l'airain et de la pourpre. Le char d'Abradate, ce char à quatre timons et à huit chevaux d'attelage, était magnifiquement orné. Au moment où ce prince allait endosser sa cuirasse faite de lin, suivant l'usage de son pays, Panthée lui présenta un casque d'or, des brassards et de larges bracelets du même métal, une tunique de pourpre, plissée par le bas et qui descendait jusqu'à terre, et un panache de couleur d'hyacinthe : elle avait fait ces armes à l'insu de son époux, sur la mesure de celles dont il se servait.

En les voyant il fut étonné : « Ma chère Panthée, lui dit-il, tu t'es donc dépouillée de tes joyaux pour me faire cette armure ? — Non ; le plus précieux de tous m'est resté : car si tu te montres aux yeux des autres ce que tu es aux miens, tu seras ma plus riche parure. En proférant ces paroles elle l'armait elle-même, et s'efforçait en pleurant, de cacher les larmes dont étaient inondées ses belles joues.

Abradate, déjà si digne d'attirer les regards par la beauté de sa figure, paraissait plus beau, avait l'air encore plus noble, quand il fut couvert de ses nouvelles armes. Il avait pris des mains de son écuyer les rênes de son char, et se disposait à y monter, lorsque Panthée ayant fait éloigner ceux qui les entouraient : « Abradate, lui dit-elle, s'il y eût jamais des femmes qui aimassent leurs époux plus qu'elles-mêmes, sans doute, tu me mets au nombre de ces femmes. Il serait superflu de te prouver par de longs discours ce que démontrent bien mieux mes actions. Cependant, quels que soient les sentimens que tu me connais pour toi, j'estimerais mieux, j'en jure par mon amour et par le tien, te suivre au tombeau où t'eût conduit une belle mort, que de vivre sans honneur avec un mari déshonoré ; tant je suis persuadée que nous ne devons l'un et l'autre respirer que pour la gloire. Que d'obligations n'avons-nous pas à Cyrus ? captive, destinée à lui appartenir, loin de me traiter en esclave, ou de me proposer ma liberté à de honteuses conditions, il m'a conservée pour toi, comme si j'avais été la femme de son frère. D'ailleurs, lorsque Araspe, à qui il m'avait confiée, eut abandonné son parti, ne lui ai-je pas promis que s'il me permettait de te dépêcher un courrier, tu viendrais lui offrir en toi un allié plus fidèle et plus utile qu'Araspe ! »

Abradate, transporté de ce qu'il venait d'entendre, posa la main sur la tête de sa femme, et leva les yeux au ciel : Grand Jupiter, s'écria-t-il, fais que je me montre digne ami de Cyrus, qui nous a traités l'un et l'autre avec tant d'égards ! A ces mots, il monte sur son char. Quand il y fut placé et que son écuyer l'eut fermé, Panthée qui ne pouvait plus embrasser son mari, baisait le char. Mais bientôt le char s'éloigne : elle le suit quelque temps, sans être aperçue d'Abradate, qui tournant la tête et voyant sa femme sur ses pas :

Rassure-toi, Panthée, adieu ; séparons-nous. Aussitôt ses eunuques et ses femmes la prirent et la conduisirent à son chariot, où l'ayant couchée, ils la recouvrirent d'un pavillon. Tous les yeux se tournèrent alors vers Abradate : personne n'avait songé à le regarder, tant que Panthée avait été présente, quoique ce guerrier et son char méritassent d'attirer les regards.

Lorsque Cyrus eut sacrifié sous d'heureux auspices, que l'armée fut rangée selon ses ordres, et qu'il eut établi des postes en avant à quelque distance les uns des autres, il assembla les chefs, et leur parla ainsi : « Braves et fidèles al-
» liés, les Dieux nous montrent dans le
» sacrifice les mêmes présages qui nous
» ont annoncé notre première victoire.
» C'est à moi maintenant à vous rappe-
» ler les motifs qui doivent redoubler
» votre ardeur. Souvenez-vous que vous
» êtes bien plus aguerris que nos enne-
» mis, que vous êtes depuis plus long-
» temps formés à la même discipline et
» réunis en un même corps d'armée ;
» que vous avez presque tous participé
» à la victoire remportée sur eux, et
» que beaucoup de leurs alliés ont par-
» tagé leur défaite. A l'égard des sol-
» dats des deux partis qui n'ont point
» encore vu de bataille, ceux de l'ar-
» mée assyrienne savent qu'ils n'ont
» pour compagnons que des lâches :
» mais vous qui marchez sous nos éten-
» dards, vous savez que vous combat-
» tez avec des hommes résolus à vous
» défendre.

» Avec une confiance réciproque,
» tous, animés d'une égale ardeur,
» tiennent tête à l'ennemi ; au lieu que
» si l'on se défie les uns des autres, on
» ne songe qu'aux moyens de se déro-
» ber au danger. Marchons donc aux
» ennemis, braves camarades : oppo-
» sons nos redoutables chars à des chars

» sans défense ; allons combattre de près, avec nos cavaliers et nos chevaux, armés de toutes pièces, contre une cavalerie presque sans armes. Vous aurez en tête une infanterie que vous connaissez déjà. Quant aux Égyptiens, leur armure n'est pas plus avantageuse que leur ordonnance : leurs grands boucliers les empêchent d'agir, et de voir ce qui se passe autour d'eux ; rangés à cent de hauteur, très peu de ces soldats seront en état de combattre. Tenteront-ils de nous enfoncer par l'effort de leur masse, il faudra qu'ils soutiennent d'abord celui de nos chevaux que le fer dont ils sont bardés rend encore plus terrible. Si quelques-uns résistent à ce premier choc, se défendront-ils à-la-fois contre notre cavalerie, notre infanterie et nos tours ? Je compte sur les guerriers dont ces tours sont garnies : les traits dont ils accableront l'ennemi, le décourageront. Cependant si vous croyez avoir besoin de quelque chose, dites-le : j'espère qu'avec l'aide des Dieux, nous ne manquerons de rien. Avez-vous un avis à ouvrir, parlez : sinon, allez invoquer les Dieux à qui nous venons de sacrifier ; retournez ensuite à vos compagnies, et faites-leur part de ce que je viens de dire. Que votre contenance, votre air, vos discours, tout en vous annonce une noble assurance, et vous montre dignes de commander. »

LIVRE SEPTIÈME.

Chap. 1er. Les chefs ayant imploré les Dieux, allèrent reprendre leurs rangs. Cyrus était encore occupé aux sacrifices, lorsque des serviteurs apportèrent pour lui et sa suite des viandes et du vin. Il en offre aussitôt les prémices aux Dieux, en mange, et en présente à ceux qui en désirent. Il boit ensuite après avoir fait des libations et des prières : tous les assistans suivent son exemple. Enfin, après avoir prié le Dieu de ses pères d'être son guide et son appui, il monte à cheval, et ordonne à sa troupe de le suivre. Tous ceux qui la composaient, étaient armés comme lui : tous avaient la tunique de pourpre, la cuirasse et le casque d'airain, le panache blanc, un javelot de bois de cormier et une épée. Le chanfrein et le poitrail des chevaux, ainsi que les bardes qui leur couvraient la croupe, étaient d'airain : les cuissards des cavaliers étaient de même métal. Les armes de Cyrus ne différaient de celles de sa troupe, sur lesquelles on avait appliqué une couleur d'or, que par le poli qui les rendait brillantes comme un miroir.

Monté sur son cheval, il s'arrêtait un moment, et regardait de quel côté il marcherait, lorsque tout-à-coup le tonnerre se fit entendre à sa droite : Nous te suivons, grand Jupiter, s'écriat-il ! Aussitôt il partit, ayant à sa droite l'hipparque Chrysante avec ses cavaliers, à sa gauche Arsamas à la tête de l'infanterie. Il leur recommanda de marcher d'un pas égal, et de suivre des yeux son étendard, qui était une aigle d'or déployée au bout d'une longue pique. Tel est encore aujourd'hui l'étendard des rois de Perse.

Avant d'apercevoir l'ennemi, Cyrus fit faire halte trois fois à ses troupes. Après une marche de vingt stades, elles commençaient à découvrir les Assyriens, qui venaient à leur rencontre. Lorsque les deux armées furent en présence, Crésus ayant remarqué que son front débordait considérablement de droite et de gauche celui de Cyrus, fit faire halte à sa phalange, ce qui était nécessaire pour se former en demi-cercle, et ordonna que les deux extrémités se courbassent en forme de *gamma*, pour assaillir les Perses en même temps de toutes parts. Ce mouvement qui fut aperçu par Cyrus, ne l'arrêta point, et ne changea rien à l'ordre de sa marche : mais observant que dans la courbe qu'ils décrivaient, ils s'étendaient beaucoup sur les ailes : « Vois-tu, dit-il à Chrysante, quel tour prennent ces ailes ? — Je le vois, et j'en suis étonné : il me semble qu'elles s'éloignent beaucoup de leur corps de bataille. — Oui, mais je trouve aussi qu'elles s'éloignent beaucoup de nous. — Sais-tu pourquoi? — C'est que si elles nous approchaient trop, tandis que le corps de bataille est encore loin, elles craindraient que nous n'allassions à la charge. — Mais comment ces différens corps, séparés par un si grand intervalle, pourront-ils se secourir les uns les autres ? — Il est clair que quand les ailes auront pris assez de terrain, elles tourneront sur nos flancs, et, marchant à nous en bataille, nous attaqueront de tous côtés à-la-fois. — Crois-tu cette manœuvre bonne ? Oui, répondit Cyrus, d'après ce qu'ils voient de notre ordonnance : mais relativement à ce que je leur en ai caché, ils auraient encore mieux fait de nous attaquer de front. Au reste, toi, Arsamas, mène l'infanterie au petit pas, comme tu me vois marcher; toi, Chrysante, suis avec la cavalerie, et du même pas qu'Arsamas. Je me porterai à l'endroit où j'ai dessein de former la première attaque, et j'examinerai en passant si tout est en bon état. A mon arrivée, lorsque nous serons près d'en venir aux mains, j'entonnerai l'hymne du combat, auquel vous répondrez. Aussitôt que l'attaque commencera, ce que vous jugerez facilement au bruit qui se fera entendre, Abradate, suivant l'ordre qu'il va recevoir, fondra impétueusement avec ses chars sur les bataillons qui lui sont opposés : suivez-le d'aussi près que vous pourrez, afin de profiter du désordre qu'il y causera. Pour moi, je vous rejoindrai le plus tôt qu'il me sera possible, pour vous aider à poursuivre les fuyards, si telle est la volonté des Dieux. »

Après avoir ainsi parlé, et donné pour mot de ralliement, JUPITER SAUVEUR ET CONDUCTEUR, il partit. En passant entre les chars et l'infanterie pesante, il parlait à-peu-près en ces termes aux soldats que ses regards rencontraient dans les rangs : Amis, disait-il aux uns, que j'aime à voir votre contenance! A d'autres : Songez qu'il s'agit aujourd'hui, non-seulement d'une victoire, mais des fruits de la victoire précédente, et du bonheur de toute notre vie. A d'autres encore : Camarades, nous n'aurons plus désormais à accuser les Dieux; ils nous fournissent l'occasion d'acquérir beaucoup de biens ; soyons braves. Et plus loin : A quelle fête plus magnifique que celle-ci pourrions-nous mutuellement nous inviter? Il ne tient qu'à votre bravoure de vous procurer de grandes richesses. Vous le savez, disait-il ailleurs ; poursuivre l'ennemi, frapper, tuer, s'emparer de tout, s'entendre louer, être libres, commander, voilà le partage des vainqueurs : un sort tout contraire attend les lâches. Que ceux qui s'aiment combattent donc avec moi ; je ne donnerai l'exemple ni de la lâcheté ni d'aucune action honteuse. S'il rencontrait quelques-uns des soldats qui s'étaient trouvés à la première bataille : Amis, leur disait-il, qu'est-il besoin de vous parler? vous savez comment les braves et les lâches passent leur temps un jour de combat.

Lorsqu'en continuant sa route, il fut arrivé auprès d'Abradate, il s'arrêta. Le Susien ayant donné les rênes de ses chevaux à son écuyer, vint aborder le prince : les chefs de l'infanterie et les conducteurs des chars qui étaient à portée, accoururent aussi pour le joindre. Dès qu'ils furent rassemblés, Cyrus adressant la parole à Abradate : La divinité, lui dit-il, a comblé tes vœux ; elle t'a trouvé digne, toi et ta troupe, de marcher au premier rang. Souviens-toi, quand il faudra combattre, que les Perses te verront, qu'ils te suivront, et ne souffriront pas que vous vous exposiez seuls au danger. — J'espère, Cyrus, répondit Abradate, que tout ira bien de ce côté-ci ; mais j'ai de l'inquiétude pour nos flancs : je vois que ceux des ennemis, forts en chars et en troupes de toute espèce, s'étendent, sans que nous ayons à leur opposer que nos chars. Si mon poste ne m'était pas échu par le sort, je rougirais de l'occuper, tant je m'y crois à l'abri du péril. Puisque tout va bien de ton côté, répartit Cyrus, sois tranquille sur le sort de nos flancs ; avec l'aide des Dieux, je les dégagerai : seulement n'attaque pas, je t'en conjure, que tu n'aies vu fuir ces mêmes troupes que tu redoutes maintenant. Cyrus, l'homme d'ailleurs le moins vain, se permettait quelquefois, au moment de l'action, ces propos avantageux. Quand donc, ajouta-t-il, tu les verras en déroute, compte que je suis déjà près de toi ; fonds alors sur le corps de bataille ; tu le trouveras glacé d'effroi, et tes gens pleins d'assurance. Mais tandis que tu en as encore le temps, visite tous les chars de ta division, exhorte les conducteurs à charger avec intrépidité, encourage-les par la fermeté de ton maintien, anime-les par l'espérance ; excite dans leurs âmes l'envie de surpasser en bravoure les guerriers des autres divisions : inspire-leur ces sentimens, et par la suite ils avoueront, sois en sûr, qu'il n'est rien de plus profitable que la valeur.

Pendant qu'Abradate, remonté sur son char, faisait ce qui lui était ordonné, Cyrus s'avança jusqu'à la pointe gauche de son armée, où était Hystaspe avec la moitié de la cavalerie perse ; et l'appelant par son nom : Hystaspe, tu le vois, nous avons besoin de ta diligence ordinaire ; car si tu te hâtais, nous mettrions les ennemis en pièces, sans perdre un seul homme. Nous nous chargeons, répondit Hystaspe en riant, de ceux que nous avons en face ; mais ordonne que les flancs de notre armée ne restent pas dans l'inaction. Je vais y pourvoir, répartit Cyrus : toi, Hystaspe, n'oublie pas que quiconque obtiendra des Dieux un premier avantage, doit se porter ensuite où les ennemis opposeront une plus grande résistance. Il dit, et continua sa marche en se tournant sur le flanc gauche. Ayant abordé le commandant des chars qui couvraient ce flanc : Je viens prêt à te secourir, lui dit-il ; dès que tu jugeras que nous avons attaqué la pointe de l'aile des ennemis, fais tous tes efforts pour les prendre par le flanc : si tu le traverses, tu courras moins de risque qu'en restant en deçà. S'étant ensuite avancé à la queue des bagages, il y trouva Pharnuchus et Artagersas, à qui il ordonna de rester à leur poste avec mille fantassins et mille chevaux : quand vous reconnaîtrez, ajouta-t-il, que je charge l'aile droite, tombez sur la gauche ; attaquez-la par la pointe, c'est la partie la plus faible : mais pour ne rien perdre de vos forces, maintenez-vous toujours en phalange. Vous voyez les cavaliers placés à l'extrémité de l'aile ; faites marcher à leur rencontre votre escadron de chameaux ; et soyez sûrs qu'avant d'en venir aux mains, vous rirez à leurs dépens. » Ces dispositions faites, Cyrus gagna la droite de son armée.

Cependant Crésus ayant remarqué que le corps de bataille dont il occupait le centre, était plus près de l'ennemi que les ailes qui continuaient de s'étendre, les avertit par un signal de ne pas aller plus loin, et de faire un quart de conversion. Lorsqu'elles eurent fait halte, le visage tourné vers l'ennemi, Crésus leur ordonna, par un nouveau signal, de marcher en avant. On vit alors trois armées s'ébranler à-la-fois contre celle de Cyrus ; l'une de front, les deux autres sur les flancs de droite et de gauche. Les Perses en furent effrayés : de toutes parts, excepté par derrière, ils étaient environnés de cavalerie, d'hoplites, de peltophores, d'archers et de chars ; on eût dit un petit carré enfermé dans un grand.

Néanmoins, au commandement de Cyrus, ils firent face de tous côtés. L'attente de l'événement tenait les deux partis dans un profond silence. Alors Cyrus, jugeant le moment arrivé, entonne un péan ; l'armée entière y répond et ensuite invoque à grands cris Mars Énualius. Cyrus part à la tête d'un corps de cavalerie, et prend en flanc l'aile droite des ennemis ; il pénètre au milieu d'eux. Un corps d'infanterie qui le suivait à grands pas, sans rompre son ordonnance, entame leurs rangs par différens endroits, et combat avec tout l'avantage d'une troupe disposée en phalange sur une troupe qui prête le flanc ; de sorte que les Assyriens s'enfuirent avec précipitation.

Artagersas, jugeant que Cyrus avoit engagé l'action, marche à l'aile gauche, précédé des chameaux, suivant l'ordre qu'il avoit reçu. Les chevaux ne purent soutenir, même à une grande distance, la vue de ces animaux : saisis d'effroi, ils fuyaient, se cabraient, se renversaient les uns sur les autres. C'est l'effet ordinaire que l'aspect d'un chameau produit sur les chevaux. Artagersas, avec sa troupe en bon ordre, charge l'ennemi en désordre, faisant de droite et de gauche avancer ses chars. Ceux qui cherchent à éviter les chars, sont taillés en pièces par le corps d'Artagersas, ceux qui veulent éviter Artagersas sont surpris par les chars.

Abradate n'attendit pas davantage : Suivez-moi, mes amis, s'écria-t-il à haute voix ; et lâchant les rênes à ses chevaux, il les presse de l'aiguillon, les met tout en sang. Tous les chars s'élancent avec une égale ardeur : ceux des ennemis prennent la fuite, quelques-uns même sans les guerriers qui devoient y monter. Abradate perce cette ligne, et fond sur les Égyptiens, accompagné de ceux des siens qu'il avoit placés le plus près de lui. On a dit souvent que rien n'égale le courage d'une troupe composée d'amis : on l'éprouva dans cette occasion. Abradate fut vaillamment secondé par les conducteurs de chars qu'il admettoit à sa familiarité et à sa table ; au lieu que les autres voyant un épais bataillon d'Égyptiens tenir ferme, tournèrent vers ceux des chars qui fuyaient, et les suivirent.

Les Égyptiens se tenaient si serrés à l'endroit de l'attaque d'Abradate, que ne pouvant s'ouvrir pour donner passage à ses chars, plusieurs furent renversés par le choc des chevaux qui les foulèrent aux pieds ; bientôt on ne vit autour des chars qu'un amas confus d'hommes, de chevaux, d'armes, de roues brisées : rien ne résistait au tranchant des faux ; elles coupaient également et les corps et les armes. Dans ce tumulte qu'il est impossible de peindre, les chars qui portaient Abradate et ses compagnons ayant versé, par un saut que firent les roues, à la rencontre des monceaux de débris et de cadavres, ces braves guerriers moururent percés de coups, après une vigoureuse résistance. Les Perses qui les suivaient, étant entrés dans les bataillons égyptiens, par l'ouverture qu'Abradate y avait faite, les surprirent en désordre, et en firent un grand carnage. Mais bientôt ceux des Égyptiens qui n'avaient point encore souffert, et c'était le grand nombre, s'avancèrent contre les Perses.

Le combat devint terrible par l'effet meurtrier des piques, des javelots, des épées. Les Égyptiens avaient sur les Perses, outre l'avantages du nombre, celui des armes : leurs piques, semblables à celles qu'ils ont encore aujourd'hui, étaient longues et fortes ; les grands boucliers qu'ils portaient attachés à l'épaule, étaient bien plus propres à couvrir le corps et à repousser les coups, que les cuirasses ou les boucliers ordinaires. Ils avancèrent couverts de ces énormes pavois qu'ils tenaient entrelacés, poussant vivement les Perses, qui n'ayant à leur opposer que les petits boucliers d'osier qu'ils tenaient à la main, furent contraints de plier : il reculèrent, mais sans tourner le dos à l'ennemi, tour-à-tour frappant et frappés, jusqu'à ce qu'ils fussent à l'abri de leurs tours. Là, les Égyptiens, du haut de ces tours roulantes, essuyèrent une grêle de traits : en même temps, les troupes perses, qui étaient en dernière ligne, arrêtèrent les archers et les autres gens de trait qui se retiraient, et les forcèrent, l'épée à la main, de lancer leurs dards et leurs flèches. Le carnage fut horrible : l'air retentissait au loin du bruit des armes, du sifflement des traits, des cris confus des soldats, dont les uns appelaient leurs camarades, les autres s'encourageaient, d'autres imploraient les dieux.

Cependant Cyrus arriva, poursuivant tout ce qui se présentait devant lui : il fut vivement affligé de voir que les Perses avaient lâché pied ; mais jugeant que le moyen le plus prompt d'arrêter les progrès des Égyptiens, était de les prendre par derrière, il ordonne à sa troupe de le suivre, tourne vers la queue, tombe sur eux sans être aperçu, en tue un grand nombre. A cette irruption imprévue, les Égyptiens s'écrient, nous sommes attaqués par derrière : alors ils se retournent, quoique couverts de blessures ; infanterie, cavalerie, tout se mêle et combat ensemble. Un soldat renversé et foulé aux pieds du cheval de Cyrus, enfonce son épée dans le ventre de l'animal, qui se sentant blessé, se cabre et renverse le prince. On vit alors combien il importe à un chef d'être aimé de ceux qu'il commande. Un cri général se fait entendre ; on se précipite avec fureur sur l'ennemi ; on pousse, on est repoussé ; on porte des coups, on en reçoit : enfin, un garde de Cyrus saute de son cheval, et remonte le prince, qui reconnaît que les Égyptiens sont battus de toutes parts. Hystaspe et Chrysante venaient d'arriver avec la cavalerie perse : Cyrus leur ordonne de ne pas presser davantage la phalange égyptienne, mais de la fatiguer de loin à coups de flèches et de dards. Pour lui, il pique vers les machines : là, il imagina de monter sur une des tours, pour découvrir s'il ne restait plus de troupes ennemies qui tinssent encore. De la plate-forme, il vit la plaine couverte de chevaux, d'hommes, de chars, de fuyards, de poursuivans, de vainqueurs, de vaincus, et remarqua que les Égyptiens étaient les seuls des ennemis qui n'eussent pas plié. Eux-mêmes enfin, restés sans ressource, formèrent un cercle, présentant leurs armes de tous côtés, et couverts de leurs grands boucliers. Immobiles dans cette position, ils n'agissaient point : ils eurent beaucoup à souffrir, jusqu'à ce que Cyrus, admirant leur courage, et voyant avec douleur périr de si braves gens, fit retirer les assaillans et cesser le combat.

Il leur demanda, par un héraut, s'ils aimaient mieux mourir tous pour des lâches qui les avaient abandonnés, que de sauver leur vie sans rien perdre de leur réputation de braves gens. « Pourrions-nous, répondirent-ils, conserver la vie et l'honneur — Oui, répartit Cyrus, puisque vous êtes les seuls qui n'ayez pas lâché pied et qui combattiez encore. — Mais en quittant nos drapeaux, comment conserver la vie et l'honneur? — En ne faisant mal à aucun de vos alliés, en rendant les armes, en devenant amis de ceux qui vous donnent la vie, quand ils sont maîtres de vous l'ôter. — Si nous devenons vos amis, que prétendez-vous faire de nous? — Établir entre vous et moi un commerce de bons offices. — Quels bons offices! — Tant que la guerre durera, vous me suivrez; vous aurez une paye plus forte que celle que vous receviez des Assyriens : la paix faite, j'assignerai à ceux qui voudront rester avec moi, des terres et des villes, et je leur donnerai des femmes et des esclaves ». Sur cette proposition, ils demandèrent seulement au prince de ne jamais porter les armes contre Crésus : c'est le seul des alliés, ajoutèrent-ils, de qui nous n'ayons pas à nous plaindre. Tous les articles ayant été acceptés de part et d'autre, les Égyptiens engagèrent leur foi à Cyrus, et reçurent la sienne. Les descendans de ceux qui s'attachèrent pour lors à lui, sont restés jusqu'ici fidèles au roi de Perse. Cyrus leur avait donné, dans la haute Asie, quelques villes qu'on nomme encore les villes des Égyptiens, et de plus Larisse et Cyllène, situées près de Cyme, à peu de distance de la mer : leur postérité s'est maintenue jusqu'à présent en possession de ces villes. Après la conclusion du traité, l'armée partit au commencement de la nuit, et alla camper à Thymbrare.

Dans cette journée, les Égyptiens furent les seuls de l'armée ennemie qui méritèrent des éloges. Du côté de Cyrus, la cavalerie perse fut jugée la meilleure de toutes les troupes : aussi la cavalerie d'aujourd'hui conserve-t-elle la même manière de s'armer que Cyrus avait établie. Les chars armés de faux réussirent si parfaitement, que les rois de Perse en ont retenu l'usage. Les chameaux ne servirent qu'à épouvanter les chevaux : ceux qui les montaient, ne furent point à portée d'en venir aux mains avec la cavalerie assyrienne, parce que les chevaux n'osèrent les approcher. Ainsi, quoiqu'ils paraissent avoir été utiles dans cette occasion, aucun brave guerrier ne voudrait aujourd'hui nourrir un chameau pour le monter ou le dresser aux combats : on leur a donc rendu leur ancien harnois, et on les a renvoyés au bagage.

Chap. 2. Les troupes de Cyrus s'étant rafraîchies, et les sentinelles ayant été posées, comme la prudence l'exigeait, on alla prendre du repos, pendant que Crésus s'enfuyait à Sardes avec son armée, et que différens peuples ses alliées profitaient de la nuit pour s'éloigner avec la plus grande diligence, et gagner leur pays. A la pointe du jour, Cyrus marcha vers Sardes : en arrivant sous les murailles, il fit dresser ses machines, et préparer des échelles, comme pour battre le mur. Tandis qu'il amusait les Sardiens par ces apprêts, la nuit suivante il fait entrer les Chaldéens et les Perses dans la partie des fortifications qui semblait être la plus escarpée. Le projet fut exécuté par le moyen d'un Perse qui, ayant été au service d'un des gardes de la place, connaissait le chemin de la citadelle au fleuve.

A la nouvelle que l'ennemi était maître de la citadelle, les Lydiens abandonnèrent leurs murailles et cherchèrent leur salut dans la fuite. Dès que le jour parut, Cyrus entra dans la ville, et défendit que personne s'écartât de son rang. Crésus, de son palais où il s'était enfermé, appelait Cyrus à grands cris : mais ce prince se contentant de laisser auprès de lui une garde, tourna ses pas vers la citadelle, dont ses troupes s'étaient emparées. Il y trouva les Perses dans l'état où ils devaient être, occupés à garder la place ; mais il ne vit que les armes des Chaldéens (ils s'étaient débandés pour aller piller les maisons de la ville) : il mande aussitôt leurs chefs, et leur ordonne de se retirer sur-le-champ de l'armée : Je ne souffrirai point, leur dit-il, que des gens qui manquent à la discipline, aient plus de part au butin que leurs camarades. Apprenez que pour vous récompenser de m'avoir suivi dans cette expédition, j'avais résolu de vous rendre les plus riches des Chaldéens : mais partez, et ne soyez pas surpris si vous êtes attaqués dans votre route, par un ennemi qui vous sera supérieur en force. Les Chaldéens effrayés de ce discours, conjurèrent Cyrus de calmer sa colère, et offrirent de rapporter tout ce qui avait été pris. Je n'en ai nul besoin pour moi, répondit Cyrus ; mais si vous voulez m'apaiser, donnez tout ce butin aux soldats qui sont demeurés à la garde de la citadelle : quand l'armée saura que ceux qui ne quittent point leur poste, ont un meilleur traitement que les autres, tout en ira mieux. Les Chaldéens obéirent ; et les soldats fidèles à leur devoir, profitèrent de ce riche pillage. Cyrus, ayant fait camper ses troupes dans l'endroit de la ville qui lui parut les plus convenable, leur ordonna de rester armées pendant leur repas.

Ces choses terminées, il fit amener Crésus en sa présence. Dès que le roi de Lydie aperçut son vainqueur : Je te salue, mon maître, lui dit-il ; car la fortune t'assure désormais ce titre, et me réduit à te le donner. — Je te salue aussi, répondit Cyrus, puisque tu es homme ainsi que moi. Voudrais-tu me donner un conseil ? — Puissé-je, dit Crésus, te conseiller utilement ! je croirais travailler pour mes propres intérêts. — Écoute-moi donc, reprit Cyrus : mes soldats, après avoir essuyé des fatigues et des périls sans nombre, se voient les maîtres de la plus opulente ville de l'Asie, si on en excepte Babylone ; il me paraît juste qu'ils recueillent le fruit de leurs travaux : s'il ne leur en revenait aucun, je doute que je pusse compter bien long-temps sur leur obéissance. Je ne veux cependant pas leur laisser le pillage de la place : outre qu'elle serait vraisemblablement ruinée sans ressource, les méchans auraient la meilleure part au butin. — Permets-moi, répartit Crésus, de dire aux Lydiens, à mon choix, que j'ai obtenu de toi que la ville ne soit point pillée ; qu'on ne les sépare ni de leurs femmes, ni de leurs enfans ; que je t'ai promis, pour prix de cette grâce, qu'ils t'apporteront d'eux-mêmes tout ce que Sardes renferme de précieux et de beau. Je suis certain qu'une fois instruits de cette convention, ils s'empresseront, hommes et femmes, de t'offrir tous les effets de quelque valeur qu'ils ont en leur possession. Une autre année, tu retrouveras la ville rempli de la même quantité de richesses ; au lieu qu'en la livrant à l'avidité du soldat, tu détruirais jusqu'aux arts, que l'on considère comme la source de l'opulence. D'ailleurs, quand tu auras vu ce que les habitans te présenteront, tu seras maître de changer d'avis et de décider pour le pillage : en attendant, charge quelqu'un des tiens d'aller retirer mes trésors des mains de ceux à qui j'en ai confié la garde.

Cyrus approuva le conseil de Crésus, et résolut de s'y conformer; puis, lui adressant la parole : Dis-moi maintenant, je te prie, à quoi ont abouti les réponses de l'oracle de Delphes : car on assure que tu as toujours honoré particulièrement Apollon; qu'en toutes choses tu te conduis par ses inspirations. Plût au ciel, répartit Crésus! mais je n'ai eu recours à lui qu'après avoir fait tout le contraire de ce qu'il fallait pour mériter ses faveurs.— Comment? ce que tu dis-là m'étonne. — Avant de le consulter sur mes besoins, j'ai voulu éprouver si on pouvait se fier à ses oracles : or, les Dieux, ainsi que les hommes vertueux, sont peu disposés à aimer ceux qui leur marquent de la défiance. Ayant ensuite reconnu ma témérité, et ne pouvant aller moi-même à Delphes à cause de l'éloignement, j'envoyai demander au Dieu si j'aurais des enfans. Il ne répondit rien. Je lui offris quantité d'or, quantité d'argent; j'immolai en son honneur un grand nombre de victimes; et, croyant l'avoir apaisé, je lui demandai ce que je devais faire pour obtenir d'avoir des enfans. Il répondit que j'en aurais, et il ne me trompa point. Je devins père; mais je n'en ai retiré aucun avantage. De deux fils, il m'en reste un qui est muet; l'autre, né avec d'excellentes qualités, est mort à la fleur de l'âge.

Accablé du chagrin que me causait ce double malheur, je renvoyai demander au Dieu ce qu'il fallait que je fisse pour vivre heureux jusqu'à la fin de ma carrière. Voici quelle fut sa réponse :

CONNAIS-TOI, CRÉSUS, TU VIVRAS HEUREUX.

Cet oracle me combla de joie, je crus que les Dieux m'accordaient le bonheur: en le faisant dépendre d'une chose si facile. On peut, me disais-je, connaître ou ne connaître pas les autres ; mais il n'y a pas d'homme qui ne se connaisse lui-même. Depuis ce moment, et tant que j'ai vécu en paix, la mort seule de mon fils m'a donné lieu d'accuser la fortune. Ce n'est qu'en prenant les armes contre toi à la sollicitation du roi d'Assyrie, que je me suis vu exposé à toute sorte de dangers : cependant, comme je m'en suis heureusement garanti, je n'accuse pas le Dieu; car dès que j'eus reconnu que je n'étais pas en état de résister, je me retirai sans échec, moi et les miens, grâces à la protection de ce Dieu. Peu de temps après, enorgueilli de mes richesses, gagné par les prières et les dons de plusieurs nations qui me pressaient d'être leur chef, séduit par des hommes qui me disaient, pour me flatter, que tous, si je voulais commander, m'obéiraient, que je serais le plus grand des mortels; enflé de ces propos, me voyant appelé au commandement général par tous les rois circonvoisins, je l'acceptai ; je crus que je parviendrais au faîte de la gloire. C'était bien mal me connaître, que de me croire capable de dé soutenir une guerre contre Cyrus, Cyrus descendant des Dieux, issu du sang des rois, et formé dès l'enfance à la vertu; tandis que le premier de mes aïeux qui fut roi, passa, dit-t-on, de l'esclavage sur le trône : certes, pour m'être ainsi méconnu, c'est avec justice que je suis puni. Aujourd'hui enfin je me connais mieux : mais crois-tu que l'oracle d'Apollon soit encore véritable, cet oracle qui m'annonçait que je serais heureux dès que je me connaîtrais moi-même ! Je te fais cette question, parce qu'il me semble que tu peux y répondre sur-le-champ : il ne tient qu'à toi de justifier l'oracle.

Toi-même, dit Cyrus, conseille-moi sur cela : car quand je considère ta félicité passée, je suis attendri sur ta situation présente. Je te rends donc ta femme, tes filles (j'apprends que tu en as), tes amis, tes serviteurs ; ta table sera servie comme elle l'a été jusqu'ici : seulement je t'interdis la guerre et les combats. — Par Jupiter, ne cherche pas d'autre réponse à ma question : si tu fais ce que tu dis, je jouirai désormais de cette vie paisible qu'à mon avis on a raison de regarder comme la plus heureuse. — Et qui jamais a joui de cette vie fortunée ! Ma femme, répliqua Crésus : elle a toujours partagé mes biens, mes plaisirs, mes amusemens, sans se donner aucune peine pour se les procurer, sans se mêler ni de guerre, ni de combats. Puisque tu parais me destiner l'état que je procurais à celle qui m'est plus chère que le monde entier, je crois devoir envoyer au Dieu de Delphes de nouveaux témoignages de ma reconnaissance. Cyrus admirait dans ces paroles sa tranquillité d'ame. Depuis ce jour, il le menait avec avec lui dans tous ses voyages, soit pour en tirer quelque service, soit pour s'assurer mieux de sa personne.

Chap. 3. Après cet entretien, les deux princes allèrent se reposer. Le lendemain, Cyrus convoqua ses amis et les chefs de l'armée : il commit les uns pour recevoir les trésors de Crésus ; il enjoignit aux autres de mettre à part pour les Dieux ce que les mages ordonneraient, d'enfermer le reste dans des coffres, et de les charger sur des chariots ; puis de distribuer les chariots au sort, et de les faire marcher à la suite de l'armée, par-tout où l'on iroit, afin d'avoir toujours sous la main de quoi récompenser chacun suivant son mérite.

Pendant qu'on exécutait cet ordre, il fit appeler quelques-uns de ses gardes, et leur demanda si aucun d'eux n'avait vu Abradate : Je suis surpris qu'il ne paraisse point, lui qui avait accoutumé de se rendre si souvent auprès de moi. Seigneur, répondit un des gardes, il ne vit plus ; il est mort dans le combat, en poussant son char au milieu des Égyptiens. On rapporte que les autres conducteurs de chars, excepté ses compagnons, ont tourné le dos, quand ils on vu de près les troupes égyptiennes. On dit aussi que sa femme, après avoir enlevé son corps qu'elle a mis sur le chariot dont elle se sert ordinairement, vient de le transporter sur les bords du Pactole. On ajoute que cette princesse, assise par terre, soutient sur ses genoux la tête de son mari qu'elle a couvert de ses beaux vêtemens, pendant que ses eunuques et ses domestiques lui creusent un tombeau sur une éminence voisine. A ce récit, le prince frappa sa cuisse, et sautant sur son cheval, il courut, accompagné de mille cavaliers, à ce douloureux spectacle. Il ordonna d'abord à Gadatas et à Gobryas de le suivre au plus tôt, et d'apporter ses plus riches ornemens, pour en revêtir cet ami mort au champ d'honneur ; ensuite à ceux qui avaient des bœufs, des chevaux, ou toute autre espèce de bétail, d'en mener un grand nombre dans le lieu où il allait et qu'on leur désignerait, afin de sacrifier aux mânes d'Abradate.

Dès qu'il aperçut Panthée couchée à terre, et le corps de son époux étendu à ses côtés, un torrent de larmes coula de ses yeux : — Ame généreuse et fidèle, te voilà donc pour jamais séparée de nous ! — En proférant ces mots, il prend la main du mort, elle reste dans la sienne : un Égyptien l'avait coupée d'un coup de hache. La vue de cette main mutilée redoubla sa douleur : Panthée, en jetant des cris lamentables, la reprend, la baise, et tâche de la rejoindre au bras. Cyrus, dit-elle, le reste de son corps est dans le même état : mais que vous servirait de le regarder ? Voilà où l'ont réduit son amour pour moi, et je puis ajouter, son attachement pour vous, Cyrus. Insensée ! sans cesse je l'exhortais à se montrer par ses actions votre digne ami : pour lui, il songeait non au destin qui l'attendait, mais aux moyens de vous servir. Enfin, il est mort sans avoir mérité de reproches, et moi, dont les conseils l'ont conduit au trépas, je vis encore, et me vois près de lui !

Cyrus fondait en larmes sans parler ; puis rompant le silence : O Panthée ! votre époux a du moins terminé glorieusement sa carrière, puisqu'il est mort vainqueur. Acceptez ce que je vous offre, pour parer son corps : (Gobryas et Gadatas venaient d'apporter une grande quantité d'ornemens précieux). D'autres honneurs encore lui sont réservés : on lui élèvera un tombeau digne de vous et lui ; on immolera en son honneur les victimes qui conviennent aux mânes d'un héros. Et vous, vous ne resterez point sans appui ; j'honorerai votre sagesse et toutes vos vertus ; je vous donnerai quelqu'un pour vous conduire par-tout où il vous plaira d'aller : dites dans quel lieu vous désirez qu'on vous mène, — Seigneur ne vous en mettez pas en peine ; je ne vous cacherai point auprès de qui j'ai dessein de me rendre.

Après cet entretien, Cyrus se retira, gémissant sur le sort de la femme qui venait de perdre un tel mari, du mari qui ne devait plus revoir une telle femme. Panthée fit éloigner ses eunuques, sous prétexte de se livrer sans contrainte à sa douleur, et ne retint auprès d'elle que sa nourrice, à qui elle ordonna d'envelopper, dans le même tapis, le corps de son mari et le sien, quand elle ne serait plus. La nourrice essaya, par ses prières, de la détourner de son funeste projet : mais voyant que les supplications ne servaient qu'à irriter sa maîtresse, elle s'assit en pleurant. Alors Panthée tire un poignard dont elle s'était munie depuis longtemps, se frappe ; et posant sa tête sur le sein de son mari, elle expire. La nourrice, en poussant des cris douloureux, couvrit les corps des deux époux, suivant l'ordre qu'elle avait reçu.

Bientôt Cyrus est informé de l'action de Panthée : consterné de la nouvelle, il accourt pour voir s'il pourrait la secourir. Les eunuques, témoins du désespoir de leur maîtresse (ils étaient trois), se percèrent de leurs poignards, dans le lieu même où elle leur avait ordonné de se tenir. On raconte que le monument qui fut érigé aux deux époux et aux eunuques, existe encore aujourd'hui ; que sur une colonne élevée sont les noms du mari et de la femme, écrits en caractères syriens, et que sur trois colonnes plus basses, on lit cette inscription : *Des eunuques*. Cyrus, après avoir vu ce triste spectacle, s'en alla rempli d'admiration pour Panthée, et pénétré de douleur. Par ses soins, on rendit aux morts les honneurs funèbres, avec la plus grande pompe ; il leur fit élever un vaste monument.

Chap. 4. Vers ce même temps, les Cariens, dont le pays renferme des places-fortes, étaient divisés en deux factions qui se faisaient la guerre, et qui implorèrent l'une et l'autre le secours de Cyrus. Ce prince était alors à Sardes : il y faisait construire des machines et des beliers, pour battre les places qui résisteraient. Il envoya une armée en Carie, sous les ordres du perse Adusius, qui ne manquait ni de prudence, ni de talent pour la guerre, et de plus avait le don de persuader. Les Ciliciens et les Cypriens suivirent de leur plein gré Adusius dans cette expédition ; ce qui fit que Cyrus ne leur donna jamais de satrape perse, et permit qu'ils fussent gouvernés par des princes de leur nation. Il se contenta de leur imposer un tribut, et au besoin, l'obligation du service militaire.

Dès qu'Adusius fut arrivé en Carie avec ses troupes, quelques envoyés des deux factions vinrent lui offrir de lui ouvrir leurs forteresses, à condition qu'il les aiderait à subjuguer la faction contraire. Le général perse observa la même conduite avec les députés de l'un et de l'autre parti, toujours approuvant les raisons de ceux qui lui parlaient, et leur recommandant également de tenir secrète leur intelligence avec lui, afin de prendre leurs ennemis au dépourvu. Il demanda qu'un serment réciproque fût le sceau de leur accord, et que les Cariens s'engageassent à recevoir de bonne foi ses troupes dans leurs murs, pour le bien de Cyrus et des Perses. Il promettait, lui, d'y entrer sans mauvais dessein, uniquement pour l'avantage de ceux qui le recevraient. Après avoir pris ces précautions, et assigné aux deux partis, à l'insu l'un de l'autre, la même nuit pour l'exécution de son projet, il fut introduit dans leurs forteresses et s'y établit.

Quand le jour fut venu, assis au milieu de son armée, il demanda les chefs les plus accrédités des deux factions. Ces chefs se regardant les uns les autres avec des yeux qui marquaient leur dépit, ne doutèrent pas qu'on les eût trompés. Adusius les rassura : Je vous ai promis avec serment, leur dit-il, d'entrer dans vos châteaux sans dessein de vous nuire, et uniquement pour l'avantage de ceux qui m'y recevraient. Si j'opprime l'un ou l'autre parti, je croirai être venu pour la ruine des Cariens ; mais si je rétablis la paix entre vous, si je vous procure la liberté de cultiver tranquillement vos héritages, je pourrai dire n'avoir agi que pour votre bien. Dès ce jour vivez donc en bonne intelligence ; labourez paisiblement vos terres ; unissez vos familles par des alliances. Quiconque enfreindra ce réglement, aura pour ennemis Cyrus et les Perses. Dès ce moment, les portes des châteaux furent ouvertes, les chemins remplis de gens qui allaient se visiter mutuellement, les campagnes couvertes de laboureurs : les deux partis se réunissaient pour célébrer des fêtes ; partout régnaient l'alégresse et la paix. Les choses étaient en cet état, lorsque Cyrus envoya demander au général Adusius s'il n'avait pas besoin de nouvelles troupes ou de quelques machines. Aducius répondit que son armée pouvait même être employée ailleurs : » en effet, il la fit sortir du pays, laissant seulement des garnisons dans les châteaux. Les Cariens le pressèrent avec instance de ne les point quitter ; et ne pouvant le retenir, ils envoyèrent prier Cyrus de le leur donner pour gouverneur.

Pendant l'expédition de Carie, Cyrus avait envoyé Hystaspe, à la tête d'une armée, dans la Phrygie voisine de l'Hellespont. Dès qu'Adusius fut de retour, il reçut ordre de prendre la même route, avec les troupes qu'il ramenait, afin que les peuples de ces contrées, sur le bruit de l'arrivée d'un renfort, se soumissent plus promptement à Hystaspe. Les Grecs qui habitaient les bords de la mer, obtinrent, à force de présens, de ne point recevoir chez eux de troupes étrangères, à condition qu'ils paieraient un tribut, et qu'ils suivraient Cyrus à la guerre, partout où il les appellerait. Quant au roi de Phrygie, il se préparait à défendre vivement ses forteresses et à ne point composer. Il avait déclaré hautement sa résolution : mais, resté presque seul, par la défection de ses principaux officiers, il vint se jeter entre les bras d'Hystaspe, s'abandonnant à la merci de Cyrus. Hystaspe établit des garnisons dans les places, et sortit du pays avec le reste de ses troupes, grossies d'une foule de cavaliers et de peltastes phrygiens. Cyrus avait ordonné qu'après la jonction d'Adusius avec Hystaspe, les deux généraux emmeneraient sans les désarmer, ceux d'entre les Phrygiens qui auraient embrassé son parti, et ôteraient les armes et les chevaux à ceux qui auraient fait résistance, les réduisant à suivre l'armée avec des frondes : ce qui fut exécuté.

Cyrus quitta Sardes, et y laissa une forte garnison d'infanterie perse : il en partit accompagné de Crésus, et suivi de quantité de chariots richement chargés. Avant le départ, Crésus lui présenta des états détaillés de tout ce que portait chaque chariot, en lui disant : Cyrus, avec ces états, tu sauras qui te rend fidèlement ce qu'il avait en sa garde, et qui manque de fidélité. — Ta précaution est louable, répondit le prince : mais comme ceux à qui ces richesses sont confiées y ont un droit légitime, s'ils en détournent quelque chose, ils se voleront eux-mêmes. Cependant il donna les états à ses amis et aux chefs principaux, afin qu'ils pussent distinguer entre les conducteurs des voitures, ceux qui en rapporteraient la charge dans son intégrité, de ceux qui seraient infidèles. Cyrus emmena avec lui quelques Lydiens qui lui avaient paru jaloux d'avoir de belles armes, de beaux chevaux, des chars en bon état ; il leur laissa leurs armes, ainsi qu'à tous les guerriers en qui il remarqua de l'ardeur à faire ce qui lui était agréable : quant à ceux qu'il voyait marcher à regret, il brûlait leurs armes, distribuait leurs chevaux aux Perses qui faisaient avec lui leur première campagne, et les contraignait à suivre l'armée, une fronde à la main. Il voulut pareillement que tous les prisonniers désarmés s'exerçassent à se servir de la fronde, espèce d'arme qu'il estimait très convenable à des esclaves. Ce n'est pas qu'il n'y ait des occasions où les frondeurs, mêlés avec d'autres troupes, sont d'une très-grande utilité : mais tous les frondeurs ensemble, s'ils ne sont pas joints à d'autres corps, ne sauraient tenir contre une poignée de soldats armés pour combattre de près.

Cyrus, allant de Sardes à Babylone, vainquit les habitans de la grande Phrygie, subjugua les Cappadociens, et soumit les Arabes à sa domination. Avec les armes de ces différens peuples, il équipa environ quarante mille cavaliers perses, et partagea entre ses alliés une grande partie des chevaux des vaincus. Il parut devant Babylone, à la tête d'une cavalerie nombreuse, et d'une multitude infinie tant d'archers que de frondeurs et d'autres gens de trait.

CHAP. 5. A peine arrivé, il établit toutes ses troupes autour de la ville, et alla lui-même la reconnaître, suivi de ses amis et des principaux chefs des alliés. Dans le moment où, après avoir examiné les fortifications, il se disposait à faire retirer son armée, un transfuge en sortit, pour l'avertir que les Babyloniens avaient formé le dessein de l'attaquer dans sa retraite, parce que ses troupes qu'ils avaient considérées du haut de leurs murailles, leur avaient paru faibles. Il n'était pas étonnant qu'ils en jugeassent ainsi : comme l'enceinte de la ville que ces troupes investissaient, était fort étendue, elles ne pouvaient avoir que très peu de profondeur.

Sur cet avis, Cyrus, s'étant placé au centre de l'armée avec ceux qui l'accompagnaient, ordonna que l'infanterie pesante se repliât de droite et de gauche, par les deux extrémités, et allât se ranger derrière la partie de l'armée qui ne ferait point de mouvement; en sorte que les deux pointes vinssent se réunir au centre où il était. Cette manœuvre donna tout-à-la-fois de la confiance et à ceux qui demeuraient en place, parce que leurs files allaient doubler de hauteur, et à ceux qui se repliaient, parce qu'aussitôt après cette manœuvre, ils se trouvaient en face de l'ennemi.

Quand les troupes qui avaient eu ordre de marcher de droite et de gauche, se furent jointes, elles s'arrêtèrent, animées d'une nouvelle ardeur, les premiers rangs étant soutenus par les derniers, et ceux-ci couverts par les premiers. Au moyen de ce doublement, les premières et les dernières lignes étaient composées des meilleurs soldats; les moins bons demeuraient enfermés au milieu : disposition très-avantageuse pour combattre, et pour empêcher les lâches de fuir. Un autre avantage de cette manœuvre, c'est que la cavalerie et l'infanterie légère, placées aux deux ailes, se rapprochaient d'autant plus du général : que le front de la bataille diminuait par le doublement des files. Les troupes de Cyrus, se tenant bien serrées, se retirèrent à pas rétrogrades, jusqu'à ce qu'elles fussent hors de la portée du trait. Alors elles firent demi-tour à droite, et marchèrent quelques pas en avant; puis elles firent demi-tour à gauche, se retournant ainsi par intervalles, le visage vers la ville, mais répétant plus rarement leurs haltes, à mesure qu'elles s'en éloignaient davantage. Lorsqu'elles se crurent à l'abri du danger, elles continuèrent leur marche sans interruption, jusqu'à ce qu'elles eussent gagné leurs tentes.

Dès qu'on fut arrivé au camp, Cyrus assembla les chefs, et leur parla en ces termes : « Généreux alliés, après avoir visité la place de tous les côtés, j'ai reconnu, à la hauteur et à la force des murailles, qu'il était impossible de la prendre d'assaut : mais puisque les soldats qu'elle renferme n'osent en sortir pour nous combattre, il nous sera d'autant plus aisé de les réduire en peu de temps par la famine, qu'ils sont en plus grand nombre. Mon avis est donc, si l'on n'en a point d'autre à proposer, que nous en formions le blocus. » Ce fleuve qui a plus de deux stades de largeur, demanda Chrysante, ne passe-t-il pas au milieu de la ville? Oui, répondit Gobryas; et telle est sa profondeur, que deux hommes, l'un sur l'autre, auraient de l'eau par dessus la tête : aussi est-il, pour la place, une meilleure défense que les remparts. Abandonnons, reprit Cyrus, ce qui surpasse nos forces; mais songeons à creuser incessamment un fossé large et profond, auquel travaillera chaque compagnie suivant sa tâche qui sera réglée : il nous faudra ainsi moins de gens pour faire le guet.

Après qu'on eut tracé, autour des murailles, les lignes de circonvallation, et qu'on eut ménagé dans l'endroit où elles venaient des deux côtés aboutir au fleuve, un espace suffisant pour y bâtir de grandes tours, les soldats se mirent à creuser une immense tranchée, en jetant de leur côté la terre qu'ils tiraient de l'excavation. Cyrus commença par construire des forteresses sur les bords du fleuve. Il en établit les fondations sur des pilotis de palmiers, qui n'avaient pas moins de cent pieds de longueur : car ces contrées en produisent de plus grands encore ; et ces arbres ont la propriété de se relever sous la charge, comme les ânes dont on se sert pour porter des fardeaux. Par la solidité de cette construction, Cyrus voulait faire voir aux ennemis qu'il était bien résolu de tenir la place assiégée, et empêcher l'écroulement des tours, quand le fleuve pénétrerait dans la tranchée. Il fit ensuite élever plusieurs autres forts, de distance en distance, sur la terrasse dont elle était bordée, afin de multiplier les corps-de-garde. Les Babyloniens, qui du haut de leurs murs voyaient ces préparatifs de siége, s'en moquaient, parce qu'ils avaient des vivres pour plus de vingt ans. Cyrus, instruit de leur sécurité, divisa son armée en douze parties, dont chacune devait faire la garde pendant un mois. Les assiégés, sur cette nouvelle, redoublèrent leurs railleries, dans la pensée que les Phrygiens, les Lyciens, les Arabes, les Cappadociens, qu'ils croyaient leur être beaucoup plus attachés qu'aux Perses, feraient le guet à leur tour.

Déjà les travaux étaient achevés, Cyrus apprit que le jour approchait où l'on devait célébrer à Babylone une fête durant laquelle les habitans passaient toute la nuit dans les festins et la débauche. Ce jour-là même, aussitôt que le soleil fut couché, il fit ouvrir, à force de bras, la communication entre le fleuve et les deux têtes de la tranchée ; et l'eau s'épanchant dans ce nouveau lit, la partie du fleuve qui traversait la ville, fut rendue guéable. Après avoir détourné le fleuve, Cyrus ordonna aux chiliarques, tant de la cavalerie que de l'infanterie perse, de le venir joindre, chacun avec sa troupe rangée sur deux files, et aux alliés, de marcher à la suite des Perses, dans l'ordre accoutumé. Lorsqu'ils furent arrivés, il fit descendre dans l'endroit du fleuve qui était presque à sec, plusieurs de ses gardes, fantassins et cavaliers, pour éprouver si le fond était solide : sur leur réponse, qu'on pouvait passer sans danger, il assembla les chefs de la cavalerie et de l'infanterie, et leur tint ce discours :

« Mes amis, le fleuve nous offre une
» route pour pénétrer dans la ville : en-
» trons-y avec assurance et sans crainte.
» Les ennemis contre lesquels nous al-
» lons marcher, sont les mêmes que
» nous avons déjà vaincus lorsqu'ils
» avaient des alliés, qu'ils n'étaient ap-
» pesantis ni par le sommeil ni par le
» vin, qu'ils étaient couverts de leurs
» armes, et rangés en ordre de ba-
» taille. Dans le moment où nous allons
» les attaquer, la pluspart sont ivres ou
» endormis ; la confusion est générale,
» et la frayeur l'augmentera encore,
» lorsqu'ils apprendront que nous som-
» mes dans leurs murs. Quelqu'un de
» vous craint-il le danger que l'on court,
» dit-on, en entrant dans une ville en-
» nemie ? craint-il que les assiégés, du
» haut de leurs maisons, ne nous lan-
» cent des traits de toutes parts ? Que ce
» prétendu péril ranime au contraire
» votre ardeur. Si les Babyloniens mon-
» tent sur leurs toits, Vulcain combattra
» pour nous. Leurs portiques sont de
» matière combustible ; des portes de
» bois de palmier, enduites de bitume,
» prendront aisement feu ; nous som-
» mes munis de torches qui bientôt pro-
» duiront un grand embrasement ; nous
» avons de la poix et des étoupes qui
» communiqueront la flamme avec ra-
» pidité ; en sorte que les assiégés ou
» s'enfuiront précipitamment de leurs

» maisons, ou y seront brûlés. Allons,
» amis, prenez vos armes : je marche à
» votre tête, sous la protection des
» Dieux. Vous, Gadatas et Gobryas,
» qui connaissez les chemins, soyez nos
» guides : quand nous serons entrés
» dans la ville, conduisez-nous droit au
» palais du roi ». Il ne serait pas étonnant, dit Gobrias, que les portes du palais fussent ouvertes durant cette nuit où toute la ville est occupée de réjouissances : mais nous trouverons certainement une garde près des portes ; on ne manque jamais de l'y établir. Il ne faut pas négliger cet avis, reprit Cyrus : hâtons-nous donc, pour surprendre la garde en désordre.

Cela dit, les troupes se mettent en marche. Tous ceux qu'elles rencontrent dans les rues de la ville, ou sont passés au fil de l'épée, ou se sauvent dans les maisons, ou jettent l'alarme par leurs cris : les soldats de Gobryas répondent à ces cris, comme s'ils étaient leurs compagnons de débauche, et, prenant le chemin le plus court, arrivent au palais, où ils se réunissent à la troupe de Gadatas. Les portes étaient fermées, et les soldats de la garde buvait autour d'un grand feu : ceux qui avaient ordre de les attaquer, en les chargeant avec impétuosité, leur font sentir qu'ils ne viennent pas les visiter comme amis. Au bruit, aux cris qui s'élèvent et qui pénètrent dans l'intérieur du palais, le roi ordonne qu'on s'informe d'où naît ce tumulte. Quelques-uns des siens se hâtent d'aller en dehors à la découverte : on leur ouvre les portes. Gadatas, profitant du moment, entre avec sa troupe : ceux qui voulaient sortir, retournent sur leurs pas en courant ; Gadatas les poursuit, et les mène battant jusqu'auprès du roi, qu'il trouve debout, un poignard à la main. Les soldats de Gadatas et de Gobryas fondent sur lui, et le tuent : ceux qui étaient avec lui subissent le même sort, les uns en cherchant à parer les coups, les autres en fuyant, d'autres en se défendant avec tout ce qui leur tombe sous la main. Cyrus avait envoyé dans les différens quartiers, des troupes de cavalerie, avec ordre d'égorger tous les Babyloniens qui seraient rencontrés hors des maisons, et de faire publier, par des gens qui sussent le syrien, que ceux qui étaient dans leurs maisons y restassent, que ceux qui en sortiraient seraient punis de morts : ces ordres s'exécutaient.

Lorsque Gadatas et Gobryas eurent rejoint les gros de l'armée, leur premier soin fut de remercier les Dieux, pour la vengeance qu'ils venaient de tirer d'un prince impie. Ils se rendirent ensuite auprès de Cyrus, dont ils baisaient les mains et les pieds, en versant des larmes de contentement et de joie. Le jour venu, les garnisons, instruites et de la prise de la ville, et de la mort du roi, livrèrent les forteresses. Cyrus s'en saisit, et y établit des troupes avec des chefs pour les commander. Il permit aux parens de ceux qui avaient été tués, d'enterrer les corps ; puis il fit publier, par des hérauts, un ordre général aux Babyloniens d'apporter leurs armes ; ceux qui en conserveraient chez eux, seraient punis de mort : les Babyloniens obéirent. Cyrus fit déposer ces armes dans les forteresses, pour les y trouver prêtes au besoin. Ces mesures prises, il manda les mages : comme la ville avait été emportée l'épée à la main, il leur recommanda de réserver pour les Dieux les prémices du butin et les terres consacrées. Il donna les maisons des particuliers et les palais des grands à ceux qu'il jugeait avoir le plus contribué au succès de son intreprise ; distribuant les meilleurs lots aux plus braves, ainsi qu'il avait été décidé, et invitant ceux qui se croiraient lésés, à se plaindre. Enfin, il enjoignit d'une part aux Babyloniens de cultiver leurs champs, de payer les tributs, et de servir les maîtres qu'il leur donnait; de l'autre il accordait aux Perses, à ceux qui participaient à leurs prérogatives, et à tous les alliés qui se décidaient à rester avec lui, un empire absolu sur les prisonniers qui leur étaient échus.

Toutes choses ainsi réglées, Cyrus qui désirait d'être traité avec les égards qu'il croyait dûs à un roi, résolut d'amener ses amis à lui en faire eux-mêmes la proposition; afin qu'on fût moins blessé de le voir rarement en public, et dans un appareil imposant. Voici la conduite qu'il tint. Un jour, au lever du soleil, il se plaça dans un lieu qu'il jugea propre à son dessein : là, il écoutait tous ceux qui se présentaient pour lui parler, leur répondait et les renvoyait. Quand on sut qu'il donnait audience, on accourut en foule : on se poussait, on se disputait, on cherchait tous les moyens d'arriver jusqu'à lui; les gardes faisaient de leur mieux pour faciliter l'accès aux personnes dignes de quelque considération. Si des amis de Cyrus, après avoir percé la presse, s'offraient à lui, il leur présentait la main, les attirait à lui, en leur disant : Attendez, mes amis, que nous ayons expédié tout ce peuple; nous nous verrons ensuite à loisir. Ses amis attendaient; mais la foule grossissant toujours, la nuit survint avant qu'il eût le loisir de leur parler. Mes amis, leur dit-il alors, il est temps de se retirer : revenez demain matin; je veux avoir un entretien avec vous. Ils avaient long-temps souffert la privation des choses nécessaires : ils se retirèrent bien volontiers. Chacun alla se reposer.

Le lendemain, Cyrus se rendit au même lieu : il y trouva une multitude encore plus nombreuse de gens qui voulaient l'approcher; ils étaient arrivés long-temps avant ses amis. Mais il forma autour de lui un grand cercle de soldats armés de piques, auxquels il ordonna de ne laisser avancer que ses familiers, les chefs des Perses et ceux des alliés. Lorsqu'ils furent rassemblés, il leur parla en ces termes :

« Amis, et braves compagnons, jus-
» qu'à présent nous ne saurions nous
» plaindre aux Dieux que tout ce que
» nous avons désiré n'ait pas été accom-
» pli : mais si le fruit des grandes ac-
» tions se réduit à ne pouvoir plus jouir
» ni de soi-même, ni du plaisir de vivre
» avec ses amis, je renonce volontiers à
» cette félicité. Vous vîtes hier que bien
» que l'audience eût commencé dès l'au-
» rore, elle n'étoit point fermée à la nuit,
» vous voyez qu'aujourd'hui les même
» personnes et d'autres en plus grand
» nombre, viennent me fatiguer de leurs
» affaires. Si je m'assujettissois ainsi, il
» est évident que nous n'aurions vous et
» moi que peu de commerce ensemble ;
» et certainement, je n'en aurais aucun
» avec moi-même. Je remarque d'ail-
» leurs une chose ridicule : j'ai pour
» vous l'affection que vous méritez; et
» je connais à peine un seul homme par-
» mi ceux qui m'environnent : cepen-
» dant ils se persuadent tous que s'ils
» sont plus forts à percer la foule, je
» dois les écouter les premiers. Il me
» paraîtrait convenable que ceux qui
» auraient quelque demande à me faire,
» s'adressassent d'abord à vous, et vous
» priassent de les introduire. On de-
» mandera peut-être pourquoi je n'ai
» pas établi cet ordre dès le commence-
» ment, pourquoi au contraire je me
» suis rendu accessible à tout le monde.
» C'est que j'étais convaincu qu'à la
» guerre un général ne saurait être trop
» tôt informé de ce qu'il lui importe de

» savoir, ni trop tôt prêt à exécuter ce
» que les circonstances exigent : je pen-
» sais que le général qui se communique
» rarement, omet bien des choses qui
» auraient dû se faire. A présent que
» nous venons de terminer une guerre
» très-pénible, je sens que mon esprit a
» besoin d'un peu de repos. Or, comme
» je suis incertain des mesures nouvelles
» qu'il convient de prendre pour assu-
» rer notre bonheur et celui des peuples
» dont nous devons surveiller les inté-
» rêts, que chacun de vous propose ce
» ce qu'il estimera le plus avantageux ».

Ainsi parla Cyrus. Artabase qui s'é-
tait autrefois donné pour son cousin, se
se leva, et dit : « Tu as bien fait, Cy-
» rus, de mettre cette matière en déli-
» bération. Dès ta plus tendre enfance,
» j'ai désiré d'être de tes amis ; mais
» voyant que tu n'avais pas besoin de
» mes services, j'hésitais à te recher-
» cher. Il arriva depuis, que tu me
» prias d'annoncer aux Mèdes la volon-
» té de Cyaxare ; je pensais en moi-
» même que si je te servais avec zèle
» dans cette occasion, je serais admis à
» ta familiarité, et que j'aurais la liber-
» té de converser avec toi aussi long-
» temps que je le voudrais. Je m'acquit-
» tai de ma commission de manière à
» obtenir tes éloges. Peu de temps après,
» les Hyrcaniens vinrent solliciter notre
» amitié ; et comme nous avions grand
» besoin d'alliés, nous les reçûmes à
» bras ouverts. Lorsqu'ensuite nous nous
» fûmes rendus maîtres du camp des en-
» nemis, je te pardonnai de ne te point
» occuper de moi : je compris que tu
» n'en avais pas le loisir.

» Gobryas et Gadatas embrassèrent
» notre alliance ; j'en fus fort aise : mais
» il devenait par-là plus difficile encore
» de t'approcher. La difficulté augmenta
» quand les Saces et les Cadusiens s'u-
» nirent à nous : il était juste de recon-
» naître par des égards l'attachement
» qu'ils témoignaient. Lorsque nous fû-
» mes revenus au lieu d'où nous étions
» partis pour commencer la campagne,
» je te vis embarrassé de détails de che-
» vaux, de chars, de machines ; et j'es-
» perai qu'aussitôt que tu serais libre,
» j'obtiendrais de toi quelques momens.
» Survint alors l'effrayante nouvelle que
» l'Asie entière était liguée contre nous :
» je sentis l'importance de cet événe-
» ment ; et je me crus du moins assuré
» que si les suites en étaient heureuses,
» j'aurais la satisfaction de te voir à tou-
» te heure.

» Enfin, nous avons remporté une
» grande victoire : Sardes et Crésus sont
» en notre puissance, nous sommes
» maîtres de Babylone ; tout est soumis
» à nos lois. Cependant hier, j'en jure
» par Mithra, si je ne m'étais fait jour
» en poussant à droite et à gauche, je
» ne serais jamais arrivé jusqu'à toi : et
» lorsqu'en me prenant la main, tu
» m'eus ordonné de rester, cette distinc-
» tion ne servit qu'à faire remarquer à
» tous que j'avais passé auprès de toi la
» journée entière, sans boire ni manger.
» Toutes réflexions faites, je pense qu'il
» serait bien de procurer à ceux qui
» t'ont le mieux servi, la faculté de te
» voir aussi le plus librement : mais si
» cela est impossible, je vais faire an-
» noncer de ta part que tout le monde
» ait à s'éloigner, excepté nous qui
» sommes attachés à ta personne depuis
» le commencement de la guerre ».

Cyrus et la plupart des chefs ne purent s'empêcher de rire de cette conclusion. Le perse Chrysante s'étant levé,
prit la parole en ces termes :

» Autrefois, Cyrus, tu ne pouvais te
» dispenser de te communiquer égale-
» ment à tous, soit pour les raisons que
» tu as alléguées, soit parce que tu ne
» nous devais point de préférence : c'é-

» tait notre propre intérêt qui nous avait
» attirés à ton service ; et il importait de
» mettre tout en œuvre pour gagner la
» multitude, afin qu'elle partageât vo-
» lontiers nos fatigues et nos dangers.
» Aujourd'hui que ton humanité te fait
» chérir des tiens, et que tu peux te
» faire beaucoup d'autres amis dans
» l'occasion, il est juste que tu aies une
» habitation digne de toi. Autrement,
» que gagnerais-tu à être notre général,
» si tu demeurais seul sans foyers, de
» toutes les propriétés humaines la plus
» sacrée, la plus chère, la plus légi-
» time? Penses-tu d'ailleurs que nous
» pussions, sans rougir, te voir exposé
» aux injures de l'air, tandis que nous
» serions à couvert sous nos toits, te
» voir enfin jouir d'un sort moins doux
» que le nôtre »? Tous applaudirent au
discours de Chrysante. Alors Cyrus se
rendit au palais des rois, où ceux qui
avaient été commis pour veiller au transport des richesses enlevées de Sardes
vinrent les déposer. Dès qu'il y fut entré, il offrit des sacrifices, d'abord à
Vesta, ensuite à Jupiter roi, et aux
Dieux que les mages lui nommèrent.

Après avoir rempli ce devoir religieux, il s'occupa d'autres soins. Considérant qu'il entreprenait de commander
à un nombre infini d'hommes, et qu'il
se disposait à fixer sa demeure dans la
plus grande ville de l'univers, dans une
ville très-mal intentionnée pour lui, il
sentit la nécessité d'une garde pour la
sûreté de sa personne : et comme il savait que l'on n'est jamais plus exposé
qu'à table, au bain ou au lit, il exami-
nait à qui, dans ces différentes circonstances, il donnerait sa confiance.

Il pensait qu'on ne doit jamais compter sur la fidélité d'un homme qui en
aimerait un autre plus que celui qu'il
est chargé de garder; ceux qui ont ou
des enfans, ou des femmes, avec lesquels ils vivent bien, ou d'autres objets
de leur amour, sont naturellement portés à chérir ces objets préférablement
à tout autre; mais que les eunuques,
étant privés de ces affections, se dé-
vouent sans réserve à ceux qui peuvent les enrichir, les mettre à l'abri
de l'injustice, les élever aux honneurs; qu'aucun autre que lui ne pourrait leur procurer ces avantages : de
plus, comme les eunuques sont ordinairement méprisés, ils ont besoin d'appartenir à un maître qui les défende ;
parce qu'il n'y a point d'homme qui ne
veuille en toute occasion l'emporter sur
un eunuque, à moins qu'une puissance
supérieure ne protège celui-ci. Or, un
eunuque fidèle à son maître, ne lui paraissait point indigne d'occuper une place importante. Quant à ce qu'on dit ordinairement que ces sortes de gens sont
lâches, Cyrus n'en convenait pas; il se
fondait sur l'exemple des animaux. Des
chevaux fougueux qu'on a coupés, cessent de mordre, paraissent moins fiers,
et n'en sont pas moins propre à la guerre : les taureaux perdent leur férocité,
ils souffrent le joug, sans rien perdre
de leurs forces pour le travail : les
chiens sont moins sujets à quitter leurs
maîtres, et n'en sont pas moins bons
pour la garde ou pour la chasse. Il en
est ainsi des hommes à qui on a ôté la
source des désirs; ils deviennent plus
calmes, mais n'en sont ni moins prompts
à exécuter ce qu'on leur ordonne, ni
moins adroits à monter à cheval ou à
lancer le javelot, ni moins avides de
gloire : ils montrent au contraire tous
les jours, par leur ardeur, soit à la
guerre, soit à la chasse, que l'émulation n'est point éteinte dans leur âme.
Quant à leur fidélité, c'est sur-tout à la
mort de leurs maîtres qu'ils en ont donné des preuves ; jamais serviteurs ne
s'est montré plus sensible aux malheurs

de ses maîtres. Et quand ils auraient perdu quelque chose de leur vigueur, le fer n'égale-t-il pas, dans une bataille, les faibles aux plus robustes?

D'après ces considérations, Cyrus, à commencer par les portiers, prit tous eunuques pour garder sa personne. Mais il craignit que seuls ils ne pussent le défendre contre la multitude des malveillans. Comme il réfléchissait en lui-même à qui, parmi les hommes d'une autre espèce, il pourrait confier avec sûreté, la garde de l'extérieur du palais, il se rappela que les Perses restés chez eux, menaient dans la pauvreté une vie malheureuse et pénible, tant à cause de l'âpreté du sol, que parce qu'ils étaient obligés de travailler de leurs mains : il crut qu'ils s'estimeraient heureux de remplir auprès de lui cette fonction. Il prit parmi eux dix mille doryphores, pour faire le guet jour et nuit autour du palais, et l'escorter lorsqu'il sortirait. Jugeant d'ailleurs nécessaire d'avoir dans Babylone assez des troupes pour contenir les habitans, soit qu'il y fût ou non, il y mit une forte garnison, dont il exigea que les Babyloniens payassent la solde : il voulait les rendre pauvres, afin de les humilier et de les assouplir.

L'établissement de cette garde pour la sûreté de sa personne et celle de la ville, s'est maintenu jusqu'à présent. Songeant ensuite aux moyens de conserver ses possessions, d'en reculer même les limites, il pensa que ces hommes stipendiés pourraient ne pas autant surpasser en courage les peuples vaincus, qu'ils leur étaient inférieurs en nombre. Il résolut donc de retenir auprès de lui les braves guerriers qui, avec l'aide des Dieux, avaient contribué à ses victoires, et sur-tout de faire en sorte qu'ils ne dégénérassent pas de leur ancienne vertu. Cependant, pour ne point paraître leur donner un ordre, mais afin que leur persévérance et leur amour pour la vertu leur fussent inspirés par l'intime conviction qu'ils y trouveraient le bonheur, il manda, outre les homotimes, tous ceux dont la présence était nécessaire, ou qu'il estimait les dignes compagnons de ses travaux et de sa gloire, et leur tint ce discours :

« Amis et braves guerriers, ren-
» dons d'immortelles actions de grâ-
» ces aux Dieux de nous avoir accordé
» les biens auxquels nous croyons avoir
» droit de prétendre. Nous voici maîtres
» d'un vaste et fertile pays; ceux qui
» les cultivent, fourniront à notre sub-
» sistance : nous avons des maisons
» garnies des meubles nécessaires. Que
» nul d'entre vous ne considère ces biens
» comme des biens étrangers; car c'est
» une maxime de tous les temps et de
» tous les lieux, que dans une ville prise
» sur des ennemis en état de guerre,
» tout, et les biens et les personnes,
» appartient aux vainqueurs. Loin donc
» que vous déteniez injustement les
» biens qui vous sont échus, si vous en
» laissez quelque portion aux vaincus,
» ils la devront à votre humanité. Mais
» quelle conduite tiendrons-nous désor-
» mais? voici mon avis. Si nous nous
» livrons à la paresse, à la vie molle de
» ces lâches, qui pensent que c'est être
» misérable que de travailler, que le
» bonheur suprême consiste à vivre oi-
» sif, je vous prédis qu'après avoir bien-
» tôt perdu tout ressort pour agir, nous
» perdrons aussi tout ce que nous avons
» acquis. Il ne suffit pas pour persévé-
» rer dans la vertu, d'avoir été ver-
» tueux : on ne s'y maintient que par de
» continuels efforts. Le talent qui se né-
» glige, s'affaiblit; les corps les plus
» dispos s'engourdissent dans l'inaction :
» ainsi la prudence, la tempérance, la
» bravoure, dégénèrent, si l'on se re-
» lâche dans l'exercice de ces vertus.

» Préservons-nous donc du relâche-
» ment; ne nous abandonnons point au
» plaisir qui s'offre à nous. S'il est beau
» de conquérir un empire, il y a plus de
» gloire encore à le conserver : l'un
» n'exige souvent que de l'audace; l'au-
» tre demande beaucoup de sagesse, de
» modération, de vigilance. Convaincus
» de ces vérités, tenons-nous sur nos
» gardes mieux encore qu'auparavant;
» car vous n'ignorez pas que plus un
» homme possède de biens, plus il a
» d'envieux qui, bientôt devenus ses en-
» nemis, lui tendent des embûches, sur-
» tout s'il a, comme nous, établi par la
» force sa fortune et sa puissance.

» Nous devons compter sur l'assis-
» tance des Dieux puisque nos conquê-
» tes ne sont pas le fruit de la trahison,
» et que nous n'avons fait que nous ven-
» ger d'une trahison. Cette ressource
» est grande : il en est une autre qu'il
» faut se procurer, c'est de surpasser
» en vertu les peuples qui nous sont
» soumis, et de se montrer ainsi dignes
» de leur commander. Nous ne pouvons
» empêcher que nos esclaves n'éprou-
» vent, ainsi que nous, la sensation de
» la chaleur et du froid, le besoin de
» manger et de boire, qu'ils ne parta-
» gent la fatigue du travail et les dou-
» ceurs du repos; mais il faut faire voir
» que dans ces choses-là mêmes, qui
» leur sont communes avec nous, la
» sagesse de notre conduite nous élève
» au-dessus d'eux.

» A l'égard de la science et des exer-
» cices de la guerre, gardons-nous d'y
» jamais initier ceux que nous destinons
» à labourer nos terres et à nous payer
» tribut. Conservons notre supériorité
» dans cet art : nous savons que
» les Dieux l'ont donné aux hommes
» pour être l'instrument de la liberté
» et du bonheur. Enfin, par la même
» raison que nous avons dépouillé les
» vainqueurs de leurs armes, nous ne
» devons jamais quitter les nôtres, bien
» pénétrés de cette maxime, que plus
» on est près de son épée, moins on
» éprouve de résistance à ses volontés.

» Quelqu'un dira peut-être, à quoi
» donc nous sert-il d'avoir réussi dans
» toutes nos entreprises, s'il nous faut
» encore supporter la faim, la soif, la
» fatigue, les veilles? Mais peut-on
» ignorer qu'on est d'autant plus sensi-
» ble à la possession d'un bien, qu'il en a
» coûté plus de peine pour l'obtenir? La
» peine est pour les braves l'assaisonne-
» ment du plaisir : sans le besoin, les
» mets les plus exquis vous seraient in-
» sipides. Puisque la divinité a mis en-
» tre nos mains tout ce que les hommes
» peuvent souhaiter, et qu'il dépend de
» chacun de nous de s'en rendre la
» jouissance plus agréable, nous aurons
» sur l'indigent l'avantage de pouvoir
» nous procurer les alimens les plus dé-
» licats quand nous aurons faim, les
» liqueurs les plus exquises quand nous
» aurons soif, de reposer commodément
» quand nous serons fatigués. Je sou-
» tiens donc que nous devons redoubler
» d'efforts pour nous maintenir dans la
» vertu, afin de nous assurer une jouis-
» sance aussi noble que douce, et de
» nous garantir du plus grand des maux :
» car il est infiniment moins fâcheux de
» ne point acquérir un bien, qu'il n'est
» affligeant de le perdre. Considérez
» d'ailleurs quelle raison nous aurions
» d'être moins braves qu'autrefois. Se-
» rait-ce parce que nous sommes les
» maîtres? mais conviendrait-il que celui
« qui commande valût moins que ceux
« qui obéissent? Serait-ce parce que no-
» tre fortune est meilleure? eh quoi! la
» bonne fortune excuse-t-elle la lâcheté?
» Nous avons des esclaves; et comment
» les corrigerons-nous quand ils seront
» en faute? qui oserait punir dans au-

» trui, des vices qu'il se connaît à lui-
» même ? Autre considération encore :
» nous allons soudoyer des troupes pour
» la garde de nos personnes et de nos
» maisons ; quelle honte serait-ce pour
» nous, de penser que notre sûreté dé-
» pendît d'elles et non de nous ! Sa-
» chons qu'il n'est point de meilleure
» garde que la vertu : c'est une escorte
» de toutes les heures ; rien ne doit
» réussir à qui n'en est pas accompagné.

» Que faut-il donc faire pour la pra-
» tiquer ? quelles doivent être nos occu-
» pations ? Ce que j'ai à vous propo-
» ser, ne vous sera pas nouveau. Vous
» savez de quelle façon les homotimes
» vivent en Perse, auprès des tribu-
» naux : devenus tous égaux, vous qui
» êtes ici présens, vous devez suivre le
» même plan de vie. Ayez sans cesse les
» yeux sur moi, pour juger si je rem-
» plis exactement mes devoirs : je vous
» observerai de même ; et je récompen-
» serai ceux en qui je remarquerai de
» l'ardeur à bien faire. Que les enfans
» qui naîtront de nous soient élevés
» dans les mêmes principes : en nous
» efforçant de leur donner de bons
» exemples, nous-mêmes nous devien-
» drons meilleurs ; et s'ils étaient nés
» avec des inclinations vicieuses, il se-
» rait difficile qu'ils s'y livrassent, n'en-
» tendant ni ne voyant jamais rien que
» d'honnête, et passant les jours en-
» tiers dans l'exercice de la vertu. »

LIVRE HUITIÈME.

Chap. 1er. Cyrus ayant cessé de parler, Chrysante se leva, et dit : « Mes
» amis, ce n'est pas d'aujourd'hui ni
» dans cette seule occasion, que j'ai re-
» connu qu'un bon prince ne diffère
» point d'un bon père. Un père travaille
» de loin à établir solidement la fortune
» de ses enfans : de même Cyrus, par
» les conseils qu'il vient de nous don-
» ner, montre qu'il songe à nous assu-
» rer un bonheur durable. Mais comme
» il me paraît avoir passé trop légère-
» ment sur certains points, j'essaierai
» d'y suppléer en faveur de ceux qui
» ne sont pas suffisamment instruits.
» Considérez, je vous prie, si jamais
» des troupes mal disciplinées ont pris
» une ville sur l'ennemi, ou défendu
» contre ses attaques les places de leurs
» alliés, et si de telles troupes ont été
» jamais victorieuses. Réfléchissez si
» une armée est jamais plus aisément
» défaite, que lorsque chacun songe à
» pourvoir à sa sûreté particulière ; si
» jamais on a obtenu quelque succès en
» désobéissant à ses chefs. Sans l'obéis-
» sance, quelles villes seraient bien gou-
» vernées, quelles maisons seraient bien
» administrées, comment un vaisseau
» arriverait-il où il doit aborder ? Et
» nous, n'est-ce pas à la soumission
» aux ordres de notre général, que
» nous devons les biens dont nous jouis-
» sons ? La soumission faisait que nous
» allions avec ardeur, la nuit comme le
» jour, partout où nous étions appelés ;
» que tout cédait au choc de nos batail-
» lons marchant à la voix de notre chef,
» et que les ordres étaient ponctuelle-
» ment suivis. Or si l'obéissance est
» nécessaire pour acquérir, sachez
» qu'elle ne l'est pas moins pour conser-
» ver. Autrefois plusieurs d'entre nous
» avaient des maîtres, et ne comman-
» daient à personne : nos affaires main-
» tenant sont en tel état, que nous
» avons tous des esclaves, les uns plus,
» les autres moins. Nous voulons qu'ils
» nous soient soumis ; n'est-il pas juste
» que nous le soyons également à nos
» supérieurs ? avec cette différence
» néanmoins, entre nous et des escla-
» ves, que les esclaves ne servent leurs

» maîtres que par force, et que nous,
» si nous voulons agir en hommes li-
» bres, nous devons faire de bon gré
» ce que nous estimons le plus digne de
» louange. Jetez les yeux sur les états
» qui sont gouvernés par plusieurs ma-
» gistrats, vous remarquerez que celui
» où les citoyens sont le plus empressés
» à obéir, est le moins exposé à subir
» la loi d'un vainqueur. Soyons donc
» assidus à la porte du palais de Cyrus,
» comme ce prince nous y invite; exer-
» çons-nous à tout ce qui peut nous ga-
» rantir la possession des biens qu'il
» nous importe de conserver; montrons
» nous toujours prêts à exécuter ce
» qu'il plaira à Cyrus de nous ordon-
» ner : sachons qu'il ne peut rien faire
» pour lui qui ne tourne à notre avan-
» tage, puisque nos intérêts sont com-
» muns, et que nous avons les mêmes
» ennemis à combattre. »

Après ce discours de Chrysante, plusieurs des assistans, Perses et alliés, se levèrent, approuvant à haute voix ce qu'ils venaient d'entendre. Il fut arrêté que les grands se rendraient tous les jours à la porte, pour y recevoir les ordres de Cyrus, et y demeureraient jusqu'à ce qu'il les congédiât. Ce qui fut alors établi, se pratique encore dans l'Asie, à la cour du roi, par les principaux seigneurs : les habitans des provinces se rendent de même assidûment à la porte des commandans. On a vu jusqu'ici que le but de toutes les institutions de Cyrus, était d'affermir sa puissance et celle des Perses : aussi ont-elles été maintenues constamment par ses successeurs, sauf les variations qu'éprouvent les établissemens humains. Sous les princes vertueux, on observe les lois avec exactitude; on les viole sous les mauvais princes. Les seigneurs se rendaient donc tous les jours à la porte de Cyrus, avec leurs chevaux et leurs armes, suivant le règlement adopté par les braves guerriers qui avaient contribué à la destruction de l'empire d'Assyrie.

Cyrus créa différens officiers à qui il confia divers détails; la perception des tributs, le paiement des dépenses, l'inspection des ouvrages publics, la garde du trésor, l'approvisionnement de sa maison. D'autres furent préposés à son écurie et à sa vénerie, selon qu'il les jugea propres à bien dresser ses chevaux et ses chiens. À l'égard de ceux qu'il destinait à être les soutiens de sa puissance, il ne commit à personne le soin de les surveiller, persuadé que cette fonction lui appartenait spécialement. Il savait que dans une bataille, ce serait entouré de ces hommes là qu'il combattrait et courrait les plus grands dangers; que c'était de leurs corps qu'il devait tirer des taxiarques, soit d'infanterie soit de cavalerie; des généraux capables de commander, à son défaut; des gouverneurs de villes et de provinces entières; et même des ambassadeurs : car il regardait comme un objet essentiel, de pouvoir venir à bout de ses desseins sans employer la force. Or il sentait que ses affaires iraient mal, si les hommes chargés des emplois les plus importans n'étaient pas en état de les remplir; et que les choses au contraire tourneraient à son gré, s'ils étaient tels qu'ils devoient être. Il résolut donc de se livrer tout entier à cette surveillance: il pensait que ce serait pour lui un nouveau motif de s'entretenir dans la pratique de la vertu; persuadé qu'il est impossible d'y exciter les autres en n'en donnant pas l'exemple.

Pénétré de ces vérités, il comprit que pour surveiller les grands, il lui fallait avant tout du loisir : mais il voyait d'un côté, que les dépenses nécessaires dans un empire aussi vaste que le sien, ne lui permettaient pas de négliger la partie des finances; de l'autre, que s'il voulait y veiller par lui-même, il ne lui resterait pas, à cause de l'étendue de ses domaines, un seul moment pour s'occuper d'un objet d'où dépendait le salut de l'empire. Comme il cherchait par quel moyen il pourrait à-la-fois bien administrer ses finances et se ménager du loisir, il s'avisa de prendre pour règle de conduite, l'ordre qui s'observe dans les corps militaires. Les dizainiers veillent sur leur dizaine; ils sont surveillés par les lochages, ceux-ci par les chiliarques, qui le sont à leur tour par les myriarques : en sorte que dans la plus nombreuse armée, il n'est personne qui ne reconnaisse un supérieur; et quand le général veut la faire agir, il lui suffit d'adresser ses ordres aux myriarques. Cyrus forma sur ce modèle son plan d'administration : ainsi tout se réglait en conférant avec peu de personnes, et il lui restait plus de temps libre que n'en a le chef d'une maison ou le commandant d'un vaisseau. Après avoir établi cet ordre, il engagea ses amis à s'y conformer, et par-là les fit participer au loisir qu'il s'était procuré.

Il s'appliqua dès-lors à rendre les hommes qu'il s'était associés, tels qu'il les désirait. Si quelqu'un d'entre eux, assez riche pour vivre sans être obligé de travailler, manquait de venir à la porte, il lui en demandait la raison. Il présumait que ceux qui s'y rendaient assidûment, étant sans cesse sous ses yeux, ayant d'ailleurs des gens vertueux pour témoins de leur conduite, n'oseraient rien faire de criminel ou de honteux; et que l'absence des autres avait pour cause, ou la débauche, ou quelques mauvais desseins, ou de la négligence.

Dans cette persuasion, voici comment il s'y prenait pour forcer même ceux-ci à se présenter. Par son ordre, quelqu'un de ses plus intimes amis allait se saisir de leurs biens, en disant simplement qu'il prenait ce qui lui appartenait. Ceux qui étaient dépouillés accouraient pour s'en plaindre : Cyrus feignait longtemps de n'avoir pas le loisir de les entendre; et quand il les avait entendus, il renvoyait à un terme éloigné l'examen de leur affaire. Il espérait ainsi les accoutumer à faire assidûment leur cour, se rendant moins odieux que s'il les eût contraints par une punition. Voilà son premier moyen pour les rappeler à leur devoir : il en avait encore d'autres, comme de charger des commissions les plus faciles et les plus lucratives ceux qui se rendaient exactement au palais, et de n'accorder aucune grâce à ceux qui y manquaient. Le plus puissant de tous, mais qu'il n'employait que contre celui qui avait résisté aux précédens, était de le dépouiller réellement de toutes ses possessions, pour les donner à d'autres de qui il comptait tirer plus de services; par-là il remplaçait un mauvais ami par un ami utile. Le prince aujourd'hui régnant en Perse, ne manque pas, lorsque quelqu'un qui doit se trouver à la cour s'en dispense, d'en demander la raison.

Telle était la manière d'agir de Cyrus à l'égard des absens. Pour ceux qui se présentaient régulièrement, il croyait qu'étant leur chef, il les exciterait infailliblement aux actions vertueuses, si toute sa conduite leur offrait des exemples de vertu. Il convenait que les lois écrites peuvent contribuer à rendre les hommes meilleurs; mais il disait qu'un bon prince est une loi voyante qui observe en même temps qu'elle ordonne, et punit la désobéissance.

D'après ces principes, il commença par le culte divin : il s'en occupa avec d'autant plus de zèle, qu'il était parvenu au plus haut point de prospérité. Il établit des mages, pour célébrer les Dieux dès la naissance de l'aurore, et pour offrir chaque jour des victimes à celles des divinités qu'ils désigneraient : institution suivie sans interruption sous les rois ses successeurs. Les Perses suivirent son exemple, soit qu'ils crussent qu'en imitant le zèle religieux d'un chef constamment heureux, ils en deviendraient plus heureux eux-mêmes, soit uniquement dans la vue de lui plaire. Lui, de son côté, regardait leur piété comme sa sauve-garde; de même que les navigateurs se croient plus en sûreté dans leur vaisseau avec des gens de bien qu'avec des impies. Il était d'ailleurs persuadé que plus ceux qui l'approchaient craindraient les Dieux, moins ils se rendraient coupables d'aucune mauvaise action les uns envers les autres, et envers lui, qui les avait comblés de bienfaits. Il espérait qu'en se montrant rigide observateur de la justice, et soigneux d'empêcher qu'il fût fait aucun tort à ses amis ou à ses alliés, il les accoutumerait à s'abstenir de tout gain illicite, et à ne chercher que des profits légitimes. Il se persuadait qu'il inspirerait mieux la pudeur, s'il les respectait assez tous pour ne jamais rien dire ou rien faire devant eux qui pût la blesser : c'est qu'il savait que les hommes sont naturellement plus disposés à respecter, non pas seulement leur supérieur, mais leur égal, quand il se respecte, que lorsqu'il se manque à lui-même; et que plus une femme est modeste, plus elle inspire de vénération.

Pour maintenir la subordination, il affectoit de récompenser plus libéralement l'obéissance prompte que les actions brillantes et périlleuses : jamais il ne s'écarta de cette pratique. Il formait les autres à la tempérance par l'exemple de la sienne. En effet, lorsque celui qui peut être impunément ou violent ou injuste, sait se modérer, les gens moins puissans n'oseraient commettre ouvertement ni violence ni injustice. Il mettait une différence entre la pudeur et la tempérance : l'homme qui a de la pudeur, disoit-il, craint de faire à découvert une action honteuse ; l'homme tempérant s'en abstient même en secret. Il jugeait qu'il donnerait une grande leçon de modération, en montrant que les plaisirs qui s'offraient sans cesse à lui ne pouvaient le distraire de ses devoirs, et qu'il ne se les permettait que comme délassement d'un travail honnête. Par cette conduite, il fit qu'à sa cour ceux des classes inférieures se tenaient toujours dans les termes de la déférence et du respect envers leurs chefs, et que les uns et les autres se traitaient mutuellement avec tous les égards de l'honnêteté. On n'y entendait ni les éclats de la colère, ni les ris d'une joie immodérée : tout s'y passait avec décence. C'est ainsi que les Perses vivaient dans le palais de Cyrus ; tels étaient les exemples qu'ils avaient sous les yeux.

Pour former aux exercices militaires ceux pour qui il jugeait ces exercices indispensables, il les menait à la chasse, regardant ce divertissement comme une excellente préparation au métier de la guerre, sur-tout pour la cavalerie. La nécessité de poursuivre un animal qui fuit, oblige effectivement le cavalier à se tenir ferme sur son cheval, dans toutes sortes de terrains, en même temps que le désir de faire valoir son adresse et d'atteindre sa proie, le rend agile et dispos. C'était à la chasse sur-tout, qu'il les accoutumait à la tempérance, au travail, à supporter le froid, le chaud, la faim, la soif. Aussi, le roi de Perse et ses courtisans ont-ils conservé cet usage.

Cyrus pensait, comme on l'a vu par

ces détails, qu'un prince n'est point digne de commander, s'il n'est plus parfait que ses sujets. En exerçant ainsi les siens, il s'exerçait lui-même plus assidûment qu'aucun d'eux à la tempérance, aux manœuvres militaires, et à toutes les parties de l'art de la guerre. En effet, il ne les menait à la chasse que dans le temps où les affaires lui permettaient de sortir de la ville, mais pour lui, quand elles exigeaient qu'il y demeurât, il chassait, avec ses eunuques, les animaux renfermés dans son parc, et ne prenait jamais de repas qu'après s'être fatigué jusqu'à suer. Il ne voulait pas même qu'on donnât à manger aux chevaux avant de les avoir travaillés. Cette application continuelle lui avait acquis une grande supériorité dans toute sorte d'exercices; et il sut procurer aux siens la même supériorité, tant par ses exemples, que par son attention à récompenser ceux qui montraient une plus noble ardeur, soit en leur distribuant des présens ou leur donnant des commandemens, soit en leur assignant des places distinguées où leur accordant d'honorables prérogatives. De là naissait une émulation générale, chacun ambitionnant de mériter son estime.

Je crois avoir remarqué dans la conduite de Cyrus, qu'une de ses maximes était qu'un prince, pour s'attacher ses sujets, ne doit pas se contenter de les surpasser en vertu, mais qu'il doit encore user d'une sorte d'artifice. Il prit donc l'habillement des Mèdes, et engagea les grands à l'imiter; parce que cet habillement a le double avantage de cacher les défauts du corps et de faire paraître les hommes plus grands et plus beaux : car la chaussure médique est faite de manière qu'on peut placer en dedans, sans qu'on s'en aperçoive, de quoi hausser la taille. Il approuvait que les Perses se peignissent les yeux, afin de les rendre plus vifs, et qu'ils se fardassent le visage, pour relever la couleur naturelle de leur teint. Il leur recommandait de ne jamais ni cracher, ni se moucher en présence de personne; et sur-tout de ne tourner jamais la tête pour regarder aucun objet, comme n'étant réellement affectés de rien. Tout cela lui semblait propre à environner les chefs de respect.

Tels étaient les exercices et l'appareil fastueux auxquels il accoutumait ceux qu'il appelait au commandement : quant à ceux qu'il destinait à la servitude, loin de les exciter à embrasser la vie laborieuse des hommes libres, il ne leur permettait même pas l'usage des armes; mais il veillait à ce que pendant les exercices de leur maîtres, ils ne manquassent point du nécessaire. Quand ils allaient à la chasse pour rabattre les animaux sur les cavaliers qui tenaient la plaine, il trouvait bon qu'ils emportassent des vivres; ce qui était défendu aux hommes libres. Dans les voyages, il les faisait mener, comme des troupeaux, vers les lieux où ils pouvaient se désaltérer : à l'heure du repas, il s'arrêtait pour leur donner le temps de manger, de peur qu'ils ne fussent tourmentés de la faim. Cette bonté qui ne tendait évidemment qu'à perpétuer leur esclavage, fit qu'ils se montrèrent aussi empressés que les grands, à lui donner le nom de père. Voilà comme il affermit le vaste empire des Perses. Pour lui personnellement, il ne craignait rien des peuples qu'il venait de soumettre : outre qu'il les jugeait lâches, et qu'il les voyait divisés, aucun ne l'approchait ni le jour ni la nuit. Cependant comme il se trouvait parmi eux des personnages distingués, qu'il voyait armés et se tenant étroitement unis; que plusieurs avaient sous leurs ordres des corps de cavalerie ou d'infanterie; que quelques-uns d'entre eux joignaient à la noblesse des sentimens, les talens nécessaires pour commander; que même ils communiquaient fréquemment avec ses gardes, et venaient souvent le visiter, ce qui était inévitable, puisqu'il les employait aussi à son service; il sentit que ceux-là pourraient trouver plusieurs occasions de lui nuire. En réfléchissant sur les moyens de se garantir de leurs entreprises, il jugea, d'un côté, qu'il n'était pas à propos de les désarmer, et de leur interdire le métier de la guerre; que ce serait leur faire un injure d'où pouvai naître le bouleversement de l'empire; de l'autre, que leur refuser l'entrée du palais, et leur témoigner ouvertement de la défiance, ce serait un commencement de guerre. Au lieu d'embrasser l'un ou l'autre de ces expédieuts, il conclut que le parti le plus sûr pour lui, et le plus convenable, était de se les attacher si fortement qu'ils l'aimassent plus qu'ils ne s'aimaient entre eux. Je vais essayer de montrer comment il y parvint.

Chap. 2. Il se rendit sur-tout attentif à ne laisser échapper aucune occasion de montrer la bonté de son cœur. Comme il savait qu'il est difficile d'aimer ceux qui paraissent nous haïr, et de vouloir du bien à qui nous veut du mal, il pensait aussi qu'il est impossible que ceux qui se croient aimés haïssent ceux dont il savent avoir reçu des preuves d'affection. Tant que sa situation ne lui permit pas d'être libéral, on le vit donc prévenir leurs besoins, s'employer pour eux, se réjouir avec eux de leurs prospérités, s'affliger de leurs infortunes : mais quand il se vit en état d'être généreux; il fit réflexion que le plaisir le plus sensible qu'à dépense égale les hommes puissent se faire entre eux, c'est de s'inviter réciproquement à manger. Il voulait donc que sa table, par-tout également servie, fût toujours couverte de mets, comme pour un grand nombre de convives; et tout, hors, ce qui devait suffire à son appétit et à celui de ses convives, était par son ordre distribué à ceux de ses amis à qui il voulait donner une marque de souvenir et d'attention. Il en envoyait quelquefois à ceux des gardes qui s'étaient distingués ou par leur vigilance, ou par leur zèle à le servir, ou par d'autres actions estimables : il montrait par-là qu'il connaissait les gens empressés à lui plaire.

Il en usait de même pour les personnes de sa maison dont il avait à se louer. De plus, il faisait apporter devant lui toutes les viandes qui leur étaient destinées, s'imaginant que ce moyen devait produire dans les hommes comme dans les chiens, un attachement plus fort pour leurs maîtres. Voulait-il mettre en honneur quelqu'un de ses amis, il lui envoyait un plat de sa table. Encore aujourd'hui, les Perses redoublent de respect pour ceux à qui ils remarquent que l'on envoie de la table du roi, parce que cette distinction donne lieu de présumer qu'ils sont en faveur et en grand crédit. Au reste, ce n'est pas seulement pour les raisons que je viens d'alléguer, que les mets envoyés par le roi font tant de plaisir à ceux qui les reçoivent : les viandes qui sortent de sa cuisine ont encore le mérite d'être mieux apprêtées qu'ailleurs; et l'on ne doit pas plus s'en étonner, que de voir les ouvrages, de quelque genre que ce soit, mieux travaillés dans les grandes villes que dans les petites. Dans celles-ci, le même homme est obligé de faire des lits, des portes, des charrues, des tables, souvent de bâtir des maisons : heureux quand il est assez employé dans ces différens métiers, pour en tirer de quoi vivre. Or il est impossible que l'ouvrier qui s'occupe à tant de choses, réussisse en toutes également.

Au contraire, dans les grandes villes, où une multitude d'habitants ont les mêmes besoins, un seul métier suffit pour nourrir un artisan; quelquefois même il n'en exerce qu'une partie : tel cordonnier ne chausse que les hommes, tel autre les femmes : l'un gagne sa vie à coudre, l'autre à couper les cuirs : entre les tailleurs, celui-ci coupe l'étoffe, celui-là ne fait qu'en assembler les parties. Nécessairement un homme dont le travail est borné à une seule espèce d'ouvrage, y excellera. On peut en dire autant de l'art de la cuisine. Celui qui n'a qu'un seul homme pour faire son lit, arranger sa table, pétrir le pain, préparer son repas, doit tout prendre comme on le lui présente : mais dans les maisons où chacun a sa tâche particulière, l'un de faire bouillir les viandes, l'autre de les rôtir, celui-ci de cuire le poisson dans l'eau, celui-là de le griller; un autre de faire le pain, non de différentes sortes, mais de la seule qui convient à son maître; il me semble que chaque chose doit être à son point de perfection. Voilà pourquoi les mets qu'on servait à la table de Cyrus, et dont il faisait des distributions, étaient mieux apprêtés que chez les particuliers.

Je ne dois pas omettre de parler des autres moyens dont il usait avec une adresse merveilleuse, pour se faire aimer. S'il eut l'avantage d'être le plus riche des mortels, il eut le mérite bien plus précieux, de les surpasser tous en libéralité; et cette vertu dont il a été l'exemple, a passé à ses successeurs, qui donnent avec magnificence. Quel prince, en effet, enrichit plus ses amis que le roi de Perse? Quel autre habille plus superbement les gens de sa suite, et distribue, comme lui, des bracelets, des colliers, des chevaux à freins d'or? ornemens qui ne sont permis en Perse qu'autant qu'on les a reçus du roi. Quel autre souverain a plus mérité, par ses bienfaits, que ses sujets le préférassent à leurs frères, à leurs pères, à leurs enfans? Quel autre peut aussi facilement que lui, se venger de nations ennemies séparées par un intervalle de plusieurs mois de marche? Et pour revenir à Cyrus, quel autre conquérant fut, après sa mort, honoré du titre de père par les peuples dont il avait détruit l'empire? titre qui certes annonce plutôt le bienfaiteur que le spoliateur.

Nous savons de plus, que c'est par des largesses et d'honorables distinctions, qu'il s'attacha ces hommes qu'on appelle *les oreilles et les yeux du roi*. Sa générosité envers ceux qui lui apportaient des avis importans, excitait les autres à observer et écouter tout ce qu'ils croyaient pouvoir l'intéresser : ce qui a donné lieu de dire que les rois de Perse ont beaucoup d'yeux et beaucoup d'oreilles. On se tromperait si on croyait qu'il leur fût plus avantageux de n'avoir qu'un seul œil bien choisi. Outre qu'un seul homme ne peut voir et entendre que peu de choses, cette commission exclusive, donnée à un seul, emporterait une défense tacite à tout autre de s'en mêler; et comme celui-là serait généralement connu, on s'en défierait. Mais il n'en est pas ainsi : le roi écoute quiconque assure avoir vu ou entendu des choses qui méritent attention; et voilà pourquoi on dit qu'il a plusieurs yeux et plusieurs oreilles. Par la même raison, on craint autant de rien dire qui lui déplaise, et de rien faire qu'il n'approuve pas, que s'il était à portée d'entendre et de voir. Aussi, loin qu'on osât parler mal de Cyrus, chacun n'était pas moins réservé dans ses discours, que si tous les assistans eussent été les yeux et les oreilles du prince. Or d'où venait cette disposition des esprits, sinon de ce qu'il récompensait magnifiquement les plus petits services?

Il n'est pas étonnant que possédant tant de richesses, il ait été si libéral : mais ce qu'on ne saurait trop admirer, c'est qu'étant sur le trône, il se soit piqué de porter plus loin que ses amis les devoirs et les soins de l'amitié; jusque là qu'on prétend qu'il ne craignait rien tant que d'être vaincu par eux sur cet article. On raconte qu'il avait coutume de dire que la conduite d'un bon roi ne diffère point de celle d'un bon pasteur; que comme le pasteur ne tire de profit de ses troupeaux, qu'autant qu'il leur procure l'espèce de bonheur dont ils sont susceptibles, de même le roi n'est bien servi par ses sujets qu'autant qu'il les rend heureux. Sera-t-on surpris qu'avec de pareils sentimens, il ait eu l'ambition de se distinguer entre tous les hommes par la bienfaisance?

A ce sujet, je rapporterai la belle leçon qu'il fit un jour à Crésus. Ce prince, dit-on, lui représentait qu'à force de donner il deviendrait pauvre, tandis qu'il pouvait entasser dans son palais plus de richesses qu'aucun homme en eût jamais possédé. — Combien d'or, lui demanda Cyrus, crois-tu que j'aurais aujourd'hui, si, conformément à ton conseil, je l'avais accumulé depuis que je règne? Crésus fixa une très grosse somme. Eh bien, répartit Cyrus, envoie avec Hystaspe que voici, un homme qui ait ta confiance : toi Hystaspe, vas trouver mes amis; apprends-leur que j'ai besoin d'argent pour une affaire (j'en ai effectivement besoin); dis à chacun d'eux de m'en fournir le plus qu'il pourra, et d'en donner l'état, signé et cacheté, à l'envoyé de Crésus, qui me l'apportera. Il écrivit des lettres qui contenaient ce qu'il venait de dire, les munit de son sceau, et chargea Hystaspe de les porter : par ces mêmes lettres, il demandait que l'on reçût comme un de ses amis celui qui les leur remettrait. Hystaspe étant de retour avec l'envoyé de Crésus, qui apportait les réponses : Seigneur, dit-il à Cyrus, tu peux désormais me compter parmi tes plus riches sujets; tes lettres m'ont valu des présens innombrables. — Voilà donc déjà, dit le prince à Crésus, un fonds sur lequel je puis compter : mais, ajouta-t-il, considère ce qui m'est offert par mes amis, et calcule à quoi montent les sommes dont je pourrais disposer en cas de besoin. Crésus, en ayant fait le calcul sur les états, trouva, dit-on, qu'elles excédaient de beaucoup celles que, selon lui, Cyrus aurait pu amasser s'il eût été moins libéral. — Tu vois, reprit Cyrus, que je ne suis pas si pauvre que tu pensais : et tu voudrais que pour grossir mon trésor, je m'exposasse à l'envie, à la haine publique, et que je payasse des gens pour le garder? Crésus, les amis que j'enrichis, voilà mes trésors, ils sont, pour ma personne et pour mes biens, une garde plus sûre que ne seraient des mercenaires. Je ferai cependant un aveu; c'est que loin de pouvoir surmonter cette passion des richesses que les Dieux ont mise dans nos âmes en nous faisant tous pauvres, j'en suis au contraire aussi avide que les autres hommes : mais je crois différer d'eux. Quand ils ont plus d'argent qu'il ne leur en faut pour leurs besoins, ou ils l'enfouissent, ou ils le laissent rouiller, ou ils passent leur temps à le compter, à le mesurer, à le peser, à le remuer, à le contempler : cependant, avec tout cet argent dans leurs coffres, ils ne prennent pas plus d'alimens que leur estomac n'en peut contenir, autrement ils créveraient; ils ne se couvrent pas de plus de vêtemens qu'ils n'en peuvent porter, autrement ils étoufferaient. Aussi, ces biens superflus ne sont pour eux qu'une source d'embarras. Pour moi, cédant à un penchant naturel, je convoite toujours de nouvelles richesses; mais lorsque je les acquiers, je subviens aux besoins de mes amis, après avoir satisfait aux miens. En enrichissant les uns, en faisant du bien aux autres, je m'assure une amitié bienveillante d'où je recueille le repos et la gloire, fruits incorruptibles qu'on peut accumuler sans craindre qu'ils s'altèrent. La gloire a cela de propre, qu'elle s'embellit en croissant; que ses accroissemens en allègent le poids, et qu'elle communique une sorte de légèreté à ceux qui en sont comblés. Apprends, Crésus, que je n'envisage pas comme le souverain bonheur, d'avoir de grands biens uniquement pour les garder : si c'était là le bonheur, rien n'égalerait celui des soldats en garnison dans une ville, puisqu'ils gardent tout ce qu'elle renferme. Celui-là seul, à mon avis, est vraiment heureux par les richesses, qui, après les avoir amassées par des voies justes, sait en user avec noblesse. Tels étaient les discours de Cyrus; sa conduite y répondait.

Sa vigilance s'étendait à tout. Il avait observé que les hommes, tant qu'ils se portent bien, sont attentifs à se procurer et à mettre en réserve tout ce qui sert dans l'état de santé, et qu'ils négligent de se munir de ce qui est utile dans le cas de maladie. Voulant remédier à ce défaut de prévoyance, et ne rien épargner sur ce point, il appela auprès de lui d'habiles médecins. Il n'entendait point parler d'instrumens utiles, de remèdes, d'alimens, de liqueurs salutaires, qu'il ne voulût en avoir un provision. Si quelqu'un de ceux à qui il s'intéressait particulièrement, était attaqué d'une maladie, il veillait lui-même à son traitement, et lui faisait donner les secours nécessaires. Le malade recouvrait-il la santé, Cyrus remerciait les médecins de l'avoir guéri avec ses remèdes. Tels étaient entre beaucoup d'autres, les ressorts qu'il employait pour obtenir le premier rang auprès de ceux dont il désirait l'amitié.

Quant aux jeux qu'il proposait, aux prix qu'il assignait pour entretenir une noble émulation, s'ils méritaient des éloges à Cyrus, parce qu'il fournissait par-là des encouragemens à la vertu, ils excitaient aussi des contestations et des disputes entre les grands.

De plus, il avait presque fait une loi à tous ceux qui auraient ou un procès à juger ou quelques différens à l'occasion des jeux, de prendre de concert des juges pour les terminer. On comprend aisément que les deux parties ne manquaient pas de choisir pour juges, ceux des grands auxquels elles étaient le plus attachées; et il résultait de ces jugemens, que le vaincu, jaloux de son adversaire, devenait ennemi des juges qui ne lui avaient pas été favorables, et que le vainqueur, attribuant son succès à la bonté de son droit, croyait n'avoir obligation à personne.

Il régnait parmi ceux qui prétendaient au premier rang dans l'amitié du prince, une autre espèce de jalousie, celle qui existe entre les citoyens d'une même république : la plupart, loin de se rendre réciproquement de bons offices, ne cherchaient qu'à se supplanter les uns les autres. Je viens de dévoiler les artifices qu'employait Cyrus pour se faire aimer des grands plus qu'ils ne s'aimaient entre eux.

Chap. 3. Racontons maintenant avec quel appareil Cyrus sortit la première fois de son palais : la pompe imposante de sa marche peut être regardée comme un nouveau moyen qu'il employa pour rendre son autorité plus respectable. La veille de la cérémonie, il manda les chefs, tant des Perses que des alliés, et leur donna des robes à la mode des Mèdes. Ce fut alors que commença l'usage de l'habillement médique chez les Perses. En faisant cette distribution, il leur dit qu'il voulait aller visiter avec eux les champs consacrés aux immortels, et y offrir des sacrifices : Demain, ajouta-t-il, vêtus de vos nouvelles robes, rendez-vous, avant le lever du soleil, aux portes de mon palais, et placez-vous dans l'ordre que Phéraulas vous indiquera. Lorsque je sortirai, vous me suivrez au lieu qui aura été désigné. Si quelqu'un imagine une marche plus pompeuse, il me communiquera ses idées, à notre retour; car il faut que tout soit réglé de la manière qui vous paraîtra la plus digne et la plus noble. Après avoir distribué aux principaux chefs les plus belles robes, il en fit apporter un grand nombre d'autres, des plus riches couleurs, comme le pourpre, le brun, l'incarnat, l'écarlate, qu'on avait préparées par ses ordres, et les partagea entre tous les capitaines, en leur disant : Parez vos amis, comme je viens de vous parer. — Et toi, seigneur, lui dit l'un d'eux, quand songeras-tu à ta parure ? — Le soin que je prends de la vôtre, répondit-il, n'est-il pas pour moi un assez bel ornement ? Certes, si je puis parvenir à vous combler de biens, de quelque habit que je sois revêtu, je paraîtrai toujours magnifique. » Les chefs, s'étant retirés, mandèrent leurs amis et leur distribuèrent les robes.

Cyrus avait reconnu dans le plébéien Phéraulas un homme intelligent, curieux du beau, ami de l'ordre et jaloux de lui plaire : c'était ce même Perse qui avait appuyé l'avis proposé par le prince de régler les récompenses sur le degré du mérite. Il le manda, et le consulta sur ce qu'il y avait à faire pour que la marche fût à-la-fois un spectacle agréable aux sujets bien intentionnés, et propre à inspirer de la terreur aux malveillans. Dès qu'ils furent tombés d'accord sur les moyens, il le chargea de veiller le lendemain à l'exécution de ce qu'ils venaient d'arrêter. J'ai ordonné, ajouta Cyrus, qu'on fît tout ce que tu prescriras : mais afin qu'on t'obéisse plus volontiers, prends ces robes, et distribue-les aux chefs des doryphores; prends ces manteaux, pour les donner aux commandans de la cavalerie, et ces autres robes, que tu donneras aux conducteurs des chars. Phéraulas partit et emporta les présens. En le voyant, chacun des chefs lui disait : Certes, Phéraulas, te voilà devenu un homme important, puisque c'est de toi que nous apprendrons ce qu'il faut faire. — Pas autant que tu le penses, répondit Phéraulas, puisque désormais je serai chargé de votre bagage : aujourd'hui, voici deux manteaux que je porte ; l'un est pour toi, l'autre pour un de tes camarades ; prends celui des deux qui te conviendra le plus. La jalousie de l'officier ne tenait pas contre le don d'un manteau ; il finit par le consulter lui-même, pour savoir lequel des deux il prendrait. Lorsque Phéraulas lui eut indiqué le meilleur : Si tu te vantes, lui dit-il, que je t'aie donné le choix, tu ne me trouveras pas, dans une pareille occasion aussi accommodant. La distribution finie, conformément à l'ordre de Cyrus, il s'occupa des autres dispositions, afin qu'il ne manquât rien à la magnificence de la marche.

Tout fut prêt le lendemain, avant que le jour parût. On avait posé des barrières des deux côté du chemin, comme on le pratique encore à présent dans les lieux que le roi doit traverser ; et il n'est permis qu'aux personnes de considération de passer entre ces barrières. Elles étaient gardées par des mastigophores, pour frapper quiconque causerait du désordre. Un corps de quatre mille doryphores était rangé en face du palais, sur quatre de hauteur, deux mille à chaque côté des portes. Toute la cavalerie s'était rendue dans la même place, et avait mis pied à terre, les soldats tenant leur mains cachées sous leurs manteaux, ce qui s'observe de nos jours, toutes les fois qu'on est en présence du roi. Les Perses occupaient la droite du chemin, les alliés la gauche : les chars étaient pareillement rangés des deux côtés en nombre égal. Les portes du palais ouvertes, sortirent d'abord quatre taureaux superbes, qui devaient être immolés à Jupiter et aux autres divinités désignées par les mages. C'est une maxime chez les Perses, que dans ce qui concerne le culte des Dieux, on doit sur-tout consulter ceux qui sont voués à leur service. Après les taureaux, venaient les chevaux qu'on devait sacrifier au Soleil ; ensuite un char blanc à timon doré : il était orné de fleurs, et consacré à Jupiter. Suivait un autre char blanc, orné aussi de fleurs ; celui-là était consacré au Soleil ; enfin, un troisième, dont les chevaux avaient des housses couleur de pourpre, et derrière lequel marchaient des hommes portant du feu dans un grand bassin.

Parut enfin Cyrus lui-même, monté sur son char, la tête couverte d'une tiare qui s'élevait en pointe ; vêtu d'une tunique mi-partie de pourpre et de blanc, habillement réservé au roi seul, d'un haut-de-chausse d'une couleur vive, et d'un manteau de pourpre. Sa tiare était ceinte du diadème, que portaient aussi ceux qu'il honorait du titre de cousins, et que portent encore ceux qui jouissent de la même distinction. Il avait les mains découvertes : à ses côtés était assis le conducteur du char, homme d'une taille avantageuse, mais qui semblait inférieure à la sienne. Dès qu'on vit Cyrus, tous l'adorèrent en se prosternant : peut-être des gens apostés en donnèrent-ils l'exemple ; peut-être fut-ce l'effet ou de la surprise que causait un spectacle si nouveau, ou de l'admiration qu'excitaient et sa grande renommée et son air majestueux. Ce qui est certain, c'est que jusqu'à ce jour aucun Perse ne lui avait rendu de tels hommages.

Dès que le char fut sorti du palais, les quatre mille doryphores se mirent en marche, deux mille à chaque côté de ce char. Environ trois cents eunuques richement vêtus, et armés de dards, les suivaient à cheval : après eux on menait en main deux cents chevaux de ses écuries, ornés de freins d'or, et couverts de housses rayées. Ils étaient suivis de deux mille piquiers, après lesquels marchait, sous la conduite de Chrysante, le plus ancien corps de cavalerie perse, composé de dix mille hommes rangés sur cent de front et cent de hauteur ; après ce premier corps, un second de dix mille autres cavaliers perses, dans le même ordre, commandés par Hystaspe ; après celui-ci, un troisième de pareil nombre, dont Datamas était le chef ; enfin, un quatrième commandé par Gadatas. Ensuite venaient les cavaliers Mèdes, puis les Arméniens, les Cadusiens, les Saces. Derrière la cavalerie étaient les chars, rangés sur quatre de front, et conduits par le perse Artabate.

Tandis que Cyrus marchait dans cet ordre, une grande multitude le suivait en dehors des barrières. Comme on lui présentait différentes requêtes, il envoya dire par ses eunuques (il en avait toujours trois à chaque côté de son char pour porter ses ordres), de s'adresser à ses officiers, qui lui rendraient compte des demandes. Aussitôt la foule de retourner vers la cavalerie, et chacun de délibérer à qui il s'adresserait. Alors Cyrus manda l'un après l'autre ceux de ses amis dont il voulait augmenter la considération, et leur dit : Si ces gens qui nous suivent, viennent vous faire des demandes déraisonnables, n'y ayez aucun égard ; si elles sont justes, vous me les communiquerez, afin que nous avisions ensemble aux moyens d'y satisfaire. Ceux que le prince faisait ainsi appeler, accouraient à lui de toute la vitesse de leurs chevaux ; et leur promptitude à obéir, ajoutait encore à l'éclat de sa puissance. Le seul Daïpharne, homme d'un caractère dur, s'imagina qu'en obéissant avec moins de célérité, il se donnerait un air d'indépendance : Cyrus le remarqua ; et avant que Daïpharne se fût approché de son char, il lui fit dire par un des eunuques qu'il n'avait plus besoin de lui : il ne le demanda jamais depuis. Un autre qui n'avait été averti qu'après Daïpharne, étant arrivé avant lui, reçut de Cyrus en présent, un des chevaux qui marchaient à sa suite ; et l'un des eunuques eut ordre de mener le cheval où l'officier voudrait. Les assistans sentirent tout le prix de cette faveur, et dès lors l'en considérèrent bien davantage.

Lorsqu'on fut arrivé aux champs consacrés aux Dieux, on sacrifia d'abord à Jupiter des taureaux qui furent brûlés en entier ; puis au Soleil des chevaux qui furent consumés de même : on offrit ensuite des victimes à la Terre, suivant les rits ordonnés par les mages ; enfin, aux héros protecteurs de la Syrie. Les sacrifices achevés, comme le lieu était agréable, Cyrus marqua un espace d'environ cinq stades, et commanda aux corps de cavalerie, divisés par nations, de parcourir cette carrière au grand galop. Lui-même courut avec les Perses, et remporta la victoire ; car il s'était exercé plus qu'aucun d'eux à monter à cheval. Entre les Mèdes, Artabate, le même à qui Cyrus avait donné un cheval, fut le vainqueur : entre les Syriens, ce fut leur chef ; entre les Arméniens, Tigrane ; entre les Hyrcaniens, le fils de leur commandant ; entre les Saces, un simple cavalier, dont le cheval devança les autres de presque la moitié du drome.

On rapporte que Cyrus lui ayant demandé s'il voudrait échanger son cheval contre un royaume : Non certes, répondit-il ; mais je le donnerais volontiers pour acquérir l'amitié d'un brave homme. — Eh bien, reprit Cyrus, je veux te montrer un endroit où tu ne pourras rien jeter, même les yeux fermés, sans toucher un brave homme. — Montre-le-moi cet endroit, Seigneur, répartit le jeune Sace, afin que j'y lance cette motte de terre ; et en disant cela, il la ramassait. Cyrus lui montra le lieu où était la plus grande partie de ses amis : le Sace fermant les yeux, y jette sa motte, et atteint Phéraulas, qui exécutait une commission du prince. Phéraulas frappé, loin de tourner la tête, continua d'aller où son devoir l'appelait. Le jeune homme ouvrant les yeux, demanda qui il avait touché. Aucun de ceux qui sont ici, dit Cyrus. — Encore moins, répliqua le Sace, quelqu'un de ceux qui n'y sont pas. — Cependant, répartit Cyrus, c'est celui que tu vois courir à cheval avec tant de vitesse, par-delà les chars. — Comment ne s'est-il pas même retourné ? — Il paraît que c'est un fou, répondit Cyrus. Le Sace part aussitôt pour voir qui il avait frappé : il trouva que c'était Phéraulas, qui avait la barbe pleine de terre, et inondée du sang qui lui coulait du nez, où il avait reçu le coup. Tu as donc été frappé, lui dit le jeune homme en l'abordant? — Tu le vois. — Cela étant, je te donne mon cheval. — Et à propos de quoi, repartit Phéraulas. Le Sace lui raconta ce qui s'était passé, et ajouta : Je vois bien que c'est un brave homme que j'ai touché. — Tu aurais mieux fait, reprit Phéraulas, de donner ton cheval à un plus riche que moi; je l'accepte néanmoins, et je prie les Dieux qui ont permis que tu m'aies frappé, de me mettre en état de faire que tu ne te repentes pas de ton présent : monte sur mon cheval, continua-t-il, et retourne à ton poste; j'irai incessamment te rejoindre. Ils firent ainsi l'échange de leurs chevaux. Parmi les Cadusiens, Rathonice remporta le prix. Cyrus ordonna aussi une course de chars, après laquelle on distribua aux vainqueurs, des bœufs pour régaler leurs amis, et un certain nombre de coupes : lui-même il voulut avoir un bœuf pour prix de sa victoire; mais il fit présent des coupes à Phéraulas, en récompense du bel ordre qu'il avait mis dans la cavalcade. Cette marche pompeuse, imaginée par Cyrus, se renouvelle chaque fois que le roi de Perse sort en cérémonie, excepté qu'on n'y mène point de victimes, quand il ne doit pas sacrifier. Les jeux étant finis, on reprit le chemin de la ville : ceux qui avaient obtenu des maisons s'y retirèrent, les autres retournèrent à leur quartier.

Quant à Phéraulas, il invita le cavalier Sace qui lui avait donné son cheval, à venir loger chez lui, et le combla de présens. A la fin du souper, ayant rempli les coupes qu'il avait reçues de Cyrus, il but à la santé de son hôte, et les lui donna. Le Sace, étonné de la magnificence et de la quantité de meubles, de tapis, qu'il voyait chez Phéraulas, ainsi que de son nombreux domestique : Sans doute, Phéraulas, tu étais en Perse un des citoyens les plus riches? — Des plus riches? j'étais au contraire de ceux qui vivent du travail de leurs mains. Dans mon enfance, mon père qui me nourrissait difficilement du sien, m'envoya aux écoles destinées au premier âge : devenu adolescent, comme il ne pouvait me nourrir sans que je travaillasse, il m'emmena aux champs, et me mit à l'ouvrage. Je l'ai nourri à mon tour, tant qu'il a vécu, en cultivant et ensemençant un très petit héritage qui, loin d'être ingrat, se montrait au contraire singulièrement juste : il me rendait avec un peu d'intérêt, la semence que je lui avais confiée; quelquefois même il rendait généreusement le double. Voilà comme je vivais dans mon pays. Toutes ces richesses que tu vois, je les tiens de la libéralité de Cyrus. — Que je te trouve heureux, s'écria le Sace, surtout parce que tu as été pauvre avant que d'être riche! je m'imagine qu'ayant éprouvé la disette, tu goûtes beaucoup mieux le plaisir de l'abondance. — Tu crois donc que mon bonheur s'est accru en proportion de ma fortune? Ignores-tu que je n'ai pas plus de plaisir à manger, à boire, à dormir, que je n'en avais étant pauvre? Ce que je gagne à ma nouvelle fortune, c'est d'avoir plus de choses à garder, plus de gens à payer, d'être embarrassé de plus de soins. Une foule de valets me demandent les uns du pain, les autres du vin, d'autres des habits; plusieurs ont besoin du secours des médecins : celui-ci m'apporte les restes d'une brebis déchirée par les loups; celui-là vient m'annoncer que mes bœufs sont tombés dans un précipice, ou qu'une maladie ravage mes troupeaux : en sorte que mes richesses me causent, à ce qu'il me semble, bien plus de souci que je n'en avais dans le temps de ma médiocrité. — Mais du moins, quand tes biens sont en bon état, la vue de ton opulence te donne un plaisir que je ne puis avoir. — Sache qu'il n'est pas aussi agréable de posséder qu'il est affligeant de perdre ; et tu comprendras que je dis vrai, si tu réfléchis que parmi les riches il n'en est pas un seul que le plaisir de la jouissance contraigne de veiller, tandis que parmi ceux qui ont essuyé des pertes, tu n'en verras pas un que le chagrin n'empêche de dormir. — Soit, répliqua le Sace ; mais aussi tu ne verras personne que le plaisir de recevoir ne tienne éveillé. — J'en conviens ; et j'avoue que s'il était aussi doux de posséder qu'il l'est d'acquérir, les riches seraient sans contredit plus heureux que les pauvres : mais le riche est tenu de faire de grandes dépenses pour le service des Dieux, pour obliger ses amis, pour recevoir ses hôtes ; et quiconque aime l'argent, est fort affligé de le dépenser. — Je ne suis en vérité pas de ces gens-là, reprit le Sace : selon moi, le bonheur de celui qui a beaucoup, consiste à beaucoup dépenser. — Par tous les Dieux, dit Phéraulas, pourquoi ne ferais-tu pas sur-le-champ notre bonheur à tous deux ? Prends tout ce que je possède, uses-en à ton gré ; nourris-moi seulement comme ton hôte, et à moins de frais encore : il me suffira que tu partages avec moi. — Tu plaisantes. — Non, je te le jure, je parle sérieusement : je me charge de plus d'obtenir de Cyrus qu'il te dispense de fréquenter la porte de son palais et d'aller à l'armée. Tu jouiras tranquillement ici des biens que je t'abandonne : j'agis en cela autant pour mon intérêt que pour le tien. Si par mon zèle auprès du prince, je mérite de nouveaux bienfaits, si je fais quelque butin à la guerre, je te l'apporterai pour accroître tes possessions. Délivre-moi seulement de tout cet embarras ; tu me rendras un grand service, et Cyrus t'en saura gré. L'accord fut conclu entre eux, et aussitôt exécuté. L'un se crut heureux d'être le maître de tant de richesses ; l'autre s'estima plus heureux encore d'avoir un intendant qui lui procurât le loisir de satisfaire ses goûts.

Phéraulas se plaisait surtout dans la société de ses camarades : rien ne lui paraissait plus doux et plus avantageux que de vivre avec ses pareils. Il regardait l'homme comme le plus sensible et le plus reconnaissant des êtres animés. Qu'un homme, disait-il, sache que vous dites du bien de lui, il parlera de vous avec éloge ; si vous l'obligez, il s'empresse de vous payer de retour ; témoignez-lui de la bienveillance, il en aura pour vous ; il ne peut haïr ceux dont il se voit aimé. Ajoutez qu'entre tous les animaux l'homme se distingue par la piété filiale, par les devoirs qu'il rend à ses parens pendant leur vie et après leur mort. En un mot, Phéraulas pensait que de tous les êtres vivans, l'homme est le plus reconnaissant et le plus sensible. Ainsi le Perse était ravi de pouvoir, en se déchargeant du soin de ses affaires, se livrer au commerce de ses amis, et le Sace content de posséder de grandes richesses, dont il pouvait disposer à sa volonté. Le Sace aimait Phéraulas, qui apportait toujours ; Phéraulas aimait le Sace, qui était toujours prêt à recevoir, et qui malgré le surcroît de soins qu'entraînait l'augmentation de leurs biens, ne troublait point son loisir. C'est ainsi qu'ils vécurent ensemble.

Chap. 4. Les sacrifices achevés, Cyrus voulant célébrer sa victoire par un festin, invita ceux de ses amis en qui il voyait un respect mêlé d'amour, et le plus de zèle pour l'accroissement de son autorité : il invita aussi le mède Artabase, l'arménien Tigrane, le chef de la cavalerie hyrcanienne, et Gobryas. A l'égard de Gadatas, comme il avait le commandement des eunuques, et que le détail de l'intérieur du palais roulait sur lui, lorsque Cyrus avait plusieurs convives à sa table, il ne s'y mettait point, et veillait au service. Dans toute autre circonstance, Gadatas mangeait avec le prince, qui aimait sa société : il en recevait d'ailleurs des marques de distinction si honorables, qu'il était extrêmement considéré des autres courtisans. Quand les conviés furent arrivés, Cyrus ne les plaça point au hasard; il fit asseoir à sa gauche, comme la partie du corps qu'il est plus dangereux de laisser exposée, celui qu'il estimait le premier de ses amis, le second à sa droite, le troisième à gauche, le quatrième à droite, et ainsi de suite jusqu'au dernier.

Il croyait utile de marquer publiquement par là les degrés de son estime. En effet, il ne peut y avoir d'émulation où les hommes distingués par leur mérite n'obtiennent ni préférences ni récompenses : lorsqu'on voit au contraire les plus vertueux être les mieux traités, tous s'efforcent à l'envi de disputer de vertu. C'est pourquoi Cyrus voulut que tout, jusqu'à l'ordre des séances, servît à désigner ceux qu'il honorait le plus. Mais les places n'étaient pas données à perpétuité : il régla par une loi, que les belles actions élèveraient aux plus honorables, et que le relâchement en ferait descendre. De plus, l'honneur du rang n'était point un stérile avantage; le prince aurait eu honte que celui à qui il assignait le premier rang, n'eût pas été enrichi de ses dons. Ces réglemens s'observent aujourd'hui comme au temps de Cyrus.

Pendant le souper, Gobryas ne trouva point surprenant que la table d'un si puissant prince fût magnifiquement servie : mais il ne vit pas sans étonnement qu'un homme revêtu de l'autorité suprême, loin de se réserver les plats qui étaient de son goût, s'empressât d'inviter ses convives à les partager avec lui; qu'il fît même porter à ses amis absens les mets dont il aurait mangé avec le plus de plaisir. Remarquant ensuite que Cyrus, avant de sortir de table, envoyait de différens côtés tout ce qu'on desservait (et la desserte était grande): Jusqu'à présent, seigneur, lui dit-il, je ne te mettais au-dessus des autres hommes que pour ta supériorité dans l'art militaire; mais je jure par les Dieux, que tu excelles encore plus par la bonté de ton cœur.—Aussi est-il bien plus doux, répartit Cyrus, de se signaler par des actes d'humanité que par les talens militaires,—. Comment cela?— C'est qu'on ne prouve son habileté à la guerre qu'en faisant du mal aux hommes; et pour montrer qu'on est humain, il ne faut que leur faire du bien.

Quand les convives furent un peu échauffés par le vin, Hystaspe dit à Cyrus : Seigneur, ne trouverais-tu pas mauvais que je te fisse une question qui m'intéresse?— Je te saurais au contraire mauvais gré de me céler ce que tu aurais envie de me dire.—Cela étant, dis-moi, je te prie, si toutes les fois que tu m'as mandé, je ne suis pas venu? — Que dis-tu là?— T'ai-je obéi nonchalamment?— Non.— M'as-tu donné quelque ordre que je n'aie pas exécuté? — Je n'ai point à m'en plaindre.— M'as-tu jamais vu t'obéir, je ne dis pas sans empressement, mais sans plaisir?— Non, jamais.— Au nom des Dieux, que t'a fait Chrysante pour avoir obtenu une place plus honorable que la mienne? — Te le dirai-je? — Assurément. — Et toi à ton tour, ne te fâcheras-tu pas si je te parle franchement? — Je serai fort aise, au contraire, de voir que tu ne m'as point fait d'injustice.

Eh bien, dit Cyrus, sache d'abord, que Chrysante n'attendait pas qu'il fût mandé; il me prévenait chaque fois que le bien des affaires l'exigeait : Chrysante ne se bornait pas à exécuter mes ordres ; il faisait de lui-même tout ce qu'il jugeait pouvoir nous être avantageux. Quand il était nécessaire que je conférasse avec les alliés, Chrysante m'aidait de ses conseils sur ce que je devais leur dire : soupçonnait-il que je désirasse de leur faire savoir certaines choses dont il n'était pas convenable que je leur parlasse, il les proposait comme une idée qui lui était propre. Ne pourrais-je pas dire après cela, qu'il m'a souvent mieux servi que je ne me servais moi-même? J'ajouterai que Chrysante est toujours content de ce qu'il a, et qu'on le voit sans cesse travaillant à m'agrandir, à me procurer de nouveaux avantages : enfin ce qui m'arrive d'heureux, lui cause plus de joie qu'à moi.

— Par Junon! je suis ravi de t'avoir fait ma question. — Pourquoi? — Parce que je vais m'efforcer d'imiter Chrysante : un seul point m'embarrasse ; à quels signes verra-t-on que je me réjouis de tes succès? rirai-je, battrai-je des mains? que faut-il que je fasse? Que tu danses à la perse, répondit Artabase. Sur cela, l'assemblée se mit à rire.

Comme le repas se prolongeait, Cyrus adressant la parole à Gobryas : «Dis-moi, Gobryas, serais-tu plus disposé à marier ta fille à quelqu'un de ceux que tu vois ici, que tu ne l'étais quand tu vins nous joindre pour la première fois? Faut-il aussi, demanda Gobryas, que je te parle sincèrement? — Sans doute; ce serait mal répondre à une question, que de ne pas dire la vérité. — Eh bien, sache que je consentirais aujourd'hui beaucoup plus volontiers à ce mariage. — Pourrais-tu m'en dire le motif? — Assurément. — Explique-toi. — C'est qu'alors je ne connaissais de tes amis que leur constance dans les fatigues, et leur intrépidité dans les dangers ; au lieu que je connais à présent leur modération dans la prospérité : or il est plus difficile, selon moi, de rencontrer un homme capable de soutenir la bonne fortune, que d'en trouver un qui sache supporter la mauvaise ; l'une pour l'ordinaire engendre l'orgueil, l'autre inspire toujours la modestie. Entends-tu, Hystaspe, reprit Cyrus, le mot de Gobryas? — Oui, seigneur; et s'il tient souvent de pareils discours, je rechercherai sa fille avec bien plus d'empressement que s'il étalait à mes regards quantité de vases précieux. J'ai mis par écrit, répartit Gobryas, plusieurs maximes du même genre, dont je te ferai part si tu épouses ma fille. Quant à mes vases, puisque tu parais en faire peu de cas, je ne sais si je ne dois pas les donner à Chrysante, qui, aussi bien, t'a déjà enlevé ta place. Cyrus prenant la parole : Hystaspe, dit-il, et vous tous qui êtes ici, quand vous voudrez vous marier, adressez-vous à moi ; vous verrez comment je vous servirai. Et ceux qui voudraient marier leurs filles, reprit Gobryas, à qui faudra-t-il qu'ils s'adressent? Encore à moi, répondit Cyrus ; j'ai pour cela un talent particulier. Quel est ce talent, demanda Chrysante? — Celui d'assortir les mariages. De grâce, dis-moi, répliqua Chrysante, quelle serait, à ton avis, la femme qui me conviendrait le mieux? — Il faudrait d'abord qu'elle fût de petite taille, parce que tu es petit : si tu la prenais grande, et que tu voulusses l'embrasser lorsqu'elle serait debout, tu serais obligé de sauter comme un petit chien. — Excellente prévoyance, d'autant plus que je suis mauvais sauteur. — Il faudrait qu'elle eût le nez camus. — Pourquoi? — Parce que le tien est aquilin, et que ces deux espèces de nez s'ajustent parfaitement ensemble. — Ne penses-tu pas aussi qu'à présent que j'ai bien soupé, il me faudrait une femme à jeun? — Sans doute; car un ventre plein devient pointu, un ventre vide est camus. Pourrais-tu nous dire, répartit Chrysante, quelle femme conviendrait le mieux à un prince d'un caractère extrêmement froid? Cyrus et tous les convives rirent beaucoup de cette question: on en riait encore quand Hystaspe dit au prince: Seigneur, de ta royauté je n'envie qu'une seule chose. — Eh quoi? — Le secret que tu as, froid comme tu es, de faire rire les autres. — Tu donnerais donc beaucoup pour que tu fusses l'auteur de ces plaisanteries, et qu'on pût dire à celle à qui tu veux plaire, que tu as le même talent? » Ils s'égayaient en plaisantant de la sorte.

Après cette conversation, Cyrus fit présent à Tigrane de plusieurs bijoux pour sa femme, en considération de ce qu'elle avait courageusement suivi son mari à la guerre. Il donna un vase d'or au mède Artabase, et un cheval au prince hyrcanien, outre un grand nombre d'effets précieux. Quant à toi, Gobrias, je te donnerai un mari pour ta fille. C'est donc moi, dit Hystaspe, que tu lui donneras, afin que je devienne possesseur des écrits de Gobryas. As-tu, reprit Cyrus, un bien qui réponde à celui de sa fille? — Oui, certainement, et beaucoup plus considérable que le sien. — Où est-il ce bien? — Là même où tu es assis, puisque tu m'aimes, Ce trésor me suffit, dit Gobryas; et tendant la main vers Cyrus: Seigneur, ajouta-t-il, donne-lui ma fille; je l'accepte pour gendre. Cyrus prit la main d'Hystaspe, et la mit dans celle de Gobryas, qui la reçut. Il fit ensuite à Hystaspe de magnifiques présens, pour les envoyer à sa maîtresse; et tirant à lui Chrysante, il l'embrassa. Ah! seigneur, dit Artabase, la coupe que j'ai reçue de toi, et le don que tu viens de faire à Chrysante, ne sont pas du même métal. Je t'en ferai un pareil, répartit Cyrus. Quand, demanda Artabase? Dans trente ans, répondit le prince. Prépare-toi à me tenir parole, reprit Artabase; car je compte bien en attendre l'effet, et ne pas mourir avant que tu l'aies acquittée. » Ainsi se termina le souper: tous s'étant levés, Cyrus se leva aussi, et les accompagna jusqu'à la porte.

Le lendemain il renvoya dans leur pays tous les alliés qui avaient embrassé volontairement son parti, excepté ceux qui préférèrent s'établir auprès de lui. Ceux-ci, qui pour la plupart étaient Mèdes ou Hyrcaniens, obtinrent des terres et des maisons que leurs descendans possèdent encore. Les autres qui aimèrent mieux s'en aller, furent comblés de présens; et tous, tant soldats qu'officiers, furent contens de la générosité du prince. Il fit ensuite distribuer à ses propres troupes les trésors qu'on avait enlevés de Sardes, commençant par les myriarques et par les officiers attachés à sa personne, qui reçurent en proportion de leurs services. La distribution du reste fut confiée aux myriarques, pour être partagée suivant la règle observée à leur égard: chacun des chefs donnait à ses inférieurs la portion qui leur revenait; ainsi de suite, de grade en grade, jusqu'aux sizainiers, qui firent la répartition à leurs soldats, selon le mérite de chacun; de sorte que tous furent partagés avec justice. Cette grande libéralité fit parler diversement.

Il faut, disaient les uns, que le prince ait des richesses immenses, puisqu'il fait à chacun de nous des dons si considérables. Quelles richesses peut-il avoir, disaient les autres? on sait qu'il n'est pas d'humeur à thésauriser, et qu'il aime mieux donner que posséder. Cyrus, informé de ce qu'on disait de lui et de ce qu'on en pensait, assembla, outre ses amis, tous ceux dont il jugea la présence nécessaire, et parla en ces termes :

« Chers compagnons, j'ai vu des
» gens qui veulent paraître plus riches
» qu'ils ne sont; ils croient par-là s'at-
» tirer plus de considération : mais il
» leur arrive précisément le contraire;
» car quiconque affecte l'opulence, et
» n'aide pas ses amis en raison de ses
» facultés, n'y gagne qu'une réputation
» d'avarice sordide. D'autres s'étudient
» à cacher leur richesse : à mon avis,
» ceux-ci ne sont pas moins inutiles dans
» la société, parce que leurs amis mê-
» mes, ne connaissant point leur for-
» tune, et trompés par l'apparence,
» n'osent souvent leur découvrir leurs
» besoins. Pour moi, je pense qu'il est
» d'un homme loyal de laisser voir à
» découvert ses richesses, et de s'en
» servir pour signaler sa générosité. Je
» veux donc exposer à vos yeux tout ce
» que je possède : je vous rendrai comp-
» te de ce que je ne pourrai vous mon-
» trer ». Aussitôt il leur fit voir quantité de riches effets, et leur désigna les objets qui n'étaient pas en vue. « Vous
» devez croire, mes amis, continua-t-il,
» que tous ces biens sont à vous autant
» qu'à moi : je les ai amassés, non pour
» les dissiper, moins encore pour les
» consumer, je ne le pourrais pas; mais
» afin d'avoir toujours de quoi récom-
» penser les belles actions, et de pou-
» voir secourir ceux d'entre vous qui,
» se trouvant dans le besoin, auront
» recours à moi ». Ainsi parla Cyrus.

CHAP. 5. Quelque temps après, voyant que l'état de ses affaires à Babylone lui permettait de s'en éloigner, il fit ses préparatifs pour aller en Perse, et commanda qu'on se disposât à le suivre. Quand il se fut muni de tout ce qu'il jugea lui devoir être nécessaire, il partit. C'est ici le lieu de parler de l'ordre avec lequel une armée si nombreuse campait et décampait, et de la célérité de chacun à prendre la place qu'il devait occuper. On sait que quand le roi de Perse campe, tous les courtisans l'accompagnent, et logent sous des tentes l'hiver comme l'été.

Cyrus ordonna d'abord, que l'entrée de la sienne fût toujours au soleil levant, et fixa l'intervalle qui devait la séparer de celles des doryphores. Il marqua le logement des boulangers à sa droite, celui des cuisiniers à sa gauche : il plaça pareillement à sa droite les chevaux, à sa gauche les autres bêtes de somme. Le reste fut réglé de manière que chaque troupe reconnaissait sans peine le lieu et l'espace qui lui étaient destinés. Quand on décampait, chacun ramassait le bagage dont il devait prendre soin, d'autres le mettaient sur les bêtes de somme. Ceux qui les conduisaient, se rendaient tous en même temps aux quartiers qui leur étaient assignés, et chargeaient tous en même temps ; d'où il arrivait que toutes les tentes, soit qu'il fallût les dresser ou les lever, n'exigeaient pas plus de temps qu'une seule. Il en était de même pour les vivres : comme chaque valet avait sa tâche particulière, il ne coûtait pas plus de temps pour tous les mets que pour un seul. Les boulangers et les cuisiniers n'étaient pas les seuls à qui il marqua des places commodes pour leur travail : en distribuant les quartiers aux troupes, il avait égard à l'espèce de leur armes; et chaque corps connaissait si bien le lieu qui lui était indiqué, qu'il s'y établissait sans jamais se méprendre.

Cyrus pensait que s'il est nécessaire de mettre de l'ordre dans une maison particulière, pour savoir où prendre les choses dont on a besoin, il est d'une bien plus grande conséquence d'avoir à la guerre cette même attention pour l'emplacement des différentes troupes, par la raison que plus les occasions d'agir dépendent du moment, plus il y a de danger à ne les pas saisir quand elles se présentent. Il savait d'ailleurs que les grands succès sont le fruit de la célérité à profiter de l'instant favorable. Tels étaient les motifs qui le rendaient si attentif à ces dispositions.

Chaque fois qu'il campait, on tendait d'abord son pavillon au milieu du camp, comme le lieu le moins exposé à l'insulte. Autour de sa tente étaient, suivant sa pratique ordinaire, ses amis les plus affidés : immédiatement après eux, les cavaliers formaient un cercle avec les conducteurs des chars, qu'il croyait devoir placer dans l'endroit le plus sûr, parce que ne pouvant avoir leurs armes sous la main, il leur fallait du temps pour se mettre en état de défense. Les peltastes avaient leurs quartiers à la droite et à la gauche tant de sa tente que de la cavalerie; les archers, partie à la tête, partie à la queue des cavaliers.

Les hoplites et ceux qui portaient de grands boucliers, formaient autour du camp une enceinte semblable à une forte muraille, pour soutenir, en cas d'attaque, les premiers efforts de l'ennemi, et donner à la cavalerie le temps de s'armer. Les hoplites ainsi que les peltastes et les archers, reposaient dans les rangs; afin que d'une part, les hoplites se trouvassent en état de repousser les ennemis s'ils cherchaient à surprendre le camp pendant la nuit, et que de l'autre, les gens de trait défendissent les hoplites, en lançant leurs flèches et leurs dards contre ceux qui s'approcheraient.

Les tentes des chefs étaient distinguées chacune par une enseigne particulière; et de même que des serviteurs intelligens connaissent dans une ville les maisons de plusieurs citoyens, surtout des plus considérables, les aides-de-camp de Cyrus connaissaient tellement les tentes et les enseignes des principaux officiers, que s'il avait besoin de quelqu'un, ils ne cherchaient point, ils couraient par le chemin le plus court. Comme chaque nation avait son quartier à part, on remarquait aisément où les ordres restaient sans exécution. Cyrus pensait qu'avec ces dispositions, si l'ennemi insultait son camp, de nuit ou de jour, il y tomberait comme dans une embuscade.

Il ne bornait pas l'art de la guerre, à savoir ranger une armée sur un front plus ou moins étendu, la former en ligne lorsqu'elle est en colonne, changer l'ordre de la bataille, suivant que l'ennemi se montre à droite ou à gauche, ou par derrière : il estimait qu'il n'est pas moins essentiel de savoir diviser ses troupes, quand les circonstances l'exigent, les distribuer dans les postes les plus avantageux, et hâter à propos leur marche pour prévenir l'ennemi. C'était, à son avis, la réunion de ces diverses parties qui constituait l'habile général : il n'en négligeait aucune. Dans les marches il variait ses ordres suivant les conjonctures; mais dans les campemens, il changeait rarement l'ordonnance dont je viens de parler.

Dès que l'armée fut entrée dans la Médie, Cyrus s'empressa d'aller voir Cyaxare. Après les premiers embrassemens, il dit à son oncle qu'il lui avait réservé un palais dans Babylone, afin qu'il y trouvât, quand il voudrait aller en Assyrie, une habitation dont il fût le maître. En même temps il lui offrit des présens d'un grand prix. Cyaxare les ayant acceptés, fit présenter à Cyrus, par sa fille, une couronne d'or, des bracelets, un collier, et une superbe robe médique. Pendant que la jeune princesse couronnait Cyrus : C'est ma fille, dit Cyaxare ; je vous la donne pour femme ; votre père épousa de même la fille de mon père, de laquelle vous êtes né ; la mienne est cette enfant que vous ne cessiez de caresser ici dans votre jeunesse : si quelqu'un alors lui demandait qui elle aurait pour mari, elle répondait, Cyrus. Je lui donne en dot la Médie toute entière, puisque je n'ai point de fils légitime. Ainsi parla Cyaxare. Je sens, répliqua Cyrus, le prix de l'alliance, de la personne, de la dot ; mais je veux, avant de vous répondre, avoir le consentement de mon père et de ma mère. Cependant il fit à la princesse les présens qu'il crut lui devoir plaire davantage ainsi qu'à Cyaxare, et reprit ensuite la route de la Perse.

Quand il fut arrivé sur la frontière, il y laissa le gros de son armée, et s'avança vers la ville avec ses amis, suivi d'une grande quantité de bétail tant pour les sacrifices que pour le festin qu'il avait résolu de donner à la nation, et chargé de présens pour son père, pour sa mère, pour ses amis, pour les magistrats, pour les vieillards et les homotimes. Tous les Perses, hommes et femmes, eurent part à ses largesses. Les rois ses successeurs imitent encore aujourd'hui son exemple, toutes les fois qu'ils visitent la Perse. Après cette distribution, Cambyse convoqua une assemblée des anciens, et des principaux magistrats, à laquelle il invita Cyrus, et leur tint ce discours :

« Vous savez tous, vous mes sujets, » vous, mon fils, avec quelle tendresse » je vous aime. Ce sentiment que je vous » dois, à vous Perses, comme votre » roi, à vous Cyrus, comme votre père, » me porte à vous proposer des réfle- » xions que je crois relatives à vos in- » térêts communs. Si nous jetons les » yeux sur le passé, il est certain que » c'est vous, Perses, qui, en formant » une armée dont vous confiâtes le com- » mandement à Cyrus, avez été les pre- » miers artisans de sa grandeur : mais » il n'est pas moins vrai que c'est Cyrus » qui, avec son armée et l'assistance » des Dieux, a rendu votre nom célèbre » dans l'univers et rempli l'Asie de vo- » tre gloire ; que c'est par lui qu'ont été » enrichis les braves qui ont servi sous » ses ordres ; que c'est lui qui a stipen- » dié et nourri vos soldats ; qu'enfin » c'est lui qui en établissant un corps de » cavalerie nationale, a mis les Perses » en état d'être toujours les maîtres en » rase campagne. Si vous ne perdez pas » de vue que vous êtes liés ensemble » par des obligations réciproques, votre » bonheur mutuel s'accroîtra de jour en » jour : mais si, vous Cyrus, enflé de » votre fortune, vous voulez gouverner » tyranniquement les Perses, comme » un peuple conquis ; si vous Perses, » jaloux de la puissance de Cyrus, vous » cherchez à y porter atteinte, vous ar- » rêterez vous-mêmes le cours de vos » prospérités.

» Un moyen de prévenir ce malheur, » et même de vous assurer pour l'avenir » de nouveaux avantages, c'est d'offrir » aux Dieux un sacrifice en commun, » et de vous promettre en leur présence, » vous Cyrus, que si quelqu'un entre » à main armée dans la Perse ou en- » treprend d'en détruire les lois, vous » la défendrez de toutes vos forces ; » vous Perses, que si quelqu'un cher- » che à dépouiller Cyrus de l'empire, » ou à détacher de son obéissance les » nations qu'il a soumises, vous volerez

» à son secours, au premier ordre que
» vous recevrez. Au reste, mon in-
» tention est de conserver ce royaume
» tant que je vivrai : après ma mort,
» le trône doit appartenir à Cyrus, s'il
» me survit. Ce sera lui qui offrira pour
» vous aux Dieux, quand ses affaires
» l'appelleront en Perse, les sacrifices
» que je leur offre aujourd'hui : lors-
» qu'il sera absent de ce pays, vous ne
» pourrez rien faire de mieux que de
» confier ce sacré ministère à celui de
» notre race que vous en jugerez le plus
» digne. » Cyrus et les magistrats des
Perses convinrent unanimement de suivre les conseils de Cambyse, et prirent
les Dieux à témoin de l'engagement
qu'ils contractaient. Cet accord n'a reçu
depuis aucune atteinte de la part du roi
ni de ses sujets.

Bientôt après, Cyrus quitta la Perse.
Dès qu'il fut arrivé en Médie, il épousa,
du consentement de son père et de sa
mère, la fille de Cyaxare : on vante encore aujourd'hui la beauté de cette princesse. Selon quelques écrivains, celle
qu'il épousa était sœur de sa mère;
mais cette nouvelle mariée eût été très
vieille. A peine les noces étaient achevées, que Cyrus partit avec son épouse.

CHAP. 6. Quand il fut de retour à
Babylone, il pensa qu'il serait à propos
d'envoyer des satrapes dans les provinces conquises, avec cette restriction,
que les gouverneurs des places-fortes,
et les chiliarques détachés en différens
postes pour veiller à la sûreté du pays,
ne recevraient d'ordre que de lui seul.
Il prenait cette précaution, afin que si
quelques satrapes, fiers de leurs richesses et de la multitude de leurs vassaux, avaient l'insolence de vouloir se
rendre indépendans, ils eussent aussitôt
en tête les troupes mêmes de leur gouvernement.

Cette résolution prise, il assembla les principaux chefs pour instruire ceux qui seraient pourvus de gouvernemens, des conditions auxquelles ils leur seraient confiés. Selon lui, ce réglement fait d'avance ne les mortifirait point; mais si on attendait, pour le faire, qu'ils fussent en possession de leurs places, on les blesserait, parce qu'alors ils croiraient que c'est par défiance que l'on restreint leur pouvoir. Lorsqu'ils furent assemblés, il leur parla ainsi :

« Mes amis, nous avons laissé des
» garnisons et des gouverneurs dans les
» villes que nous avons soumises. En
» partant, je leur ai commandé de gar-
» der leurs places; et comme ils ont sui-
» vi exactement mes ordres, je ne puis
» les destituer : mais il me paraît né-
» cessaire d'envoyer des satrapes dans
» les provinces, pour gouverner les ha-
» bitans, lever les impôts, payer les
» garnisons, et veiller aux affaires de
» leur département. Il me paraît égale-
» ment nécessaire que ceux d'entre vous
» qui sont établis à Babylone, et que je
» pourrai envoyer dans ces provinces
» pour quelque commission particulière,
» y aient en propriété des terres et des
» maisons, afin qu'en arrivant ils se
» trouvent logés chez eux, et que les
» tributs nous parviennent ici. » Cyrus s'interrompit pour assigner à plusieurs de ses familiers des maisons et des vassaux dans la plupart des villes conquises. Ces possessions situées en différentes contrées de l'empire, appartiennent encore aux descendans de ceux à qui elles furent données, quoiqu'ils demeurent habituellement à la cour. « Quant
» au choix des satrapes pour l'adminis-
» tration des provinces, reprit Cyrus,
» mon avis est qu'il faut préférer ceux
» que l'on croira les plus soigneux de
» nous envoyer ce que chaque sol pro-
» duit de meilleur et de plus beau, afin
» que sans sortir de nos foyers nous

» participions aux avantages de tous les pays; ce qui est assez juste, puisque nous devons les défendre s'ils sont attaqués. »

Quand il eut cessé de parler, il distribua les gouvernemens à ceux de ses amis qui les désiraient, aux conditions annoncées. Le choix tomba sur les plus capables : Mégabyse eut l'Arabie, Artabate la Cappadoce, Artacamas la grande Phrygie, Chrysante la Lycie et l'Ionie, Adusius la Carie, qui l'avait elle-même demandé, Pharnuchus l'Éolide et la Phrygie voisine de l'Hellespont. La Cilicie, Cypre, la Paphlagonie, qui avaient suivi le prince de leur bon gré au siége de Babylonne, n'eurent point de gouverneurs perses; mais on les assujettit au tribut. Le plan qu'alors adopta Cyrus, subsiste encore aujourd'hui : les garnisons des places-fortes sont restées jusqu'ici dans la dépendance immédiate du roi; c'est lui qui en nomme les commandans, et leurs noms sont inscrits sur ses états.

Avant le départ des satrapes, Cyrus leur recommanda d'imiter, autant qu'ils pourraient, la conduite qu'ils lui avaient vu tenir; de former d'abord, tant des Perses qu'ils avaient avec eux, que des alliés, un corps de cavalerie et de conducteurs de chars; d'exiger que ceux qui posséderaient des maisons et des terres dans l'étendue de leurs gouvernemens, se rendissent assidûment à la porte de leurs palais, qu'ils observassent la tempérance, et vinssent s'offrir d'eux-mêmes pour exécuter ce qu'on voudrait leur ordonner; de faire élever leurs enfans sous leurs yeux, comme il le pratiquait dans son palais; de mener souvent à la chasse les hommes faits qui fréquenteraient la cour; de les entretenir dans les exercices militaires et de s'y entretenir eux-mêmes.

Celui d'entre vous, ajouta-t-il, qui, relativement à ses facultés, aura le plus grand nombre de chars, la meilleure et la plus nombreuse cavalerie, peut s'assurer que je le considérerai comme un brave et fidèle ami, comme un ferme soutien de l'empire des Perses et de ma puissance. Que chez vous ainsi que chez moi, les places d'honneur soient toujours occupées par les plus dignes : que votre table soit, comme la mienne, servie avec assez d'abondance pour qu'elle nourrisse d'abord votre maison, et que ensuite vous puissiez y recevoir vos amis, et donner à ceux qui se seront distingués, une marque de considération, en les y admettant. Ayez des parcs fermés; nourrissez-y des bêtes fauves : faites de l'exercice avant vos repas, et ne souffrez point qu'on donne à manger à vos chevaux qu'ils n'aient été travaillés. Avec toute la force que comporte la condition humaine, je ne pourrais, seul, vous défendre, vous tous et vos biens : si je dois vous aider de ma valeur et de celle de mes braves compagnons, il faut aussi que vous me secondiez de votre valeur et de celle de vos braves. Considérez, je vous prie, que je n'ordonne à nos esclaves aucune des pratiques que je vous prescris; et que je n'exige rien de vous que je ne m'efforce de faire moi-même. En un mot, exhortez ceux qui tiendront de vous une portion d'autorité à suivre votre exemple, comme je vous invite à suivre le mien.

Ces divers réglemens se sont conservés jusqu'ici sans altération. Les garnisons et leurs chefs sont dans la dépendance immédiate du roi : la porte des chefs est assidûment fréquentée : dans les maisons du peuple, comme dans celles des grands, la coutume est toujours que les places les plus honorables soient remplies par les plus dignes. On observe, quand le roi marche, le même ordre dont j'ai parlé; et malgré la multitude des affaires, tout s'expédie promptement par un petit nombre d'officiers. Cyrus, après avoir instruit les nouveaux satrapes de la conduite qu'ils devaient tenir, et avoir donné un corps de troupes à chacun, les congédia, en les avertissant de se tenir prêts pour entrer en campagne l'année suivante, et pour la revue générale qu'il comptait faire des hommes, des armes, des chevaux et des chars.

C'est à Cyrus que l'on doit, dit-on, un autre établissement qui subsiste en Perse. Tous les ans, un envoyé du prince parcourt avec une armée les différentes provinces de l'empire : si les gouverneurs ont besoin de secours, il leur prête main-forte ; s'ils sont injustes ou violens, il les ramène à la modération ; s'ils négligent de faire payer les tributs, et de veiller, soit à la sûreté des habitans de leur gouvernement, soit à la culture des terres ; en un mot, s'ils manquent à quelques-uns de leurs devoirs, l'envoyé remédie au mal : lorsqu'il ne peut y réussir, il en rend compte au roi, qui décide du traitement que mérite celui qui est en faute. Souvent ces hommes que l'on appelle *le fils du roi*, ou *le frère du roi*, ou *l'œil du roi*, font la fonction d'inspecteurs : cependant quelquefois ils ne paraissent point, parce que s'il plaît au prince de les contremander, ils retournent sur leurs pas.

C'est encore à Cyrus qu'on attribue cette invention si utile dans un grand empire, au moyen de laquelle il était promptement informé de tout ce qui se passait dans les contrées les plus éloignées. Après avoir examiné ce qu'un cheval pouvait faire de chemin dans un jour sans s'excéder, il ordonna que sur les routes on construisît des écuries distantes l'une de l'autre de ce même intervalle, qu'on y mît des chevaux et des palefreniers. Dans chacune il devait y avoir un homme intelligent, pour recevoir les lettres qu'un courrier apportait, les remettre à un autre courrier, avoir soin des hommes et des chevaux qui arrivaient fatigués, et en fournir de frais. Quelquefois même la nuit ne retarde point la marche des courriers ; celui qui a couru le jour, est remplacé par un autre qui se trouve prêt à courir la nuit : aussi a-t-on dit d'eux, que les grues ne feraient pas autant de chemin dans le même espace de temps. Si ce mot est exagéré, il est du moins certain qu'on ne peut voyager sur la terre avec plus de vitesse. Or il importe, et de recevoir promptement un avis, et d'en profiter sans délai.

L'année étant révolue, Cyrus assembla son armée à Babylone : on prétend qu'elle était composée de cent vingt mille cavaliers, de deux mille chars armés de faux, et de six cent mille fantassins. Avec ces forces redoutables, il entreprit la fameuse expédition dans la quelle il subjugua toutes les nations qui habitent depuis les frontières de la Syrie jusqu'à la mer Érythrée : de là portant ses armes vers l'Égypte, il la soumit pareillement ; de sorte que son empire eut dès-lors pour bornes, à l'orient la mer Érythrée, au septentrion le Pont-Euxin, au couchant l'île de Cypre et l'Égypte, au midi l'Éthiopie, régions dont les extrémités sont presque inhabitables, par la trop grande chaleur ou par la rigueur du froid, par les inondations ou par la sécheresse. Cyrus fixa son séjour au centre de ces différens pays ; il passait les sept mois de l'hiver à Babylone, dont le climat est chaud, les trois mois du printemps à Suse, les deux mois de l'été à Ecbatane : ce qui a fait dire qu'il jouissait d'un printemps continuel.

Il inspirait un tel attachement, qu'il n'était point de ville qui n'eût cru se manquer à elle-même, si elle avait négligé de lui offrir ses meilleures productions, fruits, animaux, ouvrages de l'art. Les particuliers s'estimaient riches, quand ils avaient pu lui faire un présent : en effet, le prince, après avoir reçu d'eux des choses qu'ils avaient en abondance, leur donnait en échange celles dont il savait qu'ils manquaient.

Chap. 7 Ainsi vécut Cyrus. Devenu vieux, il partit pour la Perse : c'était le septième voyage qu'il y faisait, depuis l'établissement de son empire. On conçoit que son père et sa mère étaient morts depuis long-temps. A son arrivée, il offrit les sacrifices ordinaires, commença la danse en l'honneur des Dieux, suivant l'usage des Perses, et fit des largesses à tout le peuple. Ensuite, il se retira dans son palais : s'y étant endormi, il vit en songe un personnage dont l'air majestueux n'annonçait pas un mortel, et qui s'approcha de lui, en prononçant ces mots, « Prépare-toi, Cyrus, tu vas bientôt rejoindre les Dieux ».

Ce songe l'éveilla : il jugea que la fin de sa vie approchait. Il choisit des victimes, et, selon le rit perse, alla sacrifier sur les montagnes, à Jupiter protecteur de sa patrie, au Soleil, et aux autres divinités, en leur adressant cette prière :

« Jupiter, Dieu de mes pères, Soleil,
» et vous Dieux immortels, recevez ce
» sacrifice qui termine ma glorieuse
» carrière ! Je vous rends grâces des
» avis que j'ai reçus de vous, par les
» entrailles des animaux, par les signes
» célestes, par les augures, par les
» présages, sur ce que je devais faire
» ou éviter : je vous rends grâces aussi
» de n'avoir jamais permis que je méconnusse votre assistance, ni que dans
» le cours des mes prospérités j'oubliasse que j'étais homme. Je vous
» prie d'accorder à mes enfans, à ma
» femme, à mes amis, à ma patrie,
» des jours heureux ; à moi, une fin
» digne de ma vie ».

Après les sacrifices, il retourna au palais, et se coucha, pour prendre un peu de repos. Ses baigneurs vinrent à l'heure accoutumée lui proposer de se mettre dans le bain : il répondit qu'il voulait se reposer. L'heure du repas étant venue, on servit son souper : il n'était pas disposé à manger ; mais, comme il avait soif, il but avec plaisir. Le lendemain et le jour suivant, se trouvant dans le même état, il fit appeler ses fils ; ils l'avaient accompagné dans son voyage : il manda aussi ses amis, et les principaux magistrats des Perses ; les voyant tous rassemblés, il leur tint ce discours :

« Mes enfans, et vous tous mes amis
» qui êtes présens, je reconnais à plusieurs signes, que je touche au terme
» de ma vie. Quand je ne serai plus,
» regardez-moi comme un homme heureux ; que ce sentiment se montre
» dans vos actions comme dans vos discours. Dans l'enfance, j'ai recueilli
» tous les honneurs accordés à cet âge :
» j'ai constamment joui du même avantage, dans l'adolescence et dans l'âge
» mûr. Il m'a toujours semblé que mes
» forces augmentaient avec le nombre
» de mes années ; en sorte que dans ma
» vieillesse, je ne me suis pas senti
» moins vigoureux que je l'étais dans
» ma jeunesse. J'ai vu toutes mes entreprises couronnées du succès, tous mes
» vœux exaucés. J'ai vu mes amis heureux par mes bienfaits, et mes ennemis asservis. Avant moi, ma patrie
» était une province obscure de l'Asie ;
» je la laisse souveraine de l'Asie entière : je ne sache pas avoir jamais
» perdu une seule de mes conquêtes.
» Cependant, quoique ma vie ait été un

» enchaînement continuel de prospéri-
» tés, j'ai toujours craint que l'avenir ne
» me réservât quelque revers funeste :
» cette idée m'a préservé de l'orgueil et
» des excès d'une joie immodérée. Dans
» ce moment où je vais cesser d'être,
» j'ai la consolation de voir que vous me
» survivrez, vous mes enfans, que le
» ciel m'a donnés : je laisse mon pays
» florissant, et mes amis dans l'abon-
» dance. La postérité la plus reculée
» pourrait-elle donc sans injustice ne
» pas me regarder comme heureux ! Il
» faut maintenant que je déclare mon
» successeur à l'empire, afin de prévenir
» tout sujet de dissention entre vous.
» Mes enfans, je vous aime tous deux
» avec une égale tendresse : je veux
» néanmoins que l'administration des
» affaires et l'autorité suprême appar-
» tiennent, dans tous les cas, à celui qui,
» étant le plus âgé, est justement pré-
» sumé avoir le plus d'expérience. Ac-
» coutumé dans notre patrie commune
» à voir les cadets, soit entre frères,
» soit entre concitoyens, céder le pas à
» leurs aînés, leur donner les places
» honorables, les laisser parler les pre-
» miers, je vous ai formés, dès l'en-
» fance, à honorer ceux qui étaient plus
» âgés que vous ; et j'ai voulu qu'à votre
» tour vous fussiez traités de même par
» ceux qui étaient plus jeunes. La dis-
» position que vous venez d'entendre,
» est donc conforme à nos lois, aux an-
» ciens usages, à nos mœurs.

» Ainsi, que la couronne soit à toi,
» Cambyse : les dieux te la défèrent ; et
» ton père, autant qu'il est en son pou-
» voir. Toi, Tanaoxare, tu auras le
» gouvernement de la Médie, de l'Ar-
» ménie et du pays des Cadusiens. Si je
» lègue à ton frère une autorité plus
» étendue avec le titre de roi, je crois
» t'assurer une condition plus douce et
» plus tranquille. Que manquera-t-il à
» ta félicité ? Tu jouiras de tous les biens
» qui peuvent rendre les hommes heu-
» reux ; et tu en jouiras sans trouble.
» L'ambition d'exécuter des entreprises
» difficiles, la multiplicité fatigante des
» affaires, un genre de vie ennemi du
» repos, un désir inquiet d'imiter mes
» actions, des embûches à dresser ou à
» éviter ; voilà le partage de celui qui
» règnera : tu seras exempt de tous ces
» soins, qui sont autant d'obstacles au
» bonheur. Toi, Cambyse, n'oublie ja-
» mais que ce n'est point ce sceptre d'or
» qui conservera ton empire : les amis
» fidèles sont le véritable sceptre des
» rois, et leur plus ferme appui. Mais
» ne te figure pas que les hommes nais-
» sent tels : si la fidélité leur était natu-
» relle, elle se manifesterait dans tous
» également, comme on remarque en
» tous, les penchans que la nature
» donne à l'espèce humaine. Il faut que
» chacun travaille à se faire des amis
» fidèles ; ce n'est jamais la contrainte,
» c'est la bienfaisance qui les donne.

» Au reste, dans le cas où tu jugerais à
» propos de te décharger sur quelqu'un
» d'une partie des soins qu'exige le
» maintien d'un empire, tu dois, par
» préférence, choisir ton frère. Si nous
» sommes plus étroitement unis à nos
» concitoyens qu'aux étrangers, à ceux
» qui demeurent avec nous sous le même
» toit qu'à nos concitoyens, comment
» des frères, formés du même sang,
» nourris par la même mère, élevés
» dans la même maison, chéris des mê-
» mes parens, qui donnent aux mêmes
» personnes les noms de père et de
» mère, ne seraient-ils pas encore plus
» intimement unis ? Ne relâchez pas ces
» doux nœuds dont les dieux lient en-
» semble les frères ; resserrez-les plu-
» tôt par les actes répétés d'une amitié
» mutuelle : c'est le moyen d'assurer à
» jamais la durée de votre union. C'est

» travailler pour ses propres intérêts,
» que de s'occuper de ceux de son frère.
» Qui plus qu'un frère sera honoré de
» l'illustration de son frère! par qui un
» homme constitué en dignité sera-t-il
» plus révéré que par son frère? est-il
» quelqu'un qu'on craigne plus d'offen-
» ser que celui dont le frère est puis-
» sant?

» Que personne donc ne soit plus
» prompt que toi, Cambyse, à servir le
» tien, et n'aille plus courageusement à
» son secours, puisque sa bonne et
» sa mauvaise fortune te touchent de
» plus près que nul autre. Examine
» d'ailleurs de qui tu pourrais espérer
» plus de reconnaissance pour tes bien-
» faits, que de la part d'un frère? Qui,
» après t'avoir appelé à son secours, te
» seconderait plus vaillamment? Est-il
» quelque autre homme qu'il soit plus
» honteux de ne pas aimer, et plus
» louable d'honorer? En un mot, Cam-
» byse, ton frère est le seul qui puisse
» occuper, sans exciter l'envie, la pre-
» mière place auprès de toi.

« Je vous conjure donc, mes enfans,
» au nom des dieux de notre patrie,
» d'avoir des égards l'un pour l'autre,
» si vous conservez quelque désir de me
» plaire: car je ne m'imagine pas que
» vous regardiez comme certain, que je
» ne serai plus rien quand j'aurai cessé
» de vivre. Mon âme a été jusqu'ici ca-
» chée à vos yeux; mais à ses opéra-
» tions, vous reconnaissiez qu'elle exis-
» tait. N'avez-vous pas remarqué de
» même, de quelles terreurs sont agités
» les homicides, par les âmes des in-
» nocens qu'ils ont fait mourir, et quel-
» les vengeances elles tirent de ces im-
» pies? Pensez-vous que le culte qu'on
» rend aux morts se fût constamment
» soutenu, si l'on eût cru leurs âmes
» destituées de toute puissance? Pour
» moi, mes enfans, je n'ai jamais pu
» me persuader que l'âme qui vit tant
» qu'elle est dans un corps mortel, s'é-
» teigne dès qu'elle en est sortie; car je
» vois que c'est elle qui vivifie ces corps
» destructibles, tant qu'elle les habite.
» Je n'ai jamais pu non plus me persua-
» der qu'elle perde sa faculté de raison-
» ner au moment où elle se sépare d'un
» corps incapable de raisonnement, il
» est naturel de croire que l'âme,
» alors plus pure, et dégagée de la ma-
» tière, jouit pleinement de son intelli-
» gence. Quand un homme est mort, on
» voit les différentes parties qui le com-
» posaient se rejoindre aux élémens
» auxquels elles appartiennent: l'âme
» seule échappe aux regards, soit du-
» rant son séjour dans le corps, soit
» lorsqu'elle le quitte.

» Vous savez que c'est pendant le
» sommeil, image de la mort, que l'âme
» approche le plus de la divinité, et que
» dans cet état, souvent elle prévoit l'a-
» venir, sans doute parce qu'alors elle
» est entièrement libre. Or si les choses
» sont comme je le pense, et que l'âme
» survive au corps qu'elle abandonne,
» faites, par respect pour la mienne, ce
» que je vous recommande: si je suis
» dans l'erreur, si l'âme demeure avec
» le corps et périt avec lui, craignez du
» moins les dieux, qui ne meurent
» point, qui voient tout, qui peuvent
» tout, qui entretiennent dans l'univers
» cet ordre immuable, inaltérable, in-
» variable, dont la magnificence et la
» majesté sont au-dessus de l'expression.
» Que cette crainte vous préserve de
» toute action, de toute pensée qui
» blesse la piété ou la justice. Après les
» dieux, craignez les hommes et les ra-
» ces à venir. Comme les Dieux ne vous
» ont pas cachés dans l'obscurité, toutes
» vos actions seront vues: si elles sont
» pures et conformes à la justice, elles
» affermiront votre autorité; mais si

» vous cherchez réciproquement à vous
» nuire; vous perdrez toute confiance
» dans l'esprit des autres hommes. En
» effet, avec la meilleure volonté, pour-
» rait-on se fier à vous, si l'on vous
» voyait injustes envers l'être que vous
» avez le plus de raisons d'aimer?

» Si vous goûtez les instructions que
» je vous donne sur la manière de vous
» comporter l'un à l'égard de l'autre,
» suivez-les; si elles vous paraissent in-
» suffisantes, consultez l'histoire des
» siècles passés, c'est une excellente
» école. Vous y verrez des pères qui ont
» tendrement aimé leurs enfans, et des
» frères qui ont vécu dans l'union la plus
» intime : vous en verrez d'autres qui
» ont donné l'exemple d'une conduite
» opposée. Parmi des hommes si diffé-
» rens, choisissez pour modèles ceux
» qui se sont le mieux trouvés de leur
» conduite, et vous serez sages. Mais je
» crois vous en avoir dit assez. Lorsque
» je ne serai plus, ô mes enfans! n'en-
» sevelissez mon corps ni dans l'or, ni
» dans l'argent, ni dans quelque matière
» que ce soit; rendez-le promptement à
» la terre. Quoi de plus satisfaisant que
» d'être réuni à cette mère commune,
» qui produit, qui nourrit tout ce qui
» existe de bon! J'ai toujours trop chéri
» les hommes, pour ne pas ressentir
» une sorte de joie de ce que bientôt je
» ferai partie de la bienfaitrice des hom-
» mes. Mais je sens que mon âme m'a-
» bandonne : je le sens aux symptômes
» qui annoncent ordinairement notre dis-
» solution.

» Si quelqu'un d'entre vous désire
» toucher ma main, et considérer dans
» mes yeux un reste de vie, qu'il ap-
» proche. Quand j'aurai couvert mon
» visage, je vous prie, mes enfans, que
» mon corps ne soit vu de personne,
» pas même de vous. Invitez les Perses
» et nos alliés à se rassembler autour de

» mon tombeau, pour me féliciter de ce
» que je serai désormais en sûreté, à
» l'abri de tout événement fâcheux, soit
» que j'existe dans le sein de la divinité,
» ou que je sois réduit au néant. Que
» tous ceux qui s'y rendront s'en re-
» tournent après avoir reçu de vous les
» dons qu'on distribue aux funérailles
» d'un homme heureux. Enfin, n'ou-
» bliez jamais ce mot : c'est en faisant
» du bien à vos amis, que vous serez en
» état de réprimer vos ennemis. Adieu,
» chers enfans; portez mes adieux à
» votre mère. Adieu, tous mes amis
» présens et absens. » Quand il eut cessé
de parler, il présenta sa main à tous
ceux qui l'entouraient; puis, s'étant
couvert le visage, il expira.

Chap. 8. Il est hors de doute que le
royaume de Cyrus a été le plus florissant
et le plus étendu de toute l'Asie : il
avait pour bornes, comme je l'ai déjà
dit, à l'orient la mer Érythrée, au septentrion le Pont-Euxin, à l'occident
Cypre et l'Égypte, au midi l'Étiopie.
Cyrus gouvernait seul cette vaste étendue de pays : il aimait et traitait ses
sujets comme ses enfans ; ses sujets
l'honoraient comme un père. Mais à
peine eut il fermé les yeux, que la discorde divisa ses deux fils : des villes,
des nations entières se détachèrent de
leur obéissance ; l'on vit bientôt une
décadence générale. Je vais justifier ce
que j'avance, en commençant par ce
qui concerne la religion.

Anciennement, lorsque le prince ou
les grands avaient donné leur parole,
soit avec serment, soit par la simple
présentation de la main, fût-ce même à
ceux qui s'étaient rendus coupables de
quelque crime, ils la gardaient invio-
lablement : s'ils avaient été moins fidèles à leurs promesses, et qu'on eût pu
les soupçonner d'y manquer, on n'aurait pas eu plus de confiance en eux

qu'on en a maintenant que leur mauvaise foi est reconnue ; et les chefs des troupes qui depuis accompagnèrent Cyrus le jeune dans son expédition, ne se seraient pas fiés à leurs parole. On sait que ces capitaines, trompés par l'ancienne opinion de la bonne foi des Perses, se livrèrent eux-mêmes entre leurs mains, et, conduits devant le roi, eurent la tête tranchée : quantité de barbares de la même expédition, séduits également par de fausses promesses, périrent misérablement.

Les Perses sont encore plus pervers à présent qu'ils ne l'étaient alors. Autrefois, les honneurs étaient réservés à ceux qui exposaient leur vie pour le service du roi, qui lui soumettaient une ville, qui subjuguaient une nation, qui se signalaient par quelque belle action. Aujourd'hui, qu'à l'exemple ou d'un Mithridate qui trahit son père Ariobarzane, ou d'un Rhéomithrès qui, au mépris des sermens les plus sacrés, a laissé pour otages en Égypte, sa femme, ses enfans, les enfans de ses amis, on commette une perfidie, pourvu qu'elle tourne au profit du prince, on est magnifiquement récompensé. De là, par l'influence que les mœurs du peuple dominant ont toujours sur celle du peuple assujetti, toutes les nations asiatiques sont devenues injustes et perfides. Voilà déjà un point sur lequel les Perses sont pires de nos jours qu'ils n'étaient autrefois.

Leur dépravation ne se manifeste pas moins par leur avidité pour l'argent. Les criminels ne sont plus, comme anciennement, les seuls qu'on mette aux fers : on emprisonne des innocens, pour les forcer, contre toute équité, de racheter leur liberté à prix d'argent ; en sorte que ceux qui possèdent de grandes richesses, ne craignent pas moins que ceux qui ont commis de grands délits.

Ils n'osent ni combattre un ennemi puissant, ni joindre l'armée du roi quand elle entre en campagne : d'où il arrive que tout peuple en guerre avec les Perses, peut faire impunément à son gré des courses dans le pays, juste punition de leur impiété envers les Dieux, et de leurs injustices envers les hommes ; nouvelle preuve qu'ils ont étrangement dégénéré de leur ancienne vertu.

Je passe aux changemens qui sont survenus dans leur manière de vivre. Une loi défendait de cracher et de se moucher : la loi avait pour objet, non sans doute de ménager une humeur superflue, mais de les fortifier en les accoutumant à la consumer par la fatigue et par la sueur. Ils ont, à la vérité, conservé l'usage de ne point cracher et de ne se point moucher ; mais ils ont perdu celui de travailler.

Suivant une autre loi, ils ne devaient manger qu'une fois le jour, afin de pouvoir donner le reste du temps au soin de leurs affaires et aux exercices du corps. Ils ont retenu la pratique de ne faire qu'un repas ; mais ils le continuent jusqu'à l'heure où se couchent ceux qui aiment le plus à veiller.

Il leur était défendu de faire porter des prochoïdes aux repas, parce qu'on pensait que l'excès de la boisson énerve à-la-fois le corps et l'âme. La défense subsiste encore ; mais ils boivent avec si peu de retenue, qu'au lieu de porter ces vases, ce sont eux-mêmes que l'on remporte ; ils n'ont plus la force de se soutenir assez pour sortir.

Leurs pères, selon une pratique ancienne, ne buvaient ni ne mangeaient jamais en route, et ne se permettaient de satisfaire publiquement aucun des besoins qui en sont la suite. Cette pratique subsiste encore ; mais ils font des marches si courtes, que leur abstinence n'a rien de merveilleux.

Autrefois ils allaient si fréquemment à la chasse, que cet exercice suffisait pour tenir en haleine les hommes et les chevaux. Depuis que le roi Artaxerxès et ses courtisans se sont adonnés au vin, ils ont renoncé à la chasse; et si quelqu'un, pour s'entretenir dans l'habitude de la fatigue, a continué de chasser avec ses cavaliers, il s'est attiré la haine de ses égaux jaloux de l'avantage qu'il a sur eux.

L'usage d'élever les enfans à la porte du palais s'est maintenu jusqu'à présent; mais on néglige de leur enseigner à monter à cheval, parce qu'il ne se rencontre plus d'occasions où il puissent faire briller leur adresse. La cour était une école où ils se formaient à la justice, parce qu'ils y voyaient l'équité présider aux jugemens : ils voient, au contraire, triompher aujourd'hui ceux qui donnent le plus d'argent. Les enfans apprenaient à connaître les propriétés des plantes, afin de s'en servir ou de s'en abstenir, suivant qu'elles sont salutaires ou nuisibles : maintenant il semble qu'ils n'apprennent à les distinguer que pour être en état de faire le plus de mal possible : aussi n'est-il point de pays où les empoisonnemens soient plus fréquens.

Leur vie est d'ailleurs beaucoup plus voluptueuse et plus molle qu'elle n'était du temps de Cyrus. Quoiqu'ils eussent dès-lors adopté l'habit et la parure des Mèdes, leurs mœurs se sentaient encore de l'éducation mâle qu'ils avaient reçue en Perse : ils laissent aujourd'hui éteindre en eux les vertus de leurs pères, et conservent la mollesse des Mèdes. Mais entrons dans quelques détails sur cet article.

Ils ne se contentent pas d'être couchés mollement : il faut que les pieds de leurs lits soient posés sur des tapis, qui, en obéissant au poids, empêchent de sentir la résistance du plancher. Ils n'ont abandonné aucun des mets et des ragoûts qu'on leur servait autrefois, et tous les jours ils en inventent de nouveaux; ils ont même des gens à leurs gages pour en imaginer. L'hiver, ils ne se bornent pas à se couvrir la tête, le corps et les pieds : ils ont les mains garnies de fourrures, et les doigts dans des espèces d'étui. Durant l'été, l'ombre des bois et des rochers ne leur suffit pas; ils ont recours à l'art pour la rendre plus épaisse. Ils tirent vanité de posséder un grand nombre de vases précieux; et ils ne rougissent pas de les avoir acquis par des voies malhonnêtes : tant l'injustice et l'amour sordide du gain ont fait de progrès chez eux. Une ancienne loi leur défendait de paraître jamais à pied dans les chemins, et le but de ce réglement était d'en faire de bons cavaliers : ils l'observent encore; mais il ont plus de tapis sur leurs chevaux que sur leurs lits, et sont beaucoup moins curieux d'être bien à cheval que d'être assis mollement.

Pour ce qui regarde la guerre, serait-il possible qu'ils fussent à présent les mêmes qu'ils étaient autrefois? Du temps de leurs pères, les grands venaient joindre l'armée avec un certain nombre de cavaliers levés dans leurs domaines; et lorsqu'il s'agissait de la défense du pays, les garnisons des places entraient en campagne moyennant la solde qu'on leur donnait. Aujourd'hui, les grands, dans la vue de profiter de la solde, transforment en cavaliers leurs portiers, leurs boulangers, leurs cuisiniers, leurs échansons, leurs baigneurs, les valets qui servent et desservent leurs tables, qui les mettent au lit ou qui les réveillent, qui les habillent, qui les frottent, qui les parfument, en un mot, qui ont soin de tout leur ajustement. Ainsi, quoique leurs armées soient nombreuses, elles ne sont d'aucune utilité, comme il est aisé d'en juger en voyant leurs ennemis parcourir la Perse plus librement qu'eux-mêmes.

Cyrus, pour obliger sa cavalerie à combattre de près, lui avait ôté les armes de jet : il avait couvert les hommes et les chevaux d'armes défensives et donné à chaque cavalier un fort javelot. On est exact à ne point combattre de loin; mais on n'ose plus se battre de près. L'infanterie est armée, comme du temps de Cyrus, du bouclier, de l'épée, de la hache; mais elle n'a pas le courage de s'en servir. Les chars armés de faux, ne sont plus employés à l'usage pour lequel Cyrus les avait fait construire. Par les récompenses et les distinctions dont il comblait les conducteurs, il avait tellement excité leur courage, qu'ils s'élançaient impétueusement à travers les plus épais bataillons : les Perses d'aujourd'hui en font si peu de cas qu'à peine ils les connaissent; ils croient qu'on peut très bien conduire un char sans y être exercé. Ils savent, à la vérité, pousser leurs chevaux vers l'ennemi; mais, avant de l'avoir joint, les uns se laissent renverser exprès, les autres sautent en bas pour prendre la fuite; en sorte que les chars n'étant plus gouvernés, leur causent souvent plus de dommage qu'aux ennemis. Au reste, les Perses ne se dissimulent pas leur peu d'habileté dans l'art militaire : ils reconnaissent leur infériorité, et n'osent se mettre en campagne sans avoir des Grecs dans leurs armées, soit qu'ils aient la guerre entre eux, soit qu'ils aient à se défendre contre des Grecs; car ils ont pour maxime de ne jamais combattre les Grecs sans être soutenus par des troupes de la même nation.

Je crois avoir rempli l'objet que je m'étais proposé. J'ai prouvé qu'aujourd'hui les Perses et les peuples soumis à leur domination, ont beaucoup moins de respect pour les Dieux, de piété envers leurs parens, d'équité les uns à l'égard des autres, de bravoure à la guerre, qu'ils n'en avaient anciennement. Si quelqu'un est d'un avis contraire, qu'il examine leurs actions, il verra qu'elles confirment ce que j'ai dit.

FIN DE LA CYROPÉDIE.

ARRIEN.

BIBLIOTHÈQUE MILITAIRE.

ARRIEN.

Expéditions d'Alexandre.

1835.

PRÉFACE D'ARRIEN.

J'écris les guerres d'Alexandre sur les Mémoires de Ptolémée et d'Aristobule : unanime, leur témoignage me présente le caractère de la vérité; opposé, je le discute, et n'admets que les faits dignes de foi, dignes de l'histoire. D'autres ont rapporté d'autres gestes du fils de Philippe; car nul n'occupa des écrivains plus nombreux et plus divisés.

Ptolémée et Aristobule m'ont paru mériter le plus de créance; Aristobule ne quitta point le prince durant cette expédition; Ptolémée fut son compagnon d'armes; et roi, il se fut plus avili qu'un autre par le mensonge; tous deux enfin n'écrivirent qu'après la mort du conquérant, affranchis de cette contrainte et de cet intérêt qui auraient pu leur faire trahir la vérité.

Quelques auteurs ont rassemblé des traits qui méritent d'être cités, et que je n'ai pas jugé incroyables pour n'appartenir qu'au seul Alexandre; je les ai recueillis.

La surprise de voir un nouvel historien succéder à tant d'autres, cessera peut-être en comparant leurs écrits au sien.

Arrien, surnommé le nouveau Xénophon, était né à Nicomédie, capitale d'une province très florissante de l'Asie mineure. Arrien fut disciple d'Epictète, et, au sortir de son école, embrassa la carrière des armes. Il y jeta tant d'éclat, qu'Athènes et plusieurs autres villes le mirent au nombre de leurs concitoyens. Rome elle-même voulut lui décerner cet honneur insigne, et le nomma gouverneur de la Cappadoce, menacée par les Scythes, connus sous le nom d'Alains.

En ce temps-là, c'était sous Hadrien, dans le second siècle de notre ère, les Romains dont le courage avait tant dégénéré, résistaient difficilement aux peuples qui combattaient avec une cavalerie nombreuse. Arrien déploya de si grands talens dans ses fonctions difficiles, qu'il vint à bout de dompter les Scythes, et de mettre les provinces romaines à l'abri de leurs incursions. De retour à Rome, il fut comblé de la faveur du prince, et parvint, peu de temps après, au consulat.

Arrien fut un écrivain très fécond. Un fragment d'une disposition de marche et d'un ordre de bataille, qui nous restent de son histoire de la guerre contre les Alains, nous rendent témoignage du grand sens de cet auteur, et de sa haute capacité comme militaire.

Nous n'en devons être que plus sensibles à la perte de ses ouvrages qui nous auraient appris des particularités curieuses sur les mœurs et les usages des Alains; sur les Parthes, auxquels il avait consacré dix sept livres; et sur les Bithyniens ses compatriotes. Il faisait remonter cette dernière histoire aux temps fabuleux, et finissait au règne de Nicomède, qui légua par testament ses états au peuple romain. On doit vivement regretter aussi ses dix livres sur les successeurs d'Alexandre, époque obscurcie par la multiplicité des évènemens, et les vicissitudes dont elle est remplie.

Dans son ouvrage sur les expéditions de ce prince, Arrien laisse bien loin derrière lui le roman absurde et ridicule de Quinte-Curce. Il mérite d'ailleurs des éloges pour avoir remonté aux écrivains contemporains. En prenant pour base de son travail les Mémoires de Ptolémée et d'Aristobule, lieutenans d'Alexandre, il semble donner la préférence à Ptolémée qui, devenu roi à son tour, n'aurait sûrement pas voulu déshonorer sa couronne par un mensonge. Arrien consulta aussi le Journal d'Alexandre, publié par Eumènes, son secrétaire; l'Itinéraire, décrit par Diognète et Bæton, géomètres employés à la suite de l'armée; enfin, la description des provinces composant l'empire d'Alexandre, rédigée par son ordre.

La sagacité et le discernement d'Arrien ont été d'autant plus appréciés que l'on s'est mieux éclairé en Europe sur l'état de l'Inde, dans ses rapports historiques et géographiques. Philosophe, général d'armée, excellent écrivain, judicieux critique, il doit être considéré, dit un moderne, comme le premier historien d'Alexandre, et le seul sur le témoignage duquel on puisse compter.

ARRIEN.

Expéditions d'Alexandre.

LIVRE PREMIER.

CHAPITRE PREMIER. On place, sous l'archontat de Pythodème, la mort de Philippe et l'avénement d'Alexandre au trône. Il touchait à sa vingtième année. Le nouveau roi se rend dans le Péloponnèse, y convoque l'assemblée générale des Grecs, et demande à remplacer Philippe dans le commandement de l'expédition contre les Perses.

Tous y consentent, à l'exception des Lacédémoniens. Nos ancêtres, répondent-ils, ne nous ont point appris à obéir, mais à commander.

Les Athéniens se préparaient à de nouveaux mouvemens; mais frappés de la présence subite d'Alexandre, ils lui prodiguent encore plus d'honneurs qu'à Philippe.

Il retourne en Macédoine ordonner les préparatifs de l'expédition d'Asie.

Au printemps il passe dans la Thrace, et marche sur les Triballiens et les Illyriens, peuples finitimes, prêts à se soulever, et qu'il lui importait de réduire entièrement avant de tenter une expédition lointaine. Il part d'Amphipolis; fond sur le pays qu'habitent les Thraces indépendans; laisse à sa gauche la ville de Philippes et le mont Orbéles; traverse le Nésus, et arrive le dixième jour de marche au mont Hæmus.

Des caravanes armées, réunies à des hordes de Thraces libres, défendent l'entrée des gorges, occupent les hauteurs et ferment le passage. Ils mettent en avant et disposent autour d'eux leurs chariots, dans le dessein non-seulement de s'en faire un rempart, mais encore de les précipiter des sommets les plus escarpés, sur la phalange macédonienne, si elle tente de les franchir: ils pensaient que plus cette phalange serait serrée, et plus elle serait facilement rompue par le choc des chariots. Alexandre chercha d'abord quelques moyens sûrs pour s'emparer de ces hauteurs; mais ensuite, décidé à tout braver puisqu'il n'y avait point d'autre voie, il donna ordre aux hoplites d'ouvrir la phalange lorsque le terrain le permettrait, et lorsqu'il serait trop resserré, de mettre le genou en terre, de se courber sous leurs boucliers, en formant la tortue, de manière que les chariots pussent glisser au loin sans les entamer.

Il en fut ainsi qu'Alexandre l'avait prévu et ordonné. Ici la phalange s'ouvre; là, roulant sur les boucliers, les chariots causent peu de désordre et aucune perte.

Les Macédoniens, ranimés en voyant s'évanouir le danger qu'ils avaient le plus redouté, jettent un grand cri, et fondent sur les Thraces. Alexandre fait avancer les hommes de trait de son aile droite, avec ordre de couvrir un autre corps qui se dirige par un côté plus accessible, et d'écarter les Thraces sur tous les points. Lui-même, à la tête de l'Agéma, fait ébranler l'aile gauche renforcée des Hypaspistes et des Agriens.

Dès que les Thraces paraissent, une grêle de flèches les disperse; la phalange se précipite, repousse sans peine une troupe d'hommes à demi-nus, et de barbares mal armés. Ils n'attendent point Alexandre, qui fond par la gauche; ils jettent leurs armes, et se dispersent dans la montagne. On en tue quinze cents environ. Peu tombèrent vivans au pouvoir des Grecs : l'habitude qu'ils avaient de ces défilés, et la légèreté de leur course, les sauvèrent. Les femmes qui les suivaient, les enfans, les bagages, tout fut pris : ce butin, commis à Lysanias et à Philotas, fut conduit dans les villes maritimes.

Alexandre franchit l'Hæmus, pousse vers les Triballiens, et touche aux rives du Lyginus, que trois jours de marche séparent de l'Ister, lorsqu'on traverse l'Hæmus.

Le roi des Triballiens, Syrmus, instruit d'avance de la marche d'Alexandre, fait d'abord passer le fleuve aux femmes et aux enfans, et les rassemble dans une île de l'Ister, qu'on appelle Peucé, où s'était déjà réfugiée, à l'approche de l'ennemi, une foule de Thraces voisins; il s'y jette lui-même avec toute sa famille.

Cependant un grand nombre de Triballiens fuit en arrière, et se porte vers une autre île du fleuve qu'Alexandre avait abandonné la veille. Informé du détour, celui-ci revient sur ses pas, et surprend leur camp. Les Barbares, en désordre, se rallient dans un bois voisin du fleuve. Alexandre fait serrer sa phalange après avoir détaché en avant des hommes de fronde et de trait, qui doivent, en escarmouchant, attirer les Barbares dans la plaine. Ceux-ci, à la portée des traits qui les inquiètent, se précipitent sur une troupe faiblement armée, pour en venir aux mains. Dès qu'Alexandre les eut attirés hors de la forêt, il fit donner, à la tête de l'aile droite vers laquelle ils s'étaient le plus avancés, Philotas avec la cavalerie de la Haute-Macédoine, et à la tête de l'aile gauche, Héraclide et Sopolis avec la cavalerie de la Béotie et d'Amphipolis. Lui-même ébranle au centre la phalange dont le front est protégé du reste de la cavalerie. Tant que l'action ne fut engagée qu'au trait, les Triballiens résistèrent; mais lorsqu'ils vinrent à éprouver le choc de la phalange et de la cavalerie qui les presse et les heurte de toutes parts, ils fuient en désordre à travers la forêt, du côté du fleuve : trois mille furent tués. Peu tombèrent vivans aux mains des vainqueurs; l'épaisseur de la forêt qui domine le fleuve, et l'approche de la nuit, les dérobèrent à la poursuites des Macédoniens. Ceux-ci, selon Ptolémée, ne perdirent que onze cavaliers et quarante fantassins.

Le troisième jour qui suivit cette bataille, Alexandre parvint à l'Ister, le plus considérable des fleuves de l'Europe, celui qui parcourt la plus vaste étendue de pays, et dont les bords sont habités par les nations les plus belliqueuses, pour la plupart Celtiques, au milieu desquelles il prend sa source. A l'extrémité sont les Quades, les Marcomans; ensuite une famille de Sauromates, les Iazyges; plus loin les Gètes, partisans du dogme de l'immortalité; ici la nation des Sauromates; et enfin les Scythes qui s'étendent jusqu'aux lieux où le fleuve se précipite dans le Pont par cinq bouches. Alexandre s'empare de quelques bâtimens longs qui, de Bysance, étaient venus sur le fleuve par l'Euxin; embarque autant d'hommes de traits et d'hoplites qu'ils en peuvent contenir, et vogue vers l'île où les Triballiens et les Thraces s'étaient réfugiés. Il fait d'inutiles efforts pour prendre terre : les Barbares, accourus de toutes parts, défendent la rive. Le petit nombre de vaisseaux et de soldats, la côte escarpée, la rapidité du fleuve resserré dans son lit, tout présente des obstacles insurmontables.

Alexandre fit remonter ses vaisseaux, résolu de traverser l'Ister et de fondre sur les Gètes, habitans la rive opposée. Ils accourent pour le repousser au nombre de quatre mille chevaux, et de plus de dix mille hommes de pied : leur présence achève de le déterminer. Il s'embarque; à son ordre, on forme des outres avec les peaux des tentes, on les remplit de paille; on s'empare d'une multitude de canots dont se servaient les habitans du pays pour la pêche, le commerce et même le brigandage : à l'aide de ces préparatifs, on passa en aussi grand nombre que l'on put. Quinze cents cavaliers, quatre mille hommes de pied, traversèrent avec Alexandre, protégés par la nuit et par la hauteur des blés qui dérobaient leur passage à la vue de l'ennemi. Au point du jour, Alexandre dirige sa troupe par les moissons; l'infanterie s'avance, courbe les épis du travers de ses piques, et gagne ainsi un terrain découvert. La cavalerie suit la phalange. Au sortir des blés, Alexandre mène sa cavalerie à l'aile droite; Nicanor dirige obliquement la phalange. Les Gètes ne supportent point le premier choc de la cavalerie. L'audace inouïe avec laquelle Alexandre, dans une seule nuit, et sans jeter un pont, a traversé si facilement le plus grand fleuve, le développement de la phalange et l'impétuosité de la cavalerie, tout les frappe de terreur. Ils fuient vers leur ville, qui n'est éloignée de l'Ister que d'un parasange. A l'aspect des dispositions d'Alexandre qui, pour éviter toute surprise, fait marcher la phalange le long du fleuve, la cavalerie en front, ils abandonnent une ville mal fortifiée, chargent sur leurs chevaux autant de femmes et d'enfans qu'ils en peuvent emmener, s'écartent loin des rives, et s'enfoncent dans les déserts.

Alexandre s'empare de la ville et de tout ce qu'ont abandonné les Gètes; il charge Méléagre et Philippe du butin. La ville est rasée; le vainqueur sacrifie sur les bords de l'Ister, à Jupiter Sôter, à Hercule et au fleuve qui a favorisé son passage; le même jour il ramène tous les siens au camp, sans en avoir perdu un seul. Là, il reçoit les envoyés de plusieurs peuples libres des rives de l'Ister, de Syrmus, roi des Triballiens, et des Celtes qui bordent le golfe Ionique. Les Celtes ont une haute stature, et un grand caractère; ils venaient rechercher l'amitié d'Alexandre. La foi fut donnée et reçue. Alexandre demanda aux Celtes ce qu'ils craignaient le plus au monde, persuadé que son nom s'étendait dans leurs contrées et au-delà, et qu'il était pour eux l'objet le plus redoutable. Il fut déçu dans cette pensée : en effet, habitans des lieux d'un accès difficile, éloignés d'Alexandre qui tournait ailleurs l'effort de ses armes, ils répondirent qu'ils ne craignaient que la chute du ciel. Alexandre les congédia, en leur donnant les titres d'amis et d'alliés, et se contenta d'ajouter : « Les Celtes sont fiers. »

Il tire vers les Agrianes et les Péones. On lui annonce que Clitus, fils de Bardyle, a quitté le parti des Grecs, après avoir attiré dans le sien Glaucias, roi des Taulantiens. On ajoute que les Autariates doivent attaquer Alexandre dans sa marche : ces nouvelles lui font lever le camp aussitôt.

Langarus, roi des Agrianes, lié dès le vivant même de Philippe avec Alexandre, auquel il avait député particulièrement, l'accompagnait alors avec l'élite de ses troupes complétement armées. Alexandre ayant demandé quels étaient ces Autariates, et leur nombre : c'est, lui répondit Langarus, une nation peu redoutable et la moins belliqueuse de ces contrées. J'offre d'y faire une irruption, et de les occuper chez eux. Sur l'ordre d'Alexandre, il part, pénètre dans leur pays, le ravage, et les retient ainsi dans leur territoire. Alexandre prodigue à Langarus les plus grands honneurs, les témoignages les plus rares de la munificence royale ; même il lui promet la main de sa sœur Cyna, dès qu'il sera arrivé à Pella : mais la mort surprit Langarus à son retour dans ses états.

Alexandre, s'avançant le long de l'Érigone, arrive à Pellion. Cette ville étant la plus fortifiée du pays, Clitus s'y était retiré. Alexandre campe sur les bords de l'Eordaïque, résolut d'attaquer la ville le lendemain. Clitus occupait, avec ses troupes, les montagnes voisines, dont les hauteurs boisées commandent la ville, prêt à fondre sur les Macédoniens à leur première attaque. Glaucias, roi des Taulantiens, n'était pas encore arrivé ; cependant Alexandre menace les murs. Les ennemis, après avoir sacrifié trois adolescens, trois vierges et trois brebis noires, font un mouvement comme pour en venir aux mains ; mais presque au même instant, ils abandonnent l'avantage des positions les mieux défendues, et si brusquement, qu'on y trouva encore les victimes.

Le même jour, ayant renfermé l'ennemi dans la ville, et approché son camp des murailles, Alexandre résolut de la cerner en tirant une circonvallation.

Le lendemain Glaucias arrive à la tête d'une puissante armée. Alexandre désespère alors de se rendre maître de la ville, avec les seules troupes qu'il a amenées. Une foule aguerrie se jette dans les murs, et s'il les attaque il a derrière lui les forces de Glaucias. Philotas, soutenu d'un détachement de cavalerie, part avec les attelages pour fourrager. Glaucias, informé de sa marche, le prévient, et s'empare des hauteurs qui dominent le lieu des fourrages. Instruit que les bagages et sa cavalerie sont dans le plus grand danger s'ils restent jusqu'à la nuit, Alexandre prend avec lui les Hypaspistes, les Archers, les Agriens, quatre cents chevaux, et vole à leur secours. Il laisse le reste de l'armée aux pieds des murs, pour empêcher la jonction des habitans avec Glaucias. Celui-ci, à l'approche d'Alexandre, abandonne les hauteurs et laisse Philotas se retirer dans le camp.

Cependant Clitus et Glaucias croyaient tenir Alexandre enfermé. Ils occupaient les défilés et les hauteurs avec une cavalerie nombreuse, et une multitude d'hommes de pied, de fronde et de trait ; et si le Macédonien tentait de se retirer, il devait être poursuivi par les troupes de la ville. Les passages par lesquels Alexandre doit déboucher sont difficiles et couverts de bois ; le chemin est tellement resserré entre le fleuve et une montagne haute et escarpée, que quatre aspides y peuvent à peine passer de front.

Alexandre dispose sa phalange sur six vingt hommes de hauteur; place deux cents chevaux à chacune des ailes, et recommande d'exécuter ses ordres en silence, et avec promptitude. Il donne aux hoplites le signal d'élever leurs piqnes, de les porter en avant par des évolutions de droite et de gauche, comme prêts à donner. Lui-même fait précipiter la phalange dont les divers mouvemens se portent rapidement d'une aile à l'autre : après avoir ainsi changé plusieurs fois, en peu d'instans, son ordre de bataille, il fond par la gauche sur l'ennemi, en faisant former le coin à sa phalange. Surpris de la rapidité de ses mouvemens, et ne pouvant supporter le choc des Macédoniens, les Barbares quittent les hauteurs. Alexandre ordonne alors de pousser de grands cris, et de frapper les boucliers avec les javelots. Épouvantée, l'armée des Taulantiens se retire précipitamment vers la ville. Alexandre, avisant une petite troupe d'ennemis sur une des hauteurs de la route, détache le corps de ses gardes, les hétaires qui l'entourent, avec ordre de prendre leurs boucliers, de cotoyer à cheval les bords du fleuve, et de se diriger vers la hauteur. Là si l'ennemi les attendait, la moitié devait aussitôt mettre pied à terre, se former et donner avec la cavalerie.

Aux mouvemens d'Alexandre, les Barbares abandonnent les hauteurs et se dispersent sur les flancs. Alexandre et les hétaires se rendent maîtres du poste; il fait avancer aussitôt les Agriens et les Archers au nombre de deux mille; ordonne aux Hypaspistes de traverser le fleuve, suivis des cohortes macédoniennes, et de se ranger à l'autre bord en étendant la gauche, de manière que la phalange parût plus nombreuse.

Lui-même observe les mouvemens de l'ennemi du haut de la colline. Dès que les Barbares virent l'armée traverser le fleuve, ils s'avancèrent le long des montagnes pour attaquer l'arrière-garde d'Alexandre. Il court avec les siens à leur rencontre : des bords du fleuve la phalange pousse un grand cri; tout s'ébranle; l'ennemi prend la fuite.

Alexandre aussitôt mène en hâte les Agriens et les Archers vers le fleuve; il passe des premiers; et, voyant que l'ennemi inquiétait ses derrières, il ordonne de placer sur la rive des machines de guerre, dont les traits lancés au loin les écartent : et tandis que les Archers font pleuvoir, du milieu même du fleuve, une grêle de flèches, Glaucias n'ose avancer à la portée du trait; les Macédoniens effectuent le passage sans perdre un seul homme.

Trois jours après, Alexandre apprend que Clitus et Glaucias (le croyant éloigné par un sentiment de crainte) ont campé dans un lieu défavorable, sans retranchemens, sans gardes avancées, et qu'ils ont le désavantage d'une position trop étendue; il repasse secrètement le fleuve dans la nuit avec les Hypaspistes, les Agriens, les hommes de trait, et les troupes de Perdiccas et de Cœnus; le reste de l'armée doit les suivre. Ayant jugé l'occasion favorable, il fait donner avec les Agriens et les hommes de trait, sans attendre le surplus des troupes. Attaqués à l'improvistes, chargés, sur le point le plus faible, par tout l'effort de la phalange, on égorge sous leurs tentes, on arrête dans leur fuite une multitude de Barbares. Dans le comble du désordre, un grand nombre tombent vivans au pouvoir du vainqueur. Alexandre poursuit le reste jusqu'aux montagnes des Taulantiens; quelques-uns seulement durent leur salut à l'abandon de leurs armes. Clitus, qui au premier choc s'était jeté dans la ville, y met le feu et se retire chez Glaucias.

Chap. 2. Cependant quelques bannis rentrent dans Thèbes pendant la nuit; rappelés par les partisans d'une révolution, ils surprennent hors de leurs postes, et dans une entière sécurité, Amyntas et Timolaüs, gouverneurs de la citadelle de Cadmus; ils les égorgent, et, se rendant sur la place publique, ils invitent, au nom sacré de leur antique liberté, les Thébains à quitter le parti d'Alexandre, à briser le joug insupportable des Macédoniens. Ils ébranlèrent d'autant plus facilement la multitude, qu'ils ne cessaient d'affirmer qu'Alexandre avait péri chez les Illyriens. En effet, depuis long-temps on avait eu aucune de ses nouvelles, et celle de sa mort était l'objet de toutes les conversations, de tous les bruits; de sorte qu'au milieu de cette incertitude, chacun, comme il arrive toujours, prenait son désir pour la réalité même.

Alexandre, instruit de ces événemens, estima qu'ils n'étaient rien moins qu'à négliger. La foi de la ville d'Athènes lui avait toujours été suspecte. Les Lacédémoniens, dont les esprits lui étaient depuis long-temps aliénés, d'autres villes du Péloponnèse, et les Étoliens naturellement inconstans, pouvaient grossir le parti des Thébains, dont l'audacieuse résolution deviendrait alors inquiétante; il fait aussitôt franchir à son armée l'Eordée et l'Elymiotis, les rochers de Stymphée et de Parya; le septième jour, il touche à Pellène, ville de Thessalie, la laisse derrière lui, et six jours après entre dans la Béotie.

Les Thébains n'apprirent la marche d'Alexandre que lorsqu'il parut avec toute son armée à Onchéste. Alors, même les auteurs de la défection, soutenaient que cette armée était envoyée de Macédoine par Antipater; qu'Alexandre était mort; si l'on insistait en ajoutant qu'il la conduisait en personne, ils démentaient cette nouvelle, en publiant que c'était un autre Alexandre, fils d'Erope. Cependant le fils de Philippe part d'Onchéste le lendemain, s'approche de la ville, et campe près le bois sacré d'Iolas; il laisse aux Thébains le temps du repentir et de lui envoyer une députation. Mais eux, loin d'entrer en accommodement, font une vive sortie avec leur cavalerie et leur troupe légère, dont les traits tombent sur les gardes avancées du camp; quelques Macédoniens sont tués : les Thébains se portaient déjà sur l'armée, lorsque Alexandre les fit dissiper par des corps d'archers et de voltigeurs.

Le lendemain il s'avance vers les portes qui conduisent vers Eleuthères et Athènes. Sans trop s'approcher des remparts, il campe aux pieds de la citadelle de Cadmus pour secourir les siens qui l'occupaient. Les Thébains l'avaient cernée d'une double circonvallation pour fermer toute entrée aux secours extérieurs, et tout passage aux sorties qui auraient pu les inquiéter dans leurs excursions et pendant leur rencontre avec l'ennemi.

Alexandre, qui préférait la voie d'un raccommodement au hasard d'une action, temporisait encore. Ceux des Thébains qui consultaient le plus l'intérêt général étaient d'avis de se rendre et d'obtenir grâce pour la ville; mais les bannis et ceux qui les avaient appelés, n'en attendant aucune d'Alexandre, quelques-uns même des principaux de la Béotie employaient tout pour exciter le peuple à combattre. Alexandre différait toujours l'attaque. Selon le récit de Ptolémée, Perdiccas, chargé de la garde du camp, se trouvant par sa position rapproché des retranchemens de l'ennemi, est le premier qui, sans attendre l'ordre d'Alexandre, attaque, force et enlève les défenses avancées des Thébains. Il est suivi par Amyntas, fils d'Andromène, dont la cohorte était à côté de la sienne, et qui pénètre avec lui. Aussitôt Alexandre, pour ne pas laisser envelopper les siens, ébranle le reste de l'armée, détache à Perdiccas les hommes de trait et les Agriens, et demeure en présence avec l'Agéma et les Hypaspistes. Perdiccas, voulant pénétrer dans le second retranchement, tombe frappé d'un trait; blessé d'une atteinte profonde, et dont il eut peine à guérir, on le rapporte au camp. Les troupes qui avaient forcé ces retranchemens avec lui, soutenues des archers d'Alexandre, resserrent les Thébains dans un chemin creux qui conduit au temple d'Hercule, et les mènent battant jusqu'à l'enceinte sacrée. Mais là, les Thébains se retournent en poussant de grands cris, et mettent en fuite les Macédoniens. Le toxarque Eurybotas de Crète, est tué avec environ soixante-dix des siens, le reste rétrograde en désordre vers l'Agéma.

A la vue de la retraite de ses troupes, et de la confusion qui règne dans la poursuite des Thébains, Alexandre fait donner la phalange, et les repousse jusques dans leurs murs. La terreur et le désordre des fuyards furent si grands, qu'ils ne songèrent point à fermer les portes; l'ennemi entre avec eux dans la ville, dégarnie de soldats qui la plupart s'étaient portés aux avant-postes. Les Macédoniens s'étant avancés aux pieds de la citadelle, quelques-uns d'entre eux se réunissent à la garnison et pénétrent dans la ville du côté du temple d'Amphion; tandis que d'autres, se dirigeant le long des remparts déjà occupés par les leurs, courent s'emparer de la place publique. Les Thébains, qui défendaient le temple d'Amphion, résistèrent d'abord; mais, enveloppés par les Macédoniens et par Alexandre qu'ils rencontrent de tous côtés, ils se débandent, la cavalerie gagna la campagne, l'infanterie se sauva comme elle put.

Cependant le vainqueur irrité fait un horrible carnage des Thébains qui ne résistent plus. On doit moins l'attribuer aux Macédoniens, qu'à ceux de Platée, de la Phocide et autres de la Béotie. On égorge les uns au sein de leurs foyers, les autres aux pieds des autels; la résistance et la prière sont inutiles : on n'épargna ni les femmes, ni les enfans.

Ce désastre des Grecs, cette ruine d'une grande ville, ces malheurs rapides également imprévus des vainqueurs et des victimes, n'épouvantèrent pas moins le reste de la Grèce, que les auteurs de ces calamités.

La défaite des Athéniens en Sicile ne répandit point parmi eux une alarme aussi vive, ni dans la Grèce entière une consternation aussi profonde, quoique le nombre de ceux qui furent tués alors fût une perte aussi considérable que celle éprouvée par les Thébains; du moins cette armée avait péri au loin sur une terre étrangère, et on y comptait plus d'auxiliaires que de citoyens : enfin Athènes subsistait, et depuis elle résista non-seulement aux Lacédémoniens et à leurs alliés, mais encore au grand roi : et ensuite leur flotte ayant été détruite près de l'Egos-Potamos, on abattit leur longue muraille, on s'empara de leurs vaisseaux, on restraignit leur domination; là se bornèrent tous leurs malheurs, la cité conserva l'éclat de ses institutions : peu de temps après les Athéniens reprirent leur ancien empire, relevèrent leur longue muraille, et recouvrèrent la domination des mers. Alors, les Lacédémoniens qui leur avaient été si redoutables, et qui avaient failli renverser Athènes de fond en comble, réduits eux-mêmes à la dernière extrémité, lui durent leur salut. Les batailles de Leuctres et de Mantinée, plus inopinées encore que sanglantes, occasionnèrent aux Lacédémoniens moins de perte que d'effroi. La bataille livrée sous les murs de Sparte, par Épamidondas, à la tête des Béotiens et des Arcadiens, présenta un spectacle plus nouveau qu'alarmant, à ceux qui partagèrent son malheur. On n'a pas mis au rang des grandes calamités, ni le siége de Platée où les ennemis firent peu de prisonniers, et dont presque tous les citoyens s'étaient retirés à Athènes, ni la perte de Melos et de Scione, petites villes insulaires dont la prise étonna moins la Grèce qu'elle n'avilit le vainqueur.

Mais la défection subite et téméraire des Thébains; l'attaque si prompte de leur ville si facilement emportée; ce vaste massacre exécuté par des compatriotes, par des Grecs qui vengeaient d'anciennes injures; la ruine totale d'une cité que sa puissance et sa gloire militaire mettaient naguère au premier rang des villes de la Grèce, on crut devoir tout attribuer au courroux céleste. Les Dieux semblaient punir les Thébains d'avoir trahi la cause des Grecs dans la guerre contre les Perses; d'avoir, au mépris de la foi des traités, surpris Platée, saccagé la ville et impitoyablement massacré, contre les mœurs et l'usage des Grecs, ceux d'entre eux qui s'étaient rendus aux Lacédémoniens; d'avoir ravagé le théâtre où les Grecs combattant les Perses avaient, par leur courage assuré la liberté de leur patrie; enfin, d'avoir opiné pour la ruine d'Athènes, lorsqu'elle fut mise en délibération dans le conseil de la ligue Lacédémonienne. On ajoutait que ces calamités avaient été annoncées par des prodiges célestes, que la superstition ne rappela qu'après l'événement.

Pour prix de leurs services, Alexandre remit le sort de la ville aux alliés; ils furent d'avis de la raser, et de conserver une garnison dans la citadelle; de se partager tout son territoire, excepté la partie consacrée, et de réduire à l'esclavage les femmes, les enfans et le reste des Thébains échappés au carnage, excepté les prêtres et les prêtresses, et ceux qui se trouvaient attachés par le liens de l'hospitalité à Philippe, a Alexandre ou à quelques Macédoniens. On dit que par respect pour la mémoire du poète Pindare, Alexandre épargna sa maison et sa famille; les alliés firent relever et fortifier les murs d'Orchomène et de Platée.

Aussitôt que la nouvelle de la ruine de Thèbes fut répandue dans la Grèce, ceux des Arcadiens qui s'étaient avancés au secours des Thébains, condamnèrent à mort les conseillers de cette démarche. Les Éléens rappellent des exilés que favorise Alexandre. Les villes d'Etolie s'empressent de députer vers lui pour obtenir grace d'avoir pris part à ces mouvemens.

Quelques Thébains, échappés au carnage, en portent la nouvelle à Athènes au moment où l'on célébrait les grands mystères; les cérémonies sont interrompues; on retire dans la ville les bagages de la campagne; on convoque l'assemblée générale; et, sur la proposition et le choix de Démade, on députe vers Alexandre dix Athéniens: on prend ces envoyés parmi ceux qu'on sait être les plus agréables au prince; ils doivent, quoiqu'un peu tardivement, lui exprimer la joie des Athéniens sur son retour d'Illyrie, et sur le châtiment qu'il a tiré de la défection des Thébains. Alexandre, répondant du reste avec bienveillance à la députation, écrit au peuple d'Athènes qu'il ait à lui livrer Démosthène, Lycurgue, Hypéride, Polyeucte, Charès, Charidème, Ephialtès, Diotime et Méroclès : il les regardait comme les auteurs de la journée sanglante de Chéronée, et de toutes les entreprises tentées contre Philippe et contre lui-même; il ne les accusait pas moins que les principaux chefs et les instigateurs mêmes de la défection des Thébains. Les Athéniens, au lieu de les livrer, députent de nouveau vers lui pour appaiser son courroux, et le supplier d'épargner leurs concitoyens. Il accueille leur demande, soit par égard pour la ville d'Athènes, soit qu'à la veille de passer en Asie, il ne voulût laisser dans la Grèce aucun sujet de mécontentement, il se borna seulement à exiger le bannissement de Charidème, qui se réfugia en Asie près de Darius.

Chap. 3. Cette expédition terminée, Alexandre retourne en Mecédoine, présente à Jupiter Olympien le sacrifice institué par Archélaüs, et ordonne la pompe des spectacles olympiques à Égée : on ajoute qu'il fit célébrer des jeux en l'honneur des Muses.

On répandit alors le bruit que la statue d'Orphée Œagrien était sans cesse couverte de sueur. Les devins se partagèrent sur l'explication de ce prodige; mais le plus habile d'entre eux, Aristandre de Telmisse, s'écria : *Courage Alexandre! tes exploits feront suer les poètes.*

Au commencement du printemps, Alexandre laisse le gouvernement de la Macédoine et de la Grèce à Antipater, et se dirige vers l'Hellespont. Son armée était composée de trente mille hommes, tant de pied que de traits et soldats armés à la légère, et de plus de cinq mille hommes de cavalerie. Il tire le long du lac de Cercine, vers Amphipolis et l'embouchure du Strymon; le traverse; franchit le mont Pangée par la route qui conduit à Abdère et à Maronée, villes grecques de la côte maritime.

Ayant sans peine passé l'Hèbre, il arrive par la Pœtique aux bords du Mélas, le traverse et touche à Sestos le vingtième jour après avoir quitté la Macédoine. Il part pour Éléonte, et sacrifie sur le tombeau de Protésilas qui, parmi les Grecs, à la suite d'Agamemnon, aborda le premier en Asie. Le prince espérait par ce sacrifice obtenir un sort plus heureux que Protésilas. Il charge Parménion du soin de faire passer le détroit d'Abydos à la plus grande partie de l'infanterie et à la cavalerie : leur passage s'effectue sur cent soixante trirèmes et autres bâtimens de transport.

Selon plusieurs écrivains, Alexandre passa d'Éléonte au port des Achéens, gouvernant lui-même le vaisseau royal qu'il montait. Au milieu de la traversée de l'Hellespont, il immola un taureau; et, prenant une coupe d'or, fit des libations à Neptune et aux Néréides.

Chap. 4. On dit qu'Alexandre le premier prit terre, tout armé, en Asie, et qu'à son départ et à son arrivée, il avait dressé des autels à Jupiter *Apobaterios*, à Minerve et à Hercule, sur les bords de l'Europe et de l'Asie. A Troie, il sacrifie à Pallas, protectrice d'Illium, suspend ses armes dans le temple, et enlève celles qu'on y avait consacrées après la guerre de Troie; il ordonna aux hoplites de les porter devant lui dans tous les combats. On dit qu'il sacrifia aussi sur l'autel de Jupiter Hercius; à Priam, pour en apaiser le ressentiment contre la race de Néoptolème à laquelle il appartenait. A son entrée dans Ilion, Menœtius, qui dirigeait la manœuvre du vaisseau, posa sur le front du roi une couronne d'or. Charès, arrivé de Sigée, plusieurs des Grecs et des indigènes suivirent cet exemple.

Alexandre couronna le tombeau d'Achille, et Éphestion celui de Patrocle. Heureux Achille, s'écria le prince, d'avoir eu Homère pour héraut de ta gloire! Certes, il eut raison d'envier le bonheur d'Achille; car il n'a manqué au sien que ce dernier trait : personne encore n'a dignement célébré en prose, en vers, en dithyrambes, ses exploits à l'égal de ceux d'un Hiéron, d'un Gélon, d'un Théron qui, sous aucun rapport, ne lui sont comparables.

Les plus petites actions nous sont mieux connues que les grandes choses qu'il a faites. L'expédition des Grecs et de Cyrus contre Artaxerxès; la défaite de Cléarque et de ceux qui furent pris avec lui; la retraite des dix mille sous la conduite de Xénophon, ont été rendues par la plume de ce grand homme, beaucoup plus illustres que ne furent Alexandre et toutes ses conquêtes. Cependant il n'alla point réunir ses troupes à des troupes étrangères; on ne le vit pas, fuyant devant le grand roi, borner ses exploits à se retirer par la mer, en écartant ceux qui en fermaient l'approche. Nul d'entre les mortels, n'a seul, soit parmi les Grecs, soit parmi les Barbares, marqué par des faits plus grands ni plus nombreux. Voilà ce qui m'a porté à entreprendre d'écrire cette histoire, ne m'estimant point indigne de transmettre les gestes d'Alexandre à la postérité. Mais qui suis-je pour m'exprimer avec cette hauteur! Que vous importe de connaître mon nom, qui n'est point obscur, ma patrie, ma famille, mes dignités. Que d'autres s'enorgueillissent de ces titres, les miens sont dans les lettres que j'ai cultivées depuis mon enfance. Si Alexandre est au premier rang parmi les guerriers, je me flatte de ne pas être le dernier parmi les écrivains de mon siècle.

D'Ilion, Alexandre tourne vers Arisbe où campait toute l'armée après avoir traversé l'Hellespont. Le lendemain, laissant derrière lui Percote et Lampsaque, il vint camper sur les bords du Prosaction qui, tombant du mont Ida, va se perdre dans la mer entre l'Hellespont et l'Euxin; de là, il passe par Colonne, arrive à Hermote. Il fait voltiger en avant de l'armée des corps d'éclaireurs, sous la conduite d'Amyntas, composés de quatre compagnies d'avant-coureurs et d'une compagnie d'hétaires apolloniates, commandés par Socrate : en passant il détache l'un d'entre eux, Panegore, avec une suite pour prendre possession de la ville de Priam qui s'était rendue.

Les généraux de l'armée des Perses, Arsame, Rhéomithres, Pétène, Niphates, Spithridates, Satrape de Lydie et d'Ionie, Arsite, gouverneur de la Phrygie qui regarde l'Hellespont, campaient près de la ville de Zélie avec la cavalerie persique et l'infanterie grecque, à la solde de Darius. Ils tiennent conseil à la nouvelle du passage d'Alexandre. Memnon, de Rhodes, opina pour ne point hasarder la bataille contre les Macédoniens, supérieurs en infanterie, et soutenus des regards de leur prince, tandis que celui des Perses était absent. Il fut d'avis de faire fouler aux pieds de la cavalerie et de détruire tous les fourrages, d'incendier toutes les moissons; de ne pas même épargner les villes de la côte, de manière à priver Alexandre de tout moyen de subsistance, et à le forcer à la retraite.

Mais Arsite se levant : « Je ne souffrirai point que l'on brûle une seule habitation du pays où je commande. » Cet avis prévalut; les Perses crurent que Memnon ne cherchait qu'à conserver ses grades en prolongeant la guerre. Cependant Alexandre marche en ordre de bataille vers le Granique ; fait avancer les Hoplites en colonnes formées par la phalange doublée; dispose la cavalerie sur les ailes, les bagages à l'arrière-garde. Pour observer les mouve- de l'ennemi, Hégéloque marche en avant avec les éclaireurs, soutenu par un gros de cinq cents hommes, formé de troupes légères et de cavaliers armés de sarisses

On approchait du fleuve, lorsque des éclaireurs, revenant à toute bride, annoncent que toute l'armée des Perses est rangée en bataille sur la rive opposée. Alexandre fait aussitôt les dispositions du combat. Alors Parménion s'avançant : « Prince, je vous conseille » de camper aujourd'hui sur les bords » du fleuve, en l'état où nous sommes, » en présence de l'ennemi, inférieur en » infanterie ; il n'aura point l'audace de » nous attendre ; il se retirera pendant » la nuit ; et demain, au point du jour, » l'armée passera le fleuve sans obs- » tacle ; car nous l'aurons traversé avant » qu'il ait le temps de se mettre en ba- » taille. Il serait en ce moment dange- » reux d'effectuer ce passage ; l'ennemi » est en présence ; le fleuve est profond, » rempli de précipices ; la rive escarpée, » difficile : on ne peut aborder qu'en » désordre et par pelotons, ce qui est » un grand désavantage ; et alors il sera » facile à la cavalerie de l'ennemi, nom- » breuse et bien disposée, de tomber » sur notre phalange. Que l'on reçoive » un premier échec, c'est une perte » sensible au présent, c'est un présage » funeste pour l'avenir ».

Mais Alexandre : « J'entends, Parmé- » nion ; mais quelle honte de s'arrêter » devant un ruisseau, après avoir tra- » versé l'Hellespont ! Je l'ai juré par la » gloire des Macédoniens, par ma vive » résolution d'affronter les dangers ex- » trêmes : non, je ne souffrirai point » que l'audace des Perses, rivaux des » Macédoniens, redouble, si ces der- » niers ne justifient d'abord la crainte » qu'ils inspirent. »

A ces mots, il envoie Parménion prendre le commandement de l'aile gauche, tandis qu'il se dirige vers la droite. Philotas est à la pointe de l'aile droite, ayant la cavalerie des Hétaires, les Archers et les corps des Agriens qui lancent le javelot ; il est soutenu par Amyntas, avec les cavaliers armés de sarisses, les Péones et la troupe de Socrate. Près d'eux, le corps des Argyraspides, commandé par Nicanor, suivi des phalanges de Perdiccas, de Cœnus, de Cratère, d'Amyntas et de Philippe. A l'aile gauche se présentait d'abord la cavalerie thessalienne, commandée par Calas, ensuite la cavalerie auxiliaire ayant à sa tête Philippe, fils de Ménélas ; enfin les Thraces, sous la conduite d'Agathon. Près d'eux sont l'infanterie, les phalanges de Cratère, de Méléagre et Philippe, qui s'étendent jusqu'au centre. Les Perses comptaient vingt mille hommes de cavalerie, et presque autant d'étrangers à eur solde composant leur infanterie. Le front de leur cavalerie étendu bordait le rivage ; l'infanterie derrière, le site formant une éminence.

Dès qu'ils découvrirent Alexandre, (et il était facile de le reconnaître à l'éclat de ses armes, à l'empressement respectueux de sa suite) et son mouvement dirigé contre leur aile gauche, ils la renforcent aussitôt d'une grande partie de leur cavalerie. Les deux armées s'arrêtèrent quelques instans et se mesurèrent du rivage en silence et avec une même inquiétude. Les Perses attendaient que les Macédoniens se jetassent dans le fleuve pour les charger à l'abordage.

Alexandre saute sur son cheval; il ordonne au corps d'élite qui l'entoure de le suivre, et de se montrer en braves; il détache en avant, pour tenter le passage, les coureurs à cheval avec les Péones et un corps d'infanterie conduit par Amyntas, précédé de l'escadron de Socrate. Ptolémée doit donner à la tête de toute la cavalerie qu'il commande. Alexandre, à la pointe de l'aile droite, entre dans le fleuve au bruit des trompettes et des cris de guerre redoublés, se dirigeant obliquement par le courant, pour éviter en abordant d'être attaqué sur sa pointe, et afin de porter sa phalange de front sur l'ennemi.

Les Perses, en voyant approcher du bord Amyntas et Socrate, leur détachent une grêle de flèches; les uns tirent des hauteurs sur le fleuve; les autres, profitant de la pente, descendent au bord des eaux : c'est là que le choc et le désordre de la cavalerie furent remarquables; les uns s'efforçant de prendre bord; les autres de le défendre. Les Perses lancent des traits; les Macédoniens combattent de la pique. Ceux-ci, très inférieurs en nombre, furent d'abord repoussés avec perte; en effet, ils combattaient dans l'eau sur un terrain bas et glissant, tandis que les Perses avaient l'avantage d'une position élevée, occupée par l'élite de leur cavalerie, par les fils de Memnon et par Memnon lui-même. Le combat devint terrible entre eux et les premiers rangs des Macédoniens qui, après des prodiges de valeur, y périrent tous, à l'exception de ceux qui se retirèrent vers Alexandre, lequel avançait à leur secours avec l'aile droite. Il fond dans le plus épais de la cavalerie ennemie où combattaient les généraux : la mêlée devient sanglante autour du roi.

Cependant les autres corps macédoniens abordent à la file. Quoique l'on combattît à cheval, on eût cru voir un combat d'homme de pied contre homme de pied. Tel était l'effort de chevaux contre chevaux, de soldats contre soldats; les Macédoniens luttant contre les Perses pour les ébranler et les repousser dans la plaine; les Perses pour renverser les Macédoniens et les rejeter dans le fleuve. Enfin, ceux d'Alexandre l'emportent, tant par la force et l'expérience, que par l'avantage de leurs piques solides opposées à des plus faibles : celle d'Alexandre se rompt dans l'effort du choc; il veut emprunter la lance de son écuyer Arès : « Cherchez-en d'autres, » lui dit Arès en lui montrant le tronçon de la sienne, avec lequel il faisait encore des prodiges. Alors Démarate, Corinthien, l'un des Hétaires, présente la sienne à Alexandre. Il la prend, et avisant Mithridate, gendre de Darius, qui s'avançait à cheval, il pique vers lui avec quelques cavaliers de sa suite, et le renverse d'un coup de lance dans le visage. Rœsacès attaque Alexandre, et lui décharge sur la tête un coup de cimeterre repoussé par le casque qu'il entame. Alexandre le perce d'outre en outre. Spithridate, prêt à le frapper par derrière, levait déjà le bras que Clitus abat d'un coup près l'épaule.

Cependant une partie de la cavalerie a passé le fleuve et rejoint Alexandre. Les Perses et leurs chevaux, enfoncés en avant par les piques et de tous côtés par la cavalerie, incommodés par les hommes de traits mêlés dans ses rangs, commencèrent à fuir en face d'Alexandre. Dès que le centre plia, la cavalerie des deux ailes étant renversée, la déroute fut complète; les ennemis y perdirent environ mille chevaux.

Alexandre arrête la poursuite et pousse aussitôt vers l'infanterie, toujours fixée à son poste, mais plutôt par étonnement que par résolution. Il fait donner la phalange et charger en même temps toute sa cavalerie; en peu de momens tout fut tué; il n'échappa que ceux qui se cachèrent sous des cadavres; deux mille tombèrent vivans au pouvoir du vainqueur. Les généraux des Perses qui périrent, furent Niphates, Petènès, Spithridate, satrape de Lydie, Mithrobuzanes, gouverneur de Cappadoce, Mithridate, gendre du roi Darius, Arbupales, petit-fils d'Artaxerxès et fils de Darius, Pharnace, beau-frère du prince, Omar, général des étrangers. Arsite, échappé du combat, se sauve en Phrygie, où, désespéré de la ruine des Perses dont il était la première cause, il se donna, dit-on, la mort.

Du côté des Macédoniens il périt, dans le premier choc, vingt-cinq Hétaires. Alexandre leur fit élever à Dium des statues d'airain de la main de Lysippe, le seul des statuaires Grecs auquel il permit de reproduire ses traits. Le reste de la cavalerie ne perdit guère plus de soixante hommes, et l'infanterie trente. Le lendemain Alexandre les fit ensevelir avec leurs armes et leur équipage. Il exempta les auteurs de leurs jours et leurs enfans de payer, chacun sur leur territoire, un tribut de leurs personnes et de leurs biens. Il eut le plus grand soin des blessés, visitant les plaies de chacun d'eux, leur demandant comment ils les avaient reçues, leur donnant toute liberté de s'entretenir avec orgueil de leurs exploits. Il accorda aussi les derniers honneurs aux généraux Persans, et à ceux même des Grecs à leur solde qui avaient péri avec eux dans le combat; mais il fit mettre aux fers ceux d'entre eux qu'il avait pris vivans, et les envoya en Macédoine pour être esclaves, parce que, désobéissant aux lois de la patrie, ils s'étaient réunis aux Barbares contre les Grecs.

Il envoya à Athènes trois cents trophées des dépouilles des Perses, pour être consacrés dans le temple de Minerve avec cette inscription: *Sur les Barbares de l'Asie, Alexandre et les Grecs, à l'exception des Lacédémoniens.*

Il nomma Calas satrape de la province que gouvernait Arsite, à la condition d'en percevoir les mêmes tributs que l'on payait à Darius; les Barbares étant descendus des montagnes pour se rendre à lui, il les renvoie chez eux. Il pardonna aux Zélites qui n'avaient combattu que malgré eux avec les Barbares.

Il envoie Parménion s'emparer de Dascilium, qui, dépourvu de garnison, lui ouvrit ses portes.

CHAP. 5. Alexandre marche vers Sardes; il n'en était éloigné que de soixante-dix stades, lorsque Mithrène, gouverneur de la place, accompagné des premiers de la ville, vint à sa rencontre; ils lui apportaient des trésors et les clefs de la citadelle. Alexandre campa aux bords de l'Hermus, que vingt stades séparent de la ville. Il détache Amyntas pour prendre possession de la place, et retient Mithrène auprès de lui avec honneur. Il rend la liberté aux habitans de Sardes et de la Lydie, et leur permet de se gouverner par leurs anciennes lois. Il monte à la citadelle que les Persans avaient occupée; il la trouva extrêmement fortifiée. En effet elle s'élevait sur une hauteur inaccessible, escarpée, ceinte d'une triple muraille. Il résolut d'ériger sur le sommet un temple et un autel à Jupiter Olympien; et, comme il cherchait la place qu'il lui assignerait, voilà qu'au milieu d'un ciel serein le tonnerre gronde, et qu'une pluie abondante tombe où fut l'ancien palais des rois de Lydie. Alexandre crut que le Dieu lui-même désignait la place; il y fait bâtir le temple. Il laisse à Pausanias, un des Hétaires, la garde de la citadelle; et à Nicias le soin de répartir et de percevoir les tributs. Il établit Asandre gouverneur de la Lydie et du reste de la province, à la place de Spitridate, avec le nombre d'hommes de trait et de chevaux nécessaires pour la garder.

Calas et Alexandre, fils d'OErope, furent chargés de conduire, dans le pays soumis à Memnon, toutes les troupes du Péloponnèse et des alliés, à l'exception des Argiens qu'on laissa en garnison dans Sardes.

Cependant la nouvelle de cette victoire mémorable s'étant répandue, les troupes étrangères en garnison à Ephèse, prennent la fuite sur deux trirèmes dont elles s'emparent : avec eux était Amyntas, fils d'Antiochus, qui avait abandonné la Macédoine et Alexandre, non qu'il eût à s'en plaindre, mais par haine particulière, et par hauteur de sentiment qui n'en voulait rien souffrir.

Alexandre arriva le quatrième jour à Ephèse, ramenant avec lui ceux de ses partisans qu'on avait bannis ; et, ayant aboli l'oligarchie, rétablit le gouvernement populaire. Il assigna à Diane les tributs que l'on payait aux Barbares. Affranchi de la crainte qu'inspiraient les oligarques, le peuple recherche à mort ceux qui ont donné entrée à Memnon, pillé le temple de Diane, brisé la statue de Philippe dans son enceinte, et renversé sur la place publique le tombeau d'Héropyte, qui avait rendu la liberté à Ephèse. Ils arrachent du temple, Syrphace, Pélagon son fils, ses neveux, et les lapident. Alexandre empêcha les recherches et les supplices de s'étendre ; il prévoyait qu'abusant bientôt de son pouvoir, le peuple le tournerait non-seulement contre les coupables, mais contre les innocens, pour satisfaire sa vengeance ou son avidité. Et certes, parmi les titres d'Alexandre à la gloire, sa conduite à Ephèse ne fut pas le moindre.

Sur ces entrefaites arrivent des députés de Magnésie et de Tralle, pour offrir leurs villes à Alexandre. Il y envoie Parménion avec deux mille cinq cents hommes d'infanterie étrangère, autant de Macédoniens et deux cents cavaliers du corps des Hétaires. Il détache vers les villes de l'Eolie et de l'Ionie, encore au pouvoir des Barbares, Alcimale, avec un pareil nombre de troupes, et l'ordre de détruire partout l'oligarchie, de relever la démocratie, de rendre aux peuples leur ancienne constitution, et d'abolir les tributs qu'ils payaient aux Barbares.

Il s'arrête à Ephèse ; sacrifie à Diane, et accompagne la pompe avec toutes ses troupes sous les armes, en ordre de bataille.

Le lendemain, il marche vers Milet avec le reste de l'infanterie, les hommes de trait, les Agriens, la cavalerie des Thraces, le premier corps des Hétaires, suivi de trois autres ; il s'empare de la ville extérieure abandonnée sans défense, y place son camp, résolu de cerner la ville intérieure par une circonvallation. Hégésistrate, qui commandait la place, avait d'abord écrit à Alexandre pour la lui rendre ; mais reprenant courage par l'arrivée de l'armée persane qu'on annonçait, il ne pensait plus qu'à la garder aux Perses.

Cependant Nicanor, qui commandait la flotte des Grecs, prévint les Perses, et trois jours avant qu'ils se présentassent, mouilla en l'île de Ladé, près de la ville, avec cent soixante voiles. Les Perses, arrivant trop tard, et trouvant la position occupée par Nicanor, se retirèrent sous le promontoire de Mycale. En effet, Alexandre, pour garder cette île, avait, outre ses vaisseaux, fait passer dans le port quatre mille hommes, composés de Thraces et d'étrangers. La flotte des Barbares était de quatre cents voiles.

Parménion conseille à Alexandre de tenter le sort d'un combat naval. Parmi les causes qui lui fesaient croire que les Grecs remporteraient la victoire, il plaçait le plus heureux augure. En effet, de la poupe du vaisseau d'Alexandre, on avait vu un aigle s'abattre sur le rivage. La victoire promettait par la suite les plus heureux succès; un échec n'entraînait pas de grands désavantages; l'empire de la mer restait aux Persans. Il ajouta qu'il offrait de s'embarquer et de partager les périls.

« Parménion se trompe; il interprète » mal l'augure, répondit Alexandre. » Quelle imprudence d'attaquer avec » des forces inégales, une flotte si nom- » breuse, de compromettre des soldats » inexpérimentés à la manœuvre, avec » les hommes les plus exercés sur la » mer, les Cypriens et les Phéniciens ! » Comment risquer, avec des Barba- » res, sur un théâtre aussi incertain, » la valeur éprouvée des Macédoniens ? » Une défaite navale suffirait pour rui- » ner la première réputation de nos » armes. La nouvelle de ce revers ébran- » lerait la Grèce : après avoir tout pesé, » il semble peu convenable, dans ces » circonstances, de livrer un combat sur » mer : l'augure doit s'interpréter dif- » féremment; il est favorable sans doute, » mais l'aigle, en s'abattant sur le ri- » vage, semble nous présager que c'est » du continent que nous vaincrons la » flotte des Perses. »

Sur ces entrefaites, Glaucippe, l'un des premiers citoyens de la ville, député vers Alexandre par le peuple et les troupes qui la défendaient, lui annonce que les Milésiens offrent d'ouvrir également leur port et leurs murs aux Perses et aux Macédoniens, s'il consent de lever le siège à cette condition. Alexandre lui ordonne de se retirer en hâte, et d'annoncer aux Milésiens qu'ils aient à se préparer à le combattre bientôt dans la ville. On approche les machines des remparts; ayant de suite ébranlé une partie du mur et renversé l'autre, Alexandre fait avancer ses troupes pour pénétrer par la brèche à la vue même des Perses devenus presque témoins passifs à Mycale de la détresse de leurs alliés. Nicanor apercevant de Ladé les mouvements d'Alexandre, côtoya le rivage, et occupant le port à l'endroit où son ouverture se rétrécit, y range de front ses galères, les proues en avant, interdit aux Perses l'entrée, et aux Milésiens tout espoir de secours. Ceux-ci, et les étrangers qui les défendent, pressés de tous côtés par les Macédoniens, partie d'entre eux se jettent à la mer, soutenus sur leurs boucliers, et gagnent une petite île voisine, partie se précipitent dans des canots, et sont pris à la sortie du port par les galères auxquelles ils tâchent d'échapper : un grand nombre fut tué dans la ville.

Alexandre, maître de la place, dirige ses vaisseaux contre l'île où plusieurs ont cherché une retraite; il fait porter à la proue des échelles pour en escalader les escarpemens. Lorsqu'il vit les fugitifs résolus à tout tenter, touché de leur courage et de leur fidélité, il leur proposa de les recevoir dans ses troupes, s'ils voulaient se rendre. Ce qu'ils acceptèrent au nombre de trois cents Grecs à la solde de l'étranger : il donna la vie et la liberté à tous les Milésiens qui avaient échappé au glaive.

La flotte des Perses, quittant Mycale, passa plusieurs fois à la vue de celle des Grecs; les Barbares espéraient ainsi les engager à un combat naval; la nuit ils reprenaient leur position peu avantageuse; car ils ne pouvaient faire de l'eau qu'en remontant jusqu'à l'embouchure du Méandre.

Alexandre tient le port de Milet avec

ses vaisseaux, pour empêcher les Barbares de s'y réfugier, détache Philotas à Mycale avec de la cavalerie et trois corps d'infanterie, à l'effet de s'opposer à ce que les barbares puissent prendre terre. Ceux-ci, non-seulement assiégés dans leurs vaisseaux, mais encore privés d'eau, firent voile vers Samos. Après s'être ravitaillés, ils reparaissent devant Milet, et font avancer plusieurs vaisseaux à la hauteur du port, pour attirer les Macédoniens en pleine mer. Cinq de leurs bâtimens se jetèrent dans une rade, entre l'île et le port, dans l'espoir de s'emparer de quelques vaisseaux d'Alexandre, dont les matelots étaient allés au bois, aux fourrages et à d'autres nécessités. Alexandre voyant s'approcher les cinq bâtimens des Perses, garnit de suite au complet dix d'entre les siens, et les détache contre l'ennemi, avec ordre de se porter sur lui proue en avant. A ce mouvement inopiné des Macédoniens, les Perses fuient et se retirent vers leur flotte. Le vaisseau des Iasséens, moins bien servi de rames, fut pris, avec son équipage, par les Grecs. Les quatre bâtimens qui l'accompagnaient rejoignirent les autres; ainsi la flotte des Perses se retira encore sans avoir pu rien faire devant Milet.

Alexandre résolut de dissoudre la sienne, soit manque de fonds, soit infériorité reconnue, soit qu'il ne voulût pas diviser et exposer son armée en partie. Il prévoyait d'ailleurs que tenant l'Asie par ses troupes de terre, et maître des villes maritimes, il en obtiendrait facilement qu'elles fermassent leur port à la flotte des Perses, et qu'alors la sienne lui deviendrait inutile; que les Barbares ne pourraient ni recruter de rameurs, ni trouver de retraite; que l'aigle avait présagé que les victoires dans le continent lui assuraient celle sur la mer.

Il marche ensuite vers la Carie, instruit que les Barbares et les étrangers à leur solde se sont retirés en grand nombre dans Halicarnasse. Il se rend maître de toutes les villes situées entre celle-ci et Milet, et campe à cinq stades d'Halicarnasse, dont le siège paraissait devoir tirer en longueur. Cette ville était défendue par sa situation, et par Memnon qui venait de s'y rendre; Memnon, chargé du gouvernement de l'Asie inférieure, et du commandement de toute la flotte de Darius, l'avait depuis long-temps fortifiée de tous les secours de l'art. La garnison nombreuse était composée, en partie, d'étrangers à la solde du roi, en partie de Perses. Memnon avait enfermé les trirèmes dans le port, et comptait encore sur le service que pouvaient rendre les gens de leur équipage.

Le premier jour, Alexandre s'étant approché des murs avec son armée, du côté de la porte de Mylasse, les assiégés firent une sortie; une escarmouche s'engage : les Macédoniens, accourant de toutes parts, les repoussèrent facilement, et les rejetèrent dans la ville.

Peu de jours après, Alexandre prend avec lui les Hypaspistes, les Hétaires, les phalanges d'Amyntas, de Perdiccas et de Méléagre, les Archers et les Agriens; tourne la ville du côté de Mynde, pour examiner si l'attaque des remparts serait plus facile vers cet endroit, et s'il ne pourrait tenter un coup de main sur la ville de Mynde : une fois maître de cette place, il attaquait, avec avantage, les murs d'Halicarnasse. Quelques-uns des habitans de Mynde avaient promis de la livrer, si Alexandre s'y présentait pendant la nuit. Arrivé à l'heure convenue, n'apercevant aucun signal de la part des habitans; n'ayant ni machines ni échelles, moins disposé à attaquer qu'à occuper une ville que la trahison devait lui ouvrir, il n'en fit pas moins avancer sa phalange, en lui ordonnant de miner le mur. Une tour est renversée, mais sans découvrir les fortifications. Les habitans résistent vigoureusement, et, soutenus par ceux d'Halicarnasse venus à leur secours par mer, déjouent l'espoir qu'Alexandre avait conçu d'enlever Mynde du premier abord.

Alexandre déçu, revient au siége d'Halicarnasse. Les assiégés avaient creusé autour de leurs murs un fossé large de trente coudées, profond de quinze. Alexandre le fait combler, afin d'approcher les tours, dont les traits écartent l'ennemi des murailles que les autres machines doivent ébranler. Les approches étaient faites : les habitans d'Halicarnasse exécutent, dans la nuit, une sortie pour brûler les tours et les machines avancées ou près de l'être ; ils sont bientôt repoussés par les Macédoniens de garde, et par ceux que le tumulte fait accourir. Ceux d'Halicarnasse perdirent dans cette affaire cent soixante-dix des leurs au nombre desquels Néoptolème, l'un des transfuges vers Darius. Du côté des Macédoniens, seize soldats furent tués et trois cents environ blessés ; le combat ayant eu lieu de nuit, ils n'avaient pu se mettre à couvert des traits.

Peu de jours après, deux Hoplites, du corps de Perdiccas, faisant à table un récit pompeux de leurs prouesses, piqués d'honneur, échauffés de vin, courent de leur propre mouvement aux armes, s'avancent près du fort, sous les remparts qui regardent Mylasse, plutôt pour faire montre de bravoure, que dans le dessein de tenter avec l'ennemi un combat trop inégal. Surpris de l'audace de ce couple téméraire, quelques assiégés accourent : les premiers sont tués, ceux qui les suivent de plus loin, percés de traits : mais enfin le nombre et l'avantage du lieu l'emportent ; les deux Grecs sont accablés sous une multitude de traits et d'assaillans. D'un côté, des soldats de Perdiccas ; de l'autre, des Halicarnasséens accourent ; la mêlée devient sanglante aux pieds des remparts ; leurs défenseurs sont enfin repoussés dans la ville ; peu s'en fallut qu'elle ne fût prise, car les postes étaient assez mal gardés ; deux tours étaient abattues avec le mur qui s'étendait entre elles ; la brèche livrait la ville, si l'armée eût donné tout entière : une troisième tour ébranlée n'aurait point résisté au choc. Les assiégés élevèrent, derrière le mur renversé, un ouvrage de brique en demi-lune ; un grand nombre d'ouvriers l'acheva rapidement.

Le lendemain Alexandre fait avancer ses machines vers cet endroit ; les assiégés font une nouvelle sortie, tentent de mettre le feu aux machines ; celles qui étaient près du mur, et une tour de bois, sont la proie des flammes ; Philotas et Hellanicus les écartent de celles confiées à leur garde. Venant à rencontrer Alexandre, ils laissent les torches dont ils menaçaient l'ennemi, jettent presque tous leurs armes, et courent se renfermer dans leurs murailles ; là ils avaient l'avantage de la position et de la hauteur : non-seulement ils tiraient de front sur les assaillans que portaient les machines, mais encore du haut des tours qui s'élevaient à chaque extrémité du rempart abattu, ils attaquaient et frappaient en flanc, et presque par derrière, l'ennemi qui assaillait le nouvel ouvrage.

Et comme de ce côté Alexandre faisait avancer de nouveau, quelques jours après, ses machines qu'il dirigeait lui-même, voilà que toute la ville sort en armes, les uns du côté où fut la brèche et où Alexandre donnait en personne, et les autres du Tripylum, d'où leur sortie était le moins prévue. Une partie lance sur les machines des torches et toutes les matières qui peuvent augmenter l'incendie. Les Macédoniens, repoussant le choc avec violence, font pleuvoir du haut des tours une grêle de traits et roulent d'énormes pierres sur l'ennemi; il est mis en fuite et chassé dans la ville. Le carnage fut en raison de leur nombre et de leur audace : les uns furent tués en combattant de près les Macédoniens; les autres en fuyant, près du rempart dont les ruines embarrassaient le passage déjà trop étroit pour un si grande multitude.

Ceux qui s'étaient avancés par le Tripylum furent repoussés par Ptolémée, garde de la personne du roi, lequel vint à leur rencontre avec les hommes d'Addée et de Timandre, et quelques troupes légères. Pour comble de malheur, dans leur retraite, comme ils se pressaient en foule sur un pont étroit qu'ils avaient jeté, le pont rompit sous le poids dont il était chargé; ils périrent en partie, tombant dans le fossé, partie écrasés par les leurs, ou accablés d'une grêle de traits. Le plus grand carnage fut aux portes, que l'excès du trouble avait fait fermer trop précipitamment : craignant que les Macédoniens, mêlés aux fuyards, n'entrassent avec eux dans la ville, ils laissèrent dehors une partie des leurs, qui furent tués par les Macédoniens aux pieds des remparts. La ville était sur le point d'être prise, si Alexandre, dans l'intention de la sauver, et d'amener les habitans à une capitulation, n'eût fait sonner la retraite. Le nombre des morts fut de mille du côté des assiégés, et de quarante environ du côté des Macédoniens, parmi lesquels Ptolémée, Cléarcus toxarque, Addée Chiliarque, et plusieurs des premiers officiers.

Cependant les généraux Persans, Orontobates et Memnon, considérant que l'état des choses ne leur permettait pas de soutenir un long siége, que les remparts étaient détruits ou ébranlés, la plupart des soldats tués dans les sorties, ou mis, par leurs blessures, hors de combat; prenant conseil de leur situation, mettent le feu vers la seconde veille de la nuit, à une tour de bois, qu'ils avaient dressée en face des machines de l'ennemi, à leur propre magasin d'armes, aux maisons voisines des remparts : tout s'embrase, et la flamme, qui s'élance de la tour et des portiques, agitée par les vents, étend au loin l'incendie. Les assiégés se réfugièrent, partie dans la citadelle de l'île, partie dans celle de Salmacis.

Alexandre, instruit de ce désastre par des transfuges qui s'y étaient soustraits, et apercevant ce vaste incendie, donne ordre aux Macédoniens, quoiqu'au milieu de la nuit, d'entrer dans la ville, de massacrer les incendiaires, et d'épargner ceux qui seraient retirés dans leurs maisons.

Au lever de l'aurore, découvrant le double fort occupé par les Perses et les troupes à leur solde, il renonça à l'attaquer, parce que, défendu par sa position, il aurait coûté beaucoup de temps à emporter, et parce que la ruine totale de la ville rendait cette prise moins importante. Ayant enseveli ses morts, il donna ordre de conduire les machines à Tralles; fit raser la ville, et laissant dans la Carie trois mille hommes de pied et deux cents chevaux sous les ordres de Ptolémée, il partit pour la Phrygie.

Il établit Ada sur toute la Carie. Ada, fille d'Hécatomnus, avait été en même temps, suivant la loi des Cariens, femme et sœur d'Hidriée; et d'après la coutume asiatique qui, depuis Sémiramis, accorde aux femmes le droit à l'empire, Hidriée, en mourant, avait laissé à la sienne l'administration de son royaume. Pexodare l'en avait chassée en s'emparant du pouvoir; Orontobates, gendre de l'usurpateur, avait reçu du roi le gouvernement de la Carie. Ada n'en tenait plus qu'une seule ville bien fortifiée, Alinde, qu'elle livre au conquérant : dès qu'il paraît avec son armée, elle vient au-devant de lui, et l'adopte pour fils. Alexandre lui laisse le commandement de la place, ne la dédaignant point pour mère; et maître de la Carie entière, par la ruine d'Halicarnasse, lui confie le gouvernement de toute la province.

Alexandre, par ménagemens pour ses soldats, renvoya ceux mariés depuis peu, passer l'hiver en Macédoine, dans leur famille, sous la conduite de Ptolémée, un des gardes de sa personne. Parmi les chefs de l'armée, Cœnus et Méléagre, nouvellement mariés, obtinrent la même permission. Alexandre leur enjoint, non seulement de ramener ses soldats, mais de recruter dans le pays le plus qu'ils pourraient d'infanterie et de cavalerie. Ces égards d'Alexandre lui concilièrent de plus en plus le cœur des Macédoniens.

Il envoie Cléandre faire des recrues dans le Péloponnèse; et Parménion, qui prend le commandement des Hétaires, des chevaux thessaliens et d'autres auxiliaires, est chargé de conduire le bagage à Sardes, d'où il doit pénétrer en Phrygie.

Le roi marche lui-même vers la Lycie et la Pamphilie, pour s'emparer de toutes les côtes maritimes, et rendre par là inutile la flotte ennemie. Il commence par prendre d'assaut Hyparne, place fortifiée et défendue par des soldats étrangers; la garnison capitule et se retire. A son entrée dans la Lycie, Telmisse se rend par composition : il passe le Xante; Pinara, Xantus, Patara, et trente autres villes de moindre importance lui ouvrent leurs portes.

Cependant, au milieu de l'hiver, il s'avance vers le pays de Milyade qui fait partie de la grande Phrygie, mais que Darius avait ordonné de comprendre dans le département de la Lycie. Là vinrent les envoyés des Phasélites, demander l'amitié d'Alexandre et lui offrir une couronne d'or. Beaucoup d'autres de la Lycie inférieure députèrent également pour rechercher son alliance. Alexandre commande aux Phasélites et aux Lyciens de remettre leurs villes aux gouverneurs qu'il leur envoie; toutes sont remises.

Peu de temps après, il entre dans la première de ces contrées; et, soutenu des habitans, s'empare d'un fort bien défendu, élevé par les Pisidiens, d'où les Barbares incommodaient, par leurs excursions, les cultivateurs Phasélites.

CHAP. 6. Cependant on apprend qu'Alexandre, fils d'Erope, un des Hétaires, commandant alors la cavalerie thessalienne, conspire contre le roi. Cet Alexandre était frère d'Héromène et d'Arrabée, tous deux complices du meurtre de Philippe. Lui-même n'était pas sans y avoir trempé; mais le prince lui avait pardonné, parce qu'après la mort de son père, il fut le premier de ses amis qui se rangea près de lui, et qui le conduisit en armes dans le palais. Depuis, Alexandre avait cherché à se l'attacher par toutes les distinctions, en lui donnant le commandement des troupes envoyées dans la Thrace, et le faisant succéder dans celui de la cavalerie thessalienne, à Calas nommé satrape de Phrygie.

Tels sont les détails de la conspiration. Darius reçoit, par le transfuge Amyntas, des lettres et des ouvertures de la part de cet Alexandre ; aussitôt il députe, sous un prétexte, vers Atizyes, satrape de Phrygie, le persan Asisinès, qu'il honorait d'une confiance intime, et le charge secrètement de s'aboucher avec cet Alexandre, et de lui promettre, pour prix de l'assassinat du prince, le royaume de Macédoine et mille talens d'or. Parménion surprit Asisinès, et en tira l'aveu complet, qu'il réitéra devant Alexandre, à qui Parménion l'envoya sous bonne garde. Le prince rassemble et consulte ses amis ; on le blâma d'avoir confié, contre les règles de la prudence, le meilleur corps de cavalerie à un homme dont il n'était pas sûr. On ajouta qu'il fallait se hâter de le frapper avant qu'il pût s'assurer des Thessaliens et tenter de nouvelles entreprises. Un prodige récent augmentait la crainte : on rapporte qu'Alexandre étant encore au siége d'Halicarnasse, et s'étant livré au sommeil vers le milieu du jour, on vit une hirondelle voltiger autour de sa tête avec un grand babil ; elle s'était abattue à plusieurs reprises sur les différens côtés de son lit, en redoublant, plus que de coutume, ce bruit importun. Le prince, accablé de fatigue, ne s'éveillait point ; cependant, incommodé par ses cris, il étendit la main pour l'écarter : mais loin de s'envoler, elle vint se percher sur sa tête, et ne cessa de chanter que lorsqu'il fut entièrement éveillé. Frappé de ce prodige, il consulta le devin Aristandre de Telmisse, qui répondit que sans doute un ami d'Alexandre lui dressait des embûches, mais qu'elles seraient découvertes : que l'hirondelle était la compagne, l'amie de l'homme, et le plus babillard des oiseaux.

Alexandre rapprocha alors ce discours du devin de celui du Persan ; il envoie aussitôt Amphotère vers Parménion, avec quelques habitans de Pergues pour le conduire. Déguisé sous le vêtement des indigènes, Amphotère se rend en secret près de Parménion, expose de vive voix sa commission ; car on n'avait pas cru que la prudence permît de la confier par écrit. Le traître est arrêté et jeté en prison.

Alexandre quittant la Phasélide, fait marcher une partie de son armée vers Pergues, par les montagnes où les Thraces lui avaient montré un chemin difficile, mais bien plus court ; il mène le reste le long des côtes. On ne peut suivre cette dernière route que sous la direction des vents du Nord ; lorque le vent du Midi règne, elle est impraticable. Contre toute espérance, et non sans quelque faveur des Dieux, ainsi que le crurent Alexandre et sa suite, les vents heureux s'élevèrent plutôt que les autres, et favorisèrent la rapidité de son passage.

Au sortir de Pergues, les principaux des Aspendiens vinrent à sa rencontre pour lui soumettre leurs villes, en le priant de ne point y mettre de garnison. Ils l'obtinrent ; mais Alexandre exigea cinquante talens pour le paiement de ses troupes, et les chevaux qu'ils fournissaient en tribut à Darius. Ils souscrivirent à toutes ces conditions.

Alexandre s'avance vers Sidé ; ses habitans sont originaires de Cumes en Eolie : ils racontent une chose étrange sur leur origine ; que leurs ancêtres, qui abordèrent de Cumes en ces lieux, oublièrent tout-à-coup la langue grecque, et parlèrent une langue barbare qui n'était point celle des peuples voisins, mais qui leur était propre, et les distingue encore des nations qui les entourent.

Alexandre ayant jeté dans Sidé une garnison, marche sur Syllium, place fortifiée, défendue par les troupes des Barbares, par des étrangers soldés, et à l'abri d'un coup de main. Il apprend en route que les Aspendiens ne tiennent aucune des conditions convenues; qu'ils ont refusé de livrer les chevaux à ceux envoyés pour les recevoir, et de compter l'argent; qu'ils ont retiré tous les effets de la campagne dans la ville, fermé leurs portes aux députés d'Alexandre, et mis leurs murs en état de défense. Il tourne aussitôt vers Aspende; cette ville est assise sur un roc escarpé, et baigné par l'Eurymédon. Sur la pente et au pied du rocher s'étend une partie assez considérable de bâtimens, entourée d'un faible rempart. Désespérant de s'y maintenir, les habitans les abandonnèrent à l'approche d'Alexandre, dont la première opération fut, en arrivant, de franchir le rempart, et d'occuper les lieux qu'ils venaient de quitter. Ainsi menacés inopinément par Alexandre, et cernés par toute son armée, les Aspendiens lui envoyèrent de nouveaux députés pour offrir d'acquitter les stipulations précédentes. Alexandre, considérant la position du rocher, et quoique peu disposé à faire un long siége, ajouta cependant de nouvelles conditions; qu'ils auraient à livrer en ôtages les principaux de la ville, le nombre de chevaux promis, et le double des talens stipulés; qu'ils reconnaîtraient un satrape du choix d'Alexandre; paieraient un tribut annuel aux Macédoniens, et feraient terminer en justice le différend élevé entre eux et leurs voisins, sur la possession d'un territoire qu'on les accusait d'avoir envahi.

Ces conditions accordées, il retourne à Pergues, et passe dans la Phrygie; il devait s'avancer sous la ville de Telmisse, occupée par des Barbares qui tirent leur origine des Pisidiens : elle est élevée sur une hauteur escarpée et inaccessible, où la route même pratiquée est extrêmement difficile; car le mont s'étend depuis la ville jusqu'au chemin où il finit. En face de celui-ci s'élève un autre mont aussi escarpé, de sorte qu'ils forment une barrière de chaque côté de la route, dont il est facile de fermer le passage, en gardant les hauteurs avec les moindres forces. Ceux de Telmisse les occupent avec toutes leurs forces rassemblées.

A cette vue, on campe, par ordre d'Alexandre, comme on peut. Il pensait que les Barbares, à l'aspect des dispositions des Macédoniens, ne laisseraient point dans ce poste toutes leurs troupes, mais que la plus grande partie se retirerait dans la ville après avoir laissé quelques hommes sur les hauteurs : l'événement justifia son attente. Alexandre prenant aussitôt avec lui les archers, ses troupes légères, et les plus prompts des Hoplites, attaque le poste. Ceux de Telmisse, accablés de traits, l'abandonnent. Alexandre, ayant franchi le défilé, campe sous les murs de la ville; il y reçoit les députés des Selgiens, peuple belliqueux, qui doit aussi son origine aux Barbares de la Pisidie, et dont la ville est considérable. Anciens ennemis de ceux de Telmisse, ils venaient demander à Alexandre son amitié; il fait alliance avec eux, et depuis ils le servirent à toute épreuve.

Le siége de Telmisse paraissant devoir traîner en longueur, il marche sur Salagasse, ville assez grande, habitée par les Pisidiens, aussi distingués par leur bravoure entre les leurs, que les Pisidiens eux-mêmes entre les autres peuples. Ils occupèrent une montagne qui protégeait la ville, et qu'ils croyaient pouvoir opposer à l'ennemi comme un rempart. Alexandre dispose ainsi l'attaque. Il place les Hypaspistes à l'aile droite qu'il commande; près d'eux, les Hétaires de pied s'étendent jusqu'à l'aile gauche, dans l'ordre assigné aux chefs pour ce jour. Cette aile est commandée par Amyntas : protégée par les archers Thraces, sous la conduite de Sitalcès ; les hommes de traits et les Agriens sont en avant de l'aile droite. La difficulté des lieux rendait la cavalerie inutile : ceux de Telmisse, réunis aux Pisidiens, étaient rangés de l'autre côté en bataille.

Déjà les troupes d'Alexandre, gravissant la montagne, atteignaient les hauteurs les plus difficiles, lorsque les Barbares fondent de leurs retraites sur les deux ailes, du côté où ils avaient le plus d'avantage, sur l'ennemi embarrassé ; ils dispersent les premiers hommes de traits armés trop légèrement pour faire résistance.

Les Agriens tiennent ferme ; ils voyaient s'approcher la phalange macédonienne, ayant à sa tête Alexandre. Dès qu'elle eut donné, ces Barbares, combattant nus avec des hommes armés de toutes pièces, tombent percés, ou fuient : on en tua cinq cents environ. Le plus grand nombre dut son salut à la légèreté de sa fuite, et à l'habitude des lieux. Les Macédoniens, qui ne les connaissaient pas, et chargés de leurs armures pesantes, hésitèrent à les poursuivre, mais Alexandre ne laissant point de relâche aux fuyards, les suit et s'empare de leur ville, n'ayant perdu que Cléandre, un de ses généraux, et environ vingt soldats.

Il marche ensuite contre le reste des Pisidiens, emporte d'assaut une partie de leurs places ; les autres capitulent.

Il arrive en Phrygie vers le marais d'Ascagne, où se trouve un sel fossile que les habitans emploient au lieu de celui de la mer.

Au bout de cinq marches, il est devant Célènes. Cette ville est bâtie sur un rocher à pic, et gardée par une garnison de mille Cariens et de cent Grecs, sous le commandement du satrape de Phrygie. Ils députent vers Alexandre, et promettent de se rendre s'ils ne sont point secourus à un jour fixé dont ils conviennent. Alexandre trouva plus d'avantage dans cette condition qu'à pousser le siége, vu la position inaccessible du fort. Il laisse dans la ville quinze cents hommes de garnison, y passe dix jours, déclare Antigone satrape de Phrygie, et le fait remplacer par Balacre dans le commandement des troupes auxiliaires.

Il se rend à Gordes, après avoir écrit à Parménion d'y venir le rejoindre avec son armée. Ce général l'amène renforcée des Grecs de retour de la Macédoine, et des recrues conduites par Ptolémée, Cœnus et Méléagre, au nombre de trois cents chevaux et mille hommes de pied Macédoniens, deux cents chevaux Thessaliens, et cent cinquante Éléens sous la conduite d'Alcias d'Élée.

La ville de Gordes, dans la Phrygie, qui regarde l'Hellespont, est située sur le fleuve Sangaris, qui prend sa source dans les montagnes de la Phrygie, arrose la Bithynie thracienne, et se décharge dans le Pont-Euxin.

Alexandre y reçoit des députés d'Athènes ; ils lui demandent la liberté des leurs, qui, au service des Perses, furent pris dans la journée du Granique, et partageaient en Macédoine les fers de deux mille Grecs. Les députés revinrent sans avoir rien obtenu. En effet, Alexandre pensa qu'il serait de la politique, pendant la chaleur de la guerre contre les Perses, de ne point affaiblir la terreur qu'il avait inspirée aux Grecs, toujours prêts, s'il en rompait le frein, à se joindre aux Barbares. Il se contenta de leur répondre, que la guerre terminée selon ses vœux, Athènes pourrait demander la grâce de ses concitoyens par une nouvelle députation.

LIVRE SECOND.

Chapitre premier. Cependant Memnon, à qui Darius avait donné le commandement de toute la flotte et des côtes maritimes, voulant porter la guerre en Macédoine et en Grèce, prit l'île de Chio par trahison. Naviguant ensuite vers Lesbos, il passe devant Mitylène qui refuse de se rendre, s'empare de toutes les autres villes de Lesbos, soumet l'île, et revient mettre le siége devant Mitylène; il la cerne d'une double circonvallation qui s'étend d'un rivage à l'autre, et qui, flanquée de cinq forts, la bloque facilement du côté de la terre. Une partie de ses vaisseaux occupe le port; le reste cependant stationne vers Sigrium, promontoire de Lesbos, garde ce passage qui est le plus facile, et en écarte les vaisseaux de transport venant de Chio, de Géreste et de Malée, qui, du côté de la mer, auraient pu donner du secours aux Mityléniens : mais une maladie emporta Memnon; sa mort fut la plus grande perte qu'éprouva Darius.

Autophradates et Pharnabase, neveu de Darius, à qui Memnon avait remis en mourant son autorité, jusqu'à ce que le roi en eût décidé, pressaient vivement le siége. Les Mityléniens, bloqués par terre, cernés du côté de la mer par une flotte nombreuse, députent vers Pharnabase, et conviennent que les étrangers à la solde d'Alexandre se retireraient de leur ville; que les colonnes où des inscriptions attestent leur alliance avec ce prince seraient renversées; qu'ils renouvelleraient avec Darius le traité d'Antalcidas, et que la moitié de leurs bannis rentrerait dans leurs murs. Ces conditions sont acceptées: Pharnabase et Autophradates mettent garnison dans la ville, sous le commandement du rhodien Lycomède, établissent Diogène, un des exilés, tyran de Mitylène, et exigent une somme d'argent, dont une partie est arrachée de force aux plus riches, et l'autre imposée sur la commune.

Autophradates tourne ensuite vers les autres îles, et Pharnabase conduit en Lycie les troupes étrangères; cependant Darius envoie Thymondas remplacer Memnon dans le commandement de ces troupes; Pharnabase les lui remet, et va rejoindre la flotte d'Autophradates.

Dès qu'ils sont réunis, ils détachent vers les Cyclades le persan Datame avec dix vaisseaux, et cinglent vers Ténédos avec une flotte de cent voiles. Arrivés devant l'île, et entrés dans le port Boréal, ils envoient ordre aux Ténédiens d'abattre les monumens de leur alliance avec Alexandre et les Grecs, et de faire la paix avec Darius, aux conditions du traité d'Antalcidas.

Ceux de Ténédos penchaient plus vers Alexandre et les Grecs; mais la position actuelle des affaires ne laissait espoir de salut que dans la soumission à la volonté des Perses. En effet, Hégéloque, chargé par Alexandre de rassembler une armée navale, avait encore trop peu de forces pour qu'on pût en attendre un prompt secours. Les Ténédiens se rendirent donc à Pharnabase, plus par crainte que par affection.

Cependant Protée, d'après les ordres d'Antipater, avait rassemblé quelques vaisseaux longs de l'Eubée et du Péloponnèse, pour couvrir les îles et la Grèce elle-même, si, comme on l'annonçait, la flotte des Barbares tentait une invasion. Ayant appris que Datame stationnait devant Siphne, avec dix vaisseaux, Protée se rend avec quinze à Chalcis, située sur l'Euripe, et arrivé dès l'aurore devant l'île de Cythnus, il y passe la journée entière pour mieux reconnaître la position des dix vaisseaux ennemis, et les frapper d'une plus grande terreur, en les attaquant de nuit. Parfaitement instruit de l'état des choses, il part dans l'ombre, fond, au point du jour, à l'improviste, sur Datame, et s'empare de huit vaisseaux complètement armés. Datame, échappé aux poursuites de Protée, rejoint le gros de la flotte avec les deux trirèmes qui lui restaient.

Chap. 2. Arrivé à Gordes, Alexandre monte dans la citadelle, au palais de Gordius et de son fils Midas ; curieux de voir le char de ce roi, et le nœud qui en retenait le joug : on faisait un grand récit de ce nœud dans les contrées voisines. Gordius était, disait-on, un homme peu fortuné de l'ancienne Phrygie, propriétaire d'un petit champ qu'il cultivait, et de deux paires de bœufs, dont l'une lui servait à traîner le char, et l'autre à labourer. Un jour qu'il conduisait la charrue, un aigle vint se percher sur le joug, et y demeura jusqu'à la dételée. Etonné de ce prodige, Gordius fut consulter les devins de Telmisse, qui passaient pour les plus habiles, et qui, dès leur plus tendre jeunesse, avaient, ainsi que leurs femmes et leurs enfans, le don de prophétiser. Il approchait d'un hameau, quand il fit rencontre d'une jeune fille qui allait puiser à la fontaine ; il lui raconta son aventure. Cette fille était de race prophétique : elle lui ordonne d'aller dans leur ville, et d'y sacrifier à Jupiter Basiléus. Gordius la pria de l'accompagner, et de lui enseigner le mode du sacrifice ; la jeune fille y consentit. Gordius la prit pour femme, et en eut un fils du nom de Midas. Parvenu à l'adolescence, celui-ci se distinguait autant par sa beauté que par son courage, lorsque des troubles domestiques et graves éclatèrent en Phrygie. On consulta l'oracle : il répondit que la sédition s'apaiserait, lorque l'on verrait arriver sur un char celui qui était destiné au trône. L'assemblée des habitans délibérait sur cette réponse, lorsque Midas parut au milieu d'elle, accompagné de ses parens, et monté sur un char ; on lui applique la prédiction ; voilà celui dont le Dieu avait annoncé l'arrivée : on l'élit roi. Il termine les divisions, et consacre en action de grâces, au souverain des Dieux, le char sur lequel l'aigle messager s'était abattu. On ajoutait que celui qui délierait le nœud qui attachait le joug, obtiendrait l'empire souverain de l'Asie. Ce nœud était formé d'écorce de cornouiller, tissu avec un art tel, que l'œil ne pouvait en démêler le commencement ni la fin.

Alexandre ne voyant aucun moyen d'en venir à bout, et ne voulant point renoncer à une entreprise dont le mauvais succès aurait ébranlé les esprits, tira, dit-on, son épée, et tranchant le nœud, s'écria : Il est défait ! Selon Aristobule, le roi ayant enlevé la clef du timon, (la cheville de bois qui le réunissait au joug et que le nœud attache) sépara le joug du timon. Je ne puis déclarer laquelle de ces deux versions est la vraie ; mais le prince et ceux qui l'entouraient abandonnèrent le char, comme si les conditions de l'oracle eussent été remplies. Les foudres, qui éclatèrent pendant la nuit, semblèrent le confirmer.

Le lendemain Alexandre sacrifie aux Dieux, pour les remercier de l'inspiration et des prodiges qu'ils lui ont envoyés.

Le jour suivant, Alexandre part pour Ancyre en Galatie. Des députés des Paphlagoniens viennent lui soumettre leur pays, et proposer une alliance, sous la condition que son armée n'entrera pas sur leur territoire. Il les range sous le gouvernement du satrape de Phrygie, et marchant vers la Cappadoce, il soumet une grande partie du pays qui s'étend en-deçà du fleuve Halys, et au-delà ; Sabictas en est établi satrape.

Alexandre marche vers les pyles Ciliciennes. Arrivé au camp de Cyrus (le jeune), auquel Xénophon s'était jadis réuni, et voyant le passage bien gardé, il y laisse Parménion à la tête de l'infanterie pesamment armée : lui-même, dès la première veille de la nuit, prenant avec lui les Hypaspistes, les Archers, les Agriens, s'avance vers le défilé pour surprendre ceux qui le gardaient. Son audace fut heureuse, quoiqu'elle fut découverte ; à la nouvelle de l'approche d'Alexandre le poste est abandonné.

Le lendemain, dès l'aurore, il franchit le passage avec toute son armée, et descend dans la Cilicie.

Il apprend qu'Arsame, qui avait d'abord voulu conserver la ville de Tarse au pouvoir des Persans, ne songeait plus qu'à l'abandonner sur le bruit de son arrivée, et que les habitans craignaient qu'il ne pillât la ville en la quittant. Alexandre double aussitôt sa marche à la tête de sa cavalerie et de ses troupes légères. Certain de son approche, Arsame fuit précipitamment vers Darius, sans avoir ruiné la ville.

CHAP. 3. Alexandre tombe malade, selon Aristobule, par suite de ses fatigues ; et selon d'autres, pour s'être jeté à la nage, tout échauffé et couvert de sueur, dans les eaux du Cydnus, qui traverse la ville. Ce fleuve prend sa source dans les montagnes du Taurus ; il coule dans un lit pur, et roule des eaux limpides et froides. Le caractère de la maladie s'annonce par un spasme, une fièvre aiguë et l'insomnie. Tous les médecins désespéraient de sa vie ; le seul Philippe acarnanéen, qui suivit Alexandre, et avait sa confiance la plus intime, ordonne une potion médicale. Tandis qu'on la prépare, Parménion remet à Alexandre une lettre par laquelle on l'avertissait de se défier de Philippe ; que Darius l'avait engagé, à prix d'argent, d'empoisonner le roi. Alexandre tenait encore l'écrit, lorsqu'on apporta le breuvage : il le reçoit d'une main, et de l'autre présentant la lettre à Philippe, il vide la coupe d'un seul trait, tandis que le médecin lit. La physionomie de Philippe annonce qu'il espère bien de ce breuvage ; il ne laisse échapper, pendant la lecture, aucun signe de trouble ; il exhorte seulement Alexandre à suivre de tout point ce qu'il lui prescrira, que sa guérison doit en être le prix. Alexandre recouvra la santé, après avoir montré à Philippe un attachement imperturbable, et à ceux qui l'entouraient, quelle était sa confiance dans ses amis, et combien peu il craignait la mort.

Il envoie pour occuper les autres défilés qui séparent la Cilicie de l'Assyrie, Parménion, à la tête de l'infanterie auxiliaire, des Grecs à sa solde, des Thraces commandés par Sitalcès, et de la cavalerie thessalienne.

Il sort le dernier de Tarse ; un jour de marche le porte à Anchialon. Cette ville fut, dit-on, bâtie par Sardanapale, roi des Assyriens ; l'enceinte et les fondemens de ses murs annoncent que ce fut une ville considérable et puissante.

On y voit encore le tombeau de Sardanapale, sur lequel est élevée sa statue qui semble applaudir des mains : on y remarque une inscription en caractères assyriens, et qu'on assure être en vers, dont voici le sens :

Sardanapale, fils d'Anacyndarax, a fondé Anchialon et Tarse en un jour passans, mangez, buvez, tenez-vous en joie ; le reste n'est que vanité ; c'est ce que semble indiquer la manière dont il claque des mains : l'expression *tenez-*

vous en joie, a, dans l'Assyrien, un caractère plus voluptueux encore.

D'Anchialon, Alexandre passe à Soles, y jette une garnison et condamne les habitans à une amende de deux cents talens d'argent, pour avoir favorisé les Perses.

Prenant ensuite avec lui trois corps de l'infanterie macédonienne, tous les hommes de traits et les Agriens, il attaque les Ciliciens des montagnes, et rentre à Soles, après les avoir réduits dans l'espace de sept jours, soit de force, soit par composition.

Il apprend que Ptolémée et Asandre ont défait le Perse Orontobate qui tenait la citadelle d'Halicarnasse, Mynde, Caune, Théra et Callipolis. La conquête de Cos et du Triopium suivit cette victoire. La bataille avait été remarquable, l'ennemi avait perdu sept cents hommes de pied, cinquante de cavalerie, et on lui avait fait près de mille prisonniers.

Alexandre sacrifie à Esculape, conduit la pompe aux flambeaux avec toute son armée, fait célébrer les combats du gymnase et de la lyre, établit à Soles la démocratie.

Il charge Philotas de conduire la cavalerie vers le fleuve Pyramus par la plaine d'Alée, et tournant vers Tarse avec son infanterie et le corps de ses gardes, il arrive à Magarse, où il sacrifie à Minerve, protectrice du lieu.

Il part pour Malles, honore la tombe d'Amphilocus comme celle d'un héros; apaise les dissensions qui divisaient les citoyens, et leur remet les tributs qu'ils payaient à Darius, par considération pour ce peuple, colonie agrienne qui tirait, comme lui, son origine d'Hercule.

CHAP. 4. Alexandre apprend que Darius, avec toute son armée, est campé à Sochus, séparé par deux jours de marche des défilés qui ouvrent l'Assyrie.

Ayant rassemblé les corps attachés à sa personne, il leur annonce que Darius et son armée sont proches; tous demandent à marcher. Alexandre rompt le conseil après avoir donné de grands éloges à leur courage; le lendemain il marche contre Darius et les Perses.

Le second jour, ayant franchi les défilés, il campe près de la ville de Myriandre. L'orage épouvantable qui s'éleva pendant la nuit, les vents et des torrens de pluie retinrent Alexandre dans son camp.

Cependant Darius, pour asseoir le sien, avait d'abord choisi une plaine immense de l'Assyrie, et ouverte de tous côtés, où ses troupes innombrables et sa cavalerie pouvaient se développer avec avantage. Le transfuge Amyntas lui avait conseillé de ne pas abandonner cette position, que le nombre de ses troupes et de ses bagages devait l'engager à tenir. Darius s'y maintint d'abord; mais Alexandre ayant été arrêté successivement dans Tarse par la maladie, dans Soles par les jeux et les sacrifices, et dans les montagnes de Cilicie par l'expédition contre les Barbares, Darius prit le change sur les motifs de ce retard et crut trop facilement ce qu'il desirait; il prêta l'oreille aux flatteurs qui l'entouraient, et qui perdront toujours les princes : Alexandre, disaient-ils, effrayé de l'arrivée du grand roi, n'oserait pousser plus loin : la cavalerie seule des Perses suffirait pour écraser l'armée des Macédoniens.

Amyntas, au contraire : « Alexandre » viendra chercher Darius en quelque » lieu qu'il se trouve : c'est ici qu'il faut » l'attendre. »

L'avis le moins sage, mais qui flattait le plus, l'emporta. Peut-être la fatalité ne poussa-t-elle Darius à camper dans un lieu où il ne pouvait ni se servir facilement de sa cavalerie et de la multitude de ses troupes légères, ni étaler l'appareil de son armée, que pour préparer aux Grecs une victoire facile. En effet, les décrets éternels voulaient transporter l'empire de l'Asie, des Perses aux Macédoniens, comme il l'avait été des Assyriens aux Mèdes, et des Mèdes aux Perses.

Darius franchit donc le pas Amanique, et marche vers Issus ayant l'imprudence de laisser Alexandre derrière lui. Maître de la ville, il fait périr cruellement les malades qu'Alexandre y avait laissés. Le lendemain il s'avance aux bords du Pinare.

Alexandre ne pouvant croire que Darius l'eût laissé sur ses derrières, fait monter quelques hétaires sur un triacontère pour aller à la découverte : à la faveur des sinuosités du rivage, ils découvrent le camp des Perses vers Issus, et reviennent annoncer à Alexandre qu'il tient Darius.

Il assemble les stratèges, les Ilarques et les chefs des troupes auxiliaires : « Rappelez-vous tous vos exploits et re» doublez de confiance; vainqueurs, » vous allez attaquer des vaincus : un » Dieu combat pour nous; c'est lui qui » a poussé Darius à quitter de vastes » plaines, pour s'enfermer dans cet es» pace étroit où notre phalange peut » bien se développer, mais où le grand » nombre de ses troupes devient inutile; » ils ne nous sont comparables ni en » force ni en courage. Vous, Macédo» niens, endurcis, aguerris par toutes » les fatigues des combats, vous mar» chez contre les Perses et les Mèdes » amollis depuis long-temps par le re» pos et les plaisirs. Libres, vous com» battez des esclaves. Les Grecs de cha» que parti n'ont point le même avan» tage. Ceux de Darius se battent pour » une solde misérable, ceux qui accom» pagnent les Macédoniens, pour la » Grèce et volontairement. Si l'on con» sidère les auxiliaires, ici les Thraces, » les Péones, les Illyriens, les Agriens » les plus forts et les plus belliqueux » des peuples de l'Europe, et là des » Asiatiques énervés et efféminés : en» fin, c'est Alexandre contre Darius. » Tels sont les avantages dans le com» bat; mais que d'autres dans le suc» cès ! Vous n'avez plus devant vous les » satrapes de Darius, la cavalerie du » Granique, les vingt mille soldats étran» gers; voilà toutes les forces des Per» ses et des Mèdes, toutes les nations » qui leur obéissent dans l'Asie, le » grand roi lui-même : cette journée » vous livre tout; vous commandez à » l'Asie entière, et vos nobles travaux » sont à leur terme. »

Alexandre leur rappelle alors les victoires qu'ils avaient remportées en commun, faisant ressortir les exploits de chacun d'eux qu'il cite nominativement, et parlant même des siens, mais avec retenue; il fut jusqu'à rapporter la retraite de Xénophon et les exploits des dix mille qui ne pouvaient, sous aucun rapport, être comparés aux leurs. Ils n'avaient, en effet, ni les chevaux, ni les troupes de la Béotie et du Péloponèse, ni les Macédoniens, ni les Thraces, ni aucune cavalerie semblable à la leur, ni frondeurs et hommes de trait, à la réserve de quelques Crétois et de quelques Rhodiens levés à la hâte par Xénophon; et que, cependant, dénués de toutes ces ressources, ils avaient, sous les murs de Babylone, mis en fuite le grand roi avec son armée, et dompté dans leur retraite toutes les nations qui avaient voulu leur fermer la route du Pont-Euxin. Il ajouta tout ce qu'un grand général peut rappeler avant le combat à des soldats éprouvés. Ils se disputent l'honneur de l'embrasser; l'élèvent jusqu'au ciel, et demandent à marcher sur-le-champ contre l'ennemi.

Chap. 5. Alexandre ordonne aux siens de prendre de la nourriture, et détache quelques chevaux avec des hommes de trait pour reconnaître les défilés par où il avait passé. Il part dans l'ombre avec toute son armée pour les occuper de nouveau. Il y campe vers le milieu de la nuit, et fait reposer son armée après avoir placé avec soin des sentinelles sur tous les points. Dès l'aurore il se remet en marche, faisant filer ses troupes dans les passages étroits; mais à mesure que le chemin s'élargit, il développe ses corps en phalange, qu'il appuie à droite sur les hauteurs, à gauche sur le rivage, l'infanterie en avant, la cavalerie ensuite : arrivé en plaine, il range son armée en bataille.

A l'aile droite, il place l'Agéma et les Hypaspistes, sous le commandement de Nicanor; près d'eux les corps de Cœnus et de Perdiccas, qui s'étendaient jusque au centre, où devait commencer le combat. Il compose la gauche des troupes d'Amyntas, de Ptolémée et de Méléagre : l'infanterie est sous les ordres de Cratèrus; toute l'aile est sous ceux de Parménion, qui ne doit point s'éloigner du rivage crainte d'être cerné par les Barbares; car il était facile aux Perses d'envelopper les Macédoniens avec leurs troupes nombreuses.

Darius, instruit qu'Alexandre s'avance en ordre de bataille, fait traverser le Pinare à trente mille chevaux et à vingt mille hommes de trait, pour avoir la facilité de ranger le reste de son armée. Il oppose d'abord à la phalange macédonienne, trente mille des Grecs à sa solde, pesamment armés, et soutenus de soixante mille Cardaques armés de même, le terrain ne permettant point d'en mettre en ligne davantage; vers les hauteurs, à sa gauche, il place vingt mille hommes, dont partie en face, partie derrière l'aile droite d'Alexandre : disposition forcée par la chaîne des montagnes qui, formant d'abord une espèce de golfe, tournaient ensuite l'aile droite des Macédoniens. Le reste de ses troupes, de toutes armes et de tout pays, forment derrière les Grecs soldés une profondeur de rangs aussi nombreux qu'inutiles; car Darius comptait six cent mille combattans.

Arrivé dans la plaine, Alexandre développe, près de lui à l'aile droite, la cavalerie des Hétaires, des Thessaliens et des Macédoniens, et fait filer à la gauche, vers Parménion, les Péloponésiens et les autres alliés.

L'armée des Perses rangée en bataille, Darius rappelle la cavalerie qui avait passé le Pinare pour couvrir ses dispositions. Il en détache la majeure partie contre Parménion, du côté de la mer, où les chevaux pouvaient combattre avec avantage, et fait passer le reste à sa gauche vers les hauteurs : mais jugeant que la difficulté des lieux lui rendrait ces derniers inutiles, il en rejette encore une grande partie sur la droite : il se place lui-même au centre de l'armée, suivant l'ancienne coutume des rois de Perse, dont Xénophon rapporte les motifs.

Alexandre, voyant presque toute la cavalerie des Perses, portée du côté de la mer, sur Parménion, qui n'était soutenu que des Péloponésiens et des alliés, détache aussitôt vers l'aile gauche les chevaux Thessaliens, et les fait filer sur les derrières pour n'être point aperçus de l'ennemi. En avant de la cavalerie de l'aile droite, Protomaque et Ariston conduisent, l'un les voltigeurs, l'autre les péoniens; Antiochus, à la tête des archers, couvre l'infanterie; les Agriens, sous la conduite d'Attalus, quelques chevaux et quelques archers disposés à l'arrière-garde, font face à la montagne : ainsi l'aile droite se divisait elle-même en deux parties, dont l'une était opposée à Darius, placé au-delà du fleuve avec le gros de son armée, et l'autre regardait l'ennemi qui les tournait sur les hauteurs. A l'aile gauche, en avant de l'infanterie, marchent les archers Crétois et les Thraces, commandés par Sitalcès, précédés de la cavalerie et des étrangers soldés qui forment l'avant-garde.

Comme la phalange à l'aile droite avait moins de front que la gauche des Perses dont elle pouvait être cernée facilement, Alexandre la renforce, en dérobant leur mouvement à l'ennemi, par deux compagnies d'Hétaires, sous la conduite de Péridas et de Pantordanus ; et comme ceux de l'ennemi, postés sur les flancs de la montagne, ne descendaient point, Alexandre, les ayant repoussés sur les sommets, avec un détachement d'Agriens et d'Archers, se contente de leur opposer trois cents chevaux, fait passer sur le front de l'aile droite le reste des troupes placées de ce côté, y joint les Grecs à sa solde, et donne alors, à cette partie de son armée, un développement plus étendu que celui des Perses qu'elle avait à combattre.

L'ordre de bataille ainsi disposé, Alexandre s'avance lentement, et en faisant des haltes fréquentes, comme s'il ne voulait rien précipiter.

De son côté Darius ne quitte point les bords escarpés du fleuve où il était placé ; il a même défendu par des palissades les rives d'un facile accès : cette disposition revèle aux Macédoniens que Darius a déjà présagé sa défaite.

Les armées en présence, Alexandre, à cheval, parcourt ses rangs, encourage les siens, appelle nominativement et avec éloge non-seulement les principaux chefs, mais encore les Ilarques, les moindres officiers, et ceux mêmes des étrangers distingués par leurs grades ou leurs exploits : tous, par un cri unanime, demandent à fondre sur l'ennemi.

Alexandre continue de s'avancer lentement, de peur qu'une marche trop rapide ne jette du désordre dans sa phalange ; mais parvenu à la portée du trait, les premiers qui l'entourent, et lui-même à la tête de l'aile droite courent à toutes brides vers le fleuve pour effrayer les Perses par l'impétuosité du choc, en venir plutôt aux mains, et se garantir ainsi de leurs flèches. Alexandre n'est point trompé dans son attente. Au premier choc, la gauche de l'ennemi cède, et laisse aux Macédoniens une victoire aussi éclatante qu'assurée.

Dans le mouvement précipité et décisif d'Alexandre, la pointe de la phalange avait suivi l'aile droite, tandis que le centre n'avait pu marcher avec la même promptitude ni maintenir son front et ses rangs, arrêté par la barrière que présentaient les bords escarpés du fleuve : les Grecs, à la solde de Darius, saisissent le moment et tombent avec impétuosité sur la phalange macédonienne ouverte. Le combat devient opiniâtre ; les Perses s'efforcent de rejeter les Macédoniens dans le fleuve, et de reprendre l'avantage pour ceux qui fuyaient ; et les Macédoniens s'obstinent à maintenir celui d'Alexandre, et l'honneur de la phalange jusque-là réputée invincible. La rivalité des Grecs et des Macédoniens redouble l'acharnement. Ptolémée, après des prodiges de valeur, et cent vingt Macédoniens de distinction, sont tués.

Cependant l'aile droite d'Alexandre, après avoir renversé tout ce qui était devant elle, tourne sur les Grecs à la solde de Darius, les écarte du bord, et, enveloppant leurs rangs découverts et ébranlés, les attaque en flanc, et en fait un horrible carnage.

Les chevaux Perses en regard des Thessaliens, sans les attendre au-delà du fleuve, le passent bride abattue, et tombent sur la cavalerie opposée : ils combattirent avec acharnement, et ne cédèrent que lorsqu'ils virent les Perses mis en fuite, et les Grecs taillés en pièces. Alors la déroute fut complète.

La cavalerie des Perses souffrit beaucoup dans cette fuite, et de l'embarras de son armure pesante, et du désordre qui se mit dans les rangs; tous, dans leur épouvante, se pressaient en foule les uns sur les autres dans les défilés, de manière que les leurs en écrasèrent davantage que l'ennemi n'en détruisit : Les Thessaliens pressent vivement les fuyards ; le carnage de la cavalerie égale celui de l'infanterie.

Dès qu'Alexandre eut enfoncé l'aile gauche des Perses, Darius se sauva avec les premiers sur un char qu'il ne quitta point tant qu'il courut à travers plaine ; mais arrivé dans des gorges difficiles, il abandonne son char, son bouclier, sa pourpre, son arc même, et fuit à cheval. La nuit qui survint bientôt, le dérobe aux poursuites d'Alexandre, qui ne cessent qu'avec le jour. Le vainqueur retourne vers son armée, et s'empare du char et des dépouilles de Darius. Alexandre l'eût pris lui-même, si, pour le poursuivre, il n'eût attendu le rétablissement de sa phalange ébranlée, la défaite des Grecs et la déroute de la cavalerie des Perses. Il perdirent Arsame ; Rhéomitrès ; Atizyès, l'un de ceux qui, au Granique, avaient commandé la cavalerie ; Sabacès, satrape d'Egypte, et Bubacès, un des Perses les plus distingués. On évalue à cent mille le nombre général des morts, dont dix mille chevaux ; de sorte que, au rapport de Ptolémée, qui accompagnait Alexandre dans cette poursuite, on traversa des ravins comblés de cadavres.

Au premier abord on se rendit maître du camp de Darius ; on y trouva la mère, la femme, la sœur, et un fils jeune encore du monarque de l'Asie, avec deux de ses filles et quelques femmes des principaux de son armée, toutes les autres avaient été conduites avec les bagages à Damas, où Darius avait fait porter la plus grande partie de ses trésors, et tous les objets de magnificence que traînent à l'armée les rois de Perse.

On ne trouva dans le camp que trois mille talens ; mais Parménion, envoyé à Damas par Alexandre, y recueillit toutes les richesses du vaincu.

Telle fut l'issue de cette journée, qui eut lieu dans le mois Maimactèrion, Nicostrate étant Archonte à Athènes.

Le lendemain Alexandre, quoique souffrant encore d'une blessure qu'il avait reçue à la cuisse, visite les blessés, fait inhumer les morts avec pompe, en présence de son armée rangée en bataille, dans le plus grand appareil. Il fait l'éloge des actions héroïques dont il avait été témoin, ou que la voix générale de toute l'armée publiait, et honora chacun d'entre eux de largesses selon leur mérite et leur rangs. Balacre, l'un des gardes de sa personne, est nommé satrape de Cilicie, et remplacé par Ménès ; Polysperchon succède au commandement de Ptolémée, qui avait péri dans le combat. On remet aux habitans de Soles les cinquante talens qui leur restaient à payer ; on leur rend leurs otages.

CHAP. 6. Alexandre étendit ses soins sur la mère de Darius, sa femme et ses enfans. Quelques historiens rapportent qu'après la poursuite, étant entré dans la tente de ce roi qu'on lui avait réservée, il fut frappé de la désolation et des cris des femmes ; il demande pourquoi ces cris qu'il entend près de lui, et quelles sont ces femmes. On lui répond que la mère de Darius, sa femme et ses enfans apprenant que son arc, son bouclier et son manteau sont au pouvoir du vainqueur, ne doutent plus de sa mort, et le pleurent. Alexandre leur envoie aussitôt Léonnatus, l'un des Hétaires, pour leur annoncer que Darius est vivant, qu'Alexandre ne possède que les dépouilles laissées sur son char. Léonnatus s'acquitte de sa commission, et ajoute qu'Alexandre leur conserve les honneurs, l'état et le nom de reine : que ce prince n'avait point entrepris la guerre contre Darius par haine personnelle, mais pour lui disputer l'empire de l'Asie.

Tel est le récit de Ptolémée et d'Aristobule : on ajoute que le lendemain Alexandre entra dans l'appartement des femmes, accompagné du seul Ephestion. La mère de Darius, ne sachant quel était le roi, car nulle marque ne le distinguait, frappée du port majestueux d'Ephestion, se prosterna devant lui. Avertie de sa méprise par ceux qui l'entouraient, elle reculait confuse, lorsque le roi : « Vous ne vous êtes » point trompée, celui-là est aussi » Alexandre. » Je ne certifie point la vérité du fait, il suffit qu'il soit vraisemblable. S'il en fut ainsi, Alexandre me paraît digne d'éloge, par la noble générosité qu'il montra en consolant ces femmes, et en élevant son ami : si ce fait est supposé, ce prince mérite encore des éloges pour en avoir été jugé capable.

Cependant Darius fuyait dans la nuit avec peu de suite. Le lendemain, recueillant les débris des Perses et des étrangers à sa solde, il rassemble environ quatre mille hommes, et gagne Thapsaque en diligence pour mettre l'Euphrate entre lui et Alexandre.

D'autre part, les transfuges Amyntas, Thymodès, Aristomède de Phère, et Bianor, Arcananéen, fuyant par les hauteurs qu'ils avaient occupées, arrivent à Tripoli en Phénicie, avec huit mille hommes. Là, trouvant à sec les vaisseaux qui les avaient amenés de Lesbos, ils mirent à flots le nombre de bâtimens nécessaire pour les transporter ; et ayant brûlé le reste dans les chantiers, pour ne laisser aucun moyen de les poursuivre, se sauvèrent à Cypros et de là en Égypte où, voulant remuer, Amyntas fut tué quelque temps après par les habitans du pays.

Cependant Pharnabase et Autophradates, après avoir séjourné quelque temps dans l'île de Chio, y laissèrent une garnison, et ayant détaché des vaisseaux vers Cos et Halicarnasse, vinrent devant Syphnos avec cent de leurs meilleurs bâtimens.

Là, une trirème conduisit Agis, roi des Lacédémoniens ; il venait demander de l'argent, un renfort de troupes de terre et de mer, pour tenter une invasion dans le Péloponèse. Ils apprennent la défaite d'Issus. Frappés de cette nouvelle, Pharnabase retourne à Chio avec douze trirèmes et quinze cents stipendiaires, pour prévenir le mouvement que cet échec pourrait exciter dans l'île ; Agis reçoit trente talens d'Autophradates et dix trirèmes, dont il remet le commandement à Hippias pour les conduire vers son frère Agésilas, à Ténare, avec ordre de donner aux matelots paie complète, et de se porter rapidement en Crète pour la maintenir. Lui-même, après s'être arrêté quelque temps à ces parages, rejoint Autophradates à Halicarnasse.

Alexandre part pour la Phénicie, après avoir établi Memnon Cerdimas, satrape de la Cœlo-Syrie, ayant sous ses ordres la cavalerie des alliés pour tenir la province. Alors vint à sa rencontre le fils de Gérostrate, roi des Aradiens et des insulaires finitimes, lequel, à l'exemple des rois de Phénicie et de Cypros, avait réuni ses vaisseaux à la flotte d'Autophradates ; Straton place sur la tête d'Alexandre une couronne d'or, et lui livre l'île d'Arados, et Marathe, ville puissante et riche, située en face, sur le continent, et Mariammé et toutes les places de ses états.

Alexandre était à Marathe, lorsqu'il reçut des députés et des lettres de Darius, qui demandaient la liberté de sa mère, de sa femme et de ses enfans. Darius rappelait les termes du traité qui avait existé entre Artaxerxès et Philippe. Il accusait ce dernier de l'avoir rompu, en attaquant, sans aucun sujet de plainte, Arsès, fils d'Artaxerxès. Darius ajoutait que, depuis son avénement au trône des Perses, Alexandre n'avait point député pour renouveler leur ancienne alliance; qu'au contraire, il avait passé en Asie à la tête d'une armée, et traité les Perses en ennemis; que leur roi avait dû alors prendre les armes pour défendre son pays et l'honneur du trône; que la volonté des Dieux avait décidé de l'issue du combat; mais que roi, il redemandait à un roi sa mère, sa femme et ses enfans captifs; qu'il implorait son amitié, et le priait d'envoyer des députés qui, réunis aux siens, Ménisque et Arsima, recevraient et donneraient des gages réciproques d'alliance.

Alexandre renvoie les députés de Darius avec une lettre, et Thersippe dont la commission est de la remettre sans autre explication. Elle était conçue en ces termes :

« Vos ancêtres entrèrent dans la Ma-
» cédoine et dans la Grèce, et les rava-
» gèrent ; ils n'avaient reçu de nous au-
» cun outrage. Généralissime des Grecs,
» j'ai passé dans l'Asie pour venger leur
» injure et la mienne. En effet, vous
» avez secouru les Périnthiens qui
» avaient offensé mon père. Ochus a en-
» voyé une armée dans la Thrace sou-
» mise à notre empire. Mon père a péri
» sous le fer des meurtriers que vous
» avez soudoyés, et, partout dans vos
» lettres, vous avez fait gloire de ce
» crime. Après avoir fait assassiner Ar-
» sès et Bagoas, vous avez usurpé le
» trône contre toutes les lois de la
» Perse; coupable envers les Perses,
» vous avez écrit ensuite des lettres en-
» nemies dans la Grèce pour l'exciter à
» prendre les armes contre moi ; vous
» avez tâché de corrompre les Grecs à
» prix d'argent, qu'ils ont refusé, à
» l'exception des Lacédémoniens ; et
» cherchant à ébranler, par la séduction
» de vos émissaires, la foi de mes alliés
» et de mes amis, vous avez voulu rom-
» pre la paix dont la Grèce m'est re-
» devable. C'est pour venger ces injures
» dont vous êtes l'auteur, que j'en ai ap-
» pelé aux armes. J'ai d'abord vaincu
» vos satrapes et vos généraux, ensuite
» votre armée et vous-même. La faveur
» des Dieux m'a rendu maître de votre
» empire; vos soldats, échappés du
» carnage et réunis auprès de moi, se
» louent de ma bienveillance; ce n'est
» point la contrainte, mais leur volonté
» qui les retient sous mes drapeaux. Je
» suis le maître de l'Asie, venez me
» trouver à ce titre. Si vous concevez
» quelque crainte de ma loyauté, en-
» voyez vos amis recevoir ma foi. Ve-
» nez, et je jure non seulement de vous
» rendre votre mère, votre femme et
» vos enfans, mais encore de vous ac-
» corder tout ce que vous me demande-
» rez. Du reste, lorsque vous m'adres-
» serez vos lettres, souvenez-vous que
» vous écrivez au souverain de l'Asie ;

» que vous n'êtes plus mon égal; que » l'empire est à moi. Autrement je l'au- » rai à injure. Si vous en appelez du » titre de roi à un autre combat, ne » fuyez point; je vous atteindrai par- » tout. »

Sur ces entrefaites, apprenant que les trésors de Darius conduits par Cophenès à Damas, les gardes mêmes, et tout ce qui faisait l'orgueil et le luxe du monarque persan était tombé en son pouvoir, il les laisse dans cette ville aux soins de Parménion.

Alexandre fait amener devant lui les envoyés que la Grèce avait députés vers Darius avant l'événement, et qui étaient au nombre des prisonniers, savoir : Euthyclès de Lacédémone: Iphicrate, fils du général Athénien de ce nom; Thessaliscus et Dionysodore, vainqueur aux jeux olympiques. Il renvoya aussitôt ces deux derniers quoique Thébains, soit par commisération pour les malheurs de leur cité, soit que l'excès même de la vengeance des Macédoniens qui la détruisirent, excusât leur démarche auprès de Darius. Il les traita donc avec bonté; il dit à Thessaliscus : *Je vous pardonne par considération pour votre naissance.* Il était en effet un des premiers de Thèbes. Et à Dionysodore : *En faveur de votre victoire aux jeux olympiques.* A Iphicrate : *A cause de l'amour que je porte aux Athéniens, et de la gloire de votre père.* Il le retint auprès de lui avec honneur tant qu'il vécut, et après sa mort il fit porter à Athènes ses cendres qu'on rendit à sa famille.

Pour Euthyclès, comme il était Lacédémonien, et que ce peuple était en guerre ouverte avec Alexandre; comme d'ailleurs il ne présentait, par lui-même, aucun titre de grace, il fut retenu prisonnier sans être dans les fers; et le succès achevant de couronner les entreprises d'Alexandre, il fut remis en liberté.

CHAP. 7. Alexandre quitte Marathe, et reçoit à composition Biblos et Sidon, appelé par l'inimitié que les habitans portaient à Darius et aux Perses.

Il marche vers Tyr. Des députés de cette ville viennent à sa rencontre pour lui annoncer une entière soumission à ses ordres. Il donne de justes éloges à la ville et à la députation composée des principaux habitans, et où se trouvait l'héritier même du trône (car le roi Azelmicus faisait voile avec Autophradates); il ajoute qu'il ne demande à entrer dans la ville que pour offrir un sacrifice à Hercule.

En effet, le temple qu'on y voit de ce Dieu est, de mémoire d'homme, un des plus anciens. Ce n'est point celui d'Hercule argien, fils d'Alcmène. Le culte de l'Hercule tyrien remonte à une époque qui précède la fondation de Thèbes par Cadmus, et la naissance de sa fille Sémélé qui donna le jour à Bacchus. Ce dernier, fils de Jupiter, était contemporain de Labdacus, né de Polydore; tous deux étaient petits-fils de Cadmus. Or, Hercule argien vivait du temps d'Œdipe, fils de Laïus. Les Egyptiens adorent un Hercule, qui n'est ni celui des Grecs, ni celui des Tyriens. Hérodote le place au nombre des douze grands dieux : c'est ainsi qu'Athènes invoque un Bacchus, fils de Jupiter et de Proserpine, lequel diffère du Bacchus thébain : l'hymne mystique du premier n'est point adressé à l'autre. J'incline à croire que l'Hercule tyrien est le même que celui révéré par les Ibères à Tartesse, où l'on remarque deux colonnes qui lui sont consacrées. En effet, Tartesse a été fondée par des Phéniciens; la structure du temple, le rite des sacrifices, tout indique cette origine.

L'historien Hécate rapporte que l'Hercule argien, chargé par Eurysthée d'enlever et de conduire à Mycènes les vaches de Géryon, n'aborda ni chez les Ibères, ni dans aucune île Erythie, située sur l'Océan; que Géryon était un roi du continent vers Amphiloque et Ambracie; que ce fut là que le héros mit fin à sa pénible entreprise. On sait aussi que ce pays est fertile en pâturages, et renommé par l'excellence de ses bestiaux, et qu'Euriysthée fut célèbre par ceux qu'il en tira. Il n'est point absurde de croire que le roi de ces contrées se nommait Géryon; mais il le serait de penser qu'Eurysthée eût connu les Ibères, derniers peuples de l'Europe, le nom de leur roi, et la beauté des troupeaux qui paissent dans ces régions, à moins qu'on ne fasse intervenir Junon qui le révèle à Hercule par Eurysthée, et qu'on ne sauve ainsi l'extravagance de l'Histoire par la Fable. C'est à cet Hercule tyrien qu'Alexandre voulait sacrifier.

Les Tyriens, accédant à toutes ses autres demandes, lui firent dire qu'aucun Grec, aucun Macédonien, n'entrerait dans leur ville : réponse qu'ils jugèrent la plus prudente, d'après l'état des choses, et l'incertitude des événemens de la guerre.

Alexandre indigné du refus des Tyriens, fait retirer leurs députés, convoque les Hétaires, les généraux de son armée, les Taxiarques, les Ilarques :

« Amis, camarades, leur dit-il, nous
» ne pouvons tenter sûrement une expé-
» dition en Égypte, tant que la flotte
» ennemie tiendra la mer, ni poursuivre
» Darius, tant que nous ne serons pas
» assurés de Tyr, et que les Perses se-
» ront maîtres de l'Égypte et de Cypros.
» Plusieurs considérations, mais entre
» autres, l'état de la Grèce, font crain-
» dre que l'ennemi reprenant les villes
» maritimes, tandis que nous marche-
» rions vers Babylone et contre Darius,
» ne transporte la guerre dans nos
» foyers avec une flotte formidable, au
» moment où les Lacédémoniens se
» montrent nos ennemis déclarés, et où
» la fidélité des Athéniens est moins
» l'ouvrage de l'affection que de la
» crainte. Au contraire, la prise de Tyr
» et de toute la Phénicie, enlève aux
» Persans l'avantage de la marine phé-
» nicienne, et nous en rend maîtres ;
» car il n'est pas à présumer que les
» Phéniciens nous voyant dans leurs
» murs, tournent contre nous leurs for-
» ces maritimes pour défendre une cause
» étrangère. Cypros se joindra ensuite
» à nous, ou peu de forces suffiront
» pour la conquérir. Notre flotte ainsi
» réunie à celle des Phéniciens, Cypros
» soumise, nous tenons l'empire de la
» mer, nous attaquons l'Égypte avec
» succès : vainqueurs de ces contrées,
» la Grèce et nos foyers ne nous laissent
» plus d'inquiétude; les Perses sont
» chassés de toutes les mers, et repous-
» sés au-delà des rives de l'Euphrate ;
» nous marchons vers Babylone avec
» plus de gloire et d'assurance ».

Ce discours eut tout son effet. D'ailleurs, un prodige sembla commander le siége de Tyr ; car cette nuit même, un songe transporta le prince aux pieds de ses remparts ; il crut voir l'image d'Hercule qui lui tendait la main et l'introduisait dans la ville. Cette vision signifiait, suivant Aristandre, que l'on ne prendrait Tyr qu'avec de grands efforts, vu la difficulté des travaux d'Hercule. Et en effet, le siége paraissait d'abord très difficile. La ville formait elle-même une île entourée de hautes murailles. La puissance maritime des Tyriens se fondait sur la quantité de leurs vaisseaux, et sur l'appui des Perses qui étaient maîtres de la mer.

Le siége décidé, Alexandre résolut de former une jetée du continent à la ville. Du premier côté, les eaux sont basses et fangeuses, et du côté de la place, leur plus grande profondeur est de trois orgyes; mais les matériaux étaient sous la main, des pierres en abondance*, et des bois pour les soutenir. On enfonçait facilement le pilotis dont la vase formait naturellement le ciment. Les Macédoniens se portaient à l'ouvrage avec ardeur; la présence d'Alexandre les encourageait; ses discours animaient leurs travaux, ses éloges les payaient de leurs plus grands efforts; à la pointe du continent, le môle crut rapidement, il n'y avait nul obstacle de la part des flots et de l'ennemi. Mais lorsqu'on approcha des murs, on trouva plus de profondeur; et disposé plutôt pour le travail que pour le combat, on souffrit beaucoup des traits que les ennemis faisaient pleuvoir du haut des remparts. D'ailleurs les Tyriens, maîtres encore de la mer, détachaient de différens côtés des trirèmes qui venaient arrêter les travailleurs; les Macédoniens placent, à l'extrémité du môle avancé, deux tours de bois, armées de machines; on les couvrit de peaux pour les garantir des brandons enflammés; les ouvriers furent alors à l'abri des flèches; tandis que des traits lancés du haut des tours écartaient facilement les vaisseaux qui venaient inquiéter les travailleurs.

Les Tyriens eurent recours à cet expédient. Ils remplissent un bâtiment de charges de sarmens secs et d'objets qui s'embrâsent aisément; ils élèvent vers la proue deux mâts qu'entoure une enceinte étendue, et remplie de fascines, de torches, de poix, de soufre et d'autres matières excessivement combustibles; ils ajustent à chaque mât deux antennes auxquelles ils suspendent des chaudières qui contiennent les plus incendiaires alimens; on transporte à la poupe tout l'attirail de la manœuvre pour élever la proue par ce contrepoids; ayant pris le vent qui poussait vers le môle, ils y dirigent ce brûlot attaché à des galères; arrivé aux pieds des tours, on met le feu au brûlot que les trirèmes poussent avec force contre la tête du môle : les matelots se sauvent à la nage.

Cependant les flammes gagnent rapidement les tours; les antennes brisées épanchent dans leur chute tout ce qui peut accroître l'embrâsement. Les trirèmes des Tyriens, enveloppant le môle, faisaient pleuvoir sur les tours une grêle de traits pour empêcher qu'on y portât des secours. Dès que les habitans aperçoivent l'incendie, ils montent sur des barques, et, abordant le môle de tous côtés, détruisent facilement les travaux des Macédoniens, et brûlent le reste des machines échappées aux premières flammes.

Alexandre fait recommencer un môle plus large, propre à contenir un plus grand nombre de tours, et ordonne aux architectes de construire de nouvelles machines. Cependant il part avec les Hypaspistes et les Agriens, pour rassembler et retirer tous ses vaisseaux de la côte des Sidoniens, reconnaissant la prise de Tyr impossible tant que les assiégés tiendraient la mer.

Sur ces entrefaites, Gérostrate, roi d'Arados, et Enylus, roi de Biblos, apprenant que leurs villes étaient tombées au pouvoir d'Alexandre, se séparent de la flotte d'Autophradates, et viennent, avec leurs vaisseaux et les trirèmes des Sidoniens, grossir celle d'Alexandre, forte alors de quatre-vingt voiles phéniciennes. Les jours suivans, on vit s'y réunir les trirèmes de Rhodes, dont l'une surnommée *Péripole*; trois de Soles et de Malle; dix de

Lycie; une de Macédoine, à cinquante rames, monté par Protéas; enfin cent vingt voiles amenées par les rois de Cypros, sur la nouvelle de la défaite de Darius et de la conquête de presque toute la Phénicie. Alexandre leur pardonna d'avoir favorisé le parti des Perses, où la force les avait engagés plutôt que leur volonté.

Tandis qu'on achève les machines, qu'on équipe et qu'on arme les vaisseaux, Alexandre, prenant avec lui quelques détachemens de cavalerie, les Hypaspistes, les Agriens et les hommes de trait, marche en Arabie, et tire vers l'Antiliban. Maître de tout le pays, par force ou par composition, il revint le onzième jour à Sidon, où il trouva Cléandre qui venait du Péloponèse avec quatre mille stipendiaires grecs.

La flotte étant disposée, il embarque quelques-uns des Hypaspistes les plus propres à un coup de main, si on en venait à l'abordage, et, partant de Sidon, il cingle vers Tyr en bataille rangée. Il était à la pointe de l'aile droite qui s'étendait en pleine mer, ayant avec lui les rois de Cypros et de Phénicie, à l'exception de Phytagore qui tenait la gauche avec Cratérus.

Les Tyriens s'étaient proposé d'abord de lui livrer la bataille s'il faisait approcher sa flotte; ils ignoraient qu'elle était grossie des forces de Cypros et de la Phénicie; mais ils ne voulurent point se compromettre à la vue de cette flotte formidable qu'ils n'attendaient point, à la vue de l'ordre de bataille qui se développait. En effet, Alexandre avant de s'approcher des murs, avait fait stationner une partie de ses forces pour atteindre les Tyriens, tandis que l'autre manœuvrerait avec rapidité. Les assiégés, rassemblant leurs trirèmes à l'embouchure des ports, se bornèrent à les fermer à l'ennemi de tous côtés. Alexandre, voyant que les Tyriens se tiennent sur la défensive, approche de la ville. Il n'essaya point de forcer l'entrée du port qui regarde Sidon, trop étroite, et défendue d'ailleurs par les trirèmes dont la proue menaçait, il coule à fond trois galères avancées vers l'extrémité. Ceux qui les montaient regagnèrent à la nage l'île qui les favorisait. Alexandre vient jeter l'ancre près du môle qu'il avait élevé, et qui protégeait sa flotte contre les vents.

Le lendemain il fait attaquer la ville vers le port, en face de Sidon, par Andromaque, conduisant les bâtimens de Cypros; il fait tenir par les Phéniciens l'espace au-delà du môle, du côté qui regarde l'Égypte, et qu'il occupait lui-même. A l'aide d'une multitude d'ouvriers de Cypros et de Phénicie qu'il avait rassemblés, un grand nombre de machines étaient déjà dressées; les unes furent placées sur le môle; d'autres sur les bâtimens de charge amenés de Sidon; quelques-unes enfin sur des trirèmes plus pesantes. On traîne les machines; les trirèmes s'approchent des murs pour les reconnaître. Les Tyriens y avaient élevé des tours de bois en face du môle, du haut desquelles ils faisaient pleuvoir des traits et des feux sur les machines et sur les vaisseaux pour les écarter de ce rempart, haut de cent cinquante pieds, épais à proportion et formé de larges assises de pierres liées entre elles avec du gypse. Les bâtimens de charge et les trirèmes qui devaient porter les machines aux pieds des murs, étaient arrêtés par les quartiers de rocher jetés par les Tyriens pour en barrer l'approche. Alexandre ordonna de la débarrasser; mais il était difficile d'ébranler ces masses, vu que les vaisseaux n'offraient qu'un point d'appui mobile. Les Tyriens, s'avançant d'ailleurs sur des vaisseaux couverts, se glissaient jusqu'aux cables des ancres qu'ils coupaient, et s'opposaient à l'abord de l'ennemi. Alexandre couvrant de la même manière plusieurs triacontères, les disposa en flanc pour défendre les ancres de l'atteinte des Tyriens ; alors leurs plongeurs venaient couper les cordes entre deux eaux. Pour les éviter, les Macédoniens sont réduits à jeter l'ancre avec des chaînes de fer.

Cependant à l'aide de cables on tire des eaux les quartiers de pierre accumulés devant la place ; des machines les rejettent au loin à une distance où ils ne peuvent plus nuire : l'approche des murs devient facile.

Dans cette extrémité les Tyriens résolurent d'attaquer les vaisseaux de Cypros qui menaçaient le port en face de Sidon. Ils tendent des voiles pour dérober à l'ennemi l'embarquement des soldats. Ils s'ébranlent à midi, à l'heure que les Macédoniens vaquaient à leur réfection, et qu'Alexandre avait quitté les vaisseaux stationnés de l'autre côté de la ville, pour se rendre dans sa tente. Leur armement était composé de trois bâtimens à cinq rangs de rames, de trois autres à quatre rangs, et de sept trirèmes tous montés d'excellens rameurs et de soldats bien armés, d'une valeur éprouvée, pleins d'ardeur pour le combat et exercés à l'abordage. Les rameurs filent lentement, sans bruit et sans signaux : dès qu'ils sont à la vue des Cypriens, ils poussent un grand cri ; tous donnent le signal, précipitent la rame, fondent sur l'ennemi dont ils surprennent les vaisseaux stationnaires, les uns dépourvus de forces, et les autres mis en défense à la hâte et en désordre. Au premier choc le bâtiment de Pnytagore, celui d'Androclès et de Pasicrate, sont coulés à fond ; les autres sont échoués sur le rivage.

Le hasard voulut qu'Alexandre s'arrêta dans sa tente moins long-temps que de coutume, et revint bientôt vers ses vaisseaux : à peine la sortie des galères tyriennes lui est-elle connue, qu'il détache aussitôt celles dont il pouvait disposer autour de lui ; armées à la hâte, elles vont précipitamment s'emparer de l'embouchure du port pour en fermer la sortie au reste des vaisseaux tyriens. Lui-même, avec ses bâtimens à cinq rangs, et cinq trirèmes les premières armées, tourne la ville pour joindre l'ennemi sorti du port.

Les habitans, apercevant du haut des murs le mouvement qu'Alexandre dirige en personne, excitent les leurs à retourner, d'abord par de grands cris qui se perdent dans le tumulte, et ensuite par toutes sortes de signaux. Ceux-ci s'apercevant trop tard de la poursuite d'Alexandre, regagnent le port à pleines voiles ; quelques vaisseaux échappent par la fuite ; ceux d'Alexandre tombant tout-à-coup sur les autres, les mettent hors de manœuvre, et prennent, à l'embouchure même du port, un bâtiment de cinq rangs, et un autre de quatre. L'action ne fut point sanglante ; les gens de l'équipage des vaisseaux capturés regagnent facilement le port à la nage.

La mer fermée aux Tyriens, on approche les machines de leurs murs : en face du môle et de Sidon, là solidité des remparts les rend inutiles. Alexandre, cernant alors toute la partie méridionale qui regarde l'Égypte, la fait attaquer de tous côtés : le mur fortement battu cède et s'ouvre ; on jette des ponts, et sur-le-champ on s'avance du côté de la brèche ; mais les Tyriens repoussent aisément l'ennemi.

Trois-jours après, la mer étant dans le plus grand calme, Alexandre exhorte les généraux de son armée, et revient avec ses vaisseaux chargés de machines, à l'attaque des murs, les ébranle du premier choc et en abat une grande partie. Il fait alors succéder, aux premiers, deux bâtimens qui portaient des ponts pour passer sur les ruines, montés, l'un par les Hypaspistes sous le commandement d'Admète, l'autre par des hétaires à pied sous celui de Cœnus. Il se propose lui-même de pénétrer par la brèche avec les Hypaspistes, il fait avancer ses trirèmes vers l'un et l'autre port, afin de s'en emparer au moment où les Tyriens couraient aux remparts. Les autres vaisseaux, chargés de machines et d'archers, tournent les murs avec ordre d'attaquer sur tous les points accessibles, ou du moins de se tenir toujours à la portée du trait, pour que les Tyriens, pressés de toutes parts, ne sussent où donner.

Cependant les vaisseaux commandés par Alexandre, jettent leurs ponts; les Hypaspistes montent courageusement à la brèche; à leur tête Admète se distingue par des prodiges de valeur; Alexandre lui-même les suit afin de partager leurs dangers, et d'être témoin des exploits de chacun d'eux. Il se rend maître de cette partie des murs; les Tyriens font peu de résistance dès que les Macédoniens combattent de pied ferme, et n'ont plus le désavantage de gravir sur un rempart escarpé. Admète, qui monta le premier à la brèche, tombe percé d'un coup de lance au moment où il encourage les siens.

Alexandre s'ouvre alors un passage avec ses Hétaires; s'empare de quelques tours et de la partie intermédiaire des murs, et marche vers le palais le long des remparts, d'où l'on descendait facilement dans la ville.

Cependant sa flotte, réunie à celle des Phéniciens, attaque le port qui regarde l'Égypte, en rompt les barrières; coule à fond tous les vaisseaux qu'elle y trouve; chasse les plus éloignés du rivage; brise les autres contre terre, tandis que les Cypriens, trouvant le port en face de Sidon sans défense, s'en emparent et pénètrent aussitôt dans la ville.

Les Tyriens abandonnent leurs murs au pouvoir de l'ennemi, se rallient dans l'Agénorium, et de là font face aux Macédoniens. Alexandre les attaque avec les Hypaspistes, en tue une partie, et se met à la poursuite des autres. Il se fait un grand carnage, la ville étant prise du côté du port, et les troupes de Cœnus entrées; les Macédoniens furieux n'épargnaient aucun Tyrien : ils se vengeaient de la longueur du siége et du massacre de quelques-uns des leurs que les Tyriens, ayant fait prisonniers au retour de Sidon, avaient égorgés sur leurs remparts, à la vue de toute l'armée, et précipités dans les flots. Huit mille Tyriens furent tués. Les Macédoniens ne perdirent, dans cette affaire, que vingt Hypaspistes, avec Admète, percé sur le rempart dont il venait de s'emparer, et, pendant tout le siége, quatre cents.

Le roi Azelmicus, les principaux des Tyriens et quelques Carthaginois qui, après avoir consulté l'oracle, venaient sacrifier à Hercule, dans la Métropole, selon l'ancien rite, s'étaient réfugiés dans son temple; Alexandre leur fit grâce : le reste fut vendu comme esclave, au nombre de trente mille, tant Tyriens qu'étrangers.

Alexandre sacrifie à Hercule; la pompe fut conduite par les troupes sous les armes; les vaisseaux mêmes y prirent part. On célébra des jeux gymniques dans le temple, à l'éclat de mille flambeaux; Alexandre y consacra la machine qui avait battu le mur en brèche, et un vaisseau qu'il avait pris sur les Tyriens, avec une inscription peu digne d'être rapportée, quel qu'en soit l'auteur.

Ainsi fut prise la ville de Tyr, au mois Hécatombéon, Anicétus étant archonte à Athènes.

Alexandre était encore occupé au siége, lorsqu'il reçut des députés de Darius, qui lui offrirent, de sa part, dix mille talens pour la rançon de sa mère, de sa femme et de ses enfans, l'empire du pays qui s'étend depuis la mer Égée jusqu'à l'Euphrate, enfin l'alliance de Darius et la main de sa fille. On rapporte que ces offres ayant été exposées dans le conseil, Parménion dit : « Je les » accepterais, si j'étais Alexandre, et » mettrais fin à la guerre. » — Mais » Alexandre : « Et moi si j'étais Parmé- » nion ; je dois une réponse digne » d'Alexandre. » — Et aux envoyés : « Je n'ai pas besoin des trésors de Da- » rius ; je ne veux point d'une partie » de l'empire ; tous les trésors et l'em- » pire entier sont à moi. J'épouserai la » fille de Darius, si c'est ma volonté, » sans attendre celle de son père. S'il » veut éprouver ma générosité, qu'il » vienne. »

Darius, à cette réponse, désespère d'un accommodement, et se prépare à la guerre.

Alexandre tente une expédition en Égypte. Il s'empare d'abord en Syrie de toutes les villes de la Palestine ; une seule lui résiste, Gaza, où commande l'eunuque Bétis. Il avait fait entrer dans la place plusieurs troupes d'arabes à sa solde, et des provisions pour un long siége qu'il croyait soutenir facilement, la place paraissant imprenable par sa situation. Alexandre était déterminé à l'emporter.

Gaza est à vingt stades de la mer, dont le fond n'offre qu'un lit fangeux près de la ville, à laquelle on arrive par des sables difficiles à traverser. Cette place est considérable : assise sur la cime d'un mont, et défendue par de fortes murailles, située à l'entrée du désert, elle est la clé de l'Égypte du côté de la Phénicie.

Alexandre campe, dès le premier jour, aux pieds de la ville, du côté le plus faible, et ordonne d'y dresser les machines. Les constructeurs lui représentèrent que la hauteur du lieu sur lequel les murs s'élevaient, les mettait hors d'atteinte. Alexandre pressait d'autant plus l'attaque, qu'il était irrité par la difficulté ; il pensait que cette conquête inopinée frapperait l'ennemi de terreur ; s'il échouait, quelle honte pour lui auprès des Grecs et de Darius !

Il fait élever autour de la ville une terrasse assez haute pour rouler les machines contre les murs : il fit commencer l'ouvrage, du côté méridional, qu'il lui paraissait plus facile de battre. Les travaux achevés, les Macédoniens font jouer les machines.

Dans le moment où Alexandre, la couronne en tête, ouvrait le sacrifice, selon les rites consacrés, voilà qu'un oiseau de proie, volant au-dessus de l'autel, laisse tomber sur la tête du prince une pierre qu'il tenait dans ses serres. Il consulte Aristandre sur ce présage ; et le devin lui répond : « Vous » prendrez la ville ; mais gardez-vous de » cette journée. » Alexandre se retire alors derrière les machines loin de la portée du trait.

Cependant les Arabes font une vive sortie, mettent le feu aux machines ; profitant de l'avantage des hauteurs, ils accablent les Macédoniens, et les repoussent des travaux avancés.

Alors Alexandre, soit que son caractère, soit que l'embarras des siens lui fit négliger la prédiction du devin, se met à la tête des Hypaspistes, et vole au secours des Macédoniens ; il arrête leur fuite honteuse. Un trait lancé par une catapulte perce son bouclier, sa cuirasse, et le blesse à l'épaule. Il se ressouvint alors de la prédiction d'Aristandre, dont il se rappela avec joie la seconde partie, savoir, qu'il prendrait la ville. Il eut beaucoup de peine à guérir de cette blessure.

On amène par mer les machines qui avaient servi au siége de Tyr; on établit autour de la ville une levée à la hauteur de deux cent cinquante pieds, sur deux stades de largeur, on y place les machines; on bat de tous côtés les murs, après avoir pris la précaution de les miner secrètement : ébranlés alors par la mine et par la sape, ils s'écroulent.

Les Macédoniens écartent à coups de traits les défenseurs qui paraissent au haut des tours. Trois fois les assiégés soutinrent, quoique avec une perte considérable, l'effort des Macédoniens ; mais au quatrième assaut, Alexandre donnant avec sa phalange et faisant jouer de tous côtés les machines, les Macédoniens parvinrent à appliquer des échelles. Une vive émulation se manifeste entre les braves à qui montera le premier. Néoptolème, de la race des Éacides, un des Hétaires, devance les autres : il est suivi par les généraux et par leurs troupes. Des Macédoniens pénètrent dans l'intérieur des remparts, ouvrent les portes aux leurs; toute l'armée entre : les habitans de Gaza se rallient encore contre l'ennemi maître de la ville, et chacun d'eux n'abandonne son poste qu'avec la vie.

Alexandre réduit à l'esclavage leurs femmes et leurs enfans, remplit la ville d'une colonie de peuples voisins, et s'en fait une place forte pour toute la campagne.

LIVRE TROISIÈME.

CHAPITRE PREMIER. Alexandre, selon son projet, pénètre en Égypte, et arrive à Péluse en sept jours de marche; il trouve dans le port plusieurs vaisseaux de sa flotte qui l'avait suivi en côtoyant le rivage.

Le persan Mazacès, établi satrape en Égypte par Darius, apprend l'événement d'Issus, la fuite honteuse de son maître, que la Phénicie, la Syrie et presque toute l'Arabie sont au pouvoir d'Alexandre. N'ayant d'ailleurs point d'armée à lui opposer, il s'empresse de lui ouvrir ses villes et son département.

Alexandre jette une garnison dans Péluse; fait remonter ses vaisseaux jusqu'à Memphis; et lui-même, laissant le Nil à sa droite, s'avance vers les déserts, soumet toutes les villes qu'il trouve sur son passage, et arrive à Héliopolis. Delà, traversant le fleuve, il se rend à Memphis; immole des victimes en l'honneur d'Apis et des autres Dieux, et fait célébrer les combats du gymnase et de la lyre, par les meilleurs acteurs qui lui étaient venus de la Grèce.

De Memphis il descend le fleuve jusqu'à son embouchure, où il s'embarque avec les Hypaspistes, les hommes de trait, les Agriens et la cavalerie des Hétaires; il passe à Canope, tourne les Palus Maréotides, et aborde au lieu où il devait bâtir Alexandrie.

L'emplacement lui parut propre à fonder une ville dont il présage dès lors la prospérité future. Avide d'en jeter les premiers fondemens, il commença par en dresser le plan, par y marquer les points principaux d'une place publique, et des temples qu'il voulait consacrer aux divinités grecques, et à l'Isis égyptienne; après avoir déterminé l'étendue de l'enceinte des murs, il sacrifie pour le succès de son entreprise, et obtient les augures les plus favorables.

On raconte à cette occasion un fait qui ne me paraît pas hors de vraisemblance. Alexandre ordonne aux ouvriers de marquer la place des murs à l'endroit qu'il leur indique : ceux-ci n'ayant rien sous la main pour les tracer, l'un d'eux s'avise de prendre la farine des soldats, la répand sur les points désignés par Alexandre, et marque ainsi le plan circulaire des murs de la ville.

Alors les devins, et particulièrement Aristandre de Telmisse, dont les prédictions avaient été souvent confirmées, annoncent à Alexandre qu'un jour toute sorte de biens, et particulièrement ceux de la terre, abonderaient dans cette ville.

Cependant Hégéloque aborde en Égypte avec ses vaisseaux, et rapporte de la Grèce les plus heureuses nouvelles. Les habitans de Ténédos ont quitté, pour le parti d'Alexandre, celui des Perses, où ils avaient été engagés de force. Ceux de Chio ont secoué le joug des tyrans établis par Autophradates et Pharnabase; ils ont pris Pharnabase lui-même. Il est jeté dans les fers avec Aristonicus, tyran de Méthymnée. Ce dernier s'était réfugié avec cinq vaisseaux de pirates dans le port de Chio, qu'il croyait encore au pouvoir des Perses, d'après l'assurance des sentinelles avancées qui lui avaient dit que Pharnabase y stationnait avec sa flotte. Tous ces pirates avaient été mis à mort. Hégéloque amenait prisonniers Aristonicus, Apollonidès de Chio, Phisinus et Mégarée, auteurs et fauteurs de la première défection, qui avaient exercé sur l'île une violente tyrannie. Charès était chassé de Mitylène : toutes les autres villes de Lesbos s'étaient rendues par composition. Amphotère, envoyé à Cos avec soixante vaisseaux, avait été reçu par les habitans de cette île, dont il était déjà en possession lors du passage d'Hégéloque. Celui-ci amenait tous les prisonniers, excepté Pharnabase, échappé à Cos, des mains de ses gardes.

Alexandre renvoya ces tyrans aux villes respectives, qu'il établit arbitres de leur sort; mais il fit conduire sous bonne garde, à Éléphantis, ville d'Égypte, Apollonidès et ses complices.

Chap. 2. Cependant Alexandre eut fantaisie de voir le temple d'Ammon en Lybie, et d'en consulter l'oracle, qui passait pour infaillible. Persée, Hercule même l'avaient interrogé; l'un, envoyé par Polydecte contre la Gorgone; l'autre, marchant en Lybie contre Antée, et en Égypte contre Busiris. Alexandre voulait rivaliser de gloire avec ces héros dont il était descendu; rapportant lui-même son origine à Ammon, puisque la fable faisait remonter à Jupiter celle de Persée et d'Hercule. Son dessein était d'ailleurs de s'instruire de sa destinée, ou du moins de passer pour en être instruit. Il s'avança donc le long des côtes jusqu'à Parétonium, et parcourut ainsi la longueur de seize cents stades, dans un désert où l'eau ne lui manqua pas totalement, au rapport d'Aristobule. De là il tourne vers le temple d'Ammon, à travers le désert et les sables brûlans de la Lybie, où il eut éprouvé les horreurs de la soif, sans une pluie abondante qui fut regardée comme un prodige, ainsi que le fait suivant.

Quand le vent du midi souffle dans ces contrées, il élève une si grande quantité de sable, qu'il en couvre les chemins disparus. Alors ces plaines offrent l'aspect d'un océan immense; ni arbres, ni hauteurs pour se reconnaître; rien n'indique la route qu'il doit tenir, au voyageur plus malheureux que le nocher, dont les astres du moins dirigent la navigation. Alexandre et les siens étaient dans cet embarras lorsque, au rapport de Ptolémée, deux dragons sifflent et précèdent l'armée. Alexandre accepte l'augure, ordonne d'en suivre la trace qui dirige leur marche vers le temple et leur retour. Aristobule prétend, et son opinion paraît plus généralement adoptée, que ce furent deux corbeaux dont le vol guida l'armée. Je crois bien qu'Alexandre n'arriva que par un prodige; mais ici, vu la diversité des récits, tout n'est qu'obscurité.

Le temple d'Ammon s'élève au milieu d'un vaste désert et de sables arides; son enceinte très peu étendue, puisqu'elle n'a que quarante stades dans sa plus grande largeur, est plantée d'arbres qui s'y plaisent, de palmiers et d'oliviers, c'est le seul point de cette immense solitude où l'œil rencontre un peu de verdure. On y voit jaillir une fontaine remarquable par ce phénomène. Ses eaux, presque glacées à midi, perdent leur fraîcheur à mesure que le soleil baisse, s'échauffent sur le soir, et semblent bouillantes à minuit; l'aurore les refroidit ensuite, et le midi les glace; chaque jour est témoin de cet effet. On trouve aussi dans cet endroit un sel fossile que les prêtres de ce temple portent quelquefois en Égypte dans des corbeilles, et dont ils font présent au roi ou à d'autres personnages. Ce sel a la transparence du cristal, ses frustes sont très gros, et excèdent quelquefois trois doigts de longueur. Plus pur que le sel marin, on le réserve en Égypte pour les cérémonies religieuses et pour les sacrifices.

Alexandre admire la beauté du lieu; consulte l'oracle, en reçoit, dit-il, une réponse favorable, et retourne en Égypte, selon Aristobule, par le même chemin; selon Ptolémée, par celui de Memphis qui est le plus court.

CHAP. III. Plusieurs députations grecques viennent trouver Alexandre à Memphis; chacune obtint ce qu'elle demandait; il y reçoit une recrue de quatre cents grecs, soudoyés par Antipater, sous la conduite de Ménétas; et une autre de cinq cents chevaux thraces, commandés par Asclepiodore. Il sacrifie à Jupiter Basileus; conduit la pompe avec toutes ses troupes sous les armes, et fait célébrer des jeux dramatiques et gymniques. S'occupant ensuite du gouvernement de l'Égypte, il y établit deux satrapes égyptiens, Doloaspis et Petisis, auxquels il partagea tout le pays; mais Petisis n'ayant point accepté, Doloaspis gouverna seul.

Alexandre tire des Hétaires, Pantaléon de Pydne, et Polémon de Pella, qu'il laisse avec garnison, l'un à Memphis, et l'autre à Péluse : le commandement des étrangers soldés fut confié à l'Étolien Lycidas; Eugnostus, un des Hétaires, leur fut adjoint pour la comptabilité; Eschyle et Ephippus de Chalcédoine furent chargés de la surveillance; Apollonius fut nommé satrape de la Lybie voisine, et l'Ecnaucratien Cléomène, de l'Arabie que regarde Héroopolis, avec ordre de ne rien changer à l'administration des impôts qui, levés par les principaux du pays, seraient ensuite versés entre leurs mains. Le commandement des troupes laissées en Égypte, fut remis à Peucestas et à Balacre; celui de la flotte à Polémon. Balacre, qui était garde de la personne du roi et général de l'infanterie des alliés, fut remplacé dans le premier emploi par Léonnatus, et dans le second, par Calanhus. Ombrion de Crète succède, après la mort d'Antiochus, au commandement de la troupe des archers.

Alexandre divisa ainsi entre plusieurs le gouvernement de l'Égypte, frappé de l'importance et des forces du pays, qu'il croyait dangereux de mettre dans les mains d'un seul. Les Romains ont suivi cette politique d'Alexandre, en ne confiant jamais le proconsulat de l'Égypte à un sénateur, mais à un chevalier.

Alexandre fait jeter des ponts sur tous les bras du Nil, et au printemps, part de Memphis pour la Phénicie. Il arrive à Tyr où sa flotte l'attendait; sacrifie de nouveau à Hercule, et fait célébrer des jeux gymniques et dramatiques.

Une députation athénienne, Diophante et Achille abordent sur le vaisseau sacré. Les députés des villes maritimes s'y étaient réunis. Alexandre leur accorde leurs demandes, et rend aux Athéniens ceux de leurs concitoyens faits prisonniers à la bataille du Granique.

Sur la nouvelle que des troubles ont éclaté dans le Péloponnèse, il y fait passer Amphotère pour secourir ceux qui avaient tenu constamment pour lui, et refusé d'entrer dans la ligue des Lacédémoniens. Les Phéniciens et les Cypriens doivent, d'après ses ordres, équiper une flotte de cent voiles, qu'Amphotère mènera vers le Péloponnèse.

Pour lui, marchant en avant, il se dirige vers Thapsaque et l'Euphrate, après avoir laissé dans la Phénicie Céranus de Berroée, pour y percevoir les tributs; Philoxène a la même commission en Asie, en deçà du Taurus.

Harpalus de Machate, revenu depuis peu de son exil, leur succède dans l'administration du trésor royal. Harpalus, attaché à Alexandre du règne même de Philippe, avait été contraint de fuir avec Ptolémée, Néarque, Érygius et Laomédon son frère, alors qu'Alexandre était devenu suspect à son père, à la suite de la répudiation d'Olympias, remplacée par Eurydice.

Après la mort de Philippe, son fils rappelant tous ses partisans exilés, plaça Ptolémée dans sa garde, et confia ses finances à Harpalus, que sa faible constitution éloignait des emplois militaires. Érygius eut le commandement de la cavalerie des alliés. Laomédon son frère, instruit dans les deux langues, parut propre aux détails concernant les prisonniers faits sur les Barbares. Néarque fut nommé satrape de la Lycie et des contrées voisines jusqu'au mont Taurus.

Quelque temps avant la journée d'Issus, les conseils d'un homme pervers, de Tauriscus, qui finit ses jours en Italie auprès d'Alexandre, roi des Épirotes, entraînèrent Harpalus dans sa défection. Retiré à Mégare, Harpalus, sur la promesse qu'Alexandre lui donna d'oublier le passé, retourna vers lui. Loin d'en recevoir aucun mauvais traitement, il fut rétabli dans sa charge.

Ménandre, l'un des Hétaires, fut envoyé satrape en Lydie, et Cléarque lui succéda dans le commandement des troupes étrangères.

Asclépiodore remplaça, dans le gouvernement de la Syrie, Arimnas déposé pour avoir usurpé la prérogative royale, alors qu'il fut chargé de faire les préparatifs pour la marche de l'armée au centre de l'Égypte.

Alexandre arrive à Thapsaque au mois hécatombéon; Aristophane était alors archonte à Athènes.

CHAP. IV. On avait commencé à jeter deux ponts sur l'Euphrate; mais alors Mazée, chargé par Darius de défendre le fleuve, paraissant sur la rive opposée avec trois mille chevaux, dont deux mille stipendiés Grecs, les Macédoniens craignirent d'abord qu'on achevât cet ouvrage. Mais à l'approche du conquérant, Mazée ayant pris la fuite avec les siens, on termina les ponts sur lesquels Alexandre passa avec toute son armée.

Il s'avance à travers la Mésopotamie,

laissant à sa gauche l'Euphrate et les montagnes d'Arménie, ne marchant point de l'Euphrate vers Babylone par la route directe, mais choisissant celle qui, plus facile, fournissait abondamment des vivres, des fourrages, et où les chaleurs étaient plus tolérables.

On rencontra quelques éclaireurs de l'armée de Darius qui s'étaient avancés trop avant, on les fit prisonniers : ils annoncèrent que Darius était campé sur les bords du Tigre, dont il se préparait à défendre le passage avec une armée plus nombreuse que celle qui avait combattu dans la Cilicie. Sur ce récit, Alexandre se porte en hâte vers le Tigre. Arrivé sur ses bords, il ne trouve ni Darius ni aucun corps pour l'arrêter; il passe le fleuve sans autre obstacle que la rapidité de son cours : l'armée campe sur la rive.

Il y eut alors une éclipse totale de lune. Alexandre fit sacrifier à cet astre, à la terre et au soleil, dont la conjonction produit les éclipses. Aristandre de s'écrier que cet augure était heureux et promettait le succès des armes d'Alexandre ; qu'il fallait combattre dans ce mois, que les sacrifices assuraient la victoire.

On décampe ; on traverse l'Assyrie, ayant le Tigre à droite, et à gauche les montagnes des Gordiens.

Le quatrième jour, des coureurs annoncent que l'on découvre dans la campagne la cavalerie de l'ennemi, dont ils n'ont pu reconnaître le nombre.

Alexandre dispose son ordre de bataille. De nouvelles reconnaissances arrivent à toutes brides, et rapportent que ce qu'on a pris pour la cavalerie ennemie n'est qu'un détachement de mille hommes.

Prenant alors avec lui l'Agéma, une compagnie des Hétaires, et l'avant-garde légère des Péones, il se porte à leur rencontre, en donnant ordre à l'armée de le suivre au petit pas.

A l'approche d'Alexandre, la cavalerie persane se débande ; il les presse, un grand nombre échappe ; plusieurs mal servis par leurs chevaux, sont tués ; d'autres sont faits prisonniers, et l'on apprend d'eux que Darius n'est pas loin à la tête d'une puissante armée.

On y comptait les Indiens auxiliaires, peuples voisins de la Bactriane ; ceux mêmes de la Bactriane et de la Sogdiane, conduits par leur satrape Bessus ; et les Saques, famille des Scythes de l'Asie, indépendans mais alliés de Darius, tous archers à cheval sous le commandement de Mabacès.

Barsaétès, satrape des Arachotes, amenait avec eux les Indiens montagnards. Satibarzanes commandait les Ariens ; Phrataphernes, la cavalerie des Parthes, des Hyrcaniens et des Topyriens ; Atropatès, les Mèdes joints aux Cadusiens, aux Albaniens, et aux Sacesiniens.

Les habitans des bords de la mer Rouge étaient conduits par Orontobates, Ariobarzanes et Orxinès ; les Susiens, les Uxiens, par Oxatre ; les Babyloniens, les Sitaciniens et les Cariens, par Bupare ; les Arméniens, par Oronte et Mithraustes ; les Cappadociens, par Ariacès ; ceux de la Cœlo-Syrie et de la Mésopotamie, par Mazée.

On élevait le nombre des fantassins à un million, celui des cavaliers à quarante mille ; celui des chars armés de faulx à deux cents. Il y avait peu d'éléphans, on en comptait quinze amenés des contrées en-deçà de l'Indus.

Darius vint camper avec toutes ces troupes dans la plaine de Gaugamèle, près du fleuve Boumade, à six cents stades de la ville d'Arbelles, en rase campagne. Il avait eu le soin de faire aplanir toutes les inégalités du terrain qui auraient pu empêcher la manœuvre des chars ou de la cavalerie. En effet, ses courtisans attribuaient la défaite d'Issus à la difficulté des lieux; Darius les crut facilement.

Instruit de ces dispositions par les prisonniers, Alexandre fit halte à l'endroit même où il était : il retint pendant quatre jours ses troupes au camp pour les refaire, et s'y fortifia. En effet, il avait résolu d'y laisser les bagages, les soldats inutiles, et de mener ses troupes à l'ennemi sans autre équipage que leurs armes. L'armée s'ébranle vers la seconde veille de la nuit pour engager l'action générale au lever de l'aurore.

Sur la nouvelle de l'approche d'Alexandre, Darius se prépare au combat. Alexandre s'avance en ordre de bataille. Les armées n'étaient éloignées que de soixante stades, et ne se découvraient point encore; en effet, elles étaient séparées par des hauteurs. Dès qu'Alexandre y fut arrivé, apercevant les Barbares, il fait halte; et rassemblant les Hétaires, les chefs de l'armée, et les commandans des troupes macédoniennes et étrangères, il mit en délibération s'il ferait donner de suite la phalange sur l'ennemi, ce qui était l'avis du plus grand nombre; ou s'il camperait dans cet endroit, selon le conseil de Parménion; qu'alors on reconnaîtrait les lieux et les environs, les embuscades où les pièges cachés, les dispositions et l'ordonnance de l'ennemi. L'avis de Parménion l'emporta. L'armée campa en ordre de bataille.

Alexandre, prenant avec lui les troupes légères et la cavalerie des Hétaires, fait le tour des lieux qui devaient être le théâtre du combat.

De retour, il rassemble de nouveau le conseil : « Braves guerriers, je n'en» flammerai point votre courage par des » discours, vos propres exploits vous » parlent assez haut. Allez, dites seule» ment aux soldats qu'il ne s'agit plus » ici de la conquête de la Cœlo-Syrie, » de la Phénicie ou de l'Égypte, mais » de l'empire de l'Asie à qui cette jour» née doit donner un maître. Ce peu de » mots suffit à des héros éprouvés. Sou» venez-vous seulement d'observer l'or» dre déterminé; gardez le silence tant » qu'il sera nécessaire; et qu'on ne » pousse un cri général que dans le mo» ment décisif; soyez attentifs à rece» voir l'ordre, et prompts à l'exécuter. » Que chacun sache qu'il est responsa» ble d'un succès qu'il peut assurer, » que la négligence seule ferait perdre. »

Après avoir ainsi animé les chefs en peu de mots, et lui-même plein de confiance en leur résolution et leur courage, il fait prendre à ses soldats des alimens et du repos.

On assure que Parménion se rendit à la tente d'Alexandre, et lui conseilla d'attaquer les Perses pendant la nuit, où l'ombre et la surprise augmenteraient le désordre de l'ennemi. Mais Alexandre à haute voix, et de manière à être entendu de ceux qui l'entouraient : « Il serait honteux de dérober » la victoire; c'est ouvertement, et non » par un détour que je veux triom» pher. » On trouva plus d'héroïsme que d'orgueil dans ce mot, à mon avis, plein de prudence.

En effet, dans la nuit, au milieu même de l'inégalité des armes, il peut arriver de ces accidens imprévus qui, funestes au plus fort, rangent tout-à-coup la victoire du côté le plus faible, et de la manière la plus imprévue. La valeur d'Alexandre devait préférer d'être exposée au grand jour. Darius vaincu dans une attaque nocturne, n'en aurait conçu aucune humiliation. D'un autre côté, en supposant que les Macédoniens eussent été repoussés, l'ennemi connaissait parfaitement tous les lieux dont il disposait, tandis qu'engagés sur un terrain inconnu, les Grecs auraient eu à se défendre non seulement contre les vainqueurs, mais encore contre les prisonniers dont la multitude pouvait les accabler, je ne dirai point seulement en cas d'échec, mais même en cas d'avantage peu marqué. Je trouve, d'après ces considérations, autant de sagesse que de grandeur dans la réponse d'Alexandre.

Chap. 5. Darius resta rangé en bataille toute la nuit. Il avait négligé de fortifier son camp, et il craignait une surprise. Rien ne nuisit davantage à son parti que cette longue attente sous les armes. Cette crainte qui se réveille à l'approche d'un grand combat, avait depuis long-temps pénétré dans le cœur de ses troupes.

Telles furent les dispositions de Darius : on retrouva ce plan après la bataille, si l'on en croit Aristobule.

A la gauche la cavalerie de la Bactriane avec les Dahes et les Arachotes; près d'eux la cavalerie et l'infanterie persanne confondues. Les Perses, appuyés sur les Susiens, les Susiens sur les Cadusiens, s'étendaient depuis la pointe de l'aile gauche jusqu'au milieu du corps de bataille.

A la droite, les Cœlo-Syriens et les habitants de la Mésopotamie soutenus par les Mèdes, ensuite les Parthes et les Saques; enfin les Topyriens et les Hyrcaniens touchant aux Albaniens et aux Sacesiniens qui venaient rejoindre le centre où Darius paraissait au milieu de sa famille et des nobles de son empire, entouré des Indiens, des Cariens Anapastes, et des archers Mardes.

Les Uxiens, les Babyloniens, les Sitaciniens et les habitants des bords de la Mer rouge étaient rangés derrière sur une seconde ligne.

Darius avait protégé son aile gauche, en face de la droite d'Alexandre, par la cavalerie Scythe, mille Bactriens, et cent chars armés de faulx. Cinquante autres et la cavalerie de l'Arménie et de la Cappadoce étaient au devant de l'aile droite. Un pareil nombre de chars armés de faulx et les éléphans couvraient le centre où Darius avait encore rassemblé autour de lui l'infanterie grecque à sa solde, la seule qu'il put opposer à la phalange macédonienne.

Alexandre disposa son armée dans l'ordre suivant : Sa droite était composée de la cavalerie des Hétaires; au premier rang la compagnie royale, sous les ordres de Clitus : ensuite celles de Glaudias, d'Ariston, de Sopolide, d'Héraclite, de Démétrius, de Méléagre, et enfin d'Hégéloque. Philotas eut le commandement général de cette cavalerie.

Elle était appuyée sur l'infanterie, formée de la phalange macédonienne : on y distinguait l'Agéma, les Hypaspistes conduits par Nicanor; les bataillons de Cœnus, de Perdiccas, de Méléagre, de Polysperchon, d'Amyntas, qui, envoyé en Macédoine pour des recrues, avait été remplacé alors par Simias.

A la gauche de la phalange, la troupe de Cratérus. Il commandait toute l'infanterie de cette aile, et Parménion en dirigeait toute la cavalerie composée des alliés sous les ordres d'Erigius, et des chevaux Thessaliens sous ceux de Philippe. Parménion avait autour de lui l'élite thessalienne, les Pharsaliens.

Tel était le front de la bataille. Derrière s'étendait une seconde ligne mobile dont les chefs avaient ordre de faire volte face, si les Perses tentaient d'envelopper l'armée; ils devaient étendre ou resserrer leur phalange au besoin.

A la droite, près les compagnies royales, étaient disposés la moitié des Agriens sous les ordres d'Attalus, ensuite les archers macédoniens sous ceux de Brison, soutenus des vieilles bandes étrangères conduites par Cléandre. Devant les Agriens on avait jeté la cavalerie légère et les Péones, commandés par Arétès et Ariston, et en avant était la cavalerie étrangère sous Ménidas. Le front de l'aile droite était couvert par l'autre moitié des Agriens, des hommes de traits et des frondeurs sous Balacre, en face des chars armés de faulx. Ménidas et sa troupe eurent l'ordre de prendre l'ennemi en flanc, s'il cherchait à les tourner. Telle était la disposition de l'aile droite.

A la pointe de l'aile gauche, sur un front oblique, les Thraces de Sitalcès, la cavalerie alliée conduite par Cœranus, et celle des Odrisiens par Agathon; en avant la cavalerie des étrangers à la solde, sous Andromaque; l'infanterie thracienne couvrait les bagages.

Toute l'armée d'Alexandre montait à sept mille chevaux et quarante mille hommes de pied.

Les armées s'étant approchées, Darius et le centre qu'il occupait se trouvèrent en face d'Alexandre et des compagnies royales. Alexandre appuie sur sa droite; les Perses suivent ce mouvement et font déborder leur aile gauche.

Déjà la cavalerie scythe atteignait celle qui couvrait le front d'Alexandre, sans qu'il s'en occupât; il suivait sa direction, et il était déjà arrivé à l'endroit du terrain aplani par les Perses, lorsque Darius, craignant que les Macédoniens ne vinssent à s'étendre sur un sol plus inégal où ses chars armés de faulx ne pourraient rouler, ordonne à ceux qui couvraient son aile gauche d'investir la droite de l'ennemi pour empêcher Alexandre de s'étendre. Celui-ci les fait attaquer par Ménidas. Cependant la cavalerie des Scythes et des Bactriens se porte à leur rencontre en plus grand nombre; Alexandre la fait charger par le corps d'Aretès, les Péones et les étrangers.

Les Barbares plient; des Bactriens, accourant à leur secours, les ramènent au combat, qui devient sanglant. Les Macédoniens y perdent beaucoup de monde, l'ennemi ayant sur eux l'avantage du nombre, et la cavalerie Scythe celui des armes défensives. Cependant ils soutiennent le choc avec courage, et, réunissant leurs forces, ils mettent l'ennemi en désordre. Alors les Barbares font rouler contre Alexandre les chars armés de faulx pour rompre sa phalange; mais leur espoir fut trompé. En effet, dès qu'ils s'ébranlaient, les Agriens et les frondeurs de Balacre faisaient pleuvoir sur les conducteurs une grêle de traits, les précipitaient des chars, saisissaient les rênes et tuaient les chevaux. Quelques-uns traversèrent les rangs, qui s'étaient ouverts à leur passage, suivant l'ordre d'Alexandre; ils ne reçurent et ne firent aucun dommage; ils tombèrent au pouvoir des Hypaspistes et des Hippocomes.

Darius ébranle toute son armée. Alexandre pousse à la tête de son aile droite, et ordonne à Aretès de se porter sur la cavalerie ennemie prête à la tourner. A peine Alexandre vit le corps d'Aretès qui venait soutenir les siens ébranlés, s'ouvrir les premiers rangs des Barbares, qu'il se précipite de ce côté. Formant le coin avec la cavalerie des Hétaires et la phalange, il fond à pas redoublés, et à grands cris, sur Darius. La mêlée dura peu; Alexandre et sa cavalerie pressent les Perses de toutes parts, les frappent au visage. La phalange serrée, hérissée de fer, les accable. Darius lui-même sent redoubler une terreur qu'il éprouvait depuis long-temps, il cède à Alexandre et fuit le premier. La cavalerie perse, qui tournait l'aile droite des Macédoniens, est mise en déroute par Aretès, qui en fait un grand carnage.

Simias, apprenant que l'aile gauche des Grecs a du désavantage, cesse de suivre Alexandre et fait halte. En effet, le front ayant été ouvert, une partie de la cavalerie indienne et persane s'était fait jour jusque aux bagages des Macédoniens, où le désordre fut extrême. Les Perses y accablèrent les Grecs surpris, sans armes, et qui ne pensaient pas que l'on pût rompre les deux lignes qui les séparaient de l'ennemi. Ajoutez que les prisonniers qu'ils gardaient se tournèrent contre eux. Les chefs de la seconde ligne, à la nouvelle de ce désordre, font volte face, et, prenant les Perses à dos, en tuent une partie embarrassée dans les bagages, et mettent le reste en fuite.

L'aile droite de Darius qui ignorait sa fuite, enveloppant la gauche d'Alexandre, prenait Parménion en flanc. Dans le premier embarras, Parménion envoie prévenir Alexandre du danger où il se trouve, et lui demande du secours. Alexandre cesse de poursuivre l'ennemi, et, et revenant à la tête des Hétaires, se porte vivement sur l'aile droite des Barbares, mais donne dans une partie de la cavalerie ennemie qui fuyait, composée des Parthes, des Indiens et des Perses les plus braves : le choc fut des plus terribles; car les Barbares, se retirant en ordre de marche et en masse, tombent sur Alexandre non plus à coups de javelots ou en développant leurs manœuvres accoutumées, mais en le pressant de front et de tout le poids de leur choc, combattant en désespérés, comme des gens qui ne disputent plus la victoire, mais leur propre vie.

Il périt dans cette action soixante Hétaires; Héphestion, Cœnus et Ménidas furent blessés.

Alexandre l'emporta. Il n'échappa que ceux qui se firent jour à travers ses rangs. Il arrive à l'aile droite; l'avantage était rétabli par la valeur de la cavalerie thessalienne, qui rendait la sienne inutile.

Il se remet à la poursuite de Darius, et ne s'arrête qu'à la nuit.

Parménion poussait aussi de son côté les fuyards.

Alexandre, après avoir passé le Lycus, y campe pour faire rafraîchir les chevaux et les soldats.

Parménion s'empare du camp des Barbares, de tout le bagage, des éléphans et des chameaux.

Alexandre, ayant laissé reposer sa troupe, part vers le milieu de la nuit pour Arbelles, où il espère surprendre Darius et tous ses trésors. Il y arrive le lendemain, après avoir poursuivi les fuyards l'espace de six cents stades.

Darius avait traversé Arbelles sans s'y arrêter, mais il y avait laissé ses trésors, son char et ses armes, dont Alexandre s'empara.

Alexandre ne perdit dans ce combat que cent hommes et environ mille chevaux percés de coups ou excédés de fatigues. Presque la moitié de cette perte fut du côté des Hétaires. Du côté des Barbares on compta, dit-on, trois cent mille morts, et le nombre des prisonniers fut encore plus considérable. On s'empara des éléphans et de tous les chars qui n'avaient point été brisés.

Telle fut l'issue de ce combat qui confirma la prédiction d'Aristandre.

CHAP. 6. Darius se retira précipitamment à travers les montagnes de l'Arménie vers les Mèdes, accompagné des Bactriens échappés à l'ennemi, des Perses alliés à sa famille, et de quelques Mélophores : il fut joint par deux mille stipendiaires étrangers, sous la conduite de Paron Phocéen et de Glaucus d'Étolie.

Le vaincu prenait la route de la Médie, dans la pensée qu'Alexandre suivrait celle de Suse et de Babylone, parce qu'il y trouverait des vivres et plus de facilités dans sa marche. Babylone et Suse étaient, en quelque sorte, le prix de la victoire; et la route de la Médie était difficile à tenir pour une grande armée.

Il ne se trompa point; Alexandre en sortant d'Arbelles marcha sur Babylone. Près de ses murs il range son armée en bataille. Tous les habitans sortent à sa rencontre, précédés des prêtres et des magistrats, et lui livrant la ville et la citadelle, apportent des présens, des trésors.

Le conquérant entre dans Babylone; il ordonne de relever les temples détruits par Xerxès, particulièrement celui de Bélus, auquel les Babyloniens rendent un culte spécial.

Mazée est nommé satrape; Apollodore d'Amphipolis, commandant des troupes. Asclépiodore est chargé du recouvrement des tributs; Mythrinès, qui avait livré la ville de Sardes, obtient le gouvernement de l'Arménie.

Alexandre a des conférences avec les mages, les consulte sur tout ce qui concerne la restauration des temples, et sacrifie, d'après leurs conseils, à Bélus.

Il marche vers Suse. Le fils du satrape vient à sa rencontre avec un courrier, de Philoxène qu'Alexandre avait dépêché à l'issue du combat vers cette ville, lequel lui annonce que Suse et ses trésors sont en son pouvoir.

Alexandre arrive en cette ville le vingtième jour de marche; il s'empare des trésors; l'argent seul montait à cinquante mille talens. Parmi les meubles de prix, on trouva plusieurs objets que Xerxès avait enlevés de la Grèce, entre autres les statues d'airain d'Harmodius et d'Aristogiton. Alexandre les renvoya aux Athéniens: on les voit encore aujourd'hui dans le Céramique, du côté où l'on monte vers la ville, vis-à-vis le temple de Cybèle, près l'autel des Eudanemiens qui s'élève dans le portique connu de tous les initiés aux mystères d'Éleusis.

Alexandre fait célébrer, selon l'usage des Grecs, une fête aux flambeaux et des jeux gymniques. Il nomme satrape des Susiens Abulites, Persan; laisse le commandement de la citadelle à Mazare, l'un des Hétaires; celui de toutes les troupes, à Archelaüs, et marche vers les Perses. Il envoie Ménès vers les côtes de la Syrie, de la Phénicie et de la Cilicie, en qualité de satrape, et lui remet trois mille talens, avec ordre d'en faire passer à Antipater autant qu'il sera nécessaire pour soutenir la guerre contre les Lacédémoniens.

Amyntas arrive avec les troupes levées en Macédoine. Alexandre jeta la cavalerie dans les cadres des Hétaires, et les fantassins dans ceux de l'infanterie, par ordre de nations. Ensuite il divisa en deux corps, placés à chaque aile, celui de la cavalerie qui, jusque-là n'en avait formé qu'un seul. Il leur donna pour chefs les plus vaillans des Hétaires.

Alexandre part de Suse avec son armée, traverse le Pasitigre et entre dans le pays des Uxiens. Ceux d'entre eux qui habitaient les plaines et soumis à la domination des Perses se rendirent. Les montagnards indépendans annoncent au Macédonien qu'il ait à leur payer le tribut qu'ils exigeaient des rois de Perse pour le passage. Mais Alexandre: « Je » vous conseille de vous rendre dans » ces défilés où vous devez m'arrêter;

» c'est là que vous recevrez le tribut. »

Il prend avec lui ses gardes, les Hypaspistes et huit mille hommes du reste de l'armée, et se dirigeant de nuit par un chemin détourné, ayant pour guide des Susiens, il franchit en une marche des défilés inaccessibles, pénètre dans un bourg des Uxiens, les surprend; plusieurs sont tués dans leurs lits, les autres se dispersent dans les montagnes; le vainqueur fait un butin considérable. Il marche précipitamment vers les gorges où il avait donné rendez-vous aux Uxiens pour recevoir le tribut. Cratérus qu'il a détaché en avant a dû occuper les hauteurs pour fermer la retraite à l'ennemi; lui-même, il double le pas, s'empare des défilés, range ses troupes et fond sur les Barbares avec tout l'avantage du lieu.

Consternés de la rapidité d'Alexandre, privés du poste sur lequel ils comptaient, les Barbares fuient sans en venir aux mains. Une grande partie périt sous le fer des Macédoniens qui les poursuivent, une autre dans les précipices; le plus grand nombre se sauvant sur les montagnes où Cratérus les a devancés, y reçoivent la mort: Ainsi payés de leur audace, les Uxiens eurent beaucoup de peine à obtenir d'Alexandre qu'il leur laissât leurs terres à la condition d'un tribut annuel.

Ptolémée rapporte que la mère de Darius supplia en leur faveur Alexandre, et obtint qu'ils conserveraient leurs possessions, mais à condition qu'ils paieraient en tribut annuel cent chevaux, cinq cents bêtes de charge et trente mille têtes de bétail : les Uxiens ne connaissant ni l'argent, ni l'agriculture, et étant un peuple nomade.

Alexandre renvoie ensuite en Perse, par la grande route, les bagages, la cavalerie thessalienne, celle des alliés et des étrangers, et les troupes pesamment armées sous la conduite de Parménion.

Prenant avec lui l'infanterie macédonienne, la cavalerie des Hétaires, celle des éclaireurs, les Agriens et les archers, il s'avance rapidement par les montagnes.

Arrivé aux Pyles persiques, il y trouve le satrape Ariobarzane à la tête de quarante mille hommes, et de sept cent chevaux retranchés dans les gorges dont il a fermé l'entrée par un mur.

Alexandre campe aux pieds, et dès le lendemain entreprend l'attaque. La position du lieu la rendait difficile; les Macédoniens étaient criblés de blessures par les traits ou par le jeu des machines: Alexandre fit suspendre l'action.

Quelques-uns des prisonniers lui promettent alors de le mener par un chemin détourné. Instruit de la difficulté de ce passage, il laisse Cratérus dans le camp avec la troupe qu'il commande, celle de Méléagre, quelques archers et cinq cents chevaux. Il lui ordonne de livrer l'assaut, dès qu'il sera instruit par le son des trompettes du passage effectué, et de l'attaque qu'il livrera aux Perses. Lui-même, à la tête des Hypaspistes, des troupes de Perdiccas, des plus habiles archers, de la première compagnie de ses Hétaires, renforcée par un peloton de cavalerie, s'avance pendant la nuit à cent stades, fait un détour et s'approche des Pyles.

Amyntas, Philotas et Cœnus conduisent le reste de l'armée par la plaine. Ils doivent jeter un pont sur le fleuve qui leur ferme l'entrée de la Perse.

Alexandre poursuit sa route rapidement et presque toujours à la course, malgré les difficultés. Arrivé avant le jour au premier poste des Barbares, il égorge les gardes avancées, traite de même le second poste; ceux du troisième fuient à son approche, non dans le camp d'Ariobarzane, mais sur les hauteurs où la crainte les pousse; de sorte qu'au point du jour Alexandre attaque à l'improviste le camp de l'ennemi. A peine on parut devant les retranchemens, que Cratérus, averti par l'éclat des trompettes, donne l'assaut. L'ennemi épouvanté fuit sans en venir aux mains; pressés de tous côtés, et par Alexandre et par ceux de Cratérus, beaucoup tentent de regagner leurs retranchemens, mais les Macédoniens s'en étaient emparés par les soins de Ptolémée, qu'Alexandre, dans l'attente de l'événement, y avait détaché avec trois mille hommes d'infanterie. La plupart des Barbares tombèrent sous les coups des Macédoniens; la terreur s'emparant des autres, ils fuient à travers les précipices où ils périrent. Ariobarzane, avec quelques chevaux, se sauve dans les montagnes.

Alexandre se reportant rapidement vers le gros de l'armée, traverse le pont que les siens avaient jeté, et s'avance à grandes journées dans la Perse, pour ne point laisser, à ceux qui gardaient le trésor royal, le temps de le piller avant son arrivée. Il s'empare également de l'argent que Cyrus l'ancien avait accumulé à Persépolis.

Alexandre établit Phrasaorte satrape des Perses, et brûle le palais des rois, contre l'avis de Parménion qui demande en vain qu'on l'épargne. C'était, disait-il, ruiner sans aucun avantage ses conquêtes; c'était aigrir les Asiatiques qui s'imagineraient qu'Alexandre n'avait d'autre but que de ravager l'Asie sans vouloir la conserver. Mais celui-ci : « Une armée perse est venue en Grèce, » a détruit Athènes, brûlé nos temples, » dévasté tout le pays; je dois cette » vengeance aux Grecs. »

Alexandre en agit ici avec peu de prudence, et ne vengea nullement l'outrage que les anciens Perses avaient fait à la Grèce.

CHAP. 7. *Alexandre apprend que Darius s'est retiré dans la Médie, il y vole.*

En effet, telle était la résolution de celui-ci : qu'Alexandre s'arrête à Suse et à Babylone; Darius attendrait, chez les Mèdes, les révolutions que pourraient éprouver les affaires du conquérant. Que s'il était poursuivi par l'armée victorieuse, il fuirait chez les Parthes, chez les Hyrcaniens, et même jusque dans la Bactriane, dont il ravagerait tout le pays pour ôter à l'ennemi les moyens de le poursuivre long-temps. Il envoie donc aux pyles caspiennes les femmes, le bagage et tout l'attirail qu'il traînait à sa suite, et s'arrête à Ecbatane avec le peu de troupes qu'il a pu ramasser.

Alexandre, marchant à sa poursuite, tombe sur le pays des Parétaques, s'en empare et leur laisse pour satrape Oxathres qui avait déjà gouverné Suse en cette qualité.

On lui annonce en chemin que Darius vient à sa rencontre, qu'il veut encore une fois tenter la fortune des armes; que les Scythes et les Cadusiens se sont réunis aux Perses; Alexandre laisse derrière lui tout le bagage avec ordre de le suivre, et marche avec toutes ses troupes, rangées en bataille, vers la Médie, où il arrive le douzième jour. Il reçoit alors des nouvelles contraires : il apprend que Darius n'a d'autre espoir que dans la fuite; il redouble d'ardeur à le poursuivre. A trois journées d'Ecbatane, Bisthanes, fils d'Ochus qui avait régné en Perse avant Darius, vient au-devant d'Alexandre, et lui annonce que celui-ci a pris la fuite depuis cinq jours avec neuf mille hommes, dont six mille fantassins, emportant de la Médie sept mille talens.

Arrivé à Ecbatane, Alexandre renvoie vers les côtes la cavalerie thessalienne et des autres alliés, sous la conduite d'Épocillus, escortés de quelques chevaux, parce qu'il retint les leurs. Il ajouta deux mille talens à leur solde, et ne garda près de lui que ceux d'entre eux qui voulurent y rester; ils se trouvèrent en assez grand nombre. Il écrit à Menès de fournir aux autres les bâtimens nécessaires pour les conduire vers l'Eubée. Il donne ordre à Parménion de rassembler tous les trésors de la Perse dans le fort d'Ecbatane, sous la garde d'Harpalus, et de plusieurs affidés qui défendraient la place avec six mille Macédoniens et quelques chevaux; Parménion doit passer ensuite en Hyrcanie par le territoire des Cadusiens avec les étrangers, les Thraces et le reste de la cavalerie, excepté celle des Hétaires.

Alexandre écrit à Clitus, commandant les compagnies royales, et qu'une maladie retenait à Suse, de venir le rejoindre chez les Parthes, en prenant à son passage les Macédoniens laissés à Ecbatane. Lui-même, à la tête de la cavalerie des Hétaires, des troupes légères, des chevaux étrangers à sa solde, sous la conduite d'Érigius, de la phalange macédonienne, hors ceux laissés à la garde du trésor, des archers et des Agriens, poursuit vivement Darius.

La marche forcée lui fit laisser un grand nombre de malades sur la route, et perdre beaucoup de chevaux. Loin de ralentir sa course, il arrive le onzième jour à Rhagues. Le douzième l'eût conduit aux Pyles caspiennes; mais Darius les avait déjà passées; partie de ceux qui l'accompagnaient dans sa fuite se retirèrent dans leurs foyers, partie vinrent se rendre à Alexandre qui, perdant tout espoir d'atteindre Darius, demeura cinq jours à Rhagues pour donner du repos à ses troupes. Il nomme satrape de Médie Oxydatès, que Darius avait pris et laissé à Suse dans les fers, ce qui lui concilia l'amitié d'Alexandre.

Il marche avec son armée vers les Parthes, fait la première halte aux Pyles caspiennes, les passe le lendemain, et pénètre dans un pays cultivé. Mais apprenant qu'il avait un désert intérieur à traverser, il envoie Cœnus fourrager avec quelques chevaux et quelques fantassins pour approvisionner l'armée.

Cependant Bagistanes, un des premiers de Babylone, et Antibelus, un des fils de Mazée, arrivent de l'armée de Darius. Ils annoncent que ce prince est arrêté par Nabarzanes qui accompagnait sa fuite, à la tête de mille chevaux, et que Bessus, satrape de la Bactriane, ainsi que Brazas, satrape des Arachotes et des Drangues, le retiennent prisonnier.

A cette nouvelle, Alexandre crut devoir redoubler sa marche. Il prend avec lui ses Hétaires, des chevaux légers, l'élite de son infanterie, et part sans attendre le retour de Cœnus. Il laisse à Cratérus le commandement du reste de l'armée, avec ordre de le suivre à petites journées.

Les siens ne portent que leurs armes, et des vivres pour deux jours.

Il marche toute la nuit et ne s'arrête que le lendemain à midi, pour faire reposer le soldat. Continuant sa route vers le soir, il arrive au point du jour, et ne trouve point l'ennemi dans le camp d'où était parti Bagistanes. On lui confirme que Darius, prisonnier de Bessus, est traîné sur un char; que celui-ci a été porté au commandement par la cavalerie Bactriane, et les autres Barbares, Artabase, ses enfans et les Grecs toujours fidèles à Darius, n'approuvant ni ne pouvant empêcher cette trahison, s'étaient retirés sur les montagnes, sans vouloir reconnaître Bessus. Le projet des autres était, si Alexandre les poursuivait, de lui livrer Darius, et d'obtenir grâce à ce prix; sinon de lever le plus de troupes qu'ils pourraient, et de se partager l'empire, qu'ils se garantiraient réciproquement. Bessus les commandait pour l'instant, comme parent de Darius, et satrape du pays dans lequel ils se trouvaient.

Cette nouvelle ranime l'ardeur d'Alexandre; malgré les fatigues que ses troupes et ses chevaux avaient éprouvées dans une longue route, il force sa marche toute la nuit, et le jour suivant, à midi, il arrive près d'un bourg où les fuyards avaient campé la veille.

Il apprend que les Barbares doivent marcher de nuit. Il peut les couper par un chemin plus court, mais il n'y trouvera point d'eau : n'importe, il s'y fait conduire. Son infanterie ne pourrait suivre les chevaux; cinq cents cavaliers cèdent les leurs à autant de fantassins d'élite, et à leurs officiers qui les montent, sans changer d'armes. Nicanor, commandant les Hypaspistes, Attalus, chef des Agriens, et quelques autres légèrement armés, suivent la route qu'on prise les fuyards; le reste de l'infanterie marche en bataillon carré.

Alexandre part sur le soir, et court à toutes brides. Après un chemin de quatre cents stades, au point du jour il atteint les Barbares qui fuyaient en désordre et sans armes. Peu lui résistent : à son aspect, la plupart se sauvent sans combattre; quelques-uns périssent dans l'action; tout le reste prend la fuite.

Cependant Bessus et ses complices entraînent Darius. Dès qu'ils se virent pressés par Alexandre, Satibarzane et Barzaente massacrent Darius, le laissent mourant, et s'échappent avec six cents chevaux.

A l'arrivée d'Alexandre, Darius n'était plus. Le vainqueur envoie son corps aux Perses pour recevoir la sépulture et les honneurs funèbres rendus à ses prédécesseurs.

Il établit satrape des Parthes et des Hyrcaniens, le Parthe Ammynape qui, de concert avec Mazacès, lui avait livré l'Égypte; et lui adjoint Tlepolème, un des Hétaires.

Ainsi périt Darius, à l'âge de cinquante ans, Aristophon étant Archonte à Athènes, dans le mois hécatombœon. Ce prince faible et peu versé dans l'art militaire n'opprima point ses peuples : attaqué par les Grecs et les Macédoniens, il n'en eut pas le temps; et quand il en aurait eu la volonté, ses propres périls suffisaient pour l'en détourner. Il fut malheureux pendant tout le cours de sa vie, et son règne ne fut qu'un enchaînement de calamités.

En effet, la guerre commença par la défaite de ses satrapes sur le Granique; il perd l'Ionie, l'Éolie, les deux Phrygies, la Lydie et la Carie, à l'exception d'Halicarnasse qui lui fut bientôt enlevée, ainsi que toutes les côtes maritimes jusqu'à la Cilicie. Battu complètement lui-même près d'Issus, il voit sa mère, sa femme et ses enfans tomber au pouvoir de l'ennemi; dépouillé de la Phénicie et de l'Égypte, il livre la bataille d'Arbelles, s'enfuit des premiers, et perd une armée innombrable, l'élite de vingt nations. Fugitif, banni dans son empire, dénué de tout secours, roi en même temps et captif de ses sujets, il est traîné avec ignominie par les compagnons de sa fuite, qui le trahissent et l'égorgent. Et, par un contraste étrange, on le voit obtenir, après sa mort, des obsèques magnifiques, ses enfans une éducation convenable; et Alexandre devenir son gendre.

Chap. 8. Prenant ensuite les troupes qu'il avait laissées en arrière, Alexandre marche vers l'Hyrcanie, située à gauche du chemin qui conduit dans la

Bactriane. Ce pays en est séparé par de hautes montagnes couvertes de bois, et s'étend à l'opposite jusqu'aux bords de la mer Caspienne. Avide de subjuguer les Pagres, plus encore de poursuivre les Grecs stipendiaires de Darius qu'on lui dit être réfugiés dans leurs montagnes, Alexandre divise son armée en trois corps, prend avec lui le plus nombreux et le plus légèrement armé, et marche par les routes les plus courtes et les plus difficiles ; il envoie Cratérus contre les Tapuriens avec sa troupe, celle d'Amyntas, quelques chevaux et quelques archers ; Érigyus doit conduire les étrangers, le reste de la cavalerie et de toute l'armée, les chariots et les bagages, par le chemin plat qui était le plus long.

Alexandre franchit les premières hauteurs, il y campe. Prenant ensuite les Hypaspistes, l'élite de la phalange macédonienne, et quelques archers, il aborde le passage le plus difficile, laissant derrière lui des gardes partout où il craignait que sa suite ne fût inquiétée par les Barbares des montagnes. Il passe les défilés avec ses archers, et campe dans la plaine aux bords d'une petite rivière.

Là, Nabarzanes Chiliarque, Phradapherne, satrape des Parthes et de l'Hyrcanie, et quelques Perses, les premiers de la cour de Darius, viennent trouver Alexandre et se soumettre. Il demeura campé quatre jours dans cet endroit où tous ceux de sa suite le rejoignirent sans avoir été inquiétés, sinon les Agriens de l'arrière-garde ; mais ils repoussèrent facilement à coups de traits les Barbares qui étaient venus fondre sur eux.

Alexandre pénètre dans l'Hyrcanie et marche vers Zadracarte. Cratérus y arrive presque en même temps, sans avoir joint les Grecs à la solde de Darius ; mais il a soumis par force ou par composition tout le pays qu'il a parcouru. Érygius se réunit à eux avec tout le bagage. Bientôt Artabaze, avec ses trois fils, Cophène, Aribarzanes et Arsame se rendent près d'Alexandre, suivis d'une députation des Grecs de leur parti, et d'Autophradates, satrape des Tapuriens. Alexandre conserve ce dernier dans sa place, accueille avec honneur Artabaze et ses enfans, par égard pour leur dignité et leur fidélité envers Darius. Il répondit aux députés Grecs demandant à être reçus dans son parti, qu'il ne traiterait point avec eux ; qu'ils avaient violé indignement la loi de leur patrie qui défendait aux Grecs de prendre parti contre les Grecs pour des Barbares ; qu'ils n'avaient qu'à se rendre à discrétion, ou songer à leur salut. Ils se soumirent à discrétion, en demandant qu'il envoyât vers eux un de ses chefs, auquel ils se rendraient. Ils étaient environ au nombre de quinze cents. Alexandre leur envoie Andronique et Artabase.

Il court vers les Mardes ayant avec lui les Hypaspistes, les hommes de trait, les Agriens, les corps de Cœnus et d'Amyntas, les archers à cheval et la moitié de la cavalerie des Hétaires.

Il fit un grand nombre de prisonniers dans ses courses, et tua la plus grande partie de ceux qui en appelèrent aux armes.

Nul guerrier, avant Alexandre, n'avait pénétré chez les Mardes que semblaient défendre la difficulté des lieux, et la pauvreté qui ajoutait encore à leur courage. Le conquérant avait déjà traversé leur pays qu'ils ne soupçonnaient pas encore sa marche ; ils furent défaits aussitôt que surpris. Plusieurs se retirèrent dans les montagnes d'un accès difficile et escarpé : mais Alexandre les ayant atteints dans cet asile qu'ils croyaient inaccessible, ils lui envoyèrent des députés pour se rendre sous ses lois avec toute leur province.

Il les rangea sous le gouvernement d'Autophradates, satrape des Tapuriens. De retour dans son camp, il trouva les Grecs à la solde de Darius, qui s'y étaient rendus, et au nombre desquels étaient Callistratides, Pausippus, Monime et Anomante, députés vers Darius par les Lacédémoniens, et Dropidès par les Athéniens. Il les retint prisonniers; renvoya en liberté les députés de Synope, dont les intérêts étaient séparés de ceux de la Grèce, et qui, soumis à l'empire des Perses, avaient rempli leur devoir en députant vers leur souverain. Il mit aussi en liberté les Grecs au service de Darius avant la déclaration de guerre, et le député des Carthaginois Héraclide.

Il retint le reste des Grecs à son service, aux conditions qu'ils avaient obtenues de Darius. Il leur donna pour chef Andronique qui les avait amenés : on approuva la politique qui leur conserva la vie.

Il pousse ensuite vers Zadracarte, capitale de l'Hyrcanie; s'y arrête quinze jours, qu'il emploie aux sacrifices, aux jeux gymniques, et se dirige vers les Parthes.

Il touche au territoire des Arriens, à Susia une de leurs villes. Le satrape de la contrée, Satibarzanes, vient le trouver; Alexandre lui rend son gouvernement, en lui adjoignant Anaxippe, un des Hétaires, avec quarante archers à cheval pour protéger le pays des Arriens, contre les insultes de l'armée qui le traverse.

Chap. 9. Des Perses annoncent que Bessus a ceint la tiare, revêtu la pourpre, et s'est fait proclamer roi de l'Asie sous le nom d'Artaxerxès; que, soutenu par les Perses retirés près de lui, par les Bactriens, il attend un renfort des Scythes ses alliés. Alexandre, après avoir réuni toutes ses troupes, se dirige vers la Bactriane; il est joint en route par Philippe, amenant de la Médie la cavalerie étrangère qu'il commande, celle des Thessaliens restés volontairement au service, et les étrangers, sous la conduite d'Andromaque. Le chef des Hypaspistes, Nicanor était mort de maladie. Alexandre reçoit la nouvelle que Satibarzanes, ayant fait massacrer Anaxippe et son détachement, a soulevé les Arriens rassemblés sous leur capitale Artacoana. Son projet est de se réunir à Bessus contre Alexandre, aussitôt que ce dernier sera éloigné, et d'accabler les Macédoniens du poids de toutes leurs forces dans une action générale.

Alexandre rebrousse aussitôt chemin, accompagné de la cavalerie des Hétaires, des archers, des hommes de trait, des Agriens, des corps de Cœnus, d'Amyntas, et laissant le reste l'armée sous les ordres de Cratérus, marche à grandes journées sur Satibarzanes. Il parcourt six cents stades en deux jours, et arrive sous Artacoana.

Consterné de la marche rapide d'Alexandre, Satibarzanes fuit avec quelques chevaux; la plupart de ses soldats effrayés l'abandonnent dans sa fuite. Le conquérant poursuit vivement les complices de la révolte; une partie est tuée, l'autre est jetée dans les fers. Il nomme Arzacès à la place de Satibarzanes; et, rejoignant son armée, vient à la capitale des Zarangéens.

Barzaente, l'un des meurtriers de Darius et satrape de ce pays, fuit, à l'approche d'Alexandre, vers les Indiens en-deçà du fleuve. Ces peuples le renvoient chargé de chaînes vers Alexandre, qui punit de mort sa perfidie à l'égard de Darius.

On découvre la conjuration de Philotas contre la vie du roi. Ptolémée et Aristobule rapportent qu'Alexandre en avait été instruit dès son séjour en Égypte, mais qu'il avait refusé d'y croire, plein de confiance dans le fils, d'estime et d'amitié pour le père. Ptolémée ajoute que le criminel fut amené devant les Macédoniens; qu'Alexandre l'accusa devant l'assemblée générale; que Philotas se justifia d'abord; que les témoins parurent ensuite, et le convainquirent d'avoir été instruit des embûches dressées à Alexandre sans les lui avoir révélées, quoiqu'il entrât deux fois par jour dans sa tente. Philotas et ses complices périrent percés de traits par les Macédoniens.

Polydamas, l'un des Hétaires, fut chargé de lettres pour les chefs qui commandaient dans la Médie, savoir : Cléandre, Sitalcès et Ménidès, placés sous les ordres de Parménion qu'ils tuèrent. Alexandre supposait-il la complicité de Parménion avec son fils, ou craignait-il sa vengeance après la mort de Philotas? Parménion jouissait de la plus grande autorité, non seulement auprès d'Alexandre, mais encore auprès de toute l'armée où il avait maintes fois exercé le commandement général ou particulier avec la plus grande distinction.

On mit aussi en jugement, sous prétexte de complicité, à cause de l'amitié qu'ils portaient à Philotas, Amyntas et ses trois frères, Polémon, Attale et Simmias. La désertion de Polémon, à la nouvelle de l'emprisonnement d'Amyntas, semblait donner du poids à l'accusation; mais Amyntas s'étant lavé complètement, ainsi que ses frères, dans sa défense devant l'assemblée, fut absous généralement, et ne profita de sa liberté que pour retirer son frère de chez l'ennemi, après en avoir obtenu la permission de ses juges. Il acheva de se justifier en ramenant Polémon le même jour : mais il périt peu de temps après percé d'un trait à l'attaque d'une place, laissant du moins une mémoire sans reproche.

Alexandre divise le commandement de la cavalerie; sa politique redoutait de confier, même à un seul de ses amis, le principal corps et le plus belliqueux de l'armée; il donna la première de ces divisions à Ephestion, et la seconde à Clitus.

Il arrive à la contrée des Agriaspes Evergètes qui avaient secouru Cyrus, le fils de Cambyse, dans son expédition contre les Scythes. Alexandre les traita avec distinction en mémoire de la conduite de leurs aïeux, et par égard pour leurs institutions. En effet, ces peuples ne vivent point comme les Barbares, mais à l'exemple des Grecs civilisés, ils connaissent la justice. Il leur accorde la liberté et le territoire qu'ils voudraient lui demander : ils n'en choisirent qu'un de peu d'étendue.

Le prince sacrifie à Apollon, et fait arrêter Démétrius, l'un de ses gardes, soupçonné d'avoir trempé dans la conjuration de Philotas. Ptolémée est nommé à sa place.

Alexandre marche sur Bessus dans la Bactriane; soumet en passant les Dragogues et les Drangues, ainsi que les Arachotes auxquels il laisse Memnon pour satrape. Il subjugue les Indiens finitimes, malgré les neiges, le manque de provisions et les fatigues multipliées de ses soldats. Apprenant la nouvelle défection des Arriens par les manœuvres de Satibarzanes, qui était entré sur leur territoire avec deux mille chevaux que Bessus lui avait envoyés, Alexandre détache contre eux le persan Artabaze, les Hétaires, Érigyus et Caranus, avec ordre à Phrataphernè, satrape des Parthes, de se joindre à ces troupes. Il y eut entre les Grecs et les Barbares un combat sanglant. L'ennemi ne lâcha pied que quand Satibarzanes, aux prises avec Érigyus, tomba renversé d'un coup de lance dans le visage; mais alors la déroute des Barbares fut complète.

Cependant Alexandre arrivé au pied du Caucase, y bâtit une ville qui porte son nom; sacrifie à la manière accoutumée, et franchit les sommets de cette montagne. Il nomme le persan Proexès satrape de la contrée, sous la surveillance de Niloxenus qu'il y laisse avec des troupes.

Le Caucase est, au rapport d'Aristobule, la montagne la plus élevée de l'Asie. En effet, il s'étend dans une longueur immense, et l'on regarde comme en faisant partie cette longue chaîne de montagnes dont le nom varie avec celui des nations qui les habitent, et qui se prolonge jusqu'au Taurus, frontière de la Cilicie et de la Pamphilie; sa cime paraissait à l'ordinaire aride et dépouillée; il ne croît sur cette partie éloignée du Caucase que le térébinthe et le silphium. Il ne laisse cependant pas d'être habité, et couvert de nombreux troupeaux qui se nourrissent de ces plantes, attirés par l'odeur du silphium dont ils broutent la fleur et la tige jusque dans ses racines. Voilà pourquoi les Cyréniens, auxquels il est précieux, l'environnent de haies pour le soustraire à la dent des troupeaux qu'ils en écartent.

CHAP. 10. Bessus, soutenu des Perses de sa faction, d'environ sept mille Bactrianes et des Dahes qui habitent en-deçà du Tanaïs, ravage tout le pays au-dessous du Caucase pour arrêter, par le défaut de subsistances, le vainqueur dont il apprend la marche.

Alexandre, malgré la hauteur des neiges et la difficulté des convois, poursuit sa route. Bessus pressé, traverse l'Oxus, brûle ses bâtimens de transport, et se retire à Nantaque, dans la Sogdiane, suivi des Dahes, de la cavalerie Sogdiane, sous la conduite de Spitamène et d'Oxyarte. Les cavaliers Bactriens abandonnent Bessus au moment où ils le voient chercher son salut dans la fuite.

Alexandre, après avoir fait rafraîchir son armée à Drapsaque, prend le chemin de Bactres et d'Aorne, villes principales de la Bactriane, les emporte du premier assaut, jette une garnison dans Aorne, commandée par Archélaüs l'un des Hétaires.

Le reste de la Bactriane cède bientôt; le persan Artabaze en obtient le gouvernement.

On s'avance vers l'Oxus. Ce fleuve prend sa source dans le Caucase; c'est le plus considérable qu'Alexandre ait eu à traverser dans l'Asie, après ceux des Indes les plus grands des fleuves connus : il se jette dans la mer Caspienne, près de l'Hyrcanie.

Nul moyen de le traverser alors : sa largeur est de six stades; son lit est encore plus profond et plein de sable; son cours extrêmement rapide; il est également difficile d'y fixer ou d'y retenir des pilotis. On manquait de bois pour y jeter des ponts : tirer de plus loin ces matériaux, les rassembler aurait perdu un temps précieux; on a recours à l'expédient suivant. On remplit de paille et de sarmens secs les peaux qui formaient les tentes des soldats, on les coud de manière à les rendre imperméables, on les attache entre elles, on s'aide de ce moyen, et l'armée traverse le fleuve en cinq jours.

Avant de le passer il renvoya les Thessaliens qui restaient, et les Macédoniens que l'âge ou leurs blessures rendaient inhabiles au combat. Stazanor, l'un des Hétaires, est nommé satrape des Arriens à la place d'Arzames qui paraît vouloir remuer et dont il doit s'assurer.

Cependant Alexandre s'avance rapidement pour atteindre Bessus. Des courriers de Spitamène et de Datapherne, viennent lui annoncer que s'il veut envoyer quelques chefs, avec un détachement, ils lui remettraient Bessus qu'ils ont arrêté.

A cette nouvelle, Alexandre ralentit sa marche, mais détache en avant Ptolémée, fils de Lagus, avec trois compagnies de la cavalerie des Hétaires, toute celle des archers, et un gros d'infanterie, composé de la troupe de Philotas, de mille Hypaspistes, de tous les Agriens, et de la moitié des hommes de trait.

Ptolémée part, et ayant fait, en quatre marches, le chemin de dix journées, arrive au lieu où les Barbares avaient campé la veille avec Spitamène. Il y apprend que Spitamène et Datapherne balancent dans leur résolution. Laissant en arrière l'infanterie qui doit le suivre en ordre de bataille, et, poussant avec sa cavalerie, il arriva à une bourgade où Bessus était retenu par quelques soldats; car Spitamène s'était retiré avec les siens, n'osant le livrer lui-même.

Ptolémée fait cerner la place (elle était fortifiée), et annonce aux habitants qu'ils n'ont rien à craindre s'ils veulent lui livrer Bessus. Ptolémée et ses troupes sont introduits dans les murs; Bessus est pris.

On députe vers Alexandre pour l'en informer, et prendre ses ordres sur la manière dont Bessus doit lui être présenté. Il sera exposé nu, attaché avec une corde à droite de la route que tiendra l'armée. Ptolémée exécute l'ordre.

Alexandre venant à passer sur son char, s'arrête, et interrogeant Bessus :

« Pourquoi as-tu trahi, chargé de fers » et massacré ton roi, ton ami, ton » bienfaiteur? » Et Bessus : « Ce ne fut » point de mon propre mouvement, » mais de l'avis de tous ceux qui ac- » compagnaient alors Darius et qui » croyaient à ce prix trouver grâce de- » vant vous. »

Alexandre le fait frapper de verges : Un hérault répète à haute voix les reproches que le roi vient de lui adresser.

Après ce premier supplice, Bessus est traîné à Bactres, où il doit subir la peine capitale.

Tel est le récit de Ptolémée. Celui d'Aristobule varie; il prétend que ce fut dans cet état d'humiliation que les persans Spitamène et Datapherne livrèrent Bessus à Ptolémée et le conduisirent devant Alexandre.

Celui-ci ayant remonté sa cavalerie des chevaux qu'il trouva, car il en avait perdu un grand nombre en traversant le Caucase et l'Oxus, se dirigea d'abord vers Maracande, capitale de la Sogdiane, et ensuite vers le Tanaïs, qui prend sa source dans le Caucase, et va se jeter dans la mer d'Hyrcanie.

Les Barbares, selon Aristobule, appellent ce fleuve *Orxante*. Ce n'est point le Tanaïs dont parla Hérodote, ce huitième fleuve de la Scythie qui prend sa source dans un grand lac et va se perdre aux palus Méotides. Celui-ci sépare l'Europe de l'Asie, comme le détroit au-delà de Gades sépare l'Afrique de l'Europe, et le Nil l'Afrique de l'Asie.

De ce côté, quelques Macédoniens s'étant écartés pour fourrager, furent tués par les Barbares, qui se retirèrent ensuite sur une montagne escarpée, qui paraissait inaccessible. Ils étaient au nombre de trente mille. Alexandre court sur eux avec toutes ses troupes légères; plusieurs fois les Macédoniens tentent d'escalader la montagne; ils sont repoussés par les Barbares et criblés de traits. Alexandre eut lui-même la jambe percée d'une flèche, et une partie du tibia entamée. Cependant le poste fut emporté; un grand nombre de Barbares périt sous le fer des Macédoniens; à peine dix mille échappèrent.

LIVRE QUATRIÈME.

Chapitre premier. Peu de jours après Alexandre reçoit une députation des Scythes de l'Asie, surnommés Abiens; les plus justes des mortels, au rapport d'Homère, et les plus libres, grâce à cette vertu et à leur pauvreté. La famille nombreuse des Scythes de l'Europe députe également vers lui. Alexandre renvoie les premiers avec quelques Hétaires, sous prétexte de traiter d'alliance, mais en effet pour reconnaître la nature du pays, le nombre, les mœurs et les armes de ses habitans.

Il projette de bâtir une ville près du Tanaïs: la position du lieu lui paraît des plus avantageuses pour une place d'armes, s'il en a besoin, dans une expédition contre les Scythes, et pour la défense du pays contre les incursions des Barbares établis au-delà du fleuve. Il fonde la grandeur de cette ville sur l'éclat de son nom qu'elle doit porter et sur l'affluence des indigènes.

Cependant les Barbares, voisins du fleuve, tombent sur les garnisons macédoniennes, les égorgent, et mettent leurs villes en état de défense. A la sollicitation de ceux qui avaient livré Bessus, beaucoup de Sogdiens s'étaient réunis à eux, et avaient entraîné dans ce parti quelques Bactriens qui craignaient Alexandre, ou du moins quelques résultats fâcheux des délibérations de leurs chefs, dont il avait convoqué l'assemblée à Zariaspe, capitale du pays.

Instruit de leur défection, Alexandre donna ordre à son infanterie de se munir d'échelles, et marche lui-même sur Gaza. Des sept villes occupées par les Barbares, c'était la plus proche. Il détache Cratérus contre Cyropolis, la plus grande du pays, où beaucoup d'entre eux s'étaient retirés; lui ordonne de camper sous les murs, de les cerner par une circonvallation, de dresser des machines, afin que les habitans, occupés à le repousser, ne pussent venir au secours de leurs voisins.

Arrivé devant Gaza, il fait de suite approcher les échelles et attaquer les murailles bâties en terre et peu élevées. Les archers, les gens de trait, les frondeurs mêlés à l'infanterie ou élevés sur les machines, font pleuvoir une grêle de traits sur les assiégés, les forcent d'abandonner le rempart; on dresse les échelles; les Macédoniens escaladent les murs; Alexandre fait passer tous les hommes au fil de l'épée; partage les femmes, les enfans et le butin, entre ses soldats. Il marche sur une seconde ville aussi peu fortifiée que Gaza, y entre le même jour; elle subit le même sort. Le lendemain il en prend une troisième d'assaut. Cependant il envoie sa cavalerie cerner deux autres villes peu éloignées, pour empêcher que leurs habitans, instruits de sa marche et de la défaite de leurs voisins, ne prissent la fuite et lui ôtassent tous les moyens de les poursuivre.

Il ne s'était point trompé, les détachemens de cavalerie arrivèrent très à propos; car les Barbares voyant la fumée des villes embrasées, informés d'ailleurs de leur désastre par quelques fuyards, sortent précipitamment de leurs murs, et donnent tête baissée dans la cavalerie qui les attendait en bon ordre, et qui en tue un grand nombre.

Ces cinq villes prises et détruites en

deux jours, Alexandre marche sur Cyropolis. Cette place, bâtie par Cyrus, avait des murs plus élevés et plus solides que les autres. En outre les Barbares les plus belliqueux s'y étaient retirés en grand nombre. Les Macédoniens ne purent la prendre du premier abord. Alexandre, ayant fait approcher les machines, se disposait à battre le mur et à pénétrer par la première brèche ; il observe que le canal du fleuve qui traverse la ville est à sec, et livre un passage facile aux siens ; il prend avec lui ses gardes, les Hypaspistes, les archers et les Agriens, et tandis que les Barbares sont occupés sur leurs murailles, il se glisse par le canal, avec un petit nombre des siens, dans la ville, dont il fait briser les portes ; ses troupes y entrent sans résistance. Les Barbares, voyant l'ennemi au milieu d'eux, se réunissent contre ceux d'Alexandre ; l'action la plus vive s'engage. Le roi reçoit un coup de pierre à la tête ; Cratérus et plusieurs autres chefs sont atteints de flèches : enfin les Barbares sont chassés de la place publique, tandis que les assaillans forcent le mur abandonné. Huit mille tombèrent sous le fer du vainqueur ; dix mille qui restaient se retranchent dans la citadelle, où ils sont assiégés par Alexandre ; mais comme ils manquaient d'eau, ils se rendirent dès le lendemain.

La septième ville fut prise d'emblée, si l'on en croit Aristobule, et ses défenseurs mis à mort ; mais Ptolémée prétend qu'elle se rendit ; qu'Alexandre distribua les prisonniers dans son armée, et les fit garder étroitement jusqu'à son départ de la contrée, ne voulant y laisser aucun de ceux qui avaient pris part à la révolte.

Cependant à la nouvelle de la défection des Barbares, l'armée des Scythes Asiatiques s'avançait jusqu'au Tanaïs, prête à fondre sur les Macédoniens, pour peu que le désordre fût considérable ; d'un autre côté, Spitamène assiégeait la garnison de Maracanda. Alexandre détache contre lui Andromaque, Ménédème et Caranus, avec soixante Héthaires, quinze cents stipendiaires à pied, et huit cents à cheval, dont Caranus était le chef. Tout ce détachement marche sous les ordres d'un interprète Lycien, nommé Pharnuque, instruit de la langue des Barbares, et par là propre aux négociations.

Alexandre cependant bâtissait la ville sur le Tanaïs ; ses murs élevés le vingtième jour de travail, reçoivent les Grecs à sa solde, ceux des pays voisins qui voulurent y habiter, et quelques Macédoniens hors d'état de servir.

Il sacrifiait aux Dieux selon le rite accoutumé, et faisait célébrer des jeux gymniques et des courses à cheval, quand il vit sur la rive opposée, des Scythes qui, loin de se retirer, harcelaient les Grecs à coups de traits, le fleuve ayant très peu de largeur. Ils ajoutaient la provocation à l'outrage. « Alexandre, tu n'oses te mesurer aux » Scythes ; si tu l'osais, tu sentirais » combien ils diffèrent des Barbares de » l'Asie. »

Irrité de ces injures, Alexandre veut traverser le fleuve et ordonne pour le passage les dispositions accoutumées. Le ciel consulté par des sacrifices n'annonce rien de favorable. Ce présage déplaît au roi ; cependant il cède, il s'arrête. Mais les Scythes continuant à le provoquer, il ordonne de nouveaux sacrifices. Aristandre lui annonce le danger du passage. « Il n'en est point » que je n'affronte, plutôt que de me » voir, moi vainqueur de presque toute » l'Asie, insulter par des Scythes, » comme le fut autrefois Darius. — » Mon devoir est de vous révéler la vo-

» lonté des Dieux, et non ce qu'il vous
» plairait d'entendre. »

Néanmoins tout étant disposé pour le passage, les troupes sous les armes aux bords du fleuve, Alexandre fait jouer les machines : quelques Scythes sont blessés; un d'entre eux, atteint par un trait terrible qui perce le bouclier et la cuirasse, tombe de cheval; épouvantés, les autres reculent.

Alexandre, profitant de leur désordre, fait sonner les trompettes, se jette le premier dans le fleuve, toute son armée le suit : il fait traverser d'abord les frondeurs et les archers pour empêcher, à coups de traits, les Scythes d'approcher la phalange dans son passage, avant que toute la cavalerie fût à l'autre bord.

Toute l'armée ayant traversé le fleuve, il détache contre les Scythes un corps de chevaux alliés, et quatre escadrons de Sarissophores. L'ennemi bien plus nombreux soutient leur choc, les tourne avec sa cavalerie, les accable de traits, et se replie en bon ordre. Les archers, les Agriens et l'infanterie légère, sous les ordres de Balacre, volent à leur secours. Dès qu'on en fut aux mains, trois corps d'Hétaires et les archers à cheval viennent les soutenir. Alexandre donne lui-même de front avec toute sa cavalerie; l'ennemi serré de près par les hommes et les chevaux, ne pouvait plus voltiger et se développer comme auparavant. Il prend la fuite, laisse mille morts sur le champ de bataille, dont Satrace, un de leurs chefs, et cent cinquante prisonniers. L'armée qui se met à la poursuite des fuyards, souffre beaucoup de la chaleur et de la soif. Alexandre lui-même ayant calmé la sienne avec l'eau mal saine du pays, en fut très incommodé; les Macédoniens furent arrêtés par cet accident auquel les Scythes durent leur salut.

Alexandre, dangereusement malade, fut reconduit au camp : ainsi se confirma le présage d'Aristandre.

Chap. 2. Peu de temps après le roi des Scythes députe vers le conquérant pour réparer l'outrage fait aux Grecs : on ne devait point l'attribuer au corps de la nation Scythe, mais à quelques brigands qui ne vivent que de rapines; du reste, on lui offre toute satisfaction. Il eût été d'abord honteux pour Alexandre de paraître soupçonner la sincérité du roi Scythe sans en tirer vengeance, ensuite le moment n'était point favorable pour en appeler aux armes; il reçut donc avec bienveillance les députés.

Cependant les Macédoniens assiégés à Maracanda, pressés par l'ennemi, font une sortie, en tuent quelques-uns, repoussent les autres et rentrent dans la place sans aucune perte.

Spitamène apprend l'approche des Grecs qui venaient au secours des leurs, lève le siége et se retire vers les frontières de la Sogdiane. Pharnuque, empressé de l'en chasser, vole à sa poursuite avec les siens, et, contre son attente, rencontre les nomades Scythes réunis à Spitamène, au nombre de six cents chevaux. Ranimé par ce renfort, Spitamène range les siens en bataille dans une plaine déserte de la Scythie, non qu'il y voulût attendre Pharnuque, ni fondre sur lui, mais pour harceler l'infanterie ennemie avec les voltigeurs de sa cavalerie. Il évite facilement l'approche des chevaux grecs, les siens étant plus légers, plus frais et plus robustes que ceux d'Andromaque, déjà épuisés par de longues routes, et par le manque de fourrages. Il presse donc vivement les Grecs, soit qu'ils résistent, soit qu'ils reculent ; quelques-uns tombent percés de flèches, beaucoup d'autres étant blessés, les Macédoniens se retirent en formant le carré long (*Plésion*), près du fleuve Polytimète vers une forêt qui en était voisine, pour éviter les traits de l'ennemi, et disposer leur infanterie avec plus d'avantage. Caranus, chef d'un corps de cavalerie, sans consulter Andromaque, tente le passage du fleuve, croyant trouver au-delà une position plus favorable. L'infanterie, sans en avoir reçu l'ordre, s'ébranle, la terreur les précipite dans le fleuve, la difficulté d'aborder redouble le désordre.

Les Barbares, profitant de la faute des Macédoniens, les pressent et s'avancent sur eux jusque dans le fleuve, y rejettent ceux qui sont passés, écartent les autres du rivage à coups de traits, le prennent en tête, en flanc et en queue. Les Macédoniens enveloppés cherchent à se rallier dans une île du fleuve; les Scythes et la cavalerie de Spitamène les cernent; ils sont tous percés à coups de flèches; on égorge le petit nombre d'entre eux faits prisonniers. Aristobule prétend que les Macédoniens donnèrent dans une embuscade disposée par les Scythes dans un jardin, qu'alors Pharnuque voulut se démettre du commandement et le céder aux autres chefs, comme s'entendant mieux au métier d'interprète qu'à celui de général; mais qu'il réclama en vain les généraux macédoniens au nom de leur amitié pour Alexandre; qu'Andromaque, Caranus et Ménédème refusèrent de céder à ses instances, soit qu'ils craignissent de désobéir au roi, ou de se charger d'une si grande responsabilité, n'ignorant pas qu'ils auraient alors personnellement à porter tout le poids de la défaite; que les Scythes, profitant de ce trouble, les avaient alors accablés et massacrés, sans qu'il pût se sauver plus de quarante chevaux et de trois cents fantassins.

Profondément affligé de ce revers, Alexandre veut conduire l'armée contre Spitamène; prenant avec lui la moitié de ses Hétaires à cheval, tous les Hypaspistes, les archers, les Agriens et le corps le plus léger de la phalange, il marche vers Maracanda devant laquelle Spitamène était retourné mettre le siége. Il parcourt l'espace de quinze cents stades en trois jours; le matin du quatrième, il arrive près la ville.

Instruit de l'approche d'Alexandre, Spitamène, sans attendre son arrivée, lève le siége et prend la fuite. Alexandre le poursuit vivement: il arrive sur le théâtre de la défaite des siens, fait ensevelir les morts à la hâte, et pousse les Scythes jusque dans leurs déserts. Revenant ensuite sur ses pas, il ravage tout leur territoire, extermine les Barbares qu'il trouve sur les hauteurs, et qui avaient pris parti contre les Grecs. Il parcourt ainsi tout le pays qu'arrose le Polytimète jusqu'à l'entrée du désert où ses eaux disparaissent, ce qui lui est commun avec plusieurs autres grands fleuves, tels que l'Epardus qui arrose le pays des Mardes, l'Arius qui donne son nom à celui des Ariens, et l'Etymandre qui coule chez les Évergètes, fleuves qui ne le cèdent point en grandeur au Pénée dont les ondes, après avoir baigné la Thessalie, se précipitent dans la mer. Le Polytimète est encore plus considérable.

Après cette excursion, Alexandre vient à Bactres pour y prendre ses quartiers d'hiver. Phratapherne, satrape des Parthes, et Stazanor envoyé dans le pays des Ariens pour s'assurer d'Arzame, l'amènent chargé de fers, ainsi que Barzanes, élevé par Bessus au rang de satrape des Parthes, et quelques-uns de ses partisans.

On vit arriver des côtes Épocille, Mélamnidas, et Ptolémée, général des Thraces, qui venaient d'escorter jusqu'aux bords de la mer les alliés et l'argent donné à Ménès, tandis qu'arrivant de la Grèce, Asandre et Néarque amenaient de nouvelles recrues : Asclépiodore commandant de la flotte et le satrape de Syrie les suivent avec d'autres bandes.

Alexandre ayant convoqué tous les chefs de l'armée, fait amener Bessus en leur présence, lui reproche sa perfidie envers Darius, lui fait couper le nez et les oreilles, et l'envoie pour être supplicié à Ecbatane, où le commerce rassemblait en foule les Mèdes et les Perses.

Je suis loin d'approuver cette vengeance horrible, cette mutilation atroce à laquelle Alexandre ne se fût jamais porté, s'il n'y eût été entraîné par l'exemple des souverains Mèdes, Perses ou autres barbares dont il revêtit l'orgueil avec les dépouilles. Je n'approuve pas non plus le changement de costume en un prince de la race des Héraclides, qui préfère celui des Mèdes à celui de ses pères, et qui ne rougit pas de remplacer le casque du vainqueur par la tiare des Perses vaincus.

Au reste, les hauts faits d'Alexandre nous donnent une grande leçon. Qu'un mortel soit comblé de tous les dons de la nature, qu'il brille par l'éclat de sa naissance, que sa fortune et ses vertus guerrières l'emportent sur celles d'Alexandre, qu'il subjugue l'Afrique et l'Asie comme celui-ci se l'était proposé, qu'il joigne l'Europe à son empire, il n'aura rien fait pour le bonheur, si, même au milieu des succès les plus inouis, il ne conserve la plus grande modération.

CHAP. 3. Ces réflexions amènent naturellement le récit du meurtre de Clitus, quoi qu'il n'ait eu lieu que quelque temps après.

Les Macédoniens avaient fixé la fête de Bacchus à un jour particulier, dans lequel Alexandre sacrifiait, chaque année, à ce Dieu; mais alors, négligeant le culte de Bacchus, il consacra ce jour aux Dioscures, et depuis il institua en leur honneur des sacrifices suivis d'un festin. Après avoir vidé un grand nombre de coupes, selon l'usage des Barbares imités par Alexandre, toutes les têtes échauffées par le vin, on parla des Dioscures dont on fesait remonter l'origine à Jupiter et non pas à Tyndare. Quelques uns des convives, quelques flatteurs (et cette peste fut et sera toujours la ruine des rois et des empires), avancèrent que les exploits de Castor et Pollux ne pouvaient se comparer à ceux d'Alexandre. D'autres osèrent blasphémer contre Hercule, et détestèrent le démon de l'envie qui empêche les héros de recevoir dès leur vivant les honneurs qui leur sont dus.

Clitus, irrité de longue main du changement d'Alexandre et des flatteries de ses courtisans; animé par le vin et supportant d'ailleurs impatiemment l'offense faite aux Dieux, et l'abaissement injurieux de la gloire des anciens héros pour relever celle du conquérant. « Et » qu'a-t-il donc fait de si grand, de si » admirable pour mériter de tels éloges? » A-t-il acquis seul la gloire de ses con- » quêtes, n'en doit-il pas une grande » partie aux Macédoniens? »

Le discours de Clitus offense Alexandre. Je ne saurais ici l'approuver; dans une orgie, le plus sage était de garder le silence, et de ne point mêler sa voix à celle des flatteurs.

D'autres cependant rappellent les exploits de Philippe, les rabaissent et vont jusqu'à les contester pour réhausser ceux de son fils. Clitus, hors de lui, commence l'éloge de Philippe et la satire d'Alexandre, s'exhale en reproches amers; et tendant vers lui la main en le bravant: « Alexandre, sans le secours de ce » bras, tu périssais dès le Granique. »

Enflammé de colère par l'outrage et

les injures de Clitus, Alexandre s'élance sur lui ; on le retient. Il appelle alors à grands cris ses Hypaspistes, et comme ils n'avançaient point, il s'écria : « Me » voilà donc comme Darius retenu par » d'autres Bessus ! Il ne me reste de roi » que le nom. » Il échappe alors aux bras de ceux qui l'entourent, saisit ou reçoit la pique d'un de ses gardes, et perce Clitus.

Aristobule ne rapporte point l'origine de cette querelle ; il rejette tout le tort sur Clitus : il raconte qu'au moment où Alexandre, dans son transport, s'élança pour le tuer, Clitus avait été entraîné hors de l'enceinte par Ptolémée ; mais qu'il ne put rester dans le poste où il avait été contraint de se retirer, et qu'entendant Alexandre appeler Clitus à haute voix, il revint en disant : « Le » voici Clitus. » A ces mots, il fut percé du trait mortel.

Je blâme Clitus d'avoir outragé son prince, je plains Alexandre de s'être livré à deux passions indignes du sage et du héros, la colère et l'ivrognerie ; et je le loue ensuite d'avoir, sur-le-champ, passé du crime au repentir.

Quelques historiens rapportent qu'appuyant de suite la base de la pique contre la muraille, et, tournant la pointe vers son cœur, il voulut terminer aussitôt une vie souillée par le meurtre de son ami. On ne trouve ce fait que chez un petit nombre ; le plus grand s'accorde sur les détails suivans. Retiré dans sa tente, il arrosa sa couche de larmes ; le nom de la victime sortait de sa bouche au milieu des sanglots, et s'adressant à la sœur de Clitus qui avait été sa nourrice : « Ma seconde mère ! » que ton fils a bien reconnu tes soins ! » ton fils a vu périr les tiens pour lui, » et il a tué ton frère de sa main ! Je » suis..... le meurtrier de mes amis. » Pendant trois jours il refusa toute nourriture, et ne prit aucun soin de sa personne.

Les prêtres de répandre qu'il fallait ici reconnaître le courroux de Bacchus, indigné qu'Alexandre eût négligé ses honneurs. Trop heureux de pouvoir rejeter son crime sur la colère céleste, Alexandre sacrifie à Bacchus, aussitôt que ses amis l'eurent déterminé à accepter de la nourriture. Il faut le louer du moins de n'avoir point fait trophée de sa vengeance, de n'avoir point cherché a pallier cet excès, mais d'avoir reconnu en homme sa faiblesse. On ajoute que le sophiste Anaxarque s'avança pour le consoler, et à la vue de sa désolation, s'écria en souriant : « Les sa- » ges ont dit que la justice était éternel- » lement assise à côté de Jupiter, ce qui » nous annonce que la volonté des Dieux » est toujours juste ; la volonté des rois » ressemble à celle des Dieux. » L'orgueil d'Alexandre reçut cette consolation.

Pour moi je le regarde alors comme coupable d'une erreur plus grande encore que la première, s'il a cru qu'une pareille maxime pût être celle d'un philosophe. En effet, les actions d'un roi doivent moins régler la justice, que la prendre pour règle.

Chap. 4. On dit aussi qu'Alexandre voulut se faire adorer comme un Dieu, et passer pour le fils d'Ammon, plutôt que pour celui de Philippe. Déjà plein d'enthousiasme pour ces usages et les peuples de l'Asie dont il avait emprunté le costume, il n'avait pas besoin, pour arriver à ce dernier excès, d'y être poussé par des sophistes, par un Anaxarque ou par le poète grec Agis. Callisthène d'Olynthe, disciple d'Aristote et de mœurs sévères, le désapprouvait hautement, et avec raison : mais il faut cependant blâmer l'orgueil qui lui fesait dire, s'il faut en croire quelques récits, sans autorité, que ses propres écrits étaient au-dessus des exploits d'Alexandre, qu'il ne s'en était point approché pour acquérir de la gloire, mais pour lui en donner, et que ce prince devait attendre l'immortalité de l'histoire qu'il écrivait, et non des contes qu'Olympias avait faits sur sa naissance. D'autres racontent que Philotas lui demandant un jour quel était le héros le plus honoré chez les Athéniens, il lui répondit : « Un tyrannicide, c'est » Harmodius, c'est Aristogiton. » Philotas insistant : « Et dans quel pays des » Grecs le tyrannicide pourrait-il trouver » un refuge? » — « Chez les Athéniens. » Les Athéniens ont défendu les fils » d'Hercule contre la tyrannie d'Eu- » risthée. »

Callisthène s'opposa aux honneurs divins que réclamait l'orgueil d'Alexandre. Voici les faits.

Alexandre était convenu avec les sophistes, et les grands de la Perse qui composaient sa cour, de faire tomber à table la conversation sur cet objet. Anaxarque prenant la parole, avance qu'Alexandre a plus de droits aux honneurs divins qu'Hercule et Bacchus, dont il a surpassé les exploits par le nombre et la grandeur des siens; que ce héros est leur prince, et que les autres étaient étrangers, l'un de Thèbes et l'autre d'Argos; que le seul titre de ce dernier était de compter parmi ses descendans, Alexandre à qui la postérité éléverait des autels après sa mort ; qu'il était convenable de lui décerner, dès son vivant, des honneurs qu'il pourrait sentir et reconnaître.

Anaxarque ajouta plusieurs autres considérations à ce discours. Déjà les courtisans qui étaient dans le secret de cette proposition, commençaient à se prosterner pour adorer le prince : les Macédoniens gardent un silence de désapprobation ; et Callisthène le rompant le premier :

« Oui, sans doute, Alexandre est di-
» gne des plus grands honneurs qu'un
» mortel puisse recevoir; mais la sa-
» gesse a établi une différence entre
» ceux que l'on doit aux Dieux et ceux
» que l'on accorde aux hommes. On
» érige aux Dieux des temples, des au-
» tels; aux hommes, des statues; les
» sacrifices, les libations, les hymnes
» sont pour les Dieux, il reste aux hom-
» mes nos éloges. La Divinité est re-
» culée dans le sanctuaire, on ne peut
» en approcher, on l'adore; on aborde
» l'humanité, on la touche, on la salue.
» Au milieu de ces fêtes, de ces chants
» en l'honneur des Dieux, on assigne
» cependant, à chacun d'entre eux, un
» culte distinct, comment n'en sépare-
» rait-on pas les hommages rendus aux
» héros? Il n'est point convenable de
» confondre tous ces rapports, soit en
» élevant les hommes jusqu'aux Dieux,
» soit en ravalant les Dieux jusqu'aux
» hommes. Alexandre permettrait-il
» qu'un particulier usurpât le titre et les
» prérogatives de la royauté? Les Dieux
» doivent-ils être moins indignés de voir
» un simple mortel affecter ou obtenir
» leurs honneurs suprêmes? Qu'Alexan-
» dre soit le premier des héros, le plus
» grand des rois, le plus illustre des ca-
» pitaines, qui peut en douter, Ana-
» xarque? Mais n'était-ce pas à toi, dont
» il consulte l'éloquence et la philoso-
» phie, à le dissuader de cet excès. Tu
» devrais te souvenir que tu ne parles
» pas ici à quelque Cambyse, à quelque
» Xerxès, mais au fils de Philippe, mais
» au descendant d'Hercule et d'Achille,
» mais à un prince dont les ancêtres,
» venus d'Argos dans la Macédoine, n'y
» ont point obtenu l'empire par la force
» et la violence, mais conformément à
» nos lois. Hercule ne reçut pas les hon-

» neurs divins pendant sa vie, et, même
» après sa mort, il ne les dut qu'à l'or-
» dre d'un oracle. Que si, nous voyant
» en petit nombre au milieu des Barba-
» res, tu veux en prendre les mœurs,
» Alexandre, souviens-toi de la Grèce.
» C'est pour soumettre l'Asie à la Grèce
» que cette expédition a été entreprise.
» Espères-tu à ton retour, forcer les
» plus libres des hommes, les Grecs à
» t'adorer? ou, s'ils sont exempts de
» cette honte, est-ce aux Macédoniens
» seuls que tu la réserves? ou bien am-
» bitionnes-tu un double hommage,
» homme pour les Grecs et les Macédo-
» niens, veux-tu être un Dieu pour
» les Barbares? Cette loi des Perses et
» des Mèdes, je le sais, on la fait re-
» monter au fils de Cambyse, à Cyrus,
» le premier que l'on ait adoré parmi
» les hommes; mais tu sais aussi que
» l'orgueil de ce Dieu fut humilié par un
» peuple pauvre, mais libre, par les
» Scythes. D'autres Scythes ont châtié
» l'insolence de Darius; les Athéniens
» et les Lacédémoniens, celle de Xerxès;
» Cléarque et Xénophon, à la tête seu-
» lement de dix mille hommes firent
» trembler Artaxerxès, et toi même, tu
» as vaincu Darius avant d'être adoré. »

Callisthène continua avec la même énergie : elle importuna Alexandre, mais plut aux Macédoniens. Alors les affidés d'Alexandre leur donnent le signal de l'adoration. On se tait, et les Perses, les plus avancés en âge et en dignité, se lèvent et l'adorent tour-à-tour. L'un d'eux, l'ayant fait d'une manière absolument abjecte, Léonnatus, un des Hétaires, se prit à rire. Alexandre s'en tint offensé, et ne pardonna que par la suite à Léonnatus.

Le fait est raconté différemment par d'autres. Alexandre couronnant une coupe d'or, l'aurait présentée à la ronde, en s'adressant d'abord aux com-

plices du projet d'adoration. Le premier, après avoir vidé la coupe, se serait levé, prosterné ensuite à ses pieds, et en aurait été embrassé. L'exemple suivi de proche en proche, Callisthène, à son tour, se serait avancé pour recevoir l'embrassement, mais sans se prosterner : Alexandre occupé à causer avec Hephæstion, n'y aurait pas fait attention, si l'un des Hétaires, Démétrius ne l'eût averti de la noble hardiesse de Callisthène qui, alors repoussé par Alexandre, se serait retiré en disant : « Je n'y perds qu'un embrassement. »

Je n'insisterai point sur les fautes d'Alexandre; mais je ne puis applaudir à ce que la philosophie de Callisthène eut d'excessif. Il suffit, dans ces circonstances, de se renfermer dans la modération; pour être utile à un prince, il faut en savoir ménager les intérêts. La haine d'Alexandre contre Callisthène paraît justifiée par la rudesse de la franchise et de la vanité qu'il développa à contre-temps. De là cette promptitude d'Alexandre à croire aux délations qui accusaient Callisthène d'avoir pris part à la conjuration formée contre ce prince par les adolescens attachés à son service; on allait jusqu'à accuser le philosophe de les y avoir excités. Telle fut l'origine de cette conjuration.

Chap. 5. Selon un usage établi par Philippe, les enfans des Macédoniens élevés en dignité, étaient choisis pour remplir auprès du roi les fonctions d'officiers de l'intérieur pendant le jour, et de gardes de sa personne pendant la nuit. Ils lui amenaient ses chevaux que devaient leur remettre les hippopocomes; ils l'élevaient sur son cheval à la manière des Perses, et l'accompagnaient à la chasse. On distinguait parmi eux Hermolaüs, qui paraissait attaché à la philosophie et particulièrement à Callisthène. On raconte que, suivant Alexandre à la chasse du sanglier, Hermolaüs prévint le prince et tua la bête. Celui-ci, irrité de se voir enlever l'honneur de la chasse, fit battre Hermolaüs de verges, en présence de ses camarades ; on lui ôta son cheval. L'adolescent communique son ressentiment à Sostrate, son égal, son amant : la vie lui est insupportable, s'il ne venge l'injure qu'il a reçue d'Alexandre ; l'amour de Sostrate lui fait partager la vengeance. Ils engagent Antipater, Epimène, Anticlès et Philotas. Le tour de la garde d'Antipater étant arrivé, on arrêta d'égorger Alexandre pendant la nuit ; mais ce soir-là même, Alexandre prolongea la débauche jusqu'au point du jour.

Aristobule diffère : il prétend qu'une femme nommée Syra, qui se mêlait de divination, avait suivi Alexandre et les Grecs, qui s'en étaient d'abord amusés ; mais que l'événement ayant justifié plusieurs de ses prédictions, elle avait cessé d'être méprisée, et avait obtenu d'entrer jour et nuit dans la tente du roi, et même d'y rester pendant son sommeil. Le prince se retirait le soir du festin, lorsque accourant, et comme remplie de la Divinité, elle le conjura de retourner à table et d'y passer la nuit. Alexandre crut céder aux ordres célestes ; son absence trompe les conjurés ; l'un d'entre eux, Épimènène, conte tout le secret le lendemain à Chariclès son amant ; Chariclès le redit à Euryloque. Euryloque se rend aussitôt dans la tente d'Alexandre, et révèle toute la conjuration à Ptolémée. Alexandre, instruit par ce dernier, fait arrêter tous ceux qu'Euryloque a dénoncés. Les douleurs de la question leur arrachent l'aveu du projet et les noms de tous leurs complices ; et même, selon Aristobule et Ptolémée, ils avaient été excités par Callisthène, mais, selon d'autres écrivains, Alexandre céda moins aux soupçons et à la délation qu'à sa haine contre Callisthène, redoublée encore par la liaison de ce philosophe avec Hermolaüs. Celui-ci conduit devant les Macédoniens : « Oui, j'ai conjuré contre » Alexandre ; un homme libre ne peut » supporter l'outrage. » Et rappelant alors tous les crimes du tyran, la mort injuste de Philotas, celle de Parménion et des autres, l'assassinat de Clitus plus affreux encore, cette affectation de revêtir la parure asiatique, cette adoration forcée, ces scènes de débauche et d'ivresse. « Voilà, ajou» ta-t-il, ce que je n'ai pu suppor» ter, voilà ce qui m'avait inspiré le » dessein de rendre la liberté aux Ma» cédoniens. »

A ces mots Hermolaüs et ses complices sont saisis et lapidés. Selon Aristobule, Callisthène, chargé de fers, fut traîné à la suite de l'armée, y tomba malade et mourut. Selon Ptolémée, Il finit sa vie dans les tortures et sur une croix, tant est grande la diversité des récits. Les historiens témoins des faits ne s'accordent pas même entre eux, l'incertitude est encore plus marquée chez les autres. Je crois avoir présenté assez de détails ; j'ai rassemblé tous ceux qui ont quelque analogie entre eux, et j'ai rapporté à la mort de Clitus quelques événemens qui la suivirent de près.

Chap. 6. Les envoyés d'Alexandre dans la Scythie reviennent accompagnés d'une nouvelle députation que le successeur du roi scythe lui envoyait à son avènement. Les députés venaient l'assurer d'une entière soumission, lui apportaient les plus grands présens, et lui offraient la fille de leur prince en mariage, comme un gage d'amitié et d'alliance. Que si cette offre n'était point acceptée, leur roi proposait aux officiers de l'armée, et à ceux qui étaient le plus chers au conquérant, les filles des premiers de la Scythie ; que, si on l'exigeait, il viendrait lui-même prendre les ordres d'Alexandre.

Pharasmane, roi des Chorasmiens, vint sur ces entrefaites trouver Alexandre avec quinze cents chevaux; il annonçait qu'il était voisin de la Colchilde et de la contrée des Amazones; que si le dessein d'Alexandre était de tourner ses armes de ce côté, et de soumettre les nations voisines du Pont-Euxin, il offrait d'être son guide et de le défrayer dans la route.

Alexandre répondit d'abord à la députation des Scythes avec bienveillance; et appropriant son discours aux circonstances, il écarte le projet d'un hymen étranger. Après de justes éloges donnés à Pharasmane et l'avoir reçu au nombre de ses alliés, il lui dit qu'il n'entrait point dans ses vues de se diriger vers le Pont, mais vers l'Inde, dont la conquête rangerait toute l'Asie sous ses lois; que, l'Asie soumise, il rentrerait dans la Grèce par l'Hellespont et la Propontide, et tournerait vers l'Euxin avec toutes ses forces de terre et de mer, qu'il réclamerait alors les promesses de Pharasmane. Il le renvoie et l'adjoint au perse Artabaze, qu'il avait nommé satrape des Bactriens et des peuples voisins.

Alexandre marche de nouveau vers l'Oxus, contre les Sogdiens retirés dans leurs places fortes, après avoir refusé d'obéir au satrape qu'il leur avait donné. Il campe aux bords du fleuve: on vit, dit-on, sourdir près de la tente d'Alexandre deux fontaines, l'une d'eau vive, et l'autre d'huile. Ptolémée, averti le premier de ce prodige, en instruit Alexandre, qui sacrifie après avoir consulté les devins. Aristandre lui prédit de grands travaux et la victoire.

Il pousse vers les Sogdiens avec une partie de l'armée, après avoir laissé Polysperchon, Attalus, Gorgias et Méléagre, avec une partie de ses troupes dans la Bactriane, pour prévenir les troubles, contenir les Barbares et combattre les révoltés. Il divise son armée en cinq corps; le premier, sous la conduite d'Ephestion; le second, sous Ptolémée; le troisième, sous Perdiccas; le quatrième, sous Cœnus et Artabaze; et, dirigeant lui-même le cinquième, il s'avance vers Maracanda. Les autres se portèrent de différens côtés, et, faisant le siége des places, contraignirent les révoltés à se rendre de force ou de composition. Ces différens corps, après avoir parcouru la Sogdiane, se réunissent sous les murs de Maracanda, Héphæstion est chargé de conduire des colonies dans les villes de la Sogdiane; Cœnus et Artabaze marchent vers les Scythes, chez lesquels Spitamène s'était réfugié.

Alexandre, avec le reste de l'armée, entre dans la Sogdiane, dont il soumet facilement les villes occupées par les Barbares révoltés.

Cependant Spitamène, avec une poignée de transfuges sogdiens qui s'étaient retirés en Scythie, et six cents chevaux Massagètes, attaque une place frontière des Bactriens, la surprend, égorge la garnison et en fait le commandant prisonnier. Enflé de ce succès, il s'approche peu de jours après de Bactres, et se contente, sans l'assiéger, de ravager les environs.

Les Grecs avaient laissé malades dans ces murs plusieurs cavaliers des Hétaires, Pithon, à la tête de quelques officiers domestiques et le Citharœde Aristonicus. Ils étaient convalescens, ils pouvaient déjà porter les armes et monter à cheval. A la nouvelle de l'incursion des Scythes, rassemblant quatre-vingts chevaux stipendiaires laissés en garnison à Bactres, et quelques-uns des adolescens, ils courent sur les Massagètes. Cette sortie imprévue les rend maîtres de tout le butin des Scythes dont ils égorgent une grande partie. Comme ils se retiraient en désordre, sans chef, Spitamène et d'autres Scythes, sortent d'une embuscade, fondent sur eux, tuent sept Hétaires et soixante stipendiaires. Aristonicus périt dans cette action, où il montra la plus grande valeur. Pithon blessé tombe vivant au pouvoir de l'ennemi.

Instruit de cette défaite, Cratérus marche contre les Massagètes qui fuient aussitôt dans le désert : mille chevaux se réunissant à eux, Cratérus les atteint et les défait malgré la résistance la plus opiniâtre. Cent cinquante cavaliers scythes demeurent sur le champ de bataille, le reste se sauve dans les déserts où les Macédoniens ne peuvent les poursuivre.

Cependant Alexandre nomme Amyntas satrape de la Bactriane, emploi que la vieillesse d'Artabaze ne pouvait plus remplir. Il laisse près de lui, en quartier d'hiver, Cœnus à la tête de sa troupe, de celle de Méléagre, de quatre cents chevaux Hétaires, de toute la cavalerie des archers, des Sogdiens et des Bactriens qu'Amyntas avait commandés : ils ont ordre de protéger le pays, et de surprendre Spitamène s'il tentait quelque incursion.

Spitamène voyant les places remplies de garnisons macédoniennes qui lui ôtaient tous moyens d'échapper par la fuite, se porte sur les troupes de Cœnus, dont l'attaque lui paraissait moins difficile. Arrivé à Gabes, place forte sur la frontière des Sogdiens et des Massagètes, il entraîne facilement dans son parti trois mille chevaux scythes. Ce peuple pauvre, sans villes, sans retraites fixes, n'ayant rien à perdre, est toujours prêt à guerroyer.

Cœnus marche avec son armée au-devant de Spitamène, lui livre un combat sanglant; l'avantage reste aux Macédoniens; ils ne perdent que vingt-cinq chevaux et douze fantassins, tandis que l'ennemi laisse huit cents cavaliers sur le champ de bataille. Après cette défaite, les Sogdiens et les Bactriens, qui avaient pris parti pour Spitamène, vinrent trouver Cœnus et se rendre à discrétion. Les Scythes Massagètes fuient avec leur chef dans le désert après avoir pillé le bagage de leurs alliés; mais apprenant qu'Alexandre marchait contre eux, ils lui envoient la tête de Spitamène, espérant ainsi le détourner de son projet.

Cœnus et Cratérus rejoignent Alexandre à Nautaque où viennent aussi le retrouver, après avoir exécuté ses ordres, Phrataphernes et Stasanor, satrapes, l'un des Parthes, l'autre des Arriens.

Pendant que l'armée se repose en quartier d'hiver à Nautaque, Alexandre envoie Phrataphernes chez les Mardes et les Topiriens, chercher le satrape Phradatès qui ne s'était point rendu aux ordres réitérés du prince. Stasanor va commander les troupes laissées chez les Drangues; Atropate succède, en Médie, à Exodate, dont Alexandre soupçonnait la fidélité; Staménès remplace, à Babylone, Mazée dont on apprend la mort; Sopolis, Epocillus et Menœdas, courent en Macédoine faire des recrues.

Chap. 7. Au printemps, on part pour assiéger la roche des Sogdiens. C'est dans cette place inexpugnable que s'étaient réfugiés une foule d'habitans, et Oxyarte avec sa femme et ses filles, après avoir abandonné le parti d'Alexandre. La prise de ce poste enlevait aux Sogdiens leur dernier boulevard. Alexandre s'approche, mais il ne voit de tous côtés qu'une hauteur escarpée, couverte de neige, inabordable. Les Barbares étaient approvisionnés pour un long siége, et ne manquaient point d'eau. Alexandre leur fait proposer d'entrer en composition, avec la facilité de se retirer chez eux; mais les Barbares se prenant à rire, lui demandent si ses soldats ont des ailes; qu'ils se croyaient au-dessus de toute atteinte. Irrité de cette réponse superbe, Alexandre, pour satisfaire à-la-fois sa vengeance et sa gloire, résolut d'emporter la place. Il fait publier par un hérault, que le premier de tous qui montera à l'assaut obtiendra douze talens; le second, le troisième et tous ceux qui leur succéderont, des récompenses proportionnées, jusqu'au dernier, qui recevra trois cents dariques.

Des Macédoniens, excités à-la-fois par leur courage et la récompense, se présentent au nombre de trois cents, choisis parmi ceux exercés à ces sortes de travaux. Ils sont armés de crampons de fer qu'ils doivent ficher dans la glace ou dans la roche, et auxquels ils attachent de fortes cordes. Se dirigeant pendant la nuit du côté le plus escarpé et le moins gardé, à l'aide de ces crampons et d'efforts redoublés, ils arrivent de différens côtés sur le sommet. A cet assaut, trente roulèrent dans les précipices et dans les neiges; on ne put retrouver leurs corps. Arrivés sur le sommet, les Macédoniens élèvent un drapeau, c'était le signal convenu. Alexandre députe un hérault vers les postes avancés des Barbares pour leur annoncer qu'ils aient à se rendre; que ses soldats ont des ailes; qu'ils lèvent les yeux, les hauteurs sont occupées par les Macédoniens. A cet aspect imprévu, s'imaginant que les assaillans étaient en plus grand nombre et mieux armés, les Barbares se rendirent.

Parmi les prisonniers on compta un grand nombre de femmes et d'enfans, entre autres ceux d'Oxyarte; l'une de ses filles, Roxane, nubile depuis peu, était la plus distinguée des beautés de l'Asie, après la femme de Darius. Alexandre en est épris, et loin d'user des droits du vainqueur sur sa captive, il l'élève au rang de son épouse, action bien plus digne d'éloge que de blâme. Il avait respecté autrefois la femme de Darius, la plus belle de celles de l'Orient, soit indifférence, soit modération, et cela dans la fleur de l'âge, au comble des succès, dans cette situation où les passions ne gardent plus aucune mesure: retenue louable, et que l'amour seul de la gloire pouvait conseiller.

Oxyarte instruit à-la-fois de la captivité de sa famille, et des dispositions d'Alexandre pour sa fille, reprenant l'espérance, vint trouver le prince qui le reçut avec tous les honneurs que sa nouvelle alliance commandait.

Les affaires de la Sogdiane terminées, Alexandre marche vers les Parétaques où les Choriens et les principaux du pays s'étaient réfugiés dans un poste également imprenable; on l'appelle la roche de Chorièno: elle a de hauteur vingt stades, et de circuit soixante. Escarpée de toutes parts, on n'y monte que par un sentier étroit et difficile, où peut à peine passer un seul homme: des précipices l'entourent, et avant d'arriver aux pieds de la place, il faut en combler la profondeur. Alexandre n'est que plus animé à son entreprise, rien ne paraît impossible à son courage et à sa fortune: des sapins abondaient aux environs, il les fait abattre; on en forme des échelles pour descendre dans ces abîmes inaccessibles à tout autre moyen.

Alexandre présidait à l'ouvrage, pendant le jour, à la tête de la moitié de l'armée; il était relevé la nuit, tour-à-tour, par Perdiccas, Léonnatus et Ptolémée, sous les ordres desquels il avait divisé le reste de l'armée en trois corps.

La difficulté du terrain, celle de l'entreprise ne permettait pas d'avancer à plus de vingt coudées le jour, et un peu moins la nuit. Sur les flancs de l'abîme on enfonçait avec effort des crampons à la distance nécessaire pour soutenir la charge; on y attacha des claies ou des fascines qui, fortement liées entre elles semblaient présenter un pont; on les couvrit de terre au niveau du bord pour arriver de plain-pied jusqu'à la place.

Les Barbares avaient commencé par rire de ces efforts qu'ils croyaient inutiles. Mais, lorsqu'ils se virent incommodés par les traits, tandis qu'ils ne pouvaient des hauteurs atteindre les Macédoniens à couvert sous leurs travaux, Chorième effrayé envoie un hérault à Alexandre, et demande à conférer avec Oxyarte : celui-ci lui conseille de se soumettre à ce conquérant, que nul obstacle ne peut arrêter, et de la bonté duquel il peut tout attendre, s'il se rend à lui; que lui-même en était un exemple. Chorième, persuadé par ce discours, vient trouver le roi avec quelques uns des siens. Alexandre l'accueille avec bienveillance, le retient auprès de lui, renvoie une partie de ceux qui l'avaient accompagné pour faire rendre la place : on en prend aussitôt possession.

Alexandre, suivi de cinq cents Hypaspistes, y monte pour la reconnaître, et loin d'être offensé de la résistance de Chorième, il lui rend le gouvernement de la citadelle et de tous les lieux sur lesquels il s'étendait.

L'armée, qui avait déjà souffert des rigueurs de la saison et du siège, vint alors à manquer de vivres. Chorième s'engagea à lui en fournir pendant deux mois, et faisant ouvrir ses magasins, il distribue aux soldats du blé, du vin et des salaisons. Ces objets fournis dans le terme convenu, il protesta qu'il n'avait point épuisé la dixième partie des provisions qu'il avait amassées pour le siège. Alexandre lui marqua de nouveaux égards, convaincu qu'il s'était rendu plutôt de bonne grâce que par force.

Chap. 8. Alexandre tourne vers Bactres, et envoie Cratérus à la tête de six cents Hétaires, et les corps d'infanterie de Polysperchon, d'Attalus et d'Alcétas joints à celui qu'il commandait pour combattre Catanès et Austanes, les derniers chefs de la révolte des Parétaques. L'action fut sanglante mais décisive en faveur de Cratérus. Catanès fut tué dans la mêlée, et Austanes fait prisonnier fut envoyé vers Alexandre. Les Barbares perdirent cent vingt chevaux et quinze cents hommes de pied.

Cratérus rejoint Alexandre dans la Bactriane. C'est à cette époque qu'il faut rapporter la conjuration des adolescens et la mort de Callisthène.

Vers le milieu du printemps, Alexandre prend la route de l'Inde avec toutes ses troupes, dont il détache seulement dix mille hommes de pied, et trois mille cinq cents chevaux sous la conduite d'Amyntas qui doit contenir la Bactriane. Après avoir passé le Caucase en dix jours de marche, il parvint à la ville d'Alexandre, qu'il avait fait bâtir dans la Paropamise lors de sa première expédition en Bactriane. Il en destitua le commandant pour n'avoir pas rempli les devoirs de sa charge; et ayant appelé, pour repeupler la ville, les Finitimes ainsi que les Macédoniens mis hors de combat, il en confia le gouvernement à Nicanor, l'un des Hétaires. Tyriaspe fut nommé satrape de toute la Paropamise et des contrées qui s'étendent jusqu'aux bords du Cophès.

Il passe par Nicée et sacrifie à Pallas. Un hérault le précède et va prévenir Taxile et les autres Anactes, au-delà du fleuve, qu'ils aient à se rendre auprès d'Alexandre partout où il serait. Taxile et les Anactes obéissent; ils apportent les plus rares présens, et promettent de lui envoyer des éléphans au nombre de vingt-cinq.

Alexandre partage son armée et abandonne à Héphæstion et Perdiccas le commandement d'une partie composée des troupes de Gorgias, de Clitus, de Méléagre, de la moitié des Hétaires à cheval et de la totalité des troupes stipendiaires, avec ordre de marcher dans la Peucelatide vers l'Indus, d'y soumettre toutes les villes de force ou par composition, et une fois arrivés aux bords du fleuve, d'y faire tous les préparatifs pour en faciliter le passage. Ils sont accompagnés de Taxile et des autres Anactes : les ordres d'Alexandre sont exécutés.

Astès, hyparque de la Peucelatide, se révolte, s'enferme dans une ville, qu'Héphæstion assiége et prend d'assaut le trentième jour. Astès y périt. On établit à sa place Sangée, qui abandonnant le parti d'Astès pour celui de Taxile, mérita ainsi la confiance d'Alexandre.

Alexandre suivi des Hypaspistes, de l'autre moitié des Hétaires à cheval, des Hetaires à pied, des archers, des Agriens et de la cavalerie des hommes de trait, pousse vers les Aspiens, les Thyréens et les Arasaques : il côtoie le Choès, se dirige par des hauteurs difficiles et escarpées, traverse le fleuve avec peine. Apprenant que les Barbares se sont réfugiés dans leurs montagnes et leurs places fortes, il laisse en arrière son infanterie avec ordre de le suivre au petit pas, s'avance rapidement avec toute sa cavalerie et huit cents hommes de la phalange qu'il fait monter en croupe tout armés.

Il trouve tous les habitans de la première ville avancée, rangés en bataille aux pieds de leurs murs, dans lesquels il les rejette du premier choc.

Alexandre fut blessé à l'épaule, d'un trait qui ne pénétra point avant, parce que le coup fut rompu par la cuirasse. Ptolémée et Léonnatus furent également blessés.

Alexandre ayant tourné la ville en reconnaît le faible, campe de ce côté, et le lendemain, dès l'aurore, ayant donné l'assaut, on force le premier rempart, moins solide; le second fut disputé plus long-temps. Mais lorsqu'ils virent approcher les échelles et pleuvoir sur eux une grêle de traits, les Barbares font une sortie et fuient dans leurs montagnes. On les poursuit ; une partie est tuée dans la fuite ; on n'épargne pas même les prisonniers, et le soldat furieux croit en les immolant venger Alexandre de sa blessure.

Le plus grand nombre se réfugie dans les montagnes voisines. On rase la ville; on marche vers Andraque : cette place se rend par composition. Alexandre y laisse Cratérus avec les autres commandans de l'infanterie pour réduire le reste de la contrée, et l'administrer selon les circonstances.

Pour lui, à la tête des Hypaspistes, des archers, des Agriens, du corps de Cœnus et d'Attalus, de l'Agéma, de quatre autres corps de cavalerie des Hétaires, et de la moitié des archers à cheval, il marche vers le fleuve Soaste contre l'hiparque des Aspiens. Il s'avance à pas redoublés, et campe le second jour aux pieds de leur ville. Les Barbares la brûlent à l'approche d'Alexandre, et se réfugient dans leurs montagnes; on les poursuit, et dans le premier mouvement on en fait un horrible carnage.

Ptolémée, apercevant alors sur une hauteur le chef des Barbares, pousse vers lui avec un gros d'Hypaspistes malgré le désavantage du lieu et l'infériorité du nombre. Comme il avait de la peine à gravir la hauteur, il laisse son cheval et met pied à terre. L'Indien accourt avec les siens à sa rencontre, et frappe Ptolémée d'un coup de pique rompu par la cuirasse. Ptolémée perce l'Indien à la cuisse, le renverse, le dépouille de ses armes. Les Barbares à cette vue prennent aussitôt la fuite. Ceux qui occupaient les sommets, s'indignant de voir le corps de leur chef au pouvoir de l'ennemi, accourent; on livre autour du cadavre un combat sanglant. La troupe d'Alexandre met pied à terre et vient soutenir les Grecs; on repousse les Barbares avec peine; ils abandonnent enfin le corps et le champ de bataille. On franchit les hauteurs; on arrive à la ville d'Arigée, elle venait d'être brûlée et abandonnée par les habitants.

Sur ces entrefaites arrive Cratérus, qui a rempli la commission d'Alexandre. Frappé des avantages qu'offrait la situation, le prince ordonne à Cratérus de relever les murailles de la ville, et de la repeupler des hommes des nations voisines qu'on pourrait attirer, ainsi que des soldats hors de service.

Il continue de poursuivre les Barbares, et campe aux pieds de la montagne qu'ils occupent.

Ptolémée, envoyé aux fourrages et à la découverte, rapporta qu'on apercevait un plus grand nombre de feux allumés dans l'armée des Barbares que dans celle des Grecs. Cette observation ne suffit pas à Alexandre. Cependant, conjecturant que les Barbares devaient être en grand nombre, il laisse une partie de son armée aux pieds de la montagne, et prenant avec lui les troupes qu'il juge propres à cette expédition, il se dirige du côté des feux, et partage alors ses troupes en trois corps : le premier, sous le conduite de Léonnatus, soutenu des troupes d'Attalus et de Balacre; le second sous les ordres de Ptolémée qui, mène avec lui le tiers des Hypaspistes royaux, les phalanges de Philippe et de Philotas, deux mille archers, les Agriens et la moitié de la cavalerie. Lui-même conduit le troisième vers le plus épais des forces des Barbares.

Ces derniers, à la vue des Macédoniens, méprisent le petit nombre qu'ils aperçoivent, descendent en foule des hauteurs qu'ils occupent; une action vive s'engage dans la plaine; ils sont facilement défaits.

Ptolémée avait une position moins avantageuse. En effet, les Barbares, en ordre de bataille, occupaient les flancs des montagnes. Les Grecs se dirigent du côté le plus accessible, négligeant de cerner entièrement les hauteurs pour laisser aux ennemis les moyens de se retirer. L'attaque fut des plus chaudes : les Indiens avaient pour eux la supériorité du poste, et ce courage qui les élevait au-dessus des autres Barbares voisins. Cependant les Macédoniens parviennent à les chasser des hauteurs.

Léonnatus, de son côté, remporta les mêmes avantages.

Au récit de Ptolémée, on fit quarante mille prisonniers; on enleva deux cent trente mille vaches, qui surpassaient en hauteur et en beauté toutes celles connues. Alexandre fit réserver les plus rares pour les faire passer en Macédoine.

Chap. 9. Alexandre s'avance contre les Assacéniens, qui l'attendaient avec trente mille hommes de pieds, deux mille chevaux et trente éléphans. Cratérus ayant rebâti Arigée selon l'ordre d'Alexandre, vient le retrouver avec l'infanterie pesamment armée, et les machines de siége.

Alexandre, suivi de la cavalerie des Hétaires, des archers à cheval, des bandes de Cœnus et de Polysperchon, de mille Agriens et de gens de trait, traverse le territoire des Guréens, passe le Gurée avec beaucoup de peine, vu la profondeur du fleuve, la rapidité de son cours, et le glissant des cailloux arrondis qui remplissent son lit.

A l'approche d'Alexandre, les Barbares n'osant l'attendre en bataille rangée, se débandent et courent se renfermer dans leurs villes, résolus de s'y défendre.

Le roi se dirige d'abord vers Massagues, leur capitale. Déjà son armée campait sous les remparts, lorsque, renforcés de sept mille stipendiaires venus de l'intérieur de l'Inde, les Barbares fondent sur les Macédoniens.

Alexandre ne voulant point engager le combat sous leurs murs, derrière lesquels ils pouvaient se retirer trop sûrement, et pour les attirer en plaine, fit faire à leur approche un mouvement en arrière aux Macédoniens, qui furent occuper une hauteur à sept stades du Gurée, où il avait résolu de camper. L'audace des ennemis est rehaussée par la retraite des Grecs, ils ne gardent plus leurs rangs, et courent en désordre sur ceux d'Alexandre. Arrivés à la porté du trait, Alexandre donne le signal, la phalange se retourne et se précipite sur eux. Les gens de trait à cheval, les Agriens et les archers avaient engagé la mêlée ou le désordre redoubla par le choc de la phalange. Surpris, épouvantés, les Indiens lâchent pied aussitôt, se retirent précipitamment dans la ville, après avoir perdu deux cents des leurs.

Alexandre fait approcher sa phalange des remparts, une flèche lui effleure la cheville du pied.

Le lendemain il fait battre les murs par les machines; une partie est renversée; les Macédoniens s'avancent par la brèche; les Indiens la défendent avec courage; Alexandre fait sonner la retraite.

Le deuxième jour on donne l'assaut avec un nouvel acharnement. On fait avancer contre les murs une tour de bois, chargée de soldats qui lancent sur les assiégés une grêle de flèches et de traits. La brèche, défendue avec une égale résistance, ne peut être forcée.

Le troisième jour, la phalange monte de nouveau à l'assaut; on abaisse de la tour un pont qu'on jette sur les débris des remparts : on s'était servi de cette machine pour prendre Tyr. Les Hypaspistes passent les premiers; on se précipite en foule et avec ardeur sur le pont, qui rompt sous le poids, et tombe avec les Macédoniens. Les Barbares, ranimés par cet accident, lancent sur eux des pierres, des traits; tout ce dont ils peuvent s'armer, poussent de grands cris, les attaquent de dessus les remparts, tandis que d'autres, sortant par les portes étroites ménagées entre les tours des murs, viennent les accabler dans leur désastre.

Alexandre fait ébranler aussitôt le corps d'Alcétas pour sauver les blessés et favoriser la retraite.

Le quatrième jour on jette un nouveau pont; les Indiens développent la même vigueur de résistance; mais voyant leur chef tomber sous un trait, et qu'ils avaient perdu la meilleure partie des leurs, tandis que l'autre était blessée, ils envoient un héraut à Alexandre. Résolu de conserver la vie à ces braves, il les reçoit sous la condition qu'ils serviraient dans ses troupes. Ils sortent en armes, et viennent camper sur une hauteur en face du camp des Macédoniens, dans l'intention de fuir pendant nuit, pour ne point porter les armes contre leurs compatriotes. Instruit de leur résolution, Alexandre les fait cerner dans l'ombre et massacrer jusqu'au dernier.

Il entre ensuite dans la ville dégarnie de défenseurs, et s'y rend maître de la mère et de la fille d'Assacénus. Alexandre ne perdit dans ce siége que vingt-cinq hommes.

Il détache Cœnus vers la ville de Bazire, comptant sur sa reddition à la nouvelle de la prise de Massagues. Attalus, Alcétas et Démétrius Hipparque doivent tirer une circonvallation autour de la ville d'Ores, et la bloquer jusqu'à son arrivée. Les habitans de cette dernière font une sortie, mais Alcétas et les Macédoniens les repoussent facilement, et les renferment dans la ville.

Cœnus ne réussit point dans son entreprise : les habitans de Bazire se confiant dans la force de leur place, en effet elle s'élevait sur une hauteur entourée de tous côtés par une forte muraille, rejetèrent la proposition de se rendre. Alexandre y marche.

Il apprend en route que plusieurs des Barbares voisins, détachés par Abissare, doivent se jeter dans Ores. Aussitôt il charge Cœnus d'élever un fort près de Bazire, d'y laisser une garnison pour bloquer les habitans, et de le rejoindre avec le reste de ses troupes. Ceux de Bazire, après le départ de Cœnus, méprisant le petit nombre des Macédoniens, font une sortie : une action vive s'engage ; cinq cents Barbares sont tués ; soixante-dix sont faits prisonniers ; le reste est repoussé en désordre dans les murs où les Grecs du fort, soutenus par ce succès, les renferment plus étroitement.

D'un autre côté, Alexandre termina facilement le siége d'Ores ; la place fut prise du premier assaut : il y trouve des éléphans dont il s'empare.

A cette nouvelle, ceux de Bazire perdent courage, et abandonnant leur ville au milieu de la nuit, se réfugient avec les autres Barbares sur le rocher d'Aorne.

Chap. 10. Cette roche est le plus fort boulevard du pays. On assure que le fils de Jupiter, Hercule, ne put en triompher.

Ce rocher a de tour deux cents stades, et sa moindre élévation est de onze ; on n'y peut monter que par un escalier taillé dans le roc ; de son sommet coule une source pure et abondante ; on y trouve un bois et une étendue de terres labourables, dont le produit peut suffire à la subsistance de mille hommes.

Ces renseignemens, et surtout la tradition concernant Hercule, enflamment Alexandre. Il jette des garnisons dans Ores et Massagues, pour contenir ce pays et rebâtir la ville de Bazire. Héphæstion et Perdiccas, après avoir élevé les murs d'Orobate, y laissent une garnison et tirent vers l'Indus, où ils font toutes les dispositions pour le passage. Nicanor, l'un des Hétaires, est nommé satrape du pays, en-deçà du fleuve.

Alexandre marche lui-même vers l'Indus, soumet, par composition, la ville de Peucéliotis, qui se trouve sur son passage, et peu éloignée du fleuve ; il y laisse une garnison macédonienne sous les ordres de Philippe.

Il prend plusieurs autres petites places sur les bords de l'Indus, accompagné de Cophée et d'Assagète, hyparques de la province.

Arrivé à Embolime, ville voisine du rocher d'Aorne, il y laisse une partie de l'armée sous le commandement de Cratérus, avec ordre d'y amasser des vivres et les provisions nécessaires pour un long séjour, afin que les Macédoniens pussent, au sortir de cette ville, prolonger le siége d'Aorne, si la place n'est emportée d'assaut.

Lui-même, à la tête des archers, des

Agriens, de la bande de Cœnus, de deux cents Hétaires, de cent archers à cheval, des soldats les plus prompts et les plus légèrement armés de la phalange, se dirige vers le rocher, et campe le premier jour dans une position avantageuse; le lendemain il le serre de plus près.

Cependant quelques habitans du pays viennent se rendre, avec offre de lui montrer un chemin par lequel l'attaque sera plus facile. Il envoie avec eux Ptolémée à la tête des Agriens, de la troupe légère et des Hypaspistes choisis, lui ordonne de s'emparer du poste, de s'y fortifier et d'élever un signal au moment où il en sera maître.

Ptolémée y parvient à l'insu des Barbares, par des routes escarpées et difficiles, se fortifie de fossés et de palissades, et fait élever un fanal du côté qu'Alexandre peut apercevoir.

Instruit par ce signal, Alexandre commence l'attaque dès le lendemain; mais la difficulté du lieu et la résistance des Barbares ne lui laissent prendre aucun avantage. L'ennemi, voyant l'inutilité des efforts d'Alexandre, retourne contre Ptolémée. L'action la plus sanglante s'engage entre les Indiens voulant débusquer les Grecs, et Ptolémée qui s'obstine à conserver son poste: les Barbares ayant quelque désavantage, se retirèrent sur le soir.

Cependant Alexandre charge un transfuge indien connaissant les passages et fidèle, de porter nuitamment à Ptolémée des lettres, par lesquelles il lui mande de fondre sur les Barbares au moment où lui-même en viendrait aux mains, afin que l'ennemi attaqué à-la-fois de tous côtés, ne sût où donner.

Au point du jour il dirige ses troupes par le chemin qu'avait pris Ptolémée, espérant que leur jonction faciliterait la prise de la place. Il livra jusqu'à midi un combat opiniâtre: cependant comme les Macédoniens se relevaient l'un l'autre et se reposaient successivement, ils restèrent maîtres du passage, et se joignirent à Ptolémée avant la nuit.

Toute l'armée réunie, on livre un nouvel assaut dès le lendemain, mais sans succès.

Au point du jour suivant, Alexandre ordonne à ses soldats de couper chacun une centaine de pieux, dont il fait construire une plate-forme qui s'étend du sommet de la colline où il était campé jusqu'au roc. C'est de là que ses archers et ses machines doivent lancer sur l'ennemi une grêle de traits. Toute l'armée se livre à ce travail; lui-même présent applaudit à l'activité des uns, et gourmande la lenteur des autres.

Le premier jour on pousse à un stade l'étendue de la terrasse; le lendemain, des frondeurs et des archers y furent placés pour s'opposer aux excursions des Indiens; et le troisième jour, l'ouvrage fut entièrement terminé.

Quelques Macédoniens s'emparèrent, le quatrième jour, d'une hauteur égale à celle du roc; Alexandre étend les travaux de ce côté.

Les Barbares, étonnés de l'audace incroyable des Macédoniens et de la promptitude de leurs travaux, ne font plus de résistance. Un hérault vient, de leur part, promettre à Alexandre de lui livrer le rocher, s'il veut composer; mais leur dessein était de passer tout le jour en pourparlers, et de se retirer la nuit dans leurs foyers.

Instruit de leur projet, Alexandre fait retirer ses troupes qui étaient autour de la place, accorde aux Barbares un délai suffisant pour leur retraite, et attend qu'elle s'effectue. Prenant ensuite sept cents hommes tant de ses Hypaspistes que de ses gardes, il monte le premier sur le rocher abandonné. Les Macédoniens y arrivent en s'aidant mutuellement. Bientôt le signal est donné, ils tombent sur les Barbares, qui se retirent, et en tuent un grand nombre dans leur fuite : la plupart, saisis d'effroi, roulent dans des précipices.

Maître d'un rocher inaccessible à Hercule, Alexandre y sacrifie, et y laisse une garnison sous les ordres de Sisicotte, qui d'abord abandonna l'Inde pour Bessus, et Bessus pour Alexandre, qu'il servit fidèlement avec toutes ses troupes, lorsque celui-ci eut conquis la Bactriane.

Apprenant que le frère d'Assacanus avait fui dans les montagnes des Assacéniens avec un grand nombre de Barbares et des éléphans, Alexandre tourne de ce côté. Arrivé à Dyrta, il la trouve abandonnée ainsi que tout le pays voisin.

Le lendemain mille Hypaspistes et la troupe légère des Agriens, sous les ordres de Néarque, et trois mille Hypaspistes sous ceux d'Anthiocus, s'avancent pour reconnaître les lieux, les Barbares et le nombre des éléphans.

Alexandre marche vers l'Indus : l'armée en avant lui ouvre les passages qui, sans cette précaution, seraient impraticables. Il fait quelques prisonniers Barbares qui l'assurent que les Indiens de cette contrée se sont sauvés vers Barisade, et ont laissé leurs éléphans paître le long du fleuve. Il se fait conduire sur ces rives : il détache plusieurs Indiens exercés à la chasse de ces animaux ; excepté deux qui tombèrent dans des précipices, tous furent pris, montés par des hommes, et conduits à la suite de l'armée.

Alexandre voit des arbres près du fleuve, les fait abattre : on en fabrique des barques sur lesquelles il descend l'Indus jusqu'aux lieux où Hephæstion et Perdiccas avaient depuis long-temps jeté un pont.

LIVRE CINQUIÈME.

Chapitre premier. Entre le Cophès et l'Indus se présente la ville de Nysa, fondée, dit-on, par Bacchus, vainqueur de l'Inde.

Quel est ce Bacchus, et quand a-t-il porté la guerre dans les Indes ? était-il venu de Thèbes ou de Tmole (en Lydie) ? Obligé de traverser les nations les plus belliqueuses alors inconnues aux Grecs, comment n'a-t-il soumis que les Indiens ? Il ne faut point percer trop avant dans tout ce que la fable rapporte des dieux. Les récits les plus incroyables cessent de l'être, lorsque les faits appartiennent à quelque divinité.

Alexandre, arrivé devant cette ville, vit venir à sa rencontre une députation de trente principaux citoyens, à la tête desquels était Acuphis, le premier d'entre eux ; ils lui demandent de respecter, en l'honneur du Dieu, la liberté de leur ville. Arrivés dans la tente d'Alexandre, ils le trouvent couvert de ses armes et de poussière, le casque en tête et la lance à la main. A cet aspect, ils se prosternent épouvantés, et gardent un long silence.

Alexandre les relève avec bienveillance, et les encourage. Alors Acuphis :
« Au nom de Dionysus, daignez, prin» ce, laisser à la ville de Nysa sa liberté
» et ses lois. Le grand Dionysus, prêt à
» retourner dans la Grèce, après la con» quête de l'Inde, fonda cette ville mo» nument éternel de sa course triom» phale. Il la peupla des compagnons
» émérites de son expédition. Héros !
» c'est ainsi que vous avez fondé une
» Alexandrie sur le Caucase, une autre
» en Égypte ; c'est ainsi que tant de
» villes portent ou porteront le nom d'un
» conquérant déjà plus grand que Bac» chus. Ce Dieu appela notre ville Nysa,
» en mémoire de sa nourrice ; ce nom

» s'étend à toute la contrée : cette mon-
« tagne, qui domine nos murs, porte
» celui de Méros, et rappelle l'origine
» de notre fondateur.

» Depuis ce temps les habitants de
» Nysa sont libres, et se gouvernent
» par leurs lois. Le Dieu nous a laissé
» un témoignage de sa faveur : ce n'est
» que dans notre contrée que croît le
» lierre, inconnu dans tout le reste de
» l'Inde. »

Le discours d'Acuphis fut agréable à Alexandre; il crut ou voulut faire croire ce qu'on rapportait de Bacchus, fier d'avoir marché sur ses traces au-delà desquelles il comptait s'élancer, espérant aussi que, par une noble émulation des travaux de Bacchus, les Macédoniens seraient prêts à tout entreprendre. Il conserva aux habitants de Nysa leurs franchises.

Il s'informe ensuite de leur état politique; il applaudit à leur constitution; elle est aristocratique, et il exige qu'on lui livre comme ôtages trois cents équestres et cent membres du conseil des trois cents. Acuphis était du nombre de ces derniers; il le nomme hyparque. Lequel souriant : « Eh comment une cité dé-
« pourvue de cent hommes de bien pour-
» ra-t-elle se gouverner? Si son salut
» vous est cher, prenez trois cents et
» plus de nos équestres; et au lieu
» d'exiger cent de nos meilleurs ci-
» toyens, demandez-en deux cents des
» plus mauvais, c'est le seul moyen d'as-
» surer à notre cité la conservation de
» son ancien éclat. »

La prudente énergie de ce conseil ne déplut point à Alexandre, qui se contenta des trois cents équestres. Acuphis lui envoya son fils et son petit-fils.

Alexandre, curieux de visiter les monumens en la gloire de Dionysus dont le pays des Nyséens est peuplé, monte sur le Méros, suivi de la cavalerie des Hé-
taires et de l'Agéma des phalanges : le lierre et le laurier y croissaient en abondance : on y trouve des bois sombres et peuplés de fauves. Les Macédoniens reconnurent avec transport le lierre qu'ils n'avaient pas vu depuis long-temps. En effet, il n'en croît pas dans l'Inde, même aux lieux où l'on trouve la vigne; ils en forment des guirlandes et des couronnes, et entonnent les hymnes de Bacchus, qu'ils appellent par tous ses noms. Alexandre y sacrifie, et invite les Hétaires à un festin. On rapporte qu'alors les premiers des Macédoniens couronnés de lierre dans cette orgie, et comme saisis des fureurs dionysiaques, coururent en bacchans ivres et frénétiques.

Ce fait, je ne puis ni le certifier ni le rejeter. Je ne partage cependant point l'opinion d'Érathostène, qui prétend que tous les honneurs rendus alors à la Divinité n'étaient qu'un hommage détourné qui s'adressait à l'orgueil d'Alexandre, auquel on applaudissait : il ajoute à l'appui mille fables des Grecs. Un autre qu'ils trouvent chez les Paropamisades, est celui de Prométhée; c'est-là que l'infortuné a été attaché, qu'un aigle déchirait ses entrailles, et qu'Hercule vint rompre ses fers et immoler l'aigle. Ces vaches, marquées d'une massue, annoncent le séjour d'Hercule dans les Indes. Ils transportaient ainsi le Caucase du Nord à l'Orient, et donnèrent son nom à la montagne de Paropamise, pour imprimer un nouveau lustre aux exploits d'Alexandre. Eratosthène fait la même critique du voyage de Dionysus; je laisse aux lecteurs à prononcer.

Alexandre, arrivé aux bord de l'Indus, trouve le pont dressé par Héphæstion, plusieurs petits bâtimens et deux triacontères, des présens de Taxile; deux cents talens d'argent, trois mille bœufs, dix mille moutons, trente éléphans. Taxile y joint sept cents hommes de cavalerie indienne auxiliaire, et lui fait remettre les clés de la capitale située entre l'Indus et l'Hydaspe.

Alexandre sacrifie aux Dieux, fait célébrer des jeux gymniques et équestres : les augures sont favorables.

CHAP. 2. L'Indus est le plus grand des fleuves de l'Europe et de l'Asie, à l'exception du Gange; ses sources tombent du Paropamise qui termine la chaîne du Caucase à l'Orient : il se décharge au midi dans l'Erythrée par deux embouchures marécageuses, ainsi que celles de l'Ister, et qui présentent, comme le Nil, la forme d'un triangle que les Grecs appellent *Delta*, et les Indiens *Pattala*. Voilà ce que j'ai pu recueillir de plus certain sur l'Indus. On voit aux Indes d'autres fleuves, l'Hydaspe, l'Acésinès, l'Hydraote et l'Hyphase, qui, par leur étendue considérable, sont à tous les fleuves de l'Asie, ce que l'Indus est à eux, ce que le Gange est à l'Indus.

Ctésias, si cet auteur a quelque poids, détermine la moindre largeur de l'Indus à quarante stades, la plus grande à cent, et la moyenne à soixante-dix.

Alexandre passa le fleuve au point du jour avec toute son armée.

Je ne traiterai point ici de l'Inde, de ses lois, de ses productions, des animaux extraordinaires qu'elle nourrit, des poissons monstrueux qu'on trouve dans ses fleuves. Quant à ces fourmis qui font de l'or, à ces griffons qui le gardent, ces contes appartiennent à la fable et non à l'histoire; et les auteurs en sont d'autant plus prodigues, qu'il semble difficile de les convaincre de fausseté.

Alexandre et ceux qui l'ont suivi ont remarqué dans leurs propres historiens une foule de mensonges. Ils se sont assurés, dans les Indes dont ils ont parcouru la plus grande étendue, que ces peuples simples n'avaient ni trésors ni luxe. Les Indiens ont le teint d'un brun foncé; ils sont de haute taille, ils ont près de cinq coudées de haut, ce sont les hommes les plus grands et les plus belliqueux de l'Asie. Je ne leur compare point les Perses dont la valeur, guidée par Cyrus, enleva aux Mèdes l'empire de l'Asie, et soumit plusieurs nations. Ces Perses étaient pauvres, habitaient un pays sauvage, et vivaient sous des institutions assez semblabes à celles de Lycurgue; et s'ils furent vaincus par les Scythes, je ne sais s'il faut l'attribuer à leur infériorité plutôt qu'aux désavantages du poste, ou à la faute de leur général.

Je me propose de rassembler dans un ouvrage spécial, sur les Indes, tous les détails dignes de foi et d'attention d'après les récits qu'en ont laissés et ceux qui accompagnèrent Alexandre, et Néarque qui parcourut la mer des Indes, et Mégasthène et Eratosthène, auteurs croyables. C'est là que je décrirai les mœurs, les lois, les productions extraordinaires de ces contrées et les détails du voyage de Néarque; ici je dois me renfermer dans l'histoire des exploits d'Alexandre.

La chaîne du Taurus coupe l'Asie : commençant à Micale qui regarde Samos, et suivant par la Pamphilie et la Cilicie, elle se prolonge dans l'Arménie, la Médie au-delà du pays des Parthes, des Chorasmiens jusque dans la Bactriane, où elle s'attache au Paropamise, que les Macédoniens, pour flatter l'orgueil d'Alexandre, ont surnommé le Caucase, lequel pourrait se réunir à celui de la Scythie, en s'étendant comme le Taurus. Je lui conserverai ce nom de Caucase que j'ai déjà employé; il s'avance jusqu'à la mer Érythrée vers l'Orient.

Tous les fleuves célébres de l'Asie descendent du Caucase et du Taurus.; les uns coulent vers le Nord et se jettent soit dans les Palus-Méotides soit dans la mer Caspienne; les autres coulent au Midi, tels l'Euphrate, le Tygre, l'Indus, l'Hydaspe, l'Acésinès, l'Hydraote, l'Hyphase, et enfin tous ceux qui arrosent les régions de l'Inde jusqu'au Gange. Quelques-uns forment des Marais et plongent sous la terre comme l'Euphate; une partie se décharge dans les mers.

L'Asie est donc coupée dans sa longueur de l'Est à l'Ouest, par le Taurus et le Caucase qui la partagent en méridionale et en septentrionale; la première se subdivise en quatre régions, dont l'Inde est la plus grande, au rapport d'Ératosthène et de Mégasthène. (Ce dernier fixé chez Sibyrtius, satrape des Arachotiens, fit, ainsi qu'il nous l'apprend, plusieurs voyages à la cour de Sandracotte, roi des Indiens.) La moins étendue de ces régions est celle enclavée entre l'Euphrate et la Méditerranée; les deux autres, situées entre l'Euphrate et l'Indus, ne peuvent, même réunies, se comparer à l'Inde. Celle-ci est bornée à l'Orient et au Midi par l'Erythrée, au Nord par le Caucase et le Taurus, et à l'Occident par l'Indus dans toute l'étendue de son cours.

L'Inde s'étend presque partout en plaines : on les croit formées par les attérissemens des fleuves débordés. C'est ainsi qu'aux bords de la mer croissent ces plaines qui empruntent le nom des fleuves à qui elles doivent leur origine; ainsi l'Hermus qui tombe du mont de Cybèle en Asie, et se décharge près de Smyrne en Éolie, a donné son nom aux champs d'Hermus; ainsi le Lydius à la plaine du Cayster, le Caïcus à la Mysie, et le Méandre à la Carie qui s'étend jusqu'à Milet. Ainsi l'Égypte est un présent du Nil, s'il en faut croire Hérodote et l'historien Hécatée (supposé que l'ouvrage qui porte son nom soit effectivement de lui.) Hérodote le prouve d'une manière irrésistible; il paraît même que le fleuve a donné son nom cette à contrée; il s'appelait l'Égyptus au rapport d'Homère, qui fait aborder la flotte de Ménélas à l'embouchure de l'Egyptus.

Que si des fleuves peu considérables entraînent depuis leur source jusqu'à leur embouchure assez de limon pour en former des plaines, comment ne pas attribuer le même effet à ceux qui arrosent les champs de l'Inde. L'Hermus, et le Caytser, et le Caïcus, et le Méandre, et les autres fleuves de l'Asie qui se déchargent dans la Méditerranée, si leurs eaux étaient réunies, loin de pouvoir être mis en parallèle avec le Gange, le plus grand des fleuves, qui surpasse le Nil même et l'Ister, ne sauraient être comparés à l'Indus qui, déjà considérable à sa source, se jette dans les mers grossi dans sa course des eaux de quinze grands fleuves.

C'en est assez sur l'Inde; je m'étendrai davantage dans l'histoire spéciale que j'en écrirai.

Aristobule et Ptolémée, qui sont ici mes guides, ne m'instruisent point de la manière dont fut formé le pont jeté sur l'Indus. Fut-il construit avec des bateaux, comme ceux que Xerxès jeta sur l'Hellespont, et Darius sur le Bosphore et l'Ister, ou était-ce un pont à demeure et continu? J'incline pour le premier parti; en effet, la profondeur du fleuve devait rendre l'opération d'y bâtir un pont fort difficile, et le temps aurait manqué pour une si grande entreprise. Ensuite ce pont de bateaux a-t-il été formé en les attachant les uns aux autres, comme on fit, selon Hérodote, au passage de l'Hellespont, ou en les joignant par des traverses de bois de la manière dont les Romains en usèrent pour traverser l'Ister et le Rhin, et en usent encore toutes les fois qu'il faut passer l'Euphrate et le Tygre.

Je vais décrire ce dernier procédé, parce qu'il est plus prompt, plus facile, et qu'il est bon de le connaître.

A un signal convenu on abandonne un bâtiment au courant, non en droite ligne, mais obliquement, comme s'il était retenu par la poupe; on rompt, à force de rames, l'effort du courant qui l'entraîne. Parvenu au lieu désigné, on jette de la proue de grands cônes d'osier remplis de pierres dont la pesanteur l'arrête. On tourne en face, et on fixe de la même manière la proue d'un autre bâtiment à la distance nécessaire; on jette de l'un à l'autre, dans la direction du passage, des pièces de bois que l'on assujettit par des traverses; on procède ainsi d'un bâtiment à l'autre jusqu'à l'entière confection du pont, aux extrémités duquel on place des pièces de descente en bois que l'on fixe sur la rive, et qui servent à-la-fois et à faire passer commodément les chevaux et le bagage, et à retenir la masse du pont. L'ouvrage s'exécute en peu de temps, et en ordre au milieu du tumulte, sans que le bruit et le mouvement des travailleurs puissent empêcher de recevoir et d'exécuter promptement les ordres.

Alexandre, après avoir passé l'Indus, sacrifie selon le rit grec, et arrive à Taxile, ville riche et populeuse, la plus grande de celles situées entre l'Indus et l'Hydaspe. Taxile, hyparque, et les Indiens reçurent, avec les plus grands témoignages d'amité, ce prince qui ajouta à leurs possessions celles des contrées voisines qu'ils lui demandèrent.

Il reçoit des envoyés d'Abissare, roi des Indes vers les montagnes, qui lui députe son frère à la tête des principaux du pays; d'autres lui apportent les présens de Doxaris.

Alexandre offre les sacrifices accoutumés; fait célébrer des jeux gymniques et équestres; établit Philippe satrape de la contrée; et jette en garnison à Taxile les soldats que leurs blessures ont mis hors de combat.

Chap. 3. On annonce que de l'autre côté de l'Hydaspe Porus attend Alexandre avec toute son armée, pour lui barrer le passage ou le combattre ensuite.

Alexandre renvoie alors Cœnus vers l'Indus pour en retirer les bâtimens qui lui avaient servi à le traverser, avec ordre d'en démonter les pièces et de les conduire vers l'Hydaspe. Cet ordre est exécuté; les plus petits sont rompus en deux, les plus grands en trois; on les transporte sur des chars jusqu'au fleuve, on les y rassemble, on les met à flots.

Alexandre, réunissant toutes les troupes qui l'avaient accompagné à Taxile, et cinq mille Indiens sous la conduite de leur prince et des principaux du pays, marche vers l'Hydaspe, et campe sur ses bords. Porus parut de l'autre côté avec toute son armée et ses éléphans. Il défendait lui-même le passage du fleuve en face d'Alexandre, après avoir envoyé des détachemens sur les autres points où l'on aurait pu tenter de le traverser.

A la vue de ces dispositions, Alexandre, pour tromper et inquiéter Porus sur les siennes, divisa aussi son armée en plusieurs corps sous de nouveaux commandans, qu'il jeta sur différens points, et qui devaient reconnaître les gués et ravager le pays ennemi. Il affecta de rassembler, dans son camp, des provisions immenses tirées des pays en-deçà de l'Hydaspe, pour laisser croire à Porus qu'il attendrait l'hiver, où les eaux de ce fleuve sont plus basses. En effet, elles étaient alors grossies par les pluies abondantes qui tombent dans les Indes pendant le solstice d'été; ajoutez que les chaleurs fondent les neiges sur le Caucase où la plupart des fleuves de l'Inde prennent leur source. Leur cours en est troublé et rendu plus rapide; mais en hiver ils rentrent dans leur lit, et, à l'exception du Gange, de l'Indus et de quelque autre, on peut les traverser à pied, ainsi que l'Hydaspe.

Alexandre avait répandu le bruit qu'il attendrait ce moment. D'un autre côté, les radeaux et les bâtimens conduits sur différens points du fleuve, toutes les troupes qui couvrent son rivage, tenaient l'ennemi en haleine, et ne lui permettaient pas de prendre un parti décisif.

Alexandre, du fond de son camp, observait tous les mouvemens, et épiait l'instant d'effectuer le passage à l'improviste et à l'insu de l'ennemi. Il reconnaissait la difficulté de passer en face de Porus; le nombre des éléphans, celui des Indiens tous bien armés, et disposés au combat, prêts à tomber sur les Grecs au sortir du fleuve, l'inquiétaient d'autant plus, qu'il prévoyait que l'aspect et les cris des éléphans mettraient sa cavalerie en désordre, qu'on ne pourrait être maître des chevaux qui se précipiteraient dans le fleuve; il sentit qu'il fallait avoir recours à la ruse: voici celle qu'il employa.

La nuit, il fait courir sa cavalerie le long du rivage, pousser de grands cris et sonner les trompettes, comme si on eût effectué le passage pour lequel tout était disposé. A ce bruit, Porus accourt aussitôt sur le rivage; Alexandre de rester en bataille sur le bord. Cette feinte étant répétée, et Porus, ayant reconnu que le mouvement se bornait à des cris, cesse de s'ébranler alors qu'on les répète, et se contente d'envoyer des éclaireurs sur les différens points du rivage.

Alexandre, voyant Porus tranquille, songe à exécuter son dessein. A cent cinquante stades du camp, s'élevait un rocher que tourne l'Hydaspe: en face, et au milieu du fleuve, s'offre une île déserte; l'un et l'autre sont couverts de bois; Alexandre, après les avoir reconnus, les jugea très propres à masquer le passage de ses troupes. Il avait établi le long du rivage des gardes avancées assez rapprochées pour communiquer facilement. Pendant plusieurs nuits, il fait pousser de grands cris, et allumer des feux sur différens points. Le jour destiné au passage, il en fait les dispositions dans son camp, à la vue de l'ennemi. Cratérus doit y rester avec son corps de cavalerie, les Arachotiens et les Paropamisades, la phalange des Macédoniens, les bandes d'Alcétas et de Polysperchon, les cinq mille Indiens auxiliaires et leurs chefs. Il a l'ordre de ne passer le fleuve que lorsque Porus serait ébranlé et vaincu. « Si Porus ne » marche contre moi qu'avec une partie » de son armée, sans emmener les élé- » phans, ne bougez; dans le cas con- » traire, passez aussitôt: la cavalerie » ne peut être repoussée que par les » éléphans; le reste de l'armée ne sau- » rait vous arrêter. »

Entre l'île et le camp, Méléagre, Attalus et Gorgias, avec la cavalerie et l'infanterie des stipendiaires, reçoivent l'ordre de passer le fleuve par détachemens, aussitôt que l'action sera engagée avec Porus.

Alexandre, à la tête de l'Agéma, des Hétaires, des chevaux d'Éphestion, de Perdiccas et de Démétrius, des Bactriens, des Sogdiens, de la cavalerie scythe, des archers Dahes à cheval, des Hypaspistes de la phalange, des bandes de Clitus et de Cœnus, des archers et des Agriens, s'éloigne assez du rivage pour dérober sa marche à l'ennemi, et se dirige vers le rocher. On dispose pendant la nuit les radeaux. L'orage qui vint alors à éclater, le bruit du tonnerre couvrant celui des apprêts et des armes, et la pluie, dérobèrent à l'ennemi les préparatifs d'Alexandre. Protégé par la forêt, on ajuste les bâtimens et les triacontères.

Au point du jour, et l'orage appaisé, Alexandre effectue le passage; une bonne partie de l'infanterie et de la cavalerie passe dans l'île, les uns sur des bâtimens, les autres sur des radeaux. Les éclaireurs de Porus ne s'aperçoivent du mouvement des Grecs qu'au moment où ceux-ci touchent presque à la rive opposée.

Alexandre monte lui-même un triacontère, et aborde avec Ptolémée, Perdiccas et Lysimaque, ses gardes, Seleucus, un des Hétaires qui fut depuis son successeur, et la moitié des Hypaspistes; l'autre moitié passe séparément. Les éclaireurs courent à toutes brides en donner avis à Porus.

Alexandre touche à terre le premier, range avec ses généraux la cavalerie en bataille à mesure qu'elle arrive. (Elle avait reçu l'ordre de passer la première.)

Le prince marchait à la tête contre l'ennemi, quand il reconnut qu'il était dans une autre île fort grande (ce qui avait causé son erreur) et qui n'était séparée de terre que par un canal assez étroit; mais la pluie tombée pendant la nuit l'avait grossi au point que la cavalerie, ayant peine à trouver un gué, crut que ce bras du fleuve serait aussi difficile à passer que les deux autres. On le traversa cependant malgré la hauteur des eaux, les chevaux en eurent jusqu'au poitrail, et l'infanterie jusque sous les bras.

Le fleuve passé, Alexandre place à l'aile droite l'agéma de sa cavalerie avec l'élite des Hipparques; il jette en avant les archers à cheval, les fait suivre par l'infanterie des Hypaspistes royaux, sous les ordres de Séleucus; vient ensuite l'agéma royal et le reste des Hypaspistes, chacun dans le rang que ce jour lui avait assigné; les côtés de la phalange sont flanqués d'archers, d'Agriens et de frondeurs.

L'ordre de bataille ainsi disposé, il laisse derrière lui six mille hommes d'infanterie qui doivent le suivre au pas. Il court à la tête de cinq mille chevaux contre l'ennemi, auquel il croit sa cavalerie superieure. Tauron, Toxarque, le soutiendra de suite avec ses archers. Si Porus venait à sa rencontre avec toute son armée, il espérait la mettre en déroute du premier choc de la cavalerie, ou du moins soutenir le combat jusqu'à l'arrivée de l'infanterie. Si les Indiens, épouvantés de son audace, se débandaient, il les poursuivait, en faisait une boucherie, et détruisait d'autant la masse de leurs forces pour un autre combat.

Aristobule raconte que le fils du monarque indien parut avec soixante chars sur le rivage, avant qu'on eût franchi la seconde île; qu'il aurait pu alors s'opposer au passage des Grecs qui s'était même effectué difficilement, alors qu'ils n'avaient point été repoussés; qu'il aurait pu tomber encore sur eux au moment où ils abordèrent, mais qu'il s'éloigna sans tenter aucune résistance; qu'Alexandre détacha à sa poursuite les archers à cheval qui tuèrent à l'ennemi beaucoup de monde dans sa fuite.

Selon d'autres historiens, le fils de Porus, à la tête d'un nombre considérable d'Indiens, attaqua la cavalerie d'Alexandre au sortir du fleuve, blessa ce prince, et tua même son cheval Bucéphale qu'il chérissait beaucoup.

Mais Ptolémée le rapporte autrement,

et je partage son opinion. Porus détacha effectivement son fils contre l'ennemi, mais non avec soixante chars, ce qui n'est pas vraisemblable. En effet, comment, instruit de la marche d'Alexandre, Porus aurait-il exposé son fils avec des forces trop embarrassantes, s'il ne s'agissait que d'une reconnaissance, et trop faibles pour arrêter les Grecs ou les combattre? il vint avec deux mille chevaux et cent vingt chars, mais il n'arriva que lorsque Alexandre avait franchi la seconde île.

Alexandre détacha aussitôt contre lui ses archers à cheval, et marcha à la tête de sa cavalerie. Il croyait avoir à combattre Porus avec toutes ses forces, prenant ce corps de cavalerie pour l'avant-garde. Mais bientôt instruit par ses éclaireurs du nombre des Indiens, il pousse sur eux avec toute sa cavalerie; l'ennemi qu'il vient choquer, non en ordre de bataille, mais en masse, se débande; quatre cents hommes de la cavalerie indienne et le fils de Porus sont tués; on s'empare des chevaux et de tous les chars qui n'avaient pu être employés, ni dans le combat sur un terrain que la pluie avait rendu impraticable, ni dans la fuite, à cause de leur pesanteur.

CHAP. 4. Porus, à la nouvelle de la mort de son fils et de la marche des principales forces d'Alexandre, hésita d'abord s'il irait à sa rencontre, en voyant le mouvement de Cratérus qui s'ébranlait pour passer: il prend cependant le parti de se porter sur le point où se trouve le roi lui-même avec l'élite de son armée; mais il laisse en partant un détachement et quelques éléphans sur la rive pour tenir Cratérus en respect. Il marche donc contre Alexandre à la tête de trente mille hommes d'infanterie, et de toute sa cavalerie composée de quatre mille chevaux, de trois cents chars, et de deux cents éléphans. Arrivé dans une plaine ferme et propre au développement de sa cavalerie, il range ainsi son armée. En avant les éléphans à cent pieds de distance l'un de l'autre, doivent épouvanter la cavalerie d'Alexandre; ils couvrent l'infanterie indienne rangée sur une seconde ligne, dont quelques points s'avancent dans les vides de la ligne des éléphans. Porus avait pensé que jamais la cavalerie de l'ennemi n'oserait s'engager dans les ouvertures du premier rang, où les éléphans devaient effrayer leurs chevaux; l'infanterie l'oserait encore moins, menacée à-la-fois par ces animaux terribles, et les par soldats de la seconde ligne. Cette dernière s'étendait jusqu'aux ailes, formées de la cavalerie appuyée sur l'infanterie; au devant étaient les chars.

Alexandre, arrivé en présence, fait halte pour donner à la phalange des Macédoniens qui arrive à grands pas, le temps de le rejoindre. Et pour ne point les mener essoufflés au combat, il fait caracoler sa cavalerie en face de l'ennemi. Après en avoir reconnu les dispositions, et pénétrant l'intention de Porus, il se décide à l'attaquer, non point par le centre défendu ainsi que nous venons de le voir, mais en flanc. Supérieur en cavalerie, il en prend avec lui les plus forts détachemens, et pousse à l'aile gauche de Porus. Cœnus, à la tête de son corps et de celui de Démétrius, doit tourner l'aile droite, et saisir le moment où Alexandre, de son côté, serait aux prises avec la cavalerie des Barbares, pour les investir par derrière. Seleucus, Antigène et Tauron, commandent la phalange; elle ne doit s'ébranler que lorsque la cavalerie aura déjà porté le désordre dans les troupes de l'ennemi.

Arrivé à la portée du trait, Alexandre fait avancer sur l'aile gauche des Indiens, mille archers à cheval dont les escarmouches et les traits doivent commencer à la rompre. Lui-même, à la tête des Hétaires, court la prendre en flanc pour l'empêcher de se rétablir, et de se porter sur la phalange.

Cependant la cavalerie des Indiens rassemblait et pressait tous ses rangs pour soutenir le choc d'Alexandre, lorsque Cœnus paraît tout-à-coup sur leurs derrières. L'ennemi, de ce côté, fut alors obligé de partager sa cavalerie en deux corps, dont l'un composé des escadrons les plus braves et les plus nombreux devait faire face à Alexandre, et l'autre se retourner contre Cœnus.

Alexandre, profitant du désordre inséparable de ce mouvement, les charge rapidement; ils se rompent et vont se rallier sous les éléphans comme derrière un rempart. Leurs conducteurs les poussent contre Alexandre; alors la phalange macédonienne s'avance et fait pleuvoir sur les uns et les autres une grêle de traits. La mêlée ne ressemble alors à aucune de celles où les Grecs s'étaient trouvés.

En effet, les éléphans lancés dans les rangs rompaient de tous côtés les plus épais de la phalange macédonienne. A cet aspect la cavalerie indienne tombe de nouveau sur celle d'Alexandre qui, plus forte et par le nombre et la tactique, la repousse encore jusqu'aux éléphans. Toute la cavalerie des Grecs se trouve alors, non par suite des ordres du général, mais par celle du combat, ne plus former qu'un seul corps qui, de quelque côté qu'il se meuve, porte le carnage dans tous les rangs des Indiens.

Les éléphans, resserrés de toutes parts, ne sont pas moins terribles aux leurs qu'à l'ennemi; ils écrasent tout autour d'eux : on fait un massacre horrible de la cavalerie acculée dans cet endroit; les conducteurs des éléphans sont percés de traits; ces animaux harassés, couverts de blessures et sans guides, ne gardent plus aucun ordre; exaspérés sous les coups, la douleur les rend furieux, ils s'emportent et foulent aux pieds tout ce qu'ils rencontrent. Les malheureux Indiens ne pouvaient échapper à leur furie. Les Macédoniens, ayant un plus grand espace pour se développer, ouvraient leurs rangs à l'approche des éléphans qu'ils perçaient ensuite de traits : on voyait alors ces animaux énormes se traîner languissamment comme une galère fracassée; ils poussaient de longs gémissemens.

Les chevaux d'Alexandre ayant enveloppé l'ennemi, il fait donner la phalange; toute la cavalerie indienne est massacrée sur le champ de bataille : la plus grande partie de l'infanterie y demeure, l'autre s'enfuit par un vide que laisse la cavalerie d'Alexandre.

Cratérus et les autres généraux, sur la rive de l'Hydaspe, voyant le succès d'Alexandre, passent le fleuve et achèvent le massacre des Indiens, qu'ils poursuivent avec des troupes fraîches.

On perdit du côté des Indiens près de vingt mille hommes de pied, trois mille chevaux, deux fils de Porus, Spithacès, gouverneur du pays, tous les chefs de l'armée, tous les conducteurs des chars et des éléphans, et même tous les chars : on prit les éléphans qui échappèrent au carnage.

Du côté d'Alexandre il périt en tout trois cent dix hommes, dont quatre-vingt sur les six mille hommes d'infanterie, dix des archers à cheval qui commencèrent l'action, vingt Hétaires, et deux cents du reste de la cavalerie.

Porus se distingua par ses exploits, et fit dans cette bataille non-seulement office de capitaine, mais encore de soldat. Lorsqu'il vit le carnage de sa cavalerie, la mort ou le désordre de ses éléphans et la perte presque totale de son infanterie, il n'imita point la lâcheté du grand roi qui prit le premier la fuite aux journées d'Issus et d'Arbelles, il combattit tant qu'il vit donner quelques-uns des siens. L'excellence et la force de sa cuirasse avaient constamment résisté aux coups, mais enfin blessé d'un trait à l'épaule droite qu'il avait nue, il se retirait sur son éléphant.

Alexandre désirant sauver ce héros, lui députe l'Indien Taxile. Celui-ci ayant poussé son cheval sans trop s'approcher de l'éléphant de Porus, lui crie d'arrêter et d'accueillir l'offre d'Alexandre, auquel il ne peut plus échapper. Mais Porus à la vue de Taxile, son ancien ennemi, saisissant un trait, allait le percer, si celui-ci ne l'eût évité par la vitesse de sa fuite.

Alexandre, loin d'en être plus irrité contre Porus, lui détache de nouveaux envoyés, parmi lesquels se trouvait l'Indien Méroë, ancien ami de Porus. Ce dernier l'écoute ; pressé par une soif ardente, il descend de son éléphant, et après s'être rafraîchi, consent à se rendre près d'Alexandre.

Ce prince à son approche sort des rangs, et vient à sa rencontre accompagné de quelques Hétaires. Il s'arrête, il contemple la noblesse de ses traits, la hauteur de sa taille qui s'élevait à plus de cinq coudées. Porus s'approche avec une contenance assurée ; sa physionomie n'est point abattue par sa disgrâce ; héros, il vient trouver un héros ; prince, il a défendu contre un autre ses États. Alors Alexandre : « Comment prétendez-vous que je vous traite ? — En roi. » — Je le ferai pour moi-même ; à présent que puis-je faire pour vous ? parlez. — J'ai tout dit ? — Je vous rends le pouvoir et votre royaume, et j'y ajouterai encore. »

C'est ainsi qu'il traita en roi un prince généreux qui fut dans la suite son ami le plus fidèle.

Ces événemens eurent lieu au mois de munichion, Hégémon étant Archonte à Athènes,

CHAP. 5. Alexandre bâtit deux villes, l'une à l'endroit où il avait passé le fleuve, et l'autre sur le champ de bataille. Il donna à la dernière le nom de *Nicée*, et celui de *Bucéphalie* à la première, en mémoire du coursier qu'il montait.

Bucéphale y mourut moins de ses blessures que de fatigue et de vieillesse. En effet, il avait alors trente ans ; il avait partagé les travaux, les périls d'Alexandre, et l'avait sauvé de plusieurs ; il ne se laissait monter que par lui, il était plein de feu, haut de taille, poil noir ; remarquable selon les uns par une tête où il y avait quelque chose de celle du bœuf, ou plutôt, selon les autres, par une tache blanche au front, soit naturelle, soit artificielle, et qui affectait cette forme : de là lui vient son nom. Alexandre, l'ayant un jour perdu chez les Uxiens, fit publier qu'il les taillerait tous en pièces s'ils ne lui ramenaient son cheval. Tel était l'excès et de la passion du conquérant pour cet animal, et de la crainte que le premier inspirait, qu'on lui obéit aussitôt. Je ne suis descendu à ces détails, que parce qu'ils sont liés à l'histoire d'Alexandre.

Il fait rendre les derniers honneurs aux guerriers morts, offre aux Dieux des sacrifices en actions de grâces ; ordonne des jeux gymniques et équestres sur les bords de l'Hydaspe. Il y laisse Cratérus avec une partie des troupes pour élever les villes dont il venait d'arrêter le plan, et marche contre les Indiens qui bordent les frontières du royaume de Porus, et nommés les Glauses ou les Glaucaniques, peu importe.

Prenant avec lui la moitié des Hétaires qui lui restait, l'élite de chaque corps d'infanterie, tous les Archers à cheval, les Agriens et les hommes de trait, Alexandre pénètre dans leur pays; tous les habitans se rendent. Il est maître de trente-sept villes, dont les moindre sont peuplées de cinq mille habitans, et dont la plupart en comptent plus de dix mille, sans parler d'une multitude de bourgs dont la population ne le cédait point à celle des villes : il les ajouta au domaine de Porus, avec lequel il reconcilie Taxile. Ce dernier retourne dans ses états.

Alexandre reçoit des députés d'Abyssare, qui lui soumet sa personne et son royaume. Avant la défaite de Porus, Abyssare avait projeté de se réunir au prince Indien; il offrait alors à Alexandre des trésors, et quarante éléphans qu'amenaient son frère et les premiers de sa cour. Mais Alexandre : « Qu'Abys-
» sare vienne se rendre lui-même, ou
» j'irai, à son grand repentir, le trouver
» à la tête de mon armée. »

Il vint une députation des Indiens indépendans, et d'un autre Porus, hyparque de l'Inde. On vit arriver aussi Phratapherne à la tête des Thraces que lui avait laissés Alexandre, et des envoyés de Sisique, satrape des Assacéniens, qui annonçait leur défection après le massacre de leur hyparque.

Alexandre envoie contre eux Philippe et Thyriaspe avec une armée pour les réduire et les contenir.

Il s'avance vers l'Acésinès, le seul de tous les fleuves de l'Inde que Ptolémée ait décrit. Selon cet historien, l'Acésinès, à l'endroit où l'armée d'Alexandre le passa sur des radeaux et des bâtimens, est extrêmement rapide, large de quinze stades, et semé d'écueils et de rochers contre lesquels ses flots s'élèvent, se brisent avec fracas, et ouvrent des gouffres écumans. Il ajoute que les radeaux abordèrent facilement, mais que les bâtimens se brisèrent presque tous contre les écueils, et qu'il y périt beaucoup de monde.

Ce passage confirme l'assertion des historiens sur l'Indus, auquel ils donnent quarante stades dans sa plus grande largeur, quinze au plus étroit et au plus profond de son cours. Telle est sa largeur la plus ordinaire.

J'incline à croire qu'Alexandre passa l'Acésinès dans sa plus grande largeur, où il devait être moins rapide. Il laissa Cœnus sur le rivage avec son détachement, pour favoriser le passage du reste des troupes qui avaient été s'approvisionner dans les contrées soumises. Il renvoie Porus, et le charge de lui amener l'élite des Indiens les plus belliqueux, avec les éléphans qu'il pourrait rassembler.

Il se met aussitôt à la poursuite de l'autre Porus, homme pervers qui venait de s'enfuir du gouvernement dont il était investi. Alors que le prince qui portait le même nom que lui fesait la guerre à Alexandre, le traître députait vers le conquérant, promettait de lui remettre ses États, moins par amour pour lui que par haine contre Porus. Mais lorsque le vainqueur eut rendu à son rival ses États, en y ajoutant de nouvelles provinces, le barbare épouvanté abandonna brusquement les siens avec tous ceux qu'il put entraîner dans sa défection.

Alexandre marche sur ses traces, arrive à l'Hydraotès, fleuve de l'Inde aussi large que l'Acésinès, mais beaucoup moins rapide.

Alexandre jette des garnisons dans tous les lieux importans, pour protéger

Cœnus et Cratérus qui doivent parcourir et piller tout le pays.

Il détache Hephæstion avec une partie de l'armée, composée de deux phalanges de l'infanterie, de la moitié des Archers, et du corps à cheval de Démétrius, joint à celui qu'il commande, avec ordre de pénétrer dans les États du Porus fugitif, de subjuguer, en passant, tous les peuples indépendans qui habitent les bords de l'Hydraotès, et de les ajouter aux États du fidèle Porus.

Alexandre passe ensuite l'Hydraotès avec plus de facilité que l'Acésinès, soumet une partie des habitans de ses bords, soit par composition, soit par la force des armes.

On lui annonce qu'un grand nombre de peuples indépendans, et, entre autres, les plus belliqueux et les plus exercés aux travaux de la guerre, les Cathéens réunis aux Oxydraques et aux Malliens, contre lesquels naguère Porus et Abyssare combinant toutes leurs forces avaient tenté un effort aussi vaste qu'inutile, conjurent pour la liberté commune, et prêts à lui livrer bataille, l'attendent sous les murs fortifiés de Sangala. Alexandre se dirige aussitôt de ce côté, et arrive le second jour de marche à Pimprama, occupé par les Adraïstes qui lui rendent la place. Il y fait reposer son armée pendant un jour, arrive le lendemain à la hauteur de Sangala, et aperçoit les ennemis campés près de la ville, sur une éminence fortifiée par trois rangs de chariots disposés à l'entour.

Alexandre, après avoir reconnu le nombre de l'ennemi et les positions, prend la plus favorable; il détache les Archers à cheval pour inquiéter et effrayer les Indiens jusqu'à ce qu'il ait rangé son armée en bataille. Il forma son aile droite de l'Agéma de la cavalerie et de celle commandée par Clitus; près d'eux les Hypaspistes et les Agriens. Perdiccas commande la gauche, composée de son corps de cavalerie, et des Hétaires à pied; les Archers sont partagés entre deux ailes.

Tandis qu'il fait ces dispositions, arrive l'arrière-garde; il en jette la cavalerie sur les ailes; l'infanterie renforce le centre. Il prend avec lui la cavalerie de l'aile droite, et pousse à la gauche des Indiens qu'il croyait facilement enfoncer, parce que de ce côté les chariots qui les protégeaient étaient moins serrés. Voyant que les Indiens ne venaient point au-devant de la cavalerie, mais que, renfermés dans l'enceinte, et montés sur leurs chars, ils se contentaient de lancer des traits; il met pied à terre, et fait avancer la phalange.

On repoussa facilement les indiens de la première enceinte des chariots. La résistance fut plus vive dans le second retranchement où les ennemis, rassemblés derrière les chars, étaient plus pressés, et où les Macédoniens avaient moins d'espace pour se dévolopper. Cependant on parvient à écarter quelques chariots; on se précipite en désordre par ces ouvertures; la phalange chasse du retranchement les Indiens qui, ne se croyant plus en sûreté dans le troisième, se débandent et fuient à grands pas dans la ville.

Alexandre la fait aussitôt investir, et vu l'étendue des murs, la cavalerie cerne les endroits que l'infanterie, en trop petit nombre, ne peut garder, principalement sous les remparts, aux bords d'un étang peu profond. Alexandre conjecturait que les Indiens épouvantés de leur défaite, abandonneraient la ville pendant la nuit. Il ne s'était point trompé. Vers la seconde veille quelques-uns étant sortis de la ville, tombèrent dans les postes avancés de la cavalerie où ils furent tués. Les autres, parvenus jusqu'à l'étang, et le trouvant également investi par la cavalerie, retournent sur leurs pas.

Alexandre fait tirer autour de la ville une double circonvallation qui n'est interrompue que par le marais, autour duquel il redouble les postes. On avance les machines pour battre la ville. Des transfuges viennent lui annoncer que les assiégés ont formé le projet de se retirer en faisant une sortie par le marais. Alexandre y place aussitôt Ptolémée avec trois mille Hypaspistes, tous les Agriens et un corps d'Archers; il lui désigne le point par lequel il présume que les Barbares déboucheront; Ptolémée au moment même les arrêtera dans leur sortie, et fera sonner les trompettes : à ce signal, tous les chefs doivent accourir et secourir Ptolémée; Alexandre n'y sera pas le dernier.

Ptolémée met en avant, pour embarrasser le chemin, les chariots que les Indiens avaient abandonnés. Il se fortifie du reste des palissades qui n'avaient point été employées. Ce travail est achevé dans la nuit.

Vers la quatrième veille, les barbares sortent en foule par les portes qui regardent l'étang. Ptolémée averti surprend leurs mouvemens; fait sonner les trompettes et marche sur eux en ordre de bataille. Les Barbares sont embarrassés entre les chars et les palissades. Epouvantés des sons de la trompette, pressés de tous côtés par les Grecs, ceux qui s'avancent sont taillés en pièces, cinq cents périssent, le reste rentre dans la ville.

Porus était arrivé et amenait cinq mille Indiens avec le reste des éléphans. Les machines étaient approchées des remparts; mais avant qu'elles eussent joué, les Macédoniens, ayant sappé le mur et approché de tous côtés les échelles, emportent la ville d'assaut. Dans le sac de cette ville périrent dix-sept mille Indiens, soixante-dix mille tombèrent au pouvoir de l'ennemi, ainsi que trois cents chars et cinq cents hommes de cavalerie.

De son côté Alexandre perdit environ cent hommes dans tout le siége, sans parler des blessés en plus grand nombre : on en comptait environ douze cents, parmi lesquels plusieurs chefs et entre autres Lysimaque Somatophylax.

Alexandre, après avoir rendu les derniers devoirs aux guerriers morts, envoya son secrétaire Euménès, avec trois cents chevaux, vers les habitans de deux villes qui avaient pris parti avec ceux de Sangala. Euménès devait leur annoncer le sort de cette cité, les engager à se rendre, à leur promettre, de la part d'Alexandre, les mêmes sûretés qu'avaient trouvées ceux des Barbares qui s'étaient soumis. Déjà instruits et épouvantés de ce désastre, ils avaient abandonné leurs villes. Alexandre se met à leur poursuite; mais s'y étant pris trop tard, le plus grand nombre échappa; on ne trouva que cinq cents malades laissés en arrière : Alexandre les fait massacrer.

Il retourne à Sangala, fait raser la ville. Il abandonne ensuite le pays aux tribus indépendantes qui s'étaient rendues à lui volontairement : Porus fut envoyé avec ses troupes pour s'assurer de leurs places et y mettre des garnisons.

Chap. vi. Il s'avance alors vers l'Hyphase pour soumettre les Indiens au-delà du fleuve, ne voulant mettre fin à la guerre qu'alors qu'il ne trouverait plus de résistance. Les peuples qui habitent au-delà de l'Hyphase se livrent avec succès à l'agriculture et aux armes : leur police est douce; ils vivent en république aristocratique bien administrée. Les éléphans qu'on trouve dans ce pays y sont plus forts et en plus grand nombre que partout ailleurs.

Ces récits enflammaient l'ambition d'Alexandre. Mais les Macédoniens commençaient à perdre courage, en voyant leur prince entasser travaux sur travaux, dangers sur dangers ; des groupes se formaient dans le camp ; les plus retenus déploraient leur condition, les autres menaçaient de ne pas marcher.

Instruit de ce commencement de trouble et de découragement, Alexandre, pour l'arrêter à sa naissance, rassemble les chefs, et alors : « Macédoniens compagnons de mes travaux, puisque vous ne les partagez plus avec la même ardeur, je vous ai convoqués pour vous amener à mon avis ou me ranger au vôtre, pour avancer ou retourner ensemble ; que si vos exploits, si votre général vous pèsent, il n'a plus rien à vous dire. Mais s'ils vous ont acquis l'Ionie, l'Hellespont, les deux Phrygies, la Cappadoce, la Paphlagonie, la Lydie, la Carie, la Lycie, la Pamphilie, la Phénicie et l'Égypte, tout ce que les Grecs occupent de la Lybie une part de l'Arabie, la Cœlo-Syrie avec la Mésopotamie, Babylone et le pays des Susiens ; si vous avez subjugué les Perses, les Mèdes et les peuples acquis ou soustraits à leur domination. Si vous avez porté vos trophées au-delà des Pyles caspiennes, du Caucase et du Tanaïs ; soumis la Bactriane, l'Hyrcanie, la mer Caspienne, et repoussé les Scythes dans leurs déserts ; si l'Indus, l'Hydaspe, l'Acésinès et l'Hydraotès coulent aujourd'hui sous nos lois, qu'attendez-vous pour ajouter à notre empire l'Hyphasis et les nations au-delà de ses bords ? Craindriez-vous aujourd'hui des Barbares, vous qui les avez vu fuir devant vous, abandonner leur pays et leurs villes, ou les remettre à votre courage et marcher ensuite sous vos étendards ? Il n'est sans doute pour des cœurs généreux de fin aux travaux que dans les travaux mêmes qui les immortalisent. Si quelqu'un d'entre vous en demandait le terme, qu'il sache que nous n'avons pas loin d'ici au Gange et à la mer orientale, qui se réunit à celle des Indes, au golfe Persique et embrasse le monde ; du golfe Persique nous remontons jusqu'aux colonnes d'Hercule, et soumettant l'Afrique comme l'Asie, nous prendrons les bornes du monde pour celles de notre empire.

» Que si nous rebroussions chemin, voyez que nous laissons derrière nous un grand nombre de peuples belliqueux ; au-delà de l'Hyphase, tous ceux qui s'étendent vers la mer orientale ; au nord, tous ceux qui habitent les bords de la mer d'Hyrcanie et les Scythes. A peine aurons-nous commencé notre retraite, qu'un soulèvement général renversera nos conquêtes encore mal affermies. Ceux que nous n'avons point subjugués entraîneront les autres. Il faut donc perdre tout le fruit de nos travaux, ou les continuer. Courage, compagnons ; affermissez-vous dans la carrière des braves : elle est pénible, mais honorable ! Cette vie du courage a ses charmes ; la mort même n'en est point exempte, quand elle consacre le guerrier à l'immortalité. Notre père et notre guide, Hercule, serait-il monté au faîte de la gloire, au rang des Dieux, s'il s'était lâchement renfermé dans les murs de Corinthe, d'Argos et de Thèbes, ou dans les bornes du Péloponnèse ? Dionysus, plus célèbre encore, n'a-t-il tenté que des entreprises ordinaires ? Et nous, qui avons passé Nysa, bâtie par Dionysus, nous, maîtres d'Aorne, qui brava les efforts d'Hercule, nous hésiterions à faire un pas de

» plus ! Aurions-nous laissé ces grands
» monumens de nos travaux en nous
» vouant à l'obscurité et au repos dans
» la Macédoine, ou si nos efforts s'é-
» taient bornés à triompher des Thra-
» ces, des Illyriens, des Triballiens et de
» quelques-uns de nos ennemis dans la
» Grèce.

» Que si je ne partageais pas le pre-
» mier vos fatigues et vos dangers,
» votre découragement aurait un motif.
» Vous pourriez vous plaindre d'un par-
» tage inégal, qui placerait d'un côté les
» peines et de l'autre les avantages.
» Mais, périls et travaux, tout est com-
» mun entre nous, et le prix est au bout
» de la carrière. Ce pays ? il est à vous;
» ces trésors ? ils sont à vous. L'Asie
» soumise, je saurai remplir vos espéran-
» ces, ou plutôt les surpasser. Alors,
» je congédierai, je reconduirai moi-
» même ceux qui voudraient revoir leurs
» foyers ; alors, je comblerai ceux qui
» resteront, de présens auxquels les au-
» tres porteront envie. »

Ce discours est suivi d'un profond silence, l'assemblée n'osant combattre, et
ne voulant point accueillir l'avis d'A-
lexandre. Et lui : « Qu'il parle, celui
» qui n'approuve point ce dessein. »
Nouveau silence.

Enfin Cœnus : « O prince ! vous l'a-
» vez déclaré, vous ne contraindrez point
» des Macédoniens. Vous voulez les ame-
» ner à votre avis ou vous ranger au
» leur; daignez m'entendre, non pas
» au nom de vos chefs, qui, comblés
» par vous d'honneurs et de bienfaits,
» doivent être soumis à tous vos ordres,
» mais au nom de l'armée entière. N'at-
» tendez pas de moi que j'en flatte les
» passions, je ne vous parlerai que de
» votre intérêt présent et à venir. Vous
» dire ici la vérité est un privilège que je
» tiens de mon âge, du rang même que
» votre générosité m'a donné, et du
» courage que j'ai montré en combat-
» tant près de vous. Ces conquêtes et
» d'Alexandre et des Grecs qui ont tout
» abandonné pour le suivre, plus elles
» sont éclatantes, et plus la prudence
» conseille d'y mettre un terme. Quelle
» foule de Grecs et de Macédoniens mar-
» chaient sous vos drapeaux ! Vous
» voyez aujourd'hui leur petit nombre.
» Dès votre entrée dans la Bactriane,
» vous avez congédié, et avec raison, les
» Thessaliens dont l'ardeur se rallentis-
» sait. Une partie des Grecs est reléguée
» ou plutôt prisonnière dans les villes
» que vous avez fondées. L'autre partie
» attachée avec les Macédoniens à tous
» vos périls, est tombée dans les com-
» bats, ou moissonnée par les maladies ;
» quelques-uns couverts de blessures
» sont épars dans l'Asie ; le peu qui reste
» voit s'éteindre ses forces et son cou-
» rage. Ils sentent au fond de leurs cœurs
» se réveiller ce sentiment de la nature,
» le désir de revoir leurs femmes, leurs
» pères et leurs enfans, la mère-patrie,
» la terre natale. Ils le desirent d'autant
» plus, que vous les avez comblés de
» richesses. Qui pourrait les blâmer ?
» Ne les entraînez point malgré eux
» dans une carrière où languirait leur
» courage, puisqu'il ne serait plus vo-
» lontaire. Ah ! plutôt revenez embras-
» ser votre mère, rétablir l'ordre dans
» la Grèce, et suspendre aux foyers
» domestiques de si illustres trophées !
» Alors qui vous empêchera de combi-
» ner une nouvelle expédition, en Asie,
» en Europe ou en Afrique. Alors vous
» remplirez vos desseins ; vous verrez
» voler sur vos pas l'élite des Macédo-
» niens; vous remplacerez des bandes
» harassées par des troupes fraîches,
» et des soldats que l'âge a mis hors de
» combat, par une jeunesse d'autant
» plus ardente, qu'elle aura moins d'ex-
» périence des dangers, et qu'enivrée

» des plus hautes espérances, elle ne songera qu'aux récompenses, à la vue des richesses et des lauriers que vos vieux compagnons rapporteront dans leurs foyers. Prince, il est beau de garder de la modération au comble de la prospérité. Un aussi grand capitaine qu'Alexandre, et à la tête d'une pareille armée, n'a sans doute rien à craindre de ses ennemis. Mais les coups du sort sont inopinés, et les destins inévitables. »

L'assemblée reçut par des applaudissemens universels le discours de Cœnus, et témoigna par des larmes combien, éloignée du dessein d'Alexandre, elle soupirait après le retour dans la patrie. Alexandre, offensé de la liberté de Cœnus et du silence des autres chefs, rompit l'assemblée.

L'ayant réunie le lendemain, furieux: « Je ne contrains personne à me suivre; » votre roi marchera en avant; il trouvera des soldats fidèles. Que ceux qui l'ont désiré se retirent, ils le peuvent: allez annoncer aux Grecs que vous avez abandonné votre prince. »

Il se renferma alors dans sa tente; il y resta pendant trois jours, sans parler à aucun de ses Hétaires; il attend qu'une de ces révolutions qui ne sont pas rares dans l'esprit des soldats, en change les dispositions.

Mais l'armée affligée, sans être ébranlée, continue de garder le silence. Ptolémée rapporte que néanmoins il fit les sacrifices accoutumés pour obtenir un passage favorable. Les auspices sont contraires. Alors, rassemblant les plus âgés et les plus intimes des Hétaires: « Puisque tout me rappelle, allez annoncer à l'armée le départ. »

A cette nouvelle, la multitude pousse des cris, expression de sa joie; les uns fondent en larmes, les autres accourent jusqu'à la tente d'Alexandre, et le bénissent d'être assez généreux pour ne céder qu'à l'amour de ses soldats.

Ayant divisé alors son armée en douze corps, il fait élever à chacun d'eux un autel immense, aussi élevé et plus étendu que les plus grandes tours, en témoignage de sa reconnaissance envers les Dieux, et en monument de ses victoires.

Ce travail achevé, il ordonne des sacrifices selon le rit grec, des jeux gymniques et équestres, et range tout le pays, jusqu'à l'Hyphase sous la domination de Porus. Il retourne, traverse de nouveau l'Hydraotès, et l'Acésinès. C'est sur les bords de ce fleuve qu'Héphæstion vient d'achever, d'après ses ordres, la ville qu'il devait élever. Alexandre peuple cette nouvelle cité des Barbares finitimes auxquels il ouvre un asile, et des stipendiaires invalides. Il fait ensuite les préparatifs nécessaires pour descendre dans la grande mer.

Sur ces entrefaites, Arsace, satrape des états voisins d'Abyssare, accompagné du frère de ce prince et de ses principaux officiers, lui apportent, en son nom, les plus rares présens, amènent trente éléphans, excusent Abyssare, retenu par une maladie, de n'être pas venu se jeter lui-même aux pieds du conquérant; ce qui était confirmé par les envoyés d'Alexandre, alors de retour.

Alexandre satisfait confirme le pouvoir d'Abyssare, joint Arsace à son empire, ordonne des tributs, sacrifie de nouveau sur les bords de l'Acésinès, le passe, arrive aux bords de l'Hydaspe, fait relever par ses soldats les ouvrages que les mauvais temps avaient détruits dans Nicée et dans Bucéphalie, et règle l'administration de la contrée.

LIVRE SIXIÈME.

CHAPITRE PREMIER. Alexandre, ayant rassemblé sur les bords de l'Hydaspe plusieurs galères, savoir, des Triacontères et des Hémiolies avec des Hippagoges, résolut de naviguer jusque sur la grande mer. Et comme il avait remarqué que de tous les fleuves, l'Indus est le seul où l'on trouve des crocodiles ainsi qu'aux bords du Nil, et vu des fèves semblables à celles de l'Égypte sur les bords de l'Acésinès qui se décharge dans l'Indus, il s'imagina follement qu'il avait trouvé les sources du Nil. Il supposait que ce fleuve, prenant sa source dans les Indes, traversait des déserts immenses, y perdait son nom, et, arrivé enfin aux plaines cultivées de l'Éthiopie et de l'Égypte, recevait celui de Nil, ou, selon Homère, d'Égyptus, et se jetait dans la Méditerranée.

Se fondant ainsi sur les conjectures les plus frivoles, à l'occasion d'un point de géographie très important, il écrivit à Olympias qu'il avait enfin trouvé les sources du Nil. Mieux éclairé depuis, instruit par les habitans que l'Hydaspe se décharge dans l'Acésinès, et celui-ci dans l'Indus, où ils perdent leurs noms, et que l'Indus, qui n'a rien de commun avec l'Égypte, se rend dans la grande mer par deux embouchures, il effaça, dit-on, ce passage de sa lettre, et continua ses préparatifs pour l'embarquement. Il employa sur la flotte les Phéniciens, les Cypriens, les Cariens et les Égyptiens qui avaient suivi l'armée.

Sur ces entrefaites, l'un des Hétaires les plus intimes, Cœnus, est emporté par une maladie. On lui fait dans la circonstance des obsèques magnifiques. Tous les Hétaires et les envoyés de l'Inde rassemblés, Alexandre déclare en leur présence qu'il donne à Porus tout l'empire des Indes qu'il a conquises, comprenant sept nations, et au-delà de deux mille villes.

Il partage alors son armée; il s'embarque avec tous les Hypaspistes, les archers, les Agriens et l'agéma de cavalerie. Cratérus, conduit sur la rive droite du fleuve une partie de la cavalerie et de l'infanterie; sur la gauche marche Hephæstion avec le gros de l'armée et deux cents éléphans. Ils s'avanceront vers la capitale de Sopithès. Philippe, satrape du pays, frontière de la Bactriane au-delà de l'Indus, doit les suivre dans trois jours. On renvoya aux Nyséens leurs chevaux. Le commandement de toute la flotte fut donné à Néarque, et celui du vaisseau que montait Alexandre à Onésicrite, lequel en impose dans son histoire alors qu'il se donne pour le commandant général de la flotte.

Cette flotte, au rapport de Ptolémée, dont je suis l'autorité, était composée de deux mille bâtimens, dont quatre-vingt triacontères; le reste consistait en bâtimens légers et de transport. Tout étant disposé pour le départ, l'armée s'embarque au lever de l'aurore.

Alexandre sacrifie aux Dieux et au fleuve de l'Hydaspe, selon le rite grec et d'après l'avis des devins. Monté sur son vaisseau, il prend une coupe d'or, s'avance à la proue, épanche la liqueur dans le fleuve: il en invoque le Dieu et celui de l'Acésinès qui se réunit à l'Hydaspe pour se précipiter dans l'Indus; il invoque aussi l'Indus, et après les libations en l'honneur d'Hercule, père de sa race, d'Ammon et des autres Dieux qu'il révérait, la trompette sonne et annonce le départ de la flotte. Tous les vaisseaux s'ébranlent et s'avancent dans l'ordre fixé: chacun garde la ligne qui sépare les bâtimens de guerre entre eux, et ceux-ci des bâtimens de transport, tous à une distance égale et nécessaire pour ne se point choquer.

Cette manœuvre formait le plus beau spectacle : on entendait le bruit monotone et mesuré de cette multitude de rames qui, s'élevant ou s'arrêtant à la voix du Kéleustès, semblaient frapper toutes à-la-fois et en cadence le fleuve qui retentissait des cris des matelots. Ce bruit, ces cris étaient multipliés par les échos des rochers et des forêts qui bordaient le rivage élevé. Les chevaux, que l'on apercevait sur les hippagoges, étaient un nouvel objet d'étonnement pour les Barbares accourus en foule sur les deux rives. En effet, c'était la première fois que ce spectacle frappait leurs yeux ; l'antiquité même n'en avait pas été témoin, car Dionysus ne tenta point d'expédition navale. On vit les Indiens, sur le rivage, suivre long-temps la flotte ; attirés par ce bruit et par cette nouveauté, ils sortaient en foule des retraites les plus éloignées : la rive retentissait de chants barbares ; en effet, les Indiens aiment beaucoup la musique et la danse, qu'ils ont reçues de Dionysus et de ses bacchantes.

Alexandre arrive le troisième jour à l'endroit où Cratérus et Héphæstion l'attendaient campés sur les rives du fleuve. Deux jours après, Philippe se présente avec le reste de son armée. Alexandre l'envoya le long de l'Acésinès, Cratérus et Héphæstion reçoivent de nouvelles instructions.

Continuant sa navigation sur l'Hydaspe, qui lui offrit partout vingt stades au moins de largeur, il soumet en passant les peuples riverains, soit de force ou de composition. Il se portait avec rapidité sur les Malliens et les Oxydraques, peuples nombreux et belliqueux, qui, après avoir renfermé leurs femmes et leurs enfans dans leurs places fortes, se disposaient à lui livrer bataille. Il se hâtait pour les surprendre et les frapper au milieu même de leurs préparatifs.

Il arrive le cinquième jour au confluent de l'Hydaspe et de l'Acésinès. Le lit de ces fleuves s'y resserre ; leur cours en devient plus rapide. Les flots se choquent, se brisent et ouvrent en reculant sur eux-mêmes des gouffres profonds. Le fracas des vagues mugissantes retentit au loin. Les habitants du pays avaient instruit les Grecs de ces détails ; cependant à l'approche du confluent, le bruit était si épouvantable, que les rameurs laissèrent tomber les rames. La voix du Kéleustès est d'abord glacée d'horreur, bientôt elle se fait entendre : « Doublez de rames, rompez la force du courant. » Il faut sortir de ces détroits, éviter d'être engloutis dans ces gouffres tournoyans. Les vaisseaux ronds qui touchèrent les gouffres, soulevés par les vagues, furent rejetés dans le courant ; ceux qui les montaient en furent pour la peur. Les vaisseaux longs éprouvèrent plus de dommage dans cette situation, leurs flancs n'étant pas assez élevés pour rompre l'effort des vagues. Les hémiolies souffrirent, surtout le rang inférieur des rames s'élevant peu au-dessus des eaux. Entraînés de côté dans les gouffres, avant de pouvoir relever les rames, ces bâtimens étaient facilement brisés par la force des vagues ; deux, fracassés l'un contre l'autre, périrent avec leur équipage.

Au-delà le fleuve s'élargissait, son cours devenait moins rapide, sa navigation moins dangereuse. Alexandre aborde à la rive droite, qui offrait une rade ouverte aux vaisseaux. Un rocher s'avançait au milieu des ondes, il offrait un asile et un abri aux naufragés, Alexandre y recueillit les débris de sa flotte et de ses guerriers.

Après avoir réparé ses vaisseaux, il charge Néarque de poursuivre sa navigation jusqu'au territoire des Malliens, et courant sur les Barbares qui ne s'étaient point encore rendus, il leur fait défense de se réunir à ces peuples.

Il retourne vers sa flotte : il trouve Héphæstion, Cratérus et Philippe à la tête de leurs divisions. Cratérus est chargé de conduire les troupes de Philippe au-delà de l'Hydaspe, avec celles de Polisperchon et les éléphans. Néarque, continuant de diriger la flotte, doit le précéder de trois jours.

CHAP. 2. Alexandre forme trois divisions du reste de son armée. Héphæstion conduit l'une en avant, il doit le précéder de cinq jours de marche pour couper la retraite à ceux que doit attaquer la division du centre. Ptolémée forme l'arrière-garde, et doit suivre, à trois jours de marche, dans le même dessein. Toute l'armée doit se réunir au confluent de l'Acésinès et de l'Hydraotès.

Ayant pris avec lui les Hypaspistes, les archers, les Agriens, la bande de Python ou les Hétaires à pied, tous les archers et la moitié des Hétaires à cheval, il s'avance par le désert vers les Malliens, peuples libres.

Il campe le premier jour au bord d'une petite rivière à cent stades de l'Acésinès. Après avoir donné quelques heures au repos, il y fait approvisionner d'eau ses soldats ; et marchant pendant le reste du jour et toute la nuit, il fait quatre cents stades, et arrive avec l'aurore sous les murs d'une ville des Malliens.

N'imaginant point qu'Alexandre s'engagerait dans le désert, et sans inquiétude de ce côté, ils étaient hors de la ville sans armes ; mais Alexandre s'était déterminé par le motif même de la difficulté qui rassurait les Barbares ; il les surprend à l'improviste, fond sur eux avant qu'ils aient songé à se mettre en défense ; ils fuient dans la ville, qu'il fait cerner par la cavalerie, en attendant la venue de la phalange. Elle arrive ; il détache aussitôt Perdiccas avec sa cavalerie, celle de Clitus et les Agriens, pour investir une autre ville des Malliens, où un grand nombre d'Indiens s'étaient renfermés : il lui donne ordre d'en différer l'assaut jusqu'à son arrivée, mais d'en faire un blocus pour rompre toute communication entre les Barbares.

Alexandre continue l'attaque ; les Barbares abandonnent les remparts qu'ils ne peuvent plus défendre. Un grand nombre des leurs ayant été tué, et une autre partie mise hors de combat, ils se retirent dans le fort, où ils se défendent quelque temps avec l'avantage que leur donnait l'élévation du poste. Les Macédoniens et Alexandre redoublent d'efforts, la place est emportée ; les Malliens qui la défendaient, au nombre de deux mille, sont tous passés au fil de l'épée.

Perdiccas trouve la ville qu'il venait assiéger vide d'habitans. Instruit qu'ils ne faisaient que de se retirer, il les poursuit à toutes brides ; l'infanterie le suit à marche forcée ; les fugitifs sont presque tous massacrés : le reste se sauve dans des marais.

Alexandre, après avoir fait rafraîchir ses troupes, part à la première veille, force de marche pendant la nuit, arrive au point du jour à l'Hydraotès que les Malliens venaient de passer ; il charge les derniers au milieu du fleuve, le traverse, et, poursuivant les autres, en tue une partie, en fait un grand nombre prisonniers. Le gros le plus considérable se jette dans une place également fortifiée par l'art et la nature.

L'infanterie arrivée, il détache Python à la tête de son corps et de deux compagnies de cavalerie, qui emportent la place de premier abord. Tout ce qui échappa au glaive fut réduit à l'esclavage.

Il marche ensuite lui-même contre une autre ville des Brachmanes, où les Malliens s'étaient renfermés; la phalange serrée enveloppe les murs; on en sape le pied; on fait pleuvoir sur les habitans une grêle de traits; ils quittent les remparts et se réfugient dans le fort.

Quelques Macédoniens y entrent pressés avec eux; mais les Barbares se rassemblant, et faisant volte face, les repoussent, et en tuent vingt-cinq dans leur retraite. Alexandre fait avancer les échelles et battre le fort : une tour, en s'écroulant, entraîne la chute d'une partie du rempart. Alexandre paraît sur la brèche. A cette vue, honteux d'être devancés, les Macédoniens montent de toutes parts. Ils étaient déjà maîtres de la citadelle, lorsque les Indiens mettent le feu aux maisons; les uns se précipitent dans les flammes, les autres sur le glaive : on en tua cinq mille; on ne fit presque point de prisonniers; ces braves préférèrent une mort glorieuse.

Alexandre, ayant fait reposer un jour son armée, marche le lendemain contre quelques Malliens qui, après avoir abandonné leurs villes, s'étaient retirés dans les déserts. Il s'y arrête un jour; le lendemain il fait rebrousser Python et l'hipparque Démétrius vers le fleuve à la tête de leurs troupes et de l'infanterie légère, avec ordre de tuer, s'ils refusent de se rendre, tous ceux qu'ils rencontreront dans les bois qui bordent les rives : cet ordre est exécuté.

Cependant Alexandre se dirige vers la capitale des Malliens, où les débris fugitifs des autres villes s'étaient réfugiés; à son approche elle est abandonnée, les Malliens traversent l'Hydraotès, et se rangent en bataille sur le rivage escarpé pour en disputer le passage. Alexandre y marche aussitôt à la tête de sa cavalerie, l'infanterie le suit.

A la vue des ennemis rangés en bataille sur l'autre bord, et sans attendre la phalange, il poursuit sa route à travers le fleuve avec la cavalerie. Épouvantés de son audace, les Indiens se retirent précipitamment, mais en bon ordre. Alexandre les poursuit. Les Indiens, ne voyant avec lui que la cavalerie, se retournent, combattent et se défendent avec vigueur, ils étaient près de cinquante mille.

Alexandre les voyant serrés, et n'ayant point sa phalange, se borne à quelques escarmouches, sans engager une action générale. Arrivent les Agriens, les troupes légèrement armées, les archers qui faisaient partie de sa suite; la phalange n'est pas loin. A cet aspect redoutable, les Indiens courent se réfugier près de là dans une place forte; Alexandre les poursuit, en tue un grand nobre, renferme le reste dans la ville; qu'il fait cerner par sa cavalerie jusqu'à l'arrivée de l'infanterie. Il aurait donné l'assaut s'il eût resté assez de jour, et si ses troupes n'eussent point été fatiguées par une longue marche, le passage du fleuve et la poursuite de l'ennemi.

Le lendemain il forme deux divisions de son armée : il attaque avec la première, tandis que Perdiccas, à la tête de la seconde, donne l'assaut. Les Indiens cèdent la ville et se retirent dans le fort. Alexandre entre le premier dans la ville, après avoir brisé une des portes.

Perdiccas et sa division pénétrèrent plus tard; les soldats n'ayant point approché les échelles, parce que trouvant les remparts sans défense, ils jugèrent que la ville était prise.

Dès que les Macédoniens voient les ennemis se défendre dans le fort, ils sapent aussitôt les murs, et courent de tous côtés saisir les échelles. Comme on tardait à les approcher, Alexandre, dans son impatience, en arrache une des mains d'un soldat, l'applique contre le mur, et s'élance en se couvrant de son bouclier, suivi de Peucestas qui portait l'égide enlevée du temple de Minerve à Troie, et de Léonnatus Somatophylax; Abréas dimoirîte monte sur une autre échelle.

Alexandre, parvenu sur le rempart, s'appuie sur son bouclier, et renversant les uns, frappant les autres de son épée, il avait tout chassé devant lui. Cependant les Hypaspistes, inquiets de sa personne, se précipitent sur les échelles; elles rompent sous le poids; plus de moyen de franchir les murs. Alexandre se voit en but aux traits que les Indiens, n'osant l'approcher, font pleuvoir des tours voisines et de l'intérieur de la place; car l'élévation où il se trouvait formait une esplanade avancée, et ce prince se faisait remarquer autant par l'éclat de ses armes que par celui de sa valeur.

N'ayant que le choix de rester exposé à ce danger ou de se jeter dans le fort, il prend ce dernier parti qui peut épouvanter les ennemis, et qui doit du moins, s'il succombe, l'immortaliser par la mort la plus glorieuse. Il saute des remparts dans le fort. Adossé contre le mur, il perce de son épée plusieurs de ceux qui fondent sur lui, et entre autres le chef des Indiens. Il en écarte deux à coups de pierres, le dernier revient sur ses pas, il le frappe du glaive.

Les Barbares n'osant plus approcher, lancent de tous côtés sur lui les traits dont ils sont armés ou que le hasard leur présente. Cependant Peucestas, Abréas et Léonnatus, qui étaient parvenus sur le rempart avant que les échelles fussent rompues, se jettent près de lui, et combattent vivement à ses côtés. Abréas tombe percé d'une flèche qu'il reçoit au visage; une autre atteint Alexandre, perce la cuirasse, et s'enfonce au-dessus du sein. L'air et le sang s'échappaient, au rapport de Ptolémée, par cette blessure. D'abord sa chaleur naturelle le soutint quelque temps malgré que sa plaie fût profonde; mais enfin affaibli par la perte de son sang et de sa respiration, ses yeux se ferment, il se pâme et tombe sur son bouclier. Peucestas, se mettant au-devant, le couvre de l'égide de Minerve; Léonnatus le défend de son côté, mais ils sont grièvement blessés, Alexandre est prêt d'expirer.

Les Macédoniens frémissant de ne pouvoir escalader le fort, à la vue des traits qui pleuvaient sur Alexandre, et de la témérité qui le précipita, sentant redoubler leur crainte et leur ardeur avec ses dangers, cherchaient à suppléer par tous les moyens au défaut des échelles. Les uns fichent des pieux dans le mur formé de terre, s'y suspendent et s'élèvent avec effort sur les épaules les uns des autres. Le premier qui franchit ainsi les remparts, saute dans la place, se range près d'Alexandre étendu sans mouvement; d'autres le joignent en poussant des cris et des hurlemens: ils couvrent le roi de leurs boucliers; un combat terrible s'engage à l'entour. Quelques-uns, courant à la porte placée entre les deux tours, lèvent les traverses et introduisent les Macédoniens. Ceux-ci, en se précipitant, renversent une partie du mur et fondent dans la place. On fait un affreux carnage des Indiens; on passe tout au fil de l'épée, jusqu'aux femmes et aux enfans.

Chap. 4. On emporte Alexandre sur un bouclier; sa blessure est profonde; on est incertain de sa vie. Selon quelques auteurs, le médecin Critodémus de Cos, descendant d'Esculape, tira le fer en élargissant la plaie. Selon d'autres, le médecin étant éloigné, le Somatophylax Perdiccas, dans le premier moment et par ordre d'Alexandre, ouvrit la blessure avec son épée, pour en retirer la flèche. Le roi perdit, dans cette opération, beaucoup de sang, dont une seconde syncope arrêta l'écoulement.

Cet événement a donné lieu à plusieurs mensonges historiques, qui se propageront chez la postérité, si mon ouvrage ne parvient à les détruire. L'opinion commune transporte chez les Oxydraques le théâtre d'un fait qui s'est passé certainement chez les Malliens, peuples libres de l'Inde. Les Malliens devaient, à la vérité, se réunir aux Oxydraques pour lui livrer bataille; mais Alexandre, en traversant le désert, avait prévenu leur jonction.

C'est ainsi que l'opinion égarée place dans les champs d'Arbelle la dernière bataille livrée par Alexandre contre Darius, trahi et tué par Bessus dans sa fuite; Arbelle est éloigné, selon les témoignages les plus authentiques, de cinq à six cents stades du champ où se livra cette bataille, qui eut lieu près de Gaugamelle et du fleuve Bumélus, au rapport de Ptolémée et d'Aristobule. Mais Gaugamelle n'est qu'un bourg misérable, dont le nom inconnu est peu harmonieux : on préféra le nom sonore d'Arbelle, ville célèbre et considérable. En se permettant ces licences, il faudra donc transporter notre victoire navale de Salamine à l'Isthme de Corynthe, et celle d'Artémise, dans l'Eubée, à Égine ou à Sunium. Les journées d'Issus et du Granique n'ont pas donné lieu à de pareilles erreurs.

Les historiens s'accordent à nommer Peucestas comme le premier de ceux qui couvrirent Alexandre de leurs boucliers; ils varient dans leurs rapports sur Léonnatus et Abréas, et sur la nature de la blessure d'Alexandre. Quelques-uns avancent que, frappé d'un bâton sur la tête, il tomba étourdi sous le coup, et en se relevant fut blessé d'une flèche dans la poitrine; Ptolémée ne rapporte que cette dernière particularité. L'erreur la plus grave des historiens est de mettre Ptolémée au nombre des premiers qui, montant avec Alexandre sur le rempart, le couvrirent de leurs boucliers : ils ont même ajouté que cette action valut à Ptolémée le titre de *Sôter*, et Ptolémée raconte lui-même qu'il ne s'y est pas trouvé, occupé qu'il était ailleurs contre les Barbares. Qu'on me pardonne cette digression dont le but est de rendre ceux qui écriront l'histoire après nous, plus circonspects sur le choix et l'exposition des faits.

Pendant qu'Alexandre faisait panser sa blessure, le bruit de sa mort se répandit dans tout le camp; la désolation, les gémissemens sont universels, l'inquiétude et la consternation leur succèdent. « Lequel de tant de chefs égale-
» ment dignes de lui succéder, au juge-
» ment d'Alexandre et au nôtre, pren-
» dra le commandement de l'armée?
» comment retourner dans notre patrie
» à travers tant de nations belliqueuses
» dont les unes ne sont point soumises,
» et combattront avec le dernier achar-
» nement pour la liberté, et dont les
» autres se soulèveront aussitôt qu'elles
» n'auront plus à craindre Alexandre?
» Comment traverser tant de fleuves
» immenses? quelle ressource, quel
» parti nous restent-ils? Alexandre n'est
» plus. »

On leur annonce qu'Alexandre vit encore; ils ne peuvent le croire. Ils rejettent toute espérance; Alexandre écrit lui-même qu'il paraîtra bientôt dans son camp; la crainte et la douleur les font douter de tout. Ce sont, disent-ils, des lettres supposées par ses officiers.

Alexandre, instruit de ce trouble et

voulant en prévenir les suites, se fait transporter aussitôt sur les bords de l'Hydraotès pour s'y embarquer, et descendre au camp assis aux bords du confluent de ce fleuve et de l'Acésinès. Héphæstion y commande l'armée, et Néarque la flotte. Au moment où le vaisseau qui le portait fut à la hauteur du camp, il fit découvrir la poupe de son navire, et se montra à tout le monde : on doute encore s'il respire ; mais il approche, il leur tend la main ; un cri de joie unanime s'élève ; tous les bras sont tendus vers le ciel ou vers Alexandre ; des larmes d'ivresse coulent de tous les yeux. Au sortir du navire, les Hypaspistes lui apportèrent sa litière ; mais il se fit amener un cheval ; il le monte ; des applaudissemens universels font retentir les forêts et le rivage. A l'approche de sa tente, il met pied à terre, se mêle à ses soldats ; ils l'entourent avec transport ; heureux de lui baiser les mains, les genoux, les vêtemens, même de le voir, ils s'exhalent en vœux, en bénédictions ; les uns lui présentent des couronnes et sèment sur ses pas les fleurs dont cette région est prodigue.

Néarque rapporte que les amis qui l'accompagnaient ne purent s'empêcher de lui faire de justes reproches ; que, dans ce péril extrême qu'il avait volontairement recherché, il avait fait office plutôt de soldat que de général ; plainte à laquelle Alexandre fut d'autant plus sensible, qu'elle était méritée. Mais la valeur excessive d'Alexandre, et sa passion immodérée pour la gloire, le précipitaient dans tous les dangers. Alors un vieux soldat béotien, dont Néarque ne rapporte point le nom, surprenant sur sa physiomonie la contrariété que ce reproche excitait dans son âme, lui dit dans son dialecte grossier : « Voilà le » partage des héros, ils doivent faire et » souffrir de grandes choses. » Alexandre accueillit l'exclamation, et l'auteur lui en devint plus cher.

Le reste des Malliens envoie au prince des députés accompagnés des principaux qui tenaient les villes des Oxydraques, au nombre de cent cinquante, chargés de pleins pouvoirs pour lui remettre le pays, et apportant les plus rares tributs de l'Inde. Ils viennent se rendre à Alexandre, et s'excusent de ne point l'avoir fait plus tôt ; qu'ils avaient désiré conserver cette précieuse liberté dont ils avaient constamment joui depuis les conquêtes de Bacchus jusqu'à celles d'Alexandre ; qu'il se soumettaient à la volonté d'un prince qui descendait des Dieux ; qu'ils recevraient un satrape de son choix, paieraient le tribut, livreraient les ôtages qu'il exigerait.

Alexandre exige mille des principaux de leur nation, qu'il gardera comme ôtages ou qu'il emploiera dans ses troupes jusqu'à la fin de la conquête de l'Inde. Les Malliens les livrent ; ils ont choisi les meilleurs et les plus forts ; ils fournissent en outre cinq cents chariots et leurs conducteurs, qu'Alexandre n'avait point demandés. Il accepte les chariots, leur rend les ôtages et constitue Philippe satrape des Malliens.

Chap. 5. Alexandre monte sur les vaisseaux qu'il avait fait construire pendant sa convalescence ; il joint à ses troupes légères, déjà embarquées, mille sept cents Hétaires et dix mille hommes d'infanterie. Il descend le confluent où l'Hydraotès quitte son nom en se réunissant à l'Acésinès. Alexandre, prolongeant sa navigation sur ce dernier, arrive à l'endroit où il se jette dans l'Indus grossi alors des eaux de quatre grands fleuves qui perdent successivement leurs noms, savoir : l'Hydaspe, l'Hydraotès, l'Hyphase et l'Acésinès, qui reçoit les trois premiers.

L'Indus a bien cent stades de large, et quelquefois davantage depuis cette réunion, avant que ses deux bras forment en s'ouvrant un delta. Alexandre stationne avec sa flotte au confluent de l'Acésinès et de l'Indus, en attendant Perdiccas lequel arrive avec son détachement, après avoir soumis en passant les Abastanes, peuple libre de l'Inde. Des triacontères, et des bâtimens de transports construits chez les Xathres indépendans, viennent rejoindre la flotte.

Des députés de la République des Ossadiens se soumettent. Alexandre marque le confluent de l'Indus et de l'Acésinès pour limites au gouvernement de Philippe, lui laisse toute la cavalerie des Thraces, et des troupes suffisantes pour tenir le pays.

C'est là qu'Alexandre fait bâtir une ville qui par sa situation doit bientôt se peupler d'habitans nombreux et devenir célèbre; il y fait établir des chantiers maritimes.

Le Bactrien Oxyartes, beau-père d'Alexandre, vient le trouver. Il est investi du gouvernement des Paropamisades, à la place de Tiryestès qui avait mal géré.

Alexandre fait passer Cratérus avec une grande partie de l'armée et des éléphans sur la gauche du fleuve où la route était plus facile pour l'infanterie armée pesamment, et dont les habitans étaient dans des dispositions peu favorables. Lui-même descend vers la capitale des Sogdiens, fait bâtir aux bords de l'Indus une autre ville, et ouvrir de nouveaux chantiers; on y radoube ses vaisseaux.

Tout le pays, compris entre le confluent et la grande mer, forme un gouvernement qu'il donne à Oxyartes et à Python, et qu'il étend jusque aux côtes maritimes.

Cratérus est envoyé de nouveau vers les Arachotiens et les Drangues; Alexandre poursuit facilement sa navigation jusqu'aux États de Musicanus qui sont les plus riches de l'Inde. La fierté du conquérant était irritée de ce que ce prince n'était point venu se soumettre à lui, de ce qu'il avait dédaigné de lui envoyer des députés et des présens, et affecté de ne lui rien demander. Son expédition fut si rapide, qu'il toucha aux frontières de Musicanus avant que celui-ci fût instruit de ses projets. Épouvanté de sa marche imprévue, Musicanus vient au-devant de lui, apportant les plus rares présens; il lui offre tous ses éléphans, sa personne et ses États. Il se reconnaît coupable envers Alexandre, ce qui était le moyen d'en obtenir tout.

Ce prince lui pardonne. Il admire la ville et le pays; lui remet ses États après avoir donné ordre à Cratérus d'ajouter à la ville un fort qu'il fît élever sous ses yeux, et où il jetta une garnison; la situation de ce poste lui assurait le maintien du pays.

Prenant avec lui les archers, les Agriens, et toute la cavalerie qu'il avait débarquée, il marche contre Oxycanus, hyparque du pays, qui ne lui avait adressé ni députation, ni hommage. Il se rend maître d'emblée des deux premières villes de ses États, dans l'une desquelles il fait Oxycanus prisonnier. Il abandonne le butin aux soldats, à la réserve des éléphans. Tout se soumet volontairement, tant était grande sur les Indiens l'impression de la valeur et de la fortune d'Alexandre.

Il marche alors vers Sambus, satrape des Indiens des montagnes, mais qui s'était enfui sur la nouvelle que Musicanus avait obtenu d'Alexandre sa réintégration. Sambus était l'ennemi personnel de Musicanus. Alexandre s'étant approché de la capitale, nommée Syndomana, elle lui ouvre ses portes; les officiers et les amis de Sambus lui remettent ses trésors et ses éléphans, en lui déclarant que ce prince n'est point l'ennemi d'Alexandre, mais celui de Musicanus.

Maître de cette ville, Alexandre le devient bientôt d'une autre que les Brachmanes avaient soulevée; il les fit tuer. Les Brachmanes sont les sages de l'Inde; et je me propose de parler de leur philosophie dans l'ouvrage que je consacre à l'histoire de ces contrées.

Cependant on lui annonce la défection de Musicanus. Il fait marcher contre lui le satrape Python avec des forces suffisantes, tandis qu'il forme lui-même le siége des villes rebelles. Il pille et rase les unes, fait bâtir des forts à la tête des autres, et y jette garnison.

Cette expédition terminée, il revient au camp et vers sa flotte, où Python lui amène Musicanus prisonnier; Alexandre le fait mettre en croix au milieu de ses États avec les Brachmanes instigateurs de sa défection.

Sur ces entrefaites, le prince des Pataliens, de cette île que forme l'Indus à son embouchure, et qui est plus grande que le delta égyptien, vient remettre ses États et sa personne à la discrétion d'Alexandre, qui, le maintenant dans son autorité, lui ordonne de tout préparer pour recevoir son armée. Il renvoie Cratérus avec les éléphans par la Carmanie, à travers le pays des Arachotiens et des Zarangues, à la tête des bandes d'Attalus, de Méléagre et d'Antigène, de quelques archers, lui confiant ceux des Hétaires et des Macédoniens hors d'état de combattre. Hephæstion commande le reste de l'armée qui n'a pu s'embarquer avec Alexandre.

Python, à la tête des archers à cheval et des Agriens, est envoyé de l'autre côté de l'Indus, pour jeter des colons dans les villes nouvellement fondées, contenir les Indiens qui voudraient remuer : il rejoindra ensuite le quartier d'Alexandre à Patala.

Après trois jours de navigation, Alexandre apprend la nouvelle de la défection des Pataliens et de leur chefs qui avaient abandonné l'île. On fait force de rames, on arrive : tout est désert. On détache après les fuyards quelques troupes légères qui amènent des prisonniers; Alexandre les envoie aux leurs pour les engager à revenir en liberté et sans crainte habiter leur ville et cultiver leurs terres. Plusieurs revinrent sur cette assurance.

Il ordonne à Hephæstion d'élever un fort dans l'île; il envoie aux environs creuser des puits pour fournir de l'eau à des lieux que leur sécheresse rendait inhabitables.

Quelques Barbares voisins fondent sur les travailleurs, à l'improviste, en tuent quelques-uns après avoir perdu beaucoup des leurs, et fuient dans leurs déserts. Alexandre aussitôt fait soutenir ses travailleurs par de nouvelles troupes.

Chap. 6. L'Indus se partage en deux grands fleuves qui gardent son nom jusqu'à leur embouchure, et qui embrassent l'île. Alexandre y fait ouvrir un port et des chantiers. L'ouvrage avancé, il résolut de s'embarquer sur le bras droit du fleuve pour descendre à la mer.

Il détache en avant Léonnatus avec mille chevaux et huit mille hommes d'infanterie qui doivent le côtoyer dans l'île.

Alexandre, suivi de ses bâtimens les plus légers, de tous les triacontères, de birèmes, de quelques bâtimens de transport, s'avance sur le bras droit du fleuve. Cette navigation ne fut point sans danger; il n'avait aucun guide, tous les Indiens de ces bords les ayant abandonnés.

Le lendemain s'élevèrent une tempête et un vent contraire qui refoulait les vagues, et faisait entrechoquer les vaisseaux, de manière qu'il y en eut d'endommagés et même d'entr'ouverts, dont l'équipage eut peine à se sauver.

On fabrique de nouveaux bâtimens; des détachemens de troupes légères sont envoyés à la découverte dans les terres; on fait prisonniers quelques Indiens qui servent de guides.

Parvenu à l'endroit où le fleuve a plus de deux cents stades de largeur, un vent de mer venant à souffler avec violence, et l'effort des rames devenant inutile, on s'abrita dans une baie que les Indiens indiquèrent. Un nouveau sujet de crainte vient frapper les Grecs qui ne connaissaient point le flux et le reflux de l'Océan. L'onde se retire et laisse d'abord les vaisseaux à sec; elle revient au bout d'un temps déterminé, les emporte; les bâtimens se choquent, quelques-uns sont jetés sur la rive, les autres sont entraînés.

On répare à la hâte le dommage. Alexandre envoie deux bâtimens de charge le long du fleuve pour reconnaître une île où, selon ses guides, il fallait mouiller en route. Cette île s'appelle Cillute; elle est étendue, on y trouve des sources, elle présente un port commode; Alexandre y fait diriger toute sa flotte; suivi de ses meilleurs bâtimens, il continue sa navigation pour reconnaître l'embouchure du fleuve, et si la traversée en est facile; à deux cents stades de l'île, il en découvre une nouvelle avancée dans la mer. Remorquant vers la première, il y aborde, et sacrifie aux Dieux selon l'oracle qu'il prétend avoir reçu d'Ammon. Il cingle le lendemain vers la seconde île, et là, il immole à d'autres Dieux, selon d'autres rites, de nouvelles victimes, en continuant de supposer la volonté des oracles.

Il s'avance au-delà de l'embouchure de l'Indus, et en pleine mer, pour découvrir, disait-il, quelques nouveaux parages, mais au fond pour se vanter, je le pense du moins, d'avoir foulé les ondes de la grande mer qui baigne les Indes. Il précipita dans les flots les taureaux immolés à Neptune et les coupes d'or après les libations. « Dieu puissant! » protégez la course de Néarque dans le » golfe Persique, jusqu'à l'embouchure » du Tigre! assurez son retour! »

Alexandre revient à Patala, y trouve le fort élevé, et Python de retour avec ses troupes, après avoir rempli sa commission. Hephæstion continue les travaux du port et des chantiers. C'est là qu'Alexandre comptait laisser une partie de sa flotte.

Dirigeant alors sa navigation sur le bras gauche de l'Indus, il cherche à reconnaître si la descente en est plus facile. La distance d'une embouchure à l'autre, est d'environ dix-huit cents stades. Arrivé non loin de l'endroit où l'Indus se jette dans la mer, il trouve un vaste lac formé, soit de l'épanchement du fleuve, soit par l'amas des eaux qui coulent des environs. L'Indus grossi par ce lac y ressemble à une mer; il y nourrit des poissons plus grands que ceux de la Méditerranée. Après avoir mouillé à l'une des baies désignées par les guides, il y laisse tous les bâtimens de transport, et son armée sous les ordres de Léonnatus; lui-même conduit les triacontères et les birèmes, et franchissant l'embouchure, s'avance de ce côté dans la mer. Ce bras lui parut d'une navigation plus facile que l'autre.

Il aborde, et descendant sur le rivage

à la tête de quelques chevaux, il va reconnaître la côte. Après avoir battu le pays pendant trois jours, il rejoint la flotte, et fait creuser des puits sur le rivage pour s'approvisionner d'eau.

Il s'embarque et retourne à Patala; détache une partie de son armée pour achever les travaux, revient au lac, y fait établir un port et des chantiers, y laisse des troupes avec des vivres pour quatre mois, et tous les objets nécessaires à la navigation. La saison n'y était point favorable; les vents étésiens soufflaient alors, non pas du septentrion comme dans nos contrées, mais du côté de la mer et du midi. Cette mer n'est navigable, au rapport des Indiens, que depuis le coucher des pléiades à l'entrée de l'hiver jusqu'à son solstice; alors il tombe des pluies abondantes, à la suite desquelles s'élève un vent doux et favorable à la navigation. Néarque attendait cette époque.

Alexandre quitte Patala, s'avance vers le fleuve Arabius, et suivi des Hypaspistes, de la moité des archers, des Hétaires à pied, de l'Agéma des Hétaires à cheval, d'un détachement de chaque corps de cavalerie et de tous les archers à cheval, il tourne à gauche vers l'Océan, et fait creuser des puits pour approvisionner d'eau son armée : il court sur les Oritiens, peuple libre depuis un temp immémorial, et qui avait dédaigné de lui rendre hommage : Héphæstion conduit le reste des troupes.

Les Barbares indépendans qui habitaient les bords de l'Arabius, n'ayant ni la force de combattre Alexandre, ni la volonté de se rendre, fuient à son approche dans le désert.

Alexandre, après avoir traversé le fleuve qui est peu considérable, et les déserts pendant la nuit, arrive au point du jour dans un pays cultivé. Prenant avec lui sa cavalerie dont il étend et développe les rangs pour couvrir une grande partie de terrain, il laisse en arrière son infanterie qui doit le suivre en ordre de bataille, et entre dans le pays des Oritiens. On massacre tous ceux qui ont pris les armes; on fait un grand nombre de prisonniers; on campe aux bords d'une petite rivière. Alexandre pousse en avant aussitôt l'arrivée d'Héphæstion.

Il touche à la capitale du pays, nommée *Rambacia*; frappé de sa situation, il résolut d'y jeter une colonie qui en ferait une ville florissante ; Héphæstion est chargé de l'exécution.

Prenant avec lui la moitié des Hypaspistes et des Agriens, l'Agéma de cavalerie et les archers à cheval, il arrive à un défilé sur la frontière des Oritiens et des Gédrosiens qui, réunis et campés dans ce passage, l'attendaient en bataille rangée pour le lui disputer.

A l'approche d'Alexandre ils abandonnent leur position et fuient. Les principaux des Oritiens marchent cependant au-devant d'Alexandre, et viennent se soumettre avec toute la contrée. Il les engage à rassembler les fugitifs, et leur assurer qu'ils n'ont rien à craindre. Il leur donne pour satrape Apollophane, près duquel il laisse, sous les ordres de Léonnatus, tous les Agriens, quelques archers, quelques chevaux et d'autres Grecs stipendiaires de toutes armes, avec ordre, en attendant l'arrivée de la flotte, de s'occuper à repeupler la ville, à régler l'administration, de manière que les peuples s'accoutument à leur nouveau gouvernement.

CHAP. 7. Réuni à Héphæstion, Alexandre s'enfonce alors avec une grande partie de l'armée dans les déserts des Gédrosiens. Au rapport d'Aristobule, la myrrhe y est abondante. Les Phéniciens, que le commerce attirait sur les pas de l'armée, en recueillirent une grande quantité; les arbres qui la produisent étant là beaucoup plus grands qu'ailleurs, et n'ayant jamais été dépouillés.

On y trouve également beaucoup de nard; les Phéniciens s'en chargèrent; l'armée le foulait aux pieds, et l'air en était embaumé. Cet historien ajoute qu'on y voyait des arbres dont la feuille ressemble à celle du laurier; qu'ils naissent aux bords de la mer dans des bas fonds, souvent inondés par les eaux au milieu desquelles ils croissaient; qu'ils avaient trente coudées de haut, et étaient alors en fleur; et que cette fleur, semblable à la violette blanche, exhalait un parfum beaucoup plus doux. Qu'on y rencontre une plante armée d'épines si fortes, que si le vêtement d'un cavalier s'y accroche en passant, celui-ci se trouve entraîné de son cheval. Ne va-t-il pas jusqu'à raconter que le poil des animaux s'y empêtre, et qu'ils y restent pris comme l'oiseau à la glu, le poisson à l'hameçon; que cependant la tige cède facilement au fer, et épanche un lait plus abondant, mais plus âcre que celui du figuier.

Alexandre s'avance malgré la difficulté des chemins et le défaut de subsistances : l'eau manque, l'armée est obligée de marcher pendant la nuit, et de s'écarter des côtes qu'Alexandre désirait suivre, pour reconnaître les rades, approvisionner la flotte, creuser des puits, construire des ports : cette côte n'est qu'un désert. Il détache vers le rivage, pour s'assurer de ces objets, Thoas avec quelques chevaux. Celui-ci découvre quelques pêcheurs sous de misérables cabanes, formées de la dépouille des crustacées et de squelettes de poissons. Ces pêcheurs fouillaient le sable, et en retiraient avec peine un peu de mauvaise eau.

Parvenu dans un lieu fertile en grains, Alexandre en rassemble une quantité qu'il fait charger et conduire vers la mer, après l'avoir scellé de son anneau. Pressés par une faim dévorante, dont l'aiguillon l'emporte sur toute autre considération, les soldats, et même ceux qui gardaient les provisions, se les partagent sans respecter le sceau d'Alexandre. Il était alors absent, et occupé à reconnaître une station. Il leur pardonne à son retour : la nécessité fut leur excuse.

Après avoir fourragé tout le pays, il envoya ses nouveaux approvisionnemens, sous la conduite de Créthéus Callatianus, vers sa flotte; il commande aux indigènes d'amener des grains, des dattes, des bestiaux; Télèphe, un des Hétaires, à la tête d'un léger convoi de farines, est détaché vers un autre point.

Alexandre s'avance vers Pura, capitale des Gédrosiens, où il arrive soixante jours après avoir quitté Ores. Au rapport des historiens, tous les maux que l'armée avait soufferts en Asie, ne pouvaient se comparer à ceux qu'elle éprouva dans ce voyage. Alexandre, lui-même, si l'on en croit Néarque, n'en ignorait point les dangers; il savait qu'aucune armée n'en était revenue. Selon les habitans, Sémiramis, fuyant des Indes, n'en avait ramené que vingt hommes; et Cyrus, qui avait tenté l'invasion de ces contrées, avait eu peine à en sortir, lui huitième, après avoir vu son armée ensevelie dans ces déserts. Ce récit ne fit qu'enflammer Alexandre, qui voulut faire plus que Cyrus et Sémiramis. Ce fut dans ce dessein, et pour approvisionner sa flotte, qu'Alexandre donna cette direction à son retour.

Une grande partie de l'armée et surtout les bêtes de somme, y périrent de l'excès de la chaleur et de la soif; ils étaient arrêtés par des montagnes de sables brûlans où ils enfonçaient comme dans un limon ou dans un amas de neige, ils y demeuraient ensevelis : on eut beaucoup à souffrir de l'inégalité du chemin ; les bêtes de trait ne pouvaient ni monter ni descendre : égarée dans des marches forcées par la disette d'eau, l'armée était excédée. Le chemin paraissait moins pénible la nuit, surtout avant le lever du soleil, lorsqu'une douce rosée rafraîchissait les airs ; mais au milieu du jour, s'il fallait aller plus loin, la chaleur et la soif devenaient intolérables.

Les soldats tuaient les bêtes de somme ; les subsistances venant à manquer, ils se nourrissaient de la chair des chevaux et des mulets, qu'ils assuraient alors être morts de fatigues. Personne n'osait vérifier les faits ; Alexandre en était instruit : mais tout le monde était coupable, mais la nécessité excusait ce qu'il fallait, sinon permettre, du moins dissimuler.

On abandonnait sur la route les malades et ceux qui ne pouvaient suivre, on sentait alors le manque de bêtes de somme et de chariots pour les transporter. Ceux-ci avaient été brisés dès les premières marches où la difficulté de les conduire allongeait le chemin. Affaiblis par les maladies, les fatigues, la chaleur et la soif, une foule de malheureux sans secours bordaient les chemins ; l'armée continuait précipitamment sa marche, le salut de tous faisant négliger celui de quelques-uns.

Ceux qui s'endormaient à la suite des fatigues de la nuit, se trouvaient seuls à leur réveil ; ils voulaient suivre les traces de l'armée, ils s'égaraient ; presque tous périrent dans ces mers de sable.

Un nouvel accident fut fatal à l'armée, et surtout au reste des animaux de trait : lorsque les vents étésiens soufflent, il pleut dans ces déserts comme dans l'Inde, mais la pluie ne tombe point dans les plaines, elle est reçue par les montagnes où les nuées s'amassent et crèvent. L'armée était campée près d'un ruisseau : vers la seconde veille de la nuit, il se déborde, grossi par la chute des pluies tombées au loin ; cette inondation imprévue entraîne l'équipage d'Alexandre, les femmes, les enfans, l'attirail de l'armée ; les soldats ont peine à se sauver avec leurs armes, quelques-uns même y périrent, surtout pour s'être désaltérés trop largement avec imprudence. Cela fut cause de la précaution que prit dorénavant Alexandre de ne camper qu'à vingt stades des ruisseaux, pour contenir l'intempérance du soldat qui buvait alors avec excès, et dont les premiers en se précipitant dans l'eau la troublaient et la rendaient moins potable.

C'est ici le lieu de rapporter une action mémorable d'Alexandre, soit qu'elle ait eu lieu alors ou antérieurement chez les Paropamisades ; les historiens ne s'accordent point à cet égard. L'armée s'avançait par des sables brûlans et tirait vers un lieu où elle devait trouver de l'eau. Alexandre, dévoré d'une soif ardente, se soutenant à peine, marchait cependant à pied à la tête de son infanterie, pour rendre moins insupportables aux soldats les fatigues qu'il partageait. Quelques-uns de ceux légèrement armés s'étant écartés pour aller à la découverte, trouvent un peu d'eau bourbeuse, la recueillent dans un casque, c'est la chose la plus précieuse, ils la portent au prince, la lui présentent ; et lui, après avoir donné des éloges à leur zèle, la répand à la vue de toute l'armée. Cette action ranime et semble rafraîchir le courage des soldats. En quoi Alexandre fit office non seulement d'homme modéré, mais encore de grand capitaine.

Un nouveau malheur vient accabler

l'armée; les guides ne reconnaissaient plus la route couverte par les sables; il leur était impossible de se retrouver : aucun moyen de diriger sa route au milieu de cet océan de sable; du moins sur les mers on peut se guider par l'inspection des astres. Alexandre conjectura qu'il fallait tirer sur la gauche; il pousse de ce côté à la tête de quelques chevaux dont la plus grande partie excédée de fatigues restent en route; enfin il arrive, lui sixième, sur le rivage. On creuse dans le sable, on y trouve une eau excellente; l'armée le rejoint; on côtoie pendant sept jours le rivage, on s'y abreuve. Les guides se reconnaissent, et mènent dans l'intérieur vers la capitale des Gédrosiens, où Alexandre fait reposer son armée.

Il destitue le satrape Apollophane pour n'avoir point exécuté ses ordres, établit pour son successeur Thoas qui, venant à mourir, est remplacé par Sibyrtius, élevé depuis peu au satrapat de la Carmanie, qu'il abandonne pour celui des Arachotes et des Gédrosiens : la Carmanie passe sous le gouvernement de Tlépolème.

Chap. 8. Alexandre s'avançait vers la Carmanie, lorsqu'il apprend que Philippe, satrape des Indiens, a été tué dans les embûches dressées par les stipendiaires, dont partie fut massacrée dans l'action, et partie arrêtée ensuite et mise à mort par les Macédoniens formant la garde personnelle de Philippe. Alexandre écrit aussitôt à Eudème et à Taxile de veiller sur ce gouvernement jusqu'à ce qu'il en ait disposé.

Il entrait dans la Carmanie, lorsque Cratérus le joignit avec le reste de l'armée et les éléphans, conduisant le traître Ordonès qui avait machiné une révolte. On vit arriver aussi Stasanor, satrape des Arriens et des Zarangues, Pharismane, fils de Phrataphernes, satrape des Parthes et des Hyrcaniens; et à la tête d'une grande partie de l'armée, les généraux Cléandre, Sitalcès et Héracon, laissés dans la Médie avec Parménion.

Le cri général des habitants et de l'armée accusait Cléandre et Sitalcès d'avoir dépouillé les temples, fouillé les tombeaux et accablé les peuples de vexations et d'exactions. Alexandre les fit mettre à mort pour intimider, par cet exemple, ceux des satrapes ou des administrateurs qui seraient tentés de s'écarter des règles de leur devoir. Cette sévérité contribua, plus que toute autre chose, à maintenir sous les lois du vainqueur cette foule de nations diverses et éloignées, soumises volontairement ou par force. Alexandre ne souffrait la tyrannie d'aucun gouverneur. Héracon, qui se justifia alors de l'accusation, n'ayant pu s'y soustraire ensuite, et convaincu par les Susiens d'avoir pillé leur temple, fut mis à mort.

Stasanor et Pharismane amenaient une foule de chameaux et de bêtes de somme qu'ils avaient rassemblés sur la nouvelle de la marche d'Alexandre dans les déserts, dont ils avaient prévu les difficultés et les dangers. Ce secours vint encore à propos, on distribua ces équipages aux différens corps de l'armée.

Quelques historiens rapportent, contre toute vraisemblance, qu'Alexandre traversa la Carmanie sur deux chars attachés ensemble, au milieu d'un cortége d'Hétaires et de musiciens dont il écoutait les concerts nonchalamment penché, tandis que ses soldats, le front couronné, le suivaient en folâtrant, et que les habitants accouraient en lui apportant tout ce qui pouvait fournir à sa table et à ses débauches. Ils ajoutent que c'était à l'exemple du triomphe de Bacchus qui traversa dans cet appareil une grande partie de l'Asie après la conquête des Indes. Cette pompe, reproduite depuis, est devenue celle de tous les triomphateurs. Mais Ptolémée, Aristobule et tous les auteurs dignes de foi n'en ont point parlé. On lit seulement dans Aristobule, qu'arrivé dans la Carmanie, Alexandre sacrifia aux Dieux pour les remercier de lui avoir accordé la victoire dans les Indes et sauvé son armée dans la Gédrosie, et fit célébrer les jeux du gymnase et de la lyre. Il inscrit Peucestas parmi les gardes de sa personne, qui n'étaient qu'au nombre de sept, savoir: Léonnatus, Héphæstion, Lysimaque, Aristonus, tous quatre Pelléens; Perdiccas, de l'Orestide; Ptolémée et Python, Eordéens. Peucestas, qui l'avait couvert de son bouclier chez les Malliens, fut le huitième. Alexandre avait résolu de le nommer satrape de la Perse, mais il voulait d'abord lui donner ce premier et honorable témoignage de sa reconnaissance.

Néarque, après avoir côtoyé les pays des Ores, des Gédrosiens et des Ichthyophages, touche à la Carmanie; accompagné d'un petit nombre des siens, il vient rendre compte à Alexandre de sa navigation. Il reçoit l'ordre de la continuer jusqu'à l'embouchure du Tigre vers le Pays des Susiens.

C'est dans un ouvrage séparé que je rendrai compte de la navigation de Néarque, lequel nous a laissé une histoire d'Alexandre. Elle terminera la mienne si je puis la conduire à sa fin.

Hépæhstion doit ramener la plus grande partie de l'armée, les animaux de trait et les éléphans, de la Carmanie dans la Perse, en suivant le bord de la mer, parce que cette marche ayant lieu l'hiver, il y trouverait une température plus douce et un pays plus abondant.

Alexandre prenant ses troupes légères, cavalerie des Hétaires et quelques archers, marche vers Pasagarde, et renvoie Stasanor dans son gouvernement. Arrivé aux frontières de la Perse, il n'y trouva point Phrazaorte qui en était satrape: à la mort de celui-ci, pendant l'expédition du prince dans les Indes, Orxinès s'était chargé des fonctions d'hyparque, non qu'Alexandre l'eût nommé à cet emploi, mais il avait cru convenable de contenir ce pays dans l'obéissance, en attendant le remplacement de Phrazaorte.

Sur ces entrefaites Atropates, satrape de Médie, vint à Pasagarde, conduisant prisonnier le Mède Bariax qui, ceignant la thiare droite, avait pris le titre de roi des Perses et des Mèdes, et avec lui tous ses complices: Alexandre les fit traîner au supplice.

Une des choses qui affecta le plus Alexandre, fut la violation du tombeau de Cyrus qu'on avait forcé et dépouillé. C'est au centre des jardins royaux de Pasagarde que s'élevait ce tombeau entouré de bois touffus, d'eaux vives et de gazon épais; c'était un édifice dont la base, assise carrément sur de grandes pierres, soutenait une voûte sous laquelle on entrait avec peine par une très petite porte. On y conservait le corps de Cyrus dans une arche d'or sur un abaque dont les pieds étaient également d'or massif, couvert des plus riches tissus de l'art babylonien, de tapis de pourpre, du manteau royal, de la partie inférieure de l'habillement des Mèdes, de robes de diverses couleurs, de pourpre et d'hyacinthe, de colliers, de cimeterres, de brasselets, de pendans en pierreries et en or. On y voyait aussi une table, l'arche funéraire occupait le centre. Des degrés intérieurs conduisaient à une cellule occupée par les mages, dont la famille avait conservé, depuis la mort de Cyrus, le privilége de garder son corps.

Le roi leur fournissait tous les jours un mouton, et une certaine quantité de farine et de vin, et tous les mois un cheval qu'ils sacrifiaient sur le tombeau.

On y lisait cette inscription en caractères persans :

Mortel, je suis Cyrus, fils de Cambyse, j'ai fondé l'empire des Perses et commandé à l'Asie; ne m'envie point ce tombeau.

Alexandre, curieux de visiter ce monument après la défaite des Perses, trouva qu'on avait tout enlevé, à la réserve de l'abaque et de l'arche; on en avait tiré le corps; on avait tenté de briser l'arche pour l'emporter avec plus de facilité; on y voyait encore la marque des coups et de l'effort des sacriléges qui l'avaient abandonnée n'ayant pu réussir à l'enlever. Aristobule rapporte que lui-même reçut l'ordre d'Alexandre de rétablir le tombeau, de rassembler les débris du squelette dans l'arche, de la recouvrir, d'en réparer les outrages; et, après avoir rétabli sur l'abaque les tapis et tout le luxe qu'il étalait, de murer la porte en y apposant le sceau royal.

Alexandre fait arrêter et mettre à la question les Mages qui gardaient le tombeau, pour découvrir les auteurs du crime : les tourmens ne purent rien en tirer ; on les relâche.

Alexandre retourne à Persépolis à laquelle il avait jadis mis le feu, excès dont il se repentit et que son historien n'a point approuvé. Orxinès, qui avait succédé dans le gouvernement des Perses à Phrazaorte, accusé de plusieurs crimes, d'avoir pillé les temples et les sépulcres, et fait mourir injustement plusieurs Perses, est mis en croix.

Peucestas Somatophylax, celui dont le courage, éprouvé en plusieurs occasions, avait éclaté surtout chez les Malliens en défendant Alexandre, est nommé satrape des Perses : il se les concilie par un caractère qui s'accommode à leurs mœurs; seul de tous les Macédoniens, il revêtit l'habit des Mèdes, apprit leur langue, se conforma à toutes leurs habitudes. Il devint plus cher au roi par cette complaisance, et les Perses se réjouirent de voir le vainqueur préférer leurs usages à ceux de sa patrie.

LIVRE SEPTIÈME.

CHAPITRE PREMIER. De retour à Persépolis Alexandre eut désir de visiter le golfe Persique et l'embouchure de l'Euphrate et du Tigre, comme il avait reconnu celles de l'Indus et la grande mer. Selon les uns, il se proposait de côtoyer une grande partie de l'Arabie, l'Éthiopie, La Lybie, la Numidie et le mont Atlas, de tourner par les colonnes d'Hercule, de franchir le détroit de Gadès, et de rentrer dans la Méditerranée après avoir soumis Carthage et toute l'Afrique; qu'alors il pourrait prendre le nom de grand roi à plus juste titre que les monarques Persans ou Mèdes, qui s'appelaient les souverains suprêmes de l'Asie, dont ils ne possédaient pas la millième partie. Selon d'autres, il se serait dirigé par l'Euxin et les Palus-Méotides contre les Scythes. Quelques-uns même assurent qu'il pensait à descendre en Sicile et au promontoire d'Iapyge, attiré par le grand nom des Romains. Je ne puis ni ne cherche à rien assurer sur ce point ; j'affirmerai seulement que Alexandre ne concevait rien que de grand et d'extraordinaire; qu'il ne se serait jamais reposé, ni après avoir réuni la conquête de l'Europe à celle de l'Asie, ni même quand il eût porté ses armes jusqu'au fond des îles Britanniques. Il s'élançait toujours au-delà de ce qui était connu, et au défaut de tout autre ennemi, il en eût trouvé un dans son propre cœur.

Je ne puis m'empêcher de louer ici une réflexion des sages de l'Inde. Ils se promenaient dans une prairie, théâtre de leurs conversations philosophiques, lorsque voyant passer Alexandre à la tête de son armée, ils se bornèrent à frapper la terre du pied. Le conquérant leur en fait demander la cause par un interprète. « Alexandre, ce peu de terre » que nous foulons, voilà tout ce que » l'homme en peut occuper. Tu ne dif- » fères du vulgaire des humains que par » la curiosité et l'ambition qui t'entraî- » nent si loin de ta patrie pour le mal- » heur des autres et de toi-même. Lors- » que tu mourras, et ce moment n'est » pas loin, tu n'occuperas que l'espace » nécessaire à ta sépulture. »

Alexandre applaudit à leur sagesse et sans la partager, poursuit l'exécution de ses desseins.

C'est ainsi que dans l'isthme de Corinthe, à la tête d'un détachement de son armée, il s'arrêta pour contempler Diogène de Synope qui se reposait aux rayons du soleil. Il lui demanda ce qu'il pouvait pour lui. — « Rien, Alexandre; ôte-toi de mon soleil. »

Alexandre n'était point indigne d'entendre la voix de la raison, mais l'ambition de la gloire l'entraînait au-delà de toutes les bornes. Lorsqu'il vit à Taxila les Gymnosophistes, admirant leur courage dans les plus laborieuses épreuves, il désira attirer quelqu'un d'entre eux à sa suite; mais le plus âgé, leur chef Dandamis répondit à Alexandre, que ni lui ni aucun des siens ne le suivraient; qu'ils étaient fils des Dieux aussi bien qu'Alexandre, et que satisfaits de ce qu'ils possédaient, ils ne voulaient rien de lui. Il ajouta que le conquérant et ceux qui avaient franchi sur ses traces tant de pays et de mers, ne se proposaient aucun but louable dans ces courses qu'ils ne devaient jamais terminer; que pour lui il était sans crainte comme sans désir auprès d'Alexandre; qu'en effet, la terre féconde suffirait à sa nourriture pendant sa vie, et qu'ensuite le trépas l'affranchirait de l'esclavage du corps.

Alexandre respectant un homme libre, ne voulut point le contraindre, et s'adressant à Calanus, l'un des Gymnosophistes, il le persuada plus facilement. Mégasthène accuse le philosophe de faiblesse; et les Gymnosophistes le blâmèrent de ce que renonçant au bonheur dont ils jouissaient, il reconnaissait un autre pouvoir que celui de la Divinité.

J'ai rapporté ces détails parce qu'on ne peut écrire l'histoire d'Alexandre sans parler de Calanus. Le Gymnosophiste étant tombé malade pour la première fois en Perse, et ne pouvant se plier aux règles d'un régime, il témoigna qu'il recevrait comme un bienfait la permission d'aller au-devant de la mort, avant que des accidens le forçassent de renoncer à ses premières habitudes.

Alexandre s'opposa d'abord vivement à ce dessein; mais ne pouvant ébranler Calanus, et le sachant prêt à se décider pour un autre genre de mort, si on lui refusait celui qu'il demandait, consentit à lui faire dresser un bûcher. Ptolémée fut chargé de cette commission. On ajoute qu'Alexandre fit accompagner la pompe par des détachemens armés d'hommes à pied et à cheval : on portait des parfums pour être épanchés dans les flammes, des vases d'or et d'argent, une robe de pourpre. On amène un cheval à Calanus; sa faiblesse ne lui permit pas de s'en servir : on le plaça sur une litière, couronné à la manière des Indiens; il chante, dans leur langage, des hymnes en l'honneur des Dieux. Il pria Lysimachus, l'un deses disciples et de ses admirateurs, d'accepter son cheval qui était de la race néséenne, et qui sortait des haras du roi. Il distribua aux spectateurs les coupes et les tapis qui devaient être jetés dans le bucher. Il y monte et s'y étend avec dignité en présence de toute l'armée. Alexandre ne jugea point convenable d'assister au triste spectacle de la mort d'un ami. On admire le courage de Calanus qui demeure immobile au milieu des flammes.

Néarque rapporte qu'au moment où l'on mit le feu, les trompettes sonnèrent par l'ordre d'Alexandre ; toute l'armée poussa le cri des combats ; et les éléphans même firent entendre un frémissement belliqueux qui semblait applaudir à Calanus.

Tels sont les détails que des historiens dignes de foi nous ont transmis sur Calanus ; ce qui montre à quel degré de force et de supériorité s'élève l'esprit humain, lorsqu'il s'arme d'une ferme résolution.

Chap. 2. Alexandre envoie Atropates dans son gouvernement, et prend le chemin de Suze. Il condamne à mort Abulitès, et son fils Oxatre, pour avoir malversé dans leur administration. Les satrapes qu'Alexandre avait établis sur les nations conquises, s'étaient rendus coupables d'une infinité de sacriléges envers les temples et les tombeaux, et de concussions envers les peuples. Ils espéraient que l'expédition dans l'Inde traînerait en longueur ; qu'Alexandre succomberait contre tant de nations ennemies, contre les éléphans, et qu'il périrait au-delà de l'Indus ou de l'Hyphase. Les malheurs surtout que l'armée éprouva dans la Gédrosie, semblaient avoir enhardi la licence des satrapes, qui, dès lors, ne craignirent plus le retour d'Alexandre. Celui-ci, de son côté, trop porté à accueillir toutes les délations, punit du dernier supplice les fautes les plus légères, sur la pensée que les coupables avaient projeté d'en commettre de plus grandes.

Il fit ensuite célébrer à Suse plusieurs mariages. Il y épousa Barsine, la fille aînée de Darius, et donna Drypetis, autre fille du roi persan, à Héphæstion qu'il voulait s'allier. Déjà époux de Roxane, fille du Bactrien Oxyarte, il le devint encore, si l'on en croit Aristobule, de Parisatis, la plus jeune des filles d'Ochus ; Cratérus épousa Amastrine, fille d'Oxyarte, frère de Darius ; Perdiccas, la fille d'Atropates, satrape des Mèdes ; Ptolémée, le Somatophylax, Artacama, une des filles d'Artabase ; l'autre, Artonis, fut donnée au secrétaire Eumènes ; Néarque eut la fille de Barsine et de Mentor, Séleucus celle du Bactrien Spitamenès. Les autres Hétaires furent également unis à quatre-vingts filles des Persans et des Mèdes les plus illustres. La cérémonie se fit à manière des Perses.

Après un festin où tous les prétendans étaient placés suivant leurs grades, on amena, près de chacun d'eux, leurs fiancées dont ils reçurent la main, et qu'ils embrassèrent en suivant l'exemple du prince. Il n'y eut pour tous ces mariages qu'une cérémonie, dans laquelle on crut voir le témoignage le plus populaire de l'attachement et de l'amitié d'Alexandre pour les siens. Chacun d'eux emmène sa femme ; Alexandre dota ces Persannes, et fit aussi des présens de noce à tous les Macédoniens qui épousèrent des Asiatiques, et dont les noms inscrits sur des registres se montaient à plus de dix mille.

Il voulut en outre acquitter les dettes de ses soldats ; il demande, à cet effet, un état de ce qui était dû par chacun d'eux ; peu voulurent d'abord faire cette déclaration, le plus grand nombre craignant qu'Alexandre ne l'eût demandée pour connaître les soldats qui dépensaient plus que leur paie. On fait part au prince de ce refus; celui-ci blâmant la défiance du soldat : « Un roi ne doit » jamais manquer de parole à ses sujets; » chacun de ceux-ci doit toujours comp- » ter sur la parole de son roi. » Il fait dresser dans le camp, des tables chargées d'or; on paie tous les créanciers qui se présentent; on déchire toutes les obligations; on ne prend pas même les noms de ceux qui les ont souscrites. On ne douta plus de la parole d'Alexandre, et on lui sut plus de gré de cette délicatesse que de ses libéralités mêmes, qui s'élevèrent, dit-on, à vingt mille talens. Il en combla beaucoup d'autres de présens proportionnés à leurs grades ou à leurs vertus guerrières; décerna plusieurs couronnes d'or à ceux qui s'étaient le plus distingués; à Peucestas, qui l'avait couvert de son bouclier chez les Malliens; à Léonnatus, qui l'avait défendu dans la même occasion, courut les plus grands dangers dans l'Inde, vainquit les Oritiens et leurs voisins, et les contint dans l'obéissance; à Néarque, pour avoir ramené la flotte depuis l'Indus jusqu'au Tygre; à Onésicrite, pilote du vaisseau royal; à Héphæstion et aux autres gardes de sa personne.

Les satrapes des pays vaincus et des villes fondées par Alexandre, viennent le trouver, lui amènent trente mille jeunes gens dans la fleur de leur printemps, et tous du même âge. Alexandre les appelle ses Epigones, c'est-à-dire, sa postérité. Ils sont tous instruits dans la tactique des Grecs dont ils portent l'armure.

Les Macédoniens virent d'un mauvais œil leur arrivée. « Alexandre, disaient- » ils, ne cherche que tous les moyens » de se passer de ses vieux soldats : » quelle honte! il a revêtu la robe lon- » gue et traînante des Mèdes; ses noces » mêmes, auxquelles nous avons parti- » cipé avec éclat, ont été célébrées à la » manière des Perses : il se plaît à en- » tendre le langage barbare de Peuces- » tas qui balbutie le persan : Bactriens, » Sogdiens, Arachotes, Zarangues, » Ariens, Parthes ou cavaliers persans, » qu'on appelle Evaques, tout ce qu'il » y a de plus robuste et de plus distin- » gué chez les barbares, grossit indif- » féremment la cavalerie des Hétaires, » dont il vient de créer un cinquième » corps composé en grande partie d'é- » trangers. N'a-t-il pas admis dans l'A- » géma Cophès, Hydarne, Artibole, » Phradasmènes et les fils de Phrata- » phernes, satrape des Parthes et de » l'Hyrcanie; Itanes, Roxanès, frère de » l'épouse du prince; Ægobares et son » frère Mithrobée, tous rangés sous le » commandement du Bactrien Hydaspe, » et armés de piques macédoniennes au » lieu de javelots : Alexandre embrasse » les mœurs des Barbares, il a oublié, » il méprise les institutions des Macédo- » niens. »

Héphæstion est chargé de conduire la plus grande partie de l'infanterie vers le golfe Persique. La flotte touche au pays des Susiens; Alexandre s'y embarque avec les Hypaspistes, l'Agéma et une partie de la cavalerie des Hétaires. Il descend l'Eulée jusqu'à la mer, ayant laissé sur le fleuve les vaisseaux pesans ou endommagés pour monter les plus légers, avec lesquels il cingle, en rasant la côte, vers l'embouchure du Tigre. Le reste de la flotte doit se rendre dans le Tigre par le canal qui le joint à l'Eulée.

Deux fleuves, l'Euphrate et le Tygre, enferment cette partie de l'Assyrie, qui, par cette raison, a reçu le nom de Mésopotamie. Le Tigre, dont le niveau est beaucoup plus bas que celui de l'Euphrate, recueille plusieurs épanchemens de ce dernier, et grossi du tribut d'autres fleuves qu'il reçoit, va se décharger dans le golfe Persique. Profond, resserré par la hauteur de ses bords qui ne lui permet point d'en sortir, enflé par des eaux qu'il ne perd pas, il n'est guéable sur aucun de ses points.

L'Euphrate, au contraire, plus élevé, inonde les terres à la hauteur desquelles il se trouve; il est partagé naturellement ou artificiellement en plusieurs ruisseaux; quelques-uns ne sont que des saignées pratiquées par les riverains à certaines époques de l'année, pour suppléer aux bienfaits des pluies rares dans ces contrées. Voilà pourquoi l'Euphrate est moins pur et moins considérable à la fin de son cours.

Alexandre remonte le Tygre jusqu'à l'endroit où Héphæstion, campé sur ses bords, l'attendait avec son armée. Il continue sa navigation vers Opis, fondée sur les rives du fleuve; il fait briser toutes les digues que les Perses, assez mauvais marins, avaient construites pour se garantir d'une attaque par mer, et pour interdire, en ce cas, à l'ennemi, la navigation du Tygre. « Ce moyen de » défense, dit Alexandre, ne convient » qu'à des hommes qui ne savent point » manier les armes. » Effectivement cette défense était misérable, il la fit détruire en un instant.

Chap. 3. Arrivé à Opis, Alexandre rassemble les Macédoniens, leur annonce qu'il licencie tous ceux que l'âge ou leurs blessures rendent inhabiles au combat: qu'ils peuvent enfin retourner dans leurs familles; mais qu'il comblera de telles libéralités ceux qui voudront rester auprès de lui, que ces bienfaits seront un motif d'envie pour ceux qui se seraient retirés, et d'enthousiasme pour les autres Macédoniens qu'ils exciteraient à partager de si glorieux travaux.

Ce qu'Alexandre disait pour flatter les Macédoniens, ne fut interprété que comme l'expression du mépris : « Il » nous croit inhabiles aux combats. » L'indignation s'enflamme à l'idée de cet outrage. On renouvelle tous les anciens reproches; qu'il a emprunté les mœurs et le vêtement des Perses, donné aux Épigones l'armure macédonienne; mélangé le corps des Hétaires d'une foule de Barbares. On éclate : « Nous vou- » lons tous être licenciés; que le Dieu » dont il descend combatte pour lui. » Ils faisaient allusion à son Jupiter Ammon.

A ces mots, Alexandre furieux, car son caractère, ennemi de la résistance, exalté encore par la servitude des Barbares, ne se modérait plus à l'égard des Macédoniens, se précipite de son siége, suivi des officiers qui l'entouraient, donne l'ordre d'arrêter les chefs de l'émeute, les désigne lui-même aux Hypaspistes; treize sont arrêtés et traînés sur-le-champ au supplice; la multitude épouvantée se tait; il remonte à sa place, et leur parle en ces termes :

« Ce n'est point pour vous retenir, » Macédoniens : je vous ai laissés libres » de partir; c'est pour vous rappeler » tout ce que vous avez contracté d'obli- » gations et le retour dont vous les avez » payées, que je vous adresse la parole. » Commençons, ainsi qu'il est convena- » ble, par Philippe, mon père. Philippe » ayant trouvé vos hordes errantes, sans » asile fixe, dénuées de tout, couvertes » de peaux grossières, faisant paître » dans les montagnes de misérables trou- » peaux que vous disputiez avec peu de » succès aux Illyriens, aux Triballiens, » aux Thraces voisins, vous revêtit de la » chlamyde, vous fit descendre des mon- » tagnes dans la plaine, vous rendit,

» dans les combats, les émules des Barbares ; formé par lui, votre courage vous défendit mieux que l'avantage des lieux ; mon père vous appela dans des villes où d'excellentes institutions achevèrent de vous polir ; il vous soumit ces mêmes Barbares qui vous avaient fatigués de leurs éternels ravages ; d'esclaves, vous devîntes leurs maîtres ; une grande partie de la Thrace fut ajoutée à la Macédoine ; on s'empara des places maritimes les plus importantes ; votre commerce s'ouvrit des voies nouvelles ; le produit de vos mines en devint plus assuré. Ces Thessaliens qui vous faisaient trembler, furent assujettis. L'échec des Phocéens vous ouvrit une route large et facile au sein de la Grèce, où vous ne pénétriez que difficilement. La politique des Athéniens et des Thébains, qui vous dressaient des embûches, fut tellement humiliée, que ces deux peuples, dont l'un exigeait de vous un tribut, et dont l'autre vous commandait, ont recherché depuis votre alliance et votre protection. Entré dans le Péloponèse, Philippe y rétablit l'équilibre ; nommé généralissime de la Grèce dans l'expédition contre les Perses, l'éclat de ce titre rejaillit moins sur sa personne que sur la nation macédonienne. Tels sont, à votre égard, les bienfaits de mon père ; considérables sans doute, mais inférieurs aux miens.

» A la mort de Philippe, le trésor royal, renfermant à peine quelques vases d'or et quelques talens, était grevé d'une dette de cinq cents ; j'en empruntai presque le double, et vous tirant de la Macédoine, qui pouvait à peine suffire à votre subsistance, je vous ai ouvert l'Hellespont à la vue des ennemis maîtres de la mer. Les généraux de Darius vaincus au Granique, la domination macédonienne s'est étendue sur toute l'Ionie, l'Éolie, les deux Phrygies et la Lydie. Un siége vous a rendu maîtres de Milet ; cette foule de peuples qui se sont alors soumis volontairement, sont vos tributaires. Ainsi l'Égypte et Cyrène, la Cœlo-Syrie, la Palestine, la Mésopotamie sont vos domaines ; Babylone, Bactres, Suse, sont à vous ; l'opulence des Lydiens, les trésors des Perses, les richesses de l'Inde, l'Océan même, tout vous appartient : vous êtes les satrapes, les chefs, les premiers. Qu'ai-je gardé pour moi de toutes ces conquêtes ? Le sceptre, le diadème. Je n'ai rien en propre : quels sont mes trésors ? ceux que vous possédez, ceux que je vous réserve. Je ne me distingue point par des dépenses personnelles ; votre nourriture est la mienne ; je dors sous la tente comme vous ; la table de quelques officiers est même plus splendide que celle de leur prince ; et tandis que vous reposez tranquillement, vous savez que je veille pour vous. Serait-ce le fruit de vos travaux, de vos périls et non des miens ? Qui peut se vanter ici d'en avoir plus affronté pour moi, que moi pour lui ? Montrez vos blessures, je montrerai les miennes ; mon corps est couvert d'une foule de cicatrices honorables ; glaives, pieux, flèches, pierres, javelots, machines, nulle arme dont je n'aie reçu l'atteinte. Après avoir tout affronté pour vous combler de gloire et de richesses, ne vous menai-je pas triomphans partout à travers les plaines, les montagnes, les fleuves, les terres et les mers ? Les noces de plusieurs d'entre vous ont accompagné les miennes, et leurs enfans seront alliés de mes enfans. Les dettes que chacun de vous avait contractées, je les ai acquittées sans au-

» cune information, après que vous » aviez reçu une solde et un butin considérables. Quelques-uns ont été honorés de couronnes d'or, monumens » de leur courage et de la générosité » qui sait le reconnaître. Si plusieurs » ont péri dans les combats, car aucun » sous mes ordres n'a pris la fuite, je » leur fait ériger sur la place un tombeau remarquable, et dans leur patrie des statues d'airain; j'ai accordé » des distinctions à leurs familles, et » une exemption d'impôts. Je voulais » renvoyer dans leurs foyers tous ceux » qui sont hors d'état de service, mais » comblés de tant d'honneurs et de richesses, que leurs concitoyens auraient porté envie à leur félicité. Vous » demandez tous à partir, partez; allez » annoncer que votre roi, qu'Alexandre, » après avoir soumis les Perses, les Mèdes, les Bactriens, les Saques, les » Uxiens, les Arachotes, les Drangues; » lui qui assujettit les Parthes, les Chorasmiens, les Hyrcaniens jusqu'à la » mer; lui qui franchit le Caucase, les » Pyles caspiennes, l'Oxus, le Tanaïs, » l'Indus que le seul Dionysus avait traversé, l'Hydaspe, l'Acésinès, l'Hydraotès; et qui aurait passé l'Hyphasis même, si vous n'aviez refusé de le » suivre; lui qui s'avança dans la grande mer par les deux embouchures de » l'Indus, qui s'enfonça dans les déserts de la Gédrosie, d'où personne » n'était encore sorti avec une armée; » lui qui, après avoir soumis dans sa » route la Carmanie et le pays des Oritiens, fit remonter sa flotte depuis » l'Indus jusqu'au centre de la Perse; » qu'Alexandre enfin, abandonné par » vous, s'est remis à la foi des Barbares » qu'il avait vaincus, annoncez-le à vos » concitoyens; quelle gloire pour vous » auprès des hommes! quel mérite auprès des Dieux! partez. »

A ces mots, il s'élance hors de son siége, se précipite dans sa tente, et refuse, pendant deux jours, de voir ses plus intimes amis, et même de prendre soin de lui-même.

Le troisième jour, ayant convoqué les principaux des Perses, il leur partagea le commandement de ses troupes, n'accordant la faveur de l'embrasser qu'à ceux qui lui étaient alliés.

D'abord les Macédoniens ébranlés et stupéfaits gardèrent un sombre silence. Aucun d'entre eux n'avait suivi Alexandre, à l'exception de ses Hétaires et des Somatophylax. Ils ne savaient s'ils devaient parler, se taire, partir ou demeurer: mais aussitôt qu'ils eurent connu sa résolution à l'égard des Perses, qu'il leur avait donné le commandement, distribué des Barbares dans ses troupes, que les compagnies des Hétaires à pied et à cheval, les Argyraspides et l'Agéma, n'étaient plus formés que de Persans, que les Persans prenaient leur nom et leur place; ils ne purent se contenir; ils se précipitent en foule vers la tente d'Alexandre, jettent sur le seuil leurs armes qui semblent devoir supplier pour eux; et se tenant près de l'entrée, ils crient de toutes parts qu'on les introduise, qu'ils livreront les auteurs du trouble, qu'ils resteront là jour et nuit jusqu'à ce qu'ils aient touché le cœur d'Alexandre. Le roi s'avance alors; à l'aspect de leur humiliation et de leur douleur, touché de leur désolation profonde, il mêle ses larmes aux leurs.

Les Macédoniens conservaient l'attitude de supplians, et il allait parler, lorsque Callinès, aussi recommandable par son âge que par le rang qu'il occupait à la tête des Hétaires, s'écria: « Vous contristez les Macédoniens, » prince, en vous alliant aux Perses, en » nommant les Perses votre famille, en

» permettant à des Perses de vous em-
» brasser, honneur que vous refusez à
» des Macédoniens. » Alors Alexandre
l'interrompant : « Vous serez tous mes
» parens, ma famille ; je ne vous donne
» plus d'autre nom. » A ces mots Callinès s'approche, l'embrasse ; plusieurs
des Macédoniens imitent son exemple,
tous reprennent leurs armes, s'en retournent en faisant entendre des cris et
des chants de joie.

Alexandre fait aux Dieux les sacrifices accoutumés, on prépare un ban-
quet général. Il y prend place entre
tous les Macédoniens qui occupent le
premier rang ; les Perses sont au second, les guerriers des autres nations
sont distribués par ordre de grades ou
d'exploits. Une même coupe circule ; on
fait les libations ; les prêtres des deux
nations invoquent sur elles les Dieux :
« Accordez-leur toute prospérité ; que
» leur union soit inaltérable, leur em-
» pire éternel ! » On comptait neuf
mille convives, tous, à un signal donné,
firent la même libation, et entonnèrent
à-la-fois : io ! péan !

Alexandre licencie alors, de leur plein
gré, les Macédoniens que leur âge ou
leurs blessures rendaient inhabiles aux
combats, au nombre de dix mille. Il
leur accorda, outre leur paie, et la
somme nécessaire pour leur voyage, un
talent. Il exigea que les enfans qu'ils
avaient eus des femmes de l'Asie y restassent, pour éviter le trouble que la
présence de ces étrangers pourrait exciter dans les familles grecques ; mais il se
chargea de les faire instruire selon les
institutions des Grecs et dans leur tactique ; et lorsqu'ils seront en âge, il
s'engage de les ramener lui-même en
Macédoine et de les rendre à leurs parens. Telles étaient ses promesses pour
l'avenir ; et afin de leur donner au présent le gage le plus certain de sa bienveillance, il voulut que Cratérus, le
plus fidèle de ses amis, et qu'il chérissait à l'égal de lui-même, commandât
et assurât leur retour : il leur dit adieu,
et les embrasse, les larmes se confon-
dent.

Cratérus doit prendre le gouvernement de la Macédoine, de la Thrace et
de la Thessalie, et maintenir la liberté
de la Grèce. Polysperchon l'accompagne, et le remplacera en cas d'accident ;
Cratérus était d'une santé languissante.
Il portait à Antipater l'ordre d'amener,
pour remplacer ces vieilles bandes, un
pareil nombre de Macédoniens dans la
force de l'âge.

Ceux qui cherchent à dévoiler les secrets les plus obscurs de la politique :
ces hommes pour lesquels l'apparence
cache toujours des desseins que leur
coup d'œil perfide empoisonne, répandirent qu'Alexandre, en rappelant
Antipater de la Macédoine, avait cédé
aux calomnies dont Olympias le chargeait. Mais peut-être que ce rappel,
loin d'être injurieux à Antipater, n'était
qu'un moyen de lui sauver les suites
désagréables d'une irrémédiable rupture. En effet, le roi recevait souvent
des lettres dans lesquelles il se plaignait
d'une arrogance, d'une aigreur, et
d'une indiscrétion choquante dans la
veuve de Philippe. Ce fut alors que ce
prince laissa échapper ce mot : « Elle
me fait payer bien cher un terme de dix
mois. » Olympias, de son côté, dépei-
gnait Antipater comme un despote enorgueilli de son empire, qui avait déjà
perdu la mémoire de l'auteur de sa
puissance, et qui affectait le premier
rang dans la Macédoine et dans la
Grèce. Alexandre devait sans doute prêter davantage l'oreille à des discours
qui éveillaient naturellement la crainte
de voir attaquer sa domination ; cependant il ne lui échappa ni parole ni ac-

tion qui pût en laisser entrevoir le sentiment (a).

Alexandre aperçut dans sa route le champ où paissent les cavales des haras royaux. On l'appelle la prairie de Nysée, au rapport d'Hérodote : de là le nom de Nyséennes donné à ces cavales dont le nombre s'élevait autrefois à cent cinquante mille. Alexandre n'en trouva que le tiers, le reste ayant été volé.

Chap. 4. Atropates, satrape de Médie, lui amena cent amazones équipées en cavaliers, portant la hache au lieu de javelot, et la pelta au lieu de bouclier. On raconte qu'elles ont le sein droit plus petit, et qu'elles le découvrent dans les combats. Alexandre les renvoya pour ne point les exposer aux outrages des Macédoniens ou des Barbares, et les chargea d'annoncer à leur reine qu'il naîtrait un enfant d'elle et d'Alexandre. Mais, ni Aristobule, ni Ptolémée, ni aucun historien digne de foi, n'ont transmis ce fait. La race des amazones devait être éteinte depuis longtemps; avant Alexandre, Xénophon n'en fait point mention, quoiqu'il parle du Phase, de la Colchide et de toute la côte barbare que les Grecs parcoururent après leur départ, et avant leur retour à Trébizonde, aux environs de laquelle ils ne trouvèrent point d'Amazones. Non que je veuille révoquer en doute leur existence, attestée par tant d'historiens célèbres. On raconte généralement qu'Hercule marcha contre elles, et rapporta dans la Grèce le ceste de leur reine Hippolyte ; que les Athéniens, conduits par Thésée, défirent les Amazones qui tentèrent une invasion dans l'Europe. Cimon a décrit ce combat avec autant de soin que celui des Athéniens contre les Perses. Hérodote fait souvent mention de ces femmes, et tous les panégyristes des guerriers morts dans les combats rapportent celui des Amazones. Les femmes qu'Atropates présenta au conquérant étaient sans doute des Barbares exercées à courir à cheval et montées à la manière des Amazones.

Arrivé à Ecbatane, Alexandre y fit célébrer, selon sa coutume, en reconnaissance de ses succès, des sacrifices et les jeux du gymnase et de la lyre : il se livre avec les Hétaires aux débauches de la table.

Cependant Héphæstion tombe malade, et le septième jour, au moment où Alexandre considérait les jeux gymniques, on lui annonce que le mal redouble ; il quitta précipitamment les jeux ; Héphæstion était mort quand il arriva. Les historiens varient sur les expressions de la douleur d'Alexandre; tous s'accordent à la peindre comme extrême. Le tableau qu'ils en ont laissé est tracé d'après les sentimens d'amour ou de haine que chacun d'eux portait au prince ou à son favori. En outrant les expressions de sa douleur sur la perte de l'ami qu'il avait chéri le plus, les uns ont cru élever Alexandre, les autres ont cru le rabaisser en le présentant livré à des excès indignes de luimême et d'un roi. Selon les uns, Alexandre éploré serait resté attaché pendant une grande partie du jour au corps de son ami, dont on ne l'aurait arraché qu'avec peine ; selon d'autres, il aurait passé sur ce cadavre un jour et une nuit, et il aurait fait mettre en croix le médecin Glaucias, pour avoir administré mal-à-propos un breuvage au malade, ou ne l'avoir pas empêché de s'enivrer. Je puis croire, qu'à l'exem-

---

(a) Il y a ici une lacune dans le texte. Arrien entrait sans doute dans quelques détails au sujet de l'ordre dont il vient de parler; il racontait aussi la fuite d'Harpalus, qui emporta avec lui les trésors ; enfin la réconciliation d'Eumènes et d'Héphæstion.

ple d'Achille, dont il affectait de suivre les traces, Alexandre ait coupé ses cheveux; mais qu'il ait conduit lui-même le char sur lequel reposaient les restes d'Héphæstion; mais que dans sa douleur il ait fait détruire le temple d'Esculape à Ecbatane, cela répugne à toute croyance; cela convient mieux à l'impiété de Xerxès dont la vengeance jetta des chaînes à l'Hellespont. Il y a plus de vraisemblance dans la réponse suivante. Il marchait vers Babylone, et des députations grecques l'étaient venu trouver. Après avoir accordé la demande de celle d'Épidaure, il leur fit un présent qui devait être appendu dans le temple d'Esculape, en ajoutant : « J'ai pour-
» tant à me plaindre de ce Dieu, qui n'a
» point sauvé celui que j'aimais plus que
» moi-même. » Il ordonna de sacrifier à Héphæstion comme à un héros. On ajoute qu'il envoya vers l'oracle d'Ammon, à l'effet d'en obtenir les honneurs divins pour Héphæstion, ce que Jupiter lui refusa. Tous les historiens s'accordent à dire qu'Alexandre refusa de prendre aucune nourriture pendant trois jours, durant lesquels il demeura plongé dans les pleurs et dans un sombre silence.

On dit qu'il lui fit préparer à Babylone des obsèques dont les dépenses s'élevèrent à dix mille talens, et ordonna un deuil général dans toute la Perse. Qu'alors plusieurs des Hétaires consacrèrent leurs armes et leurs personnes sur le tombeau d'Héphæstion; et qu'Eumènes, qui avait été son ennemi, en ouvrit le premier la proposition pour ne point laisser soupçonner au prince qu'il pouvait se réjouir de la mort du favori.

Le rang de chiliarque, tenu par Héphæstion, ne fut point rempli; la cavalerie des Hétaires qu'il commandait conserva son nom et son étendard. La pompe des jeux funèbres, remarquables par le luxe des dépenses et des prix, par le concours des spectateurs, surpassa celle de toutes les fêtes données jusqu'à ce jour. En effet, Alexandre y fit paraître jusqu'à trois mille athlètes qui devaient bientôt figurer dans ses propres funérailles.

Après un long deuil, consolé par ses amis, Alexandre tente une nouvelle expédition contre les Cosséens, nation belliqueuse et voisine des Uxiens. Ces peuples habitent des montagnes qu'ils fortifient : pressés par une armée redoutable, ils se retirent sur des sommets escarpés, ou se dispersent dans des lieux inaccessibles; et dès que l'ennemi a disparu, ils accourent ravager la campagne. Alexandre les attaque et les détruit au sein de l'hiver et de leurs montagnes; rien n'est impossible à sa valeur; accompagné de Ptolémée, qui dirigeait une partie de son expédition, il triomphe des frimats et des lieux.

Chap. 5. Il retourne à Babylone et rencontre des députés de l'Afrique qui venaient féliciter le maître de l'Asie. Il vint des députations de l'Italie, des Brutiens, des Lucaniens et des Etrusques; il en vint de Carthage, des Éthiopiens, des Scythes d'Europe, des Celtes, des Ibères; les Macédoniens entendirent les noms de quelques-uns pour la première fois; tous venaient implorer leur alliance; on en vit qui les invoquaient comme arbitres dans les différens élevés entre eux. Ce fut alors, pour la première fois, qu'Alexandre se crut véritablement le monarque de l'univers.

Ariste et Asclépiade ses historiens, rapportent que les Romains même députèrent vers ce prince, et qu'instruit de leurs vertus et de leurs institutions, il augura de leur future grandeur.

J'ai rapporté ce fait qui ne me paraît ni digne ni hors tout-à-fait de croyance. Aucun historien romain n'en fait mention. Ptolémée et Aristobule, sur lesquels je me règle, n'en parlent point. Il ne convenait point à la république romaine, qui jouissait alors de la plus grande liberté, d'envoyer si loin une députation vers un roi étranger, dont elle n'avait rien à espérer ni à craindre : ajoutez-y sa haine, alors dans toute sa force, contre la tyrannie.

Alexandre envoie en Hyrcanie Héraclide et des ouvriers pour y construire, avec les bois dont le pays abonde, des vaisseaux longs, partie fermés, partie à découvert, comme les bâtimens grecs. Il devait reconnaître la mer Caspienne, savoir si elle est réunie au Pont-Euxin, ou si, comme le golfe Persique et la mer Rouge, elle était un épanchement de l'Océan. En effet, on ne connaissait point encore son origine, quoique ses bords fussent habités, et qu'elle reçût plusieurs fleuves navigables, parmi lesquels est l'Oxus le plus grand de l'Asie, après ceux de l'Inde, et qui coule par la Bactriane; l'Oxyarte, qui traverse la Scythie; l'Araxe qui arrose l'Arménie, fleuves considérables et auxquels se mêlent une infinité d'autres, dont une partie ont été découverts par Alexandre, et dont l'autre nous est inconnue, et se trouve au-delà chez les Scythes nomades.

Alexandre, après avoir passé le Tygre, approchait de Babylone, lorsque les prêtres chaldéens vinrent au-devant de lui, et l'avertirent en secret de suspendre sa marche; que l'oracle de Bélus y marquait son entrée sous des auspices funestes. Il leur répondit par un vers d'Euripide :

Le plus heureux présage est de tout espérer.

Mais les Mages : « Du moins, prince, » ne vous avancez point du côté de l'Oc- » cident; faites faire un détour à votre » armée, et prenez la route de l'O- » rient. »

La difficulté des chemins l'empêcha de la prendre; la fatalité le poussant ainsi dans la voie qui devait lui être funeste. Et peut-être fut-il heureux d'expirer au sein de la grandeur et des regrets universels, avant que d'éprouver quelques-uns de ces revers attachés à l'humanité. C'est ce qui faisait dire par Solon à Crésus : « Attendons la mort » pour prononcer sur le bonheur de » l'homme. »

La mort d'Héphæstion fut un des coups les plus sensibles pour Alexandre; il aurait mieux aimé sans doute le précéder dans la tombe, que de lui survivre : et c'est ainsi qu'Achille aurait préféré mourir avant Patrocle à la triste consolation de le venger.

Alexandre soupçonnait que les Chaldéens, par cet oracle qui l'éloignait de Babylone, cherchaient moins à le servir qu'eux-mêmes. En effet, le temple de Bélus, élevé au milieu de la ville, remarquable par sa grandeur et sa construction que formaient des briques cimentées avec du bitume, ayant été détruit, ainsi que beaucoup d'autres temples, par la fureur de Xerxès à son retour de la Grèce, Alexandre avait formé le projet de le relever sur ses ruines, avec plus de grandeur. Les Babyloniens avaient reçu l'ordre d'en nettoyer l'aire. L'ouvrage languit dans l'absence du conquérant; il résolut d'employer à ce travail toute son armée. Les rois d'Assyrie avaient assigné au service du temple de Bélus des terrains et des sommes considérables. Ces revenus n'ayant plus leur primitive destination, passaient aux Chaldéens qui devaient en perdre la plus grande partie par la restauration du temple. Ce motif parut au prince celui de leur démarche.

Au rapport d'Aristobule, Alexandre, cédant à leurs observations, voulut tourner la ville, et campa le premier jour sur les bords de l'Euphrate. Le lendemain, comme il se dirigeait du couchant vers l'orient, il fut arrêté de ce côté par des marécages profonds qui ne lui permirent point de passer outre; et, moitié de gré, moitié de force, il ne satisfit point aux Dieux.

Aristobule raconte un autre prodige. Apollodore d'Amphipolis, un des Hétaires, stratége de l'armée laissée près de Mazée, satrape de Babylone, voyant la sévérité que le roi développait, à son retour des Indes, à l'égard de tous ceux qu'il avait mis en place, écrivit à son frère Pithagore, l'un de ces devins qui jugent de l'avenir par l'inspection des entrailles des animaux, et le consulta pour lui-même. Pithagore lui répondit qu'il fallait l'instruire du nom de ceux qu'il redoutait. C'était Alexandre et Héphæstion. Pithagore consulta d'abord les entrailles sur le sort d'Héphæstion, et comme il manquait un des lobes du foie, il répondit qu'il n'y avait rien à craindre d'Héphæstion, menacé d'une mort prochaine. Cette lettre arriva, de Babylone à Ecbatane, la veille même de la mort d'Héphæstion. Le devin consulta ensuite les victimes sur le sort d'Alexandre; elles offrent les mêmes indications, il fait la même réponse.

Apollodore, pour faire preuve de zèle envers Alexandre, lui découvrit le danger qui le menaçait. Le roi lui en sut gré, et, arrivé à Babylone, il interrogea Pithagore sur la nature du présage que celui-ci lui révéla. Loin de se fâcher contre Pithagore, le prince lui sut un gré marqué de lui avoir confié naïvement ces détails.

Aristobule annonce les tenir du devin même. Pithagore fit dans la suite, sur les mêmes signes, la même prédiction à Perdiccas et à Antigonus; au premier, lorsqu'il faisait la guerre à Ptolémée; au second, avant la bataille d'Ipsus contre Séleucus et Lysimaque : l'effet suivit la prédiction.

On rapporte aussi que le philosophe Calanus, au moment où il s'approchait du bûcher, embrassa tous les Hétaires, et s'arrêta vers Alexandre en lui disant: « Nous nous reverrons à Babylone, et » c'est là que je t'embrasserai. » On fit alors peu d'attention à ces paroles, que l'on releva après la mort d'Alexandre.

A son entrée à Babylone il reçoit des députations grecques. On ne cite point le motif qui les amenait; je pense qu'elles se bornaient à lui décerner des couronnes et des félicitations publiques sur son heureux retour de l'Inde. Il les renvoya comblées d'honneurs et d'égards; leur fit rendre les statues des Dieux et des héros enlevées par Xerxès et transportées à Pasagarde, à Suse, à Babylone, ou dans les autres villes de l'Asie. Ce fut ainsi qu'Athènes recouvra les statues d'airain d'Harmodius et d'Aristogiton, et celle de Diane Cercéenne.

Au rapport d'Aristobule, il trouva sa flotte à Babylone, composée de deux quinquerèmes de Phénicie, trois quadrirèmes, douze trirèmes et trente triacontères. Une partie, sous la conduite de Néarque, avait remonté du golfe Persique dans l'Euphrate; l'autre, sur les bords de la Phénicie, avait été démontée, les pièces en furent transportées à Thapsaque, où, les rassemblant de nouveau, on les mit à flot sur l'Euphrate.

Il ajoute qu'Alexandre fit construire une autre flotte, et abattre à cet effet les cyprès que l'on trouve dans la Babylonie. C'est le seul des bois de la Syrie qui soit propre à la construction des navires. La Phénicie, et toute la côte maritime, fournit la manœuvre et l'équipage. Alexandre fait creuser à Babylone un port qui pouvait contenir mille vaisseaux longs, et des abris pour les retirer.

Micale de Clazomène fut envoyé avec cinq cents talens pour lever des gens de mer dans la Syrie et la Phénicie. Le projet d'Alexandre était de jeter des colonies le long du golfe Persique et dans ses îles, qui lui paraissaient susceptibles de le disputer en richesses à la Phénicie. Mais tous ces préparatifs étaient dirigés contre les Arabes, sous prétexte que leurs tribus nombreuses étaient les seules qui ne lui eussent apporté ni présent ni hommage; au fond, c'est qu'il était affamé de nouvelles conquêtes.

Comme on lui racontait que les Arabes n'adoraient que deux divinités, Uranus et Dionysus; Uranus qui embrasse les astres et le soleil, auteur de tous les bienfaits de la nature envers l'homme, et Dionysus vainqueur des Indes. « Je puis » être, dit-il, le troisième objet de leur » culte, puisque mes exploits ne sont » pas inférieurs à ceux de Dionysus. » Du reste il comptait, après la victoire, laisser aux Arabes leurs lois, comme à ceux de l'Inde. Il était d'ailleurs attiré par les richesses d'un pays où l'on recueille la casse dans les marais, la myrrhe et l'encens sur les arbres, le cinamomum sur des arbustes, et le nard dans les prairies où il croît spontanément.

Ses côtes maritimes n'ont pas moins d'étendue que celles des Indes; elles offrent des ports et des rades faciles, des villes bien situées et opulentes; plus loin sont des îles. Deux sont remarquables à l'embouchure de l'Euphrate; la plus petite en est éloignée de cent vingt stades. Au centre, s'élève un temple d'Artémis entouré de bois touffus qui servent de retraite aux habitans, aux cerfs et aux biches consacrées qui paissent en liberté, et qu'on réserve pour les sacrifices. Selon Aristobule, Alexandre donna à cette île le nom d'Icare, qui appartient à une île de la mer Égée, où le fils de Dédale tomba lorsque le soleil, dont il eut l'imprudence de s'approcher, eût fondu la cire de ses ailes : insigne témérité qui lui avait fait négliger l'avis paternel de ne pas s'éloigner de la terre pour affecter un vol ambitieux. Il faut un jour et une nuit de navigation favorable pour parvenir de l'embouchure de l'Euphrate à l'autre île. On l'appelle Tylus : elle est considérable, moins boisée, moins aride; elle est plus propre à la culture.

Tel fut le rapport d'Archaïs qui, envoyé avec un triacontère pour reconnaître la côte, ne passa point Tylus. Androstène, succédant à ses recherches sur un autre bâtiment, tourna une partie de la côte; mais celui qui s'avança le plus loin, fut le pilote Hiéron de Soles, également envoyé pour reconnaître toute la Péninsule. Il devait revenir par la mer Rouge jusqu'à Héroopolis; il n'osa cependant aller jusque là, quoiqu'il eût reconnu la plus grande partie des côtes de l'Arabie. De retour, il annonce au prince que leur étendue est immense, presque égale à celle de l'Inde, et que la pointe de cette Péninsule s'avance au loin dans la mer : ce que Néarque avait déjà découvert avant d'entrer dans le golfe Persique; il avait même été sur le point d'y aborder, selon l'avis d'Onésicrite; mais il crut devoir se hâter de revenir rendre compte à Alexandre de sa navigation, dont l'objet n'avait pas été de naviguer dans la grande mer, mais de reconnaître la côte et les habitans, les ports, les eaux, les productions et la nature du sol, les mœurs et les institutions des peuples. Cette prudence sauva la flotte qui n'aurait pu s'approvisionner dans les déserts de l'Arabie : la même considération arrêta Hiéron.

Chap. 6. Tandis que l'on prépare les trirèmes, que l'on creuse le port de

Babylone, Alexandre descend vers un bras de l'Euphrate, appelé le canal de Pallacope, éloigné de la ville de huit cents stades.

L'Euphrate qui prend sa source dans les montagnes d'Arménie, fleuve peu considérable, et renfermé pendant l'hiver dans son lit, s'enfle au commencement du printemps, et surtout vers le solstice d'été; grossi par la fonte des neiges qui s'écoulent des montagnes, il se répand alors au-dessus de ses bords, et inonderait le pays s'il ne trouvait le canal de Pallacope, par lequel, après s'être dégorgé dans les marais qui s'étendent jusqu'aux frontières de l'Arabie, il s'écoule sous terre et se perd insensiblement dans la mer; mais la fonte des neiges passée, vers le coucher des pléïades, l'Euphrate rentre dans son lit; et quoiqu'il soit réduit à peu d'eau, la plus grande partie s'épanche dans le canal, et laisse dans l'aridité les campagnes de l'Assyrie, à moins que l'on ne ferme l'extrémité du canal pour faire régorger les eaux.

Le satrape employait pendant trois mois plus de dix mille Assyriens à ce travail en partie infructueux, parce que la terre étant légère et sans consistance, est trop facilement délayée par les eaux. Alexandre instruit de ces détails, résolut une entreprise utile pour l'Assyrie, en opposant sur ce canal une digue plus solide aux eaux de l'Euphrate. On fouille à trente stades de là, on découvre une terre solide qui, revêtissant le canal, doit en hiver contenir les eaux du fleuve dans leur lit, sans empêcher leur débordement au printemps.

Alexandre descend le canal, navigue sur le lac où il se décharge, et touche aux frontières des Arabes. Là, trouvant un lieu favorable, il bâtit une ville qu'il entoure de murailles, et la peuple d'une colonie de Grecs stipendiaires ou volontaires, que l'âge ou les blessures rendent inhabiles aux combats.

Alexandre traitant alors de frivole l'oracle des Chaldéens, puisqu'il était sorti de Babylone sans encombre, remonta par les marais, ayant la ville à sa gauche. Il fait remettre dans sa route une partie égarée de la flotte loin de son chef. On raconte le trait suivant :

Les tombeaux des rois d'Assyrie s'élèvent au milieu des étangs; au moment où Alexandre gouvernait lui-même la trirème qu'il montait, un vent violent, venant à s'élever, emporta sa couronne et son diadème; l'une tomba dans l'eau ; l'autre, enlevé par le vent, fut retenu par un des roseaux qui croissent autour de ces tombeaux. On en conçut un présage sinistre, surtout en voyant que le matelot qui s'était jeté à la nage le mit sur sa tête pour ne point le mouiller.

Tous les historiens rapportent qu'il reçut en récompense un talent, mais qu'ensuite Alexandre le fit mourir, sur l'avis des Chaldéens, qui lui dirent qu'une tête qui avait porté son diadème devait être abattue.

Aristobule, ne parlant point de la récompense, raconte que l'infortuné fut battu de verges; c'était un matelot phénicien. Plusieurs attribuent le trait à Séleucus, auquel il présagea sa grandeur future et la mort d'Alexandre : Séleucus, de tous ceux qui lui succédèrent, fut celui qui, dans le plus haut rang, s'en montra le plus digne.

De retour à Babylone, Alexandre trouva vingt mille soldats persans que lui amenait Peucestas, avec un renfort de Cosséens et de Tapuriens, les plus belliqueux des peuples voisins de la Perse. Philoxène et Ménandre arrivèrent chacun à la tête d'une armée, l'un de la Carie, l'autre de la Lydie. Ménidas vint à la tête de sa cavalerie. On vit des députations de la Grèce apporter au conquérant des couronnes d'or : ils lui rendaient des honneurs divins, et il allait mourir.

Après avoir loué Peucestas de la modération et de la sagesse de son administration, et les Perses de leur zèle et de leur soumission envers leur satrape, il incorpora ces derniers aux phalanges macédoniennes. Chaque file est composée de douze persans et de quatre officiers macédoniens : le décadarque, le premier d'entre eux, le dimoïrite, et deux décastatères officiers inférieurs, ils reçoivent une paie plus forte que les autres; le décastatère est moins payé que le dimoïrite. Les Persans portent des flèches et des javelots, les Macédoniens sont couverts de l'armure grecque.

Alexandre continue d'exercer sa flotte; les trirèmes et les quadrirèmes se disputent avec chaleur les prix proposés; les vainqueurs reçoivent des couronnes.

La députation envoyée au temple d'Ammon, pour consulter l'oracle sur les honneurs à décerner au favori, rapporte la réponse du Dieu; qu'Héphæstion doit être honoré comme un héros : plein de joie, Alexandre obéit à l'oracle.

Il écrit alors à Cléomène, administrateur coupable qui accablait l'Égypte de vexations, une lettre que je ne saurais approuver, en pardonnant même l'excès où l'entraîna son amitié pour Héphæstion. Il ordonnait d'ériger deux temples au favori, l'un dans Alexandrie, et l'autre dans l'île du Phare où s'élève cette tour, l'une des merveilles du monde; de consacrer ces monumens sous le nom d'Héphæstion, d'apposer même ce nom à toutes les transactions particulières.

Si on peut le blâmer d'avoir porté dans tout ceci de l'exagération, que dire de cette lettre : « Si je trouve, à mon ar» rivée, ces temples élevés dans l'É» gypte, non seulement je te pardon» nerai tous les méfaits passés, mais » encore tous ceux à venir. » Paroles indignes d'un grand roi, et d'être adressées à un scélérat dont l'administration s'étendait sur un grand pays.

La mort d'Alexandre était prochaine; un nouveau prodige, rapporté par Aristobule, l'annonça.

Après avoir distribué dans les corps de son armée les troupes amenées par Peucestas, Philoxène et Ménandre, se sentant pressé de la soif, Alexandre descendit de son trône. Les Hétaires, qui occupaient à l'entour des lits aux pieds d'argent, s'étaient levés pour le suivre. Un inconnu, échappé aux fers, traverse les rangs des eunuques, et voyant le trône vide, s'y place. Les eunuques n'osent l'en chasser, une loi de la Perse le défend; ils déchirent leurs vêtemens, frappent leur visage et leur poitrine, et n'augurent que malheurs.

Alexandre à cette nouvelle donne ordre de le mettre à la question, et d'en tirer l'aveu du complot, s'il en existe un : on ne put en obtenir autre chose, sinon qu'une fantaisie imprudente l'avait poussé à cette action. Les devins conçurent de cette réponse un présage encore plus sinistre.

Peu de jours après, le prince, pour remercier les Dieux de ses succès, fit les sacrifices accoutumés. On distribua des victimes à l'armée, et du vin par compagnies. Lui-même il passa la journée avec ses amis, dans des festins qui se prolongèrent jusqu'au milieu de la nuit. Il allait se retirer, lorsque Médius, l'un des Hétaires qu'il chérissait le plus, l'engagea à venir chez lui achever la débauche, qu'il lui promettait agréable.

Les journaux du roi rapportent que *le premier jour* il but et mangea chez Médius; se leva, prit le bain, dormit.

Le lendemain, il revint chez le même; poussa la débauche fort avant dans la nuit ; se baigna ; mangea très peu ensuite ; y coucha, parce qu'il avait déjà un mouvement de fièvre.

Le troisième jour, porté dans sa litière, il fit les sacrifices accoutumés, et demeura couché jusqu'au soir. Il assemble les chefs, trace la marche de la navigation, ordonne à l'infanterie d'être prête pour le quatrième jour, et à ceux qui doivent s'embarquer avec lui, pour le cinquième ; il se fait porter dans sa litière au bord du fleuve, le traverse, se rend dans un jardin délicieux, y prend le bain et s'y repose.

Le quatrième jour, il fait les sacrifices accoutumés, cause avec Médius, et donne ordre aux chefs de se rendre auprès de lui le matin ; mange peu, est reporté dans son lit ; la fièvre eut lieu toute la nuit.

Le cinquième il prend le bain, sacrifie, assigne à trois jours le départ de Néarque et des autres chefs.

Le sixième il prend un bain, sacrifie ; la fièvre est continue. Les chefs sont convoqués, tout est fixé pour leur départ ; il prend le soir un bain, et se trouve plus mal.

Le septième on le transporte dans un appartement voisin du bain ; il sacrifie, et, quoique gravement malade, rassemble les chefs, et donne de nouveaux ordres pour la navigation.

Le huitième on le porte avec peine au lieu du sacrifice : mêmes ordres.

Le neuvième, le danger est extrême ; il sacrifie cependant. Il commande aux stratéges de rester dans l'intérieur, et aux Chiliarques et aux Pentacosiarques de faire la garde aux portes. On le transporte à l'extrémité des jardins dans le palais. Entouré de ses chefs, il les reconnut, mais ne put leur parler : il eut une fièvre violente pendant toute la nuit.

Le dixième la fièvre redouble jour et nuit.

Tel est le bulletin que j'ai tiré des journaux du roi. Ils ajoutent que les soldats désirant le voir avant qu'il expirât, et s'imaginant, sur le bruit de sa mort, déjà répandu, qu'on voulait leur en dérober la nouvelle, forcèrent les portes. Le prince avait déjà perdu la parole ; soulevant avec peine la tête et les yeux pour leur donner quelques signes de bienveillance, il leur tendit la main.

Python, Attale, Démophon, Peucestas, Cléomène, Menidas et Séleucus passèrent la nuit au temple de Sérapis ; ils demandèrent au Dieu, s'il ne convenait point de transporter Alexandre dans son temple. « Il sera mieux où il est, » répondit l'oracle.

On rapporta cette réponse à Alexandre, qui expira quelques instans après. Sa mort était le sens que cachait l'oracle.

Ptolémée et Aristobule s'accordent sur ces détails. D'autres historiens rapportent que les Hétaires lui demandant à qui il laissait l'empire, il répondit : *au plus digne*. Et qu'il ajouta : « Les jeux » funèbres que l'on célébrera sur ma » tombe seront sanglans. »

Je n'ignore point tout ce que d'autres ont écrit ; qu'Alexandre fut empoisonné par une trame d'Antipater ; qu'Aristote, alarmé depuis la mort de Callisthène, fournit le poison ; que Cassandre, fils d'Antipater, l'apporta dans la corne du pied d'un mulet, qu'il fut versé par son frère Iolas, échanson du roi, lequel l'avait humilié depuis quelque temps ; que Médius, amant d'Iolas, en fut complice ; qu'à ce dessein, il attira le prince à un festin ; qu'aussitôt après avoir avalé ce breuvage, Alexandre sentit une douleur violente qui le força de quitter la table ; et qu'enfin ce prince, désespérant de sa vie, avait formé le projet de se précipiter dans l'Euphrate pour dérober sa mort à ses soldats, et persua-

57

der au reste des hommes qu'il était remonté vers les Dieux, auteurs de son origine; qu'il fut retenu par Roxane et qu'il lui dit en pleurant : Eh quoi! vous m'enviez les honneurs célestes.

Je n'ai rapporté ces particularités que pour montrer qu'elles m'étaient connues; je les ai jugées indignes de l'histoire.

Alexandre mourut la cent quatorzième olympiade, Hégésias étant archonte à Athènes. Il était âgé de près de trente-deux ans et huit mois, au rapport d'Aristobule : il régna un peu plus de douze ans et demi.

Il était d'un très bel extérieur, d'une résolution prompte et infatigable, d'un courage à toute épreuve; avide de périls et encore plus d'honneurs et de gloire; plein de piété, assez indifférent aux voluptés sensuelles, insatiable de plus nobles plaisirs, habile à saisir le meilleur parti dans des conjonctures difficiles, à peser, à augurer les probabilités du succès; n'ayant point d'égal dans l'art d'ordonner des troupes, de les armer, de les gouverner, d'inspirer de la confiance aux soldats, et de relever leur courage en leur donnant le premier l'exemple d'affronter les périls avec une constance inébranlable.

Dans les entreprises douteuses, son audace décidait la victoire. Eh! qui sut mieux que lui prévenir des ennemis qu'il accablait de sa présence avant qu'ils eussent pu seulement soupçonner sa marche? Il fut religieux observateur de ses engagemens, d'une prudence en garde contre tous les piéges, d'une générosité qui, ne réservant rien pour lui seul, prodiguait tout à ses amis.

Que s'il faillit dans des premiers mouvemens de colère, s'il imita le faste insolent des Barbares, il faut en accuser sa jeunesse, sa prospérité même, et surtout les flatteurs, cette peste des cours.

Mais il faut remarquer, à sa gloire, que de tous les despotes il est le seul qui se soit sincèrement repenti. La plupart, en effet, s'obstinent iniquement dans leur faute qu'ils croient pallier en la soutenant; comme si, dans ce cas, il pouvait y avoir un autre remède que d'avouer sa faute, et de l'avouer hautement; l'offensé croit que l'injure s'allége par le repentir de l'offenseur : c'est une heureuse présomption qu'on cessera de mal faire, alors que l'on confesse avoir mal fait.

Que s'il a rapporté son origine aux Dieux, ce n'est pas un grand crime, il se proposait d'imprimer plus de respect aux sujets; imitateur en ceci de Minos, d'Éaque, de Rhadamante, de Thésée, d'Ion, qui ont fait remonter leur naissance, les uns à Jupiter, les autres à Neptune et à Apollon.

Il revêtit l'habit des Perses, mais par politique, pour leur paraître moins étranger, pour contenir l'orgueil des Macédoniens : et tel fut le motif qui lui fit introduire les mélophores persans dans les rangs des Macedoniens et dans l'Agéma.

S'il se livra à la débauche, ce fut moins par goût que pour complaire à ses amis; car Aristobule rapporte qu'il buvait très peu.

Que ceux qui blâment Alexandre ne le jugent point sur des faits isolés, mais sur l'ensemble de ses actions; que jettant ensuite un coup-d'œil sur eux-mêmes, ils examinent leur propre faiblesse et la manière dont ils se sont réglés dans leur sphère étroite, avant que de condamner celui qui s'éleva au plus haut degré de gloire, monarque de deux continens, et dont la renommée s'est étendue par toute la terre. En effet, il n'est point de nations, point de cités, point d'hommes qui ne connussent alors le nom d'Alexandre.

Ce n'est point sans une volonté spéciale des Dieux qu'il a paru parmi les hommes dont aucun n'a pu lui être comparé. Je n'en veux pour preuves que cette foule d'augures et de visions qui ont accompagné sa mort, et le bruit de sa mémoire éternelle parmi les hommes, et les oracles rendus dans les derniers temps chez les Macédoniens, concernant les honneurs qu'ils lui décernent.

Pour moi, je ne rougis point de m'inscrire parmi les admirateurs d'Alexandre, quoique j'aie condamné quelques-unes de ses actions, par respect pour l'intérêt public et la vérité, qui, d'accord avec les Dieux, m'ont inspiré le dessein d'écrire son histoire.

FIN DU TOME PREMIER.

TABLE DES MATIÈRES

CONTENUES

DANS LE TOME PREMIER.

Essai sur la tactique des Grecs.

		Pag.
CHAPITRE PREMIER.	Principes de l'art militaire consacré par Homère. — État de l'art, depuis la guerre de Troye jusqu'à Cyrus. — Bataille de Thymbrée.	1
CHAP. II.	Invasion de Darius; bataille de Marathon. — Invasion de Xerxès; combat des Thermopyles.	15
CHAP. III.	Combat de Salamine. Xerxès retourne en Asie; Mardonius continue la guerre. Bataille de Platée. — Considérations sur le génie militaire des Grecs.	21
CHAP. IV.	Organisation de la phalange.	26
CHAP. V.	De la cavalerie dans ses rapports avec la phalange.	30
CHAP. VI.	Mouvemens de la phalange. — Résumé de ses élémens divers.	33
CHAP. VII.	Guerre du Péloponnèse.— Première bataille de Mantinée. — Retraite des Dix Mille. — Bataille de Cunaxa.	39
CHAP. VIII.	Bataille de Leuctres. — Deuxième bataille de Mantinée.	43
CHAP. IX.	De Philippe et d'Alexandre. — Bataille de Chéronée. — Passage du Granique.	47
CHAP. X.	Siége d'Halicarnasse. — Darius se décide à porter la guerre en Macédoine. Memnon de Rhodes meurt au moment d'exécuter ce projet. — Bataille d'Issus. — Plan suivi par Alexandre pour la conquête de l'Asie.	54
CHAP. XI.	Prise de Thyr et de Gaza. —Progrès faits dans la poliorcétique à l'époque de ces siéges mémorables. — Fondation d'Alexandrie.	59
CHAP. XII.	Bataille d'Arbelle. — Passage de l'Hydaspe.	63
CHAP. XIII.	État de l'art sous les successeurs d'Alexandre.— de Pyrrhus. — De Philopœmen, surnommé le dernier des Grecs. — Troisième bataille de Mantinée.	73
CHAP. XIV.	Constitution militaire des Grecs.	84

THUCYDIDE.

GUERRE DU PÉLOPONNÈSE.

	Pag.		P.
Livre premier.	93	Livre cinquième.	291
Livre deuxième.	148	Livre sixième.	330
Livre troisième.	193	Livre septième.	373
Livre quatrième.	238	Livre huitième.	409

XÉNOPHON.

RETRAITE DES DIX-MILLE.

Livre premier.	461	Livre cinquième.	534
Livre deuxième.	481	Livre sixième.	555
Livre troisième.	497	Livre septième.	573
Livre quatrième.	514		

XÉNOPHON.

LA CYROPÉDIE.

Livre premier.	607	Livre cinquième.	679
Livre deuxième.	630	Livre sixième.	703
Livre troisième.	644	Livre septième.	718
Livre quatrième.	661	Livre huitième.	738

ARRIEN.

EXPÉDITIONS D'ALEXANDRE.

Livre premier.	775	Livre cinquième	851
Livre deuxième.	797	Livre sixième	867
Livre troisième.	814	Livre septième.	882
Livre quatrième.	835		

FIN DE LA TABLE DU PREMIER VOLUME.

NOTE A CONSULTER

POUR LE PLACEMENT DES CARTES ET DES PLANS

DU TOME PREMIER.

Les cartes et les plans qui accompagnent la *Bibliothèque Militaire*, sont destinés à former un *Atlas* séparé qu'on pourra relier dans le même format que le texte, et dans l'ordre suivant pour le premier volume :

1. Carte de la Grèce ancienne. (Planche double.)
2. Bataille de Thymbrée.
3. Bataille de Marathon.
4. Plan du passage des Thermopyles.
5. Léonidas.
6. Combat de Salamine.
7. Aperçu de la phalange et de ses mouvemens. (Planche double.)
8. Ordre de bataille. Mouvemens de la cavalerie. (Planche double.)
9. Carte du Péloponnèse. (Planche double.)
10. Première bataille de Mantinée.
11. Carte de l'expédition des Grecs et de la retraite des Dix-Mille (Planche double.)
12. Bataille de Cunaxa.
13. Bataille de Leuctres.
14. Deuxième bataille de Mantinée.
15. Carte des expéditions d'Alexandre. (Planche double.)
16. Passage du Granique.
17. Bataille d'Issus.
18. Bataille d'Arbelle.
19. Passage de l'Hydaspe.
20. Troisième bataille de Mantinée.
21. Armes et machines de guerre en usage chez les Grecs. (Planche double.)

Cependant MM. les Souscripteurs qui voudaient classer les planches dans les volumes auxquels elles appartiennent, pourront le faire ainsi :

La carte de la Grèce ancienne, à la tête du volume.
La carte du Péloponnèse, avant Thucydide.
La carte de la Retraite des Dix-Mille, avant Xénophon.
La carte des expéditions d'Alexandre, avant Arrien.
Bataille de Thymbrée, page 11. (Cette bataille est décrite aussi par Xénophon, dans la Cyropédie, Livre VII, pag. 718.)
Bataille de Marathon, page 16.
Plan du passage des Thermopyles, page 19.
Léonidas, page 20.
Combat de Salamine, page 22.
Aperçu de la phalange et de ses mouvemens, page 26.
Ordre de bataille. Mouvemens de la cavalerie, page 30.
Première bataille de Mantinée, page 40. (On trouve encore le récit de cette bataille dans Thucydide, Livre V, page 517.)
Bataille de Cunaxa, page 42. (Voir aussi Xénophon, Retraite des Dix-Mille, Livre I, page 475.)
Bataille de Leuctres, page 44.
Deuxième bataille de Mantinée, page 45.
Passage du Granique, page 52. (Arrien, Livre I, page 785.)
Bataille d'Issus, page 55. (Arrien, Livre II, page 802.)
Armes et machines de guerre en usage chez les Grecs, page 59.
Bataille d'Arbelle, page 64. (Arrien, Livre III, page 820.)
Passage de l'Hydaspe, page 69. (Arrien, Livre V, page 855.)
Troisième bataille de Mantinée, page 78.

ERRATA.

Le mot *Hoplite* doit toujours être écrit par un *H*.
Page 86, première colonne, ligne 19 : au lieu de *dix* fois; lisez : *deux* fois.

www.ingramcontent.com/pod-product-compliance
Lightning Source LLC
Chambersburg PA
CBHW070853300426
44113CB00008B/818